图文珍藏版

中国百科全书

李金龙　编

第一卷

辽海出版社

图书在版编目（CIP）数据

中国百科全书/李金龙 编. --沈阳：辽海出版社，
2014.6

ISBN 978-7-5451-3123-9

Ⅰ.①中… Ⅱ.①李… Ⅲ.①科学知识—普及读物
Ⅳ.①Z228

中国版本图书馆 CIP 数据核字（2014）第 148731 号

责任编辑：柳海松
责任校对：顾 季
装帧设计：三石工作室

出 版 者：辽海出版社
地　　址：沈阳市和平区十一纬路 25 号
邮政编码：110003
电　　话：024-23284473
E - mail：dyh550912@163.com
印 刷 者：三河市众誉天成印务有限公司
发 行 者：辽海出版社

幅面尺寸：170mm×250mm
印　　张：96
字　　数：1505 千字

出版时间：2014 年 7 月第 1 版
印刷时间：2020 年 1 月第 2 次印刷
定　　价：696.00 元（全四册）

前　言

人类历史的发展成果有很多表现形式，其中非常重要的一个就是文化的积累。梁启超在《什么是文化》中称，“文化者，人类心能所开释出来之有价值的共业也”，这“共业”包含众多领域，诸如认识领域的语言、哲学、科学、教育，规范领域的道德、法律、信仰，艺术领域的文学、美术、音乐、舞蹈、戏剧，社会领域的制度、组织、风俗习惯等等。中国文化亦叫华夏文化、华夏文明，是中华文明演化而汇集成的一种反映民族特质和风貌的民族文化。中国文化源远流长，博大精深，作为世界文化的重要组成部分，中国文化不仅铸就了华夏民族五千年的辉煌历史，还影响着众多民族和异域文化的发展进程。可以说，中国文化既是中华各族人民的精神支柱和文化基础，也是历史、现代和未来人类共同的宝贵财富。

一个人的文化知识储备往往是其综合素质和能力的体现，继承和弘扬中国文化，了解和掌握必要的中国文化知识，是每个中国人义不容辞的责任。学习和掌握中国文化知识，是推动社会文化发展繁荣的需要，同时也有助于人们开阔视野、启迪心智、陶冶性情、增长知识，为走向成功的人生打下坚实的基础。然而，中国文化是一个庞杂的知识体系，包罗万象，浩如烟海，面对它，大多数人都会感到力不从心，很难在短时间内掌握其底蕴和脉络。即便是专业人士，所学的文化知识也不过是冰山一角。尤其是在知识爆炸、信息膨胀的今天，如何用较短的时间获取较多的文化知识和信息，是一个十分重要的问题。这除了读者本身的努力和恰当的方法之外，知识信息的载体及其表现形式是否科学、简明，也是一个非常重要的因素。

为了帮助读者更方便、更轻松、更快捷地了解和掌握必要的中国文化知识，开阔文化视野、丰富知识储备、提高人文修养，编者对中国文化材料进行了恰当的取舍，选取了中国文化中极具代表性的知识和史料，辑成此书。

本书共分哲学历史、文学文字、帝制职官、学校教化、货殖泉币、赋税徭役、法制刑名、历代军事、文房四宝、书法绘画、雕塑器具、音乐舞蹈、戏曲曲艺、对联谜语、建筑考古、地名名胜、江河湖海、人文旅游、服装饰品、饮食菜系、饮酒品茗、邮政交通、体育武术、生肖节日、佛教道教、姓氏称谓、礼仪宗法、婚丧嫁娶、天文历法、理化术数、机械冶金、印刷纺织、造船航海、医药卫生、农学生物、林业牧业、生活保健等篇章，内容丰富而全面，无论是哲学、史学、文学，还是数学、物理、化学，甚至是农业、牧业、林业，凡是中国劳动人民智慧的成果，都有简要的介绍，堪称一部包罗万象的百科全书。本书共涉及三千多个知识点，基本涵盖了中国文化各个方面的知识精华内容，回答了人们需要了解和掌握的中国文化的基本问题。本书不仅信息量大，知识内容也更加立体丰富，因此不仅便于读者对文化知识的理解、记忆和掌握，同时还可以帮助读者进一步完善自身的知识结构。

容纳三千多知识要点，储存五千年文化精华。这是一本浓缩了中国文化精华的知识宝库，以科学的体例、通俗的语言加以呈现，具有深沉的历史感和深厚的趣味性，既是一本方便实用的文化速成工具书，又可以作为一本随身阅读的消遣读物，帮助广大读者轻松掌握必备的文化知识，充实和提高自己。

让你尽览中国文化全貌；让你轻松掌握中国文化精华。无论你从事什么职业，只要是想要了解中国文化，就可以从本书中获得你最想知道的、最需要知道的、最应该知道的中国文化知识。

目　录

哲学历史

目录

文学文字

图文版 中国百科全书 目录

帝制职官

学校教化

货殖泉币

赋税徭役

法制刑名

目录

历代军事

文房四宝

书法绘画

雕塑器具

音乐舞蹈

戏曲曲艺

对联谜语

建筑考古

地名名胜

江河湖海

人文旅游

服装饰品

饮食菜系

饮酒品茗

邮政交通

体育武术

生肖节日

佛教道教

姓氏称谓

礼仪宗法

婚丧嫁娶

天文历法

理化术数

机械冶金

印刷纺织

造船航海

医药卫生

农学生物

林业牧业

图文版中国百科全书 目录

生活保健

哲学历史

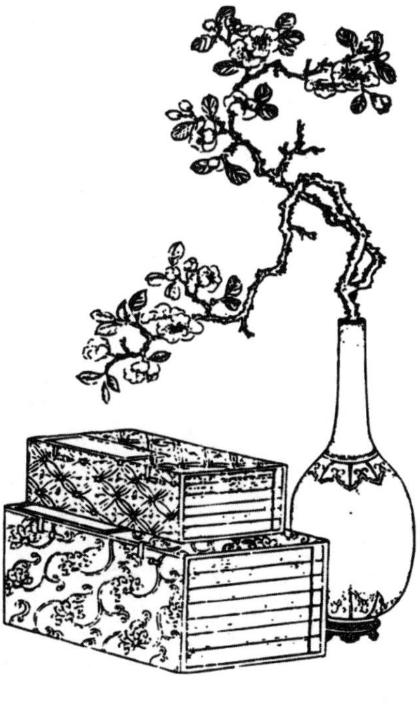

古代哲学

天人之辩

商周时期，人们把天看作是至高无上的神，到了春秋战国时期，“天人之辩”才真正得到了广泛而深入的展开。

儒家的创始人孔子曾对鬼神产生过怀疑，但孔子的学说并未因此发展到唯物主义。道家学派代表人物老子主张道法自然，这种尊重客观规律的思想有一定的合理性，但叫人顺从命运的说法则是消极的。孟子则片面夸大了理性的作用，认为通过思维能够“知天”。

义利之辨

所谓“义”，是指一定的行为道德；所谓“利”，是指个人的利益。讨论行为道德与个人利益之间的关系问题，就是“义利之辨”。

孔子提出“君子喻于义，小人喻于利”，认为“义”“利”是矛盾的，解决矛

盾的方法是重义轻利。墨家认为义和利是绝对统一的，不存在任何矛盾；认为不存在有利无义或有义无利的现象。孟子认为，追求义是人们行为的唯一目的，而任何对利的关注都有损于人们道德行为的纯洁性和高尚性，所以，利欲是一种有害的念头，必须在思想上加以排除。荀子主张“性恶论”，认为个人的利欲和社会道德的要求是完全相反的，个人的利益只能是恶，而应首先规范的是善，所以在“义”“利”问题上，他认为“义”“利”不相容，它们之间的关系只可能是一个战胜另一个的关系。

“义利之辨”是现实生活中义和利既矛盾又统一的关系在思想中的反应。各种不同的观点，体现了先秦各个阶级或阶层的不同的利益和当时社会政治经济发展的水平，即一般都认为，在“义利”关系中义是主要的，个人利益应该遵循和服从义。

阴阳五行学说

西周晚期，在自然科学知识发展的基础上，出现了用“五行”（金、木、水、火、土）来说明万物的构成，用阴气和阳气来解答自然界变化的带有一定体系的朴素唯物主义观点，即阴阳五行学说。

到了春秋时代，“五行”的概念经常被明确提起，在理论上也有了一些发展。

这些发展虽然仍未完全割断与宗教思想的联系，但已客观地通过天地对立的观念来考察五行。《左传》云：“天有六气，降生五味，发为五色，徵为五声，淫生六疾。六气曰阴、阳、风、雨、晦、明也；分为四时，序为五节。”即气的流传，形成四季的变化，派生出事物的各种类型，并影响人体，呈现为不同的疾病等，反映了天人之间的紧密依附关系。

这时的阴阳五行学说与传统的宗教已经迥然不同了，把“天道”和“人道”、自然现象和人事的吉凶祸福加以区分，将自然的变异看作是自然本身的运动，这种思想有很大的进步意义。

简本《老子》的思想

简本《老子》在“道”是整个事物的基础和核心，将一切现象都看作对立统一的朴素的辩证法思想以及统治者应“清静”“无为”“无欲”“不争”的主张上，与今本《老子》的思想基本相同，但在以下四大方面与今本相异。

一、老子的“尚仁”“贵慈”思想。

长期以来，学术界依据今本《老子》的某些文句一直认为道家是反对儒家仁义思想的。简本《老子》的出土改变了这种认识。它既体现了春秋晚期儒道关系的现实，也反映了老子思想的真实面貌。如今本的“绝圣弃智，民利百倍”在简本中作“绝智弃辩，民利百倍”，这种说法丝毫没有反对仁义的意思。

二、老子思想中的“尚中”思想。

以往学者多认为儒家讲“中”，而忽视道家也尚“中”。简本《老子》中有“致虚，恒也；守中，笃也”，体现了老子的尚中思想，与儒家的“中”所表示的不偏不倚、不趋极端相比，道家的“中”多指醇和心境。道家后学庄子正是在这一基础上，提出了“养中”之说。

三、宇宙生成论“有”与“无”的关系。

“有”与“无”是老子宇宙论中的一对哲学范畴，今本与简本都谈到了这对相成相反的概念，但意义有极大出入。

今本《老子》第四十章：“天下万物生于有，有生于无”，简本则作“天下万物生于有、生于无”。虽然只是一字之差，但在哲学解释上，具有重大的意义差别。从老子整体思想看，当以简本为是。

即是说，“有”和“无”是道体的一体两面，二者之间并无先后的问题。

四、儒、道之间的关系。

简本的出土，证明了老子思想不仅不是对儒家思想的批判和否定，而且是对儒家思想的一种补充。因此，儒、道并不强烈冲突，而是互补互济。儒、道早期原典文本的思想比较接近，都是为能解决社会动荡所引起的人与社会、人与人、国与国、君与臣、父与子之间的现实冲突提出的不同方案。因此，老子和孔子一样，具有入世的情怀，而非只落在负面的出世、厌世和超世上或逃避现实、放弃努力。唐、宋、明以来斥道学为虚无，将其与释教放在一起批判，实是今本篡易《老子》原意所致。

“仁”与“礼”

由“仁”与“礼”出发，推断孔子的思想体系有以下几点：

一、在宇宙观上，认为“天何言哉？四时行焉，百物生焉”。对商周以来的鬼神迷信持怀疑态度，以为“未知生，焉知死”，“未能事人焉能事鬼”，不崇拜和夸大天的作用。

二、在伦理思想上，以“仁”为核心。

三、在政治思想上强调“礼”，认为“为国以礼”，将“礼”和“仁”结合在一起，主张天命论。

四、在经济思想上主张“均无富，和无寡，安无倾”强调“义”“利”之辨。

五、在认识论上，承认“生而知之”，但又强调“学而知之”。

六、历史观倾向于“述古”“好古”。

七、教育论上主张“有教无类”，教育方法提倡“因材施教”，“学而不厌，诲人不倦”。

“白马非马”的诡辩论

公孙龙在《白马论》中说：“马者所以命形也，白者所以命色也；命色者非命形也；故曰白马非马。”即是说，“马”是指形体的概念，“白”是指颜色的概念，指颜色的概念不是指形体的概念，所以说“白马”不是“马”。

公孙龙子虽然发现了“马”与“白马”即“一般”与“个别”的差异，但夸大了这种差异，并割裂了种属概念之间的联系，把抽象与具体决然对立起来，否

定了共性和一般存在于个性、个别之中的规律，所以陷入了诡辩论。

五德终始

五德终始亦即“五德转移说”，是一种历史循环论。发凡于战国时齐人邹衍。《史记》记载他著有《终始》《大圣》十余万言，“称引天地剖判以来，五德转移，治各有宜，而符应若兹”，认为自从开天辟地以来，五德（即五行）周而复转，每个朝代的统治者恰好与五德相配，以后的朝代也应与之相因，而推演下去的征兆是应验的。

邹衍的著作今已散佚，但《吕氏春秋》中有一些相关的记载。如黄帝属土，夏禹属木代黄帝而兴，是木克土；商汤属金，代夏而起，是金克木；周属火，代商而立，是火克金。他预言“代火者必将水”，“色尚黑”。故秦统一后以水德，尚黑色。

杨朱“一毛不拔”

据《孟子》云：“杨朱取为我，拔一毛而利天下，不为也。”杨朱主张“贵生”“重己”，“贵生”论是“为我”论的基础。不同于墨家的利他主义和儒家推己及人的仁爱学说，杨朱认为人生的价值就在于追求和满足自己的感性欲望，“耳不乐声，目不乐色，口不甘味”的人生毫无意义，“与死无择”。但他并不提倡纵欲主义，以保全身体、生命为行为最高准则，主张适当节制欲望，以利于身心的完善。其学说与墨子学说在战国时造成“杨朱、墨翟之言盈天下。天下之言不归杨则归墨”的局面。其后学有子华子和詹何等人。

杨朱无著作传世。其言论散见于《孟子》《庄子》《韩非子》《吕氏春秋》《淮南子》等书。

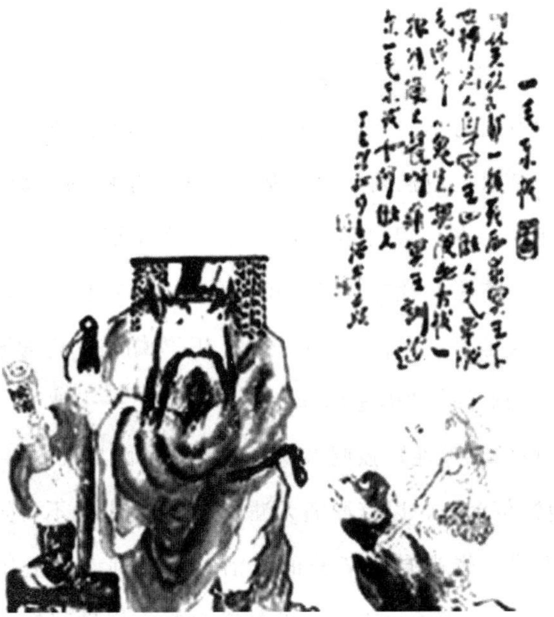

列子“贵虚”

列子，生卒年不详，即列御寇，又称圄寇、圉寇。战国时郑人，大致生活在孟子之后，庄子之前，即公元前500年左右。道家思想家。其思想崇尚虚静、无为。《吕氏春秋》中说：“子列子贵虚。”

《汉书》著录《列子》八篇，系汉刘向辑录而成，早已佚亡。今存《列子》一书，系魏晋时人张湛的伪作，近代学者已有考证。抑或是张湛辑录原著的一些断简残篇，加以篡改删订而成。其中夹杂有列子的一些思想。

南华真人庄子

庄子继承发展了老子的思想，其学说以道为核心，认为道是宇宙万物的本根。道无形象，不可感知，是一种抽象的存在。作为宇宙本体，道无始无终，永恒固存，并是宇宙万物的本质，“无所不在”。庄子认为事物的存在及其差别都是相对的，“物无非彼，物无非是”，彼是方生，“方生方生，方死方生”。“天下莫大于秋毫之末，而泰山为小”。事物的存在没有确定的客观性质，它们的区别是人“以差观之”的结果。他强调在道的基础上泯灭事物的差别，“以道观之，物无贵贱”，“以生死为一条，以可不可为一贯”。在认识论上，庄子否定人有可靠的认识能力，曾与惠施濠上观鱼，讨论鱼之乐，“子非我，安知我不知鱼之乐”？甚至主体的存在本身是否真实，也值得怀疑，庄周蝴蝶，均为未醒之梦。他认为认识的是非标准是相对的，“因是因非，因非因是，……彼亦一是非，此亦一是非”，无法确定认识的真理性，强调事物存在的无限性与人的存在有限性的冲突，“吾生也有涯，而知也无涯，以有涯随无涯，殆矣”，走向不可知论。庄子提倡安时处顺，无为以保身，崇尚自然清静的生活，轻名利，等生死，齐物我。其妻死，庄子“鼓盆而歌”。庄子追求绝对的精神自由，视世间的一切为累赘，认为要化有待为无待，通过“坐忘”“堕肢体，黜聪明，离形去知，同于大通”，与道逍遥于无为之境。

庄子的思想消极避世，强调自我精神安慰与调节，曾是中国历史上无数失意士大夫的精神寄托。既有消极的影响，又有调节、缓解社会矛盾的作用。唐玄宗诏封为“南华真人”。

墨子的“兼爱”与“非攻”

墨子初学儒术，后因不满其烦琐，另立新学，遂创墨家学派，影响甚大，与儒家并称“显学”，其学说以“兼爱”“非攻”为核心，反对儒家“亲亲有术，尊贤有等”的仁爱，主张“兼以易别”，视人如己，实行无差别的泛爱。“视人之国，若视其国；视人之家，若视其家；视人之身，若视其身”，爱人犹己，提倡“兼相爱交相利”，主张“非攻”，力斥战争之害。反对宗法世袭制的“无故富贵”，主张“不党父史，不偏富贵”，尚贤举能，做到“官无常贵，民无终贱”，反映了小生产者的利益和要求。

孟子的“仁政”

孟子向来被认为是继承孔子学说的正统。

孟子的主要政治主张是行“仁政”。他把孔子的“德治”主张发展为“仁政”学说，以宗法血缘道德释仁义，主张恢复井田制，反对兼并战争。孟子的“仁政”表现在关心人民的疾苦，要求广大平民生活能够稳定，赋税徭役能够减轻，主张“民为贵，社稷次之，君为轻”。孟子的“仁政”还包括要求统治阶级办教育，要人民懂得“孝”“悌”的道德，以维护封建秩序。

孟子主张性善论，这是他哲学思想的基础。他认为只有君子才有“仁”“义”“礼”“智”，而且这不是后天形成的，是本性所固有的。孟子指出，人性的道德修养就是认识的发展过程，建立了哲学与伦理学、认识论与道德修养相统一的学说。

历史上以“思孟学派”称其与子思的学说，对后世影响极大，被视为孔门儒学的正宗。唐韩愈首提道统，以孟子接孔子，程朱予以进一步肯定，成为孔子至宋明理学之间唯一正统传孔子之道者，故有“亚圣”之尊。

性善论

性善论是孟子提出的人性论观点。认为“善”是天赋于人的本性。“善”的表现是恻隐、羞恶、恭敬、是非之心，“人皆有之”；从道德观念讲，就是“仁义礼智”四端。这些皆“非由外铄我也，我固有之也”。

性恶论

“人之性恶”，如“目好色，耳好声，口好味，心好利，骨体肤理愉佚（即好逸恶劳）”，都是天生的，这叫作“性恶”。而仁义礼智等道德观念，“其善者，伪也”。伪，指后天人为造成的，“可学而能，可事而成之在人者，谓之伪”。

荀子在反对孟子的“性善论”时，含有唯物的因素，但他把人的好色、好味、好利、好逸的意识归之为“本性”，也陷入了唯心论。

黄老学派

黄老学派奉黄帝和老子为创始人，故名。黄老学派以虚无之道为世界的本源，认为事物发展到极端即走向反面，故主张“虚静”“无为”，以适应天道。汉初，文帝、窦太后都“善治黄老之言”，认为“治道贵清静，而民自定”，采取与民休息，恢复生产的政策。黄老学派著作早已失传，但1973年长沙马王堆汉墓出土帛书《经法》《十大经》《称》《道原》等著作，是研究该派的重要资料。

《易经》

《易经》即《周易》。又指《周易》中与《传》相对而言的经文部分。它由卦、爻两种符号说明卦的卦辞、说明爻的爻辞构成，分上下二卷，共六十四卦和三百八十四爻。以卦和爻来占卜和象征自然和社会变化的吉凶，虽有宗教迷信的色彩，但也保存了古代社会的一些情况和某些思想认识资料，其中包含着朴素辩证法思想的萌芽。

两汉时《易经》被谶纬化，魏晋时被玄学化，宋明时又被理学化，近代则有人把它混同于自然科学。

《商君书》

《商君书》的成书时间在公元前 260 年长平之战以后，到了战国末年，它在社会上已很流行。它不是一人或一时的著作，而是卫鞅（商鞅）学派的著作的汇编，也是法家学派的代表作之一。

《商君书》主要发挥过去卫鞅所主张的加强法制和奖励耕战的政策；它主张奖励告发“奸邪盗贼”，对轻罪用重刑，从而加强法治的效果。《商君书》十分强调重农政策，认为实行重农政策，可以开垦荒地，增加生产，使得国富兵强，还可以使农民安居而便于统治。《商君书》认为“治国之要”，在于坚定不移地推行耕战政策，并且把是否推行耕战提到决定国家兴亡和君主安危的高度。

韩非子的法、术、势

韩非子把当时法家的“法”“术”“势”三派的得失做了比较，认为必须综合采用三派的长处才能胜利完成统一的帝王之业。他兼用三派的理论，制定了一系列的法家政策，主要以下三点。

一、加强君主集权，剪除私门势力，选拔“法术之士”。

二、以法为教，以吏为师，禁止私学。

三、厉行赏罚，奖励耕战，谋求国家富强。

韩非提倡极端专制主义，认为人与人的关系，建立在相互的利害关系上。因此治理国家不能靠爱怜，也不能靠讲究仁、义、智、能。他认为只有威势可以禁暴，厚德不足以止乱，所以明主不应该培养“恩爱之心”，而要增强“威严之势”。所有这些说法，可以说是性恶论的扩大，都是从维护和加强君主专制制度出发的。

《吕氏春秋》

《吕氏春秋》又称《吕览》，是秦代吕不韦召集门客所著之书。该书内容广泛，对先秦各家思想兼收并蓄，以儒道思想为主，还引述不少遗闻旧说、科学知识和寓言故事。其文篇幅不长，但结构完整，常运用比喻和寓言围绕中心层层论证，语言较为生动简练。

董仲舒设计“大一统”

董仲舒提出了一套完整的巩固封建专制的理论。奏请“罢黜百家，独尊儒术”，“诸不在六艺之科，孔子之术者，皆绝其道，勿使并进”。为汉武帝采纳后，儒学被定于一尊，成为中国古代两千多年的正统思想。

董仲舒还提出了“天人感应”的神学目的论。他认为天为“万物之祖”“百祖之君”，“万物非天不生”，宇宙间的一切皆天所创造，是天的意志的体现。人也是天按照自己的形象创造出来的，提出“人副天数说”。人的刚柔、喜怒哀乐、仁义礼智皆副天数而成。以同类相感应的原理，认为天人同类，故相感应。人的善恶可以感动天，天也以祥瑞灾异遣告人。天有阴阳，人有君臣、父子、夫妇，天道阳尊阴卑、人道则君尊臣卑、父尊子卑，夫尊妻卑，故“王道之三纲，可求于天”，提出了“三纲五常”的伦理思想。以神学目的论论证封建纲常的合理性，为封建集权制秩序服务，对后世影响极大。

董仲舒以“五行”“比相生”“齐相胜”说明宇宙万物变化发展的规律，并进而比附社会治乱的循环。宣扬“三统三正”的历史循环论。综合孟子、荀子人性论，提出“性三品说”，认为人性有三个不同等级，即“圣人之性”“中民之性”“斗筲之性”，为封建等级制度和道德教育、法律强制提供了理论依据。

谶纬

“谶”是当时巫师、方士制作的一种预言隐语，作为吉凶福祸的征兆或符验。“纬”对“经典”而言，是方士化的儒生附会儒家经典的各种著作，有《易》《书》《诗》《礼》《乐》《春秋》《孝经》七经之纬。

谶纬起源于原始社会后期河图洛书的神话传说。王莽利用谶纬之说，为其“改制”寻找合法依据。刘秀打败王莽建立东汉，也借助图谶为其张目。东汉章帝召集博士儒生在白虎观讨论五经异同，写成《白虎通义》一书，进一步把迷信的谶纬之学与今文经学混合在一起，使儒学神学化。东汉末期，受到黄巾农民运动的打击，谶纬逐渐衰败，但直至隋炀帝正式禁毁以前，仍流行于社会。

纬书留存至今天的已为数不多，除去迷信部分外，在天文、历数、地理知识等方面，或多或少包含着一些科学史的资料。例如《太平御览》卷三十六引《书纬》：“地恒动不止人不知，譬如人在大舟中，闭牖而坐，舟行不觉也。”反映了当时人们对地动说的朴素的看法。

王充不信神

王充自幼聪明，有远大的志向和抱负，所著《论衡》，用唯物主义的自然观，尖锐批判了当时盛传的谶纬神学和其他陈腐的传统思想，提出了天地万物都由元气构成的“元气自然说”。王充认为世界的本源是元气，也叫“阴阳之气”，是构成万物的最基本的因素。“阴气生为骨肉，阳气生为精神”。他还以火光之喻来阐述形神关系，“火灭光消而烛在，人死精亡而形存”。王充的形神理论，体现了他“疾虚妄”的批判精神。

儒学十三经

先秦已有《诗》《书》《礼》《乐》四术和《诗》《书》《礼》《乐》《易》《春秋》六经之名目。

汉时《乐经》亡佚，武帝罢黜百家，独尊儒术，立五经于学官，遂有五经之称。唐初又以《周易》《尚书》《毛诗》《周礼》《仪礼》《礼记》《春秋左氏传》《春秋公羊传》《春秋穀梁传》合称九经。唐文宗太和、开成年间，刻石九经于国子学，又增加《论语》《孝经》《尔雅》合为十二经。五代时，蜀主孟昶石刻十一经，于唐十二经中去掉《孝经》《尔雅》而增入《孟子》，此为《孟子》入经部之始。南宋朱熹极力推崇《孟子》，《孟子》在经部之地位最终确立。十三经正文，据郑耕、欧阳修、阎若璩、戴震等学者统计，约六十三万五千字，是我国经部最重要的丛书。十三经之注，唐代已各具备；其疏，则至南宋时伪托的孙奭《孟子疏》出现亦告全部完成。

经学

经学的历史与社会进程和封建政治密切相关。西汉董仲舒把阴阳五行说和今文经《春秋公羊传》相结合，用以巩固当时封建中央集权。到王莽统治时期，又利用刘歆提倡的古文经《周礼》作为托古改制的依据。东汉刘秀称帝后，为改变王莽的政治措施，曾一度重视今文经学，但它不久即失去优势，古文经继续盛行，以研究文字训诂为中心的“小学”开始兴起。东汉末年，马融、郑玄兼采今文学说和古文学说注经，使经学上的派别趋于混同。魏晋时期，经学主要探求义理以纠正东汉古文经学的琐碎寡要。自南朝起，经学受到玄学、佛教的影响，陆续编出比“注”更详细的“义疏”。

唐初，孔颖达受诏撰《五经正义》，企图把异说纷纭的经义统一起来，以适应政治上全国统一的需要，为科举取士提供统一的依据。宋代的儒学称为“宋学”。它不拘训诂旧说，凭己意自由说经；直接从经文中寻求义理，探讨有关宇宙的起源和构成原理，形成独自的理论体系。宋学中占主导地位的学说是理学，包括思辨哲学和社会伦理学等多方面的内容。元仁宗以后，以宋儒经注取士，理学占了统治地位，一直到明代。

清代乾隆、嘉庆时期，学者继承古文学家的训诂方法而加以条理发明，训解阐述，用之于古籍整理研究和语言文字研究。鸦片战争以后，中国开始沦为半封建半殖民地社会。士大夫们有感于“陆沉之有日”，转而接过今文经《公羊传》中“张三世”“过三统”的学说，加以发挥，宣扬“改制”变革。康有为用今文经学说提倡变法维新，今文经学盛行。到五四运动，提倡科学和民主，摧毁封建文化，作为封建文化正统的经学始告结束。

经学对中国封建社会制度的巩固、发展和延续有极重要的关系，对哲学、史学、文学、艺术的影响也很大。经学著述是研究我国封建社会史的重要资料。

清谈

三国时许靖“虽年逾七十，爱乐人物，诱纳后进，清谈不倦”。魏末正始年间，崇尚老庄，清谈演变成“有无”“本末”的玄虚之谈，盛行于东晋、南朝，成为士族集团的一种习性。他们摒弃世务，以《易》《老子》《庄子》“三玄”为清谈内容，解释儒家经义，专讲抽象玄理。清谈变成玄谈是贵族对那个时代一种消极绝望的表现。

东晋后佛学兴起，清谈之风因而渐衰。宋明间士大夫盛谈程朱理学和陆王心学，也是一种清谈。如清代钱大昕说：“魏晋人言老庄，清谈也；宋明人言心性，亦清谈也。”

玄学

玄学的发展，经历了不同阶段。魏正始年间，何晏作《道德论》，王弼注《老》《易》，皆提倡“贵无”，认为名教出于自然，政治上崇尚“无为”，主张国君要“无为而治”。其后，魏晋之际向秀和晋郭象注《庄子》，在继续主张名教和自然一致的同时，提出了“无不能生有”的命题。裴頠（wi）作《崇有论》，更明显地与“贵无”说相对立。东晋以后，玄学探研佛理，统治者往往谈玄崇佛，玄佛趋于合流。如张湛的《列子注》，就显然受到了佛学的影响；般若学各宗，则大都用玄学语言来解释佛经。于是佛学渐盛，玄学渐衰。

范缜的《神灭论》

范缜在《神灭论》里说：“神即形也，形即神也。是以形存而神存，形谢则神灭也。”也就说，他认为形神是不可分离的统一体，如果肉体死了，精神也就随着消灭，因此形是第一性的，神是第二性的，形为神的基础，神为形的派生物。这与佛教神学形神相异、形神有二的观点尖锐对立。

范缜的《神灭论》在中国古代思想发展史上是划时代的作品，他对于形神关系问题的论证，超过了在他以前的唯物主义哲学家所能达到的水平，在中国长期的封建社会里，以后也没有一位唯物主义者在这个问题上比他作出更深入的论证来。

理学

理学是汉儒古文经学派，侧重于名物训诂，而宋儒则以阐释义理、兼谈性命为主，故有此称。

理学的创始人是周敦颐、邵雍、张载、程颢、程颐。孙复、胡瑗以及石介曾在太学任教，训释经典，自立新义，对当时士大夫影响很大，被称为宋初“三先生”，是宋代理学家的先驱。然而北宋时还没有构筑起完整而系统的理学体系。直到南宋中期，方由朱熹加以完成。朱熹建立的客观唯心主义体系，认为“理”是离开事物独立存在的客观实体，具有永恒的、至高无上的地位。为学应“即物而穷理”“穷理以致其知，反躬以践其实”。与朱熹同时代的，还有陆九渊的主观唯心主义一派，与之相对立。他们断言“心”是宇宙的本体，“宇宙便是吾心，吾心便是宇宙”，“此心此理实不容有二”；为学主先“尊德性”，“发明本心”，而“六经皆我注脚”。到了明代，王守仁进一步发展了陆九渊的学说，形成陆、王学派。然而张载的“气一元论”和二程不同，至明代王廷相、清初王夫之等人，曾先后发展张载的学说，以反对程朱和陆王的学说。

朱熹

朱熹的中心思想为“理气论”，认为理是万物的本体，是先于天地而存在的最高实体。理通过气获得现实性、产生万物。理不离气，气是理的“挂搭”“安顿”处，但理为形而上之道，是“生物之本”，气为形而下之器，乃“生物之具”，故理为本、气为末，理在先，气在后，理决定气。万物都体现了理的本质，故物物虽各有一理，总天地万物亦只是一理，理一而分殊。认识论上，提倡格物致知，要求广泛地认识具体事物，并深入其本质，连“核子”一并咬破，以穷其理，但又强调顿悟。朱熹承认事物的矛盾对立，指出一分为二是宇宙间普遍现象，矛盾的双方相互渗透、相互依存、相互转化，阴阳矛盾对立促进事物的发展变化。但否认理的可分性，本体之理不可分割。他强调“天理存则人欲亡，人欲胜则天理灭”，提出“存天理，灭人欲”的理论。

朱熹从事著述教育 50 余年，在整理文献方面有一定贡献。死后，他的思想被奉为官方哲学，在封建社会末期产生了重大影响。

朱熹一生著作甚丰，其中最重要、最有影响的有《四书章句集注》《周易本义》《易学启蒙》《通书解说》等。

“二程”的洛学

二程，指的是北宋哲学家、教育家程颢（1032～1085 年）和程颐（1033～1107 年）。二程是兄弟，都是周敦颐的学生，创立了著名的“洛学”，主要著作有《二程全书》（后人编纂）、程颢的《识仁篇》，程颐的《周易程氏传》等。他们的学说奠定了宋明理学的基础。

在哲学思想上，二程同把“理”作为哲学的最高范畴，认为万物出自“理”。有“理”就有“气”，气聚成万物人类。认为将客观事物的“理”与内心的“理”相契合，才算是得到“真知”。程颢认为，心就是天，只要尽了本心就可以知道本性与天。他还强调“万物一体”，认为“仁者以天地万物为一体”。而程颐的讲法与他哥哥不同，他强调天道与人道的同一性，认为道只有一个，不存在天人之别。他认为“理”是人内心本所固有的，主张反躬内求的修身方式，通过“去人欲”而“存天理”，进而衍生出“可私己之利欲而维护纲常”的伦理。

张载的关学

张载字子厚，凤翔郿县（今陕西眉县）横渠镇人，世称横渠先生。张载批判

佛、道唯心主义理论，反对道家无能生有之说，建立了元气本体论唯物主义哲学体系。认为世界是客观的物质存在，“凡可状，皆有也；凡有，皆象也；凡象，皆气也”。以气为宇宙万物统一的物质基础。规定气是能为人们感知的、具有矛盾运动的宇宙间一切存在与现象。提出“太虚无形，气之本体，其聚其散，变化之客形尔”以太虚为气之本体，万物为气化之聚的产物。宇宙间只一气之聚散，没有绝对的虚无，物质不能从虚无中产生，也不能消灭为无。认识论上坚持人的

感觉来源于客观事物，把认识划分为“见闻之知”和“德性之知”，认为见闻之知不足以认识事物的本质，承认先验知识的存在。提出“一物两体”的辩证法思想，气包含着矛盾对立，一与两不可分离。但又强调“有反斯有仇，仇必和而解”，提出“天地之性”和“气质之性”的人性论，以前者为人的本性，主张变化气质。倡导“民胞物与”的泛爱主义学说。

主要著作有《正蒙》《易说》《经学理窟》等。

陆九渊创“心学”

陆九渊曾于江西贵溪象山聚徒讲学，学者称象山先生。幼好思辨，乾道八年（1172 年）进士。

陆九渊的学说上宗孟子，近接程颢，不同意朱熹以理为抽象的客观精神本体，而坚持“心即理”，以心为宇宙万物的本体。认为“宇宙便是吾心，吾心即是宇宙”，强调心与理的直接同一：“天之所以与我者，即此心也。人皆有是心，心皆具是理，心即理也”。并强调人心的本体意义，它既是每一个主体的主观意识，又是超越时空和个人的永恒存在。“某之心，吾友之心，上而千百载圣贤之心，下而千百载复有一圣贤，其心亦只如此。心之体甚大，若能尽我之心，便与天同”。在认识论上提倡自存本心，“先立乎其大者”，认为万物之理先验地存在于我的心中，“此天之所以予我者，非由外铄我也。思则得之，得此者也；先立乎其大者，立此者也”。认识不是去观察客观事物，而是“减担”“发明本心”。轻视读书，注重道德修养，提倡主体自觉。为学提倡“尊德性”，自称为“易简工夫”，讥讽朱熹“道问学”的格物致知“支离”，并在鹅湖之会开展了激烈的辩论。

明代王守仁继承发展了陆九渊的思想。著作有《陆九渊集》。

王守仁

王守仁的哲学思想集中国古代唯心主义之大成，其主要内容为“心外无物”“心外无理”的主观唯心主义的宇宙观；“致良知”的先验唯心主义认识论；“知

行合一”的封建伦理道德修养论。

王守仁认为“心即理”，认为心是宇宙万物的本体和主宰，并把此心抽象为人的道德良知；他把“心”“良知”等精神意识说成是第一性的，天地万物则是第二性的，是意识所派生的。王守仁认为人人都有良知，“良知”即是“天理”，从社会政治方面来说，即是封建伦理纲常。“致良知”的“致”，是指人们克灭私欲的认识和修养功夫，通过“致”，使“良知”得以明白或恢复，即“存天理，去人欲”，也就是使得人人都能按照封建伦理纲常去行事。王守仁在“知行合一”说中，着重强调了封建道德付之实际行动的重要性；这是因为自朱熹提倡“知先行后”学说后，在士大夫中间逐渐形成了知而不行的弊病，到了王守仁生活的时期，崇尚空谈、不务实际的情形更是弥漫充塞于官僚士大夫中间的缘故。

王守仁促进了思想解放和理学的内部分化，对后世影响极大。著作有《王文成公全书》。

李贽的“童心”说

嘉靖三十一年（1552 年），李贽中举，以后做过二十多年地方官。万历九年（1581 年），他弃官到湖北黄安定居，从事讲学和著述。

李贽的“童心”说，是由泰州学派罗汝芳的“赤子之心”说发展而来的。他认为“童心”是真诚的，是一种未受官方御用思想腐蚀过的原始的天真纯朴的精神状态。它与王守仁的“良知”说相反，李贽认为义理蒙蔽童心，义理懂得越多，童心丧失得越多；针对当时社会上的弊病，他要求“真心”“真人”，这是要求个性解放的一种表现。

李贽批判了男女不平等的偏见，主张寡妇再嫁，婚姻自主，还明确地主张女子也可以学道，认为男女在才智上是平等的。他特别强调物质生活的重要，明确指出穿衣吃饭，解决温饱问题，是老百姓生活最根本的大计，也是最基本的要求。李贽在批判理学家们“道心”“天理”等的说教时，公开宣称“自私”是人的天性，认为人类的一切活动，都出于自私自利的动机，即主张利己主义的人性论。

李贽对孔孟传统思想和程朱理学的批评非常广泛，也很尖锐深刻，言论十分大胆。这在中国古代思想家中是少有的。

《明夷待访录》

黄宗羲（1610～1695 年），字太冲，号南雷，别署梨洲山人、梨洲老人，世称梨洲先生，浙江余姚黄竹浦人，明末清初的杰出学者、教育家、启蒙思想家和历史学家。黄宗羲的父亲黄尊素是明末东林名士，为魏忠贤所害，死于诏狱。明清交替之际，黄宗羲起兵抗清，失败后仍一直从事反清复明活动。清军攻下浙江后，他闭门不出，一心著述，终生不仕清。

《明夷待访录》把批判锋芒直指统治中国近两千年的君主专制制度，黄宗羲以秦为界，将秦代以前的中国历史称为“古”，秦代以后的历代王朝称为“今”，认为“今”之君主“荼毒天下之肝脑，离散天下之子女”，而视为理所当然，是“天下之大害”。这种思想在当时是前无古人的。尽管黄宗羲并没有否定君主专制制度，但其批判却深中肯綮，是对封建时代“君权至上”的否定，其中透露的则是近代民主启蒙思想的曙光，对后世影响极大。如梁启超就是受了黄宗羲思想的激励，起而投身清末的维新变法运动的。

《日知录》

《日知录》是明末清初顾炎武撰写的一部读书笔记。顾炎武从 30 岁起，用了 30 年时间将学习心得汇成此书。

书名取《论语》中“日知其所亡，日无忘其所能，可谓好学也已矣”之意。该书 32 卷，所记共 1020 条，每条有一标题。《四库全书总目提要》把它分为 15

类：大抵前7卷皆论经义，8～12卷皆论政事，13卷论世风，14、15两卷论礼制，16、17两卷论科举，18～21卷论艺文，22～24卷杂论名义，25卷论古事真妄，26卷论史法，27卷论注书，28卷论杂事，29卷论兵及外国事，30卷论天象术数，30卷论地理，32卷为杂考证。

《日知录》的主要版本有清康熙九年（1670年）顾炎武自刻的卷本。他陆续增至30余卷，生前未刊。死后稿本流入其外甥徐乾学、徐文元兄弟手中，遭窜改。其学生潘来于康熙三十四年刊印此书，即现存最早的32卷本。道光十四年（1834年），黄汝成根据各家研究成果，重加校注，成《日知录集释》32卷，附刊误2卷，续刊误2卷。近人黄侃作《日知录校记》1卷，颇有参考价值。

王夫之

王夫之（1619～1692年），字而农，世称船山先生，明清之际思想家。王夫之在哲学上有着突出贡献，他继承和发扬了中国古代朴素唯物主义的优良传统，吸收当代心性“质测之学”的成果，求实创新，在前人成果的基础上把唯物主义发展到时代条件所允许的高度。王夫之特别批判了“存天理，灭人欲”的论点，认为只有人欲得到合理满足，才合乎道理。

乾嘉学派

乾嘉学派导源于明清之际的顾炎武。他治学的宗旨是“博学于文”，“行己有耻”。方法是“读九经自考文始，考文自知音始”。他还主张根据经书和历史立论，以达到“明道救世”的目的。他是清代考据学的开创者。之后，学者继承古文经学的训诂方法而加以条理发明，训解阐述，用于古籍整理和语言文字的研究，形成所谓“朴学”，也叫“汉学”。

乾嘉两朝，是清代“朴学”的全盛期，因而被称为“乾嘉学派”。它主要分为以惠栋为首的吴派和以戴震为首的皖派两大支。吴派学风是“好古”“信古”“博学”，皖派学风是“实事求是”“无征不信”。他们从校订经书扩大到史籍和诸子，从解释经义扩大到考究历史、地理、小学、音韵、训诂、天算、金石、乐律、典章、制度，凡经过他们整理的古籍，解释明确，对学术有很大贡献。因为他们主要以汉儒经注为宗旨，推崇东汉许慎、郑玄的学问，所以亦称为汉学派或清代古文经学派。

史学理论

中国古代史书的体例

编年体

编年体是史书体裁名，按年月先后记述史实。西周春秋时期已有编年体史书存在，如《周春秋》《燕春秋》《宋春秋》《齐春秋》《晋乘》《秦记》《楚梼杌》等。

传说孔子据《鲁春秋》修成的《春秋》一书，是现存最早的编年史书。《左传》《汉记》《后汉记》《资治通鉴》《续资治通鉴长编》《建炎以来系年要录》《续资治通鉴》等都是比较著名的编年体史书。

纪传体

纪传体是史书体裁名，由汉代司马迁始创，他在《史记》中采用了本纪、表、书、世家、列传五种叙事体例。

“本纪”依年月顺序记载帝王事迹，专述当时政治、经济、军事、文化大事；“世家”记载诸侯列国和特殊人物的历史；“表”则依时间先后，把人物、大事等列成表格；“书”或“志”专记典章制度；“列传”主要记述人物以及边疆域外民族的事迹。总之，“纪以包举大端，传以委曲细事，表以谱列年爵，志以总括遗漏”

以上五种体裁，分则自成体系，合则相辅相成，构成一个有机的整体，其间又以纪、传为中心，所以叫作纪传体。

国别体

国别体是史书体裁名，以诸侯国为单位，分别记叙历史事件。

《国语》是中国第一部国别体史书，又称《国记》，是一部分国记事的历史散文，起自西周穆王，讫于战国初年的鲁悼公，分载周、鲁、齐、晋、郑、楚、吴、越等八国的历史。它最初的记录者可能是各国的史官，在春秋战国之际由晋国的史官编纂成书。

纪事本末体

纪事本末体是史书体裁名，南宋时袁枢《通鉴纪事本末》始创其体。以历史事件为中心，将每一事件的演变过程，按时间顺序编写，独立成篇，避免了编年体史书中一事隔越数卷、首尾难稽的弱点。

《通鉴纪事本末》，把《资治通鉴》一千三百六十二年的纪事，分为二百三十九事，每事一一叙其始终。南宋杨仲良仿效这种办法，据李焘《续资治通鉴长编》，编写了《皇宋通鉴长编纪事本末》。后人编撰的纪事本末体史书还有《宋史纪事本末》《辽史纪事本末》《明史纪事本末》等。

纲目体

纲目体是史书体裁名，也是编年体的一种形式。创始于南宋朱熹的《资治通鉴纲目》。纪事仍依编年为序，并有相应的格式，即“表岁以首年，而因年以著统；大书以提要，而分注以备年”。大字提要为纲，小字分注为目。纲简而目详，详简有度，便于省览。

断代史

断代史是史书体裁名，主要特点是只记录某一时期或某一朝代的历史，如《汉书》。

《汉书》是中国第一部纪传体断代史，分为 12 篇纪、8 篇表、10 篇志、70 篇传，共 100 篇，80 余万字。记事上起汉高祖元年，下至王莽地皇四年，共 229 年的历史。从《史记》到《明史》的二十四史，除《史记》外，均为断代史。

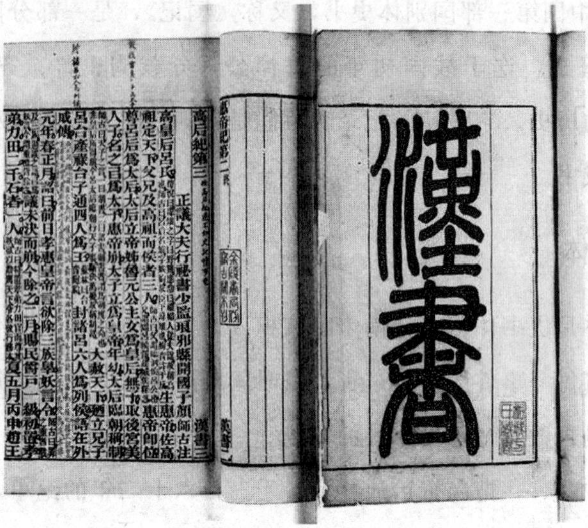

通史

通史是史书体裁名，是连贯地记叙各个时代的史实的史书，与断代史正好相反。

如汉代司马迁的《史记》，也可称为通史。因为他记载了上自传说中的黄帝，下至汉武帝时代，历时三千多年的史实。还有司马光的《资治通鉴》，也是著名的通史。

通史可以理解为贯通的历史，就是一个国家或地区或世界的从最早文明到现在的历史。既然叫通史，就首先要求叙述的内容广泛，所有重要事件和研究课题涉及内容不深，但都要涉及。其次要求在叙述中体现历史发展脉络或贯穿其中线索，给人一种整体的认识。

世家

世家是纪传体史书的一种体例。原意为“开国承家，世代相续”，自司马迁采入《史记》后，后来的纪传体史书相沿为例，用以记载列国诸侯、地方割据政权，或地位相当的人物。

表

表是纪传体史书的一种体裁，始创于司马迁的《史记》。表把人物、大事按时间顺序排列为表格，可以起到举凡撮要，提纲挈领，年经月纬，一览了如的作用。

《史记》十表，或以人物为主，记其世系，如《三代世表》；或以国家为别，列其大事，如《六国年表》；或以事为纲，按月记述，如《秦楚之际月表》。

志

《史记》有八书，《汉书》有十志，《新五代史》有二考。《后汉书》《晋书》《宋书》《齐书》《魏书》《隋书》《旧唐书》《新唐书》《旧五代史》《宋史》《辽史》《金史》《元史》《明史》诸史均有志，篇目有的多达十五志。

各史的食货（平准）、沟洫（河渠）、天文（天官）、百官、艺文（经籍）、刑法、兵、选举、礼、乐等志，实际是分类记载历代经济、政治、文化、天文、仪礼、军事等方面典章制度的专篇，有较高的史料价值。

列传

列传是纪传体史书的一种体裁。始自司马迁《史记》，用以记载历史人物或边疆域外诸族的活动。

诸史列传大抵有专传、合传、类传、外国或蛮夷传等。专传是一人一传；合传是数人相附；类传是因事状相类，排列相合，冠以名目，如《史记》《汉书》的循吏传、儒林传、龟策传、货殖传、日者传、游侠传、佞幸传、滑稽传，《后汉书》的党锢传、宦者传、文苑传、独行传、方术传、逸民传、列女传，《新唐书》的藩镇传，《五代史》的伶官传，《宋史》的道学传，《明史》的土司传等；外国传或蛮夷传，则为记述各少数民族或外国史迹的专篇，如匈奴传、西南夷传、大宛传、朝鲜传等。

论赞

论赞是史书的一种体裁，用以阐发作者或注家对人物、事件的评论。《左传》中的“君子曰”，《史记》每篇末的“太史公曰”等。《汉书》易名为“赞”，《后汉书》改称“论”，而又系之以“赞”。《新五代史》虽不别加标题，每篇皆以“呜呼”二字发端，也属于论赞的一种。至于《资治通鉴》，司马光随感而发，更不限于篇末，意之所在，“臣光曰”比比可见。

中国古代第一部史学评论专著：《史通》

《史通》是刘知几总结多年研究成果和切身经验写成的，成书于中宗景龙四年（710 年），20 卷 49 篇，其中内篇 36 篇，外篇 13 篇。内篇主要从史学理论方面评述各种史书的史法、书法、体裁、体例等，外篇主要叙述史籍源流，杂评古人撰史得失，纠谬质疑。

刘知几认为史家必须具备“史才”“史学”“史识”，即：“三长”。同时，“史识”尤为重要。这一观点被后来的史学家所称颂、遵循；清代史学家章学诚在《文史通义》中又补充了一个“史德”，进一步发展了刘知几的观点。

刘知几还从宏观角度对唐代以前的各朝史书，包括被尊为经典的史书，都从内容到编纂方法，一一进行分析批判，指出得失；并对一些史书体裁、编纂方法进行了具体的分析论述；他提出了一系列的独到见解，至今仍有参考意义。

二十四史

二十四史具体指：西汉司马迁撰《史记》一百三十卷，东汉班固撰《汉书》一百卷，南朝刘宋范晔撰《后汉书》一百二十卷，西晋陈寿撰《三国志》六十五卷，唐房玄龄等撰《晋书》一百三十卷，梁沈约撰《宋书》一百卷，梁萧子显撰《南齐书》五十九卷，唐姚思廉撰《梁书》五十六卷，唐姚思廉撰《陈书》三十六卷，北齐魏收撰《魏书》一百三十卷，唐李百药撰《北齐书》五十卷，唐令狐德棻等撰《周书》五十卷，唐魏徵等撰《隋书》八十五卷，唐李延寿撰《南史》八十卷，唐李延寿撰《北史》一百卷，后晋刘昫等撰《旧唐书》二百卷，宋欧阳修、宋祁撰《新唐书》二百二十五卷，宋薛居正撰《旧五代史》一百五十卷，宋欧阳修撰《新五代史》七十四卷，元脱脱等撰《宋史》四百九十六卷，元脱脱等撰《辽史》一百一十六卷，元脱脱等撰《金史》一百三十五卷，明宋濂等撰《元史》二百一十卷，清张廷玉等撰《明史》三百三十二卷。

《二十四史》总计三千二百二十九卷，用纪传体记载了上古至明代的历史。

宋代史学的空前繁荣

宋代统治者为吸取前代兴亡的经验教训，很重视前朝历史的修撰。北宋刚建立，宰相范质就把五代各朝的实录简编成《建隆五代通录》65 卷；宋太祖又下令修成《五代史》150 卷；对唐代的历史，后晋时编撰的《旧唐书》，因宋仁宗不满意，后又重修《新唐书》225 卷。此外，私人编纂前朝史书的也不少，如路振采集五代时吴、南唐等几个割据政权的君臣事迹，撰成《九国志》12 卷；又如欧阳修重新修订五代史，撰成《新五代史》74 卷，这是中国唐代以后唯一由私人编纂的正史。这些官修、私撰的唐、五代断代史的出现，说明当时统治阶级从上到下都很重视对前朝历史经验的总结。这是宋代史学繁荣的一个重要方面。

此外，各种不同体裁的通史的编纂，在宋代更是获得辉煌的成果。如司马光主编的《资治通鉴》，就是宋代通史中的不朽之作，成了后代编年体史书的典范；又如袁枢的《通鉴纪事本末》开创了以记事为中心的史书新体裁；而与唐代的《通典》并称为“三通”的《通志》《文献通考》，也是在宋代完成的，被视为记载历代典章制度的重要史籍。

除了各种题材、各种类型史书的卓有成果的编纂外，宋代史学还在以下几个方面开拓了新的研究领域。

首先是金石学成了史学研究的一个领域，如欧阳修的《集古录》、赵明诚的《金石录》等。其次是史学批评的开展，如吴缜先后撰《新唐书纠谬》20 卷、《五代史纂误》5 卷，都是这个时期史学批评的代表作。最后是对历史问题研究和评论的风气十分活跃，如吕祖谦的《历代制度详说》中，在许多问题上都有作者自己的见解。

“太史公”司马迁

司马迁（公元前 145 或前 135～约前 87 年），西汉史学家、文学家，字子长。左冯翊夏阳（今陕西韩城）人。父司马谈，汉武帝时任太史令，他十分重视自己史官家世的传统和史官的职责，这对司马迁后来从事的事业产生了重要影响。

司马迁 10 岁后到长安受学于儒学大师董仲舒、孔安国，并大量研读古代文献；20 岁时游历江淮，考察了大量历史古迹；壮游后回长安，做郎中官，侍从武帝巡狩、封禅，游历了更多地方；中年又受武帝派遣，视察西南，安抚西南夷。武帝元封元年（公元前 110 年），司马谈临终嘱咐司马迁写史。三年后，司马迁继父职，做太史令。

太初元年（公元前 104 年），司马迁正式开始《史记》的写作。汉武帝天汉三年（公元前 98 年），他因替被俘投降匈奴的李陵辩护而获罪，被捕入狱，受了

腐刑。他虽在狱中受辱，为了完成不朽的著作，仍“隐忍苟活”。出狱后，他升任中书令，但一心只在完成《史记》上，发愤著书，终于完成了这一伟大著作。大约逝世于武帝末年。

司马迁继承了先秦唯物主义思想传统，同时又具有批判的精神。他既肯定孔子，又把他作为一个历史人物来对待；既以儒家思想为主要接受对象，又兼受其他各家的影响。思想上的唯物主义因素，使他能从历史事实来考察和判断一些传统观念的可靠与否，用历史事实来辨析历史兴衰的因果关系，用历史人物自身所在历史条件下所起的作用来评价他们。在《史记》中，他的人物传记写了各个阶层的各式各样的人物，既有帝王将相，又有平民百姓；既写了伟大的政治家、学者，也写了游侠、伶优。他敢于以不同于当时统治者的态度评价封建帝王，还对像陈胜、吴广这样的农民起义领袖给予极高的评价，把他们同开国之君的商汤、周武王并提。

中国第一部纪传体断代史：《汉书》

《汉书》的作者是东汉的班固，其从体例上沿袭了《史记》本纪、列传的记事方式，不过改“书”为“志”，去掉了“世家”。《汉书》的史料来源，前半部

分多取自《史记》，后半部分则多以《后传》为本。十二纪，是按西汉一代帝王顺序，从汉高祖开始到汉平帝为止，共12人，按给每人写传记的体裁，编年纪其大事。八表中的前六表分别谱列王侯世系，另有《百官公卿表》和《古今人表》。十志则取法《史记》的八书，但记事比八书丰富、系统，被认为是《汉书》的精华所在，集中记述了西汉的典章制度，为研究西汉政治、经济、军事、文化等方面提供了极为丰富的资料。

《汉书》体例完整，记载系统完备，有很高的史料价值，是研究西汉历史的宝贵资料，也是一部重要的史学名著。

《后汉书》

范晔写《后汉书》以前，已经有许多专写东汉的史书流传，如刘珍等写的《东观汉记》、谢承的《后汉书》、司马彪的《续汉书》、薛莹的《后汉纪》等10多种。范晔兼取各家之长，他的《后汉书》行世后，各家之书逐渐湮没。

范晔《后汉书》最主要的史料来源是《东观汉记》，其体例虽然基本沿袭了《史记》《汉书》，但也有所变化，在列传部分，新增了党锢、宦者、文苑、独行、方术、逸民和列女七种。其中党锢与宦者两传既是创新，又反映了东汉一代的情况，很有时代特点。《后汉书》的《舆服志》《百官志》也是前史所没有的，《舆服志》记载了反映封建等级制度的各种车、车饰、服装及配饰的式样和沿革情况，是研究汉代舆服文化的重要史料；《百官志》记述东汉从中央到地方分官设职的情况。

范晔思想比较进步，撰史观点鲜明，爱憎分明，文笔犀利，于“论”“赞”中往往一语见的，褒贬分明；正是因此，《后汉书》成书虽然晚，却能于诸家之作中脱颖而出，流布于后世。

《三国志》

《三国志》65卷，包括《魏书》30卷、《蜀书》15卷、《吴书》20卷，主要记载魏、蜀、吴三国鼎立时期的历史。《三国志》在北宋以前，是《魏书》《蜀书》《吴书》三部书分别流行，到北宋时才合在一起刻板印刷，改称《三国志》。全书只有纪、传，而无志、表。

作者陈寿（公元233～公元297年），字承祚，西晋初年巴西安汉（今四川南充）人，蜀汉时任观阁令史，入晋后为著作郎，领本郡中正。当时的人们称赞他善于叙事，有良史之才。

陈寿写《三国志》之前，已经出现了一些有关魏、吴的史作，《三国志》中的《魏书》《吴书》就取材于这些史书，《蜀书》的材料是陈寿自己采集编次的。

《三国志》叙事简洁，剪裁得当，三书很少有重复，在选材上也十分慎重，留下了不少宝贵的资料。如《华佗传》保存了古代医学资料；《张鲁传》保存了中国道教史资料；《三国志》中关于鲜卑、乌桓、高句丽等民族的史料更是非常珍贵。

出自“御撰”的《晋书》

《晋书》于贞观二十年（公元646年）开始，至二十二年（公元648年）完成，参加编写的前后达20多人，除房玄龄等三人作为监修之外，还有史学家令狐德棻、李延寿，天文学家李淳风等。唐太宗李世民亲笔为其中的《宣帝纪》（司马懿）、《武帝纪》（司马炎），以及《陆机传》《王羲之传》撰写了四篇史论，因此，《晋书》曾有太宗皇帝御撰之说。

《晋书》完整而全面地记叙了晋代的盛衰兴旺，保存了大量宝贵的历史资料，文字精炼老道，简而不漏，详而不芜，是研究两晋历史的一部重要参考书。

另外，《晋书》在体例上，于本纪、列传之外，增设“载记”，用以记述十六国史迹，其材料十分重要，也是今天研究十六国史事的唯一资料。

“八书”与“二史”

二十四史中，有 10 部书都是记述南北朝历史的，它们是《宋书》《南齐书》《梁书》《陈书》《魏书》《北齐书》《周书》《隋书》以及《南史》和《北史》。

八书与二史相比较，二史的编撰思想立足于全国统一，天下一家，史学观点较为先进，且条理清楚，叙事简明，比较受人重视；但二史虽然有若干重要增补，终究删节过多，不如八书详细完整，尤其是只有纪传而无志、表，因此无法取代八书。深入研究南北朝历史，必须全面研读八书二史，参照比较，融会贯通，综合为用。

《旧唐书》与《新唐书》

《旧唐书》为后晋刘昫（xù）等撰，计 200 卷，包括本纪 20 卷，志 30 卷，列传 150 卷，约 190 万字。上起唐高祖武德元年（公元 618 年），下至唐哀帝天祐四年（公元 907 年），记载了唐代 290 年间的历史。《旧唐书》原名《唐书》，后来北宋欧阳修、宋祁编纂的《唐书》问世，后人为便于区别，分别加了“旧”“新”二字。

《旧唐书》为刘昫监修，得享虚名而并无贡献，实际该书主要作者是张昭远、贾纬等人，监修是赵莹。

《旧唐书》的史料价值较高，受到后世治史者重视；其保存的史料大多比较生动原始，没有什么人工雕琢的痕迹，文字也比较自然朴实。

《新唐书》全书有本纪 10 卷，志 50 卷，表 15 卷，列传 150 卷，合计 225 卷，约 175 万字，记述时间范围与《旧唐书》相同。

《新唐书》的成书晚于《旧唐书》百余年，这期间社会相对安定，陆续发现不少有关唐史的新资料，也有一些唐史研究的新成果问世。《新唐书》利用这些有利条件，增订补充了不少《旧唐书》所缺略的重要史实，尤其是《艺文志》中书目增加很多，十分重要和宝贵。而且，《新唐书》的《兵志》《选举志》和《仪卫志》是以前各史没有的，有开创意义，并为《宋史》以后各史所沿袭。

综合而言，《旧唐书》和《新唐书》各有长短而又互为补充，都是研究唐史的人不能不读的重要史书。

辽、金、宋三史仓促成书

元代建立不久，就曾着手组织编写宋、辽、金三史。但因三个朝代同时存在，究竟应以谁为正统，如何处理三者与元代历史地位相关的问题，朝廷内部长期争论不绝，使编撰工作难以进行。

至正四年（1344 年）三月，《辽史》先成，十一月《金史》续成，至正五年十月《宋史》撰成。欧阳玄为实际纂修三史的主要人物，在发凡起例、审阅改定方面出力最多，论、赞、序均出于其手。

《宋史》由于篇幅庞大而又成书仓促，对于不同来源、不同观点的丰富史料未能精心整理鉴别和认真裁剪加工，而是采用省力的办法，各自袭用旧文，草草拼凑成书。因此，全书比较芜杂粗糙，错讹疏略和矛盾抵牾之处较多；全书内容也极不平衡，详于北宋，略于南宋，南宋初中期又详于末期。有关宋元战争的记录，凡于蒙古军不利的战况，《宋史》均删削不载。

《辽史》为二十四史中最为简略粗疏的一部。既没有认真搜集和考订史料，又没有详细检对和润色文字，因此，重复、缺略、错误和矛盾之处很多，有时甚至把一件事当成两件事，一个人当成两个人。

《金史》是宋、辽、金三史中成就最高的，首尾完密，布局严整，约而不疏，赡而不芜。成书又快又好的原因是它所依据的史料比较充分，原有蓝本也基础较好的缘故。

《元史》与《新元史》

在明太祖朱元璋命令下，洪武元年（1368 年）、三年（1370 年），两次修撰

《元史》，用时不足一年（期间因元顺帝一朝无实录可据，欧阳佑等 12 人到北方调查搜集史料），实际编写者又多所更换，前后两批人工作互不衔接，草率匆忙，以致错漏甚多。

另外，根据朱元璋的要求，《元史》写得文字比较浅显，叙事明白，而且全书不作论赞，但据事直书，具文见意，使其善恶自见，有别于其他官修正史的一般体例。

自清末以来，整理汲取前人研究成果，参考中外有关资料而撰成的元史专书有数种，其中，以柯劭忞（mǐn ）的《新元史》最受重视。

《新元史》初稿完成于 1919 年，后加修订，1930 年定本。当时的大总统徐世昌曾为之作序，并颁布总统令，将其列入正史。故二十四史之外，再加上《新元史》，有“二十五史”之说。

《新元史》规模较大，计 257 卷，其主要成绩在于将明清以来关于元史研究的诸多成果予以综合性地整理。对《元史》原有的各种错误缺点做了大量的修改、订正、补充和调整的工作，把新旧史料重新汇编组织为一部比较系统严密的专书。

但是，《新元史》的作者虽入民国，仍以清代遗老自居，其立场与史学思想相当陈旧，由于其据以修订补充《元史》俱在，其史料价值反不如旧《元史》多为原始资料来得珍贵。这也是《新元史》无法取代《元史》的根本所在。

《明史》

《明史》的修撰始于康熙十八年（1679 年），成于乾隆四年（1739 年），前后历时达 60 年。这项工作是在清初统治者的严密监视下，由富有爱国精神和民族气节的明朝遗民参加修撰的。著名学者黄宗羲、顾炎武等不肯与清廷直接合作，但为修史准备了许多材料，并派弟子参与。又如浙东历史学家万斯同等，既不接受官衔，也不领取俸禄，以布衣身份参与修史。

《明史》取材于《明实录》《大明会典》、档册、邸报、论文集、方志、奏议、传记等，原始材料十分丰富，由于有著名历史学家万斯同的精心编撰与审核把关，《明史》体例严谨、叙事清晰、编排得当、文字简明，所载多引录原文，具有较高史料价值。

《明史》也有详于政治军事、略于社会经济的毛病，内容也有缺略之处，如郑和七下西洋的记载就十分简略；有关清代先世兴起的历史及其与明代的关系，如女真族建州部、奴儿干都司等，碍于清代文网密布，一删再删，余下的记载零碎分数，隐约难详，是重要缺陷。另外，《明史》仇恨农民起义的观点也十分露骨。

《清史稿》

《清史稿》，赵尔巽等撰。全书529卷，包括本纪25卷，志135卷，表53卷，传316卷。

由于集中整理了清代的重要史料，《清史稿》至今是研究或学习清史的基本参考书。但其错误和缺点也十分严重。本书虽然修撰于民国，但其修撰者大多是清朝遗老，复辟思想十分严重，对清代皇帝时加美化赞颂或粉饰回护，对反清人物和史事一概加以贬斥，甚至郑成功也被称为“海寇”；清代遗臣死于民国初年的，书中均只写甲子，不用民国纪年。在各个方面损坏了史料的真实性和全面性。

辛亥革命后，清帝被迫退位。1914年北京政府设立清史馆，赵尔巽任馆长，缪荃孙为总纂。1919年缪氏去世，由柯劭忞继任。当时军阀混战，经费不足，纂修工作进展迟滞，始终难于定稿成书，后在北洋军阀支持下，于1927年将未定之稿匆忙付印。

中国传统史学的开创：《春秋》

《春秋》是儒家经典之一。我国现存最早的编年体史书。春秋时期鲁国的史记。记载了上自鲁隐公元年（公元前772年），下至鲁哀公十四年（公元前481年）的历史。西晋杜预认为，因鲁史所记，“必表年以首事，年有四时，故错举以为所记之名”；又据“春生物而秋成”之意，故名《春秋》。

《孟子》《史记》《汉书》都有“孔子作《春秋》”的记载。前人还说孔子删

修《春秋》，意在“寓褒贬，别善恶”；要做到“微而显”，“志如晦”，“婉而成章”，即所谓“春秋笔法”，后世学者应从字里行间去搜寻其微言大义。

后世学者遂对《春秋》这部儒家经典作了许多引申和解释，称之为“传”。到了汉代，“传”已有五种之多。包括《左氏传》三十卷，《公羊传》《穀梁传》《夹氏传》和《邹氏传》各十一卷。后两传早已亡佚，现存的前三传，被称为“春秋三传”。古代《春秋》经文和“三传”分列，今分载在各传之前。

《左传》

《左传》亦称《春秋左氏传》或《左氏春秋》。儒家经典之一。我国最早以《春秋》为纲的编年史。起于鲁隐公元年（公元前 722 年），止于鲁哀公二十七年（公元前 468 年），后附鲁悼公四年（公元前 463 年）事一条，并叙及悼公十四年（公元前 454 年）晋国韩、魏、赵三家攻灭智伯的事，前后记叙了春秋时期二百五十多年的历史。关于其作者、年代和真伪历来争辩甚多。《汉书·艺文志》认为是春秋时鲁国太史左丘明著，清代今文经学家认为系西汉刘歆改编，近人则认为是战国初时学者据各国史料编成。

《左传》文字简练、生动，也是我国古代艺术成就很高的历史散文集。注本以西晋杜预《春秋左氏经传集解》较为通行。唐孔颖达等《春秋左氏传正义》、清洪亮吉《春秋左氏传诂》、刘文祺等《春秋左氏传旧注疏证》（未完成，止于鲁襄公五年）都可作为参考。

中国第一部编年体断代史：《汉纪》

东汉末年，汉献帝因《汉书》篇幅太多，不便阅读，命令荀悦按照《左传》的体例，删略《汉书》。荀悦从建安三年（公元 198 年）开始，到建安五年（公元 200 年），用了两年多的时间，将 80 余万字的《汉书》改编缩写为 18 万字的《汉纪》。文字削减五分之四，而西汉一代重要历史事件、人物、制度等，都很有条理地记述下来了，因而得到“辞约事详”的称赞。

《汉纪》30 卷，按帝王先后分 12 纪，而以王莽之事附于平帝纪后，共叙事

231 年。荀悦十分重视论赞，全书“荀悦曰”近 40 则，长短不一，写法灵活，因事而发，不拘一格，累积约一万多字。

司马光与《资治通鉴》

治平三年（1066 年）四月，英宗命司马光设局于崇文院，自选官属，许借秘阁藏书，赐以笔札，编辑历代君臣事迹以为一书。至神宗元丰七年（1084 年）成书，历时 19 年。其采用的书除正史外，杂史凡 322 种。协修人员有三：刘攽负责两汉部分，刘恕起草魏晋南北朝及五代十国史事，范祖禹负责唐史。先由司马光写出提纲，助手根据提纲排比材料，以年月日为“丛目”，再将编入的材料逐条进行修订整理而写成“长编”，最后由司马光润色订稿。神宗因其书“鉴于往事，有资于治道”，故定名为《资治通鉴》，并面赐御制序文。

全书记载了公元前 403 年至公元 960 年的 1362 年间，从战国到五代的兴盛衰落的史实，按年编次，根据史事的发生、发展、了结的过程，分先后层次叙述。其中周纪 5 卷，秦纪 3 卷，汉纪 60 卷，魏纪 10 卷，晋纪 40 卷，宋纪 16 卷，齐纪 10 卷，梁纪 22 卷，陈纪 10 卷，隋纪 8 卷，唐纪 81 卷，后梁纪 6 卷，后唐纪 8 卷，后晋纪 8 卷，后汉纪 4 卷，后周纪 5 卷。另有目录 30 卷，考异 30 卷。注释有宋代王应麟《通鉴地理通释》、刘羲仲《通鉴问疑》、元代马端临《资治通鉴音注》、明代严衍《资治通鉴补正》等。长期以来，许多学者对它进行校勘、辨正、注释，对其体例、编纂方法、过程等进行研究，渐成一专门学问，称为“通鉴学”。

袁枢的《通鉴纪事本末》

关于袁枢编撰《通鉴纪事本末》的情形，史书记载十分简单，只是说：“枢常喜诵司马光《资治通鉴》，苦其浩博，乃区别其事而贯之，号《通鉴纪事本末》。”

袁枢的实际工作是将 300 多万字的《资治通鉴》打散了重编，按照依事立目的原则，把有关文字资料抄录编在一起，不仅史实材料完全取自原书，而且文字也是一字不改，最后汇列为239个事目，每一事目按时间顺序作有头有尾地详细叙述。全书每一事目的标题都能做到统括全篇大旨，言简意赅，字含褒贬，从而进一步提炼和深化了《资治通鉴》的主题。

袁枢对《资治通鉴》的改变，是一项很重要很有历史意义的创造发明。由于他的贡献，传统史书增加了一种新的体裁：纪事本末体。

先秦历史

三皇五帝

三皇五帝说法不一。其中，《尚书大传》将三皇记为燧人、伏羲、神农。《白虎通》以伏羲、神农、共工为三皇。而在神话传说中，则常把天皇、地皇、人皇并称为三皇。

三皇与五帝的划分也不太明确，有把伏羲、神农列入五帝的，也有把五帝之首的黄帝升为三皇之一的。从战国后期开始，随着五行说的盛行，古文献常排列出五帝。《大戴礼记》《史记》以黄帝、颛顼（zhuān，xū）、帝喾（kù）、尧、舜为五帝，《战国策》《易经》《淮南子》则以伏羲、神农、黄帝、尧、舜为五帝。神话传说中，天神也有五帝。

三皇五帝是战国秦汉间人们对于古史系统的一种理解和排列，未必为具体的人物，有可能是一个历史时代或某一部落联盟的象征。

神农尝百草

神农氏是远古传说时代的部落首领。据传，他发明了农业，制作耒（lěi）、耜（sì），教导民众耕种庄稼；之后又遍尝百草，发现药材，用来医治疾病。神农还发明了制陶术，初制衣裳，对远古文化作出了巨大贡献。

传说中，神农天生有“水晶肚”，腹部皮肤全部透明，五脏六腑清晰可见，能够看见吃进去的东西。上古时，人们经常因乱吃东西而生病，甚至丧命。神农

氏跋山涉水，尝遍百草，找寻治病解毒良药，以救夭伤之命，后因误食“断肠草”肠断而死。《神农本草经》即是依托他的著作。

“炎黄子孙”的由来

炎黄子孙，也称黄炎子孙，黄帝子孙，是华夏民族的自称。“炎”“黄”分别指上古传说中的炎帝与黄帝。

炎帝是上古传说时代部落首领，号魁连氏，又号连山氏、列山氏、厉山氏。传说，他与黄帝是兄弟，父亲是少典氏，母亲是有氏。长于姜水（渭水支流，今陕西岐山东），向东发展。相传，他侵陵诸侯，黄帝与他在阪泉（今河北涿鹿东南）之野进行过三次大战，后来黄帝得胜，炎帝就与黄帝结为了联盟。

黄帝是中国古史传说中的华夏族始祖，一般将其列为五帝之首。黄帝姓公孙，名轩辕，号有熊氏，为少典之子，他大约生活在公元前 26 世纪中叶。传说他生于寿丘，长于姬水，居于轩辕之丘，因此名字叫轩辕。公孙是他的本姓，后因为长期居住姬水，于是改姓姬。轩辕氏生活的时代，神农氏的权力已开始衰落。各诸侯国家互相侵略攻伐，暴虐百姓，而神农氏无力征讨。轩辕便去征伐那些对神农氏不臣服纳贡的诸侯，并且与炎帝族在阪泉进行了三次大战，终于打败

炎帝族，从此轩辕的势力就进入了中部地区。

当时以蚩尤为首的九黎族，是南方蛮族中一股强大的势力。轩辕在打败炎帝族之后，便与九黎展开了一场大战。结果蚩尤战败被杀，九黎族分崩瓦解。从此轩辕被各诸侯尊为天子，取代神农氏称黄帝。

之后的一些古代帝王（如夏商周的帝王），都被认为是黄帝的直系子孙，连蛮、夷也被纳入这个系统。后世的帝王也声称他们是黄帝的后裔。几乎所有的姓氏都将自己的远祖追溯到炎帝、黄帝或他们的臣子。而接受了华夏文化的少数民族也声称自己是黄帝子孙、炎黄子孙。比如：辽朝大臣耶律俨《皇朝实录》称契丹为黄帝之后。《辽史》和《世表序》都主张契丹为炎帝之后。

“禅让制”的真相

在古代文献里，最早记载实行禅让制度的是尧。据说尧年老时，曾召集“四岳”（即四方部落酋长）议事。“四岳”一致推举虞舜，尧采取各种方法对舜进行考验，让舜继承自己的位置，摄行管理各种事务，主持祭祀上帝、山川诸神的典礼；会见四方诸侯；外出巡狩；赏赐有功之人；制定各种刑罚等。舜主持政事28年后，尧去世，舜正式继承权位。舜年老时，发现自己的儿子商均不肖，就

选禹为继承人，并祭告于天。舜去世后，禹曾让位于商均，但天下诸侯却都朝拜禹，禹这才正式继位。禹去世前，原拟继承人皋陶早逝，便又举益为继承人。禹死后，启继承权位。禅让制至此已告结束。

另外，史学界一直有一种说法，认为“禅让制”只是人为塑造出来的假象。春秋战国时期，就流传着一种与之相反的“篡夺”说。如《韩非子》中记载：“……因曰：舜逼尧，禹逼舜，汤放桀，武王伐纣；此四王者，人臣弑其君者也，而天下誉之。”

总之，《韩非子》《竹书纪年》《山海经》所引的这些传说，都反映了尧在末年曾把酋长的位置传给儿子丹朱，但有势力的有虞氏舜，则借口其破坏了民主选举制，发动政变将尧囚禁，又流放了丹朱，将最高领导权篡夺在自己手中。同样，舜临死前也想把酋长职位传给儿子，却被禹用同样的理由篡夺了领导权。

大禹治水

禹，姒姓夏后氏，名文命，号禹，后世尊称为大禹。禹是夏后氏首领，传说为帝颛顼的曾孙，黄帝轩辕氏第六代玄孙。他的父亲名叫鲧（gǔn），母亲是有莘氏女修己。

上古时代水患严重，给民众造成很大危害。尧选拔鲧领导治水，鲧用封堵法治水，九年无功，反而导致水患更加肆虐，被尧责杀于羽山之下。鲧的儿子禹继承父志，继续领导治水。禹通过疏导将洪水排到大海和长江。治水过程中，禹以身作则，在外十三年，过家门而不入。经过多年的奔波劳累，终于率领民众取得了治水事业的胜利。洪水被治理以后，民众纷纷从高山丘陵，返回到平原地区恢复和发展生产事业，开辟出许多良田和桑土，“通九道，陂九泽，度九山”。禹命令益让民众在卑湿之地广泛种植水稻，因地制宜发展农作。

父死子继家天下

上古，大禹治水后，受各部落拥戴，继承舜位。他采取各种措施，将天下划分为九州，制定各种制度，加强统治，为夏王朝的建立奠定了基础。

禹死后，按照禅让制的原则，应当由大家公认贤能的伯益来继承王位。伯益是东夷族的首领，曾被舜所任用，管理草木鸟兽。禹在位时伯益被“任之政”，禹死时又指定他为继任者。但禹的儿子启也为当前的政权立下过大功，不服气伯益继承父亲的位置。于是，他用武力驱逐了伯益，又在钧台（今河南禹州）举行大规模宴会，宣布自己是夏朝的第二代首领。

从此，选贤任能的公天下制度被启破坏了，变成了父死子继的家天下制度。

兄终弟及

兄终弟及是商代继承王位的制度。即商代王位由王弟与子继承并用的制度。

传弟一般按年龄长幼依次继承，兄终弟及。传子有传兄之子、传弟之子和传嫡子几种。商代后期，传嫡子为王制渐为流行。

事实上，兄终弟及制度在商代之后也并未消失，而是视情况而定，与传嫡子并行。例如春秋时期，鲁炀公熙接替其兄鲁考公酋的位置，宋微仲接替其兄宋微

子启的位置。

后世的宋朝、元朝也偶尔出现过这种情况。比如宋太祖赵匡胤驾崩后，由其弟赵光义即位，也就是后来的宋太宗。

“殷商”的由来

商王朝刚刚建立的时候，定都于亳（今河南商丘北）。自从仲丁去世后，因为王位的纷争，九世多乱，又频繁遭受自然灾害，国势逐渐衰落。商王朝统治者先后五次迁都，都没有扭转纷乱的局势。

到盘庚时，他把都城从奄（今山东曲阜东）迁都到殷（今河南安阳西北小屯），凭借天下之中的地理位置，继续行汤之政，使政局渐趋稳定，经济、文化获得迅速发展，出现了规模较大的早期城市。殷遂成为全国政治、经济中心。故此，商朝也称为殷朝。

姜子牙

姜尚，名望，吕氏，字子牙。相传姜尚的先世为贵族，在舜时为官，因功被封于吕（今河南南阳），故为吕氏，名吕尚。后来家道中落，到姜尚时已经沦为贫民。

姜尚虽贫寒，却胸怀大志。至暮年时，他听说周国的西伯侯姬昌为了治国兴邦，正在广求天下贤能之士，便毅然离开商朝，来到渭水之滨的西周领地。一天，姜尚在磻溪垂钓时，恰遇到此游猎的西伯侯姬昌，二人谈得十分投机。姬昌向姜尚请教了治国兴邦的良策，姜尚就提出了“三常”的说法，大意是：“要治国兴邦，必须以贤为本，重视发掘、使用人才。”姬昌听了之后非常高兴，说道：“我先君太公预言：‘当有圣人至周，周才得以兴盛。’您就是那位圣人吧？我太公盼望先生已经很久了！”于是，姬昌亲自把姜尚扶上车辇，一起回宫，拜为太师，人称“太公望”。

姜尚为强周灭商作出卓越贡献，在他的积极谋划下，归附周文王的诸侯国和部落越来越多，逐步占领了大部分殷商王朝的属地，出现了“天下三分，其二归

周”的局面。周文王死后，周武王姬发继位，拜姜尚为国师，尊称师尚父。姜尚继续辅佐周国朝政。

太公姜尚活了一百多岁而卒，但葬地不详。为逃避战乱，祖孙后代改姓了丁（因北方的姜与南方的丁同音）位于湖南常德一带。相传兵书《六韬》为姜尚所作，后人考证系战国时人依托于他的作品。但从现存的内容看，基本上反映的是姜尚的军事实践活动和他的韬略思想。司马迁在《史记》中指出：“后世之言兵及周之阴权皆宗太公为本谋。”由此看来，姜尚实为中国谋略家的开山鼻祖。

牧野之战

商末，纣王时，社会矛盾日益尖锐，纣王生活极为奢侈，滥用刑罚，刚愎专断，致使众叛亲离。同时又穷兵黩武，经济遭受严重破坏，民不聊生。西方的周人便乘机攻商，商腹背受敌。公元前 1047 年，周武王兵进孟津（今河南孟津），会“八百诸侯”立盟东征。公元前 1046 年，武王率兵车三百乘，会同庸、蜀、羌、微、卢、彭、濮等方国和部族，于一月渡过黄河抵达孟津。二月甲子日凌晨布阵誓师，以吕尚为先锋对商军发起强大攻势。纣王调集大量军队，仓促应战。由于商军的构成多为奴隶和东夷战俘，刚刚开始交战，就纷纷倒戈帮助周师。周

军长驱直入商都，纣王逃奔鹿台自焚而死。战役仅用了一天即宣告胜利。次日，周武王在商王宫内，宣布“革殷受天明命”，统治 500 多年的商王朝为周王朝取代。

国人暴动

西周后期，周厉王继位后，任用荣夷公为卿士，实行“专利”政策，将山川林木鱼猎之利统归于王室，加重了对民众的剥削，为压制国人不满，厉王让卫巫去监视探听，有敢议论厉王是非者，就抓来杀头。从此，国民人人自危，熟人在路上遇到也不敢交谈，只是以目示意。成语“道路以目”由此而来。

对此，大臣召公虎进行了劝谏，说出了“防民之口甚于防川”的名言。但厉王对召公虎的话置之不理，反而更加残酷地实行残暴的统治。暴虐高压政策，终于酿成以国人为主的社会各阶层起义。厉王仓皇出逃，一直逃到彘（zhi）邑（今山西霍县），太子静藏在召公虎家中，被暴动的国人包围。最后，召公虎交出了自己的儿子以代太子，才使太子幸免于难。这次暴动，波及甚广，是一次有广泛社会阶层参加的行动。

春秋五霸

关于五霸具体所指，大致有三种说法。第一种是指夏伯昆吾、商伯大彭、豕韦，周伯齐桓公、晋文公。第二种是指春秋时期的齐桓公、晋文公、秦穆公、宋襄公、楚庄王。第三种是指齐桓公、晋文公、楚庄王、吴王阖庐、越王勾践。

这三种说法，以齐桓公、晋文公、楚庄王、吴王阖庐、越王勾践这五人的说法较为盛行，为一般论著所取。这不仅因为其说出现较早，而且因为它符合春秋时期大国争霸的情况。春秋时代，王室衰微、诸侯专权，形成“礼乐征伐自诸侯出”的局面。所谓霸主，就是能在一定范围内掌握礼乐征伐、发号施令的诸侯，可见，霸主是春秋时期特定历史阶段的产物，夏、商和西周时代还不具备产生霸主的历史条件。

管仲与齐桓公

管仲（？～前 645 年），春秋时政治家、齐国大臣。名夷吾，字仲，一作敬仲。颍上（今安徽境内）人。

齐桓公（？～前 643 年），春秋时齐国国君。姜姓，名小白，襄公之弟。

襄公十二年（公元前 686 年），公孙无知杀齐襄公，自立为君。次年，公孙无知亦被他人所杀，一时间齐国无君，一片混乱。

齐襄公有两个兄弟，一个叫公子纠，当时在鲁国（都城在今山东曲阜）；一个叫公子小白，当时在莒国（都城在今山东莒县）。两人得到这个消息后，都急着要回齐国争夺君位。

当时，管仲辅佐公子纠，他带兵堵截住莒国到齐国的路，亲自向公子小白射了一箭。箭矢射中公子小白系腰带的挂钩，小白假装倒地身死。管仲派人回鲁国报捷。鲁国于是就慢慢地送公子纠回国，过了六天才到。这时，公子小白已兼程赶回齐国，成为新任国君，即为桓公。

齐桓公发兵迎击鲁国，在干时大战，鲁军败走。齐桓公的谋臣鲍叔牙给鲁侯写了一封信，信中说："公子纠是齐君的兄弟，不忍杀他，请鲁国自己杀他。公子纠的老师召忽、管仲是仇人，请鲁国把他们送来，剁成肉泥。如不从命，将要出兵讨伐鲁国。"鲁人害怕，杀公子纠，召忽自杀，管仲被囚禁。桓公要杀管仲，鲍叔牙劝说："臣幸运地跟从了君上，君上现在成为国君。如果君上只想治理齐国，那么有叔牙和高傒就够了。如果君上想成就天下霸业，那么非管仲不可。管仲到哪个国家，哪个国家就能强盛，不可以失去他。"桓公听从他的建议，假装要杀仇人，把管仲接到齐国。桓公和管仲谈论霸王之术，大喜过望，以其为大夫，委以政事。

管仲被任命为齐相，主持国政，积极进行的内政改革。管仲的治国原则是

"修正旧法，采用其中合理的部分，尽量不要扰民"。他保持并发展了国、野分治的制度，提出"叁其国而伍其鄙"的方针，在"国"中设置 21 乡。其中工乡 3、商乡 3、士乡 15。管仲把服兵役的士乡分成三个部分，即"叁其国"。规定 5 乡为一军，15 个士乡共设三军，由国君与国氏、高氏二卿各帅一军。在"野"的区域设置五属，即"伍其鄙"。实行士、农、工、商分区定居的制度，不许杂处。按照"作内政而寄军令"的方针，实行军、政合一，编制成一支战斗力很强的武装。经济上，管仲实行"相地而衰征"的办法，按照土地肥瘠分等征收赋税。管仲提倡通货积财，鼓励贸易，促进生产发展。经过一系列改革政策的实施，齐国迅速走向强盛。为齐桓公霸业奠定了基础。

尊王攘夷

尊，尊崇。攘，排斥、抵御。这则典故的原意是尊奉周王为主，抵御北方游牧民族。后来成为面对外族入侵时，结成民族统一战线的同义词。齐桓公执政以来，在管仲的辅佐下，经过了内政经济军事多方面改革，有了雄厚的物质基础和军事实力，适时打出了"尊王攘夷"的旗帜，以诸侯长的身份，挟天子以伐不服。

"秦晋之好"的由来

公元前 676 年，晋武公之子姬诡诸继承君位，即晋献公。献公之父武公晚年娶齐桓公女儿齐姜，齐姜则与当太子的姬诡诸有私情。姬诡诸继位后，把庶母齐姜娶为夫人，生女伯姬及子申生。伯姬在后来的秦晋政治联姻中嫁给秦穆公为夫人，这便是所谓"秦晋之好"的开端。在此后二十年间，又有过两度"秦晋之好"。因此秦晋之好代表的是一种政治上的联姻，是国家之间的联合，但后来渐渐将男女之间的婚姻也称作结为"秦晋之好"。

卧薪尝胆

公元前 494 年，在吴楚争霸战争中，吴王夫差率军在夫椒击溃越军主力。越

王勾践使人贿赂吴太宰伯嚭请和，吴王夫差不顾伍子胥劝阻，同意撤兵。

吴国撤兵后，勾践带着妻子和大夫范蠡（lí）到吴国伺候吴王，放牛牧羊，终于赢得了吴王的欢心和信任。三年后，他们被释放回国。

勾践回国后，立志发愤图强，准备复仇。他怕自己贪图舒适的生活，消磨了报仇的志气，晚上就枕着兵器，睡在稻草堆上，他还在房子里挂上一只苦胆，每天早上起来后就尝尝苦胆，让门外的士兵问他："你忘记了会稽的耻辱吗？"他派文种管理国家政事，范蠡管理军事，他亲自到田里与农夫一起干活，妻子也纺线织布。勾践的这些举动感动了越国上下官民，经过十年的艰苦奋斗，越国终于兵精粮足，转弱为强。

公元前482年，夫差亲自带领大军北上，与晋国争夺诸侯盟主，越王勾践趁吴国精兵在外，突然袭击，一举打败吴兵，杀了太子友。夫差听到这个消息后，急忙带兵回国，并派人向勾践求和。勾践估计一下子灭不了吴国，就同意了。公元前473年，勾践第二次亲自带兵攻打吴国。这时的吴国已经是强弩之末，根本抵挡不住越国军队，屡战屡败。最后，夫差又派人向勾践求和，范蠡坚决主张要灭掉吴国。夫差见求和不成，才后悔没有听伍子胥的忠告，非常羞愧，便自刎而死。

三家分晋

从晋文公开始，晋国几代称霸，成为中原地区影响最大的诸侯国。晋灵公时期，晋卿赵盾杀灵公，擅立国君。

以后，诸卿族势力日益膨胀，不仅拥有大量财富，而且拥有许多军事武装力量。后来，晋厉公被栾氏、中行氏两家卿族所杀。即位的晋悼公虽有谋略，造成了复霸之势，但终究未能抑制晋国公室的败落。晋昭公时期，范氏、中行氏、智氏、韩氏、赵氏、魏氏六家卿族擅权并相互争斗。晋国公室在政治中已不占主导地位。范氏、中行氏两家卿族先后败亡。晋哀公时，韩氏、赵氏、魏氏三家卿族于公元前453年共灭智氏，三分其地，晋国至此已名存实亡。公元前403年，周威烈王正式承认韩、赵、魏三家为诸侯。公元前376年，晋国最后一位君主静公被韩、赵、魏三国废掉，晋国至此灭亡。

战国七雄

所谓战国七雄，指魏、赵、韩、齐、楚、秦、燕七个诸侯大国。七国互相争雄，政治和军事斗争激烈复杂。七强当中，秦国后来居上，在战国后期逐渐具备了统一天下的条件。公元前256年，秦灭东周。公元前231年，秦灭韩，置颍川郡。公元前225年，秦灭魏，置砀（dàng）郡。公元前226年，秦灭楚，置九江郡、长沙郡。公元前222年，在以前破赵、燕的基础上，最终灭掉这两个国家，置代郡、辽东郡。公元前221年，秦灭齐、置齐郡、琅玡郡、至此，形成了“海内为郡县，法令由一统”的局面，战国时代随秦朝统一的完成而告结束。

商鞅变法

商鞅（约公元前390～前338年），姓公孙，卫国贵族，又称卫鞅或公孙鞅。商鞅年轻时喜好刑名之学，却不被魏惠王所重用。后来，他听说秦孝公求贤若渴，正在招揽人才，就来到秦国拜见秦孝公。秦孝公对商鞅很重视，任命他为左庶长，进行变法改制。公元前356年，商鞅开始变法主要内容是实行连坐法，将民众编入什伍组织，各家相互监督、检举、告发。凡民有二子以上不分家者要加倍征收赋税。禁止私斗，鼓励秦民杀敌立功，有军功者受上爵，为私斗者各以轻重被刑。重农抑末，努力耕作，生产粟帛多者免其徭役，怠于种田或从事商贾而贫穷者要罚为奴隶。宗室贵族必须有军功才能取得贵族身份和爵位，能否显荣要看有无军功。

公元前 341 年，商鞅率军攻伐魏国，迫使魏国割河西地向秦求和。商鞅以军功而受封於、商等 15 邑，号称商君。

商鞅在秦国为相 10 年，由于变法触动了上层利益，很多宗室贵族都怀恨在心。秦孝公去世后，太子继位，即秦惠王。秦惠王当太子的时候，曾因触犯法律被商鞅惩处过，一直心怀怨恨。当时，有人诬告商鞅谋反，秦惠王就借机抓捕商鞅。商鞅逃亡魏国，却被拒之门外。万般无奈之下，商鞅起兵攻郑（今陕西华县），结果兵败被俘。秦惠王下令将商鞅车裂而死，其家被灭。

商鞅虽死，但其所发布的变法命令因行之既久而未被废除。其学说和著作在战国后期曾广泛传流。

战国四公子

中国战国时代末期秦国越来越强大，各诸侯国贵族为了对付秦国的入侵和挽救本国的灭亡，竭力网罗人才。他们礼贤下士，广招宾客，以扩大自己的势力，因此养“士”之风盛行。当时，以养“士”著称的有魏国的信陵君、齐国的孟尝君、赵国的平原君、楚国的春申君。因其四人都是王公贵族，时人称之为“战国四公子”。

孟尝君（？～前 279 年），战国时齐国大臣。妫姓，田氏，名文。齐相田婴庶子。婴卒，袭封于薛（今山东省滕州市东南），故称薛公，号孟尝君。

平原君（？～前 251 年），战国时赵国宗室大臣。嬴姓，赵氏，名胜，亦称公子胜。赵武灵王之子，惠文王之弟。因其最早封地在平原（今山东平原西），故又称平原君。

信陵君（？～前 243 年），战国时魏国宗室大臣。姬姓，名魏无忌，又称公

子无忌。魏昭王少子，安釐王异母弟。封信陵君。

春申君（？～前238年），战国时楚国贵族。黄姓，名歇，号春申君。楚顷襄王时任左徒。楚考烈王时任令尹，封地淮北12县，后改封吴（今属江苏苏州市）。

“合纵”与“连横”

合纵：即合众弱小国家以攻打一强国的策略；连横：弱小国家事附一强国以攻打众弱小国家的策略。战国末期，以秦国最为强大，列国中齐、燕、赵、韩、魏、楚诸国联合抗秦，是为合纵；秦国拉拢某一小国或几个小国攻打其他国家，称为连横。

还有一种说法是南北为纵，东西为横，六国地连南北，故六国联合抗秦称合纵；秦处西部，六国居东，故六国联合抗秦为连横。

远交近攻

远交近攻是指先和距离远的国家交朋友，进攻邻近的国家。

公元前270年，秦昭王准备兴兵伐齐。范雎谏阻昭王攻齐，献“远交近攻”

之策：“王不如远交而近攻，得寸则王之寸也，得尺亦王之尺也”。这是范雎说服秦王的一句名言。

范雎的思路是：齐国势力强大，离秦国又很远，攻打齐国，部队要经过韩、魏两国。军队派少了，难以取胜；多派军队，打胜了也无法占有齐国土地。不如先攻打邻国韩、魏，逐步推进。

为了防止齐国与韩、魏结盟，秦昭王派使者主动与齐国结盟。其后四十余年，秦国继续坚持“远交近攻”之策，远交齐楚，首先攻下韩、魏，然后又从两翼进兵，攻破赵、燕，统一北方；攻破楚国，平定南方；最后灭齐，终于实现了统一中国的愿望。

荆轲刺秦

荆轲（？～前227年）是卫国人，喜好读书击剑，为人慷慨侠义，他游历到燕国，被称为“荆卿”，由“节侠”田光推荐给太子丹，拜为上卿。

当时，秦国的将领王翦打败了赵国，俘虏了赵王，占领了所有赵国的土地，派兵向北侵占土地，一直到燕国南边的边界。

太子丹非常恐惧，与田光密谋后，请求荆轲去刺杀秦王。荆轲献计，要以樊

於期的首级与庶地督亢（今河北涿州市一带）的地图作为进献秦王的礼物，以便相机行刺。樊於期本来是秦国将军，因犯罪逃到燕国，被太子丹收留。樊於期知道此事后，为成全刺秦大业，自刎而死。

公元前 227 年，荆轲携带督亢地图与樊於期的首级，和名叫秦舞阳的随从一同出使秦国。

秦王在咸阳宫接见燕国的使者，荆轲捧着装着樊於期头的盒子，秦舞阳捧着装有地图的匣子，按先后顺序进来。到了殿前的台阶下，秦舞阳害怕得变了脸色，荆轲向秦王谢罪说："北方粗鄙之人，没有见过天子，所以害怕，望大王稍加宽容，让他能够在大王面前完成使命。"秦王信以为真。

荆轲为秦王献上地图，并逐渐展开，图穷而匕见。他趁机抓住秦王的衣袖，执匕首刺去；秦王大惊，挣断了衣袖，想要拔剑，可是剑身太长，卡在剑鞘中，不能拔出。荆轲追击秦王，秦王只得绕着柱子逃走。殿上的群臣惊惧，但依照秦国的法律，大臣在殿上侍奉君王时不得携带兵器，而携带着兵器的侍卫都站在殿外，没有秦王的命令不能上殿。

这时，秦王的御医夏无且把他手里的药袋扔向荆轲，趁此机会，群臣大喊："大王且负剑！"秦王这才反身拔出长剑，砍断了荆轲的左腿。荆轲伤残倒地，将匕首投向秦王，击中柱子。秦王又砍杀荆轲，荆轲身中八处剑伤。

荆轲自知事情不能成功，靠在柱子上大笑，痛骂道："事情没有成功的原因，是想活捉你，然后要你同我们订下誓约来回报太子！"

这时，士兵涌上殿前，杀死了荆轲，秦王则惊吓过度，目眩良久。

秦灭六国

战国末年，七雄中日益强大的秦国在秦王嬴政的领导下，最终消灭六国、一统天下，结束了自东周以来长达数百年的诸侯割据纷争局面，建立起中国有史以来第一个大一统的君主制王朝——秦朝。秦王政改号称皇帝，即秦始皇，中国历史从此翻开了崭新的一页。

秦灭六国时间表如下：

灭韩：公元前 230 年。

公元前 230 年，秦王政派内史腾率军突然南下渡过黄河，攻破韩国首都郑（今河南新郑），韩王安投降，韩国灭亡。秦国便在韩地设置颍川郡，建郡治于阳翟（今河南禹州）。

灭赵：公元前 229～前 228 年。

公元前 229 年，秦灭韩后第二年，秦军乘赵国遭受旱灾之际，兵分两路，南北合击赵都邯郸。公元前 228 年，秦军大破赵军，攻占邯郸，俘了赵王，赵国灭亡。赵国公子嘉逃到代（今河北蔚县东北），收拾残部自立为代王。公元前 222 年，王翦之子王贲率军在攻灭燕赵残余势力后，俘虏了代王嘉。

灭魏：公元前 225 年。

公元前 225 年，秦国将领王贲率兵出关中，攻占了楚国北部的十几座城池，保障了攻魏秦军侧翼安全后，旋即回军北上突袭并围困住魏都大梁（今河南开封），魏军依托大梁的城防工事死守，秦军强攻毫无奏效，于是引黄河水灌入城内。三个月后，大梁城被水浸坏，魏王假投降，魏国灭亡。

灭楚：公元前 226～前 223 年。

公元前 226 年，秦王派李信和蒙恬率 20 万秦军攻楚，楚将项燕率军抵抗，秦军攻下平兴（今河南汝南东南）、寝（今河南沈丘东南），陈城（今河南淮阳）等地。项燕反击，大败秦军，李信败逃。公元前 225 年，秦王命老将王翦率 60 万大军再次伐楚，两军在陈相遇，王翦以逸待劳，按兵不动。公元前 224 年，楚军多次挑战，秦军亦不与交战，项燕只好带兵东归，秦军趁楚国撤退之时迅速出击，并在蕲大败楚军，又强渡淮水，直抵楚都寿春（今安徽寿县）城下。公元前 223 年，秦军乘胜追击，攻占楚都寿春，俘虏了楚王负刍，楚国灭亡。秦在楚地设九江郡。项燕败退至长江以南，立昌平君为楚王。

灭掉楚国后，王翦率大军继续南下，造战船渡长江，消灭项燕余部和昌平君，并于公元前 222 年攻占越国都城会稽，俘虏分散于江南的越国王族后裔。秦在越地设会稽郡。

灭燕：公元前 226～前 222 年。

公元前 228 年，秦军破赵以后，王翦屯军中山故地，准备下一步攻打燕国。公元前 227 年，燕太子丹派荆轲赴秦，准备以献督亢的地图和秦国逃将樊於期的首级之名刺杀秦王，望造成秦国混乱，以解被灭亡的危险，结果阴谋败露，荆轲被杀。公元前 226 年，秦王以此为借口，派王翦率兵攻打燕国，秦军在易水大败燕军和前来支援的代军，攻占蓟，燕王喜与太子丹率残部逃往辽东。后来，燕王喜杀太子丹，将其头献秦。公元前 222 年，秦将王贲进军辽东，歼灭燕军，俘虏燕王，燕国灭亡。

灭齐：公元前 221 年。

秦国重金收买了齐相后胜，使齐国即不合纵抗秦，也不加强战备。齐王建听信了后胜的主张。秦国灭五国后，齐王才感到秦国的威胁，慌忙将军队集结到西部边境，准备抵御秦军的进攻。

公元前 221 年，秦王以齐国拒绝秦国使者访齐为由，命王贲率领秦军伐齐，秦军避开了齐军西部主力，由原来的燕国南部南下，直奔齐都临淄（今山东淄博北）。齐军面对秦军突然从北面来攻，措手不及，土崩瓦解。齐王不战而降，齐国灭亡。

秦汉历史

"皇帝"一词的由来

皇帝，古时最高统治者的称号，始创于秦始皇嬴政。

嬴政之前，中国的最高统治者称"王""后"，或单称"皇"和"帝"，如虞帝舜、夏后启、商王纣、周文王、周武王等。春秋战国时期，周王室衰微，诸侯争霸，一些国力强大的诸侯国的国君也自称为王，如楚庄王、齐威王、秦惠文王、赵武灵王、燕昭王等。

秦始皇二十六年（公元前 221 年）秦灭六国，秦王政认为"王"的称号已经不足以显其尊贵，不做改变的话，就"无以称成功，传后世"，于是令臣下议定尊号。丞相王绾、御史大夫冯劫、廷尉李斯等认为，古有天皇、地皇、泰皇，而泰皇最尊贵，便向秦王提议以"泰皇"为其尊号。嬴政自以为"德兼三皇，功包五帝"，乃决定去掉"泰"字，保留"皇"字，兼采上古"帝"号，号曰"皇帝"。自称"始皇帝"，后世以计数，二世、三世至于万世，传之无穷。

泰山封禅

封禅是古已有之的礼仪。按照《史记》中解释："此泰山上筑土为坛以祭天，报天之功，故曰封。此泰山下小山上除地，报地之功，故曰禅。"由此可见，封禅是最高统治者对天地彰显功绩的一种仪式，带有一些君权神授的意味。

秦始皇二十八年（公元前 219 年），也就是统一六国后的第三年，秦始皇东巡郡县，召集齐、鲁的儒生博士七十余人到泰山下，商议封禅的典礼，以表明自己当上皇帝是受命于天的。儒生们的议论各不相同，难于施行。于是他黜退所有的儒生，借用原来秦国祭祀雍上帝的礼封泰山、禅梁父，刻石颂秦德。颂辞称，"皇帝临位，作制明法，臣下修饬。二十有六年，初并天下，罔不宾服。亲巡远方黎民，登兹泰山，周览东极。从臣思迹，本原事业，只颂功德。治道运行，诸产得宜，皆有法式"云云，都是称颂自己的功德，共一百四十七字。刻石是四面环刻，颂辞刻了三面。

秦二世胡亥嗣位，于元年（公元前 209 年）也东巡，又在空余的一面刻上他的诏书和从臣姓名。刻辞为秦朝统一文字后的小篆，相传是李斯所书。

秦统一度量衡

战国时期因各诸侯国长期割据，度量衡的制度也各不相同，不仅名称各异，单位和进位制度也不一致。秦始皇统一六国后，度量衡制度的不统一，必将影响秦王朝的政治统一和经济交流。因此，秦始皇明令统一度量衡。

统一度量衡的主要内容是：以秦国原来的度量衡为基础，制定新的度量衡制度，废除六国的旧度量衡制度。新的度和量都以十进位。度的单位有寸、尺、丈、引；量的单位有合、升、斗、桶（斛），衡制规定铢、两、斤、钧、石。24 铢为 1 两，16 两为 1 斤，30 斤为 1 钧，4 钧为 1 石。官府制作统一的标准度量衡器发至全国。秦 1 斤应为 250 克。秦 1 升为 200 毫升。秦 1 尺为 23. 2 厘米。为保证计量器具的准确和统一，秦始皇明令规定每年都要对度量衡器进行检定，对度量衡不正者要绳之以法。

万里长城因何修建

战国时，楚、齐、魏、中山、赵、燕、秦均筑长城。秦始皇统一六国后，令大将蒙恬率 30 万大军反击匈奴，收复了河南地区，并在那里构筑城塞，进一步增筑长城，把秦、赵、燕三国原来的长城连成一体，重新加固，并加以延长，修筑成了西起甘肃临洮，沿黄河到内蒙古自治区临河县，北达阴山，南到山西雁门

关、代县、河北蓟县，接燕国北长城，经张家口、玉田、锦州到达辽东的万里长城。

关于长城修筑的原因，《史记》中还有一个较为玄奇的解释：有一位姓卢的方士，向秦始皇献上一本“仙书”，书上写着一则谶语：“亡秦者，胡也。”秦始皇看到后，认为谶语中的“胡”是指匈奴，乃命大将蒙恬率30万大军，北伐匈奴，以绝亡秦之患，又修筑万里长城，以防胡人南侵。当然，这种说法有些演绎的成分，研究史料时只作一般参考。

“焚书坑儒”

秦始皇三十四年（公元前213年），博士淳于越重提恢复分封制，认为“事不师古而能长久者，非所闻也”。主张根据古制分封皇子、功臣为诸侯。秦始皇令群臣议论。丞相李斯对淳于越的主张加以反驳，反对儒生以古非今，以私学诽谤朝政；建议焚书，禁止私学。于是，秦始皇下令：除《秦纪》和医药、卜筮、种树等技艺之书外，统一前的列国史书及私人所藏、不属博士官的《诗》《书》和诸子百家著作，一概限期上缴焚毁。令下三十日不交书者，处以黥（qíng）刑和徒刑。谈论《诗》《书》者斩首，以古非今者灭族。禁止民间私学，欲学法令者以吏为师。此为焚书事件。次年，方士侯生、卢生为秦始皇求仙药不得，议论批评秦始皇“贪于权势”“以刑杀为威”相约逃亡。秦始皇闻讯认为儒生多以妖言惑乱黔首，下令御史查究，诸生相互举发，牵引460余人，悉被坑杀于咸阳。

陈胜吴广起义

秦二世元年（公元前 209 年）七月，被征发到渔阳（今北京密云）戍守的农民行至蕲县大泽乡（今安徽宿县），遇连日大雨，道路不通，无法按期到达目的地。

按秦法，误期当斩。戍卒中的两个屯长陈胜和吴广经密议，利用“鱼腹丹书”“篝火狐鸣”等计策发动戍卒起义，提出“大楚兴，陈胜王”的口号，揭竿而起。陈胜自立为将军，吴广为都尉。起义军迅速攻占蕲县，向西攻占秦朝重镇陈（今河南淮阳），建立张楚政权。陈胜被举为王。各地农民纷纷杀长吏，响应陈胜。以陈县为中心，分兵四出进军。吴广率主力西进，在荥阳与秦军相持不下。陈胜又派周文率军直驱关中，到达函谷关（今河南灵宝东北）时，起义军已拥有战车千辆，士卒数十万人。周文军所向无阻，迅速攻占了戏（今陕西临潼东），逼近秦都咸阳。秦二世被迫赦免在骊山修墓的几十万“刑徒”，组成军队由少府章邯率领，向农民军反扑。周文孤军深入，接连受挫，被迫撤出函谷关；渑池之战，他再次失利，自杀。章邯乘胜东下，进迫正在围攻荥阳的吴广所部农民军。吴广被部将田臧所杀。后来，田臧率军西向迎战章邯，兵败被杀。章邯驱兵向起义军主力进攻。陈胜亲自率军迎战，不幸失利。秦二世二年十二月，陈胜败退至下城父（今安徽蒙城西北），为叛徒庄贾杀害。起义坚持了六个月，终告失败。

巨鹿之战

公元前 207 年，秦将章邯击破项梁军后，移兵邯郸，攻击赵歇的河北起义

军。赵歇退守巨鹿（今河北平乡西南）。秦政府派王离率几十万边防军包围巨鹿，章邯在巨鹿以南修筑甬道，以运粮供给王离军。赵歇无力抵抗，只好派遣使者向楚怀王求救。楚怀王决定兵分两路，一路由刘邦率领向西直指关中；一路以宋义为上将军，项羽（公元前 232～前 202 年）为次将，范增为末将，率兵北上营救

赵歇。宋义到安阳（今山东曹阳东南）后，逗留46天不敢前进，因此，项羽杀宋义。楚怀王得知后，封项羽为上将军，并命令英布和蒲将军归其指挥。项羽派遣英布和蒲将军率2万人渡过漳水，援救巨鹿，初战告捷。他又率军西渡漳水，破釜沉舟。然后直奔巨鹿，绝断秦军粮道，包围了王离军。起义军将士“无不以一当十”，经过9次激战，终于大败秦军，王离被俘。蒲将军乘胜破秦军于漳水南岸，项羽破秦军于汙（yú）水。章邯被迫在洹水南殷墟（今河南安阳）率其残部20万投降项羽。

鸿门宴

秦末，刘邦与项羽各自攻打秦朝的部队，刘邦兵力虽不及项羽，但刘邦先破咸阳，项羽大怒，派英布击函谷关，项羽入咸阳后，到达戏西，而刘邦则在灞上驻军。

刘邦恐惧项羽的军力，便亲自来到鸿门向项羽告罪，表示自己并无非分之想。项羽采纳了军师范增的计策，于鸿门摆宴，打算在宴席期间击杀刘邦。但由于叔父项伯替刘邦求情，使得项羽犹豫不决。

范增召项庄舞剑，为酒宴助兴，打算趁机杀掉刘邦，项伯为了保护刘邦，也拔剑起舞，进行掩护。在危急关头，刘邦部下樊哙带剑拥盾、闯入军门，怒目直视项羽，项羽见樊哙气度不凡，便询问来者是谁。张良说，是刘邦的参乘。于是项羽赐酒与猪腿给樊哙，樊哙痛饮，并将猪腿放在盾牌上，拔剑切肉大嚼，豪气十足。樊哙一边吃喝，一边向项羽进言，盛赞刘邦。项羽无言以对，刘邦则趁机逃走。之后，张良为刘邦推脱，并献上白璧、玉斗各一双。项羽无奈，收下白璧；范增却大怒，拔剑将玉斗撞碎，大骂项羽不能成事。

范增的预言在数年后应验：项羽和刘邦在随后的四年进行了大规模的战争，最后，项羽败北，在乌江自刎而死，刘邦建立汉朝，是为汉高祖。

垓下之围

汉高祖五年（公元前 202 年），刘邦、韩信、彭越等会兵垓下（今安徽灵璧东南），将项羽围困起来。项羽粮尽援绝，夜间时分，重重包围的汉军唱起楚地的民歌，楚军以为汉军已尽得楚地，军心大乱。项羽英雄末路，带了 800 余名骑士突围，最终只余下 28 人。他感到无颜面对江东父老，最终自刎于乌江。

汉高祖的“休养生息”

汉高祖（公元前 256～前 195 年），秦末农民起义领袖，西汉开国皇帝。刘姓，名邦，字季，沛（今江苏沛县）人。

休养生息政策自汉高祖刘邦开始，历经几代统治者（惠帝、吕后、文帝、景帝），执行了六七十年，结果是“海内殷富，国力充实”。汉高祖刘邦在位时，为了与民休息，除了让士兵复员生产，让战争期间逃亡的人回家，把卖身做奴隶的人释放为平民，规定十五税一之外，还采取了下列措施：

一、调整和建立新制度。

二、压抑商贾。规定商人不准做官，禁穿丝织品，禁带兵器、骑马，并向商人征收重税。

三、对匈奴和亲。

四、消灭异姓王分封同姓王。如以谋反罪名杀韩信和彭越。

汉高祖与民休养生息，一方面调整了生产关系，使之适应生产力发展的需要，巩固了封建的经济基础；另一方面初步建立起西汉王朝的一套统治制度，恢复和完善了自秦以来建立的封建社会上层建筑，从而为西汉的强盛奠定了基础。

休养生息又称与民休息。

文景之治

西汉文帝、景帝时期出现的政治安定、经济生产得到显著发展的局面，史称“文景之治”。

汉高祖总结秦亡教训，实行“与民休息”政策，至文景时期，倡导以农为本，屡诫百官守令劝课农桑，注意减轻人民负担。文帝二年（公元前 178 年）和十二年，曾两次“除田租税之半”，并一度全免田租。景帝元年（公元前 156 年），复收田租之半，实行三十税一，并成为汉朝的定制。文帝时，算赋也由每人每年 120 钱减至 40 钱，徭役则减至每年服役一次，并开放山泽禁苑给贫民耕种。诸措施实行后，促进了农业发展。文景时期还施行“约法省禁”的政策，废除了一些严刑苛法，如诽谤妖言法、妻孥（nú）连坐法，停止断残肢体的肉刑，减轻笞刑等。

七国之乱

七国之乱是西汉景帝时，吴楚等七个封国反对中央政权的叛乱。

景帝继位后，中央专制皇权与地方同姓王国势力的矛盾日益激化。景帝采纳了晁错提出的“削藩策”，先后削去一些王国的封地。这一措施激起了以吴王刘濞（bí）为首的一些诸侯王的强烈反对。吴王打出“请诛晁错，以清君侧”的旗号，串通胶西王卬、楚王戊、赵王遂、济南王辟光、淄川王贤、胶东王雄渠等举兵叛乱。景帝派太尉周亚夫、大将窦婴等分头率军抵御。时曾任吴国丞相的袁盎，建议景帝诛杀晁错，恢复王国故土，以换取七国罢兵。景帝在变起仓猝的情况下接受了这一建议，处死晁错。但吴王刘濞拒绝接受朝廷诏书，还宣布自立为“东帝”。景帝乃决心武力平叛，令周亚夫率兵进军河南，出击势力最大的吴、楚两军。周亚夫驻军昌邑，坚守不战，而以轻骑插入敌后，断绝吴军粮草。吴军粮绝以后，军心大乱，士兵纷纷叛逃。周亚夫率精兵乘势追击，吴军大溃，吴王刘濞逃至东越，被越人杀死。楚王刘戊和其余诸王也因兵败自杀或被杀。历时三月的吴楚七国之乱遂被平定。

霍去病“封狼居胥”

霍去病（？~前117年），河东平阳（今山西临汾）人，是大将军卫青的外甥。元朔六年（公元前123年），十七岁的霍去病被汉武帝任为骠姚校尉，随卫青击匈奴于漠南（今蒙古高原大沙漠以南）。霍去病率轻骑八百出击匈奴，捕杀首虏2000余级，俘获匈奴的相国和当户，并杀死匈奴单于的祖父和季父，勇冠全军，受封冠军侯。

元狩二年（公元前121年）春，汉武帝任命十九岁的霍去病为骠骑将军。于春、夏两次率兵出击占据河西（今河西走廊及湟水流域）地区的匈奴部，歼4万余人。俘虏匈奴王5人及王母、单于阏氏、王子、相国、将军等120多人，降服匈奴浑邪王及部众4万人，全部占领河西走廊。同年秋，奉命迎接率众降汉的匈奴浑邪王，在部分降众变乱的紧急关头，率部驰入匈奴军中，斩杀变乱者，稳定了局势，浑邪王得以率4万余众归汉。从此，汉朝控制了河西地区，打通了西域道路。

元狩四年（公元前119年）春，汉武帝命卫青、霍去病各率骑兵5万分别出定襄和代郡，深入漠北，寻歼匈奴主力。霍去病率军北进两千多里，越过离侯山，渡过弓闾河，与匈奴左贤王部接战，歼敌70400人，俘虏匈奴屯头王、韩王等3人及将军、相国、当户、都尉等83人，乘胜追杀至狼居胥山（今蒙古境内），在狼居胥山举行了祭天封礼（史称封狼居胥），在姑衍山举行了祭地禅礼，兵锋一直逼至瀚海（今贝加尔湖）。经此一战，“匈奴远遁，而漠南无王庭”。

中国历史上最著名的私奔

司马相如与卓文君私奔的故事广为流传，可谓历史上最著名的私奔。此事见载于《史记·司马相如列传》。

司马相如起初做了汉景帝的武骑常侍，后来因病退职，前往梁地投奔梁王。梁王刘武去世后，他离开梁地回到家乡四川临邛（qióng），生活清贫。临邛令王吉与司马相如交好，就邀请他来到临邛都亭住下。

临邛富人卓王孙得知“（县）令有贵客”，便设宴请客结交，司马相如称病不能前往，王吉亲自相迎，司马相如只得前去赴宴。“一坐尽倾”。酒酣耳热之际，司马相如以琴曲打动了卓王孙新寡的女儿卓文君。文君听到了司马相如的琴声，偷偷地从门缝中看他，不由得为他的气派、风度和才情所吸引，产生了敬慕之情。宴毕，司马相如又通过文君的侍婢向她转达心意。于是文君深夜逃出家门，与司马相如私奔到了成都。卓王孙大怒，声称女儿违反礼教，自己却不忍心杀她，但连一个铜板都不会给女儿。

司马相如的家境穷困不堪，除了四面墙壁之外，简直一无所有。卓文君在成都住了一些时候，对司马相如说：“其实你只要跟我到临邛去，向我的同族兄弟们借些钱，我们就可以设法维持生活了。”司马相如听了她的话，便跟她一起到了临邛。他们把车马卖掉做本钱，开了一家酒店。卓文君当垆卖酒，掌管店务；司马相如系着围裙，夹杂在伙计们中间洗涤杯盘瓦器。

卓王孙闻讯后，深以为耻，觉得没脸见人，就整天大门不出。他的弟兄和长辈都劝他说：“你只有一子二女，又并不缺少钱财。如今文君已经委身于司马相如，司马相如一时不愿到外面去求官，虽然家境清寒，但毕竟是个人才；文君的终身总算有了依托。而且，他还是我们县令的贵客，你怎么可以叫他如此难堪呢？”卓王孙无可奈何，只得分给文君奴仆百人，铜钱百万，又把她出嫁时候的衣被财物一并送去。于是，卓文君和司马相如双双回到成都，购买田地住宅，过

着富足的生活。

后来，司马相如被汉武帝看重，一跃成龙。司马相如与卓文君私奔之事也成了千古佳话。

中国首次使用年号

中国的纪年，在汉武帝之前，只有年数，比如周赧王二年。从汉文帝开始实行改元。有的时候就把汉文帝前元和后元称为中国最早的年号。但是这只是纪年方面的改进，不具备年号的真正意义。在中国历史上，第一个年号出现在西汉汉武帝时期，年号为“建元”(公元前140年)。此后，每次新皇帝登基，常常会改元纪年，并同时改变年号。一般改元从下诏的第二年算起，也有一些从本年年中算起。新君即位一般都会改变年号，称为改元。文天祥《指南录后序》：“是年夏五，改元景炎”，是指南宋端宗继位，改年号为景炎。同一皇帝在位时也可以改元，如女皇帝武则天在位十四年，前后改元达十二次。

一个皇帝在位时，也可以进行多次改元。明朝以前的皇帝多数都改元两次以上，一个皇帝年号也有多个。例如汉武帝有11个年号，武则天在位有18个年号。也有皇帝在即位时使用前一代皇帝的年号的，例如五代时期后梁的“乾化”年号、后晋的“天福”年号、后周的“显德”年号。明清两朝，基本上都是一个皇帝一个年号，因此也常常用年号来称呼皇帝，例如康熙帝。

罢黜百家，独尊儒术

西汉初年奉行“清静无为”的黄老思想。儒家学说虽从秦代的摧残压抑中逐渐复苏，但并未得到重用。汉武帝即位后，随着社会经济的发展和地主阶级及其国家力量的强大，农民与地主阶级之间的矛盾也逐渐加剧。因此，从政治上和经济上进一步强化专制主义中央集权制度已成为封建统治者的迫切需要。此时，继续奉行黄老思想已不能满足上述政治的需要，也与汉武帝的好大喜功相抵触；而儒家的春秋大一统思想、仁义思想和君臣伦理观念显然与汉武帝所面临的形势和任务相适应。于是，汉武帝开始提倡儒学，“黜黄老刑名百家之言”，而延聘“儒者数百人”，引起天下学士“靡然向风”。

元光元年（公元前134年），汉武帝诏各地贤良方正文学之士到长安，亲自策问。趁此机会，董仲舒献上了“天人三策”。其中主张“诸不在六艺之科，孔子之术者，皆绝其道，勿使并进”。董仲舒提出的适应政治上大一统思想的统治政策，受到汉武帝的称许。元朔五年（公元前124年），布衣出身的儒生公孙弘擢居相位。同年，汉武帝又批准为五经博士官置弟子50人，据成绩高下补郎中文学掌故。吏有通一艺者则选拔担任重要职务。此后，公卿、大夫、士吏均为文学之士，通晓儒家经典成为做官食禄的主要条件。儒家得到了独尊地位，成为法定的封建统治思想。

历史上第一份罪己诏

轮台罪己诏是征和四年（公元前89年）汉武帝所下的一道自我反省罪过的诏书，也是中国历史上第一份内容丰富、保存完整的“罪己诏”。

汉武帝晚年迷信长生之术。建明堂，垒高坛，树“泰一”尊神，大搞顶礼膜拜，并且靡费巨资，多次封禅出游，令大批人入海求蓬莱真神。为了通神求仙，他听信方士之言，造30丈高的铜柱仙人掌，用以搜集甘露，和玉屑饮之，以为可以长生不老。并任用江充，最终酿成“巫蛊之祸”，逼死太子刘据和卫皇后，受株连者数万人。

经济上，由于汉武帝连年对外用兵和肆意挥霍，国库已经空虚。汉武帝用桑

弘羊执掌全国财政，将盐铁实行垄断专卖，并出卖爵位，允许以钱赎罪，使吏治进一步腐败。广大贫苦农民不堪官府和豪强的双重压榨，于汉武帝统治的中后期接连爆发起义，并且愈演愈烈。

军事上，征和三年（公元前 90 年），贰师将军李广利受命出兵五原（今内蒙古五原）伐匈奴的前夕，丞相刘屈牦与李广利合谋立昌邑王刘髆（bó）为太子。后刘屈牦被腰斩，李广利妻被下狱。此时李广利正在乘胜追击，听到消息恐遭祸，欲再击匈奴取得胜利，以期汉武帝饶其不死。但之后兵败，李广利只得投降匈奴。

以上种种打击使汉武帝心灰意冷，对自己过去的所作所为颇有悔意。征和四年（公元前 89 年），桑弘羊等人上书汉武帝，建议在轮台（今新疆维吾尔轮台）戍兵以备匈奴，汉武帝驳回桑等人的建议，并下诏反思自己，称“当今务在禁苛暴，止擅赋，力本农。修马政复令以补缺，毋乏武备而已”。史称“轮台罪己诏”。

王莽改制

初始元年（公元 8 年），以外戚身份掌握朝政的王莽代汉称帝，改国号为“新”。为缓和早已激化起来的阶级矛盾，巩固自己的统治，王莽宣布改制。他针对土地和奴婢问题，下令将全国土地改称“王田”，奴婢改称“私属”，“皆不得买卖”，并规定重新分配土地的办法。一夫一妇授田百亩，一家男丁不满八口而占田超过一井（900 亩）者，将多余的田地分给九族、邻里、乡党，没有土地者可按一夫一妻的标准分给土地。又针对豪强富商囤积居奇和高利贷盘剥，下令实行“五均六筦（guǎn）”。在都城长安和洛阳、临淄、邯郸、宛、成都等城中设立五均官，负责管理市场、平抑物价和征收工商税。由国家向人民无息或低息贷款，官营盐、铁、酒、铸

钱和征收山川税。借以控制和垄断工商业，增加税收。王莽还屡次改变币制，禁止使用五铢钱，铸造大钱、契刀、错刀等货币，名目既十分繁杂，换算比值又极不合理，结果造成社会经济的极大混乱，民犯铸钱，伍人相坐，没入官奴婢的以10万数。王莽还任意改变官制，改变一些少数民族的族名和其首领的封号。

王莽改制的结果，不仅使一般人民深受其害，贵族官僚、地主也在混乱中蒙受损失，引起社会各阶层的不满，进一步激化了阶级矛盾，终于爆发了全国规模的绿林赤眉大起义。

莎车王请置西域都护

建武十七年（公元41年）莎车王贤遣使东汉，贡献珍物，请求东汉政府派遣西域都护，光武帝即任命莎车王贤为西域都护，将印绶交给莎车使者带回。莎车使者行至敦煌，敦煌太守裴遵扣留了莎车使者，上奏光武帝，认为不能任命莎车王贤为西域都护。光武帝听取裴遵的建议，改任莎车王贤为汉大将军。于是裴遵从莎车使者手中夺回并砸碎西域都护的金印，改授其汉大将军的银印。

莎车使者归国报告，莎车王十分生气，从此改变态度，假借自己是东汉西域都护的名义，在西域独断专行，先后杀害了葱岭一带的西夜国王、子合国王，扫荡葱岭以西的大宛国、妫（guī）塞国、骊归国，给葱岭内外诸国造成了巨大的混乱和损失，莎车王贤也因此成了人人痛恨的独夫。十多年后，于阗（tián）王广德举兵抗击，莎车王贤兵败，为广德俘虏并杀害。于阗国强盛，代替莎车成为西域的霸王。不久，北匈奴出兵进攻于阗，于阗王广德不敌，向北匈奴投降。于是，葱岭各国名义上归北匈奴所有，但因北匈奴鞭长莫及，葱岭各国处于分散的独立状态，疏勒国则逐渐强大，对诸国的影响日益加深。

莎车王请置大都护反映了东汉初期西域地区复杂的政治斗争，一个重新控制西域的时机摆在了东汉政权的面前。

班超投笔从戎

班超（公元32～102年），字仲升，扶风安陵（今陕西泾阳西南）人，班彪之子，班固之弟。

汉明帝永平五年（公元 62 年），班超的哥哥班固被召入京任校书郎，班超和其母随之迁居至洛阳。因家境贫寒，班超靠替官府抄写文书，来维持生计。班超每日伏案挥毫，常辍业投笔而叹息说："大丈夫如果没有更好的志向谋略，也应像昭帝时期的傅介子、武帝时期的张骞那样，在异地他乡立下大功，以得到封侯，怎么能长期在笔、砚之间忙忙碌碌呢？"旁边的人都嘲笑他，班超说："小子怎么能了解壮士的志向呢！"

永平十六年，奉车都尉窦固出兵攻打匈奴，班超自告奋勇，随从北征，在军中任假司马（代理司马）之职。假司马官很小，但它是班超由文墨生涯转向军旅生活的第一步。这便是"投笔从戎"典故的由来。

班超一到军旅中，就显示了与众不同的才能。窦固很赏识他的军事才干，为进一步孤立匈奴，派班超等 36 人出使西域。班超先至鄯（shàn）善（今新疆塔里木盆地东），适遇北匈奴也遣使至此，就趁夜袭杀北匈奴使者，逼迫鄯善专心臣服于汉。窦固奏报朝廷，升班超为军司马。接着，班超又受命出使于阗，杀死了匈奴派驻于阗的监护，使得于阗降汉。随后班超等人又至疏勒（今新疆喀什一带），废掉由亲匈奴的龟兹王所立的疏勒王兜题，另立名叫"忠"的疏勒王族为王，深得疏勒国人拥护。

永平十八年，明帝死，章帝即位。亲匈奴的焉耆（今新疆焉耆一带）、龟兹、姑墨（今新疆阿克苏一带）乘汉大丧之机进攻疏勒。班超与疏勒军固守槃囊城达1年之久。建初三年（公元78年）大败姑墨。建初五年，东汉政府派兵1800人入西域增援。建初八年，拜班超为将兵长史。以后联合西域亲汉各国，陆续平定莎车、龟兹、焉耆等地，并击退月氏人的入侵，使西域50余国恢复与汉的友好关系，中断几十年的“丝绸之路”又开始畅通。

汉明帝迎佛

汉明帝（公元28～75年），名庄，东汉第二代皇帝，光武帝刘秀第四子，母阴丽华，初名阳，封东海王。建武十九年，立为皇太子，建武中元二年二月，即皇帝位。

有一次，明帝做了一个奇怪的梦，梦见一高大的金人，头顶上放射白光，降临在宫殿的中央。明帝正要开口问，那金人又呼的一声腾起凌空，一直向西方飞去。梦醒后，百思不得其解。第二天朝会时，他向群臣详述梦中所见，大多数人都不知其由。后来他有个博学的大臣解释，据说西方有神，其名曰佛陀。于是，明帝就派使者赴天竺。之后使者与大月氏沙门摄摩腾、竺法兰一起回到洛阳，并用白马驮回佛教经典，在洛阳城西兴建了中国第一座佛教庙宇白马寺。

党锢之祸

永兴元年（公元153年），太学生数千人，为打击宦官的朱穆辩护；延熹五年（公元162年），太学生和部分官僚一起，为得罪宦官的皇甫规辩护，斗争渐从一般转为实际斗争。延熹九年，李膺捕杀与宦官勾结、教子杀人的方士张成。宦官乘机指使张成弟子牢脩（xiū）诬告李膺等人蓄养太学游士，交结诸郡生徒，结党营私，诽讪朝廷。汉桓帝于是下令郡国逮捕“党人”，李膺和太仆杜密、御史中丞陈翔等200余人被收捕。次年，经太学生贾彪活动，借助尚书霍谞、外戚窦武之力，党人始得赦归乡里，但仍禁锢终身。此为第一次党锢之祸。

永康元年（公元167年），汉灵帝幼年继位，窦太后临朝，窦武为大将军，

执掌朝政。与太傅陈蕃起用李膺与被禁锢的其他名士，谋诛宦官。后因事机泄漏，宦官先发制人，陈蕃被杀，窦武又举兵反抗，兵败自杀。宦官再度得势，重又逮捕党人，杀李膺等百余人，禁锢、迁徙数百人。熹平五年（公元176年）宦官挟持汉灵帝进一步下诏州郡，凡“党人”的门生、故吏、父子兄弟和五服以内的亲属，一律免官禁锢，是为第二次党锢之祸。此后，宦官势力增长，政治黑暗，阶级矛盾日益尖锐。

黄巾起义

东汉灵帝时，宦官专权，横征暴敛，政治腐败达到极点。豪族地主兼并土地，加以连年天灾，人民到处暴动。

东汉末年张角自称“天公将军”，其弟张宝称“地公将军”，张梁称“人公将军”，为黄巾军最高统帅。黄巾军主力集中于冀州、颍川、南阳三地区，分别由张角兄弟、波才及张曼成领导。矛头直指东汉都城洛阳。东汉政府急命何进为大将军，调集大军防守洛阳周围8个要塞；同时任皇甫嵩、朱儁（jùn）为左右中郎将，率主力镇压距洛阳最近的颍川黄巾军；卢植、董卓等率军镇压冀州黄巾军。为动员整个地主阶级对付农民军，东汉政府下令解除党锢。各地豪强地主也

纷纷起兵，助攻黄巾军。初战中，波才击败皇甫嵩、朱儁所部；后因黄巾军缺乏作战经验，依草结营，遭皇甫嵩火攻受挫，在官军与豪强地方武装联合进攻下，陷于失败，几万黄巾军将士惨遭杀害。朱儁军转攻南阳，围宛城 3 月不下，战斗异常激烈，后张曼成、赵弘相继战死，宛城陷落，南阳黄巾军遂被镇压。当官军在颍川、南阳与起义军激战时，张角亲自领导的冀州黄巾军正以顽强的斗志抗击着东汉王朝派来的官军。他们在广宗（今河北威县东）、下曲阳（今河北晋州市西）先后打败卢植和董卓军。东汉政府忙调皇甫嵩到河北前线，两军相持于广宗。在决战关键时刻，张角病死。冀州黄巾军经过激战终遭失败，张梁、张宝先后壮烈牺牲，近 20 万黄巾军将士遭到杀害。黄巾军主力经 9 个月激烈战斗，沉重打击了东汉地主阶级及其政权。此后分散各地的黄巾军与农民武装，继续斗争达 20 余年。

三国两晋南北朝历史

官渡之战

官渡之战是东汉末年，曹操与袁绍争夺中原地区的重要战役。因交战于官渡（今河南中牟东北），故名。

建安元年（公元 196 年），曹操迎汉献帝迁都许昌，借汉帝名义来扩张自己的势力，开始成为一支独立的政治力量。当时，北方最强大的割据者袁绍占有冀（今河北中南部）、青（今山东东北部）、并（今山西大部及内蒙古、河北一部分）、幽（今河北北部）等四州，成为曹操向黄河流域扩张的一大障碍。

建安四年（公元 199 年）袁绍率兵 10 余万南下。曹操兵少粮缺，以 2 万兵力的明显劣势在官渡与袁军对峙。次年八月，袁军进逼，依河屯营，长达数十里，声势浩大。袁绍自以为曹操原为自己所辖、骄傲轻敌，无视对方。先后拒绝沮授以重兵驻守粮草重地乌巢和许攸派轻兵偷袭许昌的建议，贻误重要战机。曹操虽借汉室正统之重，但屡战不利，粮草将尽，打算退回许昌，后听谋士荀攸计策，派偏将军徐晃拦击袁绍运粮车队。又值袁军许攸家人犯法治罪，许攸转而投奔曹操。许攸进言曹操，袁军辎重粮草尽在乌巢，戒备不严，若派轻兵偷袭，不出三日，袁绍定会溃败。曹操留下曹洪等守营，亲率骑兵五千，打袁军旗号，小道急行，将乌巢粮草焚尽，杀其将淳于琼以下千余人。

乌巢失守，官渡前线袁军惊恐万分，全线溃败。将领张郃、高览率部投降，曹操乘胜发兵，大破袁军，歼敌 7 万余人。袁绍及长子袁谭仅带 800 余骑渡黄河北逃。

“三顾茅庐”的不同说法

三顾茅庐本为汉末刘备三次诚访诸葛亮出山辅佐的故事。此后传为佳话，渐成典故，载于《三国志》。现在常用来比喻真心诚意，一再邀请、拜访有专长的贤人。

三顾茅庐之事，由小说《三国演义》发扬光大，但小说毕竟是小说，很多人并不清楚此事是否真实存在。在正史上，也有一种说法，其实是诸葛亮自己去刘备那里毛遂自荐的。《魏略》与《九州春秋》是这样记载的：

刘备来到荆州后，屯兵于樊城。建安十二年，曹操平定了北方，诸葛亮料定其下一个攻击目标必是荆州，而刘表“性缓，不晓军事”，于是“北行见备”。刘备并不认识诸葛亮，又见他年轻，便“以其年少，以诸生意待之”——只把他当作一般士人接待。等众人散去，只有诸葛亮留了下来。刘备也不问他想说什么，顺手拿起一根牦牛尾巴编起工艺品来。诸葛亮便说，将军的雄心壮志难道就是编牦牛尾巴吗？刘备知道诸葛亮不是寻常人等了，就说此言差矣，我不过“聊以忘忧”罢了。诸葛亮说，将军度量一下，刘镇南（指刘表）和曹公相比怎么样？刘备说，比不上。诸葛亮又问，将军自己呢？刘备说，也比不上。诸葛亮说，都比不上，难道就等着人家来宰割吗？刘备说，我也发愁，那你说怎么办？诸葛亮就给他出了个主意，让刘备建议刘表鼓励游民自力更生，并登记在册，这样就可以增加荆州的实力了。

这种说法裴松之（裴注《三国志》的作者）认为不实，说：“非亮先诣备，明矣”；即是说，不是诸葛亮先去见的刘备，这一点很明确。但他同时也表示不可理解。裴松之说：“虽闻见异词，各生彼此，然乖背至是，亦良为可怪。”

裴松之所以这样说，是因为有《出师表》作为无可置辩的证据。《出师表》——即通常所谓《前出师表》——为诸葛亮所作，是没有问题的。在这里，诸葛亮说得很明白：“先帝不以臣卑鄙，猥自枉屈，三顾臣于草庐之中，咨臣以当世之事。由是感激，遂许先帝以驱驰。”从这段可以看出：第一，刘备确实亲自到隆中找过诸葛亮，而且去了多次。第二，刘备到隆中找过诸葛亮，谈论的是“当世之事”。第三，诸葛亮决定出山辅佐刘备，直接原因是刘备三顾茅庐。“由是”和“遂许”，意思明明白白。古人的自述当然不可全信，但要说诸葛亮凭空捏造一个“三顾茅庐”的故事，无论从诸葛亮的为人看，还是从当时的实际情况看，恐怕都不可能。从他出山到上表，不过二十一年，许多当事人都还健在，诸葛亮不可能当面撒谎。

所以，陈寿在为诸葛亮作传的时候，不取“登门自荐”说，而取“三顾茅庐”说。另外，陈寿在他的《上〈诸葛亮集〉表》中，也做了很清楚的描述。陈寿说：“左将军刘备以亮有殊量，乃三顾亮于草庐之中。亮深谓备雄姿杰出，遂解带写诚，厚相接纳。”

赤壁之战

东汉末年，曹操基本统一北方后，于建安十三年（公元208年）七月率大军20万南下，企图消灭刘表和孙权，统一全国。

八月，刘表病亡，次子刘琮在章陵太守蒯越等劝说下不战降曹。刘备仓皇退至樊口（今湖北鄂城西），关羽率水军至江陵与之会合。曹操率轻骑五千，日夜急追，于当阳长坂（今湖北当阳东北）击败刘备。刘备弃妻与子，与诸葛亮、张飞、赵云数十骑败走。江陵被曹军占领后，刘备撤向汉水方向，会合关羽，与刘表长子刘琦退至夏口（今湖北武汉汉口），与曹军隔江对峙，谋划联合孙权抗曹。

曹操南下时，孙权派鲁肃吊刘表丧，嘱其劝说刘备结盟御曹，鲁肃自荆州星夜兼道，会刘备于当阳。刘备用鲁肃计，进驻鄂县樊口（今湖北鄂州西北）。曹操欲自江陵顺江东下，形势危急，刘备派诸葛亮同鲁肃赴柴桑（今江西九江西南）劝说孙权联合抗曹。孙权不愿以全吴之地，十万之众受制于曹，但又顾虑联军难以抗曹。诸葛亮与之分析形势和曹军的弊端，指出“成败之机，在于今日”。鲁肃又与主和派展开辩论，最后使孙权决意联刘抗曹。遂以周瑜、程普为左右都督，鲁肃为赞军校尉，率精兵3万，进驻夏口，会同刘备共同抗曹。

孙刘联军溯江西进，与曹操遇于赤壁。曹军虽众，但军中已有疾疫，初战不利，退至江北，与孙刘联军隔江相峙。曹军因不惯水上作战，用铁索将战船首尾相接，以减轻战船颠簸。周瑜用部将黄盖计，以火攻曹军。黄盖率10艘船，满载灌满油脂的柴草，诈降于曹。曹军中计，战船起火，因火烈风猛，人马烧溺死者甚众，周瑜、刘备率兵水陆齐攻，曹操败走华容道（今湖北监利北），加之饥疫，死者过半，被迫引军北还。

赤壁之战后，曹操已无力南下。刘备乘机占据荆州大部，随后又夺取益州。孙权占据江东，魏、蜀、吴三国鼎立的割据局面形成。此战役是中国历史上著名的以弱胜强的战例。

司马昭之心，路人皆知

司马昭（公元211～265年），字子上，河内温（今河南温县）人。

司马懿死后，其大儿子司马师不久废除了已经成年但迟迟未能亲政的曹芳，另立十三岁的曹髦（máo）为帝，权势比司马懿更大，但没有多久就病死了。司马师在病重的时候，便把一切权力交给了弟弟司马昭。

司马昭总揽大权后，野心更大，总想取代曹髦。他不断铲除异己，打击政敌。年轻的曹髦知道自己即便做“傀儡”皇帝也休想当长，迟早会被司马昭除掉，就打算铤而走险，用突然袭击的办法，干掉司马昭。

一天，曹髦把跟随自己的心腹大臣找来，对他们说：“司马昭之心，路人皆知也。我不能白白忍受被推翻的耻辱，我要你们同我一道去讨伐他。”几位大臣知道这样做等于是飞蛾投火，都劝他暂时忍耐。在场的一个叫王经的对曹髦说：“当今大权落在司马昭手里，满朝文武都是他的人；君王您力量薄弱，莽撞行动，后果不堪设想，应该慎重考虑。”

曹髦不接受劝告，亲自率领左右仆从、侍卫数百人去袭击司马昭。谁知大臣中早有人把这消息报告了司马昭。司马昭立即派兵阻截，把曹髦杀掉了。

后来，人们用“司马昭之心，路人皆知”来说明阴谋家的野心非常明显，已为人所共知。

“乐不思蜀”论阿斗

三国时期，刘备占据蜀地，建立蜀汉。他死后，儿子刘禅继位。公元263年，蜀汉就被魏所灭。刘禅投降后，被送到洛阳。司马昭封他为安乐公，赐给住宅，月给用度，僮婢百人。刘禅为了表示感谢，特意登门，司马昭于是设宴款待，并以歌舞助兴。当演奏到蜀地乐曲时，蜀汉旧臣们油然涌起国破家亡的伤怀之情，个个泪流满面，而刘禅却麻木不仁嬉笑自若。司马昭见状，便问刘禅；“你思念蜀吗？”刘禅答道：“这个地方很快乐，我不思念蜀。”（“此间乐，不思蜀”）。

他的旧臣郤正闻听此言，连忙找个机会悄悄对他说：“陛下，等会儿若司马昭再问您，您就哭着回答：‘先人坟墓，远在蜀地，我没有一天不想念啊！’这样，司马昭就能让陛下回蜀了。”刘禅听后，牢记在心。酒至半酣，司马昭果然又发问，刘禅赶忙把郤正教他的话学了一遍，只是欲哭无泪。司马昭听了，说：“咦，这话怎么像是郤正说的？”刘禅惊奇道：“你说的一点不错呀！”司马昭及左右大臣全笑开了。司马昭见刘禅如此老实，从此就再也不怀疑他。刘禅就这样在洛阳安乐地度过了余生。

人们根据这个故事，引申出“乐不思蜀”这个成语。比喻在新环境中得到乐

趣，不再想回到原来的环境中去。刘禅也成了昏庸无能的代名词。

八王之乱

八王即指汝南王司马亮、赵王司马伦、楚王司马玮、长沙王司马乂、成都王司马颖、齐王司马冏、河间王司马颙、东海王司马越。晋惠帝因是白痴，朝政掌握在外戚、太傅杨骏手中。惠帝后贾南风凶险多诈，永平元年（公元 291 年）与楚王司马玮合谋杀杨骏及其亲党，废杨太后为庶人；又矫诏使楚王司马玮杀执掌朝政的汝南王司马亮、太保卫瓘（guàn）；然后以擅杀罪名杀楚王玮，独揽朝廷大权。元康九年（公元 299 年），贾后因太子遹非自己所生，恐将来不利，先废为庶人，次年又加杀害。赵王司马伦利用禁兵的不满杀贾后及其一党，永康二年（公元 301 年）正月废惠帝自立。于是齐王司马冏、成都王司马颖、河间王司马颙起兵讨伐赵王司马伦，其他诸王也先后加入。经过数年混战，光熙元年（公元 306 年）东海王司马越占据洛阳，迎惠帝还都，渐次除掉成都王司马颖、河间王司马颙，最终控制了政权。八王之乱结束。

王与马，共天下

永嘉之乱后，以王导为首的王氏士族集团辅佐琅玡王司马睿。王导的堂兄弟、王羲之的父亲王旷认为：当时北方夷族太多，建议司马睿南渡，把首都定在南京，实施战略转移，而此前，王导、王旷已经南下“开辟”了根据地。

公元313年，历史上发生了著名的永嘉南渡，整个中原地区的北方名门望族和精英，以及政府机构、官员、甚至士族家中的佣人和鸡鸭牛马都被带过了长江。这次以门阀士族为主要力量的大迁徙共有90多万人，琅玡王氏是其中最重要一支。公元317年，司马睿在建康重建晋室，史称东晋。

由于对司马政权的大力支持和艰苦经营，琅玡王氏被司马睿称为“第一望族”，并欲与之平分天下，王氏势力最大时候，朝中官员大半都是王家的或者与王家相关的人，真正的是“王与马，共天下”。

“东山再起”论谢安

谢安（公元320～385年），字安石。陈郡阳夏（今河南太康）人，寓居会稽（今浙江绍兴）。

谢安早年隐居不仕，才高名著，到了四十多岁，才决定出仕，被征西大将军桓温请为司马。中丞高崧（sōng）就对他开玩笑说：你几次抗旨，不出来做官

的，躲在东山游乐，大家都说，你谢安不出仕，天下苍生该怎么办呢？现在你出仕了，苍生该让你怎么办呢？

由于谢安是从隐居处东山出来做官的，后人就把退隐后复出的行为称之为“东山再起”。

后来，简文帝驾崩，谢安受命辅佐幼主孝武帝，设法阻止桓温篡位，尽力维护晋室。桓温死后，谢安执掌朝政，组建北府兵，加强东晋军事力量。淝水之战中，谢安运筹帷幄，遣弟谢石、侄谢玄、子谢琰率军大破前秦。谢安又致力北伐，遣谢玄分道伐前秦，连下河南诸县。为了缓和统治集团内部士族之间矛盾，他给桓氏子弟都安排了合适的位置，稳定了东晋政局，为东晋王朝立下了大功。

淝水之战

前秦苻坚在汉族士人王猛辅佐下统一了中国北方，王猛死后，苻坚决意统一中国南北。

建元十九年（公元 383 年），苻坚以苻融为前锋都督，发倾国之兵，号称百万，南伐东晋。晋孝武帝则采纳了谢安、桓冲等人的主张，坚决抵抗。他派将军谢石、谢玄等率兵八万沿淮河西进，以拒秦军。

秦军为了阻挡晋军主力西进，又派兵五万进至洛涧（今安徽怀远以南），并在洛口设置木栅，阻断淮河交通。

晋军将领谢石、谢玄派刘牢之率精兵五千进攻洛涧。刘牢之分兵一部到秦军侧后，断敌退路，亲自率兵强渡洛涧，夜袭秦军大营。秦军抵挡不住。主将梁成战死，五万秦兵大溃，抢渡淮水，淹死一万五千余人。洛涧的胜利，鼓舞了晋军的士气。晋军乘胜追击，一举推至淝水东岸，与秦兵隔河对峙。苻坚登上寿阳城头，望见东晋军队布阵严整，心中暗暗吃惊。又见淝水东面八公山上草木摇动，以为都是埋伏的晋兵，不由连连感叹：“这是劲敌，并非弱旅啊。”

洛涧失利后，秦军沿着淝水西岸布阵，阻止晋军反攻。晋军将领谢玄派人对苻坚的弟弟苻融说：如果你把军队稍向后撤，让出一块地方，使晋军渡过淝水，两军再一决胜负。秦军诸将都认为不能让晋军渡河，但苻坚却说：可以稍退一步，等到晋军兵马渡河至一半时突然袭击，再用铁骑数十万攻击，一定可以取胜。于是苻融指挥秦军后撤。秦军士兵大多来自汉族和其他被奴役民族，本无心作战；一退便不可收拾。朱序乘势大喊秦军败了，导致军心崩溃，阵势大乱。晋军以精锐八千涉渡淝水，追杀不舍。秦军狂奔如潮，人马相踏，投水死者不可胜计，淝水为之不流。其他军众弃甲，昼夜溃退，听到风声鹤唳，以为是东晋追兵，草行露宿，饥寒交迫，死去十分之七八。及至洛阳，只剩下 10 余万人。苻融在乱中被晋军所杀，苻坚也被流矢射中。淝水兵败后，前秦陷于瓦解。

元嘉之治

南朝宋文帝刘义隆在位时年号“元嘉”，当时，江南地区相对稳定，社会经济有所发展，史称元嘉之治。

刘裕，即宋武帝，即位前后，曾杀大地主刁逵，把土地分给贫民；杀隐匿人口的士族地主虞亮，限制土地兼并，禁止豪强地主霸占山泽。他还倡导节俭，罢免冗官，修立学校。宋文帝也重视农业生产，屡下令劝课农桑，开垦荒田。每遇灾荒则下令减免租赋，赈济灾民，贷给种粮。他下令开炉铸钱，促进商业经济发展。继续推行“土断”，使赋役不致偏压在普通百姓身上。在这期间，刘宋境内役宽务简，民庶繁息，家给人足，出现了南北朝时期少有的繁荣景象。

北魏统一北方

北魏是南北朝时期鲜卑拓跋氏贵族建立的政权。

前秦苻坚淝水兵败后，北方各少数民族纷纷独立建国。东晋太元十一年（公元 386 年）代王猗（yī）卢九世孙拓跋珪即代王位，后改国号魏，史称北魏。北魏天兴元年（公元 398 年）拓跋珪称帝，定都平城（今山西大同）。北魏建立后，吸收汉族地主参与统治，促进了鲜卑社会的封建化进程，国势渐强。太延五年（公元 439 年）灭北凉，统一北方。

皇兴五年（公元 471 年）拓跋宏继位，是为孝文帝。孝文帝推行班俸禄、均田制和三长制等一系列改革措施，缓和了阶级矛盾。太和十七年（公元 498 年）孝文帝迁都洛阳，对加强民族融合和巩固北魏统治有重要意义。

魏孝文帝改革

魏孝文帝改革是北魏在冯太后和孝文帝主持下进行的一系列改革。

太和八年（公元 484 年），孝文帝“班百官之禄”，对官吏实行俸禄制度，严禁官吏贪污。太和九年、十年先后实行均田制、三长制，在不侵犯地主已占土地

的前提下，使农民依法得到土地，对恢复和发展农业生产及加强政府对劳动人口的控制具有积极意义。为了加强北魏对中原地区的统治，摆脱鲜卑贵族保守势力的影响，太和十七年，孝文帝迁都洛阳。此外，他还实行了一系列改革鲜卑旧俗的措施，如改鲜卑姓为汉姓，禁士民胡服，禁说胡语等，加强了民族融合。

北周灭齐

北周灭齐标志着中国北方的统一。

北齐武平七年（公元 575 年），北周武帝率军 17 万，分路讨伐北齐，攻占了河阴（今河南孟津东），但途中因病班师而回。

次年十月，周武帝统率大军 14.5 万，再度伐齐。他先抵晋州，包围平阳，北齐的晋州刺史崔景嵩开门出降。当时，北齐后主高纬正与冯淑妃在晋阳（今山西太原）天池打猎，使者禀告平阳陷落的消息后，北齐后主要赶回晋阳，冯淑妃却要求再围猎一次，北齐后主居然依从。

北齐后主赶回晋阳后，率军 10 万，南下救援平阳。周武帝命梁士彦为晋州刺史，留精兵 1 万守平阳城。齐军昼夜猛攻，梁士彦苦守；齐军挖地道进攻，城陷十余步。但此时北齐后主命令暂停，说是要让冯淑妃来观看。冯淑妃在内梳妆打扮，久久不出，周军却趁机用大木挡住城上破处，守住了平阳。

齐军在平阳城下屯兵一个多月，士气衰颓。周武帝则集结 8 万主力，要在城下与齐军决战。开始时两军相持不下，后来齐军的东翼稍微退却。观战的冯淑妃和录尚书事穆提婆以为已经打了败仗，怂恿北齐后主退兵。后主一走，齐军军心涣散，大败。

在周军的进攻下，北齐后主连夜逃回邺城，安德王延宗在晋阳即位，改元德昌。不久，周军破晋阳，擒延宗；进兵邺城。北齐后主禅位于 8 岁的太子恒。建德六年（公元 577 年），周军打破邺城，北齐后主在逃亡途中被俘。

至此，北齐灭亡，北方重新统一。

隋唐五代历史

开皇之治

隋文帝在位的 20 多年里，社会民生富庶、人民安居乐业、政治安定。这段时期，史称开皇之治。

鉴于东汉至隋南北分裂达 400 多年之久，民生困苦，国库空虚，所以，从开皇元年（公元 581 年）开始，杨坚即以富国为首要目标，轻徭薄赋以解民困，在确保国家赋税收入之同时，稳定民生。由于南北朝以来，户籍不清，税收不稳，于是，开皇五年即大索貌阅，并接纳尚书左仆射高颎（jiǒng）的建议，推行输籍法，做全国性户口调查，增加国家税收，改善经济，尽扫魏晋南北朝以来隐瞒户籍之积弊，促成了开皇盛世。

隋初，经历了南北朝战乱，民生疲弊，所以杨坚接纳司马苏威的建议，罢免盐、酒专卖和入市税，其后多次减税，减轻人民负担，促进国家农业生产，稳定经济发展。开皇之治的出现，并不是加重赋税的结果，究其原因，与全国推行均田制有关。这个举措既可增加赋税，又稳定了经济发展，同时，南朝士族亦渐由衰弱而至于消灭。均田制能顺利推行，对隋初经济发展收益甚大。

大兴城的建立

隋于汉长安城东南筑新城，名大兴城，在今西安城及城东、城南、城西一带，即唐长安城。

隋朝开国之初，都城仍在长安旧城，因久经战乱，残破不堪。而且宫室形制狭小，不能适应新建的统一国家都城的需要。而且，几百年来城市污水沉淀，壅底难泄，饮水供应也成问题。因此，隋文帝放弃了龙首原以北的故长安城，于龙首原以南、汉长安城东南选择新址。开皇二年（公元 582 年）正月，命宇文恺负责设计建造新城——大兴城，翌年三月竣工。

宇文恺参照北魏洛阳城和东魏、北齐邺都南城，把龙首原以南的六条高坡视为乾卦的六爻，并以此为核心，作为长安城总体规划的地理基础。“六坡”是大兴城的骨架，皇宫、政权机关和寺庙都高高在上，与一般居民区形成鲜明对照。冈原之间的低地，除居民区外，则开渠引水，挖掘湖泊，增大了城市的水域。大兴城充分利用地形的优势，增大了立体空间，显得更加雄伟壮观。大兴城的平面布局整齐划一，形制为长方形。全城由宫城、皇城、外郭城三部分组成，完全采用东西对称布局。外郭城面积约占全城总面积的 88.8%。居民住宅区的大幅度扩大是大兴城建筑总体设计的一大特点。

在此之前，从秦汉一直到南北朝，都城之中的城市格局，没有章法，没有布局，皇宫、官署、民居，交错相处，十分杂乱。至大兴城之后，都城的均衡对称格局开始形成，街道整齐划一，南北交错，东西对称，大街小巷，井井有条。皇宫、皇城、民居三个部分相对分开，界线分明，既安全，又实用。

瓦岗军

大业七年（公元 611 年），东郡法曹翟让因犯罪而被下狱，狱吏黄君汉私自释放了他。于是，他逃亡瓦岗，聚众起义。同郡的单雄信、徐世勣等也都前往参加。他们在永济渠沿岸劫夺来往船只，以致“资用丰给，附者益众”，起义队伍逐步扩大起来。

大业十二年（公元 616 年），贵族出身的李密在参加杨玄感起兵失败后，投奔瓦岗军。李密有胆略，多智谋，在他的策划下，瓦岗军很快就壮大起来，并成为中原地区起事军队的主力。后来，瓦岗军攻克了荥阳（今河南郑州）诸县，又杀死了前来镇压的隋将张须陀，声威大振。大业十三年二月，瓦岗军攻克了兴洛仓，并将贮存的大批粮食分给民众。隋留守东都的越王杨侗急忙派刘长恭、裴仁基兵分两路合击瓦岗军。李密先击破刘军，然后又招降了裴仁基。

由于李密在屡次作战中所发挥的作用较大，其威望也就越来越高，翟让遂主动把领导权让给了李密。李密成了瓦岗军首领，统众至数十万人，几乎控制了河南全境。瓦岗军进逼东都，炀帝派王世充坚守。但这时瓦岗军却发生了严重的内讧，翟让的哥哥翟弘以及王儒信等人劝翟让夺回领导权，结果矛盾激化，以致最后李密杀了翟让。

李密杀死翟让后，坚持在东都城外与隋军相峙的错误战略。大业十四年三月，宇文化及引兵西归，在洛阳城下与瓦岗军相遇，瓦岗军被宇文化及军和王世充军前后夹击，大败。九月，李密西走，降于唐朝，瓦岗起事军队终于溃散。

玄武门之变

李世民在唐王朝建立过程中，从首先提倡起义到驰骋战场，勋业克隆，觊觎皇位的野心与日俱增。

高祖称帝后，按照立嫡以长的原则，立长子李建成为太子，李建成对李世民的防范、妒忌之心不断膨胀。武德九年（公元 626 年），双方的明争暗斗已成水火不容之势。六月四日，李世民在与府僚房玄龄、杜如晦、长孙无忌等密谋策划之后，采取先发制人的措施，率长孙无忌、尉迟敬德等人伏兵于玄武门（即长安宫城北门，是中央禁军屯守之所，地位至为重要），李世民射杀了李建成，尉迟敬德射死支持李建成的齐王李元吉，并奋力抗击和瓦解了东宫和齐王府的卫队，史称玄武门之变。

贞观之治

太宗即位初始，以隋朝灭亡为鉴，顺应天下思治的民情，以“抚民以静”为施政的出发点，推行去奢省费、轻徭薄赋、选用廉吏、兴修水利、鼓励垦荒、增殖人口、广设义仓等措施，使隋末战乱一度凋敝的社会生产又呈现生机。

从谏如流、选贤任能是贞观之治的明显特点。太宗本着舍短取长、兼明优劣的用人方针，充分发挥贤者能人的德才之长，亲君子、远小人，士庶并举、新故同进、汉夷并用。房玄龄、杜如晦、魏徵、虞世南、马周、秦叔宝，或以善谋，或以长断，或以忠直，或以干练，或以文才，或以武勇，各尽所用，效力于太宗，人才济济，文武荟萃，成为贞观之治实现的重要因素。太宗极为重视吏治，慎择刺史亲民，执法务求宽简，提倡节俭，抑制旧世族势力，并大兴学校，盛开科举，笼络地主阶级知识分子，为庶民地主广开参政之门。

太宗致力于巩固边防，安抚边疆各族降众，广设羁縻（mí）州府，缓和了西北和北边的边患，民族间的交往得到加强。因此，北方各族尊太宗为“天可汗”，并开辟“参天可汗”道，以加强羁縻府州同中央的联系。太宗在兼容并蓄、开明开放的民族思想指导下，推行的和亲、团结、德化的民族政策，为统一的多民族国家做出了卓越贡献；文成公主入藏和亲，在汉藏友好史上意义深远。贞观年间一系列的政治、经济、军事措施，效果显著，“贞观之治”所造就的盛世升平景象，史家经常与汉代的“文景之治”相媲美。

贞观后期，太宗屡兴营建，日趋骄逸，又连年用兵，亲征高丽，加重了人民的负担，在纳谏、用人、执法等方面不如前期，表现了历史和个人的局限性。

房谋杜断

房谋杜断是指唐太宗时，名相房玄龄多谋，杜如晦善断。两人同心济谋，传为美谈。

房玄龄（公元 579～648 年），字乔（一说名乔，字玄龄）。齐州临淄（今山东淄博东北）人。杜如晦（公元 585～630 年），字克明。京兆杜陵（今陕西西安东南）人。

房谋杜断的典故出自《旧唐书》："世传太宗尝与文昭图事，则曰：'非如晦莫能筹之。'及如晦至焉，竟从玄龄之策也。盖房知杜之能断大事，杜知房之善建嘉谋。"大意是说，唐太宗与房玄龄商量一件事，房玄龄提出了几个方案，然后说真正的决断需要杜如晦来做。等杜如晦来了，自己并没有提出新的计划，而是根据房玄龄的方案做出了正确的判断。

武则天

武则天（公元 624～705 年）是唐高宗的皇后，后为周则天皇帝；谥则天顺圣武皇后，号则天大圣皇帝。她是中国历史上唯一的女皇帝，名曌（zhào），并州文水（今山西文水东）人。

武则天 14 岁入宫，为太宗才人，太宗去世后，她入感业寺为尼。高宗即位，复召入宫，拜昭仪，进号宸妃。在内宫争宠中，武则天靠谋略与才华博得高宗欢心。永徽六年（公元 655 年），高宗力排众议，废王氏而立武则天为后。高宗多病，武则天乘机专权用事。上元元年（公元 674 年），高宗为"天皇"，武则天称"天后"，合称"二圣"。

弘道元年（公元 683 年），高宗去世，中宗即位，武则天临朝称制。次年，废中宗，立睿宗，武则天代唐之心已昭然若揭。天授元年（公元 690 年），武则天在平定叛乱和铲除异己势力之后，正式称帝，国号周，以自造字“曌”为己名，取日月当空之意。

武则天掌权及在位期间，重修《贞观氏族志》，改为《氏族志》，以后族为第一等，抑制旧门阀及李唐皇族，提高庶族地主的地位，大力发展科举制，不拘一格选拔人才，重用文辞之士，以分宰相之权。社会经济在这一时期呈明显发展趋势，人口由永徽三年的 380 万户猛增至神龙元年（公元 705 年）的 615 万户。她对边防的巩固与疆土的开拓亦颇有贡献，如设置北庭都护府和恢复安西四镇等。

武则天的弊政及消极行为后人多有抨击，她任用酷吏、滥杀无辜，宠佞小人，封赏太滥，大兴土木，耗费民力，晚年尤甚。神龙元年正月，武则天患重病，大臣张柬之等乘机发动政变，逼其退位，还政中宗，复国号为唐。同年十一月，武则天去世，年 82 岁。

开元之治

玄宗即位前，政局十分动荡，8 年间发生了 7 次政变，皇帝更换 4 人。玄宗一即位，即果断地铲除武、韦余党，不许皇亲国戚干预朝政，稳定了政局。他任用贤相姚崇、宋璟襄理朝政。姚崇曾针对时弊，提出 10 项建议，大部分被玄宗采纳实行，为唐代兴盛奠定了良好基础。玄宗在裁汰冗员，悉罢员外官、试官、检校官等额外官职数千人的同时，正式规定官吏员额，实行定编。对地方官吏人选也非常重视。开元四年，玄宗曾亲自召见新授县令，并于殿廷策试，将不合格者斥退，并贬逐主持选官的吏部侍郎，改变了过去“重京官、轻外任”的风气，有利于地方行政力量的加强。他还强令部分僧尼还俗，禁止奢侈，严禁功臣食封之家派人直接催租逼债。

上述种种措施的施行，使唐玄宗即位后的 20 多年时间便政局安定，社会生产蒸蒸日上，人口、户数急剧增加，国家繁荣昌盛。“耕者益力，四海之内，高山绝壑，耒耜亦满”。“是时，海内富实，米斗之价钱十三。青、齐间，斗才三钱”。“道路列肆具酒食以待行人，店有驿驴，行千里不持尺兵”。史称这一时期为“开元盛世”或“开元之治”。

安史之乱

玄宗天宝十四载（公元755年），安禄山因与权相杨国忠有隙，于是就以讨杨为名，自范阳起兵，横扫河北，南渡黄河，进逼洛阳。唐朝大将封常清奉召，募兵拒敌，旋即溃败，洛阳失陷。天宝十五载正月，安禄山在洛阳称帝，国号燕。各地官民纷起反抗，如常山（今河北正定）太守颜杲（gǎo）卿、平原（今山东陵县）太守颜真卿和河南一带的地方官张巡、许远等，在一定程度上遏制了叛军的攻势及南下企图。杨国忠猜忌驻守潼关的大将哥舒翰，促令其出关迎敌，结果大败，潼关失守。玄宗匆忙逃往成都，行至马嵬驿（今陕西兴平西），从行军士哗变，杀死杨国忠并迫使玄宗缢杀杨贵妃。太子李亨从马嵬驿回军北上，同年七月即位于灵武（今宁夏灵武西南），改元至德，是为肃宗，遥尊玄宗为太上皇。

肃宗用李光弼、郭子仪为将，会集西北各军，又得到西域各族和回纥的援助，转入反击。至德二年（公元757年），安禄山被其子安庆绪杀死，同年，唐

军收复长安和洛阳，安庆绪退保邺（今河南安阳）。乾元元年（公元 758 年），唐朝九节度使联兵，围邺。次年三月，安禄山旧部史思明降唐复叛，率军救邺，数十万唐军溃败。九月，史思明攻陷洛阳。上元二年（公元 761 年），史思明被其子史朝义所杀。宝应元年（公元 762 年），代宗新即位，借用回纥兵再度收复洛阳，叛军将领见大势已去，纷纷降唐。次年正月，史朝义被迫自杀，安史之乱至此平定。

安史之乱是唐朝由盛而衰的转折点，战火波及地区社会经济遭到极大破坏，西北边防呈空虚状态，吐蕃乘机东侵。平叛前后陆续设置的节度使权力日重，逐渐形成“藩镇割据”的局面。

二王八司马事件

二王八司马事件是唐顺宗在位期间由王叔文、王伾等人所领导的一次政治革新运动。

唐顺宗深知宦官专权和藩镇割据对唐中央政权的危害，即位后立即起用东宫旧臣王叔文、王伾（pī）以及柳宗元、刘禹锡、韦执谊、韩泰、韩晔、陈谏、凌准、程异等 8 人，着手进行改革，希图改变艰难局面。其内容主要为：收夺宦官兵权，制裁藩镇跋扈，打击贪官污吏，废除宫市、五坊小儿及进奉等弊政，免除民间欠税和各种杂税，选拔德才兼备的人为官等。其中革除宫市、五坊小儿及进奉等进展较为顺利。西川节度使韦皋妄图完全领有剑南三川，以扩大地盘的阴谋也未能得逞。王叔文乘势命宿将范希朝为左、右神策、京西诸城镇行营节度使，韩泰为其行军司马前去接管宦官手中的兵权。权阉俱文珍等策动神策军将官拒绝范希朝接权，又暗中策划宫廷政变；韦皋等人乘机纷纷上表，胁迫顺宗禅位。顺宗久病失语，又遭宦官与藩镇的激烈反对，被迫禅位。

宦官得势以后，王叔文、王伾即遭贬逐。王叔文被贬后又被赐死，王伾死于贬所。柳宗元等八人都被贬为“边州司马”。历史上称这一事件为“二王八司马事件”。

牛李党争

宪宗元和（公元 809～820 年）年间，牛僧孺、李宗闵等人应“贤良方正、直言极谏”科，对策时痛诋时政，当朝宰相李吉甫，即李德裕的父亲，极为不满，向宪宗陈诉，贬主考官，不予重用牛僧孺等，埋下了党争的前因。面对藩镇割据的局面，李派主张武力平叛，牛派主张安抚为先，遂形成对立派系。穆宗至文宗时期，党争循序展开，两派交相进退。后来，公怨私仇交加，更相倾轧，互相引宦官为援。武宗时期，牛党失势，李德裕自淮南节度使入相，牛党领袖牛僧孺、李宗闵被贬职流放，李党独掌朝政。宣宗时期，牛党重新得势，纷纷被召还朝，李德裕被贬到崖州（今海南王京山东南），后死于贬所。党争遂以牛党获胜结束。

甘露之变

唐代后期，宦官们控制禁卫军，掌握机要大权，肆行干政，甚至操纵皇帝的

废立生杀。唐文宗即位后，对专权宦官仇士良等深恶痛绝，决心翦除其势力。大和五年（公元 831 年）文宗即与宰相宋申锡谋划诛除权阉，结果机泄事败，宋申锡被贬，死于开州。大和九年，文宗再次谋划，交由宰相李训办理。李训与凤翔节度使郑注等密谋内外协助，铲除宦官集团。十一月，他们经文宗允许密伏甲士，派人谎报左金吾卫石榴树天降甘露，文宗命大宦官仇士良等往观，仇士良发现预伏甲士，揭破密谋，便劫持文宗回宫，率领禁卫军捕杀李训等，回到凤翔的郑注也被监军宦官所杀。被牵连遭诛杀的官员达千余人。史称"甘露之变"。

幽云十六州

幽云十六州是对五代时石敬瑭割让燕云等地给契丹的总称。

石敬瑭原是后唐派往河东驻防的大将，任务是防御契丹入侵。当时后唐朝政混乱，统治集团内部矛盾尖锐，石敬瑭认为有机可乘，便拥兵自重，图谋夺权。后唐清泰三年（公元 936 年）石敬瑭与部将刘知远、桑维翰等人正商筹谋反之时，后唐末帝派兵讨伐，围攻晋阳。石敬瑭遣使向契丹请求援助，表示愿俯首称臣，"以父礼事之"，并许事成之后，"割卢龙一道及雁门关以北诸州与之"。于是，契丹主耶律德光发 5 万骑兵，配合石敬瑭，大破后唐军。十一月，耶律德光亲自册封石敬瑭为帝，国号为晋，史称后晋。

石敬瑭称帝以后，正式奉表履约，割让下列十六州地给契丹：幽州（今北京市）；蓟州（今河北蓟县）；瀛州（今河北河间）；莫州（今河北任丘）；涿州（今河北涿州）；檀州（今北京密云）；顺州（今北京顺义）；新州（今河北涿鹿）；妫州（今河北怀来）；儒州（今北京延庆）；武州（今河北宣化）；云州（今山西大同）；应州（今山西应县）；寰州（今山西朔县）；朔州（今山西朔县）；蔚州（今河北蔚县）。十六州的范围相当于以北京市和山西大同市为中心，东至河北遵化，北迤长城、西界山西神池，南至天津市、河北河间、保定市及山西繁峙、宁武一线以北地区。北宋末年才将这一地区总称为幽云十六州，也称燕云十六州。

由于石敬瑭割让了幽云十六州，使北方地区自后晋乃至宋代均无险可守，给契丹、女真、蒙古等少数民族军队进攻中原提供了有利条件。

周世宗柴荣

周世宗（公元921～959年），即柴荣，后周第二代皇帝，邢州龙冈（今河北邢台）人，后周太祖郭威的内侄和养子。

柴荣在政治上澄清吏治，严明赏罚，惩治贪赃，倡导节俭，力戒奢华。经济上，鼓励逃户回乡定居，减免各种无名科敛，安抚流民，招民垦殖逃户田，编制《均田图》，派遣使者分赴各地均定田租，查实隐匿耕地，使之均摊正税，废除曲阜孔氏的免税特权，动员民众兴修水利，疏浚漕运；停废敕额（朝廷赐予寺名）外的寺院3万余所，敕额外僧尼一律还为编户，禁私度僧尼；收购民间佛像铜器铸钱，缓解了唐末以来长期缺钱的局面。

显德元年，柴荣为整肃军纪，处决了与北汉作战时临阵溃逃并劫掠辎重、扬言周军已败的禁军大将樊爱能、何徽以及中级将校 70 余人。他检阅禁军，裁汰老弱，选募壮勇，组成了精锐的中央禁军；还修订刑律、历法、考正雅乐，广搜遗书，雕印古籍。显德二年，柴荣采用王朴提出的“先易后难”的战略方针，开始致力于统一全国的大业，先出兵后蜀，收回 4 州。次年。伐南唐，经三年苦战，收回淮南、江北 14 州 60 余县。显德六年，柴荣征辽，收回燕云十六州中的三州；五月，乘胜进取幽州，突患重病，被迫班师，六月卒，年 39 岁。

世宗柴荣在政治、经济和军事上的改革及成就，为北宋统一全国奠定了基础。

宋辽金历史

宋太祖

宋太祖（公元927～976年），即赵匡胤。宋朝开国皇帝，赵匡胤祖籍涿郡（今河北涿州市），出身行伍世家，后周时官至殿前都点检，掌握着禁军。公元960年，赵匡胤趁后周世宗新丧、主少国疑之便，在开封东北的陈桥驿发动兵变，夺取了政权。

赵匡胤定国号为宋，定都开封，史称北宋，赵匡胤便是宋太祖。

在军事政治上，宋太祖采取了一系列加强中央集权的措施。他解除了资深将领石守信、王审琦等人的兵权，换成资历较浅，容易控制的人掌领禁军。并且，以自己陈桥兵变为鉴，取消了禁军最高统帅殿前都点检、殿前副都点检等职务，设置互不相属的三衙，分领禁军。接着，又把禁军调度、招募等权力归于枢密院，使之与三衙互相牵制。禁军的布防，一半在开封及京畿，一半在外地，令他们内外制衡；并经常调换军队将领；实行更戍法，定期换防，防止将领专兵和军队与地方勾结。在中央，宋太祖设中书门下、枢密院、三司分掌行政、军政、财政；对地方，将财权、军权收归中央，取消节度使兼领支郡，以文臣知州，置通判为其副职。宋太祖继承唐制，以科举取士，晚年又创立殿试制度，使科举入仕者成为“天子门生”。

宋太祖的一系列措施，有效地防止了五代时期割据局面重演，但后代诸帝，“以防弊之政，作立国之法”，墨守成规不知变通，又使太祖建制成为许多弊政的端源。

耶律阿保机

耶律阿保机出身契丹贵族，公元901年，袭夷离堇职位，公元907年，被推为可汗，统一契丹八部，控制邻近的奚、女真等族。耶律阿保机采纳汉族士大夫建议，推翻选举可汗制度，于公元916年自立为帝，国号契丹，建元神册，建都临潢（今内蒙古自治区巴林左旗南波罗城）。

耶律阿保机在位期间，改革习俗、筑城堡、发展农商，创制契丹文字和成文法典。并先后攻取营、平等州及渤海。对契丹封建化过程的推进及历史发展有重大作用。

“杯酒释兵权”

五代时期，各个封建割据政权的更替，几乎都是由握有军权重兵的官吏实现的。赵匡胤继位后，为加强中央集权，决定用和平手段剥夺高级将领的兵权。

建隆二年（公元961年）秋天，赵匡胤设宴款待石守信等朝中高级将领。席间他对将领们说：“汝曹虽无异心，其如麾下之人欲富贵者，一旦以黄袍加汝之身，汝虽欲不为，其可得乎？”众将领听后吓得满身大汗，乞求赵匡胤指条明路。于是赵匡胤进一步说：“人生如白驹之过隙，……不过欲多积金钱，厚自娱乐，……尔曹何不释去兵权，出守大藩，择便好田宅市之，……日饮酒相欢以终其天

年……。”第二天，石守信等将领皆上表称病，乞求解除兵权。

赵匡胤就这样在杯盘之间，用和平的方法剥夺了高级将领的军权，并让他们出守外地，做没有实权的节度使，同时也在经济上尽量满足他们的欲望。此事件史称“杯酒释兵权”。

“半部论语治天下”的学问

赵普（公元922～992年）字则平，幽州蓟县（今属天津）人，在后周时他就是赵匡胤的幕僚，很得重用，曾鼓吹自己有“半部论语治天下”的学问。

赵普参与策划了陈桥兵变。并在平定李筠、李重进叛乱中起到了重要作用。乾德二年（公元964年），拜为开国宰相。宋初的军国大政，如收夺地方节镇权力、以文臣知州、先南后北的统一战略等，多为赵普参与策划。他为人多智谋，但缺少远见卓识，性情刚愎。太祖晚年，赵普失宠，被罢相，出为河阳三城节度使。

宋太宗即位后，赵普制造了“金匮之盟”的伪证，为太宗以弟及兄进行辩护，得到太宗的信任，两次拜相，后来因病致仕，封魏国公。

杨家将

杨业（？～986年）是北宋抗辽名将，麟州新秦（今陕西神木）人，本名重贵。杨业十分善战，被称作“杨无敌”。

雍熙三年（公元986年）宋军三路北伐，杨业为云（今山西大同）、应（今山西应县）、朔（今山西朔县）等州副都部署，与潘美率领西路军，连克寰（今山西朔县东）、朔、应、云四州。因为宋军主力曹彬部败退，被迫撤军，并护送四州之民内迁。他在作战计划上与潘美和监军王侁（shēn）不协，冒险迎敌，兵败，身受重伤，因为潘美不发救兵，杨业在陈家谷被俘，绝食三日而死。追赠太尉、大同军节度使。

后来，杨业成为民间故事杨家将的主角，他见诸史籍的儿子有七人，戏曲小说中的记述也与之相符，至于杨业之妻为佘太君、杨文广之母为穆桂英等杨门女将等，都于史无证。宋代市民文艺的兴起，为杨家将传说的不胫而走提供了载体，在已知的宋代话本中就有《杨令公》《五郎为僧》等名目。

澶渊之盟

北宋景德元年（1004 年）闰九月，辽圣宗及其母萧太后率大军南下，深入宋境，围攻定州（今河北定县）。宋参知政事王钦若、秘书丞陈尧叟请宋真宗到南方去避难，而宰相寇准力排众议，坚持让宋真宗立即亲征，真宗勉强同意。此时辽军已攻破德清军（今河北清丰），直逼黄河北岸的重镇澶州。但是，辽军大将萧达凛中了宋军埋伏的床子弩，被射死；宋真宗在寇准和禁军将领高琼的再三催促下，也渡河来到澶州城上，宋军士气大增。辽军处境十分不利，故想利用和谈达到用军事手段得不到的东西。而宋真宗早已无心征战急于求和，已派曹利用到辽军中议和。双方经过几次交涉，于十二月订立盟约。主要内容为：

一、宋辽维持原有疆界，宋真宗称辽圣宗为弟，称萧太后为叔母。

二、宋每年给辽国银 10 万两，绢 20 万匹。

澶渊之盟签订之后，宋、辽长期并立，不再有大的战事，但屈辱的盟约也加重了人民的负担。

承天太后萧燕燕

萧燕燕（公元 953～1009 年）是辽景宗的皇后，圣宗耶律隆绪的生母，姓萧，名燕燕，汉名绰，辽国北院枢密使兼北府宰相萧思温的女儿。辽景宗即位后，册为皇后。乾亨四年（公元 982 年），辽景宗死，辽圣宗立，萧燕燕奉遗诏摄政，号为承天皇太后。

她任用韩德让和耶律斜轸参决大政，任用耶律休哥总领南面军务，并加强对宗室的约束和对吏民的管理，使政局渐趋稳定；摄政期

间，她注意改善契丹族和诸部族的关系，任用了许多汉族官员。当时，按照辽国的旧例，如果契丹人和汉人相殴致死，轻处契丹人，重处汉人，萧燕燕当政后，改为依汉律论断，同罪同科。

从统和四年到二十二年（公元986～1004年），辽宋交战多次，萧燕燕曾与辽圣宗一同亲征，史称她“习知军政。澶渊之役亲御戎车，指麾三军。赏罚信明，将士用命”。当时，辽国的国势达到全盛，与萧燕燕的参与有密切关系。

历来的小说戏文中，对萧燕燕的丑化为多，究其原因就是她率领辽军大败了宋军。但对辽国而言，萧燕燕无疑是推动其前进的、有着巨大贡献的历史人物。

宋朝的垂帘听政太后

刘娥（公元968～1033年）是宋真宗赵恒的皇后，也是宋代第一位摄政的太后。《宋史》中说，刘太后原籍太原，父祖都是五代时的高级将领，实际上出于杜撰。她是益州华阳（今四川成都人），出身微贱，是个孤女，曾嫁当地的银匠龚美，后来进入襄王府，极受赵恒宠爱。

宋真宗死后，遗诏命尊皇后刘氏为皇太后，军国重事，权取处分。次年，改元天圣，“天圣”拆字即为“二人圣”，是指年幼的宋仁宗与刘太后两名圣人。刘太后在世时的第二个年号是明道，“明”字拆开为日月二字，也是为了取悦她。她垂帘听政达11年，宋仁宗一朝前期的政策就是她统治的产物。

刘太后听政后的第一件大事就是下令禁止兴建宫观，废除宫观使，有力地遏制了大中祥符以来弥漫朝野的迷信狂热。在其他朝政上，她也颇有建树。在《宋史》中，有一段大体公允的评价：“当天圣、明道间，天子富于春秋，母后称制，而内外肃然，纪纲俱举，朝政无大阙失。”

刘娥是一位有功于宋代统治的女政治家，史称“虽政出宫闱，而号令严明，恩威加天下”。大体说来，在她听政的时期，不仅恢复了宋真宗早期的发展势头，还为宋仁宗的庆历盛世奠定了基础。史书称其“有吕武之才，无吕武之恶”。

宋夏战争

西夏原为北宋属地，宋仁宗景祐五年（1038 年），李元昊建西夏国，北宋王朝不予承认，准备进行讨伐。宋仁宗先是下令削去李元昊的官爵，且停止按年给西夏的银绢和钱币，停止沿边榷场的互市。见此情景，西夏也开始积极备战。

宝元二年（1039 年），宋保安军狄青率军与夏军作战，揭开了宋夏之战的序幕，此战夏军失利。

康定元年（1040 年），夏军攻占北宋的延州，在金明寨生擒都监李士彬，又在三川口（今陕西延安西北）设伏，擒住了宋援军大将刘平、石元孙。这一战宋军大败，史称三川口之战。

此后宋与夏作战屡次失败。康定二年，宋朝派大将任福保卫渭州，夏军与宋军在好水川（今宁夏隆德东）再次大战，任福战死，夏军再次大胜，史称好水川之战。

经过几次大战役，宋军失去对夏取胜的信心，接受李元昊的建议，进行和议。当时夏方虽胜，但毕竟国小力薄，难以与疆域辽阔的宋争雄，因此同意议和。庆历四年，双方议定：西夏取消帝号，仍由宋册封为夏国王，宋廷每年以各种名义给西夏银 7 万两，绢 15 万匹，茶 3 万斤，重开沿边榷场市易。

夭折的庆历新政

“庆历新政”是北宋仁宗赵祯庆历年间（1041～1048 年），由范仲淹主持的社会改革。

宋仁宗时期，宋朝的政治、经济、军事都面临严重的危机，集中表现为冗兵、冗员、冗费等社会问题，阶级矛盾十分尖锐，各地农民纷纷起义。外部又有辽和西夏的威胁。这些问题已使北宋统治集团中的一部分人，包括宋仁宗在内，认识到若不立即采取措施变法，实行新政解决这些矛盾，北宋的统治便岌岌可危了。庆历三年（1043 年），仁宗以范仲淹为参知政事，富弼、韩琦为枢密副使，以整顿吏治为中心，条陈十事，推行新政。其主要内容如下：

一、明黜陟。改变过去文官3年、武官5年一磨勘的旧例，根据政绩，可以破格提前晋级，也可延期或停职，以求改变“人人因循，不复奋励”的状况。为此择派官吏，巡视地方，推行新政。这对改变冗官问题有一定作用。

二、抑侥幸、精贡举。改变恩荫之制，防止恩荫过滥现象再度出现。同时改变科举制度，避免凭词赋取士，而注重对品德与办事才能的考核。这些也对整顿吏治有一定的作用。

三、均公田。具体方法是：“外官职田有不均者均之。有未给者给之，使其衣食得足。”公田就是职田。主要目的在使官吏廉洁奉公，同时抑制官僚大地主的兼并之势。

四、劝农桑，修水利。具体方法是兴修水利，减轻徭役。奖励从事农业生产。主要目的在于发展生产，增加政府收入，以缓和冗费问题。

五、覃恩信，重命令。扩大宣传，使百姓感受到皇帝恩泽，取信于民。这有利于提高百姓的信心，以忠心护卫宋王朝。

范仲淹的庆历新政执行范围有限，措施也不很系统，但仍受到反对派猛烈攻击，大地主阶级以结朋党为名排挤他。一年后，新政彻底被废止，范仲淹排挤出朝，支持者也纷纷遭到贬斥。至此，实行了仅仅一年的庆历新政就此夭折。新政失败的主要原因在于它触动了一些重臣、大官僚地主阶级的既得利益。但庆历新政作为改革旧制，实施新政的一种尝试成为王安石变法的先导。

熙宁新法

熙宁新法即北宋神宗时以王安石为首的改革派实行的重大社会改革。北宋王朝建立以后，至王安石变法前，大地主阶级兼并土地日益激烈，农民阶级与地主阶级的矛盾日趋尖锐，各地连续举行武装起义，已威胁到北宋政权的统治。国家财政危机日益严重。冗官、冗兵愈演愈烈，北宋每年还要送给辽、西夏大量银、绢等物资，以致财政亏空日甚。辽、西夏不断骚扰，蚕食宋廷北方领土，威胁着北宋政权。

熙宁二年（1069年），宋神宗任王安石为参知政事，主持变法。主要目就是要增加财政收入，加强军事力量。主要措施有：

一、农田水利法。熙宁二年十一月颁行。由政府计工料、按民户等第出资兴修水利；抑制土地兼并与水利工程垄断；劝种桑柘等经济作物；整顿经济秩序，以利于财政收入。

二、方田均税法。熙宁五年八月颁行。全面清查耕垦田地，标明产主、亩数和田地优劣以确定赋税。

三、青苗法。各地政府在青黄不接时，借钱、米给农户，主要是贷给自耕农和半自耕农，收成之后加息二分偿还。

四、免役法。即改变过去按户等轮流当差的办法，由政府出钱雇人充役，其费用由主户按等第负担。那些原来可以免役的官户，也要按定额的半数缴纳，称助役钱。

五、均输法。熙宁二年颁行。宋政府原在荆湖南、北路、江南东、西路、两浙路、淮南路设转运使，但由于官员因循旧规，运转不灵，造成“远方有倍蓰之输，中都有半价之鬻”的局面。均输法是由政府派出发运使，总管东南六路财，统一采购物资，防止富商大贾从中牟利，以稳定经济秩序。

六、市易法。宋廷在首都汴京设立市易务，控制商业贸易，收购或出售物资，以调节物价。

七、将兵法。将黄河流域战区驻军分为几个或十几个单位，设将与副将各一人，训练军士。

此外还有保甲法、保马法等。新法颁行后，遭到保守派的强烈反对，王安石两次被罢相。到元丰九年（1076年），变法结束。以司马光为首的政治势力在元祐更化中破坏了大部分新法。这次变法从总的效果讲，起到了富国强兵的作用，维持了北宋政局的稳定。

清官册第一：包拯

包拯（公元999～1062年），字希仁，庐州合肥人，天圣年间进士。

包拯在政治上要求改革，主张严格吏治、练兵选将、轻徭薄赋等。他历任州县长官，累迁至监察御史，又历知谏院、权知开封府、御史中丞、三司使等职，嘉祐六年（1061年）为枢密副使，在任上逝世，谥孝肃。

包拯为官以断讼明察，刚直不阿、清正廉洁著称，是后世“清官”的典型，他以龙图阁待制权知开封府时，在任仅一年半，却把号称难治的开封府治理得井井有条，童稚妇孺都知道他的名字。他天生严峻，不苟言笑，人们就说，让包拯笑就好比让黄河清那样难。开封府则流传着“关节不到，有阎罗包老”的谚语，以阎罗来形容其刚直不阿和铁面无私。

海上之盟

“海上之盟”是北宋与金订立的联合攻辽的盟约。

北宋末年，金军攻辽节节胜利，北宋君臣见辽已危在旦夕，就想乘机收复石敬瑭割让给辽的燕云诸州。宋重和元年（1118年），徽宗派遣马政渡海出使金国；第二年，金遣粘木喝等出使宋朝，商议攻辽问题。宣和二年（1120 年），徽宗又派遣赵良嗣等使金，金使也再度来宋，最后订立盟约。盟约的主要内容为：金取辽的中京大定府，宋取辽的燕京析津府，灭辽之后，宋把过去每年给辽的岁币转送给金。宋、金还约定，不得与辽讲和。

因为宋、金使者往返海上，故史称此次盟约为“海上之盟”。

之后，宋军攻辽失败，燕京也被金军攻占。宋、金几经交涉，才决定宋每年给金 30 万匹绢、20 万两银和燕京代税钱 100 万贯，金将燕京和附近的蓟州、景州、涿州、顺州、檀州和易州归还宋廷。

靖康之变

宋宣和七年（1125 年），金军分两路攻打宋，兵锋直指宋都城汴梁（今河南开封），宋徽宗惶恐，让其子监国，准备南逃到金陵。

在宗泽等大臣的极力反对之下，宋徽宗传位给太子赵桓（即钦宗），自为太上皇，改元靖康。钦宗在抵抗金军的同时，仍准备投降。朝内主战与主和两派又相持不下。靖康元年（1126 年）正月，金将完颜宗望（斡离不）率东路军围攻开封。宋徽宗求和，答应将太原、中山、河间三镇割让给金，并送上金银珠宝，

完颜宗望才于二月退兵。十一月，金完颜宗翰（粘罕）率东、西两路军会合并攻开封城，开封失守，钦宗请降。

靖康二年四月，金军于大肆掳掠搜刮后，俘徽宗、钦宗和宗室、后妃、部分臣僚，以及教坊乐工、技艺工匠、倡优内侍等数千人北去，开封城中公私财物为之抢夺一空。因时值靖康年间，故史称靖康之变。

“独相”秦桧

秦桧（1090～1155 年），字会之，江宁（今江苏南京）人，徽宗政和年间中进士及第。曾任谏官，这时，他反对割地求和，主张抗金。金人占领开封后，秦桧因为反对立张邦昌为帝，被掳北去，然后降敌，被金将完颜昌（挞懒）所信用。建炎四年（1130 年），秦桧被挞懒放回南宋。返回后，他取得了高宗信任，官至宰相，后来因为他提出了“南人归南、北人归北”的主张，触犯了高宗的禁忌，被罢相闲居。绍兴八年（1138 年），秦桧再度成为宰相，此后，他驱逐张俊、赵鼎，在金人的支持下，独居相位十八年，丧权辱国、谋害忠良，无所不为。秦桧收回了岳飞、韩世忠、张浚三名大将的兵权，并以“莫须有”的罪名杀害了岳飞；向金朝叩首称臣，订立了“绍兴和议”。在“绍兴和议”中，有一个附带性的条件，就是“不许以无罪去首相”，这就剥夺了高宗对秦桧的罢免权，确保其相位的不可动摇。秦桧称“独相”即源于此。事实上，“绍兴和议”以后，直到秦桧死前，南宋的政治空气呈现出一种前所未有的窒息和黑暗。

《金史》中的“小尧舜”

《金史》中，对金世宗完颜雍有一段评论，大意是：自太祖以来，海内用兵，安定之年无几。而完颜亮赋役繁兴，兵甲并起，国内骚然，颠危愁困。世宗久典外郡，明祸乱缘故，知吏治得失，南北讲和，与民休息，孜孜求治，得为君之道，上下相安，家给人足，号称“小尧舜”。

完颜雍（1123～1189 年），本名乌禄，是金太祖阿骨打的孙子，与金主完颜亮是从兄弟。他沉静明达，善骑射，完颜亮即位后对他颇为猜忌，他始终隐忍韬晦。正隆六年（1161 年），完颜亮南侵，他在东京留守任上，十月，传来南下侵宋的军队哗变的消息，完颜雍发动政变，下诏废黜完颜亮，自立为帝，改元大定，时年 38 岁。

正如《金史》所述，大定五年（1165 年），完颜雍与宋议和。他在位期间，广泛吸收各族官员参与军政，改定官制，注重守令之选，严密监察之责。经济上，他重视农牧业的发展、放免二税户与奴婢、广开榷场、规定商税法、铸铜钱、取消坑税等。

岳飞

岳飞（1103～1142 年），字鹏举。河北西路相州汤阴人。出身农家，二十岁时从军。建炎元年（1127 年），上书反对高宗南迁，请求恢复旧地，被削夺军职。后来，岳飞投河北招抚司，先后追随张所、王彦、宗泽等人，抗击金军，屡立战功。完颜宗弼南侵时，岳飞率部辗转江淮，打击金兵。他任通、泰镇抚使，平定游寇李成、曹用等，擢升都统制，授承宣使，总重兵屯戍九江。所部纪律严明、作战勇敢，人称“岳家军”。

绍兴四年（1134年），岳飞北上讨伐金与伪齐联军，连克数州，升节度使。次年，他镇压钟相、杨么起义。绍兴六年，岳飞出师北上，深入陕西、河南境内，与河朔义军取得联系，不久因粮饷不足撤回。绍兴七年，岳飞升任宣抚使，计划并统刘光世等军，大举北伐，但因为劝说宋高宗立储而遭到猜忌，北伐计划取消。绍兴十年，金军南侵，岳飞按“联结河朔”的战略方针，挥师北上，连复失地，大败金军主力。由于以高宗赵构、秦桧为首的投降派的阻挠，被迫班师。次年，岳飞受招入临安，被解除兵权，罢官赋闲；不久，被秦桧以“莫须有”的罪名杀害。

宋孝宗时，追谥武穆；宁宗时，追封鄂王；理宗时，改谥忠武。

绍兴和议

绍兴年间，韩世忠统领前护军8万人，张俊统领中护军8万人和岳飞统领后护军10万人，分驻淮东、淮西和京西地区抗金前线，打击并钳制着南下的金军，维护着南宋半壁江山的统治，并逐渐成为南宋军队的三大主力。宋廷一向担心将帅权重会威胁皇权统治，加之，宋金和议已接近成熟，宋高宗、秦桧等为扫清障碍，于绍兴十一年（1141年）四月，夺取了韩世忠、张俊、岳飞的兵权，并于同年十一月与金朝达成了协议。

“绍兴和议”和约的主要内容为：宋向金称臣，“世世子孙，谨守臣节”，金朝册封宋康王赵构为皇帝；划定疆界，东以淮河中流为界，西以大散关（今陕西宝鸡西南）为界，以南属宋，以北属金；宋每年向金纳贡银25万两、绢25万匹，自绍兴十二年开始，每年春季搬运至泗州（今江苏盱眙北）交纳；金归还宋徽宗棺木与宋高宗的生母韦氏。

次年二月，宋派使节进誓表于金，表示要世代向金称臣，和约正式生效。

南宋的最后一次抵抗

祥兴二年（1279年），张世杰、陆秀夫等拥立8岁的卫王赵昺（bǐng）做皇帝，改年号为祥兴，迁居到小岛崖山（今广东新会南），此处地势险要，利于固守。元廷派蒙古军和汉军分路进兵，汉将张弘范率水师攻打漳、潮、惠三州，李恒用步骑袭击广州，阿里海牙统蒙古军进击琼州。之后，张弘范率军进攻崖山，张世杰用大绳将船连结成阵固守，双方僵持不下。元军便切断了宋军的水源，张弘范又乘海潮攻击宋船，结果宋军大败，陆秀夫背赵昺投海死，宋军民大量随殉。张世杰率余部突围到海陵山（今广东阳江县南海陵岛）时，遇到了飓风，结果舟覆溺死。至此，南宋灭亡。

元明清历史

成吉思汗

成吉思汗（1162～1227年），名铁木真，姓孛儿只斤，乞颜氏，蒙古族。元代追上庙号为元太祖。

铁木真出生于蒙古贵族世家。其父也速该是一位有实力的贵族。1162年，受金朝支持的塔塔尔人与蒙古人发生激战，也速该俘获塔塔尔人首领铁木真，正值儿子出生，遂用俘虏之名命名其子以纪念胜利。其后，也速该被塔塔尔人毒死，其部众分散，铁木真与其母及诸弟度过数年艰难的生活后，投奔强大的克烈部首领脱里汗。忽都剌汗死后，蒙古部众大都在札答阑部首领札木合的控制下，铁木真又投靠札木合。其间，他笼络人心，招徕人马，最后脱离札木合，建立自己的斡耳朵。

12世纪80年代，铁木真称汗，分兵十三路抗拒札木合组织的十三部人马的攻击，因实力不敌而败退。史称之为十三翼之战。1196 年，金兵征塔塔尔部，铁木真与克烈部脱里汗出兵助金，大败塔塔尔部，脱里汗被金封为王（后称王汗），铁木真被封为察兀忽鲁（即部众之长）。其后，克烈部发生内乱，铁木真援助王汗恢复其统治。1201～1202 年，铁木真与王汗联兵，打败了以札木合为首的十余部联盟。1202 年，他又消灭了四部塔塔尔人，占领呼伦贝尔草原，实力猛增。1203 年，王汗突袭铁木真。不久，铁木真乘王汗不备，奇袭王汗牙帐，灭克烈部。1204 年，铁木真与乃蛮人决战，消灭了乃蛮太阳汗的斡耳朵，成为蒙古高原最强大的统治者。

1206 年，铁木真在斡难河（今蒙古鄂嫩河）源召开忽里台大会，即蒙古汗国大汗位，号成吉思汗。

蒙古汗国建国之后，铁木真设立了军政合一的千户制度，把不同的部众分别编入各千户中，逐渐形成共同的蒙古民族。他又征调千户、百户、十户长的子弟扩充怯薛军至 1 万人，以此控制全国。他又在千户之上设立左右万户，由木华黎、博尔术充任，为其两大军事长官。又设鲁忽赤掌管户籍、词讼等行政、司法事务。

成吉思汗为南攻金朝，采取首先攻西夏的策略。自 1205～1227 年，蒙古经六征西夏，迫使其纳贡、称臣、献女、伐金而直至灭亡。在消除西夏的威胁力量之后，成吉思汗又大举伐金。经过三次大规模的侵掠之后，金军精锐消耗殆尽，被迫从中都（今北京）迁逃南京（今河南开封）。1218 年，派大将哲别灭亡西辽后，于次年成吉思汗率 20 万大军西征，灭花剌子模国，占据中亚的广大地区。1221 年，成吉思汗幼子拖雷占领呼罗珊全境，成吉思汗追击花剌子模国残余势力至印度河。1226 年，成吉思汗完成西征后东还第六次征西夏。次年七月，在西夏主出降前夕成吉思汗病逝。

元大都

元大都是中国封建社会最后一座按照预先的整体规划平地兴建的都城，也是公元 13～14 世纪世界上最宏伟壮丽的城市之一，其严整的规划布局，建筑的技术、艺术水平都是当时世界上罕见的。

大都城规模宏伟整齐，功能分区明确，布局严谨，采用外城、皇城和宫城3城相套形制。大都的水系是科学家郭守敬规划设计的。他经过周密勘测、引白浮泉、玉泉诸水入积水潭，既有效地解决了城内的生活用水，又补充了通惠河的水源。水源的开发利用，滋润了大都城的景致，也繁荣了城市商业交通。

大都是元代最大的商业中心，城市各种市集多达30余处，有综合性的商业中心，也有各行业的街市。最繁华的地方是钟鼓楼西的海子一带，那里是大运河的终点，南来的商船都聚集在那里。沿岸有各种商店、酒楼，是贵族官僚和富商们的游乐所在。为了修建这座辉煌宏丽、规划严整的都城，调集了各地的大批优秀工匠，并动用了大批侍卫军参与建设。

忽必烈与马可·波罗

马可·波罗为中世纪意大利著名旅行家，威尼斯商人尼柯罗·波罗之子。1265年，尼柯罗及其弟马菲奥在元上都见到了世祖忽必烈，忽必烈派他们出使罗马教廷。1271年，尼柯罗兄弟携马可同回元廷复命。马可·波罗他们从地中海东岸登陆，沿着“丝绸之路”东行，越过巴达哈伤高原和帕米尔高原，进入元廷辖境可失哈耳（今新疆喀什）。然后经由南道东行，经斡端（今和田）、罗布泊等地，至沙州（今甘肃敦煌西），再经肃州（今酒泉）、甘州（今张掖）、凉州（今武威）、宁夏（今宁夏银川）、天德军（今内蒙古呼和浩特东白塔）等地，于1275年到达上都。从此他们在中国侨居17年。

马可及其父、叔父久居中国后，请求回国。1289年，他们利用护送蒙古公主阔阔真到伊利汗国与伊利汗阿鲁浑成婚的机会，获准送到后回国。于1295年返抵威尼斯。次年，他在威尼斯与热那亚海战中被俘，在狱中他讲述了游历东方的见闻，由同狱作家比萨人鲁思梯切诺笔录成书，于1298年完成。这一年威尼斯与热那亚议和，马可获释，此时他已因游历东方而声名大震，并成为大富翁。

脱脱更化

元顺帝初年，任御史大夫的脱脱，在元顺帝的支持下，驱逐了伯颜，进职中书省右丞相，开始施行其改革措施。他恢复科举取士，开马禁，减盐额，免旧欠赋税，号称“更化”。当时曾一度出现朝政清明的良好局面。但他再度入相时，为解决财政空虚及黄河水害，实行变更钞法，及开凿黄河故道等措施，结果造成钞法混乱；而修黄河之役，竟直接引发元末农民大起义。其后顺帝以“老师费财”之名，将他流徙云南。不久，脱脱被毒死。

胡惟庸案

“胡惟庸案”是明洪武年间，明太祖朱元璋杀戮开国功臣的案狱。

明朝建立后，一批与朱元璋长期征战的勋旧，因追随朱元璋建国有功，多被封赏。当明王朝基业奠定、外敌无力与明抗衡时，朱元璋开始感到王侯将相的权势威胁。为了加强皇权，朱元璋开始削夺相权，于洪武十三年(1380年）兴胡惟庸案。

胡惟庸早年投奔朱元璋，因亲戚李善长推荐，洪武三年任中书省参知政事，又升为右丞相，再升左丞相。他任相七年，权势显赫，遇事经常专断独行，生杀黜陟，甚至不向皇帝报告。因此，君权与相权的矛盾日益突出。

为了收回权力，朱元璋以“擅权植党”的罪名诛杀了胡惟庸，同时被杀的还有御史大夫陈宁、中丞涂节等数人。后来，他又给胡惟庸加上了“通倭”“通虏”和“谋反”等罪名，案情不断牵连扩大。

洪武二十三年，朱元璋再兴大狱，找了个借口将明朝开国“勋臣第一”、韩国公李善长赐死，并杀其家属70余人。另外，被封侯爵的陆仲亨、唐胜宗、费聚、赵庸、陆聚、黄彬、胡美、郑遇春等功臣勋旧，都以“与胡惟庸交通谋反”的罪名被杀。因为胡惟庸案的株连，前后被杀者达3万余人。之后，朱元璋又作《昭示奸党录》，布告天下。

除掉胡惟庸后，朱元璋乘势下诏取消中书省，罢设丞相一职，“事皆朝廷总之”，加强了专制集权。

靖难之役

洪武三十一年（1398 年）明太祖孙朱允炆即位，年号建文。朱允炆认为诸王势力太大，便与亲信大臣齐泰、黄子澄密议，决定削藩。他先后废去周、齐、湘、代、岷五王，除了湘王合室自焚外，其他四个或是幽禁，或迁往边远地区。

建文元年（1399 年）的七月，燕王朱棣先发制人，起兵反抗朝廷。朱棣为了说明自己的行动是正义的，援引朱元璋在《祖训》中说的：“朝无正臣，内有奸逆，必举兵诛讨，以清君侧”的训示作为理由，指责齐泰、黄子澄为奸臣，责骂他们变乱祖宗法制，须加诛讨，自称举兵为“靖难”。

朱棣迅速扫平北平外围，夺取河北大部，并合并了宁王及朵颜三卫的军队。建文帝先后以耿炳文、李景隆为大将军督师北伐，数十万大军均被击败。建文三年，燕军大举南下；建文四年，灵壁一战，燕军告捷；六月初三，燕军渡江，十三日进抵南京金川门，守卫金川门的李景隆和谷王朱橞（huì）开门迎降。燕王进城，文武百官纷纷跪迎道旁，京师遂破。城破时，建文帝去向不明。

经过 4 年战争，朱棣夺得了皇位，是为明成祖。

朱棣定都北平

北京是朱棣的根基，又是辽、金、元的故都，定都北京有利于控制全国。尤其是从明朝初期，北方蒙古势力不断南侵，将北京作为国都可以“控四夷发制天下”。为了迁都北京，明成祖朱棣下令修浚大运河，使京杭大运河真正通畅。并且迁江浙直隶富户四千，山西民户2万充实北京城。

永乐四年（1406年），朱棣下诏兴建北京宫殿，并重新改造整个北京城。次年，朱棣集中全国的工匠，并征调了二三十万的民工和军士，在北京大兴土木，建造皇宫。到永乐十八年，北京城及皇宫均告竣工。自永乐七年起，朱棣多次北巡，长期住在北京，这时北京已成为实际的政治中心。永乐十九年正月，明正式迁都北京。明成祖迁都北京，对于巩固北方边防和加强对全国的管辖，都起了积极作用。

郑和七下西洋

郑和（1371～1433年），本姓马，小字三保，回族，云南昆阳（今晋宁）人。洪武时净身入宫，初在燕王藩邸任职，后来随朱棣起兵有功，擢升为内官监太监，赐姓郑。郑和历事永乐、洪熙、宣德三朝。世称“三保太监”，亦称“三宝太监”。

明代皇帝为向亚非各国“宣扬德化”，弘扬国威，招致各国来朝，发展朝贡贸易，同时，明成祖也为探寻“靖难之役”中不知所终的建文帝的下落，特派郑和出使西洋。郑和曾七下西洋，其中六次在永乐年间，一次在宣德年间。郑和第一次远航是永乐三年（1405年）六月，他与副使王景弘等人从苏州刘家河（江苏太仓东济河）出发，首先到占城（越南南部），遍历爪哇（印尼爪哇岛）、暹罗（泰国）、满剌加（马六甲）、苏门答腊、忽鲁谟斯（位于波斯湾）等地，于永乐五年九月返回南京。此次航行，共有船只63艘，人员2.7万多名，最大的船长44丈，宽18丈，可容纳千余人，是当时海上最大的船只。船上有航海图、罗盘针，具有当时最先进的航海设备。从永乐六年到宣德五年（1430年），郑和又六

次率领船队远航。历时20余年，共经历亚非30多个国家和地区，最远达到非洲东海岸、红海海口，是当时世界航海史上的盛举。

土木堡之变

"土木堡之变"是明英宗朱祁镇在土木堡被瓦剌（là）军俘虏的事件。

明正统年间（1436～1449年），明朝北部的蒙古族瓦剌部崛起，统一蒙古各部，经常南下攻掠。正统十四年（1449年），瓦剌部首领也先派使者来明廷进贡马匹，请求赏赐。当权宦官王振不肯多给赏赐，并且削减了马匹价格。于是，也先以此为借口开启战事，统率各部人马，分四路大举向内地骚扰。

也先亲率中路攻陷大同。战报传到北京，明英宗在王振的怂恿和挟持下决定亲征。王振调动官军50万，于七月十六日仓猝出征。明军八月抵达大同。士气不振，军心不稳，王振却命令军队冒险轻进。当听说前方惨败后，又惊慌失措地撤退。

王振是蔚州人，想让皇帝在班师路上临幸他的府第。军队行进了40余里后，他又怕军队踩坏他的田园庄稼，就下令转向宣府，导致军心涣散，指挥混乱。

瓦剌军紧追不舍，在八月十三日，英宗和王振率军退到距怀来城20里的土木堡驻扎时，被瓦剌军包围。土木堡地势较高，没有水源，将士饥渴疲劳。八月十五日，瓦剌军诈退，派使讲和。王振中计，就下令军队移营寻找水源，结果瓦剌军乘机杀人，明军死伤过半。随军大臣、将领死数百人。英宗与亲兵乘车突围，结果失败被俘。王振被护卫将军樊忠击杀。明军此次战败，元气大伤，影响深远。

“大礼仪”

正德十六年（1521 年）明武宗死，因无子嗣，而由兴献王朱祐杬之子、明宪宗之孙、武宗之堂弟朱厚熜（cōng）（1507～1567 年）即位，是为明世宗，即嘉靖皇帝。

世宗即位后，即下诏给群臣，共同商议如何尊崇本生的父母。大学士杨廷和引据汉哀帝与宋英宗的故事，认为：世宗既然已经做了孝宗的嗣子，就应该称孝宗为“皇考”，即父亲；而应该称生父兴献王为“皇叔父”，称生母为“皇叔母”。世宗不满，要求另议。

正德十六年七月，观政进士张璁迎合世宗之意，上《大礼疏》，主张为兴献王在京师立庙。世宗大喜，召见杨廷和等，下令尊父为兴献皇帝，母为兴献皇后。杨廷和等拒不从命。世宗之母，兴献王妃蒋氏得知朝廷大臣要世宗称孝宗为皇考，大怒，不肯来京；世宗则以“避位奉母归”要挟大臣。杨廷和只好同意奉世宗父母为帝后。

然而，议礼之事并未就此完结，朝臣因议礼而形成的派别斗争旷日持久。

杨廷和利用权力，排斥张璁，安插本派亲信。嘉靖元年（1522 年），杨廷和又成功地阻止了世宗欲加兴献帝、后以“皇”字，而使世宗同意以孝宗为皇考，以兴献帝后为本生父母。嘉靖三年，杨廷和终致罢官。南京吏部主事桂萼与南京刑部主事张璁经过讨论，上疏重申旧议，吏部尚书乔宇和礼部尚书汪俊则率领百官坚持杨廷和主张。世宗遂调桂萼、张璁进京集议，二人又被任命为翰林学士。世宗根据张璁等人意见，要求去掉其生身父母尊称中的“本生”二字，诸部司百官各具疏反对，杨廷和之子杨慎大呼：“国家养士百五十年，仗节死义，正在今日！”连同 230 余名大臣跪伏于左顺门请愿。世宗遂命将其中 134 人逮捕下狱，四品以上者夺俸，五品以下者杖之，以致 18 人被杖死。

此后，以前争大礼的大臣多“依违顺旨”。世宗和张璁、桂萼等人的主张都比较顺利付诸实现，改孝宗为皇伯考。嘉靖五年，为“献皇帝建世庙于太庙之左”。嘉靖十五年，世宗令将世庙改称“献皇帝庙”。嘉靖十七年，又尊献皇帝为睿宗，祔于太庙。

关于大礼的争论持续了10～20年，一些旧阁老臣失去权力，而一批新科进士、地方官吏入朝主政，对嘉靖朝政治有深刻影响。

张居正改革

张居正（1525～1582年），字叔大，号太岳。湖北江陵人。嘉靖二十六年（1547年）进士，隆庆元年（1567年）任大学士。

明穆宗死后，张居正与宦官冯保合谋，逐高拱，代为首辅。万历初年，神宗年幼，国政大事都由他主持。张居正前后当国10年，是明代最有权威的一个首辅。当政期间，面对吏治败坏、财政危机、赋役不均、军心涣散的局面，他利用手中掌握的权力，推行了一系列改革措施。

张居正所进行的改革主要内容如下：

一、整顿吏治。他认为嘉靖、隆庆时期的混乱政局，在于吏治腐败，故救时之急务便是刷新政治。万历元年（1573年）提出“考成法”。其方法是逐级考核，随事考成；实行相互监督、制约，借此提高内阁权力。在考察中裁撤了一批冗员，奖励了一批“廉能官员”。保证了政令的贯彻执行，提高了行政效率。

二、整饬边防。他安定边防的方针是“外事羁縻，内修战守”。调任抗倭名将谭伦、戚继光主持蓟州防务，修补长城，建筑敌台，加强了对蒙古军队的防御力量。又派名将李成梁防守辽东。张居正在边防巩固的基础上，还通过和谈改善明朝和蒙古诸部的关系。

三、整顿学校。他认为“养士之本，在于学校。贞教端范，在于督学之臣”。对府、州、县学进行整顿，核减生员，慎选提学官和儒学教官。

四、量入为出，节缩开支。理财是他改革的重点。一方面裁减冗员冗费，节省皇室开支；另一方面，严加催征田赋和清理逋欠，并用考成法督促官员奉行。

五、丈量土地，抑制豪强。万历五年下令清丈全国各种类型的土地，限三年竣事。

六、改革赋役制度，推行一条鞭法。

东林党

万历二十二年（1594 年），吏部郎中顾宪成因与明神宗意见相忤，被革职，回到家乡江苏无锡，和高攀龙、钱一本、史孟麟等讲学于无锡东林书院。顾宪成认为士大夫要关心朝政，体恤民生，他们在讲学中，往往议论朝政，抨击失职官僚和作恶成性的太监，因此得到社会上对现实不满的小地主、官僚、知识分子和商人的拥护，也得到朝中部分官员的支持。他们互通声气，志同道合，使东林书院成为一个社会舆论的中心。东林党即由东林书院而得名。

东林党在一些大事上与阉党进行斗争，坚持自己的政治主张。在万历间旷日持久的“国本”之争中，东林党人主张按照儒家礼法，立皇长子朱常洛为太子。认为户部尚书李三才清正廉能，顾宪成等曾致书大学士叶向高，推荐李三才入阁为相。但因受阉党攻击，李三才反而落职为民。东林党欲任用贤能、澄清吏治的主张难以实施。东林党主张减轻人民负担，反对横征暴敛，反对太监横行为非作歹。明熹宗天启初年，东林党人叶向高、邹元标、杨涟、赵南星等人执政，对政治进行改良。太监魏忠贤则纠集浙、齐、楚党派中的一些大官僚，对东林党人进行迫害。他们编制了东林《同志录》《点将录》等，将他们要打击的东林党人编入册内。天启四年（1624 年），阉党奏劾并罢免了高攀龙、赵南星、杨涟、左光斗、周宗建、李应升等，杨涟、左光斗、袁化中、魏大中、周朝瑞五人受酷刑而死，株连家室亲朋。高攀龙投池自杀。曾经在辽东抗御后金的熊廷弼亦被杀。凡是东林党人或与东林党人关系密切的人都被免官、放逐或杀戮。天启七年，熹宗死，崇祯帝即位，除掉魏忠贤，为东林党官员恢复名誉；但东林党与阉党的斗争，一直继续到明朝灭亡。

魏忠贤生祠知多少

魏忠贤（1568～1627 年），河间肃宁（今属河北）人，少年无赖，因赌博输钱，遭债主逼迫，气急之下自己净身入宫。

魏忠贤虽然不识字，但记忆力很强。生性猜忌、残忍、阴险、毒辣，好阿谀逢迎。天启三年（1623 年），他又兼掌东厂，权势更加显赫。当时，朝臣中党争激烈，反对东林党的官僚纷纷投到他门下，形成了阉党。“内外大权，一归忠贤”。自中央内阁、六部至地方总督、巡抚，遍置死党。魏忠贤诬杀东林党人杨涟、高攀龙、左光斗等人，削籍遣戍者也有数十人。魏忠贤所到之处，朝臣皆拜伏呼九千岁，其党羽又争请为其建立生祠。宦官专政已是登峰造极。

天启五年到七年，朝中形成了从上到下争着向魏忠贤献媚的风气，其中生祠的建立，始于浙江巡抚潘汝祯。天启六年，他在杭州西湖为魏忠贤建立生祠，从此后，各处效尤，几乎遍及天下，史书中有据可查的生祠超过四十个，多为重臣所建，如宣大总督张朴、宣府巡抚秦士文、应天巡抚毛一鹭、山西巡抚曹尔祯、大同巡抚王点、太仆寺卿何宗圣、顺天府尹李春茂、保定巡抚张凤翼、山东巡抚李精白、三边总督史永安、湖广巡抚姚宗文、武清侯李诚铭，乃至袁崇焕等。

崇祯帝即位后，魏忠贤被黜职，贬居凤阳，后来又要将他逮捕治罪，于是，魏忠贤在途中畏罪自缢。

锦衣卫和东西厂

为刺探臣僚的私下言行，洪武十五年（1382 年），太祖朱元璋置锦衣亲军指挥使司，简称锦衣卫。最初掌理卤簿仪仗。其他各卫皆统军事，锦衣卫则统将军、校尉、力士，皇帝临座则夹陛而立，乘辇则扶辇而行。

明成祖朱棣即位后，锦衣卫权力渐重。锦衣卫以指挥使为主官，下设镇抚司，有监狱和法庭，从事侦察、逮捕、审讯、判刑等活动，称为“诏狱”。

东厂和西厂则是由宦官掌理的御用特务机构。东厂于永乐十八年（1420 年）设立，职掌缉访谋逆、妖言、大奸恶事。设提督太监一员，下设掌班、领班、司房等。宪宗成化十三年（1477 年），在东厂之外另设西厂，用太监汪直提督。西厂所领缇骑倍于东厂，势力远超东厂和锦衣卫。其逮捕朝臣，有先下狱而后奏闻者，有旋执旋释，竟不奏闻者。其活动范围自京师遍及各地。后因遭到反对，一度被迫撤销。武宗时，宦官刘瑾专权，又恢复，称西内厂。刘瑾被杀后废止。

袁崇焕保卫宁远

袁崇焕（1584～1630 年），字元素，广东东莞人。万历四十七年（1619 年）进士。

在后金攻陷广宁时，当时任兵部职方主事的袁崇焕，一个人骑马去查看关内外的形势，对山海关一带的山川地形作了细致调查，回京后自请守辽东，明朝政府即提升他为佥事，派他去关外监军。到任后，袁崇焕筑宁远（今辽宁兴城）等城。

天启六年（1626 年）正月，努尔哈赤率大军 13 万西渡辽河，一路上如入无人之境，长驱直入，宁远孤城被围，袁崇焕与总兵满桂，副将左辅、朱梅，参将祖大寿，守备何可刚等召集将士，

誓死守城；他“刺血为书，激以忠义，为之下拜，将士咸请效死”。努尔哈赤释放被捉获的汉人进宁远城劝降，袁崇焕严词拒绝。他首次用西洋大炮轰击后金兵营“遂一炮，歼虏数百”，后金退兵。

宁远之役，是明朝对后金作战以来的第一次重大胜利，努尔哈赤自宁远撤回后郁郁不乐，于当年八月病死。另有一种说法是，袁崇焕报奏，努尔哈赤在宁远城下被炮火击中，重伤而死。但史家对此往往并不采信。

吴三桂

吴三桂（1612～1678 年），字长白，辽东（今辽阳）人，出身官僚豪门，崇祯时封平西伯，驻防山海关。

明朝覆亡后，吴三桂接受李自成的招降；行至永平，他听说其父在京被拘执，爱妾陈圆圆为刘宗敏所掠，便立刻回师山海关，向清摄政王多尔衮借兵，共同对付李自成。此时，李自成已率大军包围山海关，而所请清兵也进抵关外，吴三桂便驰往清营，剃发归降。吴军与清军联合在山海关大败李自成，清朝封为吴三桂为平西王。

吴三桂降清之后，为清廷驱使，镇压了川、陕农民起义军。并且率军攻入缅甸，逼迫缅王交出逃遁过去的南明永历帝朱由榔。第二年，吴三桂杀永历帝于昆明，因功晋封亲王，并兼辖贵州，节制云、贵督抚。遂自恃权重，割据一方。

“闯王”李自成

崇祯二年（1629 年），李自成起义，后为闯王高迎祥部将。崇祯九年，高迎祥战死，他继称闯王，在陕西、四川、甘肃等地与明军周旋。

崇祯十一年，李自成在潼关战败，仅率刘宗敏等十余人退入商雒山。次年，李自成出山再起，崇祯十三年从四川突围入河南，用牛金星、李岩等地主知识分子为谋士，提出“贵贱均田”“迎闯王，不纳粮”等口号，饥民争相依附，义军发展到百万之众。

崇祯十六年，李自成以襄阳为襄京，称新顺王，初建政权。同年，在河南汝州（今临汝）歼灭明陕西总督孙传庭的主力，又乘胜攻破潼关，进占西安。次年正月，建大顺国，年号永昌。同年二月从陕西经山西进攻北京。三月十九日进入北京，推翻明王朝。

大顺政权释放明朝关押的犯人，将勋戚贵族和大官僚关押追赃。由于起义军领袖被胜利冲昏头脑，在准备不充分的情况下，仓促向山海关进军。在明将吴三桂和清军的联合攻击下，李自成战败，撤回北京。四月二十九日，李自成在北京即皇帝位。三十日，李自成撤离北京，转战于河南、陕西。在两路清军夹击下，李自成又从陕西退到湖北。清顺治二年（1645 年），李自成在湖北通山县九宫山被地主武装杀害，余部继续坚持抗清斗争。

满族的兴起

满族的最早先人被称作“肃慎人”，后汉、三国时，肃慎被称作“挹（yì）娄”；北魏时，被称作“勿吉”；隋、唐时，被称作“靺鞨”；唐昭宗天复三年（公元 903 年）后，改成“女真”；后来为避辽兴宗耶律宗真讳，还一度被称作“女直”。

唐代，靺鞨分为七部，其中粟末、黑水二部最强，唐玄宗先天二年（公元 713 年），唐册封粟末部首领大祚荣为“佐校卫员外大将军渤海郡王”，加授“忽汗州都督”，这便是所谓的“渤海国”地方政权。

北宋徽宗政和五年（1115 年）女真完颜部首领阿骨打统一女真诸部，建立了满族先人的第二个地方政权，即金。后来，金灭辽，打败了北宋。南宋理宗端平元年，蒙古灭金。

明代时，女真分为海西、建州和野人三部。洪武初年，明军大败元军，奠定了对松花江以北女真诸部的统治基础。明成祖朱棣即位后，女真各部“相率来归”“悉境来附”，明成祖遂设奴儿干都指挥使司进行管辖。在明成祖、明仁宗、明宣宗祖孙三代时，女真各部酋长持明政府颁发的印信，定期纳贡，为明政府保守疆界；中央有所征调，闻命即从，决不违期。

随着明代统治的逐渐腐朽，和女真各部经济发展的不平衡，各部间的掠杀、动乱渐多，明政府对女真人也大肆压迫，以勒取贡物。在这一背景下，万历年间，努尔哈赤统一了女真各部，建立后金政权，开始与明朝分庭抗礼。

努尔哈赤的“七大恨”

努尔哈赤（1559～1626 年），爱新觉罗氏，自幼丧母，19 岁离家自立，后投身明辽东总兵李成梁麾下，屡立战功。他以“遗甲十三副”起兵。万历十六年（1588 年），完成了建州女真的统一，并对明廷佯称恭顺，明廷则命其为都督佥事，擢左都督，又加龙虎将军封号。此后约 30 年间，他先后征服海西女真四部，并招服东海女真族人，结束了自元明以来女真族内部动乱纷争的局面。

后金天命三年（1618 年），努尔哈赤以“七大恨”告天，偷袭抚顺，攻占清河，对明展开积极的战略攻势。

细分析“七大恨”的内容，都是努尔哈赤起兵以来与明廷之间发生的重大问题。第一恨，是努尔哈赤的父、祖为明军误杀，将多年来压在他心中的积怨第一次公开指向明廷。第二、三、五的三恨，是谴责明廷偏袒哈达、卫助叶赫，压制建州。第四、六、七的三恨，是控诉明廷恃强凌弱，以大欺小，不遵守界约，越边取利，侵占建州已得的哈达的土地。

郑成功收复台湾

明天启四年（1624 年）荷兰殖民者侵占了中国领土台湾岛南部，筑赤崁城（今台南）。崇祯十四年（1641 年）又赶走割占台北的西班牙殖民者，独占整个台湾。顺治十八年（1661 年），郑成功率军将台湾收复。

郑成功（1624～1662 年），原名森，字大木，福建南安人。后明唐王特赐其姓名朱成功，故民间称郑成功为“国姓爷”。顺治三年，清兵入闽，郑成功之父郑芝龙所拥立的明唐王隆武小朝廷覆亡，郑芝龙降清。而郑成功则以金门、厦门为基地，坚持抗清斗争。

顺治十六年，郑成功大举北伐，抵达江宁（今江苏南京），兵败而退。顺治十八年，全国抗清斗争进入低潮，清廷又严厉封锁东南沿海，郑成功就决定让其子郑经留守金、厦，自己率大小战舰数百艘，将士 2. 5 万余人，横渡台湾海峡，在禾寮港（今台南境内）登陆，随即围攻赤崁城，击溃了荷兰殖民者从巴达维亚（今印度尼西亚雅加达）调来的援兵。台湾人民闻风归附，并大力支持郑成功的军队。同年十二月，荷兰总督揆（kuí）一宣布投降。台湾在被荷兰人侵占 38 年后，重又回归中国。

三藩之乱

“三藩之乱”是清康熙年间平西、靖南、平南三藩王发动的叛乱。

平西王吴三桂节制云、贵两省督抚，擅自废除或授予文武官员的官职，号称“西选”。每年军费开支达数百万两，财政收支中央根本没有权力稽核。另外，还垄断盐井、铜矿，自行铸造货币，称为“西钱”。吴三桂部下将士多为李自成、张献忠余部，勇健善斗，令朝廷非常顾忌。同样，其他两藩也专擅难制。

康熙十二年（1673 年），康熙皇帝下令将三藩撤回山海关外。因为此事，吴三桂率先举兵叛乱，以反清复明为号召，自称“总统天下水陆大元帅、兴明讨虏大将军”，分兵攻陷湖南、四川。耿精忠（耿继茂之子）、平南王尚可喜之子尚之信先后响应于福建和广东，广西、陕西等地也先后发生叛乱。康熙帝集中主力南征吴三桂，同时停撤平南、靖南二藩。

到了康熙十五年，战场形势开始有利于清军，耿精忠势穷乞降，尚之信也继而降清。吴三桂在占领湖南后，坐失战机，而清军则贯注全力，收复湖南大片土地。康熙十七年，吴三桂在衡州称帝，国号“大周”，改元“昭武”，大封百官诸将。当年秋天，吴三桂病死，其孙吴世璠（fán）继承帝位。清军乘机分路并进，湖南、贵州、广西、四川等沦陷各省次第光复。康熙二十年，清军会攻云南省城昆明，吴世璠绝望自杀。至此，这场历时 8 年，蔓延 10 省的三藩之乱才平定下来。三藩之乱的平定，有利于国家的统一，边疆的开发。“康乾盛世”也由此开端。

乾隆的“十全武功”

乾隆五十七年（1792 年），清高宗爱新觉罗·弘历时年 82 岁，亲撰《御制十全记》，记述了他所进行的十次主要军事活动，也就是“十全武功”。这“十全武功”是：

“平准噶尔二”：即乾隆二十年，征讨厄鲁特蒙古准噶尔部达瓦齐；乾隆二十一年，征讨厄鲁特蒙古辉特汗阿睦尔撒纳。

“定回部为一”：即乾隆二十三年，征讨天山南路回部布拉尼敦、霍集占。

“扫金川为二”：即乾隆十三年，征讨大金川土司莎罗奔；乾隆三十七年至四十一年，平定大小金川。

“靖台湾为一”：即乾隆五十一年，镇压台湾林爽文起义。

“降缅甸、安南各一”：即乾隆三十一年，清军反击缅甸的战争；乾隆五十三年，清军出兵安南。

与廓尔喀的战争共两次：即乾隆五十三年，第一次反击廓尔喀入侵西藏；乾隆五十六年，第二次反击廓尔喀入侵西藏。

这十次军事行动，全都发生在边疆。其中六次属国家内部战争，四次是与其他国家的战争。在用兵的 36 年间，平均每年用于军事方面的财政支出接近 3000 万两，占每年财政收入的 70%以上。这长达 36 年之久的大规模战争，如果不是发生在乾隆朝，必将会引起社会的极端混乱。正是当时社会经济繁荣，提供了物质保证，也反映了清代的强盛。

这十次军事行动，被乾隆自诩为“十全武功”，似乎都打了胜仗，其实不尽然。从总体来说，多数是胜仗，但并非都获得了最后的胜利，有的是以失败告终，有的虽不能称失败，但也绝不是胜利，何况在那些获得最终胜利的军事行动中也是胜中有败，因此称“十全武功”不完全符合事实。

“和珅跌倒，嘉庆吃饱”

和珅（1750～1799 年），字致斋，钮祜禄氏，满洲正红旗人，后招旗，隶属正黄旗。

和珅是乾隆后期政治中的举足轻重的人物，他精明敏捷，练达吏事，长于为皇室理财，尤其善于揣摩乾隆的心意，他利用乾隆的信任和赏识，弄权纳贿，结党营私，形成以他为中心的一股强大的政治势力。在乾隆晚年，和珅愈加不知自忌，独断专行，飞扬跋扈，甚至竟敢在新皇帝即位后，行文各省，令凡有奏折，先将副本呈交军机处，然后上闻。尤其是在乾隆成为太上皇的几年中，和珅成了乾隆的传声筒，很多时候，没人知道和珅所说的到底是他的私意，还是乾隆本来的意思。

嘉庆四年（1799 年）正月初三，乾隆去世；正月初四，嘉庆命和珅昼夜值守殡殿，不得任自出入；正月初八，根据御史的弹劾，宣布将和珅下狱治罪；十五日，宣布和珅大罪 20 款；十八日，上谕宣布和珅“赐令自尽”。

关于和珅一生究竟贪吞了多少财产，一直众说纷纭。据《清稗类钞》说，有白银八百兆两。又有达数亿、十数亿两之说。又有人认为，从当时公开的数字和后来陆续查抄所增加的数字看，可能在 2000 万两左右，相当于全年赋银的 66.86%强。当时就有民谚说：“和珅跌倒，嘉庆吃饱。”但是，此后清朝的财政危机仍然日益严重，并未出现所谓“吃饱”的情况。可知，和珅贪吞数字虽然惊人，但也不会比乾隆中期国库存银最多时还多。

林则徐与虎门销烟

道光十九年（1839 年）三月，钦差大臣林则徐到达广州，在人民群众的支持下，严厉查禁鸦片。

他会同两广总督邓廷桢、广东巡抚怡良，严拿烟贩，并命令外国鸦片贩子限期缴烟。由于措施得力，迫使英、美鸦片贩子缴出鸦片 20283 箱和 2000 多麻袋，合计 237.6 万多斤。道光皇帝原计划把鸦片解往北京销毁，但考虑途程遥远，诸多不便，改令就地销毁，使中外人民“共见共闻，咸知震詟（zhé）”。林则徐奉旨后，亲自主持销烟，从 6 月 3 日到 25 日，在虎门海滩当众销毁全部收缴的鸦片。

鸦片战争

虎门销烟后，英国政府以清政府禁烟为借口发动侵华战争，于 1840 年 2 月任命乔治·懿律为英国东方远征军总司令和全权谈判代表。查理·义律为副代表。6 月，英国舰船 48 艘载士兵 4000 多人，陆续驶抵广东海面，封锁珠江口。鸦片战争正式爆发。

由于林则徐和邓廷桢等在广东沿海严密设防，英国舰队驶往福建海面，向厦

门投递文书，并炮击厦门水师。然后北上，7 月初攻陷定海。8 月抵达天津白河口，递交英国外交大臣巴麦尊给清政府的照会，提出赔款、割地、鸦片贸易合法化等要求。清政府内部的妥协派乘机攻击林则徐措置失当，道光皇帝屈服于英军的压力，派直隶（今河北）总督琦善前往天津与英军谈判，答应“秉公查办”鸦片问题，要求英军南撤。9 月中旬，道光任命琦善为钦差大臣，赴广东继续办理中英交涉，同时将林则徐、邓廷桢革职查办。1841 年 1 月初，英军突然攻占大角、沙角炮台，琦善派人向义律（懿律因生病已回国）求和。义律提出包括割让香港、开放广州、赔偿烟价 600 万元等条款的《穿鼻草约》，并于 20 日单方面公布，同时派兵强占香港。道光皇帝闻知后，下诏将琦善锁拿解京治罪，派遣皇侄奕山为靖逆将军，率军 1.7 万人赴广东作战。5 月，奕山在广州战败，被迫与英军订立《广州和约》，向英军交纳 600 万元赎城费。8 月，英国新任全权代表璞鼎查到达香港，进一步扩大侵华战争。英军先后攻陷厦门、定海、镇海、宁波。道光皇帝于 10 月任命另一皇侄奕经为扬威将军，率军 1 万多人开赴前线。1842 年 3 月，奕经在浙江战败。英军侵入长江，先后攻陷乍浦、吴淞、上海、镇江。8 月，英国舰船侵入南京江面。清政府的议和代表耆英、伊里布迅速赶往南京求和。8 月 29 日，耆英与璞鼎查在英舰皋华丽号上签订丧权辱国的《南京条约》，鸦片战争至此结束。从此中国逐步沦为半殖民地半封建社会。

《天朝田亩制度》

太平天国定都天京后，于咸丰三年（1853 年）冬，天王洪秀全下诏颁布《天朝田亩制度》。它是一个以解决土地问题为中心的比较完整的社会改革方案，主要有两方面内容：

一、关于土地纲领。从农民的绝对平均主义思想出发，提出了废除封建土地所有制，按人口平均分配土地的原则和办法。

二、关于理想社会的蓝图。

《天朝田亩制度》按照中国古代“寓兵于农”的思想，将太平军的组织系统移植在社会上，制定了“兵民合一”的社会组织和守土乡官制度。规定五家为伍，设伍长；五伍为两，设两司马；四两为卒，设卒长；五卒为旅，设旅帅；五旅为师，设师帅；五师为军，设军帅。从伍长到军帅，都调选本地人充任，故称乡官。军帅以上设监军、总制，称守土官。“两”（加上两司马为 26 户）作为社会基本单位，由两司马管理生产、分配、行政、司法、教育、礼俗及军训等。每一户为一个生产单位，规定每户必须种桑织布，养五只母鸡，两头母猪。一切农副产品除留足每户所食可接新谷外，其余则归国库。各家有婚娶、生育、吉喜等事，由两司马按一定标准从国库开支。鳏寡孤独、疾病残废等丧失劳动力的人，都由国库供给。每家设一人为伍卒，有警则首领统带为兵，杀敌捕贼；无事则首领督带务农。

天京事变

咸丰六年（1856 年），太平军先后摧毁了清军的江北、江南大营，太平天国领导人被胜利冲昏了头脑，由居功自傲、贪图享乐、追逐名利，逐渐发展成彼此争夺权位。

杨秀清自恃功高，于 8 月逼天王洪秀全封他万岁。洪秀全虽然口头答应杨的要求，但暗地里设防自卫，并密诏在江西前线的韦昌辉回天京“勤王”。韦昌辉早因受杨秀清的凌辱，而心怀不满，认为报仇的机会已到，便立即率心腹部队

3000 人赶回天京。9 月 1 日深夜，韦昌辉率军进入天京之后，便封锁交通要道。次日凌晨，率军进攻东王府，杀死杨秀清及全家老小，接着又杀死杨秀清部属 2 万多人。韦昌辉滥杀无辜的残暴行为受到石达开的怒斥，韦昌辉转手又要杀石达开，石达开急忙逃离天京，但其妻子儿女被韦昌辉全部杀死，韦昌辉的疯狂屠杀，激起天京军民极大愤恨，洪秀全依靠广大军民，于 11 月镇压了韦昌辉及其帮凶秦日纲、陈承镕等 200 多人，结束了韦昌辉对天京两个月来的恐怖统治，平息了这场内乱。但太平天国的元气大伤，由此开始走向衰败。

洋务运动

“洋务运动”旧称同光新政，是 19 世纪 60～90 年代，清政府在“自强”“求富”口号下推行了以引进、学习西方科学技术、创办近代军用和民用企业为主要内容，涉及外交、军事、文化教育等诸方面的改革。

咸丰十年（1861 年）一月，清政府设立总理各国事务衙门，总理洋务。恭亲王奕䜣、大学士桂良、户部左侍郎文祥为总理衙门大臣，设南北洋通商大臣，办理交涉事宜。

在镇压太平天国中起家的曾国藩、左宗棠、李鸿章是洋务派在地方的代表。

他们先是购买洋枪洋炮。咸丰十年，曾国藩在安庆设置军械所，试制枪弹，开洋务派设厂自造之先。以后陆续建立的军用企业有同治四年（1865 年）曾国藩、李鸿章在上海设立的江南机器制造总局，李鸿章在南京设立的金陵制造局，次年，左宗棠在福州马尾设立的福建船政局；同治六年，经奕䜣奏准，三口通商大臣崇厚设立的天津机器局，还有各地督抚在山东、四川、浙江、吉林、甘肃等地设立的小型军工厂，至光绪十九年（1893 年）全国共有 19 个，主要产品是枪炮弹药、舰船等，还兼有炼钢铁的。

19 世纪 70 年代起，洋务派在“求富”的口号下开始兴办近代民用企业，第一个是李鸿章在上海设立的轮船招商局，以后陆续设立的有基隆煤矿、开平煤矿、漠河金矿、天津电报总局、上海机器织布局和汉阳铁厂等，至 90 年代共 20 余个。这些企业采用“官办”“官督商办”和“官商合办”的形式设置。在设厂制造的同时，洋务派着手训练新式海陆军，至 80 年代建成北洋水师、南洋水师、福建水师和广东水师。其中北洋水师实力最强，舰船大部分购自外国，官兵大多受过新式军事教育。南洋水师次之，福建水师和广东水师的规模最小，舰船大多是国内自造。

为了满足洋务人才的需求，洋务派还先后创办了各类新式学堂，有以学习外国语言文字为主的京师同文馆、上海、广州的广方言馆，以学习外国军事技术为主的马尾船政学堂、上海机器学堂、天津电报学堂等。北京、上海、广州等地设有专门的翻译机构，如江南制造局翻译馆、北京同文馆译书处等，大量翻译西书，涉及自然科学大部分领域和部分社会科学领域，促进了近代科学在中国的传播。

洋务运动在加速中国的近代化历程中具有重要作用，但洋务派浓厚的封建意识和“中学为体、西学为用”的宗旨，严重窒息了它的生机，花费了大量时间钱财，并没有实现“富国强兵”。光绪二十一年，中日甲午战争的失败宣告了洋务运动的破产。

公车上书

“公车上书”是中国近代知识分子的首次爱国请愿活动。

光绪二十一年（1895 年）四月，清政府因在中日甲午战争中战败，被迫和日本签订《马关条约》。消息传到北京，群情激愤，正在京参加会试的康有为遂联合各省在京举人聚集达智桥松筠庵，讨论上书请愿。会后由康有为起草《万言书》，提出拒签和约、迁都抗战和变法图强三项建议，并详论富国、养民、教民等具体变法措施，又建议每 10 万户推举一“议郎”，讨论内外兴革大政，“三占从二，下部施行”。

这次活动是中国资产阶级改良主义思潮发展为政治运动的起点。因汉代以公家车马送应举之人赴京，“公车”为举人代称，故称。

辛亥革命

“辛亥革命”是 1911 年（辛亥年）10 月 10 日爆发的资产阶级旧民主主义革命。

1894 年，孙中山创立资产阶级革命团体兴中会，又于 1905 年联合华兴会、光复会等革命团体组成了资产阶级革命政党——中国同盟会，以“驱除鞑虏、恢复中华、建立民国、平均地权”为政纲，同改良派论战斗争，在海内外宣传革命思想，建立、发展革命组织，多次策划、发动反清武装起义。

在革命形势不断高涨的有利条件下，1911 年，武昌起义爆发，起义后成立了湖北军政府。鄂、湘、陕、赣等各省先后宣布独立，人民纷纷起来斗争，清政权崩溃。1912 年元旦，中华民国临时政府成立，孙中山被举为临时大总统，在南京宣誓就职。2 月 12 日，清宣统帝下退位诏书，宣布退位，清朝专制统治政权结束。3 月孙中山领导的南京临时政府颁布了具有资产阶级共和国宪法性质的《中华民国临时约法》，为中国历史上的创举。临时政府还颁布了许多有利于发展民主制度和发展资本主义的法令。但由于资产阶级的软弱、妥协及帝国主义对袁世凯的支持，4 月 1 日孙中山被迫辞职，次日，临时参议院议定将临时政府迁往北京。革命果实被代表地主买办阶级利益的袁世凯窃取。

辛亥革命虽没有完成反帝反封建的民主革命任务，但结束了 2000 多年的封建君主专制制度，建立了共和国，在中国树起了民主共和的旗帜，民主主义的思想得到了广泛的传播，使人们的思想获得了空前的解放。

文学文字

文　体

原始型二言诗

二言诗是一种以单音词为主、每句二字的诗体。由于年代久远，后世流传甚少，只在《吴越春秋》《周易》等书中少量保存。

最早的诗歌由劳动产生，是由劳动中发出的呼喝和歌唱发展而来的。当这些呼喝与歌唱经过凝练，变得富有节奏和音乐性时，二言诗便产生了。

二言诗在结构上有两字一顿的口号式，亦有动宾组合的叙述式。紧锣密鼓的韵律节奏、每句二字的简洁句式、朴素直白的辞采运用、直叙其事的章法构筑，是二言诗的主要体式特点。二言诗的文学价值在于，确定了中国诗歌的双音诗节。

四言体诗

四言诗指通首都是或基本是四字句写成的诗歌。在上古歌谣及《周易》韵语中，已有所见，到中国第一部诗歌总集《诗经》中，虽杂有三、五、七、八、九言之句，而基本上是四言体。

四言体盛行于西周。春秋时期以后，四言诗逐渐衰落，但仍有不少诗人写作四言诗。如三国时期的曹操父子，魏末的嵇康，西晋的陆机、陆云，东晋的陶渊明等。同时，也出现过若干佳作，如曹操的《步出夏门行·龟虽寿》：“老骥伏枥，志在千里。烈士暮年，壮心不已。”人们至今吟诵不绝。

楚辞体

楚辞的特点为富于浪漫气息，较多抒情成分，突破了四言定格，形式自由，字句较长，倾向散文化，多用“兮”“些”助语势。后世多以《离骚》为楷模，故又名“骚体”。

赋

赋是文体的一种，班固《两都赋序》说：“赋者，古诗之流也。”赋由《诗经》《楚辞》发展而来，最早有战国荀况的《赋篇》，汉代形成特定体制。特点是“铺采摛（chī）文，体物写志”。一般都用韵。

古赋：又称“汉赋”。赋的一种。在形式上吸取荀况《赋篇》的体制和《楚辞》辞藻的某些特点。篇幅一般较长，韵文中夹杂散文，句式以四言六言为主。又有大赋小赋之分。大赋多写帝王、宫苑、都城，如司马相如《上林赋》、班固《两都赋》；小赋多为抒情之作，如张衡《归田赋》。

俳赋：又称“骈赋”。六朝时的赋。篇幅一般较短小，特点是除用韵外，多用典，句式骈偶。如江淹《别赋》。

律赋：即唐宋科举采用的试体赋。对偶工整、于音律、押韵有严格规定。如范仲淹《金在熔赋》。

文赋：是受唐宋古文运动的影响而产生的。它的主要特点，是一反俳赋、律赋在骈偶、用韵方面的限制，而接近于古文。也就是说，趋于散文化。唐宋时期著名的文赋作者，也多是当时的古文家，如欧阳修、苏轼等。

乐府诗

乐府诗是诗体名，“乐府”原指国家设立的音乐官署，始见于秦，但扩充为大规模的专署，则始于汉武帝时。《汉书》云：“自孝武立乐府而采歌谣，于是有代、赵之讴，秦、楚之风。皆感于哀乐，缘事而发，亦可以观风俗，知薄厚云。”但从魏晋起，人们把汉乐府所演唱的“歌诗”（包括文人创制的诗歌和从民间采集来的歌谣）统称为“乐府”，于是乐府就从官署的名称变为带有音乐性的诗体的名称。

汉乐府中的民歌比较广泛地反映了当时人民的疾苦，表现了他们对剥削和压迫、战争和徭役、封建礼教和封建婚姻制度等不合理的社会现象的不满和反抗。它们在艺术上的特色是叙事性较强，人物形象有一定的性格，情节比较完整，语言朴素自然，句子长短不齐，整散不拘，形式自由多样，以五言和杂言居多。名篇有《陌上桑》《战城南》等。《孔雀东南飞》是汉乐府民歌发展的最高峰。

汉乐府民歌无论在思想性方面，还是艺术性方面，均给后代以巨大的影响。它引导后代诗人“缘事而发”，大胆真实地反映社会生活。有的诗人创作“古题乐府”；有的创作“新题乐府”；有的则大力提倡汉乐府的创作精神，掀起一个文学运动。

古体诗

古体诗又称“古诗”“古风”。古体诗产生较早，每篇句数不拘，不讲究对仗、平仄，用韵也较自由；有四言、五言、六言、七言、杂言诸体，以五言、七言为多。

简称“五古”“七古”。

骈体文

南北朝是骈文的全盛时期，成为文章的正宗。唐宋以后，“古文”取代了骈文的正宗地位，但仍有人写作骈文。骈文具有三个特点：

一、骈偶和“四六”。

骈偶就是两两相对，即对仗，这就是骈文得名的由来。所谓“四六”，是指骈文的主要句式是四字句和六字句，故骈文又称“四六文”。在骈文中，要求四六字句各各相对。

二、平仄相对。

从齐、梁开始，骈文要求对仗时以平对仄，以仄对平。

三、用典（用事）。

魏晋以后，骈文逐渐以数典为工，而且不指明出处，讲究选取适用的古语古事，并把它们融化改易，使其同作者要表达的意思相合。

骈文形式整齐，声音谐美，文字典雅，但也容易流于单调板滞、繁冗晦涩，初读者尤其感到困难。就一般情况而论，骈文形式优美，而内容则比较贫弱。

近体诗

近体诗的句数、字数、平仄、用韵等都有严格规定，如：

律诗：近体诗的一种。格律严密，故名。每首八句。分五言、七言两体，简称五律、七律。偶有六律。中间两联须对仗。全首通押一韵，通常限平声韵；第二、四、六、八句押韵，首句可押可不押。每句中用字平仄相间，上下句中的平仄相对。其十句以上者，称为“排律”。

排律：律诗的一种。就律诗定格铺排延长，故名。又称“长律”。每首在十句以上。除首、末两联外，上下句都对仗。也有隔句相对的，称“扇对”。多用整数韵，如十韵、二十韵、三十韵等，六十韵以上者，往往凑足一百韵。有五言、七言两体，简称“五排”“七排”。

绝句：又称“截句”“断句”“绝诗”。来源于汉及魏晋南北朝歌谣，名称则大约起于南朝。每首仅四句。以五言、七言为主，简称“五绝”“七绝”。也偶有六言绝句。梁、陈时绝句泛指四句短诗，押韵、平仄均较自由，又称“古绝句”。唐以后盛行近体，平仄、押韵均有一定规则。

中国古代文章的各种体例

杂记文：杂记是指除传状、碑志、书牍以外的一切记叙文。有刻石的，也有不刻石的。按内容和特点分，有台阁名胜记、书画杂物记、山水游记、人事杂记。杂记文以叙事为特点，但有许多在叙事中也夹有议论，还有抒情和描写。范仲淹的《岳阳楼记》，则是议论多于记事。

序跋文：序跋是一部书或一篇文章（有时是一首诗、一幅画）的序言或后序。序又作叙，一般放在书的前面。但在上古时代，序都是放在书末，如《史记·太史公自序》《汉书·叙传》《论衡·自纪》等。跋，原指题文字于书卷之后，故又称跋尾。始于唐代。到了宋代又有“题跋”之称，书于前者为题，书于后者为跋，统称题跋。序跋一般是评价一本书的主要内容及其成败得失，有时还介绍作者情况，交代写作经过、体例等。序跋可以由该书的作者自己写作，如《太史公自序》；也可以由别人或后人撰述，如欧阳修《梅尧臣诗集序》、杜预《春秋左氏传序》。

赠序文：赠序是一种特殊的文体。专为送别亲友而写。古人有所谓“赠言”，到了唐初，赠言才成为一种文体，叫作“序”。如韩愈有《送孟东野序》《送李愿归盘谷序》。赠序文与序跋类的序文，性质上是不同的。

书牍文：书牍文是书信简牍的通称。古代臣下向帝王进言的公文和私人间的往来信件，都称为“书”。实为两类。后世为了加以区别，一般把前者称为“上书”或“奏书”，属公牍文的奏议类；后者在汉代脱离公牍的性质，成为个人交流思想感情的工具，属应用文体。

箴铭文：箴铭是用于规戒的文章。箴有官箴和私箴两类，如《虞箴》、韩愈的《五箴》。铭除用于警戒外，还有颂赞的作用。按内容分，有器物居室铭、山川铭、座右铭。刘禹锡的《陋室铭》便是这类文章的代表作。

哀祭文：哀祭包括哀辞和祭文，都是哀吊死者的文章。不同的是后者是在设祭时拿来宣读的，韩愈的《祭十二郎文》即是这种文体。祭文也用于祭告山川灵物或凭吊古人、古迹。

传状文：传状是记述一个人生平事迹的文章，一般是记述死者的事迹。传指传记，起源于《史记》《汉书》中的纪传。但是，姚鼐认为正史的传不算传状类，所以《古文辞类纂》只收韩愈《圬（wū）者王承福传》、柳宗元《种树郭橐（tuó）驼传》等。还有自叙生平的“自传”，如陆羽《陆文学自传》等。状，指行状，即德行状貌。又称“行述”“行略”“事略”等。柳宗元的《段太尉逸事状》是传状类的名篇。行状本来是提供给礼官为死者议定谥号，或提供给史官采择立传的。另外，古代请人写墓志铭、碑表之类的文字时，也往往提供行状。一篇好的行状实际上就是一篇好的传记。

碑志文：碑志包括碑铭和墓志铭。碑铭的范围很广，有封禅和纪功的刻文，如秦始皇《泰山刻文》、韩愈《平淮西碑》等。有寺观、桥梁等建筑物的刻文，如韩愈《南海神庙碑》等。墓碑文则是记载死者生前事迹的，文章最后有韵文，

称作铭。在封建时代，人们的身份地位不同，死后的墓碑形制和名称也不同，分别叫墓碑、墓碣、墓表。大官的墓碑是树立在墓道上的，这种墓道称神道，所以又叫“神道碑”。官阶低的则树“墓碣”。“墓表”则不论死者生前入仕与否都可树立，也称为“神道表”。墓表一般没有铭（韵文）。

笔记

笔记所记的内容繁杂，包括政治、历史、经济、文化、自然科学及社会生活等。由于南北朝时期崇尚骈俪之文，一般人称注重辞藻、讲求声韵、对偶的文章为“文”，称信笔记录的散行文字为“笔”。梁代刘勰在《文心雕龙》中说：“今之常言，有文有笔，以为无韵者笔也，有韵者文也。”所以后人就总称魏晋南北朝以来“残丛小语”式的故事集为“笔记小说”，而把其他一切用散文所写零星琐碎的随笔、杂录统名之为“笔记”。

以“笔记”两字作书名，始于北宋的宋祁，他著有《笔记》三卷。

小说

小说是文学体裁的一种。

作为一种文学样式的小说，在中国起源于神话和传说，《山海经》《穆天子传》之类，可看作小说的萌芽。至汉魏六朝，小说创作盛行，许多作品粗具小说规模，分志怪和轶事两大类。前者的代表作是东晋干宝的《搜神记》，后者的代表作是南朝宋刘义庆的《世说新语》。

至唐代，小说发展为“传奇”。在内容上，能反映复杂的社会生活；在艺术上，故事情节曲折起伏，人物性格突出鲜明，语言清丽畅达，成为一种独立的文学样式。其代表作有李朝威的《柳毅传》，白行简的《李娃传》等。

至宋代，出现了白话小说“话本”，分短篇的“小说”和长篇的“讲史”两类。这些作品比过去的文学作品更广泛地反映了社会生活，特别是城市中小商人、手工业者和下层妇女的生活。叙述深入浅出、畅达流利，善于运用人物的行动、对话、心理描写等刻画人物，在结构上也有一定的特点。现存话本较著名的作品有《碾玉观音》《错斩崔宁》《新编五代史平话》等。宋人话本为后来的小说、戏剧提供了大量的题材。

明、清两代是小说的黄金时代。一方面出现了许多杰出的长篇巨制，如罗贯中的《三国志通俗演义》，施耐庵的《水浒传》，吴承恩的《西游记》，兰陵笑笑生的《金瓶梅》，吴敬梓的《儒林外史》，曹雪芹的《红楼梦》等；另一方面短篇小说也出现了空前繁荣的局面，如冯梦龙的《喻世明言》《警世通言》《醒世恒言》，凌濛初的《初刻拍案惊奇》《二刻拍案惊奇》，蒲松龄的《聊斋志异》等。这一时期的优秀作品，无论是思想性还是艺术性，都达到了前所未有的最高水平，对当时和后代都产生了巨大的影响。

词与词牌

词一般分为小令、中调、长调（慢曲）三种。

词首先在民间流传。文人词在初唐、盛唐时偶有所作，到了中唐，不少诗人也间或作词。到晚唐五代，就出现了词的专家和专集。宋代名家辈出，是词的繁荣期。“宋词”与“唐诗”“元曲”一样，在我国文学史上占有相当重要的地位，被称为一代文学之胜。

词从本质上说是诗，具备诗的特点，但又有与诗不同的地方，主要表现在：

一、每首词都有一个调名，称为词调或词牌，如《沁园春》《水调歌头》等。词调表明这首词写作时所依据的曲调乐谱，故作词叫“填词”。宋朝周邦彦、姜夔等，他们自己制谱自己填词，称为“自度曲”。

二、一首词分为一段或数段（片），以分两段（片）的为最多。分片是由于乐谱的规定，一片就是唱一遍。词只有一段的叫“单调”，分两段的叫“双调”，分三段的叫“三叠”，分四段的叫“四叠”。词的字数少则十四字，多则二百四十字。

三、长短句的句式。古体诗也有长短句，近体诗没有，而词大多数是句子参差不齐的。其主要原因，一方面是为了适应曲调和歌唱，另一方面是为了更容易表达复杂的思想感情。

四、押韵的位置，每个词调各不相同。诗基本上是偶句押韵，词的韵位则要

依据词调。韵位大都在音乐停顿的地方。

五、字声配合更严格。填词要审音用字，以文字的声调来配合乐谱的声调，因而词的平仄配置比诗更为固定。除了指明可平可仄的外，其他是不可互易的。一般说来，慢词比小令的平仄更严。有些词人除严守平仄之外，还要求分辨四声和阴平阳平。

曲

曲有南曲、北曲之分，一般指的是北曲。北曲又称元曲，是配合北乐而产生的，它又有剧曲和散曲之分。剧曲又称杂剧，是一种以曲词为主，带着宾白（对话、独白）和科介（动作）的歌剧（南曲称为“传奇”）。散曲不是戏剧的组成部分，较近于词，是作者自己抒情的文体。它合乐不用锣鼓，故又称“清曲”。散曲分为小令和套曲（套数）两类。小令相当于一首诗，或一首单调的词，每支独立。套曲是联合数只曲子成为一套。剧曲里没有小令，只有套数。

曲与词一样，有曲调（又叫“曲牌”），每种曲调都有自己的名称，都隶属于一定的宫调，如《天净沙》属越调。曲的本质是词，但也有不同之处，表现在：

一、词的字数有定格，曲的字数也有规定，但它可以增加字，叫“衬字”，这是词与曲的最大的区别。衬字一般加在句首或句中，字数不拘多少，不拘平仄。

二、词韵大致参照诗韵，曲韵则另立韵部。曲与白话关系最为密切，必须完全依照当时北方口语的语音系统。它的特点是没有入声，分四声为阴平、阳平、上声和去声。元代周德清著《中原音韵》，对曲韵作了系统的整理，成为后来作曲的准绳。

三、曲韵是一韵到底的，中间不换韵，而且不忌重韵（一首曲子里出现相同的韵脚字），也可以有赘韵（不必用韵的地方也用了韵）。

四、曲的平仄比较严。尤其是末句，不但平仄是固定的，甚至其中某字该用上声，某字该用去声，也是有讲究的。

散曲

散曲是从宋、金时代的北方民间俚曲、歌调的基础上发展而来，作为一种新诗体，萌芽于宋金之际，成熟于金末，至元代达到全盛。还包括“带过曲”（三支以下曲子的联合）与“重头小令”（数支曲子的联合）；后者又称散套、套曲、大令，基本上由同一个宫调的多首曲牌连缀而成，由于篇幅较长，可以包括比较复杂的内容，用以抒情或叙事。与传统诗词相比，它具有用字灵活、用韵自由、对仗形式丰富、通俗易懂等长处。但是它有倚声填词的严格格律，有些方面又更为复杂了。

杂剧

元杂剧是在宋、金时代的北方戏曲基础上发展起来的一种文学样式，创作成就十分突出。它的兴起和繁荣，从杂剧形式自身发展原因来看，一方面是前代各种戏曲艺术的发展提供了借鉴，许多文人运用这一艺术样式参与创作剧本，许多著名演员参与演出，又进一步推动它的繁荣；一方面当时戏剧演出成为时尚，演出的广泛性与商业化带来的竞争性，也促进了它的繁荣。从文学剧本的创作成功来看，又与当时剧作家保持同人民的联系，了解人民的思想感情分不开。

元杂剧的发展大致可分为前后两个时期。前期从蒙古汗国称元，到成宗元贞、大德年间，杂剧创作进入鼎盛时期，作家有关汉卿、王实甫、康进之、马致远、白朴等。他们主要活动在以大都（今北京）为中心的北方，留下了许多优秀作品。后期从大德以后到元朝灭亡，是杂剧逐渐走向衰微的时期，作家有郑光祖、宫天挺等。他们的活动已逐渐转移到以临安（今杭州）为中心的南方。

在元代的各类文学作品中，元杂剧是最具有代表性的一代艺术，有着众多的作家和作品，其中有姓名可考的作家就有 80 余人，见于书面记载的作品约 500 余种。它比以往任何文学更广泛、更深入地反映社会生活，并且突出地描写了一些社会低下的普通人，大大开拓了文学的描写对象。

文 学

◎先秦◎

《诗经》

《诗经》本名《诗》，又名《诗三百》，汉代儒家列为经典之一，故称。中国第一部诗歌总集。约编成于春秋中叶，产生于今陕、晋、豫、鲁、鄂等地，反映500年间社会现实。共三百零五篇，分“风”“雅”“颂”三类。

《风》有十五国风，《雅》有《大雅》《小雅》，《颂》有《周颂》《鲁颂》《商颂》。《国风》部分，学者一般认为是民间诗歌，多揭露阶级压迫和剥削，反映人民的劳动和爱情，最有价值。

《雅》《颂》部分，或宴会乐歌，或祀神祭祖，虽也有些暴露时政之作，但以歌功颂德、宣扬天命为多。形式以四言为主，杂以三五六言，也有七八言等。普遍运用赋、比、兴手法，其优秀篇章，语言丰富多彩、朴素优美、音节和谐，有很强的艺术感染力。清王先谦《诗三家义集疏》辑注较备。《毛诗》为古文诗学，魏晋以后通行，有汉代郑玄的《毛诗笺》、唐代孔颖达的《毛诗正义》、清代陈奂的《诗毛氏传疏》。宋代朱熹的《诗集传》则杂采《毛诗》《郑笺》，间有三家诗义。《诗经》对中国2000多年来的文学发展有深广的影响。

《尚书》

《尚书》又称《书》《书经》，为一部多体裁文献汇编，是中国现存最早的史书。分为《虞书》《夏书》《商书》《周书》。战国时期总称《书》，汉代改称《尚书》，即“上古之书”。因是儒家五经之一，又称《书经》。

汉武帝时，从孔子故宅中发现用古文字写的《尚书》，比今文《尚书》多十六篇，称为古文《尚书》，这十六篇不久亡佚。晋人伪造古文《尚书》二十五篇，又从今文《尚书》中析出数篇，连同原有的今文《尚书》共为五十八篇，也称古文《尚书》。《十三经注疏》中的《尚书》，就是经过晋人伪造的这种古文《尚书》。

孔子

孔子的先辈为宋国贵族，避乱至鲁，遂为鲁人。孔子父亲早逝，幼年贫贱，曾任“委吏”等小官。好学多问，学无常师，相传曾问礼于老聃。中年聚徒讲学，有教无类。史称弟子三千，贤人七十二。

孔子是中国最早的文艺理论批评家。他提出了初具体系的文学理论、文学观点。主张“事君”“事父”，同时“怨”“刺”腐朽的政治与社会现实；主张“行有余力，则以学文”，“老于道，据于德，依于仁，游于艺”，即先德行，后文艺；认为《诗》三百篇“一言以蔽之，曰：思无邪”，主张诗应当“兴”“观”“群”“怨”，较早较全面地概括了诗的特点，尤其是社会作用；反对“巧言令色”，主张“文质彬彬”，体现了“中和”的审美观点；其“尽善尽美”论、“文质兼备”论，则较好地阐述了内容与形式的关系。另外，其弟子根据他的言论辑录的《论语》一书，是先秦诸子散文中最早的语录体著作，行文简约含蓄，质朴无华，形象性、哲理性很强。孔子的文艺理论与主张，以及《论语》的文学特色，对后世影响深广而久远。

《战国策》

《战国策》是国别体史料汇编。它主要记载了战国时代谋臣策士的活动和政治主张，反映当时各诸侯国、各阶级、阶层之间尖锐复杂的矛盾和斗争，是一部文学价值很高的历史散文著作。

《战国策》长于叙事，故事性强，情节引人入胜。善于通过叙写人物的言谈、神态及故事情节，展示人物的内心世界和性格特征，成功地刻画了一些人物形象，栩栩如生，富有个性。说理论辩，言辞犀利，纵横反复，击中要害，善用铺陈、夸张、比喻、寓言等手段增加散文表达效果。《战国策》所写的寓言和比喻，饶有风趣，隐寓着深刻的道理，很多后来成了有名的典故，如“画蛇添足”“狐假虎威”“惊弓之鸟”“南辕北辙”等至今仍为人引用。

《论语》

《论语》是孔子与弟子语录的结集，内容以伦理、教育为主，也记载了孔子的许多文艺观点，如“兴”“观”“群”“怨”说，“温柔敦厚”说等，加之历来为士人诵习，对中国文学影响极为深远。《论语》多三言两语为章，形式或问或答，不详其论据，常在简短的言语和动作描写中表现重大的思想。

墨子

墨翟曾为宋国大夫。自称“上无君上之事，下无耕农之难”，属于士的阶层。初学儒术，后因不满其烦琐，另立新学，遂创墨家学派，影响甚大，与儒家并称“显学”，又与杨朱之说“盈天下”，从者甚众。

有后人记载他的言行而成《墨子》一书，现存五十三篇。是中国论辩性散文的源头。论辩方法为辟（譬喻）、侔（móu）（类比）、援（引例）、推（推论），逻辑严密，说理透彻。文风的突出之处是质朴。《文心雕龙》称其“意显而语质”，鲁迅也指出：“墨家尚质”。

老子

老子曾任周王室史官，通晓上下古今之变。孔子曾向他问礼。后来，老子见周室衰微，乃西出函关，隐去。

老子著有《道德经》五千余言，为先秦道家典籍，又名《老子》。这是一本道家哲理著作，但具有一定的文学性，对后世文学影响不小。书中表述了作者自然无为的思想，有不少朴素辩证法思想；语言简练精深，多用排比对偶句，有气势和文采；时有用韵，并引用了不少民间谚语；且善于取譬设喻，用形象的语言说明玄奥之理，此法多为后世文人学习、吸取。

庄子

庄周家贫，曾以编草鞋为生，借粟于监河侯，还穿着麻鞋布衣见过魏王。为人清高，鄙弃名利。著有《庄子》，被视为中国四大奇书之一。

《庄子》一书，其文构思巧妙，想象奇特，词汇丰富，语言活泼，汪洋恣肆，善用寓言，使哲学著作富有浓厚的文学气息和浪漫主义色彩。它不仅在诸子散文中独树一帜，而且对后世著名作家如嵇（jī）康、阮籍、陶潜、李白、柳宗元、苏轼、曹雪芹，乃至鲁迅、郭沫若等人的思想和创作，都有着相当大的影响。书中“庖丁解牛”“匠石运斤”“螳臂挡车”“东施效颦（pín）”等寓言，至今常为人称道引用。寓言这一文学样式及其定名，即从庄子始。

孟子

孟轲出身于没落贵族之家，幼年家贫，受母亲教养，有“三迁之教”的传说。历游齐、宋、滕、魏等国，售其学说。曾任齐宣王客卿。因不见用，晚年退而与万章之徒著书立说，现存《孟子》一书。

《孟子》一书提出了“颂其诗，读其书，不知其人可乎？是以论其世也，是尚友也”的“知人论世”说，提出了“我知言，我善养吾浩然之气”的“知言养气”说，对后世文学理论与创作，影响很大。《孟子》在《论语》平实质朴、文字简约的基础上发展了一步，气势充溢，跌宕起伏，雄辩流畅，篇幅较长，尤长于譬喻。对后世散文大家韩愈、苏轼等影响较大。

荀子

荀况一生游历齐、秦、赵、楚等国，“三为祭酒”。后楚国春申君命为兰陵（今山东莒南县）令，遂居兰陵至死。今存《荀子》一书。

《荀子》今存三十二篇，基本上是独立的专题散文。内容涉及政治、经济、哲学、伦理道德，治学方法多方面。其文规模宏大，结构完整，中心明确，旁征博引，议论透辟。善用譬喻、引证，有很强的感染力和说服力。多用排偶句，风格浑厚，标志着说理散文的发展和成熟。其中《赋》篇，是现存最早以“赋”名篇的作品。《成相》辞采用民间说唱形式写成，清人卢文弨称为“后世弹唱之祖”。

屈原与《楚辞》

屈原（约公元前 340～约前 278 年），战国时期楚国诗人、政治家。名平，字原。又自称名正则，字灵均。战国楚人，故里传为今湖北秭归，是与楚王同姓的贵族。

屈原初辅佐怀王，历任左徒、三闾（lǘ）大夫。力主彰明法度，举贤授能，联齐抗秦。在同保守贵族子兰、靳尚等人的斗争中，遭谗去职。顷襄王时被放逐，长期流浪在沅湘流域，因而接近人民，对黑暗现实日益不满。秦兵攻破楚都郢之后，痛感无力挽救楚国的危亡，政治理想不能实现，于是投汨罗江自杀。

据《汉书》载，屈原有赋 25 篇。但见于《史记》者，仅《离骚》《天问》《招魂》以及《九章》中的《哀郢（yǐng）》《怀沙》。东汉王逸《楚辞章句》所辑屈赋篇数与《艺文志》相同，但《远游》《卜居》《渔父》诸篇真伪，尚有异说。《招魂》虽也有争议，但近人多认为出自屈原之手，而非宋玉。代表作《离骚》，强烈地表达了进步的政治理想，愤世嫉俗的高洁品格，热爱祖国和人民的炽热感情和献身精神。此后，骚体便成为一个新的诗歌样式。

屈原是中国文学史上第一个伟大的爱国诗人，他个人独立创作的诗篇，对中国人民的精神面貌，对中国文学的优秀传统的形成，都产生了巨大的影响，在中国文学史上有着崇高的地位。

◎两汉◎

《垓下歌》与《大风歌》

《垓下歌》：诗歌篇名。项羽作。宋郭茂倩《乐府诗集》题名为《力拔山操》，《文选补遗》题为《垓下帐中歌》，冯惟讷《古诗记》题为《垓下歌》。

《史记》载西楚霸王项羽被汉军困于垓下（今安徽灵璧南），兵少粮尽，夜饮帐中，自知败局已定，乃慷慨悲歌："力拔山兮气盖世，时不利兮骓不逝！骓不逝兮可奈何，虞兮虞兮奈若何?"《垓下歌》唱出了气盖一世的英雄之士穷途末路

的悲慨。

《大风歌》：诗歌篇名。汉刘邦作。《史记》《汉书》《乐府诗集》均收录。《史记》载刘邦平定天下后，回到故乡沛（今江苏沛县东），召父老子弟纵酒欢歌。酒酣刘邦击筑自歌："大风起兮云飞扬，威加海内兮归故乡，安得猛士兮守四方？"首句起兴，后两句抒发胜利统一全国后喜悦的心情，表达渴望巩固统治维护政权的愿望。气势雄浑，颇有气魄。

《过秦论》

《过秦论》散文篇名。西汉贾谊作。分上、下或上、中、下篇。"过秦"是指责秦政之失。文章详尽分析了秦所以能削平六国及其所以迅速灭亡的原因，目的为汉文帝接受历史教训，改革政治提供借鉴。上篇总论秦得天下的形势，及其灭亡的主因。中篇剖析秦在统一后没有统一的政策，和二世未能改正错误。下篇指陈在危机的情况下，秦王子婴没有救亡扶倾的才力。

《子虚赋》与《上林赋》

《子虚赋》与《上林赋》均为汉赋名篇。西汉司马相如作。全文保存于《史记》及《汉书》本传中；至《文选》，则以其前半题为《子虚赋》，后半题为《上林赋》。

作者全篇写三个假想人物子虚、乌有先生、亡是公的相互诘难和议论。前二人分别张扬诸侯国楚齐的苑囿之盛，后者则铺叙天子游猎之事，作者在赋末委婉致讽，然整体而言，实是“劝百讽一”。

阿娇与《长门赋》

《长门赋》，最早见于南朝梁代萧统编著的《昭明文选》。其序言提到西汉司马相如作于汉武帝时。

据说是受了失宠的陈皇后的百金重托写成的。武帝读后，大为感动，陈皇后遂复得宠。由于序言提及武帝的谥号，司马相如不可能知道，而且历史上武帝对陈皇后也没有复幸之事。所以有人认为《长门赋》是后人伪作。

中国第一部叙事长诗

中国第一部叙事长诗是汉乐府民歌中的《孔雀东南飞》。大约创作于汉末建安年间。全诗350多句，1700多字。明王世贞称为“长诗之圣”，清沈德潜称为“古今第一首长诗”。

《孔雀东南飞》叙述了一个凄美的爱情故事，作品通过焦仲卿、刘兰芝的婚姻悲剧，揭露了封建礼教、封建家长制的罪恶，歌颂了刘兰芝夫妇忠于爱情宁死不屈的反抗精神。诗的浪漫主义结尾，反映了人民对获得婚姻自由的美好愿望。

在艺术形式上，《孔雀东南飞》汲取了丰富的民歌叙事艺术手法和技巧，剪裁繁简得当，结构完整紧凑，语言朴素生动，既有浓郁的抒情色彩，又有很强的戏剧性，是汉乐府民歌中最杰出的作品，也是中国文学史上现实主义诗歌发展中的重要标志。千百年来始终传诵不衰，五四以后还不断被改编为各种剧本，并搬上舞台，影响十分深远。

《四愁诗》

作为东汉中期最杰出的诗人，张衡写作了中国诗歌史上现存第一首独立的完整的七言诗——《四愁诗》。下面是《四愁诗》的第一节：

“我所思兮在太山，欲往从之梁父艰，侧身东望涕沾翰。美人赠我金错刀，何以报之英琼瑶。路远莫致倚逍遥，何为怀忧心烦劳。”

全诗共四节，以下三节是歌辞略作变化的重奏（如首句“我所思兮在太山”改为“在桂林”“在汉阳”“在雁门”），具有浓厚的民歌风格，显然受到《诗经》中民间歌谣叠章手法的影响。诗中主人公向四面八方寻找自己之所爱，却一再遭受挫折，因而心怀忧愁，表现出对美好爱情的深沉思慕，写得婉转动人。这也是七言诗第一次被用来写情爱题材，七言句式语调曼婉悠长的优越性，在这首诗中得到了表现。

《文选》载此诗，前有后人所加的小序，谓此诗乃因作者郁郁不得志，“效屈原以美人为君子，以珍宝为仁义，以水深雪雰为小人，思以道术相报，贻于时君，而惧谗邪不得以通”，恐系迂儒之见，未必合于张衡的本意；即使张衡确有此意，他能写出如此真切热烈的恋歌，无疑也是有着生活体验和审美趣味的背景的。

《论衡》

《论衡》全书20多万字，共30卷，分85篇，现缺《招致》一篇。其为作者倾毕生精力，历30多年始得完成。他自言《论衡》是一部“疾虚妄”的书。内容具有强烈的战斗性，阐述了“气”是万物本质的学说，唯物主义地解释了人与自然，精神与肉体的关系，深入批判了当时流行的谶纬神学和宗教唯心主义思想。其曾被斥为异端邪说，长期埋没。在书中，作者对当时以辞赋为主的正统文学的“华而不实，伪而不真”的文风也进行了批判，并在许多篇目提出了不少进步的主张，对魏晋以后的文艺思想产生了很大影响。

《古诗十九首》

《古诗十九首》传至南朝梁代，萧统《文选》将这些诗组合在一起，题为《古诗十九首》。内容多是写仕途潦倒的感伤，夫妇间的相思，基本上都是离愁别

绪，彷徨失意，基调低沉，但也从侧面反映了当时的社会现实。组诗虽然思想价值不高，但艺术成就较大。诗人们比较成熟地运用五言诗的形式，明白自然、简洁生动的语言，表达深挚的感情，委婉含蓄，耐人寻味，有“一字千金”之誉，不愧是汉代文人五言诗的艺术高峰。

《古诗十九首》作者考

《文选》对这些诗不标作者，而差不多同时由徐陵编成的《玉台新咏》则将其中八首列为枚乘之作；另外，稍早一些的刘勰的《文心雕龙》中，又提到其中一首被人们认为是傅毅之作。但也有人认为，这些诗大都是曹植、王粲等人所作。这些说法都无法加以确切地证明。关于《古诗十九首》的时代与作者的问题，有待进一步的研究、探讨。不过，目前大多数学者的看法，认为这批古诗并非一人之作，其产生年代大致在东汉中后期。

除了《古诗十九首》，《文选》和《玉台新咏》中还保存了另外的若干首无名氏“古诗”，内容和风格都与《古诗十九首》接近；再有《文选》中题为李陵、苏武的七首五言诗，前人早已推定为伪托，其内容、风格同样接近于《古诗十九首》，这些诗一般也认为是东汉中后期无名氏文人的作品。连同《古诗十九首》在内，这种“古诗”共三十多首。

中国最早的纪传体通史《史记》

最早的纪传体通史，是西汉伟大的历史学家、文学家、思想家司马迁（约前145—约前87）所著《史记》。它始作于太初元年（前104年），至天汉二年（前99年）因作者为李陵辩解获罪下狱遭到宫刑而搁浅。作者出狱后，忍辱含垢，发愤著书，并加进了自己更为光辉的思想，历10年艰辛，终在武帝太始四年（前93年）前后完成。

《史记》是中国历史学史上一个划时代的标志，是一部“究天人之际，通古今之变，成一家之言”的伟大著作，是司马迁对中国民族文化特别是历史学方面极其宝贵的贡献。作者以“不虚美，不隐恶”的“实录”态度，记载了上自黄帝，下至汉武帝太初四年（前101年）共3000年时间的政治、军事、经济和文化的历史，其中对战国和秦汉记载尤详。特别是对西汉不到100年的历史竟用了几乎全书一半的篇幅进行了撰述。它是先秦两汉时期成就最高、影响最大、通过人物描写来较全面而深刻地总结中国古代历史、反映中国古代社会面貌的伟大历史巨著。全书130篇，包括本纪12篇、表10篇、书8篇、世家30篇、列传70篇，共526500字。“本纪”除《秦本纪》外，按帝王世系与年代记载历代帝王的治政情况与政治大事；“表”用简单的表格排比谱列各个历史时期帝王和诸侯国间的简单大事记，是全书叙事的联络和补充；“书”是记载个别事件始末的文献，它们分别叙述天文、历法、水利、经济、文化、艺术等方面的发展和现状，近似于后世的专门科学史；“世家”主要叙述诸侯王国的世系与兴衰存亡的历史，也包括汉代宗室和有功之臣以及历史上有某些特殊地位的人，如孔子、陈涉等；“列传”主要是各种不同类型、不同阶层有影响人物的事迹，少数列传则是叙述国外和国内少数民族君长统治的历史。上述5类中，“列传”、“本纪”和“世家”均为传记文学作品。作者继承过去历史著作的传统，从几千年杂乱无章的历史资料中进行整理、考核和排比，尔后分别归类于100多个历史人物的传记之中，又以8书总述其历史背景，最后在年表中排比年代，从时间上加以补充，使全书体系完整，疏而不漏，从而开创了我国纪传体史学文学样式。因其主要内容是本纪和列传，故称之为纪传体通史。

《史记》问世两千多年来，它无论在史学上，还是在文学史上，都给予了后世以无穷的启示和巨大而深远的影响。在史学方面，它是历代“通史”和“正史”的典范，特别是它的体裁形式，一直被《汉书》以后的一切“正史”所沿用，在文学方面，传记文学的形式、体裁及文笔对后世散文乃至小说等文学样式都产生了巨大的影响。以后的古文家把它作为古文写作的楷模，后来的戏曲、小说都从中吸取大量素材。作家“发愤著书”的精神更成为我们优良的民族传统一直被继承和发扬。它先后被译成了英、法、俄、日等国文字而流行世界。鲁迅称誉《史记》是“史家之绝唱，无韵之离骚”。司马迁被后世誉称为“史圣”、“中国历史学之父”。日本当代著名历史小说家福田定一，因仰慕司马迁竟自名为司马辽太郎，意思是比司马迁远为逊色。

◎三国两晋◎

建安文学

建安文学指汉献帝建安至魏初三十至四十年间的文学。它继承了汉乐府民歌的传统，真实地反映了当时动乱的社会生活，出现了许多优秀的诗歌、散文、辞赋，而以诗歌的成就最大。建安文学感情激昂慷慨，语言刚健清新，格调悲凉深

沉，后人称为“建安风骨”。

建安文学的代表作家为曹操、曹丕、曹植、“建安七子”及女诗人蔡琰等。

曹氏一门三文豪

曹氏一门都有很高的政治地位和文学成就，故后人合称为“三曹”。亦称二祖陈王——二祖，即魏太祖曹操、魏文帝曹丕；陈王即曹植。

曹操的诗文表现了他作为政治家、军事家的壮阔的胸怀和豪迈气概；曹丕的诗歌清丽隽秀；曹植的作品则骨气奇高，词采华茂。

二祖陈王在文学史中均有较高地位，可谓一门三文豪。这种情况，在中国历史上是不多见的。

《洛神赋》

洛神传为古帝伏羲氏之女。本篇写作者与洛神相遇，两相爱慕，但隔于人神之道，未能交接，不禁情怀怅怨。实际假托洛神寄寓对君主的思慕，反映衷情不能相通的苦闷。旧说以曹植曾求婚甄逸之女不遂，为曹丕所得。后甄氏被谗而死，曹植此赋为有感于甄后而作，故初名《感甄赋》。此属附会之言，不足信。本赋想象丰富，描写细腻，词采流丽，抒情意味和神话色彩很浓，艺术魅力很大，为抒情小赋中的名篇。

《悲愤诗》

《悲愤诗》为汉末诗人蔡琰（蔡文姬）的作品。

至今传世有两首，一为五言，一为骚体。五言一首较可信，陈述了自己的不幸遭遇，描绘了社会的动乱以及广大人民群众颠沛流离的生活，有强烈的时代精神，是古代叙事诗中的优秀之作。骚体一首所述内容，有与其遭遇不相符合处，后人多认为是伪作。

“青眼”与“白眼”

阮籍为人任性不羁，厌恶世俗礼法，蔑视“名教”。《晋书》中载：“籍又能为青白眼。见礼俗之士，以白眼对之。常言‘礼岂为我设耶?’时有丧母，嵇喜来吊，阮作白眼，喜不怿而去；喜弟康闻之，乃备酒挟琴造焉，阮大悦，遂见青眼。”

两眼正视，露出虹膜，则为“青眼”，以看他尊敬的人；两眼斜视，露出眼白，则为“白眼”，以看他不喜欢的人。

以此为典，后世便出现了“青眼有加”，“白眼看他世上人”等语。

狂生嵇康

嵇康（公元 223～ 263 年），三国魏文学家。“竹林七贤”之一。字叔夜，谯郡铚（今安徽宿县）人。

少时孤贫，聪慧博学。性情桀骜不驯，刚强疾恶，崇尚老庄之学，反对虚伪礼教。与曹魏宗室有姻亲关系。曾任中散大夫，史称嵇中散。

在司马氏阴谋篡权的正始时期，嵇康隐居于山阳，常与阮籍等六人游于竹林，饮酒服食，清谈玄理。反对礼教，拒绝与司马氏合作，公开声称“非汤武而薄周礼”，“越名教而任自然”。后因钟会构陷，为司马昭所杀。临刑前，嵇康抚《广陵散》曲，并叹息道：“昔袁孝尼尝从吾学《广陵散》，吾每靳固之，《广陵散》于今绝矣！”

嵇康善为诗，尤长散文。诗歌以四言为佳，风格清俊警峭。《幽愤诗》《赠秀才入军》为其代表作。《幽愤诗》为狱中所作，回顾平生遭际，尽情抒吐心中怨愤，至为沉痛，感人殊深。《赠秀才入军》18 首为送兄嵇喜从军之作，表现兄弟间的动人情谊，内容深刻。散文大多阐述老庄自然纯真的哲理，批判传统名教的虚伪变诈，如《释私论》《养生论》《声无哀乐论》《太师箴》等。

“竹林七贤”称名始于何时

竹林七贤是指魏晋间嵇康、阮籍、山涛、向秀、阮咸、王戎、刘伶等七人。

关于竹林七贤的说法，最初始于东晋初的“俗传”，而东晋初的“俗传”又系谢安为之首倡，并为士林所接受。后又经孙绰、袁宏、戴逵、王洵、裴启、孙盛等人的倡导肯定，终使其名垂于后世。

“洛阳纸贵”话左思

左思（约公元 250～约 305 年），西晋诗人。字太冲。临淄（今山东淄博）人。出身儒学世家。晋武帝泰始八年（公元 272 年）前后，以妹左棻被选入宫，举家移居洛阳，官秘书郎，列入当时文人集团“二十四友”。

左思因为貌丑口讷，不好交游，而被很多人看不起。但他并不气馁，反而潜心十年，写就了描写三国都城风貌的《三都赋》。

《三都赋》由《蜀都》《吴都》《魏都》三篇组成。前两篇分别由假想人物西蜀公子和东吴王孙盛称三国时蜀都、吴都的形势之重，物产之丰，宫室之丽，民俗之华，最后一篇则由魏国先生盛赞魏都之宏丽壮观与政治举措之修美，对曹操统一北方的功业多所颂扬。赋中指出了立国之根本在于政治之修明，不在于自然山川之形胜。全赋采用一种纪实写真的笔法，辞采遒丽，气势宏博，虽摹拟汉代张衡《二京赋》、班固《两都赋》，但后来居上，超越了前人。

《三都赋》一出，立刻轰动一时，在京城洛阳广为流传，人们啧啧称赞，竞相传抄，一下子使纸价昂贵了几倍（“豪贵之家，竞相传写，洛阳为之纸贵”）。这便是“洛阳纸贵”的出典。

陶渊明

陶渊明（公元 365～427 年），晋宋间文学家。字元亮。一说名潜，字渊明。浔阳柴桑（今江西九江）人。大司马陶侃曾孙，后人亦有疑此说者。曾任江州祭酒、镇军参军、建威参军、彭泽令。因不愿“为五斗米折腰”，厌恶官场污浊，弃官归隐。南朝宋元嘉初年卒，私谥靖节先生。

现存诗120余首，散文、辞赋10余篇。其诗多作于归隐后，田园诗占很大比重。《归田园居》《怀古田舍》《庚戌岁九月中于西田获早稻》《移居》《饮酒（其五）》等，描写躬耕，歌颂劳动，赞美淳朴的农村生活，并以此对比于污浊的仕途，显示了不愿与统治者同流合污的精神。前人称他为“隐逸诗人之宗”。而另一面，他“于世事并没有遗忘和冷淡”（鲁迅：《题未定草》七），《读山海经》《咏荆轲》等篇，昂扬嫉世，金刚怒目，为慷慨悲愤之音。陶诗艺术成就很高，语言朴素自然，平淡天成，而又含蓄精炼、韵味隽永，感情深厚，委婉自如，创造出一种情、景、意交融的境界。陶渊明在中国文学史上有深远影响。后代有成就的诗人，无不从他汲取营养。传有《陶渊明集》。

◎南北朝◎

永明体

永明体是南朝齐武帝永明年间（公元483～493年）形成的一种诗体、诗风。《南齐书》云：“永明末盛为文章，吴兴沈约，陈郡谢朓、琅玡王融，以气类相推毂；汝南周颙，善识声韵。约等文皆用宫商，以平上去入为四声。以此制

韵，有平头、上尾、蜂腰、鹤膝。五字之中，音韵悉异，两句之内，角徵不同，不可增减。”就是这一诗体所要求严格遵守的“四声八病”说。永明体注重声律，于形式美之外兼求声韵之美，以恢复诗歌从口头歌唱变为案头文学之后所丧失的音乐性。其特点是：平仄协调，音韵铿锵，词采华美，对仗工整。

永明体是中国诗史上格律诗的开端，对唐代近体诗的影响很大。它的出现，也使南朝唯美文学达到了极盛的顶端。但因要求过于苛细，束缚了艺术的创造性。

宫体诗

宫体诗是南朝梁流行于宫廷中的一种诗风。以梁简文帝为首，附和者有庾肩吾、徐摛、庾信、徐陵等。《梁书》载，萧纲“七岁有诗癖，长而不倦。然伤于轻艳，当时号曰‘宫体’”。宫体诗有狭义广义之分；以描写女性本身及男女情爱者，为狭义的宫体诗，即所谓“艳情诗”；以艳情为主而扩及记游宴、咏节候及写景物者为广义的宫体诗。宫体诗的描写手法客观逼真，讲求声律、词采，好用典，形成了轻艳柔靡的风格。其风早出现于宋、齐，至梁，由于皇帝萧纲的提倡及庾、徐的扇扬，“宫体所传，且变朝野”，很快笼罩了诗坛；到了陈后主时代，发展到登峰造极的地步。

江郎并非才尽

“江郎才尽”用以比喻一个人才思减退、智穷、谋短。所指“江郎”为中国南朝时期的江淹。江郎真的才尽了吗？

江淹（公元444～505年），字文通，济阳考城（今河南民权）人。他的诗赋精工幽丽，情景交融，有很强的艺术感染力，曾写出过《别赋》《恨赋》这样的千古名篇，是中国历史上的著名文学家。后来，江淹踏入仕途，官至金紫光禄大夫，封为醴陵侯。江淹晚年，走上仕途，日理万机，自此才思枯竭，文无佳句，时人谓之才尽。

从另一方面考证，并不能说是“江郎才尽”的。齐武帝永明三年（公元485年），江淹当上了尚书左丞，后又兼任考核官吏的御史中丞。他一鼓作气弹劾了职位很高的中书令谢朏等人，又拘捕了前益州刺史刘悛等，没收赃物上万，全部交付廷尉去处理。

江淹行事很有主见。齐东昏侯永元二年（公元500年），崔慧景发兵围困京城，许多官僚都纷纷投身于叛军门下，唯独江淹称病不往。叛乱平定之后，他心在朝廷，秉公办事，不徇私情，处理问题宽严得当，人们都很佩服他的卓识和忠心。江淹虽久在宦海浮沉，但他并不留恋那纸醉金迷的生活。58岁上，借口生病，交出实权，四年之后，他就死去了，活了62岁。

江淹治理国家的管理才能是出类拔萃的，可以说文尽才不尽，转行“老更成”。

竟陵八友

竟陵八友是南朝齐竟陵王萧子良门下的8个文学家。

萧子良雅好文学，广纳名士，一时文人都云集门下。“八友”为最负盛名者。《梁书·武帝本纪》：“竟陵王子良开西邸招文学，高祖（梁武帝）与沈约、谢朓、王融、萧琛、范云、任昉、陆倕等并游焉，号曰八友。”

竟陵八友中沈约声誉最高，谢朓的诗歌艺术成就最大。其余任昉善文，当时王公表奏，多请他代笔，有“沈诗任笔”之名。王融、范云以诗见长。萧衍、萧琛也写诗，但文学成就不大。陆倕擅长骈文。

《木兰诗》

《木兰诗》，亦称为《木兰辞》，北朝长篇叙事民歌。梁采入《鼓角横吹曲》。同题诗有二首，“唧唧复唧唧”远胜另一首。此诗约作于北魏末年，最早见于陈光大二年（公元568年）僧人陈智匠所编的《古今乐录》中。《文苑英华》和《古文苑》都误以为是“唐人诗”。

《木兰诗》歌咏了少女木兰女扮男装，代父从军十二年，胜利归来的故事。塑造了木兰端庄从容的行貌和保家卫国的英姿，从而烘托出北方民族战争的背景和在这种背景中北国儿女的尚武精神。全诗具有浓厚的浪漫主义色彩，花木兰显然是北国少女中一切美好品貌的集中代表，冲破了封建社会中重男轻女的观念。诗写得刚健浑朴，具有典型的北朝民歌特色，同时又显得柔情婉转，回环迭唱。从征前“愿为市鞍马，从此替爷征”的场面描写；从征途中“不闻爷娘唤女声，但闻黄河流水鸣溅溅”“不闻爷娘唤女声，但闻燕山胡骑声啾啾”的反复咏叹；以及胜利归来后“脱我战时袍，着我旧时装，当窗理云鬓，对镜贴花黄”的绘声绘色，把木兰这位女中豪杰的深细婉转、单纯真挚的情态神气写得栩栩如生，跃然纸上，令人神往，使中国民歌口语化的艺术，达到了顶峰。

《诗品》与《文心雕龙》

《诗品》：诗论专著。南朝梁钟嵘撰。他以五言诗为主，将自汉至梁有成就的诗人区别等第，分为上中下三品，并论其优劣及继承关系。反对当时堆垛典故和刻意追求声律的诗风，批评玄言诗“理过其辞，淡乎寡味”，主张诗作要有“滋味”，强调“风力”“自然”“真美”。

《文心雕龙》：文论专著。南朝梁刘勰撰。十卷，五十篇，分上、下编。上编从《原道》至《辨骚》共五篇是绪论、总纲。从《明诗》到《书记》的二十篇，对各种文体源流和作品特征及历史发展逐一作了研究和评价。下编从《神思》到《物色》的二十篇，重点研究创作过程，其中的《时序》和后面的《才略》《知音》《程器》等四篇，主要是文学史与批评鉴赏问题的讨论。《序志》为总序，阐述了作者著此书的动机，态度、原则。全书体大思精，内容繁富，涉及文学理论的许多方面。是中国古代文学理论批评的杰出著作，把文学理论批评推向了新阶段，对后世有着很大的影响。此书版本繁多。现存最早写本为唐写本残卷；最早的刻本为元至正本。清代影响最大的为黄叔琳辑注本。今人有黄侃《文心雕龙札记》、范文澜《文心雕龙注》、刘永济《文心雕龙校释》、王利器《文心雕龙校证》、杨明照《文心雕龙校注》和《文心雕龙校注拾遗》等。

◎唐五代◎

初唐四杰

“初唐四杰”是初唐文学家王勃、杨炯、卢照邻、骆宾王的合称。《旧唐书》：“炯与王勃、卢照邻、骆宾王以文辞齐名，海内称为王杨卢骆，亦号为四杰。”他们的诗文努力摆脱齐梁余风的影响，题材领域有所开拓，感情充沛，风格质朴，对唐代诗风的转变起了一定作用。

游仙诗小话

在中国古代诗歌作品中，有一类专门写企慕神仙生活或游历仙境的诗，称作“游仙诗”。从现存材料看，最早以“游仙”作为诗的篇题的，是建安诗人曹植。其后嵇康、张华、何劭、郭璞等均有游仙之作，后世遂把“游仙诗”视为一种专体。

一般说来，游仙诗名为游仙，实在咏怀。如曹植的《游仙》云：“人生不满百，岁岁少欢娱；意欲奋六翮，排雾凌紫虚。蝉蜕同松乔（指赤松子、王子乔，均古仙人名），翻迹登鼎湖（相传黄帝成仙的地方）；翱翔九天上，骋辔远行游。”

这种假托神仙以抒写怀抱的方法，其来源是很久远的。伟大诗人屈原的《离骚》，就曾借与群神遨游，来表现其政治上的不幸遭遇和报国无门的苦闷。“楚辞”中托名屈原的《远游》，就更为明显地说：“悲时俗之迫阨兮，愿轻举而远游，……闻赤松之清尘兮，愿承风乎遗则。”另外，在汉乐府中有《王子乔》《步出夏门行》和《董逃行》等作品，也是写游仙内容的。由此可见，“游仙”之名虽始于曹植，而写游仙内容的、假游仙以托怀抱的作品，却是秦汉以前就已经有的。

唐代大诗人李白，也写过一些以游仙为题材的作品，如《梦游天姥吟留别》，他在诗中把神仙世界描写得广阔自由，光明美好，为的是反衬出他所生活的现实世界的黑暗和丑恶。因此在该诗的最后写出了响彻千古的名句："且放白鹿（相传神仙喜骑白鹿）青崖间，须行即骑访名山。安能摧眉折腰事权贵，使我不得开心颜！"

李白

李白（公元701～762年），唐代诗人。字太白，号青莲居士，史称诗仙。祖籍陇西成纪（今甘肃秦安东），先世在隋末因罪徙居西域，故出生于安西都护府所属的碎叶城（今中亚细亚伊塞克湖西北）。5岁随父迁居绵州彰明县（今四川江油）青莲乡。少时受儒家教育并博览诸子百家，好剑术，轻财任侠，善作诗赋。20岁以后，漫游蜀中，曾登峨眉、青城诸名山。25岁出蜀，远游长江、黄河中下游各地。

唐天宝元年（公元742年），由道士吴筠推荐，被唐玄宗召至长安，供奉翰林。后因受宦官高力士等的谗谤，恳求还山，浮游四方。天宝三载春，在洛阳与杜甫相识，结下深厚友谊。天宝十四载，安史之乱爆发，次年冬，应召参加永王李璘幕府。后李璘因争夺帝位，为肃宗部下所败，李白受牵累被流放夜郎（今贵州桐梓一带），途中遇赦，时已59岁。61岁时仍请缨杀敌，中途因病返回。宝应元年（公元762年）卒于当涂。

今有诗作900余首，内容丰富多彩。有的揭露政治腐败，希望为国立功；有的对封建专制和豪门权贵表示强烈不满，抒发自己理想难以实现的痛苦和愤懑；有的表现了对人民生活的关心和同

情，对穷兵黩武、不义战争的强烈谴责；还有不少赞颂祖国的大好河山，描写爱情和友情的诗篇。《蜀道难》《行路难》《梦游天姥吟留别》《静夜思》《早发白帝城》《宣州谢朓楼饯别校书叔云》《将进酒》等，都是流芳千古的名篇。《古风》中有不少批判现实的好作品。强烈的浪漫主义色彩，是李白作品的艺术特点。诗人善于运用大胆的夸张、奇异的想象和神话的离奇境界表达思想感情，抒发理想愿望。写得热烈奔放，雄奇壮丽，洒脱飘逸。语言流转自然，音律和谐多变，善于吸收汉魏六朝乐府民歌的精华，达到了“清水出芙蓉，天然去雕饰”的完美境地。其诗各体均佳，尤长于古诗和绝句。另有词若干篇，文 60 余篇。

李白与杜甫齐名，并称“李杜”。“李杜文章在，光焰万丈长”（韩愈《调张籍》），正确地指出了二人在中国古典诗歌史上泰山北斗的地位。李白的诗歌是中国古典诗歌发展史上浪漫主义的顶峰，无论在精神上还是在表现手法上，对唐代和后代都产生过巨大的影响。现存《李太白集》，注本有清人王琦《李太白诗集注》。今人瞿蜕园、朱金城《李白集校注》等。

王维

王维（公元 701～761 年），唐代诗人。字摩诘，原籍祁（今山西祁县东南），其父迁居蒲州（今山西永济西）。

开元进士，累官至给事中，安禄山陷长安，迫其任职，乱平后，降为太子中允。后官至尚书右丞，故世称王右丞。先后在终南山和蓝田辋川隐居，弹琴赋诗、绘画、诵佛，优游自乐。40 岁前有过一些讥弹贵戚、边塞征旅、游侠浪漫之作，颇多激昂慷慨之气。但主要诗作与成就为此后所写山水田园诗，其幽静、清新、闲逸的境界与传神、精细、生动的语言，形成了他的独特风格。

边塞诗派

“边塞诗派”是唐诗的一个派别，以高适和岑参为首。故又称“高岑诗派”。重要作家还有王昌龄、王之涣等。边塞诗在六朝及唐初即已出现，至唐玄宗开元、天宝间，由于对外战争频繁，征戍为世人普遍关心，以描写边塞生活为内容

的边塞诗作遂随之形成。边塞诗人大都有边塞生活的经历，其诗多采用七言歌行和七绝形式描写将士们从戎报国的英雄气概，不畏塞漠艰苦的乐观精神，也反映了征夫思妇的幽怨情绪，揭露了军中苦乐不均的不合理的现象，并描绘了奇特壮丽，寥廓广漠的边地景色。

杜甫

杜甫（公元 712～770 年），唐代诗人。字子美，原籍襄阳（今属湖北），曾祖时迁居巩县（今河南巩义市东北）。后因居长安杜曲（在少陵原之东），自称杜陵布衣、少陵野老。杜审言之孙。

早年曾漫游各地。天宝初，与李白在洛阳相识，结下深谊。后至长安谋举，潦倒 10 年。安史乱间，逃至凤翔，官左拾遗。因上疏营救房琯，贬为华州司功参军。后弃官入蜀，筑草堂于成都浣花溪上，世称“浣花草堂”。依剑南节度使严武，任检校工部员外郎，故世称“杜工部”。严武卒，乃携家出川，滞留夔州。后乘舟出三峡欲返洛阳，因战乱未已，辗转漂泊至湖南，贫病交加，死于湘江船上。杜甫出生于“奉儒守官”的封建士大夫家庭，处在唐朝由盛转衰的时代，怀抱忠君爱国、积极用世的志向，但因仕途失意，遭遇坎坷，又历经战乱，身受深

重的时代苦难，因而能体念和同情人民的疾苦。其诗抒写个人情怀，往往紧密结合时事，思想深厚，境界广阔，有强烈的社会现实意义，深刻地反映了时代，后世称为“诗史”。艺术上博采前人，融合众长，兼备诸体，形成特有的沉郁顿挫的风格，又有“诗圣”之称。

杜甫与李白并称“李杜”。今存诗 1400 余首，《自京赴奉先县咏怀五百字》《丽人行》《春望》《北征》、“三吏”“三别”，最脍炙人口。有《杜工部集》。

“呕心沥血”话李贺

李贺（公元 790～816 年），唐代诗人，字长吉，河南福昌（今河南宜阳）人。没落宗室后裔，家境困窘。元和五年（公元 811 年）到长安应试，因父名晋肃，避讳不得应举，放弃考试。元和六年（公元 812 年）任小官奉礼郎，三年后辞职，复两年而卒。

李贺一生体弱多病，心情抑郁不展，27 岁去世。诗名早负，7 岁就以长短之制名动京华，十五六岁以工乐府诗与先辈李益齐名。创作态度勤奋刻苦，流传有“呕心沥血”的佳话。

“呕心”见于《新唐书·李贺传》。李贺写诗注重考察和写实，他不喜欢先立

个题目再冥思苦想，而是常常到处游览，见到好的景物，有趣的题材，便立刻动手记写下来作为资料，然后才将诗歌素材在家集写成篇。所以，李贺每日早晨起床后，就拉出小毛驴骑上去，让书童带好书囊布袋，出外四处周游。随时看到什么便写成诗句，放入书囊中。

每日李贺归家，其母便使小婢检查他的书囊，发现里面都是诗句纸片，便叹道：“这孩子要把心呕出来才肯罢休啊!”（“是儿要呕出心乃已耳”）

“沥血”则是韩愈《归彭城》诗中用语。原诗写道：“刳肝以为纸，沥血以书辞。”意思是割下肝来作纸，滴出血液作墨汁，书写诗文。

人们把“呕心”和“沥血”合在一起，正好表达了费尽心思，用尽心血的意思。

韩愈

韩愈（公元 768～842 年），唐代大文学家、哲学家。字退之，河南河阳（今河南孟州市南）人。因其郡望昌黎，自称“昌黎韩愈”，故后人称之为“韩昌黎”。贞元进士，几度做节度使下属官，后官至监察御史。宪宗朝，随裴度平吴元济，官刑部侍郎。因谏阻宪宗奉迎佛骨，贬潮州刺史。穆宗时，官至吏部侍郎。卒谥文，后世称“韩文公”。他大力提倡儒学，以继承儒家道统自任，开宋明理学先声。坚决反对佛、道二教，反对藩镇割据。在文学上，韩愈是古文运动的倡导者，主张继承先秦两汉散文传统，反对六朝以来的骈偶文风，强调文以载道；又主张“物不得其平则鸣”；力主务去陈言，要求文从字顺。这些主张对当时和后世均产生过重大影响。

为文气势雄伟，说理透辟，逻辑性强，感情充沛。

古文运动

“古文运动”是中唐时期以复兴儒学为号召，以反对骈文、提倡古文为旗帜的文学革新运动。

所谓“古文”，是相对于骈文而言。自南北朝以来，文坛盛行骈文，追求辞藻声律，不适于用。唐初文坛，骈文仍占据主要地位。刘知几、王勃等曾提倡改革文弊，陈子昂等打出复古旗帜。后来萧颖士、李华、元结等提出宗经明道的主张，采用散体作文，成为古文运动的先驱。韩愈、柳宗元进一步提出完整系统的古文理论，并写出相当数量的优秀古文作品，他们的一批学生追随、响应，形成了一场运动，发生了重大影响，并取得了散文创作的大发展。

韩愈、柳宗元是这一运动的代表。他们倡导古文，是为了推行古道，复兴儒学。他们强调“养气”，重视作家的道德修养；主张“非三代两汉书不敢观”，重视学习经史和屈原、司马相如等古人的作品。他们不仅重道不轻文，还要求自创新词新意，反对模仿因袭，做到“唯陈言之务去”和“文从字顺”。可见，他们在文学上是以复古为旗帜，从事真正的革新。在他们自己的努力和他们的学生李翱等人推动下，古文运动取得了成就，并开创了中国文学史上新的散文传统。

唐代传奇

“唐代传奇”是唐代的文言短篇小说。由于唐代在长期发展过程中经济繁荣，社会安定，城市增多，市民阶层兴起，为满足人们文化娱乐需要的“市人小说”便应运而生。

初盛唐时期作品数量较少，如最早的《古镜记》，前期的《补江总白猿传》，以及后来的《游仙窟》等，反映了中国小说从六朝志怪向唐传奇发展过渡的面貌，在故事情节、形象描绘及内容题材上，已开始逐步摆脱志怪小说影响，由粗简走向精美。中唐是传奇小说的繁荣时期，名家辈出，作品空前增多，内容题材大大扩展，现实性、艺术性也大大加强了。如沈既济《枕中记》和李公佐《南柯

太守传》，讽刺了当时热衷功名的士人，也揭露了朝廷和官场的某些黑暗现实。以爱情为主题的作品，如李朝威的神话爱情小说《柳毅传》、白行简《李娃传》、蒋防《霍小玉传》、元稹《莺莺传》等，有的反映了封建社会妇女的痛苦，有的暴露了封建家长的残暴和虚伪，有的反映了当时婚姻问题上的社会矛盾等，对坚贞不渝的爱情给予歌颂，对封建礼教和门阀制则予以谴责。这些作品故事情节曲折，人物性格鲜明，有的有细腻的心理活动描写，创造了一系列优美的妇女形象。这一时期还出现了以历史故事为题材的传奇小说，如姚汝能的《安禄山事迹》、无名氏的《李林甫外传》等。陈鸿的《长恨歌〈安禄山事迹〉传》和《东城父老传》为这方面的代表作。这些作品一定程度上反映了封建帝王的荒淫误国，流露出对腐败时政的不满。

晚唐时期出现了大批传奇专集，如牛僧孺《玄怪录》、李复言《续玄怪录》、牛肃《纪闻》、薛用弱《集异记》、袁郊《甘泽谣》、裴铏《传奇》、皇甫枚《三水小牍》等，大多记述神怪，叙事简略，成就远不及前期。这时期单篇传奇较好的有薛调《无双传》、无名氏《灵应传》、皇甫枚《步飞烟》等。唐传奇内容丰富多彩，大都具有积极意义；其中也包含有思想糟粕，如宣传鬼神迷信和宿命论等。唐传奇标志着中国小说的发展已渐趋成熟，小说从此开始成为一种独立的文学样式。

唐传奇作品大都收入宋初李昉等编集的《太平广记》里。鲁迅编有《唐宋传奇集》，汪辟疆编有《唐人小说》。

新乐府运动

“新乐府运动”是中唐时期以创作新题乐府诗为中心的诗歌革新运动。由诗人白居易、元稹等人倡导。

所谓“新乐府”，是指唐人用新题而作的乐府诗。从初唐诗人至杜甫、元结、韦应物等人，都有新题乐府之作，可算作乐府运动的先驱。作为运动，发生于唐安史之乱后的贞元、元和年间，在唐王朝正走向衰落，社会各方面矛盾加剧的社会背景下，一些统治阶级中的有识之士，希望通过改良政治，使唐王朝中兴。因此，在文艺领域，便有韩愈、柳宗元倡导古文运动，白居易、元稹倡导新乐府运动。后者首先由李绅、元稹写了《新题乐府》，互相唱和，后来白居易写了《新乐府》50首正式标举。张籍、王建等人都写了大量体现革新方向的新题、古题乐府诗，从而形成了一个影响很大的诗歌运动。

白居易、元稹分别在他们的书信、诗文中，阐述了新乐府运动的理论，其要点是：以“文章合为时而著，歌诗合为事而作”为创作基本宗旨，主张诗文要反映时代与社会现实；以“救济人病，裨补时阙”与“补察时政”“泄导人情”为创作目的，强调诗文要服务于政治；以“惟歌生民病”“但伤民病痛”为诗歌的内容，指出诗文要表现人民的生活。同时，他们阐发了诗歌的特性，指出“感人心者，莫先乎情，莫始乎言，莫切乎声，莫深乎义”，要求诗歌内容（“情”与“义”）和形式（“言”与“声”）统一，用“质而径”“真而切”的言辞，“顺而肆”的体式反映民间疾苦和社会弊端，使诗歌具有巨大感染力，让人易于接受。他们的乐府诗作如《卖炭翁》（白居易）、《田家词》（元稹）、《野老歌》（张籍）、《水夫谣》（王建）等，比较广阔地反映了中唐社会生活，揭示了当时社会面临的藩镇割据、宦官擅权、贫富悬殊、战祸频仍等尖锐问题，针砭现实，指斥时弊，以比较深刻的现实意义和鲜明的思想倾向，平易通俗和直切流畅的艺术特色，实践了他们的现实主义的理论主张，并展示了运动的实绩。

由于新乐府诗的创作对权势者的触犯，以白居易为首的诗人先后遭受贬斥，运动逐渐衰落下来。但是新乐府运动在中国文学史上留下了光辉的一页，对后世诗歌创作与理论产生了深远的影响。

小李杜

“小李杜”是晚唐诗人李商隐、杜牧的并称。李商隐字义山，杜牧字牧之。清吴锡麟在《杜樊川集注序》中说：“义山、牧之，世亦以李杜并称。”

李商隐和杜牧均写有一些指陈时政、同情民生的作品，均长于抒情，又有较浓厚的感伤情调；所作皆反对因袭，力求创新，在晚唐诗坛各树一帜。商隐以七律见长，多用比兴，深情绵邈，绮丽精工；牧则以七绝取胜，画面鲜明，情思豪爽，清丽俊逸。

温庭筠

温庭筠（公元 812～870 年），晚唐文学家。本名岐，字飞卿。太原祁（今山西祁县）人，祖父做过宰相。少时颖悟，每入试作赋，八韵一篇，叉手而成，时称“温八叉”，但无人援引，故屡举进士不第。又因其生活放浪，恃才傲踞，讥嘲权贵而长期遭排斥，只做过方城尉和国子监助教等小官。

温庭筠是晚唐第一个大力写词的词人。其词善于捕捉富有特征的景物构成艺术境界，表现人物的情思，描写细腻，蕴藉含蓄，精艳绝人，音声繁会，有“香

而软”（《北梦琐言》）的特点。《菩萨蛮》（“小山重迭金明灭”）刻画妇女衣饰、容貌和情态，细致入微，尽态极妍，可为代表。而《梦江南》（“梳洗罢”）和《河传》等，写情纯用白描，色泽素淡，情致幽远，则显示温词疏淡的一面。

在晚唐词人中，乃至中国词史上，温庭筠有着特殊地位。其词数量多，艺术技巧高，对词的发展有一定推动作用。如词体到他手里，更为成熟；词主艳情的传统格局定型。但其香而软媚的艺术风格也给后世词人带来不良影响，形成一个以他为鼻祖的“花间词派”。其诗今存 300 余首，赵崇祚《花间集》收录其词 66 首。后人辑有《温庭筠诗集》《金荃集》。

千古词帝话李煜

李煜（公元 937～978 年），五代文学家。初名从嘉，字重光。南唐中主李璟第六子，因长兄太子弘冀病亡，宋建隆二年（公元 961 年）即位金陵，更名煜，史称李后主。徐州（今属江苏）人，一说湖州（今属浙江）人。早年因生具异相，受太子猜忌，乃号钟隐，别号莲溪居士、钟山隐士。中主后期，南唐已附属于宋；后主即位，更卑屈事宋，岁时贡献，府藏为之空竭。后主犹迷信佛教，追逐声色。又中宋反间计，毒死名将林仁肇，不用卢绛，自毁长城。公元 974 年宋师围金陵，次年城陷，肉袒出降。至汴京，封右千牛卫上将军，违命侯，过着“此中日夕只以眼泪洗面”的生活。后为宋太宗赵光义以牵机药毒毙。

李煜有多种艺术才能，书法学柳公权并创“金错刀”体，画清爽不凡。诗文俱佳，尤精于词。以降宋为界，词分前后两期。前期词反映宫廷生活与男女情爱，如《玉楼春》（“晚妆初了明肌雪”）《一斛珠》（“晚妆初过”），清而不浮，艳而不淫。《清平乐》（“别来春半”）写离别相思，清新可喜。《破阵子》（“四十年来家国”）显示前后期的转变。后期从小皇帝变成囚徒，词多通过凭栏远眺，梦断重归写屈辱的生活、亡国的深痛和往事的追忆，突破了花间月下、声色享乐的题材范围。

王国维曾在他的《人间词话》中评价：“李后主词，神秀也……词至后主而眼界始大，感慨遂深，遂变伶工之词而为士大夫词。”

花间派

“花间派”亦称“花间词派”，乃唐末五代词派，因后蜀赵崇祚编《花间集》而得名。“花间”词人奉温庭筠为鼻祖，但只继承了温词中偏于闺情、伤于柔弱、过于雕琢的“柔而软”的词风，多数作品尽力描绘妇女的容貌，服饰和情态，辞藻艳丽，色彩华美，题材狭窄，内容空虚，缺乏意境的创造。其中也有少数作品能够脱去脂粉气，具有较为开阔的生活内容。以韦庄成就最高，牛希济、李珣、欧阳炯等人也有突破“花间”词风的佳作。“花间”词直接影响了北宋词坛，直到清代常州词派。

红叶题诗结良缘

红叶题诗结良缘，是一段关于诗人顾况的千古佳话。

唐肃宗至德年间，顾况在皇帝上阳宫围墙外的御沟流水中捞得一片红色的枫叶，发现上面有一首诗：“一入深宫里，年年不知春。聊题一片叶，寄予有情人。”当时，顾况还是一个颇有才学而又得不到任用的进士，生活也颇为孤独悲苦。看到这首深情的诗，他对宫女疏冷凄凉的生活无比同情，也无比敬佩这位宫女对爱情渴望和追求的精神。因此，他也在一片红色的枫叶上写了四句诗：“花落深宫莺亦悲，上阳宫女断肠时。帝城不禁东流水，红叶题诗寄予谁？”

第二天，他绕过皇宫，把这片红叶放到御沟上游的水里，让其流入宫中。自此以后，顾况每天都到御沟下游等候。一天傍晚，他果然又从御沟里捞得一片题有诗句的枫叶，从字体看，仍是那位宫女所写。诗曰：“一叶题诗出禁城，谁人酬和独含情？自嗟不及波中叶，荡漾乘春取次行。”饱含深情的诗句牵连和激荡着他们二人的心，但“深宫锁人怨”，二人只得将爱慕之情痛苦地埋在心里。据

说十年以后，皇帝下放宫女，他二人才结成了夫妻。成婚时，顾况无限感慨，又赋诗一首曰："一联佳句随水流，十载忧思满素怀。今日却作鸾凤友，方知红叶是良媒。"

唐代诗人略说

唐诗是中国古代文学史上的一朵奇葩，唐朝著名的诗人更是灿若群星，张说、张九龄、孟浩然、王之涣、王昌龄、高适、李颀、岑参、韦应物、孟郊、刘禹锡、柳宗元、韩偓、韦庄等不胜枚举。

张说

张说（公元667～730年），唐代文学家。字道济，一字说之，洛阳人。曾封燕国公。擅长文辞，尤长于碑文墓志。其文刚健朗畅，当时朝廷重要文件多出其手，与许国公苏颋并称为"燕许大手笔"。亦能诗，颇多明朗简括之作。《邺都引》《蜀道后期》等篇颇为人称道。有《张燕公集》五十五卷。

张九龄

张九龄（公元 678～740 年），唐代诗人。字子寿，一名博物，韶州曲江（今广东韶关）人。神功进士，任右拾遗，迁左补阙。吏部试拔官员，常与赵冬曦评定，以公允著称。开元间任中书侍郎同中书门下平章事，迁中书令。后为李林甫所谮，罢相。其诗早年富台阁气，晚年《感遇诗》等篇，感慨遥深，朴素遒劲，深为后人推许。有《曲江集》二十卷。

王之涣

王之涣（公元 688～742 年），唐代诗人。字季陵，晋阳（今山西太原）人，后迁绛（今山西绛县）。曾任衡水县主簿、文安县尉。为人豪放，常击剑悲歌。其边塞诗气势雄阔，意境宏远，音调和谐，凝练优美，故多被乐工谱曲歌唱，名动一时。《凉州词》《登鹳雀楼》尤有名。传世之作仅 6 首，余皆散佚。

王昌龄

王昌龄（约公元 698～约 756 年），唐代诗人。字少伯，京兆长安（今陕西西安）人。开元进士，历官秘书省校书郎、汜水县尉、江宁县丞、龙标县尉，故世称王江宁或王龙标。安史之乱中还乡，经亳州时为刺史闾丘晓杀害。擅长七绝，后世称为“七绝圣手”，诗名颇高。边塞诗《出塞》《从军行》最为人称颂。宫怨诗也颇有名，如《长信秋词》《西宫春怨》等。原有集，已佚，明人辑有《王昌龄集》。

高适

高适（约公元702～765年），唐代诗人。字达夫，早年居住于宋州（今河南商丘）一带。

生活贫寒潦倒。天宝八载中举，授封丘尉。后客游河西，任节度使哥舒翰掌书记。历任御史大夫、淮南节度使、剑南节度使、散骑常侍，封渤海县侯。是重要的边塞诗人，与岑参齐名，并称“高岑”。风格雄厚浑朴，激昂慷慨。《燕歌行》为其代表作。原有集二十卷，已佚，宋人辑有《高常侍集》。

岑参

岑参（约公元715～770年），唐代诗人。原籍南阳（今属河南），后迁居江陵（今属湖北）。

天宝进士，官至嘉州刺史，世称“岑嘉州”。诗与高适齐名，并称“高岑”。长于七言歌行。因两度出塞，对边塞风光、军旅生活及少数民族风俗人情有深切体会，故边塞诗尤多佳作，为边塞诗的代表作家。《走马川行奉送出师西征》《白雪歌送武判官归京》《轮台歌奉送封大夫出师西征》等篇，气势豪迈，情辞慷慨，感情激越，风格奇峭，语言通俗明快、变化自如，历来为人传诵。有《岑嘉州集》。

韦应物

韦应物（公元 737～约 792 年），唐代诗人。京兆长安（今陕西西安）人。早年曾充唐玄宗宫廷“三卫郎”，后读书中进士，先后为滁州、江州、苏州刺史，故世称“韦江州”或“韦苏州”。其诗多写田园风物，清丽飘逸，简淡秀朗；亦有涉及政事，同情人民疾苦之作。有《韦苏州集》。

孟郊

孟郊（公元 751～814 年），唐代诗人。字东野，湖州武康（今浙江德清西）人。

早年隐居嵩山，与韩愈结为至交。贞元进士，任溧阳县尉。终生穷困潦倒。诗多倾诉个人孤愁寒苦，间有不平于贫富悬殊，感情真挚。

柳宗元

柳宗元（公元 773～819 年），唐代文学家、哲学家。字子厚，河东（今山西永济）人，世称柳河东。

贞元进士，授校书郎，调蓝田尉，后升监察御史。参与王叔文等人的革新运动，擢礼部员外郎。叔文败，被贬为永州司马。元和十年（公元 815 年），迁柳州刺史，故又称柳柳州。与韩愈同倡古文运动，并称“韩柳”。后被列为唐宋八大家之一。散文峭拔矫健，谨严简洁，独具风格。其传记文多取材下层市井小民，《种树郭橐驼传》《梓人传》《童区寄传》均为名篇；山水游记有“精裁密致，璨若珠贝”之誉，《永州八记》写得高洁幽邃，凄清冷峭，自身寂寞之情与悲愤之感融透其间；《三戒》等寓言作品，篇幅短小，寓意深远。又工诗，多山水之

作，风格清峭。他对后世文学影响颇大。有《柳河东集》。

刘禹锡

刘禹锡（公元772～842年），唐代文学家、哲学家。字梦得，洛阳（今属河南）人，祖籍中山（今河北定县一带）。贞元进士，登博学宏辞科。后官监察御史，参加王叔文政治革新集团，反对宦官和藩镇割据。失败后，贬为朗州司马，又历任连州、夔州、和州刺史。后又入朝为主客郎中，官至检校礼部尚书兼太子宾客。工诗文，与柳宗元相交甚笃，人称“刘柳”；后与白居易常相唱和，亦称“刘白”。著《天论》三篇，为古代朴素唯物主义及辩证法哲学著作。其诗多政治色彩，笔锋犀利，雄浑爽朗；又有描写爱情、劳动及风物的乐府小章，清新细腻，流畅优美；晚年所作，多安逸闲适之篇。有《刘宾客集》。

韩偓

韩偓（公元842～923年），唐代诗人。字致尧，一作致光，小名冬郎，自号玉山樵人。龙纪进士，官翰林学士、中书舍人、兵部侍郎、翰林承旨等职。因忤权贵朱温被贬，后依闽王王审知而卒。以艳体诗著名，其《香奁集》三卷，多写闺中艳情及妇女心态，技巧较高而文风轻靡，有“香奁体”之称。但也有感时伤事之作。原有集，已佚。后人辑有《韩内翰别集》。

韦庄

韦庄（约公元 836～910 年），唐代诗人、词人。字端己，长安杜陵（今陕西西安东南）人。乾宁进士，曾任校书郎、左补阙等职。后仕蜀，官至吏部侍郎平章事。与温庭筠同为“花间派”词家，并称“温韦”。早年所作《秦妇吟》为古代较长的叙事诗，有较高的艺术性。有《浣花集》十卷。

◎宋辽金◎

唐诗阴影下的宋诗

宋代诗歌是继唐诗之后，中国古典诗歌发展的又一个重要阶段。仅据《宋诗纪事》和《宋诗纪事补遗》所载，作家已达 6800 多人。诗歌总数也超出《全唐诗》好几倍。产生了如梅尧臣、苏舜钦、欧阳修、苏轼、王安石、黄庭坚、陈师道、陈与义、陆游、范成大、杨万里等一批优秀的诗人。流传至今的，有许多脍炙人口的名篇佳作。

宋代特定的社会条件，使宋诗形成了“取材广，命意新”、以文为诗、以议论为诗、爱国诗多、爱情诗少等特点。在宋诗中，虽然没有唐诗那种恢宏的景象，阔大的气魄，乐观自豪的调子，但面临山河沦陷、民族危亡，抗战复国的呼号日益高涨，这是宋诗的主调。反映民族斗争，表现爱国思想，宋诗触及的方面广、程度深，而且诗人多以战斗者的姿态出现，这又是唐诗所不及的。同时，在反映民生疾苦，表现农民的思想和生活，揭露社会黑暗等方面，宋诗也比以前的诗歌更加扩展和深入。甚至写到农村生活和风俗的各个方面，包括车水插秧、碾米磨面、蔬菜瓜果等。由于宋代诗人不少是朝廷大臣，所以宋诗对当时的内政、外交、军事、宗教、哲学、文艺乃至探讨经术、考订文物、鉴赏书画都有反映。宋诗的命意新，在认识上讲究思深义高，能够给读者以启迪。宋人爱作翻案文章，在前人认识的基础上翻进一层。在写法上讲究刻抉入理，细致精密。唐人写

诗重气象，宋人写诗重格局，重气骨，要写出妙理，使诗歌富于理趣。在遣词造句方面，避免因袭，对用典、对仗、句法、用韵、声调等用工精深。以上这一切，又给宋诗带来了枯、腐、切、尽、议论太多等弊病。

西昆体

西昆体是北宋初期以《西昆酬唱集》的产生为标志的一个文学流派。

宋初，结束了晚唐五代长期分裂割据的局面，社会由混乱到安定，由衰败到繁荣。宋王朝为了粉饰太平，有意提倡诗赋，常常在庆赏、宴会之时，君臣作诗，彼此唱和。后来，杨亿把这些点缀升平的诗歌汇编起来，名为《西昆酬唱集》，共收十七人的五七言近体诗二百四十八首。该书一出，文人争相仿效，形成了一个势力很大的文学派别，在宋初诗坛上风靡了将近半个世纪。

该派以杨亿、钱惟演、刘筠为领袖。在艺术形式方面，他们宗奉李商隐，但只是片面地发展了李商隐秾丽、雕镂的一面，故一味追求辞藻的华丽，声律的和谐，对仗的工稳，典故的堆砌。有些诗，词意比李商隐更晦涩，简直像“谜子”。有些诗，剽窃前人诗句，七拼八凑，玩弄文字游戏，格调低下。西昆体只重形式、脱离现实的柔弱、浮艳的诗风，是晚唐诗风的畸形发展，遭到了许多人的非难和反对。

天才的全能作家苏轼

苏轼（1037～1101年），宋代文学家、书画家。字子瞻，号东坡居士，世称苏东坡。眉州眉山（今属四川）人。出身于有文化教养的寒门地主家庭。祖父苏序是诗人，父苏洵长于策论，母程氏亲授以书。嘉祐二年（1057年）参加礼部考试，中第二名。仁宗殿试时，与其弟苏辙同科进士及第。因母丧回蜀。嘉祐六年（1061年）经欧阳修推荐，应中制科第三等，被任命为大理评事签书凤翔府判官。任期满后值父丧归里。熙宁二年（1069年）还朝任职，正是王安石推行新法的时期。他强调改革吏治，反对骤变。认为“慎重则必成，轻发则多败”。因意见未被采纳，请求外调，从熙宁四年（1071年）起，先后任杭州通判，密州、徐州、湖州知州。每到一处，多有政绩。元丰二年（1079年），御史中丞李定等人摘取苏轼诗句深文周纳，罗织罪名，以谤讪新政的罪名逮捕入狱。5个月后被贬黄州为团练副使。元丰八年，哲宗立，任用司马光，废除新法。苏轼调回京都任中书舍人、翰林学士知制诰等职，由于与当政者政见不合，再次请调外任。先后任杭州、颍州、扬州知州。后迁礼部兼端明殿、翰林侍读两学士。绍圣元年（1094年）哲宗亲政后，苏轼又被一贬再贬，由英州、惠州，一直远放到儋州（今海南儋州市）。直到元符三年（1100年）徽宗即位，才遇赦北归。死于常州。宋孝宗时追谥文忠。

苏轼政治上几经挫折，始终对人生和美好事物有着执着的追求。他的思想主体是儒家思想，又吸收释老思想中与儒家相通的部分，保持达观的处世态度。文学主张与欧阳修相近。要求有意而言，文以致用。重视文学的艺术价值。创作以诗歌为多，计2700多首，题材丰富多样。诗中表现了对国家命运和人民疾苦的关切，特别是对农民的同情。如《荔枝叹》《陈季常所蓄朱陈村嫁娶图》《五禽言》《吴中田妇叹》等。描写自然景物的诗写得精警有新意，耐人寻味。如《有美堂暴雨》《题西林壁》等。诗歌还反映了各地的风土人情和生活画面，无事不可入诗。写物传神，奔放灵动，触处生春，极富情韵，成一代之大观。苏东坡散文成就很高，为唐宋八大家之一，谈史议政的文章气势磅礴，善于腾挪变化。叙事记游的散文既充满诗情画意，又深含理趣。《喜雨亭记》《石钟山记》、前后

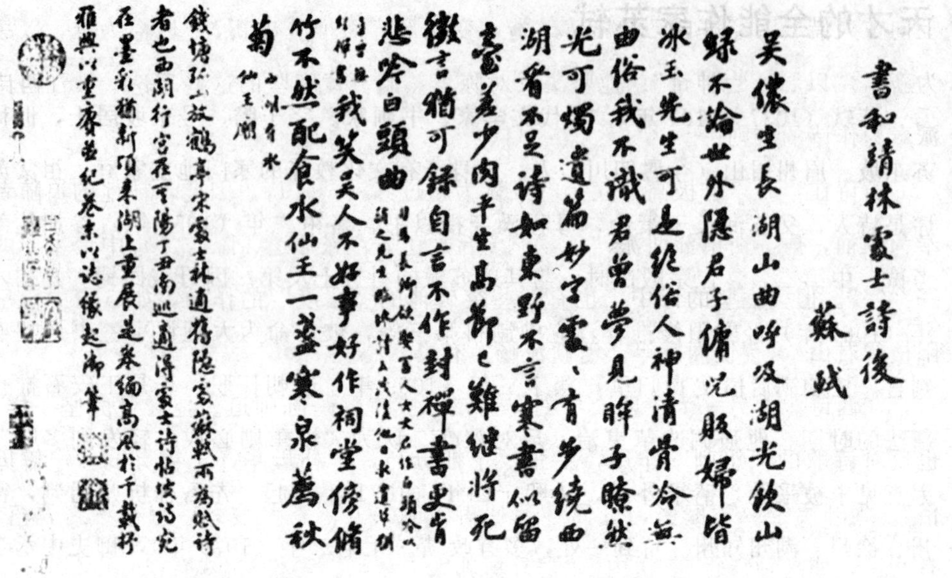

《赤壁赋》是其代表作品。其词作多达三百四五十首，突破了相思离别、男欢女爱的藩篱，反映社会现实生活，抒写报国爱民的情怀。“无意不可入，无事不可言”，包括对农民生活的表现。词风大多雄健激昂，顿挫排宕。语言和音律上亦有创新。“指出向上一路，而新天下耳目”。在词的发展史上开创了豪放词派。代表作品有《江城子·密州出猎》《水调歌头·明月几时有》《念奴娇·赤壁怀古》等。爱情词、咏物词均有佳作，表现出多样化的艺术风格。

诗文合刻本有明代的《东坡七集》。诗集有王十朋编的《集注分类东坡诗》25 卷。

黄庭坚与江西诗派

江西诗派是以北宋黄庭坚为开山祖的宋诗主要流派。该派因南宋初吕本中作《江西诗社宗派图》而得名。其主要作者有黄庭坚、陈师道、陈与义、曾几等人。

黄庭坚有他自己的诗歌理论。他强调“诗者人之性情也，非强谏诤于庭，怨忿诟于道，怒邻骂座之为也”。如果诗歌表现了“讪谤侵凌”的思想感情，那就“失诗之旨”了。他非常推崇杜诗韩文，但强调的是学习杜韩诗文的“无一字无来处”，把书本知识作为文学创作的源泉。在具体的创作方法上，他有两个著名的论点：一是“点铁成金”说。二是“夺胎换骨”说。主张在意境、典故、语言上向古人借鉴，经过自己的熔铸改造，变化形容而推陈出新，“以俗为雅，以故为新”，“以腐朽为神奇”。他坚决反对陈言熟滥。黄庭坚的这些理论，被江西诗派奉为作诗的准则。

黄诗在当时声誉极高，甚至有人认为超过苏（轼）诗。因此，被他的追随者奉为领袖，成为所谓江西派“三宗”（指黄庭坚、陈师道、陈与义）中最主要的一“宗”。但黄庭坚的诗中，也有一些突破他的“法度”的作品，如《雨中登岳阳楼望君山》《登快阁》等，清新流畅，有真实感受。

江西诗派中另一个在理论与创作上较有成就的是陈师道。他与黄庭坚一样，也反对诗歌的“怨刺”作用，主张“宁拙毋巧，宁朴毋华，宁粗毋弱，宁僻毋俗”。他开始崇拜黄庭坚，进而学习杜甫。他的五律苍坚瘦劲，七律嵚奇磊落。有些诗，如《别三子》《送内》《寄外舅郭大夫》等，写得较浅易古朴。

陈与义是江西诗派后期的代表作家，是南北宋之交的杰出诗人。他也尊杜学杜，但直到南渡之后，国破家亡的现实才使他对杜诗的精神实质有了深入领会，写了不少感怀家国的诗篇，苍凉悲壮，从思想内容到句法声调，都颇似杜甫。

江西派其他成员创作成就各不相同，但都不能与该派“三宗”比肩。由于江西派以学习杜甫为号召，创作上独具特色，能别开生面，其理论对于生活狭窄而书本知识丰富的文人又很有吸引力，因此它不仅能在北宋末、南宋初风靡一时，而且一直影响到元、明、清的诗坛。清末的宋诗派，就是它的余波。在中国文学史上，江西诗派的确是一个少见的影响深远的大流派。

陆游

陆游（1125～1210 年），字务观，号放翁。越州山阴（今浙江绍兴）人。他从小就受到很好的文化教养和爱国思想的熏陶，绍兴二十四年（1154 年），应礼部试，名列第一，但因为名列秦桧的孙子之前，又在文章中论及恢复北方失地，被黜落。孝宗即位后，陆游任枢密院编修官，赐进士出身。宦海遭遇几起几落，在宝谟阁待制任上致仕。

陆游一生自称“六十年间万首诗”，实际存诗 9300 多首。他的诗歌内容十分

丰富，几乎涉及了南宋前期社会生活的各个方面，作品里洋溢着收复中原、统一祖国的爱国热情和壮志难酬的悲愤。陆游的创作大致分为三期：从少年到入蜀之前为第一期。《夜读兵书》《送七兄赴扬州帅幕》《投梁参政》等表达了献身报国的决心。入蜀到罢官东归为第二期。由于亲临前线，他写下了很多热情洋溢的爱国诗篇。如《三月十七日夜醉中作》《八月二十二日嘉州大阅》《金错刀行》《观大散关图有感》等。著名的《书愤》（早岁那知世事艰）千百年来为人们广为传诵。这一时期写诗的艺术技巧也日趋成熟。第三个时期是退居故乡直到逝世。这一时期作品最多。诗中表现出清旷淡远的田园风味，也流露出苍凉的人生感慨；并在一定程度上反映了农民的疾苦，如《农家叹》《太息其三》等。在许多作品里也愤怒地揭露和谴责了南宋统治集团苟安误国的罪行，如《关山月》等。到临死前的《示儿》诗，恢复中原、统一祖国这一时代的呼声构成了陆游诗歌的基本主题。

陆游词作存 130 多首，“其激昂感慨者，稼轩（辛弃疾）不能过”；但多数为清丽缠绵之作。如著名的《钗头凤》倾吐了与表妹唐琬曲折而深挚的恋情；《卜算子·咏梅》寄寓着高尚的襟怀。

陆游的散文著述也很丰富，有的记述生活经历，有的抒发思想感情，有的论文说诗，有的抒发爱国主义情怀，如《静镇堂记》《铜壶阁记》《书渭桥事》等。《澹斋居士诗序》体现了他的文学主张；《烟艇记》《居记》等颇富情味，类似小品文；随笔式散文《老学庵笔记》，具有史料价值。

第二次古文运动

第二次古文运动又称新古文运动，是北宋以欧阳修为领袖的文学革新运动。

北宋初期，内容空洞、专事雕饰的西昆体诗风靡一时；而唐代韩愈、柳宗元倡导的古文运动早已低落，但影响并未中绝。就在晚唐五代浮靡文风在宋初发展的同时，对立的复古主义思潮也在发展。一些主张复古、取法韩、柳的知识分子，如柳开、王禹偁、穆修、石介等人，主张恢复韩、柳古文的传统，文章应该“明道”“致用”“尚朴重散”，拉开了宋代古文运动的序幕。但终因势单力孤，加上理论和创作上成就不高而未能成功。

欧阳修以自己的政治地位和文坛影响，团结和吸引了一大批文学之士，他既进行古文理论探讨，又进行古文创作实践，形成了一个比唐朝韩、柳时代规模更大的浪潮，文学史上称之为“新古文运动”。

欧阳修是新古文运动的领袖，他在理论上既重道，又重文，但强调道先于文，以道充文。《五代史伶官传序》《醉翁亭记》等是其散文名篇。苏轼的文学成就最大，他的散文历来与韩、柳、欧三家并称。他强调文章应该“有补于国”，“有为而作”，在“不能自已”的精神状态下自然地、真实地抒写自己的思想感情。在语言的运用上，强调“辞达”，使客观事物“了然于心”，并且“了然于口与手”。他写作时，追求行文自然，故其作品笔力纵横，挥洒自如，波澜迭出，变化无穷。《前赤壁赋》《后赤壁赋》《留侯论》《承天寺夜游记》等，是其名篇。苏轼以他散文创作的高度成就，最后完成了新古文运动。

王安石以政论文见长，风格遒劲峭刻。《本朝百年无事札子》《答司马谏议书》《读孟尝君传》是他散文中的名篇。苏洵长于议论文，作品风格雄健，《权书》《衡论》是其代表作。苏辙的记叙文写得纡徐曲折，汪洋澹泊，饶有情致，《黄州快哉亭记》是其名篇。曾巩的文风从容不迫，委婉亲切，可从《墨池记》一文看出。

宋朝的新古文运动比起唐代的古文运动来，不仅规模大，成就也更为突出。它真正确立了古文的统治地位，骈文从此不能东山再起。

宋代志怪与传奇

宋代志怪与传奇是宋代的文言小说，是六朝志怪和唐代传奇的余波。从总的方面来看，其思想和艺术的成就不如唐传奇。宋代志怪与传奇专集多，单篇少。较早的都收在《太平广记》中；其后辑录的专集有徐铉的《稽神录》、吴淑的

《江淮异人传》、刘斧的《青琐高议》、皇都风月主人的《绿窗新话》、洪迈的《夷坚志》等，大都是记诡异，谈巫鬼，讲图谶灵验、因果报应等方面的内容；有的记述了多方面的生活现象，可以反映当时社会的某些侧面。

单篇传奇从题材内容来看，大致分为两类：一类是描绘封建帝王奢侈荒淫和昏庸腐败的；主要是写汉成帝、隋炀帝、唐玄宗和宋徽宗。如秦醇的《赵飞燕外传》，就是描写赵飞燕和昭仪受汉成帝宠爱的故事；又如托名颜师古的《隋遗录》和无名氏的《海山记》《迷楼记》《开河记》，记述的是隋炀帝开运河、游江都、造迷楼、修西苑等暴虐荒恣的行为。另一类则是写爱情故事和表现妓女生活的。如秦醇的《谭意歌传》写谭意歌和张正字曲折的爱情故事，结构和描写明显地受到了唐传奇《霍小玉传》的影响，但以团圆结束；又如张实的《流红记》，根据唐代“红叶题诗”典故渲染成篇。写书生于祐在宫墙外御沟中拣得一片红叶，上有宫女题诗，后来得此宫女为妻的故事。这些作品里的妓女大多是歌颂对象，作者总是赋予她们多才多艺、貌美多姿、感情真挚等美好的外貌、性格和感情，在她们身上倾注着同情，具有对历史和现实的批判意义。

作为一代小说作品，宋代的志怪与传奇对以后的元、明、清三代的小说、戏曲，还是起到了不小的影响作用。

婉约派与豪放派

婉约派与豪放派彼此相对，都是宋词流派名。

当代研究者一般认为，宋词分为婉约派与豪放派两大流派。婉约派上承晚唐五代绮丽词风，多写男女艳情、离愁别绪、个人遭际；形式上讲求音律，遣词造意宛转曲折，含蓄蕴藉。宋代词人多属此派，而风格各异：或清疏峻洁，或和婉明丽，或清新凄怨，或典丽精工，或密实险涩，未可一概而论。此派历来影响极大。前人论词，多奉婉约词为正宗。

豪放派以苏轼为鼻祖。北宋中期，苏轼突破“词为艳科”的藩篱，凡怀古、感旧、抒志、咏史、写景、记游、说理、赠别等内容，皆举以入词，又不拘束于声律，意境清新高远，风格豪迈奔放，遂开创豪放一派。

宋室南渡之后，民族危亡，词人多宗奉苏轼，以豪放之词抒写悲愤激昂之情。至辛弃疾卓然特起，继承发扬苏词传统，进一步扩大词的题材，以抒发爱国情怀，悲歌慷慨，意境雄奇阔大，风格沉郁悲凉。

《沧浪诗话》

《沧浪诗话》是一部诗歌理论著作，南宋严羽著。写成于宋理宗绍定、淳化年间，凡五门：《诗辨》《诗体》《诗法》《诗评》《诗证》。书末附《与吴景仙论诗书》。

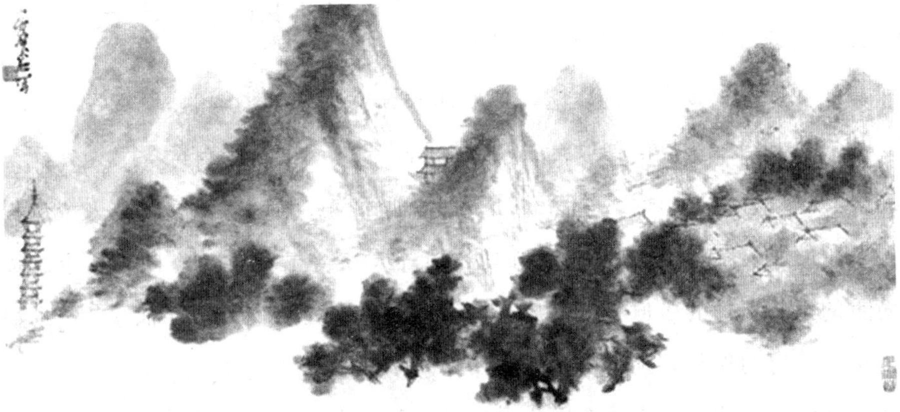

《诗辨》阐述了古今诗歌的艺术风格及诗歌的学习和创作方面的问题，是全书的总纲。严羽认为："诗有别材，非关书也；诗有别趣，非关理也。然非多读书，多穷理，则不能极其至。"所以，"学诗者以识为主"。由有识达到妙悟，由妙悟而通禅道，达到"羚羊挂角，无迹可求""言有尽而意无穷"的最高艺术境界。《诗体》叙述历代诗歌风格流派演变的历史。《诗法》讨论诗歌的技法和法度。《诗评》《诗证》与一般诗话内容相似，评论汉魏以来的诗歌，考证作者、异文等。

"金元文宗"元好问

元好问（1190～1257年），金代作家、史学家，字裕之，号遗山；祖系属鲜卑族拓跋部，忻州秀容（今山西忻县）人。

元好问从小受父亲、继父的影响，又从郝天挺学习6年，潜心经传、刻苦学

诗；兴定五年（1221 年）进士，不就选。哀宗正大元年（1224 年）中宏词科，充国史馆编修；历任镇平、内乡、南阳县令，行尚书省左司员外郎等职。金亡以后，他转回家乡，专心著述，经过十多年的努力，编成《中州集》和《壬辰杂编》。元人修《金史》，多取材于这两部书。《中州集》是金诗总集，以诗存史，保存了金代作家的大量资料。

元好问的诗歌创作采取现实主义的创作方法，真实地记录了金末蒙古汗国初期的社会现实。如《壬辰十二月车驾东狩后即事五首》《癸巳四月二十九日出京》《癸巳五月三日北渡三首》等，揭露了蒙古灭金过程中残酷杀戮的罪行，抒发了国破家亡的悲愤心情，是金亡的史诗。同时，也有描写在苛重的租赋征役的压迫下人民痛苦生活的诗篇，沉挚悲凉；而描写自然景物和抒发个人感情的作品，则写得气势雄伟，意味醇厚。

元好问在诗体和风格上多样化，绝句、七古和七律造诣都很深。金宣宗兴定元年（1217 年），他在福昌县三乡镇写下著名的《论诗绝句三十首》。评论了自汉、魏迄于宋代的许多重要诗人和流派，针对时弊，发表了自己对诗歌的主张。他提倡建安风骨，重内容不重形式，重淳朴自然不重雕琢华艳。强调重视现实，以刚健慷慨的风格表现高尚的情怀，提倡清新自然的风格，否定江西诗派的主张。他对陶渊明和谢灵运十分欣赏，主张文道统一，广师博取。这些观点直接影响到了元明文学的发展。

著有《元遗山先生全集》包括诗文 40 卷、年谱 3 种、词和小说各 4 卷。

“董西厢”与“王西厢”

《西厢记》的故事取材于唐代元稹的传奇《莺莺传》，又名《会真记》。《莺莺传》写张生寄寓于山西蒲州普救寺，孀妇崔氏携女莺莺回长安，途中亦寓该寺。恰逢兵乱，张生与蒲州驻将杜确有交谊，得其保护，崔氏母女幸免于难。崔氏设宴答谢张生，席间，张生见到莺莺，为之动情，后得丫环红娘相助，两人得成欢好。但剧情的结局却是张生去长安应试后抛弃了莺莺。因为《莺莺传》情节曲折，文辞华美，故事流传很广。到了金代，董解元创作了被后世称作“董西厢”的《西厢记诸宫调》。

“董西厢”对《莺莺传》从立意上做了根本性的改造，张生从轻薄文人变成了多情才子，莺莺则富有反抗精神，剧情的结局为莺莺随张生私奔。

《董西厢》全书用了 14 种宫调的 193 个套曲，共 5 万多字，结构宏伟、情节曲折，直接影响了王实甫的《西厢记》。

董解元，生卒年不详，名字、籍贯、生平事迹均不可考，据《录鬼簿》记载，他是金章宗时人，蔑视礼教、狂放不羁，具备深厚文化修养。所著《西厢记诸宫调》又称《弦索西厢》《西厢搊（chōu）弹词》，通称《董西厢》。

王实甫（1260～1316 年），又名德信，大都（今北京）人，生平不详。创作时代大致在元成宗元贞、大德年间，有杂剧作品 13 种，今只存 3 种，即：《西厢记》《丽春堂》《破窑记》（一说关汉卿作）。另存《芙蓉亭》《贩茶船》各一新，散曲数首。王实甫的《西厢记》更多地借鉴了“董西厢”，故事框架基本一致，但结构更为紧凑，戏剧性更为突出，剧情也有调整，如结尾处张生在惜别莺莺半年后，得中状元，有情人终成眷属等。

《西厢记》，即“王西厢”，超越了传统的“才子佳人模式”，崔、张二人追求的已不是封建时代夫贵妻荣、门当户对的婚姻思想，而是真挚热烈的爱情，自始至终，对爱情的执着一直被他们置于功名之上。结尾处，该剧更是第一次在文学和舞台上正面表达了“愿普天下有情人都成了眷属”的美好愿望。在戏剧结构与表演模式上，《西厢记》也称得上是一部创新之作，打破了元杂剧一人主唱的模式，由张生、莺莺、红娘等轮番主唱，体制上的创新丰富了该剧的艺术表现力。

《西厢记》一经问世，便备受瞩目，元明时人把它称为“杂剧之冠”“天下夺魁”，有人甚至把它与《春秋》相提并论。尽管王实甫《西厢记》的原本已经失传，但自明代以来，坊间出现了大量的《西厢记》刊本，版本不下百种。

唐宋八大家

唐宋八大家是唐代韩愈、柳宗元，与宋代欧阳修、苏洵、苏轼、苏辙、曾巩、王安石等八人的合称。八家之名始于明初朱右选韩、柳等人文所编的《八先生文集》。明代中叶唐顺之编纂《文编》，唐宋文亦仅取此八家。稍后，茅坤辑成《唐宋八大家文钞》，"唐宋八大家"之名遂广泛流传。

话说宋代词人

柳永

柳永（约公元987～约1053年），字耆卿，初名三变，字景庄。福建崇安人。因排行第七，故又称柳七。为人落拓不羁，常出入于秦楼楚馆，为妓女、乐工们填词。因他在《鹤冲天》词中有"忍把浮名，换了浅斟低唱"等句，宋仁宗说："此人风前月下，好去浅斟低唱，何要浮名？且去填词！"他因此屡试不中，抑郁不得志，自称"奉旨填词柳三变"。后改名"永"，才在景祐元年（1034年）考中进士，做过睦州推官、定海晓峰盐场盐官、余杭县令、屯田员外郎等小官，世称"柳屯田"。身后很凄凉，由歌女们聚资营葬。

柳永词集名《乐章词》，主要内容描写歌伎舞女的生活和思想，抒发自己的不平和牢骚以及羁旅行役之苦、离别怀人之情。都市的风物之美、社会的富庶在词中也得到突出的表现。如描写杭州风光的《望海潮》，相传金主完颜亮读到“重湖叠巘清嘉，有三秋桂子，十里荷花”之句，“遂起投鞭渡江之志”。在为歌女们写作的词篇中，表现了对她们的同情，唱出了她们的心声。

柳永是北宋第一个专力写词的作家，在词的发展史上有着突出的贡献。首先，他始衍慢词。运用铺叙、渲染等手法，扩大了词的容量。其次，以俚语、俗语入词，呈现口语化的特色。同时，在艺术上运用传统的情景交融、点染等手法，又善于化用前人诗句入词，使词作韵味隽永、深婉含蓄。由于在题材和艺术上都有创新，所以流传很广。甚至连西夏也“凡有井水饮处，即能歌柳词”。有《乐章集》传世，存词210多首，按宫调编次，共16个宫调150个词调，这说明柳永的作品不仅是词集而且是可以入乐演唱的唱本，故名《乐章集》。

晏殊

晏殊（公元991～1055年），北宋政治家、文学家，字同叔，抚州临川（今属江西）人。7岁应神童试，赐同进士出身。在真宗、仁宗两朝从秘书省正字到知制诰，礼部、刑部、工部尚书，同中书门下平章事、集贤殿大学士兼枢密使。谥元献。平生爱荐举贤才，范仲淹、韩琦等都出自他的门下。

晏殊在北宋文坛上享有很高的地位。诗、文、词兼擅。《宋史》本传说他“文章赡丽，应用不穷。尤工诗，闲雅有情思”。词集名《珠玉词》，存词130多首。词作受冯延巳的影响较深，与欧阳修并称“晏欧”。题材比较狭窄，对南唐词因袭成分较大。由于一生显贵，词作主要反映富贵闲适的生活，以及在这种生活环境中产生的感触和闲愁。《浣溪沙·无可奈何花落去》是其代表作，其中“无可奈何花落

去，似曾相识燕归来”为传诵之名句。间或流露出旷达的情怀，概括出对人们有启迪的人生哲理。艺术风格和婉明丽，清新含蓄。语言精炼浑成。这是他的词作内容虽一般却能万口流传的主要原因。在小令的写作技巧上，晏殊有所发展，且使之日臻纯熟。

晏几道

晏几道（约 1030～1106 年），字叔原，抚州临川（今属江西）人。晏殊的幼子，一生落拓不得志。宋神宗熙宁七年（1074 年），郑侠上书请罢新法，获罪下狱。在郑侠家中搜得晏几道的赠诗，中云：“春风自是人间客，主张繁华得几时。”晏几道被牵连下狱。元丰五年（1082 年）监颍昌许田镇。由于怀才不遇，“陆沉于下位”，晚年甚至弄得衣食不济。

晏几道的词风逼近乃父，但成就高于乃父。由于社会地位和人生遭遇的不同，词作的思想内容比晏殊词深刻得多。其中有不少同情歌伎舞女命运、歌颂她们美好心灵的篇章。也有关于个人情事的回忆和描写。通过个人遭遇的昨梦前尘，抒写人世的悲欢离合，笔调感伤，凄婉动人。在有些作品中，表现出不合世俗、傲视权贵的态度和性格。《小山词》是具有鲜明个性的抒情词。《小山词》工于言情，但很少尽情直抒，多出之以婉曲之笔，较之晏殊的词沉郁顿挫。在小令的技法上也有所发展，日臻纯熟。《临江仙·梦后楼台高锁》《鹧鸪天·彩袖殷勤捧玉钟》等是脍炙人口的名篇。前人对《小山词》的评价甚高。冯煦在《宋六十一家词选例言》中说："淮海、小山，古之伤心人也。其淡语皆有味，浅语皆有致，求之两宋，实罕其匹。"

有《小山词》1卷，朱孝臧据赵氏星凤阁藏明抄本以汲古阁本参校，收入《彊村丛书》，凡255首。

秦观

秦观（1049～1110年），字少游，一字太虚，别号淮海居士，高邮（今属江苏）人。青少年时期熟读诗书，个性豪隽，被苏轼誉为有"屈宋之才"，王安石称赞其诗"清新妩丽，鲍谢似之"。元丰八年（1085年）进士，和黄庭坚、张耒、晁补之同游苏轼之门，人称"苏门四学士"。

秦观的《淮海词》基本上没有跳出相思离别题材的藩篱。但它是一部优美的抒情诗。于离情别绪之中，融入了身世之感，唱出了那个时代一位富有才情而又备受压抑的知识分子的痛苦和忧伤。爱情词不同于过去偎红倚翠的艳词，《满庭芳》诸阕深含"恋恋故国"之情；《鹊桥仙》以金风玉露、柔情似水等审美意象，歌颂了纯洁真挚、地久天长的爱情。秦观词伤感色彩较浓，充满了愁苦凄恻、孤苦无告的苦闷。在艺术手法上，摄取了柳永词铺叙渲染、委曲尽致的优点。但写景言情，出以纯净之笔，形成清丽典雅的词风。秦观深谙音律，长于运思，能够准确地把握事物的突出特征，以鲜明的意象、致密的结构、精炼的语言，构成一种凄迷幽婉的审美意境。

词集名《淮海居士长短句》，宋代有3卷、1卷两种版本，毛晋《宋六十名家词》本1卷，收词87首。

周邦彦

周邦彦（1057～1121 年），字美成，晚号清真居士，钱塘（今浙江杭州）人。年轻时博涉百家之书，元丰初年到汴京（今开封），入太学读书。元丰六年（1083 年）献《汴都赋》，称赞熙宁、元丰的新政，获神宗颁赏，名动天下。从诸生中提为太学正。以后久不升迁，晚年出知顺昌府，迁处州。词集名《片玉词》。

《片玉词》的内容多为风月艳情、羁旅愁叹。周邦彦的生活经历和柳永相似，一生经常和歌伎舞女交往，过着冶游放浪的生活，词风受柳永影响很大；但写得珠圆玉润，富艳精工，有着很高的艺术成就，讲究字句的锤炼，创造了许多优美的语汇和生动的形象，丰富了词的境界和表现力量。他注意词篇结构层次的安排，许多词在写景抒情之中叙述故事。格律严谨，善用典故和化用前人诗句，笔触细腻入微、含蓄蕴藉。善于曲折从容地抒发自己的情绪，形成缜密、浑厚、典雅的独特风格。在词的发展史上有着非常重要的地位。在北、南宋词风转变的过程中，周邦彦的创作起着关键性的作用。他对北宋词博采众长，加以继承总结；对南宋词流风可仰，有开创之功。由于他精通音律，在词调的整理和创制上，也有重要的贡献，所以，被认为是婉约派的集大成者和格律派的创始人。

贺铸

贺铸（1063～1120 年），字方回，原籍山阴（今浙江绍兴），生长于卫州（今河南汲县）。贺铸是宋太祖贺皇后的族孙，又娶了宗室之女，自称是贺知章的后裔；年少博学强记，喜谈政事，任侠喜武。他 17 岁时，赴汴京，初任武职，后转文官；晚年卜居苏州，自号庆湖遗老。因尚气使酒，终生抑郁不得志。

贺铸的词成就很高。他的《东山词》题材较广，刚柔相济，风格纷呈。在

《六州歌头·少年任气》等词中，以激越的笔调，回忆少年时代豪爽的生活，抒发请缨杀敌的壮志豪情，倾诉报国无门的一腔忠愤。他大量的作品为深婉丽密之作。有些能够反映出社会现实生活的某些方面，如《捣练子》5首，曲尽思妇的深挚感情。而一腔抑郁之气化成的“闲愁”，在《东山词》中多有歌咏。其中“试问闲愁都几许？一川烟草，满城风絮，梅子黄时雨”以迭出的意象，构成江南暮春烟波凄迷的境界；由于兴中有比而脍炙人口，成为千古传诵的名句，人称“贺梅子”。

有《庆湖遗老集》传世。词集名《东山词》，又名《东山寓声乐府》《东山乐府》《贺方回词》。共存词284首。

姜夔

姜夔（约1155～1221年），字尧章。饶州鄱阳（今属江西）人，号白石道人。他科考不第，一生漂泊，终老布衣，是位典型的清客词人，且诗、书、画、音乐俱精。虽依他人生活，交往亦多权贵，但人品风雅清高，只是以文会友，并不靠干谒权贵求取功名富贵。

姜夔的词，思想内容有一些表现出对国家命运、社会现实的关心。由于身世、经历、个性的关系，他不可能像辛弃疾那样唱出爱国主义的最强音，只能是对国运的咏叹。另一个重要的内容是抒写自己凄苦的身世，高洁的襟袍。姜夔词中最脍炙人口的是《点绛唇·燕雁无心》。而《暗香》《疏影》等，托物寄情，通过对梅花品格的赞美，描绘一种高洁的境界，打入身世之感。恋词如《长亭怨慢》《鹧鸪天》等都写得情真意挚，宛转缠绵。

白石词艺术成就很高，风格清峻峭拔。他创作态度严谨，特别重视语言凝炼精妙，音乐性强，也注意吸收民间口语入词，素朴而天成。在咏物词中，常用比兴手法，多咏柳、梅、荷等，寄寓家国身世之感，高洁脱俗之志。在篇章结构上，学清真词，尤重以景结情。姜夔在南宋后期词坛上独树一帜，仿效者一时蜂起，不仅直接影响了王沂孙、张炎，还下开清代朱彝尊等浙派词人。

词集名为《白石道人歌曲》。存词 80 多首。

李清照

李清照（1084～约 1155 年），宋代女词人，号易安居士，济南章丘（今济南）人。父亲李格非为当时著名学者，母亲王氏，亦知书能文；因此，李清照自幼就受到良好的文化教育，建中靖国元年（1101 年），18 岁时与吏部侍郎赵挺之之子太学生赵明诚结婚，夫妻志同道合，感情甚笃。喜好收藏金石碑帖，共同搜求寻访，鉴赏研究。夫妇也都爱好诗词，时相唱和。靖康之难后，李清照面对国破家亡的处境，于建炎二年（1128 年）避难至建康。次年，赵明诚病逝。李清照只身漂泊杭州、越州、金华一带，过着辗转无依的生活。文物书籍丧失殆尽，境况极其悲惨。最后在孤寂、抑郁之中了却残年。

李清照诗、词、文兼擅，以词的成就最高，并有《词论》传世。在《词论》中提出词“别是一家”之说，强调协律，崇尚典雅，讲求情致，代表了传统的婉约词派的观点。词集名《漱玉词》，内容可分前后两期。前期社会相对承平，生活条件优越，题材多反映闺阁生活及离别相思之情。在不少词篇里，描写刻画了大自然的美，表现了对美好事物和自由生活的热爱。后期词作多抒写在遭到国破、家亡、夫死以及政治上的打击等一系列的灾难之后，极其悲痛的心情。客观上反映了时代的、民族的灾难和不幸。词的风格也一反前期的清快、明丽，表现出深沉凄凉的特点。

现存诗文和词集皆为后人所辑。《漱玉词》收词 60 首。

辛弃疾

辛弃疾（1140～1207 年），原字坦夫，改字幼安，号稼轩居士，山东历城（今济南）人。绍兴三十一年（1161 年）金主完颜亮大举南侵，济南农民耿京起义抗金。22 岁的辛弃疾聚众 2000 人，加入义军，任掌书记。力劝耿京与朝廷正规军联系，共同抗金。次年，奉命赴建康朝见宋高宗，被授承务郎。北归途中获悉叛徒张安国杀害耿京，投降金人，立即率五十轻骑驰入金营，生擒张安国，率众投奔朝廷。此举使南宋朝野震惊，辛弃疾名重一时，被委为江阴签判。南渡之初，曾向孝宗皇帝奏陈《美芹十论》，向宰相虞允文上《九议》，提出富国强兵的一系列谋略，但得不到采纳。

辛弃疾的词集名为《稼轩长短句》，思想内容非常深广。它记载了辛弃疾所从事的抗金武装斗争，寄寓着他光复山河、富国强兵的理想，蕴含着不受重用的

抑郁之气和壮志难酬的悲愤之情。在中国文学史上，辛弃疾第一次把金戈铁马的战斗生活写到词里来；如《鹧鸪天·壮岁旌旗拥万夫》《破阵子·为陈同甫赋壮词以寄》等，都表现出了昂扬的爱国主义激情。辛弃疾的爱国理想不得实现，只能是借山怨水抒发一腔忠愤。在很多词篇里，常常是悲歌当哭；如《水龙吟·登建康赏心亭》《南乡子·登京口北固亭有怀》和《永遇乐·京口北固亭怀古》等，就是这方面的代表作。辛词中也有悲秋伤春、相思离别之作，大多呈现出婉约沉郁的风格；如《摸鱼儿·更能消几番风雨》《青玉案·元夕》等。辛弃疾创作的农村题材词，描绘了优美如画的农村风光，表现恬静闲适的情趣；如《丑奴儿近·效李易安体》《清平乐·村居》等。

《稼轩长短句》存词 626 首，《全宋词补辑》中又辑 3 首，现传辛弃疾词为 629 首。

◎元◎

宋元话本

宋元话本是宋元时期说话艺人的底本。在宋代，“说话”渐渐职业化，而且进一步发展为专门化，有不同的家数和名称。大体上分为小说、讲史、说经、合生四家。小说话本一般取材于现实，一次讲完。内容包括爱情故事、公案故事、英雄故事、神怪故事等。

话本小说既多出自民间艺人之手，且在民间流传，作者姓名身世往往不详，考定作品的创作年代也比较困难。有些作品，如《简帖和尚》《五戒禅师私红莲记》《西湖三塔记》等，创作年代究竟属宋、属元，抑或属明，至今尚无定论。因此只好把它们统归于宋元这个大阶段。谈到话本，习惯上多以宋元并称，原因即在此。

长篇的宋元话本，仅存《新编五代史平话》《宣和遗事》《全相平话五种》及《大唐三藏取经诗话》等数种。这些讲史话本的出现，说明中国民众对于历史事件和人物的浓厚兴趣，也再次证实中国小说与历史的不解之缘。由于每部话本所述的故事都头绪纷繁并有相当的时间跨度，它们往往划分卷次、章节以清眉目，形成了中国古典长篇小说的基本体制。

宋元话本发扬了志怪、传奇等古代小说的优良传统，是中国小说史上的重要发展阶段。它对明清白话小说的发展有着很大的影响，是中国古典长篇小说的源头。

元曲四大家

元曲通常称“四大家”，即关汉卿、白朴、马致远、郑光祖。

关汉卿

关汉卿（约1230～约1300年），号已斋，又作一斋。大都人。其籍贯尚有祁州（今河北安国）伍仁村、解州（今山西运城）等几种不同的说法。《录鬼簿》列他为“前辈才人”56人之首，明代朱权《太和正音谱》说他“初为杂剧之始”，在元代杂剧作家中，他的创作年代较早，被称为“驱梨园领袖，总编修师首，捻杂剧班头”。

关汉卿熟悉舞台，常常“躬践排场，面傅粉墨，以为我家生活，偶倡优而不辞”，和女演员珠帘秀等交往密切。他曾南游扬州、杭州等地，扬州和杭州也都是元杂剧创作和演出活动的中心。

关汉卿现存18种杂剧，根据题材内容大致可以分为三类：社会剧，如《窦娥冤》《蝴蝶梦》和《鲁斋郎》等；爱情婚姻剧；历史剧，如《单刀会》《双赴梦》和《哭存孝》等。

在社会剧中，《窦娥冤》以它对社会的深刻批判，对人物精湛刻画，以它强

烈的反抗精神及全部艺术力量，成为一代悲剧杰作，是关汉卿杂剧的代表作之一。

关汉卿的爱情婚姻剧着重表现他对普通人民的颂扬和尊崇，这类描写爱情婚姻和妇女的作品在关剧中占有相当的比重，包括《救风尘》《望江亭》《拜月亭》《诈妮子》《金线池》《谢天香》《玉镜台》等。关汉卿塑造了赵盼儿、谭记儿和王瑞兰等性格鲜明的妇女形象，反映了元代的社会习俗、婚姻制度和社会矛盾，对妇女，尤其是下层妇女在爱情婚姻上的不幸遭遇，寄予深切的同情，并且把她们描写成有崇高灵魂的人物。关汉卿能够在一些地位低微的女子身上发掘出她们美丽的心灵、崇高的思想品德，正是他的进步思想的表现。

历史剧有《单刀会》《西蜀梦》和《哭存孝》等。其中，成就最高、流传最广的是《单刀会》。剧中人物的事迹，不局限于正史的记载，而带有浓厚的民间传说的色彩。与社会剧爱情婚姻剧不同，关汉卿的历史剧在反映客观世界时，更加高扬着作家的主体意识。

白朴

白朴（1226～1306年以后），字太素，号兰谷，初名恒，字仁甫。隩州（今山西河曲附近）人。父亲白华为金枢密院判官，金哀宗天兴二年（1233年）蒙古军攻破金都城开封，劫掠妇女，白朴与母亲在兵乱中失散，由诗人元好问带他到山东聊城。后数年，与父亲重会，不久移居真定（河北正定）。他自失母后即不吃荤腥，并立志不做元朝官吏，经常游山玩水，饮酒赋诗，一度居于南京，晚年北返。后因其子为官，赠白朴嘉议大夫、太常卿。

《梧桐雨》一剧取材于白居易的叙事长诗《长恨歌》，描写唐玄宗李隆基和宠妃杨玉环的爱情悲剧。它借李、杨悲剧来抒发一种美好东西失去后无法再得的寂

寞和悲哀，以及人世盛衰无法预料的幻灭感。《墙头马上》的风格则明显不同，取材于唐代白居易新乐府《井底引银瓶》，具有浓厚的戏剧性和生动的戏剧冲突，写李千金与裴少俊相爱而私自结合，在裴家花园匿居7年，生下一儿一女，终被裴父发现赶出，后来，裴少俊赴考得官，裴父向裴少俊赔礼，又获重圆。剧中李千金的形象尤有光彩，她不同于《西厢记》中的莺莺，其个性更多地带有市井民间女子率真、泼辣和豪爽的特点，显得格外新颖。

马致远

马致远，生年不详，卒于元英宗至治元年（1321年）到泰定元年（1324年）之间，号东篱，大都人。

约在大德年间，他出任江浙行省务官；在杭州时与散曲作家卢挚唱和；晚年过着隐居生活。所作杂剧今知有15种，现存7种；散曲有辑本《东篱乐府》，计收小令104首，套数17套；代表作为《汉宫秋》。

《汉宫秋》敷演王昭君出塞和亲的故事，马致远把画工毛延寿写成手握权柄而卖国投敌的奸臣，着力描写王昭君不顾个人安危，舍弃与汉元帝的恩情，以出塞和亲来保住国家不亡，最后投江自杀殉国的悲剧历程，从而赋予此剧鲜明的爱国思想主题。

马致远杂剧的思想内容比较复杂，然而却有较大的艺术感染力，如《青衫泪》《荐福碑》等，通过描写儒士的不幸命运，对现实社会有所抨击，同时流露出怀才不遇的思想感情；又如《岳阳楼》《黄粱梦》等神仙道化剧，他的神仙道化剧都是演述全真教的度脱故事，思想倾向贴近全真教教旨。主张逃避现实，提倡修道登仙，但也暴露了当时不公正的社会现实，并对其予以谴责。

郑光祖

郑光祖，生卒年不详，字德辉，平阳襄陵（今山西临汾）人，曾任杭州路吏，卒于杭州，葬于西湖灵芝寺。作品数量多，名声甚大，戏曲界称为“郑老先生”。

《倩女离魂》是郑光祖的代表作，根据唐陈玄祐的传奇小说《离魂记》改编而成。写张倩女与王文举原是指腹为亲，王文举上京应试，倩女思念成病，魂离身体去追赶王文举，相随 3 年。王文举状元及第后，衣锦还乡，携妻到岳母家，倩女的灵魂与躯体合而为一。作品歌颂了倩女对爱情大胆、热烈的追求，封建的伦理道德扼杀不了她追求爱情、追求幸福婚姻的强烈愿望，这种愿望甚至能使灵魂摆脱受禁锢的躯壳而自由行动，精诚所至，超出人力所及的范围，是一部有独特艺术魅力的爱情婚姻剧，对后世的戏曲和小说影响极大。剧中曲词艳丽而不流于纤弱，情节简单而紧凑，写情写景都有独到之处，在元杂剧里是一流作品，极富有积极浪漫主义精神。

郑光祖的作品注重藻饰而不追求秾郁，文词秀丽流转，并且精于音律。王国维评价说：“郑德辉清丽芊绵，自成馨逸，不失为第一流。”

“秋思之祖”：《天净沙·秋思》

马致远的小令《天净沙·秋思》被《中原音韵》誉为“秋思之祖”，曲云：

枯藤老树昏鸦，
小桥流水人家，
古道西风瘦马。
夕阳西下，
断肠人在天涯。

此曲以多种景物并置，组合成一幅秋郊夕照图，让天涯游子骑一匹瘦马出现在一派凄凉的背景上，从中透出令人哀愁的情调，抒发了一个飘零天涯的游子在秋天思念故乡、倦于漂泊的凄苦愁楚之情。小令句法别致，前三句全由名词性词组构成，一共列出九种景物，言简而义丰。全曲仅五句二十八字，语言极为凝练却容量巨大，意蕴深远，结构精巧，顿挫有致。

“词林宗匠”：张可久

张可久（1279～约1354年），号小山，庆元（今浙江宁波）人，曾以路吏转首领官，仕途上不甚得志，时官时隐，足迹遍及江南。他是元代后期散曲的代表作家，也是一代曲风转捩（liè）的关键人物，享誉当时。

张可久一生专写散曲，有《小山乐府》，今存小令850多首，套曲9首。生活的窘困，使他多有抑郁感愤之作，如《庆东原·和马致远先辈韵》九首、《卖花声·怀古》等。他的散曲以山林隐逸和写景之作最多，也最能代表他的艺术风格。在以“归兴”“旅思”“道中”等命题的作品中，常表现出悲凉的情绪和对安定的田园生活的渴望，与传统的隐逸文学情调不甚相同。他讲究曲律和音韵，着力于炼字炼句，对仗工整，字句优美，熔铸诗词名句，含蓄蕴藉，但有时过于注重形式美，不免失之于雕琢。

"南曲之宗"：《琵琶记》

代表南戏艺术最高成就的，是被誉为戏文中的"绝唱"和"南曲之宗"的《琵琶记》。

《琵琶记》剧写新婚燕尔的蔡伯喈（jiē）迫于父命赴京应试，考中状元后，牛丞相奉旨强招为婿。此时，家乡陈留郡连年荒旱，妻子赵五娘在家历尽艰辛，吃糠咽菜，奉养公婆，公婆相继饿死，五娘罗裙包土埋葬了公婆，一路弹唱琵琶，寻夫到京。最后一夫两妇，庐墓旌表。《琵琶记》把民间文艺中弃亲背妻的蔡伯喈改写成一个孝义两全的正面人物，并宣称"不关风化体，纵好也徒然"，可见高明是以提倡封建道德风化为创作主旨的。可是，当他真正进入剧情构思以后，主要起作用的却是他实际的生活经历和内心对社会现实的忧虑感。因此剧中有力地突出了当时社会的深刻矛盾，展示了广阔的生活画面。剧中主要人物虽然都浸染着作者赋予的封建说教气息，但毕竟是源于生活而且高于生活的艺术形象，所以都各具个性，有血有肉，情态逼真。尤其是赵五娘这位人间苦难肩荷者的形象，更具有震撼人心的艺术感染力。

◎明◎

“千秋词匠”：汤显祖

汤显祖（1550～1616年），字义仍，号海若，又号若士、清远道人，临川人。隆庆四年（1570年）举人，因拒绝首辅张居正招揽，万历十一年（1583年）才中进士；万历二十六年弃官归家，从此即在自建的“玉茗堂”内专心创作戏曲。佛学大师达观和他交谊颇深，罢官后他曾与李贽相会，达观和李贽对汤显祖影响较大。他与袁宏道、屠隆、徐渭、沈懋学、梅鼎祚等人相友善。

汤显祖重视思想内容，反对音律束缚，提倡神情合至，描绘理想境界，主张文章“不在步趋形似”。作品有传奇《紫钗记》《牡丹亭》《南柯记》和《邯郸记》，合称《临川四梦》或《玉茗堂四梦》。诗文和尺牍有《红泉逸草》《问棘邮草》《玉茗堂集》等。《临川四梦》中，以《牡丹亭》的成就最高，堪称绝世之作。

“害死人”的《牡丹亭》

明代戏曲最重要的代表人物是汤显祖，而汤显祖最重要的戏曲作品便是《牡丹亭》。

《牡丹亭》共55出，描写了官家小姐杜丽娘和贫寒书生柳梦梅的爱情故事，戏曲以情为美，写情之真，是明代戏曲的一大特色与突破，遂在戏曲史上开创出一段充盈着个性解放精神的写情热潮。“生者可以死，死可以生。生而不可与死，死而不可复生者，皆非情之至也。”

《牡丹亭》推出后，立刻广受欢迎，其影响甚至超过了《西厢记》，“《牡丹亭》一出，家传户诵，几令《西厢》减价”。而剧中的杜丽娘更是深深引起了广大女性的共鸣。据《石间房蛾木堂随笔》载，杭州女伶商小玲擅演《牡丹亭》中“寻梦”一折，“真如置身其事者，缠绵凄婉，泪痕盈目”，竟致猝死于戏台之上。《柳亭诗话》中也记载了娄江女子俞二娘嗜读《牡丹亭》，“幽思苦绝”“愤惋以终”的轶事。此外，因为酷爱《牡丹亭》而仰慕作者、情愿以身相许的闺阁淑女更是不在少数，其中甚至有因被汤显祖婉拒而投水自杀者，还有苦候汤显祖不至，忧郁而死者，此类故事，明清笔记中亦多有记载，《牡丹亭》的艺术魅力由此可见。

罗贯中与《三国演义》

罗贯中，生卒年不详，活动于1330～1400年前后，名本，字贯中，别号湖海散人。太原人，或钱塘（今浙江杭州）人，或庐陵（今江西吉安）人。曾参加反元斗争，做过元末农民起义领袖张士诚的幕僚，明人王圻在《稗史汇编》中说他“有志图王”，很有政治抱负。明太祖朱元璋统一中国后，罗贯中改而从事“稗史”的编写，在民间传说和讲史平话的基础上，加工整理成《三国志通俗演义》。编著了《隋唐志传》《三遂平妖传》《粉妆楼》及杂剧《宋太祖龙虎风云会》等。

在罗贯中的作品中，以《三国演义》成就最高，是中国小说史上长篇章回小说的开山之作，其思想性和艺术成就对后世小说发展产生了深远的影响。作品以宏大的气魄、

艺术化的笔墨描述了从汉末三分到三国归晋这将近一个世纪的中国历史。其中对风云变幻的政局、惊心动魄的战争和奇谲诡诈的谋略所做的淋漓尽致的描绘，尤显作者超凡的艺术功力，构成本书情节设置和故事发展的主要特色。小说塑造了曹操、刘备、诸葛亮、关羽、张飞、孙权等栩栩如生的艺术形象，其中曹操和诸葛亮的形象最有典型性。

小说除了曲折惊险、富有传奇色彩而容易吸引人之外，又因为它用浅近文言写成，明快流畅，雅俗共赏，极便于在社会各阶层广为流传。罗贯中写人述事大致“七分事实，三分虚构”，后来的讲史小说多半遵循这个准则。明代以来，市井平民了解古代历史，多依凭这类讲史小说，可见《三国演义》影响之大，传播之广。

施耐庵与《水浒传》

施耐庵（约1296～1370年），元末明初小说作家，《水浒传》的作者。关于他的生平事迹，旧籍记载很少，且歧义甚多。明代高儒《百川书志》称其为钱塘（今杭州）人；《兴化县续志》记载明代王道生撰《施耐庵墓志》称其祖籍姑苏（今江苏苏州），后迁居兴化（今江苏兴化）；吴梅《顾曲麈谈》记施耐庵即元末剧作家施惠。1949年后人民文学出版社曾组织调查，也未获确证。相传，他原是元朝至顺进士，后因不满官场腐败，弃官归乡，从此自绝仕途，闭门著书。所作《水浒传》《三国演义》《隋唐志传》《三遂平妖传》等，均属与人合著。从诸多材料来看，《水浒传》“非成于一时，作于一人之手”，自宋迄明，众多通俗文学家均曾对此增润修饰，其中，以施耐庵贡献最多，影响最大。

《水浒传》是一部为宋代“草莽英雄”树碑立传的长篇小说，取材于宋江起义故事，但并不是历史小说，而是借一点历史的因由和背景来进行大胆的想象与虚构。据史籍记载，北宋宣和年间，宋江等三十六人起义于河朔，威力甚大，致使京东官军数万不敢与之对抗。南宋时，这些草莽英雄的事迹被说书人采入话本，加上许多传奇色彩，广泛地流播于街头巷尾。施耐庵将历代的作品与民间传说中的水浒故事汇集起来，进行梳理和加工，还虚构出诸如武松打虎杀嫂、鲁智深醉打山门、宋江浔阳楼题反诗等热闹精彩情节，连缀构合而形成了这部史诗式巨著。

《水浒传》通过对不同出身、不同经历的社会中下层人物一个个被“逼上梁山”的反抗历程的描绘，深刻地揭示了当时社会中官府、豪绅与广大人民之间的严重对立，并且形象地展示了在黑暗政治下各个社会阶层，包括统治阶级内部的急剧分化和重新组合的必然规律。这部小说塑造造反英雄群像十分成功，几百年来，历代统治者一直将其诋为“诲盗”之作。

吴承恩与《西游记》

吴承恩（约1500～约1582年），字汝忠，号射阳山人。淮安山阳（今江苏淮安）人。父亲热衷功名，屡试不爽，弃儒经商。吴承恩自幼酷爱野史稗言，博览群书，名闻乡里。为人正直，性格“迂疏浪漫”，轻时傲世，颇有骨鲠之气；他屡挫于科场，对八股取士的科举制度种种弊端有着比较深的认识，对“欺伪之术日繁”“奸诈之风日竞”的社会现实产生强烈不满，从此走上借神话鬼怪故事发愤懑之情、表达自己理想的道路。

吴承恩根据玄奘西天取经的历史事实和民间传说加工而成的《西游记》是其代表作，小说描绘大闹天宫的孙悟空

皈依佛门，和猪八戒、沙和尚一起保护唐僧，经历九九八十一难，去西天取到真经，自己也成“正果”。取经的历程尤为惊险出奇，它由四十多个相对独立又相互关联的故事组成，意在表现孙悟空降魔除妖的神通和不畏艰难险阻的斗争精神。这部小说最独到之处是借魔幻世界来穷尽人间众生相。书中大部分人物，既是神奇的，又有强烈的人性和现实感。孙悟空这个理想化的神话英雄形象，在古代神魔小说形象系列中最有艺术魅力，在民间达到了妇孺皆知的地步。

《西游记》的成功，刺激了当时不少作者竞写神魔小说，西游故事的续书如《续西游记》《西游补》等相继问世。

《金瓶梅》

《金瓶梅》是明代长篇小说，作者为谁，至今未能确认；明代沈德符《野获编》有“闻此为嘉靖间大手笔”语，因此疑为王世贞所作，并不可信。民国年间在山西发现明代万历四十五年丁巳（1617 年）刊《金瓶梅词话》，据其序知为兰陵笑笑生作。兰陵系山东峄县（今枣庄）旧称，“笑笑生”生平事迹无考；今人多信为山东无名氏所作。书名取书中潘金莲、李瓶儿、庞春梅三人名字拆合而成。

《金瓶梅》与《三国演义》《水浒传》《西游记》合称为明代“四大奇书”。共100 回。借《水浒传》“武松杀嫂”一段为因由衍生而成。写恶霸、官僚、豪商西门庆勾结官府、横行乡里、巧取豪夺、蹂躏妇女，由发迹到灭亡的历史。一定程度上显示了封建社会的腐朽，反映了晚明时期的社会现实，塑造了西门庆及众多的市井人物。描摹世态人情颇为细致，细节描写很成功。语言生动、流畅、明快，多用方言、成语、谚语、歇后语。在题材、手法、结构上对《红楼梦》有很大影响。但作品采用自然主义方法处理情节，多有色情描

写，开小说创作描写色情淫秽现象之风。

《金瓶梅》作为中国第一部文人独立创作的长篇，在中国小说发展史上具有里程碑意义。从此文人创作就逐步取代宋元以来根据民间讲唱加工而成的话本，成为小说创作的主流。

冯梦龙的“三言”

冯梦龙（1574～1646年），字犹龙，号龙子犹、墨憨斋主人、顾曲散人、姑苏词奴等。长州（今江苏苏州）人。冯梦龙少有才气，但怀才不遇，57岁才补了一名贡生；曾任江苏丹徒县训导、福建寿宁知县等小职。清兵南下时，参与抗清活动。顺治三年（1646年）死于故乡。

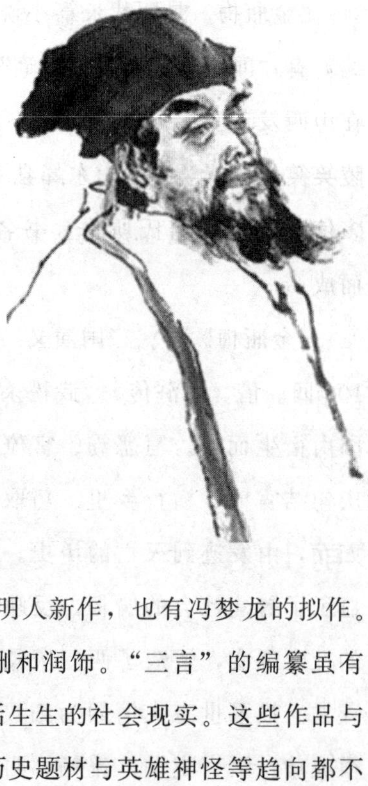

文学上，冯梦龙推崇李卓吾的文学主张，崇尚自然，提倡文学表现人性，打破了以封建道统来衡量文学作品的标准，有一定进步意义。他自己正是在这种进步文学思想的指导下从事文学活动的。他一生致力于通俗文学的搜集、整理和写作。曾刊印《挂枝儿》《山歌》等民歌集；创作《双雄记》等传奇剧本；改编《平妖传》《新列国志》等小说；评纂《古今谭概》《太平广记钞》等作品；还编辑了《喻世明言》《警世通言》和《醒世恒言》三部短篇小说集，简称“三言”。其中，以“三言”影响最大。

“三言”共收小说120篇，其中有宋元旧篇和明人新作，也有冯梦龙的拟作。不过不论是旧篇还是新作，都经过了冯梦龙的增删和润饰。“三言”的编纂虽有明显的“劝讽”世人意图，但故事和人物反映了活生生的社会现实。这些作品与唐宋传奇多写才子佳人和明代前期长篇小说多写历史题材与英雄神怪等趋向都不同，它们以城市生活与商业活动为主要背景，以市井细民为主要角色，以市民的家庭、爱情、公案及恩怨纠葛等为主要题材。

这三部书从总体来讲，代表了明代短篇小说的最高成就，以其众多的典范性作品，推动了古代白话短篇小说的繁荣和发展，影响深远。

凌濛初的“二拍”

凌濛初（1580～1640 年），字玄房，号初成，别号即空观主人，乌程（今浙江吴兴）人，出身于官僚地主家庭。早年不得志，专以著作刻书为事。崇祯四年（1631 年）任上海县丞，十二年（1639 年），擢为徐州通判，两年后在与农民起义军对抗时呕血而死。

凌濛初写小说的时间比冯梦龙晚，因为“三言”在市面走红，他在书坊老板的怂恿下，很快写出“二拍”，即《初刻拍案惊奇》和《二刻拍案惊奇》。据凌濛初说，在取材时，发觉自己原来所见的宋元旧本已被冯梦龙“搜括殆尽”，于是他另取“古今来杂碎事可新听睹、佐谈谐者”来编写成小说。可以说，这是文人不依傍旧话本而独立从事短篇白话小说创作的开端。

“二拍”各收 40 篇小说，题材内容也以反映明代市民生活及其思想意识者为多，因而多数篇章都有一定的吸引力，语言也比较通俗生动。

“前七子”与“后七子”的拟古运动

拟古运动，是明代“前后七子”倡导的文学运动。“前七子”指李梦阳、何景明、徐祯卿、边贡、康海、王九思和王廷相，以李、何为首，活动在弘治、正德年间。“后七子”指李攀龙、王世贞、谢榛、宗臣、梁有誉、徐中行和吴国伦，以李、王为首。活动在嘉靖、隆庆、万历时期。

“前后七子”不满于台阁体，也不满于当时流行的八股文、“理气诗”，企图以“复古”振衰救弊，改变当时的文风。他们共同的口号是“文必秦汉，诗必盛

唐”，主张从模拟入手。“前七子”的“复古”旗帜一树，很快就形成了一个声势浩大的文学运动，“后七子”又继续沿着“前七子”的路线前进，把这一运动推向一个新的高潮。但是，他们倡导的“复古”仅仅是从格调、法度等形式方面学古，实质上是以拟古为复古，谈不上什么革新创造，因而“前后七子”这一持续百年的文学运动只能称之为“拟古运动”。他们的大部分诗文创作就是“拟古”的产物。“后七子”中的李攀龙在拟古方面走得更远，“其为诗务以声调性，所拟乐府，或更古数字为己作，文则聱牙戟口，读者至不能终篇”。

“三袁”与公安派

“三袁”是明代后期公安派代表作家袁宗道、袁宏道、袁中道的并称。《明史·文苑·袁宏道传》：“袁宏道，字中郎，公安（今湖北公安）人。与兄宗道，弟中道，并有才名，时称三袁。”

“三袁”深受李贽等人思想的影响，追求个性自由，反对伪道学对人性的束缚。在文学主张上，激烈反对复古、拟古，主张独抒性灵，不拘格套，使前后七子所倡导的持续百余年的复古思潮因而衰退。他们还推崇民歌，高度赞赏通俗文学，冲破士大夫独尊传统文体的偏见。创作上大量写清灵通脱、新颖别致的小品文，进一步解放文体。“三袁”中，袁宗道最早反对复古和道学文风，开创了公安派；名声最著，长于论诗，为公安派提出了较系统的文学主张；诗文则感愤国家，关怀民生，率直自然，活脱鲜隽。袁中道于宏道卒后，进一步阐发修正其诗论；作品直抒胸臆，文笔优美。

公安派是明代万历年间出现的文学流派，以袁宏道及其兄袁宗道、其弟袁中道为首，又因三兄弟是公安人而得名。

公安派文人首先以自然之“趣”“韵”为理想，肯定独立自然的人类天性，而与前后七子标榜的“学问”“理”“法”对立；其次以“势”（即事物发展规律）为哲学依据，评析文学现象、文学流派。他们以“性灵说”作为创作论核心，充分肯定文学对人性的表现，写出了大量清新的作品。他们还推重民歌，提倡通俗文学。但他们的作品多数篇章局限于闲情逸致的抒发，偶有抨击时政、表现对道学不满之作、

明代神魔小说

明代神魔小说可以分为两种情况，一种是模仿《西游记》的，如《四游记》《西游补》等；一种是别叙故事讲神魔之争的，如《封神演义》《三宝太监西洋记》等。其中，《封神演义》是继西游记之后最著名的神魔小说。

《封神演义》写的是中国历史上武王伐纣的故事，但它不过是借用这一历史故事作为敷衍神话的轮廓和线索，其主要内容都是幻想出来的人物和情节，而历史记载上有根据的一些人物和事件在它的艺术结构中只占有着很次要的位置。它在艺术上受到民间神话传说的一些影响，写出了一些动人的情节和故事，如申公豹的倒行逆施，土行孙的土行法，特别是哪吒闹海的故事，被广为传颂。但是，作品缺少成功的艺术形象，人物大多是一种封建政治、道德标准的提线，性格模糊不清，语言也流于平板拖沓。

◎清◎

“本朝诗家之开山”：顾炎武

顾炎武（1613～1682年），初名绛，明亡后改名炎武，字宁人，别号亭林，江苏昆山人。他出身于江东望族，曾参加过抗清斗争和起义，失败后，奔走于全国各地，访问联络前朝遗老，观察地理形势，调查经济资源，窥视清廷虚实，为进行深入隐蔽的反清斗争做准备。清廷屡次收买他，均遭拒绝。

顾炎武的诗十之八九寓有强烈的家国兴亡之感，绝少世俗应酬之作；他的严肃态度来源于他的“文须有益于天下”的文学见解。他的诗取材广阔，晚明统治阶级的腐朽堕落、清兵入关后残酷的屠杀和剥削、汉族人民的苦难和敌忾，都在他的诗中反应出来，因此被人称作“一代诗史”。此外，他的诗风格雄浑悲壮，苍凉沉郁，语言却又朴素自然，兼有杜甫和陶潜的优长，并带有学者的气质。

洪昇与《长生殿》

洪昇（1645～1704年），字昉思，号稗畦，曾是国子监生，极富才华，诗文俱佳，有杂剧《四婵娟》，分别写古代四位才女风华学识之美，而传奇《长生殿》最为著名。

《长生殿》取材唐明皇、杨贵妃故事，上承白居易《长恨歌》、陈鸿《长恨歌传》、白朴杂剧《梧桐雨》传统，而在歌颂生死不渝的爱情和批判帝王荒淫误国两方面，均有所发展，以至于主题思想难以克服的矛盾，在剧中表现得格外突出。

孔尚任与《桃花扇》

孔尚任（1648～1718 年），字聘之，一字季重，号东塘、岸堂，自称云亭山人，山东曲阜人，孔子六十四代孙。他自幼习儒，曾应科举，任国子监博士，但仕途并不顺利，而其思想深处的民族意识又非常顽强，所以他写了传奇《桃花扇》。

《桃花扇》一剧，侯方域、李香君的爱情线索贯穿始终，以他们的悲欢离合，勾连起形形色色的人物的活动和命运，从而表现了那个天荒地变的国家倾颓的时代，也触及了相当广阔的社会面。女主人公李香君不但外貌美丽，而且人格高尚，深明大义，鲜明地反衬出男主人公侯方域徒有虚名的外表下孱弱卑琐的灵魂。作者将最深沉的同情给予社会地位卑微而爱国感情炽烈的民间艺人，如柳敬亭、苏昆生等。他们既是普通百姓，又是时代的喉舌，所以往往借他们之口唱出反映主题的歌词。剧中最精彩、最深刻而强烈地抒发故国之思的唱段，如作者借苏昆生编创的北曲套数《哀江南》，堪称千古绝唱。

李玉用戏曲挽救“颓世”

李玉（约 1591～约 1671 年），字玄玉，又作元玉，自号苏门啸侣，又号一笠庵主人。吴县（今江苏苏州）人。崇祯末年中乡试副榜，明亡后专事戏曲创作。

在明清之际，一大批反映东林党人和魏忠贤阉党斗争的戏剧、小说作品，把传统的忠奸斗争的主题推向了前所未有的高度，李玉的代表作《清忠谱》就是其中之一。该剧是以现实的政治斗争为题材，符合历史的真实，具有史剧的规模。

李玉认为，社会之所以黑暗，是因为统治者不施行仁政德治，而推行惨无人道的特务政治和专制统治；权奸邪佞之所以可恶，是因为他们权欲膨胀，图谋不轨，如此等等。因此，他创作传奇，就是要“更锄奸律吕作阳秋，锋如铁”，其理想结局就是逆贼受到惩罚，忠臣扬眉吐气，朝廷政治获得新生。他极力想向人们表明：封建制度并非腐朽透顶，无可救药，它的病态，充其量只是因为一部分悖逆伦理道德的邪恶势力散发着毒素，侵袭了健康的肌体；只要“明王在此”，只要既清且忠的正派官僚重掌朝纲、教权和文柄，那么封建制度就可以凭借自身的道德重整和秩序重建，治愈痼疾，获得新生。

桐城派

桐城派是清代中叶、末叶文坛上势力最大、影响最广的一个散文流派。其代表人物方苞、刘大櫆、姚鼐都是安徽桐城人，故名。该派主张师法先秦两汉及唐宋八大家的散文，反对八股文，有一套较为完整的古文理论。

桐城派创始人方苞继承明代归有光的“唐宋派”古文传统，提出“义法”的主张。“义”，是指文章的中心思想、基本观点；“法”，是指表达中心思想或基本观点的形式技巧，包括结构条理、运用材料以及语言等。他要求作文“明于体要”、语言“雅洁”。

刘大櫆补充方苞的理论，认为“义理、书卷、经济”是文章的材料和内容，而“神、气、音节”是作家之“能事”。姚鼐又发展刘大櫆的理论，提倡“义理”“考据”“文章”三者合一，并对各种文体提出“神、理、气、味、格、律、声、色”八点要求。他把作品的艺术风格分为“阳刚”和“阴柔”两大类。

该派的理论强调义理与辞章的统一，概括了历代古文家在章法、用语上的不少成就，特别强调文章的一整套具体的形式技巧，虽未免戒律过多，但便于掌握。该派的作品中碑志、传状较多，艺术上以典雅、洁净、凝练著称。名篇有方苞的《狱中杂记》、姚鼐的《登泰山记》等。

蒲松龄与《聊斋志异》

蒲松龄（1640～1715年），字留仙，一字剑臣，别号柳泉居士，世称聊斋先生，山东淄川（今淄博市）人。

蒲松龄少有文名，但多次应试，始终不第，不得不依靠做幕僚或坐馆授徒为生，直到年过古稀，才援例得为岁贡生，一生饱尝八股科举之苦。他博学多识，天文地理、农桑医卜之书无不涉猎，尤其喜欢搜求奇闻逸事，民间谣谚传说，《聊斋志异》凝聚了他一生的心血。

《聊斋志异》写成于康熙十八年（1679 年），全书近 500 篇，是在广泛搜集民间传说、野史佚闻的基础上，经过作者的艺术加工写成的。一部分系笔记随札式的短章，大部分是“用传奇法而以志怪”的短篇小说。就其内容而言，多叙狐鬼妖魅故事，荒诞不经、超乎常理的情节细节比比皆是，故近于志怪。而手法、技巧则取自传奇，与志怪迥然不同。其故事情节往往曲折婉转，起承转合、悬念高潮、尾声余韵，均由作者用心安排，绝非志怪式的简单记录可比。人物刻画不但注重形貌风采，而且深入内心世界，个性气质、习惯偏嗜乃至说话的声气口吻，均在描绘之列，所以形象之丰满细腻远胜于志怪的粗糙简陋。

以荒诞离奇的情节、犀利辛辣的反讽式语言揭示对社会生活的体认，借以舒泄胸中孤愤，是蒲松龄的主要艺术追求。如《司文郎》《贾奉雉》《王子安》等，不但具有文学价值和美学情趣，更具震撼人心的力量。《聊斋志异》中的恋爱故事，以男性作家的绮思艳想为动机和情节基础，往往写得动情而优美，这些小说成功地塑造出众多性格各异而资质风采俱美的少女形象，都不同程度地表现了中国民间对女子外形美和内在美的理想。尽管这种理想涂上了落魄知识分子的幻想色彩，并有其不可避免的时代局限，但其中流露的对于少女的基本看法和态度，与《红楼梦》中贾宝玉以“女儿为水做的骨肉”近似而相通。

《聊斋志异》以后，仿作者不断，但那些作者或者徒存姑妄言之的狐鬼故事，或者据实纪闻，退回志怪的传统，但也几乎掀起了一个文言小说的创作高潮。

《儒林外史》

《儒林外史》是长篇讽刺小说，作者吴敬梓（1701～1754 年），字敏轩，号粒民，晚年自称文木老人，安徽全椒人。《儒林外史》成书于吴敬梓五十岁以前，开始仅以抄本流传。

《儒林外史》原本 55 回，现在通行的刻本是 56 回。小说以封建士大夫的生活和精神状态为中心，揭露科举制度对士人心灵的腐蚀，描写了各种类型热衷功名的八股迷们的丑恶嘴脸，以及有些人由儒生变成贪官污吏和土豪劣绅后横行霸道残害人民的罪恶。书中不仅写“儒林”的堕落，还反映了封建统治下以贪酷为能的政治风气，对封建吏治的腐败、礼教的虚伪、世态炎凉等予以深刻的揭露和批判，进而讽刺了整个封建制度的腐朽和不堪救药。书中塑造了许多生动的人物形象，如考到60多岁还是个童生，受尽侮辱嘲弄，而一旦取得“功名”，就立刻改变了社会地位的周进；一直考到胡须花白还没有中举，中举后却疯狂失态的范进；迂腐呆板、满口读书做官论的马二先生；原本纯洁朴实，考取秀才后便六亲不认、招摇撞骗的匡超人；鼓励自己女儿自杀殉夫，后来又“悲悼女儿，凄凄惶惶”的老秀才王玉辉，以及临死还心疼灯盏里点了两根灯草的悭吝财主严监生等。小说还通过王冕、杜少卿、荆元等正面人物形象寄托了作者的理想，希望用儒家的礼、乐、兵、农来挽救即将溃败的社会，反映了作者思想上的矛盾和局限。

《儒林外史》是中国叙事文学中讽刺艺术的高峰，对以后的长篇小说特别是谴责小说，如《官场现形记》《二十年目睹之怪现状》等，产生了深刻的影响。

曹雪芹

曹雪芹（1715？～1763或1764年），名霑（zhān），字梦阮，号雪芹、芹圃、芹溪。

曹雪芹的曾祖曹玺曾任江宁织造，曾祖母孙氏做过康熙帝玄烨的乳母，祖父曹寅历任正白旗包衣佐领，内务府郎中，苏州、江宁织造和两淮盐御史。曹寅死后，由儿子曹颙（yóng）承袭江宁织造。不久曹颙病死，康熙命曹颙之母过继了一个儿子曹頫（fǔ），继续担任江宁织造。康熙六次南巡，四次都以曹寅任内的江宁织造署为行宫。曹寅的两个女儿都被选做王妃。曹寅善写诗词，又是当时有名的藏书家，著名的《全唐诗》就是他奉皇帝之命主持刊印的。雍正五年（1727年），因清廷内部的政治斗争受牵连，曹頫获罪革职，第二年被查抄，全家迁回北京，家道遂衰。

曹雪芹究竟是曹颙之子还是曹頫之子，现在还难以确定。家庭败落后，他曾一度在北京的右翼宗学当教习或差役，并结识了敦

敏、敦诚兄弟；晚年，他在北京西郊“蓬牖茅椽，绳床瓦灶”，过着“举家食粥”的生活。曹雪芹在极其艰苦的条件下，发愤写作，成《红楼梦》80回，未及终稿而一病不起，溘然长逝。

《红楼梦》

长篇小说《红楼梦》的作者是曹雪芹，原稿题名《石头记》，主要以80回抄本的形式在社会上流传。乾隆五十六年（1791年），程伟元首次用活字排印了高鹗续补的120回本，书名改为《红楼梦》。

《红楼梦》是一部百科全书式的小说。其涉及人物从皇妃国戚、贵族阁僚到丫鬟小厮、倡优细民、僧道商农，几乎涵盖当时社会各个阶层。其描写范围，从上层社会的礼仪酬应、庆吊往还、诗酒高会，到平民百姓从事的匠作营造、栽花种树、畜禽养鱼乃至医卜星相、演义说唱，刺绣烹饪，可谓无所不包，表现了清代社会生活的方方面面。

小说是从讲故事发展起来的，但成功地塑造人物才是其艺术归宿。《红楼梦》的超绝之处在于它既写得多，又写得好；据统计全书涉及700多个人物，而堪称典型的不下100个，这些形象的美学内涵浓厚广博，令人叹为观止。

如《红楼梦》的男主人公贾宝玉，他在大观园中过着众星捧月般的生活，结果变成一个只愿在脂粉堆里厮混而拒绝读书上进、求官入仕的“不肖孽障”。他有不少怪癖，更有许多妙论，与那些叔侄和兄弟辈的纨绔子弟在思想上、道德上、人品上有许多不同，但他们形象的客观意义却是相辅相成的。他们的存在从两个侧面、两个方向上征兆着封建统治阶级的腐朽和糜烂。

《红楼梦》的叙述语言生动细腻，对话语言酷肖人物身份、性格，大到《芙蓉女儿诔》《葬花词》，小到一则灯谜、一支酒令，无不精妙绝伦。

《红楼梦》是中国古典小说巍峨的丰碑。在它高大身影的映照下，同时和以后的许多小说确难再有突破性的表现。它标志着中国古典小说现实主义的高峰，在中国文学史上产生了巨大影响。

《镜花缘》与女性解放思潮

嘉庆年间出现的《镜花缘》是清代中期继《红楼梦》之后比较优秀的一部小说，其作者为李汝珍。

《镜花缘》写唐代武则天当政后，诏令百花在冬天开放。众花神被迫遵令而被上天所谴，谪于人间。为首的百花仙子托生为秀才唐敖之女唐小山。唐敖赴考得中探花，却被人告发与叛臣徐敬业结拜而被黜革。唐敖因此看破红尘，随妻兄林之洋和舵工多九公出海经商游历，经过四十多个国家，见识了各种各样的风土人情和社会现象，搭救结识了一些由花神转世的少女。后半部则写武则天开科考试，由花神托生的一百名才女全部考中，她们多次举行庆贺宴会，弹琴赋诗、行令论文、谈学论艺，显示各自的才学，末尾则叙徐敬业、骆宾王等人的儿子起兵讨伐武则天，在仙人帮助下，打败了武氏兄弟设下的酒色财气四大迷魂阵，从而使唐中宗复位。

《镜花缘》思想内容中最突出的精华，是李汝珍对封建社会里的男尊女卑现象表现了极大的愤慨和不满。小说颂扬女性的才能，着重写了一百个才女的活动，而她们的活动已不像《红楼梦》那样，仅仅停留在家庭里，而是活动在社会上，其表现出来的才能智慧，绝不亚于男子。由于在封建社会里参加科举是参加政治活动的先声，因此，李汝珍在《镜花缘》里实际上已经接触到女子参政的问题。这种广泛地多方面地写妇女的活动，而且抛开男女性爱来写女性，在中国古典小说中是具有开创意义的。

四大谴责小说

谴责小说是晚清小说的一种。鲁迅在《中国小说史略》中，把大量出现于戊戌维新变法失败以后，以暴露社会黑暗，指摘政治腐败为中心内容的小说称作“谴责小说”。

《官场现形记》

《官场现形记》作者李宝嘉（1867～1906年），又名宝凯，字伯元，号南亭亭长，江苏武进（今常州）人。

《官场现形记》创作于光绪二十八年（1903年）至光绪三十一年（1905年），最初连载于《世界繁华报》，并分5编，每编12回。全书由三十多个短篇故事连缀而成，涉及大小官吏百人以上，上自王公大臣，下至佐杂小吏，无所不有。通过这些故事，作品集中暴露了清末官场的腐败污浊：朝廷公开卖官鬻爵，贿赂公行，官吏无不贪赃枉法，利欲熏心。尽管作者在小说中表达了对官场腐败的深恶痛绝，但缺乏深沉的思考和丰富的内涵。

《官场现形记》在艺术上深受《儒林外史》的影响，没有贯穿始终的中心人物和主要情节，但它开创了专写官场、显其弊恶的小说新格局，是清末新小说中写得较好的一种。此后，描写其他各界如商界、学界、女界等“现形”之作不断涌现，逐渐形成清末谴责小说的创作高潮。

《二十年目睹之怪现状》

《二十年目睹之怪现状》作者吴趼人（1866～1910年），名沃尧，字小允，号茧人，后改趼人，广东南海人。

《二十年目睹之怪现状》1903年开始在《新小说》上连载，1906年上海广智书局出版单行本，至1910年出齐8册，共108回。作品描写的是1884年中法之战到1904年前后20年间，社会上的种种怪现状。全书以自号“九死一生”的“我”作线索，把20年来的所见所闻贯穿起来，展示了一幅清王朝崩溃前夕的社会画卷，并从侧面描绘了帝国主义对中国的疯狂侵略。作品的“怪现状”主要指的是：官场的贪污受贿、营私舞弊；官僚的卑鄙龌龊、道貌岸然、畏敌如虎、卖

国投敌等，重点在于揭露官场的腐败。对宗教家庭的骨肉相残、亲朋同事间的尔虞我诈，也做了淋漓尽致的描写。

《老残游记》

《老残游记》是四大谴责小说中思想复杂而艺术成就比较突出的一种。作者刘鹗（1857～1909 年），原名孟鹏，字铁云，别署洪都百炼生，江苏丹徒（今镇江）人。

《老残游记》塑造了老残形象；老残“摇个串铃”浪迹江湖，以行医糊口，自甘淡泊，不入宦途，浮云富贵，关心国家和民族命运，同情人民疾苦。作品通过老残游历中的所见所闻，反映晚清社会残败景象，揭露过去文学作品很少揭露的“清官”暴政。作者称“历来小说皆揭赃官之恶，有揭清官之恶者，自《老残游记》始”，“清官则自以为不要钱，何所不可？刚愎自用，小则杀人，大则误国”。因此，作品重点描写了“才能功绩卓著”的曹州府长官玉贤的残暴；“清廉得格登登的”齐河县令刚弼的主观武断、刚愎自用，造成魏家的冤案；抚台大人治河，采用错误理论方法，以致造成广大沿河居民蒙受黄河淹没的惨祸。小说客观上反映出当时山东部分地区人民，在官吏残暴统治下，生活悲苦，冤狱累累的景象。艺术上以洁净的语言对自然景物作朴素的摹写，在朴素描写中表现事物的

具体形象，鲁迅称之为“叙景状物，时有可观”；还采用比喻、烘托、白描、心理描写等多种艺术手法塑造人物形象。语言畅达、生动形象，富有个性化。

《孽海花》

《孽海花》的作者曾朴（1872～1935 年），家谱载名为朴华，初字太朴，改字孟朴，又字小木、籀斋，号铭珊，笔名东亚病夫，江苏常熟人。

《孽海花》共 30 回，其中前 6 回为金天翮作。1903 年在《江苏》月刊第八期上发表第一、二回，后将原稿寄给曾朴所办的小说林书社，并由曾朴修改和续写。成书于 1930 年，1931 年以后才有 30 回的单行本。作品以状元金雯青与名妓傅彩云的婚姻故事为线索，联络了一大批高级士子，通过他们的一些琐闻轶事，描写了从同治初年起到甲午战败止的 30 年间“文化的推移”和“政治的变动”。从中可以看到中法战争、甲午战争重大历史事件的爆发，帝党、后党的激烈斗争以及顽固派、洋务派、改良派、革命派等政治势力的消长演变。小说揭露了帝国主义的侵略野心以及清政府的腐败无能、封建士大夫的昏庸堕落，表达出识洋务、进西学、谋富强的政治主张。对资产阶级革命党人表示同情，对官僚名士的腐朽生活讽刺尖锐。

《醒世姻缘传》

《醒世姻缘传》是清初出现的一部以家庭为描写中心，以婚姻关系为暴露对象的人情小说，原名《恶姻缘》。现存最早的同治庚午刻本题为“西周生辑著”，“燃藜子校定”。有说西周生即蒲松龄，尚无定论。全书100回。叙写晁源和狄希陈两代冤仇相报的姻缘故事。武城县晁源射杀仙狐，娶娼妓珍哥为妾，纵妾虐妻，使妻计氏自缢身亡。晁源死后托生为狄希陈，死狐托生为狄妻薛素姐，计氏托生为狄妾童寄姐，珍哥托生为妾婢珍珠。妻妾因前世冤仇，逼死珍珠，又肆意凌辱狄希陈。后经高僧点明因果，狄希陈诵《金刚经》万遍方消除冤孽。

全书围绕婚姻主线，广泛描写了封建社会里的城镇和都市的世情风俗，是中国小说史上第一次以现实主义的笔墨，解剖了封建社会的家庭夫妻生活的作品。它严肃而尖锐地揭示了封建社会晚期家庭婚姻中纲常不振的反常现象，反映了封建社会趋向解体时传统的儒家礼教是如何失去维系人心力量的，具有很强烈的现实意义。但作者写作的目的是为了宣扬和维护封建道德，而不是批判封建家庭的关系和道德。另外，作者轮回转世、因果报应的宗教迷信思想，也使作品蒙上了浓厚的宿命论色彩。

◎近代◎

鲁迅

鲁迅（1881～1936 年），姓周，幼名樟寿，后改名树人，字豫山，后改为豫才。“鲁迅”是他发表《狂人日记》时开始使用的笔名，浙江绍兴人。

鲁迅出生于破落的封建士大夫家庭。幼时受过传统的封建文化教育，除读“四书”“五经”外，也读野史、笔记之类，并喜欢民间木刻、绘画艺术和社戏。由于母亲是乡下人，他与农村和农民保持着密切的联系。1898 年，鲁迅进入江南水师学堂学习，次年改入江南陆师学堂附设的矿务铁路学堂，初步接受了进化论思想。1902 年，他赴日留学，先入东京弘文学院，大量阅读西方近代科学、哲学和文学书籍，并写作科学论文。1904 年，入仙台医学专门学校学医，不久弃医从文，他认为，最重要的是救治国民精神。1906 年，鲁迅回到东京，开始文学活动。翻译、介绍了俄国、东欧和其他一些被压迫民族的文学作品，与周作人合作翻译出版了《域外小说集》，写了《人的历史》《科学史教篇》《文化偏执论》《摩罗诗力说》等论文。1909 年，他离日回国，先后在杭州、绍兴任教；辛亥革命爆发后，积极参加宣传活动。1912 年，鲁迅到南京临时政府教育部任职。1918 年 5 月，鲁迅在《新青年》上发表第一篇划时代的白话小说《狂人日记》，成为五四思想革命和文化革命的第一声号角；接着，发表包括《阿 Q 正传》在内的 14 篇小说，1923 年集为《呐喊》出版，为中国现代文学和革命现实主义奠定了基础。同时，他还创作了大量杂文，进行文化批判，解剖“国民性”弱点，形成“鲁迅杂文”这一新的独立文体。

1920～1926 年，鲁迅先后在北京大学、北京女子师范大学任教，研究和讲授中国小说史，并把讲义整理成《中国小说史略》出版。1924～1925 年，他发表《祝福》《伤逝》等 11 个短篇小说，结集为《彷徨》出版；并发表了散文诗集《野草》。1925 年前后，鲁迅参加了语丝社和未名社，出版《语丝》《莽原》《未名》等刊物；积极指导和鼓励青年与反动统治做斗争，并以杂文为武器坚持对“学衡”派、“甲寅”派、“现代评论”派的斗争。

1926 年，鲁迅赴厦门大学，任文科教授，写了散文集《朝花夕拾》，编订《汉文学史纲要》前 10 篇。1927 年，他到广州，任中山大学文科主任和教务主任；同年 10 月，鲁迅离开广州赴上海，开始了一生最光辉的战斗历程。这期间，他曾主编《语丝》半月刊，与郁达夫合编《奔流》月刊，编辑《科学的艺术论》丛书，研究马克思主义，出版《朝花周刊》，与创造社、太阳社就革命文学问题展开了论争等。1930 年 3 月，中国左翼作家联盟成立，鲁迅是筹备人和领导人之一。这一时期，他除编辑《萌芽》《前哨》等刊物外，主要是以杂文为武器参加各种政治思想斗争和文艺斗争，在反动派的文化“围剿”中成为中国新文化运动的伟人。从 1930 年起，鲁迅共写了 8 本杂文集，并创作了《故事新编》。

1936 年 10 月 19 日，鲁迅在上海逝世。

徐志摩与新月派

徐志摩（1897～1931 年），现代诗人、散文家，浙江海宁硖石镇人，原名章垿（xǔ），字槱（yǒu）森，留学美国时改名志摩。曾经用过的笔名有南湖、诗哲、海谷、谷、大兵、云中鹤、仙鹤、删我、心手、黄狗等。

徐志摩是新月派的灵魂人物。他具有自己独特的人生信仰。他热烈地追求“爱”“自由”与“美”，追求人与自然的和谐，这与他的活泼好动而潇洒空灵的个性以及天纵之才结合在一起，形成了其特有的飞动飘逸的艺术风格。徐志摩是一位沉浸在浓得化不开的爱情里的诗人，他把自己对于爱情的炽热的追求，全都化作了美妙的歌吟；在他所有的诗作中，爱情诗是最有特色的。

以徐志摩与闻一多等为代表的新月派是现代新诗史上一个重要的诗歌流派，受泰戈尔《新月集》的影响，故名。新月派大体上以1927年为界，分为前后两个时期。前期自1926年始，以北京的《晨报副刊·诗镌》为阵地，针对以郭沫若的《女神》为代表的一类只求创造，不讲形式的诗作，提出了“理性节制情感”的原则，与诗的形式格律化的主张。他们认为：“如果只是在感情的漩涡里沉浮着，旋转着，而没有一个具体的境遇以作知觉皈依的凭借，结果不是无病呻吟，便是言之无物了。”这种理论，实质上与传统的“乐而不淫，哀而不伤”的抒情模式暗合，也受到了西方唯美主义的影响。

新月派后期的主要活动转移到上海，以《新月》月刊和1930年创刊的《诗刊》季刊为主要阵地，新加入的成员有陈梦家、方玮德、卞之琳等。

冰心体

冰心（1900～1999年），原名谢婉莹，曾在北京协和女子大学预科读书。

冰心出身名门，后来又长期地就读于教会学校。和谐幸福的家庭生活，基督教博爱思想的熏陶，印度宗教哲学泰戈尔的“爱的哲学”与文学的影响，以及她个人温婉雅致的气质，都影响着她的散文风格。有人把她的这种独特风格称之为“冰心体”。

所谓冰心体的散文，是以行云流水般的文字，说出心中想说的话，即宣扬“爱的哲学”，包括对母亲之爱、自然之爱、儿童之爱，以及对祖国、故乡、家人、大海的眷念。字里行间蕴含着温柔，微带着忧愁，显示出清丽的风致。这种思想内容与行文风格，集中地体现在冰心的名篇《笑》里。

《寄小读者》和《往事》，也都是冰心散文的代表之作。《寄小读者》是一本通讯集，主要写她1923年去美国留学途中和到达之后的生活和见闻。《往事》则是一篇回忆性的散文小品。在这些作品里，冰心的思想印着她的经历，而她的笔总是凝聚着她在人间感受到的种种温暖和佳趣，传达给读者的是一段挚情，或一缕幽思，空灵而缠绵，纤细而澄澈。

“京派”与“海派”

“海派”是1928年国民党南京政府统一中国后，在以上海为中心的东南沿海城市中依靠稿费谋生，依附于都市文明、商业文化的职业作家，分为三大作家群，即左翼作家群、“新感觉派”作家群，和以鸳鸯蝴蝶派为基础的通俗作家群。

“京派”是以北京等北方城市为中心，以《大公报文艺副刊》《文学杂志》《水星》等为阵地，大学教授、大学生为主的一批学者型文人，即非职业化的作家。与“海派”作家相比，“京派”作家一面陶醉于传统文化的精美博大，又置身于自由、散漫的校园文化氛围中，天然地追求文学（学术）的独立与自由，既反对文学从属于政治，又反对文学的商业化。他们要维护文学的纯正与尊严，探讨“民族品德的消失与重建”，是一群忠实于文学的理想主义者。

所谓“京派”与“海派”之争，正是由农业文明向工业文明转变的现代历史变迁的文学回应。其间蕴含着中国现代文化的基本冲突：传统与现代、西方与东方、农村与城市……等等。而中国现代文学正是在两者对立与渗透过程中，进行着文学的变革与重造，逐渐建立其新的文学规范。

茅盾与《子夜》

茅盾（1896～1981年），原名沈德鸿，字雁冰，浙江桐乡人。茅盾是中国现代著名作家、文学评论家、文化活动家以及社会活动家，五四新文化运动的先驱者之一，中国革命文艺奠基人之一。

1933年因茅盾的长篇小说《子夜》的出版而被称为“《子夜》年”，有着重要的文学意义。《子夜》提供了对现代都市的另一种观照：作家以“历史审判者”的眼光俯视着现代都市里的芸芸众生、离离乱象，冷静地剖析资本压榨劳动者的罪恶，揭示掘墓人的必然产生，充满自信地作出了中国资本主义毫无出路、工人阶级必将成为时代主人的城市命运的“预言”。茅盾以他对都市生活整体性、全景式的审美观照，找到了与现代大工业、大都市的气魄相适应的宏大的史诗性的艺术结构。

老舍的北京

老舍（1899～1966年），原名舒庆春，字舍予，著名满族小说家和剧作家。

老舍无疑是北京的创造物，然而他又发现与创造了“艺术的北京”。从此，人们对于“北京”的观照，不得不带着老舍的眼光；老舍创造的祥子与虎妞（《骆驼祥子》）、张大哥和老李（《离婚》），以及祁家四世同堂的大院、小羊圈胡同大杂院（《四世同堂》），裕泰大茶馆（《茶馆》），以及老字号三合祥（《老字号》），神枪手沙子龙的镖局（《断魂枪》）都已经成为“北京文化”的有机部分。另一方面，老舍也是因为发现“艺术的北京”而发现自己的艺术个性，由完成北京形象而完成了他自己。北京与老舍，城与人，互相寻找，有幸发现了对方，终于达到了生命的融合。老舍创造的“北京”正为人们保留了一份老北京、老中国的诗意和美，这“最后的回眸”让人回味无穷。

沈从文的《边城》

沈从文，原名沈岳焕，湘西凤凰人，著名苗族小说家，代表作有中篇小说《边城》《长河》，短篇小说《柏子》《八骏图》《丈夫》，散文集《湘西》《湘行散记》等。

沈从文出身于行伍世家，六岁入私塾，小学毕业后入伍。成年后，他离开湘西来到北京，开始文学活动。沈从文是一位远离政治的作家，与当时文坛上多数注目于社会历史之变不同，沈从文潜心于表现“人性最真切的欲望”。他说：“我只想造希腊小庙。选山地作基础，用坚硬石头堆砌它。精致、结实、匀称、形体虽小而不纤巧，是我的理想的建筑。这庙里供奉的是‘人性’。”

《边城》是沈从文创作的一首美好的抒情诗，一幅秀丽的风景画。主人公翠翠在青山绿水之中长大，大自然既赋予了她清水芙蓉的丽质，也养育了她清澈纯净的性情。她的人性的光华，在对爱情理想的探寻中显得分外娇艳灿烂。白塔下绿水旁翠翠伫立远望的身影，就是作者的希腊神庙里供奉的那尊高雅的女神。其他人物如外公的古朴厚道，天保的豁达大度，傩送的笃情，顺顺的豪爽，无不是独特的湘西世界里和谐的生命形态和美好人性的象征。沐浴着湿润与和谐的水边小城，到处蓬勃着人性的率真与善良。作者把自我饱满的情愫投注到边城子民的身上，展现了一个诗意的自然环境与人类社会中的人性美和人情美。

新中国建立以后，沈从文不再创作，转向文物研究。

剧作家曹禺

从《雷雨》到《日出》和《原野》，是曹禺创作的第一个阶段，他在这三部话剧中逐渐深化地表现了反封建与个性解放的主题，显示了他独特的戏剧风格与悲剧艺术的才华。从抗战爆发到新中国成立，是曹禺话剧创作的第二个阶段，有《北京人》等作品问世。新中国建立后，曹禺一面从政，一面继续从事创作。

曹禺是一位思想的探索者，具有现实与形而上双重关怀的剧作家；同时，他又是一位极富创造力的戏剧艺术家，每一部剧作都有艺术的新探索、新试验。他追求各流派戏剧的沟通与综合，力图实现重情节、重性格与重内心的结合；写实与写意；场景、性格刻画的真实性与观念的抽象性、非写实技巧的结合；在具体场景上，追求戏剧的生活幻景效果的同时，又在整体上追求舞台的假定性效果。这使得曹禺远远超前于同时代的剧作家、戏剧评论家，乃至戏剧导演、演员与观众。

行吟诗人艾青

艾青（1910～1996 年），原名蒋海澄，浙江金华人。他出身于一个地主家庭，但因为“命相”不好，出生后被父母送往本村一个贫苦农妇“大叶荷”家里寄养。初中毕业以后，艾青赴法国留学，专攻绘画艺术，在巴黎度过了三年精神自由而物质贫困的生活；这一期间，他接触了大量的西方哲学与文学著作。

《透明的夜》是艾青的第一首诗，《大堰河——我的保姆》则是他的成名作和代表作。

艾青的诗，一方面保持并发展了革命现实主义流派“忠实于现实的战斗的传统”，克服了其“幼稚的叫喊”的缺点；另一方面又吸收了浪漫主义与象征主义诗歌艺术的精华，成为现代新诗成熟时期最为优秀的代表。

“土地”是艾青常用的一个意象，也是他诗歌的生命所系。《复活的土地》《雪落在中国的土地上》《北方》《冬天的池沼》等，汇集着诗人的土地之爱。在对于“土地”的吟唱中，凝聚的是诗人对于祖国，对于大地母亲最为深沉的爱。在《我爱这土地》一诗中，诗人的爱国情感表现得至真至诚。

幽默大师林语堂

林语堂（1895～1976 年），福建龙溪（今福建漳州平和坂仔）人，原名和乐，后改玉堂，又改语堂。笔名有毛驴、宰予、岂青等，是中国当代著名学者、文学家、语言学家；他早年留学国外，回国后在北京大学等著名大学任教，1966 年定居台湾，一生著述颇丰。

20 世纪 30 年代，文坛风行幽默闲适的小品文，成为当时引人注目的文学现象，推动这一风气的就是林语堂，“幽默”一词，就是他根据英文翻译过来的。

林语堂先后在美国哈佛大学、德国莱比锡大学学习西方语言和文学，1923 年回国任教。1932 年，他创办了《论语》半月刊，稍后又创办《人间世》和《宇宙风》，都以发表小品文为主，提倡幽默、闲适和独抒性灵的创作。林语堂提倡的幽默，同样要求正视现实，只不过并不想直接地针砭现实，而是以超然的姿态和深远的心境，并且带上一点“我佛慈悲之念头”，对现实的滑稽可笑之处加以戏谑，也就是所谓的“热心人冷眼看人生”。

在林语堂的创作中，还有必要提出的是那些“两脚踏东西文化”的篇章。1935年，林语堂用英文写的《吾国与吾民》在美国出版，产生了很大的反响，美国作家赛珍珠对其极力推崇。1936年起，林语堂长期居留美国，继续比较系统地向西方介绍中国文化和中国人的生活，所著《生活的艺术》《京华烟云》《孔子的智慧》《庄子的智慧》《苏东坡传》等二十多种著作，风行一时。林语堂在中西文化的鸿沟之上，架起了一座沟通的桥梁。

巴金

巴金（1904～2005年），原名李尧棠，字芾甘，现代文学家、出版家、翻译家；同时也被誉为是“五四”新文化运动以来最有影响的作家之一，是20世纪中国杰出的文学大师、中国当代文坛的巨匠。

巴金出生在四川成都，“巴金”是他在1928年开始用的笔名。1923年，巴金离家到上海和南京求学，1927年，赴法国留学。他最早的创作始于1922年，但完成于1928年的《灭亡》在巴金的创作中具有重要的意义。它反映的是北伐战争前上海的生活。小说的主人公杜大心的身上最突出的特点是“恨人类”，而这种恨是由爱走向反面而形成的。小说的这种主题，已经表现出巴金小说创作的某些特色，以巴金自己的话来说，就是“我写的是感情，不是生活”。

《激流三部曲》是巴金影响最大的作品，由《家》《春》《秋》三部小说组成。其中《家》的成就最高。这部小说带上了作者自己生活的影子，作者仿佛回到了自己熟悉的生活，找到了自己感同身受而又最能打动同代青年的题材与主人公。作品以爱情故事为情节发展的主干，写了觉慧与鸣凤，觉新与钱梅芬、李瑞珏(jué)，觉民与琴等几对青年在爱情上的不同遭遇以及他们选择的不同的生活道路。从整部小说的构思来看，作者是有意地把觉慧与觉新两相对照，以此告诉青年们应该怎样去做。从艺术结构上看，任何一位读过《红楼梦》的读者都能够从《家》里看到《红楼梦》的影子。

巴金自己曾说过：“在中国作家中，我可能是最受西方文学影响的一个。”

才女张爱玲

和大多数新文学作者对通俗文学的对立、鄙弃相反，张爱玲从不回避，甚至喜欢谈论自己的上海商业文化、北京通俗文学。她说她“从小就是通俗小报的忠实读者”，对《海上花列传》等推崇备至。她的最早引起人们注意的小说《沉香屑·第一炉香》即发表于上海通俗文学刊物《紫罗兰》杂志。

然而，张爱玲所发掘的，正是存在于一切时代的“妇人性（人性）”之中所具有的“永恒”。最初，人们几乎一致地把张爱玲看作是海派通俗作家，但通过她的作品可以认识到她骨子里的古典笔墨趣味、感受方式与表达上的深刻现代性；张爱玲是上海滩上的才女，是中国晚清士大夫文化走向式微之后的最后一个传人。她完全自觉与自由地出入于“传统”和“现代”，“雅”与“俗”之间，并且达到了二者的平衡与沟通。这正是张爱玲的特殊所在，并且是她对中国现代文学的主要贡献。

钱锺书与《围城》

钱锺书（1910～1998年），原名仰先，字哲良，字默存，号槐聚，曾用笔名中书君，中国现代著名作家、文学研究家。

钱锺书20岁时进入清华大学学习，立志“横扫清华图书馆”。三年后，他到英国牛津大学学习，以后又赴法国巴黎大学进修。归国后，他在各地大学的外文系担任教授，于1941年出版了散文集《写在人生边上》，1946年出版了短篇小说集《人·兽·鬼》，第二年，出版了《围城》。

《围城》是中国现代文学中杰出的讽刺小说，钱锺书说他要“写现代中国某一部分社会，某一类人”，却“没有忘记他们是人类”，这是一位中国作家通过对中国知识者生存困境的观察，进而关注整个人类所面临的现代工业文明的缺憾和现代人生的危机，于是产生了“围城”意象：人已经陷入“一无可进的进口，一无可去的去处”的绝境；而《围城》写作本身即是作家对人类生存的荒谬与虚无的独特反抗。钱锺书堪称独步的、充满机智而富有知识容量的书面讽刺语言，更使《围城》成为中国现代文学史上不可重复的纯粹个人之作。

穆旦的诗

穆旦（1918～1977年），原名查良铮，著名爱国主义诗人、翻译家；出生于天津，祖籍浙江海宁袁花镇；曾用笔名梁真。

穆旦在本质上是一个浪漫主义的诗人，他把浪漫主义的激情牢牢控制在诗歌技巧的威力下，使之达到一种真正意义上的现代诗歌标准。同时，他不仅非常爆炸性地使用诗歌技巧，而且把它糅合、陶铸到对民族苦难主题的抒唱里。他在诗歌中深刻地表现了个人与这一主题的关系。他对民族的爱往往通过冷静的语言来表现，在冰一般的语言下隐藏着火一般的赤诚心灵。

"这是死，历史的矛盾压着我们"，穆旦的《探险队》《旗》是面临死亡和历史的矛盾而建立起崭新的抒情方式。打破浪漫主义对自我与情感的迷信，穆旦从个体感性生命出发，建立了自己的怀疑主义，在毁灭的火焰之中，重新发现自己，这是站在不稳定的点上，不断分裂，破碎的自我，存在于永远的矛盾的张力上的自我，排拒了中和与平衡，将方向各异的各种力量相互纠结、撞击以至撕裂中，收获了"丰富的痛苦"，这是一种智性化的、近于抽象的隐喻似的抒情方式，从根本上突破了中国传统的诗学规范。

穆旦的诗歌语言最无旧诗词味道，他用现代白话文有深度地传达着唯有现代中国人才能产生的现代意识与现代诗绪。

文学理论家梁实秋和他的散文

梁实秋（1903—1987）是现代散文家、学者。原名梁治华，字实秋，有子佳等笔名。原籍浙江杭州，生于北京。1923 年留学美国科罗拉多大学英语系。后入哈佛大学研究所，获硕士学位。回国后，先后在北京大学等国内多所高校任教授。曾主编上海《时事新报》副刊、《新月》月刊。抗战时期任国民党国民参政员。1949 年到台湾，任台湾大学等高校教授，1966 年退休。1967 年由远东书局出版其 40 卷莎士比亚全集翻译本，并编撰了《英国文学史》、《中国文学史》、《浪漫的与古典的》等多部学术著作。

其文学创作以散文著称。仅抗战时期至去世前，出版了10多册散文集。其中写于四川的《雅舍小品》、《雅舍小品续集》中的散文，以及怀念亡妻的《槐园梦忆》、怀念北京的《故都乡情》，尤脍炙人口。他的散文简约，清丽，幽默而风趣。

《雅舍小品》虽写于抗战时期，但均“与抗战无关”。《女人》写女人的“喜欢说谎”、“善变”、“善哭”、“说长道短”、“胆小”，似乎都是弱点，但却是小市民阶层女性常有的特点，并非有意攻击女性，而《男人》——可以看作是《女人》的姊妹篇，则对男人的弱点有更为直截了当的评论，即就是“脏”、“懒”、“馋”、“自私”以及“群居终日，言不及义”等，但这也并非是恶意攻击男性，只是揭示了一些男人身上存在的劣根性。两篇作品都写得直言不讳而又辛辣幽默，颇有警世作用。《第六伦》在君臣父子夫妇兄弟朋友五伦之外，又发现另一种伦理关系，即主与仆的关系。为主为仆，各有各的难处，但作者显然把同情给予了仆人，认为“过错多半不在仆人方面”要求主人把仆人“当做人”，以此建立又一种新的伦理关系。《中年》写人到中年，生理和心理都发生了变化，不免有“岁月不饶人”的感慨，但“四十开始生活，不算晚”，“中年的妙趣，在于相当的认识人生，认识自己，从而作自己所能作的事，享受自己所能享受的生活”。表现出对人生的一种坦然达观的态度。以上数篇均写人事。《洋罪》则写风俗文化，认为把外国一些禁忌（例如忌“十三”）和风俗习惯生吞活剥地搬到中国来，会变成“桎梏”，无疑是受“洋罪”。《旅行》则写民族的文化心理。从中国人的怕旅行，写到旅行中会遇到的种种困难和苦恼，又进而写到旅行也有“乐趣”。“旅行是一种逃避——逃避人间的丑恶”，但真正做到这一点也不易，连找到一个理想的旅伴也很困难。作者感叹“人是个奇怪的动物，人太多了嫌闹，没有陪着嫌闷”，“在社会里我们觉得面目可憎、语言无味的人居多……在大自然里又觉得人与人之间是亲切的”。作者在文中把困难、苦恼、孤寂和乐趣一一把玩，让读者领略其中的滋味，有苦有甜，有感慨有幽默，更有智慧。《结婚典礼》批判了守旧的、落后的铺张的陋习。《“旁若无人”》则对社会上不讲公德的、不文明、缺教养的人加以讽刺和批判。这些散文虽与抗战无关，但也并非超绝尘寰，仍以人道的思想，恬淡的心情观察人生世相，每有所感，遂发为文章。梁实秋的散文简洁精致，自然率真，很少铺排渲染却谐趣迭生。喜欢直截了当开篇切题，又善用平仄，精于选词炼句，具有文调之美，读来备感亲切，并能给人以美的享受。

其 他

“文学”意义的演变

西汉时期，学校的负责人不称校长或教官，而叫“文学”，如称张文学、李文学等。唐代的州县设有博士，后期也改称“文学”。汉武帝时，为了选拔人才，设有“贤良文学”科目，由各郡国每年举荐人才上京考试，被举者便叫作“贤良文学”。“贤良”是指品行端正、道德高尚的人；“文学”是指精通儒家经典的人。大概在魏晋后期，“文学”才成了语言艺术的专用名词。

中国古代女性文学的特色

中国历史给妇女文学创作者提供了思想文化背景有异于男性，而她们在接受传统文化和从事文学创作上形成了自己的特点：首先是观照人生的现世性，她们写诗填词主要是抒发比较狭隘的个人情怀，而无政治方面的考虑，虽然出现过李清照这样的诗人大胆地抒发对历史对时局的看法，但更多的则体现着儒家精神的另一个方面，即对现实人伦情感的重视。其次，在情感表现上很少畅怀高歌，更多的是压抑迂回、委婉曲达。

中国古代的笑话文学

隋代，侯白撰了《启颜录》，那是一本记隋朝人物的笑话。

有一则如下：

“隋朝有一人敏慧，然而口吃，杨素每闲闷必召与谈。尝岁暮，因戏之云：‘有大坑深一丈，方圆亦一丈，遣公入其中，何法得出?’其人低头良久，问云：‘白白白白日，抑夜夜夜夜晚?’素云：‘何须云白日夜晚，若为得出?’乃答云：

‘若不是夜夜晚，眼睛不瞎，为何人人入到那里？’素大笑。”

宋代诗文大家苏东坡，笔调谐趣，一时无两，他写了一册《艾子杂说》，有一段说：

“艾子好饮，很少醒日，学生大家计议道，此不可以谏止，唯有以险事吓他才可戒。一日，大饮而吐，学生们密取猪脾置吐物中，持以告他道：‘凡人要具五脏方能活，今老师因饮而吐出一脏，止剩四脏了，怎能生呢？’艾子熟视而笑道：‘唐三藏（脏）犹可活，况有四脏？’”

后来他又写了一册《艾子后说》，也是很富幽默意味的。

在笑话方面，元代又出现了两部名著：一是《笑海艺林》；一是《笑苑千金》，都是很浅白的笑话著作。后者载有一则说：

“一信民往万灵庙求神，若保佑明日天晴，必以羊肉供奉。另一信民亦来祈祷，若保佑明日天雨，必以猪肉供奉。神公公自喜曰：‘唔，若是天晴，我便食羊；若是天雨，我便食猪。反正都有得食，何忧之有！’”

这则讽刺木偶的笑话，可说入木三分。

以“三言”闻名的明末大文学家冯梦龙有《古今笑》（又名《古今谈概》《古今笑史》）一书，这是一部笔记文学，取材史籍，故而开创了笑话文学的另一途径。此翁还辑有《笑府》《广笑府》。

中国古代的“佚名”作品

中国文学历史悠久，留下了数以万计的传世佳作。也有不少脍炙人口、独揭妙谛的名篇，未见著作家姓名根植，更无从说及时代、籍贯和大背景了。

虽经考证，仍难究明细，察其源由，当有诸因：

一、年代久远，不知所本，如《山海经》（传为夏禹、伯益所作）、《卜居》《渔父》和《神女》《登徒》（分别传为屈原和宋玉所作），实误，“其世远，其作者之名不传”（崔述：《考古续说》）。

二、由民歌演变的几代人集体创作，时有修改，则很难用一两姓名表示，如《孔雀东南飞》《木兰辞》等。

三、作者从实不从名，为使己作留彰后世，借托名家手笔，如李陵、苏武的五言诗，“携手上河梁，问子何所之”，因为世人传诵，搜入《文选》。

四、因为政治需要，文为时而作，而攀援古人，以激励世人，如所谓岳飞“手书摹刻汤阴庙中”的《赠吴将军南行》《送紫岩张先生北伐》，多系明人伪托，而隐去真名；李秀成《壮志》两首，亦系辛亥时革命党人赝品。

五、文人好古，惯于借古人姓名，发现己作以抒情怀。如《古诗十九首》几首借枚乘之名，“是知假托成文，乃词人之常事”（崔述：《考古续说》）。

六、敬慕古人，而憾其作品有所不足，遂借其姓氏而作，故作品不见于同时代，或相关文集里；却见于隔代的著作，如见于晋张俨《默记》的所谓诸葛亮《后出师表》。

七、含有隐晦深意，且也忌讳时尚，为免众矢之的，故埋去本名者，如《金瓶梅》。

中国古代七步、五步、三步成诗的人

三国时，曹子建七步成诗，古今称誉。唐朝开元年间，零陵人史青向唐玄宗上表自称，曹子建七步成诗尚为迟涩，“臣五步之内，可塞明昭”。唐玄宗当即召见，以《除夕》为题，命史青作诗。史青稍加思索便吟道：

“今夜今宵尽，明年明日催。寒随一夜去，春逐五更来。气色空中改，容颜暗里摧。风光人不觉，已入后园梅。”

玄宗听了，大赞其才，确非当年曹子建所能比，当即授以左监门将军之职。

七步、五步成诗尚不为快，北宋大臣寇准能三步成诗。相传，寇准从小天资聪敏，七岁即能诗，人称“神童”。一日，其父大宴宾客，一客人提议：“闻令郎善诗，请即席吟哦一首，如何?”主人乘着酒兴答道：“好吧，让孩儿作诗助兴，也好当面向诸位请教。”于是命家人唤出小寇准，让他对客吟诗。小寇准只说一声：“请出题。”客人说：“我们这儿离西岳华山不远，就以华山为题，作一首《咏华山》诗吧。”寇准在客前踱步思索，一步、两步，刚迈出第三步，一首五言绝句随口而出：

“只有天在上，更无山与齐；举头红日近，回头白云低。”

寥寥数语，道出了西岳华山的雄伟峭拔之姿。举座闻之，无不叹服。才思敏捷，出口成章，实为古今诗坛所少见。

中国历史上最早的女诗人

姬娫（约公元前 683～?），卫国公主，卫宣姜之女。从小受到良好的教育，出嫁前就已开始写诗，对她的同父异母家兄——无道的卫懿公很不满，并且作诗讽刺他。由于才貌非凡，当时许国君主穆公极力想娶到她。卫懿公为了讨好郑国、疏远齐国，并且发泄自己对姬娫的愤恨，不顾她的陈述，而强令她嫁给当时已经 50 多岁，又庸俗不堪的许穆公。姬娫到了许国，非常思念故乡和祖国，写出了《竹竿》《泉水》等著名诗篇。

公元前 661 年冬，卫懿公兵败荥泽，被狄人乱箭射死。姬娫听到卫国罹祸，

心如油煎，直到姬妊的二哥戴公即位一个月就病故的消息传来，许穆公才放她去吊唁。她回国后主张卫国向大国求援，遭到了许多执政者的反对，于是赋出了悲壮的爱国诗篇《载驰》，收在《诗经》中，流传至今，历来为人们所重视。

中国现存最早的女童诗作

中国现存最早的女童诗作，是唐代女童徐惠所作的《拟小山篇》，当时年仅八岁（虚岁）。其内容如下：

“仰幽岩而流盼，抚桂枝以凝想。将千龄兮此遇，荃何为兮独往！”

此诗是模仿淮南王的小山篇《招隐士》而作的骚体诗。诗的前两句其大意是：仰观幽岩而眼波流转瞻望不已；抚摸桂枝而心中凝结有万千思绪。诗的后两句为诗人的感叹。句中的“荃”，本是一种香草，这里代指屈原。幽幽凄凄之诗，充溢有多少情思；感动多少人心。

经考证，此诗是中国现存最早的女童诗作。

古人写作习惯拾趣

薛道衡，隋朝著名诗人。他作诗文，必于不放任何杂物的空室，面壁而卧，闻室外有人则怒。其为后人传诵的“空梁落燕泥”等佳句，就是在这种环境中写成的。

王勃，“初唐四杰”之一。相传他每次写诗作文之前，先磨墨数升，饮酒数杯，然后用被子蒙头构思。起来后提笔挥洒，一气呵成。时人谓为“腹稿”。

杨大年，明朝人。他作文喜与宾客饮酒下棋，笑语喧哗而不妨其文思。在这当儿，他以小方纸书写，舞笔如飞。写满一张，则令门人传录，以致门人疲于应命。

古人是怎样发表作品的

“染翰聊题壁，倾壶一解颜”。这是杜甫的诗。“题壁”是古人“发表”作品最常见的形式之一。那时的酒楼、驿站、寺院等人流之地，大多有粉刷得很好的墙壁，专供文人墨客们题咏留名。《水浒传》中的宋江，在浔阳酒楼题“反诗”时，便“见粉壁上多有先人题咏”。

作为“题壁”形式的补充和发展，从唐代中期始，民间出现了“诗板”（宋代称为“诗牌”）。“诗板”的出现，使某些无“壁”可题的名胜区、点亦可题诗，并可传观，扩大了读者面。《云仙杂录》载：李白游报恩寺时，寺中的和尚便是手捧一块用水松做的“诗板”向他乞诗的；《全唐诗话》说：诗人薛能路过蜀地飞泉亭，见亭“中有诗板百余篇”；《东京梦华录》又云：宋代闹元宵，大相国寺的大殿前，两廊均列有诗牌。可见诗板（牌）在唐宋时期使用广泛。

古人“发表”作品的第二种常见形式是赠答。以此形式“发表”作品，虽然开始时读者面小，却有利于保存和传世。因为诗人的赠答者大多为文人，他们往往会将文友的赠答之作笔录于自己的著作中，即所谓“求赠攀前例，将诗认故人”。赠答的方法，有对吟、留赠、遥寄等。《唐语林》载：白居易为杭州刺史时，与钱徽、李穰、元稹等就是以竹筒寄诗，互相赠答的。“求赠”在古代看来也是很盛行的，以致使许多著名诗人“诗债”累累，应接不暇，黄庭坚诗“传语豪州贤刺史，隔年诗债几时还”；张雨诗“先生闭门成真嫩，诗债敲门不厌催”，便是对这种世风的反照。

“即席赋”“即席咏”，是古代诗人在题壁、赠答之外，创造的又一种“发表”作品常用形式。那时的文人多热衷于“以文会友”，经常搞一些所谓“文会”“诗社”之类活动，如《南史》载：顾越与沈炯、张种、孔奂等“每为文会”；唐诗人孟郊诗：“昔游诗会满，今游诗会空”；《西湖游览志余》称：元时，仅杭州一地，就有清吟、白云、孤山、武林、九友会等诗社五六个。这些会、社，“留欢更邀诗”（李白句），催出了一批诗才敏捷者的即席之作。

古代第四种“发表”诗文形式的形式是“投献”。“投献”就是把自己的得意之作，投诸名流、显宦或献给皇帝，以期牟得声誉或一官半职。行此道者历代皆有：《世说新语》载：左思《三都赋》成，先后投于张华、皇甫谧，“谧见之嗟叹，遂为作叙”，于是文价大增，洛阳纸贵。《新唐书》言：李白微时，携文见贺知章，“章见其文叹曰：子谪仙人也。言于玄宗……，诏供奉翰林”。《宋史》云：

葛胜仲原为太学正（学官名），哲宗视学，他献赋一篇，得好评，旋被迁升为礼部员外郎。可见，“投献”不仅使所投作品（当然须确系精作）得以“发表”，且由此可使人、文俱显，名、位双收。

古代“发表”诗文的形式还很多，如唐球放诗飘于江；李后主赐诗扇于宫女；吕不韦将《吕氏春秋》悬于市门；唐宫女题诗红叶，由御沟流到宫外等。然主要形式，大概为以上五种。

古诗谐趣

古代有许多特殊形式的诗，大体说来有示儿诗、劝学诗、画藏诗、落榜诗几种。

示儿诗

中国古代诗词中，有一种特殊形式的“示儿诗”，也包括“责子诗”。因为它诉之于情感，抓住了教育契机，能够深刻地感化子女，使他们永志勿忘。

唐代大诗人杜甫示儿诗颇多，如晚年56岁写的《又示宗武》：“觅句知新律，摊书解满床。试吟青玉案，莫带紫罗囊。假日从时饮，明年共我长。应须饱经术，已似爱文章。十五男儿志，三千弟子行。曾参与游夏，达者得升堂。”这诗满怀喜悦地称赞儿子已能写诗、写文章，引用晋朝谢安善于用婉转的方法教育侄儿谢玄的故事，勉励儿子敦品厉行。并以孔门大弟子为榜样期望儿子。

晚唐另一个大诗人李商隐有一首《骄儿》诗，很长。李商隐善写缠绵悱恻、伤时感事的诗，这时却写得轻松愉快。李商隐不但诗才高，而且书法“美”，看到儿子开始注意看写字，大加称赞：“有时看临书，挺立不动膝……”他直率地期望儿子：“儿慎勿学爷，读书求甲乙。穰苴司马法，张良黄石术；便为帝王师，不假更纤悉。况今西与北，羌戎正狂悖，……儿当速成大，探雏入虎穴。当为万户侯，勿守一经帙。”当时西北民族矛盾激化，李商隐迫切地希望儿子成为一个保卫国家的英雄人物。

最感人肺腑的是受人传诵的南宋爱国诗人陆游的《示儿》诗：“死去元知万事空，但悲不见九州同。王师北定中原日，家祭无忘告乃翁。”

劝学诗

东晋田园诗人陶渊明过着悠然见南山的躬耕之乐的生活。他是决心弃官归田、不返仕途的人，但对后人还是勉励为学。诗：“盛年不重来，一日难再晨。及时当勉励，岁月不待人。”诗虽明白如话，却含义深长。以朴素的语言，道出尽人皆知的常理。时光一去不复返，要趁少壮之年求学上进。不失为惜时劝学的名篇。

宋代王安石《赠外孙》诗：“南山新长凤凰雏，眉目分明画不如。年小从他爱梨栗，长成须读五车书。”这位11世纪的政治家，创新法，革弊政，虽败而志不泯。老来钟爱后代称他们是小凤凰，寄予厚爱，希望长大读五车书，成为博学之士，有识之士，干出一番事业以强国利民。

画藏诗

西安碑林有一幅竹画诗。两根竹上，那浑然天成，神韵生动的竹叶，是用20个汉字巧妙拼凑成的。这20个字为一首五言诗，诗句的顺序是从竹的顶端由右向左，由上而下排列的。诗云：“不谢东君意，丹青独立名。莫嫌孤叶淡，终久不凋零。”此诗取材于《三国演义》中关云长千里寻兄走单骑的故事。当时关公因战乱与结义兄弟刘备、张飞离散，流落曹营。曹操爱关羽将才，盛情相待，封官许愿，百般挽留，无奈关羽“身在曹营心在汉”，终乘曹操不备，挂印而去。竹画中右上角的大印和底下的印章，就是曹操封关羽“汉寿亭侯”的图形。后人流传的这首诗，有说是关公临走时写下留给曹操以明心志的；有说是画图作者称赞关云长的忠义气节的。不过此画压根儿说是一种文人的无聊游戏，尽管其中也有一定的机巧机趣。

落榜诗

唐代的科举考试，规定要考“试帖诗”。

诗人祖咏有一年在长安参加进士考试。这年“试帖诗”的题目是：终南望余雪。祖咏是位擅长用精炼语言刻画诗歌意境的人，他思索片刻，迅速在试卷上写下两句诗：“终南阴岭秀，积雪浮云端。”第一句的“阴”即山的北面，这句写出了远望终南山秀美的景色。第二句点出山势的高峻和积雪深厚。这两句诗已经照应了题目的“终南望雪”四字，意思表达得十分清楚，唯有“余”字尚未表达出来。祖咏接着写下两句诗：“林表明霁色，城中增暮寒。”这两句诗的意思是，雪后天晴，山林中的积雪反射出强烈的光芒，长安城中顿时增添了不少寒意。祖咏用“霁色”和“暮寒”从写景与感觉上传神地写出了“余”字的韵味。祖咏反复吟咏四句诗，觉得题目意思表达完了，不应该再写下去了，于是不顾“试帖诗”的清规戒律，毅然交卷。考官们一看祖咏的诗不合规定，没有录取他。尽管祖咏落榜了，但他这首脍炙人口的诗却流传了下来。

语　言

“汉语”与“中文”之别

“汉语”和“中文”是既有联系又有区别的两个概念。

“汉语”是汉族语言的简称。中国是多民族国家，除汉语以外，尚有满、蒙古、藏、朝鲜、维吾尔等兄弟民族语言，通常说的汉语，不包括其他兄弟民族的语言，但包括使用汉语地区的方言。

“中文”是中国语文的简称，它与“汉语”的区别严格来说，汉语是指口讲、耳听的语言，“中文”还包括阅读和书写的问题。

“语文”的由来

清末废科举、兴“新学”时，有一门功课叫“国文”，教的是文言文。“五四”运动以后，白话文兴起，小学“国文”改称“国语”，侧重白话文，提倡教学接近群众实行语言；中学仍称“国文”，侧重文言，但加入一定白话文。

1949 年 6 月，华北人民政府教育部在研究全国范围使用的教材时，确定中小学都应以学白话文为主，中学逐渐加点文言文，作文则一律写白话文，并要求学生在口头上和书面上能掌握接近生活实际、切合日常应用的语言。同时，采纳了叶圣陶的建议，不再用“国文”和“国语”两个名称，一律称为“语文”。

汉语拼音的演变

汉字用拉丁字母注音，已有 370 多年的历史。

明代万历年间，意大利传教士利玛窦就用拉丁字母给汉字注音。后来，法国传教士金尼阁又用 25 个字母给汉字注音。目的都是为了方便西方人学习和掌握汉语汉文。以后，又陆续出现过多种以拉丁字母为基础的汉语拼音方案，其中最有影响的是“威妥玛式”，它是鸦片战争后曾任驻华公使等职的英国人威妥玛所拟。1892 年，近代拼音文字提倡者卢戆（gàng）章，仿照拉丁字母笔形自造了一种“切音新字”。1926 年，国语统一筹备会制定了“国语罗马字”。1931 年，教育家吴玉章等人又制定了“拉丁化新文字”，为以后的“汉语拼音方案”的逐步完善起到了积极的推动作用。

1958 年，在周恩来总理的直接倡导下，第一届全国人民代表大会第五次会议批准颁布了《汉语拼音方案》，汉语拼音就此诞生。

雅言·官话·普通话

雅言

春秋时期，教育家孔子号称弟子三千，他的学生来自“五湖四海”，方言的隔阂可想而知。孔子用以教学的语言，就是“雅言”。《论语》上说“子所雅言，《诗》《书》、执礼，皆雅言也”。

官话

随着社会经济的发展，随着人们交往范围的不断扩大，往来日益频繁，方言便成为人们交际的严重障碍。人们越来越需要有一种全民族、全国通行的共同语，即规范化的语言，推广全国，以利交际。在这种情况下，诞生了由政府向全民推行的“官话”。

元朝曾要求学校教授“天下通语，”，即中原音。即使蒙古族儿童在学校也必须讲中原音，否则就要打板子。到了明朝，“官话”的推广已有官定的语音标准——政府敕令编纂的《洪武正韵》（此韵书以北京音作语音规范），并规定人们作文、说话必须合乎《洪武正韵》。

普通话

通过实践，人们认识到，标准音不是可以随意创造的，必须以一种比较通行的方言作基础来确定。1926 年召开的“统一国语大会”明确提出了“北京的方言就是标准的方言，就是中华民国的公共语言，就是用来统一全国的标准国语”。新中国成立后，为语言的统一创造了极为有利的条件。1955 年，第一次全国文字改革会议决定将汉民族的共同语称作“普通话”，并给普通话议定了一个科学的定义：“以北京语音为标准音，以北方话为基础方言，以现代白话文著作为语法规范。”

平仄与四声

平仄

平指平声，仄（zè）指上、去、入三声。齐梁时归纳出汉语语音有四个声调之后，诗赋家们为了使字音配合铿锵和谐，便按一定的要求来选取平声字与仄声字，俗称为调平仄。

四声

四声是平上去入四种高低升降不同的声调总称。有人误认为声调是齐梁人沈约、周颙（yóng）等的发明，其实声调早就存在于汉语之中。只是上古汉语的声调类别与沈约等归纳出的齐梁时期的是否一样，历来说法不一。如段玉裁认为上古无去声，孔广森认为上古无入声，黄侃则说上古只有平、入两声，也有不少人认为四声本就存在于上古汉语中。一般认为从汉代以来汉语音节就已具备了平、上、去、入四个声调。古汉语四声的调值，今天虽然无从知晓，但在古代著作中却留下了一些描述，如唐代处忠的《元和韵谱》说：“平声哀而安，上声厉而举，去声清而远，入声直而促。”明代真空的《玉钥匙门法歌诀》说：“平声平道莫低昂，上声高呼猛烈强，去声分明哀远道，入声短促急收藏。”这些描述可作为我们了解古汉语四声调值的参考。现代普通话的阴平、阳平、上、去四声是由古汉语四声发展而来。

熟语·格言·警句

熟语

熟语是语言中定型的词组或句子，使用时一般不能任意改变其组织，包括成语、谚语、格言、歇后语等。

格言

格言亦称箴言，即含有教育、劝诫意义可作为准则的话。内容积极健康，观点正确鲜明的格言，往往能使人警省、令人感奋，催人向上。如顾炎武的“天下兴亡，匹夫有责”，鲁迅的“时间就是生命”，雪莱的“冬天到了，春天还会远吗?”等等，无不如此。

警句

警句常指诗文中句言简练，语意新颖，涵义深刻警策动人的句子，有时也称名言。如王勃的“海内存知己，天涯若比邻”，范仲淹的“先天下之忧而忧，后天下之乐而乐”，歌德的“生活之树是常青的”等流传千古的警句，同样给人以启迪和激励。

部分俗语、常用语的由来与典故

掌故

“掌故”，顾名思义，就是掌握故事。原是一种官职，从汉代开始，“掌故”就是太常所属太史令的官，专门管理国家历来的故事。唐代《官职志》中，设有“内侍掌故”和“州郡掌故”，分掌宫廷及各地流传的故事，以及轶闻、考证等等。另外，唐代的翰林学士，有兼掌历史沿革之职，也称为“掌故”。后来历朝的文人笔记，凡搜集有关上层社会人士的轶事，朝野遗闻，民间传说，也统统称之为“掌故”。现在，“掌故”往往作为一种考古或典故叙述性质的文体，中间带有一点知识性和趣味性的成分。

楷模

人们常把榜样、模范称为“楷模”。事实上，楷模原指两种树木，即楷树和模树。楷树又名黄莲树，相传最早生长在孔子的墓旁；树干挺拔，枝繁叶茂，为诸树之榜样。模树的叶子的颜色随节令而改变。春天呈碧绿色，夏天呈红色，秋天呈雾白色，冬天呈墨黑色。一年四季色泽纯正，亦为诸树之榜样。相传此树最早生长在西周初年政治家周公的墓旁。人们以树喻人，就把人的榜样作用称为“楷模”。

青春

“青春”一词原指季节中的春季。它始于汉代，为文学家刘向首先使用。据刘向《楚辞》载：“青春受谢，白日昭只。”意思是春季来临，万物复苏，呈现勃勃生机。此后700年间，文人墨客用“青春”一词都是这个意思。如杜甫的诗：“白日放歌须纵酒，青春作伴好还乡。”唐玄宗时期，诗人王维赋予“青春”一词以新意，泛指人的青春时期，如《洛阳女儿行》一诗中：“狂夫富贵在青春，意气骄奢剧季伦。”于是，“青春”一词逐渐失去了春季的词义，成为青年的代称。

幽默

林语堂在20世纪20年代，将英文“Humour”翻译为“幽默”，最早见于在北京出版的《语丝》杂志。这个译名当时曾经有过异议：鲁迅认为它容易被误解为“静默”或“幽静”，觉得不太妥当；李青崖则主张改译为“语妙”，但“语妙天下”是句成语，且只有言语而无动作，不能概括“幽默”的全部含义；陈望道拟改译成“油滑”，但不够确切，又有轻浮之嫌。后来，唐栩侯译为“谐穆”，“谐”表示一面，“穆”表示另一面，合起来就成了“幽默”的整体，原是比较恰当的，但因“幽默”一词已流行，且其含义已为人所熟悉，故一直沿用至今。

话柄

所谓“话柄”，就是指“谈资”，即指被他人当作谈话资料的言论或行为。但

是，“话”怎么会有“柄”呢？

据宋人笔记《天禄志余》记载：“古人清谈多执麈（chén）尾，故有谈柄之名。”宋代的高僧吴道原曾在书中写道：“栖云寺大朗法师，每谈论，手执松枝，以为谈柄。”由此可见，“谈柄”“话柄”来源于古人闲谈时，手执一物，资以助兴。所以，宋代诗人胡仲弓也将“话柄”引入到他的《约枯崖话》诗中，其诗云：“清风资话柄，流水是诗瓢。”宋明两代，也有把“话柄”称为“话靶”“话把”“柄把”的，其含义不变。

王八

早先，“王八”一词并无辱骂人之意。《史记·龟策列》记载了八只龟的名字，其八曰王龟。唐宋之前，俗称王八的乌龟与龙、凤、麟合称为“四灵”，被视为祥瑞。古人以龟起名者甚多，对龟（王八）绝无贬义。

《新五代史》中记载，五代前蜀主王建排行第八，少时无赖，尽做些杀牛、偷驴、贩私盐的事情，乡邻都叫他“贼王八”；以“王八”作为骂人之词，大概源于此。

还有人将娼妇之夫比作王八，说龟不能性交，纵牝者与蛇交。骂人王八，意即其妻有外淫之事。再者，古时的娼家头着绿头巾，而后人以为乌龟之头为绿色，便称娼夫为乌龟头、王八。

铜臭

东汉时，崔烈花了五百钱买了个司徒的官职。那时，称丞相为司徒，而司徒与太尉、御史大夫合称三公，三公是辅佐国君、掌管军政大权的最高长官。由于崔烈此官职是花钱买来的，因此人们议论纷纷。一日，崔烈问他的儿子崔钧说：“我当上三公，别人有什么议论？”崔钧说：“论者嫌其铜臭。”

那时的钱币是铜制的，铜钱多而发臭，是人们讽刺崔烈花钱买官。此事见《后汉书》。后来，人们便以“铜臭”一词来讽刺只知钻钱眼的市侩气。

借光

据《战国策》记载，战国时秦国将军甘茂曾对齐国使者苏代讲过这样一个故事：一条江边住着不少人家，每晚，姑娘们都凑到一起做针线活儿。其中有一位姑娘家境贫寒，买不起灯烛，其余的姑娘嫌弃她，说她爱占小便宜，拒绝她来。这位姑娘说："我虽然买不起灯烛，但是我每晚都比别人先来，把屋子打扫干净，把坐席铺设整齐，让大家一来就能舒适地做活，这对你们多少也有些方便。你们的灯反正是要点的，借给我一点光又有什么损失呢？"姑娘们觉得她的话有道理，便把她留下了。

后来，人们就被凡是请求别人提供某种帮助和从别人那里分享某种荣誉称作"借光"。

交际

人与人的往来接触，称为"交际"。《孟子》有这样一段记载："万章曰：'敢问交际何心也？'孟子曰：'恭也。'"宋朱熹《集注》云："际，接也。交际谓人以礼仪币帛相交接也。"上段话的意思是，有一个叫万章的人向孟子请教，交际时应以怎样的态度对待对方？孟子答道，应当取恭敬谦虚的态度。这恐怕是"交际"在中国最早的记载了。从这里我们至少可以获得这样几个信息：

首先，早在2000多年前，中国的"亚圣"孟子已经清晰地记述了"交际"这个词。其次，当时的学者对"交际"十分重视，并已有了一定程度的研究。再次，"交际"一词的出现，说明当时社会人们的联系扩大了，不再处于"鸡犬之声相闻，老死不相往来"的封闭状态了。

男子汉

男子称"汉"，始于西汉武帝时。当时因汉朝将士作战勇猛，匈奴兵将称汉兵为"汉儿"和好汉。南北朝时有称男子为"汉子"的。北齐文宣帝要任命魏恺为青州长史，魏恺坚辞不就。文宣帝就对人夸赞道："何物汉子，我与官，不肯就。"

"好汉"，后来指男子中的"佳士"，唐武则天时，狄仁杰奉旨推荐"一好汉任长史"，他推荐荆州的张柬之。《新唐书》称张柬之为奇男子。苏轼也有诗曰："人间一好汉，谁似张长史。"宋元后，"好汉"常被用来称誉"仗义疏财，扶危济困"之人。随着时间的推移，"汉子""好汉"与"男子"相混合，构成了"男

子汉”一词。

压轴戏

现在，许多人常用“压轴戏”一词来形容最后一个精彩节目。实际上，这是一个谬传很广的错误用法。“压轴”本是京剧的“术语”。京剧一场戏如有五出的话，第一份叫作“开罗戏”，第二出名曰“早轴”，第三出为“中轴”，第四出（倒数第二）称为“压轴”，第五出（最后一出）则叫“大轴”。可见称最后一个节目为“压轴戏”是错误的，应改称“压台戏”或“大轴戏”才对。

抱佛脚

有一句俗语，叫“临时抱佛脚”。这句话，可以形容那些平时对佛将信将疑，遇到病痛灾难求佛保佑的不怎么虔诚的信徒；也可以形容那些平时不用功，考试时翻书复习的学生；更可以形容那些平时不大来往，有事登门求人的客人……“抱佛脚”一词的来源，有几种说法：

宋代刘攽的《中山诗话》中，有这样一段记载：“王丞相论沙门道因曰：‘投老欲依僧’，客遽对曰：‘急则抱佛脚’。王曰：‘“投老欲依僧”是古诗一句’。客亦曰：‘“急则抱佛脚”是俗谚全语。上去“投”，下去“脚”，岂不的对？’王大笑。”

《通俗编》引宋代张世南《宦游纪闻》，则又是一种说法：“云南之南一番国，专尚释教，又犯罪应诛者，捕之急，趋往寺中，抱佛脚悔过，便贳（shì）其罪。今谚云：‘闲时不烧香，急来抱佛脚’，乃番僧之语流于中国也。”

磨洋工

“磨洋工”一词，一般指消极怠工。其实，最初“磨洋工”并不包含磨蹭、怠工的意思，而是建筑工程的一道工序。中国旧式房屋建筑，其考究者要求“磨砖对缝”。磨工，就是指对砖墙的表面进行打磨，使之平整、光滑。

1917年至1921年，美国用清政府的庚子赔款在北京建协和医院与协和医学院。工程耗资500万美元，占地22公顷。建筑质量要求很高，外观上采取中国传统的磨砖对缝，琉璃瓦顶。由于这项工程是由外国人出资、设计，中国工人称之为“洋工”。协和医院有主楼 14 座，又是高层建筑，“磨工”工序十分浩繁。参加建筑工程的许多工人就把这一工序称为“磨洋工”。

眼中钉

现在人们把最憎恶的人视为“眼中钉”，历史上第一个被人民看作眼中钉的人是五代时后唐的赵在礼。唐明宗时，赵在礼任宋州节度使，他贪赃枉法，索取资财，以致“积资巨万”。百姓受尽压迫，非常憎恨他。所以当他被罢免离任时，百姓便高兴得奔走相告，说：“眼中拔钉，岂不乐哉！”但不久后他又受诏移镇永兴，于是，在他管辖范围内又多了一项税——“拔钉钱”，按人口，每人一千。

后晋灭亡后，赵在礼受到契丹士兵的戏辱，并被掠尽资财。他一气之下，半夜里上吊自杀了。

两面派

元朝末年，元军和朱元璋领导的义军在黄河北展开拉锯战，老百姓苦不堪言，谁来了都要欢迎，都要在门板上贴上红红绿绿的欢迎标语，来得勤换得也快。在豫北怀庆府，有人想出一个一劳永逸的办法：用一块薄薄的木板，一面写着欢迎元军“保境安民”，另一面写“驱除鞑虏，恢复中华”。哪方来了，就翻出欢迎哪方的标语，既省钱又方便。现在常说的“两面派”就是从怀庆府的“两面牌”演变而来的。

三长两短

“三长两短”通常用来指意外灾祸，民间多作“遇难”“死亡”等讳辞婉言。“三长两短”和以前的人死亡入棺木有关。棺木是用六片木材拼凑的，棺木盖及棺底俗称天地，左右两片叫日月，这四片是长木材；前后两块别称彩头彩尾，是四方形的短料。之所以不叫“四长二短”，是因为尸体入木后才上棺盖，所以只称三长。

“三长两短”作为死的别称流传的范围越来越广，逐渐由俗语转为成语。

衣冠禽兽

“衣冠禽兽”一词，喻指其行为如同畜生的恶人。明代以前，人们要表述此

意时，则常用“衣冠枭獍”（“枭”为食母的恶鸟，“獍”是吃父的恶兽）一词。

“衣冠禽兽”一词，来源于明代官员的服饰。明代中期以前的“衣冠禽兽”是赞语，颇有点羡慕的味道。明代官员服饰规定：文官官服绣禽，武官官服绘兽。文官一品绯袍，绣仙鹤；二品绯袍，绣锦鸡；三品绯袍，绣扎雀；四品绯袍，绣云雁；五品青袍，绣白鹇；六品青袍，绣鹭鸶；七品青袍，绣鸂鶒；八品绿袍，绣黄鹂；九品绿袍，绣鹌鹑。武官一品二品绯袍，绘狮子；三品绯袍，绘虎；四品绯袍，绘豹；五品青袍，绘熊；六品七品青袍，绘彪；八品绿袍，绘犀牛；九品绿袍，绘海马。因此布衣做官做将被称作“衣冠禽兽”。

明朝中晚期，宦官专权，官场腐败，文官爱钱 武将怕死，欺压百姓，无恶不作，官将声名狼藉。百姓视其为瘟神盗匪，于是便贬称其义，称为非作歹的文官武将为“衣冠禽兽”。其贬义之称，最早见于晚明陈汝元的《金莲记》。清代以来，“衣冠禽兽”遂用作贬义词。

文　字

仓颉造字的传说

传说创造汉字者是黄帝的史官仓颉（也作苍颉）。据《说文解字》记载："黄帝之史仓颉，见鸟兽蹄迒之迹，知分理之可相别异也，初造书契"，即是说，仓颉是从猎人按虎、狼、牛、羊的脚印捕猎的故事中得到启发，造出了象形文字。

仓颉造字的传说由来已久，据《平阳府志》，"文字既成，天为雨粟，鬼为夜哭，龙为潜藏。今城南有仓颉故里碑。"印证了仓颉的故里为今山西临汾尧庙镇西赵村。

但是，现在普遍认为汉字由仓颉一人创造只是传说，仓颉实为汉字的整理者，将流传于先民中的文字加以搜集、整理和使用，在汉字创造的过程中起到了重要的作用。而汉字本身，是中国古代集体智慧的结晶。

汉字一共有多少

汉字是语素文字，总数非常庞大。到目前为止，恐怕没人能够答得上来精确的数字。

关于汉字的数量，根据古代的字书和词书的记载，可以看出其发展情况。

秦代的《仓颉》《博学》《爰历》三篇共有 3300 字，汉代扬雄作《训纂篇》，有 5340 字，到许慎作《说文解字》就有 9353 字了，晋宋以后，文字又日渐增繁。据唐代封演《闻见记》所记：晋代的吕忱作《字林》，有 12824 字；后魏的杨承庆作《字统》，有 13734 字；梁代的顾野王作《玉篇》，有 16917 字。此外，唐代的孙强增字本《玉篇》，有 22561 字；到了宋代，司马光修《类篇》，多至 31319 字；清代的《康熙字典》则收录了 47000 多字。1915 年，欧阳博存等的《中华大字典》，有 48000 多字；1959 年，日本诸桥辙次的《大汉和辞典》，收字 49964 个；1971 年张其昀主编的《中文大辞典》，有 49888 字。

随着时代的推移，字典中所收的字数越来越多。1990 年，徐仲舒主编的《汉语大字典》，收字数为 54678 个。1994 年，冷玉龙等的《中华字海》，收字数更是惊人，多达 85000 字。

如果学习和使用汉字真的需要掌握七八万个汉字的音形义的话，那汉字将是世界上没人能够也没人愿意学习和使用的文字了。事实上，在《中华字海》一类字书里收录的汉字绝大部分是“死字”，也就是历史上存在过而今天的书面语里已经废置不用的字。

汉字之最

笔画最少的字：汉字笔画最少的是“一”和“乙”两个字，只有一笔。

笔画最多的字：汉字笔画最多的是“齉（nàng）”，共 36 笔。

出现频率最高的字：汉字文章中出现最多的是“的”字，大约 25 个字中就要遇到一个“的”字。

同音字最多的字：同音字最多的是“yì”。《现代汉语词典》里读这个同音字的共 103 个，《辞海》里读这个同音字的共 195 个。

通假字

所谓通假，就是用意义毫不相干而仅是读音相同或相近的字借用来代替本字。如催促的“促”借用“趋”字，违背的“背”借用“倍”字，早晚的“早”借用“蚤”字等等。有些借字和本字今音相同或相近，如“早”与“蚤”，“背”与“倍”，有些则相差甚远，如“促”与“趋”。通假有时也称作假借，但和“六书”中的假借有严格的区别。“六书”的假借是造字法的一种，即：为本无其字的词用假借的办法造上一个。这里所说的假借是古人行文时临时借用或借用后再袭用的一种现象。

汉字部首的由来

汉字有将近 80％是形声字。形声字一般有意符和音符两个部分。把意符相同的汉字归拢成一部分，并拿一个字作为这一部分的领头，这个汉字就是这一部分的部首。如吐、吓、唱、嘴、吟、吵……都有一个意符“口”，归拢在一起，“口”就是部首。

部首的创制人是东汉经学家、文字学家许慎。他编纂的《说文解字》共收集 9353 个汉字。他根据汉字的形体结构特点，将这些汉字加以归类，一类就是一部，一共归纳出 540 个部，每一个部都把一个共同的构字部件拿出来，作为这一部的代表，在排列时将它列为这一部的第一个字，这第一个字就成为部首。

古人如何为汉字注音

古人读书时，也会碰到不认识的汉字，这就需要加以注音和释义。古人给汉字注音的方法主要有四种。

譬况法

譬况法是最早的注音方法。譬况是用描述性的话来说明一个字的发音状况。

如汉代刘熙的《释名》对“风”字的读音注解：“兖豫司冀，横口合唇推气言之，风泛也，其气博乏而动物也；青徐言风，踧（cù）口开唇推气言之，风放也，气放散也。”

读若法

读若法是用一个较常见的同音字来比拟所要注解字的读音，这是古代应用的较广泛的注音方法。“读若”有时写作“读如”。

“读若”法在汉代很盛行，为一般注解经典及制作字书的人所采用。

如《易》“晋如摧如”，郑玄注：“摧读如‘南山崔崔’之崔。”又如《说文解字》：“玽（gǒu），读若苟。”“读若”“读如”与训诂学中运用的“读为”“读曰”不同。“读为”“读曰”一般用来表示字音的“假借”或“破读”关系。如《诗经》中的“淇则有泮”，郑玄注“泮读为畔”，即表示这句中的“泮”应当作为“畔”字来解。《尚书》中的“播时百谷”，郑玄注“时读曰莳（shì）”，即此句中“时”当作“莳”（种植）字来解。

直音法

直音法一般是用来注明一个字的本来读音的方法，盛行于汉代。

如《尔雅》云：“填田”，就是用“田”字来注明“填”字的读音。直音有时也表示某字的字音必须变读，如《周易》中的“拔茅茹”，郑玄注“茅音苗”，即表示“茅”字在句中应当读“苗”。有时，还用直音法表示古今有别的读音，如《谷梁传》中杨士勋疏“斩树木，坏宫室曰伐”，并注曰“坏音怪”，表示“坏”当按古音“怪”字读。

反切法

其方法是用两个字拼出另一个字的音来。反切上字的声母来与反切下字的韵母相拼，声调则取反切下字的声调。

如“田”字的读音可以用“徒年切”得到。“徒”念 tú，“年”念 nián，t＋ián＝tián，也就是“田”的读音。在反切中，上字的韵母、声调和下字的声母不必考虑，所以不能把反切理解为把两个字简单地连读成一个音。由于古今语音的变化，有的反切已不能准确地拼出今天的读音。

甲骨文的发掘与整理

商代统治者在行事前，常用龟甲兽骨占卜吉凶，既卜之后，又在甲骨上刻记卜辞以及和占卜有关的记事文字，这种文字叫作甲骨文。甲骨文出土于殷王朝的都城遗址，也叫殷墟（今河南安阳小屯村）。

1899 年，任国子监祭酒的王懿荣患了疟疾。他精通医道，药都要经他过目后才送去煎。有一天，他在一味涩精补肾的“龙骨”上发现有刀痕，是一种似字非字的刻画符号，这符号与他研究的铜器铬文有些相似。精于金石之学的王懿荣断定此物不同凡响，经反复揣摩研究，认定这是殷商时代的一种文字。他立即将中药铺里刻有文字的“龙骨”全买下。自此，甲骨文出现在知识分子视野中。

1903 年，刘鹗编印出第一部著录甲骨文的《铁云藏龟》。1904 年，孙诒让写成第一部考释甲骨文的研究著作《契文举例》。1908 年，罗振玉首先搞清甲骨出土地点，又与王国维考定殷墟是商朝后期的都城。

甲骨被发现后，在殷墟进行了多次发掘，先后出土共十余万片，都是从盘庚迁殷到纣亡的 273 年间的遗物。已发现的甲骨文单字总数大约有 4500 字，已经认识的有 2000 个左右（包括一部分仍有争论的）。其文字结构不仅由独体趋向合体，而且有了大批形声字，是相当进步的一种文字，但多数的笔画和部位尚未定型。在目前可识的汉字中，以甲骨文为最古。

“天窗字”趣谈

现代翻印的古版书，对古书中已模糊不清的字句，或是不便见诸现代读者的内容，往往用天窗字（□）来代替。除此之外，有时作者为了某种原因，在诗文中故意留下若干天窗字。所以我们欣赏古今文学作品碰到天窗字，还可以猜测把玩一番，细细体味作者的良苦用心。

唐朝诗人王勃，留下了最著名的天窗字的故事。王勃年幼苦读，七八岁就会写诗，十几岁就做了援朝散郎，但不久就受到豪门贵族的迫害。他寻父南下，在

滕王阁登高望远，写成了千古绝唱《滕王阁序》。紧接着，他又一气写了《滕王阁》诗，最后两句是：“阁中帝子今何在，槛外长江□自流。”写毕，将笔一扔，扬长而去。在场的不少人平日也称得文章妙手，却也弄不清这个天窗字。有的说可填“水”，有的要写“独”，有的猜是“一”，但都未见神韵，被众人否定了。后来他们派人骑马追问王勃，已飘舟江心的王勃告诉来人：“那个字不是空着吗？那就是个‘空’字呀。”这样，诗人把对长江秋水的凭祭、对不学无术诸公的睥睨、对怀才不遇的牢骚，统统放到了一个天窗里。

最早的标点和符号

西方国家使用标点符号最早不早于11世纪，而中国则早在5世纪便开始使用标点和符号了，到北宋时，中国使用的标点和符号已达17种。

在西凉至北宋的敦煌遗书中，可见到许多有标点和符号的文献资料，其中有句号、顿号、重文号、省代号、倒位号、废读号、删除号、敬空号、篇名号、章节号、层次号、标题号、界隔号、绝止号、勘验号、勾销号、图解号等。

其中顿号、句号、勾销号等与今天的大致相同。重文号“N”，表示重读；省代号亦写作“N”；倒位号“\”即颠倒前后二字之位置；废除号有“……”与“、、”等，点数多少不定，一至四点均可，标于字上；删除号一为在字上划黑线，一为黑框圈；章节号“○”用以分条；标题号“△”至今仍为非正式行文或用于特殊场合，如广播稿。

图解号形状为翔燕形，使用时起提挈纲领、综析要旨、快速记忆的作用，与批注文章精要重点句段的方法类同。

汉字速记的由来

中国速记的产生和发展，可以从书法中的草书快速写法算起。《说文解字》中称“汉兴有草书”，这就说明2000多年前，中国就已有汉字的草书速记了。中国按拼音系统的速记是在19世纪末期产生的。当时曾出任清政府驻美公使翻译的洋务派人物蔡锡勇，写了一本《传音快字》的速记书，把汉语的速记归纳整理为 24 个声母和 32 个韵母，称之为“快记”。其后，蔡锡勇的儿子蔡璋编写出了《中国速记学》。20 世纪 20 年代到 40 年代，汉语速记的发展出现了一个高潮，各不相同的速记符号应运而生。1955 年，全国第一所速记学校在北京创办。

“曌”字并非武则天所造

据词典类工具书载，“曌”是唐代女皇帝武则天为自己名字造的字，不少学者对此说亦深信不疑。

《新唐书》《旧唐书》《康熙字典》《辞海》等亦说“曌”字是武后的名字，但均未提及何人所造。“曌”字究竟是何人所造呢？

《资治通鉴》中有“凤阁侍郎河东宗秦客，改造‘天’、‘地’十二字以献，丁亥行之。太后自名‘曌’，改诏曰制”的记载。另据《宣和书谱》载，“宗秦客共造了十九个怪字”，其中即有曌（照）字。《资治通鉴》与《宣和书谱》均载，唐代武周时期，凤阁侍郎河东宗秦客造“曌”等怪字，只是前者说“造十二字”，后者说“造十九字”，造字数量上略有差异。宗秦客是武则天的远房侄儿，官居凤阁侍郎，是武后的心腹宠臣。他为了讨武后欢心，不但与其弟宗楚客（官居宰相）、宗晋卿竭力支持武后称帝，改唐为周，而且还造出颇像道字符咒的化简为繁、结构怪僻的字，深受武后赏识。其中改照为“曌”，含意是犹如日月当空，无微弗明，无远弗照。

纳西族的象形文字

有研究者在哈佛燕京图书馆的普通书库里，发现了十几个大木盒，这些木盒里装的图书很古老，有 600 余册，是纳西族象形文字的图书。

纳西族主要聚居在中国云南丽江，其文字是一种以简单的笔画描绘物体和动作的代表语言的符号，这和上古时期黄河流域汉族创造的象形文字十分相似。这些纳西族文字，不仅有象形文字，还有更接近图画、图像的，如各种动物之头配以人体的画面（牛头人身、蛇头人身），比例都很准确，线条粗犷。这些图书用纸虽然粗糙，但质地坚韧，这些象形文字，对今天研究文学起源，以及与其他民族、种族象形文字作比较研究，都有很大的价值，此中记载的，不仅有古纳西族的生活实践记录，且还有当时流传的故事。

燕京图书馆收藏的这些纳西象形文字的图书的来源，至今仍是一个谜。

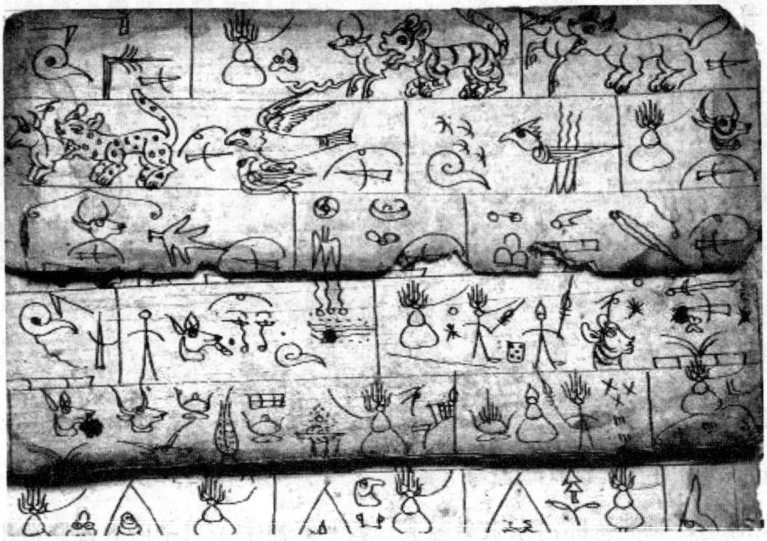

《说文解字》

《说文解字》是中国汉语史上最早且最具权威的汉字字典。作者许慎，字叔重，汝南召陵（今河南郾城）人，中国古代著名经学家、文字学家。该书编撰的目的是为了解决东汉时期今文经学家与古文经学家之间的“文字释义之争”。书中根据古文对汉字的结构形体进行分析，揭示出汉字形、音、义三者的正确关系，从而批判和否定了当时今文经学家以隶书形体解字、望文生义的做法。全书体例完整，编排有序，以小篆为主体，以偏旁为部首，根据不同的偏旁，分 540 部。其中，以“一”部为开始，以“玄”部为结束，对每个字的解说都采取先义说都采取先义、后形、再声的固定格式，书中收录篆文达 9350 余字，既收录了先秦时期的字，又包括了汉时期新创的字。《说文解字》对研究汉字的发展历程、汉语文字工具书的编写以及了解中国古代对汉字学理论的研究与发展都有着极其重要的作用。

书　籍

常见的古书合称

三易：《连山》《归藏》《周易》；

三礼：《周礼》《仪礼》《礼记》；

四梦：《南柯记》《还魂记》《紫钗记》《邯郸记》；

四大千：《太平御览》《册府元龟》《文苑英华》《全唐文》；

四书：《大学》《中庸》《论语》《孟子》；

五经：《诗》《书》《易》《礼》《春秋》；

五大奇书：《红楼梦》《水浒传》《三国演义》《西游记》《金瓶梅》；

十通：《通典》《通志》《文献通考》《续通典》《续通志》《续文献通考》《清通典》《清通志》《清文献通考》《清续文献通考》；

十才子书：《三国演义》《好逑转》《玉娇梨》《平山冷燕》《水浒传》《西厢记》《琵琶记》《白圭志》《斩鬼传》《驻春园小史》；

十三经：《易》《书》《诗》《周礼》《仪礼》《礼记》《春秋左传》《春秋公羊传》《春秋谷梁传》《论语》《孝经》《尔雅》《孟子》。

中国古书的“第一”

第一部字典是《说文解字》；

第一部词典是《尔雅》；

第一部韵书是《切韵》；

第一部方言词典是《方言》；

第一部字书是《字通》；

第一部诗集是《诗经》；

第一部文选是《昭明文选》；

第一部神话集是《山海经》；

第一部神话小说是《搜神记》；

第一部笔记小说集是《世说新语》；

第一部编年体史书是《春秋》；

第一部纪传体通史书是《史记》；

第一部断代史史书是《汉书》；

第一部历史评论著作是《史通》；

第一部古代制度史是《通典》；

第一部农业百科全书是《齐民要术》；

第一部工农业生产技术论著是《天工开物》；

第一部植物学辞典是《全芳备祖》；

第一部药典书是《新修本草》；

第一部药典书籍是《黄帝内经素部》；

第一部地理书是《禹贡》；

第一部建筑学专著是《营造法式》；

第一部珠算介绍书是《盘珠算法》；

第一部最大的断代诗选是《全唐诗》；

第一部绘画理论著作是《古画品录》；

第一部系流的戏曲理论著作是《闲情偶寄》；

第一部戏曲史是《宋元戏曲韵史》；

第一部图书分类总目录是《七略》。

类书

类书源远流长，历史悠久，品种繁多，是中国工具书的一大类别。它是一种采辑群书，将各种材料分类汇编，以供检查资料用的。其内容与形式都较为特殊。它罗列文字、训诂、辞藻、典故，却不是字典、词典；它涉及典章制度、山川、地理、医卜星相、花草树木、禽兽虫鱼等等，但既不是政典、丛考、方志、舆图，也不是任何一家专著。它包括经史杂传、诸子百家的言论以及诗文作品，但是，按照中国古籍经、史、子、集的四部分类，它却没有合适的部门可以归入。因为类书既非经，又非史，也非子、非集，但又兼包了四部的内容。它以杂见称，这就是类书的突出特点。

由于类书取材广泛，涉及经、史、子、集等全部古籍，内容包括历史事实、人物传记、事物源流、政区沿革、名物制度、诗词歌赋、文章丽句、成语典故，甚至医卜星相，以及天文地理、日月星辰、山川河流、飞禽走兽、花草虫鱼等等，可以说，它的内容包括了自然界和人类社会的一切知识，所以，它十分接近百科全书。

类书具有“百科全书”和“资料汇编”两者的性质，也就是说，类书是中国古代百科全书式的资料汇编。

历代的重要类书

《皇览》

《皇览》是类书的始祖。曹丕代汉称帝后，命令儒臣王象、桓范、刘劭、韦诞、缪袭等人于黄初元年（公元 220 年）开始纂集经传，分门别类地编成一书，于黄初三年（公元 222 年）完成，称为《皇览》。

据记载，此书有 40 多个部类，通合 1000 多篇，800 多万字。可惜《皇览》因部头太大，在印刷术发明之前，依靠传抄，不可能保存全部，因而逐渐散佚。估计到隋末已散失殆尽。

《华林遍略》

因刘孝标所编《类苑》风评胜于萧衍诏修的《寿光书苑》，萧衍于天监十五年（公元 516 年）令华林园学士 700 余人，由徐勉领修《华林遍略》，历时八年完成，共 700 卷，收录的资料多于《类苑》几倍。

《华林遍略》成书后流传很广，当时南北对峙，《华林遍略》被当作奇货北运，身价可想而知。其影响亦大，在它以后编的类书，有许多即以它为蓝本。

但此书到宋代初年已不存，敦煌莫高窟石室中曾发现唐人抄写的书籍中有一无名的古类书残卷，仅存 259 行，被认为是《华林遍略》。不过，另有一种说法残卷应为《修文殿御览》。

《修文殿御览》

《修文殿御览》是北齐后主高纬时官修的一部类书，于武平三年（公元 572 年）二月开始编纂，同年八月编成。共 360 卷，55 个部类，部下 240 个子目。

《修文殿御览》以《华林遍略》为蓝本，大采特用，只补充《华林遍略》中未收的书籍。

据历史记载，《修文殿御览》的领修人祖珽天性聪明，事无难学，但人品极坏，曾两次盗卖《华林遍略》，并有其他劣迹，但《修文殿御览》却传世最久。这是因为此书编例严谨，很重视体例。后来，北宋编《太平御览》，不但以此书为蓝本，分部数目也完全按照其体系。《修文殿御览》在南宋时还全部存在，大约到明初书已不全，明初后，书不传于世。

《编珠》

《编珠》原有四卷，现存一、二两卷。隋代杜公瞻奉隋炀帝志铭编录。但后来传本非常稀少，《隋书》及旧、新《唐书》都为著录。清代史学家高士奇奉命在宫内南书房检阅内库书籍时，偶然于废纸堆里捡得《编珠》一册，只存一、二卷，便将其抄录下来。康熙二十八年（1689 年），高士奇家居无事，把《编珠》按原目补为四卷，即《续编珠》二卷，于康熙三十二年（1693 年）刊行于世。

《编珠》原目 14 个部类，现存者一、二卷 5 个部类，引书 194 种。

《编珠》是现存古类书中最早的，虽然残缺，但究竟是原作，非辑佚可比，故《四库全书总目》类书类中，将《编珠》列为类书之首。

《北堂书钞》

《北堂书钞》为虞世南编，当时虞世南在隋末任秘书郎，所以《北堂书钞》为隋代类书。“北堂”为隋代秘书省的后堂，编者就是在北堂抄辑群书中可以作文用的参考材料编成此书，因得名《北堂书钞》。

今本《北堂书钞》160卷，共19部，851类，内容是搜集摘抄古籍中可供吟诗作文用的典故、词语和一些诗文的摘句，分门别类地编辑而成，其中注文时有虞世南的按语。此书在明、清刊刻之前，长期抄写流传，遂造成许多混乱，内容体例也不一致。

《北堂书钞》在清代汉学家治理古籍的工作中，和《艺文类聚》《册府元龟》《太平御览》等类书共同起过重要作用，当时被合称为“四大类书”。

《太平御览》

《太平御览》是宋太宗命李昉等辑编，1000卷，55部，从太平兴国二年（公元977年）三月到太平兴国八年（公元984年）完成，共用六年余。《太平御览》是以《修文殿御览》《艺文类聚》《文思博要》等书为蓝本编纂而成的，也充分利用了当时的皇家藏书。其分类原则与编排方法大抵是以天、地、人、事、物为序，每类下再按经、史、子、集顺序编排，确实是天文、地理、人事等无所不包。

《太平广记》

《太平广记》是宋太宗命李昉等辑编而成，是专门收集小说、异闻、笔记的类书，全书500卷，另有目录10卷，92大类，又有150多个细目。因在太平兴国三年（公元978年）成书，故名《太平广记》。

《太平广记》汇集了从汉代到宋初的各种形式的小说，也包括少量先秦古籍中的传说故事，在92个类目下，共汇集了6970多则故事，每则故事后都注明引自何书。鲁迅称之为“古小说的林薮”。

《太平广记》作为中国第一部大型小说总集型的专门类书，为研究先秦至宋初古小说的发生和发展提供了完备的资料。同时，许多珍贵的古小说及其他遗文佚典，由于《太平广记》的引录，才能保存至今。

《册府元龟》

《册府元龟》是宋真宗赵恒命王钦若、杨亿等人，自景德二年（1003年）到大中祥符六年（1013年）间编纂而成的大型史料分类汇编。“册府”是典策的渊

薮，书册的府库；“元龟”为大龟，是古代用以占卜的宝物。《册府元龟》命名的意思，就是说，这部书是一部古籍的大龟，蕴藏丰富，可以作为君臣的鉴戒，是君臣上下行事借鉴的典籍。

《册府元龟》是具有政事历史百科全书性质的类书，专门辑录自上古到五代的历代君臣事迹，按事类、人物分门编撰，选用材料以“正史”为主，概括全部十七史，也采用经、子等书，只是不收杂史、小说。

全书原有正文1000卷，目录10卷，音义10卷，现仅存正文、目录，音义已失传。

《玉海》

《玉海》是专为“博学宏词科”应试用的一部类书，南宋王应麟编，全书200卷，21门，凡24类，书后还附有《辞书指南》四卷，就是指导准备报考此科的人如何编题、作文、诵书，要注意哪些语意等。

王应麟为宋代的著名博学家，他不满于自己的进士出身，而以“通儒”自任，发奋读书，终于考中了极难考中的博学宏词科（只取一人）。此书是他专为准备报考博学宏词科的人而编，显然也包括了他自己的经验。其标分门类和一般类书不同，多录典章制度的文献和吉祥的善事。

《玉海》保存了不少早已散佚的史料，由于王应麟多次任史官，有机会取材于实录、国史、日历、会要等文献，大都为后世史志所不详，十分珍贵。

博学宏词科从宋代一直延续到清代，历来是晋身翰林甚至宰相的重要途径。所以，《玉海》这部类书长期为人们所重视。

《全芳备祖》

《全芳备祖》为宋代陈景沂编，分前后两集，前集只有一部“花部”，27卷；后集有果、卉、草、木、农桑、蔬、药七部，31卷。就目前所知，这种关于植物学的专门性百科全书，在世界上以此书为最早。

此书内每条是一种植物，在体例上每条又分成三个“祖”，第一是事实祖，内容是有关植物的科学知识、故事、传说等；第二是赋咏祖，所收的都是诗句；第三是乐府祖，录的都是词。每祖又分若干小类，体例严谨，前后两集共收植物约 307 种。

《事林广记》

《事林广记》是日用百科全书型的古代民间类书，为南宋末年陈元靓编，原本亡佚，现在看到的元、明刻本都是经过增广和删改的。

此书特点是内容包括较多的市民文化、市井状态和生活顾问的资料，另外，它首创了类书附载插图的体例。中国自古以来重视图文并茂，所以有“左图右史”的说法，但类书却自《皇览》以来，都没有插图，如南宋唐仲友的《帝王经世图谱》，其实仅有地图五幅而已。真正有插图的类书，是从《事林广记》开始的。

《永乐大典》

《永乐大典》于永乐元年（1403 年）七月十九日开始纂修，永乐二年（1404 年）十二月二十一日成书，当时赐名《文献大成》；因明成祖朱棣不满意，扩大重修，于永乐六年（1408 年）全书告成，正式定名为《永乐大典》。

《永乐大典》的价值主要表现在两方面。首先，在类书编纂史上，它把古类书的编纂形式发展成为具有完整性的百科全书的形式；其次，它内容特别丰富，构成 15 世纪初年的一个大藏书库，成为后来辑佚工作的资料渊海。特别是其中所收的一些农业、手工业、科技、医学书籍和古典文学书籍的资料，不是封建时代一般类书所具有的。

由于部头过大，卷帙过多，《永乐大典》始终未能刻版，到了明世宗嘉靖三十六年（1557 年），宫内奉天门、三殿、午门失火，经抢救，《永乐大典》幸免于难。于是明世宗恐孤本再遭意外，命徐阶、高拱监督儒生 109 人摹写副本一部，这一工作从嘉靖四十一年（1562 年）开始，到明穆宗隆庆元年（1567 年）完成。从此，《永乐大典》正本、副本分藏于宫廷内的大图书馆文渊阁和紫禁城外的皇史宬。明亡时，文渊阁被焚，正本可能毁于此时，副本传到清代。

清代，《永乐大典》不受清廷重视，亡佚甚多，清末英法联军、八国联军两次侵入北京，《永乐大典》除被烧毁一部分外，又被肆意糟蹋，甚至被侵略者用来做砂囊、马槽，或用以垫道令炮车通过，所余无几，又几乎全部被侵略者盗运回国。至此，《永乐大典》仅剩 64 册。

后经多方搜求，现在北京图书馆馆藏 160 册，台北“中央图书馆”馆藏 60 册。据统计，中外现存《永乐大典》共 797 卷，约合原数 22937 卷的 3. 4%强。《永乐大典》的命运，折射出国家的兴衰对于文化的重大影响。

《古今图书集成》

《古今图书集成》内容包罗万象。全书分六汇编，首三编是按天、地、人排，一是历象汇编；二是方舆汇编；三是明伦汇编；四是博物汇编；五是理学汇编；六是经济汇编。六汇编下分 32 典；典下分 6109 部，规模宏大，囊括万有。

《古今图书集成》的编者为康熙皇帝第三子诚亲王胤祉的门客陈梦雷，于康熙四十年（1701 年）十月到康熙四十五年（1706 年）四月主持编成，由诚亲王代呈皇帝，康熙钦定名为《古今图书集成》。

由于《古今图书集成》的内容贯穿古今，包罗万象，编制体例细密，而且图文并茂，功能多样，查检较便，编辑时间又距今最近，所以，自问世以来，很为中外学者珍视。

宋代四大书

宋代，类书的编制出现了新的高潮，自开国到太宗时代，统一事业已接近完成，政治比较稳定，经济上也出现繁荣景象。赵光义为安定人心，点缀升平，博得崇尚文治之名，因而以国家力量连续编了几部大书，它们是：以百科知识为范围的《太平御览》、以小说故事为范围的《太平广记》、以词章为范围的《文苑英华》。

这三部书再加上宋真宗赵恒时编的一部以政事历史为范围的《册府元龟》，合称宋代四大书。

政书

通常，中国古代社会的制度与法令称作“典章制度”，包括土地、田赋、贡税、职官、礼俗、乐律、兵刑、科举等制度，涉及政治、经济、文化、教育等各个方面。

记载典章制度的书，就是政书。

政书的名称是在清代修《四库全书》时才开始使用的。政书专门记载典章制度的严格变化和各项政治、经济、军事、文化制度的演变和发展，具有资料汇编的性质。

三通

三通是《通典》《通志》《文献通考》的合称。

《通典》

《通典》二百卷，唐代杜佑撰，记载自上古至唐代宗时期历代典制的沿革，分食货、选举、职官、礼、乐、兵刑、州郡、边防八门。杜佑综合经史及历代文集、奏议等分类编纂，内容丰富，对唐代制度叙述尤为详尽。

《通志》

《通志》二百卷，南宋郑樵撰，是上古到隋唐的纪传体通史，包括帝纪、后妃传、年谱、略、列传五部分。多抄录前史和《通典》，惟氏族、六书、七音、都邑、昆虫草本五略系首创。纪、传所据的旧史书有已经失传的，可据以校勘现在流行的本子。二十略是本书的精华。

《文献通考》

《文献通考》三百四十八卷，元代马端临撰，记载自上古至宋宁宗时期历代典制沿革，分田赋、钱币、户口、职役、征榷、市籴、土贡、国用、选举、学校、职官、经籍、郊社、宗庙、王礼、乐、兵、刑、舆地、四裔、帝系、封建、象纬、物异二十四门。

“会要”与“会典”

“会要”是分门记述各项制度沿革的史料汇编。“会要”不仅记载一代典制的损益，而且也详列相关的事迹。

“会要”始创于唐苏冕所撰《会要》，该书四十卷，记唐高祖至德宗九朝史实。宣宗时，又令杨绍复等续修，遂成《续会要》四十卷，后即中辍。宋初，王溥集苏、杨二书，补其缺漏，编为《唐会要》一百卷，此后，又撰《五代会要》三十卷。宋代朝廷重视本朝“会要”的编纂，经十余次重修续修，撰成《十三朝会要》，原书已佚，今只存《宋会要辑稿》。元代也曾仿唐、宋《会要》，官修《经世大典》八百余卷，是会要的别名。

“会典”是记载一代典章制度的专史。分类叙述各级政治机构、设官职掌、典章格律等。源于唐代开元年间官修的《唐六典》，宋元以后，内容更加丰富，如《元典章》《明会典》《清会典》等，可称为会要的别体。

丛书

把很多种书籍汇集在一起刊行，总冠以一个名称的一套书，就是丛书。

编刻者把自己认为重要或难得的许多书籍集合起来，给一个总名，刻印传世。这类书籍的特点是“各存原本”，就是收集在里面的书都能保存原本面目。

“丛书”两字连用，最早见于唐代韩愈的《剥啄行》一诗：“门以两版，丛书其间。”但这不是书名，而是说关上门，家中聚集着许多书可读的意思。作为书名，是从唐代陆龟蒙的《笠泽丛书》开始的，但这部书只是他个人的小品杂文。到了明代，程荣编辑了汉魏六朝诸家著述，汇集成为《汉魏丛书》，才算是有了名实兼备的丛书。

《儒学警悟》

《儒学警悟》虽然在书名中没有“丛书”二字，但却是中国最早的一部丛书。

它是南宋俞鼎孙、俞经同辑的，辑成于南宋宁宗嘉泰元年（1201 年），是一部综合性丛书，全书七集 41 卷，收录宋代著作六种，包括汪应臣的《石林燕语辨》10 卷，程大昌的《演繁露》6 卷、《考古编》10 卷，马永卿的《懒真子录》5 卷，陈善的《扪虱新语》上下集各 4 卷，以及俞成的《萤雪丛说》上下集共 2 卷。

《四库全书》

《四库全书》是古代中国卷帙最多的一部丛书，同最大的一部类书《永乐大典》相比，卷数是后者的三倍半。这部书当时一共抄录七部，分藏在七个藏书阁。因七部抄成时间不同，抽补散失等情况各异，所以它们的总数并不相同，现以文津阁本为例，共收书籍 3503 种，79337 卷，36304 册。

清代康熙、雍正、乾隆三朝是封建末世中一个比较隆盛的时期，国内较安定，经济上繁荣，文化达到相当水平，清代统治者在文化政策上一方面沿袭明代办法开科取士，笼络知识分子，另一方面推行文化专制主义，大兴文字狱。在高压政策下，很多学者回避现实，将精力集中在整理古书上，适应这种学术空气，就有人提出集中图书，分别在学校和名山、古庙等妥善地方收藏，供学者应用。

在有利于加强统治的前提下，乾隆下令征求天下遗书，准备编一部规模空前的大丛书。其目的是一来借修《四库全书》机会在全国范围内征集图书，就此将历代书籍作一次全面审查、评论和总结；二来是借修《四库全书》的机会消除汉族反抗的民族思想意识；三来是借此宣扬文治盛世，显示本朝是超越汉唐文化的太平盛世。于是，乾隆三十七年（1772 年）正月初四，乾隆下诏，并在第二年成立了四库全书馆，在武英殿设缮书处。

第一部《四库全书》于乾隆四十六年（1781 年）十二月修成，然后又用将近三年时间，陆续完成了第二、三、四部《全书》，分别藏于北京宫中文华殿后的文渊阁、圆明园内的文源阁、奉天（今辽宁沈阳）故宫的文溯阁、热河（今河北承德）避暑山庄的文津阁，即所谓“北四阁”，又称“内廷四阁”。到乾隆五十二年（1787 年），四库馆又另外抄出三部《全书》，分别送到镇江金山寺的文宗阁、扬州大观堂的文汇阁、杭州西湖圣因寺行宫里的文澜阁贮藏，即所谓的“南三阁”，又称“江浙三阁”。北四阁为皇家藏书，南三阁对外开放，允许读书人入内阅览。

为贮藏这部巨著，还特别建筑起七座专用的藏书阁，均仿照宁波天一阁式样建成。

《四库全书》所包括的知识范围，在当时确实达到了相当广泛的程度，共收录著作 3500 多种，在经、史、子、集下，又分 44 类，其中 15 类又分 64 属。所收书籍，总的来说突出了儒学文献的地位，有利于加强君主专制的统治，对有明显进步思想的著作深恶痛绝。另外还有一个重大缺点是不重视生产技术著作，除农、医、天文、算法外，所收科技书籍很少，对国外的史地也不重视，而对小说、戏曲更是大量禁毁。

由于清代统治者执行“寓禁于征”的政策，在《四库全书》中，对部分书籍内容作了篡改删削，同时又大搞毁书禁书，并厉行文字狱，共计全毁书 2400 多种，抽毁书 400 多种，焚毁的书籍在 10 万部以上，烧毁或铲毁的书版六七万斤，将许多弥足珍贵的古代文献毁于一旦。鲁迅说“清人纂修《四库全书》而古书亡”是有一定道理的。

但是，尽管如此，还应该看到编纂《四库全书》有整理和保存中国古代文化遗产的一面。中国的图书历经战乱，到明末清初时，散失十分严重。修《四库全书》时，以中央政府的力量，花费10年时间在全国范围内大力采集图书，由当时许多著名学者进行整理，对历代学术作了比较全面的总结，保存下了大量的珍贵文献，对研究中国古代政治、经济、科技、哲学思想以及文学艺术等方面都是不可缺少的重要历史资料。

古书不校雠不能读

古书一种著作有好多种版本，文字上有细致与粗糙之分，依据底本有全缺之别，为恢复古籍的本来面目，必须校雠（chóu）。

古书年代久远，众手抄刻，常出现“焉”变成“马”，“己亥”变为“三豕”的错误。历代帝王往往下令篡改古籍原文，如顾亭林的《日知录》，现在看到的刻本，据说就是经后人删改过的，如雍正年间的抄本，因为害怕干犯清廷禁忌而坐文字狱，就把“夷夏”改成“华夷”，“北虏”改作“北敌”，“夷狄”改作“外寇”，而“胡服”则统统被删去。因此，鲁迅曾说：“清朝的考据家有人说过：‘明人好刻古书而古书亡’，因为他们妄行校改。我以为这之后，则清人纂修《四库全书》而古书亡，因为他们变乱旧式，删改原文。”

上述可见，古书不校雠不能读。

中国古籍版本的三大系统

中国古籍版本的三大系统即官刻本、私刻本和坊刻本。

凡由官方有关机构负责刊印的书，统称官刻本。

凡私人出资在自己家中刊印的书称私刻本，又称家塾本。这种刻本大都不以营利为目的。史载五代蜀相毋昭裔为布衣时，曾向人借《文选》《初学记》，而人多有难色。于是为相之后，首刻此二书，又刻九经、诸史等等。宋平蜀，尽取蜀书入都，赵匡胤看到这些书卷尾皆刻有毋氏的名字，感到不解，臣僚回答：“此毋氏家钱自造。”说明毋昭裔所刻书，乃最早的私刻本。

凡书坊所刻书，皆称坊刻本。书贾刻书的目的在于出售和盈利。

一般来说，官家刻书财力、人力充足，校刻质量应当问题较少，但于当朝违碍回避较多，是其不足。家刻本因其多重家声，故校刻多为精良。坊刻本则较复杂，虽不可一概而论，但因坊刻的目的确实在于盈利，故其刻书希望“易成而速售”是可以理解的。不过，有不少书坊主人，因其结交了不少文人，刊刻精良者也有不少。

话说“孤本”

所谓“孤本”，就是世上仅存此一部的书。这类书有的虽曾刻印过，但已经绝版，如唐代欧阳询所辑、宋刻《艺文类聚》。有的书成后，未刻印，只手抄存世。如明代的《永乐大典》，因卷帙浩繁，付刻不易，当时只抄录正本贮皇史宬。有的仅存手稿，如陕西省博物馆收藏的《京州府志备考》。如此等等。

由于孤本只此一家别无分号，所以为人所重。正因为此，有的人不惜假造“孤本”，如晋代张湛，就曾缀集一些旧书上的材料造出了一本《列子》，冒充“孤本”，还有的人千方百计骗取别人所藏孤本，以欺世盗利。如刘禺生的《世载堂杂忆》就载有此类故事，杨守敬住在武昌的时候，藏有宋刻大观年间的《本草》一部，因为书是孤本，价值昂贵，引得邻居柯逢时眼馋。一天，柯谎称可以高价代售，只希望先借他看一昼夜。杨守敬同意了。柯逢时将书拿回家，动员全家人，一夜之间把书全抄了下来，第二天将书还给杨说：“这书并不珍贵，市场上已有刻本可见。”几个月后，书肆上果然有《本草》出售，杨这时才知道上了柯的当，因此，“恨之刺骨，至移家避道，终身不相见”。

中国历史上的古籍的十一次厄运

书籍的命运，往往与国家、民族、政治、社会斗争有着十分密切的关系。有人对中国古籍所遭厄运作了综述。这几次大的厄运是：

一、秦始皇焚书坑儒；

二、项羽火烧秦宫；

三、汉代王莽焚典籍；

四、汉末董卓火烧洛阳；

五、刘曜、石勒乱华，再烧洛阳；

六、梁元帝悉焚天府书；

七、安史叛乱掠长安；

八、靖康之乱，金人劫典籍；

九、清帝大兴文字狱；

十、八国联军洗劫北京；

十一、敦煌千佛洞典籍被盗骗。

中国历史上的禁书

中国文化历史悠久，上起先秦，下迄清末，所禁书目，数以千计。

秦国是第一个推行禁书文化政策的国家，商鞅提出禁止儒家的《诗》《书》，后来秦始皇又焚书坑儒，制造了中国文化史上的第一次浩劫。西汉初期，文化政策有所宽松，西晋虽然禁止民间收藏天文图谶，但从汉至唐，统治者对禁书较少明令规定，因此促进了文化繁荣。宋代禁书范围扩大，不仅禁兵书，而且对宋人

记述的史实著作查禁。

真正实行文化专制政策的是明清时期，明代所禁书目范围大大扩大。清代则大兴“文字狱”，进一步扼杀言论，所禁书目，涉及诗歌、小说、历史等名家图书。

具体的禁书，宋代曾禁苏轼、司马光、黄庭坚著作；《水浒》《红楼梦》等在著作当时也曾数次被查禁，如明崇祯十五年频令“严禁《水浒》”，书版均须“速行烧毁”。清乾隆十八年，圣旨宣称《水浒》“诱人为恶”，“愚民之惑于邪教，爱近匪人者，概由看此恶书所致”，必须严禁。清代对《拍案惊奇》《扬州十日记》《英烈传》《三笑姻缘》也查禁。

中国古代的盗版书

“盗版书”即是未得到作者和原出版社的同意，私自将原书翻印。说起“盗版书”，倒不是今人发明，中国古代也有不少“盗版书”的存在。

古人重视宋版书，所以常见的盗版方式是把元版书或明版书上的“牌记”挖掉，重新刻上有宋代年号的“牌记”，内容则一字不改，让人误以为是宋版书，以便高价出售。

另一种常见的“盗版书”是擅自更改书名或作者，内容则改变不多，有的只字不改。如元代刘应李编的《新编事文类聚翰墨大全》，是一部记载各种应酬的文字的书，由于实用性较强，因此销路颇好，于是不少书坊都争相盗版，他们有的采取乱改书名、卷数的办法，这部书原有 145 卷，现在流传的元刊本和明刊本，有的变成 194 卷，也有的改为 98 卷或 134 卷。书名有的改为《新编事文类聚翰墨全书》，也有简称《翰墨大全》的。

少数民族的古籍

少数民族古籍十分珍贵，如保存了满族入关前的大量历史资料的《满文老档》，记录了中古时期新疆历史的察合台文文献《拉西德史》，反映彝族及其周围民族关系的彝文《西南彝志》等，都具有重要的史料价值。云南楚雄州双柏县所

存彝文医书，记载着370多种药方，成书年代据说比李时珍的《本草纲目》还早17年。藏历、傣历以及彝族的太阳历等文献资料，都反映了这些民族在古代就已掌握了相当准确的天文科学知识。佛教的《大藏经》在我国除汉文外，还有西夏文、藏文、蒙古文、满文和傣文五种文字的不同版本，对了解佛教源流及其影响极为重要。纳西族的东巴文是当今世界上唯一保存了大批完整材料的原始象形文字，是研究文字起源和发展的珍贵资料。东巴文的《送魂经》还生动地描写了纳西族在历史上的迁徙路线，有重要的史料价值。除此以外，还有大量的金石铭刻及拓片，如回鹘文的《高昌馆来文》《福乐智慧》《乌古斯可汗传》，女真文的《女真译语》及大量金石铭刻，西夏文、突厥文、契丹文等文献，还有不少白文、方块壮字、佉卢文、于阗文、粟特文等古老民族文字的古籍文献。

中国的少数民族中只有为数不多的民族有文字，没有文字的民族的文化遗产主要靠口耳相传。被誉为我国三大史诗的《格萨尔王传》（藏族）、《江格尔》（蒙古族）和《玛纳斯》（柯尔克孜族），长达十几万行至几十万行，在世界文化宝库中也是屈指可数的。这三部史诗反映社会生活面广，记述的不单是个别杰出人物的思想和行动，而且是全民族的命运。这样的口头作品，其文献价值并不亚于书面古籍。

西南地区一些少数民族口头流传的《创世记》神话，不仅反映这些民族的起源、变迁和历史上的民族关系，而且记录了他们祖先生产、生活和婚姻习俗方面的许多情况，是民族历史的投影。

汉文古籍文献中，记载着大量的有关少数民族的资料，这些资料散见于历史上各个朝代的正史和野史，以及文人墨客的史集丛书中，数量相当可观。这部分资料，也是民族古籍的一个组成部分。

报 刊

中国最早的报纸

邸报大约出现于公元 8 世纪初叶，此后经历唐代的初始、宋代的成熟和明清时期的发展三个历史时期。清代末年，西方传教士在中国办报，古代报纸才逐渐为近代报刊所取代。

1982 年，英国伦敦不列颠博物馆发现了一份唐代“进奏院状”的实物，是现存的中国最古老的报纸，也是现存的世界上最早的报纸。它产生于唐僖宗光启三年（公元 887 年），距今已有 1100 多年的历史。

南宋的“小报”

“小报”是中国古代民间私自发行的新闻传播媒介，最早出现于北宋末年，盛行于南宋。

南宋时，金人不断侵扰，局势动荡，报道朝廷动态的“小报”因此“风行一时，不胫而走”，恰是宋代内忧外患的产物。

“小报”的制造者有“内探”“省探”“衙探”之说。所谓内探，是指能向宫内、枢密院等打听消息的人；省探，是指能向朝廷各部，如中书省、门下省、尚书省等，打听消息的人；衙探则是指能向各衙门打听消息的人。这些人往往是宋朝政府的进奏官，甚至是高级官吏，其中有的人竟然能够以刺探消息为生。

由于当时政局动荡，一般下级官吏和民众很需要这方面的消息，所以“小报”十分走红，据说当时的“小报”是每日一份，不但有人沿街叫卖，甚至造成奔走相告的盛况，“以先得者为功”。

南宋政府对“小报”的流行大为不满，三令五申，加以禁止，1189 年，朝廷下诏，说“今后有私衷小报，唱说事端，许人告发，赏钱二百贯文，犯人编管

五百里”。但是，因为“小报”背景复杂，且有官吏从中把持，直到南宋灭亡，始终无法禁绝。

南宋的“小报”曾被“隐而号之曰新闻”，这是我国历史上第一次将“新闻”这一术语与报纸联系在一起，使其具备了时事报道的含义。

京报

清代以军机处为传报的总机关，是直接听命于皇帝的政务机构。皇帝谕旨、官员的奏折和机要公文都在此汇集，由军机处决定把应该公布的内容下达到内阁，再由内阁通知各省驻京提塘官和衙门抄发。这种报纸称“邸报”或“京报”，社会生活也称“邸钞”或“阁钞”。

道光十年（1830年）以后，典籍中不再有“邸报”的字样，而“京报”成为清代中央政府机关报的固定名称。这是中国古代报纸由原始形态向近代形态过渡的明显迹象。

《京报》的主要内容为皇帝的敕令和公告；简要的宫廷消息，包括新闻标题也开始出现。一些生意人看到卖报可以赚钱，就把报纸带到西北各省销售，后来这批贩报人联合起来，在北京正阳门外建立报房，印刷发行《京报》。清廷认为这对广泛宣扬政令有利，就逐渐接受并形成制度。到同治九年（1870年），仅北京就有十几家报房，名号不一。

《京报》，既零售又接受订户，还可以通过提塘送到京城以外的地方，或经信局寄发，其读者多为京城的达官贵人。

约在1913年前后，《京报》随清王朝的覆亡而停止。

中国近代第一张晚报

中国第一张晚报是上海《泸报》试办的《夜报》，创刊于清末光绪八年（1882年）。它的内容编排首先是论说，其次是皇帝“圣旨”，接着是新闻。但新闻报道没有题目，只按省市集中合写一个标题。如北京的标题为《禁苑秋声》、广州的标上《羊城夕照》等。

这张报纸问世不久就停刊了。

中国近代第一份中文月刊

中国近代第一份中文月刊是《察世俗每月统记传》，1815年8月5日由英国传教士罗伯特·马礼逊（1782～1834年）在南洋马六甲创办，主编米怜。

该刊为木版雕印，每期五至七页，约2000字，免费赠阅，为宗教性月刊，主要宣传基督教教义和基督教的道德观念，同时也介绍一些科学知识和各国概况。该刊从版式到宣传手法上都尽量迎合中国人的口味，如外观看起来很像线装书，每期扉页上都印有从《论语》集来的句子：“子曰多闻择其善者而从之”。

1812年，该刊因主编米怜有病离开马六甲而停刊。

中国境内第一份中文刊物

在中国本土出版的第一个近代中文刊物是《东西洋考每月统记传》，由传教士、普鲁士人郭士立（1803～1851年）于1833年在广州创刊。

该刊重视介绍西方的实用科技知识，侧重宣扬“四海之内皆兄弟”的说教，

目的在于炫耀西方的文明，消除中国人民对他们的戒备心理。该刊还发表过介绍李白、苏东坡的诗词、汉赋和荷马史诗的文章，对打破当时东西方文明的隔绝状态、沟通中外文化起了一定的作用。

晚清四大小说杂志

《新小说》：梁启超主编，1902 年创刊于日本横滨，次年改在上海刊行，1906 年元月停刊。共出 24 期。连载过《二十年目睹之怪现状》《痛史》等名作。

《绣像小说》：李伯元主编，1903 年 5 月创刊于上海，1906 年 4 月停办，共出 72 期。刊登有《老残游记》《文明小史》等名作。

《月月小说》：1906 年 9 月创刊于上海，初由汪维父编辑，第 4 期起，由吴沃尧、周桂笙继任笔政。1909 年 1 月停刊，共出 24 期。以刊登短篇小说为主，开鸳鸯蝴蝶派先河。

《小说林》：黄摩西主编，1907 年 2 月创刊，1908 年 10 月停刊，共出 12 期。以刊登翻译小说和小说评论为主。

中国境内出版最早的外文报纸

清代末年，随着来华的外国商人、传教士的增多，以他们和外侨为对象的外文报纸也开始出现。其中，1822 年创刊于澳门的葡文《蜜蜂华报》是在中国境内出版最早的外文报纸。1827 年创办于广州的《广州纪录报》是在华出版的第一份英文报纸。1832 年创办于广州的《中国丛报》是美国人在华创办的第一家英文刊物。

《申报》

1843 年，上海被辟为通商口岸，很快就成为通商大埠和冒险家的乐园。英国人安纳斯托·美查和他的哥哥于同治初年到上海经营茶叶和布匹生意，赔本后，美查转向办报牟利，与三位友人共集 1600 两银子为股本，于 1872 年 4 月 30 日出版了《申报》。

在内容上，《申报》针对市民切身利益的一些问题发表了不少社论，在有限的范围内对某些不合理的社会现象进行了揭露，并且不刊登令中国读者厌倦的西方宗教文章，主要宣传孔孟思想以博取人心。

在发行上，《申报》在杭州设立分销处，以后又逐渐扩展到其他城市。

在售价上，《申报》十分便宜，每份仅铜钱 8 文。

因此，《申报》销量大涨，甚至使上海的老字号报刊《上海新报》被迫停刊。为保住独家经营地位，《申报》锐意革新，创造了许多重大的新闻形式，成为旧中国的最大报纸，被载入了中国新闻发展史。

图文珍藏版

中国百科全书

李金龙 编

第二卷

辽海出版社

帝制职官

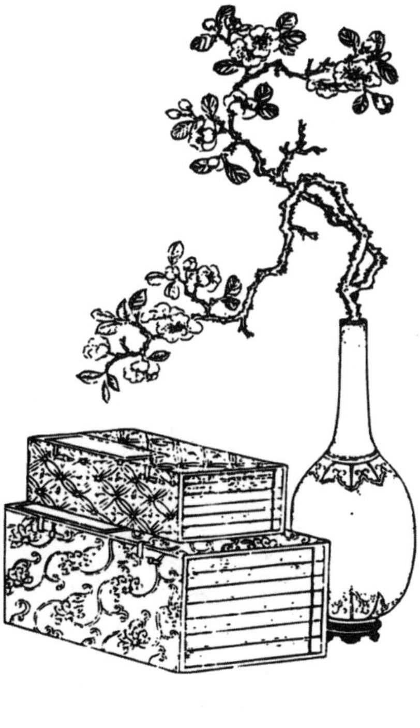

王　朝

中国王朝·帝王之最

第一个统一的王朝：秦。公元前221年建立。

最后一个王朝：清。1912年灭亡。

版图最大的王朝：元。占有亚洲大部和欧洲东部。

社会秩序最乱的王朝：西晋。其存在的36年中，无一年平静。大乱有前后16年的“八王之乱”及延续14年的反晋战争。

娃娃皇帝最多的王朝：东汉。14个皇帝中有12个在18岁以下开始当皇帝，其中6个在10岁以下开始当皇帝。

帝王最多的王朝：商。自汤至纣，共历30帝。

帝王最少的王朝：王莽的新朝、北朝的东魏、南诏以后的大天兴、大义宁、大中等。均仅历1帝。

帝王平均寿命最长的王朝：五代十国时期的南唐。平均每帝享年 54 岁。

帝王平均寿命最短的王朝：北朝时的北周。平均每帝仅享年 22 岁。

延续最久的王朝：东周。自公元前 770 年至公元前 256 年，共历 515 年。

存在时间最短暂的王朝：大天兴、大中、北辽。均仅 1 年多。

帝王平均在位年数最长的王朝：清朝。自 1644 年统治全中国至 1911 年灭亡，历 267 年，传 10 帝，平均每帝在位近 27 年。

帝王平均在位年数最短促的王朝：北辽。自 1122 年 3 月立国至 1123 年 11 月灭亡，仅历 19 个月，传 4 帝，平均每帝在位不足 5 个月。

皇帝的别称

在封建时代，“皇帝”虽是一个无比尊贵的称号，但臣下在皇帝面前，却不能直呼“皇帝”二字。事君唯谨的臣子称呼皇上，常常只用皇帝的别称。

东汉时有时称皇帝为“国家”，这是由于古代称诸侯为“国”，称大夫为“家”，人们便以“国家”作为国的通称，皇帝是国的化身，因而称皇帝为“国家”。到了晋代仍然沿袭这种称呼，如《晋书·陶侃传》云：“国家年小，不出胸怀。”这里的“国家”即指晋成帝司马衍。

东汉蔡邕《独断》载：“亲近侍从称（皇帝）曰大家，百官小吏称曰天家。……天子无外，以天下为家，故称天家也。”

唐代尊称皇帝为“圣人”，如王建《宫词》云：“殿头传语金阶远，只进词来谢圣人。”李白诗中称皇帝为“六龙”。宫中称皇帝为“宅家”，因为皇权至高无上，“以天下为宅，四海为家”，故称其“宅家”。

宋时曾以庙、祖称皇帝，如称神宗为神祖，称仁宗为仁庙。据吕叔湘《笔记文选读》载，宋习以陵寝之名为帝王之别称，如宋仁宗称昭陵，神宗称裕陵等。还有称“官家”“官里”的，晋曰（皇帝）天。唐人多曰天家，又云官。今人（指宋人）曰官家，禁中又相语曰官里。官家之义，盖取五帝官天下，三王家天下。

“天子”的由来

夏、商、周代，天子的正号是王，如周武王即可被称天子；在秦汉至清代，天子则称皇帝。

古以君权为神所授，故称帝王为天子。如《诗经》：“明明天子，令闻不已。”《史记》：“于是帝尧老，命舜摄行天子之政，以观天命。”《礼记》：“君天下曰天子。”总之是为君主专制的神圣，合法性而造说。

“君”字的由来

君字古体从“群”字，意即“群下之所归心也”。君字的本意，说明了国君是从原始的部落群体发展而来的，随着私有制和国家的产生，原来部落首领逐渐成为以阶级压迫为基础的国家元首，而具有了至高无上的地位，如《尚书》曰：“元首明哉，股肱良哉，庶事庶哉。”这里“元首”即指君，股肱指臣；《汉书》更称“君为元首”，《说文》释君曰：“君，尊也，从尹发号故从口。”“君”字意义的这种变化，反映了“君”从作为“群下之所归心”的部落首领，转变为国家最高统治者的历史过程。

庙号、谥号与尊号

中国古代的帝王除有姓名之外，往往还有庙号、谥号、尊号。这些称号多见于史书。

庙号始于西汉，止于清朝，是封建皇帝死后，在太庙立室奉祀时的名号。一般开国的皇帝称祖，后继者称宗，如宋朝赵匡胤称太祖，其后的赵光义称太宗。也有个别朝代前几个皇帝皆称祖，如明朝朱元璋称太祖，其子朱棣称成祖。清朝福临（顺治）称世祖，玄烨（康熙）称圣祖。但是在隋以前，并不是每一个皇帝都有庙号，因为按照典制，只有文治武功和德行卓著者方可入庙奉祀。唐以后，每个皇帝才都有了庙号。

谥号是后人根据死者生前事迹评定的一种称号，有褒贬之意。所谓“谥者，行之迹”，“是以大行受大名，细行受细名。行出于己，名生于人。”谥号有帝王之谥，由礼官议上；有臣属之谥，由朝廷赐予。还有私谥，是门徒弟子或是乡里、亲朋为其师友上的谥号。帝王将相之谥在西周时即已出现。秦时曾一度废除，汉代恢复，直至清末。私谥可能始于东汉，或谓春秋时期已有。民国以后，私谥在一段时间内仍存在。谥法有固定用字，如慈惠爱民曰文，克定祸乱曰武，主义行德曰元等，这是美谥；杀戮无辜曰厉，去礼远众曰炀，好祭鬼怪曰灵等，这是恶谥；还有表示同情的哀、愍、怀等。一般人的谥号多用两字，如岳飞谥曰武穆，海瑞谥曰忠介。

尊号是为皇帝加的全由尊崇褒美之词组成的特殊称号。或生前所上，或死后追加。追加者亦可视为谥号。尊号一般认为产生于唐代。实际早在秦统一中国之初，李斯等人就曾为当时的秦王政上尊号曰“秦皇”。不过这时的尊号一词的含义与唐代以后的不甚相同。尊号开始时，字数尚少，如唐高祖李渊的尊号为“神光大圣大光孝皇帝”。越到后来，尊号越长，如清乾隆皇帝全部称号为“高宗法天隆运、至诚先觉、体元立极、敷文奋武、钦明孝慈、神圣纯皇帝”，除了庙号“高宗”二字外，其尊号竟有二十余字之多。

皇帝与“九”

在中国古代，九为阳数的极数，即单数最大的数。于是多用九附会帝王，与帝王有关的事物也多与九有关。

帝王之位称“九五”。帝王称“九五之尊”。《易·乾》：“九五，飞龙在天，利见大人。”五是一至九数列的中数，古人讲究中庸之道，所以对这个中数有所偏爱。故皇宫要设置五门，称人博学为学富五车，对人表示感谢说铭感五内，把人与人的关系称为五伦等。古人把九五说成是“飞龙在天”，符合“圣人有龙德，飞腾而居天位”，皇帝也就“德备天下”了。

青铜器有“九鼎”，皇帝周围要设九卿。魏晋时的门阀制度，朝廷命官设“九品中正”。紫禁城的房屋九千九百九十余间。天安门城楼，面阔九间、进深九间。紫禁城及皇家园林、行宫的大门，装饰用“九路钉”，每扇门的门钉纵横各九，共 81 钉。

《诗经》云：“如山如阜，如阙如陵，如川之才至，以莫不增……如月之恒，如日之升，如南山之寿，不骞不崩，如松柏之茂，无不尔或承。”诗为祝寿之辞，祝贺福寿延绵不绝之意。因诗名“天保”，连用九个“如”字，因以“天保九如”为祝寿之语。所以清代皇帝的寿筵及春节大宴食品，娱乐节目以及臣僚们庆祝“圣寿”的贡品等，也以九计，含有敬祝万寿无疆的意思。久而久之，九这数字，被皇帝独占了，而一般人民，包括达官贵族，凡起居饮食器物等，都不能以九计了。

紫色为何与皇家结缘

北京故宫称“紫禁城”，帝王住的宫廷称“紫庭”“紫闼”“紫阙”“紫宫”“紫极”“紫霄”等，帝都的道路称“紫陌”，皇帝的诏书称“紫诰”“紫泥诏”“紫书”，皇帝的车辇称“紫驮”，皇帝的衣称“紫衣”，连朝廷赐给和尚的袈裟亦称“紫袈裟”，这样的例子还有一些。皇家为何爱用“紫”字呢？

原来“紫”字指的是紫微星垣。天上恒星中有三垣：紫微垣、太微垣、天市

垣。紫微垣位居中央，太微垣和天市垣陪设两旁。古时候，人们认为天皇住在天宫里，天宫当然应该在中央，所以紫微星垣以它居于中央的位置，成了古人心目中天宫之所在，因此，天宫又叫紫微宫。人间的皇帝，自称“天子”，“太平天子当中生，清慎官员四海分”，于是人们就以紫微星垣代称皇帝了。这样一来，皇帝与“紫”便结下了不解之缘。

皇帝是怎样上班的

古代皇帝的日常统治活动，基本上是通过各级上报的奏章来了解全国政务，并有一个特定集团协助处理，这一特定集团，秦汉时是丞相及其僚属，秦汉以后是三省长官，明清则是内阁和军机处。

皇帝朝会有两种：一种是大会文武百官、王国诸侯和外国使臣的朝会，称为大朝，多是礼节性的。一种是早朝，即皇帝每天或间隔数天早晨会见主要政府官员，处理一些日常性事务。但实际上皇帝日常事务是交给成系统的各级官员处理的，皇帝只进行定期检查就够了。对于重大非日常事务，如战争、天灾，皇帝则往往要和主要官员商议决策。

业余爱好丰富的帝王

人皆有爱好，帝王亦然。

魏武帝曹操、魏文帝曹丕、南唐中主李璟、后主李煜在文学上都有极高的造诣，对后世影响深远。还有隋炀帝和清乾隆帝，都擅长写诗。

宋徽宗赵佶是一个昏庸荒淫的皇帝，1127 年为金兵所虏，后瘐死于异乡。但此人在书法、绘画、诗词方面都很精通，称其为中国古代著名书画家当之无愧。

东汉灵帝刘宏根本不是个皇帝胚子，即位后便在宫中开小铺，做生意。他自穿商贾服，监督采女（宫娥）贩卖，以此为戏。有此种怪癖的还有晋惠帝司马衷，他在宫内“卖葵菜、茈蓝、鸡面之属，亏败国体”。他有个儿子在宫中同人一起杀猪卖酒，竟锻炼到可以用手估掂肉的斤两，不差毫厘。南朝宋少帝刘义府亦为此类角色，他对治理朝政毫无兴趣，却于宫中开了个酒铺亲自酤卖，当上了店掌柜。齐废帝更是别出心裁，与宫女在后苑建立有机构的贸易市场，由爱妃潘氏总管，自己甘受总管指挥。明朝正德皇帝朱厚照，亦曾在宫中设置街市，令另外一些太监扮作顾客买货，与店主相持不下，再令别的太监扮作管理市场的“市正”官来调解。朱厚照本人还到各家“酒店”“妓院”饮酒，在那家饮醉了，就在那家歇宿。清朝的慈禧太后，也在颐和园前山辟一条买卖街，杂陈百货，悬挂匾幌，由后妃太监扮作买者卖者，兼有高官混迹其间，像真事似的互相讨价还价。

五代十国时前蜀后主王衍的德行更为糟糕，他的喜好是半夜扮作狼虎，潜入诸宫惊吓嫔妃。受惊者往往一命呜呼，他却嬉笑自如，毫不在意。

皇帝中的戏迷

中国古代戏剧的盛行与发展，与皇帝的喜爱有着密切关系，他们中曾出现过不少“戏迷”。

汉武帝对戏曲非常重视。他曾将乐府进行一次扩充改组，使这个机构变得十分庞大，仅乐工就有上千人。

盛唐时代的唐明皇李隆基是一位著名的“戏迷”，他不但有歌舞癖，还将梨园辟为训练戏曲人才的教场。从此，“梨园”便成为戏曲界的代称。

明太祖朱元璋积极倡导戏曲活动，并命人设立专门培养伶人、歌伎的机构“教坊司”。他还常亲自根据元代杂剧的曲子写词，如他有首词曰：“诸臣未起朕先起，诸臣已睡朕未睡，何以江南富足翁，日高三丈犹披被。”就是根据元代一杂剧的楔子“君起早，臣起早，来到朝门天未晓，长安多少富豪家，不识明星直到老”改写的。

明熹宗朱由校嫌看戏不过瘾，索性客串做票友。有一次，与高永寿同演《雪访赵普》，他在戏中扮演宋太祖。时值初夏，他竟冒暑穿上冬装戏服，可见其用心之诚，戏瘾之大。

清代康熙帝曾下令将洪昇的《长生殿》、孔尚任的《桃花扇》在宫中排演，并常莅“广和楼”观戏，还颂赐戏联曰：“日月灯红海油风雷鼓板天地间一番戏场，尧舜旦文武末莽操丑净古今来许多脚色”。此事传诵一时，广和楼之名亦因此大振。乾隆皇帝三次南巡，皆喜观赏戏剧。北归后遂召苏、皖名伶入都，供奉南府，为清代四大徽班（三庆、四喜、春台、和春）入京之始。此时湖北的二黄、西皮渐传北方，高腔、昆曲衰微，皮黄日盛。乾隆帝还耗巨资在圆明园建造了一座大舞台。所以过去有人认为，乾隆帝是京剧的开山鼻祖。

慈禧太后更是古今第一大戏迷，几乎天天看戏，对京剧很精通。她嫌观戏不过瘾，有时还着戏衣与李莲英联袂歌舞。

中国历史上的“太上皇”

“太上皇”之称，不是最高权力的象征，而是封建皇帝对其父亲或退位皇帝的极端尊贵的称号。唐代学者颜师古曾解释道：“太上，极尊之称也。皇，君也。天子之父，故曰皇；不预治国，故不言帝也。”

在中国漫长的帝制时代中，真正做“太上皇”的只寥寥数人而已。

延至唐代，由于最高统治集团内部斗争错综复杂，太上皇之数也居历代之首。

武德九年（公元 626 年），“玄武门之变”发生。不久，李渊不得已禅位于李世民，自称太上皇。

公元710年，睿宗李旦即位。公元712年李隆基即帝位（即玄宗），尊李旦为太上皇，称“朕”，命曰“诰”，五日一受朝；皇帝则自称“子”，命曰“制敕”，每日受朝，文武要职除拜及政刑大事仍取决于太上皇。

天宝十四载（公元755年），安史乱起，玄宗避难四川。太子李亨于次年七月在灵武即帝位（即肃宗），尊玄宗为太上皇。

宋、明二代，北方民族关系比较紧张，冲突事变不时发生，伴随着这些事变又出现了两位太上皇。

宣和七年（1125年），金兵南下，东京汴梁危在旦夕，享乐皇帝宋徽宗赵佶惶惶不可终日，急忙下诏传位给太子赵桓（即钦宗），以“道君”自号退居龙德殿，钦宗尊之为太上皇。

明朝正统年间，瓦剌入侵，英宗朱祁镇在“土木堡之变”（1449年）中做了俘虏，一时国家无主，朝臣奉其弟郕王朱祁钰监国，进而称皇帝，遥尊英宗为太上皇。后来明与瓦剌议和，英宗回京，他不甘心失去皇帝之尊位，于景泰八年（1457年）正月趁代宗病危发动“南宫复辟”，抛弃太上皇的虚名，重新做起天子来。

中国历史上最后一位太上皇是清高宗爱新觉罗·弘历（即乾隆）。他最具有特殊性和典型性。特殊在于他的退位不是被迫而是自觉的：他曾说过：“若蒙昊苍垂佑，得在位六十年，即当传位嗣子，不敢上同皇祖纪元六十，以次增减之数。”1796 年农历正月一日正式举行传位仪式，亲将宝玺授予嘉庆帝，颁诏自称太上皇。其典型性在于：他的归政虽居太上皇之名而行皇帝之实，嘉庆只不过是一个傀儡而已。

辽国到底有多少个“萧太后”

五代时，中国北方的契丹族于公元 916 年建立契丹国，后改国号为“大辽”。除开国之君耶律阿保机的皇后姓“述律”外，其余八帝之后皆为萧氏。

据《辽史》记载，太祖耶律阿保机倾慕汉高祖刘邦，所以兼称“刘氏”。后族“乙室”“拔里”二氏，世任国事，辅佐朝政有功于社稷故以“乙室”“拔里”比做汉朝开国功臣萧何，遂为“萧氏”。另《辽史》载：“契丹外戚，其先曰二审密氏：曰拔里，曰乙室已。辽太祖，娶述律氏。述律，本回鹘糯思之后。大同元年，太宗自汴将还，留外戚小汉为汴州节度使，赐姓名曰萧翰，以后中国之俗，由是拔里、乙室已、述律三族皆为萧姓。”外戚小汉当是契丹名字，为偕同中国风俗，取汉人姓名，故以“小汉”偕音为“萧翰”。于是后族三姓氏皆改为“萧”姓。

在辽朝众多萧太后中，最杰出的人物当推景宗之后萧绰。她 16 岁被立为皇后，临朝主政。凡诛罚征讨，蕃汉诸臣集众共议，由皇后裁决。景宗过世，子耶律隆绪即往，年仅 12 岁，这就是后来被尊为圣主的辽圣宗。萧后也刚满 30 岁，被尊为承天皇太后，辅佐幼帝临朝听政。据《契丹国志》记载：这位萧后“阴毒嗜杀，神机略智，善驭锐右，大臣多得其死力”。她带领圣宗渡过了辽朝最艰难的时期。当时宋太宗锐意收复燕云十六州，辽朝“举国南征，后亲跨马行阵，与幼帝提兵”。1004 年秋，她率兵打到黄河边上的澶州，迫使北宋接受了和约，订立澶渊之盟。从而结束了辽宋间长期紧张的局面，赢得了 100 余年的边陲安定，辽圣宗得以在国内实行改革，完成了向封建化的过渡，国力日强。

《辽史》提到的 20 个后妃中，有 18 个姓萧，除去太祖前四代先妣中由后人追认的萧姓外，萧姓后妃仍占多数。由于皇族只能与后族成员通婚，而后族三姓氏——拔里、乙室已、述律氏又统赐为萧姓，故每一代皇帝的后嫔自然就称为萧后或萧妃了。下一代皇帝登基，前代的萧后也就被尊为萧太后了。

康熙的科技炕桌

故宫博物院收藏着一张造型精致、用途特殊的炕桌，长96厘米，宽64厘米，高32厘米，上等楠木制成。这是清代康熙帝用来学习科学技术的炕桌。

这张炕桌设计巧妙。桌面由三块银板组成：中间一块为正方形；左右两块为大小相同的长方形，每块银板均可挪动或取下。中间银板光洁平滑，便于绘图书写；左右两块银板刻着各种直线、斜线、横线和大小不一的格子，并标有许多数目字，以及精密度为1%的分厘尺。一块上刻有“开立方”和“求圆半径”字样；另一块刻有“开立方”和“求球半径、又测米堆”字样。

这张桌子没有抽屉，取下桌面银板，便见用楠木条横竖加榫构成的方格屉匣。匣底刻有不同形状的浅槽，便于放置各类小件仪器、计算工具。

拥有皇后最多的皇帝

中国皇帝“后宫粉黛，佳丽三千”是常有的事。但一般说来，正式的皇后却只能有一个。唯一的例外是十六国时期匈奴汉国的昭武帝刘聪。刘聪为人荒淫好色，做皇帝8年，没有留下什么政绩，封的皇后却不少。

建元元年（公元315年），刘聪打算把自己宠爱的3个女人都立为皇后，却苦于没有名目。颇费了一番心思后终于有了主意：他立中护军靳准的女儿靳月光为“上皇后”，靳月华为“右皇后”，贵妃刘英为“左皇后”。大臣陈元达觉得不像话，劝谏说：“自古以来没有听说过三个皇后同时并立的，这样做不合礼法！”刘聪不但不理睬，反而又将自己喜欢的另外7个女人全部立为皇后。这一次实在想不出什么新名目了，索性把皇后的印绶发给她们每人一个，算是确认了她们的皇后身份。大臣崔懿之、曹恂等出来劝阻：陛下“乱淫于色，臣恐无福于国家也”。刘聪听了大怒，斥责崔懿之、曹恂“漫侮国家，狂言白口，无复君臣之礼”，下令将他们斩首示众。自此，再没有人敢对刘聪的淫色无度进行规谏了。后来刘聪又将中常侍宣怀的养女立为“中皇后”。

但刘聪死后不多久，他的丈人——“上皇后”“右皇后”的父亲靳准就发动了政变，刘聪的尸体被从陵墓中挖出来砍掉了脑袋。

历史上年龄最小的皇后

据《汉书》载：孝昭上官皇后，乃汉武帝时太仆、左将军上官桀之子上官安的女儿。上官安娶大将军霍光之女为妻，生上官皇后。公元前86年，汉武帝刘彻病逝，立刘弗陵为帝，年8岁。公元前83年（昭帝始元四年）昭帝12岁时，由昭帝长姊鄂邑盖长公主做主，召上官安之女入宫选为婕妤。“月余，遂立为皇后，年甫六岁。”上官皇后立10年，昭帝于元平元年（公元前74年）病逝。因昭帝无子嗣，立昌邑王刘贺为帝，尊上官皇后为皇太后。刘贺当皇帝只27天，便被大将军霍光与上官皇太后共谋废掉，后立刘询为帝，并尊上官皇太后为太皇太后，时年仅15岁。

“东宫”与“西宫”

中国历史上从来没有什么“东宫娘娘”“西宫娘娘”的称谓。尽管戏剧或小说中常有这样的称呼，但那毕竟不合史实。直到清朝末年，才有了东太后、西太后的叫法。1861年，咸丰皇帝病死于承德避暑山庄烟波致爽殿。皇太子载淳即位于灵前。第二天颁发上谕，尊皇后钮祜禄氏为母后皇太后，徽号慈安；懿贵妃叶赫那拉氏为圣母皇太后，徽号慈禧。从这一天起，慈安太后搬入烟波致爽殿东暖阁，慈禧太后搬入西暖阁。据此，宫内始有东太后、西太后之说。

公主、郡主称呼的由来

周朝天子的女儿称王姬，到战国才有公主之称，天子和诸侯的女儿，都可以称公主，又叫君主。《史记》说李斯的诸子，皆娶秦公主，就指的是秦王的女儿。据说周朝中叶，天子嫁女于诸侯，不自主婚，命同姓诸侯主持婚事，所以叫作公主。主，是主婚的意思。

从汉代起，公主专指天子的女儿。晋时，公主封郡者，称郡公主，如弘农郡公主。南北朝也有郡公主。至唐始有郡主之称，专指太子的女儿。明代亲王的女儿称郡主，郡王以下的女儿，称郡君、县君。清代的郡主，亦指亲王之女。评书《杨家将》中的柴郡主，据说书人说是五代后周世宗（柴荣）的后人，被宋朝的八王赵德芳认作妹妹，故有郡主之称。

“格格”的等级

在清代，亲王以下的女儿均称“格格”，有很多等级。亲王之女称和硕格格，即郡主。郡王之女称多罗格格，即县主。贝勒（全称多罗贝勒，位低于郡王）之女亦称多罗格格，即郡君。贝子（全称为固山贝子，位低于贝勒）之女称固山格格，即县君。位低于贝子的镇国公、辅国公之女，亦称格格，即乡君。

至于皇帝的女儿，却另有称呼。清太宗皇太极继位后，于崇德元年（1636 年），始仿明制，皇帝女儿开始称为“公主”，并规定皇后（即中宫）所生之女称“固伦公主”，妃子所生之女及皇后的养女，称“和硕公主”。“格格”遂专指王公贵胄之女的专称。例如，皇太极的次女马喀塔（孝端文皇后所

生）初封固伦长公主，后改为“永宁长公主”，复改为“温庄长公主”。由此可见，现在影视剧中把皇帝之女称作“格格”是不准确的。

帝婿·驸马·粉侯

驸马即皇帝的女婿，把堂堂帝婿与“马”扯到一起，似乎有失恭敬。不过驸马的确与马有缘分。

《汉书》中，有一种职官，全称驸马都尉。从汉武帝始，为了妥善管理好皇帝众多的御用车马，特设奉车都尉，专司督管皇帝正车之马；又设驸马都尉掌管副车之马。表面看，驸马仅是个闲官，由于能与皇帝接近，而且薪俸年入二千石，颇为可观，因而被视为肥缺，历来多为皇亲国戚、公侯子孙担任。

晋代以后，凡帝婿皆加封驸马都尉，简称驸马。至此，驸马正式成了帝婿的代称。清代的“驸马”称“额驸”。

除驸马外，帝婿的另一个代称今人知之者甚少。《聊斋志异·云萝公主》中有：“一婢以红巾拂尘，移诸案上曰：‘主日耽此，不知与粉侯孰胜？’”这里的“粉侯”即指帝婿。把帝婿称作“粉侯”，是因三国的何晏而起。

何晏是汉朝大将军何进的孙子，少时即以文才而闻名，且仪表秀美，那张脸更是白若涂粉。魏明帝怀疑何晏为人浮华，每天都在扑粉打扮，便想试探何晏一番。在夏季一日特宴请何晏，席间赐之热汤与饼。何晏吃得大汗淋漓，明帝则在一旁等着看好戏。但何晏擦了汗后，脸色不仅依然白净犹如敷粉，而且白里透红，明帝不禁默默赞叹。不久，何晏娶了魏公主，得封为驸马，又获赐爵为列侯。因何晏脸如敷粉，人们便称帝婿为“粉侯”。

“诰命夫人”的由来

在传统戏《七品芝麻官》和《春草闯堂》等戏中，都有诰命夫人这个角色。

在古代，诰和告是近义，把自己的意思告诉给别人称作诰。所谓诰命，就是皇帝赐爵或授官的诏令。明清时代，一品至五品用皇帝的诰命授予，称为诰封。受封的妻室都称为诰命夫人，也称命夫人。

古代宫廷“选美”的程序

纪晓岚在《明懿安皇后外传》中，详细记载了明代皇宫“选美”的情况：天启元年，熹宗将举行大婚礼，先期选天下淑女十三至十六者，有司骋以银币，其父母亲送之，以正月集京师，集者五千人。

天子分遣内监选女，每百人以齿序立，内监循视之，曰：某稍长、某稍短、某稍瘦、某稍肥，皆扶出之。凡遣归者千人。明日，诸女分立如前，内监谛视耳、目、口、鼻、发、肤、胫、肩、背，有一不合法相去之。又使自诵籍、姓、年岁，听其声之稍雄、稍窜、稍浊、稍吃者皆去之。去者复二千人。

明日，内监各执量器，量女子之手足，量毕复使周行数十步，以观其丰度，去其腕稍短、趾稍巨者，举止稍轻躁者，去者复千人，其留者亦仅千人，皆召入宫，备宫人之选。

复日，分遣宫娥之老者引至密室，探其乳，嗅其液，扪其肌理，于是入选者仅得三百人，皆得为宫人之长矣。在宫中一月，熟察其性情言论而评汇其人之刚柔愚智贤否，于是入选者仅五十人，皆得为妃嫔矣。

历史上第一次宫女造反

明人沈德符在《万历野获编》一书中，记载了中国历史上的一次宫女造反事件。

此事发生在明朝嘉靖壬寅年（1542 年）。由于不甘忍受封建帝王的压迫和蹂躏，皇宫内 16 名宫婢联合动手，以迅雷不及掩耳之势，用绳子勒住了嘉靖皇帝的脖颈，并用布条塞住嘉靖皇帝的嘴。宫女们人多势众，嘉靖皇帝无法抵抗，被按倒在地。她们坐到嘉靖皇帝的肚子上用力拉紧绳子。但也许是宫女们心慌，绳子没有结好，未能如愿以偿地将嘉靖皇帝置于死地。后来，皇后和禁军闻讯赶到，嘉靖皇帝才免遭一死。

职 官

“官吏”的由来

所谓官，最早寓有管理的意思，是负责维持秩序、督保生产、征收赋税和处理诉讼事件的人员。“官者，管也，以管领为名”。“朝廷治事处，曰官”。官的数量，随着政务的复杂而逐渐增多；官的职任，随着体制的发展而分工愈细，因此，“设官分职，体统相维，品式具备”。

吏，古代百官的通称。《尚书》：“天吏逸德，烈于猛火。”《左传》成公二年：“王使委于三吏。”“三吏，三公也”。汉朝以后，始称位职低微的官员为吏。秩二百石至四百石为长吏；百石以下有斗食佐史为少吏。至明清则称各衙署之房吏书办无俸禄而供事于官的人为吏。

“吏”进身为“官”称“吏道”。这一仕途，起始甚早。在唐代称“流外入流”，宋代称“流外补选”，金、元叫“吏员出职”，明代则简称“吏员”。

“官衔”的由来

“官衔”是旧时官吏的封号、品级和官职的统称。唐人封演的《封氏闻见记》记载：“当时选曹补受，须存资历，闻奏之时，先具旧官名品于前，次书拟官于后，使新旧相衔不断，故曰‘官衔’。”

清人王士禛的笔记《池北偶谈》另有一种解释：“官衔二字，习俗不识其义。《家语》云：‘官有衔，职有序。’注：衔，治也。《执辔篇》云：‘古之衔天下者，其以六官总治焉，故曰衔四马者执六辔，衔天下者正六官。’官衔之义本此。”这种解释较为可信。一般说，官指官吏的职分，即官职。《周礼》：“二曰官职，以辨邦治。”而衔则是官吏的等级，即官阶。

“兼职”的由来

古之兼职据认始于汉代。

所谓“兼”，即指另外再担任比现本任职高的官阶。凡此则称之为“兼”。如果兼任的官职比自己现任的官职要小，则叫“领”。如刘向曾任“光禄大夫”，他又兼任比这官职要小的“校书”，所以称“刘向以光禄大夫领校书”。

到了唐代，兼官又称作“摄官”。所谓“摄”，即“代”的意思。如唐朝皇帝身边的顾问兼吏部尚书职务的，叫作“侍中摄吏部”。此外，唐代对于兼官又有“行、守、试”之区别，大约职事高的叫“守”，职事低的叫“行”，虽任命兼职但尚未正式宣布的叫“试”。到了宋代，名称保留，但具体则另有规定，凡兼高一品的叫“行”，低一品的叫“守”，低二品的叫“试”。比如杨国忠在天宝七载（公元748年）迁给事中，“兼”御史中丞，“专”判度支事。意思就是他实际的职务是给事中，做的工作是判度支事，兼任御史中丞。

品

“品”是古代职官制度中最常见的用以表示官员职务高低的标志，起源于曹魏时期“九品中正”的官僚选拔制度。

曹魏时期将士人按才能分别评定为九等，叫作九品，以后将官员的尊卑也分作九个等级，也叫九品。北魏时又进行更细致的区分，先将每品分为正与从，即正一品、从一品到正九品、从九品，正四品上阶、从四品下阶一直到九品上阶、从九品下阶。这样，就由最初的9个等级发展为30个等级，其中分品分阶，一般合称“品阶”。这种等级区分在唐、宋时期被沿用，只是武职是从正三品起就分上下阶，形成文职分30等“品阶”、武职分32等“品阶”的制度。隋与明、清，则只保留九品之中分正从的办法。

阶

“阶”是与“品”有关或者说由品派生的另一套等级，始于唐代。

为了将种种散官称号进行整理和补充，明确其等级，唐帝国专门制定了一系列标志官员身份级别的称号，使人一见到或一听到这一称号就能明白该官员的品级，这种称号就称为“阶”“阶官”，或仍叫“散官”，其实也就是几品几品的代称。按从一品到从九品下阶的次序排列如下：开府仪同三司、特进、光禄大夫、金紫光禄大夫、银青光禄大夫、正议大夫、通议大夫、太中大夫、中大夫、中散大夫、朝议大夫、朝请大夫、朝散大夫、朝议郎、承议郎、奉议郎、通直郎、朝请郎、宣德郎、朝散郎、宣议郎、给事郎、征事郎、承奉郎、承务郎、儒林郎、登仕郎、文林郎、将仕郎。

中国古代常见官职概说

三公

周代立太师、太傅、太保为三公，是协助国君掌握军政大权的最高官员。一说司马主天、司徒主人，司空主土，是为三公。西汉以丞相（西汉末改为大司徒）、太尉（汉武帝时改为大司马）、御史大夫（西汉末年改为大司空）为三公。东汉以太尉、司徒、司空为三公，综理众务，以太傅为上公，三公亦称三司。三国魏初所置三公与东汉同，但都不参与朝政。晋沿置。北周以太师、太傅、太保为三公。唐以太尉、司徒、司空为三公，但无实际职务，仅为大臣虚衔。唐以太师、太傅、太保为三师。

宰相

中国封建社会主管政事最高行政长官的通称。其职务是辅佐帝王总揽国政，统率群僚，但历代所用正式官名有变化。如秦、西汉时以相国或丞相为名。东汉时名义上司徒当丞相，与司空、太尉共掌国政，而实际上则权归尚书，尚书令无所不统，实为宰相。魏晋以来，中书监、令掌管机要，和侍中、尚书令、尚书仆射等实为宰相之任。隋、唐时，以三省长官中书令、侍中、尚书令、仆射为宰相，中叶后，凡为宰相者必须加同中书门下三品及平章事等职衔。元代以中书省丞相、平章政事为宰相，左右丞和参知政事为副相。明洪武十三年（1380 年）

废丞相，皇帝亲揽政务。此后，明、清时的内阁大学士及清代的军机大臣都是宰相之任。

丞相

官名。战国时期，秦悼武王二年始设左右丞相。至秦朝，中央官吏以丞相、国尉、御史大夫为最高，时谓三公。丞相作为正式官名，是从秦国开始而在秦朝确立的。丞相制度的确立，完成了战国以来政治制度方面的一个重要变化，即彻底废除了世卿世禄制，使权力进一步集中，君权得到加强。西汉初，改丞相为相国，不久，恢复旧名，与太尉、御史大夫合称三公。元寿二年（公元前 1 年）改称大司徒。东汉末复称丞相。三国、两晋、南北朝时废时置，有时叫大丞相或相国，大多由权臣担任。唐废丞相，而以中书令、侍中、尚书令、仆射等为宰相；又因为这些官的品位高，轻易不授人，而以其他官加“同中书门下平章事”等

名义任宰相之职。南宋孝宗时，改尚书左、右仆射为左、右丞相。元代中书省及行中书省均置左右丞相。明初设丞相，洪武时废。长期以来，丞相常用作宰相的通称，但宰相不一定是丞相。

太尉

官名。秦时有太尉，为全国最高军事长官。汉初置太尉，和丞相、御史大夫合称三公。武帝建元二年（公元前 139 年）省，元狩四年（公元前 119 年）改称大司马。东汉复称太尉，与司徒、司空并为三公。后代（除北周外）沿置，但一般为加官而无实权，至明代废。或用作对武官的尊称。

御史大夫

官名。秦始皇时始置。其位相当于副丞相，主弹劾、纠察及掌管重要文书图籍，实为朝廷的监察长与秘书长。汉时与丞相（大司徒）、太尉（大司马）合称三公，后改称大司空、司空。丞相缺位时，往往由御史大夫递升。晋以后多不置。隋、唐时复置，为御史台长官，专掌监察、执法。唐以后御史大夫名虽尊崇，实则权位已轻，到宋代又缺而不补，仅作为加官，金、元亦徒存虚名。明、清废御史大夫，而于都察院改设都御史、副都御史等官。

九卿

官名。周代以少师、少傅、少保、冢宰、司徒、宗伯、司马、司寇、司空为九卿。秦以奉常、郎中令、卫尉、太仆、廷尉、典客、宗正、治粟内史、少府为九卿。汉改奉常为太常，郎中令为光禄勋，典客为大鸿胪，治粟内史为大司农（一度为大农令）。魏、晋后设尚书公主各部行政，九卿事权受到削弱，仅专掌一部分事务。南朝梁加卿字以名官。北齐改廷尉为大理，少府为大府。明改宗正为宗人府，废卫尉、司农、太府，以六部尚书、都察院都御史、大理寺卿、通政司使为九卿（大九卿）；以太常寺卿、太仆寺卿、光禄寺卿、詹事、翰林学士、鸿胪寺卿、国子监祭酒、苑马寺卿、尚宝司卿为小九卿。清代以都察院、大理寺、太常寺、光禄寺、鸿胪寺、太仆寺、通政司、宗人府、銮仪卫为九卿；以宗人府府丞、詹事、太常寺卿、太仆寺卿、光禄寺卿、鸿胪寺卿、国子监祭酒、顺天府府尹、左右春坊庶子为小九卿。

郎中

官名。是最早产生的郎官。郎中在战国时已成为各国常设的官职。随着秦汉统一封建王朝的建立，郎中一官因分工不同而分为三：给事禁中者为中郎，给事宫中者仍为郎中，给事宫外者为外郎。

并有郎中令为三郎最高长官，在宫闱中掌皇帝宿卫。这就是秦及汉初的三郎体制。汉武帝又将郎中一官分为车郎、户郎，设郎中车将、郎中户将分别统领之。汉代郎中属光禄勋，掌管车、骑、门户，并充任侍卫，外从作战。自晋代至南北朝，郎中上升为尚书曹司的长官。自隋代至清代，各部尚书都沿置郎中，分掌各司事务，是各司的主官，为尚书、侍郎、丞以下的高级部员。

侍郎

官名。汉武帝时始置的郎官，常侍皇帝左右的近臣。自东汉后，凡尚书的属官，初任称郎中，满一年改称尚书郎，三年称侍郎。自唐代起，其职位升高，中书、门下二省及尚书省所属各部，都以侍郎为副长官。明、清时递升至正二品，与尚书同为各部的长官。

比如唐代的著名文学家韩愈，就曾先后任过刑部、兵部、吏部的侍郎。

太守

官名。战国时期，各诸侯国在边地置郡，其长官称守，尊称为太守。秦始皇统一六国后，推行郡县制，每郡置郡守，为郡的最高行政长官，负责治理全郡，其权力甚大，除各县令长由朝廷任命外，其余郡内属吏都可由郡守从本郡辟举，其治郡方略，朝廷也不干预。汉代沿置，于景帝中元二年（公元前148年）更名太守，其职权与秦代相似，上与天子剖符（虎符、竹使符，各执其半），下得刑赏和任命除县令长以外的官吏，为地方最高行政长官。汉代郡守因俸禄为二千石，故亦称二千石，掌治民，进贤劝功，决讼检奸，巡历属县，守卫边疆，察举人才。南北朝时设州渐多，郡的辖境不断缩小，州郡区别不大。隋代统一后，废郡守之名而以州刺史代之。隋炀帝与唐玄宗时一度改州为郡，不久复旧。宋代改设知州，而习惯上仍以太守为别称。明、清时则专以称知府。

县令

官名。县的行政长官。战国时每县设令、长。秦灭六国后，沿袭旧制，凡县民在万户以上者设令，万户以下者设长，均由朝廷任命，为一县的行政长官。汉武帝时改列侯所食县的令、长为相。王莽改制时，县令、长改称县宰。宋代县令名存实亡，多由京朝官知县事执行其职务，称为知县事。元称县尹。明、清称知县。

如晋代著名诗人陶渊明，就曾担任过彭泽县令。

刺史

官名。西汉武帝时，分全国为十三部（州），每部置刺史一人，以六条巡察所属郡县。刺史官秩仅六百石，低于郡守，虽然不能干预郡守、县令之事，但有纠察郡守、县令之权，与秦御史监郡相类似。成帝时曾改称州牧，后或称刺史，或称州牧。东汉灵帝时，为镇压农民起义，提高地方长官权力，复改刺史为州牧，掌一州的军政大权，居郡守之上，后渐渐发展成为地方割据势力。自三国到南北朝，各州多置刺史，但一般以都督兼任，并加将军称号，不加将军的叫“单车刺史”。隋初废郡，只有州、县两级，刺史是一州的行政长官，其地位相当于汉代郡守，只有雍州称牧是例外。唐时沿置，并成为定制，惟隋炀帝及唐玄宗时曾两度改州为郡，改刺史为太守，不久即复旧称。唐时刺史地位渐轻，降为节度使、观察使的下属，而大将为刺史者，则加节度使之号，统制数郡。宋时刺史沦为虚衔，并不赴任，而以朝臣为知州，管理一州行政事务。习惯上刺史与太守均用作知州的别称。清代也以刺史为知州的别称。

如唐代著名诗人白居易曾任杭州、苏州刺史，著名文学家柳宗元曾任柳州刺史。

学士

官名。学士之名始于三国魏。魏、晋、六朝征召文学之士掌典礼、编纂、撰述等事，通称为学士，无定员，也无品秩。北齐有文林馆学士、北周有麟趾殿学士，隋代诸王及节帅也置学士，以师友待之。唐太宗时置弘文馆，引学士轮流入值，参与议政，学士地位始重，后另建学士院，于是有翰林学士官名，专掌制诰，号称“内相”。唐肃宗至德年间以后，又于学士中选年深望重者一人为承旨，往往为宰相，但仍无一定官品。宋代沿袭唐制，设翰林学士院，学士职掌制、诰、诏、令撰写之事及侍从皇帝备顾问。有翰林学士承旨，不常置，以久任翰林学士者充任；定制资浅者为直学士院（简称直院），他官暂代者为翰林权直或学士院权直；还以学士侍从有学术者为翰林侍讲学士、侍读学士，其官秩低而可备讲说者为崇政殿说书；此外又以观文殿、资政殿、端明殿学士及龙图、天章、宝文阁等阁学士与大学士为优礼大臣与文学之士的兼衔或赠衔。明、清时的殿、阁大学士即是宰相。

光禄大夫

官名。汉武帝元狩五年（公元前118年）置中大夫，太初元年（公元前104年）更名光禄大夫，秩比二千石，与谏大夫等同掌顾问应对。魏、晋有左、右光禄大夫，为加官、赠官。左右光禄大夫均银印青绶，称银青光禄大夫，其重者诏加金章紫绶，称金紫光禄大夫。唐、宋以后为从二品文阶官。元、明升为从一品，清升为正一品，为最高文阶官。

京兆尹

官名。秦设内史，掌治京师。汉景帝二年（公元前155年），分为左右内史，汉武帝太初元年（公元前104年）改右内史为京兆尹，下辖十二县，长官称京兆尹。三国魏时改称太守，西魏、周、隋复称尹，唐开元初改雍州为京兆府，常以亲王领雍州牧，而改雍州长史为京兆尹，并置少尹以治理府事。

国子祭酒

官名。汉置博士祭酒，晋武帝咸宁二年（公元276年）立国子学，置国子祭酒、博士各一人。历代沿置，掌领太学、国子学或国子监所属各学。清末改学制时废。

国子祭酒相当于现在的大学校长。战国时荀子曾三任稷下学宫的祭酒，唐代的韩愈也曾任过国子监祭酒。

巡抚

官名。始于明代，洪武二十四年（1391年），派遣皇太子巡抚陕西，但是这时巡抚还是临时派遣，并非正式的地方专职官。洪熙元年（1425年）以后，才在关中、江南等地设置巡抚专职，和总督同是地方的最高长官。清代巡抚演变为省级地方政府长官，总统一省军事、民政、吏治、刑狱等事。清代巡抚例兼都察院右副都御史和兵部侍郎衔，所以又别称均部院。明、清巡抚与总督同为封疆大吏，只是巡抚品级稍低，仍属平行。抚台、抚军是巡抚的别称。

总督

官名。明代始置。先是战时用兵，派京官到地方去总督军务，事毕即罢，并非常设官。明宪宗成化年间，为加强对瑶、汉等族农民起义的镇压，专设两广总督，后各地陆续增置，成为有明一代定制。明代总督在任命前都先受命为兵部尚书、侍郎或都御史、副都御史、佥都御史。清代总督为地方最高长官，统辖一省或几省的军事和民政。总督例带兵部尚书、都察院右都御史等衔称。此外有专管河道和漕运事务的总督，称为河道总督和漕运总督，也是明代始置，清代沿设。明、清时都以制军、制台为总督的别称，以制宪为尊称。

清代民族英雄林则徐就先后担任过两广总督、湖广总督、陕甘总督和云贵总督等职务。

九门提督

官名。为“提督九门巡捕五营步军统领”的别称。清初设步军统领，专管满洲、蒙古、汉军八旗步兵，康熙十三年（1674 年）兼提督京城九门事务，三十

年又兼管巡捕三营事务，当时叫作“提督九门巡捕三营步军统领”。乾隆四十六年（1781 年）巡捕增兵额为五营，随之改称“提督九门巡捕五营步军统领”。掌京师正阳、崇文、宣武、安定、德胜、东直、西直、朝阳、阜成九门内外守卫巡警等事。九门提督由亲信的满族大臣兼任。其官署步军统领衙门除掌防守、稽查、门禁缉捕等事务外，还掌断狱、编查保甲等事。其所属番役往往以缉捕侦查为名，滥施淫威，为害甚深，是镇压人民反抗的特殊机构。

中国第一个女宰相

中国历史上最早的女宰相，应该是公元前 12 世纪商王武丁的王妃——妇妥，即商代卜辞中提到的“小臣妥”。

商代妇女的地位很高，可以从军参政。武丁的王后妇好不仅主持宗庙的祭祀，还曾经数次率领大军出征，立下了赫赫战功。这一点，在卜辞与安阳小屯发现的妇好墓中得到了证实。而武丁的王妃妇妥，则是中国古代最早的女宰相。

商代卜辞所见武丁的配偶除了妣辛（即妇好）、癸、戊之外，还有妇嫀、妇周、妇楚、妇蛭、妇杞、妇妊、妇鼠、妇庞、妇妥等。妇妥是武丁的王妃，已为学者们所公认。

商代的宰相称为“少臣”“小臣”，古文字中“少”与“小”通用。商汤的宰相伊尹便被称为“小臣”，如《叔夷钟铭》有“伊小臣惟辅，咸有九州，处禹之堵”。《墨子》则说“汤有小臣”。商代的卜辞中没有大臣，只有小臣。可见，小臣是地位仅次于王的宰辅重臣，相当于后世的宰相。

在武丁时期的卜辞中，武丁的后妃诸妇中唯一被冠以“小臣”的便是妇妥，卜辞里称之为“小臣妥”。商代晚期“小臣妥”玉琮一端刻铭文 4 字，其铭文释文为：小臣妥见。“妥”是人名，卜辞惯例人名从女者皆为女性。武丁卜辞说：“戊午卜，小臣不其？”“不其”，是问是否生小孩，此小臣自然是个女性。武丁卜辞里还曾占卜“小臣冥（娩）嘉”，这个分娩的小臣也只能是妇妥。

目前考据证实的武丁时期担任“小臣”一职的女性只有妇妥。这样看来，中国历史上留下名字的第一位女宰相便是妇妥。

中国古代的封爵制度

在所有表示官员地位高下的称号中，爵的起源最早。据《礼记》记载：“王者之制禄爵，公、侯、伯、子、男凡五等。”郑注：“禄，所受食；爵，秩序也。”可见爵就是贵族官僚的等级。最早的爵位等级始于周朝，从《尚书》以及金文上看，当时只有侯、男两个爵位，到了后来，才逐渐形成公、侯、伯、子、男五等爵位。

战国时的秦国，商鞅变法时将过去的爵位加以整顿，明确规定为 20 级。由 20 级至 1 级分别是：彻侯、关内侯、大庶长、驷车庶长、大上造、少上造、右更、中更、左更、右庶长、左庶长、五大夫、公乘、公大夫、官大夫、大夫、不

更、簪袅、上造、公士。其中，第 1 到第 8 级是民爵，第 9 到 20 级才是官爵。

汉代封爵无明确的制度，但事实上只有王侯二等，皇子封王，异姓封侯。魏晋南北朝时期一直沿用县侯、乡侯、亭侯的名称。

清代的爵位分为两个系统，一是皇族的爵级，分为亲王、郡王、贝勒、贝子、镇国公、辅国公、镇国将军、奉国将军、奉恩将军 10 级。二是皇族之外的爵级，则分为公、侯、伯、子、男、轻车都尉、骑都尉、云骑尉、恩骑尉 9 级。

秦朝的“三公九卿”

秦在皇帝之下设丞相（有时设相邦、中丞相）、太尉、御史大夫，称为“三公”。又设九卿等高官。

丞相，是皇帝之下的第一个高官，是文官之长。他辅佐君主，协理万机，地位最为重要。太尉，秦在统一六国之前，设有尉、国尉等军官，如白起、尉缭均任过国尉。但左庶长、大庶长、大良造亦统兵出征。有时也任命将军出征。有人认为秦代记载中不见太尉之名，疑秦无此官，乃班固以西汉之制记之。但《礼记》中有太尉之名，说：“命太尉，赞杰俊，遂贤良，举长大，行爵出禄，必当其位。”《吕氏春秋》亦载此说，如这些话可靠，则太尉不仅掌武事，是武官之长，也兼管用人、定爵等人事大权。御史大夫，为丞相之副职，兼掌监察。丞相、太尉、御史大夫合称“三公”，为中枢之最高官位。

较“三公”略低者为“九卿”：奉常掌宗庙祭祀，郎中令掌保卫皇帝，卫尉掌警卫宫廷，太仆掌皇帝车马，廷尉掌刑罚，典客掌接待管理边区民族，宗正掌皇族事务，治粟内史掌粮食货币，少府掌税收及制造用具。

此外，尚有中尉掌京师治安，主爵中尉掌列侯之爵秩。这套官制确定以后，与原先的二十级爵并行，使爵与官逐渐分离。

“三省六部”制度

三省六部制是隋文帝创立的，目的在于分割和限制丞相的权力。其中，三省为中书省、门下省、尚书省。六部为吏部、礼部、兵部、度支（后改为户部）、都官（后改为刑部）和工部。每部各辖四司，共为二十四司。

隋唐时，三省同为最高政务机构，一般中书省管决策，门下省管审议，尚书省管执行，三省的长官都是宰相。中书省长官称中书令，下有中书侍郎、中书舍人等官职；门下省长官称侍中，下有门下侍郎、给事中等官职；尚书省长官为尚书令，下有左右仆射等官职。尚书省下辖六部分别是吏部、户部、礼部、兵部、刑部、工部。各部长官称尚书，副职称侍郎，下有郎中、员外郎、主事等官职。六部制从隋唐开始实行，一直延续到清末。

宋代的履历表

宋代凡科举考中或地方举荐以及由其他途径进入官场的人，都要填写一份自传式的文书，叫作“脚色”或“脚色状”，类似现在的履历表。

所填项目和内容由朝廷统一规定。首先是个人及家庭的一些基本情况，有“乡贯、户头、三代名衔（即祖宗三代的职业及政治情况）、家口、年龄、出身履历”等项目。其次是填写入仕者的社会关系和政治立场。内容与当时所发生的政治事件密切相关，因此，各时期有所不同。如宋人赵升《朝野类要》列有实例：在徽宗崇宁、大观年间（1102～1110 年），“即云不系元祐党籍”，表示和前些年的“元祐党事”没有牵连。从宋代的“脚色”中，可以看出当时朝廷对官吏的使用和管理的一个侧面。

“丞相”制度的终结

朱元璋称帝后，设中书省，以李善长、徐达为左右丞相。洪武六年（1373年），胡惟庸由右丞相升为左丞相，大权独揽。朝中官员的升迁、生死赏罚等大事，均由他一言而决，甚至不禀告皇帝。内外各衙门的奏折，但凡不利于自己的就扣而不发，不少文武官员趋炎附势，投其门下。就这样，围绕胡惟庸，形成了一个政治集团，严重威胁了朱元璋作为皇帝的权柄。

见此情形，朱元璋便以专权枉法罪，诛杀胡惟庸及其党徒，罢中书省，废丞相制，把中书省的权力分散到六部（即吏、户、礼、兵、刑、工六部），各部主

管一方面事务。每部设尚书一人，左右侍郎各一人，直接秉承皇帝意旨办事。其中吏部权力特重，为六部之首。对六部，朱元璋还不完全放心，又在六部里设科，称为“六科”，作为皇帝侍从，起监察六部的作用。

自此，传承千年的丞相制度终结。

“内阁制”的诞生

内阁是明清两代中央政府的最高办事机构，始创于明朝。

明朝初期，朱元璋撤销中书省，分相权于六部。洪武十五年（1382年）朱元璋置华盖殿、武英殿、文渊阁、东阁诸大学士，选用一些翰林院的学士、侍读、编修等官员入值，协助皇帝处理书奏，以及根据皇帝的意图草拟诏书、敕诰。此时的大学士只是充任顾问和秘书职务，权限不大。

永乐年间，解缙、杨荣等入值文渊阁，参与机务，因其在大内殿阁办事而称“内阁”，内阁正式设立。初建时，阁臣仅编修、检讨、讲读之官数人，级别也不过正五品，不置官属，内阁只是一个辅助性的办事机构。洪熙（1425年）、宣德（1426～1435年）以后，因阁臣多东宫旧人，渐以侍郎、太常卿等兼任，加殿阁大学士衔，品位尊崇，如大学士杨荣、杨士奇、杨溥等兼领尚书衔，权势较大。明中叶以后，皇帝怠于政事，事权下移，由内阁代替皇帝草拟诏命、敕诰，六部尚书凡事须请示内阁大学士，而且朝位班次，俱列六部之上。内阁下置诰敕、制敕两房办事，成为实际中枢机构。

内阁大学士有多人，设首辅1人位极人臣，一切朝政归其调度，俨然前代宰相。嘉靖时把持朝政20年的严嵩和万历时主持改革的张居正，都是明后期影响很大的首辅。明中叶以后，宦官势力不断发展，内阁权力也受到一定限制。

清代的“军机处”

军机处是清代创设的处理国家军政要务的中枢机构。

清初，承明朝旧制，内阁负责章奏票拟，军国机要则交议政王大臣会议议奏。雍正四年（1726年）为准备用兵西北，密设军需房于隆宗门内，七年始派

大臣办理军机，八年添设军机章京，十年正式颁发“办理军机处”印信。故，军机处创设之年有雍正四年、七年、八年和十年的不同说法。

乾隆帝即位之初，军机处一度废止，至乾隆二年（1737 年）恢复军机处，直到宣统三年（1911 年）“责任内阁”成立，军机处告终结。

军机处设军机大臣和军机章京。军机大臣无定员，少则三四员，多则八九员，由皇帝从满、汉大学士、尚书、侍郎、督抚等亲信重臣中特旨简任，均为兼差性质，但实际地位超过大学士，故有“大学士非兼军机处不得为真宰相”的说法。入职的军机大臣以其地位、资历不同，由皇帝钦定其行走的先后次序，为首者称首席军机大臣。军机章京初无定额，由军机大臣在内阁中书及六部司员中传取任用，嘉庆四年（1799 年）改由内阁、六部司员中调取，满、汉章京各 16 人，各分两班入值，也是兼差性质。领班章京俗称“达拉密”。

“中堂”是什么官

反映清代宫廷、官场的影片、电视剧中，经常看到被称为“中堂”的大官。比如，《垂帘听政》中的“肃中堂”。那么，“中堂”是什么官呢？

原来，在清代，朝廷的“大学士”不过是个空名，没有实权。当然，时间一久，这些人就不干了。后来，清朝政府为了满足这些大学士对权力的要求，往往让他们管一个部。而那时清朝的京官，一般是一满一汉，就座时，分东西坐，而当中是空的。这时如果有管这个部的大学士，那么就坐在中间，所以，人们又对管部的大学士都称“中堂”。时间一久，人们对管部和不管部的“大学士”都称“中堂”。

“上书房行走”并非正式官职

在一些关于清朝的影视、文学作品中，“上书房行走”是一个出现频率颇高的词汇。但很多人不清楚，其实这并不是一个官职。

上书房位于乾清门内东侧南庑，建于雍正初，门向北开，共五间，凡皇子年届六龄，即入书房读书，一般派满汉大学士一人或二三人为上书房总师傅，并设汉文师傅若干人，称为“谙达”的满蒙师傅若干人，均多以贵臣充任，又有内外谙达之分，内谙达负责教授满蒙文，外谙达教授骑射。总师傅有事则来，不必日日入值。师傅们轮流入值，与皇子皇孙们相见，仅以捧手为礼而不下跪。

上书房行走，实际上就是清朝时候皇子师傅的副手。清朝人喜欢用“行走”这词儿，大约是就是供驱使的意思，例如提拔某人当大学士，让他在军机处当差，皇上的谕旨一般会这么说：着赐张三某某阁大学士，赏一品顶戴，在军机处行走。说白了，这“上书房行走”其实不是一个官职，只是说明这个人在哪个地方供职。

中国古代官吏的“回避”制度

中国历史上，统治者为了澄清吏治，减少营私舞弊的腐败现象，曾经实行过官吏任职的回避制度。

亲属回避：即规定有一定亲属关系的人不能在同一衙门为官。如东汉就规定地方官员中有姻戚关系的不能担任职务相仿的官职。魏晋南北朝把回避范围由姻戚扩大到一般亲属，由地方官扩大到中央官员。唐朝规定祖孙、父子、堂兄弟、叔侄等不能在中央的同一个部、司内为官等。

地区回避：即规定官员不能在原籍任职。汉代开始实行地区回避，如规定宗室出任地方官时，要回避首都附近的河南、河内、河东三郡。隋朝规定地方官“尽用他郡人”，其中包括县级的县丞、县尉以上官员都应避籍。唐朝也明确规定不许任“本贯州县官及本贯邻县官”。明代的地方回避是把全国分为三个大区，“定南北更调用人”，即不仅不能在本省做官，而且在同一个大区内也要回避。

职务回避：是对上述两种制度的补充。如唐开元十一年明令：“要官儿子，年少未经事者，不得作县官亲民。”天宝九载又规定权要子弟，没有担任过大县的县官，不能担任中央审理案件的大理评事一类官职，称为“凡官不历州县，不拟台省”。宋代规定，不许地方长官在某一地方长期任职，也不许中央的官员长期担任某一职务。

师生回避：从唐开始有此规定，如在科举中，与主考官故旧关系的考生也要像主考官亲戚一样进行“别头试”。清朝师生故朋回避最严厉，规定科举考试中形成的师生关系，在以后任职中都要回避。

中国古代的秘书

历代统治者都清楚地懂得关系到“万人之政”的秘书工作的重要性，因此，他们都很重视秘书人才的选择，并提出了较高的要求。只是不同朝代的选择标准不尽相同。

周代至秦汉，史官兼任秘书工作延续不断；秦汉时期，对于从事秘书工作的史官的要求较高。《说文》云：“学僮十七岁以上，始试，讽籍书九千字乃得为史。”意思是说：学僮 17 岁以上才能参加考试；能够背诵籍书（古文字，即篆书）9000 字以上的才能当史官。人们都知道，东汉成书的《说文解字》是中国最早的大字典，全书收字不过 9300 多个。而史官要识字九千，这在当时是不易做到的。

汉末时，曹操置秘书令，典尚书奏事。曹丕继位后，改秘书令为中书令。他们除了要求秘书人才有较强的识字能力外，还要妙选通识文学之士为之。

唐代设立翰林院，许多翰林学士都是文学方面才华出众的人才，他们当中有不少人担任过皇帝诏书的选制工作。著名诗人李白，就曾在金銮殿上代草王言。

初唐文坛“四杰”之一的骆宾王，也曾做过秘书工作，他写的《讨武曌檄》，妙笔生辉，连武则天读后也发出如此慨叹：“宰相安得失此人!”

元代提出“首论行止，次取吏能，又次计月日多者为优”（《元典章》），即根据书吏的品德、业务能力以及资历情况，择优选用秘书人才。除了这三条，还要有保结，经过监察官审查以后才能任用。可见到了元代，在选择秘书人才方面不但有考选制度，而且有审查制度。

中国古代的“反贪”

在封建社会里，为官者行贿受贿、贪赃枉法的不少。然而，历代的“明君”“圣主”也十分重视以法“肃贪兴廉”。

早在西汉时期，官吏因贪赃犯罪，一律处死，并陈尸示众。到了北魏，法律有了具体的治贪条款，规定枉法 10 匹，罪之死刑。仅太和八年，被身首异地的贪官就有 40 多人。宋朝年间，赵匡胤惩治赃吏更加严厉。自建隆三年至开宝六年，11 年间就处死将军一级贪赃大官 10 多个，且暴尸街井，以儆效尤。

明朝初年，朱元璋为了“肃贪”，制定了鞭笞、苦工、抄家、挑筋、剥皮、灭族等酷刑，并明令“贪六十两银者割其首级”。《明律》规定，官吏受财枉法，一贯以下杖七十，八十贯处绞刑，受财而不枉法，一贯以下杖六十，一百二十贯

杖一百，流放三千里，而且罢其官职，永不再用。仅洪武九年，发配到凤阳的贪官就有 1 万余名。有个州官因贪污皇粮，被剥下皮悬挂城门。朱元璋的三女婿欧阳伦，因贩运私茶违反了《茶法》，也被判了死刑。清朝的开国皇帝顺治，提出了“朝廷治国安民，首在严惩贪官”。他在短短的 3 天内，连发四道圣旨，并当场对漕运总督吴惟华、江宁巡抚士国宝革职严审。以后又规定，对地方官每 3 年进行一次甄别考核，第一次有近 1000 名大小官员被革职、降调。

古人“拒贿”六法

诗拒：明代李汰主持考官，不学无术者企图以金贿之。李汰在贿金盒上题诗一首：“义利源头识颇真，黄金难换腐儒贫；莫言暮夜无知者，怕塞乾坤有鬼神。”贿者无趣，只好抱金溜掉。

归公：北宋时曹彬出使吴越，送礼之人不少，临归时“一无所受”全都送还。行之途中又有人送来礼品，于是带回都城如数归公。

理拒：东汉时昌邑县令王密，夜送东莱太守杨震重金，并说：“深夜没人知道。”杨震斥道：“天知、地知、我知、子知，何谓无知！”王密无言以对，只好携金而归。

悬物示众：东汉时，庐江太守羊续收到下属的礼品——鱼，将其悬于衙中，凡来送礼者先让其看悬物，以儆效尤。

驱贿：南陈吏部尚书姚察一门生送其衣料，姚劝其收回，不听劝阻。姚将其“厉声驱出”。此后，再无人敢送礼物。

棒拒：南梁顾协任要职，为皇帝起草诏书，顾协学生送礼二千钱，顾令家人将其重打二十大棍，逐出家门。

察　举

察举

察举制是汉代的一种选拔官吏制度。

《汉书》中记载了董仲舒的建议："使列侯郡守二千石各择其吏民之贤者，岁贡二人以给宿卫；且以观大臣之能。"武帝采纳建议，在元光元年（公元前134年）命令郡国举孝、廉各一人。

为了察举制度的推行，武帝还规定二千石如"不举孝、不奉诏，当以不敬论；不举廉，不胜任也，当免。"汉代的察举制度因此正式确立起来。

察举的科目有孝廉、贤良文学、秀才等。岁贡之士入京以后，还得行一定的考试手续。西汉时，由皇帝亲自问策，即所谓"举贤良对策"；东汉时，"诸生试家法，文吏试笺奏，无异于后世科举之法"（《东汉会要・选举》）。得中者被授以官职。尤其是孝廉一科，成为士大夫仕进的主要途径。

孝廉

孝廉创于汉武帝元光元年（公元前 134 年），是按照孝子和廉吏的标准察举人才的科目。由郡国在所属吏民中举荐；至东汉时，合为一科。

孝廉是两汉察举制中最受重视的常科。由于各郡的区域大小不等，人口多寡不一，东汉时施行按照地域、人口比例分配贡举名额，大约每 20 万人岁举一人。

举“孝廉”的目的，一方面是为了选拔清廉的官吏，以充实官吏队伍，加强中央集权，另一方面是为了宣传道德风化。在察举制度下，士人能否做官，一般取决于能否被推荐，而能否被推荐，则取决于乡闾民间的舆论。也就是说，察举制度的重要特点是：以“声名”取士。因而士人作伪求名之事亦层出不穷。

另外，孝廉也是明清时期举人的俗称。

茂才

茂才即秀才，是汉代选举科目之一，始设于汉武帝元封五年（公元前 106 年），东汉时，为避光武帝刘秀之讳，改秀作茂，故称茂才。

茂才之选是对有特异才能和有非常之功的官吏的升迁选拔，所举茂才多授以县令官职，其“起家官”比孝廉更高。

但是，东汉时将茂才改为岁举后，逐渐成为例行公事，所举之人多为无能之辈，到了灵帝时，茂才成为金钱交易之物，但凡被举荐为茂才者，如果不能拿出“助军修宫钱”，就不得迁官。

贤良方正

贤良方正始设于汉文帝二年（公元前 178 年），是汉代察举特科中较为常见且最受重视的科目。

贤良方正科多开在国家遇有日食、地震、特异星象、瘟疫流行以及各种自然灾害之后。据董仲舒的“天人感应”说，灾异是上天对人世帝王过失的警告，所以帝王应该自我检讨，以期顺天应人而礼诏贤才，广开言路，以匡正过失。

贤良方正科，有时可称“贤良”或“方正”，也可以连接其他名目，如“贤良文学”等。察举贤良方正，是依照皇帝诏令，由诸侯王、列侯、三公、将军、诸卿、中二千石、二千石、司隶校尉、州牧、郡守国相等高级官吏举荐，并由皇帝亲自主持对策，根据应举人的对答分别高下，而后授以官职。

明经与明法

明经与明法都是科举考试的常设科目，二者均起源于汉代。

明经科察举的是通晓儒经的人才，汉武帝元光五年（公元前 130 年）曾诏举“明当世之务、习先圣之术者”，大约可以看作明经科的开端。而明确专置明经科则是在东汉的元和二年（公元 85 年）。

明法科察举的是明习法律的人才，西汉平帝元始二年（公元 2 年）令“中二千石举治狱平，岁一人”，其中“治狱平”即指明法科，在平帝时定为岁举。

童子科

汉代察举的童子科规定，年龄在 12 岁至 16 岁之间，能“博通经典”的少年可以入选，入选后，年幼才俊者可拜童子郎，曾经风行一时。如黄香 12 岁拜童子郎，号曰天下无双，江夏黄童。

童子科是一种发觉早慧，奖励天才儿童的方法，它表明从汉代起中国就十分重视对才能优异的少年儿童的培养和擢用。童子科存在一些副作用，使儿童过早地涉入读经以求仕进的圈子，从而束缚其身心的健康发展。

科　举

隋代开创科举考试制度

在中国历史上，隋朝在事实上已经摆脱了九品中正制的旧路，开始向科举取士的新路过渡。

隋炀帝在大业三年（公元 607 年）诏令“文武有职事者，五品以上，宜依令十科举人”，所谓“依令十”，便是当时科举的科目，分别是，孝悌有闻、德行敦厚、节仪可称、操履清洁、强毅正直，执宪不挠、学业优敏、文才美秀、才堪将略、膂力骁壮。

大业五年（公元 609 年），以上十科减为四科，其中的“文才美秀”，即进士科。进士科以考试策问为主，一般把隋炀帝创设进士科，作为科举考试制度正式开始的标志。

科举考试取士的特点是录取标准专凭试卷，专重资才，录取及任用权完全集中在中央，而不是由地方察举，同时，所谓的声名德望也已不再是主要的依据了。

隋代以后的科举纯以考试为主，与之前的察举和九品中正制有了很大区别。这是中国古代选士制度的一大分界线。

科举考试制度的开创，在一定程度上限制了门阀士族把持选士的局面，为庶族的地主参加政权开辟了道路，扩大了统治阶级的阶级基础。这是隋代为了维护与巩固其统治，在政治上所进行的一项重大改革。

生徒和乡贡

生徒，即是指当时在中央官学与地方官学上学的在校生。只要他们在学校内的考试合格，就可以直接参加朝廷尚书省主持的考试，也称为省试。

乡贡，指的是不在学校上学的社会知识分子中意欲参加科举考试的，可以向其所在州、县官府报考。

贡院

贡院是古代乡试、会试的考场，即开科取士的地方。“贡”的意思指的是各地举人来此应试，就像是向皇帝贡奉名产。

贡院最早始于唐朝，设于礼部下，考试、阅卷等均在贡院举行。据唐李肇《国史补》载：“开元二十四年（公元 736 年），考功郎中李昂为士子所轻诋。天子以郎署权轻，移职吏部，始置贡院。”

另，清代举行乡试、会试的场所称贡院。其大堂之东西侧为外帘，供管理人员居住。后为内帘，供考官居住。贡院两旁建号舍，以供试者居住。贡院外墙铺以荆棘，故亦称棘闱。

唐代科举考试的科目与试题

唐代的科举考试设科繁多，不同时期的科目设立也不尽相同，前后总计不下几十种。其中，常设的科目有：秀才、进士、明经、明法、明字、明算、一史、三史、开元礼、童子、道举、制科、武举科等。以下试列举一二。

秀才科：试题为考方略策（计谋策略）五道题，依据文理通顺透彻程度分为上上、上中、上下、中上四等录取。因为隋唐时代均以秀才科为最高，所以被录取也最难。如隋代秀才科先后录取不过10人，唐代秀才科每次录取的也仅有一二人。

进士科：唐初时，试题仅为时务策五道，后来增加了考试帖经和杂文。帖经是考默书的能力；杂文是指以规谏、告诫为主体的箴、铭。唐中叶以后，又增考了诗赋，并大加重视；往往帖经不合格的，如果诗赋考得好也可以录取。进士科录取分为甲、乙两等。

明经科：可细分为五经、三经、二经、学究一经、三礼、三传等，在唐代，又将经书分为大、中、小三类：《礼记》与《春秋左氏传》被称为大经，《诗》《周礼》《仪礼》被称为中经，《易》《尚书》《春秋公羊传》《春秋谷梁传》被称为小经。而《论语》《孝经》为共同必试，要求参加科举考试的人都要掌握。明经科就是考以上的儒家经典著作，方式分文帖经、墨义、时务策与口试等。另外，唐代有重进士、轻明经的倾向，固有“三十老明经，五十少进士”的谚语。

状元

状元又称“殿元”，是科举考试殿试的一甲第一名。唐制，举人赴京应礼部试者均须投状，因居首者为“状头”而得名。宋太祖开宝六年（公元 973 年）前，常称榜首，开宝八年定礼部复试的制度，才以殿试首名称状元。

中状元者号“大魁天下”，为科名中最高荣誉。

进士

隋炀帝大业二年（公元 606 年）设置进士科，作为取士的科目。唐制进士科与明经、明法科等并列，应试者谓举进士。宋代以后，其他科目多存虚名，进士科成为科举中唯一的科目。明清时，举人会试中式，复行殿试，一甲三名，赐进士及第，二甲赐进士出身，三甲赐同进士出身，通称为进士。凡列衔时，都先写赐进士及第或出身。

何谓“行卷”

唐代科举考试的试卷一般不会糊名，录取进士除了看试卷之外，还要参考考生平日的作品和声誉。因此，考生必须向所谓的“先达闻人”和那些参与决定录取名单者，呈献自己平时的力作，争取他们的“拂拭吹嘘”。这在当时被称作“投卷”，其中，向礼部投献的，被称为“公卷”，而向达官贵人投献的，则被称之为“行卷”。

许多读书人，在考前忙于到处拜公卿、献文章、送礼物，卑躬屈节，甚至还有跑到官僚的车马前跪献文章者，为时人所不齿。

殿试制的确立

确立殿试制度是提高科举地位的重要措施。唐代武则天曾举行过殿试，但未形成制度。宋太祖开宝六年（公元 973 年），有落第考生告发考官录取不公，太祖亲在讲武殿命题复试，这是宋代举行殿试之始。

宋太祖赵匡胤说：“向者登科名级，多为势家所取，塞孤贫之路。今朕躬亲临试，以可否进退，尽革前弊矣。”意思是说举行殿试是为了避免官僚贵族舞权作弊。其实更为重要的原因是，举行殿试有利于加强中央集权，强化皇帝的权威。当然，举行殿试提高了科举的地位，也提高了及第者的身价。由皇帝亲自考试并确定名次，考生能成为“天子门生”，这自然是一种无上的荣耀。

殿试成为常制以后，就确定了宋代科举制度的三级考试制度：州试——省试——殿试。

弥封与誊录

弥封又称糊名，是指：在考生试卷写姓名处，由弥封官反转折叠，用纸钉固糊名，上盖关防（印章）。

弥封制度始于唐代武则天时，“武后以吏部选人多不实，乃令试日自糊其名，

暗考以定其等第”。宋真宗景德年间，弥封之法成为定制。清末废科举以前，一直沿用。乡试、会试的试卷都采用弥封制。

誊录制度是指：科举乡试、会试的墨卷，必须用朱笔誊录。

宋真宗大中祥符八年（1015年）置誊录院，乡试、会试考生的试卷交弥封官封卷。宋仁宗时，为防止笔迹有弊，进一步规定试卷交誊录所用朱笔誊写，以誊本交考官评阅。历代沿制。清代在方略馆等机关内任缮写者亦称誊录，以会试落选的举人充选。

八股文

八股文是明清科举考试制度所规定的一种文体。也叫时文、制义、制艺、时艺、四书文、八比文等。

八股文始于明代，盛于清朝，直到光绪末年才废除。这种文体有一套固定的格式，规定由破题、承题、起讲、入手、起股、中股、后股、束股八个部分组成，每一部分的句数、句型也都有一定的规定。

比如：“破题”共两句，说破题目的意义。“承题”三句或四句，承接破题的意义而加以说明。“起讲”概说全体，是议论的开始。“入手”为起讲后入手之处。“起股”“中股”“后股”“束股”，才是正式的议论，其中“中股”是全篇的重心。在这四个段落中，每个段落又有两股两相排比对偶的文字，每股少则四句，多至二十句，合共八股，所以称为“八股文”或“八比文”。

八股文出题，都在《四书》《五经》之中。所以也叫“四书文”。八股文的内容，只许“代圣人立言”，不许考生自由发挥，不许超出《四书》《五经》的范围。对经文的解释，也必须遵照官方规定的朱熹《四书集注》等书。

无论内容还是形式，八股文的价值都不高，只是作为选拔官吏的手段，在一定程度上有束缚思想，摧残人才的恶果。

明清时期的科举

童试

童试是明清两代取得生员（秀才）资格的入学考试。简称童试，亦称小考、小试。应考者无论年龄大小、均称童生，或称儒童、文童。

童生试包括县试、府试（或直隶州、厅试）和院试三个阶段。三年考试两次，丑、未、辰、戌年叫岁考，寅、申、巳、亥年叫科考。

乡试

乡试是明清两代每三年在各省的省城（包括京城）举行的考试。每逢子、午、卯、酉年为正科，遇庆典加科为恩科。

乡试的应试资格为：府、州、县学的生员获得岁科考及格者；儒子之未仕者；以及官之未入流者（九品十八级之外的官吏），由有关的官府选送应试。

乡试的考试分三场，每场三日。考后正式发榜，叫作正榜，正榜所取的是本科中式举人，第一名称解元。另外，还取中副榜举人若干名，为“副贡生”，每正榜五名取副榜一名，以后可不应岁科试而径应乡试。

凡考中的举人，应谒见荐卷的房师及主考的座师，自称门生，拜主考为座主。

会试

会试是明清两代每三年一次在京城举行的考试。各省的举人以及国子监的监生皆可应考。每逢辰、戌、丑、未年为正科。若乡试有恩科，则次年举行会试，叫作会试恩科。

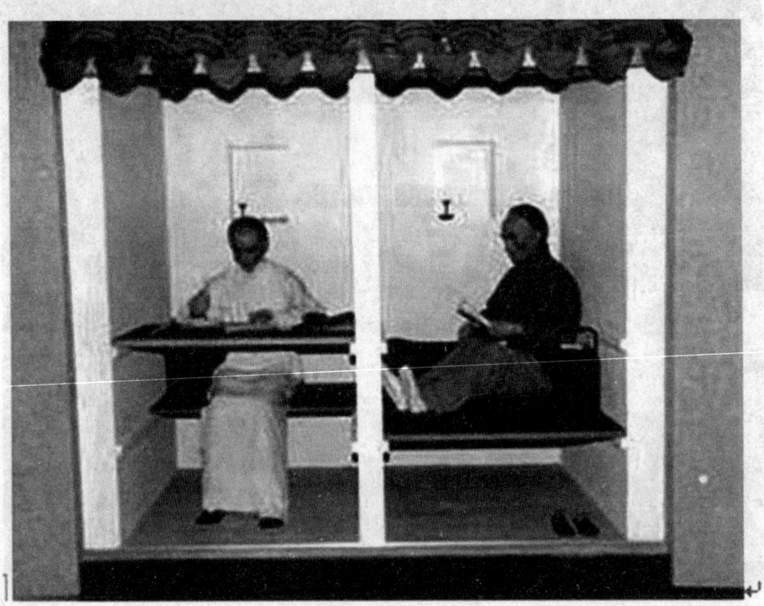

会试的考期定为二、三月间。分三场举行。主考官四人，叫作总裁，以进士出身的大学士、尚书以下副都御史以上的官员，由礼部提请派充。另有同考官。考试时的弥封、誊录、核对、阅卷、填榜等手续与乡试并无太大区别。

会试中式者为贡士，也叫中式进士，其名额以三百名为常，第一名称会元。各省额数以到京应试人数及省的大小、人口多寡而酌定。会试揭榜以后，中式进士须于下月应殿试。

殿试

殿试亦名廷试，是皇帝对会试录取的贡士在殿廷上亲发策问的考试。

汉代皇帝亲自策问各地贤良文学之士，可以说是殿试之始。武则天时，曾经

在洛城殿亲自策试贡士。宋太祖开宝五年（公元 972 年），礼部试进士诸科三十八人，太祖召对讲武殿，得进士二十二人，都赐及第。

从此以后，省试之后进行殿试，遂为常制。

举人

举人原为选用人才之意。《左传·文公三年》：“君子是以知秦穆公之为君也，举人之周也。”

汉代取士，令郡国守相荐举，所以叫作举人。《后汉书·章帝纪》载汉章帝建初元年（公元 76 年）诏：“每寻前世举人贡士，或起畎亩，不系阀阅。”以举人为身份名称，始见于此。

解元、会元

唐代的科举考试中，举进士者皆由地方解送入试，因此，后世，尤其是明清时期，称乡试的第一名为解元，又称解首。

科举制度中，因会试是聚集各省举人到京会考，因此，称举人会试中式第一名为会元。《明史》云：“会试第一为会元。”

贡士

贡士起初是古代向朝廷荐举人才的制度。《礼记》云："诸侯岁献贡士于天子。"贡士之称始于此。

《后汉书》云："郡国孝廉，古之贡士，出则宰民，宣协风教。"自唐以来，朝廷取士，由学馆出身的叫生徒，由州县报名应试的叫乡贡，经乡贡考试合格的叫贡士，由州县送京城参加会试。

榜眼和探花

榜眼是指科举考试中殿试一甲第二名。

其称始于北宋初年，当时殿试第二、三名都称为榜眼，意指榜中之双眼。

探花是指科举考试中殿试一甲第三名。

唐时进士在曲江杏园举行"探花宴"，以少年俊秀者两三人为探花使，又称探花郎，遍游名园，折取名花。

“连中三元”有多难

科举考试以名列第一者为元，“连中三元”即是指在乡、会、殿三试中都得第一，一身兼有“解元”“会元”“状元”。

据清代王之春着《椒生随笔》记载，中国自唐代以来，“连中三元”的共有13人，分别是：唐代的张又新、崔元翰；宋代的孙何、王曾、宋庠、杨置、王岩叟、冯京；金代的孟宗献；元代的王崇哲；明代的商辂；清代的钱棨。

此外，关于某些人物是否曾“连中三元”，资料上有些争议，如清代的陈继昌和戴衢亨等。而明代的黄观因为靖难之变中起草了讨伐朱棣的文告，并为建文帝殉难，激怒朱棣，删改登科录，名字便被划掉。另据记载，黄观从秀才到状元，经过六次考试（县考、府考、院考、乡试、会试、殿试），均获第一，被时人赞为“三元天下有，六首世间无”。

监生

监生即是国子监的学生。

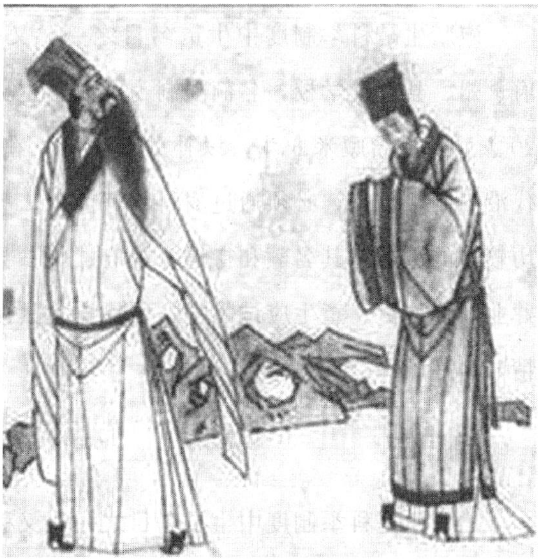

宋代，除国子监及其下属各学生员称监生外，司天监也有监生。

明代，监生分为四类：举监、贡监、荫监、例监。

举监，是指参加京师会试落选举人，复由翰林院择优送入国子监学习者。

贡监，是以人才贡献入监之意；洪武年间规定，凡天下府州县各学，每年贡举一名到国子监学习；后来，名额略有变更，但因贡举学生的标准徒具虚名，导致仅以食廪膳年久者为先，往往是一些年长而没有学识的人入监学习，所以，监生成绩差劣。到了明孝宗时期，又在各府州县常贡之外，每三、五年再行选贡一名，通过考试把学行兼优、年轻有为者选贡入国子监学习。

荫监，是指三品官以上子弟或勋戚子弟入监读书的学生。

例监，是指因监生缺额或因国家有事，财用不足，平民纳粟于官府后，特许其子弟入监学习者，故又称民生。

清代的国子监的学生分称监生和贡生。监生有四类：恩监、荫监、优监、例监；贡生有六类：岁贡、恩贡、拔贡、优贡、副贡、例贡。

乾隆以前，对监生加以严格考试，后来仅存虚名，一般未入府、州、县学而打算应乡试，或是未得科举而欲入仕做官者，都必须先行纳捐，以取得监生的出身，但不一定就在监读书。

生员

生员的名目包括廪膳生、增广生、附学生。

廪膳生

廪膳生是科举制度中生员名目之一，又称廪生。明洪武二年（1369 年）令府、州、县设置学校，名额限制为：府学生员 40 人，州学生员 30 人，县学生员 20 人，每人给廪米 6 斗，以补助其生活。在这个名额内的，即是廪膳生员。清代沿明制，但是，必须通过岁科两考前列一等者，才能获得廪生的名义，成为资历较深的生员。其名额和待遇，视府、州、县大小而异。廪生可依次升入国子监肄业，称岁贡。童生应试入学，须托廪生具保，内容为无身家不清或冒名顶替等情，为称廪保。

增广生

增广生是科举制度中生员名目之一，又称增生。明代按府、州、县学规定的生员名额，每月给廪膳，在九个正额之外，再入学者即是增广生员。清代，生员岁科两试在一等前列者，方能补为增生或廪生，名额皆有一定。廪生有廪米，有具保童生入学的职责，而增生没有类似职责，所以，增生的地位次于廪生。

附学生

附学生是科举制度中生员名目之一，简称附生。明代，府、州、县学生员最初每月都给廪膳，叫廪膳生员。后来增广名额，叫作增广生员，上述二者都有一定名额。到了明英宗正统元年（1436 年），又额外增取，附于诸生之末，即是附学生员。

贡生

明清两代，府、州、县学的生员中，凡是已经考选升入国子监肄业的，被称为贡生。意思是以人才贡献给皇帝。

明清两代，贡生各有不同的名目。明代有岁贡、选贡、恩贡和纳贡；清代有恩贡、拔贡、副贡、岁贡和例贡等。

学校教化

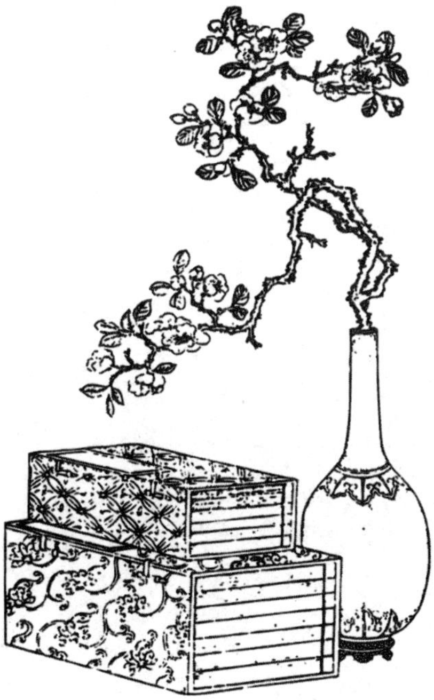

学 校

◎官学◎

西周的小学与大学

据古籍文献记载，西周官学可分为国学和乡学。国学设在周天子所在的王城和各诸侯国的国都，分小学和大学两级。小学在城内宫廷中，大学在南郊。

西周设在宫廷的小学属于贵胄小学，其学生是王太子、公卿太子、大夫元士的嫡子等；其入学年龄从 8 岁至 15 岁均可，或许这与贵族的等级有关，高级贵族子弟入学较早，中低级贵族子弟入学较迟。

据《周礼》记载，西周小学强调的是德行教育，重视以道德来教养贵族子弟。课程有礼仪、乐舞、射箭、驾车、书法、计算等，教学内容比较全面。这说明西周小学教育是贵族道德行为准则的培养和社会生活知识技能的训练。

西周大学的设施是比较原始的，以茅草盖的厅堂为主，周围有园林和水池。贵族子弟即在园林、水池中射鱼、射鸟，驱车围攻野兽。西周大学中的渔猎活动，是一种实际训练，培养学生的实践能力。

西周大学不仅是贵族子弟学习之处，同时又是贵族成员集体行礼、聚会、聚餐、练武、奏乐之处，兼有礼堂、会议室、俱乐部、运动场和学校的性质。实际上就是当时贵族公共活动的场所。这说明西周大学还没有完全专业化，是和贵族的社会生活结合在一起的。其教学的主要内容以礼乐和射御为主，这是和贵族教育子弟的目的相关的。因为贵族要把子弟培养成统治者，而礼乐正是当时贵族巩固内部组织和统治人民的重要手段；同时，贵族要把子弟培养成军事骨干，用来保卫既得政权，而射御正是军事训练，舞蹈也带有军事训练的性质。

太学

太学是古代官办的大学。

西周时期，已有太学之名。所谓“帝入太学，承师问道”（《大戴记·保傅》）。汉武帝时，董仲舒建议说：“养士之大者，莫大乎太学，太学者贤之士所关也，教化之本原也，臣愿陛下兴太学，置明师以养天下之士。”（《汉书·董仲舒传》）元朔五年（公元前124年）设五经博士，弟子五十人，为西汉建太学之始。东汉太学大为发展。顺帝时有二百四十房，一千八百五十室。质帝时，太学生达三万人。魏晋到明清，或设太学，或设国子学（监），或两者同时设立，名称不一，制度亦有变化，但均为传授儒家经典的最高学府。

郡国学校制度

北魏由于政局相对稳定，因此学校教育相对发达，在地方上普遍建立起郡国学校制度。

其方法是：按郡的大小具体规定博士、助教及学生的名额；大郡立博士二人，助教四人，学生 100 人；次郡立博士二人，助教二人，学生 80 人；中郡立博士一人，助教二人，学生 60 人；下郡立博士一人，助教一人，学生 40 人。并规定博士要博通经典，道德高尚，年龄 40 岁以上者。而学生则要“先进高门，次及中第”，即限招收富贵人家的子弟，让贵族享有特权。

从“国子学”到“国子监”

“国子学”“国子寺”“国子监”等是同一学府在不同时代的称谓，也是中国封建社会的最高学府。

晋武帝咸宁二年（公元 276 年）始设国子学。据《周礼》“国之贵族子弟国子受教于师”之意而定名。咸宁四年，置国子祭酒、博士各一人，助教十五人，以教生徒。从此国子学与太学并立。

南北朝时，或设国子学，或设太学，或两者同设。北齐改名为国子寺。隋改名为国子监。

唐宋承袭隋制。元代设国子学、蒙古国子学、回回国子学，也分别称国子监。明洪武十五年（1382 年），于南京鸡鸣山下设国子监，成祖永乐元年（1403

年）又设北京国子监，明代遂有京师国子监与南京国子监之别。

明清时期，国子监还兼有教育管理机构的职能。光绪三十一年（1905 年）设学部，国子监废止。

唐代的“六学”和“二馆”

唐代由中央设立的学校有“六学”和“二馆”。

中央六学属于直系，包括国子学、太学、四门学、书学、算学、律学。六学直隶于国子监，长官为国子祭酒。六学中的前三学属大学性质，后三学属专科性质。“二馆”是崇文馆和弘文馆，属于旁系。弘文馆归门下省直辖；崇文馆归东宫直辖。

“六学”和“二馆”开始学生人数为 2200 人，到太宗贞观年间，扩充学舍，增加到 3200 人，后来学生数量猛增，加上邻国派遣的留学生，“六学二馆”共计 8000 多人。

明代的中央官学

明代的中央官学有南北国子监、宗学、武学。

南北国子监

明代国子监有南北之分，南京国子监规模恢宏，环境优美，除正堂和支堂作为主要教学活动的场所外，还有书楼、射圃、馔堂、号房、仓库、文庙等建筑。永乐元年（1403 年），明成祖增设北京国子监，但北监规模不及南监。

明代国子监对其学生待遇之优厚为前代所不及，而其约束之苛严，亦为前代所不曾有；凡上课、起居、饮食、告假出入等，均有详细规定，小有过失动辄体罚。国子监教课由祭酒、司业、博士及助教等担任，每月除初一、十五为例假外，每日分晨、午两课举行。

宗学

明代的宗学是专为贵族子弟设立的贵胄学校，校址设在两京所属的地方。学生称为“宗生”，主持者有“宗正”一人，“宗副”二人，学习内容除四书五经外，还有《皇明祖训》《孝顺事实》《为善阴骘》以及《通鉴》《性理》等，学规规定学制五年，开始每年由提学官组织考试，后允其学生参加科举考试。

武学

明代的武学创设于洪武年间，开始仅在大宁等卫儒学内设置武学科目，教导武官子弟。英宗正统六年（1441 年）设置京卫武学，第二年又设置南京武学，规模宏大。学生为武官子弟，年龄在 10 岁以上，教师多用文武重臣。明代对于中央武学是十分关注的。

清代官学沿袭明代旧制

从顺治元年（1644 年）到道光二十年（1840 年）年近 200 年间，清代的学校教育基本上是沿袭明代旧制。

清代的国子监，也称国学和太学，始设于顺治元年，置祭酒、司业、监丞、博士、学政等官，设六堂为讲习之所，又设号房 521 间，为学生读书之所。清代的地方官学有府、州、县、卫学，府、州、县学同于明代，所谓卫学是在军队驻地设立以教育“武臣子弟”，后一般的卫学也并于府、州学。

清代官学评定学生优劣，完全以顺治九年的《训士卧碑文》和康熙三十九年（1700 年）的《圣谕十六条》为标准；虽然对学生的为人、求学以及教师的教学提出了一些具体要求，但其实质是禁止学生过问社会现实问题，剥夺其出版与结社的权利，要求他们成为“忠臣清官”，心甘情愿地为清廷效劳。

旗学

旗学是清代八旗子弟学校的总称，包括八旗官学、八旗教场学、八旗蒙古官学、盛京（沈阳）官学、咸安官学、景山官学、八旗义学等。

如八旗官学，始设于顺治元年（1644 年），分八旗为四处，每处各设官学一所，派满、蒙、汉教习，教授亲贵以外的八旗子弟。

八旗官学在春秋二季尤重骑射，每五日演习一次，其训练方法，比国子监普通学生更加严格。康熙三十年（1691 年）设立盛京（沈阳）八旗官学，左右两翼各二所，选取各旗俊秀幼童入学，教读满、汉书籍，兼习骑射。

又如景山官学，设于康熙二十四年，宫内北上门两旁官房。选内府三旗佐领、管领以下幼童三百六十名就学。有清书三房，各设教习三人；汉书三房，各设教习四人。学生肄业三年，考列一等为笔帖式，二等为库使、库守。

◎私学◎

“士”与私学的发展

“士”是春秋时期新出现的社会阶层。士最初是从奴隶主贵族中游离出来的，一些是平民，一些是新兴地主；周平王把国都由镐（今陕西西安西南）迁到洛邑（今河南洛阳）时，王宫里的一些文化官吏流落到各地，他们失去了世袭的职守，便成了中国历史上第一批专靠出卖知识文化糊口的士。

士是一个新兴的有强大生命力的阶层，各诸侯国的执政者从巩固自己的统治权力的需要出发，争先“招贤纳士”，养士与用士之风兴起。

养士之风盛行，进一步促进了私学的发展。士既成为一种职业，而且身价很高，所以人们以此作为进身的捷径，纷纷入学读书。可以说，春秋末期私学的兴起以及战国时期的百家争鸣就是在这种土壤上生长起来的。在这样的条件下，私学自然很快向各地发展。到了春秋末期，私学日益兴盛，儒墨两家的私学成为当时的“显学”。

儒家私学

孔子是儒家私学的创始人。他大约在 30 岁时，在曲阜城北设学舍，开始私人讲学，后渐渐有了名声，弟子也越来越多，孔子私学成了规模很大的教学团体。孔子开办私学，主张“有教无类”，即教育的对象不分地区、年龄，不分贵族与平民，均可入学。孔子私学的学生主要是由平民组成，真正来自贵族的只有少数几个人。孔子私学教育的对象从贵族推广到平民，适应了当时士阶层兴起的要求，顺应了学术、文化下移的潮流，在中国古代学校教育发展史上具有重大的意义。

孔子私学继承了西周六艺：礼、乐、射、御、书、数的教育传统，其培养目标是“君子”，对“君子”在德才两方面都有严格的要求，所以在教育内容方面比西周六艺较为广泛而深刻。历代相传的“六经”基本上是经过孔子和他的学生不断整理、补充而流传下来的。

孔子私学教学内容中宗教成分较少，他不愿谈论鬼神和死后的问题，显示了对于宗教的冷淡态度，但孔子私学教育内容中涉及生产技艺和理论性的自然知识的研究和传授也比较少。这对中国古代的学校教育产生了深远的影响。中国古代学校教育的轻自然、斥技术的传统，对中国古代自然科学技术的发展是十分不利的。

稷下学宫

稷下学宫是战国时期齐国的高等学府，因设于都城临淄稷下而得名。

稷下学宫是田齐桓公陈午（公元前 347～前 357 年）所立，至齐湣王（公元前 300～前 284 年）时，发展最为昌盛。儒、法、墨、道、阴阳等各学派都汇集于此，兴学论战，评论时政和传授生徒，当时的一些大师如荀子、孟子等都来到这里讲学。

“蒙学”和“精舍”

汉代私学在组织形式上，可分为“蒙学”和“精舍”两种。

蒙学即童蒙学习的地方，也称为“书馆”，教师称为“书师”，学习内容主要是识字习字。书馆所用的字书，现在保存下来的只有《急就篇》，相传是西汉史游编撰的。今本《急就篇》共 1244 字，全文押韵，没有重复字，内容包括姓氏、衣着、农艺、饮食、器用等方面的应用字。《急就篇》流传较广，是自汉到唐的主要识字课本。

精舍又称精庐，相当于太学，由经师大儒教授。西汉时就已出现，东汉时更为兴盛，在中国历史上是空前的。当时的学生有两种，一为“及门弟子”，是亲身来受教的；二为“著录弟子”，是把学生名字登录在有名望的大师门下，不亲自听教师教授，属挂名求学。

书院

书院是中国古代官方藏书、校书或私人读书治学之所。

书院之名始于唐代。唐玄宗开元六年（公元 718 年），以乾元院为丽正修书院（亦称丽正书院），十三年又改丽正修书院为集贤殿书院。这种官方设立的书院不同于聚徒讲学的教育组织，其主要任务是校刊、收藏“古今之经籍”，从而帮助皇帝了解经典史籍，并荐举贤才和提某些建议，供皇帝参考和选用，实际上起到了皇家图书馆的作用。

有时间可考的较早的私人书院，是唐贞观九年（公元 635 年）在遂宁县所办的张九宗书院。贞元中期，李渤隐居读书于庐山白鹿洞，至南唐时，即其遗址建立学馆，以授生徒，称“庐山国学”。唐末至五代，战乱连年，学校废毁，学者多择名山胜地，建立书院，作为研究学术和聚徒教授的场所，开创了私立大学之风。

宋初的著名书院有白鹿洞、石鼓、应天府、岳麓等四大书院。到了南宋，书院大兴，几乎遍及全国。

元、明、清三代书院仍盛，但渐渐演变为准备科举的场所。

中国古代著名书院

书院教育是我国封建教育的重要组成部分。历朝历代的著名书院有石鼓书院、嵩阳书院、应天府书院、白鹿洞书院、岳麓书院、东林书院。

石鼓书院

石鼓书院建于湖南衡州石鼓山，故名。

起初，唐朝刺史齐映，在石鼓山右侧建立合江亭，宪宗元和年间，州人李宽在山巅筑屋，在其中读书。宋太宗至道三年（公元 997 年），州人李士真请求郡守在这里建立书院，招收生徒讲学。于是朝廷赐下“石鼓书院”的敕额。

据《文献通考》记载，石鼓书院被列为“宋兴之初天下四书院”之一。仁宗时一度荒废，到南宋孝宗时，在书院旧址复院扩建，增大了规模，直到宋末仍十分兴盛。朱熹曾为之作记。

嵩阳书院

嵩阳书院建于河南登封太室山下。原址为嵩阳寺，北魏孝文帝太和年间兴建。五代时后周改为太乙书院。宋太宗至道三年（公元997年）赐名太室书院，颁书赐额。

仁宗景祐二年（1035年）更名为嵩阳书院。

据南宋王应麟辑《玉海》记载，嵩阳书院被列为“宋朝四书院”之一。宋末，书院废弛，清康熙年间重建。院门前有唐天宝三载“圣德感应颂碑”，高约九米，宽二米，书法遒雅，雕刻十分精湛。

岳麓书院

岳麓书院在湖南潭州岳麓山抱黄洞（今湖南善化西）下，是宋太祖开宝九年（公元 976 年），由潭州郡守朱洞所创。

朱洞筑讲堂五间，斋舍五十二间，接待四方学者。真宗咸平二年（公元999年），郡守李允则重修宇舍，扩大了书院的规模，当时有生徒六十余人，并请国子监颁赐经书。大中祥符五年（1012年），山长周式又加以扩充；八年，宋真宗召见周式，任命他为国子学主簿，并赐予岳麓书院额，为当时四大书院之一。南宋孝宗时，朱熹为潭州守，仿白鹿洞书院，改立学规，内容更为充实，四方学者闻风而来听讲。

白鹿洞书院

白鹿洞书院建于江西庐山五老峰东南，原是唐代李渤于贞元年间（公元785～805年）隐居读书的地方。李渤平时以养白鹿自娱，人称白鹿先生。宝历中（公元825～827年）任江州刺史，在此建筑台榭，名之为白鹿洞。

南唐时，白鹿洞置田建立学馆，命国子监李善道为洞主，教授生徒，称庐山国学。宋太宗时改名为白鹿洞书院，常有生徒数千百人。诏赐国子监刊“九经”供生徒肄习，为当时四大书院之一。南宋孝宗淳熙元年（1174年），朱熹为南康军太守，加以重修，订立教规，并曾讲学其中。

东林书院

东林书院的院址在江苏无锡县。原本是北宋杨时讲学的场所，元代废为僧舍。明万历三十二年（1604年），革职吏部郎中顾宪成，与其弟允成，于杨时讲学旧址重建书院，即“东林书院”，与同好高攀龙共主其事。

东林书院除以朱熹制定的《白鹿洞规》为院规外，又订出《东林会约》，主旨是要求师生继承杨时的精神，上承周敦颐、程颢、程颐，下接朱熹等理学大师，反对王学的陋习。

起初，东林书院纯事讲学，与时政无关。后来顾宪成等在讲学之余，“讽议朝政，裁量人物”，抨击阉党。一时“士大夫抱道忤时者，率退处林野，闻风响附”，一部分在职官吏也“遥相应合”（《明史·顾宪成传》），被称为东林党。

天启五年（1625年），党祸大作，东林书院在天启六年四月被毁。崇祯年间修复重建。

“书院”是怎样变成“学堂”的

最早提出书院改学堂建议的是早期改良主义者郑观应，但他的建议在很长一段时间，未能在社会上产生实际影响。鸦片战争后，顺天府府尹胡燏棻、刑部左侍郎李端棻提出类似建议，引起朝野重视，但清政府认为应采慎重态度，未能采纳。直到光绪二十四年（1898 年），康有为再次提出书院改学堂，光绪皇帝才接受了建议，发布上谕："即将各省府厅州县现有之大小书院，一律改为兼习中学西学之学校"。

对于书院如何改革，清政府起初并未明确表态，而是任由各地根据自己的认识和本地实情，采取了不同办法，如张之洞在湖光改书院为学堂；也有的另设新型书院，更多的是对原有书院进行整顿变通，增设时务斋等。但是，由于维新变法运动的失败，慈禧废除新政，停止书院改学堂，令"各省书院请照旧办理，停罢学堂"。

书院改革虽被迫中止，但书院改革已是大势所趋，书院虽称"照旧办理"，但事实上已经不可能了。至光绪二十八年（1902 年），大部分省区基本上实现了书院改学堂。

明清时期的蒙学

明清时期的蒙学有三种形式，一是坐馆或教馆，指地主士绅豪富聘请教师在家进行教学；二是家塾或私塾，指教师在自己家内设学；三是义学或义塾，是一种免费私塾。经费主要来源于祠堂、庙宇地租，或由私人捐款资助。

蒙学主要进行读书、习字和作文三方面的教学，是为进入官学、书院及应科举考试做基础准备。而每一方面的教学，又都建立了一定的次序。如读书，首先进行集中识字，待儿童熟记千余字后，进入读"三、百、千"的阶段，进而再读"四书"。

京师大学堂

京师大学堂是中国近代最早的大学，北京大学的前身，创立于光绪二十四年（1898 年）。

京师大学堂是戊戌变法"新政"的措施之一，以"广育人才，讲求时务"为宗旨，最初设道学、政学、农学、工学、商学等十科。但是实际上仅办《诗》《书》《易》《礼》四堂及《春秋》两堂，性质仍同于旧式书院。

1900 年八国联军侵华时学堂停办。1902 年复校，设预备科（政科、艺科）及速成科（仕学馆、师范馆）。1903 年增设进士馆、译馆及医学实业馆。辛亥革命前夕发展为经、法、文、格致、农、工、商七科。

家 教

畴人之学

“畴人之学”是五帝至三代（夏、商、周）最著名的家学，是中国古代源远流长的家学的发端。

所谓畴人，即为世世相传者。据《史记》：“家业世世相传为畴。律，年二十三，傅之畴官，各从其父学。”“畴人之学”主要实行于上古仕宦，包括专业技术官员，如天文历法官家庭。其做法为，为官之父兼而为师，传其所学；官之子就其父学，学习为官，以便子承父业，世代当官。这种家学是当时世卿世禄制在家教中的反映。由于官职世袭，故为官的专业知识也世代相传。

孔子的家教

孔子处理父子关系和进行家庭教育的基本观点是父慈子孝。父慈，并非单纯的父爱，更不是溺爱，而是包含了教育的内容。《论语》中有关孔子教子的记载仅两条，而这两条都是教其子孔鲤为学的。

孔子尤重视早期教育，他提出：“性相近也，习相远也”的著名观点。他认为人性是很接近的，但由于环境和习俗习惯的不同，就有善恶的差别，故对儿童的环境和习惯培养要持慎重态度。孔子还提出择友的标准：“益者三友，损者三友。友直（正直）、友谅（诚信）、友多闻，益矣。友便辟（善于取悦于人）、友善柔（表面柔善以诱人）、友便佞（善辩而佞），损矣。”我国古代家教历来重择友和习惯培养，这与孔子的提倡是分不开的。

从父慈子孝观点出发，孔子反对过度体罚。体罚是家长专制的表现形式之一，在当时历史条件下，孔子不能正面反对体罚，只得提倡“小棰则待，大杖则逃”，不委身待暴，这是对体罚的委婉批评。

孔子的家教思想将爱与教结合起来，在儿童早期教育、习惯培养、择友标准、体罚问题、家教民主等家教基本课题上，都提出了自己的主张。其教子思想对后世产生了深远的影响，成为中国古代家教学说的基石之一。

汉代的胎教论

中国的胎教始于西周，至汉代，思想家贾谊、刘向、王充等开始总结前代胎教经验，逐渐形成具有民族特色的胎教理论。

对于胎教，贾谊的主张有三：第一，提高母亲的道德素质。他认为，父母的道德品质对子女会产生重大影响，特别是母亲对胎儿的影响更大。第二，慎选婚娶对象。主张婚嫁要选择有道德的人。第三，优化胎儿生长环境。胎儿的生长环境包括孕妇生活环境和孕妇本人的言行、思想情绪。

刘向则从西周的胎教经验中，概括出“慎感”的思想。他认为胎儿感受善的事物则善，感受恶的事物则恶；人之所以和事物有某些相似，都因胎儿时感受外界事物的缘故。所以孕妇应该有选择地感受外界事物：“目不视邪色，耳不听淫声，口不出敖言。”

王充发展了慎感的理论。他与贾谊一样，十分重视父母的素质，特别是母亲的素质对下一代的影响，但王充从其气本论哲学思想出发，认为“气”产生万物，人也禀气而生，但人的禀气有厚薄，这与母亲的体质有密切关系，故他的胎教思想更重视母亲的身体素质。

王充既继承了刘向的慎感理论，又注重母亲体质和心理等方面，丰富了贾谊的优生思想，形成汉代优生和优育结合、父母道德素质和身体素质并重、外界环境与母亲情绪思想兼顾，以慎感为主的胎教理论。这些理论在现在看来也具有一定的科学性，为中国古代胎教理论的发展奠定了基础。

曹操的家教

曹操是三国时魏国的开创者，位至丞相、大将军，封魏王。曹丕称帝后追尊为武帝。他有 25 个儿子，在家庭教育上颇具特色。

曹操重才，重能力培养，提倡唯才是举，对子弟也唯才是用。当时寿春、汉中和长安是军事重镇，曹操准备各派一个“慈孝、不违吾令”的儿子去守卫，于是下了一道《诸儿令》，公布了挑选的标准，为诸子提供了公平竞争的机会，也是一种激励教育。

汉代诸侯王的骄奢和叛乱，给曹操以深刻的教训。因此，他对诸子的要求很严。如曹植才华横溢，善诗文，曹操对他寄予很大希望，准备把王位传给他。但曹植“任情而行，不自雕励，饮酒无节”，特别是私开了曹操专用的司马门，为此曹操大怒，还特地写了《曹植私开司马门下令》，表示对曹植的失望。正是由于曹操的严格要求，其诸子大都遵守法度，避免重蹈前代诸侯王的覆辙。

曹操不仅严以教子，而且还严于律己，以身作则。如他为了在家中倡导节俭之风，写了《内诫令》。但文中不直接强调节约，而是以自己不喜欢装饰美丽的箱子、不用银制品、不用香熏房屋、一床被子盖 10 年，年年拆洗缝补等具体事例带动家人。

曹操还勇于用自己的过失教子。他在《遗令》中，对自己一生功过作了分析，肯定了自己以法治军，同时也承认自己性急易怒和行军治国中所犯的过失。为了使子弟不重复其过错，他毅然放下长辈和魏王的架子，向子弟指出自己的缺点，让他们引以为戒。这种教育在当时帝王中也是难能可贵的。

诸葛亮的《诫子书》

诸葛亮是三国时著名政治家、军事家。他的家教，主要见于其名闻遐迩的《诫子书》和《诫外生书》。在这两篇书信中，他总结了自己的经验，为后代介绍了青年成才的基本方法。

在《诫子书》中，诸葛亮提出了静与俭相结合的道德修养论，提出：“夫君子之行，静以修身，俭以养德。”他认为，理想的人才必须具备志、学、才三个基本条件，这三者互相联系，缺一不可，志是成才的前提和基础，但志向的培养又须修养品德：“非淡泊无以明志，非宁静无以致远。”因此，造就人才必须从静与俭的修养开始。

诸葛亮对儿子强调宁静、淡泊，告诫儿子，要注意防止“险躁”和“淫慢”两种毛病，不要躁动，不要追求安乐，涣散自己的意志，浪费宝贵的青春年华。

这是对年轻人的一个很有益的忠告。

唐代的教子诗

以诗来进行家教的方法，早在先秦时就已经采用了。《诗经》中的《小宛》，是中国最早的家教诗。该诗作者诫谕兄弟们，在乱世更要勤苦劳作，小心为人，温恭自持，反映了中国先民对家教的重视。

唐代是中国古代诗歌发展的鼎盛时代，仅《全唐诗》就录有2300多人的近5万首诗，其数量超过从《诗经》到隋代的1000多年的诗歌总量的几倍，自然也成为士人教子的重要内容之一。唐代的教子诗（包括一些教弟、教侄等诗）内容广泛，但大致可分为治学、从军、处世三类。

治学诗如杜甫的《又示宗武》，从军诗如李商隐的《骄儿诗》，处世诗如白居易的《狂言示诸侄》等，其中不乏千古名篇。

司马光的家教

司马光是北宋名臣、史学家，其家教思想主要见于《潜虚》《家范》《涑水家仪》（又称《居家杂仪》）和《训俭示康》。

司马光生活在一个诗礼传家的大家庭中，因此，他的不少主张仅仅适合于当时的大家庭，有些甚至在当时的大家庭中也难以做到。但应该肯定，他的家教思想总结了历代家庭教育的经验和教训，有许多至今仍堪称真知灼见的内容。

司马光最主要的家教思想有：

一、强调齐家为治国之本。

二、认为尊卑有等、长幼有序的礼，是调节家庭每个成员行为所不可缺少的规范，也是团结家庭成员抵御外侮的聚合剂。

三、慈训并重，爱教结合。在只慈不教和只教不慈两种偏向中，更侧重于反对前者。

四、重视子女的早期教育，认为早期教育有形塑作用。

五、“见正事，闻正言，行正道”。

六、教子以德。

七、以俭为美。

司马光是继颜之推之后的又一位杰出家教思想家。他在新的历史条件下，继承、发展了颜之推的思想，指出了家教的社会意义，提高了德育在家教中的地位，着重倡导了培养俭德的传统，并进一步阐述了慈训结合、早教与正面教育等家教的基本原则，对当时家教发展具有很大影响，在现代家教中仍有不少借鉴意义。

《三字经》《百家姓》和《千字文》

《三字经》《百家姓》《千字文》，俗称“三百千”，是三部影响大而流行广的启蒙读物。明代思想家吕坤曾说：“初入社学，八岁以下者，先读《三字经》以习见闻，读《百家姓》以便日用，读《千字文》以明义理。”

《三字经》

《三字经》是中国旧时流行的启蒙教育课本。其内容包括中国传统的教育、历史、天文、地理、伦理和道德及一些民间传说，广泛生动而又言简意赅。

《三字经》的著者相传为南宋的王应麟（一说是区适子）。明清学者陆续做出补充。1928 年，章炳麟重加修订，并为之作序，称其“先举方名事类，次及经史诸子……观其分别部居，不相杂厕，以较梁人所辑《千字文》，虽字有重复，辞无藻采，其启人知识过之”。

《百家姓》

《百家姓》是中国旧时流行的启蒙教育课本。作者不详，相传是宋初吴越民间所著。《百家姓》搜集姓氏，编为四言韵语；原收集姓氏 411 个，后增补到 504 个，其中单姓 444 个，复姓 60 个。

《百家姓》的次序不是依各姓氏人口实际排列，而是因为读来顺口，易学好记。因尊宋代“国姓”，故以“赵”居首。又因诵读方便，所以广为流行，成为旧时最普遍的识字课本。

《千字文》

《千字文》是中国旧时流行的启蒙教育课本。南朝梁代周兴嗣撰。

《千字文》取王羲之遗书中不同的字一千个，编为四言韵语，叙述社会、历史、伦理、教育等方面的知识，从隋朝开始流行。

历代多有续编和改编本，如宋代有胡寅的《叙千古文》、侍其玮的《续千文》；元代有许衡的《稽古千文》；明代有周履靖的《广易千文》；清代有何桂珍的《训蒙千文》、龚聪的《续千字文》。唐代还有高僧义净的《梵语千字文》。

颜之推与《颜氏家训》

颜之推（约 531～约 590 年），字介，中国古代家庭教育理论的奠基者。琅琊临沂（今山东临沂）人，著述甚丰，但流传下来的只有《还冤志》和《颜氏家训》二书，以及《观我生赋》《上言用梁乐》《古意》等几篇诗文。《颜氏家训》七卷二十篇是他为教育子孙而写的家教专著。

《颜氏家训》开宗明义，指出家训与一般著作的不同之处，在于施之家内，用于子孙。这也指出了家庭教育与其他类型教育在施教范围和对象的不同之处，指出了家教的特殊性。颜之推的家教思想就围绕家教特殊性而展开。家庭教育作为家长对子女的教育，有其他教育所不可替代的特殊作用和特殊难点，颜之推对这两方面都作了精辟的论述。他指出，同样一句话，人们总是相信亲近的人；同样一个命令，人们总听从所敬重佩服的人。父母与子女有着无法割断的血缘关系，并长期共同生活，他们之间关系之密切是一般的师生关系所无法比拟的，所以父母的教导在某些方面比学校、社会教育有效得多。这是家庭教育的特殊优势。但是，也正由于父母与子女的血缘关系，往往使父母爱子过度，成为“恣其所欲”的放任和溺爱，结果反而害了子女，这是家教所特有的爱与教的矛盾，也是家教特有的难点。

颜之推提出了家教的原则，即：威严而有慈；戒溺爱；重早教；重熏陶影响；爱子当均。在家庭智育方面，颜之推的做法有别于一般士大夫家教，带有强烈的实用性和实践性特点。重技艺教育，重能力培养，提出勤、精、博、虚、实的学习方法论。颜之推的修身论继承了儒家的传统，以孝悌仁义为主要内容。同时，由于身处“离乱”年代，因而更强调节操和知足。在治家方面，颜之推也向子弟提出了一些值得重视的观点，如治家应宽严适度，要“俭而不吝”，不可买卖婚姻，不可杀害女婴，不要相信巫术等。

在中国家庭教育发展史上，颜之推及其《颜氏家训》占有特别重要的地位。颜之推之前出现的家教文献，内容仅限于家教实践，颜之推第一次提出了较系统的家教理论。

货殖泉币

经 济

“市井”的由来

在古代，市井就是物品交换的场所，又称市廛。为什么将“市”与“井”联系在一起？有人说“市”的起源与水井密不可分。在氏族公社时代，“若朝聚井汲水，便将货物于井边货卖，故云市井也”。这表明，在正式的集市出现以前，汲水的水井旁是古代人们交易的主要场所。

商品交易场所的市井初为乡村市场。相传神农作市，那么它无疑是这种乡村集市。到了夏代，一些规模较大的集市成为贵族们聚居的地方，正式发展成为古代城市。按照“面朝后市”的要求，市井的城市空间，被官府定位于宫殿或官衙的背后，与居民所住的里或坊严格分开。市的周围被高高的市墙圈起，四面设门，按时开关。这种被四面高墙围起来的市场酷似水井，尤其是井口上面有井栏、井圈的水井。这种坊市分割的市“井”制度在中国历史上存在达千年之久，终于在两宋时期被打破，出现了商业荟萃的繁华街道、马路。这在《清明上河图》上可以清晰地看到。尽管此后围得像井的集市不复出现，但因为历史上“市”与“井”密切相关（不管是水井还是井田），“市井”一词也就世代沿袭下来了。

“税”的起源

据考证，古代“藉而不税”，实际上是“藉”等于“税”，《说文》解“藉”为“税也”。或叫“藉民以力”，或称“什一而藉”，是最早以力役形式出现的土地税，实行了相当长的时期。原始社会氏族公社里有一块公田，作为氏族长率先开耕以示重农和祈年的场地，故称“藉田”；其全部农作则由分得份地的社员共同承担，所得谷物归于公社，用作备荒、祭祀、水利等公共事业的支出。进入阶

级社会，公田的形式未变，而其收入逐渐归族邑行政收纳管理，因为这时行政管理公共事务，这种收入实质上就与政府的税收相等。再者，人们起初有一种宗教意识，土生万物，公田和社员份地都是大地所赐，公地收入之一用于祭礼地（社）神，以报本返始。后来有“溥天之下，莫非王土”的思想产生，公地收入归之于政府，也就是天经地义了。这种观念一直贯彻到封建社会的田亩税中。

春秋时期，逐渐废除长期以来农民共耕公田、以收获物上缴当税的制度，实行按凡占有田亩者收取其实物税。“税”字从“禾”的偏旁，表明是收取谷物之义。这就是税亩制度——土地征税制度的确立。如鲁国有“初税亩”，齐国、晋国有“税田”制度等。就连其他的征课（这里主要是说军赋）都改依田亩来征纳。至战国时代，土地征税制度已在全国范围内普遍施行。

陶朱公

陶朱公是范蠡的别名。他辅助越王勾践二十余年，终于攻灭宿敌吴国。大功告成之时，范蠡急流勇退，辞官而去。

范蠡乘船飘海到了齐国，更名改姓，自称“鸱夷子皮”。他在海边耕作，与儿子合力治理产业，不久就积累了不少资财。齐人听说范蠡是贤能之士，邀为国相。范蠡叹息道：“住在家里就积累千金财产，做官就达到卿相，这是平民百姓能达到的最高地位了。可是，长久享受尊贵的名号并不吉祥。”于是发散了家产，悄然离去。他来到陶地，认为这里是天下的中心，交易买卖的道路通畅，经营生意可以发财致富。于是在此定居，自称陶朱公。

范蠡早年曾师从计然，研习理财之道。这次再操经商之业，自然驾轻就熟。

他每日买贱卖贵，与时逐利，不久又成了富翁。陶朱公的经商之道，一是掌握好供求关系；二是掌握好物价贵贱的幅度；三是加快资金的周转率，所以不多久就富比王侯。天下都知道陶朱公，诸侯争相与他交往。19 年之中，他先后三次积累财富至千金，又三次散尽家财救济穷人。

商人的祖师

商人的祖师叫白圭。白圭是战国时期经营农产品的商人，因擅长经商致富而名满天下。他在晚年总结出一套经商理论，为后世经商者所师法。他指出："经商必须乐观时变。"即经常注意农业生产变化动向和市场情况，坚持"人弃我取，人取我与"的原则。他在丰年买进粮食，供应丝、漆；在蚕茧上市时，收购丝、锦和织物，出售粮食。采取这个办法，不用与人争买卖之价，就可得到不少的利润。白圭还有一个薄利多销的原则，认为经商一般谷类等生活必需品，虽然利润不高，但销售量大，资金周转快，仍可赚得很多钱。他重视商品质量，认为质量高的商品能赢得信誉。白圭认为，一个商人应具备"智、勇、仁、强"四个条件。要善于应变，勇于立新，懂得取予，能有所守。他不收缺乏这些才能的门徒。

《史记》中说："盖天下言治生祖白圭。"由于白圭在经商方面成就突出，后世商人便把他尊为本行业的祖师爷。

唐代的坊市

唐代的“市”非常繁荣，史料记载，长安东市“市内货财二百二十行，四面立邸，四方珍奇，皆所积集”。不仅长安等大都市，即便地方州县内亦有米行、绢行、铁行等各行的划分，这里的“行”就是同类货物售卖专区。另外，唐代对“市”的管理也很严格，《唐律疏议》规定：“凡官私斗、秤、度尺，每年八月诣寺校印署，无或差谬，然后听用之……诸造器用之物及绢布之属，有行滥、短狭而卖者，各杖六十；得利计赃重者，计利准盗窃论。贩卖者，亦如之。”

这类制度保证了消费者的权益，为市场繁荣作出了很大贡献。在当时的历史条件下，坊市制基本上能够满足城市居民经济生活的需要，对于唐前期城市经济的恢复和发展也具有积极的作用。

坊市制的突出特征之一是将市场交易局限在市中，交易地点有严格的限制，然而实际上，在实行坊市制的唐代前期，即使是长安的坊中，也仍有一些私下的商业活动存在。例如长安宣阳坊有彩缬铺，升平坊里门有“胡人鬻饼之舍”。还有一些走街串巷、在坊内流动的小商人，如见诸史书的“邹骆驼，长安人，先贫，尝以小车推蒸饼卖之”。这些商业活动也有助于便利坊内居民的不时之需。

“夜市”的起源

有一种说法，说中国的夜市最早起源于唐代中后期。事实上，中国最迟在汉代就已经产生了夜市。

最早明确记载夜市的文献是桓谭的《新论》，其中说：“扶风漆县之邠亭，部言本太王所处，其民有会日，以相与夜市，如不为期，则有重灾咎。”这里的“夜市”就是指夜间的集市贸易。许慎的《说文解字》中也有关于邠亭夜市的记载。《说文》“邠”字解曰：“豳美阳亭，即豳也。民俗以夜市。”

汉代的夜市有三个特点：一是地方性。汉代的夜市尚未普及，仅局限于个别地区。二是时间性。汉代的夜市不是经常性的交易活动，它有一定的时间规定。三是含有一定的非经济因素。汉代夜市的出现主要是汉代商品经济发展的必然结果，但也曾和某些宗教迷信活动混合在一起。这些特点反映了中国夜市在萌芽时期的概貌。

中国最早的外贸法

元丰三年（1080 年），北宋制定过一个《广州市舶条法》，这大概是中国最早的外贸法。此法案将民营的海外贸易规定为两个阶段，分别加以管理。

第一，海外流通阶段。即商人从上船放洋到回国上岸以前，纯属私人经营阶段。但舶商、船主和船员放洋必须持有市舶机构颁发的许可证，叫作公凭、公证或公验，以便出入境时交验，否则出洋交易即为非法。

第二，是船舶回国货物上岸以后进入境内流通阶段。无论中外商人载来的商品，都必须由当地市舶司按规定“抽解”（征税）和“博买”（征购）。抽解就是以舶来商品的十分之一或十分之二抵冲税金；博买就是官府以低廉的价格收购大部分舶来商品，编纲运送榷货务，由官方掌管其流通和交易。政府对海外舶来品的主体部分实行禁榷政策，即官府垄断大部分输入商品的运销业务以获取厚利。剩下小部分舶来品才由中外舶商自行销售贩易。

在一定程度上，《广州市舶条法》让当时外贸活动有了依据和规则，对经济

起到了推动作用。

中国最早的海关

海关作为对进出国境的人员和货物监督管理的国家行政机关，是伴随着一个国家对外贸易实行限制而产生的。

中国海关的产生，具有悠久的历史。在唐以前，由于航海业不够发达，只有陆地的“边关”，而无“海关”。从唐代开始，在沿海口岸设市舶使（司），以监管海上进出口货物和船舶，征收关税。唐朝内地同时设有 26 处关，并建立了陆关管理制度，但对陆关的绢马和茶马贸易均不征税，只是严禁兵器出关。宋、元、明各朝代均沿袭了唐代的市舶使制度，建立提举市舶司，除征收关税外，还直接管理对外贸易，其职能比较广泛。市舶使（司）已具有近代海关的特征，可以算是中国最早的海关。

北宋一年的商业收入有多少

到了宋代，商业繁荣达到前所未有的程度。这一点，从宋朝的商业收入中可以看出。

北宋承袭唐后期和五代征税的传统，广设税务，征收2%的过税（即以前的关津税）和3%的住税（即以前的市税）。仁宗庆历时一年城乡商税共收入1975万贯（千钱为贯。此数据出自张方平《乐全集》）。另外，酒税和卖酒收入1710万贯，卖茶收入64.9万贯（《梦溪笔谈》），中央掌握的销盐收入715万贯。另外，从对外贸易中所得一年也有53万贯。五项合计达4600余万贯，来自商业方面的收入要占整个中央财政收入的三分之一。

富可敌国的沈万三

沈万三（1330～1376年），本名富，字仲荣，元末明初时期江南的首富。

关于沈万三的发迹，可说是颇有神秘色彩。传说他因为救了渔人捕捉的青蛙，青蛙为了报答他，就给了他一只瓦盆。这只瓦盆神奇无比，放一枚铜钱进去可以变出满盆的铜钱，是只聚宝盆，沈万三也因此而发迹，富可敌国。这当然只是传说。据记载，沈万三曾经是一名海商，他利用白砚江（东江）西接京杭大运河，东入浏河的便利，将江浙一带的丝绸、陶瓷、粮食和手工业品等大量运往海外，因而积累了万贯家财。

洪武元年（1368年），明太祖朱元璋登基称帝，建都南京。几年后，朱元璋召见沈万三，当时朱元璋正在修筑都城的城墙，但因国库匮乏，进展缓慢。沈万三于是主动献上白金千锭，黄金百斤，表示愿意协助修筑城墙的三分之一。两边的工程同时进行，结果沈万三不仅先朝廷三天完工，还提出代为犒赏三军。朱元璋接到奏折后勃然大怒，骂道："匹夫犒天下之军乱民也，宜诛之！"幸亏马皇后苦苦相劝，这才改将沈万三全家流放到云南，家产充公，沈万三颠沛流离，最终客死他乡。

徽州的“劝商谣”

明清时期的徽州商人和当时的扬州商人、宁波商人鼎足于商界，特别是徽商足迹遍布全国，当时就有“无徽不成镇”的说法。由于商业气氛很浓，好多人家让孩子随其本地商人出去，做仆人或店小二。对于小孩，长辈虽恋恋不舍，但为其前途不得不狠心，自然少不了对孩子劝诫一番。

《桃源俗语劝世词》中有一首质朴情真的劝商谣：不要变，不要腆，收起心来重进店，安分守己帮侬家，和气决不讨侬厌。朝早起，夜迟眠，忍心耐守做几年，嬉戏供鸟一切事，都要丢在那旁边，打个会，凑点钱，讨个老婆开个店，莫道手艺不发财，几多兴家来创业。不妥帖，归家难见爷娘面，衣裳铺盖都搅完，一身弄得穿破片。穿破片，可怜见，四处亲朋去移借，倒不如，听我劝，从此收心不要变，托个相好来提携，或是转变或另荐，又不痴，又不呆，放出功夫擂柜台，店倌果然武艺好，老板自然看出来。看出来，将你招，超升管事掌钱财，吾纵无心求富贵，富贵自然逼人来。

钱庄与票号

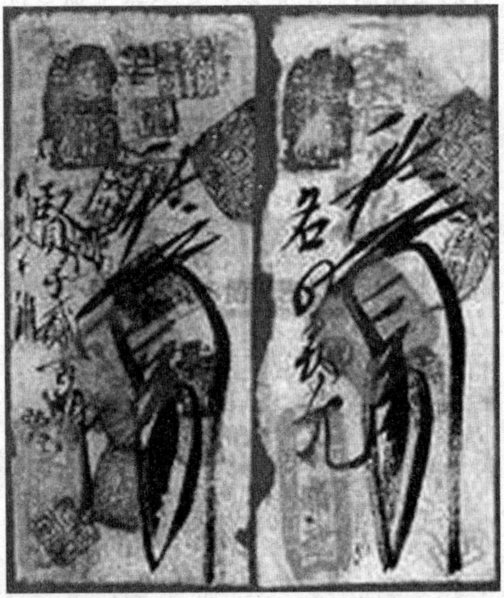

钱庄是旧中国的一种信用机构，主要分布于江苏、浙江、福建等省各城市。在北京、天津、沈阳、济南、广州、郑州等地则称银号，性质与钱庄相同。在汉口、重庆、成都、徐州等地，钱庄与银号的名称并存。清末新式银行兴起之后，钱庄的地位逐渐被银行所代替。

票号在各地设有分号，初期主要经营汇兑业务，以后存款放款业务逐渐增加。营业对象大都为封建官僚、地主和一般商人。19 世纪中叶以后（咸丰、同治、光绪年间），营业甚盛。银行兴起后，票号业务受到影响，逐渐衰落。到20世纪20年代末，少数保留下来的票号改为钱庄，票号遂趋消亡。

店铺字号的文化内涵

生意兴隆财源茂盛是生意人的良好愿望，故而店铺的字号多款以吉利之义，如北京“同仁堂”；上海“协大祥”；武汉“谦祥益”等。

也有的字号取典雅之义，引章据典。如清代山东济南老酒楼“者者居”，清人钱泳《履园丛话》解释说：“此出《论语》：‘近者悦，远者来也’。”这个店名令当时文人雅士“一时绝倒”。成都有一家名为“颐之时饭店”，亦根据《论语》“不时不食”而命名的，表明自家餐馆风味特佳，不来进餐则未免遗憾之至也！小说家李劼人20年代在成都开设一家“小雅餐室”，即源于《诗经·小雅》，从布置到食品确也体现小而雅，一时传为美食美谈。

中国古代的“产品质量责任制”

据《周礼》记载：早在春秋战国时期，中国就有了国家对产品质量进行检测的年审制度和政府官员的质量负责制度。

首先提出用“物勒工名”（在产品上刻上制造者的名字）的方法来对产品质量进行监督的，是春秋时期的秦相吕不韦。经过四年的不懈努力，他终于率先在秦国实行了质量检测、监督制度：每年十月份，由“工师较功，陈祭器……必功效为上，物勒工名，以考其诚。工有不当，必行其罪，以穷其情”，对各郡、县的产品进行质量检查。并规定：凡不符合标准的，不得使用，以保证产品质量能“功致”。

在对产品质量的年审中，除要求每件产品做工考究、工艺精湛外，还要求生产者打上自己的姓名，以防止以次充好和仿冒行为。如发现产品质量低劣、坑害了使用者，则由负责检测的“相邦”写出鉴定结果，提出对责任者的惩罚建议，并责令责任者查明原因，制定改进措施，保证不再制造、出售劣质产品，否则，“举族连坐，豪产抄没，充盈府库”。“物勒工名”在元、明、清等朝代得到了进

一步的发展，产品质量的检查制度和官员负责制度逐渐成了一项保证、实施、监督产品质量的法律制度。

中国古代的经济特区

唐宋时，羊城是中国对外贸易的第一大港。一艘艘满载丝绸、陶瓷等货物的商船从羊城启航，或到东南亚，或到南亚，甚至远至西亚。另一方面来自这些地区的外国商船，运来大批香料、玛瑙等货物，在羊城靠岸。

与这第一大港的繁华景象相对应，那时这里就出现了一个“特区”，作为外商的居留地。“特区”就设在今光塔路一带。当时俗称外国人为“蕃人”，所以，“特区”称为“蕃坊”。那些外商在蕃坊里保留自己的风俗习惯和生活方式。

羊城还有奇特的市集，供外商出售香料、玛瑙、象牙、珠贝等舶来品。据说今光塔里北侧的玛瑙巷就是当年的玛瑙市集。蕃坊内以阿拉伯商人居多。他们得遵守中国法令，如果他们犯了法，得由中国审判，然后交由蕃长处理。当然，他们也得到了诸多方便。据史料记载，唐代时，侨居蕃坊的外商曾达 12 万之多。宋代熙宁年间，来华乳香 35 万多斤，其中绝大部分是运到羊城的。

中国古代的皇家店铺

皇店，顾名思义，指皇室开的店铺。明万历年间太监刘若惠所著《酌中志》，披露北京的皇店有六家：“曰宝和、曰和远、曰顺宁、曰福德、曰福吉、曰宝延。”这些皇店由“提督太监”掌管，每年所征白银“约数万两”，“除正项进御外，余者皆提督内臣公用”。皇店进货十分惊人，“每年贩来貂皮约一万余张，狐皮约六万余张”，各种布匹 140 万匹，棉花约 6000 包，各种油约 8 万篓。其中，从浙江绍兴进茶约 1 万箱，还有猪 50 万头，羊约 30 万只。清朝末年慈禧太后当政，皇店更是有增无减，甚至发展到金融业——钱庄。如北京东西牌楼附近的“四大恒”钱庄，据《清宫记事》称，是慈禧名下的产业。据《道咸以来朝野杂记》所载，“四大恒”指恒和、恒兴、恒利、恒源四家钱庄。“资本雄厚”，市面繁荣萧条与其有关系。“当年所出银票，市民皆视同现金，故始终无挤兑之事”。

“四恒”还承担捐纳和向宫廷的汇兑业务，可谓财源茂盛。据称，八国联军入侵北京后，“四恒”的银子抢了三天才抢完。“四恒”倒闭之后，慈禧又指使李莲英买下了泰源银号，继续控制京城的金融业。

中国古代也有广告业

殷商时代，有个叫格伯的人，把马售给一个叫棚先的人，这笔交易以铭文的形式记录在青铜器上。

湖北鄂州出土的汉魏六朝的铜镜铭文带有很浓的广告意味，如“王氏作镜真大好”，“荣氏镜佳且好，明而日月世少有，宜子孙兮”，等等。据宋代张择端的《清明上河图》，汴梁城东的十字街口就有各类横额、竖牌、挂板，其上有店名、字号、图画或图文并用，像这样的文字广告牌有30多块。

随着印刷术的发明和应用，印刷广告也逐渐出现。世界上最早的印刷广告是1944年在成都望江楼唐代墓中出土的一张《陀罗尼经》（咸通九年）。它不仅刊刻有图画和中文，而且刻有外文。纸端还题有“成都府都县龙池坊汴宋马铺发售”几个字，把生产单位、销售地址、销售单位、销售办法都刻印出来，还说明了产品质量。

“合同”在古代叫什么

质要：“质”是作为保证的人或物；“要”就是约或结的意思。始于周朝。《左传·文公六年》：“董逋逃，由质要。”

质剂：出现在春秋战国时代，用长木片书写的契约，称为“质”；作兵器珍异交易，用短木片书写的契约，称为“剂”。两书扎合在一起，即为“质剂”。

药（约）剂：诸侯国之间结盟时的盟书，供发生争端或诉讼时证明之用。

傅别：古时的券据、借据，犹后来凭骑缝核对的票据。“傅”，著约束于文书；“别”，别为两，两家各得一。

判书：是双方要承担责任的凭证券契。“判”，是半分而合，两家各得其一。

公所合同

契：东汉时始称凭证券契为“契”。“契”是合同之总称。

合同：是唐代始称的。以后，各朝皆把上述称呼混用。

“奖金”的由来

奖金是一个古老的经济分配范畴，至今仍有生命力。至于从什么时代起才有奖金，从现有资料看，从奴隶社会向封建社会的转化时期，是古代经济思想发展的重要时期。生产力的发展要求生产关系发生一定的变革。伴随着剩余产品的增加和货币的出现，奖励开始作为一种新形式跻身于分配领域。在中国春秋战国时期，法家代表韩非子等提出“有功必赏，有罪必罚”的主张。墨子则进一步主张把“劳”和“功”作为赏和禄的必要条件，做到“以劳殿赏，量功而分禄”，使“劳者得息”。在东周末年，货币的行用渐广。各诸侯国为了激发将士向上进取、英勇作战，奖金被作为治国平天下的国策，逐渐推行起来。据墨子《号令篇》记载：“人民守城有功，女子赐钱五千，老小赐钱一千。”这便是中国古代最早利用奖金形式施奖的记录。尔后历代都普遍地采用与此相似的奖赏措施，尤以建议和军功方面为多，并日趋制度化。

“经理”的由来

“经理”一词含有行政的意思，据说20世纪初译自日文，实际它采用于中国古书。

“经理”，最早见于《荀子》：“道也者，治之经理也。”杨倞注：“经，常也；理，条贯也。”意思是通常的道理。后《史记》称李斯在山东芝罘刻石“皇帝明德，经理宇内”，此作治理解；《后汉书》称汉光武刘秀好学不倦，和大臣经常“讲论经理，夜分乃寐”，此处“经理”乃指经书的义理。中国古书始终将“经理”作复合词用。到现代，经理才作为专用名词使用。

“贡”的由来

迄今所见古文字资料和较早文献，“贡”的原形是“共”字，即提供、供给于上之意，有时也有用入（内）、来、以、献（见）、归等字表示贡纳。文献中则多用“贡”字，也用“献”“来”“来享”“来王”“宾”，间有用“以”字。

《尚书》佚篇《九共》中，“共”就是“供给”的意思。九共就是九州所供给于上的献纳。记述帝舜时制地分族，各方来朝之事。说明贡在原始氏族社会末期开始流行。《尚书·禹贡》开宗明义讲“禹别九州，随山浚川，任土作贡”。九州之地各以所出物产进贡。许多古文献记载各方国部落向夏王朝朝贡，到夏桀时已成了残酷的搜括。商代的贡，记载渐多，事实上也有发展。除了物产，兽畜和奴隶也成为贡品。至周代，大抵形成了一定的贡纳制度。

互市

汉初与匈奴通商，汉武帝元狩年间，张骞通使西域，与各民族间贸易，《后汉书》也提到“岁时互市”的情况。魏晋以后，西北陆路贸易更见繁荣。《隋书》说：“河西诸郡，或用西域金银之钱，而官不禁。”隋代在京师设四方馆，“掌其方国及互市事”，并在西北边地设有交市监。唐代设互市监，“掌蕃国交易之事”。

又在沿海一些地点设市舶司，经管海路通商事宜，海路通商有了很大发展。宋开宝四年（公元 971 年），“置市舶司于广州，后又于杭、明州置司，凡大食、古逻、阇婆、占城、勃泥、麻逸、三佛齐诸蕃，并通货易”。在西北、西南等地区，宋、明在边境上设置榷场互市，以茶、盐等换取各族商人马匹。元、明在沿海设市舶提举司，经管与外商互市事宜，“若国王、王妃及陪臣等附至货物，抽其十分之五，其余官给之直。其番商私赍货物入为市易者，舟至水次，悉封籍之（封存登记），抽其十二，乃听贸易”（《天下郡国利病书》）。清初有海禁，康熙二十四年（1685 年）开禁，规定漳州、云台山、宁波、广州四处作为互市通商之地。乾隆二十四年（1759 年）后，又限在广州一地。鸦片战争后，中国逐步沦为半殖民地，帝国主义攫取了租界、海关等，对外贸易的性质发生了变化，互市的自主权就丧失了。

“经济”的由来

汉语中本来也有“经济”两字，比如，清末曾国藩撰“季子自命才高，与人意计时相左”一联，左宗棠对以“藩臣一心为国，问伊经济有何曾”。又如，20 世纪初曾有“司马文章，诸葛经济”的对联。上述二联里皆有“经济”两字，但其原意是“经世济民”或“经世济邦”的意思，它既不是一个专用名词，也不是近代社会科学领域里一门科学的专有术语。

清代末年，西学东来，才有 economy 一词传入中国。当时有人把这个词译为“富国策”或“富国养民策”，后来又有人根据“国计民生”而译为“生计学”或“理财学”。孙中山先生认为以上译名“皆不足以赅其义，唯有‘经济’二字的意思似乎相当”。从此，economy 一词译为“经济”和“经济学”为中国学者普遍采用。

“会计”的由来

会计，就是总和计算。会是总计的意思，计是计算的意思。在此处，会应读作“侩”。会计这个词起源极早，《史记》载：“禹会诸侯江南，计功而崩，因葬焉。命曰会稽。会稽者，会计也。”原来，大禹晚年在浙江绍兴的苗山上大会诸侯，稽核他们的功德，这个行动也就被称为会稽（会计）。

“会计”这个名词用在财务计算上，也是很早的。《孟子》上就有“会计当而已矣”的话。在《战国策》“冯谖为孟尝君市义”这个著名故事里也提到这一名词。当时孟尝君要派人去薛邑收债，问门下诸客“谁习计会?”（古代也把会计称为计会），应声而出者则是冯谖。

中国最早的商标侵权案

中国最早的商标侵权案，发生于 1913 年，当时曾轰动社会，成为工商业的一条热门新闻。事情发生在扬州，谢馥春香粉铺所生产的藏香、棒香、熏香、香件等品种，其产品具有轻、红、白、香等特色，深得国内外消费者喜爱。在清末民国初期，谢馥春香粉铺的年销售金额为钱币 8 万多枚。当时他们为保护自己店铺的利益，设计了“五桶”商标图案，到北洋政府工商部注册登记，并有证书，得到法律保护。这年，谢馥春香粉铺派的销货员发觉省内外，四乡八镇冒用“五桶”商标的香粉香件销售有 13 家之多。该铺派人收集了许多冒牌产品、发票，销售店铺、生产店铺名单等连同控诉状纸一并送扬州地方司法部。经过调查核实，北洋政府大理院判定：“十三家店铺具结侵权悔过书”，赔偿损失，严禁冒用“五桶”商标。这个商标案在中国工商业影响甚巨。

中国最早的保险业

19 世纪二三十年代有华人最早开设类似保险公司性质的机构“张宝顺行”；鸦片战争后英国人在华开设了中国近代第一个保险机构（也是外商在华开设的第一家）“广州保险公司（后更名为广东保险公司）”。

1872 年（清同治十一年），中国的洋务派在“先富而后能强”的呼声中，采取“官督商办”的经营方式，在上海创办了第一家国家经营的中国招商局，从事航运业。招商局为了拓展业务，出资 20 万两白银，于 1875 年 12 月创办了保险招商局，由唐景星、徐雨之总理其事。这就是中国最早的保险机构。

保险招商局公布的第一批办理保险业务的地方，为镇江、九江、汉口、宁波、天津、烟台、营口、广州、上海、福州、香港、厦门、汕头等十三个国内口岸；第二批为台北、淡水、基隆、打狗这四个中国台湾省口岸，以及新加坡、吕宋（菲律宾）、西贡、长崎、横滨、神户、大阪、箱馆等国外口岸。这就打破了外国保险公司对中国保险市场的垄断局面。

十三行

鸦片战争前，清政府在广州指定若干特许的行商（洋货行或外洋行）垄断和经营对外贸易，又被称为“十三行”。

关于“十三行”的命名，过去研究者有不同意见：一说是以广东行商有十三个行数而得名。二说是这个名称，明时已有，清代沿之。三说是因为在粤海未设关之前，外商到粤贸易，地方政府不能不特别组织一个团体来对付，这个团体恰好是前明所留三十六行中之十三行，因称之“十三行”。四说是由习俗和给以特有命名而定。

从行商所具有的职能来分析，“十三行”的名称是由“十三夷馆”而来的。然而，到“十三夷馆”去联系交易的“洋货行”却不一定是十三家，可多可少，不过却只限于经过政府特许的经营对外贸易的“洋货行”。因此，把“十三夷馆”又可称为“十三行”的“十三”的数字概括使用于所有经营这一业务的行帮，实

际上是合乎情理的，在称谓上也是确切的。

管子的“轻重论”

《管子·轻重》对轻重理论作了突出而又详细的论述，构成了《管子》全部经济学说的基础。

例如，关于某一种商品的轻重规律或原则，《国蓄》说：“聚则重，散则轻”；又说：“少或不足则重，有余或多则轻。”阐明了商品流通和需求的情况决定了商品的价值。关于诸种商品、货币与商品之间的轻重关系的规律或原则，《乘马数》说：“谷重而万物轻，谷轻而万物重。”这是通过各种商品的对比关系而确定的轻重原则；《山至数》说：“彼币重而万物轻，币轻而万物重。”分析货币与万物的轻重关系，表现在价格的贵贱上。这在阐明商品价值上有着普遍的和重要的意义。轻重论的内容繁多，包括掌握物资、充实财政、调剂盈亏、平衡物价、阻止兼并、防止物资外流、吸取别国物资、进行国与国间垄断贸易等等，归结起来，就是要封建国家采取各种措施，以控制商品货币关系，其中包括通过对货币发行数量的掌握来左右货币的价值，由左右货币的价值，进而改变它与谷物、百货间的轻重关系。后来贾谊对此作了简要的说明：“上挟铜积以御轻重，钱轻则以术敛之，钱重则以术散之，货物必平。”

“本末”的由来

“本末”是战国以来对行业分工的一种称谓。“本”又作“本务”或“本事”，指农业。“末”又作“末作”“末事”“末产”，指手工业和商业。

东汉末的王符对“本末”作了另一种解说：“夫富民者以农桑为本，以游业为末；百工者以致用为本，以巧饰为末；商贾者以通货为本，以鬻为末。”明清之际的黄宗羲主张以迷信、倡优、奇技淫巧等“不切于民用”的行业为“末”，应一概禁绝；并指出：“夫工固圣王之所欲来，商又使其愿出于途者，盖皆本也。”（《明夷待访录》）

平籴论

《史记·货殖列传》记春秋末计然的话：“夫粜二十（钱）病农，九十（钱）病末（指工商业）。末病则财不出，农病则草不辟矣。”就是说粮价贱则病农，粮价贵则病末，他建议由国家进行平粜，控制粮价在三十至八十钱之间，则对于农末都有利。战国时李悝和计然的主张相似，他对魏文侯说：“善为国者，使民无伤而农益劝。”要做到这一点就是搞平籴，要“谨观岁”，把收成分作上熟、中熟、下熟，“大熟则上籴，三而舍一（农民在余粮四百石中，国家收购三百石），中熟则籴二，下熟则籴一”。采取这样措施，就可以“使民适足，贾（价）平则止”（《汉书》）。

开源节流

“开源节流”是战国时代荀况提出的关于财政收入和生产间关系的理论。《荀子》：“故田野鄙县者（指农业生产），财之本也；垣吅仓廪者（指粮食储备），财之末也；百姓时和（按照顺当的天时）、事业得叙者（依次进行耕作），货之源也；等赋府库者（照着等级征税收进国库），货之流也。”根据这些条件，他主张“养其和，节其流，开其源，而时斟酌也”。

北宋时期的货币加速流通论

“流借”是北宋沈括提出的加速货币流通的意见（“借”有充分利用的意思）。《续资治通鉴长编》卷二八三记述沈括的意见说：“钱利于流借。十室之邑，有钱十万而聚一人之家，虽百岁故十万也。贸而迁之，使人飨十万之利，遍于十室，则利百刀矣。迁而不已，钱不可胜计。”他对货币流通速度本身的阐述不仅十分明确，而且在阐述了怎样增加货币的绝对量以后，接着就论及货币流通速度问题，足见他已十分明确流通速度对通货数量的作用。

货 币

中国最早的货币

“贝”是中国最早的一种货币。

《尚书》云：“兹予有乱政，同位具乃贝玉。”这里，对于贝的解释是：“贝者，水虫，古人取其甲以为货，如今之用钱然。”商周时期的墓葬里，经常出土这种贝币。贝作为货币这一点，从汉字的结构上也可以得之，可见在这些字形成的时候，贝壳已是价值尺度。最早的货币是海生的贝壳，后来由于真贝的数量不够，人们就用仿制品：用蚌壳仿制，用软石仿制，用兽骨仿制，最后，随着商品交换的日益扩大，到了商代晚期便出现了用铜铸造的铜币，这种铜币是人类最早使用的金属货币。

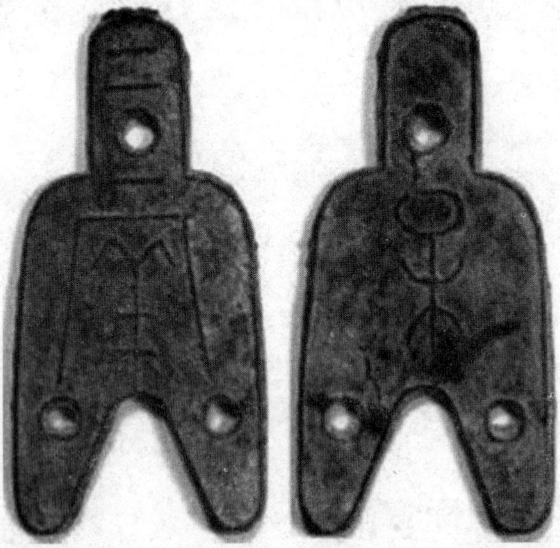

秦始皇统一中国后，统一币制，废除了贝币，改用钱币。王莽曾一度恢复。在中国云南一带，贝币一直使用到清朝初年。

中国最早的货币单位

“朋”是中国最早的货币单位。中国最早的货币是贝币，而贝币的计算单位就是“朋”。五贝为一串，两串为一朋。甲骨文和青铜器铭文中都有商、周的王和贵族赐给臣属贝的记载，《诗经》云：“既见君子，锡（赐）我百朋。”郑玄笺：“古者货贝，五贝为朋。”

中国古代最早的国家造币厂

1979年陕西省澄城县坡头村发现了一处古代铸币遗址。该遗址南北长220米，东西宽147米。从断崖中所暴露出的堆积物看，文化层厚度30～80厘米。发掘过程中，除在铜范出土地点周围，采集到大量的薄厚不等的粗、细绳纹板瓦残片、粗绳纹残砖块，灰陶罐残口沿、指甲纹陶片和镰形残铁块、粗绳纹残筒瓦、红烧土色残砖、小灰罐各一件外，还清理发掘出四座陶窑：一号窑坐南面北，窑室约有三分之一的地方受到破坏，仅留工作室、火门、火膛和窑床部分。工作室南北长1.72米，东西宽1.25米，火门南北长32厘米，东西宽60厘米。火膛南北长90厘米，东西宽1.25米。在火膛内发现铜范、陶范和铁器。在工作室发现了炼铜用的铁锅。此属烘范窑。

经专家考证，认定这里正是《汉书》上记载的西汉“上林三官”铸币地，也就是汉武帝于元鼎四年（公元前113年）设立的国家造币厂，这是目前发现的最早的国家造币厂。

中国古代的“国际货币”

北周的“永通万国”钱，意谓永远流通于众多国与国之际的货币。此钱铸作精美，篆法绝工，人称六朝钱币之冠。钱名颇具开拓新意；此前的“五铢”钱

名，以纪重为文义。五铢钱历经两汉、魏晋、南北朝至隋，是流通了700余年之久的长寿钱，北周变革钱名，意味着对传统币文的决裂，欲摆脱称量货币为信用货币，这是顺应货币发展大方向的。然而改名为“永通万国”的钱币是否达到币文所指望的目的呢？

《周书》记载：“大象元年……初铸永通万国钱，以一当十，与五行大布并行。”北周大象元年即公元579年，铸行永通万国钱，作前期发行的“五行大布”钱十枚，折五铢钱500枚，而一枚永通万国钱仅重6.1克，因而这种贬值减重的货币当然不受欢迎，最后被逐出货币流通领域。

中国古代最早的“御书钱”

中国最早的御书钱币是北宋初年的“淳化元宝”。

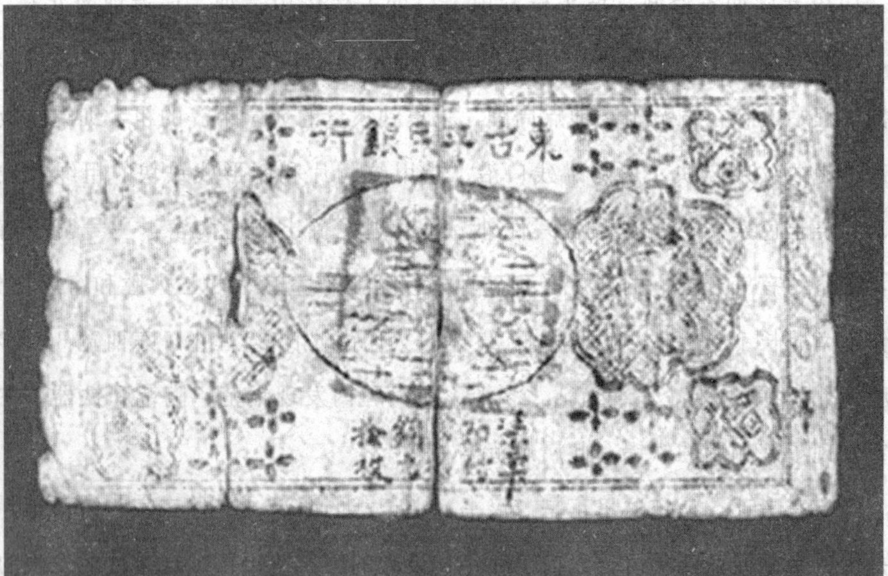

中国古代钱币的钱文有许多都是由皇帝亲自书写的，称为御书钱。其中，宋太宗赵光义（即赵炅），是帝王书写钱文的第一人。

太宗笃爱书法，购求古代法书，汇集名家真迹，命翰林侍书学士王著编纂《淳化阁帖》，遂为学书者的法帖。他刻苦研习王羲之父子及历代名家的法帖，不断提高书写技艺。他用隶书撰写（晋）骠骑将军韩府君道碑铭赐给太师赵普，用草书纨扇分赐给大臣和将军，以示恩泽教化。淳化元年（公元 990 年），他亲自用真、行、草三种书体书写“淳化元宝”钱文，铸行新币，开了铸造“御书钱”的先河。

“淳化元宝”四字，其真体隐含隶意，行笔沉着稳健，浑厚端庄，笔力含蓄。行、草二体点画飞动，笔走龙蛇，雅有晋宋风范，令人回味不已。

自北宋太宗皇帝后，帝王争相效仿，撰写钱文，以求流芳百世，至宋徽宗时，其“瘦金体”已至登峰造极之绝顶，后世帝王惊叹弗如，自愧难超此峰，遂帝王亲笔撰写钱文之风消匿。“御书钱”文体也就成了书法史上独具风范和地位的瑰宝，为后人研究古代经济、社会发展及帝王学养提供了极其珍贵的史料价值。

中国最早的铁钱

铁钱是用铁铸造的钱币。西汉末年，公孙述在四川铸铁质的五铢钱，这是中国最早的铁钱。

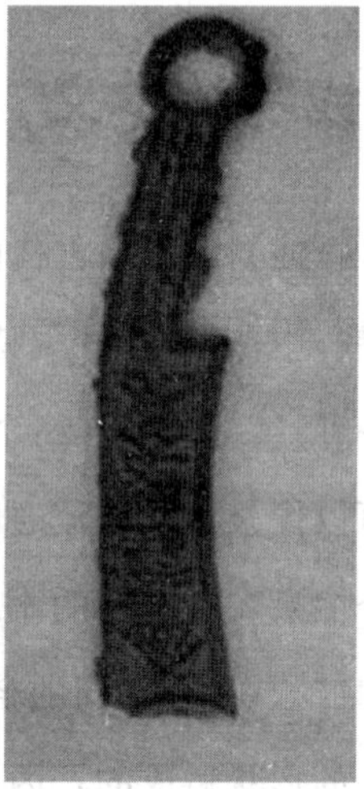

大规模使用铁钱，始于梁武帝普通四年（公元 523 年）。当时铁钱和铜钱的比价，约两文当一文，任昉诗中有“铁钱两当一”之句。此后，五代、两宋、辽夏也都用过铁钱，使用最多的是两宋，主要通行于四川地区。据史书记载，“川峡铁钱十，值铜钱一”（《宋史》）。清代咸丰年间也曾铸造铁钱。

中国最早的年号钱

年号钱是以皇帝年号命名的钱币。中国最早的年号钱是十六国时期成汉李寿所铸的“汉兴钱”（公元 338～343 年）。

“汉兴钱”之后，又出现了南朝宋的“孝建五铢”（公元 454～456 年）和北魏孝文帝的“太和五铢”（公元 447～499 年）等。年号钱成为制度始于宋代，从北宋太宗到南宋度宗的近三百年间，年号钱连绵不断。宋代年号改得比较频繁，所以年号钱也特别多。

灾年铸币

“灾年铸币”，是指遇到灾祸的年月，如旱灾、水灾、蝗灾等，统治阶层会通过铸币的方式缓解灾祸损失。

中国古代很多典籍中都有灾年铸币的说法，如《国语》：“古者天灾降庚，于是乎量资币（指铸币），权轻重，以振救民。”而《管子·山权数》记，夏禹在位时一连五年水灾，夏禹便组织人们“以历山之金铸币”，用以帮助因为没有粮食被迫卖掉子女的人赎回子女。商汤在位时一连七年旱灾，“汤以庄山之金铸币”，也用于帮助因为没有粮食被迫卖孩子的人赎回孩子。《竹书纪年》载：“殷商成汤二十一年大旱，铸金币。”《周礼》上也讲：“国凶荒札（札，指瘟疫流行）丧，则市无征，而作布（按指布币）。”《盐铁论》中也有类似的记述。

看来至少在先秦以至汉代，灾年铸币的说法是流行很广的，很可能历史上确有此种事。

“钱”的本义

钱的本义是古代的一种农具，其形状如现代的铲，用以铲地除草。《说文》：“钱，古者田器。”《诗经》：“命我众人，庤（具备）乃（你们的）钱镈（农具的一种）。”郑玄笺云：“教我庶民，具汝田器。”古代的钱币本来叫作“泉”，取其可以像泉水一样流通的意思。《周礼》有“泉府”一官，掌管国家税收等事，这个“泉”字在有的书上就写作“钱”，所以贾公彦疏云：“泉与钱今古异名。”“泉”是一个共同的名称，包括各种质地、形状的钱。后来有一种钱币是模仿铲头的形状铸成的，因此钱币的“钱”就跟农具的“钱”混而为一。《说文》“贝”字下说：“至秦废贝行钱。”就是说，到了秦代，“钱”字已完全转变为货币名称了。

布币

布币是春秋战国时的一种铜币，主要通行于三晋地区。由铲演变而来。最早的布币，完全保留着铲的形状，所以也叫铲币。铲，古书上叫“镈”，是一种铲草的农具。“镈”与“布”二字，古音同，以“布”代“镈”，因有布币之称。布币的种类很多，大体分为两大类：空首布和平首布。前者布首中空，上端可以装柄；后者布首扁平，不能装柄。根据形状的不同，空首布又可分为方肩空首布、斜肩空首布和尖足空首布，平首布又可分为尖足布、方足布和圆足布。布币上一般铸有地名，有的还铸有币值面额、干支等。

刀币

刀币是春秋战国时期流通于燕、赵、齐等国的一种铜币。由作为生产工具的刀演变而成。种类很多，有“齐刀”“即墨刀”“安阳刀”“尖首刀”“圆首刀”和“明刀”等。一般铸有铸造地点等文字。秦始皇统一中国后，统一币制，废除刀币，代之以秦半两钱。王莽改制，一度铸造金错刀、契刀（栔刀），行之不久即废。

圜币

圜币又称环钱、圜金。是出现于战国中期的一种铜币，主要流通于周、魏、秦等地区。圆形，中央有一圆孔，分无廓和有廓两种。环钱的由来，一说由纺轮演变而成，一说由璧环演变而成。钱上铸有文字，自一个字到六个字不等。目前发现的最早的环钱，是河南辉县固围村战国墓出土的带“垣”字钱，及山西闻喜县东镇战国墓出土的带“共”字钱。

蚁鼻钱

蚁鼻钱一般被认为是楚国的货币。多在南方出土，和中原货币不同。也有人认为是铜贝的高级形态。

最常见的一种上面有阴文，像人面，俗称“鬼脸钱”。其次是“各六朱”，因为上面的文字好像是“各六朱”三字的连写，故称。其笔画形如蚂蚁，加以“鬼脸”上有鼻状凸起，故称蚁鼻钱。

孔方兄

孔方兄是钱的别名。因为古钱币中多有方孔，故名。晋鲁褒《钱神论》：“钱之为体，有乾坤之象，内则其方，外则其圆。亲之如兄，字曰‘孔方’。失之则贫弱，得之则富昌。”这大概是称钱为孔方兄的开始，带有戏谑之意。南北朝时，士人为了自标风雅，不称钱而称孔方，成为一时风气。到了后来，更有人省称为“孔兄”“方兄”。

阿堵物

阿堵物，又称阿堵，钱的又一别称。典出西晋的王衍。

王衍（公元256～311年），字夷甫，西晋大臣，是著名的清谈家、魏晋名士，喜老庄学说。王衍一向对钱十分不齿，视之为俗不可耐的东西。无论在怎样的场合，如何避无可避，都绝口不提一个钱字。

有一天，王衍的妻子想试探他，就趁他熟睡之际，让家人用铜钱把他的睡榻团团围住。心想他要起床，必然会唤人把钱搬走，这样肯定避不开钱字。不料，翌日王衍醒来以后，却唤仆人道：快把“阿堵物”搬走！

阿堵物，大概就是“挡道的东西”的意思，是王衍急切中找到的代名词。没想到，他随口这么一说，却成就了钱财的另外一个名字，流传千古。

五铢钱

五铢钱是古铜币的一种。圆形，方孔，有外廓，重五铢。钱上铸有篆文“五铢”二字，故称五铢钱。

《汉书》元狩五年（公元前 118 年）：“罢半两钱，行五铢钱。”此后直至隋代 700 多年间，各个朝代均有铸造，但形制大小不尽相同。唐高祖武德四年（公元 621 年）废止，但旧五铢钱仍在民间继续流通。钱身的轻重适宜是它在历史上使用最久而获得成功的根本原因。

金错刀

金错刀是古钱币名。又叫“错刀”。刘婴居摄二年（公元 7 年）所造。

钱上铸有“一刀平五千”字样，表示一个金错刀可当五千钱用。当时黄金一斤值万钱，两个金错刀就可以换取黄金一斤。这种大钱造成了通货膨胀。行之不久即废。因为这种钱上的“一刀”两字是用黄金错（镶嵌）成，而钱身又呈刀形，所以叫金错刀。金错刀制作精密，为后世所重，常用作货币的代称和典故，如张衡《四愁诗》：“美人赠我金错刀，何以报之英琼瑶。”杜甫《对雪》诗：“金错囊徒罄，银壶酒易溶。”

和田马钱——罕见的冲制钱币

和田马钱是古代中国西域钱币的一种。它的学名叫“汉佉二体钱”，它是公元1～3世纪的于阗（今和田）地区自行制造和发行的一种钱币。这种钱币是东西文化的合璧，吸收了东西方两大钱币体系的特点，用汉文和佉卢文双体文字。

和田马钱的最大特点在于，它是一种冲压钱币。和田马钱的外形呈圆形，无孔，正面的中心是一匹马或一峰骆驼的图像，因此人们习惯上称这种钱为“马钱”。马或骆驼的周边是一圈佉卢文字母，是一种颂词，大意是“大王、王中之王、伟大者……（某一位国王的名字）”。圆形的薄片似的铜币，加上打、压印上的文字和图像，这种造钱法可以溯源到古代希腊；然而若翻到钱币的另一面，则又一下子使人走进了另一种文化：背面是汉文篆字“重廿四铢铜钱”“六铢钱”等，表示钱币的重量和面值（在古代，人们有时用重量表示面值）。

佉卢文是一种中亚死文字，它源于公元前5世纪的巴基斯坦西北部，公元3～4世纪在塔里木盆地南道的于阗、鄯善等地流行。于阗人借鉴了当时在帕米尔高原以西地区流行的圆形无孔打压钱模式，同时又遵循了中原秦、汉时期流通的钱币铭文和币值、重量体系，创造了这么一种东西合璧的文化花朵。

世界上最早的纸币

“交子”是中国和世界上最早的纸币。首先出现于北宋，是中华民族对人类文明的一项重大贡献。随着商品经济的发展，笨重的金属货币已经不能适应流通的需要，人们不得不另找方便的流通手段，于是作为纸币的交子便应运而生。

交子最早出现于四川，时为宋真宗大中祥符四年（1011 年）。起初为私营性质，由十几户富商主持发行，可以兑现，也可以流通。十二年后，即宋仁宗天圣元年（1023 年），由官府接管，改为国家办理。朝廷在四川设置交子务，作为发行交子的专门机构。交子作为地区性的货币，行用地区大体限于四川。交子的币面价值，最早限于一贯至十贯，数额在发放时临时填写，这与近世的支票有相似之处。后来改为定额印刷，即在交子上印好一定的价值数额，这就与近代纸币很相似了。

北宋交子的一个重大特点是分界发行，定期回收。所谓界，就是交子的有效使用期限。二年或三年为一界。从宋仁宗天圣元年（1023 年）开始，到宋徽宗大观元年（1107 年）为止，前后共发行了四十二界官营交子。交子的发行总额，起初受到严格控制，规定每界的发行额是一百二十五万贯，绝不滥印滥发，因此币值稳定。后来，朝廷为了弥补财政亏空，或者两界并用，或者滥印滥发，造成交子贬值。在这种情况下，朝廷为了挽救财政危机，采取换汤不换药的办法，在大观元年（1107 年）将交子务改名钱引务，从第四十三界起，将交子改名“钱引”。钱引取代交子后，仍作为四川地区性的纸币，分界发行，沿用到南宋。

中国最早的不兑换纸币

中统宝钞是中国最早的不兑换的纸币。始发行于元世祖中统元年（1260年）。分为十种面额：十文、二十文、三十文、五十文、一百文、二百文、三百文、五百文、一贯、二贯。中国使用纸币，到元朝时已有二百多年的历史，但早期的纸币多少带有兑换券的性质，到了中统宝钞的发行，才有了真正的不兑换的纸币。

元宝简史

元宝，始创于元朝初年。

元以前，用作货币或收藏的金银一般都熔铸成条状或板状，称之为“铤”。元世祖忽必烈当了皇帝以后，为了便于货币流通，促进商品交流，听从户部侍郎杨湜的建议，把库银统一铸成了马蹄形，规重五十两，命名为元宝。

元宝有大中小之分，大锭五十两，元朝规定当丝钞千两使用，就是通常小说里说的“大银”；明清时候还有十两、二十两为一锭出现，称之为“中锭”，小锭则三五两不等。后来，由于各地都设立银炉，银元宝根据成色不同，名称上也有区别，如“二七宝银”“二六宝银”“二四宝银”，等等。古时候，对于元宝的铸造是有严格要求的，上边必须注明银匠姓名、铸造日期、地点等，才能用于流通。此处宝银到外地使用，还要经公估局重新评估成色。

1933年4月6日，国民党政府宣布“废两改元”，实行币制改革以后，元宝正式停止作为货币使用。

纹银

纹银是清朝政府规定的全国性的标准银。因其表面有皱纹，故称纹银。当时认为纹银成色很高，故有“十成足纹”之称，但实际含银量为93.537%，所以纹银也不是十足的纯银，不过是个假设的标准罢了。实际流通的是宝银（也就是元宝），其成色一般较纹银为高，有足宝、二四宝、二五宝、二六宝、二七宝等。所谓足宝就是标准的纹银。二四宝，是说五十两重的宝银，在流通时要申水（提高比价。也叫“升水”）二两四钱，即可折合五十二两四钱纹银。也就是五十两重的二四宝银与五十二两四钱纹银所含的纯银量相等，余依次类推。

罗汉钱

罗汉钱是康熙重宝的俗称。康熙重宝系庆祝康熙六十寿辰而铸的“开炉钱”，大而厚重，挂于宫灯角下为饰物，故别称“万寿钱”。

民间传说杭州净慈寺有康熙至雍正年间施主供奉之“佛脏钱”（佛像泥塑中孔处一孔洞，中可置佛经及各种金银钱物等，贮于其中的供奉钱称之），其上有宝泉二字，谐音宝钱，言佩之能避灾祸，且取自罗汉腹中，因名罗汉钱，自道光以后在长江流域广泛流传。

另一说系康熙西征准噶尔缺饷，边地僧侣捐出全部铜佛像及18尊金罗汉像，熔铸为币充军饷，因其中有金，故缺熙字一笔作记认，以便日后回收。有此传说，罗汉钱多为人所收藏。实则当时“开炉钱”为数不多，现流通者多系道光后至光绪间民间私铸仿造者，制作粗疏、字体区别很大。

古钱上的名家书法

中国古代钱币，与碑刻、题词、绘画一样，保存了众多形态、风格、韵味不一的文字。春秋战国时期，流通的钱币上的大篆体的文字是最初的钱文，多出于铸工之手，字无定型，书无定势，浑厚质朴，雅拙自然，和民间的剪纸、板画艺术一样具有自然、古朴之美。秦兼并六国，“书同文”。丞相、书法家李斯用小篆书写了体势修长，匀柔圆健、遒劲有力的“半两”“两甾”钱，开名家书钱文的先例。

唐高祖武德四年铸行的“开元通宝”，钱文是大书法家欧阳询的手迹，八方楷意，端正古朴，法度严整，劲健含蓄，于平正中见险绝，于规矩中见飘逸。

北宋初的“淳化元宝”，是宋太宗赵匡义用楷、行、草三种书写的。其楷书浑厚端庄、笔力含蓄；行书隽永流走、结构得中；草书神采飞动，奔放流畅，颇显功力。它使宋代钱文艺术达到了空前绝后的境地。苏轼书写的“元丰通宝”，其文工稳独到，肉丰而骨劲，态浓而意淡，藏功于拙，体势秀伟，出新意于法度之中，寄妙理于豪放之外，被称之为“东坡元丰”。宋徽宗赵佶亲书的“崇宁通宝”“大观通宝”，形体劲挺，锋芒尽露，用笔生动，铁画银钩，犹如美女簪花龙飞凤舞、天孙织锦别致多样，给人以独特的美感。金代文坛领袖、书法家党怀英用玉箸篆所书“泰和重宝”，其文柔婉流动、体势秀逸、精妙诱人，人称“金泰和”，为钱币收藏者不可多得的珍品。清代画家戴醇所书“咸丰通宝”，近似瘦金体，骨体端庄、清峻开阔、神形兼备，打破了南宋“淳熙元宝”以来艺术特征不多、钱面方正呆滞的局面，呈现了创新。

中国铜元之始

“光绪元宝铜元”是中国最早的铜元。

铜元正面中央铸满文“宝广”，外环铸“光绪元宝”及珠圈，上缘铸“广东省造”，下缘铸纪值文字，左右两侧各铸一花星，背面中间为龙图，外环珠圈，上缘铸英文纪地“广东”，下缘铸英文纪值文字，左右两侧各铸一花星，根据面背纪值文字不同，可分与银元换算和与制钱换算两大版别体系。继而，福建、江苏、江南等省亦先后仿行，成效显著。鉴此，翌年十二月，清光绪帝谕令沿江沿海各省普铸铜元。此后，安徽、湖南、湖北、直隶、浙江、江西、四川、奉天、山东、河南、广西、云南、吉林、新疆等省相继设厂铸造。

由于铸造铜元可获取盈利，因此，各省竞相添机加铸，漫无限制。数年后，铜元充斥市面，泛滥成灾。民间往往折价使用，十文铜元，减至八折、七折不等。同时，各省为维护本省铸造铜元的利益，往往禁止他省铜元于本省境内流通，形成铜元流通各分畛域，一国之币不能畅行一国之弊。且各省铜元，成色参差，形制各异，币制紊乱。

为整顿币制，光绪三十一年（1905 年），清政府颁布“整顿圜法章程”，限制各省铸额，确定铜元成色、形制，令天津户部造币总厂铸造名为“大清铜币”的新式铜元。并由户部将新币祖模颁发各省，仿效铸造，原有旧币一律停铸，以期划一币制。光绪三十二年（1906 年），全国各省除奉天省（清代行政区划）外，均停铸“光绪元宝”铜元。

“小头”“大头”“船洋”

“小头”“大头”和“船洋”，是中国民间对民国时期铸发的三种银币的俗称。在民国时期，“小头”、“大头”和“船洋”是人们最常用，流通最广泛的货币。

辛亥革命后，孙中山当选为中华民国临时大总统。不久，天津、南京、四川、广东、湖北等造币厂相继开铸孙中山像开国纪念币（俗称“小头”）。时隔三月后，北洋军阀袁世凯篡夺了辛亥革命胜利果实，孙中山被迫让位于袁世凯。孙中山像开国纪念币停铸。

1914 年，北洋政府财政部公布“国币条例”，整顿和统一银元铸造。根据“国币条例”对银元分量、成色的规定，南京、广东、湖北、天津等造币厂先后开铸俗称“大头”的袁世凯像银币。此币铸发后，很快在全国各地畅行，逐渐取代了清代银币“龙洋”的地位，并进而排斥了“鹰洋”和其他外国银元。

1928 年，北伐战争胜利，国民党政府取代北洋政府，停铸了袁世凯像银币，沿用民国元年孙中山像开国纪念币旧模，继续铸造俗称“小头”的银币。与此同时，还新设计铸造了多种孙中山像银币。大部分属试铸样币，未经流通。其中，一种正面为孙中山侧面头像，背面为一帆船图案，俗称“船洋”的银币，在

1932 年被定为国币，由坐落在上海的中央造币厂大量铸造发行。此后，“船洋”和俗称“大头”的袁世凯像银币成为中国境内的主要通货，其他中外银币渐渐退出流通领域。

1935 年 11 月，国民党政府推行法币政策，规定中央、中国、交通三银行的纸币为法定货币（简称“法币”），将白银收归国有，限期以法币收兑。从此，银元不再成为合法的通货，各造币厂便停铸银元。

中国面额最大的纸币

中国面额最大的纸币，是 1949 年 5 月 10 日原新疆省地方银行发行的面额 60 亿元的纸币。

这种巨额纸币正面上方有“新疆省银行”字样，左边是孙中山头像，右边有“陆拾亿圆”字样，下写“折合金元券一万元”，而背面则是“新疆省银行”的建筑外观。

这种纸币是新疆在极度通货膨胀的情况下发行的，发行时间最多半年，刚面世不久就销声匿迹了。

古代钱币术语

钱面

指钱币有主要铭文的一面。反之为背面，或谓幕。背面一般无文字，称素背、光背。有文字则称背文或幕文。

钱肉

指钱本身的实体。钱体较厚的称肉厚，较薄的称肉薄。

钱穿

指钱内的方孔，也叫“好”或“钱眼”。方孔上有横的叫“穿上横”，方孔上有星点的叫“穿上星”，方孔呈多角形的叫“花穿”，穿孔大的叫“广穿”。钱肉与钱穿合为“肉好”，乃钱之别称。

外郭

指钱边上一周凸起的弦纹，又叫“外缘”“周郭”“外轮”。外郭宽的叫“宽缘”，外郭有双线纹的叫“重轮”。“周郭”又为钱的别称。

内郭

指钱内方孔边上的一周凸起线。无内郭的谓之“女钱”，有内郭的谓之“男钱”。《古泉杂咏》中有诗称赞王莽的布泉为男钱：“布泉径寸字悬针，鼓铸难忘居摄年，传语闺中消息好，佩来个个是男钱。”唐朝杜佑在《通典》中说：“布泉世谓之男钱，妇人佩之，生男也。”

合背钱

铸钱过程中，或有意或无意地把钱的背合在一起，使钱的正反两面都有相同的文字。合背钱在历代古币中均有发现。合背钱均为收藏者宝之。

合面钱

有一种铜币，有孔有郭，但两面无文，都是光背，这是由铸钱时的错误造成的，把钱模的两个面合在一起，故谓合面钱。

綖环钱

东汉晚期，民间有一种行为，把流通的官铸“五铢”钱凿开，分成内外两部分，变成两枚钱，外圈部分叫綖环钱，内面无郭的部分叫对文钱。

剪边钱

东汉时期，民间私铸铜钱很多，为了节省用铜，或解决铜源不足，把许多流通的五铢钱的边缘剪下来作铜料，因此，在古钱中可常见剪边五铢。

传形钱

也叫反文钱，似左读五铢。如“半两”成了“两半”，“五铢”成了“铢五”，并且有的“铢”字左右结构颠倒，成了金在右，朱在左。

榆荚钱

汉代初期，民间铸造荚钱。凡重量不过三铢的小半两钱为荚钱，因形如榆荚，故称榆荚钱或榆荚半两，一般钱径在 1 厘米左右。

右挑、双挑

唐开元通宝、北宋的宋元通宝，其“元”字的第二横右端往上挑，叫右挑。唐、宋钱一般都是“元”字的一横左端上挑，而右端往上挑者较少见。还有一种“元”字的第二横左右两端都往上挑，叫双挑。双挑钱比右挑钱更少见。据实测，每千枚开元通宝中，右挑者有五枚，双挑者仅一枚。

月痕

在古钱背面的穿上或穿下或穿左或穿右，有像鹅毛月或指甲痕那样的纹饰称“月痕”。最初见于唐“开元通宝”，有人认为是进呈样钱时窦皇后用手指掐的痕迹，也有人附会说是杨贵妃的指甲痕，这都是编造的趣谈。月痕在五代钱和北宋钱上也常见到。有的钱背面穿上穿下都有月痕，叫“对月”，有的穿上为月，穿下为星，称为上月下星。同时月痕又有“仰月”“俯月”“横月”“直月”之分，其中以穿上“仰月”较常见。

星点

在古铜币正面或是背面的穿上或者穿下，有一凸起的圆点，像星星一样，称星点纹。汉代五铢上的星点在钱面上，有“全星”或“半星”之分。唐宋时期铜币上的星点在背面穿上或穿下。唐“开元通宝”正面也有星点。有通上星、通下星、宝上星、宝下星。其中通上星、宝上星罕见。梁五铢钱上有四星，分别在钱面四角，也叫四柱。

错版

古代在制模浇铸钱币过程中，偶有不慎，就造成正反范模不合，铸出的钱或正面或后面错位，叫错版。秦汉钱中有发现，唐代“开元通宝”也发现背面错版，近代铜元中也常发现错版现象。但也有人把钱币上的文字错写、花纹错饰叫错版。

记号

汉代以来铸造的铜币，往往会在钱上留下一些记号。除上述那些比较有特点的月、星、云等纹饰外，还有许多不规则的图形与阴阳符号，这都是记号。记号没有固定的形态，也没有固定的部位，多是铸钱者无意或有意留下的痕迹。

赋税徭役

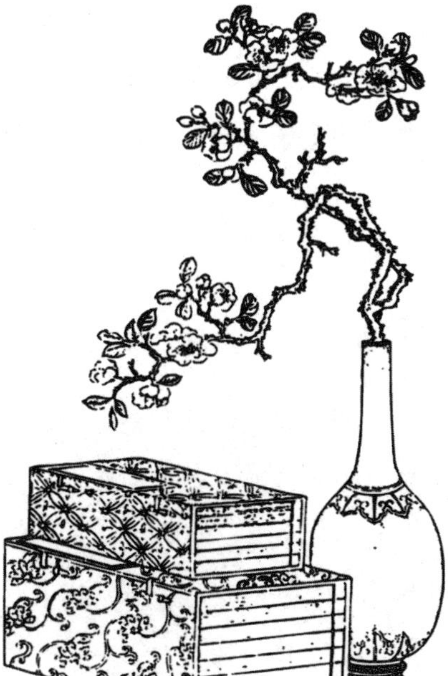

赋　税

夏商周的贡、助、彻

贡、助、彻，据说是中国历史上早期的租税制度。

夏代的田赋称为“贡”。贡有两种，一是诸侯进献的土贡，一是百姓缴纳的田赋。

诸侯为夏王治理所辖地区的臣民，管理土地的耕种，榨取奴隶和平民的剩余劳动，并承担着向夏王朝献纳土特产品的义务，即“贡”。这种“贡”，实际上就是诸侯向国家缴纳的赋税，它是强制的、无偿的。各路诸侯向朝廷贡纳物品的品种、数量、运送路线和时间都有明确的规定。

耕种国家土地的平民也要向国家缴纳贡物。据说“夏后氏五十而贡”，即夏代平民每户从国家受田 50 亩，然后将收获物的一部分贡纳给国家。贡纳物根据百姓距王城远近的不同而不同。

到了商代，贡法为助法所取代。助法又称藉法，藉即借，指借民力以耕公田。

商代实行井田制，井田中的每块土地是 70 亩，周围的八块分给八家耕种，中间的一块为国家公田，由八家共同帮助国家耕种。公田的收获物归国家所有。田赋只取公田产品，不取私田产品。这就是“殷人七十而助”。

助法改进了贡法的缺陷，然而如果没有严格的监督，百姓在公田上的劳动必然不会像在私田上的劳动那样努力，其结果必然影响国家的收入。因此，这种税制不可能长期维持下去。

周代实行彻法，是对助法的改进。

周代仍采用井田制，井田的每块土地为100亩，一井900亩，授予八家共同耕种，最后，以800亩的收获物分给八家，100亩的收获物作为田赋缴给国家。由于公田不再在井田中单独划出，而是作为私田授与百姓耕种，就会和私田一样得到精耕细作，从而增加国家的田赋收入。这就是“周人百亩而彻”。

初税亩

初税亩是春秋时代鲁国实行的按亩征税的制度。

据《左传》记载：“初税亩。”即废除公田制，改为按占有田的实数，不论公田、私田一律征实物税。

国家向私田征税，实际上承认了私田的合法性，从而也就等于承认了新生的封建土地占有关系的合法性，这推动了新兴的封建制生产关系的发展。

秦汉时期的田租与口赋

田租与口赋是秦汉时期最主要的封建赋税制度。

田租即土地税。据《春秋》："十有二年春，用田赋。"这是历史上关于田赋名称最早的记载。春秋后期出现按亩征收田赋的制度。历代田赋名称有所不同，从秦汉到魏晋南北朝，叫作"田租"。

秦代的田租征收量极为沉重，税额占总收获量的三分之二。粟米之外，还要缴纳秸秆，用来满足官府对饲料、燃料和建筑材料的需要。据秦律所载，秦时规定"顷入刍三石，稿二石"，即每百亩土地要缴纳饲草 300 斤，禾秆 240 斤。

汉初的田租比秦时大大减轻，税率为十五税一，后来又减为三十税一，并一度免征田租。东汉初年，因军费开支大，田租改行"什一而税"，但全国统一后，又行西汉旧制，三十税一。

口赋即人头税。在田赋之外，增收人头税的目的是增加税收数量，并使占有土地较少或不占有土地的百姓也承担赋税义务，同时加强人口和劳动力资源的掌握和控制。

秦时人头税数量与税率不详，但和田赋一样，也十分沉重。

汉代的人头税有算赋和口赋两种。

算赋实行于公元前 203 年，规定 15 岁至 56 岁的成年男女每人每年向国家缴纳 120 钱，称为一算，作为战备基金，购置车马兵器之用。

算赋对商贾和奴婢倍算，即每人缴纳 240 钱，旨在抑制商人和豪强。为了增加人口，也有过妇女怀孕免算赋一年等规定。

口赋亦称"口算""口钱"，是对未成年人征收的人头税。

据《汉书》："（元凤四年正月）毋收四年、五年口赋。"颜师古注引如淳曰："《汉仪注》：民年七岁至十四出口赋，人二十三。二十钱以供天子，其三钱者，武帝加口钱以补车骑马。"在这以前，武帝定为三岁起征。以后，对于口赋起征的年龄和征收钱数屡有变更。到汉末，有的地区规定一岁起征。有时候朝廷也会予以减免。

曹操与“租调制”

公元 204 年，曹操颁行租调制。

租调制规定百姓每亩田地向国家缴粟四升，称田租；每户出绢二匹，棉二斤，称户调。其他税收项目一律罢止。废除了两汉以来按人头征收的算赋、口赋。

租调制变人头税为户税，而且数额不大，与汉代的口赋、算赋相比更易于征收，有利于减轻无地和少地的农民的负担。强调了豪强地主不得隐瞒田亩，逃避租赋，对增加国家田租收入起到了积极作用。

租庸调制

租庸调制是唐代前期赋役制度的田租、力庸和户调的简称。

在实行均田制的基础上，武德七年（公元 624 年）规定：租，每丁每年纳粟二石或稻三石；调，随乡土所产，蚕乡每丁每年纳绫、绢、絁各二丈，非蚕乡纳布二丈五尺，麻三斤；庸，每丁每年服役二十日，闰月加二日，如不服役，每日纳庸绢三尺或布三尺七寸五分。

中男（十六岁以上）受田后，纳租调并服役，成丁（二十一岁以上）后，服兵役。如遇水旱虫霜成灾，损四成以上免租，损六成以上免调，损七成以上课役都免。皇室、贵族、勋臣、官吏等租、庸、调均免。

两税法

唐代在安史之乱后，户口削减，按丁收税已不可能。大历四年（公元 769 年），开始按亩定税，为两税法作了准备。德宗采纳杨炎的建议，于建中元年（公元 780 年）颁行了两税令。

两税令的主要内容是：各州县不分主户、客户，都按现住地立户籍，不分中男、丁男，都按贫富定等级，分夏、秋两季纳税，夏税不得过六月，秋税不得过十一月，都按钱计算。

从两税法开始，中国的赋税发展史进入了一个新阶段。其标志有二：首先，资产税开始取代人丁税；其次，货币税逐渐取代了实物税。以上的取代过程虽然经过多次反复，但在中国封建社会的后期却一直贯彻着，是田赋制度发展的一个趋势。

王安石的方田均税法

方田均税法是宋代王安石的新法之一，是丈量田地、确定田赋等第、增加税收的措施。

宋代的豪强地主大量隐田逃税，一直是个严重问题。熙宁五年（1072 年）颁行《方田均税条约》，规定每年九月由县官派人丈量田地，以东西南北各千步为一方（名“方田”，面积相当于 40 顷 66 亩 160 步），按地势、土质分等定税，即以各县原定的赋税总额分派，并设置方账、庄账、甲帖、户帖等作为凭证。

方田均税法先在京东路实行，就受到豪强地主的反对。由于丈量等工作进度缓慢，没有普遍推行，到元丰八年（1085 年）废止。

一条鞭法

一条鞭法是明中叶对赋役进行改革而确定的制度。

明代中叶，赋役多而杂，官绅凭特权豁免，农民受压榨更重。到了嘉靖年间，出现严重的财政危机，所以，对赋役制度进行了不断的改革，其中最突出的即一条鞭法。《明史·食货志二》云："一条鞭法者，总括一州县之赋役，量地计丁，丁粮毕输于官。"即把赋与役合在一起，通计一省税赋，通派一省徭役，官收官解，除秋粮外，一律改收银两，计亩折纳，总为一条，所以叫一条鞭法。

嘉靖年间，一条鞭法在部分州县试行，万历九年（1581 年），在全国推行。这是由实物税向货币税转变的一次重大改革。

清初继承明制，继续实行一条鞭法。到了雍正年间，又在这一基础上进行另一次重大改革，实行"摊丁入亩"。

摊丁入亩

摊丁入亩是清代对赋役进行改革而确定的制度。

清初沿袭明制，一条鞭法实行并不彻底，丁银并未废止。康熙五十五年

（1716 年），广东、四川等省将丁银并入田赋，叫“地丁”或“地丁钱粮”。雍正以后，各省相继实行，到乾隆时，已基本上推行到全国。

摊丁入亩是一条鞭法的延续和发展。它简化了缴税项目和稽征手续，取消了豪强地主不负担丁赋的特权，使农民负担减轻，有积极意义。

徭役

三代至秦的重役

中国古代役重于赋，夏、商两代劳役的具体规定不详，据说相当沉重，夏朝最后一个君主桀，就是因为穷竭民力，赋敛无度，才招致其统治的灭亡。

西周的兵役又称军赋，包括当兵和贡纳军用物资两个方面；力役则是一户出一人，丰年“旬用三日”，即十天中要有三天为国家服劳役，中下年景则为“旬用二日”，只有大饥荒、大瘟疫的年头，才免去力役之征。

战国时期的战争规模和残酷程度大大加强，因此兵役和力役也更加繁重。一个国家，有时甚至让百姓全部从军，都不能满足战争的需要，秦国当时就遇到类似的矛盾：如果让百姓种地，发展农业生产，战场的兵员就不足；如果让百姓当兵打仗，那么田地就没有人耕种了，以至于出现了徕民的主张，即实行优惠的赋税政策，吸引韩、赵、魏国的百姓到秦国来务农，而让秦国人去服兵役，这样就可以做到农与战两不误。

秦统一全国后，为巩固政权和满足贵族的奢侈生活，劳役剧增。如大修从咸阳到燕、齐、吴、楚的驰道，筑九原（今包头西北）到咸阳的直道，又在云贵地区修“五尺道”，造攀越五岭的新道，开掘沟通湘江和漓江的灵渠，数十万人修阿房宫，数十万人修骊山陵，大规模修筑长城，发兵攻打匈奴、百越等，给百姓带来了深重的灾难，并直接导致了陈胜、吴广的大泽乡起义。

汉代的代役金

汉代有一种以钱代役的赋税，叫作更赋。

据《汉书》记载：“（元凤四年）三月以前逋更赋未入者，皆勿收。”按规定，男子年二十三至五十六，在本地服役一年，叫“卒更”或“更卒”；按一定次序轮流到京师服役一年，叫“正卒”；如果雇人代为服役，则需要每月出钱二千，叫“践更”；每人每年戍边三日，叫“徭戍”；不能去戍边的，需要出钱三百给官府，雇人代役，叫“过更”。

免疫法与差役法

免疫法是宋代王安石的新法之一，差役法是宋代的旧法。

免疫法是将差役改为雇役的役法。亦称“募役法”“雇役法”。宋初就有人深感“害农之弊，无甚差役之法”，要求改革。熙宁四年，免役法先在开封府试行，接着推行到全国。其法规定，民户不再服原“衙前”等役，改为按户分等定下同数额，随同夏秋两税缴免役钱，穷苦下户免缴。官府雇人充役，按照执役的轻重给酬。

宋代的两税仅为田赋，不包括丁钱与徭役。宋代的徭役分为两类，一是职役，一是杂徭。职役的任务是做地方下级官吏，主要有主管官府财物的衙前，负责督征赋税的里正、户长、乡书手，逐捕盗贼的弓手、壮丁，传达敕令文书的承符、人力、手力等。杂徭则为临时性差役，称为“夫役”，如在地方上修路、治水、修造官府私第等。宋代把民户按家资分为九等，各种职役由一、二、三、四等户轮流承担，下五等户为贫困户，免疫，官户也不服役。而以户等定差，派遣劳役的做法，就是差役法。

秦汉时期的兵役

秦汉时期男子“傅籍（定居而编入户籍）”之后，就要承担兵役。当时的兵役包括充当“卫士”和“戍边”两种，统称为“正卒”。

正卒在郡内服兵役时，主要任务是接受军事训练。每年秋天，郡要举行隆重的军事检阅，称为“郡试”。届时，太守、都尉以及其他地方官要亲临观看正卒的军事表演，评定他们的高低。那些技术娴熟的正卒才具有被征召参战的资格。他们在郡上服役期间或者服役期满之后，必须根据军事需要，随时听候中央的调发。

调赴京师的卫士，大部分编入南军和北军。南军以驻扎在长安城南而得名，隶属卫尉麾下，负责防守宫门；北军以驻扎在长安城北而得名，由中尉统率，负责京师的防务。

卫士服役的法定期限为一年，称为“一岁一更”。

在边境服役的戍卒根据具体任务的不同，有多种称呼，如田卒、河渠卒、守谷卒等。戍卒的法定服役期限通常也是一年，但汉朝的法律还规定：“有急，留守六月。”即最高可达一年半。

军户

军户是指魏晋南北朝时期世代执兵役的人户，也叫兵户、府户。

三国时期，由于战争不断，封建政府管领下的一部分人沦为士伍，成为军户。这些士兵及其家属另立户籍，不属郡县，其子弟世代为兵，社会地位低下，解脱兵籍要有皇帝的诏令。

北魏时，戍防北方六镇的兵士，本来由鲜卑族的高门子弟充当，而几代以后，他们的地位低落了，沦为军户，也叫府户，以俘虏或坐罪之人充当，其地位低于一般农民。

匠户

匠户是封建社会中官府组编手工业劳动者以榨取无偿劳动成果的一种户籍。

官府采用强制性的手段，把手工业劳动者集中起来，在官办的作坊中从事劳动制作，以供应统治者所需的政治、军事、交通、文化等器具以及生活用品。工匠只领取微薄的“月粮”“直米”。

魏晋南北朝时期，工匠和佃客相类似。元代将战争中掠得的手工业者集中起来，分类置局，编为匠户，规定世代相承做工匠，子女的婚姻不能自主，受着残酷的压榨。明代规定匠户世代相传，不能脱籍，不得做官；服役的形式分为轮班、住坐、存留三种。嘉靖四十一年（1562 年）对轮班匠实行输银代役、征价类解，但仍保留匠籍。清顺治二年（1645 年）废除匠籍，以后又将向匠户征收

的匠班银并入田赋征收。

中国古代的“非法加征”

由于赋役关系到财政收入来源稳定与否，中国古代王朝一般都对征调制度有所规定；同时，人民赋役负担过重会引起社会动乱，危及统治者的长远利益，所以古代王朝在防范官员胥吏擅自加征方面一般也有所规定。但由于各种原因，各级官员有法不依，非法加征的现象在中国古代却是屡见不鲜。

对官员胥吏擅自加征赋役从法律上作出明确而比较严密的惩罚规定的，要数唐代。如《唐律疏议》中分别对“非法而擅赋敛”及“以法赋敛而擅加益”两种情况都作出了量刑规定；在唐代后期，实行两税法改革之后，还明文规定不得在“两税外加敛一钱”，否则以贪赃枉法论罪。

但是，同样是在唐代，不但非法加征的实例史不绝书，有些非法加征甚至是在皇帝的眼皮底下，由中央财政官员主持进行的。如唐玄宗天宝年间，西南、西北边境战事迭起，调发大量戍卒去戍边。唐代规定戍边士兵以 6 年为最长役期，在这 6 年间可免租庸调。但边将讳言败绩，不如实申报阵亡将士名单，因此这些士兵在家乡的户籍上仍然保留着姓名。到了天宝年间，中央财政官员王鉷(hóng) 认定这些名籍犹存的士兵是逃税不交，除扣除 6 年不计之外，强迫这些家庭补交 30 年的租庸调。

不法官员的加征行为，殃及的纳税人往往是一州一县乃至数州数县，为害剧烈。

法制刑名

法　制

“法”的古字源头

中国古代，法制不是理性的产物，而是把公道的正义交给了一种叫“獬豸”的动物。相传尧治天下时，有个管人事纠纷的人叫皋陶，他遇到疑难案件时，命原告和被告双方站好，将獬豸请来，谁被豸的独角顶撞，谁就理屈，败诉。

这种执法方式会意地反映在古代“法”（灋）字的形体上。右边是“廌”字，“豸（廌），解也。”（《汉书注》）左上方的“厺”即“去”字的古写。两者合在一起，表示“古者决讼，令触不直，去之”（《说文》）。左下方的“氺”字，意在“刑也，平之如水”（《说文》）。这就是古代公堂悬挂碧水或獬豸画屏及执法官吏穿戴绣有“廌”图案的“獬豸冠”和补服的来由。

“八议”制度

封建社会中，有八种人犯了死罪，司法部门不得擅自判决，必须上奏皇帝，集合有关大臣讨论，然后决定。这项制度叫八议。

被议的犯人，往往可以得到免刑或减刑。这是统治者所享有的一种特权。八议的内容，据《唐律疏议》，包括：一、议亲。亲，亲属。具体地说，是指皇帝袒免以上亲，太皇太后和皇太后缌麻以上亲，皇后小功以上亲。二、议故。故指皇帝的故旧。三、议贤。贤，指有高尚德行的人。四、议能。能，指有特殊才能的人。五、议功。功，指对国家建有卓越功勋的人。六、议贵。贵，指有高级官爵的人。具体地说，是指三品以上的职事官，二品以上的散官，及有一品爵位的人。七、议勤。勤，指勤劳于国事的人。八、议宾。宾，指旧王朝的子孙。

春秋决狱

又称“春秋断狱”，或“经义决狱”。汉朝司法官吏断狱时，如遇到律元正条义无适当判例可依时，便以春秋经义作为定罪量刑的标准。这种裁断方式，是由西汉中期儒家代表人物董仲舒提出的。

春秋决狱是根据案件的事实，追究犯罪人的动机来断案。如果他的动机是好的，那么一般要从轻处理，甚至可以免罪。如果动机是邪恶的，即使有好的结果，也要受到严厉的惩罚，犯罪未遂也要按照已遂处罚。首犯要从重处罚。

“刑不上大夫”的真实含义

“刑不上大夫”语见《礼记》，通常人们只是从字面上理解为：“刑，可以不加在权贵身上。”这样理解是不妥的。

司马迁在《报任少卿书》中已有明确的解释：“传曰：‘刑，不上大夫’。此言士节不可不勉励也。”这里的“士”即指士大夫。接着，太史公对这句话作了阐述，其大意是说，士的气节不可辱。有节之士在未受刑遭辱之前早就“引决自裁”了。因此刑罚就很难施加到他们身上去了。显而易见，“刑不上大夫”是勉励士大夫应当具有宁死不辱的气节。文章指出，在皇权至高无上的封建社会里，王侯将相也不能享受免刑的特权。中国历史上皇帝“赐死”大臣的情况是常有的。其实，这只不过是以免大臣受辱，顾全体面的做法罢了。所以，“刑不上大夫”的原意并不等于“刑，可以不加在权贵者身上”。

防止冤假错案的“录囚”

录囚从字面意思上看是察看囚徒，其实际含义随着朝代的不同而有所变化。

大体上来说，两汉至隋的录囚，主要是平决冤狱，杜绝错案，属于有关部门的正常职守。《汉书》中记载：“每行县录囚徒还，其母辄问不疑：‘有所平反，活几何人?’”颜师古注：“省录之，知其情状有冤滞与否也。”《后汉书》中也载：“诸州常以八月巡行所部郡国，录囚徒，考殿最。”刘昭注引胡广曰：“县邑囚徒，皆阅录视，参考辞状，实其真伪。有侵冤者，即时平理也。”

至唐宋时期，“录囚”一般写作“虑囚”。这一时期，除了继承前代属于有关部门的正常职守的录囚以外，主要是恩宥的性质，属于赦的范畴。《唐律疏议》卷二：“问曰：‘会虑减罪，得同赦降以否?’答曰：‘其有会虑减罪，计与会降不殊。’”“虑”指虑囚，“降”指德音。王元亮《释文》：“赦、降、虑三者，名殊而义归于赦。”可知虑囚在唐代已是属于赦宥的性质。至于如何赦法，宋代则有比较具体的规定。凡遇到录囚，死罪可降为流罪，流罪可降为徒罪。杖罪、笞罪，一律释放，有时连徒罪也释放。

沿用至今的“勾决”

中国封建社会在执行死刑的程序中，有一种程序叫“勾决”，即经刑部复审维持死刑的原审判决，呈送皇帝作出勾去死囚姓名方可执行死刑的裁决。

现在，人民法院对判处死刑立即执行的罪犯，依法执行死刑后，在公布执行死刑的布告上，有的在死刑罪犯的姓名上划一“红杠”，有的则在“此布”处划一大“红勾”，有的二者兼有。此举法律并无规定，但都如此效行，沿用过去的习惯做法。

“签名画押”始于何时

我们现在对文书契约上所规定的内容表示承诺，习惯上采用签名形式，这在旧时称作画押。画押也叫押字、花书、花押。又因一般押字于文书契约末尾，又称押尾。

宋朝叶梦得《石林燕语》云：“唐人初未有押字，但草书其名，以为私记。余见唐诰书名，未见一楷字，今人押字，或多押名，犹是此意。”可见画押，实是草书签名，表其私记；也有以代替签名的特种符号或字来表示。

《唐书》云：董昌僭位，下制诏皆自署名，或曰：“帝王无押诏。”昌曰：“不亲署，何由知我为天子?”这表明帝王公开在诏书上签名画押。由此可见画押在五代以前的唐朝就已经通行。而《桯史》则云：“押字之制，世以为起于唐韦陟五朵云，而不知晋已有之。”

可以认为，签名画押发端于魏晋，通行于唐、五代之后，画押之风不绝。宋范成大《坐啸斋书怀》诗云：“眼目昏缘多押字，胸襟俗为少吟诗。”可见至宋时画押已十分普遍了。

公堂上的“签票”与“签筒”

古代大堂审案、公案桌子上总是摆一个签筒，里面装着很多的签子，大老爷一声令下，抽出一只签票交给衙役们去拘捕人犯，就等于现在的逮捕证。除此之外，殊不知签筒与签票还有一个不被人知的作用。一个签筒正好是量一斗米的容器，一只签子也正好是一尺的尺度。这两件东西放在公堂上很少有人知道它是做何用的。但是，每逢市井买卖，集市铺户，缺斤少尺，有争议者，想到公堂上讲理，于是大堂老爷便可用两件东西去衡量，奸商为财不仁者，当堂施以杖责或罚以重金。

铁券

据历史记载，铁券可能起源于汉代。《汉书》中载，刘邦立汉以后，“又与功臣剖符作誓，丹书铁契，金匮石室，藏之宗庙。”当时分封功臣有一定的典礼和仪式，在典礼上有誓词。誓词用丹砂写在铁制的契券上，契即是券，所以称为“丹书铁券”。为了取信和谨防假冒，将铁券从中剖开，朝廷和诸侯王各存一半。

“十恶不赦”是哪十恶

十恶是指十种最严重的罪行。

据《唐律疏议》，十恶的具体条款及内容是：一、谋反。指企图推翻君主，改朝换代。二、谋大逆。指企图毁坏皇帝的宗庙、埋葬皇帝的山陵、皇帝居住的宫阙。三、谋叛。即图谋叛国、从伪。四、恶逆。指殴打及谋杀祖父母、父母、杀死伯叔父母、姑、兄、姊、外祖父母、夫、夫之祖父母及父母者。五、不道。

指杀死一家非死罪三人，肢解人，制造、储藏、传播蛊毒，用魇魅邪法害人。六、大不敬。指偷盗皇帝举行大祭祀时的敬神之物，偷盗御用之物，偷盗和伪造玉玺，合和御药而不按原来处方及标错服用方法，造御膳误犯食禁，御幸舟船不牢固，对皇帝故意直呼其名，不尊重皇帝派出的使臣。七、不孝。指告发、咒骂祖父母、父母，祖父母、父母在世而分家和供养不周，居父母丧而身自嫁娶、歌舞作乐、不穿孝服，听到祖父母、父母的死讯而匿不举哀，祖父母、父母健在而诈言已死。八、不睦。指谋杀及贩卖缌麻以上亲属，殴打及告发丈夫及大功以上尊长和小功尊属。九、不义。指杀死本人所属的府主、刺史、县令及正在受业的老师，吏卒杀死本部五品以上官长，闻夫丧而匿不举哀、居丧作乐、不穿丧服及居丧改嫁。十、内乱。指强奸小功以上亲属，强奸父祖之妾。和奸也包括在内。

十恶的罪名较他罪为重，所以，犯十恶者，“不在八议论赎之限”（《隋书》），“虽常赦不原”（《明史》）。这就是说，十恶的罪行是不可饶恕的，也是无可通融的，因而产生了“十恶不赦”这一成语。

古人的遗嘱

遗嘱在中国历史上又称遗命、遗令或遗言。是死者在生前预留给后人的嘱咐，其内容往往涉及财产的继承问题。

中国历史上家产继承的一个突出特点是诸子的平均继承，《唐律》就明文规定：“诸应分田宅及财物，兄弟均分。”在这种情况下，家产继承一般是以自然继承为主，遗嘱继承为辅。在因种种缘故诸子不能平均继承等情况下，家长就往往要预立遗嘱，决定继承者及份额。在中国古代的僧、尼中，遗嘱继承十分流行。敦煌文书中就有多例僧、尼的遗嘱文书。这恐怕是由于他们一般没有子女的缘故。

与西欧中世纪的遗嘱相比，中国古代的遗嘱有两个特点：其一，家长在遗嘱中可以全权处理所有家产，而在日耳曼法及中世纪寺院法中，家长只能处理自己应有的那份家产。其二，封建国家对遗嘱的内容也进行干预。如北宋规定遗嘱继承的范围只能是“内外缌麻亲以上者”。对于无直接继承人情况下的遗嘱继承，只允许给予继承人300贯文以内的财产，超过者要按比例充官。在中世纪的欧洲，只要遗嘱设立的程序合法，国家对其内容一般是不加干预的。从中国古代遗嘱的内容及其特点，可以窥得中国古代社会父权家长制统治的根深蒂固。

两千年前的“敬老法”

1959年，甘肃武威县出土了一卷西汉竹简，即《王杖诏书令》。

《王杖诏书令》规定，对70岁以上老人，由朝廷授予一种顶端雕有斑鸠形象的特制手杖——“王杖”。持有“王杖”的人，享有各种社会优待。例如：他的社会地位相当于年俸“六百石”的地方小官吏；侮辱或殴打这些老人的官民，都

要定为大逆不道的罪名而处以斩首之刑等。同时，对于无亲属的老人、病弱的老人，也都有明确的照顾规定。据考证，这些法律条文是从西汉宣帝到东汉明帝130多年间，几经修改、补充而明确起来的。这是中国最早的关于尊敬和抚养老人的法令。

中国古代的治安机构

如今，北京叫兵马司的地名即来源于明清时在北京城内设立的兵马司衙门。

在没有近代警察之前，中国都城中就有了地方治安机构，那时称兵马司。

兵马司，按史料所记始于至元九年（1272年），那时元大都设南北城兵马司2个。到了明清时，北京城内列分中、东、西、南、北五城，设五城兵马司衙门5个。元代兵马司有巡兵千人，主要“掌京城盗贼奸伪拘捕之事”。明代兵马司职权和职责进一步扩大，成为完整的地方治安机构。

到了清代，兵马司职权又进一步增加，按清《光绪会典事例》记述，说兵马司的“指挥、副指挥、吏目专司京师污缉逃盗、稽察奸宄等事”。同时为了防止进京的地方官“钻营属托”“交通贿赂”，兵马司还有权“时加污缉”。

虽然兵马司偶尔也搞一些“掌赈恤之政令”，设立乞丐栖流所、施粥厂等等。其实，只是肥了自己，苦了小民。

光绪三十一年（1905年）清政府设立巡警部，兵马司遂被撤销。

中国古代的“沉默权”

中国古代刑法允许包庇亲属犯罪，即所谓“亲属相容隐”，如果不为亲属隐瞒罪行，反而告发检举则被认为是犯罪行为，即使告发属实，告发者也要受惩罚。

这一刑法原则的确定，是儒家“父为子隐，子为父隐”思想的直接法律化，也是封建礼法统一的具体表现。它所维护的是封建的尊卑等级关系和纲常伦理，目的在于巩固和加强封建统治。古代国家立法多以儒家思想为指导原则，又以家庭为直接统治对象，帝王都标榜“以孝治天下”，便不得不叫法律迁就孝道。

西周的诉讼制度中就有君臣、父子不能相讼的规定，认为“君臣皆狱，父子将狱，是无上下也”。儿子一般是不许告发父亲的，否则将受到宗法和国法的制裁。孔子将此概括为“父为子隐，子为父隐”，成为一条诉讼原则。

随着历朝历代的变迁，容隐范围不断扩大。汉代亲属相隐的范围限于祖孙、父子、夫妻间，到了明清，则包括了族亲，妻亲等几乎所有亲属关系，甚至连奴婢也应当替主人隐匿罪行。

中国最早的一部行政法典

中国现有的最早的行政法典，是唐朝时期的《唐六典》。

《唐六典》全称《大唐六典》，唐玄宗开元二十六年（公元 738 年）成书。张说、张九龄、李林甫等先后主持其事。原诏集贤院按周官六典——理典（避高宗李治讳，故改治为理）、教典、礼典、政典、刑典、事典编修，因唐官制与周官不同，乃改以三师、三公、三省、九寺、五监、十二卫等为目，分述职司、官佐、品秩。《唐六典》曾于宋时刊刻，明正德十二年本为现存最古刊本。明清会典均渊源于此。

中国最早的法学会

中国最早的法学会，是清朝宣统二年（1910 年）农历十一月，在北京成立的。

光绪三十二年（1906 年），在法部侍郎沈家本的操持下，开办了法律学堂。至宣统二年，法律学堂的学员熊煜、王克忠联络汪子健等人，筹建法学会。沈家本极为赞成，并捐资赞助。于是，在同年冬季，法学会宣告成立。法学会成立后，办了两件大事：一是“设立短期法政研究所”；一是“月出杂志一编”。宣统三年（1911 年）的春天，短期法政研究所开课。与此同时，编辑《法学会杂志》。1911 年的阴历三月《法学会杂志》创刊号出版。

孙中山领导的辛亥革命，推翻了清朝的封建统治，由于政治的变革、社会的动荡，迫使法学会的活动中途废止。中华民国成立后的第二年，法学会的主持人

汪子健，重加整顿，并乞政府资助，使法学会得以恢复活动。在当时还举行了庆祝活动，《法学会杂志》亦复刊。

中国古代的第一个专职检察官

据《宋史》载，王曙能明辨冤屈。他原在益州（今成都）任知州，有士卒深夜报告“其军将乱”，王曙“立辨其伪，斩之”。后来任潞州（今山西长治）知州，“州有杀人者，狱已具”，众皆不疑，“独曙疑之”，重新审理后证明果然是冤案，王曙为此“作《辨狱记》，以戒官吏”。因此，朝廷召王曙为御史中丞兼理检使，“理检置使，自此始”。理检使的职责是对狱讼行使检察权，王曙成了中国历史上第一个检察官。

中国古代的“大赦”制度

大赦制度是中国古代的一项重要法律制度。它是从上古的“赦”发展而来的，见诸文献的最早记载是《尚书》中的赦免过失犯罪。《左传》的“肆大眚”是大赦制度的最早运用，在春秋战国时代大赦已开始广泛地运用于各种特殊的场合。

自汉高祖五年定都长安，大赦天下，大赦遂成为定制，历代帝王相沿不改，大赦越来越频繁，运用的范围也越来越广泛。或三年一赦，或比岁一赦，或一岁再赦，以至于一岁三赦或更频繁。每逢皇帝登基、更改年号、刻章玺、立皇后、建皇储、生皇孙、平叛乱、开疆土、遇灾异、郊祀天地、行大典等等，国家凡遇喜庆变革之事，都要大赦一番，用以标榜皇恩浩荡，与民更始。至于那些由于皇帝的喜怒，对某部分罪犯的宥赦，更是多得不可胜数。

大赦有一套隆重的仪式，要立金鸡，陈设大鼓。皇帝驾临丹凤楼，面南而坐，执戟武士环立。群臣分班次在明凤门下朝拜毕，武库令指示鼓手擂响大鼓，按规定挝一千声，不得超过或减少。雷鸣般的鼓声震天动地，造成庄重肃穆的气氛。

皇帝稳坐宝座，接受臣民们的欢呼叩拜。三呼毕，启驾回宫。那些被赦囚徒从此恢复“自由民”身份了。赦书正本存档，其副本用黄绢写就，加盖玺印，用紫泥封口，由驿传颁发各州，州官再命令各县按规定，对在监人犯进行赦免或减刑。

中国古代的“家产继承制度”

中国古代家产继承制的基本原则是诸子继承，即所有儿子对家产有同等的继承权。

诸子继承制确立于商鞅变法时期。法律规定“民有二男不分异者倍其赋”“民父子兄弟同室内息者为禁”。强制二男以上的共居家庭分异，分异时，每个儿子均可从父母处得到一份家产。

家产继承有二次性继承、一次性继承、整体性继承三种基本形式。二次性继承即诸子在父母生前通过分家继承部分家产，父母身后又对遗产分配取得一份。商鞅分异令下的继承即属此类。一次性继承即父母身后的家产继承。此受儒家伦理道德影响，分家须俟父母亡故，几乎历代封建王朝都在法律上否定父母在世时的分财。整体性继承即父母死后，不再析分，诸子同居共财。这样，便形成累世同居的大家庭。如宋初李昉“子孙数世，二百余口，犹同居共财，田园邸舍所收及有官者俸禄，计口月给饼饭……分命弟子掌其事”。

中国古代的检察制度

秦汉建立统一的封建帝国以后，将在战国时代原为负责图书秘籍和记录帝王言行的御史，改变为负责纠察弹劾官吏的御史大夫。从而建立起了延续两千多年的同封建君主政体相适应的御史制度。御史大夫执行行政监察和司法弹劾的双重职责，以维护封建的法制。

由唐至宋，再到明清，御史制度一步步扩大和完善。明代时，御史台改为都察院，享有广泛的职权，专职纠劾百司，辩明冤枉，提督各道，对重大刑事案件，可以会同刑部、大理寺审理。到了清代，都察院的权力更大，与刑部、大理寺组成“三法司”，为国家最高司法机关。清代的都察院左都御史，是“九卿会审”的法定成员。刑部判决，大理寺的复核，均受都察院监督。

历代王朝御史制度的隶属关系和官署名称虽有变更，但“纠察百官”“辩明冤枉”这种监察、监督的职责，则是始终一贯的。

中国封建社会中的御史，作为“治官之官”，通过对司法实行监督，对各级官吏实行弹劾，加强吏治，提高了封建国家的效能，巩固了中央集权的封建制度。虽然御史制度与现代检察制度形成的历史条件及其组织与活动内容都有很大的差异，但是，作为监督法律的执行，查处官吏的违法失职行为，以维护中央集权的制度，与现代检察制度确有相似之处。

中国古代刑法为何要“秋后问斩”

秋冬行刑，即把死刑的执行安排在秋冬两季进行，这是中国古代在阴阳五行说的理论指导下形成的一种行刑制度。

中国古代的天命思想认为，处死犯人就是执行“天罚”，什么时候执行“天罚”，一定要合乎天意。《礼记》中就有“仲春之月……毋肆掠，止狱讼”和“孟秋之月，命有司，缮囹圄，具桎梏”的记载，先秦阴阳家“赏以春夏，刑以秋冬”的理论则是这种思想的最完整的体现。在阴阳家看来，春季气候温和，草木萌生，夏季炎热，万物茂盛，最适宜搞庆赏之类的活动；而秋季天气转凉，有萧杀之气，冬季寒冷，万物隐蔽蓄藏，正是施行刑罚，整顿监狱的好时机。

在这种思想影响下，两汉法律都规定，一般死刑立春不能执行，必须等待秋后处决，并逐渐成为定制。当然，秋冬行刑，除了受阴阳五行说理论的影响外，也与考虑不误农时有关，因为秋冬一般为农闲，这时断狱行刑，不至于耽误农业生产，对巩固封建社会的统治秩序有利，因而为历代统治者所承用。

中国古代法律允许“复仇”

在崇尚孝道、伦常的中国古代社会，复仇观念很被重视，儒家的传统思想一直在鼓励这种观念。儒家提倡复仇的范围是很宽的。《礼记》说：“父之仇弗与共戴天，兄弟之仇不反兵，交游之仇不同国。”主张父仇、兄弟仇、朋友仇都应当报复。

鉴于反复无休止的复仇影响社会安定，于是国家规定了复仇程序，设置了执掌复仇事务的官员。《周礼》规定要复仇必先到朝士那里登记，不许不经官府私自复仇。事实上，虽然有了这类规定，仍然制止不住此起彼伏的复仇混乱现象。春秋前后复仇之风很盛，当时社会上常有专打不平为人报仇的侠客、刺客。到了魏、晋、南北朝，统治者开始禁止私人复仇。其禁令非常严，私自复仇的不但要杀掉全家、全族，连相帮的邻居也要杀掉。但即便如此，仍旧有人宁肯冒杀身之祸、灭族之灾，“不共戴天”之仇仍然照样报复。

标榜以孝治天下的封建统治者常常自相矛盾，一面严禁私人复仇，一面又对子报父仇的大加赞誉。赵娥为父复仇的故事就发生在严禁私自复仇的三国时代。赵娥的事迹竟被纳入《列女传》，并被赞颂说：“海内闻之莫不改容赞善，高大其义。”对复仇的看法，在漫长的封建社会历史中，一直处于矛盾状态，在法律禁止的同时，社会舆论又加赞誉。

中国古代监狱名称的来由

夏朝的监狱称作圜土。《今本竹书纪年》载：“夏帝芬三十六年作圜土。”《尔雅》解释：“狱……又谓之圜土，筑其表墙，其形圆也。”夏朝的监狱大体是用土筑成圆形的围墙，用以拘押囚犯，是一种很原始的形式。

至西周，对监狱的称法多有不同。除了沿用“圜土”外，还有称“囹圄”者，《风俗通》载：“狱，周曰囹圄。”西周的囹圄，不仅是拘押罪犯的意思，而且包含着“令人幽闭思衍”的思想。另外，也有“犴狱”的说法，即“乡亭之系曰犴，朝廷曰狱”。

春秋对监狱的说法和西周大致相同，如“囹圄”“圜土”等。此外，还称监狱为“狴犴”。《孔子家语》载：“孔子为鲁司寇，有父子讼者，夫子同狴执之。”狴者，狱牢也。狴也叫狴犴，是一种传说中的野兽，力猛似虎。后人常用狴犴作为狱门的装饰，以达渲染恐怖气氛，显示监狱的威慑作用。

由汉代始，中国监狱才正式称狱。《汉书》载：“天下狱二千余所。”不仅如此，汉代监狱的管理制度，如系囚制、呼囚制、颂系制、孕妇缓刑制、录囚制等都达到了比较完备的程度，为后来历代监狱管理制度的发展奠定了基础。直到清代，古代的“牢狱”，才正式更名为“监狱”，监狱的名称被正式列在大清会典中。对监狱的称谓就这样一直延续到今天。

中国古代的法律典籍

《法经》

战国时魏文侯相李悝编撰的刑法著作（一说为刑法典）。约成于周威烈王五十九年（公元前 407 年）。总结春秋末期以来各诸侯国的刑事立法经验。分盗法、贼法、囚（一作网）法、捕法、杂法、具法六篇。原文失传。汉桓谭《新论》《晋书》《唐律疏议》中都有记载。《汉书·艺文志》有李子 32 篇，列法家之首，原注以为李悝所撰，但无《法经》之名。清代黄奭《汉学堂丛书》中所撰《法经》通说为伪书。

《晋律》

又称“泰始律”。晋武帝泰始四年（公元268年）颁行，故名。共二十篇，620条。《晋书·刑法志》称：“文帝为晋王，患前代律令本注繁杂。于是令贾充等定律令。改旧（具）律为刑名、法例，辨囚律为告劾、系讯、断狱，分盗律为请赇、诈伪、水火、毁亡，因事类为卫宫、违制，撰周官为诸侯。”计十二篇，加上汉九章律中的八篇（刑名不计入）。与汉魏律相比，是所谓“蠲其苛秽，存其清约，事从中典，归于益时”。程树德《九朝律考·晋律考序》谓“晋自泰始四年，颁定新律，刘宋因之，萧齐代兴，王植撰定律章，事未施行，盖断自梁武改律，承用已经三代，凡二百三十七年，六朝诸律中，行世无如是之久者。”

《唐律疏议》

唐代法律条文的注解全书。唐长孙无忌、李勣等于唐高宗永徽三年（公元652年）奉诏撰写，以贞观律为定本的律文注释。原名《律疏》，宋以后改称《唐律疏议》。计三十卷。律疏以封建礼教纲常为指导原则，就律文逐条注释，并设置问答，剖析疑义以补律文之未备。疏议经皇帝批准，与律文具有同等法律效力，是宋、元、明、清各代制定和解释封建法律的蓝本，对日本和东南亚国家的封建法制的建立具有较大影响。

《宋刑统》

“宋建隆详定刑统”的简称。中国第一部刊板印行的封建法典，宋太祖建隆四年（公元963年）由窦仪等依据《唐律》制定的。共三十卷，十二篇，213门，502条。同时将中唐以来至宋初有关刑事规范的敕、令、格、式附入，并增折杖之制，即将徒、流、杖、笞折合相应的脊杖或臀杖，作为代用刑。太祖乾德四年（公元966年）、神宗熙宁四年（1071年）、哲宗绍圣元年（1094年）曾几次重修。

《折狱龟鉴》

又名《决狱龟览》。中国古代的一部案例汇编。宋郑克撰。清代收入《四库全书》时，校订整理为八卷。全书在五代《疑狱集》的基础上，逐条增补，共为276条，395例，分为20类。其中释冤、辨证、鞫情、议罪、宥过、惩过6类是全书的正篇，察奸、核奸、擿奸、察匿、证匿、钩匿、察盗、迹盗、谲盗、察贼、迹贼、谲贼12类属于副篇，严明、矜谨2类，带有结论性质。作者通过对逐案的分析和评论，就历史上有关决疑断狱和司法勘验的各种经验教训作了详细的论述，是了解和研究中国古代司法实践的一部重要参考材料。清胡文炳辑有《折狱龟鉴补》一书，于光绪四年（1878年）刻行。

《元典章》

全名《大元圣政国朝典章》，元代官修，分前集、新集两部分。主要内容包括元世祖至英宗至治二年（1332年）间的诏令、条格和判例。前集六十卷，计诏令一卷、圣政二卷、朝纲一卷，台纲二卷、吏部八卷、户部十三卷、礼部六卷、兵部五卷、刑部十九卷、工部三卷，共10门，凡373目，每目又分若干条格。就体例而言，《元典章》首开明清律例按六部分类之先河。由于元典章仅有抄本流传，辗转抄写，脱漏舛误很多，其中又有许多方言蒙语，难于通晓，近人陈垣著有《元典章校补》十卷，可资参考。

《大明会典》

明英宗正统年间开始编纂，孝宗弘治十五年（1502年）成书，称为《大明会典》。正德、嘉靖、万历朝屡次重修的，称《重修会典》共二百二十八卷。体例以吏、户、礼、兵、刑、工六部为纲，分别记载与各行政机关有关的律令、事例、职掌、冠服礼仪等事项。其中刑部二十一卷，叙述明律例罪名诸事。较明史各志为详。为后世研究明代典章制度的重要史料。

《大清新刑律》

清末第一部半殖民地半封建性质的刑法典。1906 年由修订法律大臣沈家本等仿照资本主义国家的刑法体例，掺和封建旧律撰成的。大清新刑律草案，送资政院审议时，劳乃宣等持反对意见，遂附加暂行章程 5 条，于宣统三年（1911年）颁布。计 43 章，411 条。按资本主义国家刑法典体例分为总则、分则两编。规定主刑为死刑、无期徒刑、有期徒刑、拘役、罚金，从刑为褫夺公权和没收。取消因官秩、良贱、服制在适用刑罚上所形成的差别，增加有关国交、选举、通讯、交通以及妨害卫生等方面的罪名；确定了新的刑法原则和缓刑、假释制度。未及施行，清政府即告垮台，后为北洋政府所援用。

《重大信条十九条》

清宣统三年九月十三日（1911 年 11 月 3 日），为了挽救因为辛亥革命造成的时局动乱，在 3 天之内仓促制定出了《宪法重大信条十九条》（简称《十九信条》）。

《十九信条》是中国第一部成文宪法。《十九信条》不得不作出很大的让步，形式上被迫缩小了皇帝的权力，相对扩大了议会和总理的权力，但仍强调皇权至上，且对人民权利只字未提。但是清政府的命运没有因为《十九信条》的公布而逆转。它也是清政府最后一部宪法性文件。

刑名

五刑

“五刑”有三种不同说法。

第一种，是指中国古代五种刑罚的总称。源出于《尚书·舜典》“流宥五刑”“五刑有服”。取意“五行相生”，故历代刑名多以“五”为尚。夏、商、周三代的五刑为墨（亦称黥刑、刺额注墨）、劓（割鼻子）、剕（亦称刖刑）、宫（亦称腐刑，后又称下蚕室，即女子幽闭、男子去势）、大辟（死刑的统称）。

第二种，是指传统上对犯罪的五种处罚方法，即《国语》所载：“大刑用甲兵；其次用斧钺，中刑用刀锯；其次用钻笮（凿）；薄刑用鞭扑。”

第三种，是指奴隶社会的法律规范。传说夏刑三千条为墨劓各千刖三百，宫五百，大辟二百。又《周礼》“以五刑纠万民”。即关于农事的野刑；关于军事的军刑；关于乡党自治的乡刑；关于官吏的官刑；关于典礼的国刑。

中国历史上的“赎刑”

赎刑又称“赎罪”，简称“赎”。是一种允许犯人以财物代替或抵销刑罚的制度。《尚书》有“金作赎刑”，西周穆王曾命吕侯“训夏赎刑”。《国语》有“制重罪赎以犀甲，轻罪赎以鞼盾”。《云梦秦简》有赎黥、赎耐、赎迁。汉有买爵三十级以免死，但非常法。历经魏晋南北朝至隋，赎罪形成定制，一直沿袭至清末。

中国古代的“替亲代刑”

标榜以孝治天下的古代帝王，为了笼络人心，鼓励孝道，往往因子孙的哀恳特许减免人犯的刑罚，有时还允许子孙代替父祖受刑。

历代有不少这类事例。“缇萦救父”被旧法学家誉为废止肉刑的大事件，就是一例。《后汉书·明帝纪》载，汉明帝时发赦令规定：“徙边者，父母同产欲相代者，恣听之。”这是鼓励子孙代替父祖受刑。明太祖因山阳某人请求代替父亲受杖，批示说：“今此人身代父母出于至情，朕为孝子屈法以激励天下，其释之。”这是因子孙乞求代父祖受刑而未叫子孙受刑的例子。明宪宗时规定，“凡民八十以上及笃疾有犯应永戍者，以子孙发遣，应充军以下者免之”，这样一来，

替亲受刑成了子孙的法定义务，代刑变成了执行刑罚的制度。

中国古代的“拷讯”

拷讯又称“拷鞫”“拷问”“刑讯”。指用暴力手段拷打囚犯逼出口供，以取得定罪证据的方法。也就是现代所言的“刑讯逼供”。

秦称笞掠，汉称拷讯，隋以后法典规定有拷讯之法。《唐律断狱律》：“诸应讯囚者，必先以情审查辞理，反复参验犹未能决，事须讯问者，立案同判，然后拷讯。”但对享受议、清、减之列的大官贵族及皇亲国戚和年 70 岁以上 15 岁以下及废疾、孕妇及产后未满百天等人，皆据众定罪，不得拷讯。并规定拷囚不得过三度，总数不得过二百，每次拷讯须相去 20 日。明、清律只对老、幼、废、疾及孕妇规定不得拷讯，其余则未作规定。

墨刑、黥刑

墨刑又称黥刑，古代五刑之一。即在犯人的额、颊、手臂等处刺字，然后涂上墨，作为惩罚。一般用于轻罪。此法始于上古，清末始彻底废除。

膑

古代剔去膝盖骨的刑罚。也作“髌”。《尚书·大传》：“决关梁逾城郭而略盗者，其刑膑。”据《周礼》注：“夏刑，膑辟三百。”可知膑刑大约始于夏代。《周礼》注又云：“周改膑作刖。”也就是改为断足。与夏时去膝盖骨之膑刑不同。沈家本《刑法分考》：“膑，本名也。剕，今名也。刖即剕也。今名为剕为刖，而世俗犹相沿称为膑耳。”故司马迁《报任安书》中“孙子膑脚，兵法修列”，所言实为刖刑，解作剔去膝盖骨之膑刑则误。

刖

古代五刑之一，即断足之剕刑。字亦作“趴”。《尔雅》：“剕，刖也。”《左传》：“杀公子阏，刖强鉏。”杜预注：“断足曰刖。”西汉初年又叫“斩趾”。汉文帝十三年废除此刑，以笞代之。

劓

古代五刑之一。即割去鼻子。大约始于夏代。汉文帝十三年，下诏废除劓刑。

大辟

古代五刑之一，即死刑。

炮烙

殷纣所用的酷刑。令犯人爬行在用炭烧红的铜柱上堕火而死。

弃市

古代的一种死刑。将罪犯在闹市处死，并陈尸街头的刑罚。语出《礼记》："刑人于市，与众弃之。"汉、魏、晋各代均有此刑，隋唐以后虽未作为法定刑罚，但斩、绞、凌迟、枭首均承袭弃市的方式，将尸体示众。

宫刑、腐刑

宫刑又称"腐刑"。古代五刑之一。处此刑者，男子阉割其生殖器，女子则破坏其生殖机能（还有一种说法是将女子禁闭于宫中）。这是次于死刑的重刑。古代刑罚中的宫刑最初是用来惩罚那些乱搞男女关系的人。后来，宫刑也适用于其他罪行。例如司马迁，就是因言事触怒汉武帝而被处以宫刑。汉文帝时曾下诏废除宫刑，但不久又复用。隋文帝开皇初年，下诏废除宫刑。从此，宫刑基本废绝。

车裂

古代死刑之一。俗称"五马分尸"。即将人的头和四肢分别拴在五辆车上，以五马驾车，同时分驰，撕裂肢体。秦以前，用于罪人既杀之后。秦以后，用于罪人未死之时。

凌迟

又称“陵迟”。俗称“剐刑”。中国封建社会最残酷的死刑。“陵迟”取丘陵之势渐慢之意，转用于执行死刑时使被杀者缓慢死去以加深其痛苦。作为法外刑，始于五代。宋仁宗以后作为常用刑，辽始列为正式刑名。元、明、清律均作为法定刑使用。

刺配

古代刑罚之一。刺是在罪犯额上刺字，刺明所犯事由及发遣地名；配是配役，即发往边远地方服役。它是上古墨刑、流刑的兼用。至宋代，刺配之制更加详密。刺配之法二百余条。宋代的刺配，多用于宽宥死罪。此外，被刺配者还要挨受一定数量的棍棒，称作“决杖”。

充军

古刑罚名。将死刑减等的罪犯或其他重犯押解到边远地方为军士服役。清制，充军较流刑重，死刑轻。定为极边、烟瘴（均 4000 里）、边远（3000 里）、近边（2500 里）、附近（2000 里）五种。

徒刑

古代的一种刑罚，拘禁犯人使服劳役之刑。始于周代。徒刑之名，始于北周，隋代定为五刑之一。据《隋书》载，徒刑分为一年、一年半、二年、二年半、三年五等。自隋以后，除辽、金外，历代相沿不改。

中国古代刑具知多少

鈇锧

古代腰斩时所用刑具。鈇，如今铡刀；锧，腰斩时所用铡刀座。《公羊传》：“君不忍加之以鈇锧，赐之以死。”何休注：“鈇锧，要（腰）斩之罪。”也作“鈇质”。

桎梏

古刑具。犹今之脚镣手铐。《周易·蒙》："利用刑人，用说桎梏。"孔颖达疏："在足曰桎，在手曰梏。"桎梏，古以木制。

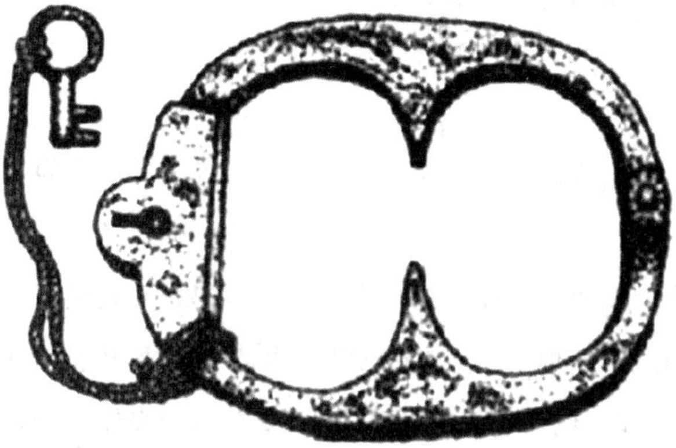

枷

古代戴在罪犯颈项上的刑具。枷的名称起于晋。《晋书》云："两胡一枷。"谓两个胡人共带一枷。其后历代沿用。枷的轻重长短均有定制，不过历代不尽一致。《明律》："枷长五尺五寸，头阔一尺五寸，以乾木为之。死罪重三十五斤，徒、流重二十斤，杖罪重一十五斤。长短轻重，刻志其上。"

杻

即手铐。《新唐书》："杻、校、钳、锁，皆有长短广狭之制，量囚轻重用之。"《唐律疏议》："《狱官令》：禁囚死罪枷杻，妇人及流以下去杻，其杖罪散禁。"杻，本作"杽"。

锁

系犯人用的刑具，即铁锁链。汉代以前系犯人用绳索，叫作"缧绁""累绁"。汉代以后，代以铁制之连环索，叫作"琅当"。《汉书》云："民犯铸钱，伍人相坐，没入为官奴婢。其男子槛车，儿女子步，以铁锁琅当其颈，传诣钟官。"颜师古注："琅当，长锁也。钟官，主铸钱之官也。"也作"锒铛"。

拶

古代拷囚之具。用法是：用绳子穿联五根小木棍，套入犯人手指后用力收紧。清段玉裁注："柙指，如今之拶指。"清沈家本《历代刑法考》："至拶指，刑部久无此具，外省亦罕见，不知废于何时。"

夹棍

古代拷囚之具。清王棠《知新录》："夹棍之说，唐世未闻，其制起于宋理宗之世。

以木索并施，夹两股（即大腿），名曰'夹帮'。又竖坚木，交辨两股，令狱卒跳跃于上，谓之'超棍'。合二者思之，当即今之夹棍也。"按王棠所引宋制，见《宋史》。明、清两代均有此种刑具。《清史稿》："强盗人命，酌用夹棍，妇人拶指。"

镣

刑具。脚镣。《金史》："自汉文除肉刑，罪至徒者带镣居役，岁满释之。"《明史》："镣，铁连环之，以絷足，徒者带以输作，重三斤。"

站笼

站笼又称立枷，是枷号的一种发展后的形式，于清朝开始正式作为法律惩治手段。这种特制的木笼上端是枷，卡住犯人的脖子；脚下可垫砖若干块，受罪的轻重和苟延性命的长短，全在于抽去砖的多少。有的死刑犯会被示众三天后论斩，有的则被活活吊死。《老残游记》第三回："未到一年，站笼站死两千多人。"

历代军事

兵　制

夏王朝有没有常备军

夏朝统治者为了维护奴隶主贵族的利益，建立了一支奴隶主军队，于是原始形态的兵制也随之产生。

夏朝军队由夏王掌控。由于夏朝处于阶级社会早期，生产力不发达，因此军队数量也很少。如：夏五世国王少康逃到有虞氏时，只有500部署。而且，这些人也不算真正的军队，只是普通的卫队。

夏王朝没有常备军，只有由贵族组成的平时卫队，作为夏王的警卫。如果发生战争，夏王朝就临时征集奴隶主组成军队进行战斗。

民兵为主的商王朝

商朝兵制是在继承夏朝兵制的基础上形成的。商王是军队的最高统帅，商王下设师长及各级执行官，平时管理所属的“众人”（即平民）和奴隶，从事生产劳动，战时率领由“众人”组成的军队参加战斗。

随着社会的发展和战争的需要，商王开始把部分贵族和平民集中起来，编为常备军。但直到商朝晚期，亦民亦兵的民兵仍然是商王朝军队的主要成分。

商代军队的编制

商朝军队的编制，根据古代文献和甲骨文记载，大概在武丁及以后时期已经有了“师”“旅”“行”等几级的编制。从武乙时期卜辞记载的“王作三师右、中、左”看，师可能是最高编制单位。旅是师以下的编制单位，卜辞中有“左旅”“右旅”“王旅”的记载。卜辞中也有关于“行”的记载。

商代的军事培训机构

商朝设立了培养训练各级贵族的学校。王室学校成为“明堂”，一般贵族学校成为“序”和“痒”。学校教育集中在射（射箭）、御（驾车）、舞（军体）三个方面。

另外，商朝也通过狩猎活动训练军队。据甲骨文记载，商朝的田猎活动采取的是“烧山引兽，放火寻角”的古老围猎形式。车兵、步兵和徒役遍为左、中、右三行，根据地形布阵、举火、设防。

文武分职在何时

战国时期，各国国君为进一步加强中央集权，逐步削弱世卿的势力，大都采用见功与赏、因能授官的办法委任职官，添设爵位，招徕四方贤能，逐渐形成了一套比较完整的官僚制度。齐、赵、魏、韩等国首先设立了作为“百官之长”的“相”，同时又相继设立了将军（或称上将军、大将军，楚国则称上柱国）之类为武官之首，文武逐渐殊途。

“官分文武，王之二术也”，是君主控制臣下的重要手段。因为文武分职，大臣权力分散，可以起到相互制约和监督的作用，有效地防范和制止大臣造成的对君上大权的威胁，同时，也适应了当时政治和军事分工的需要，使文才武略各尽其能。

“民屯”与“军屯”

“屯田制”为三国时期曹魏兵制。

曹魏的屯田分“民屯”和“军屯”两种，是汉代官田出租办法及边郡屯田的推广。民屯的管理方式是：由大司农掌管全国的民屯，典农中郎将负责一州郡的民屯，典农都尉负责一县级单位的民屯，屯司马负责一生产单位——屯。每一屯有屯田客五十人。民屯的任务是种植稻、粟、桑、麻，百分之五十至六十的收获上缴政府。屯田客不服兵役，但实行军法部勒式管理，应该纳入兵制研究的范围。

军屯的开始晚于民屯，一般是保持原有的军事编制，设立在与吴蜀两国对峙的边境，让士兵且佃且守。

府兵制

府兵制为西魏大统年间（公元535～551年）宇文泰建立的兵制。

宇文泰于大统八年“初置六军”，大统九年后，“广募关陇豪”，扩充乡兵，并按鲜卑旧日八部之制加以改组，共二十四军，由六柱国分统，下设十二大将军，二十四开府，四十八仪同。西魏末与北周初，每一仪同领兵一千人。士兵另立户籍，“教旗习战，无他赋役”，与民户有别。

北周武帝时，府兵军士改称“侍官”，府兵的指挥权直辖于君主。隋初，军府定名为骠骑府，其长官为骠骑将军，以车骑将军为副长官，有时也设立和骠骑府平行的车骑府。大业三年（公元607年），改称鹰扬府，统兵长官是鹰扬郎将，副长官是鹰击郎将。各府分属十二卫；军人称“卫士”，户籍改属州县，一与民同。

唐初恢复骠骑、车骑府名，后改称折冲府，设折冲都尉和左右果毅都尉。贞观十年（公元 636 年）时，共有府六百三十四个，分别隶属于十二卫和东宫六率。军府分布于京师附近的关内、河东、河南等道，“举关中之众，以临四方”，加强中央集权制度。编制单位有团、旅、队、火，每府兵额由八百人至一千二百人。从唐高宗时起，府兵即因分番更代不按时、负担过重而逃避兵役。玄宗开元年间，府兵须由政府拨给资粮和兵器，卫士改用招募。天宝八载（公元 749 年），折冲府已无兵可交，府兵制名存实亡。

禁军

原指皇帝的亲兵，担任京城及宫中拱守与宿卫。历代或称禁军、禁兵，或另立其他名目。

北宋把禁兵作为正规军，其地位比厢兵等军种重要。禁兵从各地招募或从厢军、乡兵中选拔，并沿用五代梁朝定制，文面刺字，社会地位低于一般百姓。禁兵分隶殿前司、侍卫亲军马军司、侍卫亲军步军司三衙，由朝廷直接统辖，将不得专兵，每发一兵，均须枢密院颁发兵符。北宋时期，禁军除守卫京师外，并分番调戍各地，其编制单位为军、指挥、都。北宋中叶，禁兵增至八十余万人。神宗时“奋起更制”，起用王安石变法，裁减冗兵，置将分领，加强训练，军队战斗力有所提高。

北宋末年，政治腐败，军队编制增加，但缺额很多，京师三衙所统之兵十余万人，但实际上仅存三万人。南宋时仍有禁军的名称，不过实际情况屡有变化。

厢军

厢军又名厢兵。唐初，各军分左右厢以统之。中唐以后，左右厢成为固定的军事编制。五代时，此制更为普遍，且作为高等军事编制单位，诸军“分左右厢，厢各有主帅”。

宋初，抽调诸州镇兵中的壮勇者，送中央当禁军，剩下的老弱者留本城充当厢兵。最初，禁兵是中央军兼正规军，而厢兵是地方军兼杂役军。厢兵是藩镇的旧兵与杂役新军合并而建置的。其相当部分来自招募，另一重要的来源是罪犯。

宋朝设置厢兵，“大抵以供百役”。厢兵服役范围很广泛，如修筑城池、制造武器、修路筑桥、造船、修理黄河等。有的厢兵还从事垦荒，在个别场合也用于战斗。仁宗时京东等地农民起义增多，因此招募厢兵，教以武技，用以镇压农民起义。由此，厢兵又有教阅和不教阅两类。教阅厢兵又分马军、步军、水军，各军分立名目，以指挥为基本编制单位。不教阅的厢兵，一般以任工役命名。

乡兵

封建社会中地方性武装。西魏、北周的乡兵由大都督或仪同统领。此后，历代相沿。

宋承五代之制，建多种乡兵，在当地团结训练，以为防守。宋朝的乡兵与厢兵、禁兵不同，一般不脱离生产，农闲时定期教阅，教阅时发给钱粮。边州的乡兵，在边地垦荒纳租，守护边土。乡兵的组织，或是沿用禁兵的指挥、都等编制，或按保甲法组成，或是几种编制互相参用。

中国最早的正规军校

中国历史上最早出现的正规军校，是宋代的武学。

庆历三年（1043 年）五月，为了改变军事人才缺乏的局面，初设武学，但在某些臣僚的反对下数月即废。宋神宗继位后，任用王安石变法，熙宁五年（1072 年），复置武学于武成王庙，从此开始了中国正规军校教育的培训体制。

宋代武学有比较合理的教学内容和课程设置。其内容包括：军事理论、军事历史、军事学术和政治思想教育。同时，还设有实兵演习课。《孙子》《吴子》等七部兵书，作为武学的经书和教范。武学学员的来源是未授职的使臣（八、九品武官）、荫补的官将子弟。有一定军事知识和技术的平民百姓，经地方官推荐报考，成绩合格者才能取得入学资格。武学学制三年，分为上舍、内舍、外舍三级培训体制。如果武艺、策略等各科考试成绩多次居于下等，则逐步降级，直至最后开除学籍。学员毕业考试合格后，按成绩好坏和资历深浅实授官职。才能特别出众的上舍生，由枢密院严格审查，情况属实者准许提前毕业，并立即录用为军官。同时规定，所有学员必须分配到边远地区任职一段时间，如果在职三年无差错，依例升迁。宋王朝规定武学由兵部主管，“选文武官知兵者为教授”，设“博士”“学谕”具体负责教务。

明代的“三大营”

明成祖时，京军分为五军、三千、神机三大营。五军营轮番卫戍京师。三千营为明成祖时以塞外降丁三千骑兵组成，主管巡哨。神机营为南征得火器之后成立，使用火器。正统十四年（1449 年），土木堡之变，三大营几乎丧失殆尽，景帝用于谦为兵部尚书，在各营中选精兵十万，组成十团，分十营集中训练，称为团营。嘉靖中，取消团营，恢复三大营旧制，并改三千营为神枢营，但此时已以募兵代替世军，实质上和过去不同。

清代的“火器营”

火器营乃清朝禁卫军之一。康熙二十七年（1688 年），设汉军火器兼练大刀营。康熙三十年，始设火器营，是皇帝的守卫扈从，由总统大臣管理。士兵从满洲、蒙古八旗的佐领下抽调，抽调人数不一。有鸟枪护军和炮甲两种。

八旗制度

八旗乃清代兵制，由清太祖努尔哈赤于公元 1615 年正式建立。

努尔哈赤初定兵制，每三百人设一佐领，五佐领设一参领，五参领设一都统。每都统设副都二，领兵七千五百人，为一旗。明万历三十四年（1606 年）时，只有正黄、正白、正红、正蓝四旗。四十三年，增镶黄、镶白、镶红、镶蓝、称八旗，兵五万九千五百三十人。

皇太极天聪九年（1635 年）分设蒙古八旗，兵一万六千八百四十三人；崇德七年（1642 年）分设汉军八旗，兵二万四千零五十二人。从此，八旗又有满、蒙、汉军的区别，共二十四旗。后佐领增多，各旗也分设护军、骁骑、前锋等营伍。

清朝统一后，八旗兵分为京营和驻防两部分，京营又分郎卫和兵卫，郎卫以保卫清中央政权为职任，从上三旗（镶黄、正黄、正白）中挑选人员，组成亲军，归领侍卫内大臣统率。兵卫之制：由八旗都统直辖的有骁骑营；不归都统指挥，另设总统或统领统率的有前锋营、护军营、健锐营、火器营、步军营。步军营除八旗兵外，兼辖一部分绿营兵。此外，下五旗的亲军，属于王公。领侍卫内大臣统率的，还有虎枪营，总计京营兵额十万余人。驻防兵分驻各省冲要地点，共十万七千余人，分由各地的将军、都统、城守尉统率。乾隆时佐领之数近两千，兵额则仍为二十万余人。

“烽火传讯”何时废止

烽火报警，是一种历史悠久的报警方法，其最终消亡，大约在清末。

据《明史》记载：“（洪武）九年……分兵守古北口、居庸关、喜烽口、松亭关烽堠百九十六处……建文元年，自宣府迤西迄山西缘边皆峻垣深壕、烽堠相接……各处烟墩，务增筑高厚，上贮五月粮及柴薪药弩。”可见，做报警用的烽火台在明初仍是北部边疆的重要军事设施，用以防备蒙古贵族入侵。

这种烽火台很多与长城连为一体，同时也有一些仍是单体建筑。这种单体的烽火台，在中国沿海一带设置尤多。自元末始，倭寇屡为海患，明初在沿海设卫、所、烟墩，以为常备。嘉靖时，倭患达到高峰，烟墩增设尤密。

明代的沿海烟墩，在清初顺治年间裁撤所卫时，多已废圮，但北部陆路边疆，则依然使用烟墩报警。清初于各省边境扼要处，设立墩台营房，有警则守兵举烟为号。“寇至百人者，挂一席，鸣一炮；至三百人者，挂二席，鸣二炮……”（《清史稿》）此时的烽火台已不单单是烟火报警，而又加之挂席、鸣炮，这是烽火台的改进。“咸、同朝……边堠尽废……左宗棠平定新疆……其常设卡伦，严申旧制，边烽少息矣。”（《清史稿》）可知直至清代后期，北边仍用烽堠。

兵　书

中国兵书的起源

兵书，是中国古代军事著作的统称，中国兵书的起源有多种说法，其中最主要的一种是起源于炎黄。

东汉班固修成的《汉书》中就著录了《神农兵法一篇》和《黄帝十六篇》，说明班固是持兵书产生于炎黄时期说法的。此种说法对后世有较大的影响，明代的叶子奇在《草木子》中又肯定了班固的说法。

就目前的考古发掘的成果而言，在商周时期的甲骨文中还未发现完整的兵书内容，只有一些军事记载，有军队的编制，战车的数量，闻警出征，征讨对象、地点等，从不同侧面反映了商、周军事的某些概况。

随着战争和军事活动的增多，人们对其认识也逐渐加深，于是便在记录实践活动的基础上，总结其经验，阐发自己的看法，提炼出有条理的认识，终于形成能够传布四方、留存后世的兵书。

中国古代兵书著述的三次高潮

春秋时期，青铜兵器已经发展到了成熟阶段；战国晚期，由于钢铁冶炼技术的提高，铜铁兵器已经大量制造并成建制地装备军队。而军事改革和军事技术的发展，使战争更加频繁。据不完全统计，春秋时期的军事行动多达 438 次，战国时期，更是兵戈不可一日或止。于是，一批适应新时代需要的军事家和政治家便著书立说，研究兵法，游说诸侯，鼓动采用新说。各诸侯国君也思贤若渴，广揽兵法人才。中国古代兵书著述的第一次高潮，就是在这个时代中形成的。

在春秋战国百家争鸣的学术氛围中，兵书著述家畅抒兵学观点，著述各有所长的兵书，正如雨后春笋，竞相破土而出。仅流传至今的兵学经典，就有孙武的

《孙子兵法》、吴起的《吴子》、司马穰（ráng）苴（jū）的《司马法》、孙膑的《孙膑兵法》、尉缭的《尉缭子》、托名姜望的《六韬》等六种。它们以富国强兵和统一天下为目的，以战争和军事为研究对象，深入探讨其诸多方面，阐述详尽严密，议论气势宏伟，脉络清晰，条理分明，既在理论上总结了以往战争和军事的经验，又在实践上指导了当时的战争和军事建设，有的则成为兵律，为后世兵家所推崇，成为中国军事学的奠基之作。

中国古代兵书著述的第二次高潮是明代后期。

明代自嘉靖年以后，朝廷各派斗争愈演愈烈，政治危机四伏。东南沿海和北部沿边战争连绵不断，从万历四十六年（1618 年）努尔哈赤兴师攻明，到崇祯十七年（1644 年）明朝灭亡为止，始终没有停止过。

明代的爱国将领、文武官员和爱国人士，为了保国守土和夺取军事斗争的胜利，一方面积极发展军事技术，以提高明军的战斗力；另一方面又努力著书立说，编纂兵书，总结和推广对敌作战的新鲜经验，以提高明军官兵的军事理论素质。

明末的兵书具有明显的特点。首先，它们论述的重点已经从一般的兵法、谋略、战法和阵法转向火绳枪炮和新型战车、战船大量使用条件下的军事建设和作战理论，其作战对象明确，应敌之策可行，适应了时代的需要。其次，兵书编纂的体例已经明显地区分为大型综合性和专题性两大类。前者如《武备志》，在基本沿袭《武经总要》的编纂体例上，又拓展了新的学科而使之更加完备。后者如《纪效新书》等，对所论专题的内容广采博收，囊括无遗，专题的特色极为明显。其三，已经开始采用定量与定性相结合的方法，研究火炮的制造与使用，基本脱离了阴阳五行化生、君臣伦理学说和经验描述的旧轨，奇门遁甲、风云杂占和方术迷信之雾为之一扫。其四，十分重视军事技术的研究，如《武备志》以 33 卷的篇幅专论军事技术。

中国古代兵书著述的第三次高潮是清代后期。

清代后期出版的兵书，主要有编译、编著和对古代经典兵书的辑注三大类。其数量之多、内容之广，实为清代以来所罕见。

这一次兵书著述的高潮适应了救亡图存的需要，倡导了注重实际、切合时

用、尊重科学、探寻规律的研究奉上，对当时进行的反侵略战争和新军事学的创立与发展，产生了积极的影响。但是，在翻译和编著的军事著作中，军事理论与军事技术的比例严重失调，前者过轻而又缺少深层次的作品，后者畸重而又凌乱重复。个别书籍仍存在着照搬硬套而不敢越洋人著作一步之嫌。致使一些战争能"启人智""振国威"，能使"国家致富强"的谬论，也传入中国。

历代兵书究竟有多少

历代史学家虽经多方努力，但对历代兵书的数量也只能求得一个近似数字。如汉初的张良与韩信就曾奉命整理兵书，共得 182 家之作。

其后各代，著录兵书的数量约为：《汉书》53 家、790 篇、43 卷；《隋书》133 部、512 卷；《旧唐书》45 部、289 卷；《新唐书》60 部，319 卷；《宋史》347 部、1956 卷；《明史》58 部、1122 卷；《清史稿》59 部，238 卷，并有《补编》53 部、359 卷。

1933 年 4 月，陆达节撰《历代兵书目录》，共收录历代兵书 1304 部，6831 卷，内有 203 部的卷数不明，而得以流传者，仅为 288 部，2106 卷。

1990 年，国防大学出版社出版《中国古代兵书总目》，共收录 1911 年辛亥革命前的兵书共 4221 种。

如果从严格的学术意义上说，把内容重复、内容相近而书名不同、名为兵书而并无论兵价值、同一名著而只是校注释解稍有不同的兵书进行筛选，去伪存真，去粗取精，取本删衍，那么所存兵书的精粹之作，大约在二三百种左右。

《军志》与《军政》

迄今尚未发现著述年代最早的完整兵书，究其原因，主要是由于年代久远或难以保存而散佚的缘故。

但是，在中国的古文献的记载中，可以看到一些曾经出现过的早期兵书，其中最常见的是《军志》和《军政》。史家和兵书著述家对这两本兵书的引用，虽非长篇大段，但也不乏精辟的章句，实为研究中国早期兵书的珍品。

由于缺乏记载，所以《军志》和《军政》的成书年代已不可确考。但从《左传》的多次提及，可推测它们至迟在西周晚期已经问世。又从它们的内容和当时的习惯分析，所引各条似非出自一人一时之作，而是西周晚期以前兵家和政治家言论的汇集。依据现有的资料和研究成果，学者们认为它们是迄今所提到的最早兵书，是有一定道理的。

中国古代十大兵书

《孙子兵法》：是中国现存最早的兵书，为春秋末孙武所著，共 82 篇，图 9 卷。今存本 13 篇。

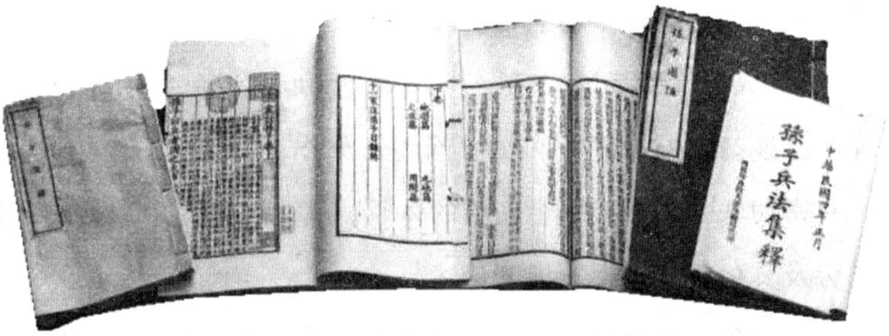

《孙膑兵法》：为战国时齐国孙膑所作。共 39 篇，图 4 卷，隋以前失传；1972 年在山东临沂县西汉墓中重新发现其残简。

《吴子》：由吴起、魏文侯、魏武侯辑录，共 48 篇，今存图国、料敌等 6 篇，都系后人所托。

《六韬》：传说为周代吕尚（姜太公）所作，后经研究，认定为战国的作品，现存 6 卷。

《尉缭子》：传说为战国尉缭所作，共 31 篇，今存有 5 卷，共 24 篇。

《司马法》：战国时齐威王命大夫整理古司马兵法，共 150 篇，今存本仅 5 篇。

《太白阴经》：由唐代李筌撰写。共 10 卷，《四库全书》收录的 8 卷本，是后人合并的。

《虎铃经》：由宋代许洞撰写，共20卷，120篇。

《纪效新书》：由明代戚继光在东南沿海平倭寇时撰写，共18卷。

《练兵纪实》：由戚纪光在蓟镇练兵时撰写，正集9卷，附杂集6卷。

“兵圣”孙武与《孙子兵法》

孙武，生卒年不详，齐国乐安（今山东惠民）人，大约活动于公元前6世纪末至前5世纪初。周敬王八年（公元前512年）任吴国将军，打败楚国，攻入楚国国都郢（今湖北江陵西北纪城南）；并协助吴王在艾陵之战中重创齐军。之后，吴王夫差当政，国事紊乱，孙武事迹不见史书记载。

孙武之所以享有盛名，被后世尊为“兵圣”，不仅在于他的军功，更重要的是他留下了一部中国现存最早的兵书《孙子兵法》。

《孙子兵法》成于春秋战国之交，共13篇，5900余字。《孙子兵法》内容完备，结构完整严谨。全书把战争和军事问题，分作13篇加以论述，各篇既能独立成章，又有密切联系，形成一个完整的体系。其内容以战争、战略和作战指导为核心，并旁及其他问题，逐一展开论述。

该书认为，战争是国家的大事，关系到国家的存亡，人民的生死，必须慎重对待，其明确表达了孙武备战慎战的思想。这一思想反映在作战指导上，则表现为“全胜”的理论，也是全书的精华所在。它要求当权者在进行战争时，必须要有胜利的把握，必须要争取以最小的代价、最快的速度，取得完全的胜利。

《孙子兵法》问世以后，得到了社会普遍的重视，流传甚广。

吴起与《吴子》

吴起（约公元前440～前381年），卫国左氏（今山东定陶西）人，周威王十七年（公元前409年）至周安王十八年（公元前384年）的二十七年间，任魏国河西郡守，期间先后统兵与各诸侯国军队作战76次，64胜，12平，无败绩。

周安王十九年（公元前383年）因被诬陷，被迫投奔楚国；助楚国南平百越，北灭陈、蔡，击退魏、赵、韩三国的进犯，西北败秦，威震四方。后被楚国

内部反对改革的旧贵族杀害。

吴起能征惯战，所著《吴子》在中国古代兵书中具有重要地位。

《吴子》约成书于战国中期以前，在《汉书》中著录为48篇，现存《续古逸丛书》影宋本，及明、清刊本，有六篇，分上下两卷。

《吴子》对军事问题的论述，是围绕着治国的根本目的展开的。《图国》篇中指出，要使国家强盛，就要“内修文德，外治武备”，两者不可偏废。吴起把政治和军事视为巩固国家、安定民心的两大根本条件，这是《吴子》的核心内容，也是其战略思想的立足点。这一战略思想反应在军事思想上，主要有三，其一是严明治军，其二是料敌用兵，其三是因敌而战。

司马穰苴与《司马法》

司马穰苴是春秋末期著名的军事家，所著的《司马法》被列为《武经七书》之一，对后世兵学的发展产生了深远的影响。

司马穰苴，生卒年不详，大约活动于公元前6世纪初叶春秋末期的齐国，曾任将军，抵抗晋、燕两国的进攻，以严刑峻罚、执法如山而著称。

《司马法》约成于战国中期，又称《司马穰苴兵法》《古司马法》等。《司马法》的突出之处，在于司马穰苴第一次对战争问题提出了明确的看法，即“以战止战”的战争观。他认为：“杀人安人，杀之可也”；“以战止战，虽战可也”；“国虽大，好战必亡；天下虽安，忘战必危”。这些论述，既不笼统地反对一切战争，又不盲目地鼓吹战争，至今仍有它的生命力。

《司马法》中“以战止战”的战争观，在其经国治军方面的反应，便是“以仁为本”“以仁为胜”的思想，目的是最大限度地消减敌方军民的敌对情绪，使之心悦诚服。《司马法》还把兵力众寡、强弱、军队治乱、行动快慢、难易、固危、小惧与大惧等因素，抽象为“轻、重”两个对立统一的因素，进行分析考察，并指出轻、重是不断变化的，不能墨守成规、呆板运用。用朴素的辩证法思想去探讨战争和军事问题，这在古人中是难能可贵的。

竹简《孙膑兵法》

孙膑，生卒年不详，齐国阿（今山东阳谷东北）、鄄（今山东鄄城北）一带人，孙武的后裔，约活动于公元前 4 世纪后期，是战国中期杰出的军事家。孙膑一生坎坷不平，晚年不知所终，连真实姓名也没能留下，然而他不但善于用兵，而且在遭受迫害时忍辱不屈，发愤著书，后又不断增补，留下了千古生辉的兵法。

《孙膑兵法》又称《齐孙子》，约成书于战国中期，史书对《孙膑兵法》早有记载，如《汉书》云：“《齐孙子》八十九篇，图四卷”等，其后失传。因而疑问丛生，有孙膑即孙武说，亦有《孙膑兵法》即《孙子兵法》说。

1972 年，山东临沂银雀山 1 号墓发现了几百枚竹简，即《孙子兵法》竹简、《孙膑兵法》竹简和其他先秦兵书竹简，自此千年疑窦顿开：孙武是孙膑的祖先，《孙子兵法》和《孙膑兵法》是两部自成系统的兵书。

新发现的《孙膑兵法》竹简共 361 枚，11000 余字，分上下两编，各 15 篇。上编记述孙膑的言论和有关事迹，下编内容疑点颇多，各篇文体不同，不似孙膑一人一时所做，可能由其弟子增编而成。竹简虽然残缺，释义有待深入研究，但也基本上反映了孙膑论兵的要义。

竹简《孙膑兵法》对战争问题提出了自己的明确看法，即“战胜而强立”

“乐兵者亡”的战争观。指出要在七雄纷争中使“天下服”，只有“举兵绳之”，达到“战胜而强立”，也就是天下归一的目的，否则就会“削地而危社稷”，民众遭难，国家不得安宁。这种战争观适应了当时全国渐趋统一的客观形势要求，比前人的论述更具有切合时代需要的积极意义。

竹简《孙膑兵法》在继承《孙子兵法》等前人兵法的基础上多有发展和创见，它的重新面世，受到了中外学者的普遍关注。

托名姜子牙的《六韬》

《六韬》是中国古代的著名兵书，被列为《武经七书》之一。《隋书》注称“周文王师姜尚撰”，后来经过历代学者的考查，断定其成书年代不会早于战国晚期。因此其作者为姜尚一说实难凭信，应为假托。

《六韬》虽为兵书，但却能从政治胜敌的高度，阐发胜敌的思想。它继承了《孙子兵法》的战争观和“不战而屈人之兵”的“全胜”思想，提出了“上战无与战”的主张，要求战争指导者能够掌握兵不血刃而能获得“全胜”的战争指导艺术。在治军方面，《六韬》继承和发展了《孙子兵法》和《吴子》的基本思想，主张任用勇、智、仁、信、忠兼备的将帅，统领军纪严明、赏罚公平、号令一致、训练有素的军队，并提出了寓兵于农的主张。

除此之外，《六韬》还有不少首创的内容，如分工明确、各司其事的军队指挥机构，各种武器装备及其用途等；并且记载了各种保密符牌和军情文书，反映了当时已经采用秘密手段传递军情的情况。

黄石公授书张良的传说

《史记》中记载了圯上奇翁黄石公授书张良的典故。

据说，秦朝末年，韩国贵族张良试图刺杀秦始皇未果后，更名换姓，至下邳（今江苏邳州市）避难。一天，他闲游路过一座桥时，遇到一老翁故意将鞋子甩到桥下，并让他去捡。张良愕然，但面对长者，还是将鞋子捡了回来。老翁又让张良给自己穿鞋，张良依然恭敬照办。老翁便说张良是可以传授玄机的，约他于五日后的清晨在桥头相会。前两次张良都迟到了，被老翁申斥，第三次，张良于半夜时分就来到桥头等候，老翁亦至，非常高兴，赠书一册给张良，说："读了这本书就可以做帝王之师了。十年后，天下将要打仗，十三年后，你将在济北谷城山下见到我的化身，是一块黄石。"然后老翁飘然而去。张良在下邳居住了将近十年，秦末农民起义爆发后，他成为刘邦的军师。又过了三年，张良路过济北，果然在谷城山下见到一块黄石，便派人把黄石取回家供奉起来。张良死后，与黄石合葬一处。后人称圯上授书于张良的老翁为"黄石公"。

中国古代著名兵书《三略》，又名《黄石公记》《黄石公三略》，假托为黄石公所著，是张良所受之书。经考证，其很可能是秦汉之际熟悉张良事迹的隐士所作。

《唐太宗李卫公问对》

《唐太宗李卫公问对》是一部问答体兵书，又称《李卫公问对》或《唐李问对》。

《唐李问对》，顾名思义就是唐太宗李世民与卫国公李靖论兵的言论辑录。然而具体成书时间不可确断，然据宋初即有《兵法七书》流传推测，其下限应在五代之前。《唐李问对》虽未必是李靖的手定稿，但当是深通兵法韬略，熟悉唐太宗、李靖事迹的隐士根据唐、李论兵言论汇编而成。

《唐李问对》共分上、中、下三卷，10300余字。全书涉及的军事问题比较广泛，既有对历代战争经验的总结和评述，又有对古代兵法的论释和发挥；既讲训练，又讲作战；既讨论治军，又讨论用人；既有对古代军制的追述，又有对兵学源流的考辨，但主要内容是讲训练和作战，以及两者之间的关系，中心围绕着“奇正”论述问题。奇正是古代军事学术中一个十分重要的概念，是历代军事家讨论的重点问题之一。《李卫公问对》对奇正论述深刻，分析透辟。

《武经总要》

《武经总要》由北宋时期著名的兵书著述家曾公亮与丁度等人合作编著而成，开创了兵书编著的新体例，是现存最早由官方编修的第一部综合性兵书，或称百科性兵书，对此后兵书的编纂和兵学研究都有重要的借鉴和参考作用。

《武经总要》分前、后两集，各20卷。前集有各种军事制度15卷、边防5卷；后集有历史故事15卷，阴阳占候5卷。庆历四年（1044年）首刊本和绍定四年（1231年）重刻本至今未见。现存较早的是明代弘治至正德年间（1488～1521年）据绍定本重刻本。明代弘治十七年（1504年）李赞刻本、嘉靖本，金陵书林唐富春课本、明刻本等，均属善本。

《武经总要》对于军事组织、军事制度、用兵选将、步骑训练、行军宿营、古今阵法、战略战术、武器装备的制造和使用、军事地理、历代用兵实例、阴阳星占等各个方面都有所论述。其中营阵和武器装备两部分，还附有大量的插图。

《武经总要》还及时地收集了当时在科学技术上的创造性成果，其中最突出的是指南鱼和三个火药配方。

《武经总要》编纂体例的进步，提高了兵书的科学性和实用价值，所以，乾隆年间的学者、文学家纪昀在编纂《四库全书》时，称其“前集备一朝之制度，后集具历代之得失，亦有足资考证者”。此评价是十分恰当的。

《武经七书》

《武经七书》这部兵书丛书是封建社会根据兴武备、建武学、选武举的需要逐渐形成的。早在南北朝时《孙子》就被称为“兵经”（刘勰《文心雕龙·程器》），宋初也曾出现过“七书”之称，但《武经七书》作为一个整体正式颁定并被固定下来是在宋元丰年间。据《续资治通鉴长编》记载：元丰三年（1080年）四月乙未，宋神宗下诏校定《孙子》《吴子》《六韬》《司马法》《三略》《尉缭子》《李卫公问对》，并雕版刊行，号称“七书”，《武经七书》即源于此。自此，《武经七书》被定为官书，颁之武学，并列学官，设置武经博士。《武经七书》是自宋代以来封建社会武举试士的基本教材。能否谙熟《武经七书》，成为统治者选拔军事人才的一条重要标准。

《武经七书》是中国古代兵书的精华、第一部兵书丛书，是宋代官方校刊颁定的军事教科书。它的颁定，确立了兵书在封建社会的正统地位，促进了古代军事学术的发展，不但在中国兵学史上占有极重要的地位，而且在世界军事学术史上也素负盛名。

中国古代第一部城防专著：《守城录》

宋代力主抗金的文臣陈规与汤璹（shú）合著的《守城录》，从理论和实践的结合上，系统地论述了城防理论和守城战的各个方面，是中国古代第一部影响最大、价值最高的城防专著。

《守城录》三部分共四卷，写成于三个不同的时期。第一部分《〈靖康朝野佥言〉后序》一卷，写于陈规守顺昌之时。卷末署“绍兴十年五月日陈规序”，说明此文作于绍兴十年（1140年）。《靖康朝野佥言》本是夏少曾记述靖康年间金人攻汴始末的著作。陈规读后，为京城黎民惨遭屠戮，“痛心疾首，不觉涕零”。为总结汴京失陷教训，避免历史重演，他边读边写，阐述了御敌之策，遂成《〈靖康朝野佥言〉后序》一文。第二部分《守城机要》一卷，系陈规记述他守御德安时的战略、战术，以及方法、原则。第三部分《建炎德安守御录》上、下卷，则是汤璹于淳熙十四年（1187 年）以后，任德安教授时，追记的陈规德安守城事迹。并于绍熙四年（1193 年）将此书表奏朝廷。

《守城录》作为古代的一部关于防御的兵书，所述城邑防守之法，早已过时。但其中体现的一些防御思想至今仍有借鉴价值。南宋乾道八年（1172 年），宋孝宗下诏将《守城录》第二部分的《守城机要》改刻为《德安守城录》，颁行全国，令各地守城将领效法，在当时产生了重要影响。《守城录》中的许多内容，被明清时期一些兵书所引用和转录。

中国古代第一部兵制专著：《历代兵制》

《历代兵制》由南宋时期永嘉派的著名学者陈傅良所撰，是中国第一部兵制专著，也是研究中国古代兵制的重要参考书。

《历代兵制》共八卷，约 3.5 万字，按照时代顺序，分别记述了周、春秋、秦、西汉、王莽、东汉、三国、两晋、南朝、北朝、隋、唐、五代、北宋的兵制及沿革，阐述了后代兵制对前代兵制的继承和发展。内容包括兵种的建立、军队建制、兵员数额、将校设置、兵员征集、兵赋徭役、军功爵赏及有关战争情况等。对于周代的乡遂制，汉代的禁卫兵（南北军）、郡兵（轻车、材官、骑士），南北朝、隋、唐的府兵，北宋的禁军、厢兵、蕃兵等都作了较详细的记述。

综观全书，陈傅良在兵制方面的主要思想是：

一、主张寓兵于农，兵农合一，有事出战，无事耕田。

二、反对冗兵冗官，主张精兵简政，兵要少但要至精。

三、主张强干弱枝，“天下之兵皆内外相制”，反对“诸王擅权”。

四、主张量力征收军赋，反对征调无度，认为“兵虽可练，而重扰也”。

五、主张严格要求，严格训练，反对“教习不精”。

六、主张严明赏罚，赞同宋太祖的“抚养士卒不吝爵赏，苟犯吾法，惟有剑耳”。

《历代兵制》首开兵制研究之风，至今仍不失其借鉴价值。但有些看法尚具有一定的片面性。

中国古代的海防专著

《筹海图编》

《筹海图编》是中国第一部海防专著，全书十三卷，约 26 万字，附图 172 幅，书中对中国沿海海岸、海域的地形地貌、关隘要塞等地理形势，沿海驻军、水寨、烽堠、瞭望哨、海岸、海港、海中设施等防务，朝臣和将帅所提出的防海御倭方略，兵器和战船，中日两国的历史交往，倭寇劫掠中国的时间、地点、头目等情况，倭寇至闽广总路、至直浙山东总路、至朝鲜辽东总路等三条进犯路线，永乐年以来的平倭战绩等，都有比较详细的论述。

《筹海图编》首次提出了比较全面的防倭剿倭的战略，反映了郑若曾和明代一部分朝臣的海防思想。它认为，防倭备倭的根本方略是安民和备战。安民就是要委派良吏推行善政，使沿海居民安居乐业，备战就是要加强海防建设，全歼来犯的倭寇。

《海防图论》

《海防图论》又称《海防图说》或《海防论》，以地形和倭情为依据，论述沿海各地的战略形势及其战略地位，提出了御之于远洋、歼敌于近海、各省联防会剿、内外夹击、水陆兼备的海防战略。采取除内奸以塞倭寇之耳目，占岛屿以扼倭寇必经之海道，分哨与会哨相结合以堵倭寇可乘之隙，在沿岸港口增驻水陆守备部队以剿倭寇，训练乡勇以使处处都有御倭之兵等措施。

《江南经略》

《江南经略》是郑若曾专为防御倭寇侵入长江而作的江防专著。虽为江防而作，但其指导思想与备倭措施仍与海防相似。全书从长江口的华亭、上海开始，上溯至常州、镇江，依次绘图论列，有些绘图，尚属首制。虽为一时权宜之计而作，却有长期备考之价值。

唐顺之与《武编》

唐顺之（1507～1560 年），明代嘉靖年间右佥都御史，代凤阳巡抚，兵书著述家，他纂辑的兵书《武编》，集纳了不少鲜为人知的资料，具有重要的参考价值。

《武编》在唐顺之生前未能刊行，只有抄本传世，其体例类《武经总要》，分前、后两集，各六卷，187 门。

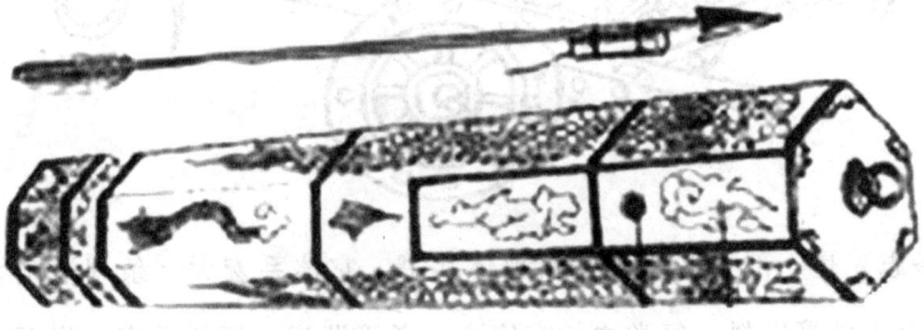

《武编》的突出之处，在于他辑录其他兵书不载或少载的内容，主要有以下四种：

一、水底雷。即密封于木箱内，悬浮于水中，借助于机械式击发装置点火发射的火铳，属于击穿式水雷。

二、破船舸（gě）。即一种安有六个水轮的车轮船，船首为平形，安有三支火铳，铳管头部伸出船首外，火门留在舱内。若与敌船相近，舱内士兵点火发射，火铳弹丸便射向敌船。

三、手把铳的发射口诀。

四，制造兵器所用钢材的冶炼方法。此法为兵器史与冶金史学者所重视。

《武备志》

《武备志》是中国古代部头最大的一部综合性兵书。全书 240 卷，约 200 万字，附图 730 余幅，被称为“军事学的百科全书”，由茅元仪（1594～1640 年）历时十五年撰成。

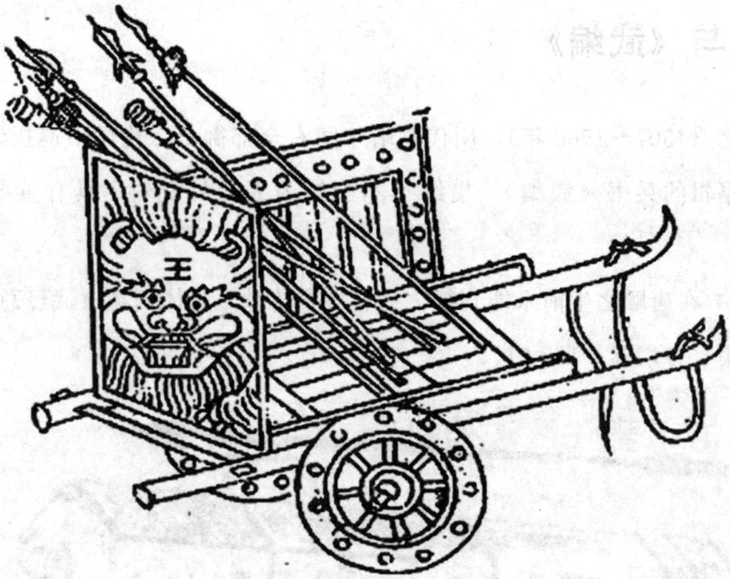

《武备志》是一部大型综合性辑评体兵书。它体系宏大，条理清晰，体例统一。全书分类排纂史料，每类之前有序言，考镜源流，概括内容，说明编纂指导思想和资料依据；大类之下有小类，小类之下根据需要设细目，如《军资乘》下又分为 8 类 64 个细目；文中有夹注，解释难懂的字词典故。《武备志》完备的体例，不仅表明了著者对各个问题的看法，而且为读者把握全书的重点提供了线索。

《武备志》共由兵诀评、阵练制、战略考、军资乘、占度载五大部分组成。

《兵诀评》18 卷，选录《孙子》《吴子》《司马法》《三略》《六韬》《尉缭子》《李卫公问对》全文和《太白阴经》《虎钤经》的部分内容，进行评点。

《战略考》33 卷，按照时间顺序，从战略的高度选录了春秋、战国、西汉、东汉、三国、晋、宋、齐、梁、陈、隋、唐、五代、北宋、南宋、元等十六个朝代有参考价值的战争战例 600 余个，大都在历史上以奇谋伟略取胜著称，如马陵之战、赤壁之战、淝水之战、虎牢之战等等。

《阵练制》41 卷，由“阵”和“练”两大部分组成，前者强调要详细，后者强调要通俗实用，“阵取其制，制则宁详；练取其实，实则宁俚。”“阵”下又分 94 个细目，附 319 幅阵图，详细记载了从先秦至明代各种阵法阵图，堪称古代阵法阵图大全。

《军资乘》55 卷，由营、战、攻、守、水、火、饷、马八部分组成。类下又有子目，子目下又分细目，内容非常广泛。这部分所记军用物资完备而详细，从攻守器械、火器火药、车马战船到粮饷米盐无不具载，堪称古代军用物资大全。

《占度载》93 卷，由占、度两部分组成。“占”即占天，记天文气象。这部分内容反映了古代人们对天文气象的朴素认识，如“天色惨黄为风”等。“度”即度地，记兵要地志。这部分详细记载了明代的山川形势、关隘要塞，道里远近，州府及卫所设置、兵马驻防、督抚监司、镇守将领、钱粮兵额等内容。

西洋火炮专著《西法神机》

《西法神机》是明末关于西洋火炮的专著，对明末和清代的火炮研制和使用，产生了重要的影响，作者是明末西洋火炮专家孙元化。

《西法神机》成书于崇祯五年（1632 年），原稿在战火中流失，现存清代康熙元年（1662 年）据其副本刊印的古香草堂本，分上、下两卷，约 3 万余字，图 19 幅。书中记载了 30 多种发射火药的配方；阐述了以火炮口径的尺寸为基数，按一定比倍数设计其他各部分的方法；提出了弹重、装药量与火炮口径成一定比例的要求；创制了一种新型的工程炮车；设计了多种便于发挥火力优势的凸面炮台。

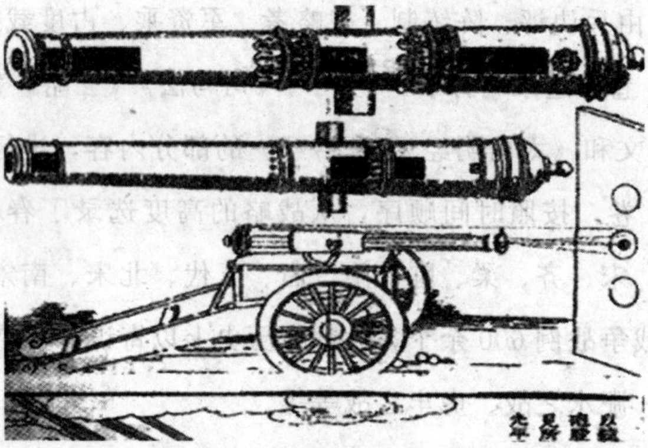

孙元化通过研究认为，炮弹射出炮膛后并非沿直线飞行，同时也受引力下坠，合成曲线轨迹，过曲线顶点后，速度减慢，动能减小，杀伤力削弱，最后速度为零，杀伤力消失。他的论述虽不如伽利略对抛物线的论述透彻，但亦相去不远，是中国古代关于弹道理论的一大突破。

其 他

中国历史上的四位“花木兰”

朱姓木兰。据清人瀛园旧主著《木兰奇女传》载：唐初，少女朱木兰，湖广黄州府西陵县双龙镇人，娴弓马，谙韬略，14 岁时女扮男装代父从军，转战沙场 13 载屡建功勋，凯旋还里，唐太宗封她为武昭将军、武昭公主。赐姓李。其史实见于《旧唐书》。后人为纪念她，在湖北黄陂县木兰山建有木兰祠、木兰墓和将军庙。

魏姓木兰。据清人刘淮年著《三十二兰室诗钞》载：木兰，姓魏，名木栾，俗称木兰，生于西汉初年，亳地（今河南）人，其父名魏应，汉文帝年间，匈奴南侵，为抵抗侵略者，木兰女扮男装代父从军战死沙场，被追谥孝烈。

任姓木兰。据《新唐书》《全唐诗》载：少女，木兰姓任，散尽家财，招募数千义勇，组成保家卫国的一支部队，木兰女扮男装，跃马横戈，率军一举打败强大的叛军。为此，著名的边塞诗人岑参曾有诗赞道："甲士千群若障云，一身出能定三年。"

韩姓木兰。据明人刘惟德著《韩木兰（娥）传》载：少女木兰，姓韩，原名娥，四川阆中人，幼丧双亲和叔父韩立共同谋生。12 岁正值元末农民起义烽火，遂女扮男装改名韩天保，投奔红巾军王起岩部队。木兰 13 年军旅生涯，战功卓著。后人为纪念木兰，在她家乡修建了木兰庙、木兰寺。

中国古代的军事间谍

间谍战是战争的重要组成部分。据《左传》载，夏帝少康是中国最早使用间谍的人。另外，不少古代的名士贤臣都亲自做过间谍，如商代的伊尹、周初的姜子牙、孔子的高足子贡等。姜子牙《太公六韬》论间谍的职能曰："游士八人，主伺奸候变，开阖人情，观敌之意，以为间谍。"

间谍的称呼，五花八门。《周礼》谓之"邦汋"，即斟酌盗取机密之意；《尔雅》称之为"伣"，反间之义；《左传》称"谍"，《礼记》"覘"，《鹖冠子》称"泾"；《史记》称"中诇"；《后汉书》称"侦侯"；《左徒注》中叫"游侦""细作"。

《孙子》对使用间谍的方法作了精辟的论述："用间有五：有乡间、有内间、有反间、有死间、有生间。五间俱起，莫知其道，是为神纪。"乡间，即利用同乡关系去从事间谍活动；内间，是利用敌人内部派别之间的矛盾进行间谍活动；反间，就是利用敌人的间谍为自己服务，或收买，或泄假情报使敌人上当；死间，即用犯罪的人做间谍，必要时可以牺牲间谍来达到我方目的；生间，即选择精干的人做间谍，搞了间谍活动之后，能活着回来报告情况。五间的关系互相关联、互相补充，而以反间为根本，为关键。

中国古代的“木马计”

两唐书的《裴行俭传》记载：唐高宗调露元年（公元679年），突厥阿史德温傅部叛乱，单于府所辖二十四州皆起而响应，有众数十万。唐政府所设置的单于都护萧嗣业率兵讨剿，阿史德屡次劫掠唐军运粮车，唐兵多饿死，因而连连败北。于是，朝廷派遣礼部尚书裴行俭为定襄道行军大总管，领兵30万进讨。

裴行俭到朔州后，得知唐军屡败的原因，便准备粮车300辆，每车藏猛士5人，持陌刀劲弩，另派羸弱之兵数百运送，并在各险要处伏下精兵。叛军看见运粮车队，果然又来攻夺，运粮的兵士稍作抵抗便弃车而逃。叛军抢得粮车，押运到有水草之处，解鞍放马，刚要取车中之粮，伏在车中的猛士突然跃起，叛军大惊奔逃，各险厄处的伏兵四起，叛军被擒杀殆尽。此后，叛军再见了唐军的运粮车，只是遥遥观望，无敢逼近者。唐军有了粮饷，屡战屡胜，终于擒获了阿史德温傅，平息了叛乱。

中国古代的“口令”

口令在现代战争中不可或缺。早在2000多年前，口令在中国就已应用于军队了。中国的第一部编年体史书《左传》记载：公元前525年吴国与楚国交战，在一次战斗中，楚军把吴王乘坐的船给缴获了。这对吴国来说是个莫大的耻辱，他们就千方百计夺回这条船。一天夜里，吴军派了3个兵伪装成楚兵，潜伏在船边，约定以“余皇”为口令。于是，当吴军到来，用这个口令与潜伏的士兵三呼三对，使夜袭获得成功，将船夺了回来。

中国古代的烟幕战

中国古代很早就懂得烟幕在战争中的作用，远古传说“蚩尤能作大雾，军士昏迷”，这里的大雾即是人工烟幕，史籍中最早记载烟幕用于战斗，则是在公元589年。当时，隋朝大将贺若弼奉命伐陈，当挺进到陈都城建康城郊时，和陈将鲁广达所率陈军发生遭遇战，隋军败退数次，死者无数，形势十分危急，这时贺若弼灵机一动“纵烟以自隐”，迷惑陈军。陈军以为隋军已败，即持隋军士兵人头向陈后主请赏，因而阵势大乱，隋军趁势反攻，转败为胜，最终生俘陈后主。这次战斗，隋军取胜的主要原因是使用了烟幕，较好地隐蔽了自己，给陈军造成了失败的假象，然后出奇制胜。

辽宋时期的地下战道

1988年，在河北省永清县发现了古代的地下战道，其面积约300平方公里，涉及6个乡镇。

经专家论证，认定永清地下古战道系宋辽时期的一项大型军事设施。已挖掘探明的地下古战道，规模宏大壮观，洞体结构复杂，既有较宽大的“藏兵洞”，又有窄小的“迷魂洞”，还设有翻眼、夹壁、掩体、闸门等军事专用设施。

“草船借箭”另有其人

《三国志》载：“十八年正月，曹公攻濡须，权与相拒月余，曹公望权军，叹其齐肃，乃退。”《魏略》载：“权乘大舰来观军，公（曹操）使弓弩乱发，箭著其船，船偏重将复，权因回船，复以一面受箭，箭均船平，乃还。”

这两段古文大抵意思是说，濡须口战役时，曹操和孙权两军对垒，孙权乘着巨大战舰迫近曹军阵营观察敌情。曹军就乱箭齐发，纷纷钉在战舰上。由于太多太重，导致战舰开始向一侧倾斜。孙权就命令战舰转向，让另外一面受箭。最后，两边重量平衡了，战舰也就正了过来。然后，孙权带着满满一船箭，回归了本军阵营。

罗贯中写《三国演义》时，经过艺术加工，把“草船借箭”的功劳记在诸葛亮的账上，使这一讹传流传至今。

“佘太君”真伪考

“佘太君”是杨业的妻子。据《保德州志》上记载：“折太君，宋永安军节度使镇府折德扆女，代州刺史杨业妻。”从这里我们可知，佘太君不姓佘，而是姓折。当时杨业在潘美、王侁等人强逼下，走上前线与辽兵苦战，只剩下了100多人，杀出重围退到陈家谷口时，却不见潘美部队接应，杨业知道已陷入绝境，最后因其战马受重伤，在朔州西南的狼牙村被俘，然他坚贞不屈，绝食三日而死。

潘美等人畏罪，想掩盖此事，但折太君上疏辩夫力战被俘而死的原因，宋太宗就削夺了潘、王两人的爵位，把他们贬为一般的老百姓。可见“佘”太君除了骁勇善战，还是个胆略过人的女英雄。她死后，安葬在山西省保德州折窝村，现在那里还有其墓的遗址留存。

兵　器

刺击类兵器

枪。长柄有尖头的刺击兵器。《墨子》："枪二十枝。"《旧五代史》："常持铁枪，冲坚陷阵。"到了宋代，枪的形制很多，如骑兵用的有单钩枪、双钩枪、环子枪等，步兵用的有素木枪、项枪、锥枪、梭枪、大宁笔枪等，还有专用于教阅的槌枪，在攻城的时候，又有专用的短刃枪、短锥枪、抓枪、蒺藜枪、拐枪、拐突枪、拐刃枪等。除了这些种类繁多的刺击兵器外，后来发展出来的各种管形火器，也叫作枪，这是兵器发展史的一个新阶段。

矛。长柄，有刃，用以刺敌。最早的矛用兽角、竹木，或尖形石块制作。开始的时候无柄，后来才加柄。商周时代用青铜制作，汉代以后，多用铁矛。《韩非子》："楚人有鬻楯与矛者，誉之曰：'吾楯之坚，物莫能陷也。'又誉其矛曰：'吾矛之利，于物无不陷也。'或曰：'以子之矛，陷子之楯，何如?'其人弗能应也。"这个故事表明了矛和盾的作用。

铍。主要用于直刺的长柄兵器，尖端形如剑，两边有刃。亦作铩。《左传》："贼六人以铍杀诸卢门，合左师之后。"又大矛也叫铍，《方言》第九："铩谓之铍。"郭璞注："今江东呼大矛为铍。"湖南长沙的战国楚墓曾出土一把铍，全场1.62米。西汉中期以后，铍逐渐消失。

戈

戈是中国古代的主要兵器。青铜制，盛行于殷周，秦以后逐渐消失。属于杀伤类兵器，用以钩挽敌人、啄刺敌人。戈的各部分都有专名。其主要部分称"援"，像宽刃的大匕首，用以钩啄敌人；转折而直下的部分称"胡"，其上有孔，用以贯索，缚于柄上；援后的短柄称“内”，用以穿入长木柄；内上有孔，叫“穿”，穿可贯索缚于长木柄上端，使戈体坚牢着柄而不左右移动；戈的长木柄称“柲”；柲的上端有铜饰，称“冒”；柲的下端有平底青铜套，称“镦”。比铜戈早的石戈，无胡无内，援的后端向左右两边突出少许，用以缚索于木柄之上，因其体短而宽，故亦能着柄而不滑脱。此外还有玉戈。石戈和玉戈，商代以后，多作为礼仪用具或明器。

据《考工记》记载：“戈广二寸，内倍之，胡三之，援四之。”即戈之最宽度为（周尺）二寸，内长四寸，胡长六寸，援长八寸。再就刃形而言，晚周之戈，大概“内”末有刃者居多，就孔（穿）洞而言，戈愈晚则其“胡”上之穿孔愈多，孔洞均作长方形。至于戈柲为一直体长杆，一般长六尺六寸，但亦有长有短。

劈砍类兵器

斧。古代兵器。最早为石斧，商代已有铜斧。刃作凸形，略外出。周代铜斧大多数都以管形銎穿柄。商周的铜斧，形式铸造及雕刻嵌镂均精致华美。到了汉代改用铁斧。斧的形状极不一致，长短宽窄各异，变体也多，名称也很复杂。

钺。古代用于砍杀的一种兵器。本作“戉”，后加金旁作“钺”。青铜制，形状像大斧，圆刃或平刃，有“穿”，用以绑长柄，盛行于商、周，是当时的一种重要武器。也有用玉石作的，多用于礼仪及殉葬。

戚。古兵器名。斧的一种。戚与钺都是斧的变体。钺大于斧，戚小于斧。其制造甚为精美。《诗经》云：“弓矢斯张，干戈戚扬。”毛传：“戚，斧也；扬，钺也。”戚也可作乐舞之用，《礼记》中有：“朱干玉戚，冕而舞大武。”

刀。兵器名。劈砍类单刃兵器。一侧为锋刃，另一侧略厚，用以加强劈砍时的力度，也可用来格挡。

殳

古代打击类长柄兵器，最早由棍棒演化而来。殳首多用青铜制成，呈八棱形，分为有尖锋和无尖锋两种。长柄多用竹木做成，长一丈二尺，类似有首的木杖。也作仪仗之用。

多锋刃兵器

镋。攻防兼备的长柄兵器。形状似叉。一般长 7.6 尺，重 5 斤，有 3 齿和 5 齿两种，中齿较长，尖锐如枪，两旁为四棱刃的“横股”。作战时，士兵既可用它刺杀敌兵，又可用它格挡敌人兵器。《武备志》说它创制于明代后期，但近年来浙江淳安县出土的一件三齿镋说明，北宋宣和年间（1119～1125 年），方腊所率领的起义军，已经使用镋作为兵器了。

钯。钯是由钯头和长柄构成的长柄横齿格斗兵器。钯头是用 5 支箭式剑锋，插在两个月牙形铁质的横刃上构成。两个月牙形的横刃之间有一定的距离。钯头制成后安于长柄上，柄尾安有金属鐏。

杋。杋的头部是在一个特质的腰鼓形横木上，安置多根短铁齿，用以刺扎敌人的兵器。是由农具演化而来的，因铁齿锋利似钉，有一定的攻击力。但从总体来看，使用频率不是很高。

铲。铲的头部安有月牙形横刃，柄尾端安有尖锐枪锋。前可铲敌，后可刺人，步骑兵都可以使用。

叉。叉的头部有三锋，中锋稍长，是古代用于直刺和叉挑的长柄格斗兵器。由叉头和长柄构成。叉头有两股和三股，原为生产工具，后被用作兵器。《六韬·虎韬·军用》中就有用叉“三百枚”的记载。隋炀帝时期，禁止民间用叉。

陌刀

陌刀为一种两刃的长刀，较重，大约 50 斤。《新唐书》中记载：“（张）兴为饶阳裨将，举陌刀重五十斤乘城。贼将入，兴一举刀，辄数人死，贼皆气慑。”隋朝的 50 斤相当于现代的 22 斤左右，但这仍是算相当沉重的实战兵器了。

唐陌刀开始流行于高宗调露前后至开元十年之间。开始时使用陌刀是为了对抗突厥骑兵，后来在诸军流行则是对付以骑兵称雄的唐之“四夷”。盛唐时完善的节度使制度使得军队的装备，训练走向向正规化，陌刀也因此成为唐步兵的主战兵器之一，及唐之后，史籍鲜见陌刀之踪迹。

鞭

鞭是中国古代的一种铁质短柄笞击类兵器。据《武经总要》记载，鞭身形似

竹节，有柄，起源于竹鞭，大小长短随使用者的需要而定。唐宋时期，铁鞭的使用者逐渐增多，主要有铁鞭和连珠双铁鞭。如宋将王继勋素来勇武，“在军阵，常用铁鞭、铁槊、铁挝，军中目为‘王三铁’”。明清时期，军中也常有使用铁鞭的将领。

挝

挝即爪，铁制。主体前面是伸向四方的锐利的钩，形如鸟爪，后面有一个铁环穿上铁索，再用麻绳接在铁索上。在敌人聚集的地方，把它掷向敌人稠密的地方，把中钩的敌人急速地拉过来。宋朝开国皇帝赵匡胤的侍卫军中，也装备少数挝。北宋建隆元年（公元 960 年），赵匡胤率部攻占北汉的泽州（今山西晋城），俘虏其宰相卫融，因卫融拒绝臣服宋廷，赵匡胤一怒之下，便“命左右以铁挝击其首，流血被面。”

锏

古代兵器，本作“简”。元关汉卿《关大王独赴单刀会》第三折“三股叉，

四楞锏，耀日争光”中的四楞锏就是这种兵器。传世的宋朝名相李纲用过的锏用钢铸成，重3.6公斤，长96.5厘米，锏身刻有嵌金篆文“靖康元年李纲制”七字，并配有圆形的红木套。

锤

古兵器名。亦作“铁椎”，有柄，一端状如瓜，整体较为沉重。《史记》中载：“（张）良尝学礼淮阳，东见仓海君，得力士，为铁椎重百二十斤。”

锤除了铁质之外，亦有铜质。

剑

古代一种随身佩带的兵器。长刃两面，中间有脊，短柄。出现于商代，初行于西周，盛行于春秋战国时代。据古书记载，春秋战国时名剑很多，如干将、莫邪、龙泉、太阿、纯钧、湛卢、鱼肠、巨阙等，都为世人所称道。

剑有长有短，形状各异。铜器时代初期和中期，其形多呈锐尖双锋铜片形或矛头形，茎（柄柱）极短，尚未成为柄，是插在腰间的短兵器。铜器时代末期，铜剑形式已循序演进至变茎为柄，剑身加长，刃与柄之衔接处，加宽成为剑格（护手）；但剑柄仍短而不易把握，故有一凸箍（后）以容中指，以便手能紧握，避免滑脱。到了铜铁器时代，剑体加长，柄亦加大，格亦放宽，而且加以雕刻镶嵌，柄的装潢日益华美，且有以玉为首（柄头）、以玉为格的。剑身及铜柄上，常嵌金丝镂花，有的上面还有铭。到了完全铁器时代，汉以后，直至清末，其特点是剑体甚长，剑格加大，剑茎细小无后，而外加铜片或木片夹持，柄首亦加大，常护以铜片。格、柄、首都是外加的材料，同剑身已不属于一体。

弓箭

弓箭是古代长射程武器。弓是发射器，箭是搭在弓上发射的武器。远在传说的黄帝时代，中国已发明弓箭。原始弓箭制作比较简单粗糙，弓身用坚韧的树枝弯成，用皮条、动物筋或植物纤维绳作弦。弓的各部分有专门名称：弓的末端叫“弰”，弓把中部叫“弣”，“弣”两边弯曲处叫“隈”，弓两端受弦的地方叫“弭”，弓上用以发箭的牛筋绳子叫“弦”。弓在平时不上弦，用一个铜制的“弓形器”缚在弣上，以保持弓的弹力。箭也叫“矢”，箭杆多用竹木制作，下部装雕毛，末端有“冒”，搭在弦上。箭头叫镞，有铜质、铁质之分。辽宁西岔沟出土的铜镞，有翼式、梭式、扁平式和矛式等多种。盛箭的器物叫“矢箙”，多用

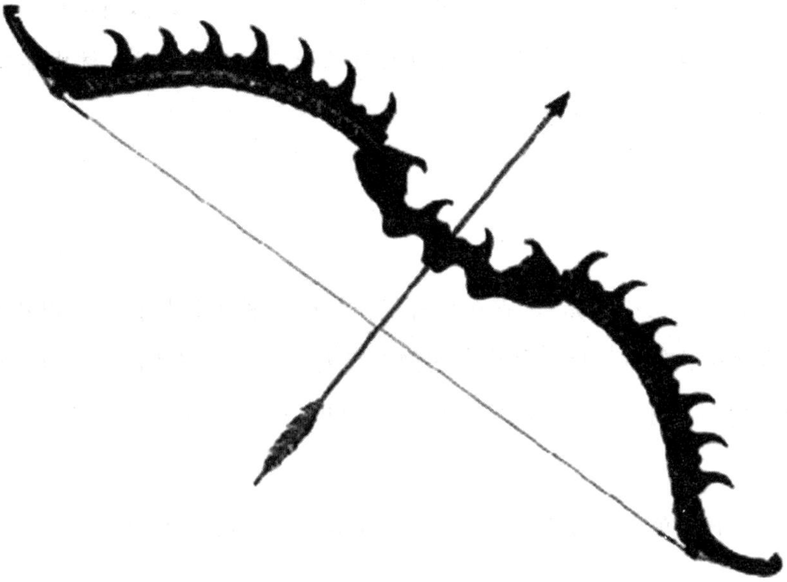

竹木或兽皮制作。

“甲”和“胄”

“甲胄”这个词并不陌生，但许多人不知道，“甲”和“胄”并非同指一物，而是两种不同装备。

甲即铠甲。古代作战用的护身衣。也叫身甲。先秦之甲，皆用犀兕（野牛）皮制成，用铜铁制作的铠甲始于秦汉。古代特别看重由犀兕鲛（鲨鱼）皮制作的皮甲，尤以犀甲最为贵重。皮甲坚而耐久，上绘彩色，分段连属，下加锦彩作边缘装饰。也有用铜铁片或丝带编组而成的。另有一种甲，系用绢帛加绵衲成，叫作“练甲”。汉以后，甲的种类加多，如“琐子”“两当”等。南北朝一度流行的袴褶服，即内着两当铠（前后两大片，上用皮襟连缀，腰部另用皮带束紧，外罩袍服，下面大口袴加缚）。唐人称之为“临戎之服”，意即袍服一脱，即可作战。因为脱卸便利，故南北流行，至唐宋还未尽废。

胄即头盔。又叫盔，首铠，兜鍪。古代作战戴在头上用以保护头部。多用铜铁制成，也有用藤或皮革制作的。现在所能见到的最早的头盔，是河南安阳殷墟出土的铜盔。这种铜盔，里面红铜，外镀厚锡，高约 150 毫米，底宽约 180 毫米，呈虎头形。宋元的钵形铁胄，精美坚整。高五寸四分，钵顶穿孔，周围有云形圈形叶形及珠形五层凸体花纹，下边作绳缘形及云头形花纹，钵内涂朱，眉庇也是铁质。

盾

盾即盾牌，也作“楯”。盾牌是古代作战时一种手持格挡，用以掩蔽身体，抵御敌方兵刃、矢石等兵器进攻的防御性兵械，呈长方形或圆形，其尺寸不等。盾的中央向外凸出，形似龟背，内面有数根系带，称为“挽手”，以便使用时抓握。

其材质有皮革、木材或藤条等，亦有金属盾，但极罕见。

战马的防护装具

商周时期已经开始用马甲，但这种马甲主要是用于保护驾车辕马的头部和躯干。到了秦代和西汉时期，长于驰突的骑兵已经成为军队的一种主要兵种，人们为了保护战马的身躯，便开始制造马铠。到了东汉时期，具有防护作用的马甲便得到了进一步的推广。三国时期，又发展成为配套使用的马甲。南北朝时已使用铁片或皮革制成的具装铠，使马铠发展到比较完善的阶段。这种具装铠由面帘、鸡颈、当胸、马身甲、搭后、寄生等 6 部分组成，分别保护战马的头、颈、胸、躯、臀、尾 6 处。宋代的具装铠去掉了寄生。

少数民族的战马也披有马铠。辽和西夏军战马曾披着铁质马铠。明清时期，由于火绳枪炮的大量使用，枪弹和炮弹的穿透力，使战马的防护装具成为可有可无之物，就此衰落下来。

战　具

攻城兵器

投石车

投石车亦称“抛石”“飞石”，是利用杠杆原理抛射石弹的大型人力远射兵器，它的出现，是技术的进步也是战争的需要。投石车在春秋时期已开始使用，隋唐以后成为攻守城的重要兵器。但宋代较隋唐有更进一步的发展，不仅用于攻守城，而且用于野战。

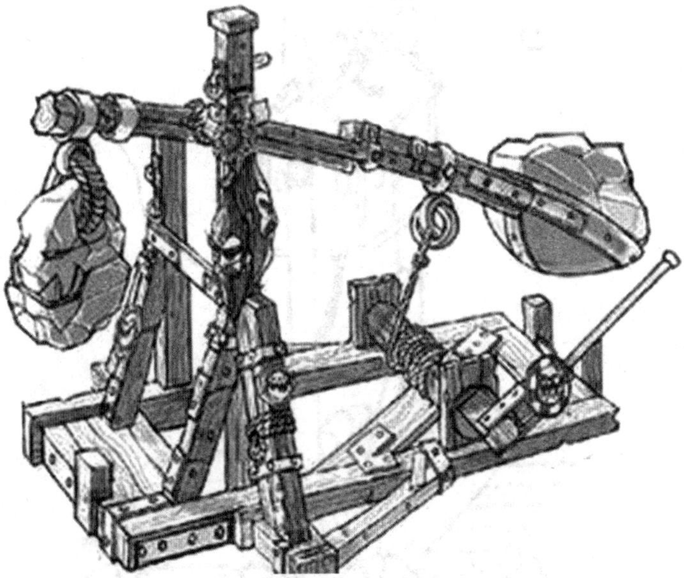

宋代兵书《武经总要》中说，“凡炮，军中利器也，攻守师行皆用之”，足见对投石车的重视，书中还详细介绍了八种常用投石车，其中最大的需要拽手250人，长达8.76米，发射的石弹45公斤，可射90步（宋军制换算成现代单位就

是 140. 85 米)，这里必须指出，《武经总要》可能是出于保密或者故意误导敌人的目的，将发石车的射程大大缩小了，实际上根据别的古籍记载和现代科学计算模拟，这种投石车的发射距离不少于 500 米，这在冷兵器时代，可说是超远程打击了。

望楼车

望楼车是古代攻城时用作瞭望的战具。宋朝的望楼车用坚木做成车坐和车辕，长一丈五尺，下有四轮，轮高三尺五寸，上面立着望杆，长四十五尺，上径八寸，下径一十二尺，上安望楼，竿下有转轴，两旁有义手木，系麻绳三棚，上棚二条，各长七十尺，中棚二条，各长五十尺，下棚二条，各长四十尺，带镮铁橛六条，下锐。立杆如同舟上建樯的办法一样，钉橛系绳六面连结起来。攻城时可登杆进入望楼瞭望城中情况。

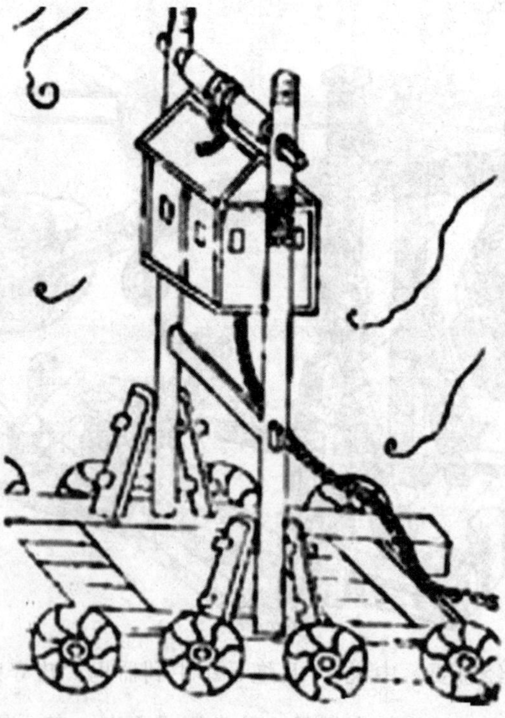

壕桥车

濠桥车是古代攻城渡濠的器具。“濠”即护城河。宋代濠桥车的长短以濠为准，桥下前面有两个大轮，后面是两个小轮，推进入濠，轮陷则桥平可渡。如果濠阔，则用折叠桥，就是把两个濠桥接起来，中间有转轴，用法也相同。

轒辒车

轒辒车是一种遮挡式攻城器械。是在长方形的车座上建有山脊形木屋，外蒙牛皮，下安4轮，形如活动掩体。使用时，士兵将其推至城下，或者多车相连成地面通道，掩护士兵抵达城墙，进行攻城作战。

吕公车

吕公车是一种结构较为先进的高层攻城车，创制于元代末期，有5层，高于城墙相当。车下安8轮，底层士兵踩轮前进，2层和3层士兵持器械掘凿城墙，4层士兵持兵器攻城，5层士兵可直扑城顶，攻入城内。明代使用较多，《武备志》中载有其图。

撞车与滑车

《岳飞传》里“挑滑车”的故事脍炙人口，这“滑车”是个什么东西呢？

中国在4000多年前就已广泛使用石车，到殷代车已直接用于战争，此后发展形成了多种战车。粗分大约有野战车、云梯、撞车、巢车和炮车几类。还有一些特殊用途的作战车辆，如纵火车、扬尘车、搭桥车等。其中，撞车的出现不晚于公元前 11 世纪。《诗经》中就有关于撞车的记载："与尔临冲，以伐崇墉。"这里的"临"是一种云梯，而"冲"就是一种撞车。诗中还用"临冲闲闲""临冲弗弗"等诗句，来形容这两种战车的威力。汉代之后撞车的使用已相当广泛，但直到明代茅元仪所著《武备志》中才绘出了一些撞车的图形，从中可以看出撞车有多种用途，比如有的适于攻坚作业，有的用来杀伤敌人，有的可以撞击城门，有的则可输送兵员……不同用途的撞车结构有所不同，还常各有其不同的名称。

滑车是以撞车为原型而构思和创制的，利用陡峭的山坡向下滑行，不需人推，而且在车内堆放石块，加大下滑的推力和冲撞威力。在滑车的轴承和一些连接处，均采用一些铁零件增加强度，故称铁滑车。

铁蒺藜、地涩

铁蒺藜有 4 个尖锐的刺锋，形如鸟爪，每个刺锋长 4～5 厘米，中央有孔，可用绳穿连，以便携带和布散。作战时，将其撒布在敌军必经之路和城郭周围的通道上，扎刺敌人的人马。

地涩与铁蒺藜用途相似，形制不同。是一种在一块木板上密钉许多刺钉的障碍器材。通常放在敌骑通向城郭的必经之路上，扎刺战马之足。

蒙冲与斗舰

蒙冲

蒙冲是一种蒙盖着生牛皮的小型战船。《资治通鉴》："刘表治水军，蒙冲斗舰乃以千数。"胡三省注："杜佑曰：蒙冲，以生牛皮蒙船覆背，两厢开掣棹孔，左右有弩窗、矛穴，敌不得进，矢石不能败。"

斗舰

斗舰是一种古代战船。船上设女墙，可高三尺，墙下开掣棹孔。船内五尺，又建棚，与女墙齐。棚上又建女墙，重列战士。上无覆背，前后左右树牙旗、帜幡、金鼓。

其 他

中国古代的"火箭"

唐末宋初火药用于军事以前，已有名叫"火箭"的兵器，即在普通的箭头上缚以草艾、麻布、油脂等易燃物点燃后发射出去，用以燃烧敌人营房、粮仓及其他设施。唐末宋初发展为把火药制成球状，缚在箭头附近，点着引线发射出去。把火药运用到兵器上，是兵器史上的一大进步。宋元之间又出现了一种利用火药燃烧喷射气体产生的反作用力把箭头射向敌方的火箭，这已和现代火箭的发射原理相同。

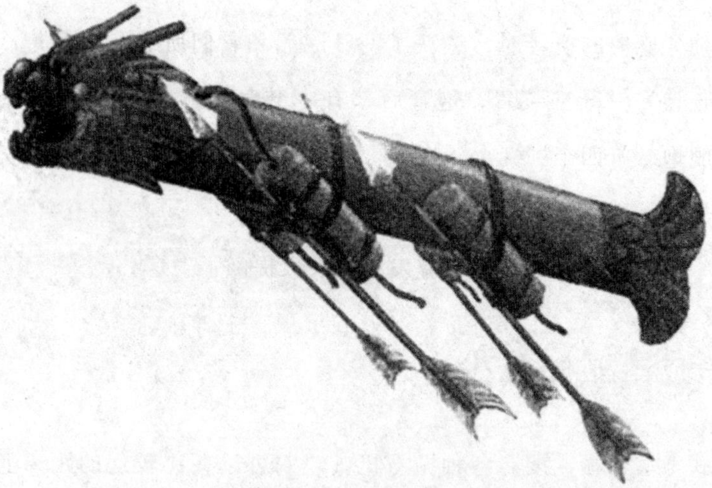

到了明代，这类火箭更加多起来，不但有"飞刀箭""飞枪箭""飞燕箭"等多种单发火箭，还有同时发射十支箭的"火弩流星箭"，发射三十二支箭的"一窝蜂"，发射四十九支箭的"四十九矢飞廉箭"，发射一百支箭的"百矢弧箭""百虎齐奔箭"等。这些多发箭大都是把箭装在筒里，把各条引线连在一根总线上，点着总线后，传到各条引线一齐发射出去。

震天雷

震天雷是中国古代的一种爆炸性火器。本名“铁火炮”，是用生铁铸成葫芦形、圆形、合碗形等等不同形态的铁罐，身粗口小，内盛火药，安装引线，使用时根据目标远近，决定引线的长短。交锋时点燃引线后，用抛石机发出，在到达目标的时候，火药发作，铁罐炸碎飞散，杀伤敌人，炸毁目标。

它出现于南宋后期，金哀宗天兴元年（1232 年），蒙古兵攻金朝南京（今河南开封），用牛皮做成“洞子”，兵士伏在里面，到城下来掘城，城上的矢石打不破这种“洞子”，金兵就用铁绳悬震天雷沿城墙吊到被掘的地方，把攻城的兵士和牛皮洞子都炸得粉碎。

佛郎机

佛郎机是一种西洋火炮。明世宗嘉靖元年（1522 年），明军在广东新会西草湾反击葡萄牙舰船的挑衅时，缴获了两艘舰船和它们所装备的舰炮。这种舰炮，炮管比较长，安有瞄准装置，炮管后部有一个肩形敞口的装弹室，可以安放子炮，每门舰炮备有四个到九个子炮。子炮的作用相当于后来的定装式炮弹，可事先装填火药，并用火绳点火发射。发射时，先把一个子炮安置在装弹室里，射毕后再换装一个子炮，因而可以轮流发射，大大提高了射速。

古代守城器械知多少

攻击式守城器械主要有各种抛石机，它们可以在比较远的距离上抛射巨石，击杀前来攻城的敌军士兵，击毁敌军的攻城器械，阻止敌军接近城墙。

侦听式守城器械有瓮听、地听等，用法是先在城内要道处挖二丈左右的井状地穴，以后用无缝的陶瓮覆在井口，命耳聪的士兵以耳贴近陶瓮，倾听异常声音。因为如有敌军挖掘地道，便有声音传来，守城士兵听到这种声音，就采取防御和反击措施。

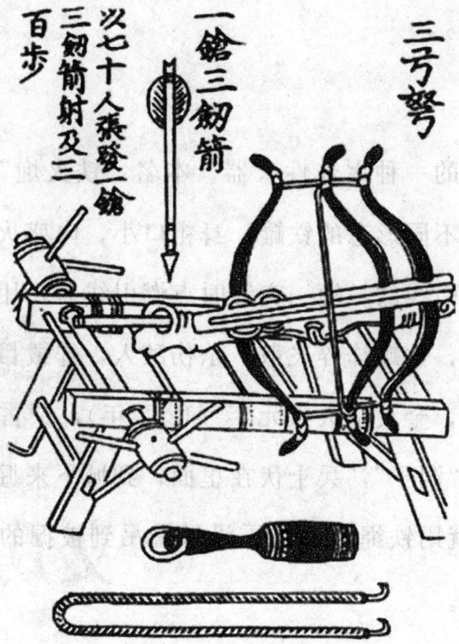

抵御式守城器械有竹立牌、木立牌、布幔、木幔、皮帘、垂钟板、篾篱笆、皮竹笆、护城遮架等遮挡器械，以遮挡攻城敌军射来的矢石；有加强城门和城垛防御的插板、墙门、槎碑、塞门刀车、木女头和木女墙等。它们能在城门、女墙被敌摧毁时进行应急性的补救，以阻止敌军从突破口冲入城内；还有抵御和托阻击敌军云梯的叉杆、抵篙等。

撞击砸打式守城器械有撞毁敌军云梯和尖头木驴用的撞车和铁撞木，有击砸敌军人马和攻城器械的各种檑木（夜叉檑、砖檑、泥檑、木檑、车脚檑）、奈何木、坠石、狼牙拍等。

烧灼式守城器械有铁火床、游火铁箱、行炉、猛火油柜、燕尾炬、飞炬、金火罐等。它们或以猛火烈焰，或以烧熔的铁汁，浇灼敌军的士兵和攻城器械。

灭火式守城器械有水囊、水袋、麻搭、唧筒、油筒等。它们的作用是在敌军焚烧城门、城楼时，用水把火浇灭，不使敌人的火攻得逞。

文房四宝

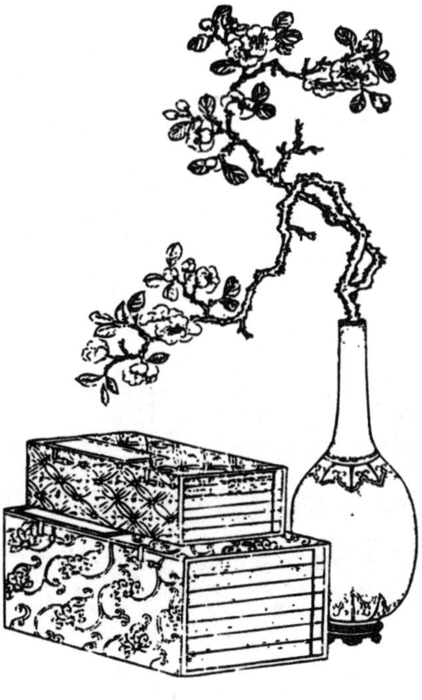

笔

“蒙恬造笔”的传说

据韩愈《毛颖传》中说，秦国将领蒙恬南下伐楚，路经中山（今安徽宣城），见那里的野兔的毛很适合制笔，便教人猎兔制笔，并改进了工艺。韩愈的文章有些游戏性质，未可当真，但也不像是凭空捏造的。

《古今注》也有“古以枯木为管，鹿毛为柱，羊毛为被，秦蒙恬始以兔毫竹管为笔”的记载，说明蒙恬以前已有毛笔，不过他改进为“竹管兔毫”，对笔的发展有巨大贡献。

毛笔的起源

广义上的“笔”，应该说自人类书绘“符号”时就已有了。

至于人工制作毛笔起于何时，历史上有一些传说和记载，如清代梁同书的《笔史》上说仓颉造笔，又如民间传说中流传着蒙恬造笔，但并不足为信。

在考古方面，磁山文化遗址出土的新石器时代早期的陶器上，已出现有画绘的平行曲折纹；在大地湾文化遗址出土的陶器上，有些口沿外边，画绘有紫红色宽带纹。这些原始画的线条柔和，在转弯和收尾处，往往留有劈开的岔道；在同一线条上，又有粗细变化。从这些情况来看，它们似是用鸟羽兽毛或植物絮穗制成的原始“毛笔”绘出的。根据放射性碳素断代，可知磁山文化与大地湾文化所处的时期大约在公元前5000年前左右，也就是说，距今7000年前，中国就已经有毛笔了。

现存最早的毛笔实物

中国现存最早的毛笔实物，是1954年6月出土于湖南省长沙市左家公山战国晚期楚墓里的一支毛笔。

这支毛笔笔杆竹质，长18.5厘米，直径0.4厘米。笔头为优质兔箭毛，即紫豪，长2.5厘米。有竹管笔套，长23.5厘米。此笔与现在毛笔有些不同，一是将笔毛围在杆的一端，用细丝线缠绕，外面涂漆，使其牢固，而不是将笔毛插在杆腔内。这与东汉蔡邕在《笔赋》中所描述的“削文竹以为管，加漆丝之缠束”的情况相仿。二是笔套的用法与现在不同，笔套很长，毛笔出土时是整体装在笔套中的。

楚笔实物的发现，确凿无疑地说明了，至少在战国时代，就已有了毛笔，同时也弄清了毛笔是否由蒙恬发明的问题。

毛笔的雅号

出于对毛笔的珍爱，历代的文人雅士为毛笔起了一些别称和雅号：

毛颖：颖，就是笔锋。唐代韩愈作有《毛颖传》。

毛锥子：见五代史《史弘肇传》。

管城子：《毛颖传》云："聚其族而加束缚写，秦始皇使恬赐之汤沐而封诸城，号管城子"，意思是说，把它同类（兽毛）聚集在一起并缚扎起来，秦始皇叫蒙恬给它洗干净，就封在管城（笔管）里，所以叫管城子。

笔墨都统：见明代彭大翼《山堂肆考》。

中书君：秦始皇封蒙恬于管城，并累拜中书之故，后人遂称毛笔为中书君。

毛笔的"四德"

《笔史》记载："制笔之法，以尖、齐、圆、健为四德。"

尖，指笔锋尖如锥颖，书写时利于勾捺。

齐，指笔锋在尖的基础上，还要求整齐，犹如刀切，无参差现象，书写时利于吐墨均匀。

圆，指笔头浑圆、挺直，绝无凹凸之处，不开分岔，利于书写流利。

健，指笔头富于弹性，既柔且刚，书写时利于显示笔力。

退笔冢

1930 年在内蒙古自治区额济纳河地区、汉代居延烽燧遗址，发现一支西汉毛笔，即著名的"汉居延笔"。

汉居延笔的笔杆为木质，整支笔杆劈为四爿，合成圆杆，笔头被夹入末端，外缠以细枲（xǐ），表面涂漆固定，笔杆的顶端用木帽束缚。笔杆长 20.9 厘米，笔头长 1.4 厘米，径 0.6 厘米。这种结构可以在笔头用废后，拆开笔杆，更换笔头。这就是古人所说的"退笔"。

历史上有退笔冢的故事。相传，在陈、隋时，山阴（今浙江绍兴）永欣寺僧人智永练字异常勤奋，"积年临书《千字文》，得八百本，……所退笔头置之大竹簏，簏受一石余，而五簏皆满，取而瘗（yì）之，号退笔冢"。

《笔方》和《笔经》

汉代以后，随着制笔业的发展，毛笔的制作已逐步趋于精良、完善，制作方法也日趋定型。自三国时代以后，制笔方法逐渐总结出来，《笔方》与《笔经》先后问世。

《笔方》首见于北魏贾思勰所著《齐民要术》一书，书中介绍了三国魏京兆（今陕西西安）韦诞的《笔方》。其大致内容是，制笔先要用铁梳梳理兔毫和羊青毛，把不整齐不清洁的去掉，使其不弯不杂。梳好后各自分开，都用梳背用力拍整齐，毫尖和其上部都排扁，使之极均匀，极平整，“衣”排上羊青毛。然后将羊青毛编到兔毫头下二分左右，再合起来，排扁，卷起，卷到极圆。然后，用力压低，使齐整的羊青毛放在中央，叫作“笔柱”。又用兔毫裹在羊青毛外，像做笔柱的方法，使中心齐，也使它平整均匀。用力压低，栽进笔管里。又说，宁可让长毛深深地栽入笔管，笔宁可小不要大。这就是做笔的基本要点。此法亦称“韦诞法”。

宣州紫毫

用宣州兔毫（配有鹿毫、羊毫）制作的紫毫笔称为“宣毫”，名扬全国。当时，许多诗人都写诗对其称颂。如白居易有《紫毫笔》一首：

紫毫笔，尖如锥兮利如刀。

江南石上有老兔，吃竹饮泉生紫毫。

宣城之人采为笔，千万毛中拣一毫。

毫虽轻，功甚重。

管勒工名充岁贡，君兮臣兮勿轻用。

勿轻用，将何如？

愿赐东西府御史，愿颁左右台起居。

搦管趋入黄金阙，抽毫立在白玉除。

臣有奸邪正衙奏，君有动言直笔书。

起居郎，侍御史，尔知紫毫不易致。

每岁宣城进笔时，紫毫之价如金贵。

慎勿空将弹失仪，慎勿空将录制词。

鸡距笔

距，即鸡爪后的突出部分。鸡距笔是一种笔头形似鸡距的锋短犀利的毛笔。

笔管与笔帽选用湘妃竹，笔头呈笋尖式，用鹿毫为柱心，麻纸裹柱根，兔毫为外披。唐代诗人白居易作《鸡距笔赋》云：“足之健兮有鸡足，毛之劲兮有兔毛，就足之中，奋发者利距；在毛之内，秀出者长毫。”鸡距笔劲健硬挺，“不名鸡距，无以表入墨之功”“以中山兔毫作之尤妙”。

笔毫的种类

羊毫

羊毫一般指山羊毛。山羊毛细、锋嫩，色白，质净，因此羊毫柔软，毫长，颖锐，柔中见刚，圆转柔顺，回旋适度。

羊毫按锋颖长短和笔头粗细，可分为长锋和短锋，厚锋和瘦锋。羊毫有“净”“纯”“宿”之分。“净”“纯”指不夹杂毛。“宿”，指经受露宿，毫毛可自行脱脂，有濡墨的功效。

羊毫适用于各种字体，也宜于绘作国画，尤其是写意画。

紫毫

紫毫是采用山兔脊背上一小撮弹性最强的毫毛，其毫性坚硬锐利。

山兔毫分为三等：紫毫最硬，白毫次之，花毫再次之。名为“紫圭”的紫毫笔，就是用纯净冬紫毫制成，十分名贵。

紫毫宜于绘工笔画。

狼毫

狼毫又称鼬尾毫，鼬即黄鼠狼。狼毫性硬挺，弹性强，锐而健，弹性仅次于紫毫。

狼毫以在冬季采集的为好，称“正东北狼毫”。著名的品名有“狼毫兰竹”“特质豹狼毫”（搀有微量豹豪）。

狼毫宜于中小楷书和行草，也宜于绘画。

鸡毫

鸡毫是毛笔中最软的一种。选用白毛乌骨鸡绒毛制作，又称鸡绒笔。

鸡毫宜于作画。

元代湖笔

到了元代，浙江吴兴的湖笔渐渐取代了宣笔。湖笔主要是以羊毫制笔，羊毫造笔大约是南宋以后才盛行的，因羊毫价廉易得，其价值只有兔毫的二十分之一，所以为湖笔的发展提供了有利条件。

湖笔的羊毫主要采用“嘉兴路”的山羊毛，这里的山羊毛，毛细、锋嫩、色白、质净。湖笔选料考究，工艺精绝，从原料到成笔，要经过近百道工序。

历代制笔名家

唐

唐时，安徽的宣州已成为全国的制笔中心，所产毛笔，通称宣笔，著名的笔工陈氏和诸葛氏所造之笔，更为当时大书法家所称道乐用。譬如柳公权还亲手写了“求笔帖”，向宣州陈氏和诸葛氏求笔。

诸葛氏所制的宣笔，在唐代与陈氏并称，其家族从事此业者众多，影响尤大，当时以笔进贡皇帝的，唯宣城一郡占大宗。

宋

宋代，最著名的制笔家仍是诸葛氏一家，其中著名的有：诸葛高、诸葛元、诸葛渐、诸葛丰、诸葛方诸人，他们所以如此饱受赞扬和推崇，主要是由于诸葛氏制笔选料精、取法正、制工细，所以一直受到书画家和诗人们的赞扬。

如梅圣俞赞扬诸葛高：“笔工诸葛高，海内称第一。”黄山谷赞扬诸葛元云：“……试金崖石砚、诸葛元笔，研不滞墨，墨不凝笔……”

在诸葛氏笔的影响下，江南歙州一带，在宋代也相继出现了不少著名笔工，如：吕道人、吕大渊、张迂、汪伯立等。

元

元代，吴兴出现了许多制作湖笔的名手，如冯应科、张进中、吴昇、姚恺、陆震、杨鼎、沈秀荣、潘又新等。吴兴的笔工也大量向外地支援，使湖笔在江苏、浙江各处普遍制作。

吴兴的笔工同样也得到当时各界的赞扬。如《归安县志》记载：“元冯应科制笔妙绝天下，时称赵子昂字、钱舜举画、冯应科笔为吴兴三绝。”

明清

明清两代的制笔家不仅在笔毫上施展技巧，如出现了揸笔、斗笔、联笔、提笔这种写特大字的大型笔，而且在笔管上也创制了许多精巧的工艺，这是自古以来都极为讲究的，如《西京杂记》记载：“天子笔管以错宝为附。”

明清两代的能工巧匠又创造了一个新的局面，有金管、银管、瓷管、斑竹管、象牙管、玳瑁管、琉璃管、绿沉漆管、棕竹管、紫檀管、花梨管等，还加上雕刻、镶嵌，形成一种特制的工艺品。

墨

墨的起源

中国书画墨是由碳素单质（烟、煤）与动物胶相调合，经和剂、蒸杵等工序加工而成，具有色泽黑润，历久不退，舐笔不胶，入纸不晕，香味浓郁，书画自如的特点，特别是桐油、脂油、漆烟墨等高级产品，加入麝香、冰片、公丁香、猪胆汁等十几种贵重原料制成，产品尤为称著。

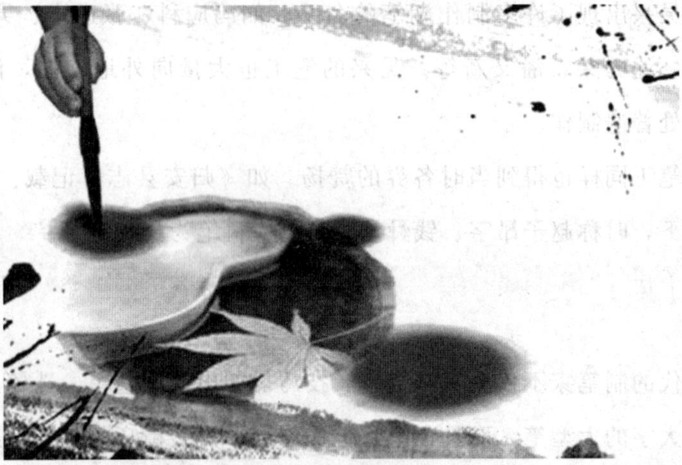

追溯墨的起源，可分为天然墨和人工墨两类。

天然墨始于新石器时代，如 1980 年陕西临潼姜寨村仰韶文化墓葬中出土了一套完整的绘画工具，有石砚、研石、水盂和黑红色氧化铁矿石。使用时是用研石压住矿石在砚上兑水研磨，这块黑红色氧化铁矿石，就是天然墨。

人工墨，从最早的文献记载看，《尚书》中说："臣下不匡，其刑墨"，又据《礼记》云："史定墨……扬火以作龟，致其墨。"以上墨刑、墨龟等不同的用途，都是以墨为主体，有着不同的用途，说明人工墨的起源，始于甲骨文时期，即商代。对甲骨上书写的红字和黑字，据专家作颜料的微量化学分析证明，红色是朱砂，黑色是碳素单质（现在制墨的原料）；经化验，证实朱砂和墨创始于殷代，即公元前12世纪以前，已用于书写甲骨文字。

松烟墨、油烟墨、石墨与漆烟墨

松烟墨

松烟墨的制法，经过“采松、造窑、发火、取煤、和制（即和胶）、入灰、出灰、磨试”等八道工序制成。

松烟墨创始于汉代，如魏曹植（子建）在他的诗中有：“墨出青松烟，笔出狡兔干。”他认为松烟是造墨的最早原料，东汉隃麋县在今陕西千阳东，地接近终南山，山多古松，遂以产墨著名。用隃麋墨和“墨出青松烟”相互印证，说明汉代即用松烟制墨，但松烟墨体重比较轻，色黑蓝，只能写字，不宜绘画。

油烟墨

油烟墨的制法，是用桐油、麻油、脂油等油料，经过浸油、烧烟、筛烟、熔胶、搜烟，再加入麝香、冰片、公丁香、猪胆汁等贵重原料，再经过蒸剂、杵捣、锤炼等十几道工序制成。

油烟墨创始于唐代，如明代罗欣《物原》中说：“奚廷珪作油烟墨。”盛行于明代。桐烟墨具有色泽黑润，历久不退，舐笔不胶，入纸不晕，香味浓郁，书写自如等优点。

石墨

石墨创始于宋代，见沈括《梦溪笔谈》。

所谓石墨，并不是石质的墨，也不能直接用石墨来书写。石墨本是液体，即是陕西省延安一带所产的石油，它是制墨的原料，与松烟、桐油烟等完全一样，即必须经过燃烧过程，将石油烧成烟料，然后才能制墨，其制墨工序也完全和油烟墨一样。

漆烟墨

漆烟墨创始于魏晋，而盛行于明代。其制作方法也和油烟墨一样。

墨的品类除了以上四种主要由烟料制成的以外，尚有用朱砂制成的墨、药墨等不同品类。

隃麋墨

隃麋墨，是汉代一种墨的名称，是隃麋（今陕西省千阳县）所制的贵重墨，是一种最早的松烟墨。当时产墨地区还有陕西扶风（凤翔）、延州（延安）等地，其中以隃麋所制的墨最佳，所以古人有直接称墨为“隃麋”的，自古以来的制墨者，不少以“古隃麋”作为墨的图案题识，以示悠久。

韦诞的合墨法

韦诞（公元179～253年），字仲将，京兆（今陕西长安）人，三国时书法家、制墨家，韦诞总结了前代制墨工人的宝贵经验，制出了超乎寻常的好墨。被人们颂之曰：“仲将之墨，一点如漆。”

其制墨法是：“今之墨法，以好醇松烟干捣，以细绢簁于缸中，簁去草芥。烟一斤以上，好胶五两，浸梣皮汁中。可下去黄鸡子白五枚，亦以珍珠一两，麝香一两。皆别治细簁，都合调下铁臼中，宁刚不宜泽，捣三万杵，多亦善。不得过二月九月，温时臭败，寒时难干，每挺重不过三两”，故以制墨称于世。

易墨与潞墨

南北朝时期，中国北方的制墨业发展迅速，河北省易水流域盛产松木，《墨经》上多次提到“易州之松”“易水之松”；“易墨”即当时易州所产之墨，南齐书法家王僧虔曾称赞其“浆深色浓”。

唐代经济繁荣，文化艺术也有很大的发展，制墨业更加兴旺。易州在唐代一度改为上谷郡，据《新唐书》记载，唐玄宗时创立集贤院，由太府每季给上谷墨336丸。上谷墨即易州墨。唐代还曾在易州设立墨务官，著名墨工祖敏曾任此职。

除易州地区外，潞州（今山西长治）等地也兴起了制墨业。

关于“潞墨”，在南朝，江淹的《扇上彩画赋》中说：“粉则南阳铅泽，墨则上党松心”，松心就是指松烟墨，这是称赞南洋的颜料，潞州的墨。到了唐代，李白、李峤等诗人对潞墨也有赞赏的诗句，由此可知昔日潞墨的辉煌。

徽墨

宋代宣和三年（1121 年），歙州改称徽州，辖歙、休宁、祁门、绩溪、婺源、黟等六县。这一地区所生产的墨品，从此称为“徽墨”，这一年也是徽墨定名之年。

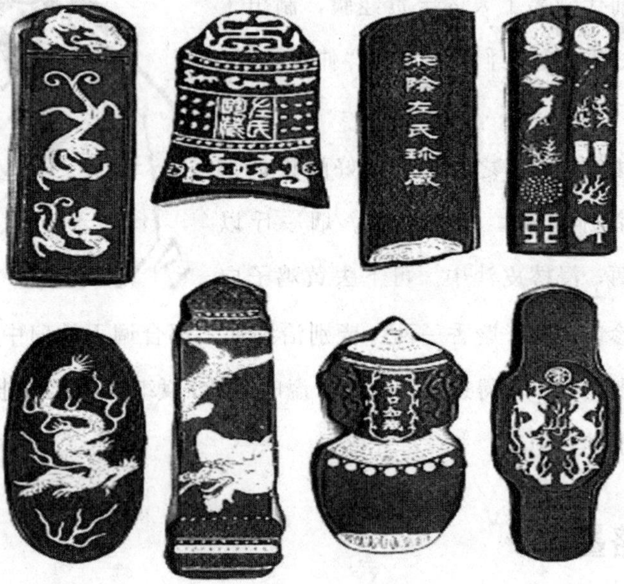

从广义上说，徽墨即是“李墨”。李超、李廷圭父子，早年从易水之畔南迁，至歙州，在长期、艰苦的实践中，逐步发展完善了松烟墨的制作工艺，并探索与发明了桐油制墨技术，使南唐时期的“李墨”发展成为后来的“徽墨”。与此同时，徽州也成为中国制墨业的圣地。

墨仙潘谷

潘谷制墨的特点是用胶不多，但遇湿不败，而且“香彻肌骨，磨研至尽，而香不衰”。他所制“松丸”“狻猊”“枢廷东阁”“九子墨”等墨，被称为“墨中神品”。

潘谷的人品亦为人称道，凡向他索墨，总是很慷慨地答应。他还有一种特技，就是精于辨墨。凡墨只要经他一摸，立即便知精粗。黄山谷曾亲将所藏之墨请他鉴定，他隔着墨囊一触，便说：“此承宴软剂，今不易得。”又揣一囊后说：“此谷二十年前造者，今精力不及，无此墨也。”取出一看，果真如是。

苏东坡把潘谷比之为“墨仙”，推崇备至。

清代四大墨家

曹素功

曹素功（1615～1689 年），名圣臣，字昌言，原名孺昌，一字荩庵，号素功，墨店室名：“玄粟斋”“艺粟斋”“蕴古斋”。安徽歙县岩寺镇人。

曹素功凭借明末著名墨工吴叔大的基础，接受他的墨名、墨模，并将吴的“玄粟斋”改为“艺粟斋”，造出了丰富多彩、品种繁多的好墨。如“紫玉光”“天琛”“天瑞”“千秋光”等都是他称心之作。

曹氏制墨，子孙相传，历时 13 代，绵延 300 多年，成为清代制墨业上的著名人物。著有《曹氏墨林》一书。

汪近圣

汪近圣，生卒年不详，号鉴古，绩溪县尚田人，原是曹家的墨工，至清康熙、雍正年间成了制墨业中一支生力军。

汪近圣在徽州开设“鉴古斋”墨店，所制精品有“耕织图”“罗汉赞”“龙光万载”“石鼓文墨”“九有凝熙”墨等。由于他制造的墨精美绝伦，当时有人说：“今之近圣，即昔之廷珪也。”其子汪惟高在京城御书处成了制墨教习官，从此墨品声望更高，名声更大。

汪节庵

汪节庵，生卒年不详，名宣礼，字蓉坞，墨店室名：“函璞斋”“鉴莹斋”，歙县信行里人，也是歙派中的著名墨家。

乾隆中期，汪节庵才露头角，至乾嘉年间极负盛誉，所制精品有“兰陵氏书画墨”“青麟髓墨”“新安大好山水墨”等，有目共赏，制集锦墨，自成一格，别具特点，其名品流传于世，备受关注。与曹素功、汪近圣等并驾齐驱，受到当时知名人士的好评。

胡开文

胡开文（1742～1808年），原名胡正，墨店室名：“苍珮室”，安徽绩溪人。

乾隆四十七年，胡开文接替岳丈汪启茂号老店继续经营墨业，成为休宁派中的后起之秀，他制造的墨，在辛亥革命以后，行销国内外。其中著名的有：“骊龙珠”“古隃麋”“千秋光”“万寿图”“金壶”“乌金”等，品种繁多，指不胜屈。

集锦墨

集锦墨，即带有装饰的成套丛墨。按其类别有三种：

一、每锭墨形式各殊，图案各异。

二、每锭墨形式相同，而绘图题识各异。

三、选用不同的名品，聚集在一起，即所谓“豹囊丛赏”或“瑶函墨”，各墨的形式、图案、名称都不相同。

这三种类型，可以概括了一般的集锦墨。集锦墨墨模的雕刻和绘图题识必须精工，一切装饰必须合乎整体的要求，所以集锦墨包括了多方面的艺术成果，其价值高于一般零锭的墨，集锦墨是由汪中山和邵格之创始于明代，盛行于清代。

纸

宣纸

根据民间传说，东汉时，因发明造纸术的蔡伦去世，其弟子孔丹为纪念师傅的成就，替他画像，很想抄造出一种洁白细腻的纸。一次在安徽泾县一带的小溪水中发现一棵古老的青檀树，因树皮腐烂，露出一缕缕长的筋丝，孔丹就用它抄造出一种洁白细腻的白纸。当时，泾县隶属宣州府，所以就把这种纸定名为“宣纸”。

然而，真正的宣纸是用青檀皮配合一部分砂田稻草。所谓“青檀”，也是落叶乔木，类似楮而非楮，榆科，青檀属，是我国特产，只有皖南泾县、太平、宣城等十一县的部分地区生长，故用宣州一带出产的青檀树条为主要原料所造的纸称为宣纸。它的制造方法是：以青檀树皮经过长时间的浸泉、蒸煮、洗净、漂白、打浆、水捞、加胶、贴烘等十多道工序、一百多道程序才能完成。

宣纸柔韧洁白，纹理缜密，吸墨性强，并具有独特的渗透、润濡性能；且耐老化，不变色，不被虫蛀。为历代书写圣旨及诰命、科举考试中“殿试”考卷所使用。外交照会、重要档案及资料也多用宣纸书写，名人的字画墨宝更少不了它。百年乃至千年过后，依然光洁如新，真可谓“纸寿千年”。

宣纸的种类

生宣

生宣又叫生纸，是生产出来的白纸，直接使用。吸水性、润墨性很强，用于泼墨画、写意画，笔触层次清晰，干、湿、浓、淡，变幻多端。

半熟宣

半熟宣，是用生宣浸以各种植物汁液而成。具有微弱的抗水力，用以写字或作画，墨色洇，散较缓，适用于书写小幅屏条、册页，或用作兼工带写的绘画。

熟宣

生宣经过矾水浸制者叫作“熟宣”或“矾宣”。它的特点是：用作工笔绘画，施色渲染不洇不漏，所以工笔画画家多乐用。

虎皮宣

虎皮宣，古时称为“金粟笺”或“藏经纸”，以其染成点状的斑纹故名。又有“槟榔笺”之称，是因染成的斑纹，酷似槟榔外壳的天然形状，可以说是虎皮宣的变种。北方虎皮宣，用矾水甩成的斑点，比较清晰明快，而且用夹宣染成，所以比较厚。江南染制者，用糯米浆甩成斑点，斑纹硇润含蓄别具特色，而且用净皮单宣染制，纸薄而绵。

历代名纸

金粟笺纸

北宋的宋太祖赵匡胤提倡佛教，全国印经的风气盛行，为适应这种需要，当时歙州专门生产一种具有浓淡斑纹的藏经纸——蜡黄经纸，又名金粟笺。专供金粟山《藏经》、法喜《转轮藏经》、兴国福业院的《大藏经》、秀州觉智《大藏经》等的抄写和印刷。

“金粟寺”在浙江海盐金粟山下，宋大中祥符元年（1008 年）始定名为金粟寺，因寺内抄《藏经》需纸特多，故纸名即叫“金粟笺”或叫“硬黄纸”。它的特点是：质地硬密，光亮呈半透明，防蛀抗水，颜色美丽，寿命很长，虽历千年，犹如新制。

金花纸

金花纸又名金花笺，用粘结剂在纸面上描绘各种花纹图案，再洒上金银粉，或直接用笔蘸上金银粉，在纸面上绘出各种图案，这种纸面上出现金花或银花的叫作金花纸或金花笺。

金花纸始于唐、宋，盛行于明、清。这种纸多是特意为宫廷殿堂中书写宜春帖子诗词，或填补墙壁廊柱空白、画幅上额和手卷引首用的。主题图案表现为两种形式：一是在彩纸上用金银粉加绘各种生动的折枝花或山水，一是作各种疏朗串枝花，或满地如意云，再加龙凤、八仙，或花鸟蝴蝶图案。这种纸上充满生意的画面，既严谨完满，又自由活泼，真所谓豪放中含精细，秀美中见谨严，装饰味也特别浓。

松花纸

松花纸即松花笺，古代名笺纸。是一种淡黄色的笺纸。也称“薛涛笺”。相传，唐代元和年间，元稹使蜀，营妓薛涛造十色彩笺相寄，元稹于松花纸上题诗赠薛涛。

澄心堂纸

澄心堂纸是南唐时的纸名，澄心堂是南唐李昇在金陵（今南京）时的宴居、读书、阅览奏章之所。南唐后主李煜时，设局令刿道监造名纸，供宫中御用，故号称“澄心堂纸”。

此纸“滑如春水，细密如蚕茧，坚韧胜蜀笺，明快比剡楮”。这种纸长者可五十尺为一幅，自首至尾匀薄如一。主要产地在池歙二郡（即今安徽贵池、歙县地区）。其制法是在寒溪中浸皮料，敲冰水去举帘，荡纸，最后烘干即成。北宋苏易简《文房四谱》云：“南唐有澄心堂纸，细薄光润，为一时之甲。”于是“澄心堂纸”更成为“艺林瑰宝”

砚

砚的由来

砚是我国传统的书写所用的器具之一。汉代刘熙《释名》云："砚，研也，研墨使和濡也。"许慎《说文》云："砚，石滑也。""滑"训作"利"，与研磨同义。可见，中国自古以来就把砚解释为研磨的工具。

砚的历史很早，据考古发现，在西安半坡、宝鸡北首岭等地都曾发现仰韶文化时期的研磨器。例如出土的磨盘上带有槽臼，槽臼内还残留着研磨过颜料的痕迹，说明新石器时代就已经有了研磨器具。1980 年又在临潼姜寨遗址发现一套完整的彩绘陶器的工具〔其中包括石砚、石盖、磨棒、黑色颜料（氧化锰）以及陶质水盂等五件〕。这套姜寨石砚的发现，把砚的历史上推到五千年以前。

歙砚

歙石产于歙县、祁门、婺源等地，而以婺源所出为优。歙砚始于唐代开元年间，据宋代洪景伯著《歙砚谱》记载：唐开元中，有猎人叶氏逐兽至婺源长城里，见垒石如城，莹洁可爱，携归成砚，自是歙砚闻天下。

歙石开采的主要砚坑有：眉子坑、里山坑、水弦坑、水蕨坑、金星坑、溪头坑、叶九坑、碧里坑、水步坑等。歙石中含有金星、金晕为多，粗细罗纹、刷丝罗纹、水浪纹次之，而古犀纹、眉子极稀，千不一见。歙石一般石色黝黑，微呈青碧，金晕较多之石，青碧色略显浓重。歙石中以罗纹、眉子之奇特为上品，罗纹质地最细腻，发墨而不耗墨，特别是布满银丝纹者，温润如玉，呵气成水，精致非常，故人称："端石莹润，惟有芒者尤发墨；歙石多芒，惟腻者佳。"

洮砚

洮砚因砚石产于洮河而得名，其源出于今甘肃临潭县。洮河石，质坚硬，细密，泽润，北宋时始制砚。

南宋赵希鹄在《古砚辨》中说：“除端歙二砚外，惟洮河绿石北方最珍贵，绿如兰、润如玉，发墨不减端溪下岩，然石在临洮大河深水之底，非人力所致，得之为无价之宝。虽知有洮砚，然目所未睹。”

从洮砚的传世品看，石质细腻，佳者不减端砚、歙砚。洮砚的砚式，端庄厚重，古朴可爱，在工艺上有不同于其他石砚的独特风格，石色匀净，往往在所刻粗细阴线内填以墨色，这是它不同于其他石砚的一个特点。

澄泥砚

澄泥砚砚材出在山西绛州，唐代时开始制砚，属于陶砚一类。其制法是用绢袋装上汾水河泥加以淘澄，干固以后放进窑内烧成砚材，然后再加工制作。

红丝砚

红丝石产于山东益都的黑山和临朐的老崖崮，是我国传统名砚，迄今已有一千多年历史，据嘉靖年间《青州府志》记载：黑山所产红丝石“纹理红黄相参，理黄者其丝红，理红者其丝黄，注水满砚池，庶不渴燥”。

红丝石砚质嫩理润，色泽华美，手拭如膏，发墨如泛油，墨色相凝如漆，确系珍品。但因矿夹层较薄，藏量颇少，佳材难得。红丝石由于岩中夹杂一些铁质和含有其他色素的成分，故呈黄红色，并带有各种丝纹。欧阳修《砚谱》，以青州红丝石为第一。

端砚

1965年，在广州动物公园古墓中，出土一方唐代抄手端砚，以文献和实物相互印证，说明唐代已开始制作端砚。

端溪石的开采主要有龙岩、水岩、坑仔岩、宣德岩、朝天岩、麻子坑等，其中以水岩石最为名贵。端石具有独特的石品，常见的有：青花、蕉叶白、天青、鱼脑冻、火捺、金银线、冰纹等。还有被世人所珍爱的石眼，如鹦哥眼、鸲鹆眼、鹩哥眼、雀眼、鸡眼、猫眼、绿豆眼等，同时还有活眼、泪眼、死眼之分。圆晕相重，黄黑相间，翳睛在内，晶莹可爱的叫活眼，眼又以活眼为贵，一般以鸲鹆眼为名贵。端溪砚色温可爱，石纹色泽富于变化，加上锋芒出类拔萃，具有容易发墨，不易干涸，发墨不损毫，书写流利，油润生辉等特点，被历代公认为“四大名砚”之首。

书法绘画

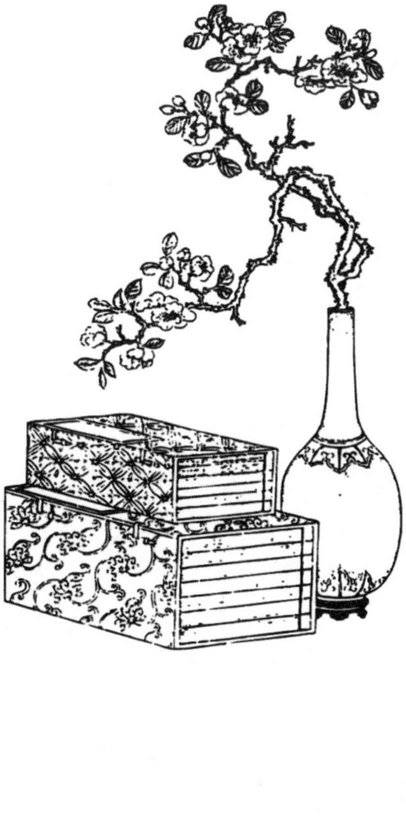

书 法

中国书法的滥觞：甲骨文

甲骨文是迄今可考的中国最早的成熟文字，产生于殷商时代。

当时的宫廷贵族迷信鬼神，认为它们能够预知未来，因此，在遇到生老病死和战争疾病等重大事件时，要去叩问神灵。他们在龟甲或兽骨上钻孔、灼烧，根据纵横交错的碎裂纹路来进行占卜，以此判断吉凶。而刻在龟甲或兽骨上的占卜目的和结果之文字就叫甲骨文，又由于是占卜之辞，甲骨文也称“卜辞”。

清光绪二十五年，在北京做官的王懿荣染上疟疾，遍请名医，根据医嘱需服一味“龙骨”，他派人寻遍京城各处药铺，最后才在宣武门外菜市口的鹤年堂买到这服中药。他发现“龙骨”上刻着各种奇异的符号，凭着扎实的金石学功底，他认定这些符号绝非自然纹路，是人工所为。于是，他不顾疟疾缠身，派人将铺子里的“龙骨”尽数买下，然后与好友刘鹗共同考证鉴定，得出结论，认为是商朝时期的遗物。

在王懿荣之后，金石学家罗振玉、王国维和一些历史学家对河南安阳西北五里小屯村一带进行考证，认为此处便是商朝国都——殷的所在地。

甲骨文文字成熟，刻画优美，结构匀称稳定。它脱胎于绘画图形，象形的比重比较大，从字形来看，已具有了后世方块字的基本形体，初步奠定了汉字线条艺术的基础。它既体现了象形、指事、会意、形声、假借、转注等“六法”造字方式，有表现了用笔、结体、章法等书法的“三要素”。其生动的象形，古拙的笔触为中国独有的书法艺术开出一脉清泉，引得后世汉字书法以此为源头，历经几世演变而成体系。

因此，甲骨文也被称为中国书法的滥觞。

金文

金文是商周以降刻在或铸在青铜器上的铭文。由于古人称“铜”为“金”，所以这种文字又被称为“金文”。

与甲骨文相比，金文有意识地省去了甲骨文中的图画成分，字的描摹性特征也明显减弱，一些在甲骨文中直接描摹事物本身形象的字，在金文中已演化为由线条交构而成的距离事物原型很远的“字”。比如甲骨文中的“犬”“豕”“兔”“虎”“象”等表示动物的文字，多数都还画成有首有尾有肚腹的样子，而在金文中它们一律减省了肚腹部分，首和尾的表现也不十分明显。

在写法上，金文的书写已在追求整体规范的外部风貌，纵向自动成行，横向更是有意识地排列，字体的大小也更为接近。在造字上，形声字在金文中的比重迅速增大，明显居于主导地位，这意味着金文已基本脱离了象形图画的束缚，越来越向纯粹的线形符号靠拢。

由于金文是刻画或铸造在钟鼎上面的，其刀刻的功力得到了淋漓尽致的发挥，端庄古拙，沉稳浑厚，不仅对后世的书法艺术产生了深刻的影响，而且直接影响到以后的篆刻艺术。时至今日，不仅书法家中有专攻金文者，而且篆刻家中也有专攻金文者。

鸟虫书

鸟虫书是篆书的变体。又称“虫书”，在春秋战国时期已出现，大都用在兵器上，鸟形和虫形往往杂见，在这些兵器的铭文里，制作的、工艺的审美原则代替了表现的、即兴的书写，因此从本质上说，鸟虫书属于金文的美术字。

鸟虫书的变化丰富多样，体现了古人对汉字的装饰意识。对于鸟虫书，有人认为它是文字书写向艺术方向发展的标志，也有人认为它牺牲了文字的书写性，沿着这条装饰化、美术化地道路发展下去，最终将导入一个非书法的误区。但是，鸟虫书将汉字作为美的对象，对其点画结构进行美化修饰，这比以前在线条内填涂颜色或错金要高明得多，是一种进步。它体现了古人以汉字为“文”的精神，对中国书法艺术的发展具有不可估量的积极意义。可以肯定地说，篆书演变为分书，线条中出现粗细、长短和方圆变化，出现横、竖、撇、捺、点等不同形状的笔画，都与鸟虫书在人们头脑中留下的装饰意识有直接关系。

篆书

狭义的篆书指大篆和小篆，如春秋战国通行于秦国的籀文（石鼓文）、秦统一六国后的小篆。

大篆有两种含义，一指籀文。《汉书》在“《史籀》十五篇”下注：“周宣王太史作大篆十五篇。”可见有时大篆指的就是籀文。二则泛指秦始皇统一文字以前的甲骨文、金文、籀文和春秋战国时期通行于东土六国的文字。

小篆是大篆的对称，也称秦篆。秦始皇统一中国后，为适应中央集权的需

要，采纳李斯的意见，统一文字，以小篆为正字，废止原通行于六国的各类异体字。一般以为李斯所草创。以籀文为基础，加以省改而产生，字体匀圆齐整。现在可以看到的有《泰山刻石》《琅玡刻石》等。

“书家第一法则”：石鼓文

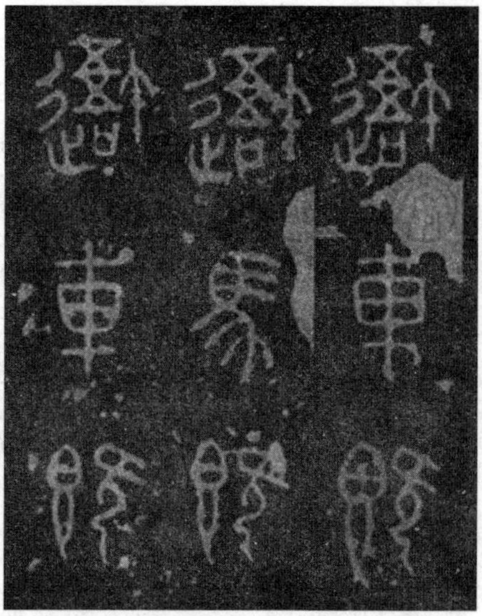

石鼓文是唐代在陕西凤翔发现的我国最早的石刻文字，因其被刻写在 10 只鼓形的石头上，故而也称之为“石鼓文”，世称“石刻之祖”。

北宋大观年间，石鼓全部被移到了首都开封，到宋徽宗时，又下令用黄金填满刻文，以示珍贵。元代以后，这些石鼓被移至北京，现藏北京故宫博物院。其中一只石鼓的字迹已经磨灭，其余九只鼓也有残缺。

石鼓文属大篆，其字体上承西周金文，下启秦代小篆，用笔起止均为藏锋，圆融浑劲，结体促长伸短，匀称适中，古茂雄秀，趋于方正丰厚，“若星辰丽天，皆有奇质”。石鼓文比金文更加规整精炼，间架结构也更为匀称疏朗，是大篆向小篆演变而又尚未定型的过渡性字体。由于是刻在圆形的石鼓上，其笔画多为曲线，字体大小如一，显得朴质自然而又端庄流畅。

从艺术发展的角度来看，自甲骨文至金文再至石鼓文，书法的意味在一步步地凸显出来。甲骨文主要用于记录，以实用价值为主；金文范铸于礼器和兵器之上，虽有装饰的意味，但观赏起来多有不便，与那些间或铸在底部，刻在腹中或藏在盖底的钟鼎文不同，石鼓文一览无余，便于欣赏，有着更高的观赏价值。于是，石鼓文被历代书家视为临习篆书的重要范本，故有“书家第一法则”之称。

“书同文”：秦刻石

史书记载，秦始皇统一中国后，推行“书同文”政策，在前代文字的基础上，将正体字整理为小篆，将草体字整理为隶书。秦始皇曾到全国各地巡察，在泰山、芝罘、会稽、碣石、琅玡和峄山等处，用小篆字体刻石纪功，一方面推广这种新定的正体文字，另一方面宣扬自己威加海内的丰功伟绩。这些刻石统称为“秦刻石”。

秦刻石是“书同文”的产物，在统一思想和统一文字的政策下，所谓的“同”就是标准化改造。这种改造除了字形的简化之外，在线条上，自始至终粗细一致，简洁匀净，不因为字形的笔画多而使线条变粗，这种严格等粗的线条为小篆的结体带来两个特征，一是汉字比画横比竖多，一样粗细的笔画，为了避免横画在排叠时过分拥挤，只能增加高度。因此，小篆的结体偏长。二是由于线条粗细相等，在纵横排列时，如果稍有倾侧，它所切割的空间就会不匀称，造成结体的不平稳，因此必须严格保持横平竖直，左右对称的结体原则。

这种如同规尺度量般的均衡对称令人惊叹，是秦国实行法制、追求秩序的人文精神在书法艺术上的体现。小篆的秩序化无论是在线条还是在结体上都已达到了前所未有的程度，也达到了后无来者的极致。这意味着，小篆终结了古文字系统，也终结了上古书法艺术，中国汉字的发展面临着一个崭新的转折，中国书法艺术的发展也面临着一个崭新的起点。

隶书

隶书是秦书八体之一。在新莽六书中又称“佐书”。相传是程邈所创。

隶书的发生可追溯到战国时期，当时日渐草率的六国文字就是后来隶书的先河。秦代虽用小篆来统一文字，民间则仍喜简便，统治阶层中人把这种打破小篆结构的文字叫作徒隶之书，即所谓“隶书”；但官狱事繁，也就不得不采用之于公文。秦隶只是把小篆的圆转笔画变为方折，草率而无一定法则，到了西汉末年，才渐趋齐整而有波磔，至唐，隶书又趋刻板。

汉字从篆到隶是一个结构上的重大变革，如果说小篆还可以视为古字的话，那么，隶书则是今字的开端，因为小篆还有点象形化，而隶书则已笔画化，变成了象征符号。

八分

八分传为秦时上谷人王次仲所造，与隶书相似而多波磔。

唐代的张怀瓘在《书断》中记载八分书之所以得名，是由于字的波磔左右分开，如同八字的分背。清代厉鹗在《方君任隶八分辨序》中引用蔡文姬的言论，认为是王次仲割程邈隶字八分，取二分；割李斯篆字二分，取八分：因此称作八分。一般情况下，取张怀瓘的说法。

行书

行书是介于楷书和草书之间的一种字体。因笔势简易流行，故称。

行书既不像草书那样草率而难于辨认，又不像楷书那样工整而费时费力。因此，自汉末起，通行至今。在行书的发展演变过程中，早期最有名的代表作者是东汉桓、灵时代的刘德升，但其人事迹与作品早已亡佚，世不得见。

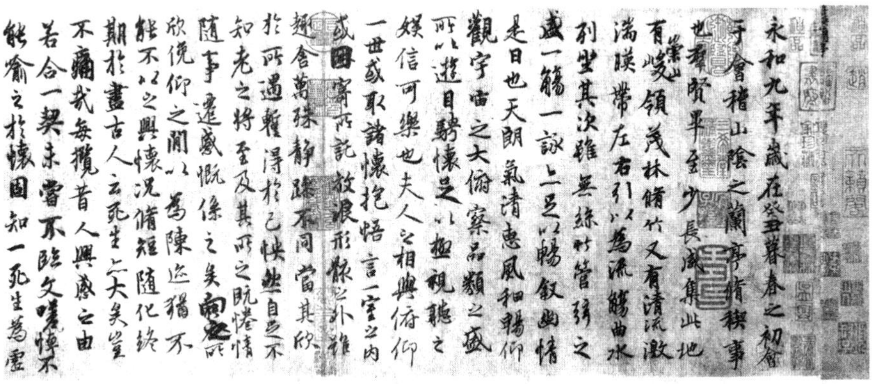

“秦书八体”与“新莽六书”

据许慎《说文解字》云：“秦书有八体，一曰大篆，二曰小篆，三曰刻符，四曰虫书，五曰摹印，六曰署书，七曰殳（shū）书，八曰隶书。”

八体中，最主要的是大篆、小篆和隶书。

到了王莽时代，情况发生变化，《说文解字》云：“新莽时有六书，一曰古文，二曰奇字，三曰篆书，四曰佐书，五曰缪篆，六曰鸟虫书。”秦书八体被改为新莽六书。

比较两者的区别，其改动的核心是保守与复古。秦书八体但曰大篆，不言古文，这说明秦代人给字体取名以今摄古，表现了厚今薄古的政策。而王莽时代，古文特别得到重视，因此成为“六书”之首，而且还把古文中的异体字也专门列作一书，曰“奇字”，这反映了当时人对古代字体的崇尚心态。

草书

草书有草隶、章草、今草、狂草之分。

汉初通行一种“草隶”，即草率的隶书。后来逐渐发展，形成一种具有艺术价值的“章草”。汉末，相传张芝变革“章草”为“今草”，字的体势一笔而成。唐代张旭、怀素又发展为笔势连绵回绕，字形变化繁多的“狂草”。

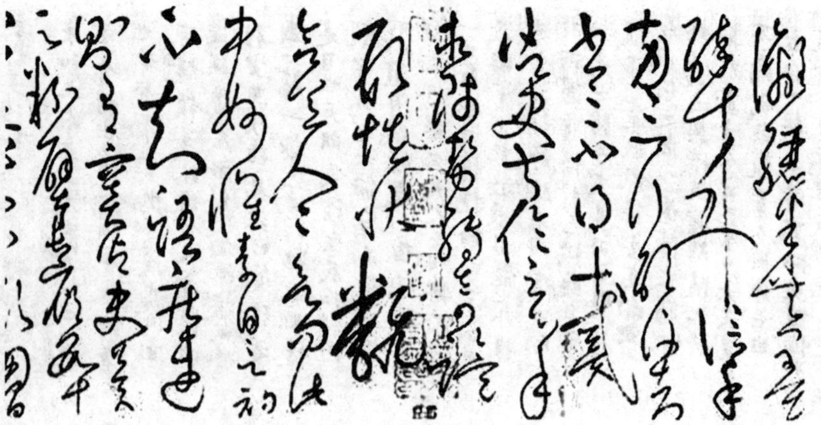

楷书

楷书是书体名，又称“真书”“正书”，意为真正的书写方式。楷书的“楷”，有楷模、典范的意思。楷书是中国文化中使用频率最高、普及面最广也最为实用的书体。

楷书萌生于西汉时期，先是作为隶书的变体和辅助形式出现的。这个时期的楷书还没有完全摆脱隶书的原有形式，而只是为了便于书写而在笔画上渐为平直，在字体上渐为方正而已。与草书相比，楷书不仅简便易写，而且容易辨认，于是逐渐在社会上普及开来。到了汉末魏初，虽然正式的碑文还是用隶书来撰写，但在书意中已经夹杂了楷书的痕迹。魏国开国之初有《上尊号奏》和《受禅表》两大碑刻，均为隶书，但其字形已趋于方形，字势也向纵向发展，如果去掉字中的波磔，就与楷书相当接近了。因此，在中国书法艺术史上，三国时期一般被视为由隶入楷的一个过渡时期。

而后，楷书盛于南北朝、隋唐，通行至今。

“草圣”张芝

张芝（？～约 192 年），东汉书法家。字伯英。敦煌酒泉（今甘肃酒泉）人。出身官宦家庭，其父张奂曾任太常卿。

据《四体书势》，张芝书风源自杜、崔两家，尤其得崔氏之法。因为书迹今无墨迹传世，仅北宋《淳化阁帖》中收有他的《八月帖》等刻帖，亦不算可靠，所以张芝擅长的究竟是今草还是章草至今众说纷纭，意见不一。而根据众多文献的综合分析，张芝的字体应当是介乎章草《芝白帖》与今草作品之间。

另外，有一点可以肯定，草书的本质是正体字的快写，趋急速，示简易，便于日常应用。而张芝将其作为一种艺术创作，“下笔必为楷则”，常曰“匆匆不暇草书”。因此可知，张芝的草书将中国书法从实用中解放出来，将书法活动当作毫无功利性质的纯粹的为艺术而艺术的创作，于中国书法功莫大焉。

蔡邕的“飞白书”

飞白书是一种特殊风格的书体，亦称“草篆”。笔画中丝丝露白，如枯笔书就，相传始于汉代书家蔡邕。

汉灵帝时，蔡邕见工匠修饰鸿都门用刷帚写字有奇特效果，受到启发，作“飞白书”。宋黄伯思《东观余论》云：“取其若丝发处谓之白，其势飞举谓之飞。”汉、魏时宫阙题字多用之。

“楷书之祖”钟繇

钟繇（公元 151～230 年），字元常，颍川长社（今河南长葛）人，是汉末魏初声名显赫的朝廷重臣，在辅佐汉献帝、曹操、曹丕、曹睿执政中起了很重要的作用。

曹操曾委托钟繇经营关中事物，经其治理，长安一带出现了繁荣景象；后来钟繇又率军平定辽阳匈奴之乱和河东卫固、张晟之乱，稳定了当地的局势。魏明帝曹睿即位后，封钟繇为太傅，因此钟繇还有“钟太傅”之别称。80 岁时，钟繇因病逝世，封谥为成侯。

钟繇在书法上造诣非凡，他擅长的书体是楷书、隶书和行书。其书古朴典雅，字体大小相同，布局疏朗自然，看似敦厚温柔，实则秀藏其中。他把汉楷中简写的方正平直笔画部分集中起来，以横、捺代替隶书中的“蚕头燕尾”，把篆书、草书中的圆转笔法引用过来，形成了“形体方正、笔画平直、可作楷模”的楷书，大大减少了隶书的波磔之势，改变了隶书扁平的体势和行窄字宽的布局，体势微扁，行间茂密，点画厚重，笔法清劲，醇古简静，尽管微存隶意，却蕴含一种自然质朴的意味，彰显了其书体的独特风格。而以自然状书势，在书法艺术中追求自然美，正是中国书法史上的重要美学范畴。

正因为钟繇将楷书中的简易成分集中起来，打破了隶书中的常规，变隶书平扁成楷书的方正，所以钟繇成了“楷书之祖”，并与略后时期的王羲之合称为“钟王”。

钟繇创造的楷体书法风靡魏晋，对后世的影响也很大，历代书法家莫不从钟体中汲取养分，如王羲之、王献之、虞世南、颜真卿、柳公权、赵孟頫、文徵明等，都不同程度地受到钟繇的影响。

魏碑

魏碑是指南北朝时期以元魏为主的北朝碑志造像等刻石文字。亦称“北碑”。

魏碑的字的特点是略带隶书笔意，风格古朴拙壮，起笔落笔处，如刀切一般平整有力。其结构、笔势与楷书已很接近。

“书圣”王羲之

王羲之（约公元 321～379 年），出身于两晋琅琊的王氏望族，曾官至右军将军，会稽内史，故后人称之为“王右军”。他 12 岁时，父亲即传授其笔法论，“语以大纲，即有所悟”。王羲之少时师从卫夫人，后渡江北游，遍访名山，博采众长。他精研草书和楷书，草书师法张芝，正书得神于钟繇，技法上融会魏晋名家之长，神韵上凝聚魏晋玄学之妙，张扬意趣，自成一家，将外在的规则内化为心灵的需要，达到了一种法无定法的艺术境界。其行书在当时独树一帜，“右军字体，古法一变。其雄秀之气，出于天然，故古今以为师法”，达到了“贵越群品，古今莫二”的艺术高度。

与两汉、西晋相比，王羲之书风最明显的特征是用笔细腻，结构多变，其最大成就在于增损古法，变汉魏质朴书风为笔法精致之书体。草书浓纤折中，正书势巧形密，行书遒劲自然。他将汉字书写从日常实用引入到一种注重技法，讲究情趣的精神境界。实际上，这是书法艺术的觉醒，标志着书法家不仅发现书法美，而且能表现书法美。后来的书家几乎没有不临摹王羲之法帖的，因而王羲之才有“书圣”的美誉。

有“天下第一行书”之称的《兰亭序》为王羲之的行书代表作，其真迹几经辗转，相传随唐太宗李世民同葬于昭陵，永绝于世。此外，王羲之的书法刻本还有《乐颜论》《黄庭经》《东方朔画赞》等楷书作品，在中国古代书法史上占有重要位置。

“天下第一行书”：《兰亭序》

古人每年三月初三，要到水边游玩，以求消除灾凶，称为修禊。东晋永和九年（公元 353 年）的三月三日，王羲之与名士孙统、孙绰、谢安、支遁等 41 人，在会稽山阴的兰亭（今浙江绍兴西南兰渚）行修禊之礼，众人置身茂林修竹，曲水流觞，赋诗抒怀，即兴写下 37 首诗，结为《兰亭集》，推王羲之为此集作序。王羲之文思泉涌，逸兴大发，一气呵成，书就《兰亭集序》，又称《兰亭序》。

《兰亭序》的章法、结构、笔法相当成熟圆润，纸隙墨缝间散出丰裕的艺术美韵。用笔遒媚劲健，融合了篆书、隶书、草书的章法，中锋起转提按，线条如行云流水。凡 324 字，每一字都被王羲之塑成一个鲜活的生命，筋骨毕现，血肉

丰满，且赋予了不同的秉性、精神和风仪。尺幅之内，有的像楷书，有的像草体，恍如群贤毕至，相携对酌，神态飘逸，气韵横生。王羲之的智慧不仅表现在字体结构的变化多端，更突出地表现在重字的结构上，20 多个“之”字书写竟无一字雷同，各具风貌神采。在通篇布局上，以纵行为中心，文字参差相间，错落有致，但又字字相关，不离不散，字里行间流淌着音乐般的韵律。

《兰亭序》写成后，王羲之自己也十分得意，后来又写过十余遍，但都达不到原作的神妙精美之境。这幅行书遂成王家的家传之宝。传到七世孙智永禅师时，还专门修造了收藏《兰亭序》的阁楼。智永临终时，将《兰亭序》传给弟子辩才，辩才将之藏于房梁之上。此时已是唐初，唐太宗李世民酷爱王羲之书法，不惜重金购募王氏真迹。御史萧翼扮成一个穷书生，骗得辩才的信任，盗走了《兰亭序》。唐太宗得到《兰亭序》后，敕令弘文馆书法高手冯承素、赵模等人精心复制一些摹本，赐给皇族和宠臣。此外，还有欧阳询、褚遂良、虞世南等名手的临本传世。唐太宗临终时，遗命将《兰亭序》真迹与其殉葬。《兰亭序》真迹从此沉埋地下，永绝于世。

今天我们看到的《兰亭序》的最好摹本是冯承素的拓本，其卷首有唐中宗李显神龙年号小印，又称“神龙本”，现藏北京故宫博物院。

永字八法

永字八法是以“永”字的八笔为例来说明书写汉字正楷笔势的方法。

一曰侧，即点；二曰勒，即横画；三曰努，即直画；四曰趯，即钩；五曰策，即斜画向上；六曰掠，即撇；七曰啄，即右之短撇；八曰磔，即捺。相传为隋代名僧智永所传，也有人说是东晋王羲之或唐代张旭所创。

欧阳询的“欧体”

欧阳询（公元 557～641 年），唐代，潭州临湘（今长沙）人，字信本，楷书四大家之一。其父欧阳纥曾任南陈广州刺史和左卫将军等职。因举兵反陈失败被杀，并株连家族。欧阳询因年幼幸免于难，被父亲好友收养。欧阳询聪敏勤学，涉猎经史，博闻强记。隋朝时，欧阳询曾官至太常博士。因与李渊交好，在大唐盛世累迁银青光禄大夫、给事中、太子率更令、弘文馆学士，封渤海县男，也称“欧阳率更”。

欧阳询在隋时即已书名远扬，入唐后，书风兼具南北，又自成一体，达到了炉火纯青的地步。他的书法的最高成就是楷书，既有北碑的雄劲，又汲取了二王的风韵，既得北朝碑刻方正峻利之势，又有南朝文雅秀润之姿，外观整齐稳重，内力却蕴含变化，笔力刚劲，笔画方润，纤细适中，给人以爽利精神之感，后世称其书法为“欧体”。

欧阳询的书法熔铸汉隶和晋代楷书的特点，融会六朝碑书精华，广采众家之长，用笔从古隶中出，凝重沉着，转折处干净利落，结体紧结，方正浑穆，平正中寓峭劲，点画配合整齐严谨，结构安排有疏有密，字体大都向右扩展，但重心依然十分稳固，无欹斜之感，有一种极为森严的气度，雍容大度中又有险劲之趣。

欧阳询最大的贡献，是他对楷书结构的整理。他充分思考了点画之间的主次关系，穿插挪让，整体的章法和汉字形式的类别方面，使书法成为一种严肃的、郑重其事的创作方式，而后代师从他的书法风格者亦不乏其人。

颠张狂素

狂草的极盛时期在盛唐，其巅峰代表人物是张旭与怀素，世称“颠张狂素”。

张旭（公元 675～750 年?），字伯高。吴郡（今江苏苏州）人。官左率府长史，因而被称为“张长史”。张旭精楷书，尤擅草书，逸势奇状，连绵回绕，独具风貌。又因时常醉后作狂草，故有“张颠”之称。

张旭是陆彦远的外甥，陆彦远传其父陆柬之的笔法，陆柬之则受业于其舅虞世南，因此，张旭得到笔法真传，颜真卿亦曾向其请教。张旭的书法，始化于张芝、二王一路，字字有法，创造出潇洒磊落、变幻莫测的狂草来，其状惊世骇俗。

张旭曾自称见公主与担夫争道，从而茅塞顿开，领悟到笔法之中顾盼与避让的关系；在河南邺县时，他极爱看公孙大娘舞西河剑器，并以此而得草书行笔之

神韵。张旭是一位纯粹而执着的艺术家，他把满腔情感倾注在点画之间，旁若无人，如醉如痴，如癫如狂，后人论及唐人书法，对欧、虞、褚、颜、柳、素等均有褒贬，唯独对张旭赞叹不已，这是艺术史上绝无仅有的。

张旭的传世书迹有《肚痛帖》《古诗四帖》等，正书有碑刻《郎官石记》。

怀素（公元 725～785 年），僧人，俗姓钱，字藏真。长沙人。幼时出家，为玄奘门人。以善狂草知名。相传秃笔成冢，并广植芭蕉，以蕉叶代纸练字，因名其所居曰“绿天庵”。

怀素好饮酒，时人谓之“醉僧”。兴到运笔，圆转飞动，如骤雨旋风。虽多变代，而法度具备。晚年趋于平淡。前人评价怀素的狂草是集成张旭精华又有新的发展，谓“以狂继颠”。怀素曾说：“吾观夏云多奇峰，辄尝师之”，他从缥缈扑朔的云雾和壮观的山峰之间的融合对比中，体味到了书法艺术中的刚柔、虚实、浓淡、舒敛等关系，所以，他的笔下尽显自然风雨之势。张旭擅以中锋笔任意挥作大草，岁书写迅速，率直癫逸，千变万化，但却能于通篇飞草之中极少失误，书艺实在高明。

尽管张旭与怀素并称，但其狂草的风格却不尽相同。单就形体而言，张旭草书喜肥笔，线条偏于丰肥圆劲，厚实饱满，连绵回绕，极尽提按顿挫之妙；怀素则喜瘦劲，笔力纵拔，字里行间轻重缓急，节奏分明，极富动感，点画看似分散，实则笔断意连。从书法的审美上看，张旭书法黑胜于白，以力量见长；怀素书法则白胜于黑，以品味取胜。究其原因，从二人的精神取向看，张旭一生以道家为取向，怀素则天机参悟，一心向佛，人生取向对书法的影响应该是潜移默化的。

“颠张狂素”的书法风格体现了草书“书者，如人也”“书品即人品”的书法理论。狂放不羁者，其书豪放飘逸；沉稳成熟者，其字凝重圆润。正因为二人将精神气质契合于书法创作之中，才让笔下的字纸墨生色、神韵横飞，而二人的风华同样千古流芳。

褚遂良

褚遂良（公元596～658年），字登善。钱塘（今浙江杭州）人。官至吏部尚书，封河南郡公，世称“褚河南”。

褚遂良的正书丰艳流畅，变化多姿，对后代书风影响甚大。虞世南去世后，唐太宗李世民苦于再没有人可以谈论书法，魏徵遂引荐褚遂良。当时唐太宗征集王羲之法帖，天下争献，但没有人能断定真伪，褚遂良挺身而出，无一误断。

褚遂良在师法王羲之的同时，特别是对比较含糊的笔法现象进行了改造，把每一个顿挫的技巧夸张得很明显，点、画、撇、捺、顿、挫、提、按，藏头护尾，笔笔做到准确无误。这样既不失王羲之的总气氛，同时又对历代学习王羲之的模式做了一些改造，这种改造很重要。对点画技巧的夸张分析，对于唐代建立书法法度的目标而言可以说是一个很好的前兆。褚遂良对书法的贡献正在于此。

颜筋柳骨

盛唐的颜真卿和中唐的柳公权将楷书艺术发展到了巅峰，二人并称为“颜柳”“颜筋柳骨”。

颜真卿（公元709～785年），字清臣，琅琊临沂（今属山东）人，一说京兆万年（今陕西西安）人。是颜师古的五世从孙，开元进士，官至吏部尚书，太子太师，封鲁郡公，世称颜鲁公。德宗时，李希烈叛乱，被派前往劝谕，被缢死。

相传颜真卿少时家贫，用黄土扫墙习字。初学褚遂良，后从张旭得笔法。正楷端庄雄伟，气势开张；行书遒劲郁勃，古法为之一变。晚年，颜真卿以篆意融入真书，厚重雄劲，大气磅礴。世称“颜体”。

后世书家多以为颜真卿可以与王羲之、王献之的旧体相抗衡，其行书《祭侄文稿》被誉为“天下第二行书”。碑刻有《多宝塔碑》《麻姑仙坛记》《颜勤礼碑》

等。行书有《争座位帖》。书迹有《自书告身》及《祭侄文稿》等。

柳公权（公元 778～865 年），字诚悬，京兆华原（今陕西铜川市耀州区）人。元和进士，官至太子少师。

柳公权工正、行书，正楷尤其知名。初学王羲之，得力于颜真卿、欧阳询。柳公权的书法骨力遒健，结构劲紧，自成一家，人称“柳体”。柳公权的书法在唐代当时即负盛名，民间有“柳字一字值千金”之说。

柳公权对后世影响很大。书碑很多，以《玄秘塔碑》《金刚经》《神策军碑》为最著。书迹有《送梨帖题跋》。

宋徽宗的“瘦金体”

宋徽宗赵佶在未做皇帝之前，就酷爱书画，是中国历史上一位极有成就的书画家。他的书法早年学薛稷、黄庭坚，参以褚遂良诸家，融会贯通，独辟蹊径，创立了一种笔画瘦直挺秀、结构外松内紧，不刻意藏锋的楷体，称为“瘦金体”。

瘦金体的横画收笔带钩，竖画收笔带点，撇如匕首，捺如切刀，竖钩细长；有些联笔字像游丝行空，其貌已近行书。其用笔源于褚、薛，却写得更瘦劲；结体笔势取黄庭坚大字楷书，舒展劲挺。现代美术字体中的“仿宋体”即模仿瘦金体神韵而创。

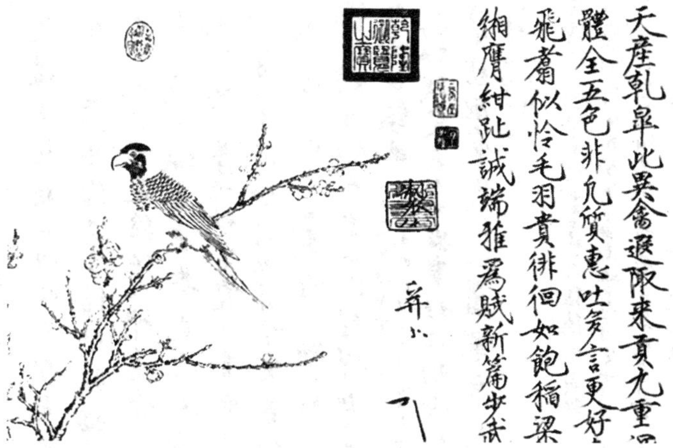

宋代四大书家：苏黄米蔡

当泾渭分明的草书和楷书艺术在唐代的张旭、怀素和颜真卿、柳公权处发展到了极致后，一股重归行书的“尚意”之风渐渐笼罩了宋代的书坛，行书艺术也随之抬头，于是，便有了苏、黄、米、蔡四大书家。

苏轼

作为北宋文坛的领袖，苏轼不仅是著名的文学家、画家，也是著名的书法家。苏轼早年学徐浩、柳公权，中年学颜真卿、杨凝式，因而有着一个由“重法”到“尚意”的转变过程。

在创作动机上，苏轼认为书法和绘画一样，只是文人修养的自然表露而已，没有必要刻意而为之，所谓“退笔如山未足珍，读书万卷始通神”，认为写字重要的不是技法上的功夫，而是文化上的素养。他甚至认为“口必至于忘声而后能言，手必至于忘笔而后能书”，只有进入到一种忘情的自由状态，才可能在无意间调动出全部的文化积累，创作出富有韵味的作品。

在创作方法上，苏轼反对陈陈相因、恪守死法，主张“出新意于法度之中，寄妙理于豪放之外”，只有懂法而又不拘泥于法，才可能有所创新，有所发展。为此，他自言“吾书虽不甚佳，然自出新意，不践古人，是一快也”。

在创作风格上，苏轼认为书法的妙处既不在工，也不在奇，而只在“天真烂

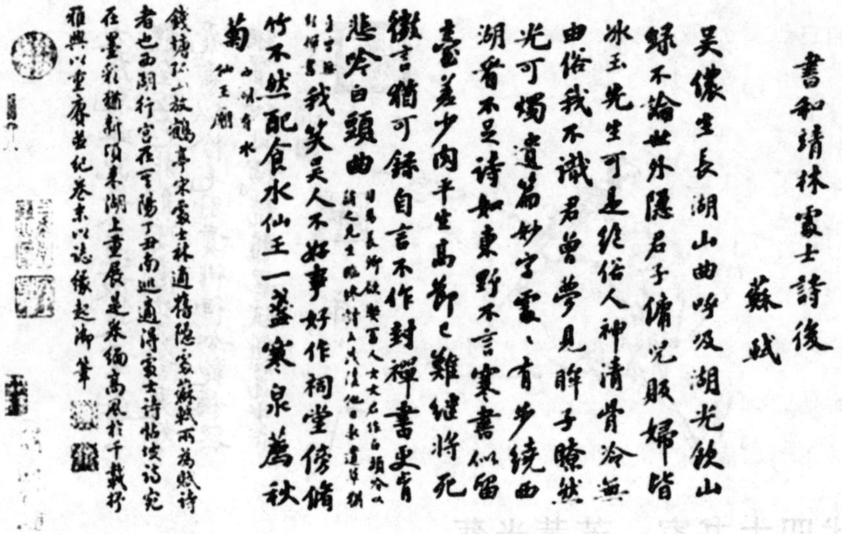

漫”，所谓“短长肥瘠各有态，玉环飞燕谁敢憎？”

在创作实践上，苏轼擅长行、楷，以行书见长。在前人的基础上，他创造出一种刚健有力而又婀娜多姿的独特风格，所谓“貌妍容有颦，璧美何妨椭。端庄杂流丽，刚健含婀娜”。

苏轼不仅居于“宋四家”之首，而且真正将“宋书尚意”的美学倾向确立下来。

黄庭坚

黄庭坚在书法上初以宋代周越为师，后受颜真卿、怀素、杨凝式等人的影响，对于苏轼更是推崇备至。同苏轼一样，黄庭坚也十分重视书家的学识和修养，认为“若使胸中有书数千卷，不随世碌碌，则书不病韵，自胜李西台、林和靖矣”。同苏轼一样，黄庭坚也十分重视学者的人品和个性，认为“一丘一壑，自须胸次有之，但笔尖哪可得？”“同苏轼一样，黄庭坚也反对死守陈规，主张发挥个性，，认为“随人作计终后人，自成一家始逼真”。

沿着苏轼开辟的道路，黄庭坚进一步颠覆了唐人的法度。在字体结构上，他不像苏轼那样画方为扁，以生动见长，而是中宫紧缩，四缘扩散，甚至运用移位的方法来突破字与字之间的界限。在用笔方式上，他不像苏轼那样化拙为媚，以趣味取胜，而善于用夸张有力而又涵蕴深厚的长笔，创造出苍老豪迈的韵味，形成了自己纵横奇崛、波澜老成的独特风格。

米芾

米芾是“宋四家”中唯一没有中进士的人，但从其有关绘画和书法的著作中可以看出，他同样有着很高的文化修养。米芾学书，渊源甚广，上溯魏晋，下及隋唐，钟鼎铭文，竹简碑刻，无所不学。但他学古而不泥古，敢于怀疑甚至批判自己学习的对象。米芾学柳公权，却又说他是“丑怪恶札之祖”，学颜真卿，却只肯定他的行书，“真便入俗品”。之所以会出现这样的现象，是因为米芾性格上的狂放不羁和他书法上的风格变换；此外，到了米芾所处的北宋晚期，“尚意”的宋人似乎已有了更多的自信，可以不在前人的“法度”面前顶礼膜拜了。

在“宋四家”中，米芾的笔法变化最多，风格也最为全面。他善于取众家之长化为己用，时人称“集古字”。在他的《蜀素帖》中，可以看到苏轼的潇洒飘逸；在他的《虹县诗卷》中，可以发现黄庭坚的老成持重。

从这一意义上讲，米芾可谓北宋书法的集大成者。因而后世的董其昌“以为宋朝第一，毕竟出东坡之上”。总的来说，无论真、行、草、篆，米芾都能以意为主，得天纵之趣。

蔡襄

蔡襄（1012～1067年），字君谟，原籍仙游枫亭乡东垞村，天圣八年（1030年）进士，曾任翰林学士等职，主持建造了我国现存年代最早的跨海梁式大石桥泉州洛阳桥，蔡襄为人忠厚、正直，讲究信义，而且学识渊博，书艺高深。

蔡襄的楷书庄重严谨，得唐人颜真卿之法度，行书则潇洒简逸，承五代杨凝式之意韵。在书法史上，是一个承前启后的转折性人物。在创作态度上，蔡襄表现出“重法”与“尚意”的双重品格。据说，他写《书锦堂记》时不仅严格遵守前人法度，而且每个字都要写上数十遍，择其善者而用之，称为“百衲碑”，可谓严谨到了拘谨的程度；然而，在他日常生活的书札中，却常常无意间表露出一种盎然之趣和蓬勃生机，这也正是宋人所要发展和崇尚的东西。

《黄州寒食帖》

《黄州寒食帖》是宋代苏轼撰诗并书，又名《寒食帖》或《黄州寒食诗帖》，墨迹素笺本，横 34.2 厘米，纵 18.9 厘米，行书 17 行，129 字。

历代鉴赏家均对《寒食帖》推崇备至，称道这是一篇旷世神品。南宋初年，张浩的侄孙张演在诗稿后另纸题跋中说：“老仙（指苏轼）文笔高妙，灿若霄汉、云霞之丽，山谷（指黄庭坚）又发扬蹈历之，可谓绝代之珍矣”。自此，《黄州寒食二首》诗稿被称之为“帖”。

明代大书画家董其昌则在帖后题曰：“余生平见东坡先生真迹不下三十余卷，必以此为甲观”。清代将《寒食帖》收回内府，并列入《三希堂帖》。乾隆十三年（1748 年）四月初八日，乾隆帝亲自题跋于帖后“东坡书豪宕秀逸，为颜、杨后一人。此卷乃谪黄州日所书，后有山谷跋，倾倒至极，所谓无意于佳乃佳……”为彰往事，又特书“雪堂余韵”四字于卷首。

因为有诸家的称赏赞誉，世人遂将《寒食帖》与东晋王羲之《兰亭序》、唐代颜真卿《祭侄稿》合称为“天下三大行书”，或单称《寒食帖》为“天下第三行书。”

现藏于台北“故宫博物院”。

赵孟頫的“赵体”

赵孟頫（1254～1322 年），字子昂，号松雪，松雪道人，又号水精宫道人、鸥波，中年曾作孟俯，吴兴（今浙江湖州）人。元代著名画家，书法家。赵孟頫博学多才，能诗善文，懂经济，工书法，精绘艺，擅金石，通律吕，解鉴赏。特别是书法和绘画成就最高，开创元代新画风，被称为“元人冠冕”。他也善篆、隶、真、行、草书，尤以楷、行书著称于世。

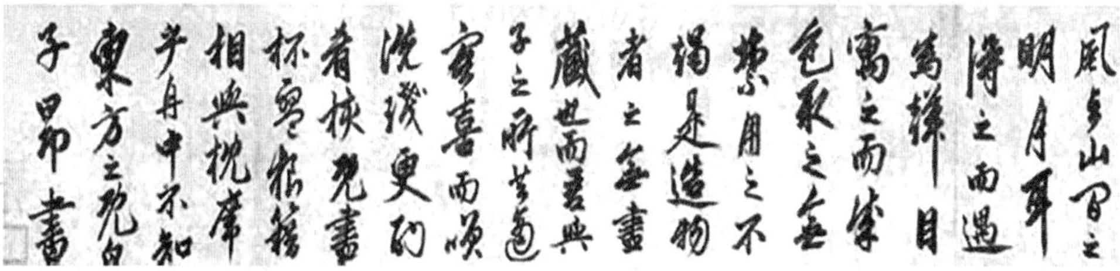

赵孟頫一生与书法为伴，曾反复学习与临摹过钟繇、王羲之、柳公权、黄庭坚、米芾、智永、褚遂良等人的作品，对王羲之、王献之的书帖更是情有独钟，临写过数百本。在广泛学习古人的基础上，赵孟頫的书法能集晋韵、唐法、宋意于一体，并融会贯通，自成一家。

赵孟頫创立了楷书史上独具特色的“赵体”，与唐楷的欧体、颜体、柳体并列为楷书四体。赵体不像欧体或者柳体那样高长，而是字形偏于扁方，结体宽绰而不失古朴；也不像颜体、柳体那样比较注重横轻竖重或提按等传统程式，而是用笔圆润，结体娴雅。这种楷书吸收了行书的一些成分，点、横、撇、捺之间动静相宜，流美动人。同时，其用笔不拖泥带水、不含糊暧昧，起笔、运笔、收笔的笔路都十分清晰，使学书者易懂易学。与唐楷三体相比，赵体楷书既得晋人风流倜傥之神韵，又具唐人法度端严之雍容，读其字，会感到他既能从容不迫地掌控线条，又能在平和淡定之中时露锋芒。就书法风格来讲，如果说欧体险峻遒劲、颜体雍容大度、柳体骨力劲健，赵体则娴雅秀逸，是文人书卷风流气质的典型代表。

草书“明朝第一”：祝允明

祝允明（1460～1527 年），字希哲，因右手生六指，故自号枝山，长洲（今江苏苏州市吴中区）人，明代弘治年间举人，官至广东兴宁知县，专任应天府通判，世称“祝京兆”。

祝允明天资聪颖，才思敏捷，5 岁能作径尺大字，9 岁能写诗文，书法造诣尤其深厚，兼重各体，融会贯通，声名斐然。与文徵明、王宠并称“三大家”，又与唐寅、文徵明、徐祯卿并称“吴中四才子”。

祝允明的书法集各书家之长，其小楷主要学钟繇、王羲之，谨严端整，笔力稳健；其草书则学怀素、黄庭坚，又吸取唐代虞世南、元代赵孟頫书法之神韵，发扬晋代王羲之、王献之行书、唐代怀素草书之势，自成狂草一体。祝允明无拘无束的气度，表现在“狂草”中，虽偶有失笔，却写得舒展纵逸，气韵生动。他晚年的草书更显笔势雄强，纵横秀逸，为当世所重。

一般认为祝允明的草书受黄庭坚的影响较多。宋人尚意、写意书风的独抒性灵和遣兴游戏的书法理念与祝允明的性情最为吻合，但他力戒片面强调个性而不尊重晋唐传统的做法，即使在研习黄庭坚草书的时候，也时时不忘透过黄书而追踪晋韵，主张“沿晋游唐，守而勿失”，既以晋韵、唐法为根本，又表现自己的个性神貌，追求功、性并存的境界。这种浪漫主义书风，对后世书法的发展产生了巨大影响。

郑板桥自创“六分半书”

郑燮（1693～1765 年），字克柔，号板桥，是康熙秀才，雍正举人，乾隆进士，后客居扬州，以卖画为生，诗、书、画号称“三绝”。

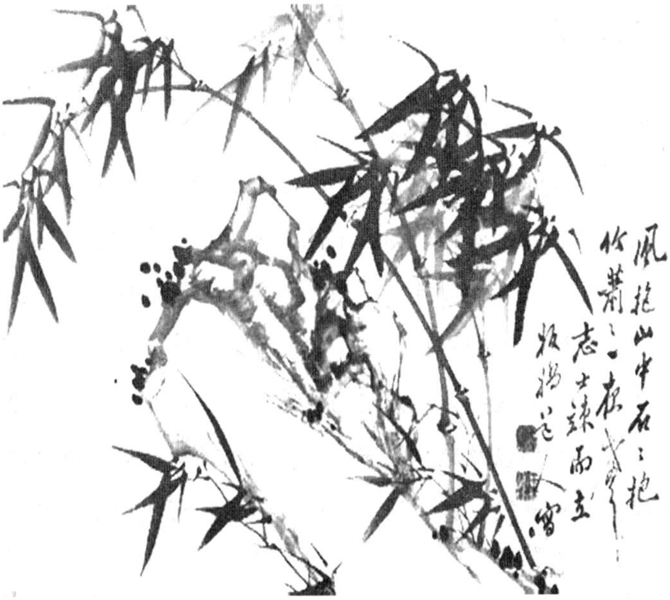

郑燮的书法与其画作、诗文相映成趣，构成不可分割的一体。其“六分半书”是一种介乎楷、隶、草之间，而将画法融入其中的书法。传说，郑板桥学书，夜间无意指在妻子徐氏肌肤上练习，徐氏一句“人各有体”启发了他，于是从古人的书体中学一半，撇一半，创立了“六分半体”。

此体可谓自出机杼，别开生面，高古简朴，风姿绰约，墨花流润，意态洒脱。用笔变化多样，撇、捺或带隶书的波磔，或如兰叶飘逸，或似竹叶挺劲，横竖点画或楷或隶，或草或竹，挥洒自然而不失法度。结字不拘陈法，肥瘦大小，偃仰欹斜，随心赋形，呈奇异狂怪之态。

绘　画

中国美术的起源

中国是全世界最早的文明古国之一，从远古时代起，中华民族的祖先就在长久岁月的实践中，不断改变着自然界，不断改进着劳动工具，从而不断地改进着自己本身，并逐渐产生发展着自己的思维能力、审美能力和美术创造能力。

中国原始时代的美术类别大致有：石器、陶器、雕塑（陶塑、石雕、玉雕等）、绘画（岩画、壁画、地画及器物装饰画等）以及建筑和编制工艺等。尽管至今还未发现在旧石器时代留下的可视的美术作品，但是，这个时期的先民对石工具的制作和石工具类型以及形制的演进，展示出人类在创造性劳动中由最初的生物本能的被唤醒、初开发、进而到初级审美能力的形成和审美意识萌芽的清晰脉络。

综观原始时代美术的遗址和实物，可以认识到原始美术所具有的混沌性特征，这具体体现在两个方面。首先，是那些被称之为美术作品的事物，总体上看并不是纯粹为“美”而创造的，而是与当时人们的实际生活和原始的宗教观念有着密切的关系，可以说，它是原始先民们生存意识和观念的物化形态，是实用与审美的结合物。再就是，原始时代美术的各个门类尚未有明确的分化，如雕塑、绘画与器物往往是浑然一体，相互依存的。尽管如此，这时期的美术已显示出人们的审美意识逐渐从物质生产中分化出来而成为一种独立的精神现象的趋势，也为后世美术的分化和发展奠定了技术和精神的基础。

泼墨

相传泼墨画法始于唐代的王洽。据《宣和画谱》记载，王洽善泼墨成画，时人称他为“王泼墨”。他每欲作图之时，先把墨泼在障上，泼洒的形状像什么就画成什么，或为山，或为水，或为石，或为林泉，“自然天成，倏若造化”，没有人为的痕迹。画完以后，“云霞卷舒，烟雨惨淡，不见其墨污之迹，非画史之笔墨所能到也”。

工笔与写意

工笔与写意是国画的一种画法。

工笔画用笔工整，注重细部的描绘和线条美。其技法有描，分，染，罩等。描指的是白描，画者分别用浓磨，淡磨描出底稿；分是指用磨色上色，用清水分蕴开来，表现出画面的层次；染和分是一个意思，只不过用的不再是磨色，而用彩色来分蕴画面；罩色指的是整体上色。

写意是国画的一种画法，俗称“粗笔”，与“工笔”对称。

写意画用笔不求工细，注重神态的表现，在表现对象上是运用概括、夸张的手法，丰富的联想，用笔虽简但意趣生动，表现力强，属于简略一类的画法，要求通过简练概括的笔墨，着重描绘物象的意态神韵。

白描

白描有单勾和复勾两种。以线一次勾成为单勾，有用一色墨，亦有根据不同对象用浓淡两种墨勾成。复勾则光以淡墨勾成，再根据情况复勾部分或全部，其线并非依原路刻板复迭一次，其目的是为加重质感和浓淡变化，使物像更具神采。复勾线必须流畅自然，否则易呆板。物象之形、神、光、色、体积、质感等均以线条表现，难度很大。因取舍力求单纯，对虚实、疏密关系刻意对比，故而白描有朴素简洁、概括明确的特点。

白描多用于人物画、花卉画，著名画家有吴道子、李公麟、张渥等。

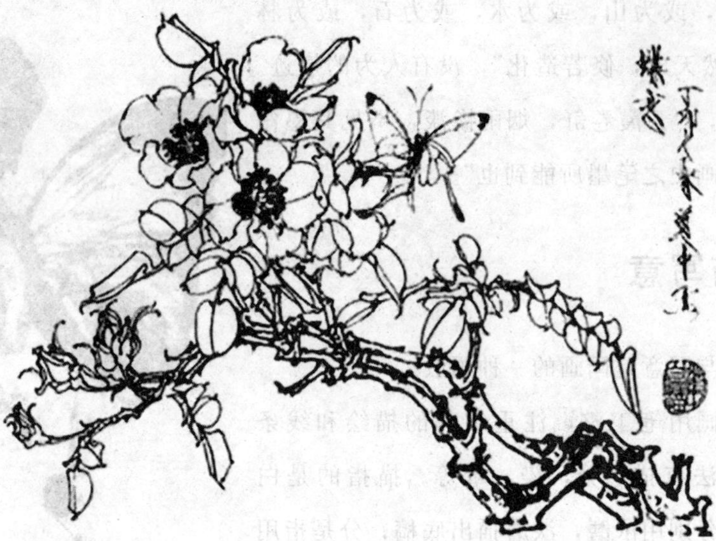

烘托与渲染

烘托是用水墨或淡的色彩点染轮廓外部，使描绘的物象明显突出。一般画流水、雪景和白描人物常运用此法。

渲染是用水墨或淡颜色涂抹画面，使色彩浓淡匀净，分出阴阳向背。

岩画

近年来，中国境内发现了大量岩画遗存。如内蒙古阴山岩画、江苏连云港将军崖岩画、广西花山岩画、云南沧源岩画、青海刚察县岩画等。据考古学家鉴定，这些岩画许多是新石器时代人们的创造，其中数量最多、分布最广、延续时间最长的首推内蒙古狼山地区的岩画。最早的距今约有一万年左右。

狼山位于内蒙古阴山山脉西段，是古代游牧民族生息繁衍的地方，在绵延300公里的崖壁上凿刻着成千上万幅岩画。这些岩画多是用硬石或石质工具敲凿或磨刻而成，轮廓沟深至3厘米，表现内容多与原始部族的狩猎生活有关。当时，人们在坚硬的石壁上雕凿图画，目的不可能仅仅是为了欣赏，还有可能是记事或拜神。据学者考察，凿刻岩画的地点与石质都是经过认真挑选的，其题材与

选择位置也有密切关系。

从艺术上看，这些岩画古朴、稚拙、粗犷，很像儿童笔下的形象，既刻画其所见，又直抒其所想，颇具自然天真之美。

先秦壁画

据魏人王肃撰写的《孔子家语》记载，孔丘曾去瞻仰周朝的“明堂”，看到四周的墙壁上，“有尧舜之容，桀纣之像，而各有善恶之状，兴废之戒焉”，“独周公有勋劳于天下，乃绘于明堂”。由此可知，庙堂壁画发展到西周时期已有相当大的规模。

壁画发展到春秋战国时期更为兴盛。据流传甚广的“叶公好龙”的故事所说，楚国贵族叶公喜欢龙，“宫室雕文，尽以写龙”，可知，当时不仅大型的宫殿祠堂绘有壁画，而且贵族府邸也雕梁画壁。可见绘画在当时的社会生活中已是较为普遍的现象。

战国帛画

在湖南长沙发现的公元前3世纪的两幅帛画，可谓时中国绘画史上迄今发现

的最古老的绘画作品。这两幅《人物龙凤》与《人物御龙》帛画的内容和手法很相似，它们都埋在尸体旁边，上段缝裹竹篾并有丝绳系之，其用途当是葬仪中的旌幡。联系崇信巫术的楚国习俗，学者们认为途中所画人物大约是墓主或“巫祝”形象，可能是祈求天佑或引魂升天的意思。画法大体用墨线勾描、平涂设色之法。人物比例、形态、服饰的描绘都比较准确。龙凤等动物形象尤为生动，线条流畅，人物头、面部和衣服敷彩痕迹还依稀可见。

汉代墓室壁画

据记载，汉代的绘画艺术已经十分发达，既有规模宏大的壁画，又有传神写照的肖像画，既有表彰功勋、劝诫贤愚的历史画，又有充满幻想色彩的神怪画，题材多样，种类不一。但是，这些作品都未能流传下来。

值得庆幸的是，汉墓中出土的大量壁画生动地记述了两千多年前人们丰富多彩的生活情景。

在众多汉墓壁画中，规模较大、保存最好、内容最丰富的是内蒙古和林格尔县新店子一号汉墓壁画。发现于 1971 年，总面积 100 余平方米。壁画主要描绘了墓主人从“举孝廉”到“使持节护乌桓校尉”的仕途生涯。

壁画中有庞大的车骑队列、豪华的县城府舍、众多的历史人物、丰富多彩的生活场景及边塞各少数民族的地方风俗等。场面宏大，情节跌宕，结构复杂，布局缜密。如其中的《百戏图》表现墓主人观看杂技的情形。在乐队的伴奏下，表演者臂系红带，有的束髻，有的赤膊，表演着跳丸、飞剑、舞轮、倒立、爬杆等技艺，各具姿态。不仅反映了汉代杂技艺术状貌，也充满了生活情趣。

张僧繇“画龙点睛”

张僧繇，生卒年不详，南朝画家，吴（今江苏苏州）人，梁武帝天监年间（公元 502～519 年）曾任武陵王国侍郎，后又任直秘书阁知画事、右军将军、吴兴太守等职。

张僧繇以画佛道著称，亦兼善画人物、肖像、花鸟、走兽、山水。在江南的不少寺院中绘制了壁画。绘制的肖像，能收到“对之如面”的效果。

张僧繇善吸取各种表现技法，在建康（今江苏省南京市）一乘寺用天竺（古印度）传入凹凸画法创作壁画，所绘物象，近视则平，远观具有立体感。佛像人物用功最深，形成风格，人称“张家样”。《雪山红树图》相传为其所作。后人将他与顾恺之、陆探微并列为六朝三大家。

另据《历代名画记》载，张僧繇有画龙点睛，乘云腾去的神话，原文为：

“金陵安乐寺四白龙，不点眼睛，每云：‘点睛即飞去。’人以为妄诞，固请点之，须臾雷电破壁，两龙乘云腾去上天，两龙未点眼者现在。”

顾恺之与《论画》

顾恺之（公元 346～407 年），字长康，小字虎头，晋陵无锡（今属江苏）人。与张僧繇、陆探微亦称“六朝三杰”。

顾恺之工人像、佛像、禽兽、山水等。时有“才绝、画绝、痴绝”之称。善作点睛之笔，自谓：“四体妍蚩，本无关于妙处；传神写照，正在阿堵之中。”其笔迹紧劲连绵如春蚕吐丝，被称为高古游丝描。着色以浓色微加点缀，不求藻饰。总结了汉魏以来民间绘画和士大夫画的经验，推动了传统绘画的发展。

顾恺之著有《论画》《魏晋胜流画赞》《画云台山记》，其中《论画》认为：“凡画，人最难，次山水，次狗马，台榭一定器耳，难成而易好，不待迁想妙得也。”其观点是，画人最难是因为人的内在精神和灵魂最难把握；顾恺之特别注重人物的“传神”，据说他画人物曾数年不肯轻易下笔点睛。后世评论顾恺之的人物画是“得其神”，而且“神妙无方”，原因就在于他对人物个性品质的精妙把握。

在顾恺之的画论中所阐述的“以形写神”“传神”等绘画观点抓住了艺术创作中的一个规律性问题，即要表现人物特征，他的人物画便充分体现了这一点。顾恺之的这一观点不仅成为魏晋风采的点睛之论，而且还对后世人物画产生了深远的影响。后代的画家也渐渐地专注于人物神采的描绘上，使中国人物画更丰满，更具立体感。

《历代名画记》

《历代名画记》是中国画史著作，唐代张彦远著。

张彦远（公元815～907年），字爱宾，河东（今山西永济西）人，乾符初官大理寺卿。

全书十卷。前三卷是叙论，有15篇：一叙画之源流，二叙画之兴废，三叙历代能画人名，四论六法，五论画山水树石，六论传授南北时代，七论顾、陆、张、吴用笔，八论画体工用搨写，九论名价品第，十论鉴识收藏购求阅玩，十一叙自古跋尾押署，十二叙自古公私印记，十三论装褙褾轴，十四记两京外州寺观画壁，十五述古之秘画珍图。这些叙论部分对绘画各方面内容如历史、理论、技法、工具、鉴赏、装潢等基本上都包括无遗。后七卷编入自轩辕时起至唐会昌元年（公元 841 年）间画家共三百七十余人的小传。叙述简要，征引俱注明出处，并收录若干画家画论。是中国古代画史的重要著作之一。

山水画

山水画是中国传统画科之一，描写山川自然景色为主体的绘画。

最早，山水画多作为人物画的背景，魏晋时期逐渐从人物画的背景解放出来，到了唐代，经吴道子、李思训、王维等发扬光大，才成为独立的画种。两宋益趋成熟，此后日盛，遂成为中国画的一大画科。

花鸟画

花鸟画是中国传统画科之一，以描写花卉、竹石、鸟兽、虫鱼为主体的绘画。

隋唐时期，花鸟画作为一种装饰画，宫廷和上流社会流行用它来装饰宫室厅堂、屏风乃至寺观和墓室。唐代的皇室贵族和官员士人多擅画花鸟。如初唐的薛稷、中晚唐的边鸾、刁光胤等。从艺术角度看，此时的花鸟画风格比较统一，多尚富丽精工，线条精细，设色艳丽，造型上注重写实，题材则多选取单个的花鸟形象。

五代时，花鸟画的风格出现了分野，出现了以黄荃为代表的宫廷富贵花鸟，和以徐熙为代表的民间水墨花鸟。两派各有长短，黄派长于用色和短于用笔，徐派长于用笔而短于用色，徐派不及黄派的精工艳丽，黄派不及徐派的气韵潇洒。

到了宋代，黄派画风在宫廷画院中一统天下，而民间士林中的水墨花鸟因为宋代文人书画的勃兴也一直并行发展。北宋末年，宋徽宗赵佶充分吸收了黄、徐两派之长，开辟了一种独具皇家气派的花鸟画画法。

元代花鸟画受到宋代文同、苏轼的影响，出现了一批专画水墨梅竹的画家，而明代画家中，徐渭的淋漓畅快、陈道复的隽雅洒脱，也代表了花鸟画在文人画中的两种风格。

清代，石涛、恽寿平、朱耷和扬州八怪等都在花鸟画发展史上占有重要地位，朱耷的笔墨与造型尤其独树一帜，而恽寿平的没骨花卉也为花鸟画另辟蹊径。

仕女画

仕女画又称“士女画”，是人物画的一种，原指以封建社会中上层士大夫和妇女生活为题材的中国画；后为人物画科中专指描绘上层妇女生活为题材的一个分目。

这一画风的代表画家是张萱与周昉。

唐代仕女画的成功在于它对人物服饰的描绘。在张萱笔下，我们看到的是一般意义上的人物形象；而在周昉的画作中，我们会发现许多工笔画的特殊技巧，如仕女的发髻、披纱的透明效果、服饰的花纹装点、深色纱袖中沿边线而勾勒的白线等，都是从前工笔画中极少见的特殊技法。

与前代的仕女画相比，张萱、周昉的仕女画第一次将现实中的宫廷女子推到观者面前。张、周之前的仕女画首推顾恺之，但在他的画作中，女性形象往往作为一段传说或故事的角色出现，人物注重姿态刻画，以衣袂间体现出地神韵取胜，由于基本为中景，人物面部也就并非画家关注的重点。而在张萱、周昉的画作中，往往只截取生活中的一个片断场景，如游春、捣练、簪花、挥扇、对镜等，女性形象也就成为画作的中心，人物多被置于近景，面部表情成为刻画的重点。

张、周开创的仕女画，其影响自晚唐五代一直持续到元代，尽管人物身形略有清减，但题材、神态、脸型、服饰等均沿袭其画风。直到明清时期，社会对女性的审美观发生了根本性的变化，不再以丰肥雍容为美，而转向纤巧玲珑、清绝瘦弱，仕女画的风格才随之转向。除此而外，张、周的仕女画对周边国家也产生了深远的影响，在日本的浮世绘中，至今依然可以明显地看到张、周仕女画的影子。

文人画

文人画，亦称“士夫画”“士人画”，是国画的一种。泛指中国封建社会中文人、士大夫所作之画。

明代董其昌称道“文人之画”，以唐代王维为其创始者，并目为南宗之祖。但旧时也往往借以抬高士大夫阶层的绘画艺术，鄙视民间画工及院体画家。

唐代张彦远在《历代名画记》曾说：“自古善画者，莫非衣冠贵胄，逸士高人，非闾阎之所能为也。”此说影响甚久。近代陈衡恪则认为“文人画有四个要素：人品、学问、才情和思想，具此四者，乃能完善”。

通常，“文人画”多取材于山水、花鸟、梅兰竹菊和木石等，借以发抒“性灵”或个人抱负，间亦寓有对民族压迫或对腐朽政治的愤懑之情。他们标举“士气”“逸品”，崇尚品藻，讲求笔墨情趣，脱略形似，强调神韵，很重视文学、书法修养和画中意境的缔造。

历代文人画对中国画的美学思想以及对水墨、写意画等技法的发展，都有相当大的影响。它不与中国画三门：山水、花鸟、人物并列，也不在技法上与工、写有所区分。他是中国绘画大范围中山水也好，花鸟也好，人物也好的一个交集。陈衡恪解释文人画时讲“不在画里考究艺术上功夫，必须在画外看出许多文人之感想”。

如苏轼所作《枯木竹石图》，画蟠曲枯树一株，顽石一块，石后露出二三小竹和细草，深具意趣。米芾谓：“子瞻作枯木，枝干虬屈无端倪，石皴硬，亦怪怪奇奇，如其胸中蟠郁也。”也如他诗中所说：“枯肠得酒芒角出，肝肺槎丫生竹石。森然欲作不可回，写问君家雪色壁。”

宰相画家阎立本

阎立本（约公元601～673年），唐代画家，雍州万年（今陕西西安）人，祖籍榆林盛乐（今内蒙古和林格尔）。其父阎毗、兄阎立德俱擅绘画、工艺和建筑。

阎立本工书法，擅画人物、车马、台阁。时人有“丹青神化”“冠绝古今”之誉。所绘《步辇图》是现存的重要作品，描绘太宗李世民接见吐蕃赞普松赞干布派来迎接文成公主的使臣禄东赞的情景，反映了汉藏两族友好关系。相传为阎立本的作品还有《古帝王图》《职贡图》等。从其作品所显示出刚劲铁线描，更富有表现力，设色沉着而有变化，人物刻画细致入微，在绘画史上具有重要地位。

阎立本除了擅长绘画外，而且还颇有政治才干。他在唐高祖武德年间即在秦王府任库直，太宗贞观时任主爵郎中、刑部侍郎。高宗显庆元年（公元 656 年）阎立德殁，他由大将迁升为工部尚书，总章元年（公元 668 年）擢升为右相，封博陵县男。当时，姜恪以战功擢任左相，因而时人有“左相宣威沙漠，右相驰誉丹青”之说。

“画圣”吴道子

吴道子（约公元 686～760 年），唐代画家，阳翟（今河南禹县）人。

吴道子少时孤贫，相传曾随张旭、贺知章学书，未成而罢，转习绘画。曾在韦嗣立处当小吏，做过兖州瑕丘（今山东滋阳）的县尉，不久坚辞离去。浪迹洛阳时，玄宗李隆基闻其名，任以内教博士，改名道玄。

吴道子擅画道释人物，亦善画鸟兽、草木、台阁。远师张僧繇，近法张孝师，笔迹磊落，势状雄峻，在长安、洛阳两京寺观所作壁画，达 300 余堵，而且这些壁画奇踪异状，无有同者。壁画名作《地狱变相图》名噪一时。

早年吴道子行笔较细，风格稠密，中年雄放遒劲，用状如兰叶或莼菜条的笔法来表现衣褶，有飘举之势，人称“吴带当风”。用焦墨勾线，略设谈色，又称“吴装”。因其笔法流转洗练，“笔才一二，象已应焉”，后人将他和张僧繇并称“疏体”，以区别于东晋顾恺之、南朝宋陆探微劲紧连绵的“密体”。

吴道子被后世尊为“画圣”，也被民间工匠尊为祖师，对以后的人物画和白描画风影响极大。

“米氏云山”的情趣

米芾（1051～1107年），初名黻，字元章，号鹿门居士、海岳外史，襄阳漫士等。擅长画水墨山水，在继承董巨一派基础上，师法造化，创造出烟云变幻，苍茫朦胧的“云山”之景，后人称之为“米家山”或“米氏云山”。

米氏云山，可见其子米友仁遗存画迹，山石以水笔润泽，淡墨渲染，山头用大小错落的浓焦墨横点点簇，后称“米点”。云气以淡墨空勾，树木用浓墨勾画，山脚以浓淡相间墨笔横扫。以笔饱蘸水墨，横落纸面，利用墨与水的相互渗透作用的模糊效果，以表现烟云迷漫、雨雾溟濛的江南山水，画史称为“米点皴”或“落茄皴”。

存世的《潇湘白云图》，作云山濛浑、树木萧疏之景。自题：“夜雨欲霁，晓烟既泮，则其状类此。余盖戏为潇湘写千变万化不可名神奇之趣”。款“元晖戏作”四字。明代董其昌评此画谓：“舟次斜阳，蓬底一望空阔，长天云物，怪怪奇奇，一幅米家墨戏也。”米氏云山不仅丰富了山水画的表现力，而且把景物、情趣和笔墨效果结合在一起，更加符合文人画的意趣。

《潇湘白云图》现藏于上海博物馆。

宋徽宗敕编《宣和画谱》

宋徽宗赵佶酷爱书画，即位后全力发展自己的艺术爱好。他对于宋代画院的建设和院体画的发展，对于书画艺术的提倡和创作，以及对于古代艺术的整理与保存是有突出贡献的。他广泛收集民间文物特别是金石书画，命文臣编辑《宣和书谱》和《宣和画谱》等，把皇室内府所藏魏晋以来的大量精品书画编集著录并加以品第。

《宣和画谱》共收录231人的6396件作品，本前有宣和庚子（1120年）序一篇，共二十卷。列十门。卷一至卷四为道释门；卷五至卷七为人物门；卷八为宫室门（舟车附）；卷九为龙鱼门（水族附）；卷十至卷十二为山水门（窠石附）；卷十三至卷十四为畜兽门；卷十五至卷十九为花鸟门；卷二十为墨竹门（小景附）。门下按朝代序次，列画家人名，并附籍里、职官、修养、爱好、专擅、故实。门前有叙论、门末附录宫中所藏绘画作品。可作画家传记，亦可作宋室名画目录。

赵孟頫的画

赵孟頫在绘画方面，开创了元代简率、尚意，以书入画的新风尚，使文人画走向全面成熟。

首先，在创作心态上，赵孟頫作画显得轻松自如，不像他之前的宋代画家那样绘画如视劲敌，不敢有丝毫疏忽。因此，他的绘画形象简练概括，很少细节描绘，而注重整体气势。作为文人画的集大成者，他强调以书入画。作为一代书法大家，赵孟頫用不同笔法表现不同世象，比如石以飞白笔勾勒，竹以八分，而水用篆体。他所独创的荷叶皴，丰富了山水画的表现技法。他还提倡“作画贵有古意”，也就是以古为门面而创造新意。

身为赵宋宗室后裔，赵孟頫却入仕元朝，宦海一帆风顺，使其一生毁誉参半，因为中国有“以人论书”的观点，致使后世对赵孟頫的评价有失公允和偏颇。但明代王世贞曾说：“文人画起自东坡，至松雪（赵孟頫）敞开大门”，较为客观地评价了赵孟頫在中国绘画史上的地位。

王冕画梅

王冕（1287～1359年），字元章，号煮石山农、饭牛翁、梅花屋主、会稽外史。诸暨（今属浙江）人。曾属意于仕途，但屡试不中，后以卖画为生，行为渐渐怪诞，其实暗含了其对现实的怨忿。

王冕对梅花情有独钟，留下了大量咏梅的诗句，如“不要人夸颜色好，只留清气满乾坤”。他笔下的梅花是高洁人格的象征，也正因为如此，他的墨梅图充满着浓郁的士人情怀。王冕的墨梅继承并发展了扬无咎的圈画技法，扬无咎圈画花瓣时要一笔三顿挫，王冕则改为一笔二顿挫，而后世多袭用王冕之法。王冕又创“胭脂作没骨体”，以朱色加以点染，使得梅花清新可喜。同时，他一改前辈画家写梅疏朗清瘦的特点，而以繁密的梅花见长，被人称作“万蕊千花，自成一家”。

传世作品有《为良佐写墨梅图》《南枝春早图》《墨花图》。著有《梅谱》。

明四家

沈周

沈周（1427～1509年），字启南，号石田，晚号白石翁，长洲（今江苏吴县）相城人。兼工山水、花鸟，也画人物，以山水和花鸟成就突出。

沈周早年承受家学，兼师杜琼。后来博采众长，出入宋元各家。从现存作品看，主要继承董、巨以及元黄公望、王蒙、吴镇的水墨浅绛体系，又参以南宋李、刘、马、夏劲健的笔墨，融会贯通，刚柔并用，形成粗笔水墨的新风格。山水多描写南方山水及园林景物，表现了当时文人生活的悠闲意趣。章法有气势，笔力苍老、雄健、凝重、粗率，用墨圆润。

沈周的画作有“粗沈”和“细沈”两种，称之为“细沈”的工致之作流传极少，被视为珍品。

《庐山高图》，作于成化三年（1467年），时年四十一岁，是其早期山水画名作。取高山仰止之义，为其老师陈宽祝寿而作。画庐山峰峦，中有叠岭重泉，草木繁茂，气势郁郁苍苍。布景严紧，长林巨嶂，云山满幅，变幻无穷。山石树木笔法细密，仿王蒙，兼有董、巨遗风。当为早年“细沈”中至精之作。

沈周是公认的吴门画派创始人。“吴派”自明中叶创立后，逐渐取代宫廷绘画和浙派的地位。成为当时“文人画”的中坚力量和典型代表。后世继承吴派者队伍庞大，但能跳出沈周的框子，自成家数的，唯文徵明一人。

《庐山高图》现藏于台北“故宫博物院”。

文徵明

文徵明（1470～1559年），原名璧，字徵明，后以字行，又改字徵仲，祖籍衡山，故号衡山居士，长洲（今江苏苏州市吴中区）人。

文徵明是继沈周之后的吴派画家领袖，山水、人物、花卉、兰竹，无一不工。以山水画成就最高。他师从沈周，兼学宋元诸名家，融会变通，自成一路。从现存作品看，影响他的画艺最深的是元代诸大家。他的“小青绿”山水、屋宇人物以及墨笔枯木竹石，明显地带有赵孟𫖯的风貌；而萧疏幽淡的格调，层叠不重的构图，浓密的苔点以及矾头等，则与黄公望、王蒙、倪瓒、吴镇有一定的继承关系。

文徵明的代表作《江南春》是淡设色水墨画，画面分三段展开，近景数株清乔瘦木新芽初吐，中景洲头桃红柳绿，湖水平静，远处山峦起伏，布势平稳疏朗，设色轻淡柔和，景物明媚秀丽，表现出江南春天山清水秀的景色。

“粗文”水墨山水，则以《古木寒泉》《雨景山水》等为代表。取材苍松悬瀑，风雨交作；笔法刚柔相济，墨色浓淡错综，苍劲郁茂，挥洒淋漓中蕴含翩翩文雅之趣。

唐寅

唐寅（1470～1523 年），字伯虎，一字子畏，晚年信佛，号六如居士，别号桃花庵主、逃禅仙史、南京解元、江南第一风流才子等。吴县（今苏州）人。

唐寅初学画于周臣，临摹李成、郭熙、李唐、马远等人作品，取法于李唐派系，又与赵孟頫、李公麟等文人画相结合，而有创造，因此有出蓝之誉。

唐寅早年的工笔人物有《孟蜀宫妓图》，写前蜀后主王建宫中四个宫女，身着云霞彩饰的道衣，头戴莲花冠，各持器具，相对而立。画法既继承了唐宋以来张萱、周昉、周文矩的仕女造型，又具有时代特点，表现为小眉、小眼、尖削下巴，刻意描绘弱不禁风的情态。衣纹作铁线描，线条细劲，色调浓艳，技法精工。

笔墨粗放的则有《秋风纨扇图》，写仕女独立平坡，手执纨扇，若有所思。自题："秋来纨扇合收藏，何事佳人重感伤，请把世情详细看，大都谁不逐炎凉。"衣褶作抑扬顿挫笔势，流利洒脱。所作仕女，多端庄清秀，流露出对身份卑贱的弱小者的同情。唐寅诗、书、画兼长，具有文人画特色，无论工笔、写意俱佳，为当时吴门派画家所不及，因而声名远播。

《孟蜀宫妓图》现藏于故宫博物院，《秋风纨扇图》现藏于上海博物馆。

仇英

仇英（1482～1559 年），字实父，号十洲，原籍太仓，后移居苏州。《虞初新志》称："其初为漆工，兼为人彩绘栋宇，后徙而业画。"画史多称之为漆工。

仇英早年因为善画被名家所器重，与唐寅同出于周臣之门，同宗李唐、刘松

年，兼学赵伯驹、伯骕，参以赵孟頫。曾长时期在著名鉴藏家项元汴、周六观家中临摹古画、技艺大进，成就显著。擅长人物、山水、花鸟、楼阁界画，以工笔重彩为主。繁华富丽中带有飘逸优雅的气息，充满蓬勃欢乐的气氛。青绿山水和人物故事画，形象精确，色调淡雅清丽，具有文人画的笔致墨韵。兼作水墨写意，风格清劲潇洒。所绘仕女形象秀美，线条流畅，直趋宋人之室。对尤求、禹之鼎以及清宫廷仕女画都有很大影响，尤其是苏、扬一带临摹仇氏作品之风甚炽，以致形成所谓"苏州片"的流行。

仇英以高超的画艺跻身"四大家"之列，在当时文人画独霸的局面下，一个画工在画坛上能得到如此高的地位，是极不容易的。

《莲溪渔隐图》现藏于故宫博物院。

晚明画坛宗主董其昌

董其昌（1555～1636 年），字玄宰，号思白，别号香光居士，谥文敏，华亭人。

董其昌是晚明画坛宗主，执艺坛牛耳数十年，其绘画长于山水，注重师法传统，临过不少古人作品，能集宋元诸家之长，行以己意。

董其昌遍观历代名画，借用禅宗之说，分历代山水画为南北二宗，南宗相当于禅宗中的“南宗”，讲求顿悟，注重天赋、笔墨趣味和率真天性，这一支从唐代的王维开始，到五代的董源、巨然、李成、范宽直到宋代的米氏父子和元四家；北宗相当于禅宗中的“北宗”，讲求渐悟，重苦练，重技法，重精工模拟，这一支从唐代的李思训父子开始，到宋代的赵伯驹兄弟、马远、夏圭等。董其昌明确推举南宗，认为南宗才是文人画的正宗。

从绘画题材看，董其昌善于重复宋元名家的题材，是摹古大家，不过，其摹古并非泥古不化，而是典型的再度创作。具体而言，就是将宋元人的绘画特点加以融会贯通，既有宋人的精致韵味，又兼元人的萧散风度，再加上本身的书法意趣，使得画作具有了鲜明的董氏风格。

董其昌的绘画对明末清初的画坛影响很大，并波及近代画坛，不少学者称其所生活的17世纪为“董其昌世纪”。

“八大山人”朱耷

朱耷（1626～1705年），明宗室后裔，江西南昌人，谱名朱由桵，字号极多，和尚法名有传綮、号刃庵、雪个、个山、个山驴、人屋、驴屋、八大山人；道士名号有朱月朗、良月、破云樵者等，使用最多的是“八大山人”，署名时字形与“哭之笑之”类似，是因为这最能寄国破家亡之痛。

朱耷工山水、花鸟、竹石。山水受董其昌影响，但并非一味摹拟，因此学董而无董痕迹。并上追元黄公望、倪瓒直至北宋董源、巨然。他的水墨大写意，即集先人之大成，大大拓宽了南宋以来水墨写意画的路子。

朱耷的写意花鸟画成就更高，有刻意求神的独特运思，又有技法上的大胆革新。写花卉，简化了浓淡套墨的程序，使笔墨趋向浑沦畅润，有棉里裹针之妙，既有骨又有肉，既丰隆圆厚又筋力遒韧。画鸟，有意迟缓运笔，使水墨浸透画

纸，造成羽毛绒绒的形质。写荷茎、鸟腿、枯藤、山石、苔点，虽觉笔笔是写，又觉笔笔似真，避免了前人顾真失笔，顾笔失真之弊。

朱耷笔下的物象，有深刻的思想寓意。如冲口而出、委曲求生的瓶菊；出污泥而不染、亭亭玉立的荷花；冲破顽石重压，盘缠向上的葡萄，所绘鱼、鸟、草虫等，形象夸张，嘴、眼多呈方形，面作卵形，上大下小，岌岌可危。画鸟，则多“枯柳孤鸟”“枯木孤鸟”“竹石孤鸟”，且多为半闭眼睛、一足“上距”、寒冷疲倦之态，特别是眼睛，一圈一点，眼珠顶着眼圈，一副白眼问天的神情。禽鸟蜷足缩颈，一种既受欺又不屈的意态。有的作品，只画一鸟一鱼，残石败枝，虽落墨不多，而有余意无穷的感触，令人深思。

扬州八怪

扬州八怪究竟指的是哪八位画家，众说纷纭，莫衷一是。大致有六种代表性的说法，一般则多依李玉棻《瓯钵罗室书画过目考》所谓“罗聘、李方膺、李鱓、金农、黄慎、郑燮、高翔、汪士慎”。

扬州八怪主要活动在雍正、乾隆年间。他们既不画“四王”山水，也不画恽派的没骨花卉及蒋廷锡的院体花鸟，而是自辟蹊径。艺术上力求创新，善用水墨

技法，多写意花鸟，亦画写意人物、山水，画必题诗，并以书法笔意入画，注意“诗书画”三者的有机结合。因此，他们的作品有鲜明的个性，耐人寻味的笔墨情趣和清新狂放的艺术风采，使人为之耳目一新。“八怪”由此而得名。

他们重视对事物的深入理解，以泼墨写意手法作画，“必极工而后能写意，非不工而后能写意也”，并且深入观察生活，金农曾说：“予家书屋前后皆植竹，每于雨洗灿开时，辄为此景写照。”

扬州八怪在绘画上的主要成就表现在写意花鸟方面，继承了朱奋、徐渭、石涛等人的画法和创作思想，其中以石涛的影响最大。石涛提出“师造化”“用我法”、反对“泥古不化”，提出画家应到大自然中去洗手创作素材，强调作品要有强烈的个性，这些理论被扬州八怪运用于实践之中。

尽管扬州八怪的作品当时只流行于扬州及附近地区，但是它在继承和发展中国传统水墨写意画方面，对后世产生了深刻影响。

任伯年和海派

任伯年（1840～1896 年），清代画家。初名润，字小楼，后改名任颐、字伯年。山阴（今浙江绍兴）人，寄寓浙江萧山，父任云淞曾为民间画工，幼时随父

学画。少年时，曾参加太平军为旗手，早年在扇庄当学徒，后得任熊、任薰指授。中年在上海卖画。擅画人物、花卉、翎毛、山水，尤工肖像。所绘肖像，形神毕露，被誉为“曾波臣后第一手”。花鸟画，远师北宋，近学徐渭、陈淳、石涛等，博采众长，勾勒、泼墨、细笔、阔笔，均能运用自如。得朱耷画册，更能悟得用笔之法，虽极细之画，必悬腕中锋。设色或清淡，或浓艳，或兼用，颇具新意。画风清新、活泼。兼善塑像。其画在江南一带，影响甚大，为“海上画派”之代表人物。

所谓“海上画派”是在上海画坛形成的融中西土洋于一炉的画派，简称“海派”。1840 年鸦片战争后，中国社会发生剧变，外来的文化与艺术对中国传统绘画造成冲击；与此同时，绘画消费的群体也在发生变化，宫廷、文人不再是消费主体，绘画的大众化倾向越来越浓厚，与社会生活和社会风尚的联系也越来越多。

上海是中国东南沿海最早与海外通商开埠的城市之一，繁荣的商业带动了这里的绘画市场，也吸引了江浙一带的很多的职业画家聚居于此，他们最先接受了维新思想和外来文化，反对墨守成规、陈陈相袭，他们上承唐宋优良绘画传统，吸收明清陈淳、徐渭、八大山人、石涛和扬州八怪诸家之长，又受清代金石学的影响，因此画风潇洒放纵，且具雄厚古朴气息。

海派画家均为职业画家，绘画目的十分明确，就是卖画为生，适应市场需要，满足消费者需求。他们的绘画渊源来自文人画，带有明显的诗、书、画、印结合的文人特征，但在新的历史条件下又大都善于吸收异质文化的营养，具有鲜明的革新意识，画风雅俗共赏。其代表作家除任伯年外，还有赵之谦、虚谷、吴昌硕、黄宾虹等。

《龙凤人物图》

《龙凤人物图》是我国现存最古的帛画之一。

画面正中，一妇人左向侧立，头后垂髻，并系装饰物，腰部细瘦，长衣曳地，大袖身，小袖口，双手前伸，向上弯曲，作合掌状。妇人左上方绘一凤鸟，凤鸟之左又绘一龙。

关于此图左边所绘是龙还是夔曾有不同看法，持夔者依据画中之兽仅一足，一足为夔，并将其右侧凤鸟联系解释为凤夔相斗，而以凤胜于夔，寓“美好战胜邪恶”之意。曾名《人物夔凤帛画》。近年来经重新考证，看清了画中之兽的面目，其头部两侧并未出角，而躯体两侧各有一足，尾端不垂，呈卷曲状，因此，认为画的不是夔应是龙。

《龙凤人物图》是战国时期的风俗画，主题思想应是巫神迷信的反映，画面描写一个妇人正在为死者祝福，左侧龙凤，引领墓主死后灵魂升天。

现藏于湖南省博物馆。

《清明上河图》

《清明上河图》为宋代张择端所作。绢本，设色。纵 24. 8 厘米，横 528. 7 厘米。通过世俗生活的细致描写，生动地揭示了北宋汴梁（今河南开封）承平时期的繁荣热闹景象。

《清明上河图》以长卷形式，采用散点透视的构图法，记录了中国 12 世纪城市生活的面貌，这在中国乃至世界绘画史上都是独一无二的。在画中，有士、农、商、医、卜、僧、道、胥吏、妇女、篙师、缆夫及驴、马、牛、骆驼等人物、牲畜。有赶集、买卖、闲逛、饮酒、聚谈、推舟、拉车、乘轿、骑马等情

节。图中大街小巷，百肆杂陈；河港池沼，船只来往；还有官府第宅，茅篷村舍，深刻地把这一历史时期的社会动态和人民的生活状况展示出来。

在艺术处理上，无论对人物的造型，街巷、车辆、楼屋以及桥梁、货船的布置，笔墨章法都非常巧妙。其丰富的思想内涵、独特的审美视角、现实主义的表现手法，都使其在中国乃至世界绘画史上被奉为经典之作。

《清明上河图》在当时及其以后都有很大影响，并博得了各阶层观者的喜爱。宋代以后，出现了不少摹本。

现藏于北京故宫博物院。

《富春山居图》

《富春山居图》为元代黄公望晚年所作，描写浙江富春江一带秋初的山水景色。

此卷卷首起笔为江边景色，然后是峰峦坡石，多有起伏变化，云树苍苍，疏密有致；其间有村落、平坡、亭台、渔舟、小桥等，并写出平沙及溪山深远处的飞泉，"景随人迁，人随景移"，达到了步步可观的艺术效果。《富春山居图》用笔利落，平林一带丛树，打上点子叶；高崖峻壑，则用大披皴。不少地方，取法董源的《夏山图》而又自出机杼，为元代文人画中出色的实地写生山水。

此图的流传颇具传奇色彩，最初黄公望是为其道友无用师所作，无用特别请黄公望在图上题写“无用”之名以明确其归属。在后世流传中，明代画家沈周、董其昌都曾拥有过此图，清初时，流传到民间收藏家吴正卿手中，吴对其珍爱备至，朝夕相随；病危之时，曾欲将其火焚以殉，幸亏被他的侄子从火中抢出，可惜已被烧去了卷首部分。全图因此被分成两段。

《富春山居图·剩山图》纵 31.8 厘米，横 51.4 厘米，现藏于浙江省博物馆。

《富春山居图·无用师卷》，纵 33 厘米，横 636.9 厘米，现藏于台北故宫博物院。

印 章

中国印章的起源

中国使用印章的历史，从考古所得的遗存看，可上溯到3000多年前的商代（约公元前17世纪初～前11世纪），河南安阳商代墓葬遗址中曾出土过印章，印面是四角内收的方形，称为“亚字形”，引文是小鸟的图像。伴出的还有铸造青铜器的范模，可知这方印章是制作青铜纹饰的印模。在使用功能上与后世的印章不同，但透露出印章的出现，深受契刻的影响。

远在新时期时代大汶口文化（公元前4300～前2500年）的陶器上就发现了契刻符号；殷商时代在甲骨上记载占卜事件也契刻卜文；在铸造青铜器时，人们更把契刻技艺与金属铸造结合，创造出具有史书价值的青铜器铭文。这说明印章的产生同契刻传统是相承的。

1992年，考古学家论述了台湾“故宫博物院”中收藏的三件铜印为商代的玺印，从而为中国印章的起源提供了时代最早的实物例证。

这三件铜印是在20世纪30年代后期，由河南安阳殷墟出土的，三印的形制十分相似，都是扁平板状的印体，正方形印面，铸阳文，鼻纽。其中两件铜印的印文为商代末期的族氏之名，确认为商代后期的古玺，且其制作已较成熟，即是说，其渊源仍可上溯。

玺、印和章

秦始皇建立统一的封建大帝国后，为加强中央集权，在政治、经济、文化各个领域都采取了推动统一的措施，在典章制度方面，他改变了商周以来以祭祀礼仪中使用礼器作为王权象征的传统做法，代之以铸造印章。

在制定典章制度时，秦始皇对印章的名称、使用材料、形制、印纽式样等，都做了严格的等级序列规范。规定皇帝使用的印章用楚国的玉石雕刻，称为“玺”，官员人等的印章称“印”和“章”，还设置了称为“符节合丞”的专门机构，见惯印玺制度的实施，严禁逾制使用。

秦始皇后，皇帝用玺的制度为封建时代历代王朝沿袭。皇帝的玉玺成为皇权交替、册封的凭据和镇国之宝。玉玺作为国之重器被礼敬珍藏。而丧失玉玺，即为亡国的象征。

武则天改“玺”为“宝”

武则天认为，“玺”字与象征死亡的“息”字同音，因此不祥。所以，她在延载元年（公元694年）改变皇帝印玺的印文“黄帝之玺”为“皇帝之宝”，并且以印章的尺寸大小、厚薄作为等级尊卑的标志。最高级别的官印增大至55毫米左右，以下依次递减。这样一来，唐宋时代的官印体积都较秦汉时代增大了一到两倍或更多。

历代皇帝御印

秦始皇将印称“玺”，据史载是以蓝田玉镌刻，上雕螭虎纽饰，印文是李斯所书小篆，为“受命于天，既寿永昌”八字，也有说“受天之命，皇帝寿昌”的，已无法考定。

汉代，刘邦攻下咸阳，夺得秦始皇“玺”而象征得到了政权，始皇“玺”归汉侯，被汉高祖刘邦封为传国玺，凡新皇帝即位，首先要接受此印章，皇位才算合法并得到臣民的承认。自此，传国玺成为真命天子的标志和拥有国家最高权力的象征，王莽篡汉就以“逼宫夺玺”的手段得到玉玺，篡位的计划才算完成。

这一枚传国玉玺传至汉献帝时丢失，但汉代以后还有不少朝代的皇帝仍以拥有秦始皇的传国玺印标榜自己是正统皇帝。

魏晋及南朝刘宋“六玺”的使用范围和形制完全沿用汉制，北朝和隋则有一些变化。

隋代刻制两方传国玺，定名为“神玺”和“受命玺”。

唐代皇帝的印章改称“宝”，仍用六枚。白玉制造，雕蟠龙钮。

北宋自制“受命宝”，宋初的定制为八宝，即仿汉代六玺外加“镇国宝”和“受命宝”。宋徽宗政和七年（1117 年），又增十六字宝，印文为：“范围天地，幽赞神明，保合太和，万寿无疆”，名为“定名宝”，与原八宝合为九宝。

南宋时，皇帝用宝增至 14 枚，新增“皇帝亲崇国祀之宝”“天下合同之宝”“书诏之宝”三方金印，和“大宋受命中兴之宝”“承天福延万亿永无极”（称“护国神宝”）、“受命于天，既寿永昌”（称“受命宝”），与仿汉六宝总计为 14 枚宝印。

元代仿隋唐用印制度，只有传国宝和“皇帝之宝”等六宝印，印文为八思巴文。

明代前期，皇帝御印定为 17 方，到世宗嘉靖皇帝时，又增加七印，共 24 方。

清代承袭明制，乾隆十一年（1746 年），清高宗弘历取《周易》“天数二十有五”的吉数，钦定为 25 印。

清 25 印中，20 方袭用明代印，又增“大清受命之宝”“大清嗣天子宝”“皇帝之宝”（满文）、“制驭六师之宝”“敕正万邦之宝”五方。乾隆十三年（1748 年），弘历为使印文协调，规定除“大清受命之宝”“皇帝奉天之宝”“大清嗣天子宝”及满文的“皇帝之宝”原制不变，“先代相承，传为世守”，其余 21 宝一律改用汉篆体镌刻，并亲自修订“交泰殿宝谱”明确规定了各印的适用范围。

清代二十五宝安放在交泰殿御座的两侧和背后。

以皇帝个人名义镌刻的还有堂号印或闲章，质地高贵精良，印文多用篆体。这类印章多用在内府收藏的图书典籍上，皇帝鉴赏过的古代书画、碑拓或皇帝御笔书写绘画的作品上。乾隆皇帝是历代皇帝中闲章最多，在内府收藏的古代书画作品上钤印最多的。他鉴赏或书写的作品一般加三玺，优良者加五玺或者更多。

收藏鉴赏印

唐太宗曾把“贞观”二字连珠印、唐玄宗曾把“开元”二字连珠印盖在御藏书画上，这可算是收藏鉴赏印最早的使用。历经宋、元、明、清，这一类收藏、鉴赏、校订的印章使用越来越频繁。收藏鉴赏印给后人提供了鉴别古代书画真伪和艺术价值高低的可靠依据。

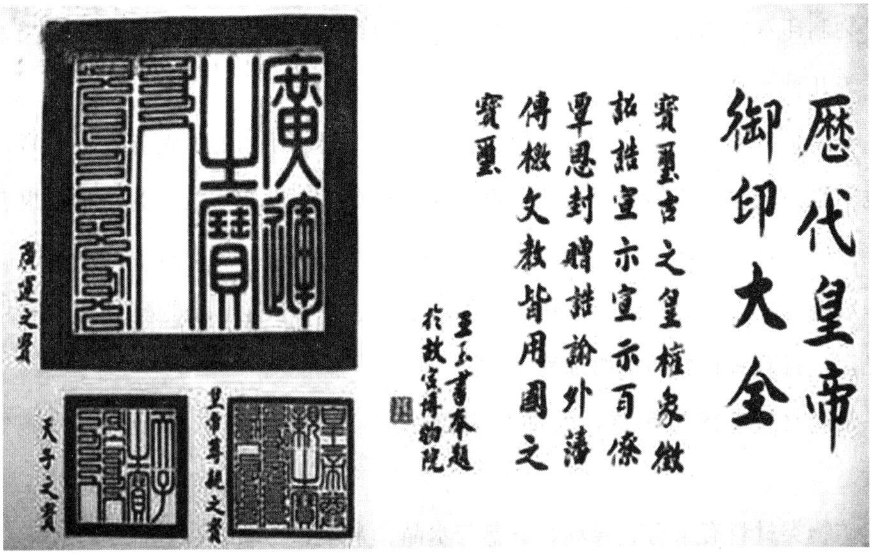

收藏鉴赏印可分为官方收藏（或称“御藏”）和私人收藏两种。

这种印一般盖在画面左方、右方、下方和上方正中，或碑帖拓本的考据处，应以不破坏画面为好。

收藏鉴赏印有的在一幅画上，少则盖三四方，多则盖十几方、几十方印的都有。一幅古画流传的年代越久，辗转于收藏家之手越多，画面上钤盖的印章也就越多，有的名画上所盖的收藏鉴赏印多达200余方。虽然对考证古代书画很有帮助，但这些印章在某种程度上，对画面也有一定的损害。

篆　刻

印章的材料

刻制印章所用的材料主要有金属类、矿物类、陶瓷类、骨质类、竹木类、化学类等几种类别。

金属类材料包括金、纯银、铜、铁等。过去皇家使用的所谓金、银印章，其实也不是纯金、纯银的，因为纯金银质软，只有掺铜以后才能成为印材。也有铜胎鎏金的。古代铜印呈黑色的，是铜与铅、银合金；呈黄色的，是铜与金合金；但一般铜印，大部分是红铜与锡或铅的合金，色呈青灰色，质地坚硬，具有持久的光泽，且有着良好的抗腐蚀性。

金属材料支撑的印章，大都是用铸印法，也有用凿印法的，主要是军用印章。

矿物类材料有玉石、玛瑙、翡翠、水晶、蜜蜡、珊瑚、叶蜡石等。

古人多用玉印，取“君子佩玉”“君子美如玉”等意。秦汉时期，只有帝王才能用玉印。

以上矿物类材料中，除叶蜡石外，质地都太坚硬，镌刻困难。用此类材料制作印章，都用碾印的方法，与琢刻玉器的方法近似。由于琢刻过程中，碾砣不能转动自如，因此文字的韵味很难表现出来。

陶瓷类印材包括陶、瓷、瓦、泥。唐宋时期的私印有陶瓷的。瓷印质地类似玉，但较松粗，印文有一种浑厚古朴的感觉，颇可玩味。

骨质类印材包括象牙、兽骨、犀角、牛角等。唐宋时期的官印有用象牙制作的，经元、明、清至今，仍有喜欢用象牙章的，象牙质轻，便于携带。

骨质类印材亦不易入刀。

竹木类印材有黄杨木、竹节、竹根、果核、瓜蒂等。这一类印材虽然质软易刻，但字迹无神，多为闲章所用。

化学类材料有假象牙、有机玻璃、橡皮等，近代开始兴起。橡皮章主要用于单位公章。

另外，用石料刻印是元代画家王冕开始采用的，当时他使用的是青田花乳石，石料质地软硬适度，易于刀刻，最能表现文字及刀法的神韵，从此便被广泛接受了。

寿山石

寿山石是叶蜡石的一种，又称壶石、塔石，出产在距离福州市北 40 公里的寿山乡。

寿山石的开采始于唐宋，1965 年，在福州北郊发掘的南朝墓葬中，发现有出土的寿山石雕，说明早在 1500 年前，人们就已经开始利用寿山石雕刻工艺品了。

寿山石是次生矿石，是镁硅酸盐蚀变形成的，由微细鲜片组成的致密状集合体。常见的石色有微黄、褐色、绿色等，呈蜡状光泽，硬度为摩氏 1～2 度，质地纯净，是适应性较强的印材。

“石中之王”说田黄

田黄石主要产自田坑的中坂田，肌理隐现萝卜纹或红筋，石色有黄金黄、桂花黄、熟栗黄、枇杷黄等种类，以“黄金黄”最佳。其中特别透亮的，又叫“田黄冻”。还有一种，外面是白色，里面是纯黄色的，称为“银裹金”。

产自田坑的田黄石极为珍贵，历来是皇室贡品，如清代乾隆皇帝的三颗田黄石印，由三条田黄石链条连结在一起，雕工极为精湛。

历代印章的形制

历代印章的形制，正式的大致就是方形、长方形两种。方形的最常用。但战

国迄今，印章的形制千变万化，尤其是私印，形制更是种类繁多。

一面印

古代带纽的印章，大都是一面印。一面印多是姓名印，方形，印文的字体比较规范。

两面印

印章的两面都有印文，称为两面印。

两面印多是私印，始于秦，盛于汉。印文一面刻姓，一面刻名，或一面刻姓名，另一面刻表字、臣某、妾某、吉语、鸟、兽、鱼、虫等。也有两面吉语印，两面肖形印，两面图案印等。

两面印大都是铜的，个别也有玉的，印身很薄。中间有长方形穿孔，可以穿绳，便于携带，因此两面印又称穿带印。

套印

将两枚或数枚大小不等的印章互相合理地套合起来，使之融为一体，称为“套印”。

套印有两种，一种是带兽纽的，称为“子母套印”，另一种是无纽的方形套印。

套印始于汉代，盛行于魏晋六朝时期，大都为铜铸。

铸造兽纽的套印时，一般总是把动物的首和身分别铸在两颗印上，大印的印纽作母兽，小印的印纽作子兽，套合在一起，成为一个完整的兽形，如同母抱子的形状。有一母一子的双套印，也有一母二子的三套印，分别成为“子母套印”或“子母孙套印”。

带钩印

带钩是古代人束在腰间皮带上的钩，质地有铜、铁、玉等，首部弯曲，后背有圆纽，尺寸大小不等。

带钩印的质地都是铜地，印面是在带钩背后的圆纽上，便于两用。

带钩印多属于秦汉时期，但不是所有的带钩上都带有印章，带印的只是极少数。

连珠印

将一方印章中间铲去一部分，使之成为几个小印，刻以姓、名、别号或联成相应的词句，这种形制的印章成为连珠印。有二连珠、连珠或四连珠等。

三连珠或四连珠始于秦汉，二连珠始于唐代。如唐太宗书写的“贞观”二字印、宋徽宗用的“宣和”二字印，都是连珠印。

正方形与长方形印

正方形印章庄重大方，自古至今，无论官印或私印，多是正方形。长方形印章中，官印占少数，大多是私印。如斋馆印、诗句印、吉语印、鉴赏印和盖在字画上角的引首章等，篆刻家多喜长方形。

圆形与椭圆形印

圆形与椭圆形印和其他异形印相比，还是比较规范的。这两种形状的印章，圆形的比较少，椭圆形则多见于鉴赏印和引首章。

这种形制的印章，印面的边缘弧线与印文字体直线结合，显得十分别致。

异形印

异形印又称杂形鉢，是一种不规则形状的印章，其形状、大小都没有定例，一般都是私印。

最早的异形印始于战国。秦汉时期的古鉢也有很多异形。随着印章艺术的不断发展，其形状也逐渐趋向多样化，尤其是石印盛行以后，形制更是五花八门。主要有钱币形、禽兽形、连环形、竹叶形、牛角形、葫芦形、梅花形、鸡心形、菱形，以及琴、鼎、壶、炉等器物形。

异形印的制作，应该有耐人寻味的布局，遒劲有力的字体刀法，庄重雅致的格调，否则很容易落入俗套。

边款

边款是刻在印章边侧的题记，落在印面以外的款识。印章边款的使用，是从古代青铜器上的款识借鉴而来的，古代印章上多无边款，这可能是因为当时的印章质地多为铜、玉，过于坚硬、不易凿刻的缘故。

元代以后，用石料制印，给文人篆刻带来了方便，而隋、唐以来的官印，四周边侧也多刻有制印年月、编号、释文等。明代以后文人治印，多在印侧或上端刻年月、印主和治印人名号，也有刻诗句、铭文或图案的，多为阴文。

边款的出现，为印章艺术注入了新的内容。除边款的字体、刀法、技法已成为一种专门的艺术，有着很高的欣赏价值。

历代篆刻流派

中国历代篆刻流派有很多，大致来说有这三个派别，它们分别是皖派、邓派、浙派。

皖派

皖派又称徽派，是篆刻流派之一。创始人何震，是明代安徽徽州婺源人，故名。

皖派的篆刻家有吴忠、程朴、金光先、胡正言等。后继有苏宣、梁衷、朱简、汪关等。篆刻专学秦、汉，风格朴茂苍秀。又有程邃、巴慰祖、胡唐、汪肇龙，合称“皖四家”。

皖派所摹汉印，几可乱真。皖派始用涩刀，学习秦汉，又能创造新意，不落流俗。

邓派

邓石如以小篆及《三公山碑》《禅国山碑》的体势笔意入印，形成“邓派”。因为邓石如也是皖人，故也称之为“皖派”。

邓派的后继者有吴熙载、徐三庚等。

浙派

浙派是篆刻流派之一，因篆刻家都是浙江籍人，故称。

清代乾隆时丁敬开创浙派，继起者主要有黄易、奚冈、蒋仁、陈豫钟、陈鸿寿、赵之琛、钱松等。

浙派篆刻宗秦、汉印，兼取众长，讲究刀法，善用切刀，不主一体，各具特点，艺术上有较高的成就。因为丁敬等八人都是杭州人，故又称“西泠八家”。

浙派与皖派诸家艺术观点与表现手法虽异，但同样主张取法秦汉印，可谓殊途同归。

雕塑器具

雕　塑

中国雕塑的起源

雕塑属于造型艺术范畴，因具有长、宽、高三度空间延伸，又称“空间艺术”或“视觉艺术”“触觉艺术”。雕塑的起源，可以追溯到原始社会，原始先民所制造的第一个石器工具中，已内含有雕塑造型的意味，尽管这些石器工具是征服自然的生产劳作，但原始的雕塑工艺即滥觞于此。

中国从旧石器时代的中晚期开始，特别是到了山顶洞人时期，加工考究、磨制精细、形态不一的各类石器、骨器等装饰品的出现，是真正意义上揭开了雕塑工艺的序幕。从小巧的石珠、石坠到穿孔的贝壳等，都属于原始先民有意识的自觉创造，是审美心理物化的表现，这已构成了雕塑工艺品的要素，从而在本质上已区别于劳动工具的制造，归属于人类精神、审美的初级范畴。

新石器时期的雕塑工艺，无论在材料的运用、造型、款式，还是在构思技法等方面，都有了很大的进步，在黄河中下游地区的仰韶文化、马家窑文化和齐家文化，以及汉江间的屈家岭文化，江淮流域的青莲岗文化、大汶口文化、河姆渡文化等是其代表。新石器时代的雕塑工艺，有相当一部分是依附于彩陶来表现的，如陕西华县仰韶文化中的彩陶枭头及鸮鼎、山东大汶口文化中的彩陶兽尊等，都运用了较生动的表现手法，显得古朴而雄浑。

说“沁”

埋葬在地下的玉，受到地下温度、湿度、有机物和无机物等的浸蚀，年代久了就会产生质地和颜色的变化。这是入土古玉的特征，称之为“沁色”，也叫蚀斑。由于汉及汉代以前的古玉入土年代久远，其沁色与蚀斑尤为多见，有沁蚀的古玉更具苍浑古朴的韵味。

沁色主要有：白色、绿色、浅绿色、红色、黑色、灰白色、灰色、黑灰色、紫色、紫褐色、黄色、黄褐色、赭色等。与此相对，产生了许多沁色名称，如白色的称鸡骨白、鱼肚白、象牙白、梨花白、糙米白等，绿色的称铜绿土、松花绿、苹果绿、春波绿等，红色的称朱砂红、枣皮红、鸡血红、鹤顶红、石榴红等，黑色的称黑漆古、纯漆黑、膏药沁等，黄色的称蜜蜡黄、小米黄、桂花黄、栗子黄、撒金黄等沁色名称。

汉八刀

汉八刀是对汉代某些玉器在雕琢工艺上的一种习惯称法，并不是说玉器是仅用八刀琢成的，而是指这类玉器所反映的线条简练，刀法粗犷，毛口没有毛道和崩裂痕。

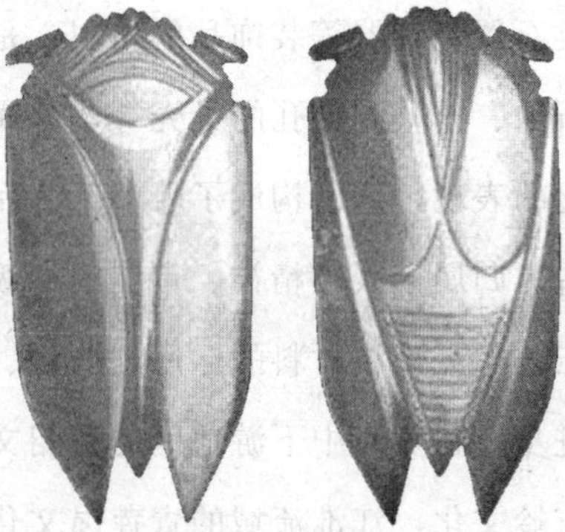

说“如意”

如意，一般是作为馈赠而制作的器物，在清代尤为盛行。

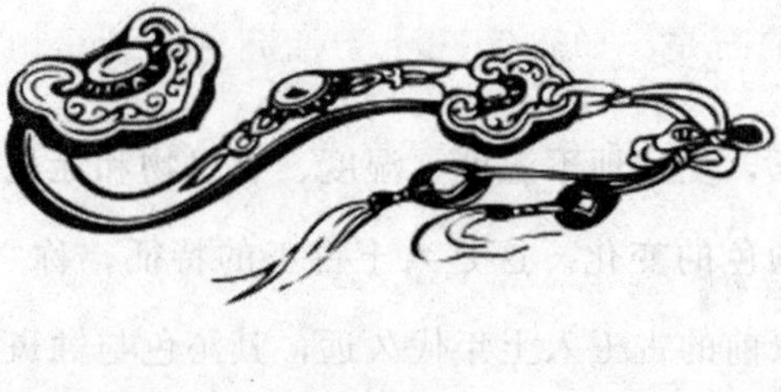

如意都雕有花纹，有的还在玉制的如意上，粘上碧玺、松石、宝石所雕成的

花卉，大多是桃果、灵芝、蝙蝠之类。如意的质料，除玉之外，有用水晶、珊瑚、犀角、竹根、玛瑙、琥珀、金、银等材料制成。大的达 1 米，小的只有 3 厘米左右。每逢吉庆佳日，王公大臣手执如意作为互赠礼物，祝福事事如意，岁岁如意，吉祥如意。

中国玉器之最

中国迄今为止发现年代最早的一件玉制品是：距今 8000 年前，山西湖县旧石器时代晚期遗址出土的用水晶制的小石刀。

中国迄今为止发现年代最早的装饰用彩石玉器是：距今 7000～6000 年前的浙江余姚河姆渡遗址出土的璜、珠、坠等。

中国迄今为止发现年代最早的俏色玉器是：距今 3000 年前的殷商时代，河南安阳小屯村北出土的营玉鳖。

中国迄今为止发现年代最早的翡翠制品是：北京明定陵中出土的翡翠如意，距今约 360 年。

中国迄今为止发现年代最早的汉代玉器是：汉元帝渭陵附近出土的镂空羊脂白玉、仙人奔马、玉熊、玉鹰、玉辟邪，皆以和田玉制成。

中国最大的一件玉制品是：《大禹治水图》玉山子。

中国最早的大件玉器是：元代渎山大玉海。

中国最早的一部金石学图录是：宋代吕大临编撰的《考古图》，上已有玉器图条记载。

中国第一部专门的玉器目录是：元代的《古玉图》，成书于 1341 年。

中国第一部古玉学术研究专著是：清代光绪十五年（1889 年）吴一薇编撰的《古玉图考》

中国最大的水晶石是：1958 年出土于江苏东海县房山镇拓塘村的重达 3.5 吨的水晶大王。

画像石、画像砖

画像石与画像砖都是陵墓雕塑中数量很大的品种，且都随汉代起始而发达，随汉代中阶而式微，汉代之后，如南朝、唐、宋等时期，虽也有零星出现，但时过境迁，已入末流。

汉代的画像石一般是古代石窟、祠堂、墓室等的石刻装饰画。起于西汉，盛行东汉。在山东、河南、四川、陕西、山西、江苏、安徽等地区均有大量发现。其表现形式，石面有阴刻和阳刻两种。内容有历史人物、神话故事、宴会、狩猎、歌舞、战争、社会生产和生活等。不仅是美术品，同时也是了解当时民情风俗的重要资料。著名的有武氏祠画像、孝堂山画像、沂南画像等，艺术价值很高。

在砖头模子上刻画，再压成砖坯烧制出来的砖叫画像砖。但也有不用模印而是直接刻在砖上的，通常嵌在墓室或建筑物的壁面上，多流行于汉代。既是建筑结构的一部分，又是一种装饰品。

画像砖在四川、河南均有大量的出土，近年在山东、安徽、江苏以及浙江等地也有所发现。其中以四川的画像砖显得最有特色。四川出土的画像砖，内容丰富，刻画细致而又精巧。如成都凤凰山的画像砖详尽地表现了四川自流井盐场的生产过程，既反映了劳动生产场面，也体现了古代劳动人民的聪明与智慧。还有“弋射”“收获”图，生动地反映了当时蜀地的农村风光。广汉、彭县、新繁出土的市井图砖，描写了当时市井的部分场面，有的还较全面地表现了汉代城市中的市场容貌。

最早的木雕作品

木雕是人类文明史中最古老的艺术形式之一，人类祖先在征服自然环境的生产活动中，使用自然材料，以手工技能制造出各种产品，无论是实用品、宗教典礼用品，还是祭器、墓葬品，或用于装饰，都与人的审美紧密相连。木雕也是其中之一，但因其材质较易分化腐烂，古人遗作留存极少，特别是历史早期的木雕作品，只得赖于出土文物及文字记载来加以分析佐证。

中国发现最早的木雕作品为7000年前的新石器晚期辽宁新乐出土的木雕鸟和河姆渡出土的木雕鱼。

浙江河姆渡文化遗址发掘的木雕鱼长11厘米，宽3.5厘米，厚2.7厘米，周身阴刻着大小不等的圆涡纹，形象十分生动，是原始社会的木雕工艺珍品。

东阳木雕

东阳木雕以浙江东阳为主要产地，约始于唐代，宋代的木雕佛像技艺熟练。明清两代形成一套完整的木雕风格，永乐年间（1403～1424年）的卢宅肃雍堂中不乏木雕杰作。至清代中期，东阳木雕名闻遐迩，有数百人曾进京修缮宫殿。内容取材于古典文学名著、神话故事、民间传说、舞台戏曲以及山水花鸟、走兽草虫等。东阳木雕在艺术手法上采用传统的散点透视法，以浮雕技艺为主，构图饱满、层次丰富、富有立体感。

潮州木雕

潮州木雕以广东东部潮安、潮阳、揭阳、饶平、普宁、澄海为主要分布地

区。唐代潮州木雕已在建筑装饰上广泛运用，明清十分兴盛。建于唐、明代重修的潮州开元寺的龛桌、禅门、窗棂刻人物、飞禽、花果等，技艺精湛，木雕“千佛塔”更称神品。日用木雕在清代也开始得到流行。除建筑物上使用，日用品有床橱、桌椅、屏风、香炉、礼盒等。题材多为戏曲故事、花卉翎毛、瓜果鱼虫等，尤以镂空的鱼篓、蟹篓、虾篓等更具地方特色。技法有通雕、浮雕、圆雕等。

黄杨木雕

黄杨木雕以浙江乐清、温州为主要产地。黄杨木雕约有150年的历史，由名艺人叶承荣首创。最早起源于民间元宵“龙灯会”龙灯骨架上的木雕小佛像，到清末从民间龙灯的附属装饰中独立出来，发展成为独特的艺术欣赏品。自在国际赛会上获奖以后，黄杨木雕名扬海内外，促使更多艺人从事创作，推动了它的发展。黄杨木质地坚韧光洁、纹理细腻，色黄如同象牙，古朴雅致，适宜雕刻小件的圆雕工艺品。

最早的根雕作品

根雕是以树根作为基本材料，在充分利用其自然形态的基础上，作适当的雕刻处理而形成的一种造型艺术。因为巧藉天成，重在发现，雕刻相对比较简便。

根雕在中国是一种古老的艺术，现存最早的根雕实物，为战国时期的作品《辟邪》和《角形器》。

《辟邪》于1982年在湖北省荆州江陵县马山一号墓发现，制作年代是在公元前340年至公元前270年间。辟邪是一种驱邪除鬼的镇墓兽，其造型为虎头龙身，呈昂首行走状态，叉开的四足雕有蛇、雀、蛙、蝉等图案。

《角形器》是在湖北省荆门市十里镇王场村包山二号墓发现的，制作年代也是在公元前300年左右。它以天然树根的造型加以雕刻，成为两只盘结而成的螭。

“塑圣”杨惠之

杨惠之，生卒年不详，唐代雕塑家（活动于开元、天宝年间，即公元8世纪前期）。吴（今江苏苏州）人。初学绘画，远师南朝张僧繇，后改习雕塑，并在绘画基础上，发展了彩塑艺术，人称“塑圣”。时有“道子画，惠之塑，夺得僧繇神笔路”之誉。

杨惠之曾创壁塑新技法，所塑园林山水，极具立体感。画史载，他曾在洛阳广爱寺塑制楞迦山景及罗汉群像，深受时人褒誉。所塑人物造型，合于相术，故称古今绝技。其还以雕塑肖像见长，宋代刘道醇在《五代名画补遗》记载：杨惠之在京兆府曾塑名优人刘怀亭像，成后并加装染，于市会中面墙而置，京兆人视其背影即能呼出姓名，则其神巧可知。据记载，杨惠之的雕塑作品曾遍于南北各地，尚有长安太华观玉皇大帝塑像，临潼福严寺山水塑像，凤翔东天柱寺维摩居士塑像，洛阳北邙山老君像，开封大相国寺释迦佛及维摩塑像，以及昆山慧聚寺毗沙门天王、侍女塑像等。这些作品，至11世纪的北宋时仍大多保存，并为苏东坡、王诜等诸多文人名士所题咏赞颂。

泥人张

张长林（1826～1906 年），清代雕塑家，字明山，河北深州人，后定居天津。承祖、父之业捏塑，勤恳钻研，技艺更精，能状民间风俗故事，曲尽其妙；其向所捏作戏曲人物，各班角色，形象生动逼真。尤作人之小照更见长技，只需与人对面而坐，抟土于手，一刻便就，且形神毕肖，栩栩如生，观者叹绝。故被时人称为“泥人张”。

红山玉猪龙

玉龙是新石器时代红山文化的典型器物。龙是人们幻想中的动物，红山文化玉龙是迄今所知最早的玉龙。

玉龙造型奇特，雕刻精细。龙体卷曲，呈“C”字形；龙吻前伸，略向上翘，嘴紧闭，鼻端平齐；双眼突起呈梳子形，腭及腭底琢刻细密的菱形网状纹；颈脊起长鬣，披向后背；龙尾向内弯曲，末端圆尖；背部近颈处有一圆孔，龙身断面呈椭圆形。

兵马俑

秦代陶塑。位于陕西省临潼县西杨村西南。1974 年发掘，1977 年就地建成

秦始皇兵马俑博物馆。共发现四个俑坑，总面积 25380 平方米。出土大批与真人、真马等高的陶俑，从装束上大体可分为战袍俑与盔甲俑，从职能又可分为前锋、立射、跪射、骑兵、驭手、武官、将军俑等，并配带实战铜兵器。形象准确，身姿各异，刻画细腻明快，比例适度，色彩绚丽，对比强烈。

乐山大佛

乐山大佛是唐代雕刻，又名凌云大佛，据考证，其官方名称为“嘉州凌云寺大弥勒石像”。位于四川省乐山县城东南凌云山西壁，临岷江与大渡河、青衣江汇流处。

相传乐山大佛是唐开元元年（公元 713 年）由凌云寺和尚海通发起，就山岩凿成的弥勒佛像。用以企望通过佛的威力镇压水势。共雕凿九十年，至贞元十九年（公元 803 年）完成。时人誉为“山是一尊佛，佛是一座山”。大佛两侧断崖和登山道上，有许多石龛造像，多是盛唐作品。原有十三层楼阁，毁于明末张献

忠乱军。大佛头与山齐，足踏大江，双手抚膝，体态匀称，神势肃穆，细部刻画不算精美，但以体大取胜，气魄雄伟。其头部、手足均有毁坏。

天下名器“宣德炉”

宣德炉是明代的著名工艺美术品。因是明代宣德年间所造的铜香炉，故简称“宣炉”。

宣宗因郊庙所用鼎彝不合古式，命工部重新制造宫廷鼎彝之类祭器，工部尚书吴中采《博古图》《考古图》《祥符礼器图》等有关古籍，从中选出较好图式88种作蓝本，同时选取内府所藏秦汉以来炉、鼎、彝器格式及柴、汝、官、哥、钧、定多窑之精品29种以资借鉴，会同司礼监太监吴城司铸冶千余件，以供宫廷及寺观之用。名工巧匠吸取历代冶炼经验，融汇鎏涞制作优点，使宣德铜炉铜质细腻，色彩丰富，花纹精美，形式新颖。款识自1～16字不等，常见的有“大明宣德年制”6字，扁方楷书，阴印阳文。

宣德炉遗存至今有两种类型，一类是不加装饰花纹的素炉，另一类是经过錾刻镶嵌镂空鎏金等艺术加工的器物。前一类以造型及铜色丰富见长。代表作有“双龙抱柱铜炉”“兽耳活环钵式炉”，以光滑温润器形取胜。另一类遗物有“错金仿古铜簋”、宣德款“镂空云龙纹熏炉”“錾花兽耳炉”等。

宣德炉炼铜技艺精湛，各种有色金属作不同比例配合，器物铸成后，呈现朱砂斑、茄皮紫、甘蔗红、栗壳色、秋梨白、鹦羽绿、秋葵色、茶叶末等 40 多种复杂色彩。

器　用

◎青铜器◎

青铜与青铜文化

青铜是以铜为主的合金的一种。古代青铜器主要是铜与锡的合金，此外还有铜与铅的合金等。青铜在古代的颜色大多是金黄色的，由于经过长期腐蚀，表面往往生成一层青绿色锈，因此被称为青铜。

从目前的考古发现来看，世界各国都经历了青铜时代。古代中国，早在第一个奴隶制王朝的夏代时期就已经进入了青铜时代。

青铜文化主要是指通过考古工作揭示的青铜时代人们创造的物质文化，包括两个大的方面。即：

一、青铜时代的遗物，主要是指青铜器，此外还有陶瓷器、木漆器以及玉器、石器等。

二、当时人们活动留下的遗迹，包括房屋、城市及墓葬等。

除物质文化外，青铜文化也包括青铜时代人们创造的精神文化，如文字、艺术等。

“中华第一灯”：长信宫灯

西汉著名铜灯长信宫灯是一件驰名中外的艺术瑰宝。1968 年在河北满城西汉中山靖王刘胜妻窦绾墓出土。

灯的设计十分合理、精巧。灯座、灯盘、灯罩皆可拆卸，灯盘为双重直壁，插置两片弧形屏板作灯罩，灯罩可开合，以调节光照度的宽窄。灯盘可转动，屏板可开合，灯光照度和照射方向可调节。宫女的头部和右臂可拆卸，侧举右臂和下垂作灯盖的右袖，视觉上增加了造型的美观，同时使灯盘内空气流通，帮助蜡烛燃烧，右臂为烟的通道，可将烟导入体腔，容纳于宫女器身中，使室内保持清洁。灯各部位可拆卸，便于清除烟垢，设计十分科学。宫女姿态神情塑造得生动细腻。此灯是汉代灯具的代表作。

曾侯乙编钟的趣谈

曾侯乙是战国时期曾国（今湖北随县、枣阳一带）的一个诸侯，姓乙，因此被称作曾侯乙。1978 年，曾侯乙墓碑被发现，在墓中沉埋了两千四百余年的大型国宝编钟面世。因为是在曾侯乙墓出土的，因此也将这些编钟称为曾侯乙编钟。

曾侯乙编钟钟架长 7. 48 米，宽 3. 35 米，高 2. 73 米，全套钟架由 245 个构件组成，可以拆卸，设计精巧，结构稳定。整套编钟共 65 枚，由青铜铸造。每件钟体上都镌刻有金篆体铭文，正面均刻有“曾侯乙乍时”（曾侯乙作）。全套编钟音域宽广，音列充实，音色优美。每件钟均有呈三度音程的两个乐音，可以分别击发而互不干扰，亦可同时击发构成悦耳的和声，证实了中国古编钟每钟双音的规律。

钟及钟架铜构件是铜、锡、铅的合金，合金比例因用途而异。编钟的装配、布局，从力学、美学、实际操作上，都十分合理。全套钟的装饰，有人、兽、龙、花和几何形纹，采用了圆雕、浮雕、阴刻、彩绘等多种击法，以赤、黑、黄色与青铜本色相映衬，显得庄重肃穆、精美壮观。

“后母戊大方鼎”因何更名

“后母戊大方鼎”是商代后期王室祭祀用的青铜方鼎，鼎高 133 厘米，口长 110 厘米，口宽 79 厘米，重 832. 84 千克，鼎腹为长方形，上竖两只直耳，下有四根圆柱形鼎足；口沿很厚，轮廓方直，各处俱有纹饰，是中国目前已发现的中国古代形体最大最重的青铜器，在世界上也是仅有的最大古鼎。

一直以来，后母戊鼎都被称作“司母戊鼎”，并以此名登载在中小学的历史课本中，这是因为鼎身内部铸有“司母戊”三字的缘故。然而，早在 20 世纪 70 年代，学术界已对司母戊鼎的铭文提出了新的考释，建议将“司母戊”改为“后母戊”。

学术界认为，商代的文字书体较为自由，可以正书，也可以反书，所以，“司”和“后”的字形可以一致。同时，在意思上此处更接近“商王之后”，“后”在这里表示墓主人的身份。

国家博物馆采纳了学术界的意见，并对公众作出回应说：“此鼎初始被定名时，专家释读其上铭文为‘司母戊’，然而随着更多同时期青铜器被发现，目前专家多认为应当释读为‘后母戊’。”

2011 年 3 月 28 日起，国宝级青铜器司母戊鼎正式更名为“后母戊鼎”。

◎陶器◎

陶器的起源

考古证明，公元前六七千年生活在中国黄河、长江流域的人类进入了新石器时代。新石器时代的人类，在创造出造型完整的磨制石器的同时，还创造了最能代表那个时代文化水平的工艺产品——陶器。

在新石器时代的文化遗址中，几乎都出土了或多或少的泥陶制品，因此那个时代又被称作陶器时代。从某种意义上说，陶器，才真正是人类所创造的第一件“作品”，是人类在造型艺术方面留下来的主要创作。彩陶是中国原始社会中卓越的工艺创造，是新石器时代的重要标志。

陶器的烧制是经过火的加温改变了原材料的化学性质，它的出现促进和丰富了原始人的经济生活，在制作中，人类的审美智慧创造性的得到了发挥。

形制一应俱全的陶器食具

在中国，陶器的发明被视为由旧石器时代进入新石器时代的标志之一，而人

类发明的第一件陶器是用来做饭的。可以说，人类的第一件炊具是与新石器时代相伴产生的。

人类在对饮食的多种嗜好中，十分用心地塑造着各种食用器具，各种不同用场的陶制食器有：杯、盘、钵、豆、碗、盆、壶、鬶（guī）、罐、缸、瓮、鼎等数十种。以黄河流域的新石器文化为例，裴里岗的圆腹鼎、三足钵、双耳壶、深腹罐、带盖高足豆，磁山的小口长颈罐、圈足罐、圆口盂，大地湾一期文化中的圈足碗、球腹壶、圆底钵，李家村的大口罐、小口杯、平底钵、杯形三足器，老官台的小口腹鼓平底瓮等，在这些仰韶文化之前的早期新石器文化遗存中，食具的形制差不多已是一应俱全。

进入仰韶时代，彩陶的出现，更加美化了人们的饮食生活。

彩陶最早出现于大地湾一期文化中（距今约 7800～7350 年），还只是在部分钵的口沿上绘出紫红色宽带纹，罐和碗的口沿则多绘成锯齿状。进入仰韶文化时期，陶器开始通体着色，基调便是自山顶洞人以来十分崇尚的红色，不过又增加了纹饰的色彩。早期以红底黑彩为主，后期往往在彩绘部分先裹上一层白衣，再施以黑、黄、紫等色彩，从而形成了双色或多色的图案。

到了新石器时代中期以后的整个仰韶文化时代（距今约 6700～5000 年），陶制食具更是空前繁盛，其形制愈加丰富。其中，在西安半坡遗址出土的五十多万件陶器、陶片中，生活用具多种多样，仅陶罐就有二十三种类型四十五种式样，如果不是对饮食蒸煮烧烤的多种讲究，就不会有如此细致的器具分工。

白陶

白陶是表里和胎质都是白色的一种陶器，土质原料为瓷土和高岭土。白陶器在龙山文化晚期遗址中已有发现，使中国成为世界上最早使用高岭土烧制器皿的国家。

白陶器基本上都是采用手制，以后也逐渐采用了泥条盘制和轮制。白陶的烧成温度不高，不超过商代几何硬纹陶的烧成温度。商代后期是白陶器的高度发展时期，在河南、河北、山西和山东等地都有出土，其中以河南安阳殷墟出土数量最多，制作也相当精致。

常见的白陶的器形有小口短颈、圆肩、深腹、平底罍（léi），小口长颈、鼓腹、圈足壶，小口长颈、鼓腹平底觯（zhì），小口鼓腹双鼻卣（yǒu），敞口鼓腹平底盂和敛口鼓腹圈足簋（guǐ）等。胎质纯净洁白而细腻，器表多刻有饕餮纹、夔纹、云雷纹和曲折纹等，仿制同期青铜礼器的形制和纹饰，白陶烧制工艺技术在这时发展到了顶峰时期。

黑陶

黑陶在新石器时代晚期，黄河下游和东部沿海的大汶口文化、龙山文化、屈家岭文化和良渚文化等遗址中出现。

黑陶的产生与当时生产工艺的进步密切相关。由手工的泥条盘筑法到轮制，使所制器形浑圆工整，器胎厚薄均匀，大大提高了制陶生产力。这时人们已掌握了封窑技术，对陶窑进行了改进，陶窑的火口很小，有较窄较深的火膛，加强了窑室的温度，也便于在烧时封闭而实现还原气氛，提高器物的烧成硬度，并产生灰或黑的色彩效果。这些因素，使采用轮制法的黑陶器皿的口、腹、底皆趋于正圆的形式，器壁很薄，烧成温度达1000度左右，胎骨坚密，具有乌黑的色彩。以素面和磨光的黑陶为多，带纹饰的较少，有弦纹、划纹和镂孔等几种，不似彩陶以彩绘见长，而以造型取胜。

彩绘陶

彩绘陶是烧成后进行彩绘的陶器。它在烧成的陶坯上画花，色料附着性不牢，因而花纹易脱落。

彩绘陶始于春秋时期，到战国得到发展，一直延续到两汉时代。它最初发展于中原，后扩展到长江以南的湖南、江西、广东以及西北和东北。

彩绘陶大都采用轮制，也有模制的，烧制火度很低。彩绘陶系泥质陶，陶胎有灰、褐两色，灰胎一般敷以黑色陶衣，在黑色陶衣上敷层白粉后再加以彩绘，多用黑线、红彩。褐胎一般刷以白粉，也有施黄粉的，然后加以彩绘，多用红色花纹，少见有用金银绘线的。彩绘陶被制成几乎各种生活器皿。装饰纹样常用几何纹，如弦纹、三角纹、菱形纹、圆圈纹、锯齿纹等；也用云纹，分规则和不规则两种；有花瓣纹，如梅花纹、柿蒂纹、卷草纹等；有鸟兽纹，如凤纹、龙纹、铺首纹等。图案组织一般为适合纹样，以二方连续的带状纹样为多。

◎瓷器◎

瓷器的发明

根据考古发掘的资料证明，在制陶工艺长期发展的基础上，中国在商代中期发明了瓷器。

瓷器是用瓷土（高岭土）作胎，表面施一层玻璃质釉，经过1200度以上的高温烧成。瓷器的特点是胎体致密，不渗水，不透气，表面有一层高温烧成的玻璃质釉，不藏污垢，容易拭洗，清洁卫生，庄重典雅，这是陶器所不能比拟的。发明瓷器是中国先民对人类用具的进步作出的一大贡献。

中国瓷器的发现，是最早在河南郑州二里岗商代文化遗址中发现了一种质地坚硬、施玻璃质青釉的器物，如大口尊等，火度很高，敲击能发出悦耳的金属声。此后，在河南、山东、江西、湖南、湖北、江苏、浙江等地都有发现。经测试检验，证明这些器物的原料和历代公认的瓷器原料一致，不是普通的制陶泥土，而是一种高岭土，且烧成的温度达到1200度，这个温度比任何日用陶器的温度都高，与现代瓷器的烧成温度相同。从科学上可证明完全符合瓷器的标准，应是中国最早的瓷器。

青瓷

青瓷釉色的烧成，必须是在窑烧的过程中使燃料不完全氧化，使瓷中所含的铁分完全还原成为氧化亚铁，即铁和氧在1：0.296的比例下结合，呈现出翠绿的青色，如果超过1：0.43比例时，釉中铁就会生成三氧化二铁，因而出现黄色和褐色。有些青瓷的釉色不纯，就是烧成不好的原因所致。

在魏晋六朝时期，青瓷作为一种新兴的手工业在南方得到发展，以东瓯（浙江）缥瓷的质量最高，胎呈灰白色，质地致密，釉色均匀。江苏宜兴的均山窑、浙江温州的瓯窑和浙江金华的婺州窑所产青瓷，也各有特色。

白瓷

白瓷是釉料中没有或只有微量的呈色剂，生坯挂釉，入窑经高温烧成的素白瓷器。北齐范粹墓出土的白瓷，是中国至今所见到的有可靠纪年的最早白瓷。

白瓷由青瓷演变而来，通过对瓷土进行精炼，使原料中铁分减少，经制瓷工人长期实践，控制了胎釉中的含铁量，克服了铁的呈色的干扰，从而发明了白瓷。最初早期白瓷还在胎上施化妆土以增加烧成后的白度，后逐渐减少或不用化妆土加工瓷胎。明代永乐时创烧的甜白瓷，达到了当时瓷器的最高水平。

在白瓷烧制工艺上，明清两代有不少成就，如在瓷胎中逐渐增加高岭土的用量，以减少瓷器的变形；精工粉碎和淘洗原料，去除原料中的粗颗粒和其他有害杂质以增加瓷器的白度和透光度；提高瓷胎的烧成温度以改变其显微结构，从而改进瓷器的强度及其他物理性能；改进瓷器装匣支烧的方法，增加美观并利于实用。明清白瓷烧制工艺的成就，为明清彩瓷的发展繁荣创造了有利的条件。

青花瓷

青花是一种以氧化钴为呈色剂的白底蓝花瓷器。属于釉下彩瓷的一个大宗品种。成熟的青花瓷器是元代由景德镇开始烧造的。

元青花的原料有进口和国产两种，进口料烧成后色泽浓艳，呈宝石蓝色，有黑色斑点，国产青料略呈淡灰色，多用于小件器物。装饰纹样丰富，图案满密，多层次。主题纹饰有花卉、云龙、飞凤、游鱼、走兽等，还有历史人物故事图，如“萧何月下追韩信”，元曲中的“百花亭”等，还有一些充满异国情调，具有西亚风格的题材。

元青花瓷器在当时多用于外销，在国外多次被发现。元青花在明清时期的作品中少见仿制，以现代仿品居多。

唐三彩

唐三彩是唐代的一种低温铅釉的彩釉陶器。用经过精炼的白色黏土制胎。首先用1000度左右的高温烧成陶胎，再用含铜、铁、钴、锰等元素的矿物作釉料的着色剂，在釉里加入很多的炼铅熔渣和铅灰作助熔剂，经过约800度的温度烧制而成，釉色呈深绿、浅绿、翠绿、蓝、黄、白、赭、褐等多种色彩，人们称为“唐三彩”，其实是一种多彩陶器。

因为唐三彩的用料精细，制作规整，所以不变形、不裂缝、不脱釉，加以烧成时各种着色金属氧化物熔于铅釉中向四方扩散、流动，因而形成各种颜色互相浸润后斑斓的色彩，并且釉面光亮，使色彩更加美丽。

唐三彩的制作地点，分布在长安（今西安）和洛阳两地，其制品多作为明器，又可分为器皿、人物、动物三类，尤以塑造的各种舞俑和三彩马俑更为生动。唐三彩的发展大体经历了初创兴盛和衰落三个时期，初唐时期制作较为简单，品种也比较少，多在挂釉后加以彩画。盛唐时期是唐三彩的极盛时期，品种丰富，制作精美，产量很大。安史之乱以后，唐三彩制作进入后期阶段，逐渐衰落。

宋瓷的五大名窑

官窑

北宋官窑是在汝窑的影响下产生的，相传，北宋大观、政和年间，在汴京（今河南开封）附近设立窑场，专烧宫廷用瓷器；最早对“官窑”的记载是《负暄杂录》中所记“宣、政年间，京师自置烧造，名曰官窑”。

后来，宋室南渡，制瓷技术力量也随之南迁，南宋时在浙江杭州凤凰山和郊坛下先后设立了官窑。凤凰山下的官窑称为修内司窑或内窑，沿袭旧制仿烧。在郊坛下设立的新窑，称为郊坛下官窑，窑址在今杭州乌龟山，窑址范围很大。

1956 年对宋代官窑作了部分发掘，出土的青瓷薄胎，呈灰、褐、黑三色，施釉厚，釉色以粉青为代表，晶莹润泽，犹如美玉。釉面有蟹爪纹等开片；器口及底部露胎处呈灰或铁色，称为“紫口铁足”，器形以洗、碗为多，且有直径大过一尺的大型产品，造型优美，是南宋瓷器中的优秀作品。

汝窑

汝窑的窑址在河南临汝县，临汝古称汝州，故名。汝窑约发展在北宋初期，是在越窑衰微后兴起的。

宋代元祐初年，汝窑曾继定窑之后为宫廷烧造瓷器，历年不久，但质量很精。北宋末年，金人南侵，南宋时，汝窑瓷器已十分难得，传至今已不足百件。为宋代名窑中传世品最少的一个瓷窑。

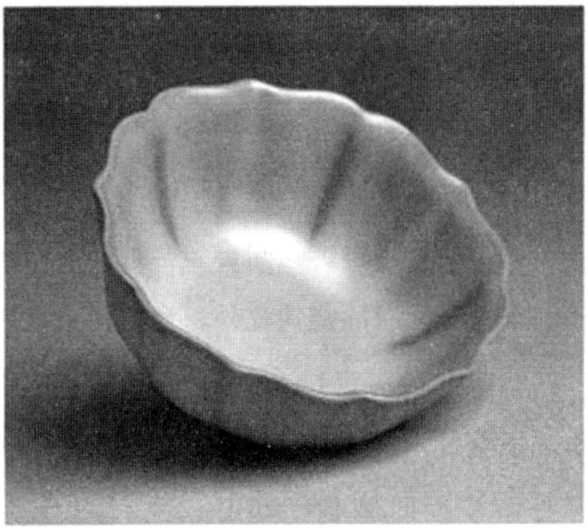

汝窑无大件器皿，器皿高度一般在 20 厘米左右，盘、盌、碟等圆器的口径一般在 10～16 厘米之间，这是汝窑瓷器的特点。汝窑瓷胎多呈香灰色，透过釉处呈现出微微的粉色。汝窑釉色呈现淡淡的天青色。色调稳定，变化较少；釉面无光泽的较多，有光泽的只占少数；传世汝窑瓷器器底都留有支钉痕，钉痕小如芝麻，支钉以单数居多，小件器物用三个支钉，稍大用五个支钉。

在汝窑瓷器上的铭文仅有两种，一为“奉华”，系南宋高宗宠妃刘妃所居奉华堂之名，被宫廷工匠后来刻在器皿上作为“奉华堂”专用品的标志。另一种铭文刻“蔡”字，为宋代蔡家之收藏标记。

定窑

定窑窑址在今河北曲阳县涧磁村、燕子村。曲阳宋属定州，故名。唐代时，定窑已烧制白瓷，到宋代更以白瓷著称。

定窑瓷胎薄而坚致，胎色白而微黄，釉呈米色，施釉极薄，可以见胎。产品多为盘、碗，也有瓶、壶、瓷枕等生产。定窑以白色素瓷闻名。在装饰上，将自然形态经过夸张变形作为装饰图案，构成严谨；有刻花、划花和印花三种装饰方法。

除烧造白瓷外，定窑还烧制黑、酱、紫和绿釉瓷器。北宋后期，定窑曾一度为宫廷烧制用瓷，因定窑首创了覆烧法，口部有芒，故多加金扣，除河北曲阳县外，山西的平定窑、盂县窑、阳城窑、介休窑、四川彭县窑也烧制白瓷，风格与曲阳定窑相近，属于定窑窑系。

钧窑

钧窑又称均窑、钧州窑。窑址在河南禹县一带，古称钧州，故名。钧窑始烧于北宋，金元时除烧钧瓷外，还兼烧白地黑花及黑釉器。

北宋时，钧窑已在河南省内有影响，金元时期影响面扩大，除禹县外，邻近的临汝、郏县、登封、新安、汤阴、安阳和河北磁县等瓷窑，都仿烧钧窑瓷器，形成了一个钧窑系。

钧瓷胎质细、性坚、体较重，釉具五色，浑厚浓润，以烧制色釉“窑变”为特色。其釉色以通体天青和紫红斑块相间为主，也有绿中微显蓝光的，也有呈紫红色的，蓝呈月白或蔚蓝色的，紫呈玫瑰紫或晚霞红的，有的斑斑点点，青蓝紫红相间，错综复杂，绚烂多彩。

钧窑瓷器的独特之处在于它是一种乳浊釉，釉内还含有少量的铜。首创用铜的氧化物作为着色剂，在还原气氛下烧制成功铜红釉，为中国陶瓷工艺、陶瓷美学开辟了一个新的境界。

哥窑

哥窑瓷器的特点是黑胎厚釉，紫口铁足，釉面开大小纹片。在浙江龙泉的溪口、瓦窑墙等地发现有符合上述特征的窑址。这种裂纹，是由于釉和胎的收缩率不同而在冷却过程中形成的。最初本是烧制的一种缺陷，但由于纹理具有特殊的效果，后人就人为地使它形成自然的装饰。根据开片的不同形状和大小，而赋予它们以各种名称。纹片细小如鱼子的叫鱼子纹，纹片大而呈弧状的为蟹爪纹，纹片大小相间的为百圾碎，大小纹片结合、黄色纹片和黑色纹片参差出现的“金丝铁线”品种称为“传世哥窑”。

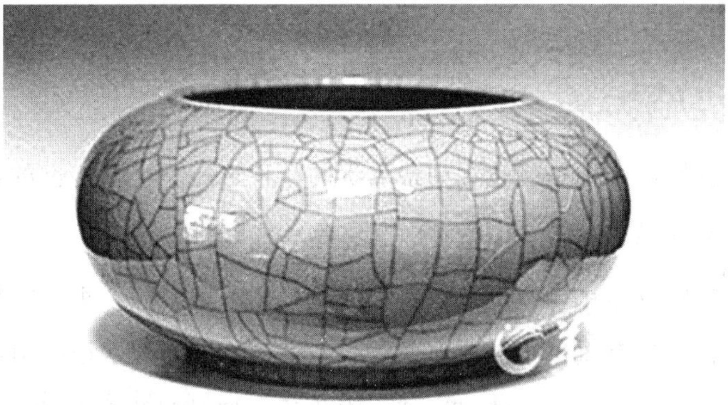

哥窑的釉色有粉青和米色等种，在釉中出现大小气泡的称为“聚球攒珠”，也有出现葡萄状锈斑的称为“葡萄斑”。哥窑的瓷胎呈黑褐色，器皿的边缘往往显出一条褐色的边，称为“紫口铁足”。品种以盘、碗、洗、瓶、炉、文具等为多，没有大型的作品。

传说中的柴窑

柴窑，据记载创建于五代后周显德初年（公元954年），在河南郑州，本是后周世宗柴荣的御窑，所以从北宋开始称为柴窑，但至今仍未发现可靠的实物及窑址，故不在当代公认的宋代五大名窑之列。

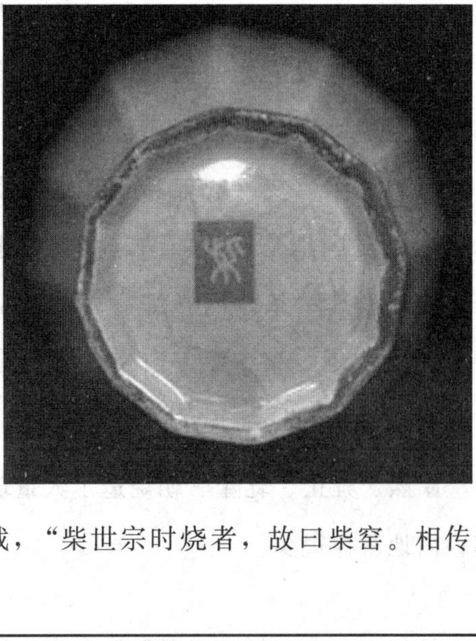

柴窑的存在，有历史文献的记载和翔实的介绍，清宫内府亦有收藏的记载。如明代文震亨在《长物志》中云：“柴窑最贵，世不一见……青如天，明如镜，薄如纸，声如磬”，民国赵汝珍在《古玩指南》中亦有记载：“柴窑传世极少，故宫中尚可见之”等。

柴窑是中国瓷窑中唯一一个以皇帝的姓名命名的，据清代朱琰《陶说》载，“柴世宗时烧者，故曰柴窑。相传当日请瓷器式，世宗批其状曰：‘雨过天青云破处，这般颜色作将来。’”

红釉

明代景德镇的红釉是颜色釉中最名贵的品种之一。今日传世的红釉瓷器以永乐、宣德产品为最佳。

这种红釉，以氧化铜为呈色剂，烧成后色调鲜艳美丽。永乐红釉色调鲜丽而匀润，有的器物伴有黑色小点或血丝状纹。宣德红釉类似永乐，但器物口沿有自然形成的一线白釉，俗称“灯草口”。成化后，红釉虽也有烧造，但数量很少。嘉靖时，由于红釉屡烧不成，干脆改用氧化铁为呈色剂的低温矾红釉代替红釉。清代康熙后，红釉重见广泛烧造，有的仿永乐或宣德。仿永者多仿薄胎器，仿宣者底多有款，但釉色、款识与真品有一定的差距。

清宫御用的“珐琅彩”

珐琅彩瓷器是清代宫廷垄断的一种瓷器，也是清代最名贵的彩瓷。珐琅彩是康熙中晚期从西方引进的一种彩料，原为制作铜胎珐琅器所用料，后转用于瓷器上。清宫旧称“瓷胎画珐琅”，近人多称之为“古月轩”。

珐琅彩的制作顺序通常是从景德镇御厂烧造白釉、色釉瓷器，择其精细者运送北京养心殿造办处加画由宫廷如意馆画家提供画稿的瓷器彩画或纹饰，然后入彩炉低温烘烧。珐琅彩与其他彩瓷的一个明显区别是，彩饰凸起，立体感强，绘画极其精致，色彩绚烂瑰丽。珐琅彩由黄、绿、紫、蓝、白、红等色彩组成。

康熙、雍正、乾隆三朝烧造了大量珐琅彩瓷器，但宫中传世品绝大多数在台湾，内地留存很少。

官窑与民窑

历代皇家所办的瓷窑一般都称官窑。这里是指区别于民窑的官办瓷窑。据记载，明初御器厂成立时有官窑二十座，宣德时增加到五十八座，当时有六种不同的窑：风火窑、色窑、大小熍熿窑、大龙缸窑、匣窑、青窑。其中缸窑三十余座专烧龙缸，青窑烧小件，色窑烧颜色釉，御厂内的二十三作为窑场提供未经烧造的坯体和半成品。至明代中晚期后，御厂实行官搭民烧，即把烧造御器的任务摊派给民窑，这样官窑烧造的数量便大大减少了。清代基本上也是采用晚明的烧造办法。现今习惯上把那些制作规整、底部有工整的朝代年款的瓷器看作是官窑作品。

这里所说的民窑特指明清景德镇民用窑业。由于景德镇瓷业的兴盛，名声传遍四方，产品数量多，质量精，销售范围广，各地能工巧匠云集该镇，形成了民窑业的大发展。特别是明后期，民窑事业十分兴旺，嘉靖十九年（1540 年），当地以制瓷为生者达到万余人，到万历时逾数万人。当时著名的民窑有崔国懋的崔窑、周丹泉的周窑，还有壶公窑、官庄窑等。到了清代，民窑业更加发展，乾隆时（1736～1795 年），民窑有二三百处，工匠、人夫不下数十万。

景德镇成为“瓷都”，与历史上民窑事业的发展是分不开的。

玉　器

认识玉器

玉是历经亿万年宇宙变迁、地壳变动而形成的一种矿石。它聚集天地灵气，吸收日月精华，实在是大自然神奇瑰丽的结晶。自古以来，玉便受到世人的喜爱，人们赋予玉种种美好的寓意。在中华民族的传统观念中，玉能带来福气和吉祥，能保健、强身，还能辟邪、镇宅。用玉琢成的各种器物，不仅实用方便、经久耐用，而且美观大方，华丽典雅。我国的玉器历史悠久，众多精美绝伦、巧夺天工的玉器世代流传，每一件玉器似乎都在向人们讲述着一段古老而美丽的传说。

我国是一个玉石之国，各种玉石的种类非常多，分类方法也各有不同。目前，国内的珠宝界、收藏界和地质界对玉、玉石和宝石的定义是有区别的。现在，国际上统称的玉专指硬玉和软玉，其他玉雕石料统称为玉石。

硬玉是一种主要成分为钠和铝的硅酸盐矿物，由连锁颗粒结构的辉石结晶组成，产生在变质岩中，产状为冲积卵石或巨砾，其主要化学成分有二氧化硅、三氧化二铝和氧化钠。硬玉的颜色繁多，包括绿、淡紫、白、粉红、棕、红、蓝、黑、橙和黄色，质地纯净者无色或白色，经抛光后，表面通常都有酒窝般的外观。硬玉最重要的矿源在缅甸，日本和美国加州也有硬玉。人们所熟知的翡翠，就是硬玉的一个特级品种，因此，民间也俗称硬玉为“翡翠”。

软玉是由角闪石族矿物中的透闪石或阳起石组成的致密纤维状块体，质地细腻，韧性好。软玉的主要化学成分为硅酸钙、镁、铁。软玉的颜色富于变化，常见的有白、灰白、绿、暗绿、黄、黑等色，多数不透明，个别半透明，有玻璃光泽。因此，按颜色可将软玉分为白玉、青玉、青白玉、碧玉、黄玉、墨玉、糖玉、粉玉、虎皮玉等。白玉中最佳者自如羊脂，称羊脂玉；青玉呈灰白至青白色，也有人将灰白色的青玉称为青白玉；碧玉呈绿或暗绿色，有时可见黑色斑点杂质，这是由含铬尖晶石矿物等所致；当含杂质多而呈黑色时，即为珍贵的墨玉；黄玉也是一种较珍贵的品种；青玉中有呈糖水黄色的，被称为“糖玉”；白色略带粉色者，被称为“粉玉”；虎皮色者则被称为“虎皮玉”等。世界上，软玉的分布范围很广，澳大利亚、美国、加拿大、墨西哥、巴西、意大利、波兰、德国、瑞士及俄罗斯等国家均有分布。我国是产玉大国，所产之玉大部分都是软玉，因此在古代，“玉”或“真玉”专指软玉。并称为我国五大名玉的有新疆和田玉、辽宁岫岩玉、甘肃酒泉玉、陕西蓝田玉和河南南阳玉都属于软玉。

玉器文化

在我国，玉器的使用要比金器、银器、铜器、铁器等早得多。玉器在人们生活中已不仅仅是一件日常用具，还扮演着一系列祭祀礼仪、祈福辟邪、道德教化的角色。

古人对玉的理解，首先是从对于自然、天地、环境的不可捉摸的神奇力量的膜拜开始的，认为玉是吸取天地灵气和日月精华的结晶，能够赋予人智慧和力量。因此，用玉琢成的器物自然就成了天地四方的化身。在古代，玉器的祭祀、礼仪功能一直占主流，最典型的就是“六器”，即璧、琮、圭、璋、

琥、璜六种礼器。

古人视玉器为通灵之物，用来祭祀神灵和祖先，祈求平安和幸福，渐渐地，玉器还兼具了辟邪、镇宅等功能，出现了一系列玉辟邪、玉观音、玉屏风之类的新器型。另外，春秋战国至明清两代，玉器可保健强身之说也广为流传，《本草纲目》中记载：玉可除胃中热、息喘、止泻、润心肺、助声喉、滋毛发、养肝脏、止烦躁等。

古人对玉万般垂爱，佩戴玉饰，不仅为了显耀身份、财富，更是为了以玉比德。“言念君子，温其如玉”、“古之君子必配玉”“君子无故，玉不去身，君子与玉比德焉”、“玉乃石之美者；有五德。润泽以温，仁也。鳃理自外可以知中，义也。其声舒畅远闻，智也。不折不挠，勇也。锐廉而不悦，洁也。”正是这种传统的代代相传的对玉器的偏好，推动着我国玉器工艺不断向前发展。

玉器工艺

关于玉器的制造，最早见之于《诗经》：“如切如磋，如琢如磨”，说的就是琢玉的程序。“切”，就是把玉料解开；“磋”，就是对玉料进一步修治成形；“琢”，就是雕琢花纹和成器；“磨”，就是抛光。因玉的硬度较高，加工时需要特殊的工具和方法，十分复杂，大体要经过选料、画样、锯料、做坯、打钻、做细、光压、刻款等工序。一代代的能工巧匠们勤奋钻研，开拓创新，摸索出不少制玉诀窍，如使用无齿锯前后推拉或旋转接触玉材时，需要放入用水调匀的石英砂，因为石英砂硬度高于玉，这样琢磨而成的玉器纹饰精美细致。

随着社会生产力的发展，玉器制造开始逐步形成独立的手工业部门，历代皇室朝廷也都设有玉器作坊。几千年的文化积累和筛选，精练出许许多多的优美传说、典故、各种各样精

美图案，这为玉器雕琢提供了丰富的素材。人们常用松、柏、石、桃、龟、鹤等表示长寿；用蝙蝠、佛手、壶来表示多福；用喜鹊、蜘蛛表示喜事；龙、凤、麒麟象征祥瑞；牡丹象征富贵；灵芝象征如意；猫、蝶谐音耄耋，寓意高寿延年；枣和栗子寓意早生贵子；戟、磬谐音吉庆，寓意吉祥幸运；灵芝与兰花人们称之为君子之交；兰花与桂花代表子孙；鸡鸣隐含功名之意；春、萱意指父母；鸾凤、鸳鸯比喻夫妻等。

发展简史

我国玉器源远流长，已有大约七千年的辉煌历史。由于历代玉材的不同，琢玉工具和琢玉技巧的不同，加上审美情趣和风俗习惯的不同，玉器的用途和所扮演的角色不同，每个历史时期玉器的造型及主题风格也是千姿百态，竞相争艳。

史前时代

大约七千年前南方河姆渡文化的先民们在选石制器过程中，有意识地把捡到的美石制成装饰品，打扮自己，美化生活，揭开了我国玉文化的序幕。在距今四五千年前的新石器时代中晚期，辽河流域，黄河上下，长江南北，我国玉文化的曙光到处闪耀，其中太湖流域良渚文化、辽河流域红山文化出土的玉器最引人注目。

良渚文化玉器

良渚文化地处太湖流域，所产文玉玉色青绿、灰绿或褐绿，据地矿部门的鉴定，大多属角闪石，少数为阳起石。这些玉材在太湖、南京、镇江地区都有分布，因而与良渚文化时期盛产玉器有一定关系。

良渚文化玉器种类较多，典型器有玉琮、玉璧、玉钺、三叉形玉器及成串玉项饰等。良渚玉器以体大著称，显得深沉严谨，对称均衡，尤其以浅浮雕的装饰手法见长，特别是线刻技艺几乎达到了后世望尘莫及的地步。

良渚文化玉器从用途上区分，可以分为佩饰用玉和礼仪祭祀用玉两类。佩饰用玉的形制多种多样，有梯形、山字形、半圆形玉佩；有管形、珠形、锥形项饰，还有龟、鸟、蛙、鱼等动物形玉佩。礼仪祭祀用玉有琮、璧、钺。

良渚玉琮形式、数量众多，最能反映良渚文化琢玉水平。良渚文化玉器的主要特点是：器身大都雕琢有花纹，其主体纹饰即是当时人们心目中的“神徽”。这种“神徽”由兽面纹来表示，有的很简单，仅用双圈；有的在双圈外加饰对称的叶形目；也有的在整个兽面纹的底面衬以密集、纤细的回纹和横条纹，并加饰屈肢利爪。

红山文化玉器

与良渚玉器相比，红山文化玉器则以动物形玉器和圆形玉器为特色。典型器有玉龙、玉兽形饰、玉箍形器等。

从总的形态区分，红山文化玉器可以分为两类：一类是动物形玉雕，有鸮、龟、蝉以及人们幻想中的龙；另一类是几何形玉雕，有马蹄形玉饰、钩形或钩云形玉饰、双联或三联玉璧、双兽首三孔器等。红山文化玉器的器身一般都是光素无纹的，器身剖面往往呈椭圆形，即使有雕琢花纹的，也仅仅是象征器物的主要形体部位，比如动物形玉雕的面部就用隐起的双大圆圈眼睛表示。这也是红山文化琢玉技艺最大的特点：玉匠能巧妙地运用玉材，把握住物体的造型特点，寥寥数刀，把器物的形象刻画得栩栩如生，十分传神。“神似”是红山古玉最大的特色。

从良渚、红山古玉多出自大中型墓葬分析，新石器时代玉器除祭天祀地、陪葬殓尸等几种用途外，还有辟邪，象征权力、财富、贵贱等价值。我国玉器从一开始，就带有诸多神秘的色彩。

龙山文化玉器

主要器型有玉铲、玉锛、玉璇玑及鸟形、鸟头形等各种玉饰。其中玉璇玑亦称“三牙璧”，器呈扁平体，中央有一圆孔，外缘有三个形状相同且向同一方向旋转的锯齿状凸脊，凸脊以三平牙为一组，这是龙山文化时期创造的新形制。另外，玉锛饰有兽面纹图案，它的雕琢采用隐起的手法，以旋转飘拂的阳文曲线围绕目纹以及头部，展开成左右对称、装饰华贵的面纹。

新石器时代晚期玉器

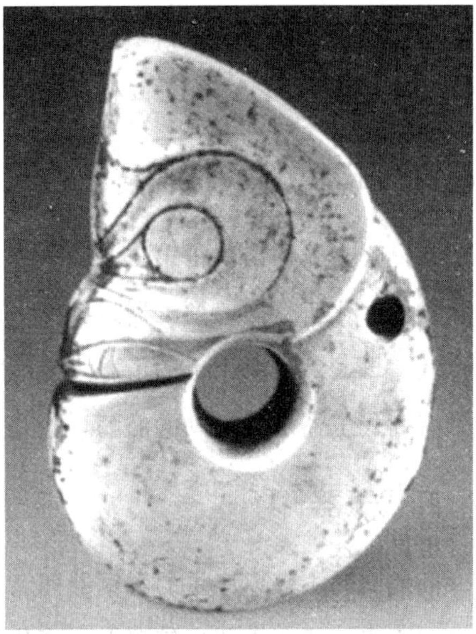

在新石器时代晚期，玉器的制作可能已发展为独立的手工业部门。一些考古学家根据考古中的玉器遗存，认为在距今约四千至五千年的“铜石并用时代”，玉器已彻底脱离石器，不仅是当时人们财富与权力的象征，而且还是人们制造生产工具、生活用具、兵器乃至宗教礼器的主要器具之一，因而提出了“玉器时代”的命题。当时的玉簪、玉环、玉璜、玉玦一类是装饰用玉，为人所共知，玉龙、玉鸟等可能为图腾神物；玉琮、玉璧等则为宗庙礼器，具有宗教或权力的象征意义。

新石器时代农业和畜牧业的出现，是这个时期的主要特征，生产工具以磨制石器为主，有石斧、石铲、石刀、石犁、石镰、石磨盘等。当时人们除了磨制石质的农业、手工业、狩猎工具外，还磨制蛇纹石、透闪石、石英岩、硅质石等彩石玉器。故东汉学者许慎在所著《说文解字》中称玉是“石之美者”。玉器是我国古代文明的一项重要内容。

新石器时代玉器的纹饰主要有三种：第一种是象生形，仅仅用极简练的线条表示，这种纹饰在良渚文化、红山文化中的动物形玉佩上尤其明显，只象征性地表示鱼、龟、鸟、蝉的主要形体部位，形态生动、逼真；第二种是表号图案形，如雕琢太阳与云纹，表示太阳穿破云层，冉冉升起的形态；第三种是兽面纹形，这种纹饰在良渚文化及龙山文化中尤为突出。兽面纹的表现有简单抽象与繁复华丽之别，是商、周玉器兽面纹的雏形。

先秦时代

夏代玉器

在夏代，我国出现了第一个阶级社会。夏代玉器的风格是良渚文化、红山文化、龙山文化玉器向殷商玉器过渡的形态，这可从河南偃师二里头遗址出土的玉器窥其一斑。二里头出土的玉刀，造型源自新石器时代晚期的多孔石刀，而刻纹又带有商代玉器双线勾勒的滥觞，应是夏代玉器。

商代玉器

商代文明不仅以庄重的青铜器闻名，同时还以众多的玉器著称。商代早期玉器发现不多，琢制工艺也较粗糙。商代晚期玉器以安阳殷墟妇好墓出土的玉器为代表，共出土玉器 755 件，按用途可分为礼器、仪仗、工具、生活用具、装饰品和杂器六大类。商代玉匠开始使用和田玉，并且数量较多。在商代出现了仿青铜彝器的碧玉簋、青玉簋等实用器皿，动物、人物玉器大大超过几何形玉器，玉龙、玉凤等神态各异，惟妙惟肖；玉人或站，或跪，或坐，姿态多样，是主人，还是奴仆、俘虏，难以辨明。商代已出现我国最早的俏色玉器——玉鳖。最令人叹服的是，商代已开始有了大量的圆雕金器作品。

商代早期的玉器主要以河南偃师二里头遗址的出土物为代表，在发现的玉器中有玉戈、玉刀、玉钺、玉圭、玉璋、玉柄形饰等。这些造型在新石器时代是很少见的，大都没有实用性，是奴隶主贵族的礼仪用具。这一时期玉器的装饰花纹基本上都比较简练，与前不同的是：无论戈、刀、钺、璋，都很讲究刃部的修饰，一般都为两面刃口。玉戈刃的中部都有细而工整的凸棱，玉刀则有三孔、五孔、七孔之别。在玉刀、玉钺、玉璋的两侧一般都装饰有对称的凸齿，花纹装饰简单，一般仅用平行或交叉的阴线刻弦纹或几何纹修饰。而玉柄上有双勾阴刻或单线阴刻的兽面纹。

商代晚期的玉器主要以商王盘庚迁都殷以后的风格为代表。殷墟玉器的种类，大致可以分为礼器、仪仗、工具、用具、装饰品、艺术品以及杂品七类。礼器的造型有琮、圭、璧、环、瑗、璜、玦及簋、盘等。仪仗器大都是仿制铜器造型，有戈、矛、戚、钺及大刀等。工具包括手工业工具和农业工具，有斧、凿、锛、锯、刀、纺轮、铲、镰等。用具主要有研磨朱砂的臼和杵、调色盘以及梳、耳勺、匕、觿等。装饰品主要是佩饰及镶嵌饰，形式多样，大部分雕成各种动物形象，少数雕成人或人头形象。艺术品和杂器数量较少，有韘、琀等。

商代晚期玉器在工艺上达到了新的高峰，切玉和琢磨的技术渐趋精良，然而制成的器物几乎都没有实用价值，而是作为奴隶主贵族的玩赏物，玉器在当时已经成为相当贵重的物品。据史籍记载，周武王灭商时，在商的首都缴获宝玉一万四千块，珮玉十八万块，可见殷商时期奴隶主贵族对玉器的占有程度。

商代晚期的琢玉工匠有着很强的审美意识和能力，在工艺上已经开始采用平雕、浮雕、圆雕等手法，“勾、彻、挤、压”的雕琢玉器花纹的手段也日趋成熟。在造型艺术上既体现了高度的写实性，又具有丰富的想象力。多数写实作品形象逼真，各个局部的特殊质感与所琢动物的习性特征相当鲜明，因此给人留下深刻的印象。

商代玉器可以区分为早，晚两个不同时期。早期商代玉器大都还是光素无纹的，即使有纹饰，也仅仅是平行或交叉的阴刻直线或几何纹，一般在器物的两侧或两端开始出现对称的凸齿装饰。晚期玉器则主要可从三个方面去鉴别：一是写实的动物形玉佩或者是有兽面纹的玉器，其头部的眼形往往是采用双勾阴刻的小圆圈、双勾阴刻扁长方形或方形的手法表示，更多的则是双勾阴刻的目雷纹，亦称臣字形的眼形。二是玉兽佩，尤其是玉龙，其头部往往以双勾阴刻的瓶形或者

以变形云纹表示。三是动物形玉佩的背脊常饰有棱牙，棱牙一般为平齿，而且以每二牙组成为一组。

西周玉器

西周时，国家成立了“玉府”，吸收和俘获殷商的手工业工匠，专门从事玉器生产。西周玉器继承了殷商玉器双线勾勒的技艺，并且独创一面坡阴线和细阴线镂刻的琢玉技艺，这种技艺在鸟形玉刀和兽面纹玉饰上大放异彩。但从总体上看，西周玉器没有商代玉器活泼多样。比如西周时期作为装饰品的动物形玉佩，造型仅仅有鹿、鱼、蚕、兔、鸟、蝗、虎、蝉等，且一般都为扁状，极少有圆雕器物，显得有点呆板，过于规矩。作为奴隶制贵族礼仪用玉，其制度化、规范化是这一时期玉器的一大特点。具体的体现就是用以表示爵位高低与祭祀天地四方的“六瑞礼器”（璧、圭、琮、璋、琥和璜）制度的确立。

鉴定西周玉器，要注意如下几点：一是动物形玉佩纹饰不像商代那么繁复，而是很简练，多省略细部修饰，仅仅强调对象的主要特征，一般都为平面的扁状器。二是凤鸟纹一般都呈侧立的姿势，嘴长似弯钩，柱形冠，圆孔，翼尖上翘，长尾上卷，超越头顶部而下垂于胸前。这种凤鸟纹是西周玉器所特有的。西周晚期，还出现了一种双身交尾龙纹，纹饰对称。三是西周玉器从雕琢工艺上讲，所琢花纹继承商代双勾阴线的雕刻手法，同时出现了由双勾阴线或阳线转而为一面坡阴线或与细阴线相配合，也有单独运用一面坡阴线或细阴线的。

春秋玉器

春秋战国时期，政治上诸侯争霸，学术上百家争鸣，文化艺术上百花齐放，玉雕艺术光辉灿烂。东周王室和各路诸侯为了各自的利益，都把玉当作君子的象征。他们佩挂玉饰，以标榜自己是有“德”的仁人君子。“君子无故，玉不去身。”每一位士大夫，从头到脚都有一系列的玉佩饰，尤其腰下的玉佩系列更加复杂化，可见当时玉佩制作特别发达。能体现时代精神的是大量龙、凤、虎形玉佩，造型呈富有动态美的“S”形，具有浓厚的中国气派和民族特色。饰纹出现了隐起的谷纹，附以镂空技法，地上施以单阴线勾连纹或双勾阴线叶纹，显得饱满而又和谐。人首蛇身玉饰、鹦鹉首拱形玉饰反映了春秋诸侯国琢玉水平和佩玉情形。湖北曾侯乙墓出土的多节玉佩，河南辉县固围村出土的大玉璜佩，都是由若干节玉片组成的一件完整玉佩，是战国玉佩工艺中难度最大的一种。玉带钩和玉剑饰则是这时新出现的玉器型制。

春秋战国时期，和田玉大量输入中原，王室诸侯竞相选用和田玉。此时儒生们把礼学与和田玉结合起来研究，用和田玉来体现礼学思想。为适应统治者喜爱和田玉的心理，便以儒家的仁、智、义、礼、乐、忠、信、天、地、德等传统观念，比附于和田玉物理化学性能上的各种特点，随之“君子比德于玉”，玉有“五德”、“九德”、“十一德”等学说应运而生。这成为我国玉雕艺术经久不衰的理论依据，也是国人七千年来爱玉风尚的精神支柱。

春秋时期的玉雕工艺，早期继承西周的风格，中晚期开始从玉器造型上、纹饰特征上脱离商、周玉器的模式，是我国玉器发展史上一个承上启下的阶段。春秋时期，盛行成组的玉制佩饰，有环、璧、鱼形佩，虎形佩，虎、鸟首饰，块、觿、璜等。中晚期出现的虎形玉饰及玉兽面是具有代表性的器物，另外，玉剑饰、玉带钩以及勾弦用的玉蝶也开始出现。春秋玉器与商、周最大的不同在于玉器的纹饰雕琢上有了新的特点，主要是前所未见的蟠虺（小蛇）纹、蟠螭纹、交尾双龙纹的大量采用。

蟠虺纹在器物上一般均精雕细琢，有些甚至被刻成鸟头的形状，也有的饰以由变形蟠虺纹组成的兽面纹。春秋玉器雕琢工艺的基本形态还是属于双勾阴刻的刀法，有时纹饰完全一致的玉虎形佩是从一件玉虎中间剖开，一分为二的。花纹造型相互对称、卷曲相连是春秋玉器的一大特点。

秦汉时代

秦代玉器的出土寥寥可数。秦玉的艺术面貌还有赖于地下考古的新发现。

汉代玉器继承战国玉雕的精华，并且有所发展，从而奠定了我国玉文化的基本格局。汉代玉器可分为礼玉、葬玉、饰玉、陈设玉四大类。

汉代葬玉很多，汉代统治者崇尚道家的“金玉在九窍，则死者为之不朽”，因而出现了专门为保护尸体而制作的葬玉，葬玉包括玉衣、玉塞、玉琀、玉握。但汉代葬玉工艺水平不高。最能体现汉代玉器特色和雕琢工艺水平的，是陈设玉。这些写实主义的陈设玉有玉奔马、玉熊、玉羊、玉鹰、玉辟邪等，多为圆雕或高浮雕作品，凝聚着汉代浑厚豪放的艺术风格。汉皇室装饰玉有衰落的趋势，多见小型的心形玉佩、玉刚卯、玉觿等，玉带钩、玉玺仍继续使用。近年，在偏居岭南的汉代南越王国故地出土了大批装饰玉，以龙虎并体玉带钩、镂空龙凤纹玉套环最为精美，堪称稀世珍宝。

汉代还出现了集四种玉剑饰于一剑的玉具剑。除此之外，新的品种有玉尊、玉勾连云纹杯、玉角形杯、玉铺兽、玉座屏、玉刚卯、玉舞人佩、玉鸡心佩、玉翁仲等。

汉代玉器在战国玉雕工艺的基础上，雕琢纹样既有继承又有许多创新。其主要特点是谷纹、蒲纹、卷云纹、双身兽面纹继续普遍使用，同时，四灵纹和神话故事题材的纹饰的出现则是新的创造。值得称道的是蟠螭纹（螭的形态呈盘曲蜿蜒或攀援匍匐状，这种纹饰称为蟠螭纹）在汉代尤其盛行。特别在玉玺和玉剑饰的装饰上，螭纹形态昂首挺胸，机警地注视前方或从云霭中探头，左顾右盼，并巧妙地运用“S”形结构，把螭纹的动态惟妙惟肖地表现出来。这种汉代蟋螭纹的出现，为元、明时期的玉雕蟠螭纹奠定了基础。东汉时，阴线刻纹又复苏盛行，绘画趣味也有所加强。

魏晋南北朝时代

在我国玉器工艺史上，魏晋南北朝时期是玉器制造的低潮期，出土玉器极少，偶尔发现的玉器制作也是十分粗糙，因而有“六朝无玉”之说。究其原因，主要和这一时期战乱频繁、社会经济受到极大破坏的大环境有关。六朝时，西域和河西走廊小国林立，“丝绸之路”受阻，大量的玉料难以输入内地。此外，人们的用玉观念发生了变化，玉器的神秘色彩渐淡，开始从礼制化向实用化转变。加上青瓷工艺的兴起，也使得玉器的需求量减少。这一时期，两汉以来的厚葬风气被薄葬习俗所取代，墓中随葬品大为减少，作为珍宝的玉器也不例外。尤其重要的一点是，六朝以来，盗墓之风盛行，就目前有玉器出土的魏晋南北朝墓葬来看，绝大多数都被盗掘过，所剩玉器寥寥无几。南京附近的东晋南朝帝王墓和邺城周围的北朝大墓几乎被盗掘一空，这也与当时发生的多次报复性毁墓有关。现今所见劫后余存的玉器，仅是随葬玉器的一小部分。

魏晋南北朝时期的玉器大致呈现出三种不同的风格：第一种是先秦乃至更早的玉器风格。这种风格在汉代已不多见，之所以在魏晋南北朝时期再现，可能与盗取古墓葬器有关。如文宣帝时曾在霍州挖掘楚夷王之女的墓冢，挖出的尸体身着玉衣及随葬的许多玉器。北齐皇室也曾通过掘墓而拥有一批前朝的玉器。第二种是汉代玉器的风格。这一时期的玉器在造型上可视为汉代玉器的延续，一般器型有玉螭纽印、玉龟纽印、玉带钩、玉蝉、玉猪、玉鸡心佩、玉剑首、玉盏、玉耳杯等。然而其纹饰刻画已不及汉代生动流畅，雕琢工艺也有所下降。第三种是魏晋南北朝时期出现的新风格。主要器型有云形玉珩、梯形玉佩、半月形玉佩、玉钗、玉带、玉盏等。实用玉器的增多，是这一时期显著的特点。

隋唐时代

在我国历史上，隋、唐是我国封建社会两大强盛的帝国。这一时期国家强盛，经济发达。此时东西方有了密切的政治、经济和文化交流，外来文化进入我国，给国人带来了许多新鲜的事物与观念，这一点也反映在玉文化的发展上。

隋唐时期，政治安定，经济繁荣，玉雕工艺走出了魏晋时期的低谷，前代的用玉习惯已彻底改变，出现了欣欣向荣的局面。隋唐时期的玉器生产主要讲究陈设和实用，常见的器型有杯、碗、盘、镯以及玉带饰、玉梳背饰、玉钗饰、玉哀册、玉飞天、玉插牌、玉璧等。

与前代相比较，隋唐玉器上的花纹装饰有较大不同。谷纹、蒲纹、蟠螭纹、双身兽面纹等在这个时期基本消失，由于受到金银器装饰的影响，图案采用生活中常见的花鸟、动物、人物题材，细密精致，形象生动，具有强烈的生活气息。尤其是唐开元、天宝时期，“胡风”盛行，中西文化交流频繁，男效胡装，女学胡舞，胡姬压酒，胡乐当筵，风靡一时，玉器中的伎乐人物也强烈地反映出当时的社会情况，这也是唐代玉器具有时代气息特点的一面。同时，这种风格也对以后的玉器纹样的发展产生了很大的影响。

受到波斯文化的影响，隋唐玉器上出现了一些新的造型和图案。佛教题材玉器有飞天，肖生玉有立人、双鹿、寿带、凤等，都受到当时绘画与雕塑艺术的影响。此时玉器加工技艺已趋成熟，刀法简练遒劲，突出形象的精神和气韵，颇有浪漫主义色彩。尤其是立体肖生形象的肌肉转折处理能收到天然得体的良好效果。在这一时期已普遍采用产自西域的和田玉，也就是我们所说的“西方玉属”。和田玉温润晶莹的特性在各种玉雕人像、动物造像中得到了充分的体现，从而使形象美与玉材美和谐地融合为一体，提高了玉器的艺术性和鉴赏性。隋至盛唐的玉器，不论是简练还是精琢，其处理都恰到好处，均达到了气韵生动的艺术境界。

隋代著名的玉器有李静训墓出土的金扣白玉盏，琢磨精细，质地温润，光泽柔和，金玉互为衬托，富丽高雅。唐代玉器数量虽不多，但所见玉器件件都是珍品，雕琢工艺极佳。唐代玉匠从绘画、雕塑及西域艺术中汲取营养，琢磨出具有盛唐风格的玉器。八瓣花纹玉杯，镶金玛瑙牛首杯，既是唐代玉雕艺术的真实写照，又是中西文化交流的实物见证。

晚唐及至五代十国时期，我国再度出现分裂，战乱频频，民不聊生，社会经济严重萧条，玉文化也受到极大的冲击，现今出土的、明确确定为五代十国的玉器少之又少。

宋元时代

宋辽金时期玉器

在我国历史上，960～1234 年的 274 年间，是宋、辽、金的对峙时期。宋代承五代大乱之余，政治上虽不是一个强盛的王朝，但却是我国文化史上一个重要时期。宋、辽、金既互相挞伐又互通贸易，经济、文化交往十分密切，玉器艺术共同繁荣，玉器的南北民族特色和地方特色都极浓厚。两宋玉器以龙凤呈祥图案为多；也有较多的仿古风格的玉器，如玉玺、辟邪、钗、簪、环、杯、洗具、压尺等。北方诸民族的玉器以花、鸟、走兽、鱼等图案为主，多为佩饰和镶饰品。

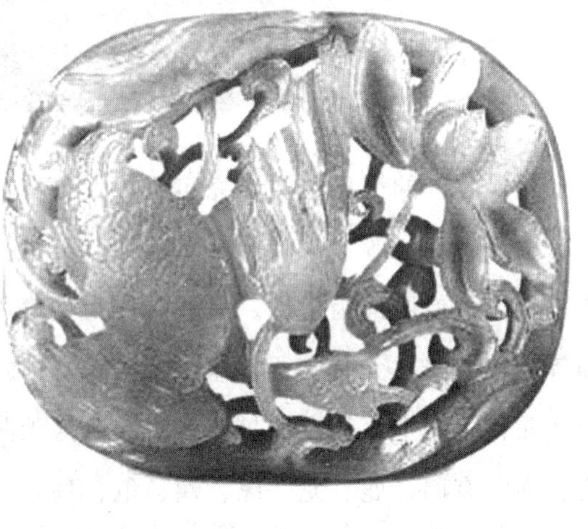

宋代玉器生产一方面继承唐代的传统，另一方面开创了一个模古的新阶段。当时已把古玉作为财富收藏或作为互相馈赠的礼品。常见的玉器有玉带饰、玉鸟绶带衔花饰、衔蜻蜓饰、衔草饰、折枝花、折枝花纹、龟游荷叶佩、童子戏莲佩、玉鱼、玉飞天等。辽、金是契丹和女真族建立的政权，玉器装饰强烈反映了游牧民族的生活特点，因此常见的辽金玉器以契丹、女真春秋捺钵习惯为题材，如鹘攫天鹅佩和山林群鹿熊虎佩等。

宋代的玉器琢磨工艺有了很大的飞跃，已出现了俏色玉雕，作品浅磨深琢、浮雕圆刻，花纹复杂而精致，许多作品达到了形神兼备的程度。宋徽宗赵佶嗜玉成瘾、带动风尚，金石学的兴起，工笔绘画的发展，城市经济的繁荣，写实主义和世俗化的倾向，都直接或间接地促进了宋、辽、金玉器的空前发展。宋、辽、金玉器中实用装饰玉占了重要地位，“礼”性大减，“玩”味大增，玉器更接近现实生活。南宋的玉荷叶杯，北宋的花形镂雕玉佩，女真、契丹的“春水玉”、“秋山玉”，是代表这一时期琢玉水平的佳作。

元代玉器

总体来说，元代玉器继承胜于发展，传统胜于创新。玉器多以青玉、白玉为材，雕刻手法有浅浮雕、圆雕等，与宋、辽一脉相承。带钩、带扣上加雕纹饰是元代新创的工艺。

元代生产的玉器主要讲究实用，大致有食用器与佩饰两类。食用器有各式玉杯、玉海、玉樽等；佩饰器则有玉带、玉带扣、玉帽统、玉发簪、玉带钩等。其中玉带钩的使用最为常见。另外，作为文房用具的玉墨床、玉臂搁、玉押、玉炉顶等也很普遍。元代玉器从整体上看，只强调器物表面的完善，而内部则较粗糙。元代玉器中，具有契丹族风格的鹘攫天鹅及芦雁纹样更普遍采用。另外，作为装饰的有鹅、鹿、龙、虎、螭、龟、鸟、鸳鸯、水藻、杉树等纹样，人物戏狮纹样是元代创造的新花样。

元代的出土玉器数量极少，可能与元朝统治者对使用玉器有一套等级森严的制度有关。但元朝帝王的宫殿里却是无处不有玉，现存于北京北海公园团城的“渎山大玉海”就是元朝开国皇帝忽必烈在开国大典上请众人饮酒的盛具。它由一块杂色墨玉雕刻而成，器高 0.7 米，直径 1.5 米，可盛酒 3000 公升，造型浑厚雄伟，气盖山河，随形施艺，外壁雕有畅游海兽、惊涛骇浪等浮雕，颇具蒙古人雄健豪迈的气魄，为元玉中的传世之宝。

明清时代

明清时期是我国玉器的鼎盛时期，其玉质之美，琢工之精，器型之丰，作品之多，使用之广，都是前所未有的。明清皇室都爱玉成风，乾隆皇帝更是不遗余力地加以提倡，并试图为他爱玉如命的行为寻找理论依据。定陵出土的明代玉玺、清代的菊瓣形玉盘、桐荫仕女图玉雕，都是皇室用玉。其时民间玉作也十分兴隆，苏州专诸巷是这一时期的琢玉中心，“良玉虽集京师，工巧则推苏郡”。苏州玉器精致秀美，最负盛名。扬州玉作也发展很快，大有后来居上之势，其玉器豪放劲健，特别善于碾琢几千斤甚至上万斤重的特大件玉器。

明清玉器千姿百态，茶酒具盛行，仿古玉器层出不穷。明清玉器借鉴绘画、雕刻工艺的表现手法，汲取传统的阳线、阴线、平凸、隐起、起突、镂空、立体、俏色、烧古等多种琢玉工艺，融会贯通，综合应用，使其作品达到了炉火纯青的艺术境界。清代为玉器制作的振兴时期。当时，经济繁荣，宫廷手工艺与民间工艺都有较大发展。新疆玉料源源不断输入，所制玉器多为陈设器物或生活用品，大至“大禹治水”玉山，小至龙钩、扳指，雕镂精工，异彩纷呈，在我国玉器发展史上写下了光辉的篇章。

明代玉器

明代玉器主要包括陈设类、佩饰类及实用类几种。陈设类玉器主要是仿古玉器，仿制商周铜器造型，有方觚、匜、簋等，这类玉器只求形似而不求工细。佩饰类玉器主要有玉带、玉冠、玉发簪、玉佩等。实用类玉器有玉杯、玉执壶、玉盘、玉碗等。作为文人书斋的文房用具亦很普遍，

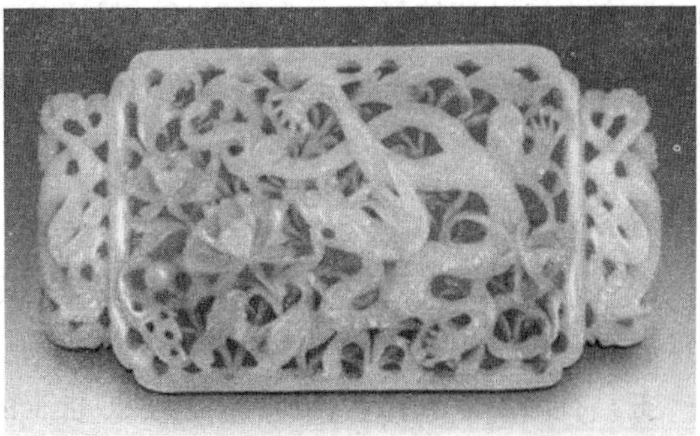

如玉砚、玉砚滴、玉管毛笔、玉印盒、玉笔架、玉花插等。而明代后期，在玉器雕琢上往往采用一种“图必有意，意必吉祥”的图案纹饰。

清代玉器

清代是我国封建社会的最后一个王朝，玉器在这一时期得到了空前发展，形成了我国玉器史上的又一个高峰。清代玉器的品种和数量非常丰富，其中陈设玉和佩饰玉最多，也最为精美。陈设玉有仿青铜器的仿古器皿，也有寓意吉祥的各种动物造型，如仿古鼎、樽、簋、觥、觚、瓶、炉壶、山子、花插、如意、动物、人物、瑞兽等。这一时期新增的陈设玉品种有玉山子、浮雕图画式的玉屏风等。佩饰玉的种类更加丰富，如朝珠、手串、项圈、带钩、翎管、簪、戒指、扳指、手镯、环、块、鸡心璧等，玉佩已成为各阶层民众广泛佩戴和使用的装饰品、吉祥物。

清代前期的玉器制作重视选料，由于开采条件改善，采集到大量优质精美的白玉、羊脂玉，为许多玉器珍品的制作提供了物质基础。清代玉器借鉴绘画、雕刻、工艺美术的成就，集阴线、阳线、镂空、俏色等多种传统做工之大成，其雕琢技艺更加精进。乾隆时代的玉器轮廓线都极规则，棱角多呈劲挺锋锐状，观之剔透，触之扎手。同时，很讲究抛光处理，不惜工本以显示其温润晶莹的玉质美，故一般难见琢磨的痕迹，细光处能达到玻璃光亮度。

古玉分类

玉，石之美兼五德者。所谓五德，即指玉的五个特性。凡具坚韧的质地，晶润的光泽，绚丽的色彩，致密而透明的组织，舒扬致远的声音的美石，都可被认为是玉。

玉　圭

玉圭，古玉器名。古代帝王、诸侯、贵族朝聘、祭祀、丧葬时所用的礼器。长条形，上部尖锐，下端平直，片状，也作“珪”。圭的形制大小因爵位及用途不同而异，《周礼·春官·典瑞》中有桓圭、信圭、躬圭等等之分，《周礼·考工记·玉人》也有：“命圭九寸，谓之桓圭，公守之；命圭五寸，谓之信圭，侯守之；命圭七寸，谓之躬圭，伯守之……”不同时期玉圭的特点也各不相同：新石器时代的玉圭来源于石铲和石斧，多素面，少有阴线弦纹，纹饰以利石刻成，刻画痕迹明显；真正标准玉圭始见于商代而盛行于春秋战国，商代玉圭有两种，一种平首，饰以双钩弦纹，另一种尖首，与后代玉圭接近；战国时代出土的玉圭最多，圭身光素，宽窄不一；战国以后玉圭便不再流行，至汉代，玉圭已从社会日常生活中消失，只有王公贵族为了显示其地位，才特别雕造了少量的玉圭；宋以后，帝王为点缀朝廷威仪，遵循古制，也仿制玉圭，只是流传下来的甚少；明代玉圭呈尖首平底状，有的满布浮雕谷纹或蒲纹，有的阴刻四山纹，寓安定四方；清代伪古玉中有少量圭形作品。然而今日所见的玉圭，基本上都是商周至战国时代的作品。

玉　笏

玉笏，古时大臣朝见所执的玉制手板，即“珽”（形狭长，以为指画记事之用）。《礼记·玉藻》：“笏：天子以球玉，诸侯以象，大夫以鱼须文竹。”“球”在古代即作“美玉”解。

玉 璧

玉璧，古玉器名。古代贵族朝聘、祭祀、丧葬时所用的礼器，是我国传统礼器之一，也做装饰品。平圆形，正中有孔。《尔雅·释器》载："肉倍好谓之璧，好倍肉谓之瑗，肉好若一谓之环。"肉即边，好即孔，也就是按中央孔径的大小把片状圆形玉器分为玉璧、玉瑗、玉环三种，其中边为孔径两倍的便是璧。从近年考古出土的实物看，古人在制作玉器时，对于玉璧的边与孔径的比例并没有严格的规定，因此，习惯上把宽边小孔的片状圆形器统称为"璧"。新石器时代就发现有形状类似的器物，其中以良渚文化出土的玉璧为代表，璧面大多光素无纹；商周墓葬中玉璧十分常见，然而厚薄不匀，璧的形制也不规整，内外大多不够圆，多饰弦纹，也有用作礼器的素璧；春秋战国时，璧则相当规整，并有云纹、蚕纹、谷纹、蒲纹、兽纹、螭纹等雕饰；至两汉达到了玉璧的鼎盛时期，汉代玉璧继承前代风格，选料极精，制作工艺极细，花纹形式多变，内容丰富，并且玉璧的使用范围大增，其数量也属历代之冠；汉以后至宋、元时，玉璧上出现了凹雕螭纹、乳丁纹、兽面纹、花鸟纹等装饰，但总的来说，玉璧已不多见；明、清时又兴盛，出现大量仿古制品，璧上出现了一面以谷纹或蒲纹、云雷纹、席地纹装饰，一面饰有花、鸟、鱼、虫、龙、凤、八卦、吉祥物等图案的常见精细的浮雕纹饰。

玉璧按纹饰特点可分为素璧、谷纹璧、蒲纹璧。素璧最早出现于新石器时代，以良渚文化出土器物为代表，另外在广汉地区早期文化遗址、齐家文化遗址也有发现，商代也有素璧，在当时主要用于礼器。谷璧是指璧上镌刻有成排的密集小乳丁，乳丁上雕成旋涡状，如同谷牙，取其谷可养生之意，《周礼》有"子执古璧"、"男执蒲璧”的记载；蒲璧指带有极浅的六角形格子纹的玉璧，取蒲能织席，可以安人之意。蒲璧见之于汉代，璧表面用同心圆绳纹分为两区，多者达三区，外区饰龙纹或凤鸟纹，内区饰蒲纹，三区则内饰兽面纹。尤其龙纹的蒲璧很是奇特，以阴刻线组成，正面刻画龙头，鼻眼很大，鼻下雕粗阴线较宽，但很浅，一般无嘴，其他部位用细线雕刻，龙为双身，如飘带伸向两侧，刻纹与龙身缠绕，代表爪或翅。

作为我国玉器中出现最早，并一直延续不断的玉器品种，玉璧的用途很复杂，大致可分以下几类：一为礼器，用作祭天、祭神、祭山、祭海等；二为佩饰，例如汉代的玉璧，上有小孔，就是用来穿线做佩饰或挂在墙上做装饰用；三为礼仪馈赠品；四为葬器，汉墓中就常见将玉璧放在死者胸部或背部，有的放在棺椁之间，作避邪和防尸腐之用。

玉　琮

玉琮即内圆外方中空的方柱体。它大致可以分为圆筒形、矮方柱形、长方柱形、管状形几种。矮方柱形玉琮一般分为上下两节；长方形玉琮一般均在四五节以上，有的高达十七节。玉琮的四面，一般在每面的中间剔出四个折角凸面，再用阴线上下间隔成若干节，每节均雕琢有四组或简易或繁复的兽面纹。

玉琮距今已有四五千年的历史，最早的玉琮出土于安徽潜山薛家岗第三期墓葬中，距今约 5100 年。玉琮的具体使用方法还有待考证，据研究推测，其功能主要有以下几个方面：

一是祭祀用的重要礼器之一。玉琮与玉璧、玉圭、玉璋、玉璜、玉琥并称为“六器”。《周礼》中有“以苍璧礼天，以黄琮礼地”的记载。玉琮的造型是内圆（孔）外方，似是印证“璧圆象天，琮方象地”的道理。巫师也常用劣质的玉琮、石琮，来镇墓压邪、敛尸防腐、避凶驱鬼，因而琮带有强烈的原始巫术色彩。

二是权势和财富的象征。玉琮于墓葬中出土时有如下特征：墓葬规格高，规模大，随葬品较丰富；墓主人多为男性；常有玉璧伴出，一些墓中有以人殉葬的现象。种种现象说明玉琮与当时社会的等级制度息息相关，它的主人必定是部族酋长或大祭司、巫师之类的上层人物。从发掘现场也可以看到，墓主身份越显

赫，殉葬品中的玉琮就越多，似乎在显示其生前的权势与财富。

新石器时代中晚期玉琮在江浙一带的良渚文化、广东的石峡文化、山西的陶寺文化中大量出现，尤以良渚文化的玉琮出土与传世数量最多。良渚玉琮的玉材为产于江浙一带的透闪石质玉石，质地不纯，以青色居多，部分黄色，土浸后呈雾状乳白色。除少数做成圆筒状外，多制成规整的内圆外方形。琮体切割规整，中孔为管钻对穿而成，中接处常留有两层。玉琮的形体大小高低不一，一般早期矮，晚期高。琮身均饰有兽面纹，纹饰以四角线为中心，分成四组，随琮高低不同，以相同的纹饰分成数组饰于琮上。部分玉琮在主体兽面纹外，用细阴纹细刻神人图形和云雷纹，阴线为利石刻划而成，线条坚挺。浙江杭州反山遗址出土的神人纹玉琮高18.8厘米，外径17.6厘米，孔径4.9厘米，为现今所见良渚文化遗址中最大的玉琮，因而也被称为“玉琮王”。

商周时期玉琮数量不多，从出土的实物看，这一时期玉琮的形体普遍较矮小，多光素无纹。玉琮切割规整，中孔较大，琮体较新石器时代略薄。殷墟妇好墓曾出土了两件有纹饰的玉琮，其中一件上下各饰一组弦纹，四角有凸棱，侧面饰竖遭弦纹。该造型很少见。春秋战国时期玉琮的造型与西周时相近，形体较小，部分战国玉琮刻有细致的兽面纹、勾云纹等。至汉代，玉琮已不再制造。

宋以后出现了仿古玉琮，但宋至明的仿制品上多饰以当时流行的纹饰。明末至清代的仿古玉琮，以仿商周素面矮体玉琮为多，也有仿良渚玉琮的。清代乾隆时期仿古玉琮尤甚，因加工工具、习惯的不同，仿品多数显得圆滑有余而古意不足，熟旧的程度更难做得逼真。

玉 琥

玉琥，古代雕琢成虎形的玉器，又叫“玉虎”，位于“六瑞礼器”之末。在考古发掘中出土和传世的玉琥，一种是上凿小孔，刻画有圆雕、浮雕或平面线式的虎纹，多作佩饰之用；另一种为无孔的玩器或陈列品。

商代玉琥或为圆雕，或为薄片雕；虎昂首屈足，作行走状，长尾后卷，圆眼或“臣”字眼，张口露齿，身饰云纹、条形纹等。商代妇好墓出土有圆雕和浮雕玉琥各4件，都有孔，可称为虎形玉佩，属于装饰品类。西周玉琥为体扁平，身细长，昂首圆口，装饰简朴。春秋玉琥仍呈扁平状，但造型比前代丰富，或俯首，或躬身，或直背，肢足前屈，作伏卧状，长尾下垂，尾端上卷，椭圆眼，上唇上卷，下唇内卷成孔，身体部分饰以双阴线刻龙首纹、云纹等，周边轮廓线则饰绳纹。战国玉琥基本承袭春秋玉琥造型，但雕工更加精湛。汉代玉琥多以一种纹饰图案出现，单独的虎形玉佩头部很像龙头，轮廓线也以绳纹装饰。元代玉琥作行走状，俯首，单圈眼，身部以双阴线刻长短条斑纹。明清时期，圆雕玉琥较多，细部刻画一丝不苟，注重写实，把老虎的神态特征表现得惟妙惟肖，入木三分，体现了老虎的威猛之美。

玉 珩

玉珩，我国最古老的玉器型制之一，呈弧形片状，形似磬而小，或上有折角，用于璧环之上。各个时代的玉珩都具有圆弧形的特征，但形制、纹饰变化非常大。西周时期的玉珩形状多不规则；春秋战国时期，玉珩被作为成组佩玉的组成部分大量出现，普遍应用镂空、浮雕等手法；汉代以后，玉珩的数量极少；到了明清时期，仿古玉中出现了许多的小型玉珩，主要是为了赏玩和收藏，这时的玉珩已逐渐演变成玉锁、玉牌等新的形式。

玉　佩

玉佩，古人常戴在身上的玉制佩饰的总称。古语有云“君子无故，玉不去身”，孔子曾说“君子于玉比德”。可见，古人喜爱玉佩不仅因为玉的贵重，更是出于对玉的品格的追求。战国、秦汉时期的玉佩种类多样，繁缛华丽，用以突出佩戴者的尊贵威严；魏晋以后，男子佩玉渐少，玉佩的形制也很简单，而女子间依然盛行佩玉之风，通常将玉系在衣带上，走起路来环佩叮当，悦耳动听，因此“环佩”也渐渐成了女性的代称；到清代，玉佩已经从古时只系于衣带的腰饰转而为坠于胸间的项饰了。

玉佩的纹饰多以传统吉祥图案、神话故事为题材，如龙凤呈祥、三阳开泰、寿星寿桃等，反映了人们对美好生活的追求和向往，在某些方面充分体现了玉文化的精髓。

玉　玦

玉玦，古玉器名。环形，有缺口，是玉饰的一种，在古代主要被用作耳饰和佩饰。新石器时代、西周晚期和春秋战国墓葬中常有发现。小玉玦一般成双成对地放置于死者的耳旁，体积较大者则用于佩戴。新石器时代玉玦制作朴素，多为椭圆形或圆形断面的带缺环形体，光素无纹；商代玉玦呈片状，分为光素窄环和龙形玉玦两种，龙形玉玦上雕琢卷曲龙形，龙身饰云雷纹，背饰扉棱，线条转角方硬，图案化风格强烈；春秋战国玉玦出土和存世数量最多，这一时期的玉玦形体较小，为扁片状，流行细密的蟠螭纹、蟠虺纹；到汉代，玉玦不多，沿袭前代风格，制作不及前代精致；宋以后出现仿古玉玦，主要仿春秋战国造型；明、清两代仿古玉玦，纹饰雕刻很难达到战国时自然流畅、锋利健劲的效果，往往徒具古形而缺乏古意。

玉带钩

古玉器名，又名“犀比”，可能是我国北方游牧民族的发明。古代人着宽袍大服，因而须使用带钩，用以钩连腰带。早在西周晚期至春秋早期，中原华夏族服饰中就已经使用玉带钩了；战国时代直至秦汉时期，还广为流行；直到魏晋南北朝时期配有带扣的革带出现后，玉带钩才逐渐消失；宋代曾重新出现，多用在丝带上，束在袍外，被称为“绦钩”；明清时仿制的玉带钩存世数量颇大，尤其清代，玉带钩的制作水平很高，或将钩首雕成螭龙形象，或仿战国造型，勾出琵琶形，或表面光素匀称、造型简单优美，或采用俏色浮雕手法，花纹独具匠心。乾隆时期还吸收了西洋的装饰题材，新奇美观。

玉剑饰

玉剑饰，用于剑上装饰的玉件的总称。对玉剑饰的定名，目前学术界暂不统一，一般包括玉剑首、玉剑格、玉剑璏和玉剑珌四种。

迄今为止发现的最早的玉剑饰，可追溯到春秋晚期，但那时的玉剑饰仅有玉剑首与玉剑格两种。战国时期的玉剑首小而薄，边沿外敞，较锋利，而且剑格多用铜、铁制成，玉制的很少。到西汉时期，玉剑饰已经成了王公贵族佩剑上的重要装饰品，其造型与战国时代相比更加丰富多样；制作工艺也有了新发展，边角磨圆更加明显，有的甚至出现了镂空的工艺，这在玉剑饰的历史上还是前所未见的。从纹饰风格上来看，汉代玉剑饰上的螭纹数量很多，形象也更加具体、更加成熟、更加完美，并且开始逐渐与龙蛇分化，其头部虽然保留了原来的轮廓，但在具体的刻画上却更近似于猫或虎，尤其是身躯已完全脱离了蛇的基本形态，开始与虎交融，向凶猛的兽类迈进。众多的出土资料充分显示，汉代玉雕螭纹已经定型，昂扬向上，豪迈奔放，呈现出一派生动活泼、矫健壮丽的气势。尤其值得一提的是，汉代出现了完整的“玉具剑”，即由玉剑首、玉剑格、玉剑璏和玉剑珌组成。这种“玉具剑”图案纹饰更加新颖别致，器面除琢饰兽面、云纹、谷纹外，尤以浮雕的蟠螭纹最具特色，布局合理，生动巧妙，碾磨圆润、细腻、华丽，具有很高的艺术价值。玉具剑一般不再作临阵之用，而是成为一种仪仗器，用以显示佩剑者极高的身份地位，是一种珍贵的馈赠礼品，也是上流社会王公贵族用以陪葬的常器。河北满城 1 号汉墓出土的一把铁剑，以上四种玉剑饰俱备，并有高浮雕玉饰。汉代以后，玉剑饰不多见。明清两代仿制较多，但是这些仿制品已经脱离了原来作为剑饰的功用。

玉剑首

玉剑首位于剑柄顶端，呈圆形喇叭状，向内一面有凸榫，以便与剑柄相接，向外一面多光素或阴刻花纹，以起到装饰作用。如河北满城刘胜墓出土的玉剑首，白玉琢成，质地细腻温润；剑首中央以阴线精心刻一小菱形纹饰，设计极为精致；正面圆心周围以去地高浮雕的技法，雕饰着行云流水般的蟠螭纹，既巧妙别致，又富有生机；整个玉剑首雕工精细，刀法流畅有力，沁色自然，光泽度较好，可谓珍品。山东巨野红土山汉墓出土的玉剑首更加让人惊叹，其造型突

破了常见的圆饼形，随玉料形状设计雕琢，浑然天成；同时采用透雕和浮雕相结合的手法，琢磨出 5 只蟠螭纹绕在云中的立体画面；底端有三个穿孔，以插剑柄。此外，其他各地西汉墓出土的玉剑首，同样设计巧妙，工艺精湛，代表了汉

代玉器的最高水平。

玉剑格

玉剑格也称“护手”，在剑饰中数量最少。它镶嵌于剑柄与剑身交接处，正视略成长方形，中部逐渐凸起一脊；侧视为菱形断面；穿孔有长方形、椭圆形和菱形。玉剑格的两面一般均琢有纹饰，如兽面纹、卷云纹、几何纹、浮雕螭纹等，也有的玉剑格通体光素无纹。汉代玉剑格上端中部琢一缺口，下端中间略微出尖，装饰趣味极浓重；为了构图的需要，在剑格中部逐渐凸起一脊如鼻梁，可能是为了突出纹饰的立体效果。在装饰方面，手法亦多种多样：有的一面饰兽面纹，一面饰卷云纹；有的一面浮雕一螭，另一面饰几何纹；还有的两面均饰相同的纹饰。1983 年，广州南越王赵昧墓出土一件玉透雕双凤纹剑格，形式尤其别致：器物俯视呈菱形，中间有一椭圆形穿孔，以供剑柄插入；上端两边突出似兽耳，并透雕一对对称的凤鸟；剑格正反两面琢饰兽面纹，下端中部出尖，可谓珍品。

玉剑璏

玉剑璏平行镶嵌于剑鞘上，剑鞘上有相应凹凸面，用以嵌住玉剑璏，有长方孔，供穿带佩系之用，可固定剑于腰带上。玉剑璜在剑饰中占的比例最大，其上雕琢云纹、兽面纹等。目前所见最早的玉剑璏是战国时期的。汉代玉剑璏体积较战国大，下面的孔也高于前代，孔的上壁厚于下壁，表面用勾撤法起边挖地雕出边框，并琢有螭虎纹和兽面纹，制作细腻，磨制光滑。1977 年山东省巨野县红土山西汉早期墓出土的一件玉剑璏，以青玉玉面作长方拱形，两边阴刻弦纹，并浮雕一大一小两只形态不同的螭纹，大螭体态矫健，曲度很大，颇有活力，小螭蜷伏一隅，对首相视，似有一种亲昵感——这种图纹，俗称“子母螭”，十分罕见。

玉剑珌

玉剑珌安在剑鞘尾端，俯视两端均呈橄榄形，在与剑鞘末接触的一端多有穿孔，有的只有一个圆穿，有的则是并列在一条直线上有三个小孔，中间一孔略大，而且垂直，两侧的小孔斜透，使三孔相通。正视呈梯形，中腰略收；有的还根据玉料或构图设计的需要，使玉呈现出不规则的长方形、梯形等状，随物而琢，更富有变化；玉面上往往饰有形式不同的图案花纹。玉剑珌在战国秦汉时期十分流行，战国玉剑珌直身、体圆、较厚，早期光素无纹，晚期开始出现兽面纹、卷云纹等装饰。汉代玉剑秘的琢制最为精彩，造型变化无常，多呈不规则的长方形或梯形，装饰纹样生动优美，以螭纹纹饰为主，采用浮雕或透雕的技法，磨制非常细腻，抛光极好。如广州南越王墓出土的一件玉剑珌，呈不规则的梯形，满染朱砂，除上、下两面较为平整外，周身分别以高浮雕和浅浮雕的技法，雕琢出两只蟠螭与熊互相追逐戏耍打闹的情景；尤其是两只蟠螭，挺胸、塌腹、翘首、甩尾的气势神态，极富勇健、力量之美。河北满城中山靖王墓出土的玉剑珌呈不规则梯形，上端中央有一大孔，两侧的小孔也斜穿中心，使三孔相通，以供穿系；剑珌玉质洁白，琢磨细腻，两面共浮雕了五只生动活泼、翻腾嬉戏于云海之间的蟠螭，这些蟠螭神出鬼没，引人入胜。

玉　衣

玉衣，古代葬玉的一种，又称“玉匣”、“玉柙”，即玉制的葬服，专供皇室和诸侯贵族殓葬之用。古人认为，玉是“山岳精英”，以玉殓葬，可保护尸身不腐，使复活再生成为可能。玉衣是将玉石琢成各种形状的小薄片，经过打磨穿孔，然后由线缕连缀而成，外观与真人的体形相同。完整的玉衣按部位可以分为头部、上衣、袖子、手套、裤筒和鞋子六部分。头部由脸盖和头罩构成；脸盖上刻画眼、鼻、嘴形，组成脸盖的玉片绝大部分是长方形的小玉片，双眼和嘴则在较大的玉片上刻出，鼻子是用五块长条瓦状玉片合拢而成，惟妙惟肖。上衣由前片、后片构成，前片制成胸部宽广、腹部鼓起的体型，后片的下端作出人体臀部的形状。袖子、手套、裤筒和鞋都是左右分开的，手部做成握拳状，足部作鞋状。根据线缕质地的不同，可分为金缕玉衣、银缕玉衣、铜缕玉衣、丝缕玉衣等。古代上层贵族按照各自地位的不同，分别享用不同的玉衣。根据《后汉书·礼仪志》记载，汉代皇帝死后使用金缕玉衣，诸侯王、列侯始封、贵人、公主使用银缕玉衣，大贵人、长公主使用铜缕玉衣。《汉书·霍光传》中也有记载：“光薨……赐金线、缯絮，……璧珠玑玉衣。”

玉衣的雏形为西周时的玉面罩。到了春秋战国时期，逐渐演化为缀玉面罩和缀玉衣服，其形制和编缀方法，显然受到当时铁质甲胄的影响。至汉代出现了形制完备的玉衣，汉武帝时，玉衣尤其盛行。由于玉衣象征着帝王、贵族的身份，因而有着非常严格的工艺要求，汉代为此还设立了专门从事玉衣制作的“东园”。这里的工匠对大量的玉片进行选料、钻孔、抛光，然后按照人体不同的部分设计成不同的大小和形状，最后用不同质地的线相连。制作一件中等型号的玉衣所需的费用，几乎相当于当时一百户中等人家的家产总和。曹魏时，魏文帝曹丕吸取了汉代诸陵由于葬以玉衣而被盗掘的教训，故下令废除了使用玉衣随葬的制度，因此在东汉以后的墓葬中再也没有发现玉衣陪葬的情况。

我国目前已经出土玉衣的西汉墓葬共有 18 座，而出土金缕玉衣的墓葬只有 8 座。1946 年 9 月，在河北邯郸的一座汉墓中首次发现玉衣的玉片，但形制不完整。最具代表性的是 1968 年河北满城一号墓出土的中山靖王刘胜的金缕玉衣。1994～1995 年，江苏徐州狮子山楚王墓也出土了一件金缕玉衣，这件玉衣长 1.74 米，宽 0.68 米，共用玉片 4248 片，全部采用新疆温润晶莹的和田白玉、青玉，金丝重达 1576 克。玉衣虽然年代久远，历经两千多年，仍然保存完好，堪称我国目前年代最早、玉片数量最多、玉质最好、工艺最精的玉衣。另外，在安徽、山东、陕西、河南、广东、北京等省、市的许多汉墓中，也都出土了完整的玉衣或玉衣上的玉片。

玉　蝉

玉蝉，古玉器名，即因多刻为蝉形，故名“玉蝉”。蝉在古人的心目中地位很高，《史记·屈原传》：“蝉，蜕于浊秽，以浮游尘埃之外，不获世之污垢。”商周玉蝉主要用于日常佩戴，用材质地欠佳，多为半石质；玉蝉头眼大，身翼小，头部中央有孔，用来穿绳，蝉身简单刻有阴线。汉代玉蝉基本上用作口含葬玉，借蝉的生理习性赋予死者特定的意义，意即人死后，脱胎于浊秽污垢之外，不沾污泥浊水。南北朝时，玉蝉沿袭汉制造型，但比汉代玉蝉更显逼真。宋代以后，玉蝉多作为佩饰。清代玉蝉是采用写真与仿古纹饰同用的手法，用料讲究，多用阳线刻画线条。

玉　握

玉握，古玉器名，是放在死者手中的玉器，属葬玉的一种。在古代，活着的人不愿死者空口而去，便有玲；不愿死者空手而去，就有握。新石器时代是以兽牙握在手中。商周时期，死者手中多握数枚贝币，因为在当时，贝被认为是财富的象征。东汉初年，死者手中握的一般都是成对的猪形玉器，即玉猪。玉猪造型多样化，也有的较为写实，生动可爱，一般呈方条圆柱状，背部浑圆，底平，头部稍尖，尾部略方，猪身采用汉代最常见的“汉八刀”雕法，琢出几条简单的线条，以表示猪身体的各个部位，在尾部和唇部多琢有一小孔。之所以要雕成猪的形象，是因为猪在古代是财富的象征，因此，握玉猪而去，便是握了财富而去。玉猪在魏晋南北朝时期也有发现，但一般都改用滑石制作。另外还有将璜形玉器作为玉握的。

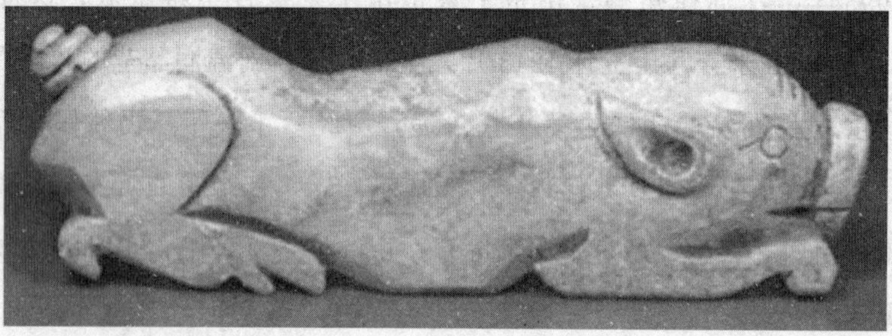

玉　鱼

玉鱼，玉制的鱼形器物，多作为佩饰，以供赏玩。在我国众多的玉器造型中，鱼形较为常见，因为“鱼”与“裕”、“余”谐音，以玉鱼作饰，喻义富足有余。

良渚文化时期的浙江余杭反山墓出土有阴刻线雕刻分叉尾鳍的玉鱼，造型逼真，是玉鱼时代最早的例证。商代玉鱼数量很多，仅妇好墓就出土了75件玉鱼。商代玉鱼的主要特点是制作简练，形体扁而薄，成片状，鱼眼大而圆，鱼身或直或弯，上面阴刻表示背鳍、腹鳍的简单线条，极少数的鱼身上饰有鳞纹，鱼尾向两侧分叉。西周玉鱼既有做佩饰的，也有做葬玉的，一般有两种：一种是片状，鱼身扁平，或直或曲，张口圆目，在背部有一大鳍，腹下有两小鳍，两面纹饰相同，分叉尾，口部穿孔，有少数在背部穿孔；另一种采用圆雕手法，从中部剖成二件，以亚侯墓出土的玉鱼为代表，这种形制在以前是从未见到的。唐代玉器中玉鱼数量较少，传世品中有一件玉摩羯鱼，与内蒙古喀喇沁旗出土唐双鱼银盘中的摩羯鱼形象相近，是迄今所知的唯一一件唐代圆雕玉鱼，十分珍贵。宋代玉鱼大致分为两种：一是有鳞纹的玉鱼，鱼嘴长，嘴与头之间有阴线相隔，腮边则用阴线将腮与鱼身相隔，鱼身遍饰网格纹，背鳍呈锯齿状，鱼尾呈曲面状摆动，富有动感；另一种是无鳞纹的玉鱼，鱼身清瘦，大多呈跳跃状，昂首翘尾，眼多数为一凹型小坑，腮部以一短而粗的阴线勾出，有些鱼身侧有一条细而长的阴线。明代玉鱼不强调写实，有些图案化，鱼身上饰以菱格纹，腹鳍、尾鳍比其他时代小，缺少刺骨之感和刚直的刻画，比较呆板，没有活力。清代玉鱼作为佩饰数量巨大，其玉质洁白莹润，形制浑圆，造型生动，纹饰刻画精细繁褥，抛光技术精湛，常作鳜鱼、鲤鱼、鲶鱼，具有吉祥如意的寓意，还出现了对称鱼、双鱼等图案。

玉　杯

玉杯，古玉器名，是一种饮酒器具。玉杯始制较早，秦朝已有。1976年陕西西安车张村阿房宫遗址出土的云纹高足玉杯就是秦代玉杯的代表。这件玉杯采用青色玉制成，呈直口筒状，近底部急收，高足平底，杯身上层饰柿蒂、流云纹，中层饰卷云纹，下层饰流云、如意纹。秦朝本是个短命王朝，传世玉器并不多见，因此这件玉杯虽无复杂奇特之处，但也是难得的稀世珍品。西汉时期的玉杯器口呈椭圆形，器壁较薄，纹饰采用浮雕与线刻相结合的手法，制作较精。三国魏晋时代的玉器崇尚素面装饰，因此这一时期的玉杯也大多通体光素无纹。隋代的金口玉杯也是光素无纹，采用上好玉料，精雕细琢。唐代玉杯的制作更加精细，造型多有创新。陕西唐墓出土的白玉八瓣花形杯，用整块白玉制成，杯身朴实无纹，壁有凹下的八曲，使杯口呈荷花形状，琢磨精致。明清时期，玉杯式样繁多，形态各异，有单耳杯、双耳杯，杯把多琢磨螭纹、植物花卉纹等，构思巧妙。

玉　簪

玉簪，古代玉制的发饰之一，用以固定发冠。玉簪出现很早，新石器时代龙山文化山东临朐朱封墓出土的一件玉簪，只有簪头为玉制，簪插则由墨色石材制成。簪头玉色呈青，镂雕成扁平扇形兽面纹，形式新颖，十分精美，是新石器时代玉簪制品最精者。随着后代玉器工艺的进步，玉簪的形制更加多样，有的甚至全部采用玉制，通体莹润光泽，华丽美观。

玉　玺

玉玺，皇帝的玉印。源于周朝的“印”，到了秦代开始有“印”、“玺”之分，其中，臣民所用称为“印”，皇帝所用印称为“玺”。最早的玉玺是秦始皇的传国玉玺，这个玉玺是由著名的和氏璧雕成，后来便被历朝历代视为正统的象征。其后诸代皇帝在登基之后都要雕刻自己的玉玺，以示皇权和威信。玉玺上雕刻的造型有龙，也有狮、象等瑞兽，其中龙的造型应用最广。龙角似鹿，头似驼，身似蛇，鳞似鱼，爪似鹰，掌似虎，突起的前额象征聪明智慧，鹿角代表长寿，鹰爪表现勇猛。雕龙玉玺、盘龙玉玺的底座基本都为正方形，象征皇帝脚踏四方、统御天下的威势。

玉　带

玉带，用玉装饰的皮革制的腰带，即鞓带，又称“玉带板”。早期的玉带是一种蹀躞带，即腰带上缀玉的同时，还缀有许多勾环之类，用以挂小型器具或佩饰。

据记载，蹀躞带最早出现在战国时代，是我国古代北方各民族的传统服饰，后由胡人骑士传入内地。最初的装饰部位主要在腹前正中腰带两端的连接处，重点是玉质带钩。隋唐时期，玉带被定制为官服专用，官员佩以玉带，用来区分官阶高低。唐代曾有朝廷定制，规定有“大带制度”，以腰带上的装饰品质地和数量来区别官品等级：文武三品官以上佩玉带，四、五品官佩金带，六、七品官佩银带。那时的玉带由玉銙（嵌钉在革带上的玉板）和玉铊尾（位于革带首末两端的玉板）两部分构成，双扣，造型有方形、半圆形及长方形几种；半圆形及长方形的一端往往雕成弧形，所雕琢的花纹，目前所能见到的有鹿纹、鸟纹、龙纹、兽纹以及人物纹等；其中尤以人物纹最具特色，一般以伎乐人居多，伎乐人中除舞伎外，均盘膝而坐，衬以锦状地毯，伎乐人手中持各种乐器，有竖箜篌、长笛、琵琶、笙、箫、毛圆鼓、鸡娄鼓、拍板等。这种雕琢在玉带上的伎乐人图案从一个侧面反映了当时中西文化交流的盛况。五代至宋，朝廷用玉之风炽盛，这时的玉带单鞓和双鞓同时并用。总的说来，这一时期的玉带可分作：单鞓、单扣、无铊尾；单鞓、单扣、单铊尾；双鞓、双扣、单铊尾；双鞓、双扣、双铊尾；三鞓、三扣、双铊尾等几种制式。在使用双鞓的情况下，前鞓两端均钻有穿插扣针用的小孔，末端缀有铊尾，穿过带扣后，铊尾在后腰际垂向地面，取“顺

下”之意；后鞓两端装有带扣，通常用金属制成，但是也发现过玉质带扣。五代时期的玉带，前鞓不镶玉，后鞓缀有 7 块方形玉板，号称“排方”。宋朝玉带，前鞓缀有 2～6 块带板，后鞓是排方。辽金时期的玉带已经接近明制，带板数约 20 块左右，上面大多雕刻有山水、狩猎之类的图案，精致考究。北方草原民族非常喜爱腰饰，于是在蒙古族入主中原之后，上层社会佩玉带的风尚得到进一步的发扬。明代腰佩玉带的风尚随着治玉业的发达而继续兴盛。这个时期对于佩玉带的制度有所放宽，但对不同级别官员使用玉带的质地、形状、数量、纹饰，仍然有明文规定。洪武十五年明政府对于玉带的佩带制订了硬性规定。明张自烈《正字通》中有载：“明制，革带前合口处曰三台，左右排 3 圆桃。排方左右曰鱼尾（铊尾），有辅弼 2 小方。后 7 枚，前大小 13 枚。”明朝的玉带不像唐宋时代那样起束腰作用，往往是束而不系的，只用细绳系于腋下衣肋之际，玉带与衣服相衬，使人显得十分华贵，气度大方，起着显著的装饰作用。清代开始，官员佩玉带的制度被废除，但玉带仍然作为一种装饰品盛行于民间。清代玉带不再具有很完整的形式，主要以玉带钩、玉带扣为主，部分成为纯粹的赏玩器，不再具有实用价值。

最早的玉带出土于陕西咸阳北周时期的若干云墓，为八环蹀躞带，复原长度约 1.5 米。唐代玉带目前发现较多。从各地零散出土及传世的唐代玉銙来看，所琢刻的纹饰多有番人形象。据载，唐时，西域的于阗国大量开采玉石，制成精巧的玉器，向唐朝廷进贡。唐太宗贞观六年（632 年），于阗国派遣使者到长安献玉带；唐德宗（780～805 年）时，曾派人去西域求玉，在于阗国得到一大批玉宝，其中有“带銙三百”。因此，这些雕有番人形象的玉銙可能是受于阗国的影响的产物。四川成都五代时期前蜀王建的陵墓出土了一组完整的玉銙，虽然革带已朽烂，但上面嵌钉的 7 枚玉銙和一枚玉铊尾保存完好，经复原可以看出，玉带分两节，镶嵌玉銙的一节在背后，系带而不能自见其銙。这节玉銙的两端各有一个银扣，与另一节革带相接，銙和铊尾均为白玉，雕刻有奔龙，龙首硕大，龙身细长，姿态矫健，是唐五代时龙的典型形象。宋代玉銙纹饰仍以人物形象为主，另有云雁纹、龙纹铊尾等。江西上饶南宋赵仲湮墓中出土的一组青玉池面人物纹带板，是宋代玉銙的佳品。这组玉带由 7 枚玉銙和 1 枚玉铊尾组成。玉銙上浅雕人物，均作盘足打坐状，五官清秀，头结发髻，身穿交领大袖长袍，或弹琵琶，或捧果，或饮茶，或吹箫；玉铊尾上雕刻一背负包袱的长髯老者，作行走状，刻画清晰，制作细腻，线条流畅。这条玉带是宋代高级官吏玉带佩饰的典型代表。辽代完整的玉带主要出土于内蒙古哲里木盟奈曼旗辽陈国公主及驸马墓中，共出土腰带 5 条，其中两条分别为玉丝蹀躞带和玉銙银带。玉銙银带是用银片代替皮革，制成长短两段嵌玉的腰带。长带为 163 厘米，缀有长方形和方形玉銙 14 枚、桃形玉銙 1 枚、圭形玉铊尾 1 枚；短带长约 28 厘米，未缀玉銙。这种玉銙银带显然不是实用品，而是专为随葬制作的，用银片代替皮革，历经 900 多年未朽。金代的玉带制度与辽代大体相同，吉林扶余县的一座金代墓中出土了一条单铊尾金扣玉带，玉銙为长方形，共 18 块，椭圆形玉铊尾 1 枚，均光素无纹，用金铆钉连缀干革带上，玉带中间佩挂海螺及金环，体现了明显的女真族风格，这也是仅见的一条完整的金代玉带。元代的玉带，在雕琢技法上以浮雕和透雕为主，主题以胡人戏狮纹和秋山纹最为常见。明代是使用玉带极盛的时期，目前所见的大部分玉銙为长方形、方形、桃形，也有在长方形的一端呈弧形的，均以透雕或高浮雕技法制成，纹饰以云龙纹居多，还有麒麟、狮子、松鹿、松鹤、云鹤、蟠螭、花鸟、人物以及寿字、喜字、万字等，不但选料精良，而且雕琢极为细致，有很高的欣赏价值。明代最精美的玉带出土于明鲁王朱檀、明益王朱祐槟和明兵部尚书鼓泽夫人的墓中。朱檀墓随葬有 2 条玉带，其中一条嵌钉 20 枚白玉銙，多为长方形，全部透雕灵芝纹，并由镂花的金片包镶，十分精美；朱祐槟墓出土的玉带由 17 枚玉銙组成，有长方形、方形和桃形等，玉銙两层透雕带翼麒麟，麒麟身上饰方格纹，站在山岩上，作奔走状，四周透雕山水、松枝、梅花等图案；鼓泽夫人墓中现存玉带 18 条，其中玉銙 16 枚，有长方形和桃形，圭形玉铊尾 2 枚，玉铊尾和桃形玉銙上透雕凤鸟和花卉，长方形玉銙上仅雕花卉。另外，明定陵也出土了10条玉带，均玉质纯正，细腻滑润，每条玉带上玉銙数目不等，多则达20枚，用以显示官阶的等级高低。

玉镯

玉镯，玉制的手镯，属于装饰用玉。玉镯自古以来就是人们最基本的腕饰，流传至今，深受人们的喜爱。新石器时代墓葬中已有玉镯出土，大汶口文化玉镯呈外方内圆形；春秋时期玉镯为扁圆形；唐代有镶金玉镯；发展至宋代，玉镯呈圆环形，内平外圆，光素无纹；明清玉镯上纹饰较多，常见的有联珠纹、绳索纹、竹节纹等等。

玉凤

玉凤，玉质的凤鸟形器物，属于装饰用玉的一种。在古代，工匠们常常将玉雕琢成各种寓意吉祥的动物形象，以供装饰、陈设或随葬之用，如玉鱼、玉猪等。玉凤的形制出现很早，在商代就有制造了。凤是商代崇拜的对象，《史记》中记载："天命玄鸟，降而生商"，玄鸟即凤鸟。1976年，河南省安阳殷墟妇好墓出土了一件玉凤，这件玉凤用黄褐色玉料琢成，圆眼，尖喙，顶饰三连花冠，短翅下垂，长尾末端分叉，并有镂空装饰，腰部有突起圆钮，上穿孔，用以系结，凤作回首欲飞之势，弯曲如"C"形，造型与商代甲骨文中的"凤"字极为相似。凤身上以商代典型的减地阳文技法，只准确勾勒出翎羽、凤冠和凤尾，其他部分大都素洁无纹。在特术手法上，采用了钻、挤、压等难度很大的技法，并

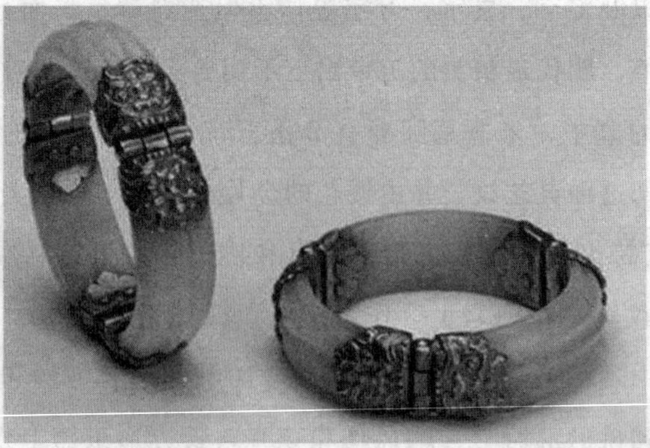

经过了反复的琢磨。这件玉凤的造型优雅、精巧，玉质晶莹润洁，是妇好墓中唯一的一件玉凤，也是迄今为止发现的最早的玉凤。

玉冠状饰

玉冠状饰，古代葬玉的一种。玉冠状饰大多呈扁平的倒梯形，因其形如冠帽而得名，一般上端、下端均有孔，可能作系挂之用。有的器物表面光素无纹，有的则雕琢神面纹或镂刻复杂花纹。由于玉冠状饰的整体造型尤似良渚文化“神徽像”上的羽冠，在内涵上具有了“神徽像”上天入地的本领，也就不再需要借助纹饰来表达有关崇拜的内容，因此导致了玉冠状饰大都素面无纹，而少数带有纹饰的玉冠状饰就“以稀为贵”，成了其中的珍品。

作为葬玉的一种，玉冠状饰的作用显得颇为神秘，由于此类玉器在出土时往往位于死者头部一侧，且常伴有原沙、木质纤维等遗留，因此有推测认为，玉冠状饰应当是镶嵌在某种木质偶像头上，与木质偶像一道，使其灵魂不会因肉体的消失而流离失所，起到了安抚死者的作用。1999 年，浙江省海盐周家浜出土了一件玉冠状饰，该器与象牙梳相连，下端扁榫上有五个等距离的小孔将梳子固定住，这个发现使得人们对玉冠状饰的作用有了进一步了解。

玉冠状饰是良渚文化特有的器种，是部族显贵者的主要随葬品之一，因而只见于良渚文化的大型墓葬中，并且具有唯一性，一座墓中仅有一件。

玉刚卯

玉刚卯是一种长方形的四面体，高约 3 厘米，宽约 1 厘米，上下有一通心穿孔，可穿绳佩挂，器物四面均刻有吉祥铭文，往往根据铭文第一句来命名，如第一句是“正月刚卯”的，叫“玉刚卯”；第一句是“疾日严卯”的，叫“玉严卯”，因大多数所见器物是正月卯日制作的，故称“玉刚卯”。

玉刚卯始于西汉，在汉代一度十分流行，被用来当做辟邪的佩戴饰物。汉代刚卯外壁四面一般阴刻有两行隶书铭，共三十四字。王莽新政时期，曾一度废止，但东汉继续流行。后世有不少仿制品。

玉山子

玉山子，一种陈设玉器，大多为大型器，类似今天的盆景。一般采用圆雕技法雕琢山林景观。由于器型庞大，制作时往往先绘平面图，再据图另行雕琢。玉山子上分别雕出山林、人物、动物、飞鸟、流水等，层次分明，各具形态。这种雕刻从取景、布局，到层次排列都表现和渗透着绘画的章法。金元时代的玉山子以山林、雄鹿、柞树、人物为题材，雕琢技法以钻法为主，因而作品上往往可见孔状或砣状钻痕；明代多以山石、树木为主要内容；清代玉山子受清初“四王”（清初四位画家王时敏、王鉴、王翚、王原祁）画风影响很大，山石布局讲究均衡稳重，层林叠起，意境清淡，因而在雕造时力求古朴庄重，用刀平稳。玉山子盛行于乾隆朝，多是以山水人物及历史故事为题材的大型场景，如“秋山行旅”、“南山积翠”等。小型的玉山子也较常见，也是以山水人物、亭台楼阁为题材，雕刻出一幅幅淡雅宁静的山水风景。有的巧妙利用玉石本身的颜色差别，分别雕出白云、流水、苍松、翠竹、古道、夕阳等景物，形成高低错落、深浅对比的特殊效果，韵味极强。

鉴别常识

鉴别，欣赏玉器须领会十个字：山川之精英，人文之精美。山川之精英，指的是材质美，每件玉器先要弄清它是角闪石还是翠玉，或是绿松石、玛瑙、蛇纹石、水晶等彩石玉，还要进一步探讨它的产地。人文之精美，指的是玉器的造型美和雕琢美，以及影响造型美和雕琢美的工艺、社会审美观念等诸方面因素。

古玉鉴定

随着这些年来我国考古工作的不断深入，专家们发现这样一个事实：在我国原始社会，有着无比灿烂的玉器文明，它们以北方的红山文化、南方的良渚文化和中原的龙山文化为代表，构成了一个环东南沿海的月牙玉器带。

大量的物质遗存足以证明玉器在当时已成为时代器物的主流，不但渗透到当时的各个领域，而且经过无数次历练，达千年之久，其制作工艺日益精良，制作水平日益高超。因此，有的学者把这段时期称为我国“玉器时代”。那么，为什么把它称为我国“玉器时代”呢？

首先是玉器的大量遗存。材料证明，当时的玉器使用已非常普遍，代表军事武器的有玉斧、玉钺、玉刀等，是统治者拥有权力的象征；代表祭祀礼仪性质的有玉璧、玉琮、玉瑛、玉璋等，它们是伴随巫术盛行而产生的伴生物，是通神的工具，也是祈求上天保护的精神寄托；除这两种以外，农业工具和实用玉器也占据了相当的比例，玉铲、玉锛、玉锥、玉带钩、玉纺轮……不胜枚举，形式繁多；还有大量的肖生艺术品、玉佩饰、玉殓葬器和各种不知名玉器。以上所举仅是建国以后的出土器物，尚有大量精品散藏于世界各地的博物馆和私人手中，其具体数目已难以统计。

其次是令人难以置信的玉雕艺术。以良渚文化玉器为例，在大批琮、璧、璜、杖、冠等玉器上刻画神人兽面纹，它们的表现手法一致，大小相同，具体地说，仅在指甲盖那么大的玉石上，用浅浮雕和细阴线两种方法刻画出极其复杂的形象，并且琢纹一般宽 0.2～0.9 毫米，刻纹宽 0.1～0.2 毫米。在尚未进入文明社会的原始社会，能用粗陋的工具琢制出如此精细的花纹，不能不说是奇迹！

大致在新石器时代晚期至铜器时代早期，具体说就是在距今 5000～4000 年这一时期，曾被许多专家认为是“铜石并用时代”，然而这一观点也受到质疑，因为在红山文化良渚文化中，迄今没有发现有铜制品的出土。目前，收藏界越来越将目光聚焦在这个话题上，荐者有之，誉者有之、疑者更有之。先民留下的千古谜团一旦破解，必将引起世人震惊。

但无论专家们如何争论，在新石器时代晚期迎来了我国玉器发展史上的第一个高峰的观点已被普遍接受和认同。由于文献的短缺和资料的匮乏，把握一些这一时期玉器鉴定要点还是必要的。

第一点是器型。这是鉴定历代古玉的必参项目，在鉴定器型单纯、变化单一的新石器时代晚期玉器中更显得重要。比如桥形璜，只有在四川东部和湖北西部的大溪文化中才有少量出土。

第二点是玉质。大约从夏商开始，新疆和田玉才进入中原并逐步成为主流。在此之前的先民大多是就地取材的，各地不同的玉材也形成了各地玉器的鲜明特点。但毕竟由于年代久远，许多玉矿已经因为各种原因而湮没不可寻了。值得注意的是，作假者也常常注意到这一点，利用近似的玉料加以伪制。所以，多看看博物馆的实物和印刷精良的图册，也会受益匪浅。

第三点是工艺。这里的工艺包括磨制和纹饰两方面。除了良渚文化寥寥可数的几种典型纹饰外，许多的器物都是光素无纹的。而玉器的磨制占了很大比重。例如作为佩饰的玉璜，一般把孔打在璜的两端，如果遇到在中央打孔的玉璜，那么就有两种大的可能：其一，这是周代以后的玉璜。其二，是伪制品。

第四点是沁色。沁色和地理位置、埋藏环境、葬具结构等有很大关系。以葬具结构为例，北方红山文化中身份较高的死者制造石棺葬具，而南方良渚文化则多打造木质棺椁。石棺坚固耐用，历经数千年仍保存完好，但可能由于石棺不严，细沙泥随水渗入棺中，造成玉器泌色底面稍重一些；而木质棺椁则容易塌方或腐朽，因而会造成埋藏玉器一面沁色较重，一面很轻，甚至无沁色。

以上四点虽是老生常谈，却无疑是鉴定古玉的重点所在。新石器时代晚期的玉器，虽然远不及后代玉器那么复杂，但却正处于玉器发展的第一个高峰和人类文明起源的交织点。它并不神秘，却隽永深长。

玉石鉴赏

崇玉、爱玉是东方人的传统，近年来，人们对玉器的需求处于不断上升的趋势。随着玩玉者队伍的壮大，人们对玉器的青睐，导致玉器价格上扬，这也为玉器收藏者在时间和空间上提供了投资机会，购藏玉器不失为投资保值的一种理想选择。那么，收藏玉器又该从何处着手？如何能选购到货真价实的玉器呢？这首先需要对各类玉石有个大致的了解。

我国是玉石大国，玉石资源非常丰富，玉石种类复杂多样，其中最有名的品种当属我国“五大名玉”：辽宁岫岩玉、甘肃酒泉玉、陕西蓝田玉、河南南阳玉和新疆和田玉。

辽宁岫岩玉

岫岩玉，简称岫玉，因产于辽宁省鞍山市岫岩满族自治县而得名。这种玉石的主要品种从表面看来，同新疆的青玉或碧玉有些相似，但玉石结构、组成矿物和化学成分则不同。岫岩玉主要为细均粒变晶结构，为致密块状。组成岫岩玉的主要矿物成分是蛇纹石，占85%以上，还有少量的方解石、透闪石等。其化学成分中常含有铁，锰、铝、镍、钴等杂质，这些杂质混入物使岫岩玉具有各种颜色，常见的颜色有白、黄、淡黄、粉红、浅绿、绿、翠绿、暗绿、褐绿及其他杂色，其中常以绿色调为主，颜色介于青玉和碧玉之间。如此丰富的颜色极其美丽的“巧色。”

岫岩玉的成分复杂，因而它不是一个单一的玉种。按矿物成分的不同，可岫岩玉分为蛇纹石玉、透闪石玉、蛇纹石玉和透闪石玉混合体三种，其中以蛇纹石玉为主。

岫岩玉的玉质非常细腻，半透明至不透明，水头较足，蜡状，有油脂光泽。硬度较小，易吃刀，雕刻时的受刀处常常会起毛。此外，岫岩玉手感较轻，敲击时声音沉闷黯哑，不如和田玉敲击声音清脆。

我国对岫岩玉的开发利用已有悠久的历史。在距今约7200～6800年的辽宁沈阳新乐文化遗址就出土有用岫岩玉制作的刻刀；辽宁朝阳和内蒙古赤峰一带、距今约5000年的红山文化遗址亦出土有用岫岩玉制作的手镯；江苏、浙江一带新石器时代的良渚文化玉器中也发现有岫岩玉玉器；河南安阳殷墟妇好墓出土的大量玉器以及河北满城西汉早期中山靖王刘胜墓出土的金缕玉衣的玉片，也都有一部分是用岫岩玉制作的；北京明代十三陵中的定陵出土了蛇纹石玉制品，由于其矿物成分、工艺美术特征等均与岫岩相似，故其玉石来源很有可能为岫岩玉；清代及近代用岫岩玉制作的艺术品更为丰富，如北京故宫博物院就有一大批收藏；1964 年，岫岩县北瓦沟一带开采出一块巨大而完整的岫岩玉块，其体积为 2.77×5.6×6.4 米，重约 260.76 吨，以草绿色为主，透明度较高，用这块玉石制作的“玉王岫岩玉大佛”现陈列于辽宁鞍山市玉佛苑。

甘肃酒泉玉

酒泉玉产于甘肃酒泉附近祁连山山中，故也称祁连玉。酒泉玉产地分布广泛，结构致密、细微，玉质晶莹鲜亮，颇似翡翠，但大多数带有较多的黑色斑点，玉色主要为各种绿色，有浅绿、翠绿、墨绿、白色及过滤色。按照矿物成分可将酒泉玉分为：以蛇纹石为主的称蛇纹玉，呈暗绿、墨绿、黄绿色等，质地细腻，韧性强；以闪透石、淡斜绿泥石为主的软玉；以钙铝榴石、透辉石、斜长石等为主的有密玉、翠玉、白玉等。

陕西蓝田玉

蓝田玉产于陕西省蓝田县，因地得名。蓝田玉的主要矿石构成有蛇纹石化的大理石、透闪石、橄榄石及绿松石、辉绿石、水镁石等形成的沉积岩，化学成分有二氧化硅、氧化铝、氧化镁、氧化钠氧化钙、氧化铜、三氧化二铁等。

蓝田玉质地坚硬，纹理细密，色彩斑斓，常常一玉多色，鲜艳分明，有翠玉、墨玉、彩玉、汉白玉、昔玉等。其中以翠玉居多，其色如白菜的嫩叶，所以俗名“菜玉”，也有乳白、青、黄、红诸色错杂的。

考古资料证明，蓝田玉是我国开发利用最早的玉种之一，迄今已有 4000 多年的历史。聪明智慧的祖先在石器时代晚

期就开始用蓝田玉制造工具和礼器。陕西历史博物馆珍藏的125件龙山文化玉器中，就有一件用蓝田玉制作的菜玉铲。我国古代历代皇室和显贵都视蓝田玉为珍宝，秦始皇曾用蓝田玉制做玉玺，唐代杨贵妃的玉带也是蓝田玉制作的，所以后人也用杨玉环的小名“芙蓉”来命名蓝田玉，称其为“冰花芙蓉玉”。

河南南阳玉

南阳玉因产于河南省的“玉石之乡”南阳而得名，又因矿区在南阳的独山，故又称“独山玉”。

南阳玉是一种蚀变斜长岩，组成矿物除斜长石、翠绿色铬云母外，还有黝帘石、透闪石、绿帘石、绢云母、黑云母和榍石等。玉石以细粒结晶为主，隐晶质，质地细腻，坚硬致密，硬度远远大于其他玉石。

南阳玉色泽细腻鲜艳，多是由2～3种以上颜色组成的多色玉系，常见的颜色有白、绿、紫、黄、红、黑色等，透明至半透明，有玻璃或油脂光泽，按颜色可分为八个品种：紫南阳玉，色呈暗紫色，透明度较差；黄南阳玉，色呈黄绿色；黑南阳玉，色如墨，故又称“墨玉”；绿南阳玉，由浅入深至翠绿色，半透明，质地细腻，近似翡翠，具有玻璃光泽；红南阳玉，色呈浅红至红色，质地细腻，光泽好，又称“芙蓉玉”；白南阳玉，色呈白或灰白色，质地细腻，具有油脂般的光泽，其品种包括奶油白玉、透水白玉等；青南阳玉，色呈青绿色，透明度较差；杂色南阳玉，颜色混杂，五彩斑斓。

早在6000年以前，古人就已经开采南阳玉。南阳县黄山出土的一件新石器时代晚期玉铲，经鉴定就是南阳玉；安阳殷墟妇好墓出土的玉器中，也有不少南阳玉的制品。

南阳玉以色泽鲜艳、透明度好等优点，跻身我国“五大名玉”之列。高档南阳玉的翠绿色品种，与缅甸翡翠相似，故有“南阳翡翠”之誉。其他品种，如芙蓉玉、透水白玉等的经济价值也较高。

新疆和田玉

和田玉产于号称“万山之祖”的昆仑山中，因而又称“昆仑玉”或“昆山玉”，乃为玉中之珍，闻名古今中外。和田玉的矿物成分以透闪石为主，含量一般在95%以上，透闪石含量越高，则和田玉质量、品种越好，并且有较强的油脂光泽。其主要玉种有和田玉白玉、青白玉、青玉、黄玉、墨玉、碧玉等。

由于和田玉的经济价值极高，市场上有众多冒充和田玉的伪品，因此，在选购和田玉过程中，尤其应该注意以下几点：

第一，看玉器的材料。材料是玉器收藏的首要前提，优质玉材对于一件玉器至关重要。和田玉的种类极多，按玉料等级从低到高可分为：山料、山流水、子玉。山料又称山玉，指产于山上的原生矿，等级较低；山流水指原生矿经风化崩落，由河水搬运至河流中上游的玉石，一般来讲，距原生矿近，玉料表面棱角稍有磨圆；子玉是指原生矿剥蚀，被流水搬运到河流中的玉石，它分布在河床及两侧阶地中，几经搬运、冲刷及筛选，玉石裸露地表或埋于地下，常为卵形，表面光滑。按目前通常的价格，同等级别的子玉是山料的6～8倍。在市场上或网上，常见以无皮的山料或俄料充当和田子玉出售。俄料亦属山料，其物质成分一样，只是因出矿地在俄国境内而称为“俄料”。俄料的特性是色白，但玉质太水，即透明感过重，密度和油脂感均不如正宗和田子玉好。若以山料或俄料冒充和田子玉出售，经验少者往往难以辨别，因而提醒初涉者要格外留神。另外，市场上还有许多自称为“羊脂玉”的玉料出售。羊脂玉是和田白玉的一个品种。我们知道，和田玉的分类方法很多，如果按照玉质颜色则可分为：白玉、青玉、墨玉、黄玉四类。白玉是和田玉中的高档玉石，还可细分为青白玉和羊脂玉。青白玉，顾名思义，青白相间，是较为常见的品种；而羊脂玉则十分稀少名贵，它产于冰雪覆盖的冰河中，色若羊脂，不但白，且绝不反青，质地细腻，油脂度特别高，不是一般山料或子玉可匹敌的。羊脂玉取得难度之高，常使爱玉者有“寻羊脂玉难，难于上青天”之感。即使有钱，也难得买到一件精美的羊脂玉。因此，市场上所谓的“羊脂玉”，其实有很多是高白色的山料或子玉。

第二，尽量选购皮色子玉。和田子玉外表分布着一层褐红色或褐黄色玉皮，因而习惯上称为“皮色子玉”。子玉的色皮是次生的，有秋梨、芦花、枣红、黑等颜色，琢玉艺人以各种皮色冠以玉名，如秋梨皮子、虎皮子、枣皮红、洒金黄、黑皮子等等。其实，世界上不少玉石都有色皮，但都不如和田玉色皮美丽。利用皮色可以制作俏色玉器，自然成趣，称为得宝。色皮的形态也多种多样，有的成云朵状，有的为脉状，有的成散点状。行内有句话：“子料去了皮，神仙认不得”，主要指有些优质的无皮山料或俄料几乎可以与子玉相比，但是只有子玉才有自然灿烂的皮色。色皮是和田子玉的特征，也是真货的标志。同等级带色皮的子玉价格要比不带色皮的贵得多。因而有些玉工做工时常常想尽办法留皮，还有些为了冒充子玉而想方设法做烧染假色皮。近年来，假沁色的带皮子玉非常多见，沁色多附着于表面，外表没有油分比较干涩，没有水头，需要注意区分。可见，裸体子玉往往存在争议，不能确定保值。带有钢印（国家鉴定证书）的子玉，毫无争议，能确定其保值及增值性；无皮子玉即裸体子玉的真假，就要靠鉴定者的经验和眼力来确定了。由于无皮子玉往往存在争议，不能确定保值，有较大的风险，因而建议选购和田玉时，尽量选购皮色子玉。另外，选购子玉还有其特别之处：子玉中99%带有轻重不同的料裂或少许杂质，行内称为“隔”或“咎”。一般大隔或较明显的杂点处都会在做工时加以修饰，而存在的小隔，只要不影响玉器美观和牢固度，均属于正常现象，就如同珠宝级钻石在高倍的放大镜下看，也大多有小裂纹、杂质等，少有十全十美的，子玉也同理。总之，在选购子玉时应该重皮色、重玉质、重工艺、重料形。

第三，辨认造型、纹饰。造型是玉器审美的构架，也是决定玉器收藏价值的一个重要因素。造型是由玉器功能及玉坯形状决定的，其比例权衡要适当。匀称而不呆板，均衡而又稳定的多是精品；纹饰是玉器的装饰，它的美丑容易为人们觉察、感受。一般说来，纹饰要服从于器型的需要，取决于器物的社会功能。因而纹饰要看结构、章法、繁简、疏密等处理，凡结构、章法有条不紊、统一和谐的就具鉴赏价值。

第四，分析工艺，细品艺术性。玉器收藏除重视玉的材质，还要注重玉器的工艺水平，关注玉器的艺术性。玉器工艺是由料变为器的技术条件，它的性质比较稳定，不易被人真正认识，是鉴赏上的一个难题。凡做工利落流畅、娴熟精致必然是美的或比较美的，反之，板滞纤弱，拖泥带水，则会使收藏价值锐减。艺术性是每件玉器所追求的最高境界，也是最难做到的。凡气韵生动，形神兼备都是艺术美的表现，体现了丰富的收藏价值；反之，工艺差，艺术趣味低劣，一味仿古而违反艺术美的作品，其收藏价值就要逊色得多了。

古玉投资价值

人们说："黄金有价玉无价"，这是指玉的投资价值。玉的种类很多，最通常的玉就有三四十种，正是如此丰富多彩的玉形成了我国灿烂的玉器文化。根据古代资料考证，我国古代玉器工艺已经有 7000 多年的历史。所以我国玉器的制作工艺达到了很高水平。

收藏玉器，如条件很好，经济实力特别雄厚，可按"有精必收"的原则进行收藏；稍次的，可以时代为主进行专题收藏，如"唐代玉器"、"宋代玉器"、"明清玉器"等；或以用途分，如"佩玉"、"礼玉"；还可以按其体器物分，如"玉琮"、"玉璧"、"玉鸟"、"玉龙"、"玉人"、"玉杯"、"玉带钩"等。

以下简单提供几个玉器收藏方向，以供玩玉爱好者参考：

一般来讲，收藏玉器要从新玉和旧玉两大类去进行鉴定。

新玉的鉴定侧重于真假玉材，质地优劣以及雕工的精粗。一般讲，好的玉料仅仅是制作玉器的基础，它的价值还要经过人工设计、雕琢才能最终体现出来。唐太宗说得好："玉虽有美质，在于石间，不值良工琢磨，与瓦砾不别。"因此，玉工水平的高低也是决定玉器品位的重要因素。好的玉器应在使用优质玉料的前提下，达到构图精美和谐、工艺精雕细刻、抚之温润脂滑的效果。

旧玉的鉴定，除了要求具备新玉的几个基本要素外，还要识别玉器的制作时代、在历史上的作用、占有者的身份，还要学会对每一种器物的造型特点进行综合分析，因为器物的造型往往能左右玉器的价值。

总之，收藏玉器应以工精、质优、色巧、形奇为标准，看多了、研究多了就能达到"爱不释手是好玉"的境界。

有哪些古玉具有投资价值呢？以下就简单介绍四种投资成本适中、投资价值较高的古玉。

明清翡翠

翡翠是“玉中皇帝”，从质地和成色来看，翡翠无疑是玉中最好的。翡翠产于缅甸，我国的翡翠多是从缅甸进口的，所以，在古玉中看不到明朝以前的翡翠，这为翡翠古玉的鉴定提供了重要依据。

目前市场上不乏价格适宜的明清翡翠。现在一件翡翠古玉的价格在1000元人民币左右，6000元可以买到上好的翡翠古玉了。当然，绝品的翡翠价格是很高的。一串78颗翡翠圆珠的项链，估价60万～70万元；一件福贵配翡翠，价值90万至100万元。

首选翡翠作为玉器投资的一条重要理由是：首先，翡翠目前只有缅甸出产，缅甸翡翠经过几个世纪的开掘，到现在，高档翡翠已面临矿源枯竭的危机。其次，近20年来，翡翠的价格在国际市场上直线上升，上涨了数百倍。预计未来5年仍然是翡翠高速增值期，特别是高档翡翠的价格还会继续上升。再次，明清时期的翡翠更是投资首选，因为这一时期古翡翠做工精致，古色古香，除了有欣赏价值，还增加了文物价值。如果说现在翡翠存世量就有限，那么，古翡翠则更是稀罕。所以，物以稀为贵，现在投资古翡翠正当时。

美、好玉器

美是指玉器的艺术性要高，要有美感，一眼看去就被其吸引的玉自然是美玉。以美作为判断玉器优劣的标准是古人定下的，古人说“美玉”，如和氏璧，并非因为其玉质最好，而是因为它美。秦王愿意以10多座城池来换取和氏璧，可见美玉的价值连城。因此，任何一件玉要被人喜爱，首先是它必须具有美感。了解这一点对玉器投资十分重要；“好”即是要完美、品相好，这也是投资玉器的重要条件。

古、稀的玉器

古是指玉器的制造年代要古远，在美、好的前提下，越古老的玉越有投资价值；稀即指存世量少，具有珍稀性。

宋元明清的玉器

隋唐以前的玉器存世量少，做工精致，因价格很高，不是一般的家庭投资者可以问津的。当然，如果有幸在深山老林或市场上遇到价位低的隋唐以前的玉器，就应把握机会，毫不犹豫地投资了。

宋元明清的玉器因有一定的存世量，所以价格较低，特别是白玉较丰，一般在1000元左右，有普通投资的可能。

关于选择玉器投资，著名海外华人收藏家徐政夫有一套鉴别玉器投资价值的公式可供参考。徐政夫说：“一块玉若以1为标准，若玉质好时，价格则变为2；若刻工好，则变为4；沁色好，变为8；造型又特殊，变为16；玉的成色好，则变为32”。

投资玉器要多读书，任何一项成功的收藏投资都是大量读书的结果。如香港著名收藏家陆海天，为了指导自己的收藏，仅买书就花费了100多万港元，他的观念是：为了收藏，无论多贵的书都要买，因为不看书就有可能上当受骗，付出更多的金钱。当然，光读书是远远不够的，还要多看、多摸、多拜师、多体会。

玉器作伪

玉器生产中的仿古作伪，主要是指按照古代玉器的造型、花纹进行加工的一种工艺，它着力在模仿和追求古意，大体上是属于一种继承性的发展。

宋代是开启玉器仿古工艺的时期，一直延续到清代。仿古生产的玉器，一般都已失去器物的原有功用，而纯粹是作为陈设和玩赏之用。据《古玩指南》、《玉纪》、《玉器史话》等书的记述，玉器作伪有以下几种方法：

第一，煨头。将玉器用炭火烧烤，使玉色变为灰白，在炭火未冷却时，用凉水泼在玉上，玉取出后，成色极似古玉中的“鸡骨白”。古玩家又称之为“伪古灰古”。凡是煨头，其上必有火烧后形成的细裂纹，而真鸡骨白则没有。

第二，羊玉。用色泽好的美玉琢制成玉器，植入活羊腿中，用线缝合，数年后取出，玉上会呈现血纹理，如同传世古玉；但仔细观察将会发现其纹理不如真者那么温静。

第三，狗玉。将狗杀死，让狗血淤结体内，把玉器放入狗腹内，缝合埋入大路下，过数年后取出，玉上会生出土花斑纹，形同古玉；但是破绽也很明显，即带有新玉的颜色和雕琢痕迹。

第四，梅玉。以质地松软、质量较差的玉制成器物，用浓度高的乌梅水煮，玉石松软处会被乌梅水淘空，呈现出像水冲洗后的痕迹，然后用提油法上色，冒充“水坑古”。

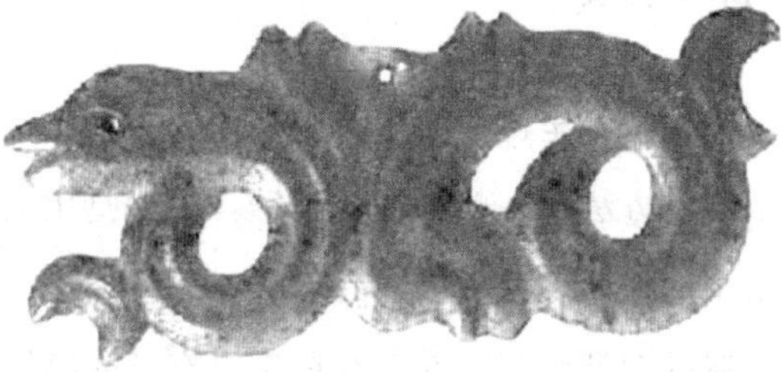

第五，风玉。用浓灰水和乌梅水煮玉后，趁热取出，放在风雪之中，冻约一个昼夜，使玉纹冻裂，玉质坚硬者，裂纹细若毫发，冒充古玉牛毛纹。

第六，叩锈。此法产生于清乾隆时，具体做法是用铁屑拌玉器坯料，然后用热醋淬火，放入潮湿地下数天，取出后再埋入交通要道地下，数月后取出，这时玉已为铁屑腐蚀，出现橘皮纹，纹中铁锈呈深红色，有土斑，宛若古玉。须详加审视。

第七，提油。用硇提出之法上色，称为提油。提油诸法之中，以硇砂提为上，其色渗透玉纹理，灰煮不逮，与真色极为相似。但是伪者天晴时色泽较鲜，天阴时颜色反而浑浊，真色则不然。

第八，老提油。据说此法甚古。北宋宣和年间，有人用甘肃深山中所产的一种红光草，取其汁加入硇砂少许，腌于新琢成的玉器纹理之间，再用新鲜竹枝燃火烧烤，使红色入于玉器肤里，其色深透，红似鸡血。鉴定名家也往往不察，常常用重金购买。

第九，死玉。玉埋入土中，如果与金相近，时间长了会受其克制而黑滞干枯，易被误认为是水银沁。

第十，造黄土锈法。把玉器涂上胶水，埋入黄土中，产生的黄土锈会随着时间的延长而越来越像古玉的黄土锈。

第十一，造血沁法。用猪血和黄土混合成泥，放入大缸内，将玉器埋入其中，时间较长后，玉器上会有黄土锈、血沁等痕迹。

第十二，造黑斑法。有两种办法可造出黑斑。一是将玉用水煮热，架在铁篦之上，随烧随抹蜡油，不久就会出现黑斑。另一种做法是将玉料按古式做成，然后用旧棉花泡湿、包好，再改柴火微微烧烤，待棉花干后再用水，直至黑色入骨，不浮在上面，又不发白，黑斑就做成了。

第十三，使旧似新、混旧为新法。玉有看起来像新玉、实际上是旧玉者，因为作伪者无法使旧玉变似新玉，所以往往是将旧玉烫上蜡，使与新玉无别。

玉器造假

清朝末年至民国初年，古玩商人为了谋利，不择手段制作假玉器。生产制作假玉器的方法，一般来说有两种：一种是用旧玉雕琢，主要是利用流传下来的早先出土的玉器。这种玉器有的未雕琢任何纹饰或者玉器本身已经残缺，被按照古代玉器的造型改制，或者在原来没有丝毫纹饰的玉器上刻花纹。因此，用旧玉所琢的玉器，有局部是真的。另一种是新玉雕琢，即利用与古玉相近的玉材，如黄玉、粉玉、岫岩玉等，按照古代玉器的造型加工，而后再人工染色。染色又有烤色、火烧、强酸腐蚀、油炸、水煮等方法。用新玉所琢的仿古玉器，都称为“假古玉”。

图文珍藏版

中国百科全书

李金龙　编

第三卷

辽海出版社

经典藏品

良渚文化神人纹玉琮王

这件玉琮王刚出土时，被平正地放置在反山12号墓墓主关骨的左下方，呈扁矮的方柱体状，内圆外方，上下端为圆面的射，中有对钻圆孔，俯视如玉璧形。琮体四面中间由约5厘米宽的直槽一分为二，由横槽分为四节。玉琮王呈黄白色，上有规则紫红色瑕斑，重约6500克，形体宽阔硕大，为良渚文化玉琮之首，堪称“琮王”。从制作工艺来看，整个玉琮王做工精细，技术高超，可称神工鬼斧，是良渚文化玉器的瑰宝。

玉琮是一种用来祭祀地神的礼器，其形状内圆外方，中间为圆孔。专家们推测，这可能是原始先民“天圆地方”宇宙观的体现，方象征着地，圆象征着天，玉琮具有方圆，正象征着天地的贯穿。因此在当时，每当丰收或祭日，举行隆重的祭祀典礼时，先民们就把玉琮作为宗教法器，用来与天地神灵沟通。

良渚玉冠状饰

这件玉冠状饰玉料呈灰白色，具有透光性，历经千年，器表有局部钙化现象。器型扁平，上宽下窄，上部顶端琢出两个凹形缺口，正中有一个椭圆形凸起，可穿系；下部底端锯割成扁凸榫，其上对钻平行等距的三个小孔，可插入其他器物或做结扎之用；边缘上部较为挺直，至下部则明显凹弧内收；器物正反两面用阴线刻划画兽面纹、神人纹、变体鸟纹、卷云纹等。整件玉冠状饰造型考究、线条流畅、纹饰严谨、制作精细，是良渚文化玉器中难得的珍品。

红山文化玉龙

玉龙是新石器时代红山文化的典型器物。红山文化玉龙是迄今所知最早的玉龙。这件玉龙龙体卷曲，呈“C”字形，龙吻前伸，略向上翘，嘴紧闭，鼻端平齐，双眼突起，呈梳子形，腭及腭底琢刻细密的菱形网状纹，颈脊雕琢长鬣，披向后背，龙尾向内弯曲，末端圆尖，背部近颈处有一圆孔，龙身断面呈椭圆形。

红山玉龙造型奇特，雕刻细腻，但是从目前考古资料看，它没有能够发展、延续下去。

红山文化兽形玉玦

这件兽形玉块玉料经浸蚀，呈色灰白。玉兽抽象变形，似猪、似熊、似龙，整体造型如英文字母“C”，口尾处有一未断的切口，中央有一大圆孔，颈间穿一较小的圆孔，可供挂系用。采用圆雕手法，雕一对竖立大耳、瓜子形双目、张口露獠牙，身尾内蜷至口端。此类器物具有鲜明的时代特征，为红山文化特有之物。迄今共出土十余件，发现时，或大小两件置于墓主胸部，或单个置于尸骨一侧。此外，在各处博物馆亦有一批传世品。河北围场下伙房出土的玉玦呈鸡骨白色，略作“C”字形，兽头似猪首，以阴线勾勒出大圆眼、眼眶和吻部，宽耳上竖，身内卷，尾与头衔接，兽颈部钻一孔，可用于穿系。这种兽也有称之为“猪龙”的，它是红山文化的典型器物之一。

腰佩宽柄器玉人

玉人用黄褐色和田玉雕成，细眉大眼，宽鼻小口，方形小耳，表情肃穆。双手抚膝坐，臣字形眼平视前方，头梳长辫一条，辫从右耳侧往上盘头顶一周，由左耳后侧伸向右耳侧，辫梢与辫根相接。头上戴圆箍形冠束发，冠前连有卷筒状饰。身穿交领长袍，下缘长至足踝，衣袖窄长至腕，腰束宽带，腹前悬长条蔽膝（遮盖大腿至膝部的服饰配件）。腰部近左侧佩一卷云状宽柄器。

此玉人像神态倨傲，衣着上乘，气度雍容，显然是一个上层奴隶主贵族的形象。有专家猜测此玉人或许就是妇好本人的造像。

这件玉人是商代造型艺术的代表作品，琢玉工匠将丰富的想象和细腻的手法相结合，传神地表现了人物的精神面貌，其衣饰、发型的雕琢一丝不苟，为了解商代着装提供了最珍贵的资料。

青玉鸟形佩

这件鸟形佩青玉质，上有红褐色斑。鸟体呈伏状，鸟头部琢出疏密不一的羽冠，鸟喙尖细，翘尾屈足，颈部上端琢有小孔，可供佩系。

此佩采用双面双线勾勒出鸟眼、鸟翅等关键部分，刻画形象简洁，具有典型的商代玉器风格。

“百家姓”玉册

玉册是古代玉质册书的一种，是帝王在封禅祭祀时使用的器物，又有“谥册”和“哀册”之分：谥册是人死后，于祖奠前一日在南郊请谥号时所读的文字；哀册则是在遣葬日举行遣葬时所读的文字，类似现在的悼词，然后随葬入陵墓。传世的玉册有唐玄宗禅地玉册，宋真宗禅地玉册，前蜀王建墓哀带等。

这件“百家姓”玉册由 20 片玉简组成，每篇刻有五个姓氏，前 5 片上雕琢的姓氏排列与北宋老《百家姓》相符，而后 15 片上记载有 75 个姓氏，其中有 66 个姓氏与老《百家姓》不同，有的姓氏，如玉册所刻“干宗酋六、拓枯形月、常巾工川尸、来羊半古、困培农宦、山车全扑光”等数十姓，甚至已经失传。经专家考证，这件五言句“百家姓”玉册制成的年代，应该在北宋之前，因为北宋以后，百家姓均为四字一句排列，这种形式在社会上得到广泛认同，一代代传承下来。现已公开的有关百家姓的史料和专著，也未见北宋之后有五字一句的。

另外，这件“百家姓”玉册上所刻的文字是不规范的小篆。从我国古代汉字的演变来看，西周时出现大篆；战国时期，“言语异声、文字异形”；秦始皇统一文字后，使用小篆；西汉时隶书就成了通行文字。玉册上的这种不规范的小篆，极有可能是处于由大篆向小篆演化的时期，据此，有学者认为，这件“百家姓”玉册是秦汉时期的五言“百家姓”玉简。

“百家姓”玉册的面世，或可证明我国百家姓已有两千多年的历史，将把我国百家姓的起源历史由北宋推前1300多年。这是至今发现的唯一的、最古老的关于百家姓的文字记载文物，具有非常珍贵的收藏和考古研究价值。

镂雕螭凤纹出廓式玉璧

这件玉璧采用上乘玉料制成，玉质洁白，经年累月，局部有红褐色沁。器扁平近圆，中央有圆孔，孔内镂雕一螭龙，璧外两侧对称镂雕一组形式相同、朝向相背的凤纹。璧体两面均以内外两圈弦纹为界，弦纹内密布雕琢精细整齐、排列有序的朵云纹。这种于玉璧主体内外加饰螭凤纹者，始见于战国，通常称为“出廓璧”。这件战国出廓式玉璧纹饰细腻精致，造型典雅庄重，是迄今所见战国出廓璧中最精美的佳作之一。

曾侯乙墓玉剑

这把玉剑采用白色玉料制成。器物由玉剑首、玉剑茎、玉剑格、玉剑璏、玉剑珌五部分组成，用金属镂接成一整件。其中，剑首上镂雕有一双龙并体式和双凤纹佩形；剑茎呈器柄形；剑璏饰以十字纹及变形夔龙纹，其他部分均光素无纹。像这样完整的玉具剑十分罕见，目前出土仅此一件，堪称绝品。

云纹玉梳

这件玉梳玉色呈青，边缘及梳齿有红褐色沁。体扁平，略呈梯形，梳背平直，转角圆滑，厚度至齿口渐薄，共有 22 齿，尖处薄锐。梳柄边缘部刻有两道弦线，弦线之间密划斜条纹，梳柄正中阴刻云纹，线条流畅，千变万化，十分精致。这件玉梳出土于战国曾侯乙墓，出土时，置于墓主头部，可谓一件珍贵的战国玉器。

汉玉舞人

玉舞人是汉代继承战国成组玉佩中的舞伎佩发展而来的。这种玉舞人一般均为扁平体，通体几乎全部用浅细的阴线刻画人物的眼睛、鼻子、嘴和衣褶。玉舞人身穿长袖拖地裙，一手高举过头顶，一手甩向身侧，上下各雕一小圆孔。这种翅袖折腰的舞姿，形象生动，栩栩如生，从一个侧面反映了汉代的舞蹈艺术，是当时乐舞兴盛景象的真实写照。

这件汉玉舞人玉质青翠，表面受黄色土沁。采用圆雕的手法雕琢出一个曼舞状的乐伎，阴线刻出双眼，鼻微突，口略张，似在轻歌，螺髻右偏，身着长袖长裙，一手下甩，一手上扬，扭腰屈膝，舞姿优美。头顶至腿部贯穿一小孔，可佩系。

四灵纹玉铺首

玉铺首是镶嵌在汉代茂陵地官墓门上的装饰品。此玉铺首，用一块完整的苹果绿大玉块雕成，正面中央雕琢大眼、露齿、长鼻梁的兽面纹，兽面左右两侧雕琢生动形象、神秘奇特的四灵纹，左侧雕青龙和朱雀，右侧雕白虎和玄武。透雕的青龙和白虎位于两侧的上方，体现龙腾虎跃的动态美；回首钩喙的朱雀和龟蛇合璧的玄武位于两侧的下方。这种玉铺首从造型到纹饰都是绝无仅有的，是汉代玉雕造型艺术中的杰作。

金缕玉衣

1968 年，河北满城西汉中山靖

王刘胜及其妻窦绾墓出土了两件完整的金缕玉衣，这两件金缕玉衣是历史上第一次出土，轰动了世界。刘胜的金缕玉衣全长188厘米，由2498片玉片组成，编缀玉片的金丝重约1100克，由上百个工匠花了两年多的时间完成。玉衣外观如人形，由头套、上衣、裤筒、手套和鞋等五部分组成，玉衣的脸盖上刻制出眼、鼻和嘴的形象，上衣的前片制出宽阔的胸部和鼓起的腹部，后片的下端做成人体臀部的形状，左右裤筒也按人腿的形状做出，鞋作方头平底高腰状。整件玉衣设计精巧，做工细致，是旷世难得的艺术瑰宝。窦绾的金缕玉衣共用玉片2160片，金丝重700克，其制作所费的人力和物力也是十分惊人的。

值得指出的是，按汉代礼制，金缕玉衣只许帝后使用，以刘胜中山靖王的身份，是不可以用金缕玉衣的。究其原因，一种可能是西汉中期使用玉衣的制度尚未完备；一种可能是当时的皇帝向中山靖王特赠此物。这两件玉衣是不可多得的佳作，它们的出土，对于研究汉代玉器工艺以及丧葬制度都有极其重要的意义。

角形玉杯

角形玉杯是汉代的绝品。这件玉杯口沿微残，青玉质，半透明，局部有红褐色浸斑。仿犀牛角形，中空。口呈椭圆形，往下渐收束，近底处成卷索形，回缠于器身下部。

玉杯外壁雕琢有精美纹饰，自口沿处起，为一立姿夔龙向后展开，纹饰绕着器身回环卷缠，逐渐高起，由浅浮雕渐至高浮雕，至底部成为圆雕。在浮雕的纹饰中，还用单线的勾连雷纹填补空白。这是明代以前唯一一件一夔龙缠绕器身，集浅浮雕、高浮雕、圆雕艺术为一体的角形玉杯，在玉器史上占有绝对重要的地位。

镂雕东王公西王母纹玉座屏

这件玉座屏选用新疆产和田美玉，玉料呈黄色，局部有褐色沁。座屏由上、下、左、右四块透雕玉片接插组成。上、下两块玉板透雕成半月牙形，上层玉板两面纹饰相同，均镂雕东王公形象，东王公凭几坐于岩穴状云气中，两侧有青鸟、九尾狐、云豹和羽人，下方左有三足乌，右有朱雀；下层玉板中央，西王母

盘膝而坐，旁有跪坐侍者二人以及熊、兔等动物，下方为左右两组蛇龟缠绕的玄武形象；左、右两侧的玉板支架略呈长方形，连璧环拱，表面分别透雕加线刻的翼龙、螭虎，分别代表了东、西两个方位。

这件玉座屏造型别致，同时采用透雕、镂刻、游丝细琢等技法，通过变形取舍使线条刻画简洁明了，使主题寓意鲜明突出，是迄今为止最早的，且是汉代玉器中唯一的一件玉座屏，在玉器发展史上具有划时代的意义，1993 年被定为一级国宝。

玉翁仲

该玉翁仲青白玉质，局部略带白斑沁。造型十分简单，为中年男性形象，脸形较长，异于常人，神情严肃，头戴高冠，宽带博衣，衣领右衽，腰际横穿一对象鼻眼，以系挂。表面雕琢极少，只在人物脸部粗粗勾勒出浓眉、大眼、厚唇。

关于玉翁仲的作用，至明代才有了比较清楚的文字记载。《明一统志》：“翁仲姓阮，秦时安南人，身长一丈三尺，气质端勇，异于常人。始皇并天下，使翁仲将。翁仲死后，铸铜为其像”。汉代用玉雕成翁仲人形佩，或有辟邪之意。

神兽纹玉樽

这件玉樽玉料经浸蚀后呈粉白色；器为笔直圆筒形，中空，可贮物；外围有三道凹槽，将纹饰分为上下两个部分：上部周壁浮雕螭、龙及乘云仙人形象，两侧对称分布有一对兽首衔环铺首作双耳；下部饰纹三组，分别浮雕仙人和龙、虎与螭，龙熊争斗嬉戏情状；器底平，近外壁有三组形式大小相同的熊为足。整件玉樽制作考究，造型生动，纹饰精美，是一件难得的艺术珍品。

朱雀纹玉珩

该玉珩玉质乳白；扁平，状如展翅蝙蝠，边缘凹凸，表面光滑，两面纹饰不同：一面用细阴线琢朱雀纹，长翎翘尾，展翅而飞，旁点缀带状云朵；另一面亦以阴线饰流云纹。玉珩上端中央钻有一长方委角孔，下端中央及两侧也琢有小圆孔，皆可供佩系之用。

南北朝时期的玉珩大多光素无纹，有纹饰的极其少见。这件玉珩具有典型的艺术风格，对同类作品的断代及当时纹饰手法和特点有重要的研究参考价值。

金扣玉杯

该玉杯玉质温润洁白，光泽柔和；敞口，平唇向外，略折，深腹，杯壁略外斜，下腹弧形内收，假留足，平底；通体光素无纹，口沿镀金一周，金色与白玉相互辉映。“金镶玉”喻义“金玉满堂”，象征着财富和才学。这件玉杯富丽堂皇、晶莹典雅，是隋代玉器的代表作品，也是中国玉器发展史上的代表作品。

白玉错金牌饰

牌饰玉质纯白细腻，温润晶莹；呈三角形，尖顶平底，两腰边为三连弧形，顶角处有一孔，可以悬挂佩带；玉面错金丝，勾连出云纹，纹饰纤细规整，流畅细腻。该牌饰造型别致，融合传统流云纹样及错金工艺，并吸收外来文化精髓，融会贯通，带有浓厚的西域风格，豪迈开朗，饱满瑰丽。其制作工艺达到登峰造极，当为宫廷皇族用品，是一件稀世珍品。

成套胡人纹玉带板

这件玉带板采用新疆和田白玉，玉色洁净光泽。器计16块，皆扁平，其中，正方形玉銙4块；一边弧圆，一边平直的玉銙10块；圭形铊尾2块。带板正面以浅浮雕加饰阴线纹，雕琢成奏乐胡人形象，肩披飘带，身着短衣，足蹬尖靴，或坐或跪，神态逼真，从一个侧面反映了唐代文化交流的盛况。

唐代玉带板数量较多，纹饰繁缛美观，惟所见传世品大多零散不成套。这件胡人玉带板是完整成套出土的，是研究唐代玉器及文化交流不可多得的遗物。

青玉夔龙纹爵杯

这件爵杯玉质呈青色，有黑褐色沁斑。该器仿商周青铜器爵形制，杯体粗壮短小，三锥足。杯口以下饰以夔龙纹，腹部以雷纹为地，饰以兽面纹。杯下乘有托盘，盘内心琢凸起的三叉山形台，用以镶嵌杯足。盘下四只垂云足，盘底阴刻“乾隆年制”篆书款。

清代仿古之风尤盛，因而在玉器、瓷器、珐琅等多种手工艺品中都可以见到仿古形制的器物，此件爵杯即是其中制作精美者之一。

玉云龙纹炉

炉青玉质，似经火烧。体圆形，侈口无颈，垂腹圈足，两侧对称有一兽首吞耳，内空，可贮物。通体以“工”字纹为地，浮雕饰以游龙、祥云和海水纹，正反两面纹饰相同。器底阴刻有乾隆七言诗一首，末署“乾隆戊戌孟秋御题”。

宋代文玩鉴赏成为时尚，对三代青铜器的研究也颇有成果，于是宋代玉器的形制中便多出一个类别，即仿古青铜器玉器，简称“仿古玉器”。这件玉炉就是仿古玉器的典范。

渎山大玉海

渎山大玉海旧称“玉瓮”，是一件元世祖忽必烈在大宴群臣时所用的巨型酒器，于1265年由皇家玉工雕琢完成，意在反映元初版图之辽阔，国力之强盛。该器系用一整块新疆黑质白章的大玉石精雕细琢而成，重达3500千克。器口呈椭圆形，周身雕刻波涛汹涌的大海，浪涛翻滚，旋涡激流，气势磅礴。在海涛之中，又有海龙、海猪、海马、海鹿、海犀、海螺等神异化动物游戏其间，海龙下身隐于水中，上身探出水面，张牙舞爪，戏弄面前瑞云托承的宝珠；猪、马、鹿、犀、螺等动物遍体生鳞，使人联想到神话里龙宫中的兽形神怪和虾兵蟹将，俨然一幅活生生的、神秘莫测的龙宫世界。制作采用浮雕和线刻相结合的表现手法，既粗犷豪放，又细致典雅，动物造型兼具写实气质和浪漫色彩。大玉海不仅形体巨大，气度不凡，而且雕工极精，继承和发展了我国琢玉工艺上“量材取料”和“因材施艺”的传统技巧，在俏色方面有独到之处，利用玉色的天然黑白变化来勾勒起伏的波浪，表现动物的眉目花斑，斑驳变幻，可谓匠心独运。大玉海内部掏空，空膛深55厘米。据清廷内务府造办处档案记载，曾在清代乾隆十一年（1746年）、十三年（1748年）、十四年（1749年）和十八年（1753年）对大玉海的纹饰进行过四次修饰，并在其腹内加刻清代乾隆皇帝的御诗三首及序文，概括介绍了这件巨型酒器的形状、花纹和来历。

这件渎山大玉海是目前所知器型最大的元代玉雕，从玉器发展史上看，确系一件划时代的、里程碑式的作品。

白玉龙钮押

选用纯白玉料，光洁莹润。玉押方形，略厚。器上部镂雕一伏卧式龙为钮，龙身短，似兽，上有角，披发，四肢粗壮，肘部饰以上扬火焰纹，三岐尾；器下部呈长方形印面，并浮雕押印符号。

押是一种符号，签画于文书，表示个人许诺，后为使用简便而雕刻成印。据载，元代高层贵族多不会书写汉字，凡印记符押皆用符号代替。这件白玉龙钮押为清宫旧藏，当为元代帝王用器，因而具有极高的历史研究价值。

飞龙纹玉碗

这件玉碗玉质青白，有暗褐色沁斑。碗壁轻薄，圆形，口外撇，腹下收，圈足。外壁口沿饰以三角几何纹，腹壁浮雕阳线刻画两条飞龙，其间点缀“喜”、“寿”两字，并环绕莲花、银锭、鹿茸、祥云、水波、火珠、犀角等传统图案。这件玉碗刻画精巧细腻，造型典雅大方，对研究明代玉器工艺及玉饰图案均有重要的参考意义。

玉螭纹笔

笔管青玉制，直管，无斗，顶部封堵玉片。笔管端部饰阴线回纹，中部饰凸雕的蟠螭。笔帽亦为青玉制，直管式，较笔管略粗，可套接于笔管上，笔帽两端饰阴线回纹，中部亦雕一螭。此笔因年代久远，笔毫已失。

“会昌九老图”玉山子

“会昌九老图”玉山子是现存于北京故宫博物院的、最大的玉山子之一。此山子青玉质，玉材来自新疆和阗（今和田市）。整器以镂雕和深浅浮雕等手法琢成四面通景的山水人物图案，景物中共有九位老者，有的对弈，有的弹琴，有的观赏，有的漫步，栩栩如生，神态动人。在近山顶的石壁上阴刻篆书“古希天子”四字铭，下刻“会昌九老图”五字，正面亭台下有“乾隆丙午年制”六字年款，山顶悬崖绝壁处还有阴刻隶书乾隆皇帝的七言诗。这件玉山子布局稳重，古朴浑厚，意境清淡，极富诗情画意和浓厚的生活气息，雕刻刀法转折圆润。

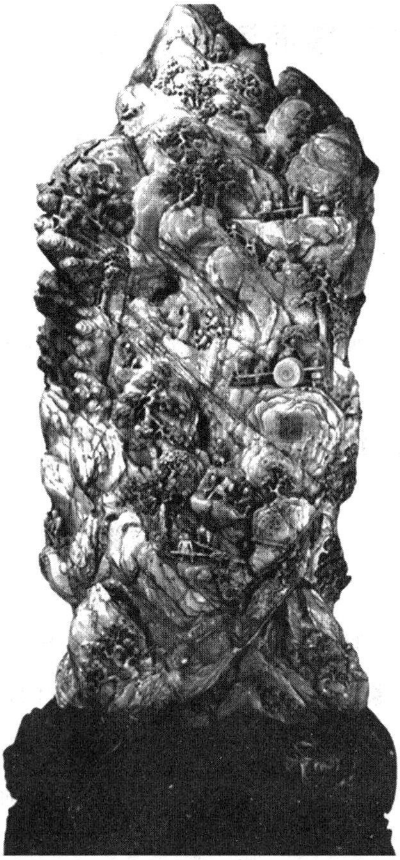

“大禹治水图”玉山子

这件玉山子是中国玉器宝库中用料最宏、运路最长、花时最久、费用最昂、雕琢最精、器型最巨、气魄最大的玉雕工艺品，也是世界上最大的玉雕之一，堪称国之瑰宝。玉山子采用产自新疆和田密勒塔山一带的整块玉雕成，重达5350千克，玉质名贵，青白相间，熠熠生辉。以宋代绘画《大禹治水图》为据，通体重山叠岭，飞瀑流泉，古木苍松遍布其间，悬崖绝壁处处峥嵘，玉山之上聚集着成群结队的民工，在官员的督导下开山劈石，兴修水利，场面壮观，气势磅礴。工匠们以剔地起突的雕琢法，巧妙地结合材料原有的形状，灵活安排山水人物；在山巅浮云处，还雕成一个金神，带着几个雷公模样的鬼怪，仿佛在开山爆破，从而使这件描写现实的作品，具有了浪漫主义的色彩。玉山正面上方阴刻乾隆皇帝题《密勒塔山玉大禹治水图》楷书七言诗及乾隆“五福五代堂古稀天子宝”大方印，背面有清高宗御制诗千余字及铭额。这座玉山被置于嵌金丝的褐色铜铸座上，青白玉的晶莹光泽与雕琢古朴的褐色铜座相配，更显得雍容华贵，相映生辉。

如此巨型的玉雕作品，从运材到雕成，耗费的人力、物力是惊人的。据清宫造办处档案记载，此玉山是由江苏扬州玉雕工匠们用了十年时间制成的，它的琢成充分反映了我国古代劳动人民的高超技艺和非凡智慧，也是我国古代玉器走向鼎盛的重要标志。乾隆以后，大件玉料来源逐渐匮乏，玉山子雕造由此走向衰败。

白玉兽面活环盖瓶

这件器物玉料青白，光洁耀眼。器口呈椭圆形，有盖。盖面饰绶带云纹，顶镂雕四龙首，各衔一环。口微撇，颈略收，颈顶端及壶体下琢有水波纹，两侧各雕一龙首衔活环。壶腹扁圆，琢一周带，以绳纹为边，其上琢饕餮纹。椭圆形圈足，底心阴刻“乾隆仿古”楷书款，配同料莲瓣纹座。整件器物玉质莹润，造型古朴典雅，具王者之风，纹饰雕刻细腻，是一件传世的上乘珍品。

白玉双立人耳礼乐杯

杯白玉质，局部有黄褐色沁。圆形，口微外撇，壁较厚，圈足。两侧各有一形态相同、皆朝向杯口、呈对称状的人形为耳，其人手扶杯口，足踏云朵。外壁口沿饰 20 个圆圈纹，腹壁饰礼乐图，凸雕 10 人，或持笙、笛、箫、琵琶等乐器演奏，或歌唱，形态传神逼真，间饰鹿、灵芝、云朵点缀，内壁浮雕 32 朵云纹。

此杯的造型在宋、元时期非常流行，为清宫旧藏，深受乾隆皇帝的喜爱。玉杯制作考究，耳柄造型独特，目前所见仅此一件，十分珍贵。

黄玉默面纹盖瓶

这件瓶器选用质地纯良的黄玉为材料，精雕细琢，是珍贵的皇家宫廷陈设品。瓶口椭圆，配有盖，盖顶透雕“C”形盖纽，盖面饰有一周垂云纹。盖口外延阴琢回纹。瓶体造型为扁圆，宽肩，束颈。颈部仰饰蝉纹一周，透雕卷叶纹为双耳。瓶身阴刻锦文作地，腹部两面各饰兽面纹，上有勾形纹两周；下饰涡纹、蕉叶纹各一周；腹下及足部外缘为回纹；外底中部阴镌双行篆书“乾隆年制”四字款。

清代龙形玉带钩

清代早期龙形玉带钩为和田白玉质，玉质温润莹泽，略有些花片。钩做龙首形，张嘴鼓鳃，额部突起，瑕眼，钩身呈长条状，上琢螭虎一条，底部饰圆柱形纽。这种图案是清朝初期玉带钩的特征之一。

带钩是古人用于束衣实用之物，在战国时期开始大规模使用，在以后各代都有制作，至明清时期已成为避邪和书案上的玩物。带钩的发展一般分为三个时期：战国和汉代是早期；宋代到明代中期是第二个时期，明代中后期到清代是第三个时期。目前市场上比较常见的玉带钩以元、明、清最多。

音乐舞蹈

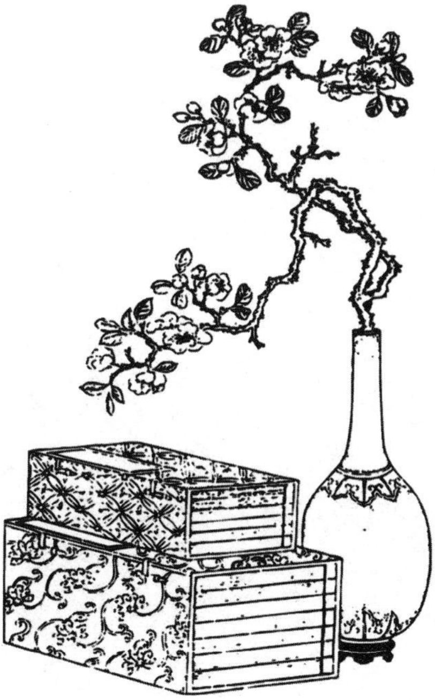

音　乐

◎乐器◎

女娲做“簧”的传说

据先秦史籍《世本》，女娲发明了一种叫作“簧”的乐器。这种乐器就是中国西北、西南地区许多民族至今还在音乐生活中使用的“口簧”“口弦”。

“簧”最早都用竹片制作，故字从“竹”，就是在一短截竹片上雕刻出一叶簧舌，以左手置于口中，用右手指头拨动竹片，使簧舌振动发声，然后奏出优美、抒情的曲调。如果联系现代“口簧”“口弦”在各民族的音乐生活中，大多数是女性收藏之物，是妇女常用的风习乐器，那么古代先民将它说成是女性祖神女娲的创造发明，就不觉得奇怪了。这正是古代先民女性音乐生活的客观反映。

琴和瑟

神话中的伏羲不仅是上古的帝王，同时也是一位音乐家，据《世本》，他首先发明了中国乐器中的弦乐器：琴，瑟。

据中国最早的百科辞典《广雅》说，伏羲所做的“瑟”有七尺二寸长，上面装有 27 条弦。

骨哨和骨笛

远古乐器的实物可能保存至今的，主要是骨质、陶质和石（玉）质类，它们在近现代的考古发掘中虽然所得数量不多，但在音乐史学领域中都具有十分重要的研究价值和文化价值。

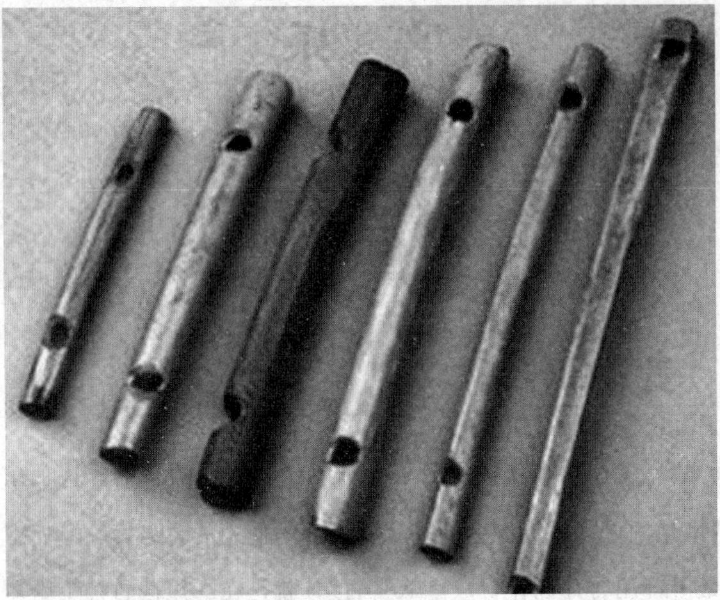

骨哨和骨笛就是远古先民最早使用的吹奏乐器之一。同时，骨哨还是先民狩猎活动中诱捕动物的工具。浙江余姚县河姆渡和江苏吴江县梅堰新石器时代遗址都出土过此类乐器。骨哨用兽禽的肢骨制成，开一至三孔，可以吹奏简单的曲调，用它模拟兽禽鸣叫，能引诱动物到来进而加以捕猎。

1987 年，在河南舞阳县贾湖新石器时代遗址出土了 10 多支骨笛，经测定，年代为公元前 6500 年至前 5500 年，距今已有 7000 多年的历史。其中完整、无裂纹的一支，长 22. 2 厘米，上开七个按音孔，两端直通，一端为吹孔。经试奏与检测，可以吹出两种音列，能奏《小白菜》一类的乐曲。

这支迄今所见世界上最古老的笛箫类吹奏乐器具备的音乐性能，在全世界的远古乐器遗存中还没有先例。

埙

埙（xūn）是中国古代吹奏乐器，历史很久远。

埙呈橄榄型、圆型、椭圆型、鱼形、平底卵形等多种。多件陶埙的发现证明，埙在远古先民音乐生活中得到了比较普遍的使用。到了商代，埙的制作趋向规范化，有的已发展到五个按音孔，可吹出八个连续的半音。

多音孔埙为旋律乐器。后世的多音孔埙为平底卵形，由陶、石、骨、象牙等材料制成，而以陶制品最常见，主要用于古代宫廷雅乐，民间亦有流传。

编钟

钟是古代打击乐器，历史久远。陕西省长安县客省庄龙山文化遗址曾出土陶钟，是新石器时代晚期的遗物。商代以来的钟为铜制，多是大、小三枚组合起来的编钟，成为依一定音列组成的旋律乐器。

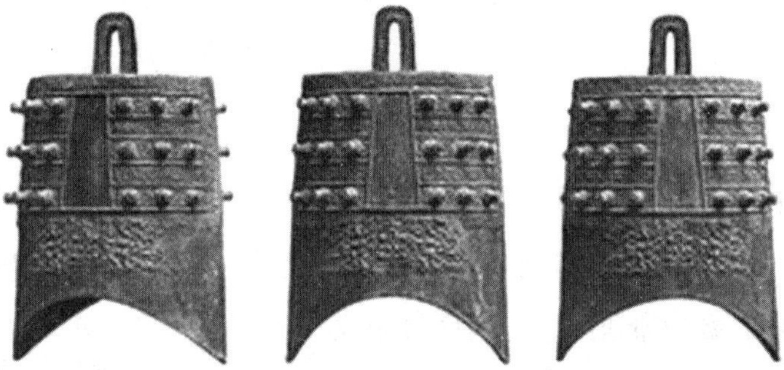

商代编钟的甬（钟柄）中空而与内腔相通，钟体饰有简单的兽面纹。春秋末期至战国时期的编钟数目逐渐增多，多以九枚为一组。如河南新郑出土的春秋编钟，长治分水岭269号墓出土的春秋晚期编钟等；也有十三枚一组的；曾侯乙墓出土的编钟共计六十四枚，分三层悬挂。

先秦的钟呈椭圆形，纹饰日趋繁复，常铸有铭文。敲击其隧部和鼓部可发出相差大、小三度或大二度的两个音。一套编钟可构成完整的五声音阶、六声音阶或七声音阶，有的甚至具备十二个半音。

近年在西南地区多次出土战国至两汉时期具有少数民族风格和地方色彩的编钟。如云南楚雄万家坝古墓出土的编钟，外形似铃，断面作桃核形，顶端作双角状等。这些编钟反映了西南各地与中原地区在音乐文化上的密切关系。

渑池会上的“缶”

缶（fǒu），原是古代的一种陶器，类似瓦罐，形状很像一个小缸或钵，是古代盛水或酒的器皿。圆腹，有盖，肩上有环耳；也有方形的，盛行于春秋战国。器身铭文称为“缶”的，有春秋时期的“栾书缶”和安徽寿县、湖北宜城出土的“蔡侯缶”。这种酒器能够成为乐器是由于人们在盛大的宴会中，喝到兴致处便一边敲打着盛满酒的酒器，一边大声吟唱。因此，缶逐渐演变成为乐器。

著名的“击缶”的典故出自《史记·廉颇蔺相如列传》中的渑池会上：“蔺相如前曰：‘赵王窃闻秦王善为秦声，请奉盆缶秦王，以相娱乐。’”

箜篌

箜篌是中国古代弹拨乐器。有竖箜篌、卧箜篌、凤首箜篌三种形制。据《史记》记载：“于是塞南越，祷祠太一、后土，始用乐舞，益诏歌儿，作二十五弦及空候琴瑟自此起。”唐代杜佑的《通典》载箜篌是“汉武帝使乐人候调所作，以祠太一。或云候晖所作。其声坎坎应节，谓之坎侯。……旧说一依琴制。今按其形，似瑟而小七弦，用拨弹之如琵琶也。”这是属于琴瑟类的卧箜篌。

另一种形制的竖箜篌，在汉代自西域传入中国。凤首箜篌，其形制与竖箜篌相同，而饰以凤首得名。唐代自印度和缅甸传入中国，在燕乐的天竺乐中使用。

近年乐器研制部门参照古代文献记载和现代竖琴原理，设计试制了新型箜篌。称雁柱箜篌。琴体高 175 厘米，宽 85 厘米，有琴弦两排，每排 44 弦。两排对应的弦同音，共44个音。音域为D～e3，按C大调七声音阶排列，已用于音乐实践中。

筝

筝是中国弹拨乐器。春秋战国时代已流行于秦国一带，史称秦筝。用梧桐木刳凿成长方形音箱，面板呈弧形。汉晋以前用12弦，唐宋以后增为13弦，明清以来增至为15、16弦。现代改革筝已有21弦、25弦并设机械变音装置，能转12个调。

传统筝按五声音阶定弦，二变音（fa，si）由左手按住的左侧弦段取得。演奏时用右手的大、食、中三指中任两指弹弦，有肉甲拨弦和义甲弹弦之分。左手的食指、中指或中指、无名指捺弦以取得“按、揉、颤、推”等变化音。如上所述指法名称为：托、勾、抹、挑、剔、擘、连托、连勾、连抹、连挑、连擘、撮、分、拂音多等种。

琵琶

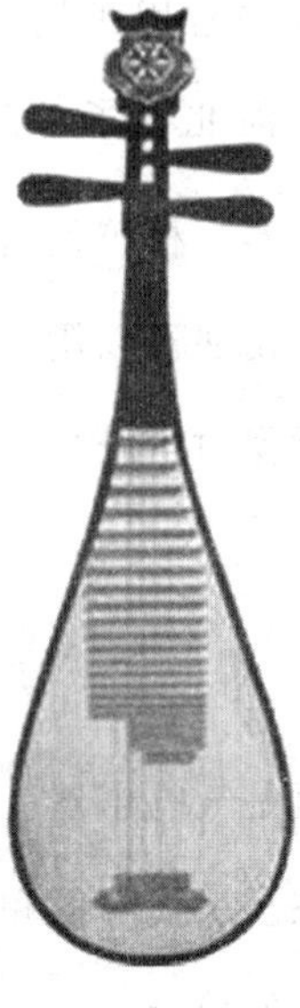

琵琶是中国弹拨乐器。东汉刘熙《释名》云：“琵琶本出于胡中，马上所鼓也。推手前曰批，引手却曰把，象其鼓时，因以为名也。”

公元4世纪，随着与西域的文化交流，有一种半梨形音箱、曲项，四弦四柱，横置胸前用拨或用手弹奏的琵琶传入内地。唐宋以后在此形制基础上不断改进，形成了半梨形音箱，以薄桐木板蒙面，琴项向后弯曲，琴杆与琴面上设四相九至十三品、四弦的琵琶。用手或义甲弹拨。演奏技法逐渐发展成为既能独奏，又能伴奏和参加合奏的重要民族乐器。

现代琵琶有更大的发展，由丝弦改为尼龙缠钢丝弦，品位增加到二十三到二十五个，可奏十二个半音，可转十二个调，扩大了音域和音量。

笛

笛是中国吹管乐器，又称笛子、横笛。竹制，横吹，上开吹孔和膜孔各 1 个，按音孔 6 个，尾部有 2～4 个出音孔。音域可达两个 8 度以上。

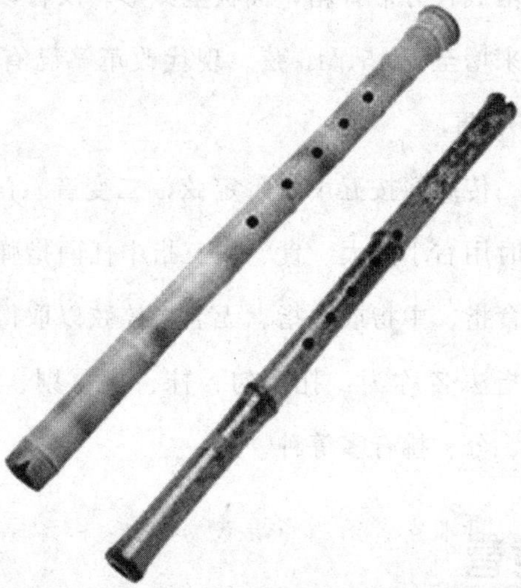

常见的有曲笛与梆笛两种：曲笛又称班笛、苏笛或市笛，过去在中国南方流行，用于昆曲伴奏和南方丝竹乐演奏。曲笛音色丰厚圆润、婉转悠扬，除了参与乐队伴奏以外，在独奏曲中更善于表现优美流畅、连贯舒展、抒情委婉和富于甜美的乐曲。演奏中常以气息技巧见长。梆笛多流行于中国北方并常用于河北吹歌会演奏以及秦腔、河北梆子、蒲剧和评剧等戏曲声腔伴奏。梆笛发音高亢明亮，喜于表现起伏跌宕、活跃欢快和粗犷豪爽的情绪。梆笛演奏以用舌技巧见长，其中有花舌、单吐、双吐、三吐等。

近年对笛进行了多次改革，有的增加了半音指孔和音键，便于转调。

箫

箫是气鸣乐器。中国的吹管乐器。又称洞箫，单管，竖吹。早在汉代就有箫的存在。汉代陶俑和云冈石窟北魏雕刻中已见吹箫形象。唐宋时期的尺八可能为现代箫的前身。

清代文献载："今箫长一尺八寸弱，从上口吹，有后出孔；笛横吹，无后出孔。"古代箫多为竹制，初有玉制或瓷制。现代箫均为竹制，管长约 80 厘米，上端利用竹节封口，在竹节圆周边侧开半椭圆形吹孔。管身有 6 个按音孔（前 5 后

1），管下端背面有出音孔。箫音色圆润柔和，但音量较小。用于独奏、琴箫合奏或演奏丝竹乐曲。

传统吹箫有“五宜”和“五忌”之说：一宜气长、二宜音满、三宜朗静、四宜悠远、五宜圆润；一忌躁急、二忌轻浮、三忌错乱、四忌粗暴、五忌懦弱。

三弦和胡琴

三弦是中国弹拨乐器。别称弦子。前身一般认为是秦代的弦鼗（táo），元代始有三弦之名。

三弦的音箱为木制，扁平近椭圆形，两面蒙皮，俗称鼓头。以琴杆为指板，无品，张 3 条弦，按 4、5 度关系定弦。常见的三弦有大小两种：大三弦又名书弦，长约 122 厘米，用于北方大鼓书、单弦的伴奏，现也用于独奏和歌舞伴奏。小三弦又名曲弦，长约 95 厘米，流行于江南一带，常用于昆曲、弹词伴奏及器乐合奏。

日本学者田边尚雄认为：“蒙古帝国时，由西域入中国，至元入扬子江，而盛于江浙福建方面。洪武二十五年（1392 年），遣送闽地 36 姓人入于琉球，彼等多携三弦行，自此琉球乃有蛇皮丝。永禄年间，琉球之贸易船来日本，乃将三弦传入日本盲人之手。以猫皮代蛇皮，又应用琵琶之拨，而成日本之三味线焉。”故三弦在日本又称三味线。

胡琴又称二胡，其前身是古代奚琴。现代二胡均由木制的琴杆、琴筒、琴轴构成，并置有千斤。琴筒有园形、六角形、八角形多种。一端蒙蛇皮或蟒皮，另一端置雕花音窗。张二弦，用马尾竹弓夹于二弦之间拉奏。普遍采用五度定弦，有时为表现特殊的地方色彩，也用四度定弦。

江南丝竹

丝竹是民间器乐演奏形式，流行于全国，因地域不同而有不同的称谓，如流行于江苏南部、浙江西部及上海地区的丝竹乐，习惯上称为“江南丝竹”。

丝竹的演奏形式是以丝弦和竹管乐器相结合，计有琵琶、二胡、扬琴、三弦、笛、笙、箫、板、木鱼、铃等，以后又加用秦琴、中胡等。演奏时，各种乐器都可在曲调骨干音的基础上加花装饰，各自发挥其特色，但又须有层次地加以安排，在曲调和节奏上相互照应、补充，迂回反复，浑然一体。

丝竹的乐曲大多来源于民间，与婚丧喜庆及庙会等活动有关，群众称之为“细吹细打”有些乐曲则系根据较久地传统乐曲改编。均以“花（花彩）、细（纤细）、轻（轻快）、小（小型）、活（灵活）”为其风格特点。曲调欢快流畅，清新活泼。

◎乐理◎

最早的乐器分类：八音

八音是中国古代乐器的分类法，它首见于记录西周末年和春秋时期周、鲁等国贵族言论的史籍《国语》。

所谓八音，就是乐器的八大类。当时划分乐器是按照制作材料来归类的，具体为金（如钟、镈）、石（如磬、编磬）、丝（如琴、瑟）、竹（如箫、管）、匏（páo）（如笙、竽）、土（如埙、缶）、革（如鼓、鼗）、木（如柷 zhú、敔 yú）等八类乐器。

“八音之中，金石为先”。商周时代的金、石类打击乐器，在宫廷和贵族的祭典音乐活动中，往往被视为“重器”而得到特殊的重视。正式表演时，这类乐器都放置在显要的位置并通过它们显示主人的社会地位和权势，所以只有王公贵族才可能拥有这类乐器和享受这类乐器演奏的音乐。

盛行于周朝的乐器分类发“八音”，显示出中国先民在两千多年前的音乐实践中已具有较为科学的物理音响学认识，乐器的工艺制作也达到了相当高的水准。后来，随着历史的变迁，“八音”一词渐渐失去了早期的分类学意义。

宫商角徵羽

中国古代将宫、商、角、徵、羽五个音阶合称为“五声”，亦叫“五音”。相当于现代简谱中的1、2、3、5、6，五声中各相邻的两声间音程，除角与徵、羽与宫（高八度的宫）之间为小三度处，都是大二度，后来有了变徵与变宫，则近似于简谱中的4和7。五声在我国传统的音阶形式里，如古音阶、新音阶、清商音阶或五、六、七声音阶里，都分别包含有这五个音级。

十二律

十二律是中国古代的定音方法，简称“律吕”。

十二律用三分损益法把一个八度分为十二个不完全相等的半音，即相当于把现代使用的传统七声音阶分为十二个“律”，每个律约等于半个音。

狭义的“律”，仅指土列十二律中单数的六个律，简称“阳律”或“律”。与之相对的六个双数的律，称之为“吕”，即“六吕”，亦称“六同”。以其于六个“阳律”之间，又称之为“六间”，或“阴吕”。

孔子的音乐理论

孔子是先秦时期的思想家、政治家、教育家，同时也是一位杰出的音乐家。据《史记》记载，孔子35岁时，在齐国曾与乐官太师研讨音乐；学习传统乐舞《韶》时，“三月不知肉味”，受到齐国人的赞赏。年过50岁后，孔子已练就一手高超的击奏石磬的技巧，但仍不满足，还向师襄子刻苦学习古琴，不只满足演奏技术的一般掌握，而且追求琴曲志趣的深刻表达，连师襄子都为之感慨。

孔子的音乐理论，散见于《论语》《礼记》等史籍中，这些言论肯定音乐的“教化”作用，将“乐”与“礼”相结合，构成一种直接为政治和教育服务的“礼乐”观，他所说的“移风易俗，莫善于乐”，作为体现这种礼乐观的言论，一直是后人强调音乐“教化”功能时经常引用的名言。

孔子极力维护音乐要按等级使用的周室传统，当他知道鲁国的季孙氏所用乐舞超过了周室等级之规时，便发出“是可忍也，孰不可忍也”的感叹。他还非常看重音乐形式与内容“尽善尽美”的高度和谐统一。

所谓“善”和“美”，照孔子的观点来注释，就是音乐内容如果反映了“礼”及“仁爱”的道德标准，就是“善”音乐形式结构如果和谐统一，中和雅正，就是“美”；两者若能完美地结合，就尽善尽美了。这就将音乐的内容与形式和审美与人的行为“礼”“仁爱”结合起来。

荀子的《乐论》

荀子的《乐论》是迄今所知中国历史上最早的一篇集中阐述儒家音乐思想并有所发挥的音乐理论专题著述。

《乐论》继承了孔子关于音乐在政治、道德和社会风气等方面具有“教化”作用，以及应当从“仁爱”出发，选取“中和”态度去进行音乐审美的礼乐思想，而且还对音乐绝不是人的一种可有可无的行为，其本质是人思想感情的表现，而这种表现则需要用“礼”来加以节制的观点进行了阐述。

◎乐曲◎

中国古代十大名曲

《高山流水》

《高山流水》是琴曲，内容根据《吕氏春秋》中伯牙鼓琴的故事。伯牙在琴曲中先表现高山，又表现流水，他的知音好友钟子期都能深刻领会。表明音乐可以独立进行艺术创造，不必借助于文词。人们常以此为例，说明琴曲很早就可以独奏。

现存曲谱初见于《神奇秘谱》。该书在解题中说：“《高山流水》本只一曲，至唐分为二曲，不分段数。宋代分《高山》四段，《流水》八段。”《神奇秘谱》所收为不分段的，后世流传的多为分段的。清代川派琴家张孔山弹奏的《流水》增加了许多滚拂手法，借以增强水势湍急、波涛汹涌的艺术效果，号称《七十二滚拂流水》或《大流水》，是近代流传最广的曲目之一。

《广陵散》

《广陵散》是琴曲，又名《广陵止息》。汉、魏时期相和楚调单曲之一，既用于合奏，也用于独奏。嵇康因反对司马氏专政而遭杀害，临刑前曾从容弹奏此曲以为寄托。明代宋濂跋《太古遗音》云：“其声愤怒躁急，不可为训。”这些，从正反两面说明此曲对统治者表现了一定的反抗性。

现存琴谱最早见于《神奇秘谱》，据该书编者说，此谱传自隋宫，历唐至宋，辗转流传于后。此外，还有《西麓堂琴统》等传谱。各谱分段小标题均有“取韩”“投剑”等目。近人因此认为它是源于《琴操》所载《聂政刺韩王曲》。

《平沙落雁》

《平沙落雁》是琴曲，初见于《古音正宗》。现存琴谱刊载同名作品达百种，是近三百年来流传最广的作品。曲调悠扬流畅，通过时隐时现的雁鸣，描写雁群在降落前在空际盘旋顾盼的情景。《天闻阁琴谱》说它“借鸿鹄之远志，写逸士之心胸”。

《平沙落雁》亦是琵琶曲，乐谱最早见于华秋编《琵琶谱》卷上，为直隶王君锡传谱，是六十八板体。李芳园编《南北派十三套大曲琵琶新谱》亦收录此曲，乐曲结构扩充成七段，有“雁阵横空”“霜天雁叫”等小标题。一至四段曲调脱胎于华氏谱，五至七段为华氏谱所无。乐曲描写候鸟迁飞时在高空飞翔的情景。浦东派将《海青拿天鹅》称作《平沙落雁》，因此亦有人称前者为“小平沙”，后者为“大平沙”。

《梅花三弄》

《梅花三弄》是琴曲，存谱初见于《神奇秘谱》，解题说，晋代的“桓伊出笛为梅花三弄之调，后人以琴为三弄焉”。曲中泛音曲调在不同徽位上重复三次，故称三弄，用以表现梅花高洁安详的静态。另有急促曲调表现梅花不畏严寒，迎风摇曳的动态。各段多以共同曲调作结。

《十面埋伏》

《十面埋伏》是琵琶曲，简称《十面》。乐谱最早见于华秋苹编《琵琶谱》卷上，标题《十面》，为直隶王君锡传谱。李芳园编《南北派十三套大曲琵琶新谱》亦收录此曲，改名《淮阴平楚》，假托隋代秦汉子作。

乐曲描写公元前202年楚汉战争在垓下最后决战的情景。汉军用十面埋伏的阵法击败楚军，项羽自刎于乌江，刘邦取得胜利。明末清初王猷定在《四照堂集》的“汤琵琶传”中记载过琵琶演奏家汤应曾演奏《楚汉》一曲时的情景：“当其两军决战时，声动天地，屋瓦若飞坠。徐而察之，有金鼓声、剑弩声、人马辟易声，金骑蹂践争项王声，使闻者始而奋，既而恐，涕泣之无从也，其感人如此。”《楚汉》可能是此曲的前身。此曲流传甚广，是传统琵琶武套中代表作品之一。

《夕阳箫鼓》

《夕阳箫鼓》是琵琶曲，早在1875年前已有传抄本，全曲共分七段，初无分段标题，1898年陈子敬琵琶谱穿抄本列有“回风”“却月”“临水”“登山”“啸嚷”“晚眺”“归舟”等七段小标题。李芳园编《南北派十三套大曲琵琶新谱》收此曲，名为《浔阳琵琶》，扩充至十段，列有“夕阳箫鼓”“花蕊散回风”“关山临却月”“临水斜阳”“枫荻秋声”“巫峡千寻”“箫声红树里”“临江晚眺”“渔舟唱晚”“夕阳影里一归舟”等小标题。假托唐代虞世南作。

《夕阳箫鼓》是一首抒情写意的文曲，旋律优美流畅，左手多使用推、拉、揉、吟等技法。通过简短的引子模拟箫、鼓声，然后引进主要旋律，以后割断使用合尾的形式，用扩展、收缩、局部增减和高低音区的变换等手法展开全曲。

《渔樵问答》

《渔樵问答》是琴曲，存谱初见于明代《杏庄太音续谱》。在三十多种传谱中，有的附有歌词。

乐曲通过渔樵在青山绿水间自得其乐的情趣，表达对追名逐利者的鄙弃。《琴学初律》说它“曲意深长，神情洒脱。而山之巍巍，水之洋洋，斧伐之丁丁，路升之欸乃，隐隐现于指下。迨至问答之段，令人有山林之想”。

《胡笳十八拍》

《胡笳十八拍》是琴曲，根据同名诗谱写，歌词最早见于南宋朱熹的《楚辞后语》。现存琴谱主要有两种，一是明代《琴适》中与歌词相配合的琴歌；一是清楚《澄鉴堂琴谱》及其后各谱所载的独奏曲。后者在琴界流传很广。《五知斋琴谱》所载谱最具代表性。

《汉宫秋月》

《汉宫秋月》是山东筝曲，亦有琵琶曲，二胡曲。

作为山东筝曲的《汉宫秋月》原为“大八板体”曲式结构，即全曲分八段，称八板；每段八拍，惟第五段多四拍，总计六十八拍，民间称六十八板。经过长时间对旋律、节奏的调整和发展，成为一首有标题的筝曲，意在表现古代宫女的悲怨情绪，风格淳朴古雅，是一首有代表性的山东筝曲。

作为琵琶曲的《汉宫秋月》共有同名异曲两首，均表现哀婉情绪。

作为二胡曲的《汉宫秋月》旋律抒情委婉，细腻深情，表现古代宫廷妇女的苦闷与哀怨。在近代曾以多种演奏形式在民间流传。

《阳春白雪》

《阳春白雪》是琴曲，传为春秋时晋国师旷或齐国刘涓子所做。唐代显庆二年（公元657年）吕才曾依琴中旧曲配以歌词。

《神奇秘谱》列《阳春》于上卷宫调，列《白雪》与中卷商调。在《白雪》

解题中说：“《阳春》取万物知春，和风淡荡之意；《白雪》取凛然清洁，雪竹琳琅之音。”

雅乐与俗乐

雅乐是中国古代帝王祭祀天地、祖先和朝会、宴享等重大典礼时所用的乐舞。相对于俗乐而言，古代视为“正乐”。源于周代的礼乐制度，当时郊社（祭祀天地）、宗庙（祭祀祖先）、宫廷仪礼（朝会、燕飨、宾客等）、射乡（统治者宴享士庶代表人物）以及军事上盛典所用的乐舞，都被儒家看成最为美满，因而称为雅乐。

后世祀奉先贤活动（如祭泰伯、祭孔等）也加以模仿，使用雅乐。

《诗经》中的风、雅、颂，很多是周代雅乐曲目。秦、汉以后的雅乐，除袭用周代雅乐（如《韶》《武》）之外，或另有创作，或自民间俗乐加以改造。隋、唐以后的雅乐与俗乐的区分更加严格，雅乐的僵化程度也日益严重。

相对于雅乐而言，中国古代将民间音乐泛称为“俗乐”，而后世对俗乐的理解，意义更为广泛，包括民乐、民谣、歌舞伴奏音乐等，内容形式均较自由，不受严格的乐派理论约束。

《诗经》中的音乐

《诗经》编成于春秋时代，共305篇，后取其整数，多简称“诗三百”，相传由孔子整理删订，包括《风》《雅》《颂》三部分，大都是可以用乐器伴奏来歌唱的西周至春秋时代的歌曲作品。《史记》云：“诗三百五篇，孔子皆弦歌之”。今存《诗经》只有文字，音乐已不可耳闻，但从字里行间及每首作品本身的内容结构方面仍可了解到那个时代丰富的民俗音乐生活，以及诗乐的一般特点和演唱概况。

如《风》大部分是反映地方民情风貌的歌曲，其中有不少民俗音乐生活描写。如《静女》中有“静女其娈，贻我彤管”，就是反映了一位姑娘精心制作一

支彩色竹管乐器，赠送给情人留作纪念的故事。

《雅》大部分是祭祀、礼仪歌谣和歌舞曲，其中包含有丰富的音乐祭祀内容。《小雅》中有许多诗篇是宴客礼俗歌，如《鹿鸣》《南山有台》《鱼丽》《南有嘉鱼》等都是宴请客人时歌唱的酒礼歌。

《颂》大部分是祭祀乐歌，多反映商周时代以音乐祭祀天地神灵和祖先的内容。如《时迈》是巡猎祭祀天地时唱的乐歌，《噫嘻》《载芟》是耕种季节祭祀神灵以求丰收唱的歌曲等。

“余音绕梁”的典故

余音绕梁的典故来自于韩国的韩娥。

相传韩娥游历到齐国时，粮食耗尽，她就在城门下唱歌求食，歌声深深地感动了周围群众，人们都慷慨地让她分享家中的食粮。韩娥离去三日，当地群众仿佛还听到她那绝妙的歌声在梁上缭绕回荡，从此就有了“余音绕梁，三日不绝”的成语。韩娥离去后，来到一家旅店求宿，店里人侮辱她，她悲伤地用歌声哭泣，周围的男女老少也随着她的歌声相对垂泪，三天咽不下饭菜。人们不忍韩娥离去，追赶着请她回来。韩娥返回后，又为人们放声长歌。听到她的歌声，人人欣喜若狂，都情不自禁地跳起舞来。

由于韩娥歌唱艺术的影响，齐国雍门一带的人们都善于演唱悲伤的歌曲。

阳春白雪

阳春白雪是传说中的古代楚国歌曲名。据《文选》云：“客有歌于郢中者，其始曰《下里》《巴人》，国中属而和者数千人。其为《阳阿》《薤露》，国中属而和者数百人。其为《阳春》《白雪》，国中属而和者不过数十人。……是其曲弥高，其和弥寡。”

后来因此典故，将“阳春白雪”比喻高深而不通俗的文艺作品。

汉魏时期的鼓吹乐

鼓吹乐是古乐的一种，即鼓吹曲。源于北方少数民族，用鼓、钲、箫、笳等打击乐器和吹奏乐器组合演奏的音乐形式。

鼓吹乐汉初用于军中，后渐用于朝廷。汉代有：黄门鼓吹（用于皇帝宴乐群臣）；骑吹（用于皇帝出巡）；横吹（用于行军）；短箫铙歌（军队凯旋时奏于宗庙）。鼓吹乐在当时被认为很隆重的音乐，万人将军方可备置。

魏晋以后，鼓吹渐轻，牙门督将五校都可以使用。明、清以来则士庶吉凶之礼和迎神赛会也都会使用。历代鼓吹乐多有歌词配合。近现代民间的吹打乐与鼓吹乐有一定的渊源关系。

敦煌曲谱

位于今甘肃省敦煌县境内的莫高窟是开凿于鸣沙山东麓断崖上的一系列佛教寺庙，已编号洞窟有492个，几乎窟窟都有乐舞图像。这些乐舞图像可以连接成为一幅从北魏经隋唐到宋元的巨幅中国音乐舞蹈画卷，为了解这些朝代的音乐文化，特别是隋唐音乐文化的盛况，提供了大量生动而具体的形象资料和文字资料。

敦煌石窟所藏最为珍贵的音乐文物，是于长兴四年（公元933年）写在“中兴殿应圣节讲经文”卷子背面的25首曲谱，今称“敦煌曲谱”。

令人痛惜的是，这一文物已被法国人伯希和掠走，今存法国巴黎图书馆。

另外散失的乐舞资料有记有“音乐部”的《新集时要用字》《新商略古今字样提其时要并行俗释上卷下卷》；斯坦因和伯希和掠走的《敦煌舞谱》。这些隋唐乐舞资料珍品的流失，不得不说是中国隋唐乐舞研究领域方面的一个重大损失。

《秦王破阵乐》

《秦王破阵乐》是唐代著名歌舞大曲。唐太宗李世民为秦王时，讨平叛将刘武周，河东士庶歌舞于道。军人遂作《秦王破阵乐》之曲，并开始在军中流传。

贞观元年（公元627年），唐太宗大宴群臣，奏《秦王破阵乐》之曲。太宗既以“武功定天下”，又要“文德绥海内”，因命吕才协音律，魏徵、虞世南、褚亮、李百药等改制歌辞，并改名《七德舞》。贞观七年，太宗亲绘《破阵舞图》，其图“左圆右方，先偏后伍，鱼丽、鹅鹳，箕张翼弛，交错屈伸，首尾回互，以象战阵之形”。又命令吕才依图教乐工一百二十八人披甲执戟而舞。

《秦王破阵乐》舞有三变，每变四阵，共十二阵，五十二遍。伴以大鼓，进退有节；战斗击刺，皆合歌声。高宗时，从规模到内容，逐渐改变：显庆元年（公元656年），改名《神功破阵乐》；玄宗时，坐部伎中的《破阵乐》及《小破陈乐》均用四人；甚至改编成数百宫女齐舞的优美舞蹈；德宗时，宫廷宴会上仍有演奏，宪宗太和三年（公元829年），《秦王破阵乐》被列入凯乐四首之曲，歌辞内容有讨伐叛镇等；懿宗咸通年间，皇族迎接皇帝时还演奏破阵乐。

《秦王破阵乐》以“发扬蹈厉，声韵慷慨”著称，在民间影响颇大。

唐诗与宋词的演唱

中国文人的诗歌创作，至隋唐五代便进入它的黄金时代。唐诗作为这一时代诗歌创作的主体，标志着中国古典诗歌成就，达到了一个前所未有的高峰。

唐诗不但篇什繁复，名家辈出，而且许多还是与音乐相结合而被广为传唱的歌曲名篇。以五言、七言绝句为主的唐诗入乐歌唱，在当时说来已非偶见之事，而实为一种常见的社会时尚。唐诗的歌唱，与民间音乐有十分密切的联系。如唐诗的五言、七言绝句，在句法结构上，与民间歌曲唱词的句法结构就多有共同之处。当时江南一带的民间歌曲，也多是五言四句或七言四句一首，这就是今天我们常说的“四句头”山歌。“山歌”一词，在唐代首先出现在诗篇中，如李益的五言律诗《送人南归》中有“无奈孤舟夕，山歌闻竹枝”句，山歌与竹枝并列，表明是同一种歌曲的两种称呼。山歌是从歌唱的俗称，竹枝是从唱词的雅称。

与唐诗齐名而享誉于文坛乐界的宋词，继中晚唐词和五代词之后迅速发展至极盛时期，宋代文人雅士作词唱曲，蔚然成风，甚至到了叶梦得《避暑录话》所说“凡有井水处即能歌柳词”的程度。所谓“柳词”就是南宋“婉约派”代表词人柳永写的词。宋人作词唱曲，有两种方式，一种是词人利用原有曲调依声配上新词来歌唱，此称“填词”；另一种是先作好词，再根据词韵和内容、结构谱上新曲，此称“自度曲”或“自制曲”。如南宋词人中的姜夔，就是一位又能填词又能自度曲的闻名于词坛乐界的名家。

最古老的琵琶曲

《海青拿天鹅》是迄今所能确定具体产生年代的一首最古老的琵琶曲，其作者不详，题材源于宋元北方契丹、女真等民族的狩猎生活。

据宋代叶隆礼撰写的《钦定重订契丹国志》记载，每逢正月上旬和七月上旬，契丹王都要率王室成员出行射猎，每至水草丰盛的长泊之处，便“纵海东青”。海东青，简称“海青”，是狩猎者所养的一种专门捕猎动物的猛禽，属雕的一种。据元代文学家杨允孚著《滦京杂咏》中一诗：“为爱琵琶调有情，月高未放酒杯停；新腔翻得凉州曲，弹出天鹅避海青”，并注：“《海青拿天鹅》，新声也。”表明此曲在元代已是一首曲风新颖、技巧独特并在文人学士界颇有影响的琵琶独奏曲了。

此曲属于“武套”，但在演奏上使用了不少属于“文套”的技法，全曲多用吟、挽、轮、挑、拼弦、扫等技巧，讲究音量音色的控制和变化，表现出勇猛的飞禽海东青在天空搏拿天鹅，经过激烈争斗，天鹅终于被海东青捕捉的情景。全

曲情绪在激烈中又含悲情，从一个侧面反映出古代北方游牧民族的狩猎生活和彪悍的民族性格。

《海青拿天鹅》在中国音乐史及器乐独奏艺术领域中，是不可多得的宝贵音乐材料。

明清时期的俗曲小调

明清俗曲小调是宋元词调小曲的直接继承和发展，曲调之丰富，内容之庞杂，流传之广泛，又远远超过了宋元时期的同类型民歌。据杨荫浏整理部分史料所列明清俗曲小调名称统计，明代的有《锁南枝》《山坡羊》《打枣杆》等31首；清代的有《闹五更》《寄生草》《王大娘》《鲜花调》等208首。实际上，民间流传的曲目数不胜数，何止百首、千首。

明清俗曲小调以其优美婉转的动听曲调和朴实含蓄的通俗歌词，引起了不少文人学士的关注，他们或收集记录整理成册刊印，或模仿其形式和风格作词谱曲，或发表言论赞赏推崇，表现出了以往时代文人学士对俗曲小调少有的热情。

明清俗曲小调之所以如这样深厚的群众基础和广泛的艺术影响，除时代赋予它便于发展的特定社会经济文化土壤之外，还由于它本身具备了一些易于广大民众接受的艺术特点，那就是它在思想内容上的民众性，形式结构上的简活性，音乐形态上的可塑性和艺术功能上的娱乐性。

◎其他◎

大司乐

《周礼》所载周朝王家音乐机构的乐官之长叫作“大司乐”，隶属于“掌邦礼”的春官宗伯。

大司乐统领的乐官，在高级乐师中有大师、小师；在中下级乐官中有典同、典庸器以及钟、磬、舞等各种乐师和一些低级乐官；此外，下属还有人数众多、层次繁杂的各级乐工。大司乐职掌乐律、乐教和大合乐，参加各种典礼活动。

辅佐大司乐，直接掌握乐律的是大师。亲身参与调律工作的有典同。大司乐或乐正，亲自带领大师、小师和有关各级乐官参与礼乐教育活动。礼乐教育的对象主要是王侯和公卿大夫的子弟，也有少数从庶民中精选出来的青年，按照一定的年龄，安排规定的学习内容。

师旷

师旷，生卒年不详，是春秋后期晋国的宫廷乐师，字子野，历事悼公（公元前 572～前 558 年在位）、平公（公元前 557～前 532 年在位）两代，曾在卫灵公访问晋国时演奏琴曲“清徵”和“清角”，并指出卫国乐师师涓所弹的琴曲“清商”是商纣王的“靡靡之乐”，属于“亡国之音”。

师旷目盲，精于审音调律，汉以前的文献中常以他代表音感特别敏锐的人。《左传》记载，当楚国派兵要打晋国时，远处在晋国的师旷却能从吹响律管，听律声而知道“楚必无功”。可见师旷精于审音的特长，早已为人所神化。在《国语》中，记载着师旷批评晋平公喜欢“新声”的话，认为喜欢新声是平公趋于昏庸的反映，还说音乐要通过各地民歌的交流，传播德行到既广且远的地方去。

乐府

中国历史上继周代宫廷“大司乐”后的另一早期官方音乐教育机构是“乐府”。乐府机构始建于秦代，1977 年秦始皇陵出土的错银小钟纽侧就镌有篆书“乐府”两字。至汉代，宫廷音乐机构印玺秦乐府建制并进行大规模扩充和改建，从此这一集中各类音乐人才的部门便进行了民间音乐搜集、依曲填写歌词，创作改变曲调、编配器乐伴奏和歌唱器乐表演等一系列音乐实践工作。

汉乐府编创和排练的音乐节目，主要使用于宫廷宴会、祭祀、礼仪以及内室娱乐和军旅演习等场合，素材来源于民间音乐，具有很突出的俗乐特点。乐府排演的音乐体裁也比较多样，其中对后世影响较大的品种有用丝竹乐队伴奏的歌曲“相和歌”；歌唱、舞蹈和器乐合为一体的“大曲”；边疆少数民族音乐舞蹈；壮声威、助礼仪的“鼓吹乐”；音乐、舞蹈、杂技和杂耍合为一体的“散乐百戏”。

舞 蹈

中国舞蹈的起源

舞蹈是人类最早产生的艺术形式之一，它的产生几乎与人类的形成同步。

舞蹈萌芽于人类幼年时期，是人类最早用以传情达意的艺术形态之一。它伴随着人类的成长而成长，经历了人类社会发展的全过程。在原始社会中，舞蹈是全氏族或部落的行为，几乎是每个成员所必备的技能。

大约在 170 万年前，中国大地上就有了人类的活动，在云南元谋、陕西蓝田、北京周口店等地，都发现了原始人类的遗骸和遗物。中国舞蹈的历史，也应从那个时代开始了。

在中国的古典神话传说中，无论是汉族的还是少数民族的，都常常含有音乐和舞蹈的内容。如广西瑶族的《盘古舞》（亦称《盘王舞》），就是表现先民在盘古的带领下，攀山越岭，披荆斩棘，生火取暖，掘土点种等，也是用舞蹈表现的

一部原始农业史。又如与传说中的人类始祖伏羲、女娲相关的《扶来》乐舞，以及葫芦笙这一乐器等。由这些神话传说和考古发现可知，中国原始舞蹈大都与原始先民的生活紧密联系，有的反映生产劳动，有的反映部族争斗，有的反映男欢女爱，有的反映图腾崇拜。值得注意的是，这些原始舞蹈大多是人们集体的活动。

在生产力极端低下的原始社会，部落成员间的团结合作至关重要。在共同血缘的群体中，共同的舞蹈体现着共同的意志，训练着大家的合作。在同一的动态和简单拙朴的节奏的无限反复中，原始的族人互相感应，为同一个目的而活动，从而进入一个更高级的整体生命的氛围之中。可以说，这就是中国舞蹈的起源了。

周朝的“文舞”与“武舞”

据《周礼》记载，周代用为宗庙之乐的乐舞称为“六代之乐”，简称六乐，“以六乐防万民之情，而教之以和”。六乐包括了《云门》《大章》《大韶》《大夏》《大护》《大武》六个乐舞，可分为“文舞”和“武舞”。

六乐的前四个乐舞因是歌颂帝王以文德治天下，故称文舞。表演时，舞者手执籥翟（yuè，dí，一种吹管乐器和一种以野鸡尾装饰的舞具）而舞，动作徐缓，节奏缓慢。动作具有礼仪性，舞蹈表演程式化。伴奏乐器有钟、磬、錞（chún）、铙、铎、琴、瑟等，表演融诗、舞、乐为一体。秦汉以来，历代宫廷制作不同名目的文舞，以标榜本朝统治者的文德和授命于天。

六乐中的《大护》和《大武》是歌颂帝王以武功定天下，故称武舞。表演时，舞者手执干戚（兵器）而舞。动作猛厉，节奏铿锵。舞蹈表演程式化。伴奏乐器有钟、磬、錞、铙、铎、琴、瑟等，表演融诗、舞、乐为一体。秦汉以来，历代王朝宫廷都制作不同名目的武舞，以标榜本朝统治者武功定天下的功德。

“翘袖折腰”的汉代宫廷舞

汉代乐舞兼收并蓄，融合众技，舞蹈艺术得到了长足的发展，呈现多姿多彩的局面。

其中，最为流行的舞蹈是“袖舞”。汉代画像石的乐舞图上，很多舞蹈者都是以长袖作舞，而且舞袖造型千姿百态，舞姿曼妙灵动。战国时的民谚已有“长袖善舞”的说法。和长袖相联系的还有“细腰”。汉代画像石上描画的舞蹈者的腰肢都十分纤细，腰部的动作绰约多姿。

舞袖与舞腰都是舞蹈技巧中很突出的技术，所以两者常常相提并论。如汉代崔骃在《七依赋》中云：“表飞縠之长袖，舞细腰以抑扬。”

另外，汉代还流行“巾舞”，与袖舞有一定联系。巾舞与近代长绸舞的长绸相近，舞者男女均有，舞时有乐队伴奏。据说此舞与鸿门宴故事有关，用巾舞蹈就是取法于鸿门宴上项伯用衣袖遮挡汉高祖的姿态。

“翘袖折腰”构成了汉代舞蹈魅力的主要因素，长袖飘拂，使舞蹈动作更具表现力；腰肢弯扭，使舞蹈动作俯仰倾折，绰约多姿、“绕身若环”“柔弱无骨”。“翘袖”与“折腰”是当时舞蹈中具有代表性的尖端技巧，二者组成的美妙舞姿一直传承至今。

踏歌

踏歌是自唐宋流传至今的传统民间舞蹈形式。群众集体歌舞，舞人联臂或拉手，踏足而歌舞。歌舞结合，随歌曲节奏踏、跺、走、跳，并伴随一定的身体摆动，以下肢动作为主。速度自由，随歌曲而定。

史书中较早的关于踏歌的记载见于《西京杂记》，唐宋以来，历代皆有记载。唐代时期，踏歌不仅是民间自娱性舞蹈活动，而且传入宫廷，被改造为宫廷舞蹈，出现缭踏歌、踏金莲、踏歌辞等宫廷舞乐。唐睿宗时，皇家举行过有千余妇女参加的踏歌会。唐代诗人刘禹锡的《踏歌词》描述：“春江月出大堤平，堤上女郎连袂行。”宋代马远的《踏歌图》有当时踏歌的形象场面，并题诗：“宿雨清畿甸，朝阳丽帝城，丰年人乐业，垅上踏歌行。”明代邝堪若的《赤雅》记载了当时瑶族的“蹋谣”。清代桂馥的《扎朴》记载了当时西南少数民族的“蹋歌”。

公孙大娘舞剑器

《剑器舞》是唐宋舞蹈的一种，因执剑器而舞，故名。它是由古代击剑的各种姿势发展而成。公孙大娘是唐玄宗时梨园、教坊中的舞蹈家，曾经是唐代《剑器舞》的最佳表演者。

《剑器舞》舞姿矫健而奇妙，杜甫《观公孙大娘弟子舞剑器行》描绘此舞："燿如羿射九日落，矫如群帝骖龙翔。来如雷霆收震怒，罢如江海凝清光。"说她起舞时，剑光四射，好像神话中的后羿射落了九个太阳，随着她矫健的步法，剑绕身转，寒光闪闪，好像一群仙人乘龙飞翔。鼓声隆隆，常常使观众为之色变，有时使人觉得天空低昂不定，舞罢收剑，又像江海收波，凝聚了清光。

有一种说法是，《剑器舞》的舞者仅是"雄装，空手而舞"；另有一种说法是，剑器类似流星，即两个圆铁球系以丈余彩帛之类。也有人认为剑器是双剑。但晚唐、宋代的《剑器舞》确是舞剑，宋代大曲队舞即称为《剑舞》，舞者还有击刺动作。晚唐时，舞具除剑外还有旗帜、火炬。

绿腰舞

《绿腰舞》也称"六幺""录要""乐世"等，是唐人创制的著名软舞，也是唐宋大曲的一种。贞元年间，乐工献曲，唐德宗命采摘其精华，故名"录要"，后配以舞蹈。

此舞节奏由缓慢而迅疾，入破以后，更急更快。舞姿轻盈柔美，有传统的汉族风格。李群玉作《长沙九日登东楼观舞》诗描写其舞姿云："坠珥时流盼，修裾欲遡空。唯愁捉不住，飞去逐惊鸿。"并称誉它使得"越艳罢前溪，吴姬停白纻"。白居易在《杨柳枝》诗中云："六幺、水调家家唱"，以说明其流传之广。

当时，乐工还把它带往吐蕃，在赞普的宴会上演奏。

南唐顾闳中所绘的《韩熙载夜宴图》也有舞女王屋山舞六幺的场面，图中舞者正在背手分袖，韩熙载亲自击大鼓助兴。这是中国舞蹈史上舞者姓名及形象与舞蹈名称相符合的唯一造型记载。

千歌百舞不可数，就中最爱霓裳舞

《霓裳羽衣舞》即《霓裳羽衣曲》。简称《霓裳》，是唐代宫廷乐舞，著名法曲。相传为开元中西凉节度使杨敬述所造，初名《婆罗门曲》，后来经过唐玄宗润色并制辞，改用此名。

白居易在《霓裳羽衣舞歌和微之》中记述了霓裳羽衣舞的演奏顺序及舞姿。全曲分散序、中序、入破三大段共十八叠：散序为器乐演奏，不歌不舞；中序始有拍，亦名拍序，且歌且舞；曲破为高潮，繁音急节，“跳珠撼玉”，结束时长引一声，舞而不歌，不同于一般乐曲的戛然而止。《霓裳羽衣舞》的服饰“虹裳霞帔步摇冠，钿璎累累珮珊珊”，其舞姿：初则“飘然转旋回雪轻，嫣然纵送游龙惊”，继而“烟蛾敛略不胜态，风袖低昂如有情”，至急促处，竟使得曲终时“珠翠可扫”。

杨玉环擅长此舞，自谓前无古人。

此舞最初为独舞，后有双人舞，宣宗时，发展成群舞。开成年间，尉迟璋仿制过此曲。南唐后主得其残谱，昭惠后周娥皇与乐师曹生按谱寻声，补缀成曲，以琵琶奏之。

南宋时，姜夔在乐工的旧书中找到商调《霓裳曲》十八阕，虚谱无辞，因为其音节娴雅，与当时的乐曲迥异，所以为《霓裳中序第一》填词，谱存《白石道人歌曲》集中。

宋代的民间舞队

舞队是宋代民间舞蹈表演的一种组织形式，是综合性的庞大表演队伍。一般在新年、清明节、元宵节等节日中，举行民间舞蹈表演。

舞队包括了多种节目，名目繁多，比较有代表性的有：《村田乐》，描写农家生活的小型歌舞。《抱锣》，喷火特技的假面舞蹈。《划旱船》，宋代龙船竞渡的风气很盛，此舞是在陆地上表演竞渡。《讶鼓》，扮各种角色的小型歌舞。《舞判》，又称跳判官，表现钟馗的节目。《十斋郎》，带有滑稽性的人物表演。另外还有《耍和尚》《扑蝴蝶》《蛮牌》《竹马》等许多节目。不少节目至今仍在民间流传。

秧歌与高跷

秧歌是中国汉族具有代表性的一种民间舞蹈形式。它起源于插秧和耕田的农业劳动生活，最早是一种“歌唱”的形式，后来才出现了“舞蹈”和“戏剧”的表演形式。现在这三种形式的秧歌广泛流行于全国各地并以陕北秧歌、东北秧歌、河北地秧歌、山东海阳秧歌、胶州秧歌和鼓子秧歌最具代表性。

高跷也是一种民间舞蹈形式，舞者双足踩着木跷作舞，在灯节、庙会等传统节日里，受到群众热烈欢迎。

高跷的表演技艺性很强，要求演员具有很好的武功基础。各地舞者踩的木跷高矮不一，矮的两尺左右，高者达五六尺。有的地区将其分为文、武两种，“文高跷”着重于踩、扭和人物情节的表演，“武高跷”除一般的动作表演外，主要是特技表演。

高跷舞队中扮演的人物，各个地区都不同，在表演形式上也是多样的，有在行进中和广场上边舞边走各种队形的大场；还有各种特技表演和歌舞小戏。

舞龙与舞狮

舞龙即龙舞，是中国民间的舞蹈形式。龙起源于古代的图腾，先民把它视为消灾降福的神物，进入农业社会后，人们又用舞龙来祝愿风调雨顺，以祈求丰收。

汉代的张衡在《西京赋》中已描写过“鱼龙曼延”之戏，千百年来，龙舞的表现形式越来越丰富，到了清代，已经达到相当高的艺术水平。龙舞一般在元宵节，有时也在祈雨时表演。龙舞需要巨大的体力和灵活的技巧，以及集体的紧密合作。龙舞常常要摆出“天下太平”等吉言，还要舞出“金龙戏水”“二龙抢宝”

“古树盘根”“龙腾云”“龙下海”“龙滚潭”“龙翻沙”“龙出洞”“龙脱皮”“龙现爪”等等套路。和龙舞相配合，有时还有“凤凰龙”“虾公龙”“青蛙龙”等，有时表演“龙虎斗”“鱼化龙”“狮龙舞”之类。

舞狮即狮舞，又称狮灯，是中国民间的舞蹈形式，由二人或单人扮狮子而舞，属于民间表演的一种。二人狮舞合披一张假狮皮，各扮头尾，俗称太狮。单人狮舞俗称少狮。舞时有武士或大头和尚等人物手持绣球、拂尘等物逗引。起源无详考。

秦汉间成书的《尔雅》中有“狻麑（ní）”一词，晋人郭璞注解为狮子，出自西域。汉代已有明确的狮子形象。汉代百戏中的“曼延之戏”即扮兽而表演。《汉书》有“象人”之名，三国魏人孟康注曰：“若今戏鱼、虾、狮子者”，说明至迟在魏晋时已有确定的舞狮表演。南北朝时，佛教兴盛，狮子形象作为佛之乘座流传开来，具有特殊意义。狮舞更加隆重。唐朝以后，狮舞传入宫廷，宴飨时供人娱乐，名为“太平乐”，又名“五方狮子舞”。宋元以后狮舞广泛传于民间歌舞活动中，直至今天。

狮舞主要流传在中国黄河、长江、珠江流域以及云南、四川、港、台等地。在东南亚、日本、美国等华人居住区内，每逢节庆，也有舞狮习俗。

狮舞在其发展演变过程中，主要形成两种表演流派。“武狮”表演受到中国武术的深刻影响，注重武功和技艺，动作勇猛，技巧高雅，扑、跃、滚、翻、跳等均有武术健身之形，爬高、踩球、过跷板等惊险动人。“文狮”表演以戏弄、逗趣为艺，模仿打滚、搔痒、瞌睡、舐毛等动作。

戏曲曲艺

戏 曲

十种“剧”的解释

悲剧：描写正面人物所从事的事业或进行的活动，由于遭受恶势力的迫害或本身的过错而失败，甚至个人毁灭，从而激起人们的同情、悲愤以至崇敬的思想感情。

喜剧：运用夸张的手法，讽刺的笔调，巧妙的结构，风趣的台词，嘲讽社会生活中丑恶落后的现象，肯定美好的进步的现实和理想。

正剧：兼有悲剧和喜剧的因素，是更接近日常生活的话剧体裁。

闹剧：喜剧的一种，通过滑稽情节和热闹场面，来揭示剧中人物行为的矛盾。

话剧：以演员的道白与动作为主要表现手段的戏剧形式。

诗剧：用诗的语言展开剧情，人物之间用诗体对话所构成。

歌剧：是综合诗歌、音乐、舞蹈等艺术，以歌唱为主的戏剧。

舞剧：是以舞蹈为主要表现手段，综合音乐、哑剧动作等塑造人物，体现情节发展的戏剧。

哑剧：不靠任何语言，只凭演员的表情、手势及体形动作表达剧情，塑造人物。

杂剧：原是唐代各种杂耍技艺的统称，后来宋代的歌舞戏、滑稽戏，以及有故事内容的清唱，也合称为杂剧。之后便专指元代戏剧。

中国戏曲之最

中国最早的历史戏剧目是唐朝的《兰陵王》。

中国最早的京剧演员是晚清的程长庚、余三胜、张二奎，号称“三鼎甲”。

中国最早以外国题材创作的剧目是清末梁启超的《新罗马》、感惺的《断头台》。

中国现知最早的昆曲剧本是明代的《浣纱记》。

中国最早研究评述南戏的著作是明中叶徐渭的《南词叙录》。

中国最早的戏曲论集是元末钟嗣成的《录鬼簿》。

中国最早的戏曲角色分行是金代院本的副净与副末，来源于唐代的参军戏的参军和苍鹘两个角色行当。

中国最早流浪江湖的家庭戏班是唐代的刘采春，她和她丈夫周季崇、大伯周季南、女儿周德华组成以家庭成员为主的戏班。

中国最早的连台本戏是北宋的《目连救母杂剧》。明代的《目连救母劝善戏文》，清朝内廷大戏《戏善金科》(全剧 240 出，连演十天)，都是据此改编发展而成。

中国戏曲最早使用写实布景的是明代的刘晖吉。

中国最早用戏曲表现当代生活题材的剧目是南宋末的《祖杰戏文》。

中国最古老的戏曲声腔是昆山腔（也称昆曲）。

中国最早记录戏曲演员传记的著作是元末散曲作家夏庭芝的《春楼集》，记载了元代 120 多位演员的生平简历和表演特征。

中国戏曲作家最早的团体组织是九山书会，宋代著名南戏《张协状元》为该会编撰。

中国的第一所戏院是清雍正年间兴建的虎丘戏院。

戏曲的四功五法十要

四功，是戏曲演员的四种基本功夫：唱功、做功、念白与武打。

五法，指的是：手、眼、身、法、步。手指手势，眼指眼神，身指身段，步指台步。至于法，则解释不一。一说是“身法”，一说应称“手眼身步”法。这样，五法就变成四法了。还有人认为“法”是“发”之误，指的是“水发”的技巧，但是“发”已包括在十要之中。按程砚秋的见解，“法”则应改为“口”，

"口法"是为了练好唱念功夫。

十要，包括水袖、髯口、翎子、扇子、蚊帚、帽翅、马鞭、笏板、牙和水发。

传统戏衣的样式

戏衣即戏曲服装，泛指蟒、靠、帔、褶和官衣。

蟒：帝王将相的官服。上绣云龙、花朵、凤凰等，下摆及袖口绣有海水。有男蟒、女蟒之分。色分上五色、下五色。根据人物的地位、性格、脸谱穿用。如皇帝穿黄蟒，包拯、张飞穿黑蟒，小生一般穿下五色。

靠：象征古代的铠甲，是武将的装束，多数插有四面三角小旗，不插旗的叫软靠，根据人物的年龄、性格、脸谱区分颜色，如关云长穿绿靠，周仓穿黑靠。女将穿的叫女靠。

帔：是官员、夫人之常服，也称"对帔"，服色分红、黄、蓝、黑、紫等。红帔常用为豪门、官宦结婚之男女礼服，黄帔为帝王、后妃的便服。

官衣：是文官衣服。胸前背后有绣花"补子"，上绣仙鹤孔雀等。颜色有紫、红、蓝、黑等。紫色是宰相、国老所穿，红色是巡按、府道所穿，蓝色是知县的服装，黑色为门官穿用。

褶子：是平民的服装。花色也分上五色和下五色，上绣花卉或小团花，里子绣花的为武生敞胸时用。上五色多为花花公子、强徒、恶霸所穿，下五色为英雄、义士、侠客、绿林好汉所穿，黑、蓝二色为落难小生、穷书生所穿，黑色上面缀杂色绸块的叫"富贵衣"，是乞丐的服装。这是一般的分类，有些人物的特殊服装，就不在此限。

四大声腔

“四大声腔”，即海盐腔、弋阳腔、余姚腔、昆山腔。并为明代盛行一时，影响全国的声腔、剧种。

海盐腔产生于浙江的海盐，形成于元末，隆庆年间已流传到杭、嘉、湖和苏州、南京、北京等地，风靡一时。嘉靖、隆庆年间人何元朗《四友斋丛说》曾有这样的记载：“近日多尚海盐南曲，士夫禀心房之精，从婉娈之习者，风靡如一，甚者北士亦移而耽之，更数世后，北曲亦失传矣。”海盐腔的特点是在搬演戏文时用锣、鼓、板等打击乐伴奏，清唱时则纯用板，不用弦乐伴奏；曲调典雅，较昆山腔高犷。

弋阳腔产生于江西弋阳，形成于元末明初，嘉靖年间已经流行于南北。弋阳腔的特点，汤显祖《宜黄县戏神清源师庙记》曾说：“江以西则弋阳，其节以鼓，其调喧。”清李元调的《剧话》也有这样的记载：“弋腔始弋阳，即今‘高腔’，所唱皆南曲，又谓‘秧腔’。……向无曲谱，以一人唱而众人和之，亦有紧板、慢板。”可知弋阳腔是由一人独唱、众人帮腔。声腔抑扬顿挫，慷慨激昂，其曲文还可加“滚唱”，具有浓郁的乡土气息。弋阳腔演唱时不用乐器，只用金、鼓、铙、钹等按节拍，风格粗犷、豪放、刚健、质朴。

余姚腔产生于浙江余姚，嘉靖年间在常州、镇江、扬州、徐州和安徽池州、太平一带广为流传，主要活跃于民间，演唱时，仅用鼓板和打击乐伴奏。

昆山腔原为流行于吴中苏州一带的一种清唱曲，据说为元人顾坚所创，到嘉靖、隆庆年间，经过以魏良辅为首的一批民间表演艺术家的改造而形成一种新型声腔。昆山腔轻圆舒缓、清柔宛转。徐渭《南词叙录》曾说它“流丽悠远”，“听之最足以荡人，妓女尤妙此。”演唱时，昆山腔最讲求“转喉押调”，“字正腔圆”，要唱出“曲情理趣”。伴奏有笛、管、笙、琵琶等乐器，还用鼓板按节拍。

戏剧名词

科班：旧时训练戏曲艺徒的机构。大都是民办。着重从小锻炼基本功，主要传授技艺，通过频繁的舞台实践提高学生的艺技。多不设文化课。

行头：戏曲角色所穿戴的服装的统称。包括盔帽、蟒、褶、帔、靴等。清李斗《扬州画舫录》：“戏具谓之行头。行头分衣、盔、杂、把四箱。”则也可泛称一切戏曲演出用具，衣、盔之外，还包括髯口、鞋靴、面具、乐器和砌末（杂），以及刀枪把子（把）等。在戏曲史上，还有“江湖行头”“内班行头”“私房行头”“官中行头”等名目。

生：戏曲表演主要行当之一，演男性人物。生行初见于宋元南戏，后除元杂剧外，历代都有，一般扮演青壮年男子，是剧中主要人物。随着艺术的发展，生行又据所扮人物的年龄、身份、性格划分为许多专行，如老生、小生、武生等。

旦：戏曲表演主要行当之一。扮演女性人物。旦的名目初见于宋代歌舞，宋杂剧已有装旦，后历代都有这行角色，又大都按扮演人物的年龄、身份、性格及其表演特点划分为许多专行，如正旦、花旦、贴旦、闺旦、武旦、老旦、彩旦等。

净：俗称“花脸”“花面”。戏曲表演主要行当之一。一般认为是杂剧和金院本的副净演变而来。面部化妆用脸谱、唱用宽音或假音，动作大开大阖，大都扮演性格刚烈或粗鲁奸险的男性人物。按扮演人物性格、身份及其艺术特点，又划分为许多专行，如京剧的正净、副净、武净等。

末：传统戏曲角色行当。宋杂剧中有副末。元杂剧的正末是同正旦并重的两

个主要角色。明清时，成为独立行当，常扮社会地位比较低的人物，表演上唱做并重的中年以上男子。近代多数剧种末已并入老生行。

丑：戏曲表演主要行当之一。喜剧角色。因在鼻梁上抹一块白粉而俗称“小花脸”。又与净角的大花脸、二花脸并列而俗称“三花脸”。宋元南戏已有丑角。可表现幽默、机智的人物，也可表现灵魂丑恶、奸诈卑鄙的人物。按扮演人物身份、性格和技术特点，分为文丑和武丑两大支系。

楔子：原是木匠用来塞紧木作器具斗榫处的小木片，这里作为元杂剧剧本结构上一个段落的名称。元杂剧剧本结构一般分为四折，在四折以外所增加的短小的独立段落叫楔子，用以介绍人物和戏剧矛盾纠葛的由起，一般用在最前面。其作用相当于现代戏剧的序幕，用以衔接剧情，加紧前后折的联系；用在折与折之间，则相当于现代戏剧的过场。楔子所用曲，仅限于《仙吕·赏花时》或《正宫·端正好》小令，不用联套。

折：元杂剧剧本结构的一个段落，按情节发展的层次，每剧一般分为四折，亦有多至五六折的。有些剧本常在折前加一楔子，其作用有如现代剧的序幕，亦有在折与折间加楔子，如现代剧的过场。元杂剧每折用同一宫调的若干曲牌缀联成套，一韵到底。

出：出（齣），明清传奇以“出”为划分段落场次的单位，每剧出数多少不限，多至五十余出，少亦有二十余出。如明汤显祖的《牡丹亭》长达五十五出，清洪昇的《长生殿》多至五十出，不仅铺陈剧情，委婉曲折，淋漓尽致，且其中情节集中，结构相对独立的折，又可成为出头戏，或称折子戏单独演出，如《牡丹亭》的“闹学”“游园惊梦”，《长生殿》的“絮阁”“惊变”“闻铃”“骂贼”等。

宾白：传统戏曲剧本中的道白。二人对语曰宾，一人独语曰白。明徐渭《南词叙录》：“唱为主，白为宾，故曰宾白。”言其明白易晓也。

介：南戏、传奇剧本中凡演员应作的动作、表情、效果，甚至应答语处都标示“介”，如“见介”“笑介”“哭介”“犬吠介”“应介”等。犹元杂剧的“科”。徐渭《南词叙录》：介，戏文于科处皆作介，盖书坊省文以科字作介字，非科介有异也。

票友：旧时对戏曲、曲艺的非职业演员、乐师的通称。相传清代八旗子弟凭清廷所发“龙票”，赴各地演唱子弟书，不取报酬，为清廷宣传，后就把非职业演员称为票友。

票房：清朝初期，统治者想要百姓顺服其统治，组织专人编了一些宣传词句，派人到处演唱。演唱者最先以滦州、乐亭人为多，后来扩大训练了一批人，学成后，考验合格，月领薪水。凡派往京外工作的，每人发给一张龙票为执照，凭此可受州县地方的吃住接待，并负责开设场子，召集听众。原先此事是由官方经办的，不久，有人觉得有利可图，就向官家包办。这种包办处，就称为票房。

俳优

俳优是古代专以乐舞、戏谑为职业的艺人。又称倡优、优伶、伶人等，统称为优。优的记载，最初见于《国语》。一般认为以表演乐舞为主的称倡优，以表演戏谑为主的称俳优。相传黄帝时乐人伶伦作乐，后称乐官及演员为伶人。

诸宫调

“诸宫调”是宋金元的说唱艺术，因用多种宫调演唱长篇故事，故名。北宋神宗时，山西泽州人孔三传首创。早期诸宫调已无传本，金元诸宫调亦仅存三种，以金《董解元西厢记》首尾最完整，篇幅最长；金无名氏《刘知远还乡白兔记》残缺近三分之二；元王伯成《天宝遗事》仅存六十套曲文。诸宫调对宋元南戏和北杂剧的正式形成有直接影响，如从《董西厢》到《王西厢》的过渡；《张协状元》本末的介绍，即是用诸宫调这一艺术形式。

略说戏曲剧种

京剧

京剧，乾隆五十五年（1790 年）四大徽班陆续进京演出，嘉庆、道光间，与湖北汉调艺人合作，相互影响。又接受了昆腔、秦腔的部分剧目、曲调和表演方法，并吸收了一些民间曲调，融合、演变、发展而成。音乐基本上是板腔体，唱腔以徽调的二黄和汉调的西皮为主，旧时也称“皮黄”；另有西皮反调、二黄反调，南梆子、四平调、吹腔等，足以表达各种不同的思想感情。表演上歌、舞、乐、白并重，动作多虚拟，念白讲求节奏感与音乐性，是中国民族戏曲“唱做念打”有机结合的艺术典范，对清后期各地剧种影响很大。流行全国，已有二百余年的历史。

秦腔

秦腔是明代中叶以前在宋金元铙鼓杂剧和陕、甘一带的民歌基础上形成。在发展过程中，受昆、弋、青阳等剧种的影响，音调激越高亢、节奏鲜明，成为梆子腔（乱弹）系统中的代表剧种，流行在陕、甘、宁、青、新疆一带。乾隆年间，秦腔因魏长生入京演出轰动京师，梆子秦腔压倒众腔而盛行各地。其繁衍支派甚多，流入陕西的就有东、西、中、南四路。抗日战争时期，陕甘宁边区的文艺工作者曾利用秦腔形式创作和演出了不少现代剧。新中国建立后有“易俗社”“陕西省戏曲剧院”等秦腔艺术研究团体，对发展秦腔剧种有一定贡献。

黄梅戏

黄梅戏旧称“黄梅调”。流行于安徽及江西、湖北等省部分地区。清乾隆末期，湖北黄梅的采茶调传入安徽安庆地区后，吸收青阳腔、徽剧及民间歌舞、音乐、说唱融合而成。唱腔委婉清新，表演细腻，生活气息浓郁。代表剧目有《打猪草》《天仙配》等。

越剧

越剧流行于浙江、上海及许多省、区、城市。1910 年前后，浙江嵊县一带的“落地唱书”受绍剧、余姚腔等影响发展形成。初时只用笃鼓和檀板伴奏，故称“的笃班”或“小歌班”。1921 年后称“绍兴文戏”。初时由男演员演出。1923 年后，出现了女演员组成的“文武女班”。1936 年后，女班盛行，男班及男女合演渐趋淘汰。1938 年（一说 1942 年）始称越剧。新中国建立后，整理改编了《梁山伯与祝英台》《红楼梦》等，并恢复了男女合演。

豫剧

豫剧又称“河南梆子”“河南高调”。明末秦腔与蒲州梆子传入河南后与当地民歌、小调相结合而成。一说由北曲弦索调演变而成。流行于河南及毗邻省的部分地区。有豫西调和豫东调两支派。豫西调以洛阳为中心，多用真嗓、音域较低，俗称“下五音”，唱腔悲凉。豫东调以商丘、开封为中心，唱用假嗓，音调高亢，俗称“上五音”。1938 年以后，常香玉以豫西调为基础，突破两派界限，形成了新流派。中华人民共和国成立后整理了传统剧目《穆桂英挂帅》等，编演了现代剧《朝阳沟》等。

川剧

川剧流行于四川省及云南、贵州部分地区。清雍正、乾隆年间，昆腔、高腔、胡琴、弹戏和当地的灯戏同时流行。后因各腔经常同台表演，相互影响，形成了较多的共同点，遂统称川剧。有一套完整的表演程式，真实细腻，生活气息很浓。中华人民共和国成立后整理了《柳荫记》《白蛇传》等传统剧目，并编演了《江姐》等现代剧。

评剧

评剧旧称“蹦蹦戏”“落子”。1910 年左右形成于唐山。流行于华北、东北

地区。基础为河北东部一带流行的民间说唱“莲花落”和民间歌舞“蹦蹦”，先后吸收河北梆子、京剧等的剧目、音乐和表演艺术等发展而成。表演活泼自由，生活气息浓郁。伴奏乐器以板胡为主。曲调流畅，属板腔体，分尖板、大安板（慢板）、三锤、倒板等不同板式。

戏班里的忌讳

旧戏班内禁忌甚多，就其内容来说，大致可分为这么几部分：

一部分是为了保证演出顺利进行而作出的规定，如“派戏忌翻场”。一次演出若干个戏，派戏者必须考虑到各个戏之间的年代联系及人物关系，如前边派了孙尚香祭奠亡夫刘备的《祭江》，后边就不能再派有刘备出现的《甘露寺》《让徐州》等戏了。其他如后台不许拍掌叫好，不许私窥前台，不许临场告假等都是这一类性质的规矩。

另一部分是寄托艺人们美好愿望而作出的规定，如“伞不进后台”即是一例。戏班要众人一心方得兴旺，而“伞”与“散”同音，向为戏班忌讳。当年，“富连成”科班总教习萧长华每日由家去科班，无论晴雨，必手持布伞而行，即取“不散”之谐音，期望吉利。再有一部分是属于封建迷信的规定了。诸如不许乱动神脸，扮神佛及关羽的演员要事先净身，开戏前旦角不许上舞台等。

中国现存最早的舞台

在山西省临汾市魏村镇牛王庙内，有一座保存完好的元代舞台，是中国现存最早的舞台建筑。舞台建于元初至元二十年（1283 年）。700 多年来，历经后人修葺增减，主体仍不失元代建筑之风格。舞台三面封顶，一面敞部，无前后场之分，显然是乐楼的形式；也是宋代的勾栏和舞亭发展为金元时期的戏台的固有格局。舞台屋顶的梁架结构设计合理，檐飞斗拱，施工考究，质朴大方，着重实用效果。这清楚地表明，古平阳（今临汾）一带是当时中国戏剧艺术繁荣之地。

梨园

梨园是唐玄宗时教练宫廷歌舞艺人的地方。地址在京都长安光化门北禁苑中。据《新唐书》记载，唐玄宗熟知音律，又酷爱法曲，选坐部伎子弟三百人，教于梨园。对声有误者，亲加教正，称为“皇帝梨园弟子”。梨园的乐工多是来自民间的艺人，经过严格选拔进入宫廷后，刻苦钻研，技艺得到精进，推动了唐代歌乐的发展。后来梨园成为戏班的代称，戏曲演员又被称为梨园子弟。

“国剧美神”梅兰芳

梅兰芳是四大名旦之一。

梅兰芳（1894～1961 年），京剧演员，工旦。名澜，字畹华。江苏泰州人。出生梨园世家，祖父梅巧玲为京剧名旦，“同光十三绝”之一，父亲梅竹芬为昆曲、京剧旦角演员，伯父梅雨田为著名琴师。

梅兰芳 8 岁学戏，10 岁第一次登台。1913 年到上海，王凤卿推荐梅兰芳主演大轴戏《穆柯寨》压台，受到观众的热烈赞赏，同年返京后，他排出第一个时装新戏《孽海波澜》。1914 年梅兰芳再次应邀赴上海演出，盛况空前。1915 年 4 月至 1916 年 9 月，他新排演了 11 出戏，有时装戏《宦海潮》《邓霞姑》《一缕麻》；古装新戏《牢狱鸳鸯》《嫦娥奔月》《黛玉葬花》《千金一笑》；还有昆曲传统戏《思凡》《春香闹学》《佳期》《拷红》《风筝误·惊丑》《前亲》等。在此后数年中，他又继续排演了大量古装新戏，如《廉锦枫》《霸王别姬》《天女散花》《麻姑献寿》《洛神》《西施》《太真外传》等，整理演出了传统剧目《宇宙锋》《贵妃醉酒》《奇双会》《金山寺》《断桥》《姑嫂英雄》《打渔杀家》《二堂舍子》《审头刺汤》等。抗日战争爆发后，他留居港、沪，在敌伪统治下蓄须明志，坚拒演出，表现出崇高的民族气节。

1949 年后，曾任中国文学艺术界联合会副主席、中国戏剧家协会副主席、中国京剧院院长、中国戏曲研究院院长。

在 50 余年的舞台生涯中，梅兰芳精心钻研，勇于革新，创造了众多优美的艺术形象，发展和提高了京剧旦角的演唱和表演艺术，形成一个具有独特风格的艺术流派，世称“梅派”。“梅派”主要是综合了青衣、花旦和刀马旦的表演方式，在唱、念、做、舞、音乐、服装、扮相等各个方面，进行不断的创新和发展，将京剧旦行的唱腔、表演艺术提高到了一个全新的水平，达到了完美的境界。

梅兰芳对现代中国戏曲艺术的发展起了承前启后的作用，将京剧艺术的发展推上了一个新的高峰。梅兰芳本人也被尊为“国剧美神”，成为中国戏曲史上的一代艺术大师。

曲 艺

子弟书

子弟书又名清音子弟书，清代曲艺曲种之一，即鼓词中一种以唱为主的段儿书。起源于明末山东民间，清初盛行，后发展为山东、北京、河北及东北各省的大鼓书。乾隆时由八旗子弟改造为子弟书，只有唱词而无说白。即今所谓“单弦牌子曲”。子弟书文辞、音节俱美，表现手法细腻；题材取自小说、戏曲和社会生活。所存曲目众多。曲本有仅几十句的短篇，亦有长达三十二回的长篇，唱词基本为七字句。

鼓词

鼓词又名鼓儿词。一种以鼓伴唱的民间通俗文艺。起源较早，南宋陆游《舍舟步归》四绝句之一：“斜阳古道赵家庄，负鼓盲翁正作场。身后是非谁管得，满村听唱蔡中郎。”所写即为盲艺人演唱鼓词情况。近人徐珂《清稗类钞》：“唱鼓词者，小鼓一具，配以三弦，二人唱书，谓之鼓子词。亦有仅一人者，京津有之。”

相声

相声是通过说、学、逗、唱以引人笑乐的曲艺曲种。学、逗、唱是在“说”的过程中进行的，因此相声实际上是一种以“说”为主要手段的艺术。约形成于清中叶以后，最初流行于京、津一带，用北京话讲说。现在各地亦有用当地方言讲说的“方言相声”。相声有单口、对口、群口三种形式。习见的对口相声，一逗一捧，铺垫到一定时机，“抖”出“包袱”，散出笑料来。清初，北京等地也称隔壁戏为“象声”“相声”。

道情

道情也名渔鼓，亦有名古文的。流行于浙江、山西、湖北、湖南、四川、江西等地。渊源于唐代的道士曲，以道教故事为题材，宣扬道家的绝尘离俗的思想。是鼓词、鼓子词的一种，宋时始名为道情。宋周密《武林旧事》卷七：“后苑小厮儿三十人，打息气唱道情。太上云：‘此是张抡所撰鼓子词。’”南宋开始以渔鼓、简板为主要乐器伴奏，在元杂剧中，凡有关道教度化故事，一般都插入一段以渔鼓、简板伴奏唱道情曲。唱词基本为七字句、十字句。明清以来，道情流行极广，近代出现了众多以地方命名的支派，如温州道情、义乌道情、洪赵道情、临县道情等。

弹词

弹词也叫评弹或南词。宋末兴起，流行于南方。最初的弹词如《西厢传奇》，有词曲，无说白；金董解元《西厢记搊弹词》或《弦索西厢》，始有曲有白，一人弹唱，而以代言体脚色制分诸剧中人物，已具备后世弹词或南词之体制。元杨维桢有《四游记弹词》。清代则弹词更为盛行，作品甚富，且多长篇巨著。著名的有乾隆时女作家陈端生所写《再生缘》，咸丰间刊行的《珍珠塔》前后传，以及《笔生花》《天雨花》《凤双飞》等。

木偶戏

木偶戏即傀儡戏。又名窟儡子、魁儡子，南北朝至唐宋又别称为郭秃、郭郎、郭公。作木偶以戏，最早见于《列子·汤问》，谓巧匠偃师所造假人，“頷其颐，则歌合律；捧其手，则舞应节。千变万化，惟意所适”。即后来之木偶人。北齐后主高纬，雅好傀儡，谓之郭公，时人戏为《郭公歌》。唐温庭筠亦作《邯郸郭公辞》。至宋时傀儡戏最盛，种类最多。《东京梦华录》《都城纪胜》《武林旧

事》《梦粱录》诸书所载有悬丝傀儡、走线傀儡、杖头傀儡、药发傀儡、肉傀儡、水傀儡等。《梦粱录》卷二十“百戏伎艺”：“凡傀儡，敷演烟粉、灵怪、铁骑、公案，史书历代君臣将相故事话本。”

皮影戏

皮影戏又称影戏、灯影戏。用灯光照射兽皮或纸板做成的人物剪影等表演故事的戏剧艺术。剧目、唱腔多同地方戏曲相互影响，由艺人一边操纵一边演唱，并配以音乐。渊源可以追溯到汉代。宋代是皮影戏演出繁盛时期，已成为一种行业，当时称为“绘革社”，以演耍皮影戏为业的著名艺人很多。宋吴自牧《梦粱录》说：“更有弄影戏者，元汴京初以素纸雕簇，自后人巧工精，以羊皮雕形，用以彩色妆饰，不致损坏。杭城有贾四郎王昇王润卿等，熟于摆布，立讲无差，其话本与讲史书者颇同，大抵真假相半，公忠者雕以正貌，奸邪者刻以丑形，盖亦寓褒贬于其间耳。”到了清代，皮影戏又增加机捩，使四肢能动，更像活人，在全国范围流行。据说皮影戏元代曾传到西亚，并远及欧洲。

二人转

二人转是曲艺曲种之一。俗名蹦蹦。流行于辽宁、吉林、黑龙江三省及内蒙古东部的广大地区。表演方式有一人走唱的“单出头”，二人走唱的“双玩艺”，多人说唱的“群活”等三种。艺术上讲究唱、说、做、舞四种功夫。唱腔丰富，素有“九腔十八调，七十二咳咳”之说，常用曲牌唱调有《胡胡腔》《文咳咳》《武咳咳》《三节板》《四平调》《五字锦》《红柳子》等。伴奏乐器有板胡、唢呐、竹板等。唱词以七字句和十字句为主，追求滑稽幽默的喜剧效果。以唱为主，唱中有白，边唱边舞。长期流传中，依地域不同而形成了以吉林市为中心的“东路”，以黑山县为重点的“西路”，以营口为中心的“南路”和以北大荒为中心的“北路”等四个支派。其不同风格，有艺谚概括为四句话：“南靠浪（舞），北靠唱，西讲板头，东要棒。”

杂技、戏法、马戏

杂技是表演艺术的一种。以健美有力的动作，灵巧迅速的手法为特点。包括蹬技、顶技、手技、戏法、魔术和马戏等。其高难度的技术表演，显示了人的智慧、毅力和勇敢的精神。中国包括民间杂耍在内的杂技有着悠久的历史。

戏法又称“中国戏法”或“古彩戏法”。杂技节目。演员以灵巧的手法，使观众在视觉、听觉上产生错觉，从而表演出各种物件的增减和隐现。

马戏是杂技节目之一。原为古代一种技艺，专指驯马和马术表演，后成为各种驯兽乃至杂技表演的统称。表演形式大都为马术以及演员指挥各种经过系统训练的动物，做出各种技巧动作，同时穿插杂技和丑角的表演。

双簧、评书、数来宝

双簧是曲艺曲种之一。多由两人表演。一人藏在后面说唱，另一人按后面说唱内容作表演；还有的一人在台前说唱，另一人藏在其身后替代做动作。两种形式均酷似一人表演。表演中偶露破绽以逗乐观众。

评书又称“评词”。曲艺曲种之一。表演者只限一人。讲述传统和民间故事。早先多以长篇为主，一天一回，悬念不断，吸引听众。后也常说独立短篇。

数来宝是曲艺曲种之一。流行于中国北方。一人或两人说唱。用竹板或系以铜铃的牛髀骨打拍。常用句式为可以断开的“三、三”六字句和“四、三”七字句，二句、四句或六句即可换韵。开始是艺人沿街即兴说唱，后进入书场，内容有所变化。

对联谜语

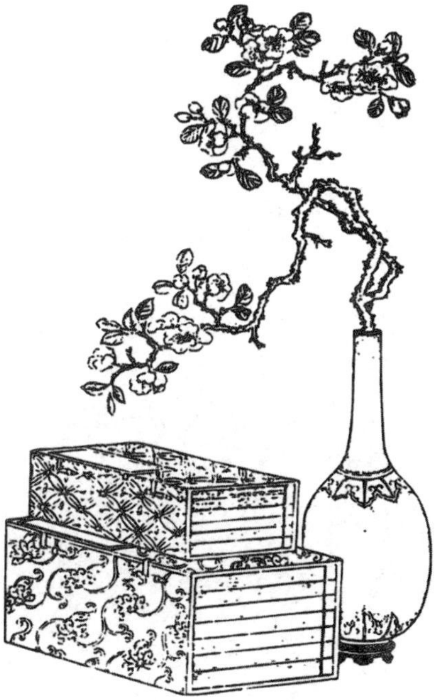

对 联

对联的由来

对联又称楹联、对偶、门对、春贴、春联、对子、桃符等，是一种对偶文学，起源于桃符。

相传，对联起于五代后蜀主孟昶。他在寝室门桃符板上的题词："新年纳余庆，嘉节号长春"，谓文"题桃符"。这要算中国最早的对联，也是第一副春联。另有一说法为，中国最早的楹联出现在唐代，并以莫高窟藏经洞出土的卷号为斯坦因0610号敦煌遗书为据。

但是，从文学史的角度看，对联是从古代诗文辞赋中的对偶句逐渐演化、发展而来。这个发展过程大约经历了三个阶段。也就是对偶阶段、骈偶阶段和律偶阶段。

对偶阶段的时间跨度为先秦、两汉至南北朝，古诗文中最早出现了对偶句，如"日出而作，日入而息"之类；骈偶阶段起源于东汉的辞赋，兴于魏晋，盛于南北朝，是以对偶句组织的骈文；律偶阶段始于魏晋，到了唐代正式形成，即一般的五、七言律诗。

清华大学的对联题

1932年，清华大学的新生入学考试的国文一科，由著名历史学家陈寅恪出试题，其中一题就是作对联。试题出的上联是“孙行者”。

当时，面对这个试题，有一半以上的考生交了白卷，但也有几个对得很好，其中最为脍炙人口的下联是：“胡适之”。但认真说来，以“胡适之”对“孙行者”并不能算十分工整，“适”对“行”，“之”对“者”尚可，而“胡”对“孙”就不太能讲得通。另有一种说法，说孙行者为猴王，而猴可称为“猢狲”，所以以“胡”对“孙”是在开胡适之的玩笑。除此之外，还有考生以“祖冲之”和“王引之”等为下联，亦十分巧妙。

烟锁池塘柳

在各式各样的对联中，有一种“绝对”历来受人重视。所谓“绝对”，一般都是经过长时间在民间流传下来的，并且有相当大难度的对联，有些已经有了下联，还有些至今没人能对得出。“烟锁池塘柳”，就是一个十分有名的“绝对”，据晚明陈子升的《中洲草堂遗集》，流传至今已超过 300 年。

“烟锁池塘柳”这五个字的偏旁包括了“金、木、水、火、土”五行，因此，下联中也应该有“五行”与之相对。有人以“灰堆镇海楼”为下联，但仅是形式上的对仗，上下联之间的雅俗似有很大差距。还有人将“灰堆”换为“炮堆”，依然不够好。另有被多数人认可的下联“炮架镇江城”，在气势和情理上都好得多，但上下联的平仄对仗仍存在缺陷。

迄今为止，无论是从平仄上，还是从意境上，都十分协调的下联是：“茶烹凿壁泉”。这个下联不仅赏心写意，且对仗的偏旁均在字的下部，殊为难得。

回文联

回文联即是以回文形式写成的对联，既可以顺读，也可倒读，颇具趣味。自古流传下来的回文联相当多，有些对联甚至至今仍有人对出新的下联来。试摘录几副。

其一：

客上天然居，居然天上客；

郎中王若俨，俨若王中郎。

此联中的下联似乎是最早出现的，王若俨是北京一位名医的名字，而北方称医生为“郎中”，“郎中”本身又是官名，因此成联。但此下联只能算是勉强对通，并不是上乘之作。其后，便出现了第二个下联，即是：

人过大佛寺，寺佛大过人。

此下联明显好过“王郎中”一联，但以“佛”对“然”，依旧不算太工整。其后，有人对出了第三个下联，联云：

僧游云隐寺，寺隐云游僧。

这就称得上比较工整妥帖了。

春联

过年贴春联，是中国的传统习俗，春联以工整、对偶、简洁、精巧的文字描绘时代背景，抒发美好愿望，其内容是极其丰富的。以下摘录几副。

清末名臣左宗棠作：

十年宦比梅花冷；

一夜春随爆竹来。

军阀阎锡山作：

频年迁播异乡，最难忘三晋云山，六朝城郭；

今日欢欣佳节，且来看淡江春水，横海楼船。

以上两联各自切合作者身份，事实上，在中国的传统习俗中，每逢春节，各行各业都有与该行业相应的春联，比如：

理发店：

不教白发催人老；

更喜春风满面生。

眼镜店：

扫去尘氛，万卷诗书供赏鉴；

拨开云雾，两轮日月放光明。

书店：

天外江山来笔底；

胸中丘壑写毫端。

诗钟

诗钟是清代中叶时，文人之间流行的文字游戏，也是一种培养儿童对联能力的教育活动。

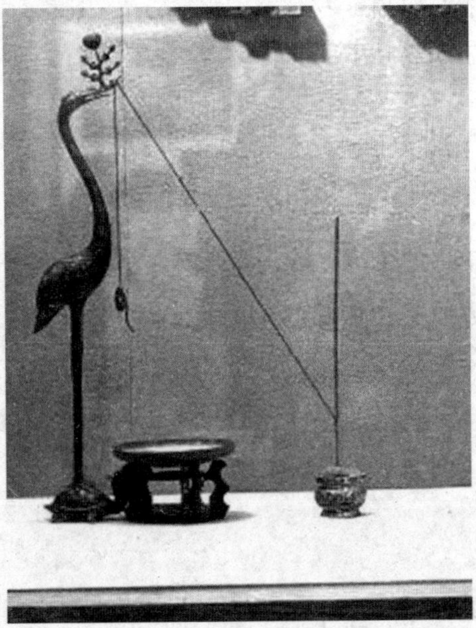

作为游戏的诗钟，类似于限韵作诗，以意义不同的两个词，作亦诗的对偶句，要求凑合自然，对仗工整，并有时间限制，据清代文人徐兆平的《清月谈余录》："构思时，以寸香系缕上，缀以钱，下承盂，火焚缕断，钱落盂响。"而这种游戏随着在文人间的普及和传播，逐渐成为一种教育活动。

诗钟大约出现在嘉庆、道光年间的福建八闽地区，但普及速度极快，据《闽杂记》记载："今馆阁诸君亦多为之。"

同治年间，进士赵国华、李宪之与探花张之洞曾在山东、江苏、湖北等地大力倡导“诗钟”活动。光绪年间，北京的满族知识分子以宗室盛显领衔，还成立了“榆社”，各地也纷纷结社，并有联社的活动。学童参加诗钟活动得到家长的支持；准备参加科举考试猎取功名的人也会写作诗钟，是为写好八股文和制艺诗的准备，另有些人为附庸风雅故，对这一种“诗酒酬唱”亦是情有独钟。

诗钟的活动一直盛行到辛亥革命以后，事实上将各地的名流网罗殆尽，名臣如瞿鸿、陈宝琛者，名士如王闿运、梁启超、樊增祥者，都曾加入过各地的诗钟社团。

谜 语

谜语的起源

关于谜语起源的考证有以下几种。

认为谜语的起源不可考。如余真在《打灯谜》说：“灯谜始于何时，不可考，也从没有人为它作过考证。”

认为谜语有近千年的历史。其观点主要在 20 世纪 80 年代的部分报刊中可见。

认为谜语有 2000 余年的历史。如陈光尧在《谜语研究》中说：“谜语自上古的廋辞一直到现在，总共经过有二千多年的历史了。”又如《灯谜万花筒》说：“二千五百多年前，春秋战国时代的廋辞和隐语（也称“讔”），是灯谜的萌芽。”

认为谜语有 3000 余年的历史。最具有代表性的是段宝林的说法，他说：“我以为商代歌谣《女承筐》才是我国谜语的最古记录。原文见于《周易》的《归妹》上六：女承筐，无实，士刲羊，无血。女的拿着筐子盛东西，本应有重量，但它却说‘无实’，是虚松的，男的拿着刀割羊，本应流血的，但却‘无血’。这是什么呢？这不是运用传统谜语最常用的‘矛盾法’非常含蓄而巧妙地表现了牧场上一对青年牧羊人夫妇剪羊毛的情景吗？它既生动地描述了剪羊毛的劳动特点，又‘回互其辞’使人不易猜着，这不是一个很好的谜语吗？”

趣谈谜语的名称

自古以来，谜语因其趣味性浓、文学性强、内容广泛等特点，受到各个阶层的喜爱，从而产生了多种名称，以下试列举几个：

“隐”，《史记·滑稽列传》云：“齐威王之时喜隐。”

“隐语”，《汉书·东方朔传》云：“臣愿复问朔隐语。”

“商灯”，明代刘侗《帝京景物略》云：“每市有以灯影物。幌于寺观之壁，名之曰商灯。”

“弹壁”，明代《姑苏志》云：“上元灯市，藏谜者曰：‘弹壁灯’。”

“文虎”，《留青别集》云：“谓之虎者，喻其不易中也。”

中国灯谜的谜格

谜格也称谜律，指的是在某些谜语制谜和猜谜的时候，必须遵守的特殊格式。

不是所有的谜语都要用“格”，但凡是用格的谜语就必须按各种格的规定来猜，否则无法猜中。

常用的谜格有解铃格、皓首格、素心格、粉底格、梨花格、丹心格、虾须格、碎锦格、徐妃格、下楼格、摩顶格、放踵格、秋千格、卷帘格、求凰格、红豆格、集锦格等等。

如秋千格，是指谜底为两个字，并且要像打秋千那样从下往上倒过来读。例如：米粮川（打一地理名），谜底为“河谷”；倒读是谷河。

传统谜格虽然名目繁多，但其体系仍清晰可辨，不外乎字与句两方面，如谐音、白字、四声变化、结构离合、对仗、别解、删减、颠倒等。

寺庙中的物谜

大多数的古寺庙的山门殿内，会有“四大金刚”像，分别手持青光宝剑、碧玉琵琶、混元珍珠伞、花狐貂。这四大金刚手里的“法宝”便是一个有趣的谜语，谜底为：“风调雨顺”。这是因为宝剑有“锋”，故隐意为“风”，琵琶能弹拨出音调故隐意为“调”伞能遮雨，故隐意为“雨”，貂类毛皮柔顺，故隐意为“顺”。

泉州古刹“开元寺”，寺中有一座照壁，以琉璃彩釉浮雕一头罕见的怪兽。兽脚踩八宝，身披锦甲，口衔铜钱，当地人称这一怪兽为“贪”。相传，古代知府走马上任必到寺庙顶礼膜拜，当地百姓为警示贪官腐吏，特雕塑此怪兽。照壁两侧则配有含谜的动植物。如：芭蕉取其谐音为“招”，蝙蝠为“福”，扫帚，会意为“扫”，蝗虫会意为“灾”，蜂窝隐指“封”，猿猴隐指“侯”，帅旗隐喻“将”，大象隐喻“相”，羊隐喻“祥”，鹿隐喻“禄”，鹤隐喻“寿”。其用意为：如果官员廉洁不贪，为百姓“招福扫灾”，就会“封侯拜相”“吉祥如意”“添禄增寿”。

建筑考古

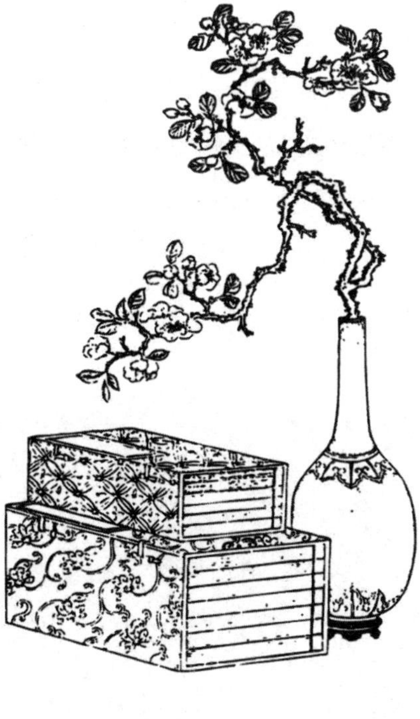

建 筑

万里长城

长城始建于春秋战国时代，当时各国诸侯为了互相防御，于险要处修筑城墙。后为防御北方匈奴、东胡等族的骚扰，秦、赵、燕三国在北部修筑高大城墙。秦统一中国后，在原有基础上修建万里长城，奠定了现存的规模。以后历代均加以修整，至明代，蒙古与女真族崛起，为加强防御，对长城加以改建，部分地段用砖石重建，增筑烽火台。此时长城更为完整，东起山海关，西迄嘉峪关，横穿河北、北京、山西、内蒙古、宁夏、陕西、甘肃，绵延 6700 公里，为世界最伟大古建筑之一。

长城东端山海关在河北秦皇岛市东北。明洪武十四年（1381 年），徐达在此建关设防。此关北依燕山，南临渤海，山海关之名由此而来。地势险峻，为咽喉要道，系兵家必争之地。山海关的东城门即著名之“天下第一关”，关口为高 12

米的长方形城台，城台中部为拱门。台上筑箭楼，有两重檐，上为九脊歇山顶，上层檐下高悬“天下第一关”匾额，是明代进士萧显墨迹。长城西端嘉峪关在甘肃嘉峪山西麓，始建于明洪武五年（1372 年），关城呈梯形，墙高九米，垛墙高 1.7 米，四角有角楼，南、北城墙上居中有敌楼。内城开东西两道正门，上筑城台，建有三层木结构关楼，高 17 米。西瓮城外筑有凸形罗城，长 287 米，厚 6 米余，中间开门，门额镌有“嘉峪关”三字。八达岭关城（即居庸关北口）在北京市西北延庆县境，是长城的一个重要隘口。建于明弘治十八年（1505 年），东门额题“居庸外镇”，西门额题“北门锁钥”。关城两侧，长城延伸，依山起伏，宛如苍龙蟠曲，异常壮观。此段长城高大坚固，皆以特制巨型墙砖砌成外壳，中实碎石黄土，下为条石台基。城上方砖铺地，上有女墙，垛口下有射洞。每隔数百米均筑有城台，城台分三种类型：一为敌台，有两层，顶部为平台，下为守军驻处；一为墙台，台面与墙顶齐平，上有简单小屋，供放哨者躲避风雨之用；一为战台，筑于险要处，共三层，下层为无门窗之高台，中为空室，可储存兵器，有射洞，上层有垛口，供瞭望用。

灿烂辉煌的故宫建筑

故宫是明朝和清朝的皇宫。位于北京城中心，又名紫禁城。从明永乐十九年（1421 年），直至清末（1911 年），是明、清两朝的皇宫。它是中国现存规模最巨大、保存最完好的古建筑群。1925 年在此建故宫博物院后，通称故宫。紫禁城所在位置是元大都城宫殿的前部。明成祖朱棣登位后，于永乐四年（1406 年）决定筹建北京宫殿。永乐五年开始征调工匠预制构件，于永乐十八年建在宫殿、坛庙，次年自南京迁都北京。主持筹建的匠师有蔡信、陆祥、杨青等。正式开工后，工程由蒯祥主持。紫禁城采取严格对称的院落式布局，代表中国古代建筑组群布局的最高水平。

紫禁城占地 72 万多平方米，建筑面积约 15 万平方米，屋宇 9000 余间。周围宫墙长约 3.4 公里，呈长方形，四角有角楼，墙外环绕护城河。午门是正门，经太和门，有著名的太和殿、中和殿、保和殿三大殿。太和殿俗称“金銮殿”，

最为富丽堂皇。还有乾清宫、交泰殿、坤宁宫等后三宫许多建筑，沿南北中轴线排列，左右对称展开。宫内建筑多为木结构，红墙、黄琉璃瓦顶、青白石底座，彩绘绚丽。建筑气势雄伟、豪华壮观，是中国古代建筑艺术的精华。

沈阳故宫

沈阳故宫位于在辽宁省沈阳市，居沈阳旧城的中心，是清代努尔哈赤和皇太极两朝的宫殿。努尔哈赤于 1616 年建后金国，于天命十年（1625 年）迁都沈阳，开始营建宫殿。清入关定都北京以后，这里成了留都宫殿。

沈阳故宫内由 300 余间房屋组成 10 余个院落，占地 4. 6 万平方米，整个建筑分中、东、西三路。其中中路从南到北有大清门、崇政殿、凤凰楼、清宁宫。两侧还有配宫、殿、斋、阁、堂、亭等建筑。外由高大宫墙围起。整个皇宫富丽堂皇，是现存仅次于北京故宫的完整皇宫建筑，充满浓郁的民族风格，是满汉文化交流的辉煌成果。

白帝城——保存最完整的古汉城

白帝古城位于奉节县城东约 6 公里的三峡之口，雄踞于巍巍瞿塘关之上，三

面环水，一面靠山，北缘马岭，东傍瀼溪，西、南临大江，外形像个马鞍。

西汉末年，公孙述据蜀，因此建城。因城内有一井出现白气如龙，公孙述认为是吉祥的象征，便于公元 25 年自称“白帝”，此城便称“白帝城”，公孙述字紫阳，所以白帝城又有“紫阳城”之称。明、清时期，西南总税关分上、中、下三关，这里为下关所在地，所以白帝又叫“下关城”。又由于白帝城为汉代所建，故又称为“汉城”。

至今，汉城城墙的遗迹还清晰可寻。古城墙原有 7000 多米，从东、南、西三面江岸直上北面的马岭，蜿蜒盘旋。游人到了那里，尚能亲眼见到“洗马池”“皇殿台”“消假台”等遗迹。至于汉砖、汉瓦，城内到处皆是，有的甚至堆积厚度达 2 米多。尤为珍奇的是，现在至少还有 5000 多米的古城墙仍屹立着，北山段城墙保存得尤其好，甚至那城套城的城墙仍历历可见，城墙的高度从 1 米到 6.7 米不等。保存得如此好的古汉城，在全国独一无二。

世界上最大的祭天建筑群

世界上最大的祭天建筑群是中国的天坛。天坛位于北京永定门内大街东侧，是明清皇帝祭天和祈祷丰年的地方。天坛始建于明永乐十八年（1420 年），原称天地坛，至嘉靖九年（1530 年）才分祀天地。经明、清两朝的多次改建和修缮，才成今日的面貌。

天坛是圜丘、祈谷二坛的总称。因有垣墙两重，形成内外坛。坛墙南方北

圆，象征天圆地方。主要建筑在内坛，在一条南北向中轴线上，北为祈年殿，南为圜丘坛，中间有墙相隔，并有皇穹宇（其围墙俗称回音壁）等建筑。天坛占地270万平方米，是中国现存最大的古代祭祀性建筑群。

钟楼和鼓楼

钟楼和鼓楼是中国古代在城市、宫殿、寺院中用作报时和显示威仪的建筑。汉唐时期城市实行里坊制，规定宵禁，晨昏都要击鼓为启闭坊门的信号。北宋以后，里坊制取消，却保留了钟鼓报时的习俗。在元大都、明南京和明清北京及许多地方城市的显著位置都建有高大的钟楼和鼓楼。

现存建于明代的西安钟楼便处在城市中心点上。北京现存的钟、鼓楼处在全城中轴线北端，初建于明永乐年间。佛教寺院在唐以前设有钟楼和经楼，对称地放在寺院前部或后部，宋代以后又引入鼓楼，东钟西鼓，多放在寺院前部，藏经楼则被安排到了全寺最后面。钟和鼓在寺院不仅用于报时，也具有宗教宣传作用，《增一阿含经》说："洪钟震响觉群生"，"昼夜闻钟开觉悟"。清钟夜响，发人思绪，无怪唐代诗人张继写下"姑苏城外寒山寺，夜半钟声到客船"的佳句，使得苏州寒山寺一举闻名。清光绪年间重修寒山寺，在大殿后左廊建钟楼，内藏

清铸大钟，至今每逢除夕午夜，不少中外游人还要专程到寒山寺听钟。

有关“鼓楼”的来历，有人认为是北魏李崇所创，初用以传递信号，便于擒贼缉盗。据 1930 年《重修滑县志》记载：“北魏时，兖州多盗。李崇为刺史，乃村置一楼，盗发之处，双槌乱击。四面诸村始闻者，挝鼓一通，次复闻者，以二为节次。后闻者以三为节次，各击鼓千槌。诸村闻鼓，皆守要路。是以俄顷之间，声布百里之内。其中险要，悉有伏人，盗窃始发，便尔擒送。诸州置楼悬鼓，自崇始也。宋，薛季宣令武昌亦乡置一楼，盗发伐鼓，瞬息遍百里。盖世多盗，弥道之法，莫良乎此。故后世效之，州县多置鼓楼。”

西安碑林

碑林是汉唐以来碑石集中地。在陕西西安市区。始建于北宋元祐五年（1090 年），是为保存唐开成年间镌刻的《十三经》而设。历代又有增添，今已荟萃自汉迄清名家手笔镌刻的碑石墓志 1000 多块，成为中国书法艺术一座宝库。其中包括唐欧阳询、虞世南、褚遂良、颜真卿、柳公权、张旭、怀素等，宋元明清米芾、蔡京、苏轼、赵孟頫等人的作品。

少林寺

少林寺是佛教传入中国后产生的禅宗的祖庭。位于河南登封城西北 15 公里

处少室山北麓五乳峰下，因建寺之前少室山麓丛林满野，故名少林寺。唐初，少林寺僧助唐太宗开国有功，从此僧徒常习拳术，成为少林拳派发源地。现存建筑

有山门、客堂、达摩亭、白衣殿、地藏殿和千佛殿等。内有著名的明代500罗汉朝毗卢壁画，清代少林寺拳谱，十三和尚救唐王壁画。寺西的塔林、西北的宋代创修初祖庵与庵后达摩面壁洞等建筑以及唐以来的碑碣石刻，也是重要的文物。

塔寺之祖

位于陕西扶风县的法门寺，因藏有佛祖释迦牟尼指骨舍利，被誉为“关中塔庙之祖”和“佛教圣地”。法门寺为唐、宋两朝皇家宫廷寺院。随着佛教在中国的兴衰，法门寺及其宝塔屡毁屡建。千百年来，法门寺的传说也越传越奇。

1987年4月，法门寺塔基地宫的发现，揭开了历史的迷雾。这里珍藏了大量古代遗物，刻在石碑上的账簿记载有武则天的裙衣。更令人振奋的是，还发现了在塔下埋藏了1000多年的释迦牟尼的真身舍利。

法门寺先有塔后有寺，寺和塔的名称历代不一。明代重修的13级宝塔，正南塔门上方赫然书刻着“真身宝塔”4个遒劲大字。“真身宝塔”是法门寺的中心建筑，它分别由地宫、基座、塔身、塔刹构成。塔身平面呈八角形，塔的层数按照奇数的规律为13层，地宫在塔基下面，用砖石砌就，深达数米，地宫构造复杂，分阶梯、通道、平台、甬道、前室、中室、后室7部分，地宫各室均有石门相隔，地宫内金碧辉煌。这个藏着释迦牟尼佛祖舍利和近千件供奉宝器的地宫是1113年前关闭的。一千多年来地宫从未开启，成为一座完整的唐代珍宝库。法门寺还保存有千佛碑等北魏和唐代的大量碑刻，隋文帝赠送的泼水即现虎形的卧虎石，明成化年间铸造的1500多公斤重的大钟。

法门寺还有许多的趣闻灵异之事。传闻1988年农历十月初一，数百名高僧在法门寺举行释迦如来真身舍利瞻礼法会。午夜时分在隆重庄严的礼拜过程中，忽见舍利涌出虚空，形成耀眼光团，层环相叠，实为千古奇遇。

灵隐寺

灵隐寺位于浙江杭州西湖畔灵隐山麓。建于公元326年。东晋咸和初年印度僧人慧理来此叹曰："此天竺灵鹫山之小岭，不知何年飞来，佛在世日，多为仙灵所隐。"遂面山建寺，取名"灵隐"。前为天王殿，上悬"云林禅寺"匾额，殿中有弥勒佛座像；其后为大雄宝殿，单层重檐、三叠的歇山式建筑，殿高 33.6 米，高甍飞宇，琉璃瓦顶。大殿正中为金装释迦牟尼像，高 9.1 米。天王殿前有建于公元 969 年的两座经幢和大雄宝殿前建于公元 960 年的两座经塔，系五代吴越国末期遗物，是极为珍贵的文物。

世界现存最高的古代木构建筑

应县木塔，即山西应县佛宫寺释迦塔，是世界古代木结构建筑中最高大的一

座。塔身全为木结构，立于 4 米多高的石砌台基之上。底层为双重塔檐，下带附阶，上面四层均为单檐，每层带有斗拱支持的平座栏杆。塔的外观为 5 层，首层重檐及其上几层的平座中夹有 4 个暗层，内部实为 9 层。塔底层入门居中是高近 10 米的释迦坐像，下托莲座，上罩华美藻井。门洞两壁绘有金刚、天王、佛弟子等，门额壁板上绘有女供养人，内槽壁面绘有六幅如来佛像。上面四层居中都有一组佛像。外槽围护的木制门窗之外是平座的栏杆，可凭栏远眺。明成祖所书"峻极神功"及明武宗所书"天下奇观"匾额，悬于三四层塔檐之下。木塔每层

内、外槽两圈柱列，用梁枋斗拱联结为完整构架。每层构架按柱位垂直对应叠落上去，渐高渐收，形成优美收分的稳定的梯形塔体。造型具有收放有致轻重呼应的节奏韵律，以及体量庞大但绝不笨重的艺术效果。

中国现存最古老的砖石建筑

嵩岳寺塔中国现存年代最早的密檐砖塔。在河南省登封县西北约 6 公里的嵩山南麓，建于北魏正光四年（公元 523 年）。平面为十二边形，也是中国现存古塔中的孤例。塔身稳重，轮廓柔和，比例匀称，外形刚健而秀丽。特别是采用了砖壁空心筒体结构，在中国建筑史上占有重要地位。1961 年定为全国重点文物保护单位。

塔高 40 米。砖砌塔壁厚 2. 45 米。塔室底层东、西、南、北四面均辟有入口，直接进入塔心内室。内室除底层为正十二边开，往上直到顶部均为正八边形直井式，中间用木楼板分隔为十层。全塔分为塔身、塔檐、塔刹三部分。外形轮廓有柔和收分，呈略凸形曲线。塔身部分建于低矮简朴的台基上，用挑出的砖砌叠涩分隔为上下两段。上段比下段稍大。在四个正面上有贯通上下两段的门洞，门洞上部半圆形拱券面做成浮雕式火焰形券。下段除门洞外其余八面都是平光的砖面。塔身上段的非正向八个面上，各砌出一个壁龛，龛座隐起两个壶门，内嵌砖雕狮子，造型古朴。在上段塔身的各转角上，还有砖砌八角形倚柱。柱下有雕砖莲瓣形柱础，柱头有砖雕的火焰和垂莲。塔檐部分位于塔身之上，十五层密接，用叠涩做成。每层檐之间的每面塔壁砌出门形和窗形，只开了七个真正的门洞，作为塔上部的采光口。至于塔身的外部色彩，据残存的石灰面分析，原为白色。塔刹用砖石砌成，其做法是，在简单的台座上置覆钵、束腰和仰莲，上面安相轮七重和宝珠一枚。

大雁塔与小雁塔

大雁塔原为藏经塔。在陕西西安市南 4 公里慈恩寺内。原为隋朝无漏寺。初为唐高宗李治为追荐其母冥福而改建。唐永徽三年（公元 652 年），寺主持僧玄奘为保护他从印度带回的佛教经典，又由高宗资助，在寺内西院修塔。初为砖表土心五层方形塔。武则天长安年间，改修成青砖阁楼式 7 层方形塔。唐代宗大历年间（公元 767～779 年）又改建成 10 层。后因战乱破坏剩下 7 层。明代在塔身外表加砌面砖，即为今塔。

小雁塔是位于陕西西安城南约 1 公里处荐福寺内的小塔，是为唐高宗李治献福而于唐文明元年（公元 684 年）所创建。塔修建于景龙年间（公元 707～710 年），因比大雁塔小，故名小雁塔。塔身为密檐式方形砖结构建筑，原高 15 级，约 45. 8 米。后因地震坍塌，今留 13 级，通高 43 米。唐代高僧义净从印度回国后，在此寺内译出佛经 56 部。

远东最古老的灯塔

东望洋灯塔是远东最古老的海岸灯塔。位于澳门半岛东部东望洋山山顶。望洋灯塔为白色，带着黄色的线条点缀。灯塔建筑为一圆柱形结构，底部直径为 7 米，往上收分为 5 米，内部共分三层，有一回旋梯连接垂直空间。灯塔总高 15 米，塔顶设置了巨型射灯，其射程可达 16 海里之远。灯塔旁边设有一座具有 17

世纪葡萄牙修道院特色的圣母雪地殿教堂。灯塔的所在地面位置之坐标值，为澳门于世界地图上之地理定位。

东望洋灯塔始建于 1864 年（清同治三年），是由土生葡人加路士·维森特·罗扎所设计的。灯塔于 1865 年 9 月 24 日正式开始运作。在雷达还未普及之前，是进入珠江的地标。现今灯塔已改由现代化照明系统，仍为航海人士服务。由于地势高，灯塔亦被用作悬挂台风讯号和灯号，向公众发放风暴消息。

天下第一桥

赵州桥又名安济桥，俗称大石桥。位于河北省赵县城南 2. 5 公里处，横跨

洨河。赵县古称赵州，故名。隋代李春建筑设计。建于公元 605～616 年。为敞式单孔圆弧形石拱桥，长 50. 82 米，宽约 10 米，跨径 37. 02 米，拱圈矢高 7. 23 米，由 28 条巨石并列砌成。大拱两肩对称地踞伏 4 个小拱，有减轻重量、节省材料、减弱流水阻力和便于排洪的作用，是世界桥梁史的一项伟大成就。桥两侧栏板、望柱雕刻精美。赵州桥桥型稳重轻盈，雄伟美观，以精美的构思和寓秀逸于雄伟的风格闻名于世。

四大名楼

滕王阁

位于江西南昌市沿江路赣江边。建于公元653年，以唐太宗之弟滕王李元婴封号命名。公元675年9月9日，洪州都督在此大宴宾客，王勃于席间作《滕王阁序》，成为千古名篇。篇中"落霞与孤鹜齐飞，秋水共长天一色"的名句，传颂天下。原建筑规模宏大，屡毁屡建，重建重修达28次。1926年被北洋军阀邓如琢烧毁，遗迹尚存。

蓬莱阁

位于山东蓬莱城北1公里丹崖山。下临大海，殿阁凌空，云烟缭绕，素称"仙境"。建于北宋嘉祐年间，明代扩建，清代重修。阁高15米，双层木构建筑，重檐八角，绕以回廊，上悬"蓬莱阁"匾额。现有1.9万平方米的古建筑群，分中、西、东3个院落，有楼、亭、殿、阁百余间。主要有三清殿、吕祖殿、天后宫、龙王宫、弥陀寺、蓬莱阁等，素有海市蜃楼等十大胜景。神话"八仙过海"相传发生于此，海市蜃楼闻名遐迩，自古为文人学士雅集之地，至今保留述景题刻200余石。阁下有明戚继光防倭寇的水城，又名"备倭城"。

黄鹤楼

位于在湖北武汉市武昌蛇山黄鹤矶头。相传三国吴黄武年间（公元222～229年）创建。后各代屡毁屡修。宏伟瑰丽，又附会了许多神话故事，唐人崔颢

《黄鹤楼》一诗，使之闻名于古今。最后一次建于清同治年间（1862～1874 年），因失火毁于清光绪十年（1884 年）。1985 年由该市政府重建落成，楼分五层，总高 51.4 米，采用塔式结构，重檐舒翼，层楼环廊，轩昂宏伟，飞彩流丹，吸引着大量中外游客。

岳阳楼

中国江南名楼之一，位于湖南洞庭湖畔，岳阳市西门城楼上。素有“洞庭天下水，岳阳天下楼”的美称。相传最早为三国东吴鲁肃训练水师的阅兵台。

唐诗人杜甫流落江南时，留下名诗《登岳阳楼》。宋庆历五年（1045 年），滕子京守巴陵郡时，重修此楼，请范仲淹撰《岳阳楼记》，以“先天下之忧而忧，后天下之乐而乐”的名句传于后世。以后几经兴废。清同治六年（1867 年）再建。20 世纪 80 年代初进行了彻底大修。今主楼平面呈长方形，高 19.72 米，气势雄伟，连同周围地区，辟为公园。主楼左为“仙梅亭”，右为“三醉亭”，相传因吕洞宾三醉岳阳楼而得名。楼旁建有“怀甫亭”，为纪念杜甫而建。历代大诗人李白、杜甫、孟浩然等几乎所有名人骚客都曾登临岳阳楼，留下著名诗篇。公园内收藏有各种珍贵文物及名家墨宝，现已成为游览圣地。

四大名亭

醉翁亭

在安徽滁县琅琊山中。北宋庆历六年，欧阳修被贬到滁州时，常与宾客饮酒亭中，自称“醉翁”，遂名此亭为醉翁亭，并撰写了脍炙人口的《醉翁亭记》。

陶然亭

在北京先农坛，是清康熙三十四年工部郎中江藻所建，初名“江亭”，后以唐代诗人白居易的诗句“更待菊黄家酿熟，与君一醉一陶然”而命名为陶然亭。

爱晚亭

位于湖南长沙的岳麓山半山腰上，修建于清代乾隆年间，后人取唐诗人杜牧的“停车坐爱枫林晚，霜叶红于二月花”的诗句，改为“爱晚亭”。

湖心亭

位于西湖中心的小岛上，又叫振鹭亭，初建于明嘉靖三十一年（1552 年），万历年间重建后改称湖心亭。亭子一层二檐，明张岱在《西湖梦录》里赞美湖心亭的丰姿说：“游人希之如海市蜃楼，烟云吞吐，恐滕王阁、岳阳楼俱无其伟观也。”

四大回音建筑

回音壁

位于北京天坛内，由于内侧墙面平整光洁，使外来音响沿内弧传递，久久回荡。如站在壁前轻轻哼唱，和声随之而起，深沉婉转，娓娓动听；如放声唤之，则回声四起，洪亮粗犷，萦绕耳畔，荡人心怀。

普救寺塔

位于山西永济县普救寺内，又称舍利音塔。塔身呈方形，有13层，高50米许。登塔者，用石投地，回声即起；投于前地，则声在塔底；投于后地，则声在塔顶。相传为工匠师筑塔时安放了金蛤蟆之故，实为塔身中空所致。又因古典名著《西厢记》源出于此，为了纪念崔莺莺，因而又名“莺莺宝塔”。

蛤蟆声塔

位于河南省郏县境内，建于清康熙年间。塔身虽不高，却以“奇声夺人”而闻名于世。游人若以掌击塔，塔内会发出“咯咯咯……”的鸣声，如有万千只蛤蟆在鼓膜低唱，妙不可言，发人遐思。

蛤蟆声塔

大佛寺石琴

位于四川潼南县大佛寺，靠近涪江的岸边，有36级石梯，似一把巨大的石琴，每个阶梯，犹如一根琴弦，只要把脚踏上石磴，拾级而上，脚下便会响起美妙悦耳的琴声，故又称“石磴琴声”。

古代城市的规划体系

中国的城市规划科学具有悠久的历史传统，自奴隶社会夏代开始营建城邑，经过商代的发展，到西周已经逐渐形成了一个初具规模的城市规划体系，春秋晚年齐国官书《考工记·匠人》中“营国”一节就是对这套体系的记载，它对西周时期城邑建设体制、规划体制和规划方法等都作了详细的记叙，这也是中国第一部有关城市规划的文献。这部文献中所记载的内容进入封建社会以后，经过几千年的发展，形成了中国古代一套独特的、严密的、完整的城市规划体系。中国古代名城，如汉长安、隋唐长安与洛阳、宋东京与临安、元大都及明清北京等都是古代城市规划与建设的典范。

历代王城的规划原则

《考工记》中“营国”一节中这样写道：“匠人营国，方九里、旁三门。国中九经九纬、经涂九轨。左祖右社，面朝后市……经涂九轨，环涂七轨，野涂五轨……”大致反映了以下四个方面的内容：

一、宫城是全城规划的核心，宫城位于王城的中心。宫城的南北中轴线便是王城规划的主轴线。

二、宫城前面为外朝，后面为市。宗庙、社稷则据主轴线对称设置在宫前方左右两侧。

三、全城道路网及里均环绕宫城这个核心，沿主轴线对称布置，突出宫的地位，并衬托着主轴线的主导作用。

四、宫城内是按前朝后寝之制规划的。

宫室与宫殿

上古时代，“宫”泛指一般的房屋住宅，没有贵贱之分，无论何人所居，都可以称为“宫”。秦汉以后，“宫”的字义缩小，专指帝王的住所，如秦有阿房宫，汉有未央宫。《尔雅》郝懿行疏云：“古者贵贱同称宫，秦汉以来，惟王者所居称宫焉。”另外，祀奉神祇的处所也有称“宫”的，如道教的上清宫、太清宫。

“殿”的情况与“宫”相类似。“殿”本来泛指高大的房屋。《汉书》颜师古注云：“古者屋之高严通呼为殿，不必宫中也。”后来“殿”的字义缩小，也专指帝王的住所。

“宫”和“殿”成为帝王住所的专称以后，在实际为个别建筑物命名时又有一些讲究。以北京旧紫禁城为例，它是明清两代留下来的一个庞大的宫殿建筑群，整个布局有外朝和内廷之分：外朝建筑都以“殿”名，内廷建筑多数以“宫”名，少数以“殿”名，总的说来，是殿在前而宫在后，殿大而宫小。

中国最早的工程建筑图

迄今发现的中国最早的工程建筑图现存于北京故宫博物院。

20 世纪 70 年代后期，在河北省平山县发现的战国时期中山国王譽的陵墓（平山 1 号墓），出土有一件镶错金银的铜图版，长 94 厘米、宽 48 厘米、厚约 1 厘米，是前所未见的珍贵文物。铜版背面中部有一对铺首，正面为中山王、后陵园的平面设计图。陵园包括三座大墓、两座中墓的名称、大小以及四座宫室、内宫垣、中宫垣的尺寸、距离。铜版上还记述了中山王颁布修建陵园的诏令，翻译成今天的白话，大意是：“中山王命令相邦进行王、后陵园规划设计，并由有关官员测绘成图，营建时要依图样长宽大小施工，有违背者处死不赦，凡不执行命令者，治罪要殃及子孙，设计图版一式两份，一份随陵入葬、一份府库存档。”图版上有逃乏（兆法）字样，考古学家根据《周礼·春官》中所说“掌公墓之地、辨其兆域而为之图”，“兆域”一词典籍中意指“陵墓区”，故把这块铜板称为“兆域图”，是目前见到的最早的一张建筑设计图。

古建筑学家根据已发掘的 1 号墓及其东侧 2 号墓的陵上封土、回廊遗迹，参照兆域图的平面布局，复原出一座东西长 392 米、南北宽 168 米、由两道宫墙围绕的封闭式陵园。科学工作者还通过对兆域图上平面的实测与文字记录的尺寸的换算，发现这份设计图采用了 1∶500 的比例尺缩制而成。以往文献记载，使用比例尺绘制地图，以西晋裴秀为最早，中山国兆域图把缩尺制图的历史提早了 6 个世纪，这在中国古代科技史上不能不说是一个重要的发现。20 世纪 50 年代，考古学家在河南辉县固围村发现的战国魏王陵墓群，其平面布局、陵上封土结构与平山陵墓基本相似，因此，学者们认为制作兆域图是当时列国通行的制度，是一种已经程式化、制度化的规划设计图，因而具有典型意义。

古代建筑的结构

中国古代建筑以木构架结构为主要的结构方式，木构架又包括有抬梁式、穿斗式和井干式三种结构。抬梁式即在地面上先立柱，柱上架梁，每两组平行的梁之间安置与梁成垂直角度的檩，这些檩上排列若干椽子，从而形成完整的木构架。每两组平行梁之间的空间称为“间”。穿斗式也是在地面上立柱，但柱上不架梁，而是直接安檩，柱子的间距较密，柱与柱用数层“穿”贯通连结，组成构架。这种结构较省木材，尤其是不需要什么大型的柱材。

元谋人

1965年5月1日在云南元谋县上那蚌村西北的褐色黏土层中发现了两颗古人类牙齿化石，一为左上内侧门齿，一为右上内侧门齿。牙齿硕大、粗壮，具有发达的铲形舌窝。经过比较研究，这种原始人较接近于南方古猿和“北京人”，而尤接近于后者，但年代大大早于后者。因为发现于元谋县，学者们便将这一直立人种的新亚种，命名为直立人元谋亚种，俗称“元谋人”。

“元谋人”的文化遗物有石制品，带有人工痕迹的动物骨片以及可能为人工用火的痕迹等。与“元谋人”共生的哺乳动物化石数量也比较多，以食草类动物为主，这表明“元谋人”的生存时代不会晚于早更新世。

“元谋人”作为中国西南地区旧石器时代早期的人类化石，具有从纤细类型南猿向直立人过渡的特点，是迄今所知生活在我国土地上的最早居民。

周口店北京猿人

1927年首次在北京房山县周口店龙骨山的洞穴中发现类似人的牙齿，第一个头盖骨于1929年12月2日发现。以后又陆续发现了“北京人”化石，至今共发现四十多个不同年龄性别的个体。

“北京人”的头骨高度远比现代人低，脑量平均为1059毫升，小现代人300多毫升。上肢骨与现代人极近似，下肢则有一定的原始性。从股骨有嵴和肱骨短于股骨的特点看，“北京人”已直立行走。其身高，男性平均为1.62米，女性平均为1.50米，稍矮于现代蒙古人种的身长。牙齿较现代人粗大，齿冠的结构也较复杂。门齿舌面呈明显铲形，这是现代蒙古人的特点。专家从“北京人”大脑左半略大于右半证明，当时人们已经更习惯地使用右手，从大脑的发达程度分析他们已有了语言，从上肢比下肢更为进步指出手脚已因劳动而有了分工。

根据几十年来对出土的大量化石研究，可以确定无疑地得出这样一个结论：“北京人”是蒙古人种的祖先，而中国人则是其后裔。

蓝田人

1963年7月和1964年5月、10月分别在陕西蓝田泄湖镇陈家窝村和附近的公王岭红色土中发现了猿人的下颌骨、牙齿和头盖骨化石。经测定，这种原始人的平均脑量为780毫升，介于南方古猿和“北京人”之间。其额骨前部的眶上圆枕硕大粗壮，前额低平，头骨高度小于“北京人”，而骨壁厚度接近或超过“北京人”，体质形态较“北京人”为原始。因为发现于蓝田县，学者们便将这一直立人种的新亚种命名为直立人蓝田亚种，俗称“蓝田人”。

裴李岗文化

裴李岗文化年代距今8000年左右，属新石器时代早期文化。

裴李岗文化的居民已过定居生活，营建半穴居的房屋，有窑穴以储藏物品。经济以农业为主，辅以狩猎、饲养和采集。出土的石器多为石铲、石镰、石磨盘和石磨棒等农业生产和粮食加工工具，磨制技术达到相当水平。居民已掌握烧制陶器的技术，不仅发现陶窑而且出土了大量三足陶器。陶纹有篦纹、压印纹、划纹、指甲纹等。从陶纺轮和骨匕的出土，证明居民已懂得纺织。那时氏族有公共墓地，除发现一处为二人合葬外，余均为单人葬。在莪沟遗址发现挖有壁龛的墓，随葬品都放在壁龛内。这种壁龛墓为新石器时代诸文化所罕见，也是裴李岗文化的特征之一。从随葬品可以看出在劳动中男女有了分工。男子墓中只随葬陶器和农业生产工具而无粮食加工工具。

在裴李岗文化中利用石磨盘、石磨棒进行农业生产和墓内随葬现象的多见，表明了当时这种工具应用的普遍性及其在社会生活中所扮演角色的重要性。黄河流域是世界农业的发祥地之一，裴李岗属于新石器早期文化，正是农业萌芽阶段，其谷物加工工具形式独特，数量众多，并有祭祀特征的器物组合，为探讨原始社会生产生活形式及古人精神世界提供了重要的参考资料。

仰韶文化

1921年首先在河南渑池县仰韶村发现，故名。分布于黄河中下游。属新石器时代中期文化，早于龙山文化，延续时间较长，距今约六七千年。

仰韶文化的经济生活以农业为主，辅以渔猎和家畜饲养。生产工具以磨制的石器为主，打制石器仍占一定数量，骨器相当精致。日用陶器以细泥红陶和夹沙红褐陶为主。细泥红陶上，常有彩绘的几何形图案或动物形花纹。因又称仰韶文化为彩陶文化。制陶技艺以手制为主，有的也用慢轮修整口沿。器形有钵、盆、罐、鼎以及特殊的陶贮。表面素地为红棕者多涂黑色或暗紫色纹饰，为黄褐色或红地加白色彩衣者，多涂红或黑色纹饰。器表纹饰有彩绘、划纹、绳纹、篮纹等，器内时有几何纹者。纹饰多于烧制前涂绘，不会脱落。在半坡、姜寨等遗址出土的陶器上还发现刻有几十种符号，学者们认为这可能是我国最原始的文字。

仰韶文化遗址的面积都比较大，地下灰层也较厚，可见有长期定居的习惯，且有集中的大村落。房屋已普遍出现。村落周围还拥有壕堑以为防御。居民有公共墓地，墓坑整齐，头向基本一致。有单人葬和多人合葬，还有二次葬的多人合葬墓，小孩瓮棺葬是一个特点。墓中时有陶器、石器等随葬品，说明当时的人们已经有了灵魂不灭的意识。

仰韶文化地域分布广，延续时间长，按各遗址的差异性又可分为半坡类型、庙底沟类型、后冈类型、大司空村类型、西王村类型、大河村类型和马家窑

类型。

大汶口文化

大汶口文化是我国新石器时代晚期的重要文化之一，为龙山文化的前身。其分布范围主要在山东境内，北入辽东的旅大地区，南达江苏、皖北，距今约6000年左右。1959年首先发现于山东宁阳堡头大汶口，故名。

大汶口文化的手工业非常发达，这时期显然出现了专业的工匠。陶背壶、鬶，杯和大镂孔豆等是大汶口文化的代表性器物，装饰技法有彩绘、镂孔、刻画、压点和附加堆纹等。彩绘大多绘于黑灰陶和白陶上，色彩一般用红色，也有红黄兼施，纹饰常见弦纹、带纹和圆点纹。镂孔装饰有圆形、菱形、三角形、方形和长方形等。大汶口文化的玉石制作业也比较发达，制骨工艺同样十分出色。

大汶口文化早期贫富分化不十分明显，有多人合葬墓，氏族成员之间血缘关系纽带比较牢固，大致处于母系氏族社会末期。到了晚期，手工业脱离农业而独立发展，出现明显的贫富差距，私有制也逐渐形成，父权制已确立，完全进入父系氏族社会。它的发现及其与山东龙山文化传承关系的确定，证明当时山东、苏北一代，是一个以大汶口文化、山东龙山文化为主题的自成系统的文化区，是中国古代文明多元中心起源中的一员。

河姆渡文化

河姆渡文化是中国新石器时代最早的重要文化之一，因首先发现于浙江余姚河姆渡而得名。主要分布于浙江宁绍平原东部，距今约六七千年，相当于仰韶文化的早期或稍晚。

河姆渡文化的陶器为夹炭末的黑陶，主要器形有釜、钵、罐、盆和盘等。造型特殊，为其他文化所罕见。纹饰具有写实倾向，其中以花、鸟、鱼、虫等最富代表性。磨制石器发达，骨器亦相当进步，成批出土的骨耜尤引人注目，为主要农业工具，也是河姆渡文化的典型器物之一。此外，复杂的木质工具和带榫卯的木构干栏式建筑都具一定的工艺水平。遗址中还发现笄、环、玦、璜、珠等装饰品。河姆渡遗址的发现，证明很早以前我们的祖先不仅在黄河流域，而且在长江流域同样创造了发达的原始文化。

地名名胜

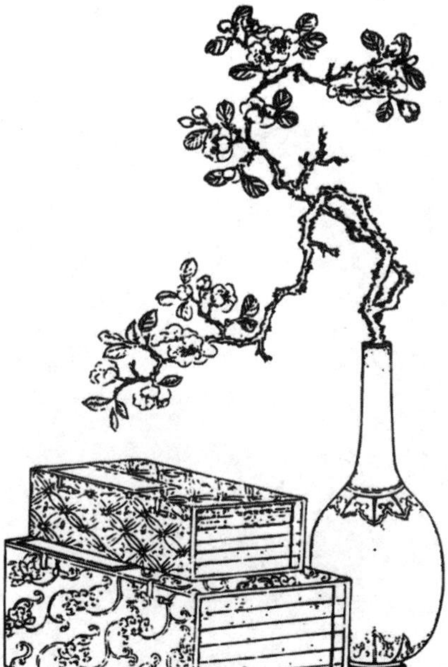

地　名

传说中的两个最早地名

“涿鹿”和“阪泉”是中国历史上留下来的两个最古老的地名。传说黄帝和炎帝两个部落联盟曾经战于阪泉之野，原因是炎帝侵陵诸侯，引起黄帝的不满。蚩尤则是远来的入侵者，凭借武力，大举进攻黄帝，结果涿鹿之战，也以失败告终。

经考证，古涿鹿就在今河北省涿鹿县东南的矾山、黑山乡以南，太平堡以北，方圆约五十多华里的地方，属太行山余脉，与班古寺山相连。

“中国”溯源

在古代，“中国”一词的意思之一就是指帝王所在的都城。《诗经》：“惠此中国，以掩四方。”这里，中国指京都，四方指京都的诸夏。

中国另一古义是泛指黄河下游地区，即远古华夏族所居住的地方。

《孟子》云：“陈良，楚产地，聿周公仲尼之道，北学于中国，又兽蹄鸟迹之道，交于中国。”这些都能说明，上古之所谓中国者，即指后世之中原也。都又不同于中原的地方，即地域不及后世中原之广，而相当于今山西、山东、河南、河北一带。

为什么古人要把这一带地区称作中国呢？这一带地区的四周分布着夷、狄、戎、蛮诸族及其所建国，而将这一带包围在中间，故称之为中国。后来尽管中国的地理范围随着历朝历代的统一和衰落有所变化，但名称始终延续下来。

严格地说，古代“中国”是个形容词，而不是一个专有名词。这就是说，中国古代各个王朝都没有把“中国”作为正式国名。如汉朝的国号是汉，唐朝的国

号是唐，以后建立的王朝国号有宋、辽、金、元、明等，清政府与外国签订的条约上签署的国名是“大清”。所以史籍上出现的“中国”字样，并不等于我们今天所说所指的中国。

“九州”

九州是中国上古时期的行政区划。关于九州的具体名称，自古说法不一：《尚书》中为冀州、兖州、青州、徐州、扬州、荆州、豫州、梁州、雍州。而《周礼》《逸周书》中则多了幽州、并州，而无徐州、梁州。《吕氏春秋》多幽州而无梁州。《尔雅》中多幽州、营州而无青州、梁州。自秦以后，中国行政区划变化很大，但作为统一的中国的代称，“九州”一词一直沿用至今。

“省”的由来

隋朝时曾设五省：尚书省、门下省、中书省（即内史省）、秘书省、内侍省。到了唐太宗李世民时期，设三省六部。三省即尚书省、中书省、门下省。当时的“省”，是中央机构的名称。到了元代，中央设“中书省”，作为全国最高行政机构（相当于现在的国务院），地方则建立“行省”（当时全国有 11 个行省），这样，中国才开始以“省”为地方政区。

二京、三辅

二京：西汉都西京长安（今陕西西安市西北）和东汉都东京洛（雒）阳（今河南洛阳市东北）的合称。此二京雄阔伟岸，举世传名，东汉张衡曾作《二京赋》以纪之。

三辅：西汉太初元年（公元前 104 年）在京城长安以东置京兆尹；在长陵（今咸阳市东北）以北置左冯翊；在渭城（陕西今咸阳市东北）以西置右扶风。三处相当于郡的行政区域。

三山、三江

三山：有多种说法。古称福州为三山，因城内有九仙山、乌石山、越王山而得名。另指三神山，即传说中的蓬莱、方丈、瀛洲。又指南京西南、长江东岸的“三山”，此三山有三座山峰。

三江：《尚书》有“三江”一说，其指代后人说法不一：一、为今吴淞江、钱塘江、浦阳江；二、为吴淞江（南江）、青弋江和水阳江及胥溪和荆溪（中江）、长江下游干流（北江）；三、为今岷山及以下的长江上游（南江）、长江中游（中江）、长江下游（北江）；四、为今岷江、吴淞江、钱塘江。

三秦

秦末汉初，项羽破秦入关，三分关中，封秦降将章邯为雍王，领有今陕西咸阳以西和今甘肃东部地区；封司马欣为塞王，领有今咸阳以东至今陕西中部地区；封董翳为翟王，领有今陕西北部地区。合称“三秦”。

中原

中原，又称“中土”“中州”，用于区别边疆地区。其具体所指，自古以来，有数种不同说法。

一、指整个黄河流域。《国语》：“耻大国之士于中原，又杀其君以重之……虽微秦国，天下孰弗患?”

二、指黄河中下游一带。《宋史》：“自古中兴之主，起于西北则足以据中原而有中南。”

三、指今河南省一带。《文选·谢灵运〈述祖德〉》诗：“中原昔丧乱，丧乱岂解已”，李善注：“中原，谓洛阳也”。

江南、江东、江左、江表

在古代文献中，常常出现江南、江东、江左和江表等同义词和近义词，它们在不同的时期又有不同的含义。如果不注意区别会出现混用或错用的现象，这时只有从上下文之间来理解其所指的地域。

江南一般泛指长江以南地区，但各时代含义又有所不同。春秋、战国、秦、汉时一般指今天湖北以南部分与湖南、江西一带。近代专指苏南和浙江一带。

江东是因长江在芜湖至南京之间作西南、东北流向，在隋以前这一段是南北来往的主要渡口所在地，习惯上称以下的长江南岸地区为江东。三国时，江东是孙吴的根据地，故当时习惯上称孙吴统治下的全部地区为江东。

江左是因为古人在地理上以东为左，以西为右而称之，故江东又称江左，东晋及南朝宋、齐、梁、陈各朝代基业都在江左，故当时人又称这五朝及其统治地区为江左。南朝人则专称东晋为江左。

江表是古代人指长江以南地区而言，在中原人看来，江南地区在长江以外，“外”与“表”同义，故江南也称江表。

楚河汉界

中国象棋的棋盘中间，通常写有“楚河汉界”四个大字。把下棋比做“楚汉相争”。那么“楚河”“汉界”分别指哪里呢？

公元前204年，刘邦与项羽在荥阳一带发生战争，战况非常激烈。刘邦因为实力不足，便采取深沟高垒和项羽作持久战，以消耗楚军兵力。同时，又派兵袭楚烧其粮草。此后不久，刘邦兵分两路，一路仍在荥阳同项羽相持，一面派大将韩信抄楚军后路，占领河北、山东一带。从此汉军有了更为巩固的后方，关中的萧何更是源源不断地运来兵员、粮饷。而此时项羽则补给困难，危机四伏，形势发生了逆转，楚军渐弱，汉军日盛。公元前202年秋，楚军粮尽，无奈之下与汉军讲和，双方约定以鸿沟为界“中分天下”，以西为汉，以东为楚。从此，就有了“楚河汉界”的说法。

“江”与“河”的区别

江、河作为地名通名，是水体形式的一种称呼。

古代汉语中，“江”专指长江，“河”专指黄河，而一般的河流多以“水”为通名呼之。众所周知，长江、黄河在中国境内都是大型水道，以此认为江比河大的认识是无法说通的。所以，江、河的差别很可能是地域或部族的语言习惯使然。

然而后来的汉语中，江和河却产生了的差异，一般说来江要比河规模为大，但要确切找出其分界点又很难说清楚，它们只是相对而言的一种说法而已，科学上并没有严格规定江河在长度、宽度、深度、流速等方面的界定数据，所以，一般来说相对较大的水道称“江”，退而次之普通者称“河”（多在北方）或“水”（多在南方），极小者称“溪”。

这种约定俗成的称谓在中国北方比较普遍，在南方则小水往往亦称江，如流经安徽、浙江的新安江，长仅293公里，比新疆境内的额尔齐斯河还少149公里

（仅指国内流段），连流经山西、河北、北京的永定河（长 650 公里）长度的一半还不到。

当然也有有例外，例如广东珠江上源南盘江出云南沾益东北，于黔桂边境纳北盘江后不称江而反称红水河，至广西石龙附近受柳江后名黔江，及桂平纳郁江称浔江，至梧州受桂江称西江，于广东三水汇北江、东江至广州以下始名珠江，可以看出通名上反映出来的“江”“河”概念含混不分的实际状况。

三国地名今考

庐江郡：治所在舒城，即今安徽庐江西南。

庐陵郡：孙策时设置，治庐陵（在今江西泰和）。

陈留郡：治陈留，在今开封东南陈留城。

武陵郡：治临沅（今湖南常德西），辖今鄂西南、湘西及黔桂各一部分。

河内郡：辖今河南的西北部，治怀县，在今河南武陟西南。

上党郡：治所在壶关，辖晋东南。

官渡：在今河南中牟东北。

荆州：辖今湖北、湖南及河南、贵州、两广各一部分。原治汉寿，在今湖南常德，刘表治襄阳，后吴魏各有一部分，吴治江陵，魏治襄阳。

逍遥津：在今安徽合肥东北。

下邳：国名（国与郡级别性质一样，国的行政首脑称相），治所在今江苏睢宁西北，辖苏皖北部各一部分。

五丈原：在今陕西岐山南，斜谷口西。

长坂：在今湖北当阳东北。

白帝城：在四川奉节白帝山上，是东汉处公孙述建，他自以为是白帝，故命名。

麦城：今湖北当阳东南沮水、漳水之间。

赤壁：一般认为是今湖北蒲沂西北的赤壁山，也有说武汉以南的赤矶山。苏东坡把湖北黄冈的赤鼻矶误作赤壁，又被称为东坡赤壁。

建业：今南京。

许昌：今河南许昌市东。

中国江湖名称的由来

怒江：一称潞江。中国西南地区大河之一，源于青、藏边境唐古拉山南麓，斜贯西藏自治区东部，入云南省境折向南流，全长3200公里。

珠江：为中国南方大河，西江、北江、东江的总称，西江为干流长2129公里。据《广东通志》："珠江源于三江，合流于城南，中有海珠石，是谓珠江。"旧称粤江。

塔里木河：中国最大的内陆河，在新疆维吾尔自治区塔里木盆地北部，上源有阿克苏河、叶尔羌河、和田河。据《突厥语大词典》"塔里木"系突厥语，意为"注入湖泊和沙漠里的支流"。

伊犁河：在新疆维吾尔自治区西部，有特克斯、巩乃斯、喀什河三源，全长1500公里。据《西域同文志》：伊犁系"准语"（准噶尔蒙古语）"光明显达"之意。

黑龙江：最古老的名字叫"黑水"。东北是中国著名的黑土地，江水在黑色的河床中流淌，远远望去乌黑一片，故名。又因为"乌黑的江水"在弯曲的河床中奔流不息，矫若游龙，所以人们又称之为"黑龙江"。

鸭绿江：因为江水的颜色而得名。鸭绿江流域森林茂密，两岸崇山峻岭，江水清澈碧绿，特别是在阳光的照射下，绿得透亮，绿得醉人。先人们形象地拿雄鸭颈毛上的亮绿作比，于是把此江称为鸭绿江。

镜泊湖：在黑龙江省牡丹江上游宁安县境内，为中国最大的堰塞湖，面积90平方公里。明代称毕尔腾湖，系满语，意为"平如镜面"。

呼伦湖：在黑龙江省呼伦贝尔盟西部、新巴尔虎左旗和右旗之间，面积2200平方公里。"呼伦"系蒙古语，意为"海一样的"。

洪泽湖：在江苏省洪泽县西。明、清两代因黄河夺淮、淮河下游河道淤高，宣泄不畅，淮水汇聚，逐渐扩大而成，面积3780平方公里，为中国第三大淡水湖。湖名取洪水淤积成泽之意。

纳木错：在西藏自治区拉萨市北，当雄、班戈两县间，面积 1993 平方公里。为西藏自治区第一大内陆湖。

中国城市名称的原意

哈尔滨：满语是“晒渔网的场子”的意思。它原为一渔村，铁路通车后兴起，1932 年设市。

呼和浩特：蒙古语意为“青色的城市”。

锡林浩特：蒙古语意为“高原的城”。

包头：蒙古语“包克图”意为“有鹿的地方”。

海拉尔：蒙古语意为“流下来的水”。

乌兰浩特：蒙古语意为“红色的城”。

乌兰察布盟：因为清朝时各旗会盟曾经在红螺谷（蒙古语称乌兰察布）而得名。

锡林郭勒盟：因为清朝时各旗会盟曾经在锡林郭勒河而得名。

伊克昭盟：因为清朝时各旗会盟于伊克昭（蒙古语意为“大庙”）而得名。

白云鄂博：蒙古语意为“宝山”。

吉林市：旧称船厂。原名吉林乌拉，满语意为“沿江”。

西安：古名长安。明初设西安府，是控制中国西部的战略要地，所以叫西安。

银川：是著名的塞上古城。一称宁夏城，简称夏城，又称银城。银川地名来自对贺兰山与黄河之间渠道纵横、田园密布的“塞上江南”美好地理景象的描述。

乌鲁木齐：蒙古语是“优美的牧场”的意思。

阿克苏：维吾尔语意为“白水”。

济南：因城在古济水的南面，所以名济南。

无锡：周、秦时盛产铜锡，至汉代，锡开采完，故名无锡。

连云港：因位于云台山与海中的东西连岛之间而得名。

徐州：以古代徐夷或以古“九州”之一的徐州而得名。

镇江：因这地方常受水害，所以在水名之前加一吉祥词，以示祈望而得名。

合肥：以肥水出紫蓬山，分为二支，流至此地后合而为一，故名合肥。

蚌埠：相传古时曾在此采蚌取珠。船舶聚集的地方叫埠头，称蚌埠集。市因蚌埠集而得名。1946 年设蚌埠市。

杭州：传说大禹治水时，到了这里才舍航登陆的，航杭同音，所以以后才叫杭州。

衡阳：因在衡山之南，故名衡阳。

“娘子关”名称的由来

据《平定州志》载：“娘子关即古苇泽关，唐初因高祖李渊的三女儿平阳公主曾率娘子军驻此设防，创建关城，故名娘子关。”

平阳公主是历史上的一位巾帼英雄，她精通武艺，谙习征战，嫁给镇军大将军柴绍后，仍然手不离弓箭，身不离宝刀。公元 617 年李渊起兵反隋，柴绍从太原追随李渊。平阳公主在家乡广散家财，招兵买马，军队很快发展到 7 万多人，当时人称娘子军，平阳公主引精兵万余与其兄李世民会师于渭北，并参加了围战京师之役。李渊对三女儿视为掌上明珠。平阳公主死后，李渊破例给她派了一支40多人的鼓乐队，大奏哀乐。按当时唐朝的礼仪，妇女哀葬不得用鼓乐，当朝内有人提出反对时，李渊斥责他们道："公主统率千军万马，非常妇女之匹，何得无鼓。"由此可见平阳公主当时的地位是很高的。现在娘子关还留有"点将台""避暑楼""洗脸盆"等一些与平阳公主有关的传说遗迹。

"瘦西湖"名称的由来

瘦西湖，位于扬州市北郊，占地约100公顷。园林内景色宜人，融南秀北雄为一体，在清代康乾时期即已形成基本格局。所谓"两岸花柳全依水，一路楼台直到山"，其名园胜迹，散布在窈窕曲折的一湖碧水两岸，俨然一幅次第展开的国画长卷。

有人说"天下西湖三十六，唯有扬州堪称瘦"，扬州这西湖的瘦是从何而来的呢？原来，乾隆年间的诗人汪亢曾经拿杭州西湖和扬州西湖做了比较，将杭州西湖比成唐朝美女杨贵妃，雍容华贵，而扬州西湖则是汉朝美女赵飞燕，轻盈苗条。于是，汪亢写下了这样的诗句："垂杨不断接残芜，雁齿红桥俨画图，也是销金一锅子，故应唤做瘦西湖。"

从此，瘦西湖的名字就流传开了。

“西双版纳”是什么意思

“西双版纳”系傣语。原来这里新中国建立前实行的是一套封建领主制度，最高领主的称号——“召片领”，意是广大土地之主。在最高领主“召片领”之下又分为若干个次一级的领主及各级行政机构，即“版纳”（相当于小县）、“勐”（相当于内地以前的区）、“陇”（相当于内地以前的乡）、“火西”（相当于村）。由此可见，“版纳”是区域的意思，而“西双”，则是傣语中的数量词——十二。总之，西双版纳系指 12 个行政区域。

新中国成立后，中国的民族自治地方根据《宪法》和《民族区域自治实施纲要》的规定，分自治区、自治州、自治县三级。“西双版纳傣族自治州”于 1953 年 1 月 24 日正式成立和命名。不过“西双版纳自治州”现在并没有划分为 12 区域，而是只包括景洪、勐海和勐腊 3 个县。

“九寨沟”因何得名

九寨沟位于四川省阿坝藏族羌族自治州，是中国公布的第一批国家级重点风景名胜区。九寨沟风景秀美，蕴天地之精华，得自然之灵气，是中外游客向往的神奇的“梦幻世界”。

九寨沟因有藏族的九个村寨而得名，分别为荷叶、盘亚、亚拉、尖盘、黑果、树正、则查洼、热西、郭都，这九个寨子又称为“何药九寨”。这里藏胞的语言、服饰和习俗，与四邻的藏胞有着明显的差异。

据考证，他们的祖先原来生活在甘肃省的玛曲，属阿尼卿山脚下的一个强悍的部落，随松赞干布东征松州时留在了白水江畔。唐书《吐蕃传》中记载了唐初吐蕃东征时，松赞干布以勇悍善战的河曲部为先锋，一举占领松州，后部分人马被留在了弓杠岭下。他们将原河曲的俄洛女神山的传说及部落出生传说均带到了九寨沟内。九寨沟的色嫫山名及蛾洛色莫的传说都源于河曲。

“闯关东”与“走西口”

闯关东是以山东籍人为主，到山海关外的东北地方的谋生活动。走西口是以山西籍人为主，经山西右玉县杀虎口到塞外蒙古族聚居地区谋生的活动。

“闯关东”之所以称之为“闯”，是因为乾隆五年（1740 年），废除了顺治年间颁布的《开垦令》，并实行封禁之策，禁止山东、河北等地的“流民”进入东北垦荒。所以，此时再去东北，就要经由山海关“闯关”，故称为“闯关东”。另外，闯关东还有一条水路，山东有数千里海岸线，与辽东半岛隔海相望，从山东登州（蓬莱）乘船数日可达辽东。

“走西口”说的是路径，从山西去口外，西口至杀虎口是一条途径，另外还有别的途径，如经张家口到塞外，故走张家口者又称走东口。

无论闯关东还是走西口，都面临很大危险。山东人闯关东，水路有风浪之险、海盗之害。陆路不仅路遥山阻，且沿途蒙受土匪、土豪、乡霸、酷吏之害。至于山西人经杀虎口走西口，更是盗匪如蜂聚。有民谣云：“杀虎口、杀虎口，没有钱财难过口，不是丢钱财，就是刀砍头，过了虎口还心抖。”到了口外，戈壁沙漠，严寒风雪，困难重重。所以，闯关东和走西口，都是为了生活的无奈之举，是一次次生活、生命的搏杀。

香港“香”在哪里

香港，为什么称“香”呢？一种说，在从前称为“石排湾”、现在称为“香港仔”的附近，曾经有一道大瀑布，水质甘甜，航海的船只总在这里取用淡水，因而人们称这地方为“香港”。

其实，很久以前，在石排湾附近就有一个小村庄，它本来就叫“香港村”，现在，人们还把这地方称作“小香港”或“香港围”。现在的香港岛和九龙等地，过去都隶属于中国广东省的东莞县。后来，从东莞县又分出新安县（后改称宝安县，即今深圳市），香港岛等地便属宝安县。1840年鸦片战争后，清朝政府才先后被迫割让或租给英国。当初，广东省东莞县盛产一种香料，由一种名叫古蜜香树的液汁凝结而成，有的像松香，有的像檀香木，可作为许多香料制品的原料，也可以用来做衣、净室，有的把它放在博山炉中，下面用盘盛热汤蒸，香气便会缓缓地散发出来。这种产于东莞的香，叫“莞香”，当时大都集中到石排湾的这个小港，用船运至省城，再远销苏杭和京师，这小港就被称作“香港”；这里的村子也就叫“香港村”。这种香的上等品，价格很昂贵，与黄金几乎等值。最名贵的叫“东莞女儿香”，是东莞妇女在沙土山田中把古蜜香树的树根凿出来，拣最好的树根贮集起来作为私蓄，然后卖给外来香贩的。据明末广东诗人屈大均在《广东新语》中记载，苏松一带每到中秋之夜，就有燃“莞香”以“熏月”的风尚，而东莞人也“多以香起家”。又据说，到雍正年间，因宫中需求很急，而这种香的产量又极有限，朝廷曾派出“采香专吏”去东莞坐索，搜求不得，使用严刑逼迫。香农不堪其苦，便干脆把香树毁了，携家逃亡。从此，“莞香”就衰落而渐至灭绝，成为历史的陈迹，但香港之名却一直沿用至今。

天津为什么又叫“天津卫”

天津地区的形成始于隋朝大运河的开通。唐中叶以后，天津成为南方粮、绸北运的水陆码头。明永乐二年（1404年）筑城设卫，称“天津卫”。

“卫”是明朝的军事建制，由指挥使统领，直隶于后军都督府。每卫士兵足额5600人，天津三卫士兵定额16800人。

当时天津设有天津卫、天津左卫、天津右卫，统称三卫。至今人们经常提到的“天津卫”一词，就是从此而来。

中国部分城市的雅号

陶都——宜兴（江苏）

春城——长春（吉林）

皮都——张家口（河北）

江城——吉林（吉林）

园林城——苏州（江苏）

雾都——重庆（四川）

珠城——蚌埠（安徽）

鲤城——泉州（福建）

木都、丝绸城——丹东（辽宁）

绿城——郑州（河南）

红色故都——瑞金（江西）

诗都——洛阳（河南）

不夜城——上海

河城——开封（河南）

诗城——白帝城（重庆）

潭城——长沙（湖南）

樱花城——大连（辽宁）

葫芦城——韶关（广东）

甜城——内江（四川）

花果城——南宁（广西）

江城——哈尔滨（黑龙江）

鹅城——百色（广西）

火炉城——武汉（湖北）

榆城——大理（云南）

果城——南充（四川）

煤海——大同（山西）

石堡城——西宁（青海）

鞋城——温州（浙江）

香蕉城——茂名（广东）

车城——十堰（湖北）

名 胜

五岳

五岳是中国五大名山的总称，即东岳泰山、南岳衡山、西岳华山、北岳恒山和中岳嵩山。

先秦古籍只有四岳，无中岳，《周礼》和《大司乐》才有五岳之名。汉宣帝确定以今河南的嵩山为中岳，山东的泰山为东岳，安徽的天柱山为南岳，陕西的华山为西岳，河北的恒山（在曲阳西北）为北岳。后来又改以今湖南的衡山为南岳，隋以后成为定制。明代才以今山西浑源的恒山为北岳。

庐山

庐山又名匡山、匡庐。位于江西北部九江市南，北临长江，东濒鄱阳湖。峰

奇山秀，云雾缥缈，匡庐瀑布，名扬天下。李白《望庐山瀑布》一诗云：“日照香炉生紫烟，遥看瀑布挂前川。飞流直下三千尺，疑是银河落九天。”夏季凉爽宜人，为中国著名的避暑游览胜地。有小天池、花径、仙人洞、锦绣谷、龙首崖、电站大坝、黄龙潭、三宝树、芦林大桥、植物园、含鄱口、五老峰、三叠泉等风景点。又是中国佛教中心之一，历代诗人墨客曾赋诗题词，山集风景、文物于一身，尤显神奇。

崂山

崂山古代称劳山、牢山，又名辅唐山、鳌山。位于山东青岛市东。中国道教名山。周围约200公里，奇岩怪石，随处可见，海山相连，气象万千。著名风景有南、北九水，其中以龙潭瀑、潮音瀑、靛缸湾尤为壮观。主峰巨峰，俗称崂顶，海拔1133米。古迹有华严寺、太清寺和白云洞等。山上气候温和湿润，夏季凉爽宜人，为避暑、游览胜地。

“五岳独尊”话泰山

泰山古代称岱山、岱宗，又称东岳，春秋时改称泰山。中国五岳之首。在山东中部，绵亘于济南与泰安等三县之间，主峰玉皇顶在泰安县城北，海拔1545米。总面积426平方公里。是古代帝王登基之初或太平之年举行封禅大典、祭告天地的地方。山势雄伟，峰峦突兀，景色壮丽，名胜古迹众多，为中国名山之首。有中天门、云步桥、对松山、日观峰等名胜；有“旭日东升”“晚霞夕阳”等岱顶四大奇观；有王母池、普照寺、南天门、碧霞祠等古建筑及历代石刻等。历代文人多有描写泰山的诗，著名的有唐杜甫《望岳》诗中的两句：“会当凌绝顶，一览众山小。”

泰山之所以五岳独尊，与政治因素有很大关系。泰山是中国历代的封建帝王的封禅之所，向上天彰表自己的功绩，举行盛大的仪式。文人墨客多有吟诵，千年积累之下，文化底蕴深厚无比。因此，泰山才能在五岳中脱颖而出，形成“五岳独尊”的局面。

黄山归来不看岳

黄山是中国著名风景区之一。在安徽歙县、太平、休宁、黟县间，号称“五

百里黄山”。秦时称黟山，唐时始称黄山，因传说黄帝曾在此修身炼丹而得名。黄山山峰险峻。湖、瀑、溪、潭争奇斗艳。著名景点有二湖、三瀑、二十四溪、

七十二峰。其中有险峻的天都峰；高达 1873 米，为黄山最高点的莲花峰；看日出、观云海最佳处的光明顶；迎客松、飞来石、百丈瀑等。黄山集中了泰山的雄伟、华山的峻峭、衡山的烟云、庐山的飞瀑、雁荡山的巧石和峨眉山的清凉诸特点，明著名地理学家徐霞客称赞道：“五岳归来不看山，黄山归来不看岳。”今辟为黄山公园，成为著名的旅游、休养胜地。

中国有几座峨眉山

峨眉山位于四川峨眉县西南 10 公里。因山势“如螓首峨眉，细而长，美而绝”故名。主峰万佛顶海拔 3137 米。山势逶迤，雄秀幽奇，素有“峨眉天下秀”的称誉。游程约 60 公里，胜景、古迹主要有报国寺、伏虎寺、清音阁、洪椿坪、仙峰寺、洗象池、万年寺、金顶等。金顶危崖凌空，峭壁万仞，是观日出、云海、宝光奇景的最佳处。山顶宝光即菩萨佛光系太阳光透过水蒸气折射形成。山上山下温差 10 多度，为旅游风景圣地。

有趣的是，大概由于峨眉（亦作蛾眉）这个名称美丽动听的缘故，中国境内以“峨眉”命名的山至少有 7 座，除位于四川省峨眉县城西南郊的峨眉山享誉最高外，在山东、河南、安徽、广东四省各一山，福建省有二山亦名“峨眉”。山

东峨眉山在博山县境，其地产金，已被开发；河南峨眉山在郏县西北 17.5 公里，亦称“小峨眉”，相传北宋苏轼游山，以其形类蜀之峨眉，故名。安徽峨眉山在涂县西，城跨其上。广东峨眉山在崇善县境，山势高峻。福建峨眉山有二处，其一在明溪县北，群峰相连，中一峰正对县门，若峨眉然，故名；其二在泰宁县西北 25 公里，类蜀中之峨眉，故名。

武当山

武当山又称太和山、仙石山。位于湖北西部均县和房县之间。相传真武帝君、周代尹喜、汉代阴长生、晋代谢允、唐代吕纯阳、五代陈抟、宋代寂然子、元代张守清、明代张三丰曾在此修炼。明代尊奉道教，武当山遂成为国内道教第一名山。高峰群立，涧谷纵横。唐代在灵应峰建五龙祠，明代建成庞大的道教建筑群。现基本保持明代建筑体系，主要宫观尚存金殿、太和宫、南岩宫、紫霄宫、五龙宫、遇真宫、玉虚宫、复真观、元和观、玄岳门、玉虚岩等。以天柱峰顶金殿最驰名。

武夷山

武夷山位于福建崇安县南部。方圆百里，丹山碧水，素有“武夷山水天下奇，千峰万壑皆画图”之美誉。相传彭祖带着儿子彭武、彭夷曾来此居住，凿山引水，建成风景胜地，故名武夷山。武夷山气候宜人，一年四季皆可游览。秦汉以来，建有庙宇、亭台、书舍等300余处。今尚存不少古迹和文物，主要集中在九曲溪和北山一带。九曲溪经星村入武夷，蜿蜒约7.5公里，乘竹筏行溪上，如漫游画廊中。北山主要有天心岩、三花峰、流香涧、水帘洞等胜景。

嵩山

嵩山在夏禹时称嵩高、崇山，商汤时称嵩高，西周时称岳山，东周时定嵩高山为中岳，五代以后称中岳嵩山。中国五岳之一。属伏牛山脉，主体在河南登封县西北，由太室山、少室山和峻极山等组成。东西绵延约60公里，山峦起伏，峻峰奇异，历来分为72峰。嵩山观星台为中国现存最古老的天文台，中岳庙为中国最大的道教庙宇之一，嵩岳寺塔为中国现存最古老的砖砌佛塔，嵩阳书院为中国古代著名的四大书院之一，少林寺更有“天下第一名刹”的美称。

万里长江第一矶

采石矶位于安徽马鞍山市西南7公里的翠螺山麓。原名牛渚矶，为长江三矶之一。山峰俊秀，景色幽雅，江面狭窄，水流湍急，矶头突兀江中，遥对天门山。因有诗仙李太白采石矶捉月的传说，愈加闻名于世，被誉为“万里长江第一矶”。采石矶上有为纪念李白而建的太白楼，依山而筑。前后三进，左右回廊，主楼3层，楼内珍藏李白手书拓本和各种版本的诗集以及名人的诗篇、楹联、匾额和绘画。还有捉月台、李白衣冠冢、三元洞等名胜古迹。

中国有几个赤壁

赤壁是汉末周瑜大破曹操的地方，即“赤壁之战”古战场，称“周郎赤壁”。经考证，确定原址位于湖北蒲圻县西北的长江南岸南屏山附近。其冈峦绵亘，有一石峰伸延江中，上刻“赤壁”二字，下有碑文，其右刻有诸葛武侯画像。这个赤壁，被称为“武赤壁”。

另外，中国还有一处“文赤壁”。文赤壁是湖北黄冈县黄州城外长江之滨的一处垂直石壁。颜色纯赤，宋时苏轼到此误认为赤壁之战处，作有前、后《赤壁赋》和《赤壁怀古》，称“东坡赤壁”，又称“文赤壁”。有二赋堂、酹江亭、坡仙亭、挹爽楼、留仙阁、问鹤亭等古迹。

漫话中国古园林

中国古园林的整体风格是比较于世界园林艺术而言的，特别是比较于欧洲的法国的对称式园林和英国的风景式园林，现代园林研究方面的专家一般将它概括为以下四个方面：

一、本于自然，高于自然。

对于中国古园林来说，其整体风格强调对自然的提炼和概括。中国文化背景中有“得意忘形”的哲学思想，有“写意”重于“写实”的传统，表现在园林艺术上，也就是重视对自然山水的提炼和概括。如造园中的筑山，园中的假山往往是模仿自然山林的某些最青的局部，把各个精彩的局部提炼出来，凝结在一起，形成一个整体。

二、建筑美与自然美的融合。

中国古园林的建筑基本上是木框架结构的个体建筑，这种建筑的内墙外墙可有可无、可隔可透，空间可虚可实。这种建筑无论多少，也无论其性质、功能如何，都很容易与周围的山水植物融合在一起，彼此协调、相互补充，成为一个个富有诗意的画面。如园林中随处可见的亭，不仅具有观景的功能，而且是风景画面中非常重要的一点，具有点景的作用，此外还通过其特殊的形象体现了天圆地方、纳宇宙于芥子的哲理。

三、诗画的情趣。

中国的古园林与诗画有着天然的联系。从形象上说，中国古园林是把中国山水画对自然山水的概括如实地表现出来，它是立体的山水画；从意境上说，中国古园林所追求所表现的即是诗词中的意境，是对诗词意境的再现。

四、意境的蕴涵。

意境是中国传统艺术的一个审美范畴，园林意境源自诗画的意境，是指内情外景交融而产生的审美感受。中国古园林的意境主要通过以下三个方面来表现：

1. 通过叠山理水把大自然的山水风景缩移摹拟于咫尺之间。这种缩移摹拟是指把物境化为意境，所谓“得意忘象”。

2. 预先设定一个主题，然后借助于山水、花木、建筑所构成的物境把主题表现出来，从而引起观赏者的主观联想，幻化为意境。

3. 园林建成后再根据物境的特征用文字点题，也就是园林中常见的匾额、楹联、诗词、刻石等。

苏州四大名园

古典园林和世界文化遗产最多的城市是苏州。苏州现已有 9 个园林被列入世界文化遗产名录。

拙政园

拙政园在苏州市娄门内。初为唐代陆龟蒙的住宅，元代为大宏寺。明代王献臣改建为别墅，取晋代潘岳《闲居赋》:“灌园鬻蔬……此亦拙者之为政也”的语意，命名为“拙政园”。乾隆时改名“复园”。太平天国时曾为忠王府的一部分。清代同治十年（1871 年）改为奉直会馆，仍名“拙政园”。后来，将东部的归田园和西部的补园都划入其中。

此园面积七十余亩，以水为中心，水面占五分之三左右，大部分建筑皆临水，为本园一大特色。园内有三十一景之多，主要建筑有见山楼、远香堂、玲珑馆、鸳鸯厅等处。见山楼三面环水，两侧傍假山，近处有小沧浪、小飞虹、得真亭等景点。远香堂为四面厅，前有假山，北面临水，水间有小山，山上有亭，亭边林木葱郁。立于堂上，景色尽收眼底。远香堂东为枇杷园，入洞门，眼前呈现一院落，院内有玲珑馆。鸳鸯厅四角有耳室，厅左有留听阁，厅右有宜两亭，结构紧凑，小巧精致。

拙政园园内池水有聚有分，亭台楼阁参错有致，山径回廊曲折起伏，古木参天，绿竹成林，景色优美，素雅宜人，为江南园林艺术的杰作。

狮子林

狮子林在苏州市城内。元至正二年（1342 年），天如禅师为纪念其师中峰禅师建菩提正宗寺，寺后建花园。中峰曾在天目山狮子岩修道，天如因购置狮形石块叠砌成为石林，故名狮子林。

园内东南多山，西北多水。建筑有燕誉堂、五松园、小方厅、见山楼、问梅阁、卧云室、扇子亭、湖心亭等处。园中有长廊贯通各处，廊壁嵌有石刻六十余块，内有苏轼、黄庭坚、米芾、蔡襄宋代四大家手迹。狮子林以假山洞壑著称，山洞曲折多变，宛若迷宫。据传当年创建时，天如禅师曾请著名画家倪云林，朱德润等参与设计，故园中布局颇具匠心，显示出元代园林建筑的特色。

沧浪亭

沧浪亭在苏州城南。五代时为吴越中吴军节度使孙承挪的别墅，北宋诗人苏舜钦买下此处并建亭，取“沧浪之水清兮”句义，命名为“沧浪亭”，并作《沧浪亭记》。后数易其主，南宋时曾为抗金将领韩世忠住宅，元代改为庵堂，明时复建并恢复原名，归有光曾为作记。清代康熙年间巡抚宋荦重建，奠定布局，成为现今的基础。

此园设计以假山为中心，建筑均环山布置。登山小径曲折清幽，径旁树木葱郁，翠竹成林。山顶有亭，翼然挺立，即著名之沧浪亭。山周围有明道堂、清香馆、五百名贤祠等建筑，另有藕香水榭、闻妙香室、瑶华境界等景观，皆自成院落，别具一格。

留园

在苏州市阊门外。初名东园，为明徐时泰所建。清嘉庆年间，园属刘恕，改名寒碧山庄，俗称刘园。清光绪二年（1876 年）又为盛姓所有，改称留园。东部以建筑为主，有五峰仙馆、林泉耆硕之馆、佳晴喜雨快雪之亭、还我读书处等厅、堂、轩、斋十余处。建筑宏伟，内部设施亦颇精致。院内有冠云峰，为北宋花石纲遗物，高达九米，系江南最大湖石。西部以假山为主，其特点为土石相间，叠砌颇见工力，山上有枫林，为秋日赏枫胜处。中部有池，环池有楼台亭阁，长廊蜿蜒其间，廊壁有石刻三百余方，被称为“留园法帖”。北部有小桃坞，桃柳成荫，春来风光旖旎。留园景色清幽，富于变化，各处建筑将景物巧妙地分隔开来，但以窗为透视口，又将景物有节奏地连在一起，显得别有情趣。

北海

北海在北京市故宫西北。原系辽、金、元、明、清历代帝王的御用花园。辽代即在此建筑园苑，金灭辽，建中都，在此大规模修建宫室苑宇，命名为天宁宫。元代建大都后，又加以扩建，明、清两代续有扩建。

此园全部范围以北海为中心，总面积达70余万平方米。水中琼华岛周长近2000米，高30余米。白塔屹立于琼华岛最高处，是北海景区的标志，塔为宝瓶形，底座为方形砖石台基，塔高35米余。

琼华岛东部，古木森森，景色宜人，有乾隆书写的“琼岛春阴”诗碑。琼华岛西部有悦心殿，旧时为皇帝处理政务处。岛北有漪澜堂建筑群，建于乾隆三十六年（1771年）。主殿漪澜堂前有碧照楼，左侧有道宁斋及远帆阁，楼阁间有回廊连接，回廊外绕汉白玉护栏，护栏两头各有小楼一座，一名倚晴楼，一名分凉阁，为漪澜堂入口处。此处建筑群与五龙亭隔水相望，交相辉映。

琼华岛外为太液池，即北海，水面广阔，波平如镜，景色倒映水中，别有情趣。沿岸有五龙亭、镜清斋、画舫斋等建筑。五龙亭在太液池北岸西侧，建于明代万历三十年（1602年）。中间一亭最大，名龙泽亭；东侧二亭名澄祥、滋香；西侧二亭名涌瑞、浮翠。亭间有桥相连，另有石桥通往岸边。静心斋在太液池北岸，原名镜清斋，建于乾隆二十三年。正门与琼华岛隔水相望，斋内主要建筑有沁泉廊、抱素书屋、画峰室、焙茶坞、枕峦亭等。院内有多处太湖石山景，叠石手法高超，玲珑有致，与楼台亭阁互相映衬，景色宜人。四周有矮墙围绕，南面为透空花墙，隔墙可见斋内花木扶疏，亭台隐现，设计颇具匠心，有“园中之园”的美称。画舫斋在太液池东岸，原为皇帝行宫。主要建筑有春雨林塘殿，东西分别为镜香室与观妙室，四周回廊环绕，建筑甚为精巧。庭院东北有古柯亭，亭前有古槐多株。西北有小玲珑，系一小小院落。九龙壁在太液池北岸，建于清乾隆二十一年，长约26米，高6米余。壁顶覆琉璃瓦，下为玉石台基，台基上为绿琉璃须弥座。座上壁面用七彩琉璃砌成，前后各有蟠龙九条。飞龙间日月高悬，云水激荡，气势磅礴，精美绝伦。太液池南岸与琼华岛有永安桥相连。桥三孔，坡度平缓，两侧有栏板与望柱，雕刻精美。桥南北各有木牌坊一座，绿瓦覆顶，朱漆圆柱，甚为美观。南坊坊额上题“积翠”，北坊坊额上题“堆云”，故又名堆云积翠桥。

北海布局以琼华岛为中心，太液池环绕周围，楼台亭阁隐现于山石树木之间，一塔高耸，引人入胜，湖光山色交相辉映，是一处历史悠久规模宏伟的园林建筑。

颐和园

颐和园在北京市西郊，面积近300公顷，是中国现存最大的古园林。金、元时期，即为风景胜地，曾在此设行宫，明代曾在此建圆静寺。清乾隆十五年（1750年）开始大规模修建，改瓮山为万寿山，并命名为清漪园，咸丰十年（1860年）被英法联军焚毁。光绪十四年（1888年）慈禧挪用海军经费重建，并改称颐和园。

全园可分万寿山与昆明湖两大部分。湖山间楼台亭阁错落有致，相映成趣，景色极为宜人，为国内著名的游览胜地。昆明湖前、万寿山下有“云辉玉宇”牌楼，为登山门户。过牌楼经排云门、二宫门即达排云殿。排云殿为慈禧庆寿、举行典礼、接受朝拜处。殿旁有紫霄、玉华、芳辉、云锦四配殿。整个建筑有游廊相接，上覆黄琉璃瓦，富丽堂皇，颇为壮观。由排云殿继续登山，过德辉殿即为颐和园中心建筑佛香阁，阁高四十一米，建于二十米高的石台阶上，气势宏伟。登阁远眺，湖光山色，尽收眼底。智慧海位于佛香阁后山巅上，为一座无梁佛殿，由拱券结构组成，饰以五色琉璃砖瓦，色彩绚丽，别具一格。殿内供观音菩萨，四壁嵌有琉璃小佛千余身。佛殿前有琉璃牌坊一座，前后额上题“众香界”

“毬树林”“智慧海”“吉祥云”，构成佛家的一首三字偈语。在万寿山前山西部有听鹂馆，内有两层戏楼一座。万寿山东麓有谐趣园，园中央有荷池，环池有涵远堂、知春堂、瞩新楼、湛清轩等十三座建筑，建筑间有游廊相接，具有江南园林风格，被称为“园中之园”。

在万寿山前山有“万寿山昆明湖”石碑，碑高近十米，正面题字和背镌《万寿山昆明湖记》，均系乾隆手书。佛香阁西有宝云阁，俗称“铜亭”，乾隆二十年（1753 年）建，其梁、柱、斗栱、椽、瓦及对联皆用铜铸，共用铜四十余万斤。昆明湖原名瓮山泊，沿湖建筑有长廊、仁寿殿、乐寿堂等。长廊筑于昆明湖北岸，万寿山南麓，东起邀月门，西迄石丈亭，留佳亭、寄澜亭、秋水亭、清遥亭点缀其间。廊内枋梁上绘有山水人物彩画一万四千余幅，有“画廊”之称。仁寿殿在园东宫门内，乾隆时名勤政殿，光绪年间重建，改名仁寿殿，是慈禧、光绪听政及接待外国使节的场所。东向，面阔九间，两侧有配殿，前有仁寿门，门外两侧为九卿房。乐寿堂在仁寿殿西北，面临昆明湖，堂前有码头，可以直接登上画舫。堂内中间设有宝座，宝座前置有青花瓷大果盘与四座镀金大铜炉。堂阶两侧排列铜质梅花鹿、仙鹤、大瓶，谐音“六合太平”。建筑异常精美，系慈禧寝宫。湖东堤岸边有铜牛，系乾隆二十年（1755 年）铸造，牛背上铸有篆文《金牛铭》。此牛造型生动逼真，相传为镇水患而建。玉澜堂在昆明湖东北边湖畔。正殿名玉澜堂，堂前有东西两配殿，东名霞芬室，西名藕香榭。此处系光绪寝宫，戊戌政变后，慈禧曾囚禁光绪于此。玉澜堂后有宜芸馆，系隆裕皇后寝宫。水上景观有石舫，建于乾隆二十年（1755 年），英法联军入侵时被毁，光绪十九年（1893 年）仿西式游艇式样重建，并改名“清宴舫”，取“河清海宴”之义，为园中有名之水上建筑。十七孔桥联结东堤与南湖岛，桥长一百五十米，桥栏望柱上镌有狮子、怪兽，雕工精致，形象生动。

太原晋祠

晋祠在山西太原市西南 25 公里悬瓮山下晋水发源处，系后人为纪念周武王次子叔虞而建。

晋祠建筑面东，进大门，过水镜台、会仙桥，就是金人台。台上四角各铸铁人一尊，据说是为镇晋水之患而建。过金人台，即对越坊，坊后即献殿。殿始建于金大定八年（1168 年），为祭祀时供献礼品场所。过献殿有铁狮一对，造型生动，铸于宋政和八年（1118 年）。铁狮西即鱼沼飞梁，北宋时建。圣母殿为晋祠主要建筑，北宋天圣年间为纪念叔虞之母邑姜而建。殿立于石台基上，面阔七间，进深六间，重檐歇山顶，饰以雕花脊兽。内殿采用减柱法，斗栱重叠，出檐深远，如飞翼凌空，与殿前月台、石栏、望柱互相映衬，整个大殿造型宏伟美观，对研究中国古代建筑有重要价值。殿前柱上雕有蟠龙。殿内有宋代彩色塑像四十三尊。圣母端坐于神龛内凤头椅上，仪容端庄。侍从或供饮食，或侍梳洗，或事洒扫，各有所司，神态各异，生动自然，为宋代彩塑中精品。

此外，重要建筑还有唐叔虞祠。祠前有《晋祠之铭并序》碑，唐太宗撰文并书，共 1203 字，行书，书法俊秀，遒劲有力，为碑刻中的上品。难老泉在圣母殿南，为晋水源流主泉，秒流量 1. 8 立方米，终年长流不息。泉西有水母楼，内有水母及侍女像。

黄山——天下第一奇山

黄山屹立在中国安徽省南部，东起绩溪县的大嶂山，西接黟县的羊栈岭，北起太平湖，南临徽州山区，总面积 1000 余平方千米。黄山四季景致不同，韵味各异，迎客松、飞来石、仙人指路等美景天下闻名，奇松、怪石、云海、温泉四绝更是令人流连忘返、叹为观止。

黄山云雾一年多达 200 余天。云雾来时只见白茫茫一片，大大小小的山峰变成了云海中的岛屿。黄山云雾喜怒无常，时而为风平浪静的汪洋，时而成为波涛翻滚的大海，时而像奔泻千里的急流．时而似倾注山谷的瀑布，时而轻柔如纱，袅袅亭立，时而怒气冲霄，雷电交加。千变万化的烟云，天天不同，时时不一，把黄山点缀得胜于天宫。

黄山的云海十分著名，有东、西、南、北海与中间的天海五大区。一般从 11 月到翌年 5 月是观看黄山云海最好的季节，尤其是在雨雪天气之后的日出或日落时最为壮观。黄山云海固然壮丽无比，但那缭绕着山峰的烟云，弥漫于山间、溪边的雾霭，使山形树影时隐时现，虚无缥缈，扑朔迷离，也使黄山平添了不少生动而神秘的色彩。其实在黄山云雾难分，迎面扑来是雾，身旁吹走即云。当你穿行在云雾之中时，便会有飘飘欲仙之感。重峦叠嶂，加上轻云浓雾掩映，真使黄山每个视角都成为一幅浓泼淡抹的水墨画。

黄山的云雾为什么这么多？原来，黄山地区林密，谷深，有许多地方阳光照射不到，水分不易蒸发，因此湿度大，水汽多。加之森林在发育生长中，利用根系不停地吸收着地下水，经过生化作用，又将水分不断地通过枝叶散发到空中。这样，就大大增加了林区上空的水汽。水汽越多，云雾也越多。巍峨的黄山，峰峦重叠，沟壑交错，水分蒸发快慢也不一样，所以使黄山多云雾。至于黄山云雾有千变万化，奇妙而壮观的景色则是因为黄山的复杂地形所造成的。

黄山松，刚毅挺拔，苍劲有力，是黄山的奇景之一。它多生长于海拔 800 至 1760 米的高山岩石地带。其针叶短粗而稠密，顶平如盏，干曲枝虬苍翠奇特。它的形状多种多样，或立或卧，或仰或俯。有的雄健挺拔，好似巨人，有的平顶

展枝，犹如流水行云，有的虬枝盘错，宛若蛟龙，有的匍匐僵卧，像怪兽异禽。用拟人化方式命名的有迎客松、陪客松、送客松、望客松、探海松等。用珍禽异兽命名的有麒麟松、凤凰松、黑虎松、卧龙松等。真是姿态万千，引人入胜。雄伟的黄山产育出无数奇松，而奇松则处处为黄山增添姿色。

黄山松不仅是独立生长的风景树，也是成林的树木。它是那样的仪态万方，给人以清雅、挺俊、潇洒、富有朝气的感觉。形状奇特的黄山松，有着顽强的生命力。为了适应悬崖绝壁的自然环境，它的根能穿透发酥的石层或沿着石缝生长，它的种子落到险峰绝壁上，有一点沙土，就会扎根发芽，它的树干和树冠，争夺生存空间的本领特别强。

为什么黄山上的松树比黄山脚下的松树格外挺拔潇洒呢？原来，黄山松的祖先原是油松，远在地质时期的第四纪初，地球上曾有一个很冷的“冰川时期”，那时山上太冷，油松受不了，就由山上向山下移动。后来地球上又有一个极热的“间冰川期”，油松在山下熬不了，于是又向山上转移。加之气候、土壤、水分的关系，历千百万年，终于逐渐演变而成今天的黄山松。

阿里山——造物之美

位于祖国宝岛台湾的阿里山，并非仅指一座山，而是由地跨南投、嘉义二县的大武峦山、尖山、祝山、塔山等18座大山组成。

阿里山为台湾三大林场之一，在蓊郁俊美的大片森林中，以阿里山神木最负盛名。神木耸立在阿里山主峰的神木车站东侧，树高52米左右，树围约23米，需十几人才能合抱。阿里山云海为台湾八景之一。登上山顶平台，放眼远眺，白云从山谷涌起，迎风飘荡，瞬息万变，时而如汪洋一片，淹没千山万岭；时而如大地铺絮，足下一片白茫茫；时而如山谷堆雪，林海中若隐若现。观日出的地点则以祝山为最佳。祝山山巅建有观日楼，凌晨登临楼台，初见东方微露一抹红晕，淡若无有，却又似弥漫天空。而为世界所称奇的阿里山森林铁路大都穿山越岭、沿着山壁或架空而筑，为世界现今仅存的三大高山铁路之一。沿途有82条隧道，最长的达1300米。铁路全长72千米，却由海拔30米上升到2450米，搭乘森林火车，沿途可见高大挺拔的桉树、椰子树、槟榔树等热带古木，四季常绿的樟、楠、槠、榉等亚热带阔叶树，茂密的红桧、扁柏和姬松等温带针叶树，乃至以冷杉为主的寒带林景观。

在阿里山林区，还有姐妹潭、孔雀溪、慈云寺、树灵塔、受镇宫及高山博物馆、高山植物园等名胜。去阿里山，寻觅造物之美，回归自然纯真，阿里山纷呈的美景正吸引着越来越多的人去探访。

珠穆朗玛峰——擎天之柱

神秘而严酷的青藏高原，是世界上海拔最高的高原，素有世界屋脊之称。它位于中国西部及西南部，包括西藏自治区和青海省全部、四川省西部、新疆维吾尔自治区南部、甘肃省西南部及云南省西部，面积240万平方千米，平均海拔4000～5000米。在这片高原上，气势磅礴地汇聚了众多海拔超过6000米的高大山脉，这其中包括了海拔8844.43米的珠穆朗玛峰，她既是青藏高原上最高的山峰，也是世界第一高峰。

探险者与科学家们曾在珠峰上找到了古代海洋生物三叶虫的化石，在珠峰北侧地带找到了来自南半球的巨羊齿植物化石，而今天在珠峰北面的雅鲁藏布江沿岸还能看到不同时代、不同地层中的岩块挤压到一起的板块缝合带，这一切都揭示了一个令人难以置信却又不得不接受的事实：整个喜马拉雅山脉，连同它的主峰——珠穆朗玛峰，都是在印度板块推挤之下，从2400千米外遥远的南半球漂洋过海而来。在漂移的过程中，不断地受到欧亚板块反作用力的阻挡，日复一日地向上抬升，最终在距今100万年前左右的时候，达到了现在的高度。

仰望珠峰，除了圣山本身的魅力之外，飘浮于峰顶的旗云也是绚丽壮美，令人着迷。这些云彩环绕着峰顶，仿佛飘扬的旗帜，故而被称为旗云或旗状云。珠穆朗玛峰的旗云，千姿百态、气象万千，令人难以捉摸。它们忽而如旗帜迎风招展，忽而如海浪汹涌澎湃，忽而如山峦起伏连绵，忽而如骏马奔腾驰骋。在旗云之中，圣山显得虚无缥缈，若隐若现，更加增添了神秘与圣洁的气息。珠穆朗玛峰北坡和西南坡海拔7500米以下为冰雪覆盖，海拔7500米以上由于高空风大，山坡陡峭，降雪不易堆积。因此，下垫面多为碎石表面。珠穆朗玛峰海拔高，太阳辐射强。每当日出后，受太阳直接照射，各地受热状况也不均匀。在碎石面附近，地面吸热快，表层气温高于同一高度自由大气的温度，形成沿山坡向上的气流；海拔7500米以下，冰雪表面受太阳加热升华，给上升气流输送水汽，为成云提供了有利条件。另外，在冰雪面上，反射掉的热量较多，地表气温要比自由大气的温度低些。冷空气下沉，热空气上升，就产生两个方向不同的局部环流，使峰顶附近常有对流性积云形成，所以白天常能观测到形如旗帜的云挂在峰顶。

随着高空风上升气流和天气系统的不同，旗云的形态也不断变幻。

珠峰巍峨宏大，在它周围20千米的范围内，群峰林立，层峦叠嶂。仅海拔7000米以上的高峰就有40多座，较著名的有南面3000米处的“洛子峰”（海拔8516米，世界第四高峰）和海拔7589米的卓穷峰，东南面是马卡鲁峰（海拔8463米，世界第五高峰），北面3000米是海拔7543米的章子峰，西面是努子峰（海拔7855米）和普莫里峰（海拔7145米）。在这些巨峰的外围，还有一些世界一流的高峰遥遥相望：东南方向有世界第三高峰干城章嘉峰（海拔8585米）；西面有格重康峰（海拔7998米）、卓奥友峰（海拔8201米）和希夏邦马峰（海拔8012米）。形成了群峰来朝，峰头汹涌的波澜壮阔的场面。

珠穆朗玛峰地处高寒之地，自然条件极其严苛：低温、缺氧、陡峭的山势、步步陷阱的明暗冰裂隙、险象环生的冰崩雪崩区、变幻莫测的恶劣气候。人们之所以将她称之为圣山或者神女，恐怕也有一部分原因是她的凛然不可侵犯。但是那弥漫的云雾与不可捉摸的暴风雪，便足以令人望而却步。不过人类的天性总是追求挑战、渴望征服。千百年来，向着世界最高峰发起冲击的人不在少数，然而，直到1953年，才由英国人埃德蒙希拉里创下首登珠峰神顶的纪录。1960年，中国登山队则首次从北侧中国境内登上了这座世界最高峰。而在失败者的故事中，甚至有许多人将自己的身体与灵魂永远留在了雪山之上。或许，对于凡俗的世人而言，屹立于云霄之中的圣山实在是一个无法阻挡的巨大诱惑，甚至值得用自己的生命来换取与她亲近的荣耀。

贡嘎山——蜀山之王

“蜀道之难难于上青天……尔来四万八千岁，不与秦塞通人烟”。李白诗中只顾感慨蜀境高山的险恶峭拔，却忘记了赞颂“蜀山之王”——贡嘎山的奇丽与庄重。

贡嘎山区是现代冰川较完整的地区，以罕见的冰川奇观闻名于世。这片地区共有现代冰川71条，最著名的5条冰川分别为海螺沟一号冰川、贡巴冰川、巴旺冰川、燕子沟冰川、靡子沟冰川。海螺沟是5条原始冰川中最奇秀的成员，素有“海螺天下奇”之说。它是亚洲海拔最低的冰川，最低点为海拔2850米。这条冰川蜿蜒深入原始森林6千米，形成了冰川与森林共存的奇观。

作为离城市最近的一条现代冰川，海螺沟内的自然风光非但没有受到人为的影响，反而充满了原始与野性的气息。由于冰川运动，这里形成了冰川弧、冰川断层和冰塔、冰桥、冰川石蘑菇、冰城门等许多奇异的造型，或优雅，或怪异，或雄壮，气势磅礴，如同鬼斧神工雕琢而成。沟内有条凌空垂挂的“大冰瀑布”，落差1080米，宽1100米，比贵州黄果树瀑布大上10倍，由无数巨大的冰块组成。这条巨型冰瀑横亘天空，好似奔腾咆哮的河水在一刹那间被神力冻结，雄伟壮观，气势恢宏，令人望而生畏，堪称举世无双的奇迹。而当冰崩时，冰体间的撞击与摩擦会产生放电现象，蓝光闪烁，山谷轰鸣，令人觉得似乎进入了一个梦

幻般的冰雪神话世界。

温泉也是这片地区的特色之一。在这一片冰天雪地的世界内，竟然有数十处温泉常年蒸气氤氲，温泉水温 40℃～80℃，有的达到 90℃以上。其中二营地温泉流量一昼夜达 8900 余吨，水温高达 90℃，在出水口处甚至可以煮熟鸡蛋和马铃薯，是世界上少有的温泉。进人海螺沟后，在冰川上一边享受沐浴温泉的舒坦，一边欣赏雪峰的冷峭，实在是种难得的经历。

贡嘎山的一大奇特之处在于它的生态和气候呈现出极其显著的垂直变化：从南坡大渡河河谷至主峰顶水平距离 29 千米，而相对高度差却达到了 6556 米，因此产生了"山顶白雪皑皑，山腰秋木稀疏，山脚鲜花烂漫"的独特景观。在贡嘎山的山脚下，气候温和，植被茂盛；山腰中红叶纷飞，胜于香山；而到了山顶，却是一片银装素裹的严酷景象。各个植物带之间层次如此鲜明，甚至于爬上山峰就能一路感受四季变化，是世界上罕见的生态奇观。而在海螺沟中甚至同时具有亚热带到高山寒漠带的完整植物带谱，内有植物 4800 多种，动物 400 余种，其中还保存着许多第四纪时期的动植物，可以说是生物史上的活化石区。

多年以来，贡嘎山与海螺沟隐居在高原之上，覆盖着神秘面纱，不为世人所熟知。随着近年来的不断开发，贡嘎山附近已成为目前中国环境容量最大的风景区，总面积 10000 余平方千米，海螺沟、燕子沟、木格措、塔公、五须海、贡嘎西南坡等景区都被包含在内。风景区内还点缀着十余个高原湖泊，如明珠般散落在冰川林海之中。雪山脚下，冰川之畔，森林环抱，蓝天白云，加上清澈透明的高原湖水，形成了原始、秀丽的自然风貌，既展现了地理史上的奇观，也造就了蜀境的香格里拉乐园。

博格达峰——新疆灵山

博格达峰，海拔5445米，位于东经88.3°，北纬43.8°，坐落在新疆阜康县境内，是天山山脉东段的著名高峰。

“博格达”一词出自蒙语，是“神灵”的意思。博格达峰因此被称为“灵山”、“祖峰”。虽然它并非天山诸多高峰之最，但却由于它的神奇与险峻，成为新疆各族人民心中最有神性的山峰，成为新疆的象征。

博格达峰海拔高度虽然并不惊人，但登山难度绝非寻常。在主峰的东西，分别排列着7座5000米以上的高峰。博格达峰山体陡峭，西坡与南坡坡度达70—80度，只有东北坡坡度稍缓，因此，该峰虽然在1980年以前就有英国和前苏联登山队前来攀登，但直到1981年6月9日，才由日本京都队11人开创登顶纪录。博格达峰是由3个峰尖紧依并立而成，终年冰雪皑皑，世称“雪海”。

山峰顶部基岩裸露，岩石壁立；中部则为冰雪覆盖，常年不化；峰顶以下则为冰川陡谷，地势险要。它主要有4条山脊：东北山脊、西南山脊、北山脊、东南山脊。由于数座山峰间距离较短，山体集中，登山周期不长，非常适宜小型登山队伍连续攀登。山脚下是著名风景游览胜地“天池”，湖水清澈，绿如碧玉，倒映着参天云杉相银色的雪峰，可将登山旅游融为一体，所以受登山爱好者和旅游者的青睐。

从博格达峰北坡的峡谷攀援而上，既能看到山清水秀的牧场，也可以探寻雪厚冰坚的世界。

博格达峰的冰川积雪，终年闪耀着白白的亮亮的光芒，与山谷中的天池绿水交相辉映，造就出风光独特的避暑胜地。

博格达山千峰竞秀，万壑流芳，景色迷人。这里有遮天蔽日的原始森林和风光如画的山甸草原。雪线附近有雪豹出没，雪鸡栖居。密林深处不时传来马鹿的呦鸣，隐现着狍鹿、棕熊、猞猁和岩羊的身影。草地上山花烂漫，五彩缤纷，其间野生的中草药材如贝母、党参、紫草、黄芪和柴胡等等，一丛一簇，药气袭人。博格达山蕴藏着丰富的煤炭、菱铁和云母等数十种矿物。群山之巅发育着现代冰川，每到盛夏季节，冰雪融水滔滔而下，汇成 30 多条较大的河流，浇灌山麓的绿洲沃野。

江河湖海

江　河

三江并流的奇观

在“彩云之南”的云南省西北部，存在着一个令人叹为观止的自然现象：三条大江与山脉互相夹持，平行地奔流了 400 千米，相隔最近的地方直线距离只有 66 千米，这就是美丽而神奇的三江并流。

三江并流指的是位于云南省西北部的丽江地区、迪庆藏族自治州、怒江傈僳族自治州的三条大江（怒江、澜沧江、金沙江）并行而流的独特地理现象。三江同发源于青藏高原，并肩在云南西北部的崇山峻岭中奔流。三江并行流经云南境内约 170 余千米，整个区域面积达 4 万平方千米。由于三江并流地区特殊的地质构造，欧亚大陆最集中的生物多样性、丰富的人文资源、美丽神奇的自然景观使该地区成为一处独特的世界奇观。三江并流地区是世界生物多样性最丰富的地区之一，云集了南亚热带、中亚热带、北亚热带、暖温带、温带、寒温带和寒带等多种气候类型和植物群落类型，是北半球生物景观的缩影，名列 17 个中国生物多样性保护“关键地区”的第一位，也是世界级物种基因库和中国三大生态物种

中心之一。

三江并流的形成，几乎可以说是一部地球演化的历史教科书。在发生于大约4000万年前的喜马拉雅造山运动中，印度板块与欧亚板块的碰撞造成青藏高原的隆起，构成了在150千米内相间排列的担当力卡山、独龙江、高黎贡山、怒江、澜沧江、云岭、金沙江等巨大山脉和大江形成的横断山脉的主体。“三江并流”就是这次远古地球陆地漂移碰撞的产物。“三江并流”地处横断山脉，是欧亚大陆生物南北交错、东西会合的通道。第四纪冰期曾给欧亚大陆的生物带来灭顶之灾，但“三江并流”地区独特的地形却为生物的存活提供了庇护，并成了这些孑遗生物的主要避难所。在三江并流地区生存着包括孑遗植物领春木、水青树、秃杉、桫椤、长苞冷杉、光叶珙桐、独叶草、红豆杉、云南榧树等在内的34种国家级保护植物，而小熊猫、针尾鼹、林跳鼠等原始孑遗动物也得以躲过冰期，在此处繁衍生息。这里是与大熊猫齐名的国宝滇金丝猴的故乡，还有珍稀濒危动物羚牛、雪豹、黑仰鼻猴、戴帽叶猴、孟加拉虎、藏马鸡、黑颈鹤等栖息。

丰富多彩的人文资源、美丽神奇的自然景观、参差多态的生物资源使三江地区成为全世界独一无二的壮丽奇观。4000万年前沧海桑田的变迁，造就了今日三江并流的宏伟与神奇。雄奇、险峻、幽深、秀丽、神秘……这片造物主精心缔造的净土，带给人梦境般的独特感受，仿佛是千万年苍茫岁月留给后人的无声诉说。

黄河源头

“君不见黄河之水天上来，奔流到海不复回。”这是唐代诗人李白留下的著名诗句。它形象地描绘了黄河雄伟的风姿，磅礴的气势和一往无前的精神。横贯中华大地的黄河，是我们中华民族的摇篮，也是世界古代文化发祥地之一。黄河中游流经广大的黄土高原地区，支流挟带大量泥沙汇入，使河水呈黄色，故名黄河。

黄河源地究竟在哪里？在5000多年的历史长河中，我国人民曾对黄河的发源地进行了多次探索。然而，限于当时的科学水平和各方面的条件，一般都只到达星宿海一带。历史文献中记载有星宿海“小泉亿万，不可胜数，如天上的星”。星宿海，藏语叫“错岔”，意为花海子，即大片沼泽及许多小湖组成的低洼滩地。这里密密的短草成堆形块状，散布水中，枯叶烂根年年积累，形如表面松软的沮洳地带，行经其上，极易下陷。“星宿海”并不是真正的黄河源。新中国建立后，政府曾多次派出河源查勘队，历经千辛万苦，寻找河源。

青海南部高原有“江河源”之称，水系错综，河流纵横。长江和黄河仅巴颜喀拉山一脉之隔，直线距离200余米。究竟黄河河源在哪里？学术界一直争论不休。50年代初期，认为黄河源出约古宗列曲。目前主要有两种看法：一种认为黄河多源，其源头分别是扎曲、卡日曲和约古宗列曲；另一种意见认为，卡日曲全长201.9千米，是上述3条河流中最长的，应定为正源。

黄河的河源地区没有龙门激浪洪波喷流的气势，没有壶口飞瀑巨灵咆哮的声威，只有潺潺细流蜿蜒逶迤，穿越坡地、草滩和沼泽，绕行于巴颜喀拉山的群峰之间，河水散乱，难以辨认主河道。黄河的藏语名称叫“玛曲”，即孔雀河之意。当地人民根据黄河河源周围有众多小湖的地理景观，命以孔雀河的美名，的确恰如其分。每当登高远眺，数不清的大小湖泊宛如繁星落地，恰似孔雀开屏时尾羽上彩斑点点的样子。

黄河上游最著名的还要算龙羊峡。在这里，黄河劈开近百里长的峡谷，两岸壁立千仞，悬崖耸立高达700米。河谷深窄，水面宽仅四五十米，峡谷内天然水面落差225米。龙羊峡水电站是黄河上游水力发电梯级电站的龙头。高原峡谷人烟稀少，在这里建电站淹没损失小，工程量小。而且，黄河愈往上游，水土流失愈轻微，河水泥沙含量小，不会出现由于泥沙严重淤积不能蓄水的问题。

长江洪水的起因

长江流域内洪水发生的时间，一般下游早于上游，江南早于江北。干流大洪水多集中在7月份、8月份，一般年份干支流洪水发生时间先后不一，洪峰相互错开，不致造成很大洪水。长江中下游干流的大洪水具有峰高、量大、历时长的特点，而上游的洪水则涨势较猛，历时相对较短。

长江洪水主要来自上游川江的四大支流岷江、沱江、嘉陵江和乌江。四川屏山至湖北宜昌区间承纳川江各支流和干流金沙江的来水，其年径流量占宜昌的68%，汛期所占的比重更大。长江历史上许多洪水的形成多与川江洪水有关，川江几条大支流由于处于暴雨集中地区，猛涨的洪水常造成长江中下游洪水灾害。每当川江支流洪水与金沙江洪水相遇，或前者洪峰特大，后者底水偏丰，宜昌河段就会出现特大洪峰，给长江中下游带来严重威胁。

长江流域的洪水主要是由暴雨形成的。长江流域暴雨区较多，大的有5个。第一大暴雨区是赣北、皖南、鄂南暴雨区。该区以江西省环玉山为中心，向东扩展到安徽省贫山一带，向西扩展到赣鄂交界的幕阜山地。其中有两个暴雨中心区：一个位于黄山；多年平均暴雨日数达到8.9天，1973年出现过17天暴雨；另一个位于幕阜山地。第二大暴雨区是川西暴雨区，在四川盆地向川西高原的过渡地带，从雅安、峨眉到涪江上游的北川、安县一带。也有两个暴雨中心区：一个是峨眉山到雅安一带；另一个是北川、安县一带。第三大暴雨区是湘西、鄂西南暴雨区。该区位于长江支流清江流域到洞庭湖水系澧水中上游一带。第四大暴雨区是大巴山暴雨区，在大巴山南坡四川万源至巫溪一带。第五大暴雨区是大别山暴雨区，在大别山的西南坡。在天气反常的情况下，上游雨季提前，中、下游雨季延后，干支流洪水遭遇，易发生范围很大的暴雨，如 1931、1945、1949 年洪水。若局部地区发生强度很大的暴雨，也会形成地区性大洪水，如 1935 年汉江、清江洪水，1981 年四川盆地洪水，及历史上的 1860、1870 年特大洪水。这两类洪水均可造成巨大灾害。

黄河凌汛的成因

黄河浩浩荡荡流在北方大地上，在中游宁夏、内蒙古境内和下游山东境内，黄河干流流向为由西南向东北。这两段是黄河凌汛最为集中的地段。

凌汛是发生在冬季河水开始封冻和春季河水开始解冻时，因冰坝阻塞水流引起水位上涨甚至带来洪灾的一种河流特有的水文现象。

纬度差异是引起凌汛的主要原因。黄河从兰州到河套，南北纬差达 4°37′，冬季月平均温度相差 5℃以上，北部比南部结冰封冻的时间长，冬季封冻早，春季解冻晚。山东境内黄河南北纬度差为 3°20′，封冻期南北也不一样长，间隔也比较长。秋末冬初，北部河水首先封冻，南来的未结冰的水流受阻排泄不畅，于是抬高水位，引起凌汛。冬末春初，南部的河水先解冻，而北部河面依然冰层很厚，上游大量的水流夹带冰凌一齐下泄，不仅无法破坏下游的冰层，甚至浮冰还会增进冰层的加厚，极易形成冰坝或冰桥，阻塞水流，抬高水位，发生凌汛。如果凌汛与黄河春季的洪汛结合起来，将会产生更大的危害。

当然，凌汛的发生也有赖于其他一些原因，如内蒙古境内黄河河道宽浅、平缓，浅滩、河湾众多，山东境内河道上宽下窄，都不利于水流下泄，极易阻塞流冰，造成凌汛的危险。

为了更有效地防止黄河凌汛的发生，在上游和中游兴建了许多大型的水利枢纽工程，同时加强了凌汛的监测工作，防止凌汛泛滥成灾。

如诗如画的漓江

漓江位于广西壮族自治区东北部，发源于兴安县猫儿山，流经桂林市、阳朔县，在梧州市汇入西江。上游称大溶江，从灵渠在溶江镇与漓江汇合口至平乐县恭城河口的一段，称为漓江，全长160千米。这160千米的山水，历来被人们誉为是世界上风光最秀丽的河流，是集山水之灵气于一体的奇迹。这里两岸青山连绵不绝，奇峰林立，漓江沿岸，翠竹、茂林、田野、山庄、渔村随处可见，充满了恬静的田园气息，仿佛一幅水墨山水画上绝美的点缀，为漓江更增添几分秀色。

漓江风景区是世界上规模最大、风景最美的喀斯特山水旅游区。“喀斯特”一词源于前南斯拉夫的一个地名。喀斯特地貌是指石灰岩受水的溶蚀作用和伴随的机械作用形成的各种地貌，如石芽、石沟、石林、溶洞、地下河等。在水流作用下，地下水对碳酸盐岩不断产生侵蚀作用，形成陡峭的海岸、弯曲的沟壑、高高的悬谷等奇观。具有喀斯特地貌的地区，往往奇峰林立，溶洞遍布。

漓江沿岸是中国喀斯特地貌分布广、发育典型的地区之一，孤峰、峰林、峰丛、喀斯特泉、暗河、反复泉、周期性泉与涌泉等等喀斯特地貌随处可见。风景区内岩溶发育完善，地面奇石遍布，有的峰林簇拥，有的一山独秀，姿态万千。地下更是溶洞密布，多达2000余个，人称“无山不洞，无洞不奇”，犹如神仙洞府。

漓江最著名的山是画山，最美的景是黄布倒影。画山高416米，临江绝壁上有藻类等低等生物死亡后的钙化产物，因而呈现出了颜色不同、深浅有别的山崖色彩带，鲜艳如画，堪称天下奇观。在阳光的照射之下，画山更加呈现出五彩缤纷的亮丽景观，见者无不称奇。

说不尽的漓江景，道不完的漓江情。漓江之美，如诗如画，如烟如梦，那绿水、青山、翠竹、奇石，仿佛一幅典型的中国水墨画，令人见之而忘俗。“漓江神秀天下无”，我们只能说，漓江是一个大自然的奇迹，是集造物主万千宠爱于一身的奇迹。

壶口瀑布

壶口瀑布位于山西省吉县西南，地处九曲黄河中游，与陕西省宜川县相邻。瀑布两岸石壁峭立，河口收束狭如壶口，故名。明代诗人陈维藩在其《壶口秋风》中有云：“秋风卷起千层浪，晚日迎来万丈红”，是壶口瀑布的真实写照。

黄河流至壶口，巨流从宽300余米的两山之间奔泻而下，在吉县与陕西宜川交界的龙王一带，河槽猛缩为30余米，聚拢的河水坠入深潭，落差达20米，有如茶壶注水。由于地壳运动，岩石在此断裂陷落，河水从高处横面泻下，浪涛滚滚，水花飞溅，声如雷鸣。一团团水雾烟云，慢慢上升，由黄变灰，由灰变蓝，在阳光的照射下，变成圈圈彩虹。

更为神奇的是，黄河流入壶口以后，在流经一个长1000米、深30米的龙壕后，似乎隐身匿迹了。这个龙壕其实是一个弯弯曲曲的石峡，像一条摇头摆尾的巨龙，壶口是龙头，一口吞噬巨流，孟门是龙尾，腹泄黄河水向下游。

在壶口瀑布正中、黄水跌宕的地方，有一块油光闪亮的石头，在急流中上下浮动，这就是“龟石”。这块石头能随水位的涨落而起伏，不论水大水小，总是露着那么一点点。远远望去，两侧的黄水滚滚扑来，掀起重重浪花，犹如二龙戏珠。

过去，来往的船只每逢行至壶口，都是人在岸畔拉纤绕行，飞鸟也因瀑布呼啸四震、云烟迷漫，惊吓得不敢飞过。因此，当地从古至今就传承着一种奇特的航运习俗——“旱地行船”，而且，一直流传着“飞鸟难渡关”的奇谈。

壶口瀑布风景区除了瀑布奇观外，还有清代长城、圪针滩古渡、盈门山石刻、大禹治水三过家门而不入的“衣锦村”和“姑夫庙”、“鲤鱼跳龙门”等人文景观。

湖 泊

中国第二大淡水湖——洞庭湖

古称“八百里”的洞庭湖烟波浩渺，水面跨湘、鄂两省，原为我国最大的淡水湖，目前面积2820平方千米，蓄水量约188亿立方米，屈居第二。

按照《山海经》的记载，战国至西汉初年，洞庭湖“夏秋水涨，方九百里”。汉时长江主流已位于荆江附近，而洞庭湖则在长江以南。到晋代开始，由于筑堤束水垦殖，长江与湖才逐渐分离。三国以前，洞庭湖的整个湖面是连成一片的，方圆八百里。由三国至南北朝，北方战乱，中原人民大量南移，由于川、湘、鄂农业的发展，植被大量被破坏，长江和湘、资、沅、澧诸水含沙量增多，洞庭湖逐渐淤积，至南北朝时，洞庭湖一分为三：东面的仍叫洞庭湖；南面的叫青草湖；西面的叫赤沙湖。但夏秋涨水时，三湖仍联合一片，因此洞庭湖又有“三湖”之称。据唐、宋文献所载，东洞庭湖方圆360里，青草湖为265里，赤沙湖为170里，夏秋三湖合一时，方圆七八百里。“八百里洞庭”之说，来源于此。

唐末至南宋，中原战争不断，人民又大量南移，两湖地区，特别是湖南北部

的滨湖平原开发很快，当时继续沿江筑堤御水，扩大湖滩垦殖，著名的荆江大堤就是这时形成的。垦殖、筑堤，加速了洞庭湖的淤积，湖面日益缩小。明清时，洞庭湖中淤积成很多洲，筑堤、围垸的结果，夏秋水涨时，洞庭湖仅余500里。1825年，长江水冲开了藕池口，1873年又冲开了松滋口，形成夺河改道的局面。泥沙随江水入湖，湖面进一步缩小，出现了南县、白蚌、草尾及北大市一带的高洲滩。直至新中国建立前的20多年里，土豪争相围垦，湖面缩小近1/3。目前洞庭湖仍大致可分为东、南、西三湖，总面积大约2820平方千米。

如果把长江经济带比作一条巨龙，则黄金水道长江是巨龙的“肠”，而洞庭湖与鄱阳湖都同时起到“胃”和“肾”的作用，即在调蓄长江洪水时起到“胃”的作用，在调节长江流域生态环境时起到“肾”的作用，如果这两个“胃”和“肾”的功能遭到破坏，长江中游就会遭受洪水的灭顶之灾，江南生态环境也将严重恶化。

洞庭湖是重要的湿地，它在雨季涵养洪水，在旱季缓解旱情，还能净化水中污染物；湿地具有较大的经济效益，出产鱼虾、稻米、莲藕等湿地产品，还能支持水上运输。洞庭湖是重要的候鸟越冬栖息地，也是世界著名的珍稀鸟类保护地和观赏区，遮天蔽日的鸟群已成为一个诱人景观，

洞庭湖区还是有名的“粮仓”、“鱼池”和“油库”，对中部崛起和发展具有举足轻重的作用。

我国最深的湖泊——长白山天池

长白山天池又称白头山天池，坐落在吉林省东南部，是中国和朝鲜的界湖，湖的北部在吉林省境内。长白山位于中、朝两国的边界，气势恢宏，资源丰富，景色非常美丽。在远古时期，长白山原是一座火山。据史籍记载，自16世纪以来它又爆发了3次，当火山爆发喷射出大量熔岩之后，火山口处形成盆状，时间一长，积水成湖，便成了现在的天池。而火山喷发出来的熔岩物质则堆积在火山口周围，成了屹立在四周的16座山峰，其中7座在朝鲜境内，9座在我国境内。这9座山峰各具特点，形成奇异的景观。

天池虽然在群峰环抱之中，海拔只有 2194 米，但却是我国最高的火口湖。它大体上呈椭圆形，南北长 4.85 千米，东西宽 3.35 千米，面积 9.82 平方千米，周长 13.1 千米。水很深，平均深度为 204—米，最深处 373 米，是我国最深的湖泊，总蓄水量约达 20 亿立方米。

天池的水从一个小缺口上溢出来，流出约 1000 多米，从悬崖上往下泻，就成了著名的长白山大瀑布。大瀑布高达 60 余米，很壮观，轰鸣声远处可闻。大瀑布流下的水汇入松花江，是松花江的一个源头。在长白瀑布不远处还有长白温泉，这是一个分布面积达 1000 平方米的温泉群，共有 13 眼向外喷涌。

史料记载天池水“冬无冰，夏无萍”，夏无萍是真，冬无冰却不尽然，冬季冰层一般厚 1.2 米，且结冰期长达六七个月。不过，天池内还有温泉多处，形成几条温泉带，长 150 米，宽 30～40 米，水温常保持在 42°，隆冬时节热气腾腾，冰消雪融，故有人又将天池叫温凉泊。

天池除了水之外，就是巨大的岩石。天池水中原本无任何生物，但近几年，天池中出现一种冷水鱼——虹鳟鱼，此鱼生长缓慢，肉质鲜美，来长白山旅游能品尝到这种鱼，也是一大口福。不时听到有人说看到有怪兽在池中游水。有关部门在天池边建立了“天池怪兽观测站”，科研人员进行了长时间的观察，并拍摄到珍贵的资料，证实确有不明生物在水中游弋，但具体是何种生物，目前尚不明

朗。他们对天池的水进行过多次化验，证明天池水中无任何生物，既然水中没有生物，若有怪兽，它吃什么呢？这一连串的疑问使得天池更加神秘美丽，吸引越来越多的人前往观赏。

我国最大的堰塞湖——镜泊湖

镜泊湖，唐代称“忽汗海”，金代称“必尔腾”湖，湖面清平如镜，是中国最大的高山堰塞湖。镜泊湖位于黑龙江省牡丹江市宁安县境内的崇山峻岭之中，湖面海拔350米，总面积为90平方千米。湖水北深南浅，最深处62米。每当夏秋时节，这里花红水碧，鱼跃鸟飞，岚影沉浮，霞光闪耀；北国大自然的天姿美色，令人赞叹不已。

每到夏季，这里游人如织，来自海内外的游客，尽情地享受大自然赐予的山光水色。这里的疗养所、宾馆鳞次栉比，都是依山面水而建，建筑风格各具特色。滴翠的林木遮掩着红砖白瓦；清澈的湖水，倒映着湖畔的景色，环境幽雅，空气新鲜，置身其中，有如在仙境一般。

关于镜泊湖的来历，还有一个神奇的传说。

说很早以前，有回王母娘娘设蟠桃会为玉皇大帝过生日，邀请了所有的天仙地神和各宫星翁，众仙喝得大醉欲起身退席。但王母娘娘高兴异常，觉得酒兴未尽，便拉住来赴会的仙女们不放。仙女们无奈，只好留下来，继续击鼓行令、开怀畅饮，待仙女喝到了微醉之时，便起身离席搽胭施粉、沐浴更衣，为玉皇大帝和王母娘娘轻歌曼舞起来，众仙吃喝玩乐，兴奋不已。歌舞完毕，众仙女擦汗洗脸，去掉脸上浓艳的脂粉，由于仙女太多，洗胭脂的水灌满了天河。河水溢出流到人间，恰巧落到牡丹江中，就形成了这个平如明镜的高山大湖。

由于湖水是仙女们的“胭脂水”，所以湖水也像胭脂一样芳香。这芳香的湖水，滋润花草树木后，花草树木便会蓬勃生长，所以在湖的周围很快长成了茂密的森林和芬芳鲜艳的花草，引来蜂、蝶、鱼、鸟，生存繁衍。于是便变成了一个风光优美，环境静雅的好地方。

再说那天酒会中，一个喝醉的仙女将王母娘娘的梳妆宝镜与洗脸水一起倒入天河，流到湖底，所以这湖就有了灵气和宝气。不管刮多大的风，湖水也掀不起大浪，总像镜子一样平静、明亮。有天，王母娘娘来取她的宝镜，看到这里水碧波平、山苍谷翠、百花争艳、百鸟鸣唱、鱼跃水中，一时高兴，就没有将宝镜取回。

镜泊湖是究竟怎样形成的呢？据考证，大约在一万年以前，这里的火山群爆发，大量的火山物质和熔岩流汇在一起，堵塞了牡丹江河道，河水滞存在山间断陷的盆地中，形成了堰塞湖。

我国最低的湖泊——艾丁湖

新疆吐鲁番盆地中的艾丁湖，是我国最低的湖泊，它位于吐鲁番、鄯善、托克逊三县交界处，觉洛塔格山脚下，距吐鲁番县城 40 千米，湖盆东西长约 40 千米，南北宽约 152 平方千米，面积约 152 平方千米，湖面低于黄海海平面 154.43 米，仅次于欧洲的死海，为世界第二低湖。

科学工作者根据湖周发现大量上更世淡水湖泊沉积和螺类化石推测，远在一万年前，艾丁湖还是一个巨大的淡水湖泊，它的范围要比现在的湖水面积大 1000 倍。可是，今日的艾丁湖，除了湖的西南部还残存着很浅的湖水外，其余大部分都是皱褶如波的干涸了的湖底，根本没有什么湖光水色了。远远望去，茫茫一片，尽是银白、晶莹的盐结晶体和盐壳，在阳光下闪闪发光，如同珍珠，又像白玉，更似寒夜晴空的月光。所以，当地维吾尔人称它为“觉洛烷”，意即月光湖。走到这里，人们很容易被“海市蜃楼”所迷惑。即使到了水边，也看不到游鱼、飞鸟，只是在湖周不时掠过成群的小昆虫。偶尔，在脚下窜过几只野兔、地老鼠，有时难得地还能碰上狐狸。由于这种特殊的地理位置和典型的荒漠景象，所以它对于好奇的游客仍有着很大的吸引力。近几年，每年都有好几万名中外游客来这里探游。

艾丁湖地势极低，便于吞纳周围高山、戈壁荒漠的雪水流泉，因而湖水不断地得到了补给。但是，由于这里奇特的干燥、多风，形成了典型的高温气候（夏季气温高达摄氏 50 度左右），从而造成了湖水大量而迅速的蒸发。据测算，年蒸发量达两亿立方米以上，超过湖水补给的几十倍。特别是随着吐鲁番盆地生产建设的日益发展，人、畜、土地用水量不断地增加，能够流入艾丁湖的水更是越来越少了。现在，湖水面积已缩小到 22 平方千米，仅为湖盆的 1/7 左右：水位还在不断下降，水深平均还不到 0.8 米。人们预测，将来的艾丁湖会完全干涸，在地图上很可能最终被抹掉。艾丁湖为咸水湖，湖水含有大量盐分，蕴藏的盐足供全国十亿人民吃一年。此外，湖底还蕴藏着丰富的煤和石油。为了开发资源，现在艾丁湖畔高楼拔地而起，建成了一座现代化的化工厂。这座化工厂的主要原料就是艾丁湖的盐晶、矾、硝，它是目前吐鲁番地区最大的一座工厂，产品成本低，质量好，不但供应新疆和内地，还远销国际市场。

浓妆淡抹总相宜——西湖

杭州的西湖是一个泻湖。根据史书记载，远在秦朝时，西湖还是一个和钱塘江相连的海湾。耸峙在西湖南北的吴山和宝石山，是当时环抱着这个小海湾的两个岬角。后来由于潮汐的冲击，泥沙在两个岬角淤积起来，逐渐变成沙洲。此后日积月累，沙洲不断向东、南、北三个方向扩展，终于把吴山和宝石山的沙洲连在一起，形成了一片冲积平原，把海湾和钱塘江分隔开来，原来的海湾变成了一个内湖，西湖就由此而诞生了。

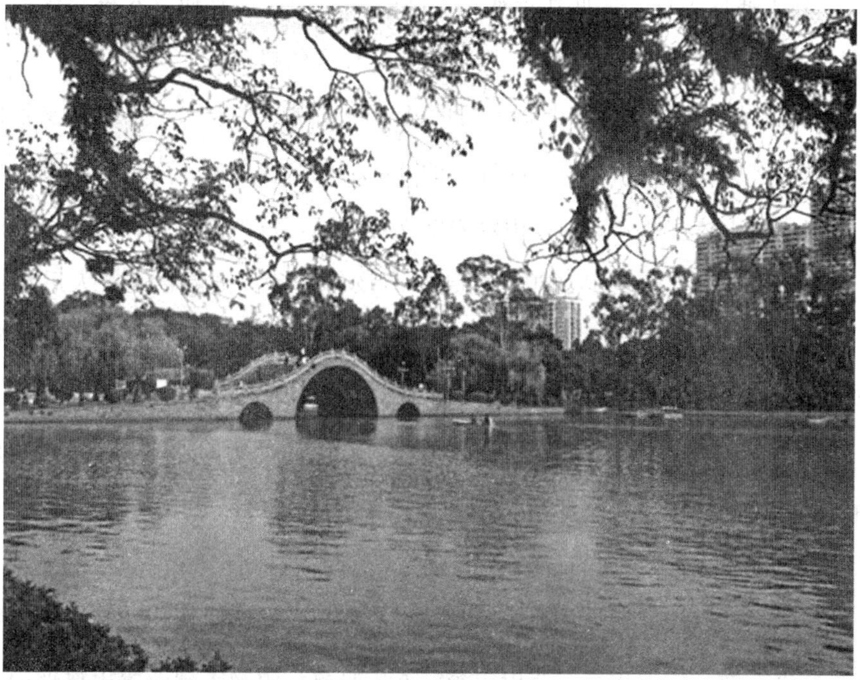

作为国家的重点风景名胜区，西湖风景区历史悠久，人文荟萃，既有秀丽的自然风光，也有众多文化意蕴丰富的名胜古迹。主要景点有定名于南宋的西湖十景：断桥残雪、平湖秋月、三潭印月、双峰插云、曲院风荷、苏堤春晓、花港观鱼、南屏晚钟、雷峰夕照、柳浪闻莺，这些景致令人不由得联想到白蛇传的优美传说，以及拿着酒葫芦醉笑的济公和尚。

平湖秋月景区位于白堤西端，孤山南麓，濒临外西湖。作为西湖十景之一，南宋时平湖秋月并无固定景址，这从当时以及元、明两朝文人赋咏此景的诗词中不难看出。流传千古的明万历年间的西湖十景木刻版画中，《平湖秋月》一图也仍以游客在湖船中举头望月为画面主体。西湖秋月之夜，自古便被公认为是良辰美景，充满了诗情画意。平湖秋月，高阁凌波，倚窗俯水，平台宽广，视野开阔，秋夜在此高眺远望，但见皓月当空，湖天一碧，令人沉醉。

苏堤南起南屏山麓，北到栖霞岭下，全长近3000米，是北宋大诗人苏东坡任杭州知州时，疏浚西湖，利用挖出的湖泥构筑而成的。后人为了纪念苏东坡治理西湖的功绩，将其命名为苏堤。长堤卧波，连接了南山北山，给西湖增添了一道妩媚的风景线。南宋时，苏堤春晓已成为西湖十景之首，元代又称之为“六桥烟柳”，列入钱塘十景，足见其景观美不胜收。苏堤长堤延伸，六桥起伏，走在堤桥上，湖山胜景如画卷般展开，万种风情，任人领略。

“南屏晚钟”也许是西湖十景中问世最早的景观。北宋末年，名画家张择端曾经画过《南屏晚钟图》。“南屏晚钟”的情韵由此悠然成型。南屏山一带山岭由石灰岩构成，山体多孔穴，加以山峰岩壁立若屏障，每当佛寺晚钟敲响，钟声传到山上，岩石、洞穴等为其所迫，加速了声波的振动，振幅急遽增大后形成共振，岩石、洞穴便随之产生音箱效应，增强了共鸣。同时，钟声还以相同的频率飞向西湖上空，直达西湖彼岸，遇到对岸由火成岩构成的葛岭，回音迭起。

1985 年，杭州市民和专家经反复斟酌，又确定了新的西湖十景，它们是：云栖竹径、满陇桂雨、虎跑梦泉、龙井问茶、九溪烟树、吴山天风、阮墩环碧、黄龙吐翠、玉皇飞云、宝石流霞。

其他景点还有保俶挺秀、长桥旧月、古塔多情、湖滨绿廊、花圃烂漫、金沙风情、九里云松、梅坞茶景、西山荟萃、太子野趣、植物王国、中山遗址、灵隐佛国、岳王墓庙。

西湖不但独擅山水秀丽之美，林壑幽深之胜，而且还有丰富的文物古迹、优美动人的神话传说，自然、人文、历史、艺术，巧妙地融合在一起。西湖古迹遍布，拥有国家重点文物保护单位 5 处、省级文物保护单位 35 处、市级文物保护单位 25 处，还有 39 处文物保护点和各类专题博物馆点缀其中，为之增色，是我国著名的历史文化游览胜地。

西湖一年四季都有美景。阳春三月，莺飞草长，苏白两堤，桃柳夹岸，在湖边漫步，让人心醉神驰。而夏日里接天莲碧的荷花，秋夜中浸透月光的三潭，冬雪后疏影横斜的红梅，都别有风味。

仙境“瑶池”——天山天池

天山天池是神话与现实的分界点，它隐藏在博格达峰的群山之中，古称“瑶池”，即传说中西王母宴请周穆王之地。西王母与天宫王母的形象在神话中重合后，瑶池又成为众仙宴饮的所在。湖边有一株巨大的榆树，相传是王母降伏水怪的碧玉簪——“定海神针”。

其实，它是位于博格达峰山腰中的天然湖泊。天池海拔 1980 米，面积约 5 平方千米，湖面呈半月形，长 3400 米，最宽处约 1500 米，湖深数米到上百米不等。湖水清澈，四周群山环抱，绿草如茵，野花似锦。挺拔苍翠的云杉、塔松漫山遍岭，遮天蔽日。雄伟的博格达主峰突兀插云，峰顶的冰川积雪闪烁着皑皑银光，与天池湛蓝碧绿的湖水相映成趣，构成了这个高山平湖绰约多姿的自然景观。

与长白山天池不同，天山天池在地质学上属冰碛湖，是第四纪冰川运动的产物。这里群山环抱、碧水蓝天，雪峰雄伟挺拔，倒影在池水中，湖光山色，浑然一体。站在池边眺望，眼前满山苍松叠翠，远处白雪皑皑，山脚下野花遍地，毡房点缀，羊群如珍珠洒落在绿茵上。景色错落有致，如诗如画。

天池脚下，还有东西两个小天池。西小天池是天池湖水透过地下湖坝粗大的冰渍物渗漏下来的泉水，在山嘴交汇的低洼处形成的一个积水深潭。东小天池是人工水坝的产物，池上的天池瀑布犹如银练飞泻，颇有几分“大珠小珠落玉盘”的韵味。

环绕天池的群山，是一座座资源丰富的“百宝山”。这里有牧场、林场、鹿苑，雪线（多年积雪区的下界）上还生长着雪莲。松林里出没着狍子，遍地长着党参、黄芪、贝母等药材。山壑中有珍禽异兽，湖区中有鱼群、水鸟，众峰之巅有冰川水资源，群山之下埋藏着铜、铁、云母等丰富的矿藏资源。

西北山后有铁瓦寺、南天门等寺院。东山有王母娘娘庙及山洞，还有高达 100 米的瀑布奔流直下。博格达峰倒映湖中，山水交融，浑然一体，景色优美诱人。

海　洋

半岛环抱的内海——渤海

渤海是我国的内海。三面环陆，在辽宁、河北、山东、天津三省一市之间。具体位置在北纬 37°07′～41°、东经 117°35′～121°10′。辽东半岛南端老铁三角与山东半岛北岸蓬莱遥相对峙，像一双巨臂把渤海环抱起来，岸线所围的形态好似一个葫芦。渤海通过渤海海峡与黄海相通。渤海海峡口宽 59 海里，有 30 多个岛

屿，其中较大的有南长山岛、砣矶岛、钦岛和皇城岛等，总称庙岛群岛或庙岛列岛。其间构成 8 条宽窄不等的水道，扼守渤海的咽喉，是京津地区的海上门户，地势极为险要。渤海古称沧海，又因地处北方，也有北海之称。

渤海的面积较小，大概只有 9 万平方千米。渤海平均水深 25 米，渤海的总容量不过 1730 立方千米。渤海沿岸水浅，特别是河流注入地方仅几米深；而东部的老铁山水道最深，达到 86 米。

渤海水温变化受北方大陆性气候影响，2 月在 0℃左右，8 月达 21℃。严冬

来临，除秦皇岛和葫芦岛外，沿岸大都冰冻。3 月初融冰时还常有大量流冰发生，平均水温 11℃。由于大陆河川大量的淡水注入，所以渤海海水中的盐度是最低的（仅 30‰）。

渤海沿岸有辽东湾、渤海湾、莱州湾。辽河、海河、黄河等河流从陆上带来大量有机物质，使这里成为盛产对虾、蟹和黄花鱼的天然渔场。

辽东半岛南端老铁山角与山东半岛北岸蓬莱角的连线是渤海与黄海的分界线。

混浊之海——黄海

出了渤海海峡，海面骤然开阔，深度逐渐加大，这就是黄海。黄海因为古时黄河水流入，江河搬运来大量泥沙，使海水中悬浮物质增多，海水透明度变小，故呈现黄色，黄海之名因此而得。黄海是我国华北的海防前哨，也是华北一带的海路要道。

黄海西临山东半岛和苏北平原，东边是朝鲜半岛，北端是辽东半岛。黄海面积约为 40 万平方千米，最深处在黄海东南部，约为 140 米。海洋学家按照黄海的自然地理等特征，习惯将黄海分为北黄海和南黄海。北黄海是指山东半岛、辽东半岛和朝鲜半岛之间的半封闭海域，海域面积约为 8 万平方千米，平均水深 40 米，最大水深在白翎岛西南侧，为 86 米。长江口至济州岛连线以北的椭圆形半封闭海域，称南黄海，总面积为 30 多万平方千米，南黄海的平均水深为 45.3 米，最大水深在济州岛北侧，为 140 米。黄海的水温年变化小于渤海，为 15℃～24℃，黄海海水的盐度也较低，为 32‰。

黄海寒暖流交汇，水产丰富，特别是渤海和黄海沿岸地势平坦，面积宽广，适宜晒盐。例如：著名的长芦盐区，烟台以西的山东盐区以及辽东湾一带都是我国重要的盐产地。

长江口北岸的启东角与韩国济州岛西南角的连线是黄海与东海的分界线。

万里长江的归宿——东海

浪涛万顷、一望无际的东海，自古以来就是人们向往的海洋。古时人们对它生畏，传说那里有东海龙王；现在人们对它迷恋，因为那里有明媚风光。

东海北连黄海，东到琉球群岛，西接我国大陆，南临南海。东海南北长约1300千米，东西宽约740千米。东海海域面积70多万平方千米，平均水深350米左右，最大水深2719米。东海海水透明度较大，能见到水下二三十米。东海海域比较开阔，大陆海岸线曲折，港湾众多，岛屿星罗棋布，我国一半以上的岛屿分布在这里。

大陆流入东海的江河，长度超过百千米的河流有40多条，其中长江、钱塘江、瓯江、闽江等四大水系是注入东海的主要江河。因而，东海形成了一支巨大的低盐水系，成为我国近海营养盐比较丰富的水域，其盐度在34‰以上。因东海位于亚热带，年平均水温20℃～24℃，年温差7℃～9℃。与渤海和黄海相比，东海有较高的水温和较大的盐度，潮差6～8米，水呈蓝色。又因东海属于亚热带和温带气候，利于浮游生物的繁殖和生长，是各种鱼虾繁殖和栖息的良好场所，也是我国海洋生产力最高的海域。东海有我国著名的舟山渔场，盛产大、小黄鱼和墨鱼、带鱼。东海的优良港湾很多，如上海港位于长江下游黄浦江口，这里航道深阔，水量充沛，江内风平浪静，宜于巨轮停泊。

广东南澳岛与台湾岛南端的鹅銮鼻连线是东海与南海的分界线。渤海、黄海和东海处在中国大陆的东边，所以又统称东中国海。

世界第三大陆缘海——南海

从东海往南穿过狭长的台湾海峡，就进入汹涌澎湃的南海了。南海是我国最深、最大的海，也是仅次于珊瑚海和阿拉伯海的世界第三大陆缘海。南海位居太平洋和印度洋之间的航运要道，在经济上、国防上都具有重要的意义。

南海位于我国大陆的南方。南海北边是我国广东、广西、福建和台湾四省，东南边至菲律宾群岛，西南边至越南和马来半岛，最南边的曾母暗沙靠近加里曼丹岛。浩瀚的南海，通过巴士海峡、苏禄海和马六甲海峡等，与太平洋和印度洋相连。它的面积最广，约有 356 万平方千米，相当于 16 个广东省那么大。我国最南边的曾母暗沙距大陆达 2000 千米以上，这比广州到北京的路程还远。南海也是邻接我国最深的海区，平均水深约 1212 米，中部深海平原中最深处达 5567 米，比大陆上西藏高原的高度还要大。

南海四周大部分是半岛和岛屿，陆地面积与海洋相比，显得很小。注入南海的河流主要分布于北部，主要有珠江、红河、湄公河、湄南河等。由于这些河的含沙量很小，所以海阔水深的南海总是呈现碧绿或深蓝色。南海地处低纬度地域，是我国海区中气候最暖和的热带深海。南海海水表层水温高（25℃～28℃），年温差小（3℃～4℃），终年高温高湿，长夏无冬。南海盐度最高（35‰），潮差 2 米。

南海的自然地理位置，适于珊瑚繁殖。在海底高台上，形成很多风光绮丽的珊瑚岛，如东沙群岛、西沙群岛、中沙群岛和南沙群岛。南海诸岛很早就为我国劳动人民发现与开发，是我国领土不可分割的一部分。南海水产丰富，盛产海龟、海参、牡蛎、马蹄螺、金枪鱼、红鱼、鲨鱼、大龙虾、梭子鱼、墨鱼、鱿鱼等热带名贵水产。

舟山群岛

在长江口东南海面，坐落着我国最大的岛群，它就是舟山群岛。舟山群岛岛礁众多，星罗棋布，共有大、小岛屿1339个，约相当于我国海岛总数的20%；分布海域面积22000平方千米，陆域面积1371平方千米。其中1平方千米以上的岛屿58个，占该群岛总面积的96.9%。整个岛群呈北东走向依次排列。

南部大岛较多，海拔较高，排列密集，北部多为小岛，地势较低，分布较散：主要岛屿有舟山岛、岱山岛、朱家尖岛、六横岛、金塘岛等，其中舟山岛最

大，面积为502平方千米，为我国第四大岛。

舟山群岛是浙东天台山脉向海延伸的余脉。在1万至8千年前，由于海平面上升将山体淹没才形成今天的岛群。群岛的最高峰在桃花岛的对峙山，海拔544.4米。整个群岛属于低山丘陵地貌类型。海平面的升降，长期的海浪冲蚀，群岛发育着海蚀阶地、洞穴。舟山岛上10米高的海蚀阶地到处可见，30米高的阶地更为清晰。普陀山岛的潮音洞都属海蚀洞穴。潮流像一个大搬运工一样把大量泥沙搬运到群岛的隐蔽地带沉积，把几个岛屿连接起来，形成岛上的堆积平原。舟山岛、朱家尖、岱山岛都是由于海积平原的扩展形成的大岛。

在大地构造上，舟山群岛属于华夏大陆的一部分，地层与浙东陆地相同，大多由中生代火山岩构成，还有片麻岩、大理岩等古老的变质岩和新生代的玄武岩。第四纪以来，伴随着海平面的多次升降，又沉积了海相沙砾层和淤泥滩堆积。

舟山群岛风光秀丽，气候宜人。这里秀岩嶙峋，奇石林立，异礁遍布，拥有两个国家海上一级风景区。著名岛景有海天佛国普陀山、海上雁荡朱家尖、海上蓬莱岱山等。东海观音山峰峦叠翠，山上山下美景相连，人称东海第二佛教名山。岛上奇岩异洞处处，山峰终年云雾笼罩。枸杞山岛巨石耸立，摩崖石刻处处可见。黄龙岛上有两块奇石，如同两块元宝落在山崖。大洋山岛溪流穿洞而过，水声潺潺，美丽的景点数不胜数。

舟山群岛素有千岛之乡的美称。舟山群岛是我国沿海航线中途的必经之地。现在的舟山群岛港口发展迅速，已成为上海、宁波水运中转的卫星港。

高 原

喜马拉雅山脉 8000 米以上的高峰

喜马拉雅山西起我国阿里地区的印度河急转弯内侧南迦帕尔巴特峰，东止于雅鲁藏布江大拐弯墨脱县境内的南迦巴瓦峰，北以雅鲁藏布江——象泉河为界，南濒印度恒河平原。东西长 2400 余千米，南北宽 200～350 千米。它像一座巨大的天然屏障又像一座巨大的银色万里长城，屹立在亚洲的中部——横空出世的珠穆朗玛峰。

喜马拉雅，这个美丽动人的名字来源于印度梵文，意为冰雪的居所。这是因为这里终年为皑皑白雪所盖之故。喜马拉雅山之所以被称为“世界屋脊”，是因为它的最高部分（主脊带）的平均海拔在 6000 米以上，群峰争艳。地球上大部分 7000 米以上的高峰汇集于此。

据统计，世界上 14 座 8000 米以上的高峰就有 10 余座分布在喜马拉雅山脉之中，它们是：第一高峰珠穆朗玛峰（8844.43 米），第三高峰干城章嘉峰（8585 米），第四高峰洛子峰（8500 米），第五高峰卡鲁峰（8481 米），第六高峰道拉吉里峰（8172 米），第七高峰库汤山（8156 米），第八高峰乔乌雅峰（8153 米），第九高峰南迦帕尔巴特峰（8125 米），第十高峰

安那普那峰（8091 米）和第十四高峰希夏邦马峰（8012 米）。包括第二高峰乔戈里峰（8611 米）在内的其他 4 座 8000 米以上的高峰则分布在同喜马拉雅山脉毗邻的喀喇昆仑山中。

所有科学事实证明，喜马拉雅山从一片汪洋横空出世以后，一直在不断地上升，然而成为今天的世界屋脊却是在最近一万至两万年地壳运动的结果。科学家认为这里的上升速度是一亿年以来为 0.04 厘米/年，50 万年以来为 0.2 厘米/年，10 万年以来为 1～1.5 厘米/年，7000 年以来达到 4～7 厘米/年。

根据近十几年来的考察研究，作为古地中海一部分的喜马拉雅海（或称特提斯海）海水退出以后，这里还是一片逶迤起伏的年轻陆地。在距今一千万年前的第三纪晚期，喜马拉雅地区河流纵横，湖泊星罗棋布，在吉隆盆地发现的这个时期的欧螺型恒河螺化石说明，当时西藏同南亚水系是相通的，气候温暖，植物茂盛，像三趾马一类的动物在森林、草原中奔驰。喜马拉雅地区是一片兴旺的自然景象；到 200 万年前，由于不断上升，喜马拉雅山开始出现了冰川。

1967 年，我国著名地质学家刘东生教授指出：在定日苏日开始出现了距今 40 万至 50 万年旧石器时代古人类使用过的石器，它们与北京周口店发现的中国猿人同属一个时代；1966 年科学工作者在聂拉木县亚里发现的石器更精致，它们是距今 7000～10000 年前原始社会后期的人类使用的，同时发现的其他动物和植物化石表明，当时这里的环境温暖，杜鹃、柳树成林，适于人类生存。然而目前这里已经上升到 4300 米，周围一片高寒景象。从发现的化石证明，在 3160 年前，羊卓雍湖一带还生长着大量的松树、栎树和樟树，而不像现在这样高寒、荒凉。

喜马拉雅山北坡的一系列湖泊如泊古湖、戳错龙湖、多钦湖、羊卓雍湖等，过去并不是在现在的位置上，而在它的南边；雅鲁藏布江两岸的支流不太相同，南岸短北岸长。这是由于山脉主脊带上升速度快而北面上升速度慢造成的，因此地质学家们确定喜马拉雅山仍然在不断上升中。有人根据印度板块的漂移速度计算出喜马拉雅山目前正在以每年 1～2 厘米的速度上升着。新中国建立，我国测量工作者在西藏高原东部进行过重复水准测量，测得那里的上升速度为每年 0.5

～1 厘米。科学家们断定，只要印度板块的向北漂移俯冲运动不停止，喜马拉雅山的这种上升运动也不会停歇。

喜马拉雅山系有多少自然气候带

“喜马拉雅”一词来自梵文，“喜马”意为雪，“拉雅”意为住屋或家乡，原意即为“雪的故乡”。它全长 2400 千米，宽 200～300 千米，主脊山峰平均海拔达 6200 米，是地球上最高而又最年轻的山系。喜马拉雅山系最奇特的景观就是垂直分布的自然带，其中包涵的问题非常复杂，正因为这样，这里才成为中外学者和探险家最为钟情的地方。

海拔 8000 米以上的极高峰也比较集中，仅在我国境内的就有 5 座，即珠穆朗玛峰（8844.43 米）、洛子峰（8510.6 米）、马卡鲁峰（8463 米）、卓奥友峰（8201 米）和希夏邦马峰（8012 米）。它们和境外的干城章嘉峰、马纳斯仟峰，道拉吉里峰及安那鲁纳尔峰等海拔 8000 米以上的山峰共同构成整个喜马拉雅山系的最高地段。

喜马拉雅山脉的南北翼自然条件差异显著，动物和植物的种类组成截然不同。这种悬殊的自然景观十分奇特，让人惊叹造化之功。以喜马拉雅山脉中段为例：中喜马拉雅山的南翼山高谷深，具有湿润、半湿润的季风气候特点。在短短几十千米的水平距离内，相对高差达 6000～7000 米，垂直自然带十分明显。海拔 1000 米以下的低山及山麓地带是以婆罗双树为主的季雨林带。海拔 1000～2500 米的地方为山地常绿阔叶林带，与我国亚热带的常绿阔叶林类似，主要有栲、石栎、青冈、桢楠，木荷、樟、木兰等常绿树种。森林苍郁，有附生植物及藤本植物。森林中常可见到长尾叶猴、小熊猫以及杂色噪鹛、绿喉太阳鸟等，表现出热带、亚热带生物区系的特点。

海拔 2100～3100 米的地方为针阔叶混交林带，主要由云南铁杉、高山栎和乔松等耐冷湿、耐干旱的树种组成。动物组成具有过渡特征，随季节变化而做垂直的迁移。海拔 3100～3900 米的地方为以喜马拉雅冷杉为主的山地暗针叶林带。森林郁闭阴湿，地面石块及树木上长满苔藓，长松萝悬挂飘曳，形成黄绿色的

“树胡子”。林麝和黑熊等适于这种环境，喜食附生在冷杉上的长松萝。冷杉林以上为糙皮桦林组成的矮曲林，形成森林的上限。

森林上限以上，海拔3900～4700米的地方为灌丛带。阴坡是各类杜鹃组成的稠密灌丛，阳坡则是匍匐生长的暗绿色圆盘状的圆柏灌丛。海拔4700～5200米的地方为小蒿草、蓼及细柄茅等组成的高山草甸带。再往上则为高寒冻风化带（海拔5200～5500米）及其上的永久冰雪带。

中喜马拉雅山北翼高原上气候比较干旱，没有山地森林分布。在海拔1000～5000米的范围内生长着以紫花针茅、西藏蒿和固沙草等为主的草原植被，组成高山平原带。这里的动物多为高原上广布的种类，如藏原羚、野驴、高山田鼠、藏仓鼠，高原山鹑、褶背地鸦等。海拔5000～5600米的地方为以小蒿苹、黑穗苔草等为主的高寒草甸和以蚤缀等组成的座垫植被带。主要动物有喜马拉雅旱獭、岩羊和藏仓鼠等。海拔5600米至雪线（6000米）间寒冻风化作用强烈，地面一片石海，只有地衣等低等植物，形成黄、橙、绿、红、黑、白等各种色彩，组成独具一格的图案。

喜马拉雅山脉的东、中、西各段也有明显差异。东段比较湿润，以山地森林带为主，南北翼山地的差异较小；西段较干旱，分布着山地灌丛草原和荒漠；中段的喜马拉雅地势高耸，南北翼山地形成鲜明对照。

世界上最高的煤矿

在西藏阿里地区，终年被冰雪覆盖的巍峨的冈底斯山主峰——冈仁波齐峰直插云霄，就在这个素有“神山”之称的山脚下，坐落着目前世界上最高的煤矿——著名的门土煤矿，它的第一个平巷洞口高度是海拔5150米。

门土煤矿是20世纪70年代初期发现的，经过有关部门的勘探、设计和施工，于1976年正式投产。它产有优质焦煤，是阿里地区具有重要经济价值的动力资源。在如此高寒缺氧、交通不便的荒山峻岭之上建成这样初具规模的世界最高的煤矿，是西藏工人阶级在征服大自然战斗中的一项硕果，是西藏自治区工业发展史上的骄傲。

门土煤矿的煤产于新生代早第三系地层中，说起这些“乌金”的形成，特别是它被抬升到如今的高度，还有一段不平凡的经历呢。谁能想到就是这个高达5000多米以上、经常被皑皑的冰雪所覆盖的含煤岩系，早在五六千万年前竟是海拔不到一二千米的群湖密布、丛林繁茂、鸟虫云集、四季如春的温暖之乡。

据考察所采集的化石标本鉴定结果来看，那里不但有生长在炎热多雨，代表热带或亚热带的桉树、榕树、蒲桃、杨梅等植物群；还有生殖在湿热的湖滨岸边的各种蚊虫、蛾子和鸟类，等等。这些历史的见证，真实地反映了当时这里确实是四季如春的温暖之乡。无数树木气候湿度压力条件之下，年复日久就变成了煤层。

“西藏的江南”——察隅

“察隅好，入冬天不寒。山头雪积银世界，山谷樟叶泛青光，郁郁似江南。”这诗句是人们对察隅的赞美，也是人们对察隅的向往。这里山高林密，层峦叠嶂，岭上白雪皑皑，山腰云雾缭绕，山坡上森林郁郁苍苍，山谷间清泉流水潺潺，加百鸟争鸣，蜂环蝶舞，异兽出没，真是一派江南风光。

察隅自然保护区基本上和长沙、南昌等地在同一纬度上。可是这里山体高低相差悬殊，在水平距离几十千米的范围内，相对高差三四千米，最能反映这种自

然特点的莫过于包括了亚热带、温带、寒带的植物垂直带谱了。如 2300～2500 米以下是山地常绿阔叶林带和云南松林带，3200 米以下是山地阔叶混交林带，4200 米以下是亚高山暗针叶林与灌丛带，4500 米以下是高山灌丛草甸带，在此以上为冰雪带。每个森林带上分有：山地常绿阔叶林，山地落叶一常绿阔叶混交林、山地云南松林、针阔混交林、亚高山暗针叶林、常绿栎树林、高山疏林，高山灌丛 8 个森林植被型。其中又可分为几十个类型即：冷杉林，云杉林，铁杉林，云南松林，高山松林，高山栎林，水青树林，樟树林，芭蕉林，旱冬爪林，槭树林，桦、杜鹃灌丛等。

在众多的森林植被类型中，据不完全统计，常见的高等植物有 1000 多种，其中木本植物达 60 多科，140 多属，300 多种。现已被国家列为第一批重点保护的野生植物有：星叶草、长蕊木兰、云南黄连、红椿、澜沧黄杉、木青树、长苞冷杉、黄蓍、黄牡丹、天麻、锡金海棠、红花木莲、楠木、南方铁杉的同属云南铁杉、八角莲的同属西藏八角莲、假人参、桃儿七、延龄草、厚朴 19 种；古老的种类有水青树科、樟科、木兰科、五味子科、金缕梅科、松科、柏科；经济树木有山龙眼、胡桃、蔷薇科、漆科等。总之，从南方的芭蕉、橘子、樟、桂，栲、楠到北方的杨、柳、槭、桦，在这里聚亲会友，共茂一林。

察隅河大致呈南北方向，特殊的地理位置，丰富的食源是动物良好的栖息场所，所以云集着南来北往的动物种群。据有关资料表明，它们属于东洋界和古北界两大界动物区系。慈巴沟保护区近年来珍禽异兽迅速增多，羚牛已达了 700 多头，老虎已有 5～7 只，棕熊也来此地安家。进入这飞禽走兽和多种昆虫的乐园里，经常看到黑熊到树上摘果，猴子们摇荡着秋千，老虎悄悄地待食，羚牛老少静静地晒着太阳，神态自若的獐子来溪边喝水，山雀在树上为它们歌唱，山鹰翱翔在天空，龟儿们欢快地游戏在碧清的水底，还有那蜜蜂忙于采蜜，蝴蝶飞来舞去……

察隅地区之所以呈现出迷人的亚热带风光，根源于它不同寻常的地理位置。位于青藏高原的东南角，喜马拉雅山脉呈“T”字形交汇处，东靠云南省，西接墨脱县，南邻缅甸、印度，北部是左贡、八宿、波密、整个地势北高南低，近似“簸箕”形迎向印度洋，东面是南北走向的横断山，层层山岳阻挡了东来的太平洋季风，北面是东西走向的念青唐古拉山。阻挡了南下的西伯利亚干冷气流，南面印度洋上孟加拉湾暖流所形成的高温高湿气流可以穿越喜马拉雅山各断口进入，因不能逾越东面和北面的高山而在本地回旋，因此形成这里温暖、多雨的自然气候。这样优越的气候条件，恐怕连江南也要甘拜下风了。

人文旅游

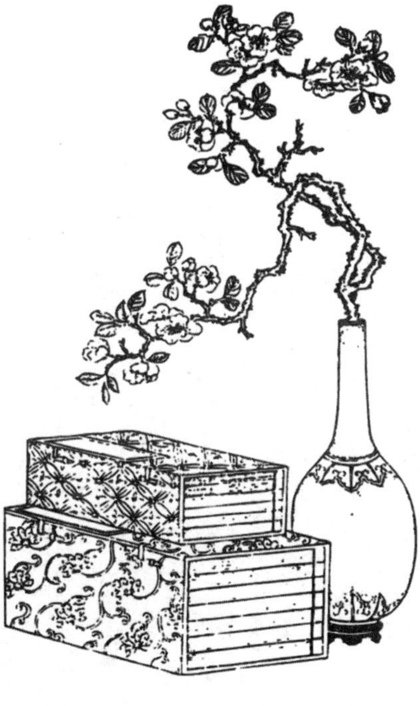

人　文

茶马古道

“茶马古道”是一个有着特定含义的历史概念，它是指唐宋以来至民国时期汉、藏之间以进行茶马交换而形成的一条交通要道。具体说来，茶马古道主要分南、北两条道，即滇藏道和川藏道。

滇藏茶马古道大约形成于公元 6 世纪后期，它南起云南茶叶主产区西双版纳易武、普洱市，中间经过今天的大理白族自治州和丽江市、香格里拉进入西藏，直达拉萨。有的还从西藏转口印度、尼泊尔，是古代中国与南亚地区一条重要的贸易通道。普洱是茶马古道上独具优势的货物产地和中转集散地，具有着悠久的历史。

川藏茶马古道始于唐代，东起雅州边茶产地雅安，经打箭炉（今康定），西至西藏拉萨，最后通到不丹、尼泊尔和印度，全长近四千余公里，已有一千三百多年历史，具有深厚的历史积淀和文化底蕴，是古代西藏和内地联系必不可少的桥梁和纽带。

在茶马古道的川藏道、滇藏道与青藏道三条大道中，以川藏道开通最早，运输量最大，历史作用较大。

唐蕃古道

唐蕃古道是中国古代历史上一条非常著名的交通大道，也是唐代以来中原内地去往青海、西藏乃至尼泊尔、印度等国的必经之路。它起至陕西西安（即长安），途经甘肃、青海，至西藏拉萨（即逻些），全长3000余公里。

唐蕃古道是藏汉友好的见证，是唐朝与吐蕃之间的贸易往来要道，是中国古代三大通道之一，是一条承载汉藏交好、科技文化传播的“文化运河”，像一条长虹，将藏汉人民紧紧连在一起。至今在古道经过的许多地方，仍然矗立着人们曾经修建的驿站、城池、村舍和古寺庙，遗留着人们创造的灿烂文化。

丝绸之路

丝绸之路是古代横贯中亚、西亚、通向地中海的交通大道。公元前后约千余年间因中国丝和丝织品经此商道输往西亚、欧洲和非洲，故被称为丝绸之路，也称丝路。主要路线东端起陕西渭水流域，向西过河西走廊至敦煌分为两道：北道从新疆塔里木河北经疏勒（今喀什），西越葱岭，经大宛和康居南部西行；南道从塔里木河南经莎车，西越葱岭，再经阿姆河中上游西行；两道合于木鹿城（今土库曼马里），继又西行经和椟（今里海东南达姆甘），阿蛮（今哈马丹）、斯宾（今巴格达），又沿幼发拉底河，到达地中海东岸塞流西王国的安条克城（今土耳其南部的安塔基亚）。全程达7000多公里，为古代最长的一条陆路商道。

六大古都

北京在春秋战国时为燕国国都，辽时建为陪都，称燕京。金时正式建都，称

中郁。元为大都。明、清称京师，通称北京。民国初期亦都于此。

南京，三国吴、东晋、宋、齐、梁、陈、五代南唐、明初、太平天国及民国时均建都于此。

西安，西汉、前秦、隋、唐等代均建都于此。

洛阳，东汉、三国魏、西晋、北魏（孝文帝以后）、隋（炀帝）、武周、五代南唐均定都于此；新莽、唐、五代后梁、五代后晋、五代后汉、五代后周、北宋、金（宣宗以后）皆以此为陪都；公元 23 年绿林军所立的更始帝亦曾建都于此。

开封，五代后梁、五代后晋、五代后汉、五代后周及北宋皆建都于此。后梁称东都，后晋、北宋称东京。金自宣宗后亦都于此，称南京。

杭州，是五代吴越国都，南宋迁都于此。

从长安到西安

长安，意为“长治久安”，中华文明及东方文明史上最负盛名的城市。其地点由于历史原因有过迁徙，但大致都位于现在中国陕西的西安和咸阳附近。原为秦离宫，汉高帝七年（公元前 200 年）始都于此。惠帝三年（公元前 192 年）筑城。此后新莽、东汉献帝初年、西晋愍帝、前赵、前秦、后秦、西魏、北周、隋、唐等共十七个朝代及政权先后建都于长安，总计建都时间超过 1200 年。

历史上，长安曾数次改名，有长安、大安府、京兆府、陕西路、安西路、奉元路等名称。明太祖洪武二年（1369 年）三月，大将军徐达进兵奉元路后，改奉元路为西安府，有安定大西北的寓意，今西安名称即从此开始。朱元璋为加强对西北、西南的控制，又封次子于西安，称秦王。洪武七至十一年，朱元璋派都督濮英增修西安城，其西、南两面仍保留韩建新城的位置不变，北、东两面向外扩展了约四分之一。后至崇祯末年，又增修了四关城。这就是保存到今天的西安城。

丰都鬼城记

四川东部的长江之滨，有一座风光旖旎、小巧玲珑的古城——丰都。相传，那里曾是“鬼”的国土，“阴曹地府”的所在地。普天下人死后，魂灵都必须去那里报到，接受“阴府”的发落，安排“来世”。虔诚的人们，生前要买好一种叫“路引”的“护照”，据说人死时焚烧，出魂手持“路引”，便可顺利进行入“鬼国”——丰都。

“路引”，是一张长 3 尺、宽 2 尺，用黄裱纸印制而成的纸据。据传，“路引”起源于唐太宗贞观年间，丞相魏徵斩泾河老龙，唐王受牵连被控告传入阴司，问明原因后放还人间。临行，阴王发给“路引”，委托他携回转发给普天下善良、忠厚的人，为其死后指引道路，并且免受地狱之苦。就这样，“路引”便一代代相传下来，如圣物一般深深刻在人们的记忆里。

“鬼城”真正命名为“丰都”是在隋文帝开皇九年。据传，该年初夏，隋文帝杨坚灭掉陈朝统一中国之后，率众从长安出发，巡游全国名山大川。他抵达这里，见平都山（今名山）耸立城北，直插云天，满山松柏，遮天蔽日，悬崖绝壁，隐奇匿秀；又见大江之中，有一沙洲峙立，风景如画，作物丰腴，远方渔歌悠荡，白帆点点。文帝顿觉心旷神怡，即欣然将此洲命名为“丰稳坝”。同时，取丰稳坝一“丰”字与平都山的“都”字，将此县命名为“丰都县”。

丰都称为“鬼国”，名山称为“鬼国京城”（总称“鬼城”），始于南宋，到了明代中叶，吴承恩的《西游记》写了唐太宗入冥狱的故事以后，“鬼城”之说即为世所公认了。在漫长的演变过程中，历代相继在名山和丰都城建造起许多寺观庙宇，计达 75 座之多，塑造了数以千计的道、佛、儒各家神像，或慈善，或狰狞，或怪异，或丑恶，千姿百态，惟妙惟肖。凡人间的诉讼、法庭、监狱、酷刑等，应有尽有，构成一套完整的幻想的“阴间政府”的专政机构。名山便成为观宇的主要集中地，号称“鬼国京城”——幽都。同时，历代有一批批文人，也不遗余力地发挥自己虚构夸张的才能；再加上历代封建统治者的刻意渲染，更加深了“鬼城”的色彩。

寒山寺因何得名

寒山寺位于江苏苏州城西的枫桥镇。又称枫桥寺。相传唐高僧寒山、拾得曾于此住持，故称寒山寺。因唐代张继诗句“姑苏城外寒山寺，夜半钟声到客船”而出名。始建于梁代天监年间，屡建屡毁，现存建筑为清末所建。有大殿、藏经楼、钟楼、枫江楼、碑廊等。新中国建立后经全面修整，黄墙绿树，庄严幽深，引人入胜。寺内张继诗碑原为明代文徵明所书，晚清光绪年间俞樾重写再镌。碑廊中有清代名画家罗聘、郑文焯所绘寒山、拾得和丰干画像及历代名人题咏寒山寺的诗文碑刻数十块，均极珍贵。

“桃花源”的原型

据学者考证，陶渊明《桃花源记》中的“桃花源”不在湖南武陵地区的桃源县，而在陶渊明故居附近的江西庐山西南部的康王谷。

康王谷原名楚王谷，也称桃花源。谷中遍长野生的樱花，并有溪流、田畴和屋舍，其地理环境与《桃花源记》中所描绘几乎一模一样。宋《南康军图经·记游集》记载，秦灭楚时，楚怀王之子避难谷中，隐居不出。传说他因防秦搜捕，改姓为康。后人便称其所居之谷为“康王谷”。对照《桃花源记》中的“避秦乱”“遂与外人间隔”等句，是很吻合的。康王谷的位置就在陶渊明的家乡附近，而且位于他的第二和第三个住所之间。陶渊明来往于住所之间，或游温泉、庐山东麓一带，康王谷口都是必经之地。陶渊明从小就生活在这里，后来归隐也在这里。由此推断陶渊明把康王谷作为“桃花源”的原型，加以艺术创造，写下《桃花源记》这一传世之作，是完全可信的。

《敕勒歌》所指何地

《敕勒歌》是一首著名的北朝民歌，歌中唱出北方大草原广阔无垠、混沌苍茫的景象，表现了开阔的胸襟、豪迈的情怀。后面描绘水草畜牧之盛，抓住特点，大笔如椽，并且充分体现出人对自然的自豪。

敕勒是当时北方的一个少数民族部落。据《乐府广题》说，东魏高欢攻西魏玉壁，兵败疾发，士气沮丧，高欢令敕勒族大将斛律金在诸贵前高唱此歌，以安定军心。但是敕勒川在哪里，历来众说纷纭。

山西的《历代名人咏晋诗选》，认定是晋北朔州的马邑川，《内蒙古日报》认为是杭锦旗，电影《牧马人》更是把它搬到了甘肃省。其实在《敕勒歌》中就明确地说它在“阴山下”。阴山在内蒙古中部，绵延千里。大青山南则为土默川平原。北魏时的阴山，主要指今大青山一带。敕勒族繁衍生息于此地，他们就把这块土地称为敕勒川。据《魏书》载，当时这里设有朔州，是高欢戍边驻地，也是斛律金的故乡。由此说明，今日的土默川，就是敕勒川。

文成公主与日月山的传说

日月山是中国自然地理上的一条非常重要的分界线，是中国外流区域与内流区域、季风区与非季风区、黄土高原与青藏高原分界线，也是青海省内农业区与牧业区的分界线。日月山东侧阡陌良田，一派塞上江南风光；西侧草原辽阔，牛羊成群，是一幅塞外景色。山体两侧有如此之大的反差，实属国内罕见。

关于日月山的来历，有个非常有趣的传说：据说，当年文成公主动身西去和番，唐王给了她一面可以看到长安的宝镜，以慰相思之苦。文成公主为了表示对松赞干布的忠诚，在入藏之际，毅然摔碎了宝镜。于是宝镜摔成了两半，化作两座山峰，东边的朝西，映着落日的余晖，西边的朝东，照着初升的月光，日月山由此得名。

名胜为何多为“八景”

分布在中国各地的名胜，或以山水之胜而闻名，或以林壑之美而著称，其数不一，但以八景居多。为何独多八景？这要从南宋时期说起。

北宋有个大画家宋迪，河南洛阳人，是宋朝进士。他善画寒林、松石，尤其擅长平山远水。他将湖南长沙的名胜绘成八景，即平沙落雁、远浦归帆、山市晴岚、江天暮雪、洞庭秋月、潇湘夜雨、烟寺晚钟、渔村夕照，取名“潇湘八景”，是他的生平得意之作。画成后，令当时的画家、诗人所倾倒。称赞画中“集春夏秋冬之节，晨午昏夜之时，晴雨雪烟之候，潇湘景色，尽入画中”，认为此乃佳作，天下无双。大书画家米芾尤赞其画，誉为妙绝之笔，特地为画撰写序文。有人还集资在长沙建造“八景台”，将“潇湘八景”陈列其上。从此，宋迪的八幅风景画名噪南北。此事传到南宋京都临安（今杭州市），偏安江南却自命风雅的宁宗皇帝赵扩也表现了浓厚的兴趣，并为“潇湘八景”逐景配诗，于是朝野轰动。一时间，画家画，诗人吟，诗配画，画附诗，“八景”题材蔚为风尚。各地群起效之，风景以取八景之数为多。后来元、明、清各朝无不受此影响。中国各地名胜独多八景，即由此而来。

中国历史上京师有“八景”，各县也有“八景”。“八景”有着浓厚的地方色彩，大体可分四种：遗迹、地方风光、奇闻佚事、神话传说。

“天下第一关”本有两块匾额

在山海关东门箭楼上悬挂的巨匾“天下第一关”，出自谁人手笔？过去有两种说法：一说是成化年间进士萧显所写；一说为明代权臣严嵩所书。

经过多年考证，认为现在挂的一块确系萧显之墨宝。那么，严嵩写没有写过呢？有一位日本朋友从东京寄来“天下第一关”巨匾的照片，其中的“第”字是竹字头，而如今高悬的这块，同一个字却写成“苐”，是草字头，这个问题引起了专家们注意。

在编修地方志、广征博采的资料中，收集到一本1934年初版的《榆关抗日战史》。其中有这样的记载：“山海关旧称天下第一关，关前木匾为明严嵩所书，字大及五尺；笔势异常遒健，向存魁星阁，为榆关古物之一，此次日军陷关，竟将木匾劫送东京，献俘陈列，呜呼古物一去，将在东京陈列所中任人观览，实为我族荣誉上之一永久污点，凡中国民宜如何尝胆，庶得一雪此耻。”此外，还有陈述这块木匾被日军劫走的过程。

殷墟

殷墟是中国商朝后期都城遗址。位于河南安阳市西北约 2 公里的小屯村及其周围，东西长约 6 公里，南北宽约 4 公里。公元前 14 世纪，商朝盘庚迁都至此，称殷，直到帝辛（纣）亡国，历时 273 年。后逐渐荒芜，故称殷墟。1899 年，因从出土的龟甲兽骨上发现文字，经考释，证实该地即殷都。经 1928 年以来的考古发掘，发现村北有宫殿遗迹，附近有王族陵墓和数以千计的屠杀奴隶祭礼坑。并出土 10 余万片甲骨刻辞以及大量青铜制生产工具、生活用品。中华人民共和国建立后，也有许多重大发现。现建成殷墟陈列室。

昭君墓

王昭君，名嫱，南郡秭归（今湖北省兴山县）人，汉元帝时被选入宫，竟宁元年（公元前 33 年）匈奴呼韩邪单于入朝求和亲，昭君自愿远嫁匈奴，后立为宁胡阏氏，为民族团结作出巨大贡献，留下了昭君出塞的故事。

昭君墓位于内蒙古呼和浩特市南呼清公路 9 公里处的大黑河畔。始建于公元前的西汉时期，距今已有 2000 余年的悠久历史，现为内蒙古自治区的重点文物保护单位。是由汉代人工积土，夯筑而成。墓体状如覆斗，高达 33 米，底面积约 13000 平方米，是中国最大的汉墓之一，因被覆芳草，碧绿如茵，故有“青冢”之称。青冢兀立、巍峨壮观，远远望去，显出一幅黛色朦胧、若泼浓墨的迷人景色，历史上被文人誉为“青冢拥黛”，成为呼和浩特的八景之一。

高昌古城

高昌古城是中国西部历史古城遗址，位于新疆吐鲁番县城东约 40 余公里。

汉代称高昌壁、高昌垒，两汉魏晋时是戍边校尉屯驻地。后为前凉高昌郡郡治、高昌国国都、唐西州州治、回鹘高昌王都。明初废。历时1500余年，盛时面积达200万平方米。今城垣大部分残存，夯土筑成，略呈正方形，周约5公里。全城分外、内宫城2部分。外城存一寺院遗址，寺门、广场、殿堂、高塔和佛龛历历可见。内城有一高15米的“可汗堡”。

中国唯一一座两个皇帝的合葬墓

乾陵唐高宗李治与女皇武则天的合葬墓，这是中国唯一一座两个皇帝的合葬墓，坐落于在陕西乾县城北梁山上。高宗于文明元年（公元684年）、武则天于神龙二年（公元706年）分别葬入。因为此陵位于长安西北方，在八卦上是“乾”的方位，另外，古时“乾”是天的意思，唐高宗帝号为“天皇”，武则天称“则天皇帝”，所以，这座陵墓就被命名为乾陵。

乾陵规模宏大、气势雄伟，在唐陵中具有代表性。乾陵依山修凿，原有两道垣墙，四门均有阙门与石刻。今南门保存较完好，计有：六棱柱华表一对，翼马和鸵鸟各一对，石马五对，直阁将军石人十对，两座高达6.3米的《述圣记》和“无字碑”一幢，并有国内少数民族中参加高宗葬礼的首领和外国使者石刻像61尊。

包公为什么有两座坟墓

河南省巩县西南有北宋 9 个皇帝的陵墓，习称“巩县宋陵”，是闻名的旅游胜地。其中永定陵附近，有一座高约五米的墓，这就是世人熟知的陪葬真宗陵侧的包公墓。然而，这很可能是历史的谬误。据考古界报道，包公及其夫人董氏墓几年前都在安徽省合肥市东郊大兴乡双坪村的黄泥坎发掘出来了。出土的墓志铭确凿地叙述了包公的生平，补充和修正了一些史实。一个包公，为什么有两座墓葬？如果合肥包公墓是“真”的，那么巩县的包公墓是怎么回事？

真正的包公墓在合肥市东郊，已成定案，这不仅有考古发掘的材料为确证，而且有庆元年间林至撰写的《重修孝肃包公墓记》等文献为印证。河南巩县宋陵中的包公墓虽然高大，也必然是一个“假”墓。但是，问题并不这样简单。因为，在合肥包公墓正式考古发掘之前，人们普遍认为巩县包公墓是“真”墓，因为这座墓不仅有很高的封土和墓碑，而且地方史志均有记载，明修《巩县志》、清《河南通志》皆承袭旧说，可见明初就已存在这个包公墓，至少经历五六百年。现在，人们不禁要问巩县包公墓究竟修于何时？为何要建这个包公墓？里面到底埋葬着什么？它和合肥墓是什么关系？这一系列问题，至今尚难于回答。

巩县包公墓修于何时，很难考证。现存关于此墓最早的记录是明代县志，可知修建的时间不晚于明代中叶。元明两代史对此均无说明。既然如此，为什么要修这座墓，里面究竟埋葬着什么等等也就无从得知了。包公为什么两座墓，是

“千古之谜”，而合肥包公墓地出土的材料同时又给历史学家们提出了许多新的问题，成为“谜中谜”。从这个封土堆的地表再往下深挖 3 米，都是一色的生土，可知这个土堆是典型的“疑冢”，包公墓为什么设此“疑冢”？它是什么时代修建的？实在耐人寻味。又譬如，包公 60 岁的时候在皇帝面前声称自己“无子”，而就在这时他把自己一个已怀身孕的小妾孙氏遣送回了娘家。孙氏生子包綖，包公仍十分歧视。此事对于包公虽属瑕不掩瑜，毕竟很难理解，可算一桩“疑案”。再譬如，包公戏曲中多有他为严守法纪而惩治皇亲国戚的故事，但墓志铭却记载包公本人即为“皇舅”，其中关节，至今鲜为人知。

旅 游

游历的雅称

壮游：有知之士怀抱壮志游历远方。

漫游、遨游：无拘无束地出游。

周游：四出游说。

宦游：外出求官之游。

宸游：古代帝王或皇室出游。

云游：僧人、道士行踪不定地漫游。

卧游：以欣赏山水画代替游览。

谢灵运与谢公屐

谢灵运是晋代著名诗人，以创作山水诗篇著称。他的一大爱好，就是旅游，每每登临名山，饱览胜景，便可笑傲风月、陶然忘机。为了登山的便利，他自创了一种木鞋，鞋底安有两个木齿，上山去其前齿，下山支其后齿，便于走山路。这种鞋，就被后人称为谢公屐。

徐霞客与《徐霞客游记》

徐霞客（1587～1641 年），中国明代杰出地理学家、旅行家。出身于书香门第的地主家庭，自幼好学，博览群书，欲“问奇于名山大川”。他 21 岁开始专心旅行，30 多年间历尽艰险，足迹所及，南至云、贵、两广，北到燕、晋，遍及现在的 19 个省市区。其考察所得，按日记载，死后由季会明等整理成《徐霞客游记》。这是一部以日记体裁为主的古代地理名著，也具有很高的文学价值。

徐霞客的重要地理学贡献有：

一、对喀斯特地貌的详细考察、记述和探索，居世界先进水平，故《徐霞客游记》是世界上第一部广泛系统地记载和探索喀斯特地貌的巨著。

二、纠正了古代文献有关中国水道源流记载的一些错误，如否定“岷山导江”旧说，肯定金沙江乃长江上源的事实。

三、观察记述了不少植物品类及其分布的若干规律。

四、对火山、地热及各种人文地理现象的细致考察与记录。

中国最早的导游图

中国最早的导游图，800 多年前在南宋问世，这便是官方编绘刻印的“地经”。

南宋的都城临安（今杭州市），是全国政治、经济、文化、艺术的中心。当时钱塘江边的白塔岭既是水陆交通的要道，又是商贾繁盛之地，故在白塔桥畔设店出售“地经”。“地经”上面绘有详图，标明从各地到京城临安的里程，后来又加绘了京城与西湖的附图，成为地地道道的导游图。

中国自办的第一家旅行社

大约在 1924 年，上海银行的总经理陈光甫，有一次在香港办事，到英商办的“通济隆公司”（旅行社）购买船票，受到外籍职员的故意冷落。陈光甫受此屈辱，回到上海以后，经过反复思考，终于提出创办自己的旅行社。

陈光甫首先在上海银行内增设了“旅行部”，号称“以服务为目的”的“中国唯一的代办旅行的机关”。刚刚开办，获利并不太多，几年以后，亏损逐年下降，并渐有盈余的希望。陈光甫在旅游事业上的这一创举，得到广大爱国人士的支持，营业量不断扩大。从 1927 年夏季起，“上海银行旅行部”正式改名“中国旅行社”，成为独立机构。到 1928 年底，在全国范围内除总社以外，又陆续增设了北京、天津、香港等 14 家分社。值得一提的是，1928 年末，中国旅行社与英商“通济隆旅行社”签订了专约，在世界各大城镇均设有“中国旅行社”的代理人，进一步开展了国际旅游的业务，为广大国内外旅游者提供了更多的方便。从此以后，中国人自办的旅行社，开始走向世界。

最早到达南极的中国人

早在100多年前，中国就有人登上了南极洲，这个人就是宋庆龄的父亲宋耀如。

1875年，9岁的宋耀如从海南出海，到美国投奔他的舅父。当船行到麦哲伦海峡时，突遇风暴，船不得不转向南行，来到南极洲的一个海岛上。船停在那里检修，宋耀如跟着大人上了海岛。岛上密布冰雪，奇寒无比，黑背白肚的企鹅密集全岛。过了一段时间，船修好了，宋耀如才随船到美国去。

服装饰品

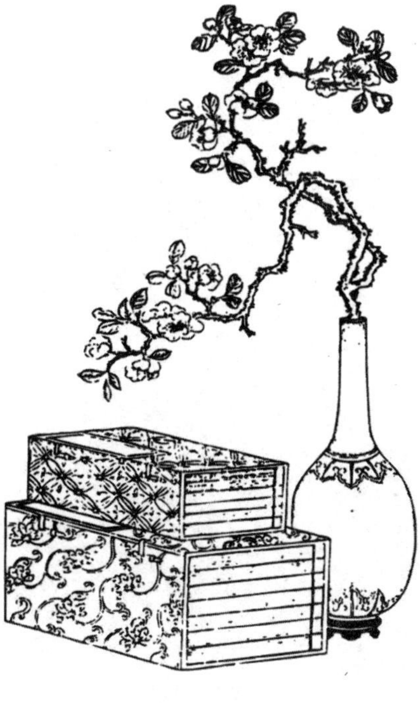

服　装

四大名绣

苏绣

苏绣是苏州地区的手工艺品。苏绣艺人能用40多种针法、1000多种花线绣出形象逼真、光彩夺目的艺术珍品。苏绣具有独特的艺术风格和浓郁的地方特色，涌现出大量的优秀作品。如“白孔雀”“金鱼”“小猫”“滕王阁”等。清代苏绣还出现了双面绣，能在一次刺绣过程中使绣品具有两面完美的刺绣效果，是刺绣中的精品。

湘绣

湘绣起源于湖南长沙近郊，早在汉代就已出现，清代后期形成独具风格的刺绣体系。其特点是擅长表现走兽，富于写实气息；追求刻画形象的逼真，具有浓郁的生活气息；劈丝细若发丝，且加工后不起毛；针法以参针最具特色，可点染阴阳浓淡，形成色彩渐变的效果；配色以灰及黑白为主，素淡雅致。

蜀绣

蜀绣是四川成都地区盛行的传统刺绣工艺。在魏晋时就与蜀锦并称，到了清代，自成一体。其特色是采用本地软缎彩线，厚重鲜丽，用针工整，丝路清晰。产品多以生活用品为主，也有装饰品，富于诗情画意，又自然纯朴。

粤绣

粤绣包括广绣和潮绣。其特点是，多用马尾毛、孔雀羽刺绣，配色讲求明快华丽，并喜用金线做轮廓线，花纹繁茂，色彩富丽，常采用百鸟朝凤、海产鱼虾以及佛手瓜果一类题材。清代中期后，粤绣大量出口，渐现异国风味。

云锦

云锦是中国传统丝织工艺品之一，其特点是大量用金线，包括捻金、缕金，也包括缕银及银线，是一种善于用金装饰物花纹的提花丝织物。

云锦的主要品种为“妆花”“欣金”“织锦”，它们以各种金银线交织于一件彩锦中，使花纹金彩辉映，整件丝织物产生一种瑰丽灿烂、典雅高贵的艺术效果。

蜀锦与宋锦

自三国时起，四川成都织造的经线起花的彩锦色泽美丽、花纹新颖，制造技术已相当成熟，被誉为“蜀锦”，名扬天下，另外还出现了加金锦等新品种。到了宋代，四川出产的蜀锦和苏、湖、杭州等地生产的宋锦为当时最有名的织锦精品。

宋锦采用一种精密细致的“三枚斜纹地”，经线分面经和底经两重，面经用本色生丝，底经用有色熟丝，纬用多种色彩的练丝。以底经做地纹组织，面经做纬线幅长的“结接经”。这种结构继承了唐代以来的纬锦织造技术，用彩纬加固结经，形成纬三重起花。宋锦的织造过程完全体现了华夏民族的风格，显得严谨规范。

冕服

按周代典章制度的规定，凡举行祭祀大典，以及朝会、大婚亲迎等，帝王和百官都必须身穿礼服。礼服由冕冠、玄衣和纁（xùn）裳等组成，合称冕服。

冕冠，是帝王和百官参加祭祀典礼时所戴的最尊贵的礼冠。包括冕綖、垂旒、充耳等几个部分。冕綖在冕冠的顶部，通常为木制，裱以细布，上黑下红，前圆后方，前低后高，呈倾斜状；冕綖前后垂有旒，用五彩丝条作绳，上穿五彩圆珠，一串珠玉为一旒。帝王冕冠前后各12旒，用玉288颗。

冕服的质地、颜色和图案不同，有等级的区别。如帝王冕服的玄衣，以黑色材料做上衣，纁裳是浅红色材料做成的下裳。上衣和下衣各绘图案，合称十二章纹。

冕服还有一些附件，如“芾”，即蔽膝，系在革带上面，垂到膝前；又如“革带”，以皮革制成，用来系带和绶等。

冕服历代相沿，虽然不断有所变革，但大体形制并未更易，始终作为传统的法服。直到清代入主中原，冕服制度才被废止。

龙袍

龙袍是古代天子专用的服饰。旧说龙为四灵之一，并以龙喻帝王。《广雅》云：“龙，君也。”《清通志》云：“皇帝龙袍，色明黄，领袖俱石青片金缘，绣文金龙九，列十二章，间以五色云，领前后正龙各一，左右及交襟处行龙各一，袖端正龙各一，下幅八宝立水裾左右开。”

龙袍既为至尊之服，不同

朝代形制虽有差异，但其做工之考究则是共同的。以清代龙袍制作为例：由当时的清宫如意馆第一流工师精密设计，做出图样，经过皇帝亲自审定认可后，才派专差送南京或苏杭精工督造。有时一件袍料即费工一百九十天。其特种袍服，还用孔雀尾毛捻线作满地平铺，另用细线横界，上面再用米粒大珍珠串缀绣成龙凤或团花图案，费工之大，用料之奢侈，都骇人听闻。

等级森严的朝服

朝服是君臣朝会时所穿的礼服。

历代，服制都有因革，至清代，朝服一品至四品蓝及石青诸色随所用，披领及袖俱石青片金缘，各加海龙缘，两肩前后正蟒各一，腰帷行蟒四，中有襞积，裳行蟒八，皆四爪。五品至七品色用石青片金缘，通身云缎，前后方襴行蟒各一，中有襞积，领袖俱用石青妆缎。八品九品用石青云缎，无蟒，领袖冬夏皆青倭缎，中有襞积，朝珠文五品武四品以上均得用，以杂宝及诸香为之。见《清史稿》。

中国古代服饰专业用语

袍

袍是一种形制上不分衣裳的服饰。上古特指装填旧丝绵的长衣，为御寒之服。《礼记》云：“纩为茧，缊为袍。”孙希旦集解：“纩与缊皆渍茧擘之，新而美者为纩，恶而旧者曰缊，衣以缊著之者谓之袍。”缊袍为贫者所服。《论语》“衣蔽缊袍”，《庄子》“缊袍无里”均此义。

汉以后，精制长衣也称袍，故袍又可做朝服。但颜色有所限制。唐以后，只有皇帝才可以服黄袍，臣民不得僭服，到清末还是如此。

襦

襦即短袄。段玉裁《说文解字注》云：“襦，若今袄之短者。”《孔雀东南飞》

中有“妾有绣腰襦，葳蕤自生光”的诗句，绣腰襦，即绣花短袄。

褐

褐是古时用兽毛或粗麻编织的短衣。《诗经》云：“无衣无褐，何以卒岁?”褐是一种粗劣服装，只有贫贱的人才穿，故古时称贫贱之人为“褐”或“褐夫”。而“释褐”则指做官。后代新科进士及第授官，也叫“释褐”。

袄

袄是一种有衬里的上衣。如夹层中填棉絮或丝絮则称棉袄。有一种叫“辫线袄子”的，在袄子的腰部襞折加工，元代特别流行。

衫

衫是短衣。上古时称长衣为深衣，短衣为中单。其称衫者乃始于秦时。五代马缟《中华古今注》云：“三皇及周末庶人服短褐，儒服深衣，秦始皇以布开袴，名曰衫。……汗衫盖三代之衬衣也，《礼》曰中单，汉高祖与楚交战，归帐中汗透，遂改名汗衫。”

古时衫的式样也有限制，如中古时，贫民穿的衫子要求两旁开衩较高，名叫“缺胯四袴衫”，以别于其他阶层。

裙

裙，据《说文》记载：“下裳也。”上古男女通着，隋唐以后，男子以袍为常服，只有妇女才著裙，故“裙钗”成了妇女的代称。

裤

“裤”字在上古文献中多写作“绔”或“袴”。其义不同于今天所说的裤子。《说文》云：“绔，胫衣也。”即套在两腿上起御寒作用的“套裤”或“护腿”。今之所谓“裤”，古时称“褌”。

绶

绶是系印纽的丝带。中国古代官阶等级的区别除了表现在冠服上，还表现在绶带上。绶带从不同的颜色、长短和绪头多少来分别等级，与官印一起由朝廷颁发，通称“印绶”。据《汉官仪》《后汉书》《汉百官志》等记载，绶带长短宽窄各有不同。帝王有长过二丈的，短的也有一丈七八尺。

从传世的绘画雕刻作品上看，佩带时，挂于右腰一侧。或拖于地，或打成一大回环，让剩余部分下垂。贮绶有“绶囊”，平时佩于腰间，用皮革制成。

上衣下裳

古代衣与裳，各有所指。如《诗经》有“绿衣黄裳。”毛传：“上曰衣，下曰裳。”

裳，古代专指遮蔽下身的“裙”。《白虎通·衣裳》：“衣者，隐也；裳者，障也。所以隐形自障闭也。”

后来“衣”“裳”连用，往往泛指衣服。如白居易《卖炭翁》：“卖炭得钱何所营？身上衣裳口中食。”

布衣

布衣是用麻布或葛布制成的衣服。在中古棉花传入我国之前，我国的衣料是麻、葛和丝织物。但通常只有贵族和官员穿丝织物，一般百姓只穿麻葛织物。所以“布衣”就成了“庶人”的代称。据《史记》载，“夫斯乃上蔡布衣，闾巷之黔首，上不知其驽下，遂擢至此。”说的是李斯是从普通百姓擢升至丞相的。

深衣

深衣是中国古时最早的男式服饰之一。据《礼记》，这种衣服，“圣人服之”，“先王贵之”，用途非常广泛，是仅次于朝祭之服的“善衣”。

深衣的形制是衣与裳连在一起，衣边和袖口等处有半寸宽的镶边。“具父母、大父母，衣纯以缋；具父母，衣纯以青；如孤子，衣纯以素”。即祖父、祖母、父母具在的，衣边用彩色；仅父母在的，衣边用青色；如系孤儿，衣边则用素

（白）色。衣服的长度，以至脚踝为宜，即“长毋被土”（约离地四寸）。现代的连衣裙，似是这种服制的沿革。

胡服

胡服适应骑马的需要，与古代汉民族衣着（以长袍为主）有显著区别。早在战国时，赵武灵王为了军事上的需要，曾提倡胡服习骑射。唐时，胡服款式为：男性戴浑脱帽（用乌羊毛所作的帽子），衣衫为圆领（或翻领）小袖，长仅过膝；女性则为条纹卷口长裤，透空软棉鞋。这是在北朝流行于北方的服装基础上发展而成的。宋代在服饰上亦受北方诸民族的影响，如临安（今杭州）舞女戴茸茸狸帽，穿窄窄胡衫，即是一例。

“胡服”自有其优越性，故在长期的民族大融合中，逐渐与汉民族服装款式相融合，成为汉民族服式的重要组成部分。

霞帔

霞帔是中国古代妇女使用的两条带状饰物。由帔子发展而来。披在肩上，前长后短，胸前交叉处缀以珠玉。

宋代起，霞帔成为代表妇女身份的命妇冠服中的一部分。宋明两代的霞帔较窄，据品级绣以不同的鸟禽纹样。到清代，霞帔变宽，略似背心，普通妇女也可在结婚和入殓时借用。

旗袍

旗袍是清代满族妇女的一种服装。原本流行于清代皇族妃子及贵族妇女中间。满人原出女真，妇女衣着远法辽、金，还受到元代蒙古族妇女长袍影响。早期的旗袍偏于瘦长衣身，袖口紧小。后来旗袍的一般形制是右开大襟，袖口和衣身宽大，衣长至膝下。辛亥革命后，汉族妇女也普遍穿着旗袍，但不断加以改进，一般是紧腰身，两侧开叉高低不等，并有长、短袖之分，流传至今。

饰　品

冕、弁和巾

冕是古代帝王诸侯及卿大夫所戴的礼冠。后专指皇冠。冕由“冠”和“延”（延是冠上的一块长方形的版）组成。延的前后沿各用五彩缫绳穿玉，垂于延之前后，名之为“旒”。天子之冕十二旒，诸侯九，上大夫七，下大夫五。中古以后臣下不得戴冕，故常以“冕旒”作为帝王的代称。

弁是一种比较尊贵的冠，分为皮弁、爵弁。皮弁为武官所服，用白鹿皮制作，尖顶，类似后代的瓜皮帽。《诗经》中：“会弁如星”，指的就是皮弁各个缝合的地方，缀有一行行亮晶晶小玉石，看起来像星星一样。爵弁又写作“雀弁”，为文官所服，用最细的赤黑色布制作，形如雀头，似冕而无旒，其尊贵亦仅次于冕。周代的爵弁广八寸，长一尺二寸，饰以赤黑色之韦（皮）。

古代的巾分两种：一、用来覆物或拭手。二、戴在头上，用作头巾。宋高承《事物纪原》云：“王莽篡汉，汉王闳伏地而泣，元后亲以手巾拭其泪。巾虽始于三代，而手巾之名，实始于汉，今称曰帨是也。”巾，也可用来裹头。庶人裹头之巾可兼作擦汗之用。佩巾之风，三国时较盛，不仅文人常戴，主持军事之将帅，如袁绍、崔豹等，也均以佩巾为儒雅。

幞头

幞头，亦作“襆头”，一种头巾。亦名“折上巾”。一般认为幞头巾子起源于北周。当代学者沈从文根据出土文物及传世壁画考证认为：“若指广义‘包头巾子’，或‘平顶帽’而言，商代早已使用。如狭义限于‘唐式幞头’或‘四带巾’

几个特点而言，即材料用黑色纱罗，上部作小小突起，微向前倾，用二带结住，后垂或长或短两带（大小及上下位置也常有变化）。这种式样实出于北齐到隋代，但到唐初才定型。元明人说‘唐巾’，也指的是这一式而言。至元代，主要不同处，是后垂两脚如匙头，向左右略分开。”

幞头为贵贱通用，宫中女官及女乐亦用之，一般都是用黑纱罗制成，早期以软胎、微向前倾为常见。有的用桐木作骨子，使高起，名“军容头”。有的后垂巾角是软的，叫作“软脚幞头”。继而又改变硬角的不同形状与角度，于是有“弓角幞头”“卷脚幞头”。其两脚稍屈而向上者，名“朝天巾”。王圻《三才图会》又有“展脚幞头”“交脚幞头”等。

乌纱

乌纱是古官帽名。始自东晋，当时为宫官所着。其后贵贱臣民于宴私场合皆着之，至唐时遂为官服。《唐书》云：“乌纱帽者，视朝及燕见宾客之服也。”

乌纱帽起初用藤编织，以草巾子为里，纱为表，而涂以漆。后来官服用乌纱帽，由于纱经油漆后坚固而轻便，于是去藤里不用；又“平施两脚，以铁为之”，即向两侧伸出两支硬翅，古装戏曲中的乌纱帽就是如此。

凤冠

中国妇女用于行礼的冠饰，向以凤冠为重。长期以来，戴凤冠，着霞帔，一直被视为妇女的最大荣耀。

据《周礼》等书记载，周代妇女跟随丈夫参加祭祀，虽然也用首服，但这种首服不是冠饰，而是假髻。秦汉时期仍沿袭这一遗俗。汉代以后，以凤凰饰首的风气在贵族妇女中日益多见，开始出现了凤凰形冠。晋代《拾遗记》中有“凤冠之钗”的记载，是现存史料中关于“凤冠”的较早记载，但这时凤冠还不属真正的礼服。

正式将凤冠定为礼服，并将它收入“冠服制度”是从宋代开始的。金人南下，宋室迁都临安（今杭州）后，对凤冠作了改制，还增添了龙的形象，名谓“龙凤花钗冠”。在传世绘画《历代帝后像》中可以看到。

1957年，北京定陵发掘出4顶凤冠实物。这些凤冠安放在特制的朱漆箱子中，保存得非常完整，可以看出，当时凤冠的具体做法是用竹篾等材料为骨架，先编成一个圆框，在圆框的两面各裱糊一层罗纱，然后将事先加工好的龙凤及珠花等装缀在冠上。龙凤以金丝编成，并镶嵌有翠羽，冠顶正中的金龙口中衔着一颗宝珠，左右二龙则各衔一挂珠串，这种珠串即史书中所称的“珠滴”；凤嘴中也衔有珠宝。整个凤冠造型美观，制作精致，堪称传统工艺美术制品中的瑰宝。

繁花似锦的首饰

篦

篦同“鎞”，是古代妇女插于发髻上的一种首饰，多由两股合成。白居易《琵琶行》云：“钿头银篦击节碎。”钿头银篦，即指上端镶着金花的银钗。古时贫者之篦用荆（一种灌木）制作。称“荆钗”。

步摇

步摇是妇女首饰名，着于发际。步摇上有垂珠，行步则摇，故名。始于汉。宋人称之为“禁步”。戴步摇者行动要从容不迫，以使垂珠伴以玉珮发出有节奏的声响。步摇饰之以金，则谓之“金步摇”。白居易《长恨歌》云：“云鬓花颜金步摇。”

笄

笄是中国古代盘头发用的簪子。商周时代已有。最早男女都用，后发展为妇女专用。簪子有骨制、象牙制和玉制品。男子用时从中间横穿以固定发髻。成年后女子才用，即所谓“及笄”，多插于两鬓发际。后来“及笄”成了女子成年的代称。笄多有鸟纹装饰，后发展成金雀簪、银雀簪、凤簪。

钗

古代写“钗”为“叉”，与簪有所不同，钗有两股，而且只用于女子。原始的有骨钗，战国时代楚国出土有木质发钗。金银发钗，最简单的是将一条金丝或银丝两端锤尖，中部自然弯折，使两端平行而成两股。钗形式上的变化主要在弯折之处。弯折处饰花朵形的称“钗朵”，饰凤的称“凤钗”。“凤钗”为贵族妇女所戴，制作工艺精巧。

珥，珰

珥和珰都是古代女子的耳饰。《说文》云：“珥，瑱也。”又云：“瑱，以玉充耳也。”珰，即耳珠。珥、珰类似今之耳环、耳坠子。古诗《孔雀东南飞》中有“耳著明月珰”的句子，明月珰，即以明月珠制成的耳坠子。

以花簪首的讲究

以鲜花簪首的风习，早在汉代已经出现；四川境内的东汉墓中，就曾多次发现簪花的妇女形象。

汉代以后，簪花之俗在妇女中历久不衰，所簪之花大多为时令鲜花，这些情况在正史中虽然少见记载，但历代诗文里却有不少生动的记述，在传世画塑中也常可看到。唐宋时，男子亦常簪花，尤以宋代盛行，宋代以后，男子簪花虽然逐渐少见，但仍然存在，直到明清时，男子才很少簪戴，但科举考试中选者例应簪插花朵，以示荣耀。

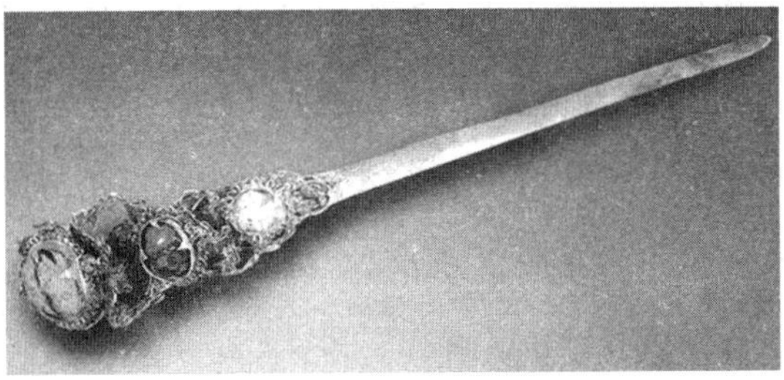

古代也有插假花的，比如金钿。所谓金钿，就是用金、银、铜等金属材料制成花朵状的饰物。这种金钿一般有两种形制，一种在金花的背面装有差股，使用时可以直接簪插在髻中；另一种金钿的背后没有钗股，只在花蕊部分或花瓣上留有数个小孔，以簪钗之类的饰物将其固定在髻上。唐代是金钿的流行时期。

在金钿的基础上加贴一层翠绿色的鸟羽，称为“翠钿”；在金钿上镶以宝石，或直接用宝石制成花片，叫作“宝钿”。

古代妇女的“头面”

古代妇女的首饰，除了簪钗、步摇、梳篦、金钿之外，还有全胜、玉胜、方胜、彩胜、玉梅、雪柳、灯球、闹蛾、珠草等名目，这些饰物统称“头面”。

“胜”是以一个圆形为中心，上下各附一个梯形翼翅，两个饰物分别固定在簪钗之首，从左右两侧对插入髻中的饰物。戴“胜”的西王母形象多见于古籍、汉墓画像砖、壁画等。由于西王母被视为长生不老的象征，其佩带的饰物也就有了吉祥的意义，因此，在汉魏时期，妇女戴胜的现象十分普遍。

玉梅也称“雪梅”，和雪柳、灯球、闹蛾都是宋代妇女过元宵节时所戴的首饰。玉梅和雪柳都以白色的绫帕或白纸做成，玉梅被做成梅树状，雪柳则呈柳树状，插在髻中以为装饰。

闹蛾也作“闹鹅”，形制略微复杂，通常用竹篾、绫绢等制成花朵，另用硬纸剪制成蝴蝶、飞蛾形，将其粘于细竹篾上，并附缀在花朵周围，使用时安插在发髻上。微风袭来，举足行步时震动花朵，牵动竹篾，花旁的蝶、蛾微微颤动，围着花朵飞舞，更具动感，引人入胜。

灯球是圆形饰物，是以珍珠或料珠串在铁丝或竹篾上的一种首饰，形如挂灯笼。

珠翠也是妇女头面中常见之物，实际上包括珍珠和翡翠两种饰物。

镯钏

古代妇女的首饰，除指环外，又有镯钏，又称“条脱”。《说文》云：“钏，臂环也。”即手镯。

历代手镯形制的演变大约可分为七个阶段。一是新石器时期，手镯大多取天然材料制成；二是商周时期，在一定程度上保留了前期的风格；三是春秋战国时期，手镯以玉为主；四是两汉至南北朝，这个时期手镯制作的一大特点是金属材料的使用；五是隋唐五代时期，手镯制作十分精致，形式也异常丰富；六是两宋辽金时期，此时的手镯大约分为三个类型，第一种以金银模压而成，第二种以银片压印后弯成，第三种以金、银条捶扁后弯曲成环状；七是元明清时期，此时的手镯大约有两种类型，一种作缺口圆环形，另一种以金、银条弯制成环状，两端作龙首形状。

戒指的由来

古代帝王拥有六宫，据史书记载，这些后宫佳丽在“进御君王”时，都要经过女史的登记。女史事先向每位宫女发放两种小环，一种用金制成，一种用银制成。如果某位宫女有了身孕或正好处在月经期间，不能接受君王临幸时，不必明说，只要在左手戴上金环，就可以起到“禁戒”的作用，女史就不列其名。平常则用银环，套在右手。由此可见，指环在古代并不完全是一种饰物，而是宫廷妇女用以避异的一种标记。“戒指”一名，就是由此而来的。

顶戴花翎

清代文武官员的朝冠式样大致相同，品级的区别，一是在于朝冠上所用毛皮的质料不同，而更主要的区别的是在冠顶镂花金座上的顶珠，以及顶珠下的翎枝不同，即所谓“顶戴花翎”。

顶珠的质料、颜色依官员品级而不同。一品用红宝石，二品用珊瑚，三品用蓝宝石，四品用青金石，五品用水晶石，六品用砗磲（chē，qú），七品用素金，八品镂花阴纹，金顶无饰，九品镂花阳纹，金顶无饰。雍正八年（1730 年），更定官员冠顶制度，以颜色相同的玻璃代替了宝石。

顶珠之下，有一枝两寸长短的翎管，用玉、翠或珐琅、花瓷制成，用以安插翎枝。翎有蓝翎、花翎之别。在翎的尾端，有单眼、双眼、三眼之分，以翎眼多者为贵。

由念珠演变而来的朝珠

朝珠是清代品官悬于胸前的饰物之一，形制同念珠。

据说清太祖努尔哈赤早年经常手持念珠，诵经念佛，影响所及，满族百姓无论男女皆以颈挂念珠为饰。朝珠便由此演变而来。

清代朝珠与念珠的不同在于，每隔 27 颗即夹入一颗大珠，名为“佛头”，一串共有 4 颗大珠，据说是象征四季。凡文五品、武四品以上，及京堂、军机处、翰詹、科道、侍卫、礼部、国子监、大常寺、光禄寺、鸿胪寺所属官员，皆可用朝珠。据《清会典》事例称，公主福晋以下，五品官命妇以上，也可用朝珠，以杂宝及诸香为之。

明清官员的“补子”

明代的定职官常服使用“补子”，这是一种有固定位置、形式、内容和意义的纹饰，以金线或彩丝织成飞禽走兽纹样，缀于官服的前胸后背处，通常做成方形，前后各一。公、侯、伯及各品官各不相同。明代这一创制，延续到清代，成为区别官员品级的显著标志。

明代对补子品级的图案的规定还不十分严格，一些没有正式官职的杂职人员也可以用杂禽、杂花补子。其他还有用应景补子的，如正月十五的“灯景”补子、五月端阳的“艾虎”“五毒”，七月的“鹊桥”，以及“葫芦”“菊花”等正式品服之外的补子，大多是内臣、官眷等人触景生情自己置办的。

清代的补子有圆形、方形两种，贝子以上用圆形补，国公以下用方形补。

妆 容

披发覆面

1973年，甘肃秦安大地湾发掘出一件人头形器口彩陶瓶，瓶口呈人头像，人的五官及发式被塑造得非常具体，双眼深邃，鼻翼隆起，额前垂着一排整齐的短发，一看便知是修剪而成，其余头发由上而下自然垂落，呈披发状。这是中国迄今发现年代最早的一件塑有人像的彩陶，距今已有5000年历史。这个时期的人们，虽然习惯于披发，但并没有用头发来覆面，而比较晚一些的实例，如甘肃东乡出土的仰韶文化晚期人面纹彩陶盆残片，就已经露出披发覆面的端倪。

在青海乐都、甘肃永昌等地区出土了马家窑文化马厂时期的饰有人头形象的彩陶器物，这些人物的形象，不仅都做成披发的样式，而且在面颊上还会有一些明显的黑色线条，象征着下垂的头发。最为典型的是青海柳湾出土的彩绘人像陶壶，该壶上绘有一全身裸体人物，除头部披发外，脸部也绘有墨线，好像是覆盖着一层稀疏的头发。由于这一人物的乳房及生殖器等都被描绘得十分细致，可确定其为女性。由此可知，在这个地区的妇女中间，确实流行着“披发覆面”的习风。

中国历代发髻形式的演变

现存较早的发髻资料，是1972年从甘肃灵台白草坡西周墓出土的玉人。该人全身裸体，呈直立状，在其头顶，有一个盘挽成一堆的发髻，呈螺旋形，推测在梳挽时，先编成辫，然后由下而上，层层盘旋，最后再固定成结。

汉代是发髻的流行时期，史籍中保存的发髻名称，就有十几种之多，比较著名有“椎髻”“堕马髻”等。到了魏晋南北朝，除了这两种之外，妇女的发髻还有多种形制，著名的有“灵蛇髻”“飞天髻”等。

唐代是发髻最鼎盛的时期，留下的资料特别丰富。仅《妆台记》《新唐书》等书提到的发髻名就有十几种之多，如“云髻”“螺髻”等。宋代妇女的发髻样式虽然不如唐代那么丰富多样，但很有特色，比较典型的有“朝天髻”“同心髻”“流苏髻”等。

元明时期的妇女发髻，与唐宋时相比，在高度上有明显的收敛。梳掠方式也比较简便。清代妇女的发髻则以苏州地区的髻式最为出名，在当时有“扬州脚、苏州头”之誉，意思是说扬州女子的小脚缠得最好，苏州女子的发髻梳得最为出色。

画眉小史

中国古人对妇女眉毛的重视，客观上促进了妇女对眉毛修饰的时尚。画眉的风习也随之产生。

早在战国时期，《楚辞》中就有画眉的记载。到了秦汉时期，画眉风气日益普及，据说西汉时任京兆尹的张敞就因为亲自为自己的妻子画眉，在长安得了一个“张京兆眉怃”的诨号。魏晋南北朝时期，画眉之风有增无减，史称魏武帝曹操“令宫人扫青黛眉，连头眉，一画连心细长，谓之仙蛾妆，齐梁间多效之”。可见其流行程度。到了唐代，画眉之风更为盛行，尤其在盛唐以后，几乎成了妇女的普遍的妆饰，连一些女孩都学着大人的模样，描绘其细长的蛾眉。如李商隐《无题》诗云：“八岁偷照镜，长眉已能画”，就从一个侧面反映了当时的情况。总的来说，唐代妇女的画眉样式，比起从前显得宽阔些，尽管有时也流行长眉，但形如“蚕蛾触须”般的长眉比较少见，一般多画成柳叶状，时称“柳眉”。宋元时期的画眉样式，虽不及唐代丰富，也有不少变化，据说一个叫莹姐的女伎，一天就发明了近百种眉式，百日之内，日换一种，无一重复。元代后妃的画眉样式也颇具特色，从图像上看，一般多画一字眉，这种眉式不仅细长，而且平齐，可能是蒙古贵族特有的妆式。明清时期的妇女崇尚秀美，眉毛大多画得纤细而弯曲，长短、深浅变化不多，一直到近代，这种眉式仍为广大妇女所喜好。

脂粉

从大量迹象分析，早在战国时代，中国妇女就已经用妆粉来修饰仪容了。而且，古代不但女子敷粉，男子亦然，尤其多见于汉魏时期。

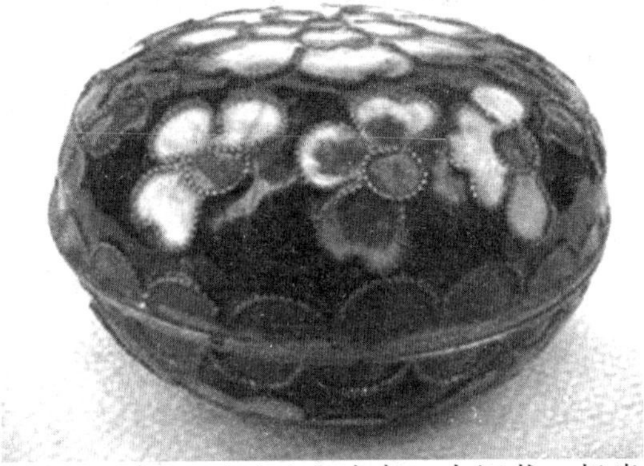

胭脂也是古代妇女常用的化妆用品。所谓“胭脂”，实际上是一种名叫“红蓝”的花，花瓣中含有红、黄两种色素，花开时被整朵摘下，放在石钵中反复杵槌，淘去黄汁后，即成鲜艳的红色染料。

汉代以后，妇女作红妆者与日俱增，且经久不衰，笔记小说中也常有述及，如《开元天宝遗事》中记载，杨贵妃“每有汗出，红腻而多香，或拭之于巾帕之上，其色如桃红也”，说的是杨贵妃因为涂抹了脂粉的缘故，连汗水都染成了红色。

与红妆相对，古代妇女也有作白妆的。所谓白妆，即不施胭脂，单以铅粉敷面。这宗妆束常见于年轻的寡妇。据说在盛唐时，杨贵妃也曾模仿过这种妆式。

此外，在历代的红宫禁苑，还流行过一些怪异的面部妆式，比较著名的有“啼妆”“泪妆”“半面妆”等，皆依赖脂粉之力。

额黄

额黄是古时妇女涂黄于额的一种装饰。与红妆相对的“黄妆”，系六朝时妇女之习尚。至唐，此风犹存。梁简文帝《丽人行》：“同安鬟里拨，异作额间黄。”李商隐《蝶诗》：“寿阳公主（南朝宋武帝女）嫁时妆，八字宫眉捧额黄。”

古代不但有额间饰黄之风，且有以黄涂眉之俗。如《北史》称“周宣帝禁妇人不得施粉黛，自非宫人，皆黄眉黑妆”。

点唇

点唇，就是以唇脂涂抹在嘴唇上。

最早的点唇材料叫唇脂，它的主要原料是丹。丹是一种红色的矿物质颜料，也叫硃砂，硃砂里面，掺入适量的动物脂膏，既防水又增添了光泽。用胭脂点唇是汉代以后的事情了。

西汉时期的唇脂实物，在湖南长沙、江苏扬州等地汉墓中曾被发现，出土时一般盛放在妆奁之中，尽管在地下沉睡了两千多年，但色泽仍很鲜艳。

唐代《莺莺传》里崔莺莺收到张生从京城捎来的妆饰物品，回信写道："兼惠花胜一合，口脂五寸，致耀首膏唇之饰"，从"口脂五寸"这句话里，可看出当时的唇脂，已经被做成管状，和现代的口红基本相似。

由于唇脂的颜色具有较强的覆盖能力，所以可用来改变嘴形。嘴唇厚的，可改画成薄的；嘴形大的，可改画成小的，这样，就产生了点唇的艺术。

染指甲

中国古代妇女对指甲的修饰十分重视，最常见的妆饰手段就是用颜色来涂染。据史书记载，每逢七月初七，妇女常聚集在一起，以自制的染料染红十个手指甲，现代妇女用指甲油涂染指甲的做法，就是由此而来的。

古代妇女染指甲时所用的材料，大多是自己制作，其原料主要是凤仙花。染甲时，先洗净指甲，再将丝绵做成与指甲一样大小的薄片，浸入花汁，吸足后取出，安放在指甲表面，然后用布条缠裹过夜，可连续浸染三五次，染成后，色彩鲜艳，数月内不会消失。

饮食菜系

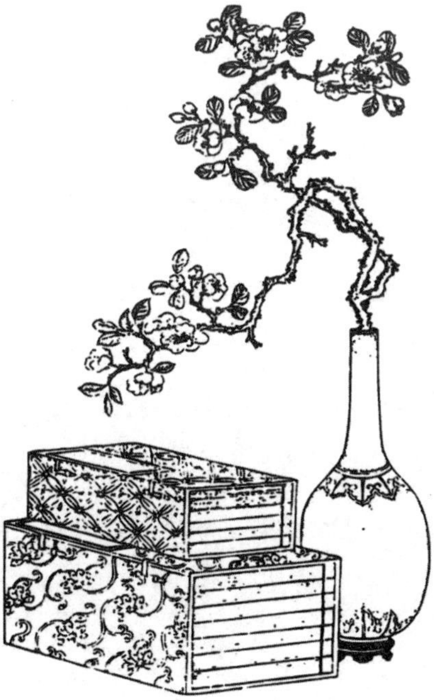

饮 食

中国最早何时开始用火

人类最早使用的是天然火，包括火山熔岩、枯木自燃、岩石碰击引火、闪电雷击等引火，同时，自然界中也有一些能够自发生火的物质，据古籍记载，有木自燃，名为“燧木”，等等。

但是，人类最早开始用火的确切证据至今仍未找到。

在中国，周口店北京人洞穴发现过用火的遗迹，那是厚达 4～6 米地灰烬层，其中还夹杂了一些石块、烧焦的兽骨等物。换言之，可以确定，在北京人的年代，即距今 50～70 万年前，火的用法，已经被人类全面掌握了。只是，这并不能称作“最早”；因为，在其他早于北京人的人类化石地点，也发现过碳层，以及烧骨，只是还不能断言为用火的证据而已。

无论如何，当人类掌握了用火，发明了取火、保存火种的办法之后，也就获得了光明、温暖和熟食，一部丰富的烹饪史也就拉开了序幕。

黄帝时代的“饭”与“粥”

公孙轩辕，也就是黄帝，是中国原始社会发展到父系氏族公社以来，声望最高的帝王，据谯周的《古史考》记载，“黄帝作釜甑”，并且“始蒸谷为饭，烹谷为粥”；这是食品烹饪史上的一大变化。

在此之前，人类仅仅是将生食烹制成为熟食而已，并不存在什么具体的膳食名称，但“饭”和“粥”是有具体含义的。固然，根据稀与稠，粥有“薄粥”和“厚粥”之分，但都是将粟米、稻米之类的脱壳的粮食放在釜中煮制而成的。而“饭”，则是人们以蒸汽传热的手段，将脱壳的米、黍之类的粮食制成较干的食

品。换言之，人们能够根据自己的喜好烹制粥或饭，就代表已经出现了不同用途的炊器，另一方面，还必须掌握使用石臼、木杵等物品，除去谷壳的技术。这些，都是人类饮食史上的重大发明。

先秦的“麦芽糖”

在先秦时代，中国还没有今天意义上的糖（蔗糖），人们所吃的糖只是麦芽糖一类，用粮食加工而成，叫作“饴”。饴加上糯米粉熬制，则成饧。饴是软的，饧是硬的。我国制作饴糖历史悠久，《诗经》中说：“堇荼如饴。”北魏贾思勰在《齐民要术》里，详细记述了制作“白饧”“黑饧”“琥珀饧”“煮餔”和“作饴”等五种方法，与后世制饴法基本相同。

用甘蔗汁熬制蔗糖之法，是唐代从印度传入的。据《唐书·西域传·摩揭陀国》记载：“贞观二十一年，始遣使自通于天子。太宗遣使取熬糖法，即诏扬州上诸蔗，拃渖如其剂，色愈西域远甚。”用这种方法制成的糖是砂糖而不是白糖。

白糖在古代叫作“糖霜”，其制法也是唐代从西域传入中国的。

孔子的“八不食”

以儒家的创始人孔子为代表，儒家的饮食思想是古代中国饮食文化的核心，对中国饮食文化的发展有不可忽视的指导作用；相比其他学派的代表人物，记载了孔子的饮食观的典籍十分丰富，比如《论语》的《乡党》一篇，就记载了所谓的“八不食”的养生之法。

“八不食”包括以下内容：

“食殪而羯，鱼馁而肉败”，“色恶”，“臭恶”，“失饪”，“不时”，“割不正”，“不得其酱”，“沽酒市脯”。

翻译为白话文，即是说：放久变质的鱼及肉类，颜色不正的食物，味道变了的食物，烹调不当的食物，不时鲜的食物，作料配伍不当的食物，从市场买回的酒和肉脯，以上均不要吃。

无论如何，孔子的“八不食”从现在的保健、饮食卫生、养生观点来看，要求也很高、很全面，极具启发意义。而孔子本人亦是身体力行，只在特殊情况下，才会有某些违反。从另一个角度看，儒家所追求的平稳的社会秩序，就像“八不食”一样，也毫不含糊地体现在了饮食生活中，这何尝不是儒家倡导的“礼”的重要内涵呢。

中国历史上延续时间最长的宴饮活动

中国历史上延续时间最长的宴饮活动叫作“乡饮酒”。

乡饮酒是古代嘉礼的一种，也是汉族的一种宴饮风俗，起源于上古氏族社会之集体活动，《吕氏春秋》认为是古时乡人因时而聚会，在举行射礼之前的宴饮仪式。自周代以来，乡饮酒由地方官员举办，具有宣扬礼教、团结地方士绅的政治意义。此类宴饮活动一直持续到清末，绵延数千年。

据《周礼》《仪礼》等记载，乡饮酒一般有以下几种形式。

其一，当周代诸侯国的乡大夫举荐本乡士人为国君所用时，一旦人选确定，临行前乡大夫要设宴以宾礼相待，并请本地德高望重的致仕官员陪饮。

其二，周代尚武，每年春、秋两季，州官在学校举行习射，以备取士。习射时，由州官为主举办的宴饮活动。

其三，周代基层行政长官“党正”每年年终，要举行腊祭，其时宴请乡民的宴饮活动。

其四，自周代以来，各地地方官有时会宴请本地乡老，表示敬贤，以此宣传礼教，这一类的宴饮活动。

中国第一篇厨师传记

中国历史上第一篇厨师传记是清代袁枚为江南名厨王小余所作的《厨者王小余传》。

王小余在袁枚家中当了近10年厨师，深得袁枚器重。据记载，王小余厨艺

精湛，烹饪尤其认真，一定要亲自去市场选料，掌火时目不转睛，调味从不以手指直接去尝，并准确掌握“水火之齐”，即施水量和加热量，无论做多少菜肴，始终注重对色、香、味的讲究。

王小余死后，袁枚深切思念，并为其作传。

八珍

“八珍”在上古指八种烹饪方法。《周礼·天官·膳夫》：“凡王之馈，食用六谷，饮用六清，羞用百二十品，珍用八物。”郑玄注：“珍，谓淳熬、淳母、炮豚、炮牂、捣珍、渍、熬、肝膋也。”

宋代的陆佃在《埤雅》中记载了自己的主张，即：牛、羊、麋、鹿、麕、豕、狗、狼就是《周礼》所说的“珍用八物”。

后来，八珍成为八种珍贵食品的代称，所指则各有不同。如元陶宗仪《南村辍耕录》云：“所谓八珍，则醍醐、麆沆、野驼蹄、鹿唇、驼乳麋、天鹅炙、紫玉浆、玄玉浆也。玄玉浆即马奶子。”明张九韶《群书拾唾》则谓八珍为龙肝、凤髓、兔胎、鲤尾、鹗炙、猩唇、熊掌、酥酪。

古代以花卉入馔的情趣

古人常以花卉入馔，早在屈原的《离骚》中即有记载，云：“朝饮木兰之坠露兮，夕餐秋菊之落英。”《隋唐嘉话录》亦记载了武则天令宫女采集百花，蒸制百花糕，分赐臣下的故事。

常见入馔花卉当推“金针”，即黄花菜，是萱草花蕾的干制品，常与木耳一同作为菜肴的配料。

牡丹亦可入馔。据顾仲《养小录·餐芳谱》所记，牡丹花瓣“汤焯可，蜜浸可，肉汁烩亦可”；“肉汁烩牡丹”可称颇具魅力的佳肴。

菊花亦可入馔。可炸、亦可作羹。有佳肴如：“菊花炒鱼片”等。

芙蓉花亦可入馔。以芙蓉花和豆腐可制成名菜“雪霞羹”，芙蓉花色如霞，豆腐其白似雪，清代袁枚曾为此羹三折腰，以求制法。

筷子的起源与传说

筷子是汉民族发明的进食工具，古称“箸”。据《韩非子·喻老》载：“昔者纣为象箸，而箕子怖”，即是说，早在公元前 11 世纪，中国已经出现了以象牙精工制造的筷子。史籍中并未记载筷子由谁发明，但在民间却有许多关于筷子发明者的传说，如姜子牙受鸟的启示，发明丝竹筷；又如妲己为讨纣王欢心，发明以玉簪作筷子；还有大禹治水时，为节约时间，以树枝捞取热食，而发明筷子等等。

因为“箸”字音通“住”，又有“堵塞”的含义，古时出门行船，讳言“箸”，而改成“快”，逐渐演变为“筷”。

筷子的种类很多，有金、银、铜、铁，铝、木、象牙筷等。据说，汉代有位将军，以 3 斤重的铁筷进餐，是为了显示其武勇；近代上海的传奇人物犹太富翁哈同，在夫人诞辰摆了上百桌酒席，据说席间所用的均为金筷子，堪称罕见。而银筷则较为普遍，在《红楼梦》第四十回中，王熙凤以一双四楞象牙镶金筷戏弄刘姥姥，又换了一双银筷，说：“菜里有毒，这银筷一下去了就试得出来。”这是因为银筷遇到酸性液体会发黑的缘故。

张骞出使西域带回了多少新品种

汉武帝建元元年（公元前 140 年），武帝欲联合大月氏共击匈奴，张骞应募任使者，于建元二年出陇西，历经千难万阻，开辟了丝绸之路，不仅使中国的丝绸等产品远销西方，也从西域诸国引进了许多中国原本没有的物品。

据史籍记载，张骞带回的物品包括康居国的皮毛、严国的貂鼠皮、西海国的白狐、青翰（即信天翁）、水牛、犀牛、狮子、大狗等；另有许多饮食原料，其中包括大宛油麻、大蒜、大夏芫荽、苜蓿、安石榴、西羌胡桃等。

另据统计，汉代从西域传入中国的饮食原料还包括节头（葡萄）、胡麻（芝麻）、胡桃（核桃）、西瓜、甜瓜、胡瓜（黄瓜）、菠菜、胡萝卜、茴香、芹菜、胡豆（豌豆、蚕豆）、扁豆、莴苣、胡葱（大葱）等等。

《救荒本草》

中国历史上有一部专门记载野菜，以供人们饥而择食的专著是《救荒本草》，明永乐三年（1406 年）最先在开封刊印。

《救荒本草》的作者是明代开国皇帝朱元璋的第五子朱橚。此人对草药、医学有特别的爱好和研究。他居住在封地开封时，目睹旱涝灾荒频繁，人民挨饥受馁，遍野哀鸿的惨状，便决心编纂一部记录野菜，以帮助民众度过饥荒难关的著作。他查阅古代本草著作，又遍访野老田夫，寻求可供食用的野生植物，而且不惜亲口尝试。所以《救荒本草》在古代佐饥度荒方面起了积极作用，对于后世研究可食用植物，也提供了丰富的资料。

古代的羹

上古的羹，一般指肉食，是有肉的浓汤。任何肉都可以做羹。当时的羹主要有两种：一种是“大（太）羹”，这是不调和五味、不加蔬菜的纯肉汁，供饮用。《左传》云：“大羹不致，粢（cī）食不凿（záo），昭其俭也。”指的就是这种羹。

另一种是肉羹，也叫“铏（xíng）羹”（铏为羹之盛器），要加进五味，把肉煮烂。五味，指醯（即醋）、醢（酱）、盐、梅和一种蔬菜。这种菜可以是葵、葱、韭、藿、苦、薇等菜中的一种，视羹用何种肉而定，据说牛肉羹用藿，羊肉羹用苦（苦菜），猪肉羹用薇。先秦还有一种蔬菜作的羹，无肉，是贫者之食。

关于“吃”的名著：《随园食单》

《随园食单》为清代文学家袁枚所撰，其中包括须知单、戒单、海鲜单、江鲜单、特牲单、杂牲单、羽族单、水族有鳞单、水族无鳞单、杂素单、小菜单、点心单、饭粥单和菜酒单，共 14 部分。

作为一位美食家，《随园食单》是袁枚四十年美食实践的产物，对乾隆年间江浙地区的饮食状况与烹饪技术有细腻精当的描写，在须知单中提出了既全且严的 20 个操作要求，在戒单中提出了 14 个注意事项。

《随园食单》对中国饮食文化具有承前启后的重要作用，其中有许多论点至今仍足以供人借鉴。自问世以来，这部书长期被公认为厨者的经典，英、法、日等大语种均有译本。

中国四大名鱼

太湖银鱼

太湖银鱼长约 7～10 厘米，体长略圆，细嫩透明，色泽如银，因而得名。宋人有“春后银鱼霜下鲈”的名句，将银鱼与鲈鱼并列为鱼中珍品。清康熙年间，银鱼被列为贡品，与白虾、梅鲚并称“太湖三宝”。

太湖银鱼营养丰富，肉质细腻，洁白鲜嫩，无鳞无刺，无骨无肠，不腥，可烹制成各种名菜佳肴，是别具风味的湖鲜美食。

松江鲈鱼

松江鲈鱼重不到二两，长不足五寸，鱼头大而宽扁，鱼头的长度占到整个体长的三分之一。嘴巴宽大，满口毛糙细齿。鲈鱼鳃盖骨后方长有 4 枚尖棘，向后延伸一小截肉质软膜，称鳃盖膜。膜的上面左右各印染着两条鲜艳夺目的橘红色条纹，很像外面长着的鳃片，因而又被称作“四鳃鲈鱼”。

松江鲈鱼肉质洁白似雪，肥嫩鲜美，少刺无腥，食之口舌留香，回味不尽，且营养价值极高。李时珍《本草纲目》称：“松江鲈鱼，补五脏，益筋骨，和肠胃，益肝肾，治水气，安胎补中，多食宜人。”

黄河鲤鱼

黄河鲤鱼其体梭形、侧扁而腹部圆；头背间呈缓缓上升的弧形，背部稍隆起；头较小，口端位，呈马蹄形；背鳍起点位于腹鳍起点之前，背鳍、臀鳍各有一硬刺，硬刺后缘呈锯齿状。

自古以来就有“岂其食鱼，必河之鲤”“洛鲤伊鲂，贵如牛羊”等说法，黄河鲤鱼不仅肉质细嫩鲜美，更因为其金鳞赤尾、寓意吉祥的优美形态而为人青睐，李白曾有诗云：“黄河三尺鲤，本在孟津居，点额不成龙，归来伴凡鱼。”

长江鲥鱼

长江鲥鱼体长而侧扁，鳞白如银，肉中多细刺，唇边多米点。

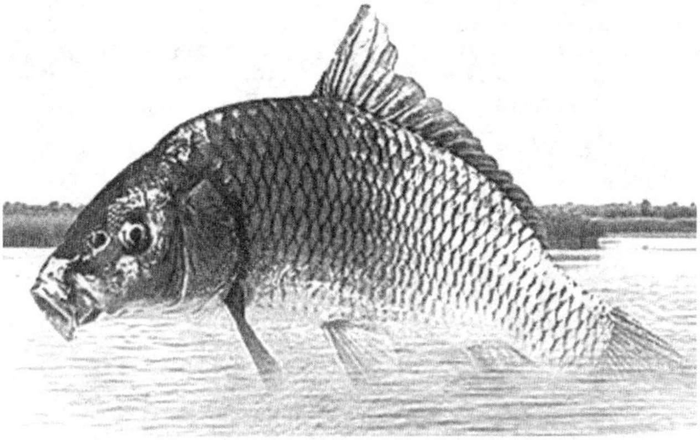

长江鲥鱼产于长江下游，以当涂至采石一带，其味最为鲜美，并与河豚、刀鱼齐名，称“长江三鲜”，素为江南水中珍品。农历五月初上市，上市持续时间仅20天左右，因而愈显名贵。其肉味道鲜美，最宜清蒸。

说“饼”

“饼”是个会意字，指“并在一起的可吃之物”，即用水和面做成的食品，由此可知，作为一个类概念，“饼”甚至包括了现代的馒头、面条之类。而单就“饼”来说，就有胡饼、蒸饼、煎饼、汤饼、环饼、烧饼等等。

胡饼

胡饼是由少数民族传入的，是隋唐时期最流行的食品之一。日本僧人圆仁的《入唐求法巡行札记》中记载：“立春节，赐胡饼、寺粥。时行胡饼，俗家亦然。”1969年，新疆吐鲁番阿斯塔那唐代墓葬中曾出土一个直径19.5厘米的大饼，即胡饼的实物。

古楼子

“古楼子”大约是现代“夹肉大饼”的起源，在宋人所著的唐代文史资料集《唐语林》中有具体描述。其做法是：切一斤羊肉，均匀地放在一张大胡饼中间，在饼和羊肉之间加入调味品：胡椒、豆豉等，用油酥滋润，再用炉火烤，待羊肉

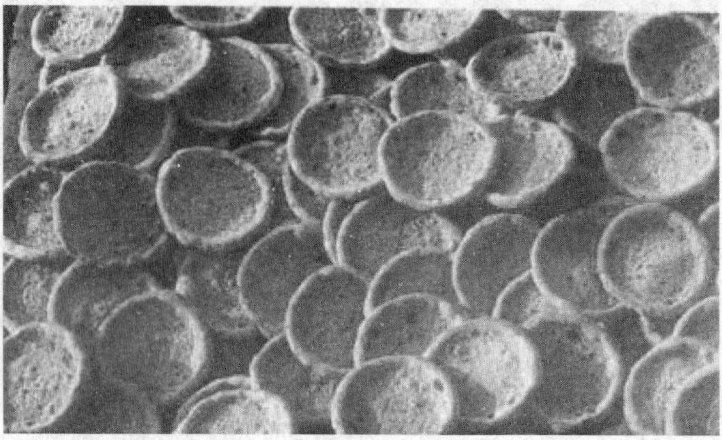

半熟，即可食用。

蒸饼

据史料记载分析，唐代的“蒸饼”类似今天的馒头，是常见的风味小吃。武则天临朝时，有一个叫作张衡的四品官因为在路边买蒸饼，骑着马边走边吃，结果被御史弹劾，失去升官的机会。这算是与蒸饼有关的一则趣闻吧。

趣话虫菜

以“虫”入菜，在中国有着悠久的历史，其中亦不乏美味佳肴。

如名为“龙菜”的蚯蚓，本有清热、定惊、利尿之功能，既是重要的中药材，也可入馔。晋代张华在《博物志》中记载：“闽越江北山间，蛮夷啖丘蝝脯。”“丘蝝”即蚯蚓。至今，苗族仍保有以蚯蚓入馔的习俗，将腌蚯蚓作为待客的大菜。

又如龙虱，向来被岭南人视为珍肴，福建人对其也有偏爱。据《清稗类钞》说：“闽人谓其嚼后口中作金墨香。若设盛席，辄供小碟一二十，必以此品居上。碟中铺以白糖，仅缀数虱于其口而已。粤人亦嗜之。”

《周礼》中还有以蜗牛入菜的记载，周天子享用的珍品中就有用蜗牛制作的肉酱。后来食用蜗牛的记载较少，直到明代才又出现在餐桌；鸦片战争以后，蜗牛菜渐次增多，并出现了宫保蜗牛、串烤蜗牛、蜗牛烧平菇等名品。

可以说，以虫入菜并不是少数民族的专利，在中国北方，炸全蝎、炸“知了猴”、炸蚂蚱等，历来被视为美味。

中国烹饪史上最伟大的发明

中国烹饪史上最伟大的发明是——“炒”。

据考证，中国现代烹饪中最常用的方法：炒，至少在南北朝时期已经产生了。在汉代以前，羹是较为重要的菜肴，但汉代之后，则逐渐转向了炒菜。

烹饪史上最初的“炒”，是在锅中放入少量的油，然后加热锅底，并放入切成碎块的肉类、菜蔬，再根据需要陆续加入各种调料，不断翻搅，至熟。其后，逐渐发展出包括清炒、熬炒、煸炒、抓炒、大炒、小炒等炒法，而其他如烧、焖、烩等，也可以看作是“炒”的发展。

在中国烹饪史上，炒菜的发明使得百姓有了日常佐餐下饭的菜肴，因为它的搭配很多，有多种原料可选择，可荤可素，亦可荤素皆有，少量的肉、配上大量的蔬菜，即可制成一个菜肴，价廉而物美。而且，炒菜的加工时间短，各种原料的营养成分流失较少。因为以上种种原因，“炒”发明之后，很快就被广泛认可和接受，并由此发展出了更多的烹饪方法。炒菜，是中国人对世界烹饪的一个贡献。

历代名厨考

伊尹

伊尹是夏末商初人，名挚，辅佐商汤，立为三公，官名阿衡。

伊尹本是弃婴，由有莘氏（小国国名）国君的庖人（即厨师）养大，长大成人后，伊尹作为随嫁的媵臣与商汤见面，并向其进谏，以烹饪理论比喻治国之道，深得商汤信任。后来，伊尹辅佐商汤，推翻夏桀的统治，奠定了商王朝的基础。

在伊尹对商汤的谏言中，提到了“三材五味”，说只有掌握了娴熟的技巧，

才能令菜肴达到久而不败，熟而不烂，甜而不过，酸而不烈，咸而不涩苦，辛而不刺激，淡而不寡味，肥而不腻口。这段话道出了中国文明早期在烹饪上所能达到的高度，表明在夏商之际，中国的饮食生活的区域性局限已被打破，南北已经开始交流的事实。

因此，伊尹也有了“烹调之圣”的美名，而“伊尹汤液”也为人传诵不衰。

易牙

易牙名巫，又名雍巫、狄牙，是春秋时期的著名厨师。

据称，易牙不仅精于烹饪，且长于辨味，《列子》记载他甚至能分辨出淄水与渑水这两条河流的河水有何不同。齐桓公重饮食，对易牙说自己平生尝尽天下百味，却唯独没有尝过婴儿的味道。于是，易牙就将自己的小儿子蒸了，献给齐桓公。此后，易牙便深得齐桓公的宠信。

齐桓公晚年，曾向重病不起的管仲询问易牙是否可以为相，管仲不以为然，说易牙杀掉亲子以迎合君主，不合人理常情。于是齐桓公又举出开方、竖习二人，管仲都表示反对。但管仲死后，齐桓公仍重用易牙、开方与竖习，最终令齐国动荡不安。

相传易牙干政失败后，避居彭城，师从彭祖继续研习厨艺，终成一代大厨。其为人固然令人不齿，但他作为厨师的手艺却获得了后世的普遍认同，厨行中亦多奉易牙为祖师。

姜特立

姜特立字邦杰，官至节度使，是宋代鼎鼎大名的烹饪行家。

姜特立平素喜好烹饪，凡有宾客造访，一定要亲自操刀主厨。一次，因为客人寒冷饥饿，他无意中创出一款“金丝酒”，极为得意，甚至即席赋诗，诗名《客至》，云：

冰雪垂地寒峥嵘，故人访我邀晨烹。

旋烧姜子金丝酒，却比苏公玉糁羹。

至今，在重庆江津市仍保有“金丝酒”这一小吃。

满汉全席

满汉全席是清朝宫廷的盛宴，既有宫廷菜肴特色，又有地方风味精华，突出了满族菜点的特殊风味，同时又展示了汉族烹调的特色。

“满汉席”这个词最早见于乾隆时期袁枚所著的《随园食单》，云：“今官场之菜肴……又有‘满汉席’之称，用于新亲上门，上司入境”，由此可知，“满汉席”在乾隆年间已由宫廷传到各地官府。

满汉全席的形成有其特定的历史原因。满洲贵族在入关之前，并不讲究精细烹饪，宫廷宴会也十分简单，据《满文老档》记载：“贝勒们设宴时，尚不设桌案，都席地而坐”，其菜肴也不过是火锅配以炖肉而已。入关后，情形才发生变化，在原来满族传统饮食方式的基础上，吸取了中原菜肴的特色，建立了较为丰

富的宫廷饮食。从现在可得的文字资料分析，满汉全席应源于扬州。此种满汉全席集宫廷满席与汉席之精华于一席，后来就成为大型豪华宴席的总称，菜点不断地予以增添与更新，又成为中华美食的缩影。

满汉全席分满席与汉席。

满席又称“满洲饽饽席”，以点心为主，菜肴品种很少，烹饪也很简单，其用途主要是祭奠，如皇帝赐宴，满席也只适于供应满人，因此，虽然满席分设一至六等，但大多数时候只用品种减半的“四等”。

汉席品目丰富多彩，烹饪精细考究，分为头、二、三等，另有上、中、下三种。究其原因，大约是原定头、二、三等的菜品过于奢侈，故删减品目，另行制定了上席、中席与下席；上席供应王公大臣，中席供应一般官员及新科进士，下席则不常用。

满汉全席作为宫廷宴席，流传至今已有二三百年的历史，因其过于靡费，民间很难举办，但从烹饪文化的角度而言，确是集中了中国名肴名食之大成，代表了清代烹饪技艺的最高水平。

宋代女大厨

宋代之前，以烹饪为职业的所谓“厨人”“厨丁”“厨司”中几乎没有女性，但到了宋代，汴京的小户人家却不重生男重生女，等家中女儿长大后，因材施教，训练出各种“饮食专家”，供士大夫家雇聘，当时称为“厨娘”。

宋代厨娘技艺精湛，甚至还有在皇宫禁地为皇帝做饭的，称为“尚食娘子”，在《江行杂录》中就曾记载过宋代的尚食娘子制作“莲花饼馅”的故事。1955年，河南偃师清流沟的北宋大墓中曾出土了绘有厨娘形象的画像砖，极其生动地展现了厨娘劳作下厨的场面。她们身穿紧袖宽领衫，衬方格紧身围袄，长裙曳地，腰缠花穗长带，足登云头履，头绾高髻，其分工极细，甚至有专门切葱、专门烹鱼的。

清代皇室饮食机构的规模

清代管理宫廷饮食的机构主要为内务府、光禄寺，但实际上直接掌管宫廷饮食的是“御茶膳房”。

御茶膳房设管理大臣若干，由皇帝直接委派，其下设尚膳正、尚膳副、尚膳、主事、委署主事、笔帖式等职，作为次一级的管理官员。另，御茶膳房分茶房、清茶房、膳房三部，膳房又有内膳房、外膳房之分；内膳房下设荤局、素局、点心局、饭局、挂炉局、司房等机构，专门备办皇帝、皇后和妃嫔的日常饮食。另有皇子饭房、茶房和专为老太后、太妃承办茶膳的寿康宫茶膳房，及专门负责内廷各大臣、各处侍卫的侍卫饭房。

此外，皇室膳食有时由另一个机构办理，即是：“掌关防管理内管领事务处”，其下设官三仓、恩丰仓、内饽饽房、外饽饽房、酒醋房、菜库等。其中官三仓负责宫中祭祀、宴席所需米、面、油、盐、蜜、糖、蜡、豆、芝麻、高粱等；恩丰仓则专门负责太监所用饮食及米粮的发放；内饽饽房专管帝后早晚膳所用各样饽饽、花糕等；外饽饽房备办大宴席，寺庙用的供饼等；酒醋房负责酒水、咸菜等；菜库负责供应宫中所需瓜菜。

中国历史上的著名宴席

孔府宴

孔府宴是孔府接待贵宾、袭爵、上任、祭日、生辰、婚丧等场合特备的宴席。

早在2000多年前，孔子就十分讲究饮食，而历代帝王对孔子不断加封、追谥，并前来曲阜祭孔，其间也会带上厨师，于是孔府宴席逐渐集全国各地之精华，为鲁菜之大成。

孔府宴一般可分为五大类，即：寿宴、花宴、喜庆宴、迎宾宴、家常宴；各宴均有名菜佳肴，试列举一二：

孔府寿宴的第一珍肴是“一品寿桃”，另有“福寿绵长”“寿惊鸭羡”“长寿鱼”等；

花宴是孔府公子婚礼或小姐出嫁时所设宴席，席间空出一个“喜”字，席面中心有“双喜”形的高盘，名菜有“桃花虾仁”“鸳鸯鸡”“凤凰鱼翅”“带子上朝”等；

喜庆宴是在孔府内有受封、袭封、得子等喜庆之事时举办的宴席，席面突出喜庆气氛，名菜有“四喜丸子”“阳关三叠”“鸡里炸”等；

迎宾宴顾名思义，是迎接圣驾、款待王公大臣等高级官员的宴席，规格较高，多上山珍海味，名菜有“琼浆燕菜”“熊掌扒牛腱”“御笔猴头”等；

家常宴是孔府接待自家亲友的宴席，菜品随季节变换。

孔府的饮食文化历时 2500 多年，传承 70 余代，至今长盛不衰，自成体系，是中国饮食文化史上的一大奇观。

曲江游宴

曲江游宴，即曲江宴，是中国唐代中宗神龙元年（公元 705 年）起，至僖宗乾符年间的宴饮活动，也是中国历史上最著名的宴饮之一。其规模之大、景况之盛、耗资之巨，实属罕见。

宴会当天，新科进士们身着盛装，或乘大车，或跨骏马，赶来赴会，有仆从相随，还有名妓伴游；除品尝美馔佳肴外，还要拜谢恩师、攀识权贵、结交友人，并赏湖光山色，联句对诗，最后，再往大雁塔题名留念，一时风光无限。

如此盛大、隆重的宴饮，自然令新科进士终生难忘，而有唐一代，诗风盛行，故曲江游宴诗以及回忆当日情景的诗歌在全唐诗中占有相当篇幅，乃是中国文艺宝库的珍品。

琼林宴

琼林宴，是宋代朝廷对新科进士的赐宴，因宴于琼林苑，故称琼林宴。

事实上，宋代的琼林宴是对唐代曲江游宴的继承，宋太祖赵匡胤确立了殿试制，在殿试之后即行赐宴；据《宋史》记载：“（徽宗）政和二年（1112 年），赐

贡士闻喜于辟雍，仍用雅乐，罢琼林苑宴。”所以，政和二年后，琼林宴改称“闻喜宴”；而元、明、清三代，又改称“恩荣宴”。虽然以上各宴名称不同，但其仪式、内容并无太大变化，仍可统称为琼林宴。

探春宴

探春宴是唐开元年间至天宝年间的30多年中，以官宦、富豪人家年轻女子为主的野宴。

春为一年之首，唐代亦称酒为“春”，所以探春宴的时间设在每年的正月十五过后的几天内，“立春”与“雨水”之间。其时冰消雪融、万物复苏，闺阁密友彼此相约，由家人以马车运载帐幕、餐具、酒具、美食、美酒到郊外游赏饮宴。仕女们起先踏青散步，眺望山水，然后张开帐幕，摆设酒肴，行令品“春”，彼此游戏、联句，直至太阳落山才乘车马返回。

烧尾宴

唐代的烧尾宴，是古代筵席和饮食烹饪水平进入鼎盛期后，最明显的标志性宴饮活动之一。

唐代烧尾宴已经形成制度，并演化为一种协调官场人际关系的重要方式；每

当士人新官上任或是升迁，便应设烧尾宴款待前来恭贺的亲朋同僚。

据记载，烧尾宴极其奢靡浪费，有一次，唐中宗景龙年间（公元 707～710 年），韦巨源升任尚书令，因此在家中设烧尾宴，宴请唐中宗，其水陆珍馐不胜枚举，在一份不完全的菜谱上，仅主食点心就超过了 20 种，而且，这些肴馔无论是色泽还是造型，都有严格的要求，如“水晶龙凤糕”，不仅糕体要如水晶般透亮，还要雕刻好龙凤图案，极尽奢华。

至唐代玄宗开元年间，烧尾宴即告终止，仅流行了二十余年光景。

船宴

船宴是指在游船上举办的宴会，人们一边品味宴席上的美食、美酒，一边随船荡水，饱赏湖光山色，是一种游乐与饮食相结合的宴会形式。

船宴盛行于唐，直到清代仍不见衰落，尤其是杭州、苏州、扬州等地，至今留存着类似的风俗。

各地名人名吃览胜

“狗不理”包子在天津

“狗不理”创始于清代咸丰年间。据传，当时河北武清县杨村（今天津市武清区）有一年轻人，名叫高贵友，小名“狗子”。高贵友 14 岁到天津学艺，在运河边刘家铺做伙计，后独立经营一家包子铺，名叫“德聚号”。

因为高贵友技艺精湛，制作的包子口感柔软，鲜香不腻，形似菊花，色香味形都独具特色，前来购买的顾客越来越多，以至于高贵友只得埋头忙碌，顾不上与顾客说话，所以，顾客戏称：“狗子卖包子，不理人。”久而久之，便将其经营的包子称作“狗不理”，店铺原来的名字却被逐渐淡忘了。

另，相传袁世凯在天津编练新军时，曾将“狗不理”包子作为贡品进献给慈禧太后，自此，“狗不理”包子名声大振，益受欢迎。

诸葛亮与翠屏腊肉

重庆万州区的“翠屏腊肉”是尽人皆知的美食，据传，其与三国时期的诸葛亮也有些关系。

三国时期，吴蜀交兵频繁。一次，诸葛亮领兵攻打东吴，途经万州（即今重庆万州区），当地百姓纷纷前来慰劳军士，而翠屏山下的“刘记”腊肉铺亦送来精瘦腊肉一担。诸葛亮为酬其功，题“翠屏腊肉”牌匾以赠。自此，万县腊肉逐渐声名远扬，成为川渝地区特有的佳肴。

天津的粗细“八大碗”

20 世纪 30 年代，天津的部分饭馆和酒楼，如天一坊、会锦斋、慧罗春等，开始经营一种大众化宴席，叫做“八大碗”。

“八大碗”有粗细之分，天津当时的粗八大碗包括：熘鱼片、烩虾仁、全家福、桂花鱼骨、烩滑鱼、独面筋、川肉丝、川大丸子、烧肉、松肉等；细八大碗包括：炒青虾仁、烩鸡丝、烧三丝、全炖、蛋羹蟹黄、海参丸子、元宝肉、清汤鸡、拆烩鸡、家常烧鲤鱼等。

“八大碗”在天津盛行一时，甚至有军政要员、巨绅富豪也要求品尝“八大碗”，有些饭庄便操办高级“八大碗”，如以鱼翅四丝代替烧三丝，以烩鱼钱羹代替蛋羹蟹黄等，甚至以一品官燕来做汤菜。可见，同是“八大碗”，但菜品亦有高低之分。

白居易亲制胡麻饼

诗人白居易任江州（今江西九江）司马，后升任忠州（今重庆忠县）刺史，其时曾亲手烹制胡麻饼赠予万州（今重庆万州区）刺史杨敬之，并附诗一首，诗云：

胡麻饼样学京都，面脆油香新出炉。

寄予饥馋杨大使，尝香得似辅兴无。

诗中讲述他烹制胡麻饼的技术得自京都长安，面脆、油香，并请杨敬之品尝，看看是否与长安皇城西安福门外辅兴坊所制的胡麻饼相似。

胡麻饼，即胡饼。事实上，由汉至唐，胡麻饼一直都很风行；但这究竟是一种怎样的食品，典籍中的记载却并不一致。可以确定的是，“胡麻”即芝麻，胡麻饼即是含芝麻的饼。唐释慧琳撰《一切经音义》中说，“此饼本是胡食，中国效之，微有改变”，《续汉书》也记载了汉灵帝爱吃胡饼的故事。

“甫里鸭羹”与陆龟蒙

晚唐诗人陆龟蒙（？～881 年），字鲁望，别号天随子、江湖散人、甫里先生，江苏吴江人，曾任湖州、苏州刺史幕僚，后隐居松江甫里（今江苏苏州市吴中区角直镇）。相传，吴中名菜“甫里鸭羹”便是由陆龟蒙亲手创制。

陆龟蒙嗜食鸭，自己也饲养了一大批鸭子，并且擅长以鸭肉入菜。有一次，诗人皮日休来访，陆龟蒙下厨亲自做鸭肉鲜羹待客，皮日休吃得津津有味，就询问羹肴的名称，陆龟蒙随口说：“此甫里鸭羹也。”自此，“甫里鸭羹”很快成为镇子上经久不衰的特色名菜。

李白的“翰林鸡”与杜甫的“五柳鱼”

李白与杜甫诗作流传千古，后人往往附会以借其名，不过，名士品名肴，自是相得益彰；“翰林鸡”和“五柳鱼”质佳味美，亦见于野史，不曾弱了“诗仙”“诗圣”名头。

李白年轻时曾寓居安陆（今湖北安陆），结交名士。相传，他在隐居期间，平时佐酒菜肴最喜食鸡，并有“白酒新熟山中归，黄鸡啄黍秋正肥，呼童烹鸡酌白酒，儿童嘻笑牵人衣”的诗句，不久后，李白入京，任翰林职。当地友人便将李白喜爱的烹鸡菜肴称作“翰林鸡”。

安史之乱后，杜甫为避战乱，辗转至成都。一天，杜甫见家人在草堂前的浣花溪中钓得活鱼，一时兴起，为友人下厨烹鱼，味极鲜美。友人商议为此道鱼肴取名，杜甫说：“我们仰慕先贤陶渊明，而陶渊明自号五柳先生，不如就叫其‘五柳鱼’。”后来，杜甫的烹鱼之法逐渐传开，“五柳鱼”便成为一道四川名菜。

“五柳鱼”的制法是：将鱼开膛洗净，加佐料上锅清蒸，然后炒熟当地的甜面酱，加入泡菜中的辣椒、葱、姜与汤汁，调和后浇于鱼身即成。

张翰的“莼鲈之思”

张翰，生卒年不详，字季鹰，西晋文学家，吴郡吴县（今江苏苏州）人；在《晋书·张翰传》中记载了他与吴地美食莼羹、鲈脍的不解之缘。

张翰在齐王司马冏手下为官，见司马冏骄奢专横，又沉迷于酒色，将来必然失败；他又见秋风忽起，不禁十分思念故乡的莼羹与鲈脍，于是便辞官归乡。而“莼鲈之思”就此成为遁世归隐的代名词。

张翰因美食而思乡，继而辞官远遁，如此洒脱的人生态度，历来为后人称道，并多见于诗词。如李白的《行路难》，即有：“君不见吴中张翰称达生，秋风忽忆江东行”的句子；又如白居易《偶吟》，亦称：“犹有鲈鱼莼菜兴，来春或拟往江东”；又如辛弃疾《水龙吟》句：“休说鲈鱼堪脍，尽西风，季鹰归未”；又如苏东坡句：“季鹰真得水中仙，直为鲈鱼也自贤”等等，不一而足。

淮南王刘安始制豆腐

关于豆腐的发明者，各国说法不一，除认定确实源于中国之外，并无定论；不过，最为流行的一种说法是：发明豆腐的，是西汉的淮南王刘安。

这个说法历来为人采信，如宋代大儒朱熹曾有《素食诗》，诗云：“种豆豆苗稀，力竭心已腐；早知淮南术，安坐获泉布。”并于诗末自注，曰：“世传豆腐本为淮南王术”。明代医药学家李时珍在《本草纲目·谷部·豆腐》条目亦称：“豆腐之法，始于汉淮南王刘安。”如此种种，不一而足，但仅有典籍记载，并无确证。

1960年，在河南密县汉墓中出土了大量的画像石，终于为中国在汉代已有豆腐生产带来了充分的证据，在这些画像石中即存在豆腐作坊的石刻图。这座汉墓属东汉末期，比刘安所在的时代晚了300余年，但是，在古代，一项科技成果

从发明到传播，乃至形成职业化的作坊，其间所需时间必然相当长，因此，将豆腐的发明前推到西汉是可能的。另外，历史记载刘安精通烹饪，有《淮南王食目》《淮南王食经》等书，虽然至今已经失传，不过，依前文所记，朱熹、李时珍等治学态度严谨，既已明确指出刘安组织炼丹的方士最先发明了豆腐，那么，这种说法大致上是可以采信的。

吃客刘邦

《西京杂记》云：“高祖为泗水亭长，远徙骊山，将与故人诀去，徒卒赠高祖酒二壶，鹿肚、牛肚各一。高祖与乐从者饮酒食肉而去……”由此可见，刘邦竟是靠了两壶酒和烤鹿肚、烤牛肚起家。

相传，在刘邦功成名就前，与卖狗肉为生的樊哙相交，常在一起吃喝，但刘邦家贫，无钱付给樊哙，樊哙无奈，只得到河对岸卖肉，以避开刘邦。一天，刘邦往河边寻找樊哙，在岸边偶然发现一只老鳖（即甲鱼），便对樊哙提议宰了老鳖，回家烹了吃。于是二人合力宰杀老鳖，并与狗肉同煮，不料其味竟异常鲜美。沛县（今属江苏徐州）的特产“鼋汁狗肉”，即是由此而来。

乾隆御题“都一处”

“都一处”烧卖是北京著名的传统风味小吃，相传其匾额为清代乾隆皇帝所题。

“都一处”的烧卖味美馅嫩，形似石榴，色、香、味俱佳，其风味独特处在于用料，以精白粉烫面为皮，馅料有猪肉、韭菜、蟹肉、西葫芦、三鲜等，捏成梅花状。

“都一处”原本只是北京前门外大街的一家小酒馆，门脸儿不大，室内仅有几张小桌。一次，乾隆皇帝到南苑打猎，归途耽搁，返回北京时已是晚上，行至前门外大街，感到肚中饥饿，身体乏累，便打算尝些民间饭菜，但沿街酒馆都已打烊，仅剩一家小酒馆灯火通明。乾隆皇帝在这家小酒馆用过酒饭，深感味道可口，询问店伙计酒馆的名字，伙计答道，酒馆太小，并无字号。乾隆说：“全城店家都已关门，只有你一家做生意，就叫‘都一处’吧！”

不久之后，乾隆御笔题写“都一处”匾额，命官员送至小酒馆，言明此乃御笔，店家十分庆幸，恭恭敬敬地将匾额挂起。从此后，小酒馆就定名为“都一处”，文臣武将及普通百姓亦慕名而来，生意日见兴隆。

湘妃糕

湘妃糕是一道历史悠久的荆南名菜，又名三鲜头菜。

传说，此菜缘起于湘妃娥皇。舜帝即位后，关心民间疾苦，带娥皇、女英二妃南巡，一路走至荆楚王家湖（今湖南王家湖）边，不料湘妃娥皇因旅途劳顿染上风寒，茶饭不思，身体日渐衰弱。舜帝劝湘妃品尝鲜鱼，湘妃却说鱼肉虽然鲜美，但刺多难以下咽。御厨得知此事后，苦思良久，取来大鱼一条，去其头尾，剔掉鱼刺，将鱼肉剁成肉泥，加入夹心肥肉、蛋清、生粉等佐料，搅拌调匀，放入笼中旺火蒸熟，待凉后切成条块，成糕，献给湘妃。湘妃品尝此糕，鲜嫩可口，立时胃口大开，不久便恢复了健康。舜帝闻知十分高兴，便将此糕命名为

"湘妃糕"。

此后，人们在仿制的过程中，不断加以改进，又配以肉圆、火腿、鸡汤等，使其味道更加鲜美。

杨贵妃的"贵妃鸡"

除荔枝外，杨贵妃还有一样爱吃的菜肴，就是贵妃鸡。

据说杨玉环被封为贵妃后，曾一度失宠，一日，她独坐于百花亭，郁郁不乐；御厨得见此景，为其排遣忧思，精心烹调了一道菜肴。即是：在杨贵妃喜爱的嫩鸡中加入上好的红葡萄酒，使鸡肉更加鲜嫩，杨贵妃被醉人的醇香吸引，不禁开怀，又畅饮美酒，以致醉卧百花之中。"贵妃醉酒"的传说便由此而来。

后来，这道加上葡萄酒烹成的菜肴被命名为"贵妃鸡"，御厨告老还乡后，在苏州老家开了饭馆，进一步完善了贵妃鸡的烧制工艺，最终成为当地的名吃。

东坡菜

北宋著名文学家苏轼苏东坡不仅文采冠绝，还是一位遍尝天下美味的美食家，并且亲手创制过许多名品佳肴，堪称烹饪大师。以下试列举几道"东坡菜"。

东坡肉

宋人虽然也吃猪肉，但以羊肉为美，苏东坡却不以为然，他被贬黄州时，曾戏作食猪肉诗，诗云：

净洗铛，少着水，柴头罨烟焰不起。
待它自熟莫催它，火候足时它自美。
黄州好猪肉，价贱如泥土。
贵者不肯食，贫者不解煮。
每日早来打两碗，饱得自家君莫管。

起先，苏东坡的这种以小火慢炖猪肉的方式只是为了适应自己的爱好，但很快就在友人之间大获好评，并逐渐流传开来。至今，东坡菜凡 66 种，其中东坡肉流传最广，名声最大。

东坡羹

东坡羹实际上有两种，一种是以野生荠菜与米糁为主要原料的粥，味道既美，又有食疗作用；而另一种则是“芦菔羹”，“芦菔”即萝卜，此羹主料为平常的蔓菁和芦菔根，苏东坡却说这比以羊肉、鱼肉烹制的羹汤还要美味，并有《狄韶州煮蔓菁芦菔羹》诗，诗云：

我昔在田间，寒庖有珍烹。常支折脚鼎，自煮花蔓菁。

中年失此味，想像如隔生。谁知南岳老，解作东坡羹。

中有芦菔根，尚含晓露清。勿语贵公子，従渠醉膻腥。

丁宝桢与宫保鸡丁

据说，四川名菜宫保鸡丁最早出自清代的太子太保——丁宝桢。

丁宝桢（1820～1886 年），字稚璜，贵州平远（今贵州织金）人，曾任四川总督，加封太子少保。丁宝桢生活习惯十分简朴，有时忙于公务，回府时已饥饿难耐，便吩咐家中厨子不需麻烦，只要快些送上吃食即可；厨子只好照办，就在厨房内随手抓些现成的鸡丁、辣椒、花生米之类，热锅快炒后送上，丁宝桢反倒吃得津津有味，并将此菜列入常规食谱之中。

一次，丁宝桢在家中宴客，厨子送上此菜，而宾客多为爱吃辣香的四川人，食后赞不绝口，回家后纷纷依法烹制，并渐渐受到更多四川人的欢迎。

不久，这道菜的烹制方法传入宫廷，成为宫廷菜系中的一款佳肴。当时丁宝桢已被封为太子太保，而清代对加封这一职衔的人尊称为“宫保”。因此，这道菜便被称作“宫保鸡丁”。

洛阳水席

洛阳水席共24道菜，凉菜8道，其余16道热菜均带有汤水，故称“水席”。

洛阳水席的历史可追溯到唐代。据传，武则天建立武周政权后，曾多次离开长安，到外地视察民情。一次，武则天来到洛阳，设水席大宴文武群臣，无不叫绝，此后，水席便成为宫廷宴席的一种。

时至今日，洛阳水席仍保有严格的规定，菜品不能有丝毫偏差，全席24道菜，八冷盘、四大件、八中件、四压桌菜；冷热、荤素、甜咸、酸辣兼而有之。其上菜顺序是：席面上先摆四荤四素八凉菜，再四大菜，每上一个大菜，带两个中菜，最后上四道压桌菜，其中有一道鸡蛋汤，又称送客汤，以示全席已经上满。

隋炀帝赐名的“金齑玉鲙”

“金齑玉鲙”即是“鲈鱼脍”。

相传隋朝末年，隋炀帝巡幸江南，所到之处，令地方官员进献美食；吴地官员便献鲈鱼脍，获得隋炀帝的赞赏，曰：“‘金齑玉鲙’，东南佳味也。”此事原载于《南郡记》，在《云仙杂记》《太平广记》《本草纲目》等书中均有记载。

所谓金齑玉鲙，大约是因为这道菜肴中的鲈鱼肉莹白如玉，而所配佐料色黄如金的缘故，其具体制法，史料载有两种，大同小异。如《大业拾遗记》载，应选用八九月份下霜时捕捞的三尺以内的松江鲈鱼，先切成薄片，再以调料浸腌，取出后，沥尽水分，散置盘中；然后，将香柔花叶切细，与鲈鱼脍拌匀，即成。而《隋唐嘉话》的记载则不用柔花叶，改用金橙。由此可见，金齑玉鲙的辅料是可以调换的，只是味道必须与鲈鱼相搭配，且颜色必须是金黄色。

赵匡胤与羊肉泡馍

相传赵匡胤称帝前，曾于长安（今陕西西安）受困，生活困窘。一天，他来到一家煮制羊肉的店铺前，掌柜感其可怜，让赵匡胤把自带的干馍掰碎，又浇了一勺滚热的肉汤放在火上煮透，赵匡胤吃得狼吞虎咽，认为是天下最好吃的食物。后来赵匡胤做了皇帝，对当年的羊肉泡馍念念不忘，专程带文武大臣到那家铺子吃了羊肉泡馍，仍感鲜美无比，胜过山珍海味。从此，羊肉泡馍的名声就传开了。

羊肉泡馍看似容易烹饪，实际上从羊肉汤到干馍的制法都很有讲究。制汤时，先要将羊骨放入清水锅，以大火炖煮，两小时后撇去浮沫，再放入用过的调料袋提味，然后下肉块，换新调料袋，以肉压实，加盖，武火烧煮，至锅中砰砰作响，再以文火炖之，直到肉烂汤浓。而干馍制法是以十分之九的面粉加十分之一的酵面，掺和、搅匀、揉透，做馍胚二两一个，若饦饦状，然后烘烤。

羊肉泡馍的吃法亦有讲究，分“单走”“干泡”“水围城”“一口汤”等。“单走”是干馍与汤分端上桌，自行掰碎入汤；“干泡”是汤汁完全渗入馍内，吃完后碗中无汤、无馍、无肉；“水围城”是馍块在中间，以汤汁围在周围；“一口汤”是指汤汁浸入干馍中，吃完后碗内仅剩一口汤。

文天祥与“文山肉丁”

据说，南宋末年，时任右丞相的文天祥坚决主张抵抗元朝，并亲自带兵收复失地；一次，他路过家乡江西吉安，乡亲们纷纷前去拜访，鼓励和支持抗元斗争。文天祥为感谢家乡父老的信任，在家中设宴，并亲自下厨做菜，文山肉丁就是其中的一道。

文山肉丁的做法十分简单，首先将猪里脊、冬笋切成小丁，再将肉丁加淀粉、蛋清浆一下；然后坐锅点火倒油，待油热时将肉丁滑入，变色后捞出沥油；锅内留余油，烧至七成热，将干辣椒倒入锅内煸炒出香味；放入冬笋、肉丁翻炒数下，再加少许料酒、酱油、醋、香葱、糖、鸡精、盐，炒匀即可。其味鲜嫩爽口、油而不腻。

赵构与宋嫂鱼羹

杭州名菜宋嫂鱼羹历史悠久，据《都城纪胜》等南宋典籍记载，此菜与南宋皇帝赵构颇有渊源。

相传南宋孝宗在位期间，曾邀太上皇赵构与太后同游聚景园。游园至西湖湖畔的真珠园时，赵构命人买湖中鱼鳖放生，并召见附近商贩，赐予财物，其中，就有在钱塘门外开饭馆的宋五嫂。

宋五嫂本是东京汴梁（今河南开封市）人，金兵入侵时，随赵构一行南下，在杭州开店以鱼羹待客谋生；赵构品尝了宋五嫂制作的有北地风味的鱼羹后，不禁勾起乡思。于是，他对宋五嫂大加赏赐，并留她在后宫制作鱼羹。此事不胫而走，遍传杭州，宋五嫂制作鱼羹的方法也流传开来。

谭家菜

谭家菜由清末官僚谭宗浚的家人所创。谭宗浚（1846～1888 年）原名懋安，字叔裕，南海人（现在广州市白云区江高镇神山管理区沙龙村），为同治十三年（1874 年）榜眼，曾在京师翰林院为官，后督学四川。谭宗浚一生酷爱珍馐美味，亦好客酬友，常于家中作西园雅集，亲自督点，炮龙蒸凤，因为他善于安排，精于调味，将家乡的粤菜与北京菜巧妙融合，风格独具，因此赢得了“榜眼菜”的美名。

后来谭家家道中落，而谭宗浚的儿子谭瑑青又不改嗜吃本色，便突发奇想，悄悄承办宴席，名为“家厨别宴”，又因注重身份，并不挂牌经营，并定下了不入谭府就吃不到谭家菜的规矩。据说，汉奸汪精卫曾亲自致电谭瑑青，请其破例外出当厨，亦被严词拒绝。新中国建立前后，谭家菜逐渐败落，在周恩来总理的关心下，搬入北京饭店营业。

谭家菜另辟蹊径，独树一帜，其菜肴特点为甜咸适口，南北皆宜；讲究原汁原味，绝少辛香调料；无论选料或加工，精益求精；且火候足，下料狠，菜肴软烂，易于消化；是中国烹饪界的一朵奇葩。

《诗经》里的“武昌鱼”

《诗经》中说：“岂食其鱼，必河之鲂”，意思是要吃鱼的话，一定要吃团头鲂。团头鲂便是武昌鱼的学名，俗称鳊鱼，其肉味鲜美，营养丰富，是珍贵的滋补营养佳品。

武昌鱼产于鄂城和武昌二县境内的梁子湖，该湖湖面辽阔，直通长江，因江水倒灌，故湖水水质良好，饵料丰富。武昌鱼随长江水入湖繁衍生息，到了枯水季节，又随湖水进入长江，在河槽深处越冬，一往一返，途经樊口，因此又被当地人称作樊口鳊鱼。

饮酒品茗

茶

“茶圣”陆羽与《茶经》

陆羽所著《茶经》是世界第一部茶叶专著。陆羽据此而闻名于世。

陆羽创作《茶经》，大约前后经历了 30 年时间，分四个阶段完成。

第一阶段：学茶启蒙期。

陆羽在家乡的龙盖寺做了十年童僧，期间曾遭受过难以忍受的折磨和精神上的打击，但最有意义的是令其学会了烹茶的技艺。

第二阶段：初期鉴泉品茶阶段。

陆羽约于天宝十载（公元 751 年）左右，至“安史之乱”，即天宝十五、十六载的五六年间，先后在其家乡荆楚大地，沿着长江、淮河流域，开始了他的茶学研究和鉴泉品茶活动。据《唐才子传》记载，当时陆羽与礼部侍郎崔国辅相交甚厚，曾一起“校定茶水之品”。

第三阶段：在江南考察和闭门著书阶段。

“安史之乱”时，陆羽为避乱，渡过长江，沿长江南岸东下，对常州、湖州、越州等产茶区进行了实地调查研究；还曾赴栖霞山区采制野生茶叶，进行焙制试验。然后，他来到苕（tiáo）溪隐居著书。在《陆文学自传》中，陆羽称自己在“安史之乱”起的五年间，共著书 63 篇，其中包括了《茶经》3 卷。虽然并不能据此断定《茶经》已经在这时定稿，但至少说明陆羽此时已完成了初稿。

第四阶段：修改、充实、成书阶段。

这一阶段大约将近十年至十二三年的时间。这一时期，陆羽以湖州为中心开展了茶学活动，并做了三个方面的工作：

一、对江南东、西两道的主要产茶区做了广泛深入的实地考察，并在重要的茶区种植茶园，对茶园的管理、采制上品名茶进行实验。如《茶经》中提到的顾

渚紫笋、会稽仙茗、宜兴阳羡等，大约都是陆羽在这一时期经实地考察研究、品鉴后补入《茶经》的。

二、陆羽同皎然（唐代诗僧，佛门茶事的集大成者）默契配合，大力介绍与推行“陆羽煎茶法”，或称之为“陆氏茶”“文士茶”的茶礼、茶仪活动，并为此选制了与之相适应的系列配套茶器、茶具。

三、充实、修改了《茶经·七之事》的部分书稿。如三国时吴国第四代国君孙皓密赐不胜酒力的臣下韦曜在饮宴中以茶代酒的故事等。

饮茶风气的流变

从春秋后期到西汉初期，主要作为茶食。

从西汉初期到西汉中期，发展为药用。

从西汉后期到三国时期，成为宫廷饮料。

从西晋到隋代，逐渐成为普通饮料。

从隋代到唐、宋时期，已经成为“一日不可无”的开门七件事之一。

中国历代刊印了多少种茶书

据万国鼎 1958 年所着《茶书总目提要》，从唐代陆羽的《茶经》起，至清末程雨亭的《整饫皖茶文牍》止，中国历史上刊印的茶书共 98 种。

另外，《茶书总目提要》尚遗漏了唐代裴汶的《茶述》、宋代桑尼茹芝的《续谱》与明代无名氏的《茗笈》三种。

而历经社会变乱，散佚的茶书亦在不少。可以确定，中国历史上所著的茶书应远远超过百种。

中国贡茶的起源

贡茶，是封建制度下，各地方向朝廷进献的土特名贵产品之一，是在赋税制度之外，另一种缴纳实物的方式。贡茶专供皇室或赏赐之用。

中国古代自西周时期开始就已有贡茶之说，据晋代常璩《华阳国志》记载，在周武王灭殷商后，巴蜀之地的部族以“桑蚕麻纻，鱼盐铜铁，丹漆茶密，灵龟巨犀，山鸡白雉，黄润鲜粉，皆纳贡之”。“其果实之珍者，树有荔支，蔓有辛蒟，园有芳蒻香茗。”当时巴蜀之地的部族，向周武王缴纳诸多土贡中，是把茶（香茗）列为珍贵贡品的。这是关于贡茶的最早记载，也是把茶作为珍贵饮料的最早记录。但当时巴蜀部族只是选择本地的名优特产进献武王，并不是周朝规定的贡茶制度。

亦据《华阳国志》记载，产于秦紫阳县（今属陕西）焕古乡，在历史上被称为“紫邑宦镇毛尖”（今“紫阳毛尖”）的上品茶，在东汉时亦被作为贡品进献宫廷。为增加贡茶产量，还在该地不断兴植新茶园。

贡茶，从西周初年算起已长达三千多年，如从东汉末年算起已有一千七百多年的历史，从唐代始作为一种封建制度，一直延续到清末，亦长达一千二百多年。

曾被列入贡茶的当今名茶

据不完全统计，当今的中国名茶和地方名茶中，有许多曾被历代皇室列入贡茶，计有：

浙江：西湖龙井、淳安鸠坑茶、顾渚紫笋、天目山青顶、雁荡毛峰、金华举岩、日铸雪芽；

安徽：六安瓜片、敬亭绿雪、涌溪火青、霍山黄芽；

福建：白茶、天山清水绿、武夷大红袍、安溪虎丘铁观音、武夷肉桂；

湖南：君山毛尖、毗庐洞云雾茶、官庄毛尖、南岳云雾、大庸毛尖、古丈毛尖；

四川：蒙顶黄芽、巴岳绿茶；

贵州：贵定云雾茶、都匀毛关、湄江翠片；

江西：宁红、婺源绿茶、庐山云雾茶；

江苏：碧螺春、花果山云雾茶、宜兴阳羡茶；

陕西：紫阳毛尖；

河南：信阳毛尖；

云南：普洱茶；

台湾：文山包种茶。

中国制茶考

中国是茶的故乡，而茶之为用，自古至今，经历咀嚼鲜叶，生煮羹饮，晒青贮存，蒸青做饼，碾碎塑形，杀青炒制，乃至当今各种茶类的发展过程，历时数千年，集历代千万茶人之大成。

最早利用茶叶，系咀嚼鲜叶。神农尝百草以疗疾的传说，就反映了这种原始的利用方法。生煮羹饮，也是早期的利用茶叶之法。即采得的新鲜茶叶不经加工，“啜其汤，食其滓”，犹如今人煮菜汤，亦可视为菜食，故古有茗菜的说法。直到唐宋时，仍有用盐、姜、豆煮茶的，如苏轼曾有诗云：“老妻稚子不知爱，一半已入姜盐煎”。至今，在广东、广西、云南、湖南一带的少数民族地区还有“打油茶”“擂茶”等佐食羹饮者。

据魏代张辑在《广雅》中的记载，当时已由煮生叶、晒干贮存，发展到了制饼烘干、碾碎冲泡。要使茶叶做成饼状，料想当时已出现蒸青或类似蒸青的制茶方法。

宋代的“龙团凤饼”驰名天下，即是做成团片的茶，一说起于丁谓，又有一说起于蔡襄，总之，当时的制茶技术已有了长足的发展，不但新茶品目层出不穷，团饼茶的花色也不断刷新。

北宋以后，蒸青团茶逐渐演变为蒸青散茶，宣和年以后，团茶不复为贵。这与制茶技术的不断革新和茶类的发展是分不开的。到了元代初年，除了蒸汽杀表之外，制茶方法与现代的烘青绿茶制法相仿。随着茶类的发展、制茶技术的进步，为保持茶的香味，饮茶的方法也改为全叶冲泡。

自唐代开始，随着茶叶生产的发展，茶类也不断创新，在以蒸、晒为始的制茶法之外，炒制法也应运而生。炒青绿茶最初始于何时，尚难确定，但唐代似乎已有，如刘禹锡就有“斯须炒成满室香，便酌砌下金沙水”的诗句，大约可以作为佐证。

到了明代，有关炒青的记载屡见其详，普遍改蒸为炒，制茶技术发展到了相当高的程度，也形成了许多名茶。不过，当时仍有蒸青茶生产。

炒青茶的创制和发展促进了其他茶类的产生，明代已有黄茶、白茶、黑茶制法的记载。而乌龙茶的起源，学术界尚有争议，有的推论其出现于北宋，有的则推定与清代咸丰年间开始生产。目前所能查阅到的有关乌龙茶的文字记载，最早见于清代陆廷灿的《续茶经》所引述的王草堂《茶说》。此外，红茶最初是由小种红茶发展起来的，大约始于清代，始产于福建崇安桐木关。

鉴水之道

关于宜茶之水，早在陆羽所著《茶经》中，便曾详加论证，如：

“其水，用山水上，江水中，井水下。其山水，拣乳泉石地慢流者上，其瀑涌湍漱，勿食之；久食，令人生颈疾。又多别流于山谷者，澄浸不泄，自火天至霜郊以前，或潜龙畜毒于其间，饮者可决之，以流其恶，使新泉涓涓然酌之。其江水，取去人远者。井，取汲多者。”

陆羽所讲对水的要求，首先要远市井，少污染；重活水，恶死水。故认为山中乳泉、江中清流为佳。而沟谷之中，水流不畅，又在炎夏者，有各种毒虫或细菌繁殖，自然不宜作烹茶用水。陆氏之谈，道尽了茶水要义，其后论水者，大多不出此窠臼。

候汤

烧开水或煮茶，古人称为“候汤”。历代关于候汤浇水的记载十分丰富，所谓“活水仍须活火煎”，活水指泉水或山溪之水，活火指炭火，饮茶必用炭火，因为炭火有焰无烟，烧成的开水不损茶香。

“茶圣”陆羽也在《茶经》中论述了开水沸腾程度与泡茶的关系，即：“其

沸，如鱼目微声为一沸；缘边如涌泉连珠为二沸；腾波鼓浪为三沸，已上，水老，不可食也。”

斗茶

斗茶始于唐代，是新茶制成后，茶农评比新茶品序的一项比赛活动，据传始于茶乡建州（今福建南平建瓯）。

斗茶的胜负标准一为汤色，二为汤花。

汤色即茶水颜色，以纯白为上。青白、灰白、黄白，等而下之。色纯白，即代表茶质鲜嫩，蒸时火候恰到好处，如果颜色偏青，表明蒸时火候不足；色泛灰，则是蒸时火候太老；色泛黄，是采制不及时；色泛红，是烘焙火候过头。

汤花即汤面泛起的泡沫。决定汤花优劣的标准有两条，第一是汤花的色泽，亦以鲜白为上；第二是汤花泛起后，水痕出现的早晚。早者为负，晚者为胜。

斗茶多为两人，三斗二胜，以“相差几水”宣布胜负。

茶具

中国人饮茶，最早没有专门的茶具，到了西汉，在王褒的《僮约》中才第一次提到“烹茶尽具”，这个“具”，当属茶具。南北朝时饮茶之风兴起，唐代饮茶之风盛行，煮茶、烹茶的专门器具也就诞生了。

陆羽对前人的煮茶、饮茶用具作了总结，开列出 20 多种专门器具，当然，这诸多茶具，一般只在正式茶宴上才会全部用到。陆羽当时便说明，三五友人，偶尔以茶自娱，可酌情从简。

另外，中国的茶具在历史上发生了较大的变化。

首先是煮茶烧水器具的演变。中国在宋代以前饮的是团茶，因此，要饮茶先要烧水煮茶。从宋代起，开始有少量散茶，也需要烧水。唐代以前，煮茶用的可能是釜，为宽边、凸肚、无盖的大口小锅。宋代，已演变为用铫煮茶，是一种有柄有嘴的小烹器。明代，宜兴紫砂陶茶具兴起；清代，一方面来自国外的铜吊受到推崇，另一方面，古老的瓦铫仍然备受欢迎。

泡茶、饮茶的器具也有演变。唐代的饮茶器具，民间多以陶瓷茶碗为主，而皇宫贵族家庭多用金属茶具和当时稀有的秘色茶具及琉璃茶具。从宋开始到明代，饮茶多用茶盏，敞口小底，实是一只小茶碗，再垫一个茶托，自成一套。明代，江苏宜兴用五色陶土烧成的紫砂茶具开始兴起。清代陶瓷茶具以盖碗为主，由盖、碗、托三部分组成。此外，福州的脱胎漆茶具、四川的竹编茶具、海南的椰子、贝壳茶具也自成一格。

茶室四宝

茶室四宝指的是玉书碨、潮汕炉、孟巨壶、若深瓯。

玉书碨，烧开水的壶。为赭色薄瓷的扁形壶，容水量大约 250 毫升，水沸时，碨盖鸣有声，犹如唤人。

潮汕炉，烧开水的火炉。小巧玲珑，可调节通风量，掌握火力大小。有义木炭作燃料，也有用甘蔗渣或橄榄核做燃料。

孟臣壶，是泡茶的茶壶，以宜兴生产的紫砂产品为贵，壶小，大约容50毫升。

若深瓯，是饮茶杯，为白瓷反口小瓷杯，杯沿绘有蓝色花纹，杯底印有“若深珍藏”字样，每杯容水量不过20毫升。

各地茶馆风格谈

四川茶馆

川民一直保留了好茶的习惯。茶事最突出的表现便是川茶馆，而川茶馆又以成都最为有名。成都的茶馆有大有小，大的多达几百个座位，小的也有三五张桌面。四川茶馆的社会功能十分突出。

川茶馆的第一功能是“摆龙门阵”，换句话说，近代川茶馆首先突出了“传播信息”的作用，一个大茶馆便是个小社会。川茶馆又是旧社会“袍哥”谈公事的地方，可称“民间会社联谊站”。此外，川茶馆还有一项特殊功能，如乡民间起了纠纷，逢“场”时可以到茶馆里去“讲理”，由当地有势力的保长、乡绅或袍哥来“断案”。当然，茶馆还是文化活动的场所，在那里可以吟诗、作画、谈心，可以观赏川剧、四川清音，说唱等。

杭州茶室

杭州茶馆文化形成于南宋。金人灭北宋，南宋建都于杭州，中原儒学、宫廷文化融会南来，北宋都城上层社会精逸醇厚的茶文化和市民的嗜茶雅尚也同时漫浸武林，杭州茶肆更加勃兴。当代的杭州茶馆，可能不如四川成都数量多，但茶馆的文化气氛可略胜一筹，其特点主要是：

讲求名茶配名水，品茗临佳境，易得茶艺真趣。且具“仙”“佛”与“儒雅”之气，各种茶室皆典雅、古朴，像京津那种杂以说唱、曲艺的茶室不多，强调的是雅洁清幽的意境，清新自然的文化氛围。

此外，西湖茶室与自然景观水乳交融，整个杭州城，可称天造地设的“大茶寮”，人文与自然，茶文化与整个吴越文化相互交融。

广东茶馆

广东乡间的小茶馆，往往傍河而建，小巧玲珑，虽然也讲“一盅两件”，但饮茶的意境却比在广州、香港更贴近文化。质朴的韵味虽然不比西湖茶室的儒雅，但多了一些水乡情趣。所以，广东水乡坐茶馆称为“叹茶”。叹，可以是叹息，也可以是感叹，在“叹茶”中体会茶味，也体会人生的苦辣酸甜。

北京茶馆

老北京的茶馆遍及京城内外，各种茶馆又有不同的形式与功用。如：

一、书茶馆。书茶馆中，饮茶只是媒介，听评书是主要内容。书茶馆，直接把茶与文学相联系，给人以历史知识，又达到消闲、娱乐的目的，于老人最宜。

二、清茶馆。清茶馆中，饮茶的主题较为突出，一般是方桌木椅，陈设雅洁简练。清茶馆皆用盖碗茶，春、夏、秋三季还在门外或内院高搭凉棚，前棚坐散客，室内是常客，院内有雅座。

三、棋茶馆。棋茶馆专供茶客下棋，设备虽简陋，却朴洁无华，人们喝着不高贵的“花茶”“高末”，把棋盘暂做人生搏击的“战场”，则会减几分人生不如意带来的烦恼，添几分乐趣。

四、大茶馆。大茶馆功能齐全，既可以饮茶，又可品尝其他饮食，可以供生意人聚会、文人交往，又可为其他三教九流，各色认定提供服务。大茶馆集饮食、饮茶、社会交往、娱乐为一体，不但规模大，影响也十分深远。

茶的种类

绿茶

绿茶为不发酵茶，质量特征是清汤绿叶，其生产历史可追溯到唐代，是所有茶类中历史最为悠久的一种。

绿茶的制法分为“杀青”、“揉捻”、“干燥”三道工序。其品目繁多，堪称变化万千。通常，依据杀青的方法不同，可分为炒青绿茶、蒸青绿茶两大类。

炒青绿茶包括屯绿、婺绿、淳绿、滇青、川青、黔青、桂青、陕青、鄂青、龙井、旗枪、大方、六安瓜片、碧螺春、太平猴魁等。

蒸青绿茶的制作工艺是古法，自明代起渐为炒青绿茶所取代，至今仍在生产的仅存玉露茶、煎茶两种，数量不多。

红茶

红茶是发酵茶，干茶外形色泽乌褐，冲泡后，茶汤、叶底呈红色，因以得名。

红茶的制法为萎凋、揉捻、发酵、干燥四个工序；是由小种红茶发展起来的。福建省崇安县首创小种红茶，18世纪中叶，在小种红茶的基础上，发明了功夫红茶。19世纪70年代，创制了“祁红”，风靡世界。19世纪80年代，印度在中国功夫红茶制法的基础上，发展成为分级红茶，20世纪20年代，继而演变为红茶碎茶，以颗粒红茶为主。

红茶按制法不同，可分为小种红茶、功夫红茶、红碎茶等三类。

花茶

花茶的历史可追溯到宋代，清代开始大量生产，最早的花茶窨制中心是在福州。

花茶的加工过程十分复杂，由茶和花两种原料加工而成，所用的茶称茶坯，主要是烘青绿茶，还有大方、乌龙茶、红茶等毛茶（即半成品茶），花则用新鲜的鲜花，其开放程度因花种不同而不同。其窨制过程是通过鲜花吐香，茶坯吸香，达到茶味和花香融为一体。

花茶又称熏花茶、香花茶，亦称香片。按其窨制时所用花类，分为茉莉花茶、珠兰花茶、白兰花茶、玳玳花茶、柚子花茶、玫瑰花茶、桂花花茶等；又因窨制时所用茶坯不同，分为茉莉烘青、茉莉炒青、茉莉大方、茉莉乌龙、茉莉龙井；珠兰大方、玫瑰红茶等。高级花茶又因下花量和窨花次数，分为一窨、二窨、三窨，并按级别加以区别，如：一级三窨茉莉烘青等。

乌龙茶

乌龙茶属青茶类，是半发酵茶，其外形与绿茶、红茶相比，较为粗大，不具备诱人的外观，但香气馥郁，芬芳持久，其滋味浓醇鲜爽，回味无穷。

乌龙茶的制法发祥于武夷山，历史可追溯到明代，十分注意选种，以品种来命名成品茶名，甚至以树为名，分株采制，每株采制成品茶不过数两，亦各成茶名。其焙制工艺复杂，工序甚多。

乌龙茶的品质特征是：外形条索粗壮，色泽青灰有光，香气馥郁，汤色清澈、金黄，滋味浓醇鲜爽，叶底绿叶红镶边。各地乌龙茶又因品种、产地、制工不同，各具风格。

紧压茶

紧压茶是指将制好的黑茶、老青茶等的毛茶再进行蒸压、干燥，塑造成各种形状的成品茶，或压装成篓状茶地成品茶。这类茶主要是为了适应边区民族的需要而生产的，所以也称“边销茶”。

紧压茶的种类很多，按毛茶制法特点不同，可分为湖南黑茶、湖北老青茶、四川南边茶、云南紧压茶、广西六堡茶等。按压造成形的形状和装压的方式来分，又有篓装茶、砖茶、紧茶、方茶、饼茶、沱茶等。

白茶

白茶是福建省的特产，其制法十分特别，是将采下的新鲜芽叶晾晒至干，不炒不揉，芽叶完整，密被白毫，色白如银，故称白茶。

因制茶过程中，主要依靠晾晒和风干，且茶性清凉，有退热降火的疗效。目前，白茶仅福建省的福鼎、致和、松溪、建阳等县有生产，产量不多。

黄茶

黄茶历史悠久，唐代即有寿州黄芽。黄茶制法与绿茶相近，但炒制过程中增加堆放闷黄的工序，其品质特征是：黄叶黄汤、味厚爽口。

黄茶类包括的花色品种很多，有的完全用茶芽制成，有的用细嫩的芽叶制成，有的用比较粗大的新梢制成，外形和内质差异明显，各具特色。按照鲜叶原料的老嫩，黄茶可分为黄芽茶、黄小茶和黄大茶三类。

十大名茶

西湖龙井

西湖龙井因产于杭州西湖山区的龙井而得名，有时简而化之，直称龙井，向有“色绿、香郁、味甘、形美”四绝之誉。

龙井茶形独特，形似一碗钉，扁平挺秀，光滑匀齐，翠绿略黄；茶汤清澈明亮，碧玉浮面；茶香浮屿若兰，香高持久。

龙井茶历史悠久，最早见于元代虞集游龙井诗：“徘徊龙井上，云气起晴画”句，明清两代，吟咏品赞龙井茶的诗文亦多。

龙井茶的采摘十分细致，要求苛刻，其炒制过程亦十分复杂，号称十大手法，清代乾隆皇帝曾观看龙井茶的炒制，为之惊叹，并作茶歌。

历史上，按照龙井茶在西湖山区的产地，分为四个花色品目，即：狮、龙、云、虎，以狮峰龙井为最佳；后调整为狮、龙、梅三种，仍以狮峰龙井为最佳。

铁观音

铁观音茶是半发酵茶，产于福建省泉州市安溪县，发明于1725～1735年，属乌龙茶类。其外形条索圆结匀净，呈螺旋状，身骨重，色泽砂绿青润而起霜；被形容为：青蛙腿、蜻蜓头、蛎乾形、茶油色。

铁观音冲泡后，香气清高馥郁，滋味醇厚甘鲜，入口不久，立刻转甘，此特性被称作“观音识”或“观音韵”。因其香郁味厚，故耐冲泡，因此有“青蒂、绿腹、红镶边，冲泡七道有余香”之称。

祁门红茶

祁红即是祁门红茶的简称，为功夫红茶中的珍品，1915年曾在巴拿马国际博览会荣获金奖，创建100多年来，一直保持其优异品质，蜚声中外。

祁门红茶的主要产地是安徽省祁门县，与其毗邻的石台、东至、贵池等县亦有出产。祁门红茶外形秀丽，香高持久，其精制加工程序复杂，极费工夫，“功夫红茶”便因而得名。

在国际市场上，祁门红茶极受欢迎，主要运销英国；如有280多年历史的英国泰宁公司，长期以来便以祁门红茶与印度大吉岭红茶拼配，供英国宫廷皇室饮用，民间亦奉其为珍品。

白毫银针

白毫银针产于福建省福鼎、政和等县，是以福鼎大白茶和政和大白茶等优良茶树品种在春天萌发的新芽制成。

白毫银针形状似针，白毫密被，色白如银，因而得名；其针状成品茶长3厘米左右，整个茶芽为白毫覆被，银装素裹，熠熠闪光，赏心悦目；冲泡后，香气清新，滋味醇和。

蒙顶茶

蒙顶茶产于地跨四川省名山、雅安两县的蒙山，是中国最古老的名茶，被誉为茶中故旧、名茶先驱。

蒙顶茶有“仙茶”之称，自唐代便成为贡茶，向为历代文人喜爱，唐代陆羽在品评名茶时，曾说：“蒙顶第一，顾渚第二”，由此可见一斑。

事实上，蒙顶茶是蒙山所产各种花色名茶的统称，早期品名有雷鸣、雾中、雀舌、芽白等，后又有凤饼、龙团等紧压茶，再其后，出现甘露、石花、黄芽、米芽、万春银叶、玉叶长春等，到了民国初年，则以黄芽为主，故称蒙顶黄芽；现在，则以生产甘露为多。

碧螺春

碧螺春产于江苏省吴县太湖的洞庭山，又名洞庭碧螺春，因吴县隶属苏州，又称苏州碧螺春。其外形卷曲如毛螺，花香果味得天生，素为茶中之萃，曾名“吓煞人香”。

碧螺春的采摘由春分开始，到谷雨采制结束，前后不到一个月时间，而高档碧螺春则都在清明时节采制，时间更短，季节性更强。其采摘标准为一芽一叶初展就采下嫩叶，形状犹如鸟雀的舌头，故称“雀舌”，而采下的一芽一叶又称一旗一枪，即叶似旗、芽似枪之意。

黄山毛峰

黄山毛峰始于清代光绪年间，其历史则可以追溯到宋代，据《黄山志》记载，黄山产云雾茶，清香冷韵，袭人断腭，就是黄山毛峰的前身。

黄山毛峰采摘讲究，非常细嫩，其成品茶外形细扁，稍弯曲，状似雀舌，白毫显露，色如象牙，黄绿油润。冲泡后，雾气凝顶，清香高爽；滋味鲜浓醇和，茶汤清澈，叶底明亮，嫩匀成朵。

黄山毛峰耐冲泡，冲泡多次，香味犹存。

冻顶乌龙

冻顶茶产于台湾省南投县鹿谷乡，其鲜叶采自青心乌龙品种的茶树上，故名“冻顶乌龙”。

冻顶茶品质优异，其上选品外观色泽呈墨绿鲜艳，并带有青蛙皮般的灰白点，条索紧结弯曲，干茶具有强烈的方向，冲泡后，汤色略显柳橙黄色，有明显清香，近似桂花香，滋味醇厚甘润，喉韵回甘强。叶底边缘有红边，叶中部呈淡绿色。

君山银针

君山银针属黄茶类，产于洞庭湖君山，其历史可追溯到唐代。

君山银针的制茶工艺精湛而特殊，全由芽头制成，其外形紧实挺直，金毫密被，色泽金黄光亮，香气高而清纯，汤色橙黄明亮，滋味爽甜醇厚。

冲泡君山银针时，会出现茶芽在杯中三起三落的景观，历来传为美谈。

普洱茶

普洱茶产自云南省思茅地区的普洱县，原不出产茶叶，只是云南南部的重要贸易集镇和茶叶市场，自古以来，澜沧江沿岸各县，包括古代普洱府所辖的西双版纳所产地茶叶，都集中于普洱加工，运销各地，因而称普洱茶。

普洱茶的花色品类丰富多彩，形状多端，别具风格，历史上有毛尖、芽茶、女儿茶、人头茶等。现代的普洱茶包括普洱散茶和普洱紧压茶两大类，其原料主要是滇青茶，即晒青毛茶。

作为普洱茶原料的滇青毛茶，因采摘时期不同，分为春尖茶、二水茶和楮花茶。

普洱散茶以较细嫩的滇青做主要拼配原料，经过普洱茶特有的后熟作用而成。

酒

中国什么时候开始酿酒

中国是世界上最早酿酒的国家之一。中国酒的原始发明者到底是谁，众说纷纭，莫衷一是，在晋人江统的《酒诰》中，记载了酒的发明者是仪狄和杜康。仪狄造酒的传说，分别见于《吕氏春秋》《战国策》和《世本》等先秦典籍；杜康造酒的文录则是《世本》和曹操的《短歌行》：“何以解忧？惟有杜康。”在《说文解字》中，说杜康即少康。但是，史实终不可考，如果说中国在禹的时代才开始酿酒，显然是不正确的。

据考古学的大量资料和有关文献分析证明，中国开始酿酒的时间要早得多。即便是在古史传说中，关于酒的最初发明人，也还有其他说法。如古代重要医典《素问》便有黄帝与岐伯讨论酿酒的记载，黄帝是轩辕氏部落的首领，其时代远早于禹和仪狄、杜康。此外，还有舜的父亲用酒去害舜的说法，舜生于禹前，这种传说显然也与仪狄始知酿酒的说法在时间上有矛盾。

事实上，酒的启蒙知识，应当是先民通过观察含糖野果在贮存过程中自然发酵成酒而逐渐获得的。

中国最古老的独有酒种

黄酒是中国特有的酿造酒。也是中国最古老的饮料酒，起源于何时，难以考证，但在出土的新石器时代大汶口文化时期的陶器中，已有专用的酒器，其中一些底部有孔的漏器和大型陶器，即可以作为糖化、发酵、储存、沥酒之用，标志着在四五千年前，已经可以人工酿酒。

经过夏商两代，酿酒技术有所发展，商代武丁王时期（约公元前 13～前 12

世纪），已创造了中国独有的边糖化、边发酵的黄酒酿造工艺。南北朝时，贾思勰编著的《齐民要术》中详细记载了用大米或小米酿造黄酒的方法。北宋政和七年（1117 年），朱翼中写成《北山酒经》3 卷，总结了大米黄酒的酿造经验，比《齐民要术》时的酿酒技术有了很大改进。福建的红曲酒——五月红，曾被誉为中国第一黄酒。南宋以后，绍兴黄酒的酿制逐渐发达起来，到明清两代时，已畅销大江南北。

世界上最古老的陈酿美酒

1977 年，我国考古工作者在河北省平山县发掘战国时期的中山国王墓时，出土了两壶距今 2200 多年的古酒。

这两壶酒一壶盛装在圆形的青铜卣里，有七成左右，重约 10 斤，酒液清澈透明，呈翠绿色；另一壶盛在扁圆形的壶状容器中，酒液只有半壶，约七八斤重，呈黛绿色。由于青铜容器的壶盖咬合得十分紧密，使得酒液得以保存下来。据说，打开壶盖时，还能闻到酒香。

这是我国战国时代酿酒技术水平的实物例证，也是迄今为止发现的世界上最古老的陈酿美酒。

葡萄酒是怎样传入中国的

汉武帝建元三年（公元前 138 年），张骞出使西域，将欧亚种葡萄引入内地，同时招来酿酒艺人，中国开始有了按西方制法酿造的葡萄酒。

史书第一次明确记载内地用西域传来的方法酿造葡萄酒的是唐代的《册府元龟》。唐贞观十四年（公元 640 年），从高昌（今吐鲁番）得到马乳葡萄种子和当地的酿造方法，唐太宗李世民下令种在御园里，并亲自按其方法酿酒。

祭祀活动中的酒

中国自古有“酒以成礼”之说。史前时代，酒的产量极少，又难以掌握技术，先民平时不得饮酒。只有当崇拜祭祀的重大观庆典礼时，才可以按照一定规矩分饮。饮，必先献于鬼神。

酿酒只是为了用于祭祀，表示下民对上天的感激与崇敬。如果违背了这一宗旨，下民自行饮用，就成了莫大的罪过。个人如此，则丧乱行德，邦国如此，则败乱绝祀。这就是“酒为祭不主饮”的道理。

后来，由于政治的变动，权力的下移，经济文化的发展变化，关于酒的观念和风气也发生了很大的改变，约束和恐惧都极大地松弛淡化了。而饮酒，也逐渐演变成一套象征性的仪式和可行的礼节。中国历史悠久、地域辽阔、文化构成复杂，在不同的风俗人情影响下，各时代、各地方、各民族的酒礼有着不同的表现形式和特点。

酒的称谓

中国古代，称酒为“酤”、“酝”；陈酒曰“酋”；美酒曰“醑”，黍酒曰“酥”、“酏”；重酿之酒曰“酎”，味浓之酒曰“醇”、“醲”；味薄之酒曰“醨”、“酾”；清酒曰“醥”，浊酒曰“醠”“醪”；甜酒曰“醴”；白酒曰“醝”、“醙”，红酒曰“醍”。

传说，最早造酒的人叫杜康，因以“杜康”称酒。汉末时，曹操《短歌行》云：“何以解忧？唯有杜康。”又因为曹操主政时，禁酒甚严，时人讳言“酒”字，把清酒叫“圣人”，浊酒叫“贤人”。后因称醉酒为“中圣人”，省称“中圣”。李白《赠孟浩然》诗云：“醉月频中圣，述花不事君。”以清酒为“圣人”，省称作“圣”。

美酒如琼浆玉液，因以之指酒。如《楚辞·招魂》云：“华酌既陈，有琼浆些。”又如白居易《效陶潜体》云：“开瓶泻尊中，玉液黄金卮。”

酒面上的泡沫，叫“玉蛆”“浮蚁”“渌蚁”或“绿蚁”，亦因之指代酒。如谢玄晖《在郡卧病》云：“嘉鲂聊可荐，渌蚁方独特。”白居易《问刘十九》云：“绿蚁新醅酒，红泥小火炉”等。

酒常盛于杯中饮，因此又以“杯中物”指酒。如陶潜《责子》云：“天运苟如此，且进杯中物。”

唐代的酒多以“春”为名，如竹叶春、梨花春、瓮头春之类，因此，又以“春”作为酒的代称。如司空图《诗品·典雅》：“玉壶买春，赏雨茆屋”。

酒令

酒令是筵宴上助兴取乐的饮酒游戏，最早诞生于西周，完备于隋唐。饮酒行令在士大夫中特别风行，甚至还赋诗撰文予以赞颂，如白居易诗曰：“花时同醉破春愁，醉折花枝当酒筹。”

酒令分雅令和通令。雅令的行令方法是先推一人为令官，或出诗句，或出对子，其他人按首令之意续令，所续必在内容与形式上相符，不然则被罚饮酒。行雅令时，必须引经据典，分韵联吟，当席构思，即席应对，这就要求行酒令者既有文采和才华，又要敏捷和机智，所以它是酒令中最能展示饮者才思的项目。

通令的行令方法主要掷骰、抽签、划拳、猜数等。通令很容易造成酒宴中热闹的气氛，因此较为流行。

酒器

中国古代的酒器种类繁多，令人目不暇接。这是因为，在不同的历史时期，由于社会经济的不断发展，酒器的制作技术、材料、外形自然而然会产生相应的变化。

青铜器起于夏，现已发现的最早的铜制酒器为夏二里头文化时期的爵。

青铜器在商周达到鼎盛，春秋没落。商周的酒器的用途基本上是专一的。商周的青铜器共分为食器、酒器、水器和乐器四大部共五十类，其中酒器占二十四类，按用途分为煮酒器、盛酒器、饮酒器、贮酒器，此外还有礼器。酒器形制丰富，变化多样，但也有基本组合，其基本组合主要是爵与觚。在同一形制里，其外形、风格也带有不同历史时期的烙印。

商周以后，随着青铜酒器逐渐衰落，在中国的南方，漆制酒具渐渐流行。漆器的使用是两汉、魏晋时期的主要特征，而漆制酒具，其形制基本上继承了青铜酒器的形制，有盛酒器具、饮酒器具。饮酒器具中，漆制耳杯是常见的。

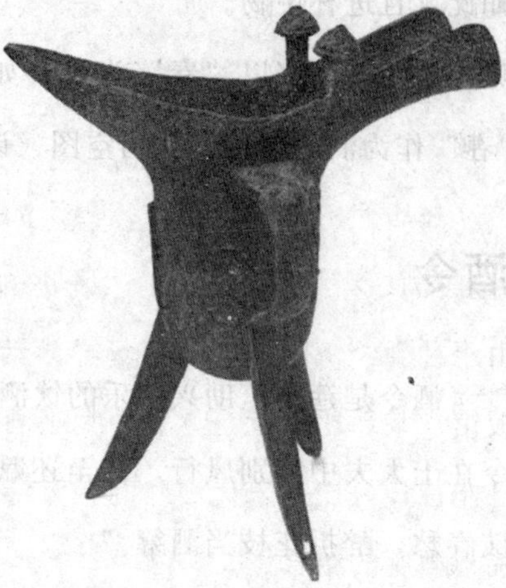

在汉代，人们饮酒一般是席地而坐，酒樽放在席地中间，里面放着舀酒的勺，饮酒器具也置于地上，故形体较矮胖。魏晋时期开始流行坐床，酒具变得较为瘦长。

瓷器大致出现于东汉前后，它与陶器相比，不管是酿造酒具还是盛酒或饮酒器具，性能都远远超出。唐代的酒杯形体比过去的要小得多，因为唐代出现了桌子，也出现了一些适合在桌上使用的酒具，如注子，唐人称为“偏提”，其形状似今日之酒壶，有喙、有柄，既能盛酒又可注酒于酒杯中，因而取代了以前的樽勺。

宋代是陶瓷生产鼎盛时期，有不少精美的瓷制酒器。宋代人喜欢将黄酒温热后饮用，故发明了注子和注碗配套组合。使用时，将盛有酒的注子置于注碗中，往碗中注入热水，可以温酒。

明代的瓷制酒器以青花、斗彩、祭红酒器最有特色，清代瓷制酒器具有清代特色的有珐琅彩、素三彩、青花玲珑瓷及各种仿古瓷。

在我国历史上还有一些独特材料或独特造型的酒器，虽然不很普及，但具有很高的欣赏价值，如金、银、象牙、玉石、景泰蓝等材料制成的酒器。明清时期至 20 世纪中期，锡制温酒器一度广为使用。

酒肆

“肆”为“店”“铺”之意。古人将规模较小、条件比较简陋的酒店、酒馆、酒家，称为“酒肆”。

春秋战国时期，酒肆已经得到了发展，出现了可供饮酒的店铺，据《史记》载，“荆轲嗜酒，日与狗屠及高渐离饮于燕市”。汉代的酒肆明显地具有卖酒与供

人饮酒的双重职能，如《史记》中记载的“文君当垆，相如涤器”的故事，即说明当时的酒肆已不只是卖酒，酒客还可以要上几碟下酒的小菜，痛快地喝上一顿。

在唐代的史籍以及文人墨客的诗词中留下了许多关于酒肆的描写，如李白的《金陵酒肆留别》，其中有“风吹柳花满店香，吴姬压酒劝客尝”的句子。宋代，由于社会经济的发展，市场异常活跃、繁荣，在京城的大街小巷，酒店、酒楼、饭馆、茶肆比比皆是，其中大小酒楼、酒店的建筑、装潢及内部陈设的豪华讲究已非昔日可比。宋代酒肆的一大特点是，大些的酒楼里都有妓女，实际上成为妓院与酒店的结合体。

清代的酒肆有了更进一步的发展，据《清稗类钞》记载，清代京师除了比较大的酒楼外，民间酒肆可分三种，一是南酒店，专门经营南方风味的酒肴；二是京酒店，所卖的酒多为度数较高的蒸馏酒，酒肴也多为山野之物；三是药酒店，专卖保健疗疾的药酒和各种果露酒，并无佐酒菜肴供应。

酒旗

酒旗是古代酒肆、酒楼外高高悬挂的“酒”字招牌。如唐代诗人皮日休《酒中十咏》里就有《酒旗》一首，诗云：

青帜阔数尺，悬于往来道。
多为风所飏，时见酒名号。
拂拂野桥幽，翻翻江市好。
双眸复何事，终竟望君老。

古代酒旗没有固定的形制，可大可小，颜色或素或青，其上文字也并不独限一个“酒”字，如《东京梦华录》中就曾提到过北宋汴梁城中一座酒楼的酒旗上写着“野火攒地出，村酒透瓶香”的字样。

古人为什么酒量大

就现代人而言，能喝二三两白酒或数瓶啤酒的，大约是普遍现象，能喝一斤

白酒或十数瓶、二十瓶啤酒的，已经算是海量了。可是，古代嗜酒豪饮者比比皆是，而且酒量大都大得惊人，动辄以升、斗，甚至石记，这是什么原因呢？

一、古籍所载往往含有文人夸张的成分。如李白的诗句“愁来饮酒二千石，寒灰重暖生阳春”，不要说 2000 石酒，换成 2000 杯水，正常人的肚皮也要撑破了。而这并不是特例，如“一饮一千石，一醉三千秋”“与尔痛饮三万六千觞”之类的句子，其实在古人的作品中比比皆是，不足为奇。

二、古代的酒大都很薄，度数不够高。中国唐宋以前的酒全部采用发酵法酿造，秦汉以后虽然已经广泛采用了曲酿法，但由于酒曲的质量不高，所以在酿造过程中糖化力高，发酵力低，当酒精成分达到一定程度的时候，发酵作用就进行得十分缓慢了，因而酿出的酒度数很低。史籍中认真记载其能饮一石酒以上者，大约都在唐代以前，唐宋时期的人已退至“斗量”或“坛量”，也正说明了这一点。因为唐宋时期的酒的质量已有所提高，而且出现了蒸馏酒，也就不可能再有五六斗甚至成石的酒量了。

综上所述，古人的酒量未必比现代人的酒量大到哪里去，如果从身体素质考虑，也许还有所不及也说不定。

中国古代最早的禁酒令

由政府下令禁止酒的生产、流通和消费，一方面，减少粮食的消耗，备战备荒，这是历代禁酒的主要目的。另一方面，防止沉湎于酒，伤德败性，引来杀身之祸，禁止百官酒后狂言，议论朝政，这点主要针对统治者本身而言。禁群饮，在古代主要是为了防止民众聚众闹事。

在中国历史上，夏禹可能是最早提出禁酒的帝王。相传“帝女令仪狄作酒而美，进之禹，禹饮而甘之，遂疏仪狄而绝旨酒。曰，后世必有以酒亡其国者”。在此，“绝旨酒”可以理解为自己不饮酒，但作为最高统治者，“绝旨酒”的目的大概不仅仅局限于此，而是表明自己要以身作则，不被美酒所诱惑，同时大概也包含有禁止民众过度饮酒的想法。

事实证明，夏禹的预见是正确的。夏商的两朝末代君主都是以酒为导火线引来杀身之祸而导致亡国。从史料记载及出土的大量酒器来看，夏商两朝末代的饮酒风气十分盛行，如夏桀“作瑶台，罢民力，殚民财，为酒池糟纵靡靡之乐，一鼓而牛饮者三千人”。

中国历代名酒

绍兴黄酒

绍兴酒在历史上久负盛名，在历代文献中均有记载。宋代以来，江南黄酒的发展进入了全盛时期，尤其是南宋政权建都于杭州，绍兴与杭州相近，绍兴酒有了较大的发展，当时的绍兴酒中，首推“蓬莱春”为珍品。南宋诗人陆游的诗句中，不少都流露出对家乡黄酒的赞美之情。清代是绍兴酒的全盛时期，酿酒规模在全国堪称第一。绍兴酒行销全国，甚至还出口到国外，绍兴酒几乎成了黄酒的代名词。目前，绍兴黄酒在出口酒类中所占的比例最大，产品远销到世界各国。

山西汾酒

汾酒产于山西省境内吕梁山东岳、晋中盆地西沿的汾阳县杏花村，作为我国白酒类的名酒，山西汾酒可以说是我国历史上最早的名酒。南北朝时期，汾酒作为宫廷御酒受到北齐武成帝的极力推崇，被载入二十四史；晚唐时，杜牧的《清明》诗中称：“借问酒家何处有？牧童遥指杏花村”，说的也是山西汾酒；清代成书的《镜花缘》中所列的数十种全国各地名酒中，汾酒名列第一。

贵州茅台酒

酱香型白酒中以贵州茅台酒最为著名，有国酒之美称。

在清代，由于川盐入黔，赤水河是川盐从长江经泸州、合江等地的一条水上通道。清代诗人郑珍曾写道：“酒冠黔人国，盐登赤虺河。”正是频繁的盐业运输，促进了赤水河两岸经济的繁荣，也带来了当地酿酒业的发展与兴旺，贵州茅台酒的美名开始流传开来。

茅台酒具有“酱香突出、幽雅细腻、酒体醇厚、回味悠长”的特点，酒液清亮，醇香馥郁，香而不艳，低而不淡，闻之沁人心脾，入口荡气回肠，饮后余香绵绵。

茅台酒的独特风味，除了独特的酿造技术外，在很大程度上，还与产地的独特地理环境密切相关。茅台酒厂在赤水河之畔，加上川黔这一带的湿润、闷热的气候，形成了独特的微生物菌群。这些微生物在酒曲和原料上的繁殖，其复杂的生物代谢机理，使茅台酒的风味成分更加复杂、协调，这是其他地方所无法模拟的。在贵州仁怀以外的地区，即使严格遵循茅台酒的生产工艺、技术，也无法酿制出真正的茅台酒。

泸州老窖

泸州老窖，作为浓香型大曲酒的典型代表，由“国宝窖池”四百年老窖池发酵生香，传统工艺精心酿制，经漫长岁月贮存而成。其酒晶莹，芳香飘逸，柔和谐调，色、香、味堪称三绝，酒体风格集数百年老窖之精华，聚千年酒母之浓香。此酒入口香沁脾胃，余香回肠荡气，绵绵不绝，饮后嗝噎回香，飘飘欲仙。

古井贡酒

古井贡酒产于安徽省亳县，魏王曹操在东汉末年曾向汉献帝上表献过该县已故县令家传的“九酿春酒法”。据当地史志记载，该地酿酒取用的水，来自南北朝时遗存的一口古井，明代万历年间，当地的美酒又曾进贡皇帝，因而就有了“古井贡酒”这一美称。

古井贡酒属于浓香型白酒，具有“色清如水晶、香纯如幽兰、入口甘美醇和、回味经久不息”的特点。

五粮液

五粮液，原名为“杂粮酒”，产于四川省宜宾，该酒由高粱、大米、糯米、小麦和玉米五种谷物为原料酿制而成，相传创始于明代。现在，五粮液酒厂还有明代一直留传下来的酿酒老窖，宜宾市博物馆还保存着一张“杂粮酒”的技术秘方。

1929 年“杂粮酒”定名为“五粮液”。

剑南春

剑南春产于四川省绵竹县，其前身当推唐代名酒“剑南烧春”。唐宪宗后期，李肇在唐朝的《国史补》中，就将“剑南烧春”列入当时天下的十三种名酒之中。当时所指的剑南，是指剑门关之南，唐代所谓的“剑南道”之省称，绵竹作为当时剑南道属下的一个县。

邮政交通

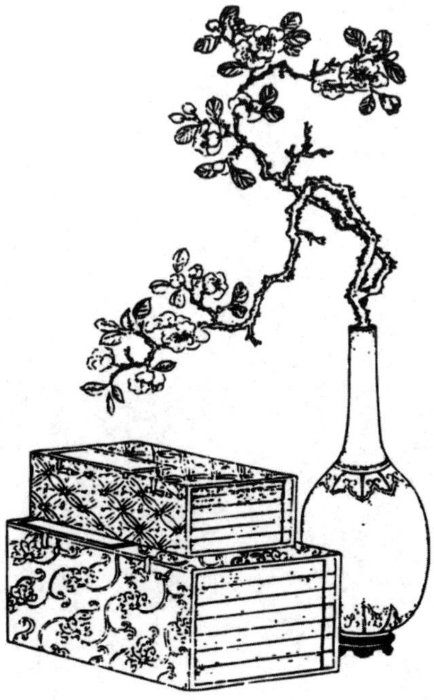

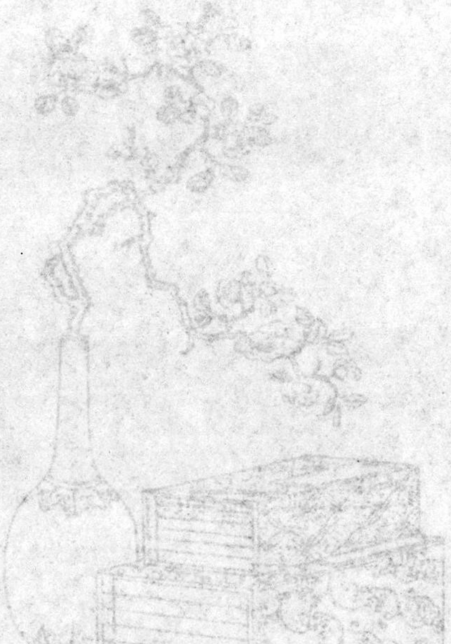

邮　政

中国古代的“邮政”

中国古代，把邮政叫作“邮驿”。何谓“邮”？何谓“驿”？据中国东汉时学者许慎写的字书《说文解字》解释说：“邮”，“境上行书舍。从邑垂，垂，边也”。学者们因此认为“邮”是指古时边陲地区传递书信的机构。所谓“驿”，《说文》解释说：“驿，置骑也，从马，睪声。”“驿”在古代即指传递官方文书的马、车。

自周秦以来，邮驿又各有不同的称呼。周代称“传”或“驲”，春秋战国称“遽”或称“邮”称“置”。秦时统一叫“邮”，汉代叫“驿”，魏晋时“邮”“驿”并称，唐时又把“驿”叫作“馆”。宋时则出现了新的名称“急递铺”，元又有“站赤”之称，明代又把元时的站统称为“驿”，清时将“邮”“驿”合二为一。

缄

“缄”，原指捆箱子的绳子，《说文》里写道：“缄，束箧也。”这里的“箧”是指箱子之类的东西。现在，形容人不发言叫“缄口”“缄默”，都是由此而来。缄由“捆”引申为“封”，这和古代公文书信有关。东汉以前没有纸张，公文书信多写在木板或竹简上，并用绳子捆上，叫“札”。绳的打结处再加一块泥。然后在泥上盖印章，以防被拆，这叫“封泥”。用绳子捆叫“缄”，用泥盖印叫“封”，解开绳子叫“开缄”。“缄”和“封”的目的都为了保守“札”中的秘密。

中国古代的邮符

古代发驿遣使，必须持有邮驿牌符，上面注明时日、马匹数量及其公务等。

周代用金属、竹箭等制造的“节”，是最早的邮符。战国时期，“虎符”在诸侯国中通用。到东汉时又曾用“（玺）书”任官发兵，后汉顺帝认为“书者烦扰”，仍用铜虎、竹箭两符。直至魏、晋、宋、梁、陈，一仍如此。

唐续用隋的办法，发给诸州州长的邮符，随方位、按五行配合：东方总管刺史给青龙符；南方给朱雀符；北方给玄武符；西方给白虎符。但是，因为唐高宗李渊的祖父叫李虎，为避讳，白虎符改称“驺虞符”。唐除用传符银牌外，还用纸造的“驿券”。

宋初，曾由枢密院发给“驿券”，后因李飞雄诈骗乘驿，谋反叛乱，“驿券”取消，恢复唐代制度。邮符宽 2 寸半，长 6 寸，上面刻隶书：“敕走马银牌”。嘉祐三年（1058 年），三司使张方平搜集有关资料，编写 74 条，由仁宗赐名《嘉祐驿令》。内有三种檄牌：一是急脚递（朱漆金字牌）；二是马递（雌黄青字牌）；三是步递（黑漆红字牌）。

元代使用“海青牌”和“虎头金牌”。关汉卿《拜月亭》中有：“虎头牌儿腰间悬。”汪云量《水云集·湖州歌》中有：“文武官僚多二品，还乡尽带虎头牌。”明朝的金牌信符上刻有篆文“皇帝圣旨”，两边标明“合当差发”、“不信者斩”

字样。清代邮符叫“勘合火牌”，由兵部发给。经编号盖印，注明驰驿事由，应得夫、马、舟、车和口粮等。并写上官职姓名。

清代后期，由于邮驿开销太大，官吏不守驿制，管理驿站的官员贪赃枉法，再加上先进科学技术的传入，终于在1913年废除了驿站制度，邮驿牌符的历史遂告终止。

书信的别名

简：在纸发明之前，中国以竹简作为书写材料，信便称为书简。

柬：与简通用。是信件、名片、帖子之类的统称。

素：古代称白绢为素。用白绢（或绸）写成的书信称尺素，后成为书信的代称。

笺：原系精美的小竹片，供题诗作画用。一般信纸也叫笺，后引申为书信的代称。

函：原指封套。古代寄信用木匣子邮递，这种匣子叫函。后来就称信件为函。

札：古指书信、公私文书。现仍通用“信札”一词。

中国古代的信箱

据《唐语林》记载，白居易在杭州当刺史时，与湖兴太守钱徽、吴郡太守李穰都是好友，交往密切，常常以诗互赠。后来，元稹守会稽，也参加了他们的诗歌酬唱活动，有《三州唱和集》。因为人各一方，他们就把诗稿放在竹筒里，互相寄送。这种竹筒被称为“邮筒”。

蒲松龄在《聊斋自志》一文中也说过：“情类黄州，喜人谈鬼。闻则命笔，遂以成编。久之，四方同人，又以邮箱相寄，因而物以好聚，所积益伙。”由此可见，自唐代至明末清初，一直起着交换信件媒介作用的，而又类似当今信箱的所谓“竹筒”，可算是中国早期信箱、信筒的雏形。

“鸡毛信”的由来

抗日战争时期，游击队常用鸡毛信传送紧急信息。这一点，在很多文学、影视作品中都有体现。那么，“鸡毛信”是怎么来的呢？

鸡毛信源于古代的“羽檄”。《汉书·高帝纪下》：“吾以羽檄征天下兵。”颜师古注：“檄者，以木简为书，长尺二寸，用征召也。其有急事，则加以鸟羽插之，示速疾也。”从中可知，“羽檄”即插有鸟羽的檄文，表示情况紧急，最初是用于军事。羽檄又称“羽书”，如杜甫《秋兴》诗：“直北关山金鼓振，征西车马羽书驰。”

到清朝，“羽檄”这个名词又大量使用了，而且已经不仅仅用于军事，成了地方官府递送紧急文书的一种方式，其中最常见的就是“鸡毛信”。清人陈其元《庸闲斋笔记》说：“曾文正公（曾国藩）硕德重望，传烈丰功，震于一时；顾性畏鸡毛，遇有插羽之文，皆不敢手拆。”据说，太平天国时期，书信确确实实是插了羽毛，而且就是鸡毛。

中国第一部邮政法

中国第一部邮政法，是曹魏时期的《邮驿令》。

《邮驿令》是魏文帝（公元 220～226 年在位）时由大臣陈群等人制定的。

可惜的是，这部邮驿法原文已经失传，只是有些内容可以在《初学记》《太平御览》等一些后人的辑文中看到。比如《太平御览》有几处引用了这部法令中有关曹操行军用声光通信的内容：“魏武（即曹操）军令：明听鼓音、旗幡。麾前则前，麾后则后”，“闻雷鼓音举白幡绛旗，大小船皆进，不进者斩”（《太平御览》）。鼓音是声，白幡绛旗是色和光，这是古代声光通信的继续。书里还提到了紧急文“插羽”，即插上羽毛，颇类似后来的鸡毛信。

“驿置”的产生

“驿传”和“驿置”在两汉的史书中是最常见的。

汉朝初年，邮传制度的一个常见名称曰“置”。东汉人应劭写的《风俗通》说：“改邮为置。置者，度其远近置之也。”意思是说把原来称为“邮”的邮传设施，改称为“置”。什么叫置呢？就是根据测量出来的远近来设置办公机构。置，实际上是邮传信使的中途休息站。“驿”的名称也是在两汉时普遍出现的，其具体时间大约在汉武帝稍后。由于传车过于笨重，同时也因为武帝以后汉政府财政困难，设备繁杂豪华的传车也就顺应时势，逐渐让位给轻便的单骑传递了。而这种以马骑为主的信递方式，便以“驿”正式命名。至于原来“传”的名称，两汉时虽仍然在使用，但已大部分用于表示一种国家招待所的性质，仍称为“传舍”，变成专门迎送过往官员、提供饮食车马的场所。驿加上传，往往合称为“驿传”或“驿置”。

历史上第一次“邮政系统起义”

隋唐时期，在各种驿里服役的人，一般叫作“驿丁”“驿夫”，或称“驿卒”“驿隶”。隋唐时期，驿丁的身份比较低下，生活也十分困苦。无论烈日严冬、风霜雨雪，都毫无例外地要身背文书袋，匆匆奔驰在驿路上。敦煌有一幅晚唐时期题为《宋国夫人出行图》的壁画，就描绘了当时驿使身背布袋的形象。他们日常的任务很繁重，除途中奔跑着传递文书外，还要兼管扫洒驿庭等事。

驿丁中，大部分是被迫服劳役的百姓，也有一部分是犯法的囚徒。这些人本来就倍受封建制度的压迫，发配到边远地区充当驿户。唐朝中期以后，邮驿制度开始混乱，一些贪官污吏利用驿传任意克扣驿丁的口粮，使他们的生活更为艰苦。唐武宗时候，终于爆发了肃州（治所在今甘肃酒泉）地区中国历史上第一次驿丁的起义。

这次起义为首者汜国忠、张忠都是亡命的囚犯。他们从肃州一直打到沙州，一路上得到各驿户的支持。政府得不到情报或得到的是假情报，仓皇不知所措，起义军却“张皇兵威”。因为平时他们都是快马快步，“千里奔腾，三宿而至”。唐政府损兵折将，给统治者很大震动。

私信投递的法律化

宋太宗雍熙二年（公元 985 年），大臣张文燦等人，因朝中诸臣，多有交付家书以求传递的，便至后殿请旨。太宗诏曰：“自今的亲实封家书，许令传递，自余亲识，只令通封附去。”这是中国驿递史上由政府批准，用驿站传送私人信件的首例史实。至宋景祐三年（1036 年）五月，宋仁宗赵祯又诏示中外臣僚，批准由驿站附递家书，当时，曾明告中外，下进奏院，今依应施行。其具体规定为：传递书信之递角（宋时对官方邮递员之称谓，又曰“递篇”“飞邮”等）不得附带他物；京中命官交步递附带寄信，须于内引批齿写明付邮日期，旁人不得开拆；命官的本家有以书信寄还的，亦准许传递。这大约是中国古代民用邮政史上的最初几项“邮政制度”了。此制一颁，京中大小官员，一般士大夫们，受惠众多。自此私人书信，往返不断。至今散见在诸记载中的私人书信，便成为宋代私人通信由邮驿传递之佐证。

中国最早的民间邮政系统

中国最早的民间邮政系统，是创办于明永乐年间的“民信局”。

对于民信局的发源，学术界有两种看法。一种认为，这种联合经营机构最初是从四川兴起的。明朝永乐年间，四川居住着一批湖北麻城、孝感地区的移民。他们长年在外，思念故乡，于是自发组织了同乡协会。每年约集同乡，举行一次集会，在会上推选出代表，返回家乡探望一次。届时，移民们多托代表给家乡带去问好的信件，并托他捎带些家乡特产回来。久而久之，建立了固定组织，俗称为“麻城约”。麻城约多以运带货物为主，同时捎带书信。这就是中国民办的第一个通信组织。

另一种说法，则认为中国民信局最早是从浙江绍兴、宁波等沿海地区兴起的。明代官场多用绍兴人当幕僚，俗称“绍兴师爷”。他们分散在各省督抚巡按衙门中，联系广泛，成为帮派。互相之间经常有书信往来，函件相对较多。久而久之，便形成了初期的民信机构。宁波是绍兴出海的口岸，通信的枢纽，所以也就成为最初民营通信机构的据点。再则，宁波经商的人很多，他们也需要一个经常的信息交流和货物集散的机构，民信组织就应运而生。

到了清朝时候，上海、宁波等地开始把这种组织称为“民信局”，递转民间的信件，成为业务的一项重要内容。

中国邮政之最

中国最早的邮票：是 1878 年 8 月 15 日由海关（当时邮政由海关兼办）发行的“大龙”邮票。票面图为蟠龙，印有“大清邮政局”字样。全套 3 枚，面值分别为：一分银（绿色），三分银（红色），五分银（黄色）。

中国最早的邮票商店：是于 1909 年在福建福州成立的“世界邮票社”。

中国最大的邮票：是 1905 年发行的印制云龙图案的快信邮票，全票长 247.5 毫米，宽 69.8 毫米。这也是世界上最大最复杂的邮票。

中国最早的邮政局：1878 年 3 月 23 日经清政府批准，受直隶总督兼北洋大臣李鸿章和中国海关总税务司英国人赫德指派，天津海关税务司英籍德国人德璀琳在津海新关大公事房内（今和平区营口道 2 号）创办了“天津海关书信馆”，并开始收寄中外公众邮件，这是中国最早出现的邮政机构。

中国最早的电讯企业：是 1880 年，由李鸿章设立，盛宣怀总办的天津电报总局。1882 年 4 月，津沪电报总局改为官督商办。1903 年 3 月 29 日，又改归官办。

邮票的别称

邮票在中国最早被称作“人头”或也称“老人头”。究其原因，是因为世界

上早期发行的邮票多以国家元首头像为主图。比如1840年发行的世界上第一枚“黑便士”邮票即以英国女皇维多利亚的侧面头像为主图。解放前的报纸，有时会刊登“收购人头”的广告。假如不知道这一来历，看了必定会吓一跳。

中国早期邮票多以“龙”为图案，所以人们又把它叫做“龙头”。1878年8月15日中国发行的第一套邮票，票面即印有“龙”的图案，直到上世纪50年代，农村有人在购买邮票时，还会称“买个龙头”。

邮票正式出现在邮政公告或公文中的称呼，早期也叫“信票”。此外还有一些别称，如1880年，上海清心书馆出版的《花图新报》上有一篇文章就称邮票为“信印”和“国印”。1885年，葛显礼翻译英国皇家邮政章程，曾将邮票译为“信资图记”。在不同的时期，不同的地方，邮票还有“邮券”“邮钞”“邮飞”“邮资”“邮资券”等别称，至于广东、福建、台湾各省，则管邮票叫“士担”或“士担纸”，那是英文Stamp的音译。

邮票中的“四珍五宝”

中国邮票的四珍是指中国早期邮票中的四种珍贵邮票：红印花票加盖小字“当壹元”邮票；红印花加盖“当伍元”邮票；红印花票倒盖兼覆盖“暂作洋银贰分”邮票；红印花税票四方联。

中国邮票的五宝是指民国时期的五种珍贵邮票：北京一版中心印辟雍贰圆双色邮票；北京一版辟雍壹圆误差“限省新贴用”邮票；北京一版帆船图叁分倒盖“暂作贰分”邮票；北京二版帆船图肆分倒盖“暂作叁分”邮票；纽约版中心倒印孙中山像贰圆双色邮票。

中国邮政标志的变迁

中国邮政事业自清末开始，最早由英国人葛显礼在海关试办。他规定：信差（即邮递员）要穿海军蓝制服；夏天改用蓝灰色，胸前印有“大清邮政”四个大字。后来，法国人帛黎主管邮政，他又作了新的规定：邮筒、邮政车和船只用黄绿两色，绿色为主要色调，黄色为点缀。

新中国建立以后，在第一次全国邮政会议上，决定用绿色作为邮政的专用标志。绿色象征和平、青春、茂盛和繁荣。由于有了这个规定，中国的邮局、邮筒、邮递员的衣服以及邮包、邮政车都采用绿色的了。

邮戳小考

现知最早的元代“常乐蘸印”即是刻以篆文的邮戳。

邮戳的历史，比邮票的资历还要老。其中颇有趣者，不仅限于它的产生和利用，更含有许多知识，令人刮目相看。

邮戳源于治印，故最早的邮戳都刻以篆文。如明代“阜城驿记”，清代“上海”“天津”等。

1902 年山东潍县（沂州）所用的“日月戳”，表示盖上此戳的信件将日夜兼程，不会耽误送达之意。1909 年由天津寄达山东烟台的信封上销盖图案戳：图案由两人驾着一辆邮车，正扬鞭驱马，往前赶路。此“邮驿图戳”在中国邮戳史上亦极为珍贵。

交　通

中国现存最早的“交通法规碑”

在福建省松溪县虎山公园中，有一块高 2 米、宽 1 米的青石草书石刻碑铭特别引人注目，这就是经文物专家考证认定为中国现存最早古代交通法规实物之一的南宋交通法规碑。

此碑立于南宋开禧元年（1205 年）四月，碑面正中写的是立碑所在地，左右两边载注前后五里须恪守法规的地段名和当年经宋太宗赵炅御笔亲批的四句交通法规，文曰：“贱避贵，少避长，轻避重，去避来。”据考中国最早由官方颁行的交通规则，始于北宋。据《杨文公谈苑》记载：太平兴国年间，大理寺正孔承恭上书言事，请在两京诸州要道处刻榜公布上述四句话作为交通规则，皇帝批准承恭所奏，下令各地“处处衢肆刻榜”加以公布。松溪县发现的这方碑石，镌明“开禧元年四月望日”立，距太平兴国已 200 余年，可知自开国皇帝宋太祖之后，宋朝的交通法规一直是袭用这一规则的。另以今日眼光来看，除“贱避贵”带有封建等级色彩外，其余三条都接近于现在所通行的交通规则。

中国古代的“高速公路”

秦始皇长城世人无不知晓。但秦始皇修筑的一条世上最早、最长也最宽的“高速公路”——军事直道，却鲜为人知。

秦直道是秦始皇为快速集结调动军队和运输粮饷物资而建的，是可与长城媲美的边防军事设施。它全长 900 公里，北起九原即今内蒙古包头市西北，南至云阳即今陕西淳化西北，横穿陕甘两省十四个县。直道外路面宽 164 米，直道内路面宽 60～80 米不等，最宽处可供 40 多部大卡车或百多驾马车并排行驶，其路面之宽，为当今世上最宽的高速公路所望尘莫及。有人把它称作古代的“高速公路”。

这么宽这么长的路面，又得取直，其设计施工难度与工程之浩大，令人咋舌。经历两千多年的风雨淋蚀，直道的泥土夯筑的路面，已大部分湮没于林海、沙丘之中，平坦完整路面尚存数公里可供世人凭吊。文物考古学者在直道的残存路段见到许多秦汉陶片、砖瓦、铁箭头以及一些附道驿馆、烽火台的遗迹，可想见当时这条超级高速马路上人喊马嘶的热闹壮观景象。

“栈道”是什么

栈道，是中国古代特有的交通道路设施，曾起过十分重要的作用。

栈，按《说文解字》释之为竹木之车，又按《玉篇》《集韵》《韵会》《一切经音义》等释为栅、阁板、小板，再引申作动词便指用竹木设造，即有称编木曰栈。

颜师古注《汉书》称：“栈，即阁也，今谓之阁道，盖架木为之。”司马贞《史记索隐》又引崔浩曰：“险绝之处，傍绝山岩施板梁为阁。”这便指《正韵》《广韵》里谈到的木栈道，也即典型的最原始栈道。南宋鲍彪认为：“栈，栅也，施于险绝，以济不通。”

栈道形式最早兴起于何时，目前还无确切史料。以考古和民族学观点看，远古时代人们多以狩猎为主，追逐猎物要求视野开阔，所以一般沿山脊开路，没有设栈道的必要，而从栈道工程看，没有铁制工具是难以施行的。大概是人们进入以耕稼为主的时代后，对水的依赖加强，多沿山谷取行，再加以铁制工具的出现，栈道才有了产生的可能和必要。这样看来，栈道应出现在战国时期，这与史书上记载当时“栈道千里，通于蜀汉”“栈道千里，无所不通”是相吻合的。

从有关资料看，中国栈道的兴盛时代是在汉唐及北宋。从宋元开始，栈道数目急减，木栈道毁坏之后，除改为石栈外，多数改为碥路。古代栈道衰亡的原因，有人为的因素，也有自然的因素。主要是由于森林覆盖率下降造成栈木短缺，战火的焚毁，另外人力马力代车和河流干涸使栈道失去存在必要。

中国最古老的运河

中国最古老的运河是两沙运河。

春秋时期，长江汉水流域上起襄阳，中行沙洋下止荆沙，乃楚国主要的粮棉生产基地和商品集散地。然而，沙洋以上地方的物资运输水路到楚郢都，得绕道汉口再入长江而上，运行 900 多公里水程，会逢征战频繁十分不便。为缩短江汉水乡到长江附近的楚都之水程，在楚令尹孙叔敖主持下，于公元前 6 世纪初开凿了两沙运河。

两沙运河又叫扬水运河，全长仅 86 公里。它是中国最古老的运河，比著名的京杭大运河历史还要悠久。该运河开通后，往来船只如梭，多时竟日达 400 余艘，形成百舸争流的繁荣景象。楚吴争雄时，运河主要为军需征用。楚灵王以后，成为漕运的重要通道。后又为江汉水乡沟通川湘，进行商品贸易的物运起了积极的作用。这条运河在两千多年的漫长历史进程中，曾起到“贯通江汉，排泄洪水、灌溉良田、美化大地”的作用。

靠右行驶的由来

中国车辆靠右行驶早在唐代已经施行。制定这项规则的是唐代初年的大臣马周。据《隋唐嘉话》记载：“中书令马周，所陈世事，莫不施行。旧诸街晨昏传叫，以警行者，代之。以鼓城门入由左，出由右。皆周（马周）法也。”

鸦片战争后，中国受外国多次侵略，中国的道路交通也受到了英、日等国的影响。1946 年前，中国的汽车及各种人力车、畜力车又较长时期实行了靠左行驶。抗日战争胜利后，美式汽车大量进口，其方向盘及灯光安置，均适用于美国车辆靠右行驶的交通规则。如果要使这种车辆适用于中国当时靠左行驶的交通规则，必须进行车辆改装，改装费需增加车价的五分之一。因而，当时国民党政府军事委员会战时运输管理局作出决定，自 1946 年元月 1 日零时起，全国一律实行车辆靠右行驶。

中国古代的“立交桥”

八字桥，是建于南宋嘉泰年间（1201～1204 年）的梁式石桥，至今已有近 800 年的历史，是绍兴最古老的石桥之一，也是中国现存最早的“立交桥”。

八字桥位于绍兴城东南部，这里是三条河流的交叉点，南北流向的是主河，东西两侧又各有一条无名小河。东去五云门，北通都泗门，西是进入城市中心的要道口，南与东双桥相接壤，地理环境十分复杂。古代匠师却巧妙地利用这一自然条件，设计匠心独具，将石桥选在三河交点的近处，正桥架在南北流向的主河上，桥高 5 米，净跨 4. 5 米，桥洞宽 3. 2 米。它的桥坡道与一般桥梁不同，桥东端紧沿主河道向南、北两个方向落坡，桥西端又向西、南两个方向落坡。沿主

河岸向南面落坡的东、西两条坡道又各筑有桥洞，分别跨越两条无名小河。自桥南北方向望去，这两条坡道活像一个“八”字，故名。

中国古代的“长江大桥”

东汉建武九年（公元 33 年），光武帝刘秀与四川割据势力公孙述开战，“公孙述遣其将任满、田戎、程汎将数万人乘枋箄下江关，……据荆门、虎牙，横江水起浮桥、关楼，立欑柱绝水道，结营山上以据”（《后汉书》）。这座浮桥立江上达 2 年之久，建武十一年（公元 35 年）春三月，被东汉将领岑彭、吴汉等率水师纵火烧毁。这座建立在今湖北宜都县西北荆门山和宜昌市东南虎牙山之间的浮桥距今 1900 多年，实乃“万里长江第一桥”。

但真正能行军、运物的长江大桥应是宋开宝七年（公元 974 年），宋太祖伐南唐时，在南唐国都金陵（即南京）之西采石长江江面上，用数千艘大船连接两岸，修建而成的一座大浮桥。据明代李贽所著《藏书》载：此桥为南唐池州人樊若水上书建议修建的，宋太祖同意，于是“遣石全振往荆湖造黄黑龙船数千艘，又以大舰载巨竹絙”。又“擢若水右赞善大夫，先试于石牌口，移置采石，三日而成，不差尺寸。曹彬、潘美帅兵渡江，若履平地，败唐师”。这座浮桥长约一千四五百米，略短于今日的南京长江大桥正桥。此桥距今已有 1000 多年的历史，

许多人都说其为“长江第一桥”。

中国最古老的渡具

葫芦舟可以说是中国最古老的渡具，此外还有竹排和木筏。

河流与人类有不解之缘，如何渡水却使古代先民绞尽脑汁。苗族关于洪水之时兄妹二人托于葫芦而免于难的传说，可能暗寓着葫芦是原始居民渡水工具的事实。

此外，人们还曾广泛使用过竹排与木筏。用山藤或绳索将几根树干一编扎，渡具便大功告成。取材又方便，制作又简便，使用的可能性自然也大。《尔雅》：“庶人乘桴。”桴即桴筏，可见直至周代人们仍在使用它。

中国古代车辆的构件

舆：车箱。先秦的车舆有方形、长方形、六角形等形状，有的周围是高起的栏杆，后面留有缺口，以便乘车的人升降。王符《潜夫论》：“木材……曲者宜为轮，直者宜为舆。”舆又借指车。《劝学》：“假舆马者，非利足也。”

轼：车箱前作扶手用的横木。又写作“式”。《左传》：“下视其辙，登轼而望之……”

輢：舆两旁的木板，可以倚靠身体。兵车的輢可以插戈、殳、矛、戟等兵器。

盖：装在车上遮日挡雨的像伞一样的东西。封建社会的等级制度，在车盖上有明显的反映。三百石以下的官吏用白布盖，三百石以上为皂布盖，千石以上为皂缯覆盖。盖柄也有规定，官吏用红色的，一般人用青柄。

轮：车轮。古代的车轮很大。洛阳中州路战国车，车轮的直径为169厘米。

辋：车轮的边框叫辋。《拾遗记》：“车皆镂金为轮辋，丹画其毂轭。”

毂：轮子中心有孔的圆木，孔用以插车轴。辋和毂成为两个同心圆。毂延长了轮对轴的支撑面，使行车时更加稳定。《老子》：“三十辐共一毂。”

辐：凑集于中心毂上的木条。辐条从车毂向外按辐射状排列。

轴：车轴是一根横梁，横穿在车舆下面，两端贯入毂中，套上车轮。

辖：轴的两端露在毂外，上面插着一个三四寸长的销子，叫辖。它能管住车轮，不使外脱。所以又引申为管辖的意思。《韩非子》：“西门豹为邺令，佯亡其车辖。”

辕：车前驾牲口用的直木（车杠）。《墨子》：“板箱长与辕等。”

轭：辕前端套在牲口脖子上的曲木，形状略作“人”字形。梅尧臣《观杨之美画》诗：“双骖椎轭如畏迟。”

中国古代帝王乘车的规格

中国古代帝王乘用的车辆，概括起来有“辂”“车”“辇”“舆（轿）”等几种。

周礼规定：天子乘辂。辂即是一种车，圆盖方轸，装饰华丽，方舆中设宝座，后面插有12面绘有各种兽纹的旗子，以四马或六马驾行。周天子乘辂共有五种，分为玉辂、金辂、象辂、革辂、木辂。前四辂各以玉、金、象、革为饰，木辂素质无饰。分别在祭祀、朝会、田猎、出师等不同活动中使用。五辂之制一直被历代帝王所采用，直到清代，是帝王最高规制的舆车。

除了辂之外，“车”是一种重要的为帝王所使用的交通工具。车与辂都是以马驾行的交通工具，但车的规制比辂要低。车同时也是一般大臣及百姓乘用的交通工具，是古代社会用得最广泛的一种舆车。在丧服期间，周天子还有五种丧车：木车，三年之丧乘之；素车，齐衰之丧乘之；藻车，大功之丧乘之；駹车，小功之丧乘之；漆车，服缌者乘之。

“辇”则是在辇车的基础上发展而来的一种新型载人工具。秦以前把以人挽行的车称为辇。秦始皇始改辇以人挽行为以人舁行，即用人抬行，作为皇帝专用的舆车。从此以后，辇成为君主所乘舆车中重要的一种。辇一般是在重要场合近距离使用，由于是帝王专用，所以古代把辇作为京都的别称。辇到了唐代已经发展得十分完备，种类繁多，如唐制皇帝用辇有七：大凤辇、大芳辇、仙游辇、小轻辇、芳亭辇、大玉辇和小玉辇。

中国古代还有一种同辇类似的载人交通工具，即“舆”，也就是人们比较熟悉的“轿子”。舆也是由人舁行的供帝、后乘用的交通工具，在规制上比辇要低些，是在“宫廷从容所乘”。中国古代一般把帝、后所乘用的专称为舆，而一般官员及平民所乘用的称为轿，不言而喻，皇帝用的舆与一般人用的轿在颜色饰物、尺寸上是有很大差别的。宋代皇帝乘有小舆和腰舆。小舆，奉舆 24 人，腰舆奉舆 16 人，都是皇帝在宫廷中日常活动所用。此外还有相风乌舆、行漏舆、十二神舆、钲鼓舆、钟鼓楼舆等，是作为仪物陈列在皇帝的卤簿仪仗之中。

古代帝王的舆车，其功用并不完全是为了乘用，很大的作用是作为礼仪性的陈设，其目的是为了摆阔气，讲排场，以维护封建君主的威严与神圣。

体育武术

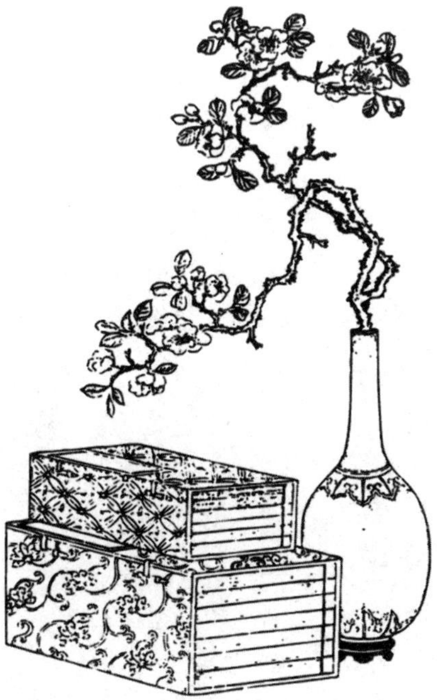

体　育

“体育”的由来

“体育”一词最早是以身体的教育出现于卢梭的《爱弥儿》一书中。以后又有德国、丹麦、瑞典等国的体育先驱者著书立说，形成体操炼身体系。日本在1868年从欧洲引进“体操”这一词语。1898年“戊戌变法”前后中国有大批留学生渡海去日本求学，其中学教育的为数不少，他们回国后带来了“体育”这个词。

在中国，“体育”这一词最早见于文字是1902年《杭州白话报》连载人西川政宪法著《国民体育学》译文。辛亥革命以后“体育”一词就逐渐用开了。

“锦标”的由来

在唐代，龙船竞渡时已有了锦标。锦标就是在终点的地方插了竹竿，竿头挂上锦彩，先到的龙船拿到锦彩，称为夺标。到了宋代，龙舟夺标成为各地的风俗活动，在北宋的汴梁城（今开封市），每年五月端午，皇帝都要到金明池看龙舟夺标竞赛。《东京梦华录》上有详细的记载，“所谓小龙船，皆列于五殿之东面，对水殿排成行列。则有小舟一军校执一竿，上挂以锦彩银碗之类，谓之‘标竿’，插在近殿水中。以旗招之，则龙舟鸣鼓并进，捷者得标，则山呼拜舞”。

“散手”的由来

散手历史悠久，据《汉书》记载：有“手搏六篇”，手搏即为徒手进行的搏斗。古代有打擂台之说，即在特设的台上互相击打，以决胜负。近代又有抢手、散打的说法，皆指散手而言。在1928年和1933年两届国术国考以及其他大型比赛上，散手都是重点比赛项目。比赛时，双方根据规则，可以使用踢（腿法）、打（手法和肘法）、摔（摔法）、拿（擒拿方法）等各种技术。比赛者身着护具，比赛分三个回合，每个回合2～3分钟，以击中或击倒对方为得分，三个回合得分多者为胜。

足球球门探源

足球，古称“鞠”。相传始于黄帝，有史5000年。踢球就得有球门。球门经历了从地下到地上，再到半空的三个发展阶段。

古代有没有类似今日足球的地上球门呢？在古文献的文字中，留下了蛛丝马迹。汉代年轻将领霍去病喜欢踢足球，《史记》《汉书》都有记载，说他在塞上“穿域蹋鞠”。有趣的是，“蹋”字在《史记》中未加“门”旁，可在《汉书》中却加了“门”旁，写作“阘”。这个“门”，显然是指球门。古代改球穴为球门，是伴随着有围墙的球场而出现的。这种球场古称“鞠域”。鞠域在东汉初年已出现。从上述情况可知，司马迁著《史记》之时，还只有球穴式的“鞠域”之名，而没有球门的观念。班固著《汉书》时，已感到踢球不能没有球门了。从而可知，球门出现已有史2000年。

扑克起源于中国

由于我们现在玩的这种扑克牌都是从外国图形演变而来，不少人以为纸牌是外国人的发明，其实，这种娱乐最早起源于中国。

纸牌是跟造纸与印刷发展息息相关的产物，起源于10世纪。中国的骰牌（在纸上画上骰子）是世界上最早的游戏用纸牌。据《丛书集成》记载，辽穆宗于公元969年曾和大臣说到纸牌游戏误人的故事。纸牌滥觞于唐，而兴盛于宋、明，明代杰出画家陈洪绶，其代表作就是一套至今仍被视为画史瑰宝的纸牌画——《水浒叶子》。这种纸牌游戏，俗称“叶子戏”，不但文人学士乐此不疲，就连一般平民百姓也饶有兴趣。当时的纸牌共分四门四十张；其中有一门的图形是

“果”，它是红桃、黑桃的前身；另有一门的图形是铜钱的“方孔”，颇似今日的方块。唐宋时期的很多文士都热衷于纸牌游戏，并把时常玩叶子当作一种时髦的娱乐。到了元朝，马可·波罗在中国旅行时，将纸牌带回故国意大利，接着又传到瑞士、法国、比利时等，这样纸牌在不到100年的时间里传遍了整个欧洲。纸牌在中国的历史源远流长，美国桥牌专家访问中国时曾说，我们要感谢中国在古代发明了“叶子戏”。

高尔夫起源于中国

事实上，类似高尔夫球的运动，在中国古代很早就出现了。据1282年出版

的《丸经》记载，“宋徽宗、金章宗皆爱捶丸，盛以锦囊，击以彩棒。”这说明在公元12世纪初期，宫廷中就已经开展了“捶丸”活动。这描写的情形与高尔夫何其相似乃尔。还有宋代魏泰《东轩笔录》中的一段记载说：“余为儿童时，尝闻祖母集庆郡太守陈夫人言，江南有国日，有县令钟离君与县令许君结姻。钟离女将出适，买一婢以从嫁。一日，其婢执箕帚治地。至堂前，熟视地之穴处，恻然泣下。钟离君适见。怪问之。婢泣曰：幼时，我父于此穴地为球窝，道我戏剧……”陈夫人所说的“江南有国日”，是指南唐李璟、李煜父子在位的年代，即公元943～975年。这就是说民间“捶丸”活动早在943年前就已有了，比苏格

兰人的1457年整整早了514年！

关于捶丸的记载不光限于文字，山西省洪洞县水神庙神殿有“捶丸”的壁画，陶枕画中儿童作“捶丸”游戏图、《明宣宗行乐图》和《仕女捶丸图》等，和高尔夫进行比较，结果发现球窝均设在地下，球、球棒、比赛组织都大同小异。特别是作为高尔夫的主要工具球棒种类，都和中国古代“捶丸”图的球棒一模一样，而且在叫法上高尔夫至今沿用了“捶丸”的叫法。高尔夫的扑拉西就是“捶丸”的“扑棒”，卓伊勿尔就是“撺棒”，而司碰则就是“杓棒”，翻译后的名字与中国叫法绝对吻合。这些证据表明，中国古代的“捶丸”就是高尔夫最早的雏形已毫无疑问。但令人惋惜的是，这样一种在中国古代就已十分普及的体育活动，流传到国外以后得到了长足的发展并受到了人们的喜爱，而中国在明代以后便逐渐销声匿迹了。

相扑起源于中国

相扑，现在是日本的国技。日本国人曾以为大和民族在相当于中国唐朝时即发明了相扑运动而引以为豪。事实上，相扑起源于中国。先秦时期，古代中国称相扑为“角力”，是作为军事训练的一种体育项目，从形式上讲是摔跤运动的一种，秦汉时期称为“角抵”，作为一种运动技艺表演，至魏晋时始称“相扑”。江

陵凤凰山秦墓出土的彩绘相扑图画木篦，篦长约7厘米，宽约6厘米，篦的握手上运用平涂色块、点描线勾等艺术手段彩绘相扑图画。画面上绘有3人，均袒胸裸背，腰束巾带，下着短裤，体态彪悍强壮，其中2人躬身马步，挥拳运腿，激烈地相持扑斗，奋力角抵；左侧立一人，双手平伸，目视着相斗的二人，全神贯注，似作评判。整幅画面构图简练生动，线条活泼流畅，比例恰到好处，人物造型朴实自然，动作逼真准确，充分反映在秦代相扑角力已经是一项十分重要的正规竞技运动，彩绘相扑图画木篦既是一件十分珍贵的体育文物，又是一件不可多得的秦代艺术品，对于研究中国古代体育史、艺术史具有重要意义。

十九路围棋始于何时

现在通用的围棋盘是19路361个交叉点，已经发现的古代围棋史料和著作中，所有的棋谱也都是19路的。可见，围棋的路数有一个从少到多的发展过程。那么，19路围棋到底始于何时？敦煌写本《棋经》内载有“三百一十六道放周天之度”的句子。其中“三百一十六道”显然为“三百六十一道”之误。据成恩元先生考证，《棋经》是北周时期作品。那么，《棋经》就成了北周时期已普遍流行19路围棋的确凿证据。再早些，晋人蔡洪的《围棋赋》中有“算涂授卒，三百为群”的词句。可把“三百”解释为19路棋实战中所下的着数。这样看来，在晋代就已出现了19路围棋与17路围棋并存的局面。可见，19路围棋的出现，不会晚于晋代。

围棋九段制的由来

围棋“九段制”是怎么来的呢？中国古代品评人物有九个等级。《汉书·古今人物表》把古今人物分为九等，即上上、上中、上下；中上、中中、中下；下上、下中、下下。三国魏司空陈群始定九品之制。在郡县设中正评定人才高下，分为九等，即“九品官人之法”。古代职官也分九个等级，周代官有九等之命，从魏晋开始，立九品之制，从一品至九品，定官吏的大小高低，历代王朝沿袭不

废。古代品评书画艺术分神品、妙品和能品，其源出南朝梁庾肩吾《书品》的上、中、下三等（每等又分上、中、下，共为九例），称为“三品九等”或“三等九品”。历代书画评论家多承此说。

在中国古代，围棋棋手的等级称为“棋品”。因受人品、官品、书品“九品制”的影响，故棋品也设“九品制”。晋代的范汪撰有《棋九品序录》，南北朝王抗、褚思庄、柳恽都著有《棋品》。柳恽还将当时棋艺登格者共 278 人，等其优劣，分级排定。“九品”名称，最早见于北宋张拟的《棋经》：“夫围棋之品有九，一曰入神，二曰坐照，三曰具体，四曰通幽，五曰用智，六曰小巧，七曰门力，八曰若愚，九曰守拙。”明清两代，围棋等级分为国手、二手、三手、四手。国手有大家、名家之分，其余各手又分先后，也近似于九等。近代学者黄俊在他所著的《弈人传》中说：“六朝品棋，褚思庄品于宋，王抗品于齐，柳恽品于梁。张拟著经，分为九品。明清以来，有国手、二手、三手、四手之分。每手又分先后，略近九等。日本效之，称为九段。”

象棋的起源

象棋是一种象征战斗的棋类游戏。关于它的产生时间，众说不一，不过《楚辞·招魂》中已有涉及象棋的文字记载：“菎蔽象棋，有六簙些；分曹并进，遒相迫些；成枭而牟，呼五白些。”刘向《说苑》也有“燕则斗象棋而舞郑女”的记载。象棋棋子除“象”“炮”外，“将”“帅”“车”“马”“士”“卒”都符合周代兵制。象棋似产生于周代，战国时已初步成型。唐代军队中出现了石炮，相应地棋子中增加了“炮”，宋初又增加了“象”，象棋最终定型。“白檀象戏小盘平，牙子金书字更明”（宋徽宗《宫词》）。宋代统治者也爱好此项活动，当时的棋盘、棋子制作都十分讲究。

中国最具影响力的象棋著作

随着象棋的普及发展，专门著述象棋战略和战术的书也就随之问世了。宋代的一位学者陈元靓在他晚年编著的日用百科全书《事林广记》中，也辑录了当时许多出色的棋局，这成为中国在 650 多年以前出版的第一部象棋谱。

最具代表性和最有名气以及最为后世人所推崇的棋书，应是明代的《橘中密》和清代的《梅花谱》。《橘中密》是中国已发现的最早的一部系统化的棋书。此书成书于明崇祯五年（1632 年），当时分四卷，其中两卷介绍整局棋谱，两卷介绍残局棋谱。书名中的“橘”字，有人疑取“谲”字谐意；另据《搜神记》中载述，古时候在巴邱这地方有一座大橘园，园中有棵老橘树，有人把树剖开后，竟见有两个白胡子老头正在里面下棋，“橘”字也可能据此而来，意寓诡意多谋和不泄天机之意。

《梅花谱》是清人王再越于康熙年间所著的一部专门研究象棋技艺的书。此书以高度的想象力，引人入胜的 50 个棋局，以及可供参考的 120 多种不同的着法，展示了象棋对弈中相克相生、相准相制的变化规律；其中卷首屏风写着当头炮等八局棋谱，精妙异常，堪称绝技，为历代棋手所推崇。此书是一部闪烁着智慧火花的棋苑名著。

中国最早的体育奖励和最早的奖杯

在 3000 年前，西周成王的马夫和他手下的一个小官令，举行了一次人与马车的比赛，设立的奖品是十家奴隶。结果，小官令的飞毛腿赶过了马车，赢得了十家奴隶。小官令得到了这么多的物质奖励并不满足，他拿这部分钱铸了一个“令鼎”，把这件事记叙在上面，让别人知道他获奖的经过。基本上，这算是中国最早的体育奖励了。

在南北朝时，有一个叫元顺的人，是个英勇善射的大将。有一次，北魏孝武帝元修在洛阳华林园欢宴群臣。酒酣之际，元修叫群臣举行射箭比赛，把一个大银酒杯放在百步之外，作为奖品。谁射中酒杯，谁就把这个银杯拿走。元顺拈弓搭箭，轻舒猿臂，一箭射中，得了这个银杯。但是这个银杯已被元顺射破了一个孔，回家之后，元顺请了高手匠人在破孔处铸了一个足踏金莲的童子，化腐朽为神奇。就记载而言，这个银酒杯是中国历史上最早的奖杯。

中国古代的举重运动

大力士和举重在中国古代已有之。但开始是用于军事，不是用于比赛，也不用杠铃。

据《左传》记载，在一次鲁国军队和偪阳（今山东枣庄南）人作战中，偪阳人大开城门，放进了鲁国军队，而后放下了城门后的“千斤闸”，想要关起门来消灭鲁军，孔子父亲叔梁纥双手托起了千斤闸，救出了鲁国军队。据说孔子也是个大力士，他能双手举起城门后的顶门杠。汉代“百戏”中有“乌获扛鼎”，举重入了杂技项目。将军甘廷寿上阵能用手投十二斤重的石头砸敌人，也算力气不小。唐代宗时有“力能卷铁舒钩”的梁义，唐僖宗时有能身背一船，船上坐上二人，还能背着跳舞的王俳优，这是属于硬气功一类的大力士了。五代时有手使一杆别人举都举不起来，而唯独他能运转如飞的铁枪王彦章，人送绰号“王铁枪”。明初，江苏太仓欧千斤有神力，“既老，尝乘马，遇桥，不进，臂挟马趋过”（《太仓州志》）。直到清末太平天国时期，还出现力举几百斤重的石狮子的壮族太平军战士覃贵福。他并且能将石狮置于膝盖上，因而中过太平天国的“武状元”。

中国古代的“田径运动”

在中国古代，跳高与跳远被称为窬高超远。窬高，又作踰高，即跳高项目；超远即跳远项目。

最早见于兵书《吴子》，是当时用来训练士兵素质的方法和挑选勇士的标准。而类似铅球的运动叫作投石，是一种投掷运动。用手或石机投出石头。

中国古代的“保龄球”

木射，又称十五柱戏球。唐代出现的一种健身运动。球场一般设在室内，用木棍制成十五根瓶状小柱子，其中十根用朱丹书上“仁”“义”“礼”“智”“信”“温”“良”“恭”“俭”“让”；五根用黑墨写上“傲”“慢”“佞”“贪”“滥”，将它们放置在球场一端，赛球者在球场另一端持木球抛滚击木柱，中朱者为胜，中墨者为负。

以上可以看出，这项运动无论是规则还是器械，都和现代的保龄球类似，只是击打目标不同，可以算作现代保龄球运动的雏形。

中国古代的花样跳水

水秋千是中国古代水上运动之一。跳水与荡秋千相结合，似今跳水运动。在彩船船头立秋千，荡秋千时有鼓乐伴奏，当摆到几乎与顶架横木相平时，人体脱离秋千翻跟斗掷身入水。可以称得上古代的花样跳水。

《东京梦华录》中从饮食、建筑、娱乐等很多方面真实描述了宋朝人的生活。在卷七《驾幸临水殿观争标锡宴》一章中，讲述了重视水秋千运动的皇帝宋徽宗是如何组织水秋千表演的。那时表演的时间是在每年三月，作为一种表演项目出现的，而非正式的比赛项目。通常在每年三月二十日左右，宋徽宗赵佶会带着自己的家人和大臣，驾幸皇家无敌水景园林金明池内的临水殿观龙船争标。开赛之前殿前泊有两艘画船，船上立着秋千，船尾有伎人做各种杂技表演，旁边又有一些禁卫军官兵击鼓吹笛助兴。然后一人现身登上秋千，稳稳荡起，越荡越高，当身体与秋千的横架差不多平行时，突然腾空而起，弃秋千而出，在空中翻跃几个筋斗，最后掷身入水。比起今天的花样跳水，水秋千的视觉效果要好出许多。

水秋千发展到后来，成了一项规则明了的竞技项目。当时是分两队蹴水秋千，通过比动作的优美性和技术的精湛性决出胜负的。

“冠军”原本是官职

冠军一词源于秦末。《史记》中有这样一段记载：秦末，楚国有位大将军宋义，英勇善战，战功卓著，列楚国诸将军之首，将士们都叫他为“卿子冠军”。从魏晋到南北朝，冠军又成为部队军官的一种官衔，叫“冠军将军”。唐代设冠军大将军，到了清朝，皇帝的銮仪卫及旗手卫的首映，也称作“冠军使”。“冠军”一词一直和武将有关，武将与比武、对抗有关。到了后来，体育比赛与对抗联系在一起，冠军也就成了第一名的代称了。

“亚军”“季军”“殿军”的由来

亚军是体育比赛中第二名获得者的荣誉称号。《尔雅》对“亚”的解释是“次也”。也就是比第一稍差一点的意思。《史记·项羽本纪》中有：“亚父南向坐，亚父者，范增也。”这是因为项羽很尊敬范增，把范增认作仅次于生父的长者。因此，后来人们就把体育比赛的第二名成为亚军。

季军是指体育比赛中名次低于冠军、亚军的优胜者，也就是第三名。“季”是末的意思，在中国的旧历中，指一个季度最后一个月。比如：春季的三个月分别叫孟春、仲春和季春。所以，季就是指第三。另外，军队行军中，分前军中军后军，后军在最末，也叫季军。于是，季军就成了第三名的同义词。

殿军是指体育比赛中的第四名。殿军原本的意思是“殿后之军”，是古代军队撤退时，行走在最后、负责掩护的部队。《晋书·王坦之传》：“孟反，范燮，殿军后入。”称第四名为殿军，是取“三军之后”的意思。

“蝉联”的由来

蝉的俗名叫“知了”，雄蝉用腹部的发音器来发出声音。蝉的幼虫栖息在土里，成虫依靠针状口器刺进树枝里，吸取汁液来维持生命。幼虫变为成虫时，便脱掉蝉壳，躯体在原来基础上得以延伸，故称为“蝉联”。《遂州长江县孔子庙堂碑》：“齐九龙而阔步，一门钟豹变之荣；袭五公而长驱，四代赫蝉联之祉。”（唐·杨炯）《题晋阳遗像》：“始从薄宦沾微禄，后来科第仍蝉联。”（清·唐孙华）

为此，在一些体育比赛项目，如连续保持了冠军，就叫“蝉联冠军”；保持了亚军，就叫“蝉联亚军”等等。

摔跤

摔跤的起源可以逆溯到黄帝时代，据史书记载，从西周到春秋战国，摔跤是军事训练的重要项目，秦汉后作为武戏在各地盛行。《周礼》：孟冬之月，天子乃

命将帅讲武，习射御、角力。《史记》：秦二世在甘泉宫作乐觳抵、俳优之戏。《汉书》：元封三年春，作角抵戏，三里里皆来观。元封六年夏，京师民观角戏上林平乐馆。另据《汉书·哀帝纪赞》载，当时角抵已和拳术（手搏、卞）明确分开了。《隋书》：郡邑百姓自正月十五日作角抵之戏，递相夸禁至于糜费财力，上奏请禁之。……大业六年丁丑，角抵大戏于端门街，天下奇技异能毕集，经月而罢，帝数微服往观。

唐代《角力记》载：历代皇帝都爱好“角抵之戏”，在宫中常举行角抵大会或者擢用出色的力士。宋代调露子撰写了《角力记》，介绍了摔跤的历史。元代蒙古族人常举行摔跤比赛。清代鼓励摔跤，设“善扑营”培养力士，分东营和西营，实力高者赐“扑虎”（一称“布库”）称号，共分头等、二等、三等。善扑营的力士每年十二月二十三日在紫光阁为皇帝表演比赛，蒙古族力士也参加，十分热闹。清亡，善扑营关闭，力士们散到各地，有的当了教师，有的变成路边卖艺之人，摔跤传到各地，中心在河北的保定以及北京、天津三个地区。民国初年，山东济南镇守使马良组织了“技术队”，聘请摔跤名家做教官。1916 年，马良著《新武术·摔跤科》问世。中央国术馆创立伊始，就把摔跤作为正课。1935 年，在上海举行的全国运动会，把男女摔跤列为比赛项目，蒙古族也有八名摔跤手参加表演。

蹴鞠

蹴鞠又称踏鞠。中国古代的足球游戏。

春秋战国时期，蹴鞠已很盛行。“临淄甚富而实，其民无不吹竽鼓瑟，弹琴击筑，斗鸡走狗，六博蹋鞠者”（《史记》）。汉代蹴鞠作为训练士兵的一种军事体育项目。“踏鞠，兵势也，所以练武士，知有材也，皆因嬉戏而讲练之”（刘向《别录》）。《汉书·艺文志》中将《蹴鞠》二十五篇列入“兵家伎巧”类。汉初长安城宫苑内的“鞠城”，就是很大规模的练习蹴鞠的场地。当时军中的蹴鞠场，两边不设球门，而是在地上挖些小浅坑，称为“鞠域”或“鞠室”，比赛时球被踢进“鞠域”，就和今天球被射入球门一样。

唐代的蹴鞠运动又有了很大发展。唐徐坚《初学记》介绍："古用毛纠结为之，今用皮，以胞为里，嘘气闭而蹴之。"这种使用充气方法制作的皮球，无论从重量上还是在弹性上都比实心球优越得多。从唐仲无颜《气球赋》中可以知道当时对球的充气适度也很有研究，认为"终使满而不溢"最佳。唐代蹴鞠场已设有球门。一种设双球门，与今天的足球场相似；一种设单球门，即将球门设在场子的中央，比赛的双方位于球门两边赛球，以进球数字多少决定胜负。非对抗性竞赛不用球门，花样繁多。如"一般场户"中的"一人场"，即一人要球，身体各部分都可以接触球，是个人健身运动；"二人场"，是两人要球，可以对传；"七人场"，又称"落花流水"，七个人站在一条线上，隔人传球；"九人场"，又称"踢花心"，一人站在中央，八人在四周，由站在中央的人依次供球。又如"白打场户"，也是不用球门的打法，由两人或多人（偶数）对踢。还有以踢高为特征的"趯鞠"。

宋代蹴鞠运动十分盛行。宫廷中设有球队，队员分为三等，头等叫"毬头"，二等叫"次毬头"，三等为普通队员，每队有毬头一名，次毬头两名，普通队员十余人。朝廷举办的各种盛会中往往有蹴鞠比赛。宋代蹴鞠场的单球门不同于唐代，"约高三丈许，杂彩结络，留门一尺许"（《东京梦华录》）。当时人又称此门为"风流眼"。明朝称无球门的蹴鞠表演为"踢鞠"；称有球门的蹴鞠竞赛为"蹴球"。清代此项活动不甚盛行。

马球

马球是骑在马上持棍击球的一种运动。三国时称"击鞠"，唐代称"击球"或"打球"。击球棍称作"球杖"，长数尺，木头制成，枕头形状如月牙，球也是木制的，大小如拳头，中间被掏空，外面被涂上红漆。从曹植《名都篇》中"连翩击鞠壤"等诗句来看，此项运动最迟在东汉已经产生了。唐代的马球运动很盛行，并成为宫廷体育的主要内容。据记载，自高祖李渊起的二十二个皇帝（包括武则天）中，大多数都爱好马球运动。"上好击球，由此风俗相尚"（《资治通鉴》）。马球运动不仅要求队员有高明的骑术，而且要求队员之间配合默契。这项运动既可以用来提高人们的素质，又可以作为训练士兵提高作战技能的一种手段。《封氏闻见记》中就有唐太宗命令练习打球的记载。陕西乾县出土的唐代章怀太子墓中的壁画“马球图”，生动地再现了当时赛场角逐的情景。唐代女子也喜爱马球运动。五代后蜀花蕊夫人宫词有云：“自教宫娥学打球，玉鞍初跨柳腰柔。上棚知是官家认，遍遍长赢第一筹。”

唐代还有一种“驴鞠”运动，是骑在驴背上持杖击球。《旧唐书》中有“聚女人骑驴击鞠”的记载；《新唐书》中也有“教女伎乘驴击球”的记录。“驴鞠”出现有两个原因，一为马的个头高大，桀骜难驯，而驴的个头较矮，生性温驯；二为唐代骑驴是一种时髦。宋朝马球与驴鞠并存。据《东京梦华录》记载，当时人称驴鞠为“小打”；称马球为“大打”。宋代亦以马球训练士兵。明代击鞠也很盛行，并成为典制：每年重五（端午）、重九（重阳）举行击鞠比赛。民间庙会中也常能见到此项运动。清朝康熙年间仍有马球运动。

武　术

中国武术的起源

有学者认为中国武术起于宋，成于明，全面大发展于明末清初。兴于先秦的武勇，盛于汉唐的武艺，为宋代武术的形成打下了基础。但不能把武勇、武艺、武术混为一谈。武勇是在原始社会和奴隶社会漫长的历史过程中形成的，是在劳动中产生，在御敌攻战中发展的，从其内容、形式、目的、手段看，均与武术有本质区别。进入封建社会之后，武勇演变为武艺，但这也只是量的飞跃，尚未发展为武术。宋代尚武之风不止于统治者军事目的之所需，亦为庶民百姓强身自卫娱心长寿之所求。这种民间武艺，因平时更突出其强力健身娱心长寿之特定宗旨，比之过去为实战所需的武艺有了质的飞跃，而成为武术。宋代武术形成的一大标志是有关武术著作的陆续问世。这就使武术有了自己的初步理论与独特的技术技法结构，有了自己独特的练功方法与程式，而逐渐演化成系列化的体系。宋代武术形成的另一标志是为娱乐表演所需的武术套路愈加增多，从而促成了武术与军兵脱离。宋代武术开始从武艺中脱胎出来而走上套路化与系列化体系的轨道，具有了中国武术特有的内容、形式与风格，为其后的成型与全面发展打下了良好的基础。

少林拳

少林拳是武术著名拳派之一。源出河南登封县嵩岳少室山北麓五乳峰下的少林寺。寺建于北魏孝文帝太和十九年（公元 495 年）。

相传北魏孝明帝三年（公元 527 年），印度高僧达摩大师到少林寺传授佛教禅宗，为驱除修心静坐带来的疲劳，以及达到健身、防身、护寺的目的，达摩大师创编了“活身法”，寺内众僧皆习此术。此后，达摩在“活身法”的基础上，模仿飞禽走兽的动作特征又创编了“罗汉十八手”的套路。此外，还有达摩铲、达摩棍、达摩剑、达摩杖等武术器械套路。少林拳包括拳术、散打、气功、器械等几方面，器械中以棍法著称。少林拳在各地广泛流传，逐渐形成各种流派。有人将潭腿、花拳、洪拳、通臂拳、八卦掌、地趟拳、番子拳、六合拳归为少林拳门类；也有称龙拳、虎拳、豹拳、蛇拳、鹤拳为南派少林精华五拳；南拳的不少流派也自称源于嵩山少林寺。

真实的“易筋经”

真正的《易筋经》是明朝出现的一种保健体操。最初见于明熹宗天启四年（1624 年）的一种手抄本。清朝流传的是道光年间傅金铨和咸丰年间来章氏的两种刻本。据称常练可以“俾筋挛者易之以舒，筋弱者易之以强，筋弛者易之以和，筋缩者易之以长，筋靡者易之以壮，即绵涯之身可以立成铁石”（《易筋经·总论》）。清王祖源《内功图说》中载有“易筋经十二势”并配有图解。

南拳与北腿

南拳多用拳，其拳式结构小巧，步法轻灵，运动范围较小；北拳多用腿，架式开展，运动范围大，南拳北腿之说即由此而来。南北拳派的差别是南北方的地理环境及人的体质、气质的不同所造成的。北方多平原，气候寒冷，自然条件比较严酷，与之相应，人的体质健壮，性格直爽，反映在拳式上，多长拳阔步，以进取胜；南方多山丘，气候温和，自然条件比北方为优，而人的体质则稍逊，性格偏于温文，反映在拳式上，多短打小步，以机巧胜。

内家拳

内家拳是武术拳种著名流派之一。相传为武当丹士张三丰创立，故亦称之为武当派。内家著名拳师有明人张松溪，《宁波府志》称：“内家则松溪之传为正。”他曾在酒楼上与少林僧比武，“松溪袖手坐，一僧跳跃来蹴，松溪稍侧身，举手送之，其僧如飞丸陨空，坠重楼下，几死。众僧始骇服”。清初学者黄宗羲在《王征南墓志铭》中说：“少林以拳勇名天下，然主于搏人，人亦得以乘之。有所谓内家者，以静制动，犯者应手即扑，故别少林为外家。”黄宗羲之子黄百家从内家拳名师王征南习武多年，著有《内家拳法》一书，介绍此拳种的技击方法，强调“其法主于御敌”。

太极拳

太极拳是武术拳种之一。关于它的创始人，传说众多：一为梁朝韩拱月、一为唐代道士许宣平、一为宋代武当丹士张三丰、一为元末明初陈卜、一为明代陈王廷。清乾隆年间，山西王宗岳以《易经》中太极阴阳之说阐述此拳原理，著《太极拳论》，从此定名为太极拳。

太极拳套路吸取前人名家拳术各流派之长，结合古导引吐纳之术与中医经络学说，并以古代阴阳学说为理论基础创编而成。基本动作为八法（掤、捋、挤、按、采、挒、肘、靠）和五步（进步、退步、左顾、右盼、中定），故又被称为“十三势”。《十三势行功歌》在民间武术界流传很广。

形意拳

形意拳是武术拳种之一。又称“心意六合拳”“心意拳”“六合拳”“意拳”。相传为明末山西人姬龙凤所创。他精于枪法，考虑到在手无兵刃而遇不测的情况

下可以防身御敌，因变枪法为拳路，创编此拳。形意拳是象形拳种之一，要求象形取意，形意合一，故名。主要内容是五行拳：臂拳（金）、钻拳（水）、崩拳（木）、炮拳（火）、横拳（土），十二形拳（模仿十二种动物：龙、虎、熊、蛇、駘、鹰、马、鹞、猴、燕、鸡、鼍）。由此两种拳配合而编制成套路。特点为形神统一、动作简洁、套路严谨、内部发力大，杀伤力强。习拳时外形上要求头部、躯干、四肢动作统一，内部讲求意、气、力协调。它所以又称“六合拳”，是要求“心与意合，气与力合，筋与骨合，手与足合，肘与膝合，肩与胯合，是谓六合”。清初，形意拳流行于山西，后传授给河南马学礼，此人学成后回家乡传播。姬龙凤的又一弟子曹继武将此拳传给山西戴陵邦、戴龙邦兄弟，戴龙邦又授予河北李洛能。李洛能又分出一派。因而形成了山西派、河南派、河北派三大流派。各派风格相异，手法上也有不同。

董海川与八卦掌

八卦掌因所有技法都开手（用拳）进行，故名“八卦掌”；又根据其技法和动作的特征，称“八卦连环掌”“游身八卦掌”“龙形八卦掌”“八卦游身掌”等，有时也称“八卦拳”。

据说，八卦掌是清乾隆年间河北文安县朱家务（一说朱家坞）人董海川创始的。董海川天生力大过人，自幼爱习武术，长年游历各地。一次游到江南时，在雪花山（一说瑜花山）迷路，遇一老道，引至隐居山中的庙里，从此住在庙里从道士学拳，道士授予解说易学原理的《河图·洛书》，他研究易理，乃创八卦掌。

也有人说，江南自古就流传一种与八卦掌极相似的“阴阳八盘掌”，此拳的传递比董海川的生存年代早好多，因此推测董海川学了阴阳八盘掌之后，又用“易理”（卦理）加以研究而创编了一种拳命名为“八卦掌”。八卦掌据说在众多的拳法中属于最高级的技术，与对方交手时善于采用轻灵而纵横无尽的步法和临机应变而千变万化的手法。其动作正如“龙形八卦掌”这一名称，身体或拧转，或后弓，或放低，以便极其柔软地转到对手背后，或者钻进对手胯下使对手失却重心，或者突然移动到死角用想不到的方法和无休止的动作把对手打倒。八卦掌技法的原动力是利用“反弹力”，所以一切动作都要求手、身体和腿等配合着进行拧转。

华佗的“五禽戏”

五禽戏是一种模仿五种鸟兽动作编制的医疗保健体操。相传是汉魏之际沛国谯（今安徽亳县一带）人华佗创编的。所谓五禽戏，一曰虎戏，经常练习可以强壮四肢；二曰鹿戏，经常练习可以活络筋脉；三曰熊戏，经常练习可以增长力气，流通血脉；四曰猿戏，经常练习可以灵活手脚；五曰鸟戏，经常练习可以使动作轻快敏捷。南朝陶弘景《养性延命录》收有《华佗五禽戏诀》。到明代，五禽戏又有发展，要求运动时结合行气。

十八般武艺

十八般武艺是各种武艺的统称。元关汉卿杂剧《五侯宴》：“孩儿十八岁也，学成十八般武艺。”可见最迟到元朝，南北都已通用十八般武艺一词。但其包括的内容，有各种说法：《水浒传》百回本第二回说是：矛、锤、弓、弩、铳、鞭、简、剑、链、挝、斧、钺、戈、戟、牌、棒、枪、杈。明朱国祯《涌幢小品》则说：一弓、二弩、三枪、四刀、五剑、六矛、七盾、八斧、九钺、十戟、十一鞭、十二简、十三挝、十四殳、十五叉、十六爬头、十七绵绳套索、十八白打（指手搏之戏，即今天的拳术），清代有两种并存的说法：一说为矛、锤、弓、铳、弩、鞭、锏、剑、链、挝、斧、钺、戈、戟、牌、棒、枪、扒；一说为弓、弩、枪、刀、剑、矛、盾、斧、钺、戟、鞭、锏、锤、殳、叉、爬头、绵绳套索、白打。

桩功

“桩功”也写作“椿功”。“桩（椿）”意为打入地中以用基础的木棍或石柱。桩功是武术或气功用来整合意、气、势，增长内力，培养浑圆劲，稳固下盘，中

定四方，从而达到强体健身、养生修性、锻炼技击能力为目的练功方法。

由于武术流派或气功门派的传承不同，的桩功也不尽相同。但也有拳家并不特别主张桩功，认为慢练拳架和姿势始终处在半蹲状态就是桩功，这些都可以自己的见解而选择不是非此即彼的关系。

练桩功有它独到的益处，特别是它在“静定”中培百心宁体松，蕴育内气潜换，体味内外三合，培养内力，提高意识修为等都能起到好作用。如“放松”是练太极拳的个难点，尤其是两膀和两胯，通过站桩可以得到较快体悟和改善。站桩“静中寓动”的机能就是活桩，不是死桩。再则“静定”中内含生机，能开发自身第六感的潜能，进而提高“见微而知著”的超前感知能力，如“彼不动，己不动；彼微动，而己意先动”的听劲能力，通过桩功练习可得到较快的提高。

生肖节日

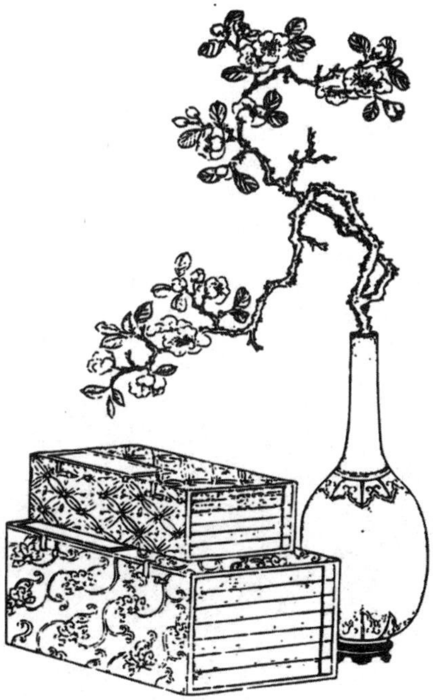

生　肖

十二生肖的起源

十二生肖是民间源远流长又趣味横生的民俗现象，关于十二生肖的来历，有很多美丽的传说，但在传说以外，一部分学者认为，十二生肖的起源最早可以追溯到夏代以前，《史记》载黄帝“建造甲子以命岁”，这里的“甲子”就是十二生肖，也就是把天干和地支配合起来计算时日。也有一部分学者认为起源于原始的动物崇拜。清代学者赵翼则认为生肖最早起源于中国北方的游牧民族。还有的学者认为十二生肖是由古巴比伦传入中国的。

到底哪一种说法最为可信，还需要进一步考证。

生肖诗

中国南北朝时，不仅使用十二生肖纪年，还出现了著名文士沈炯创作的我国第一首十二生肖诗，诗云：

鼠迹生尘案，牛哞暮下来。虎啸坐空谷，兔月向窗开。

龙阴远青翠，蛇柳近徘徊。马兰方远摘，羊负始春栽。

猴栗羞芳果，鸡砧引清怀。狗其怀屋外，猪蠡窗悠哉。

明代著名学者胡俨，也曾写过一首十二生肖诗，同样把十二生肖名散嵌于诗中。诗云：

鼷鼠饮河河不干，牛女长年相见难。

赤手南山缚猛虎，月中取兔天漫漫。

骊龙有珠常不睡，画蛇添足适为累。

龙马何曾有角生，羝羊触藩徒忿嚏。

莫笑楚人冠沐猴，祝鸡空自老林丘。

舞阳屠狗沛中市，平津牧豕海东头。

节　庆

元旦

元旦是农历正月初一，即一年中的第一天。亦称“元日”“元辰”“端日”，是中国最隆重的节日之一。

中国古代元旦所在季节不同，是因为不同历法岁首的确定有过变化：夏代是正月初春，殷代是十二月寒冬，周代是十一月冬至前后，秦代则是十月初冬，汉初因袭秦制，汉武帝元封年间改为周制，此后历代相沿。

据《梦粱录》载，宋代朝廷在这一天要举元旦大朝会，皇帝接受百官和外国使臣的朝贺，并在宫里赐宴群臣；至于民间，则“士夫皆交相贺，细民男女亦皆鲜衣往来拜节，街坊以食物、动使、冠梳、领抹、缎匹、花朵、玩具等物沿门歌叫关扑。不论贫富，游玩琳宫梵宇，竟日不绝。家家饮宴，笑语喧哗”。可见，当时民间的元旦庆祝活动已经与今基本相同。

三元

中国古代以阴历正月十五日为上元节，七月十五日为中元节，十月十五日为下元节，合称“三元”。

“三元”的说法源出于道教。道教崇奉的神为天官、地官、水官（三官），说天官赐福，地官赦罪，水官解厄，并以三元配三官，说上元天官正月十五日生，中元地官七月十五日生，下元水官十月十五日生。每逢三元节，道观和僧寺都要举行种种宗教活动，其中上元、中元民间亦以为节日。

上元灯节考

正月十五日是一年中第一个月圆之夜，古代称夜为“宵”，故称元宵；依“三元”之说，正月十五日又称上元，有张灯的习俗，所以又被称为“灯节”。

上元灯节的起源，有一个从元旦设庭燎到设灯，从元日张灯到望日张灯，又受佛教影响将张灯普及的过程。

中国古代有“庭燎”之礼。据《周礼》记载，古代国家有大事，供给竖在门外的大烛和门内的庭燎，为众照明。在东汉时期，已经有元日朝会既设庭燎又有张灯的情形。到了南朝梁时，正月十五已有张灯之举。北朝拓跋氏鲜卑族在正月十五夜有“相偷”之戏，即互相偷窃之意，此一传统从魏、齐绵延至隋，愈发热闹。

同时，上元节的形成还与佛教的影响有关。佛教重视燃灯，并以此作为宣扬佛法和争取民众的手段，据史料载，唐初的扬州民间与佛寺在正月十五日燃灯具有普遍性，而且从灯制的水平看来，灯节形成已为时不短。换言之，上元灯节在唐代已正式形成了。可以说，佛教促进了正月十五日张灯之俗的普遍化。

及至宋代，上元夜张灯观赏的风俗已然极盛。据宋代孟元老《东京梦华录》，“正月十五日元宵，大内前自岁前冬至后，开封府绞缚山棚，立木正对宣德楼。

游人已集御街两廊下，奇术异能，歌舞百戏。”南宋元宵节更是盛况空前，据宋周密《武林旧事》卷二记载，首都临安（杭州）到处搭建灯山，又有数十个舞队在灯市上游行表演，由官府支给赏钱。士女观者如云，往往通宵达旦。

元宵是我国古代最隆重的节日之一，观灯之俗一直流传到今天。

二月二·龙抬头

元明清时期，二月二日盛行“龙抬头”风俗，其主要内容是引龙祈雨和以剑柄、灶灰等抑制害虫，而抑制害虫是配合“惊蛰”“雷始发声”的季节特点。

惊蛰是冬眠百虫苏醒开始活动的节气，汉代以后其时间在二月初。民间认为这时龙也同百虫一起苏醒、抬头。其实，此“龙”是指二十八宿的中的东方苍龙，每年二月春分以后的黄昏龙角星是从东方地平线出现，这时，整个天龙的身子尚隐没在地平线下，故称龙抬头。而在正月之前的整个冬季，东方苍龙星座在黄昏时均隐没在地平线下，人们认为这是龙在蛰伏。将龙视为神灵，同秦汉以后苍龙星座出现在东方的时间推迟有关，春分前的节气是惊蛰，自然更容易同龙联系起来。

因此可知，中国，尤其是华北地区的龙抬头风俗是社祭加上惊蛰的观念。

介子推与寒食节

清明前二日（一说清明前一日，也有说是清明前三日）为寒食节。据南朝梁宗懔《荆楚岁时记》说，冬至后的第一百零五天就是寒食，所以“一百五”就成为寒食的代称，如温庭筠《寒食节日寄楚望》诗中就有“时当一百五”之句。但也有人认为冬至后第一百零六天才是寒食，如元稹《连昌宫词》就说：“初届寒食一百六，店舍无烟宫树绿。”古人从寒食起禁火三天，只吃冷食（这就是寒食节得名的由来），到清明节重新起火，叫“新火”。

关于寒食节的由来，相传起于春秋时，晋国的介子推追随亡命的文公重耳19年，曾割自己大腿的肉给重耳充饥，重耳回国后论功行赏，不及介子推。介

子推于是隐居山西介休山中。后悔的文公喊不出介子推，便放火烧山，想逼他出来。但介子推宁可抱木烧死。文公为哀悼介子推，为其断火吃冷饭，以后相沿成俗，叫做寒食禁火。这个说法始于晋、宋，此前未见记载。

三月三·上巳节

上巳，又称元巳，作为节日特指三月上旬的巳日。此日古代“祓（fú）禊（xì）”等风俗，三国魏以后，为了便于记忆，“上巳”规定在每年的三月初三。

古人于此日临水以祓除不祥，叫作“修禊”。据《后汉书》：“是月上巳，官民皆絜（洁）于东流水上，曰洗濯祓除，去宿垢疢（chèn），为大疢。”后来，上巳逐渐成为人们春日到水边饮宴游玩的节日。

古人在上巳日举行的修禊活动称为“春禊”，此外还有所谓“秋禊”。秋禊于农历七月十四日举行，也是临水以祓除不祥。《艺文类聚》引三国魏刘桢《鲁都赋》：“及其素秋二七，天汉指隅，民胥祓禊，国于水游。”胥，皆；国，都城，指都城里的人。可见在东汉末举行秋禊相当普遍。

端午节的药俗

端午节是农历五月初五，又称“端阳”“重午”。也写作“端五”“重五”。

关于端午的传说很多。据《荆楚岁时记》说，屈原在五月初五投汨罗江而死，人们在这一天划船竞渡，表示要救他。后来把竞渡的船做成龙形，叫龙舟竞渡。

中国古代把五月特别是夏至节气视为不太吉祥的时候，认为是阴气到达端点而亏，阴恶的害虫萌生之月；而阴恶从五而生，五月五日被古人看作是不吉利的恶时，恰恰正是阳气运行到端点的端阳之时。

积极对付恶月、恶日的办法是以药克。《荆楚岁时记》说五月五日要“采杂药”，杂药的意思就是很多药，古人又称“百药”，且认为五月初五莱肴最为灵验，药越多，效用越大。于是端午节就有了采药的习俗，直到明清时代尚且如此。

七夕乞巧

农历七月七日夜叫七夕，是民间特别是妇女的一大节日。七夕起源于汉代，在古代文献中所能见到的最早的记载出现在东晋葛洪所著的《西京杂记》。

据古代神话传说，牛郎和织女因忤犯天条，被隔在天河两边，每年七夕才可以通过鹊桥相会。每逢七夕，妇女都要进行对月穿针线等游戏，向织女乞求智巧，叫作“乞巧”。南朝梁宗懔《荆楚岁时记》：“七夕，妇女结彩缕，穿七孔针，或以金银鍮石为针，陈瓜果于庭中以乞巧。有喜子（即蜘蛛）网于瓜上，则以为得。”

乞巧节的主要参与者是女孩子，乞巧的主要用具是针，针又有双孔、五孔、七孔、九孔之分。具体有两种乞巧形式，第一种是到了晚上，手里拿着线对着月光穿线，最先穿过去的那个人就是“得巧”，被称为巧手；第二种方式是丢针卜巧，在乞巧节的中午，放一盆水在太阳底下，把针丢进水里，针浮在水面上，再看针在水中呈现的倒影，如果形成花朵、鸟兽的形状就是“得巧”；相反的，如果出现细如线、粗如槌的倒影，就是没能“得巧”。

在中国各地，乞巧节有着各不相同的风俗习惯，虽然表现形式不尽相同，但都各有趣味。

小话中秋吃月饼

“一年明月今宵多”，古人认为中秋晚上月亮最亮，是全家团圆赏月的佳节。宋孟元老《东京梦华录》卷八记载了北宋首都汴京中秋节的盛况：“中秋夜，贵家结饰台榭，民间争占酒楼玩月，丝篁鼎沸。近内庭居民，夜深遥闻笙竽之声，宛若云外。闾里儿童，连宵嬉戏。夜市骈阗，至于通晓。”

中秋节的节日食品是月饼。吃月饼的风俗据记载在唐代已有之；《洛中见闻》中说，唐僖宗在中秋节吃月饼，味极美，当时新科进士正在曲江开宴，唐僖宗便

命御膳房用绫包裹月饼赏赐给他们。

宋代，有关“月饼”的记载开始多起来，宋人喜欢将月亮比喻为“金饼”，如苏瞬卿有句：“云头艳艳开金饼”等，同时，食物中也有了“月饼类”食品，可见于《武林旧事》等书。所以宋代出现月饼是可靠的，但仍不能算是普及。

元末以来流传着张士诚起义时，利用中秋向亲友赠送月饼的机会，在月饼中夹着起义的通知：“八月十五杀鞑子”的说法。无论这个故事可靠与否，但明代开始普遍于中秋节吃月饼确是事实，亦多见于明代方志。清人继承了明代中秋节吃月饼和馈赠亲友的习俗。

重阳·茱萸、菊花和酒

古代每逢重阳，人们都要登高、赏菊、饮酒、佩带茱萸，据说可以避邪去恶。

茱萸属香料，味辛香，可入药，据《风土记》可知，三国时代已有用气味强烈的茱萸插头避除恶气的习俗，至清代仍存。菊花因在九月开放，有“九月菊”之称，东汉《四民月令》说九月采菊，菊花就成了九月和重阳节的象征；唐代王维曾有“无穷菊花节”的诗句，可知重阳节又称菊花节。

宋代陈元靓在《岁时广记》中引《续齐谐记》：“汝南桓景，随费长房游学累年。长房因谓景曰：‘九月九日汝家当有灾厄，宜急去，令家人各作绛囊盛茱萸以系臂，登高饮菊酒，祸乃可消。’景如其言，举家登山。夕还，见鸡犬牛羊一时暴死。长房闻之曰：‘此可代之矣。’今世人九日登高饮酒，妇人带茱萸囊，因此也。”这是关于重阳登高起因的一个传说故事，寄寓着人们消灾避祸的愿望。

除夕

据宋代吴自牧《梦粱录》：“十二月尽，俗云‘月穷岁尽之日’，谓之‘除夜’。士庶家不论大小家，俱洒扫门间，去尘秽，净庭户，换门神，挂钟馗，钉桃符，贴春牌，祭祀祖宗。遇夜则备迎神香花供物，以祈新岁之安。”古人（主要是儿童）除夕终夜不睡，以待天明，叫作“守岁”，据说是“守冬爷长命，守岁娘长命”。宋代孟元老《东京梦华录》卷十“除夕”条云：“是夜禁中爆竹山呼，声闻于外。士庶之家，围炉团坐，达旦不寐，谓之守岁。”

傣族泼水节

傣族是云南特有的民族，民族特色鲜明突出，人们普遍爱好歌舞，舞蹈形象生动，感情细腻，动作多为动物形态的模拟和美化。泼水节是傣族最隆重的节日之一。由于傣族群众在欢度新年佳节时，要举行别具特色的泼水活动，相互泼水祝福，因此其他民族便称这个节日为泼水节。泼水节期间人们相互泼水，具有消灾祛病，祈求幸福吉祥的内在含义。而泼水节在新年又蕴含新的生命、新的希望。

关于傣族泼水节的形成，应从“泼寒胡戏”说起。“所谓苏莫遮之乞寒胡戏，原本出于伊兰，传至印度以及龟兹，中国之乞寒戏当又由龟兹传来也。”有的史学家认为，古代早已有以浇泼净水为戏的风俗，最早记载见于《周书》，曾得到最高统治着的高度重视。后来，这个风俗由宫廷传到民间，至唐中宗时，已经盛行于中国中原地区。

彝族火把节

彝族是一个崇尚火的民族，彝族火把节是所有彝族地区的传统节日，流行于云南、贵州、四川等彝族地区。白、纳西、基诺等族也过这一节日。火把节分为

“大火把节”和“小火把节”两个，节期三天。

每年火把节，彝族人民家家户户都在门前竖起一个火把，是用三四丈长得挺拔的苍松或翠柏，然后用一堆松枝和干柴把苍松和翠柏围成一个巨大的宝塔形，宝塔的顶端再插上一截翠木，将一串串红花、白饼、汉唐的等物挂在翠木上，有的还用彩绳系着一些小水果，缀在火把周围，当地的人们把这个火把叫作“松明楼”。

到了晚上，男女老少都聚集到自己做的松明楼前，把树塔点燃。接着，人们手举火把来到村头、田间。民间传说，过火把节是为了扑灭烟苗的病虫害。

火把节流传至今，已经成为彝族的重要节日。庆祝活动有：斗牛、摔跤、狗后挽回、射箭、选美、赛歌等。

彝族火把节历史悠久，影响深远。火把节充分体现了彝族敬火崇火的民族性格，保留着彝族起源发展的古老信息，具有重要的历史和科学价值。火把节是彝族传统文化中最具有标志性的象征符号之一。

蒙古族那达慕盛会

那达慕大会是草原上蒙古族人民一年一度的传统盛会，大约起源于 13 世纪初，最早描写了那达慕相关活动的是 1225 年铭刻在石崖上的《成吉思汗石文》文中称，成吉思汗征服了花剌子模，为庆祝胜利，在布哈苏齐海地方举行了一次盛大的“那达慕”大会，会上举行了射箭比赛。

“那达慕”，在蒙古语中是游艺、娱乐的意思，每年八月，那达慕在蒙古草原举行。在大会上，骑马、射箭、摔跤是最主要的比赛项目，这三项被称作“好汉三艺”或“男儿三艺”。元、明时期，在那达慕上比赛“好汉三艺”已经比较普遍，并成为那达慕大会的必备内容，还写出了颂词对其进行歌颂。到了清代，那达慕成为有组织、有目的的群众性的游艺活动，除了体育、文艺活动之外，还增加了集市贸易、物资交流等，内容更加丰富。

佛教道教

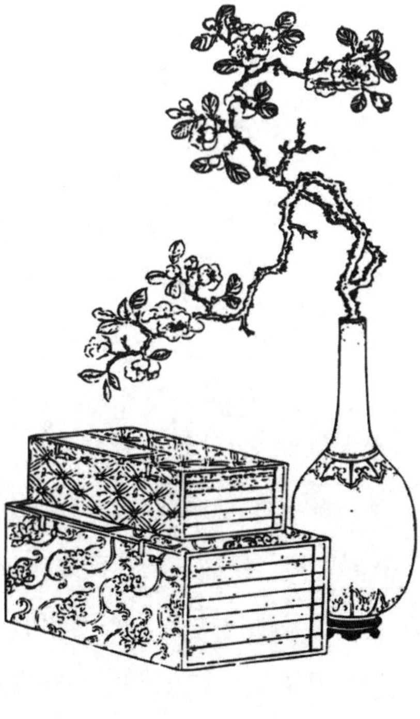

佛　教

中国第一部佛经

中国第一部佛经是由汉代时来华的僧人摄摩腾与竺法兰所译的《四十二章经》。内容主要是阐述早期佛教的基本教理，重点是人生无常和爱欲之蔽。认为人的生命非常短促，世界上一切事物都无常变迁，劝人们抛弃世俗欲望，追求出家修道的修行生活。

中国第一个受戒僧人

三国时期的朱士行（公元 203～282 年）是中国历史上第一个按律受戒出家的僧人，也是中国历史上第一个出国去西域取经的人。

朱士行法号八戒，祖居颍川（今禹州）。魏齐王曹芳嘉平二年（公元 250 年），印度律学沙门昙河迦罗到洛阳译经，在白马寺设戒坛，朱士行首先登坛受戒。他出家受戒以后，在洛阳钻研、讲解《小品般若》，感到经中译理未尽。因为当初翻译的人把领会不透的内容删略了很多，讲解起来词意不明，又不连贯。他听说西域有完备的《大品经》，就决心远行去寻找原本。公元 260 年，他从雍州（今西安市长安区西北）出发，越过流沙到于阗国（今新疆和田一带），果然得到《大品经》梵本。他就在那里抄写，共抄写 90 章，

60多万字。公元282年，朱士行派弟子弗如檀等，把抄写的经本送回洛阳，自己仍留在于阗，后来在那里去世。

中国第一支佛教乐曲

梵呗是赞唱佛、菩萨的颂歌。中国第一支原创的梵呗是由三国时曹操之子曹植所创。

公元229年，曹植封东阿王之后，在东阿潜心著作，研读佛经。在古东阿城东约30里有一座山，叫鱼山，又名吾山。曹植写作、读书之余，常去山上观光游览。据释道世《法苑珠林》记载，曹植“尝游鱼山，忽闻空中梵天之响，清雅哀婉，其声动心，独听良久”，于是“乃摹其音”，据《瑞应本纪经》写成《太子颂》等梵呗。在《法华玄赞》中也有类似记载，曰：“陈思王登鱼山，闻岩岫诵经，清婉遒亮，远谷流声，而制梵呗。”

中国第一座寺庙

中国第一座寺庙是创建于东汉明帝永平十一年（公元68年）的河南洛阳东郊的白马寺。它是佛教传入后，由官府营建的佛寺。

史载：东汉永平七年（公元64年），汉明帝刘庄因夜梦金人，遣使西域拜求佛法。三年后，汉使及印度二高僧摄摩腾、竺法兰以白马驮载佛经、佛像抵洛，汉明帝躬亲迎奉。东汉明帝永平十一年，汉明帝敕令在洛阳雍门外建僧院，为铭记白马驮经之功，故名该僧院为白马寺。

人生八苦

佛教将人生之苦分为八种，分别为：生、老、病、死、怨憎、爱别离、求不得、五阴盛。

生苦：出生，是人生痛苦的开始。

老苦：心理和身体上的衰老常常生出许多病痛。

病苦：人自出生以后，就与疾病结下了不解之缘，生病的滋味是苦。

死苦：人从落地那天起，就在向死亡和坟墓迈进。

怨憎苦：碰到自己厌恶、憎恨的人和事情，怨憎交加是苦。

爱别离苦：与自己所爱的人或事物离别的痛苦。

求不得苦：自己的追求、欲望、爱好得不到满足而带来的痛苦。

五阴盛苦：人对永恒生命追求而不得所产生的痛苦。这种苦是人生一切苦的综合，七苦都由此产生。

六道轮回

佛教认为这个世界由所谓六道组成，众生就是在这六道中不断地轮回流转；人做善事，死后进天国；做恶事，死后转生即变成畜生、饿鬼、下地狱；不信佛教者，始终在“六道”中升沉，不得解脱。

天道：天道众生活的自由自在，长寿而没有烦恼，是六道之首。但是他们迷恋于世俗享乐，当业力耗尽他们的福报，就会堕落到其他五道中去。

人道：人道众的受生方式是胎生，在人的一生中要受到许多痛苦。

阿修罗道：此道中的众生福报极大，寿命很长，与天界众生差别不大，所以又被称作“非天”。但是，由于嫉妒心重而好战，在与天界开战时，阿修罗往往战败，受到极大痛苦。

畜生道：此道众生散居于天上、地面、地底及水中，畜生们大都愚蠢而且缺乏精密的思考能力，所以它们不可能积累善业。此外，畜生还要忍受寒热和饥渴，在自然界中自相残杀。

饿鬼道：饿鬼道的众生没有食物和饮料，一般都是大肚子和小脑袋的形象；吃食物时，喉咙会有烧灼的感觉。饿鬼道所受的苦比畜生道众生更大，但是其智力足以了解佛法，不像畜生那样愚蠢。

地狱道：在六道之中，地狱道众生所受之苦最为可怕。地狱道又可细分为八大寒地狱、八大热地狱，近边地狱和孤独地狱四大部分。

佛教的戒律

佛教戒律按照信徒的不同类别分为三种。

一、在家居士持“五戒”，即戒杀生，戒偷盗，戒邪淫，戒妄语，戒饮酒。

二、沙弥、沙弥尼所持“十戒”，即不杀生，不偷盗，不淫，不妄语，不饮酒，不涂饰香料，不歌舞视听，不做高广大床，不非时食，不蓄金银财宝。

三、比丘、比丘尼所持“具足戒”，据《四分律》，比丘的“具足戒”有 250 条，比丘尼的“具足戒”有 348 条。

和尚为什么要吃素

在佛教初创时期，并没有要求信徒一定要吃素。

到了南朝梁武帝时期，僧人们才渐渐只吃素。梁武帝萧衍是一个虔诚的佛教徒，他认为食肉就是杀生，违背了佛教“不杀生”的戒条。他发誓断除酒肉，假如再喝酒吃荤，杀害生灵，甘愿受鬼神制裁，并将堕落到阿鼻地狱；他又规定宗庙祭祀用面粉代替牲畜。梁武帝严格遵守誓言，他头戴葛巾，身着布衣，脚穿草鞋，每天只吃豆羹粗饭。僧人们在梁武帝的带动下，也严格吃素食，并以素食招待客人。时间一长，吃素就逐渐成了寺院里的一种必须遵守的戒律。

念珠

念珠是佛教徒念佛时计诵经次数的串珠，又称佛珠或数珠。据《旧唐书》：“辅国不茹荤血，常为僧行，视事之隙，手持念珠。”

念珠一般由 108 颗珠子组成一串，故又名百八丸，也叫百八牟尼，简称百八。如宋代陶穀《清异录器具》云：“和尚市语，以念珠为百八丸。”又如明代黄粹吾《续西厢》云：“我将手中百八不相忘，向蒲团跏趺里时合掌。”

念珠一般是用菩提子做的。唐代义净译《校量数珠功德经》云：“若用菩提子为数珠者，或时掐念，或但手持，诵数一遍，其福无量。”唐代陆龟蒙诗句中也有“暗数菩提子，闲看薜荔花”的句子；菩提子是菩提树的果实。此外，念珠也有用香木车成小圆粒做成的，也有用玛瑙、玉石等制成的。

袈裟

“袈裟”一词起于梵文，原意为“不正色”“坏色”。一般用以称佛教法衣，因为僧人穿着的法衣用“不正色”布制成，故称法衣为袈裟。

据《释氏要览》记载，袈裟有五种功德：

一、佛徒虽曾有种种邪见，但若能真心敬重袈裟，可以达到三乘的果位；

二、天龙人鬼，如能敬重袈裟，可在三乘解脱道路上不退转；

三、若有鬼神诸人，得袈裟，即可有充足的食物；

四、若众生互相冲突，想到袈裟的神力，便可产生慈悲之心；

五、如有袈裟一小块，恭敬尊重，常胜于他人。

三大戒台

中国的戒台创始于南朝时期。在现存的戒台中，以北京戒台寺戒台、浙江杭州昭庆寺戒台、泉州开元寺戒台最为著名，并称为中国的“三大戒台”。其中又以北京戒台寺的戒台最为著名。

戒台寺坐落于北京市门头沟区的马鞍山上，始建于唐代武德五年（公元622年），初名“慧聚寺”，辽代时在寺内建立了戒台，而现存的建筑多为清代重建。寺中戒台位于寺的西北部，坛基以精美的汉白玉雕成，整个戒台为三层，高约3米，上面有莲花宝座，塑有释迦牟尼坐像。戒台周围还塑有13个戒神像。

中国古代四大佛典译师

鸠摩罗什

鸠摩罗什（公元 344～413 年），是中国佛教史上具有划时代意义的人。他是龟兹人，父亲原是国相，7 岁时随母亲出家，长大后精通佛法，成为一代宗师，声名远播。前秦君主苻坚征服龟兹，想把他接到长安，但因后来亡国，使鸠摩罗什在后凉滞留达 16 年之久。之后，后秦君主姚兴将其接到长安，让他安心从事翻译佛经的工作，最后圆寂于长安。

鸠摩罗什在长安组织了中国历史上第一个官办性质的译经场，与弟子共译出佛典 74 部 384 卷。主要有《妙法莲花经》《阿弥陀经》《中论》《十三门论》等。他的翻译以意译为主，而且注意修辞，译文流畅，很有文采。

真谛

真谛是印度优禅尼国人，精通大乘佛教，在南北朝梁武帝时携带大量梵文经典乘船来到梁都建康。正准备开始译经时，发生“侯景之乱”，于是他辗转来到富春，才开始译经。之后他又多次辗转各地，在兵荒马乱的年代里，他始终坚持译经。

真谛及其弟子共译出佛典 49 部 142 卷，著名的有《无上依经》《十七地论》《摄大乘论》等。

玄奘

玄奘（公元 602～664 年），通称三藏法师。俗称唐僧。唐代高僧，佛教学者，旅行家，唯识宗的创始人之一。玄奘本姓陈，名祎，洛州（今河南偃师缑氏镇）人。

玄奘在国内遍访名师，感到所说有分，难得定论，便决心到天竺学习，求得真义。唐太宗贞观三年（公元 629 年），另一说为贞观元年，从凉州出玉门关西

行赴天竺，在那烂陀寺从戒贤受学。后又游学天竺各地，并同一些学者展开辩论，名震天竺。经历了 17 年，贞观十九年回到长安。译出经、论 75 部，凡 1335 卷。多用直译，笔法谨严。所译经籍，对丰富祖国文化有一定贡献，并为古印度佛教保存了珍贵的典籍，世称“新译”。他曾编译《成唯识论》，论证“我”（主体）、“法”不过是“识”的变现，都非真实存在，只有破除“我执”“法执”，才能达到“成佛”境界。撰有《大唐西域记》一书，为研究古代印度、尼泊尔、巴基斯坦、孟加拉国以及中亚等地历史地理考古的重要资料。

不空

不空，原名智藏，狮子国（今斯里兰卡）人，唐代时来华，“开元三大士”之一，对中国密宗的形成产生了重要的影响。不空随其师金刚智先来到洛阳，后又到长安，然后他在长安大兴寺设立道场，翻译密宗经典，度僧受戒，使密宗在中国的影响大增。

不空及其弟子共译出佛典 100 多部，主要是密宗经典，影响最大的是《金刚顶经》等。

禅宗及禅宗的传承谱系

禅宗是中国佛教的重要宗派，印度佛教只有禅而没有禅宗，禅宗是纯粹中国佛教的产物。

南朝宋末菩提达摩由天竺来华传授禅法而创立。由达摩而慧可（公元 487～593 年）、僧璨（？～606 年）、道信（公元 580～651 年），至第五世弘忍门下，分成北方神秀的渐悟说和南方慧能的顿悟说两宗，有“南能北秀”之称。但后世唯南宗顿悟说盛行，主张不立文字，教外别传，直指人心，见性成佛。

禅宗兴起后，用通俗简易的修持方法，取代佛教其他各宗的烦琐义学，流行日广，影响及于宋明理学。慧能门下，有南岳怀让、青原行思两系。后南岳系下分为沩仰、临济两派；青原系下分为曹洞、云门、法眼三派，世称五家；在临济下又有黄龙、杨岐两派，合称五家七宗。南宋以来，唯临济、曹洞两派盛行，且流传到日本，余均不传。

慧能弘法

慧能（公元 638～713 年），俗姓卢氏，唐代岭南新州（今广东新兴）人。佛教禅宗祖师，得黄梅五祖弘忍传授衣钵，继承东山法门，为禅宗第六祖，世称禅宗六祖。

唐代龙朔元年（公元 661 年），慧能于街市听闻《金刚经》开悟，同年，赴黄梅向禅宗五祖弘忍求法，八个月后，能作“菩提本无树，明镜亦非台。本来无一物，何处惹尘埃”的佛偈，五祖向慧能秘传衣钵，令其出外躲避。乾封二年（公元 667 年），慧能至曹溪，后来遁入猎人队伍；仪凤元年（公元 676 年），慧能在广州论解“风动，幡动”；同年，慧能当众展示五祖衣钵，剃度出家。仪凤二年，慧能率众至韶州，正式开坛说法。

鉴真

鉴真（公元 688～763 年）是日本律宗的创始者，本姓淳于，扬州江阳县（今江苏扬州）人。

鉴真 14 岁出家，22 岁受具足戒，寻游两京，遍研三藏，后住扬州大明寺，专宏戒律。唐代天宝元年（公元 742 年），鉴真应日本僧人荣叡、普照等邀请东渡，几经挫折，至天宝十二载第六次航行，与比丘法进、昙静，尼智首，优婆塞潘仙童等始达日本九州萨摩秋妻屋浦（今日本九州南部），第二年，鉴真在奈良东大寺建筑戒坛，传授戒法，为日本佛教徒登坛受戒之始。

律宗

律宗是中国佛教宗派之一。由研习和传持戒律而得名。相传释迦牟尼为约束僧众，制订各种戒律，后各部派佛教对戒律理解不一，故流传的戒律也有差异。东晋后各种戒律传入中国，以《四分律》流传最广。《四分律》为唐道宣加以会通，并在终南山创立戒坛，制订佛教授戒仪式，遂成宗派。

道宣把佛教分为"化教"（定、慧二学）和"制教"（戒学）二类。化教又分成性空教、相空教和唯识圆教。制教又分为实法宗、假名宗、圆教宗。道宣将自创之宗派称为圆教宗，以心法为戒体。又将戒分为止持（诸恶莫作）、作持（诸善奉行）二门。认为《四分律》内容上教众生"自利利他"，共成佛道。唐天宝年间，律宗由鉴真传入日本。

五百罗汉

关于五百罗汉的来历，佛经中说法不一。有说他们是跟随释迦牟尼听法传道的五百弟子，有说他们是参加第一次结集三藏或第四次结集三藏的五百比丘。还有一种说法，说他们前身是五百只大雁。一次，雁王误入猎人网中，猎人将取杀之，一雁在雁王前悲鸣不已，五百大雁亦在半空盘旋不去。猎人见了大为感动，

放了雁王，雁群高兴地随雁王飞去。这雁王即释迦牟尼，五百雁是五百罗汉。又有一说，说五百罗汉的前身是五百只蝙蝠，住在一棵大枯树的树洞中，一群商人在树下烧火取暖，不慎烧着枯树。有个商人在树下诵经，蝙蝠们太爱听佛经了，大火烧身亦不离去，最后与枯树同归于尽。它们以后托生为人，后来修成五百罗汉。再有一说，说他们是受佛祖感召的五百强盗，放下屠刀，而成罗汉的。此外，还有一些别的说法。

在五百罗汉来历的各种说法中，有相当一部分当是一些佛教理论家虚张声势，以扩大佛教影响，是为了宣传佛教的感召力而出现的。

到了南宋，高道素由各经中录出五百之数的名号，想方设法把他们一一“落实”了，并刻了一通《江阴军乾明院五百罗汉名号碑》。此后，这件赝品不胫而走，各地罗汉堂五百罗汉名号，皆援用其名。这样一来，反而起到了弄虚成实的效果。

现存的五百罗汉塑像在中国有二十余处，各处造型不尽相同。

十八罗汉

罗汉本是古天竺语的音译，初译“阿罗汉”，又译阿虑汉，俗称为“罗汉”。

佛教故事说，释迦牟尼去世时，就对身边许多弟子中的四个弟子说，你们不必“涅槃”了，就留在世间普度众生吧。这就是四大比丘、四大闻声，也就是通常说的四大罗汉。天地间太广阔了，东南西北，一个罗汉掌握一方任务太重，得充实力量，于是，四四一十六，又出现了十六罗汉的说法。

罗汉由十六位扩充到十八位，是中国人的创造。增加的是斯里兰卡的庆友和中国的玄奘。到了清代乾隆年间，乾隆皇帝与章嘉活佛认为庆友和玄奘不应身居十八罗汉之列，商定补上降龙罗汉和伏虎罗汉，十八罗汉就此钦定。

“布袋和尚”与弥勒佛

“大肚能容，容天下难容之事；开口便笑，笑世上可笑之人”。走遍天下名寺圣刹，到处可见大腹便便的“皆大欢喜”大肚弥勒佛。

据《宋高僧传》《佛祖历代通载》载，这大肚弥勒和尚就是历史上著名的“布袋和尚”。真名契此，又号长汀子，五代时吴越奉化人。契此在世时，常常以杖背一布袋入市，人叫“布袋和尚”。他见物即乞，出语无定，随处寝卧，形如疯癫。据说，他算卦极准，“示人吉凶，必应期无忒”。曾作这样一首歌传世：“只个心心心是佛，十方世界最灵物，纵横妙用可怜生，一切不如心真实……万法何殊心何异，何劳更用寻经义。”临死前，他端坐于岳林寺盘石上，说偈：“弥勒真弥勒，身份千百亿，时时示时人，时人自不识。”故后人在名寺圣刹处，多塑（雕）他的形象以示弥勒佛身分千百亿处。

中国佛教四大名山

五台山

五台山在山西省五台、繁峙二县境内，属太行山的一个支脉，相传是文殊师利菩萨应化的道场。因为“岁积坚冰，夏仍飞雪，曾无炎暑”，所以五台山又称“清凉山”。

五台山由五座山峰环抱而成，峰顶宽平如台。北魏时期就此建造佛寺。北齐时，五台寺院达200余座。隋文帝时，又下诏在五个台顶各建一寺。唐代关于五台山为文殊菩萨显灵说法之地的传说更加广为流传，狮子国（今斯里兰卡），南天竺（今印度南部）和日本等国的僧人亦来此朝拜。此时寺院已臻极盛，规模宏大。敦煌莫高窟现存的《五台山图》，反映了五代时期五台山寺院的兴盛场面。宋、元、明以及清初，各代皇帝均曾敕建寺院。据20世纪50年代统计，全山有汉僧寺院97处，喇嘛寺25处。

现存寺庙台内有显通寺，塔院塔等39座，台外有佛光寺、南禅寺等8座。五台山还保存了大量具有很高艺术价值的雕塑、碑刻、墓塔及佛经等。

普陀山

普陀山在浙江省普陀县，为舟山群岛的一个岛。相传此处是观音菩萨显灵说法的道场。唐代以前本称梅岭山。传说，大中年间有一印度僧人来到此地，亲睹了观音菩萨现身说法，并授以七色宝石，所以，称此是为观音显圣地。佛经中有观音住南印度普陀洛伽山之说，故略以称岛。

五代时，日本僧人慧锷以五台山得观音像取归回国，船至此地，遇到大风，不能前进，于是他将观音像留下，创建不肯去观音院。自北宋以来，普陀山的观音信仰日盛，寺院渐增，僧众云集。明、清两代更是大力兴建寺院，著名寺院有普济寺、法雨寺和慧济寺等。

峨眉山

峨眉山在四川省峨眉县西南，因山势逶迤，两峰对峙如峨眉而得名。相传是普贤菩萨显灵说法的道场。传说，古时有一老翁入此山采药，见到了普贤菩萨。

峨眉山在魏晋时开始建造佛寺，最著名的有黑水寺和普贤寺。唐、宋时期增修寺宇，北宋太平兴国六年（公元 980 年），造了一尊重达 62 吨的普贤铜像置于白水寺（今万年寺）。

九华山

九华山在安徽省青阳县，原名为九子山，传说李白以山有九峰如莲花而改名九华山。相传为地藏菩萨显灵说法之道场。

传说，地藏菩萨降生于新罗王族，名金乔觉，于唐天宝年间航海到中国，贞元年间圆寂于此山中，山上寺院有 80 余处，其中以化城寺为中心，相传此处为地藏菩萨成道处。

四大石窟

莫高窟

莫高窟是敦煌石窟群的主要组成部分，开凿在今甘肃敦煌区东南 25 公里鸣沙山东麓的玉门系砾岩的断面上。据记载，始凿于前秦建元二年（公元 366 年），至唐初有“窟龛千余”，现存十六国、北魏、西魏、北周、隋、唐、五代、宋、西夏、元等洞窟 492 个。彩塑 3000 余身，其中圆雕塑象 2000 余身，影塑 1000 余身，壁画 45000 余平方米，唐宋木构窟檐五座。全部洞窟是建筑、彩塑、壁画相结合的统一体。

石窟的建筑形制有三类，即：传自西域印度僧的房式禅窟，塔庙式中心柱窟和覆斗顶殿堂窟。

由于属于玉门系砾岩，不能雕刻，所以石窟的主体是彩塑。莫高窟的壁画年代分期基本同于雕塑，分早、中、晚三个时期。内容可分七类：

佛像、佛经故事、经变题材、佛教史迹、供养人、有些直接或间接反映当时劳动生产和社会生活情景。

莫高窟的艺术发展多受西域佛教艺术影响，除借鉴佛像造像格式外，还吸收了人体解剖和明暗晕染等技法。

云冈石窟

云冈石窟位于山西大同16公里武州山南麓，石窟依山开凿，东西绵延1公里，现存53个洞窟及许多小窟，共计1100多座小龛，造像5.1万多尊。

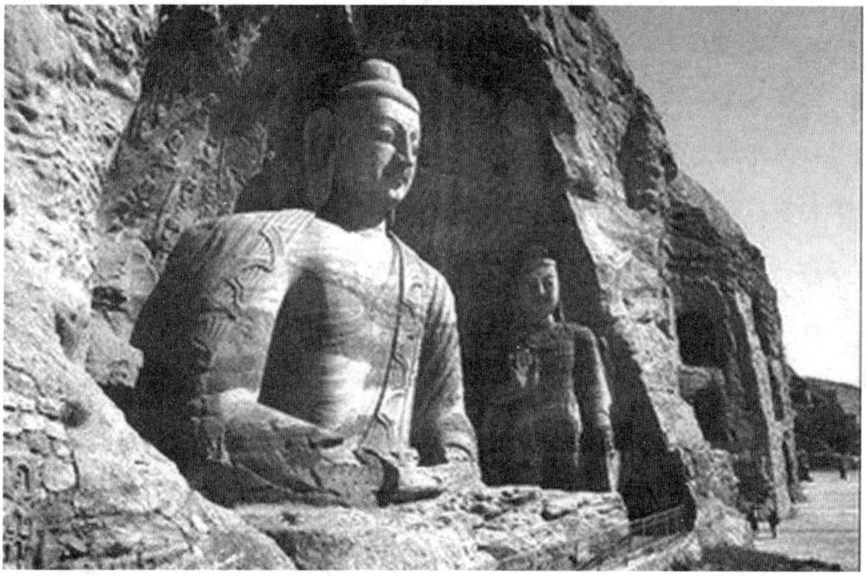

开凿始于北魏文成帝和平元年（公元460年），分为三期：第一期开凿昙曜五窟，窟室多模拟平面椭圆形，穹窿顶草庐形式，受犍陀罗艺术影响，造像面相方圆，目深鼻高，衣服质感厚重。第二期约至孝文帝迁都洛阳前。是石窟营建盛期。主要五组：第七、八窟、第九、十窟、第一、二窟、都是双窟，以及另一组第十一、十二、十三窟。第三窟亦在此时开凿。第三期是在孝文帝迁都洛阳（公元494年）后至孝明帝正光年间。隋唐亦有修建，第三窟三尊大像，可能是初唐开雕，辽金在云冈建过寺院和窟檐建筑。开凿在砂岩上，全部题材均用圆雕、浮雕等表现。雕像原色彩已脱落，现有色彩均系后世重妆。

龙门石窟

龙门石窟亦称伊阙石窟，位于河南洛阳南 25 公里的龙门山（又名伊阙）。北魏孝文帝于太和十八年（公元 494 年）由平城迁都洛阳，龙门遂成了继云冈后又一个皇室贵族开窟造像的中心。

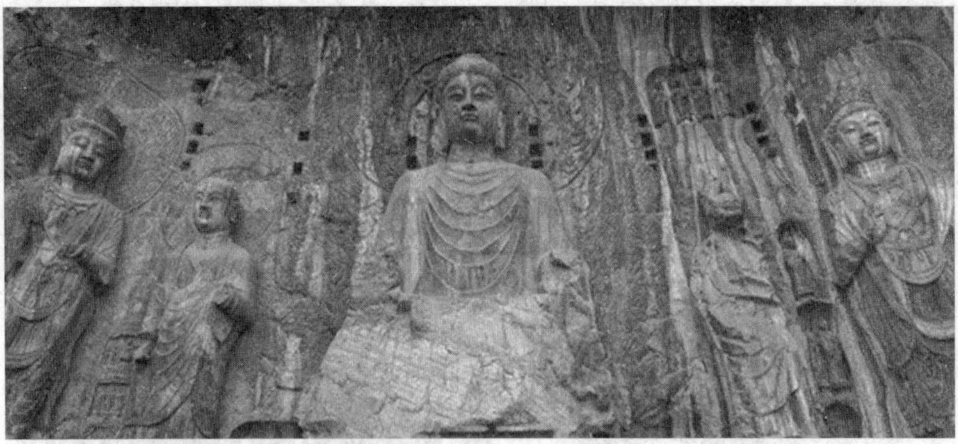

现存窟龛 2100 多个、造像 10 万余身、佛塔 40 余座、碑刻题记 3600 多块。从北魏太和年间起经东魏、西魏、北齐、北周、隋、唐、五代、北宋和金，直到清末一千余年间凿造不断，北魏是它凿建的第一盛期，造像比云冈石窟的更趋汉化。唐代是第二盛期，造像进一步世俗化。龙门石窟聚集了佛教各宗派的造像，还留下了大量的碑碣石铭等古代书法珍品，比如龙门二十品、五十品、褚遂良书写的《伊阙龛碑》三碑，是研究我国古代书体变迁史的宝贵资料。

麦积山石窟

麦积山石窟位于甘肃天水东南 45 公里处秦岭西端。洞窟开凿在陡峭崖壁上，始凿于后秦，此后经过西秦、北魏、西魏、北周、隋、唐、宋、元、明、清各代开凿和重修。现存最早的雕塑作品相当于北魏早期，尤以北魏、西魏、北周及宋作品最具特色。

北魏多小型平顶方窟，三面开龛造像，题材多三世佛，前期面相方圆，深目高鼻，受西域造像风格影响，后期造像增多，并出现秀骨清像和褒衣博带形式。

常以现实生活中人物为原形，泥塑像多等身大小，薄妆淡彩，塑制精细，形象亲切动人。北周多方形四面坡顶洞窟，造像题材以七佛为主，形体丰满圆润，颈短肩宽，腹部较突出。上七佛阁（四窟，俗称“散花楼”）仿木构建筑开凿，是北周规模最大的一窟，其上以薄肉塑和壁画相结合而绘制飞天形象轻柔婀娜，为石窟中所仅见。宋泥塑以165窟为代表，供养菩萨摆脱了宗教艺术程式化束缚，技法细腻，更接近现实中的妇女形象。

道 教

道教的起源

鬼神崇拜，即上古时代先民对天帝和祖先崇拜而产生的巫文化，影响了道教的神仙系统和斋醮（jiào）科仪。

方仙信仰，即先秦的方士们想象在山岳和海滨有仙人，通过他们可以求得长生之药，影响了道教的神仙信仰和炼丹术。

黄老学说，即先秦时以黄老为代表的道家文化，以及先秦其他学派的思想，影响了道教的教理。

道教的善恶报应观

道教的善恶报应观，最初认为人道依天理循环，即善恶承负。“承负”之说源自《太平经》，意思是说，前人有果实，要由后人来承受过责；前人有负于后人，后人是无辜受过，这叫承负。换句话说，即前人惹祸，后人遭殃，如果为善的话，则是前人种树，后人乘凉。

造成承负的原因，《太平经》中有两种说法，一是认为天道循环，自然有承负，因重复过去，所以便流传后世；这样，个人的祸福便与个人行为之善恶毫无因果关系，一切听任天道循环，受其承负。二是认为古时并无承负之灾，但到后世，以浮华传学，违背天道之要意，所以产生了承负之灾。

天道的循环承负报应，是因人作恶和嗜欲造成的，并给后人和自然界、社会带来极大危害，为免人们遭受危害和灾祸，人们应当学道、信道、修道，以解除承负之厄。信道修道就是要求人们遵循“道”的行为准则，按“道”意来处世行事，积功累德，好善利人。

道教的两大派别

符箓派也叫符水道教，来源于古代的巫祝方术，它是一种利用符、图等请神驱鬼、趋吉避凶的活动。其主要派别有：五斗米道、太平道、北天师道、南天师道、上清派、灵宝派、龙虎宗、茅山派、正一道、太一道、真大道、清微派、神霄派、东华派等。

金丹派也叫丹鼎派或炼养派，是借助服食外丹或修炼内丹等途径，达到成仙得道的目的。其主要派别有：钟吕金丹道、全真道、金丹派南宗、丹法东派、丹法西派、丹法中派、伍柳派等。

外丹术和内丹术

隋唐是外丹炼丹术的黄金时代，特别是唐代，许多帝王宠信方士，迷信神仙方术，炼丹术因而得到了很大发展，加上许多文人学者热衷于问道寻仙、炼丹制药，出现了不少著名的炼丹家和内容丰富的炼丹著作，其中对后世影响最大的是孙思邈及其弟子。

因为外丹术所炼金丹多致人性命，所以方术士不得不改弦更张，由外丹向内丹转变。受佛教禅宗的影响，在道教静功逐渐神秘化的情况下，模拟自然的外丹理论就转变为模拟自然的内丹理论。将代表物质和物质变化的术语，改为代表人体的生理机构和生理变化现象，成为后世道教神仙术中最神秘的内容，也是道教丹鼎派教义的核心。

符咒

符咒是重要道术。咒与祝、诅，在道书中通用，是与神灵取得联系的语言，大抵承继古巫祝之术而来。同符一样，咒也是感召神灵，以达到所祈求之目的的法术。

道教符咒的名目繁多，每一个“符”都配有一个“咒”，并以诀助之，但“咒”不一定配有“符”。符咒似同斋醮，几乎凡遇事有所求者，道教均有相应“符咒”。道教行符咒之术，既以感应神灵，所以特别强调“诚”，心不诚则其术也不灵。行符咒之术而不灵验，道教认为是因为不心诚，非其神不灵。所以行符咒者，要正心诚意，凝神存想，以清心静虚为本，以正直无私为威。

仙药概说

道教的“服食”又名“服饵”，就是通过服食草木和金石之药而长生的方术，它所积累的众多服食之方，尤其是草木药方，现在仍具有药用的研究价值。

神仙家起初所认为的“仙药”大概是虚幻之境中的芝草、仙果、琼浆、玉液，但随着寻仙求药活动的失败，他们在修仙实践中又逐渐尝试了许多实际存在的矿物、植物，甚至是动物药品，道教继承了神仙家的这些仙药，把所服的药物分为草木药和金石药两类。

草木药在葛洪的《抱朴子》一书中主要有：五芝，即石芝、木芝、灵芝、草芝、菌芝，茯苓、地黄、麦门冬、天门冬、重楼、黄精、黄连、石韦、胡麻、甘菊、枸杞、松柏脂、远志、五味子、菖蒲等；其他书中还有人参、大枣、甘草、杏仁、桃仁、竹实、干姜、覆盘子、苁蓉等。这些草木药对中国的中医发展起了很大作用。

金石药常见的有：丹砂、雄黄、雌黄、石硫黄、云母、云英、云沙、云液、曾青、慈石、石英、钟乳石、赤石脂等。以上诸药可以单独服用，也可以将诸金石药配合后服用。

道教的戒律

道教的戒律是约束道士言行，防止违反教规的警戒条文，其目的是为了教诫、劝诫教徒们止恶从善、舍妄归真，道教一直将其视为修德理身的规范，积功累行的路径。

一般认为，最早的道教戒律是五斗米道的《老君想尔戒》，传说都是神人的诰谕，教导信徒有所为，有所不为。

道教戒律的种类很多，律条有简有繁，制约有松有紧，总的来说，有上品戒、中品戒和下品戒之分。道教中的戒律主要有三戒，即皈依戒、皈神戒、皈命戒。五戒，即不得杀生、不得茹荤酒、不得口是心非、不得偷盗、不得邪淫；八戒，即不得杀生以自活、不得淫欲以为悦、不得盗他物以自供给、不得妄语以为能、不得醉酒以恣意、不得杂卧高广大床、不得普习香油以为华饰、不得耽著歌舞以作娼伎。此外还有九戒、十戒、老君二十七戒等。

道书的分类法

道教经书首由南朝宋代道士陆修静于泰始年间编成《三洞四辅目录》，后宋代张君房和明代邵以正督校《道藏》，仍以三洞四辅分类，故三洞四辅成为道藏分类的代称。

三洞指洞真部、洞神部、洞玄部，四辅即太玄部、太平部、太清部、正一部。三洞是经，四辅是对三洞经文的论述和补遗，太玄辅洞真，太平辅洞玄，太清辅洞神，正一则为以上各部的补充。

道藏

道家经书出现于东汉末年，而道经之汇集则始于南北朝。南朝宋代道士陆修静于泰始年间编成《三洞经书目录》1228 卷，为最早的一部《道藏》书目。《隋书》载有经戒、服饵、房中、符箓等类共 1216 卷。唐代道教大盛，玄宗命崇玄馆道士编成《开元道藏》，广为流传，后毁于战乱。宋真宗命王钦若主编道教经典《宝文统录》，凡 4359 卷。六年后，张君房增修为 4565 卷，按三洞四辅分类，名曰《大宋天宫宝藏》。金章宗明昌年间，由道士孙明道辑成《大金玄都宝藏》。元代道藏由宋德方、秦志安等主编，称《玄都宝藏》。明正统年间，复由邵以正督校刊成《大明正统道藏》，仍按三洞、四辅、十二类分类。明万历年间又有

《万历续道藏》刊行。清彭定求编有《道藏辑要》，闵一得编有《道藏续编》。《道藏》索引以今人翁独健编的《引得》最为完备。

奇书《阴符经》

《阴符经》全名《黄帝阴符经》，作者不详，有多种说法。出书年代也不能确知。估计约在 6 世纪中叶成书。凡 1 卷，分 3 篇，上篇以阴阳五行理论来解释“天下苍发，万变定基”的道理；中篇论述天地盗物，万物盗人，人盗万物的盗机关系；下篇强调遵循天道，守视自养，达到长生。

《阴符经》以老庄之学为基础，用天人相盗理论解释万物与人和社会间的关系，暗合天道，善用天机，是修道务要。在中国道教史和哲学史上有一定地位。历代注疏不绝，唐李荃、张果的《阴符经注》和宋朱熹的《阴符经考异》较为著名。

南北朝道教的三次改革

南北朝的道教改革中大的有三次，分别是北朝道教改革、南朝宋代道教改革和南朝梁代道教改革。

北朝道教改革的改革人物是北魏太武帝和寇谦之，创立了北天师道，改革内容为：废除交纳五斗米旧制，一年只交纸 30 张，笔一管，墨一挺；尊老子为太上老君，理顺道教信奉的群仙体系；把原始道教变成贵族和平民都能信奉的正规道教；设立道坛，以礼拜求度为主，辅以炼气服食。

南朝宋代道教改革的改革人物是宋文帝、宋明帝和陆静修，创立了南天师道，改革内容为：整理了道教典籍；规范了道教戒律和斋醮仪式；整顿道教组织，使它适合统治者的要求；始创服饰制度。

南朝梁代的道教改革的改革人物是梁武帝和陶弘景，创立了茅山宗，改革内容为：建立了神仙谱系；发展了道教的修炼理论；儒、释、道三教皆修。

张天师

张天师（约公元 34～156 年），即张道陵，字辅汉，东汉沛国丰邑（今江苏丰县）人。

传说张道陵是张良的八代孙，曾为巴郡江州（今重庆）令，后来辞官归隐。他自称太上老君授他《正一盟威符箓》，让他推行“正一盟威道”，封他为“三天法师正一真人”。他于汉安元年（公元 142 年）创立五斗米道。汉桓帝永寿二年（公元 156 年），他在云台峰白日升天，是年 123 岁。

“小仙翁”葛洪

葛洪（公元 284～364 或 343 年），字稚川，自号抱朴子，晋代丹阳郡句容（今江苏句容）人。葛洪是三国方士葛玄之侄孙，世称小仙翁。他曾受封为关内侯，后隐居罗浮山炼丹。

葛洪将玄学与道教纳为一体，将神学与道学纳为一体，将方术与金丹融为一体，将儒学与仙学融为一体，他使道教理论化、缜密化，并得到统治阶级的认同，提高了道教的地位，在炼丹术方面，更是起到了承前启后的作用。

王重阳

王重阳（1112～1170 年），道教全真道的创始人，原名中孚、威德，入道后改名喜，字知明，号重阳子，咸阳人。

王重阳出身地方望族，金代天眷初年中武选甲科，善骑射，好侠义，不理家业。传说他 48 岁时在甘河镇（今陕西户县）遇仙，得到修炼秘诀，遂弃家入终南山修道。金世宗大定七年（1167 年），王重阳入山东，先后在文登、宁海、登州、莱州建立三教七宝会、三教金莲会、三教三光会、三教玉华会、三教平等会，布道说法。收马钰、谭处端、刘处玄、丘处机、王处一，郝大通、孙不二（女）为徒（后称“北七真”）。

元世祖追封其为“重阳全真开化真君”，武宗又加封其为“重阳全真开化辅极帝君”，全真道尊其为北五祖之一。著有《重阳全真集》《重阳教化集》《主教十五论》。

全真道

全真道亦称全真教、全真派、金莲正宗，与正一道同为元代以后道教的两大宗派。由金代王重阳在山东宁海全真庵聚徒讲道时所创。认为“识心见性”即是全真，主张道、释、儒三教合一，以《孝经》《心经》和《道德经》为典籍。

元代大力扶植道教，成吉思汗曾召见王重阳弟子丘处机，赐号“神仙”，爵“大宗师”，掌管天下道教。丘处机仿照佛教建立全真丛林制，主张出家修真，全神炼气，通过自我修炼得道成仙。该教道士须出家素食，清规戒律与佛教相似。

张三丰和武当道派

武当山很早就是道教圣地，也有各种不同道派传入，一直到明代张三丰在武当山创立武当派，才使武当山名声大振。

西晋谢道通、南宋刘虬、唐代姚简、五代宋初陈抟，都曾在武当山隐居修道。宋真宗时，正一派传入武当山，传下大茅派、三茅派、火居道等支派。宋高宗时，上清派传入武当，世称“武当五龙派”。元代至正年间，全真派和正一道的清微派传入武当，世称“武当清微派”。

明代时，全真教一系道士张三丰，在武当山创立武当派，官方将其归为全真道。张三丰是辽宁辽阳人，曾为中山博陵县令，后来弃官出家为全真道士，于终南山遇火龙道人传以丹诀，道法精进。明太祖时，他带着弟子入武当山修炼多年，后离开武当出游四方，不知所终。张三丰融会文始丹法与少阳丹法，创以清静阴阳、双修双成为特点的三丰丹法。他观鹤蛇相斗，参合少林外家拳法，创武当内家拳。

道教有多少个“天”

天界是神仙的主要居所，根据中国传统和佛教观点，道教先后产生了九天说、三十二天说和三十六天说的观点，后来，三十六天成为通用说法。

九天说分别是郁单无量天、上上禅善无量寿天、梵监须延天、寂然兜术天、波罗尼密不骄乐天、洞元化应声天、灵化梵辅天、高虚清明天、无想无结无爱天。

三十二天说包括三界二十八天和四梵天四天。“三界”指欲界、色界、无色界。其中，下层欲界六天，欲界的人有凡间的形体，有欲望，是通过阴阳交合而胎生的；中层色界十八天，色界的人也有凡间的形体，但没有欲望，阴阳不交，化育而成；上层无色界四天，无色界的人没有凡间的形体，没有欲望，但仍有形，只是自己看不见，只有真人才能看见。三界之人，可以长寿，但不能不死，

是道行较低的神仙。四梵天四天，也叫四种民天，四梵天的人长生不死，是真正道行高深的神仙。

三十六天说是在三十二天说的基础上，又增加了三清天，即清微天玉清境、禹余天上清境、大赤天太清境；三清天之上是大罗天，是最高天界。

三清

三清是道教的三尊神，分别指居于三清仙境中的三位尊神，即玉清境的元始天尊、上清境的灵宝天尊、太清境的道德天尊。又有“一气化三清”之说，认为“三清”皆为元始天尊化身。

据《道教宗源》载：混洞太无元之青气，化生为天宝君，又称元始天尊，居清微天之玉清境，故称玉清；赤混太无元玄黄之气，化生灵宝君，又称灵宝天尊，居禹余天之上清境，故称上清；冥寂玄通元玄白之气，化生神宝君，又称道德天尊，居大赤天之太清境，故称太清。三清为三洞之尊神，统御天神，宇宙万物均为其所创造。

道教神仙谱系

道教神仙谱系的构建是一个历史发展的渐进过程，大约在两宋时定型，将其概括为十个层次，一直流传至今。简单列举如下：

一、三清四御。即元始天尊、灵宝天尊、道德天尊和玉皇大帝、北极大帝、天皇大帝、后土。

二、诸天帝。如九天上帝、五灵五老天君、三十二天帝等。

三、日月星辰。如五斗星君、二十八星宿等。

四、三官大帝、三元真君、四圣真君。

五、历代传经者著名法师。如玄中大法师、灵宝三师、张天师等。

六、雷公、电母、龙王、风伯、雨师。

七、五岳诸山神及靖庐治化洞天福地之神。

八、北阴酆都大帝、水府扶桑大帝及他们所属诸神。

九、各种功曹、使者、金童、玉女。

十、城隍、土地、社稷之神。

财神与门神

财神是道教俗神，中国神话传说中司掌财宝之天神。相传为终南山人赵公明，亦名赵玄坛，又称赵公元帅，受玉皇大帝之封主丹局守护之神。民间多于正月初敬奉，图迎神进财宝之愿。

门神是道教俗神，中国古代传说的司门之神。汉代时指神荼和郁垒。相传东海中有一座度阴山，山上有一棵巨大的桃树，树干盘曲有三千界，在伸向东北的树枝间有万鬼出入的鬼门，由神荼和郁垒二神把守，负责监视众鬼。如果有恶害之鬼，神荼和郁垒就把它捆绑起来，丢到山上去喂老虎。因此，神荼和郁垒的门神形象常与老虎一同出现。

唐代时的门神指秦琼、尉迟恭。相传唐太宗患病心惊，夜里常听见鬼魅的呼号，秦琼和尉迟恭自我推荐守护在宫门外，夜里果然无事。于是唐太宗命画工绘制二人图像挂于宫门，以驱魔辟邪。

道教四大真人

道教中的四大真人是指南华真人、冲虚真人、通玄真人、洞灵真人。

南华真人即庄子，是先秦道家学派的代表人物。唐玄宗时被封为“南华真人”，宋徽宗时被追封为“微妙元通真君”。

冲虚真人即列子，相传列子曾向关尹子问道，拜壶丘子、老商氏、支伯高子为师，得到他们的真传，并在道术上超过了他们，能御风而行。唐玄宗时被封为“冲虚真人”，宋徽宗时被追封为“致虚观妙真君”。

通玄真人即文子，姓辛，名钘（jiān），号计然，葵丘濮上人，是老子的弟子，约与孔子同时，对老子的道论有所发挥，曾游历吴越，是范蠡的老师，后登云升天成为神仙。唐玄宗时被封为“通玄真人”。

洞灵真人即庚桑子，又名亢桑子、亢仓子、庚桑楚；他认为保养生命要全形保性，像婴儿一样天真无知，方能成为“至人”。传说他得太上老君之道，能以耳朵视物，以眼睛听音，修道成为仙人。唐玄宗时被封为“洞灵真人”。

姓氏称谓

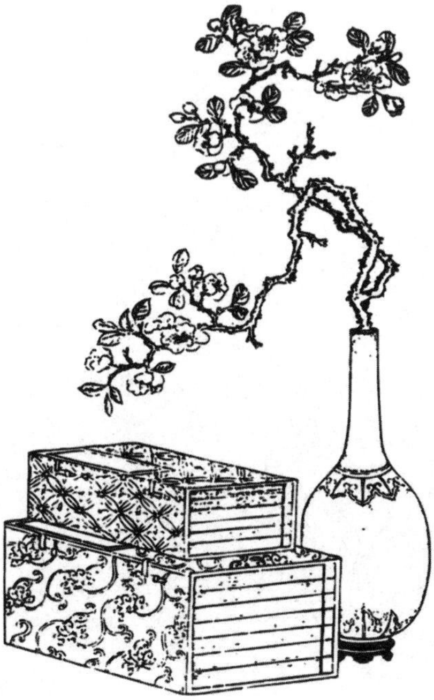

姓 氏

姓与氏

在上古，姓和氏是两个有区别又有联系的概念。姓是一种族号，起着“别婚姻”“明世系”“别种族”的作用，是家族的称号。比如，周王室及其同姓封国，如鲁、晋、郑、卫、虞、虢、吴、燕等国，都是姬姓；异姓封国，如齐是姜姓，秦是嬴姓，楚是芈姓，宋是子姓，越是姒姓，等等。

在上古时代，同姓不可通婚。不少古姓都带女旁，这表明姓产生于母系社会。氏是姓的分支。同一姓族的人，由于人口繁衍，迁居各地，以及身份职业的变化等，同一个祖先的后代子孙，便逐渐分为一些支派，这些支派就是氏。

宋代刘恕的《通鉴处纪》说：“姓者统其祖考之所自出，氏者别其子孙之所自分。”

古代姓氏的产生

古代姓氏的产生大致有以下几种情况：以封地或采邑为姓氏者，如周朝周公旦的儿子被封到邢国为邢侯，他的后代便姓邢；商朝有个在泾渭两水之间的阮国被周文王灭了，阮国的后代以国为氏而姓阮；周武王封造父到赵城，他的后代就姓赵。以所居的地名为姓氏者，如东门襄仲、北郭佐、南宫敬叔等，其东门、北郭、南宫均为地名。以官职为姓氏者，如古代有司徒、司马、司空、司士、司寇等五官，分掌教化、军事、工役、爵禄、刑狱等事务，他们的后代便以这些官职为姓氏。以祖先的字或谥号为姓氏者，如宋公孙嘉字孔父，他的后代便以孔为姓，孔子便是他的后代。此外还有以技艺为氏的，如巫、陶、甄等。

古人名与字之间的联系

古人的名和字都有意义上的联系。如屈原，名平，字原。《尔雅》说："广平曰原。"颜回，字子渊。《说文》："渊，回水也。"有的名和字是同义词，如宰予，字子我；樊须，字子迟。须和迟都有待的意思。有的名和字是反义词，如孔子的学生曾点，字皙。点的本义为小黑，引申为污，而皙的本义是"人色白也"。有的名和字既非同义词，也非反义词，而是在意义上有一定的关联，如苏轼，字子瞻。"轼"是古代马车车厢前部的横木，"瞻"，视，望。《左传》僖公二十八年："君冯（凭）轼而观之。"这就说明了"轼"与"瞻"的关系，或许正是苏轼的名与字的由来。这种取字的方法，在古人中是很常见的。

以数字为姓

在中国众多的姓氏中，有一种不常见的姓，即以数字为姓，或以序数为姓，还有的连姓带名都是数字。以下列举部分：

一或乙、壹姓：明代成化年间，河北定州嵩明县丞姓一名善。宋代嘉熙年间，福建宁化知县姓乙名太度。明代永乐年间，兴化府经历姓壹名震昌。

三姓：元代云南行者右丞姓三名旦八，号飞山子。清代乾隆时一进士叫三宝。清代广西一提督叫三德。

四姓：越王勾践一著名臣子姓四名水。

五或伍姓：伍姓常有。三国时蜀汉后主朝有一谏议大夫姓五名梁。

六或陆姓：陆姓常有，而六姓很少。清朝一官至给事中者连姓带名叫六十七，字居鲁，著有《游外诗草》《台阳杂咏》等诗文。

七或柒姓：明代正德年间永春县训导姓七名希贤。弘治年间宣化府一举人姓柒名文伦。清乾隆时有一官至直隶正定镇总兵的叫七格，一正黄旗武将叫七十五，还有一进士叫七十一，字椿园，著有《西域闻见录》。

八或捌姓：明代正统年间一礼部主事姓八名通。宣德年间有个利港巡检姓捌名忠。清乾隆时江宁将军叫八十六。

九姓：唐高祖武德年间一翰林姓九名嘉。后汉西南夷哀牢王叫九隆。清代嘉庆年间广西提督叫九十。

百姓：明代福建泉州有一学者姓百名坚。清乾隆时有一进士（后官至协办大学士）叫百龄。

以序数为姓有史可查的有唐玄宗时一中尉姓第二名从直，三国时后汉会稽太守姓第五名伦，他的曾孙叫第五种，后官居兖州刺史。魏有叫第五文林的，晋有叫第五宁远的，元有叫第五居仁的，明有叫第五规的。汉代王莽篡位时有一讲学大夫姓第八，叫第八矫。

另有人认为，谓“六十七”“七十五”等是清代满族人取的数字名。据查，乾隆时名叫“六十七”的有 4 人，名叫“七十五”的有 6 人，其中包括正黄旗满洲副都统瓜尔加氏七十五。据不完全统计，仅乾隆时代用数字起名的，民间的不算，光是写到官修史书中的满族人就有 110 多个。这些数字名大多是根据小孩降生时，他的父母年岁（或祖父母年岁）之和数作为这个孩子的名字。

冷僻姓氏

冷僻姓多为避祸而造。

如“昃（zè）”姓。在山东淄博市的博山城区西部，有一个昃家庄，昃姓为此地独有。相传昃氏乃明朝朱氏皇室的后裔。明亡时，皇族子弟四处逃命，隐姓埋名。有一支逃到莱芜一个叫坡庄的地方，正值太阳偏西之时，遂触景生情，痛感大明王朝灭亡之苦，即以《千字文》中“日月盈昃”一句，改朱姓为“昃”。据《说文解字》，“昃，日在西方，时侧也”，就是太阳西下之意。改为昃姓，既寄托了对明王朝的哀思，又可逃过清兵的追杀。

又如“岑”姓。浙江杭州、绍兴、宁波一带有岑姓。相传清代乾隆年间，杭州秦大士状元及第，衣锦还乡，路过金陵，江宁府官绅置酒秦淮河，为状元公接风。席间，秦大士赋诗一首：“金粉飘零野草新，女墙日夜枕寒津，兴亡莫漫悲前来，淮水而今尚姓秦。”他借秦淮河以夸“秦”。后被杭州府官知道，当他回到杭州时，故意设宴于岳飞坟，为状元公洗尘。其中含义，不言而喻。酒过三巡，众官绅纷纷起身，请状元公为岳坟题联，分明窘辱秦大士。秦大士心中明白，乃

濡墨挥毫，写成一联：“人从宋后罕名桧，我到坟前愧姓秦。”写罢掷笔而去。当时这一带人民恨秦桧，秦大士不敢违拗民意，只好违心地写了这一联。不料引起反响，此后，有人干脆将“秦”姓改为“岑”姓，以示同秦桧划清界线。

古人的“号”

古人除了有名有字外，还有别号（号）。别号和名不一定有意义上的联系。

别号有两个字的，如：王安石字介甫，号半山；陆游字务观，号放翁。这种两个字的别号和字在应用上区别不大，甚至不大称字，而以称号为常，如陆放翁。也有三个字以上的别号，如葛洪自号抱朴子，陶潜自号五柳先生，苏轼自号东坡居士。

后来有人认为称字称号还不够尊敬，于是以官爵或地望（出生地或住地）相称。例如杜甫曾当过工部员外郎，故被称为杜工部；王安石是临川人，则被叫作王临川。

古人改姓的原因

姓是表明一个人所生家族的符号，一般很少更改，所谓“姓者系统百世而不变也”。然而，古人改姓并不鲜见，常见类型有：

一、变氏。

上古时代，姓与氏是有明显区别的。南宋史学家郑樵说：“三代之前，姓氏分而为二，男子称氏，妇人称姓。氏所以别贵贱，贵者有氏，贱者有名无氏。”到了西汉武帝时，姓与氏开始混而为一。所谓“变氏”，主要见于先秦时代。这是因为当时姓是固定的，氏则可以变化，有时还变得相当频繁。如木匠的祖师爷公输班因是鲁国人又叫鲁班，公输、鲁皆为氏。又如春秋时晋国有位大夫仅见于《左传》的称谓就有士会、士季、随会、随武子、范会、范武子等等。这位大夫多次变氏，前后有过士、随、范三个氏。其余，会为名；季为排行；武为谥号。

二、避忌。

为避忌而改姓，在历史上可谓俯拾即是。具体而言，分为避讳、避祸、避耻等。东汉明帝叫刘庄，为避圣讳，姓庄的就改姓严。如西汉辞赋家庄忌，到东汉明帝时即改称为严忌。到魏晋时期，有一部分姓严的人又恢复姓庄。

避祸即躲避灾祸，躲避仇人，躲避迫害，以求免受牵连。如战国时有一个游侠叫田光，他出谋划策，让荆轲去刺杀秦王。后来，秦灭燕国，田光的子孙为了逃避秦王的迫害，改姓为“光”。

避耻则与前两种情况不同。如“庆父不死，鲁难未已”中的庆父是历史上著名的一再制造内乱的人，先后杀掉两个国君。因他犯有弑君之罪，后代耻于与之同姓，便改姓孟。

三、赐姓。

天子、皇帝赐给臣民姓氏，是一种统治手段，有褒有贬，恩威并施，大致有三种类型。

其一，大多赐给“国姓”，即皇帝的姓，以表示皇恩浩荡。如郑成功原名郑森，由于抗清有功，南明隆武帝赐姓朱，改名成功，因号“国姓爷”。历史上数唐朝赐臣属以国姓为最多。

其二，历代皇帝赐姓，并不仅限于国姓。如明代著名航海家郑和，本姓马，因随燕王朱棣参加“靖难之役”有功，赐姓郑。

其三，强迫他人改姓。如武则天十分热衷于赐姓，她称帝后竟先后给唐中宗和唐睿宗赐姓武，又强令中宗皇后王氏改姓“蟒”，还将起兵反对过她的李姓诸王改姓为虺。

四、融化。

在中华民族发展过程中，许多少数民族以及定居中国的外国人逐渐和汉族人相融合，民族融合带来了姓氏融化，姓氏融化又促进了民族融合。如北魏孝文帝时共有 118 个鲜卑姓改为汉姓。又如唐宋以来，泉州有众多的阿拉伯人来往甚至定居。著名的蒲寿庚家族先世是阿拉伯人，几代人在中国居住，便完全汉化了，放弃祖姓改用汉姓“蒲”。

五、因事。

历史上因事而改姓，趣闻颇多。如东汉末年有人姓氏名仪，当地太守孔融嘲笑他：“氏”是“民”字上部缺一笔，民无头还了得，可改氏为是。氏仪此人听

凭长官意志，由姓氏改姓是。又如汉武帝有位丞相叫田千秋，因年事已高，汉武帝特别恩准他乘车出入宫禁，人称“车丞相”。田千秋为感谢皇恩，就改姓车了。

六、合成。

夏商诸侯葛伯的后人，旧居琅琊郡诸县，后徙阳都。阳都先有葛姓，为区别起见，把从诸县迁来的葛氏称诸葛。又如战国时齐宣王有个弟弟被封到母乡，他的后代就远取祖先胡满公（舜的后裔）的“胡”字，近取封地名“母”字，改用胡母为姓。

七、音讹。

因语音变化或读音错误，以讹传讹而改姓。如春秋时，秦灭韩国后，韩国国君的子孙分散到江淮一带的甚多。当地人把“韩”读作“何”，随着读音的变化，这些姓韩的人都改姓何了。又如恭姓音讹为共姓，共姓又音讹为洪姓，虢姓音讹为郭姓，戴姓音讹为载姓等。

八、据地。

根据封地或迁徙地而改姓。如战国时著名的改革家商鞅，卫国人，公孙氏，名鞅。他曾因战功被封于商（今陕西商县），号商君，故称为商鞅。商鞅的后代就因封地名“商”作为姓氏，取代原来的公孙氏。又如后稷的曾孙公刘曾迁邠（今陕西彬县），公刘的子孙就以“邠”作为自己的姓氏，而不再使用早先的姬姓。

九、省文。

简省旧姓，从而取代旧姓或与旧姓并存，主要有两种情况。一是单姓省去原姓的右耳偏旁。如邾与朱，郕与成，鄣与章，郇与旬等等。二是复姓省为单姓，如马服省作马，钟离省作钟，司寇省作寇等等。

商代取名的特征

商代的取名有以下几个显著的特征：

一、以天干命名。如盘庚、小辛等，此命名法是殷帝王的专利。

二、以地支命名。甲骨文中的贞卜人物有名“午”“卯”的。

三、以地名作人名。商殷远祖帝喾（kù）兴于高辛（地名），故名“高辛”。

四、因事而名。商汤名履，《帝王世纪》云：“主癸之妃回扶都，见白气贯月，意感以乙日生汤，故名履。”

五、以德为名。此命名法对周代的谥号产生过重大影响，如追谥商帝辛为纣，纣者“残义损善”也。

春秋取名的方法

春秋时期，取名有所谓五种方法和六项条规。

五种方法：

一、名有信。

指据人的出生与某事相联取名，并且该事真实可靠。如唐叔虞出生时，手里有纹似“虞”字，因而命名为虞。

二、名有义。

指以德命名为义。如武王名发，是因为文王见武王出生，以为武王必发兵诛暴，故命名为发。

三、名有象。

指据其人与某物相类取名。如孔子，头像尼丘，故名丘。

四、名有假。

指取名凭借外物。如孔子的儿子伯鱼出生时，有人送鱼，故取名鲤。

五、名有类。

指儿子与父亲相像，视父亲当时的观感觉得类不类或肖不肖而命名。如桓公的太子与他同生日，故命名曰同。

六项条规：

一、国君之子，不用本国名作人名。春秋时，晋侯周、卫侯郑、陈侯吴、卫侯晋皆以他国为名。

二、不以官为名。僖侯原名司徒，因用了官名，后改名为中军。

三、不以山川为名。统治者若用山川名，则另为山川改名。

四、不以隐疾为名。隐痛疾患为不吉利，不能用于人名。

五、不以牲畜为名。若以猪为人名，祭祀时则废猪；若以羊为人名，则祭祀

时废羊。

六、不以器帛为名。器帛是礼的见证物，若用器帛作人名，则废礼。

魏晋六朝取名命名的习俗

魏晋六朝时，二言之名喜用“之”字，世代相袭。如王羲之有子玄之、凝之、徽之、操之、献之，而徽之又有子桢之，献之有子静之。其原因：一是“之”是道教组织中用于名字的暗记；二是南北朝的避讳，对一些时尚的字可以通融，或故意不避，这是避讳史上一个特殊的时代，因此王羲之一家，不以“之”避家讳。

魏晋六朝命名时还喜用“阿”字。在这之前，也有用“阿”于名的，《汉高祖本纪》称老大母为阿妇，《三国志》中鲁肃称吕蒙为阿蒙，曹操的小名叫阿瞒。但此风在魏晋六朝是一种时尚，称“阿”以表亲爱。梁武帝称临川王为阿六，王右军称王临之为我家阿林。后来“阿”用于名，王蕴小名阿兴，许询小名阿讷，刘叔秀小名阿秀。

晋代命字，常在名后加辞。元恭字显恭，“显恭”字和名相同，“显”为加辞。到六朝又出现了名和字完全相同的情形，如庾仲容字仲容，田承嗣字承嗣。此风唐代尤甚，如崔载字载，孟浩然字浩然等。这种风尚，唐代以后仍有延续，如宋代杨砺字砺，今人张振武字振武。

宋辽金元取名的习俗

宋代取名命字定号，常用尊老字，如老、叟、父、翁等。以“老”命名定字的，如胡唐老、李寿朋字延老，以“叟”命名、字、号的，如陈敬叟、诸葛说字宁叟、朱昂号退叟，以“翁”命名、号的，如王次翁、欧阳修号醉翁等。宋代命字还常常以名省形，叶湜字子是，是为“湜”的省形；秦桧字会子。

辽金元时人名多用奴、哥字。“奴”字的初始义为罪人、贱役，世称社会低下的人为“哥”。多用哥、奴字可能是以下两个原因所致，一是辽、金、元以游牧民族进入中原，文化程度浅薄，汉化的人名粗俗不堪，有名猪粪、狗狗、七

斤，比较起来，以哥、奴命名要文气多了。二是哥、奴在汉人中作乳名用以示溺爱，如刘裕小名寄奴，欧阳修有子名僧哥。金人多加汉名。金人通晓汉文，能用汉文命名。本名用于内部交往称呼，汉名则用于诏、令、章、奏，并沿袭了汉人的避讳习惯。

元代汉人多作蒙古名。金和元的统治者入主中原后有所不同，金统治者女真族接受汉化，从帝王至庶族都有汉名，而蒙古族不通汉文，并有用夷变夏的野心，对汉人常以赐蒙古名示宠，故汉人颇多模仿蒙古名的。如汉人张荣造舟济师，太祖赐蒙古名兀速赤，崔彧宏州人，而小名仿蒙古人叫拜帖木耳。

明清两代命号之风

号产生于春秋，春秋至汉代基本上是用“伯、仲、子、父”命号；唐宋时期，取号多用“居士”；元代命号多用“道人”；明清命号风气大盛，出现了一些怪号，如落落庵、咄咄翁、小小园、惺惺叟、好色斋、辟仙之不欲升天者、仰视千七百二十九鹤斋、西北之西北老人等。

女名用字特点趣谈

从古至今，女性的名字的用字都遵循了几个主要的特点，如：

一、多用女性字。

女性字是指含“女”偏旁的字。其中最本分的是“娘”，与男子“郎”相对，如杜秋娘、李十娘。此外有用女、姑、姨、姐、妹的，如王玉女、梅姑、宠姐、杨八妹、杜十姨。用“奴”表示自谦，如玉奴。高抬身份的用姬、妃、媛、嫱，如管仲姬、娥妃、黄媛介。姬本周姓、古代的人以姓为名，故姬姓的出嫁女人一律称姬，她们出身高贵，演化为妇人美称。妃为帝妾王妻，嫱为宫嫔，媛也是女人的美称。

有些女性字是形容神色和姿色的，它们也常常用于女名，如顾媚、凤娇、静婉、碧娴、绛妩、丽娜、嬿妮、小娈、嫣然、静婵、慧娟等。

二、多用花鸟字。

花鸟字多能显示女性的阴柔之美。以花命名的如：浣花、春草、湘兰、沅蕙、荃君、芷君、舜华、琼芝、瘦菊、莲珮、碧荷、漱菡、香梅等。以鸟命名的如：鸣凤、玉鸾、春莺、飞燕等。“雉”虽鸟类，因刘邦妻吕后名雉，后世避恶名而不用。

中国古代在取女名时，也常常根据出生当月的物候特征。正月生的，取名春兰、春芳、春梅、春霞；二三月桃李花开，取名杏芳、桃红、杏花；四月燕归来，取名小燕、燕子；五月榴花开，取名榴花、榴英、榴红；六月荷花放，取名荷香、莲英、荷莲；七月看巧云，乞巧日也在七月，取名巧云、巧姐、巧儿；八月桂花香，取名桂香、桂兰；九月菊花黄，取名菊英、秋菊、菊仙、菊香；十月、十一月入冬，取名冬梅、冬美、冬花；十二月是腊月，取名腊梅、腊珍、腊月。

三、多用珍宝字。

金、银、珠、玉、宝、玩，在女儿家的眼里，是有特别偏爱的，因此常用于女名，如婉珍、秀宝、佩金、银凤、玉贞、盘珠、鸳馁、静珊、飞琼等。

四、多用彩艳字。

如彩纨、曼艳、新秀、黛英、多丽、碧倩、小红、绛珠、红荷、绿英、紫绡、素纷、赤缨、玉青、黄绮、翠菡等。

五、多用柔景字。

以天地之间柔和景物作女名，如云帆、抱月、秋湄、凌波、彩云、晓霞、丽雯、绛雪、冰心、菊霜、春梅、夏莲、秋菊、冬英等。

六、多用柔情字。

如念奴、莫愁、痴玉、媚娘、如梦、佩柔、柔嘉等。

七、多用女德字。

如贞秀、淑仪、玉端、丽庄、娴倩、静玉等，其中的贞、淑、端、庄、娴、静表示德性。又如慧心、学巧、巧儿等，其中的慧、巧等表示才慧。

称　谓

古人的自称

中国古人的“自称”颇多，如：

一、名。

婴儿生下三月后取“名”，古人大多是称名的，如司马迁、诸葛亮、岳飞等都是名。

二、又名。

古人的名有的不止一个。如明代小说家，初刻、二刻《拍案惊奇》的作者凌濛初，又名凌波。清代著名文学批评家金圣叹，原名采，在一次岁试中由于文字游戏而被取消考试资格，后改名人瑞，又名喟。

三、字。

古人也有不大称名，以称字为主的。古人男到20岁，女到15岁才有字。如屈原、管仲等都是称字的。至于他们的名屈平、管夷吾反而不太为人所知。

四、改名。

南朝梁文学评论家刘勰，出身士族，家贫不曾婚娶，晚年依傍佛门，后改名慧地。北宋词人柳永，原名三变，中年以后改名永。宋初散文家柳开，早年慕韩愈、柳宗元之为文，因名“肩愈”，字“绍元”，后自以为能“开圣道之途”，改名“开”，字“仲涂”。清初学者顾炎武，初名绛，清兵破南京，他有复明之志，改名炎武。

古人也有自称化名的，如为避难异乡坚持斗争，顾炎武便化名蒋山佣（蒋山，今南京紫金山）。

五、号。

古人的名和字是由长辈取的，而号是由自己取的，往往带有取号人的主观意愿。如苏东坡、郑板桥、曹雪芹用的都是号。

古人的他称

中国古人的名字称呼中的“他称”说法也颇多，如：

一、郡望。

魏晋至唐时每郡的显贵称“郡望”，又名地望，意为世居某地为人所仰望。唐代古文运动领袖韩愈，字退之，河南安阳人，自谓郡望昌黎，故世称韩昌黎。柳宗元，字子厚，河东解（今山西运城解州镇）人，当时郡望属河东郡，故世称柳河东。

二、住地。

北宋政治家、文学家王安石，字介甫，号半山，江西临川县人，世称王临川。北宋散文家曾巩，字子固，江西南丰县人，人称南丰先生。

三、住处、斋室。

清代诗人袁枚的住处叫随园，人称袁随园。清代学者黄宗羲曾续草堂于南雷，人称南雷先生。清代文学家蒲松龄有间书房名曰“聊斋”，人称聊斋先生。

四、官名。

汉代蔡邕曾任左中郎将，因称蔡中郎。三国魏时嵇康曾任中散大夫，因称嵇中散。晋代王羲之曾任右军将军，因称王右军。东晋陶渊明曾做过 83 天彭泽县令，时称陶令。唐代王维曾任尚书右丞，因称王右丞。杜甫曾做过左拾遗、检校、工部员外郎，世称杜拾遗、杜工部。

五、任官所在地地名。

汉代贾谊曾任长沙王太傅，因称贾长沙。孔融曾任北海相，因称孔北海。晋代陆机曾任平原内史，因称陆平原。唐代骆宾王曾任临海丞，因称骆临海。王昌龄曾担任过江宁县丞，世称王江宁。韦应物曾任过江州刺史、苏州刺史，人称韦江州、韦苏州。贾岛曾任长江主簿，因称贾长江。

六、行第。

古代有按照排行呼人的习惯。这种排行不是以同父母所生的兄弟姐妹排行，而是按照同曾祖的兄弟姐妹长幼次序来排算。唐代元稹称元九，李白称李十二，韩愈称韩十八，李绅称李二十，白居易称白二十二等，都是按照排行称呼的。也有以此法称女子的，敦煌文献中常见“二十几娘”。

七、避讳。

古人奉行为尊者讳，如避帝王的讳，避父母的讳。战国教育家荀况时人尊为荀卿，汉朝人避宣帝刘询讳，改称孙卿。

八、小名。

汉末魏王曹操小名阿瞒，人称曹阿瞒；南朝宋帝刘裕小名寄奴；北魏皇帝拓跋焘，小名佛貍。

九、别号。

明代著名散文家归有光，号震川，时称震川先生；清代学者顾炎武，号亭林，世称亭林先生。古人别号＋先生，等于世称、人称，这在当时是一个较常见的现象。

十、美号。

西汉著名政论家贾谊，著有《新书》十卷，文章气势豪迈，逻辑严密，形象生动，世称贾生。东晋女诗人、宰相谢安的侄女谢道韫，聪慧有才辩，一日居家遇雪骤下，安曰：“何所似也?”安侄朗曰：“撒盐空中差可拟。”道韫曰：“未若柳絮因风起。”安大悦。世称“咏絮才”。北宋政治家、军事家范仲淹，任陕西经略安抚招讨副使时，团结羌人，防御西夏，戍边数年，名垂一时，羌人尊呼为“龙图老子”，西夏称为“小范老子”。

十一、绰号。

古代文人还偶有以外号相称的，不过这外号并无讥诮揶揄之意，却有赞扬推许之心。唐初诗人苏味道，为相数年，处世圆滑，模棱两可，时称“苏模棱”。盛唐诗人李白到长安见贺知章，知章看了他的作品赞叹曰：“子，谪仙人也。”后

来就有称李白为“李谪仙”的。唐代著名书法家、诗人张旭，嗜酒，精楷法，尤善草书，常于醉后号呼狂走，然后落笔疾书，或以头濡墨而书，时人谓之“张颠”。中唐诗人李绅，因其身材短小精悍，时号“短李”。晚唐诗人词人温庭筠，才思敏捷，每入试作赋，凡八叉手而成，世称“温八叉”“温八吟”。北宋诗人林逋，杭州人，隐居西湖孤山，20 年不入城市，赏梅养鹤，终身不娶，人称“梅妻鹤子”。北宋词人谢逸，曾作蝶诗三百首，多有佳句，盛传一时，时人因称“谢蝴蝶”。

十二、赐号。

唐五代诗人郑遨，字云叟，少好学，敏于文辞，昭宗时应进士不中，入少室山为道士。后唐明宗、后晋高祖屡次召之不应，因赐号为“逍遥先生”。

十三、封号。

谢灵运，东晋车骑将军，封康乐公，世称谢康乐。唐代颜真卿封鲁郡公，故称颜鲁公。郭子仪封汾阳郡王，故称郭汾阳。北宋政治家、文学家王安石，宋神宗时封舒国公，后又改封荆国公，世称王荆公。司马光追封温国公，故称司马温公。

十四、谥号。

古代帝王、大臣死后，朝廷常根据死者生前事迹给予一种称号，叫谥号。如诸葛亮，谥号忠武侯；欧阳修，谥号文忠公；岳飞，谥号武穆王。诸葛忠武、欧阳文忠、岳武穆，就是根据他们各自的谥号而得名。

十五、谥号加封号。

三国曹植在世时封陈王，死后谥号“思”，人称陈思王。

图文珍藏版

中国百科全书

李金龙　编

第四卷

辽海出版社

古语中的尊称

古人有多种多样表示尊称的方法，可以根据不同的场合灵活地选用，归纳起来有如下几种：

一、用“道德高尚”的说法称呼对方，如称人为“子”“夫子”“吾子”“先生”等等。

二、从辈分上尊称，如称人为“父老”“丈人”“父”“老伯”等。汉文帝曾问一位下级官吏：“父老何自为郎?”“父知之乎?”

三、称对方的字、号。长辈对晚辈可以喊名。但对平辈和长辈喊名是不敬的，应该喊字或别号以示尊敬。

四、称对方的身份时，加上“仁”“贤”（多用于平辈和晚辈）、“尊”（多用于长辈）、“高”“世”等字眼，如称同辈友人为“仁兄”，称年龄小于自己的人为“贤弟”，称陌生的客人为“尊客”，称邻居为“高邻”，称世交晚辈为“世兄”。

五、用对方的部下来指代对方，表示由于尊敬的缘故，不敢直接指称对方，如“陛下”“阁下”“足下”“执事”“左右”等。

古语中的谦称

古人对长辈和平辈讲话时，均用谦称，谦称有多种。如：

一、用“道德不高尚”或“不聪明”的说法来称呼自己，如自称“鄙人”“小人”“愚”等。

二、用“辈分低”的说法称呼自己，如自称“小弟”“小侄”“小子”等。

三、用“地位卑贱”的说法来称呼自己，如自称“臣”“仆”“妾”“在下”“贱子”“牛马走”等。“臣”原是男性奴隶，“仆”是奴仆，“妾”原为女奴隶，“牛马走”意思就是“像牛马一样被驱使的奴仆”。

四、称自己的身份、职务，有时还加上“卑”“上”“贫”等字眼，如“贫僧”“卑吏”“卑职”等。

五、直呼己名，如孔子自称“丘”，项羽自称“籍”等。

古语中的敬辞

敬辞，是含恭敬口吻的用语。在对别人的称谓前面加上表示敬意的字眼，如“令”“尊”“贵”“高”“贤”“大”“华”等。

用“令”字的：尊称人家的父亲叫“令尊”，尊称人家的母亲叫“令堂”，尊称对方的亲戚叫“令亲”，尊称对方的妻子叫“令阃（kūn）”。“令闻”“令名”是称赞人家的名声；“令郎”是尊称对方的儿子；“令媛”“令爱”是尊称对方的女儿。

用“贵”字的：称呼对方的国家叫“贵国”，称呼对方的学校叫“贵校”，称呼对方的家叫“贵府”，称呼对方的子女叫“贵子弟”，问人家的年龄称“贵庚”，问人家的病称“贵恙”。还有“贵家长”“贵公子”“贵公主”等。

用“高”字的：如“高堂”（称呼别人的父母）、“高足”“高寿”“高龄”“高见”“高论”“高中”“高就”等等。

用“贤”字的，多数是对平辈或晚辈的敬称。如“贤弟”“贤妻”“贤婿”“贤侄”“贤甥”等。下辈敬称上辈不能用“贤”。

用“大”字的，如称长辈为“大人”，对人的敬称叫“大驾”，称人的名字为“大名”。

古语中的谦辞

愚，是用于自称的谦辞。如对弟妹辈分者自称为“愚兄”“愚姐”，称自己的见解、意见为“愚见”“愚意”，或称自己为“愚”。如：“愚以为不可”。

拙，多用于文章、见解等。如称自己的文字或书画为“拙笔”，称自己的著作、作品、译作为“拙著”“拙作”“拙译”，称自己的见解、意见为“拙见”，称自己的妻子为“拙荆”。

敝，旧时用于与自己有关的事物。如“敝姓×”“敝舍”“敝处”。

鄙，旧时用于自称，如称自己为“鄙人”“鄙夫”。如《南史》：“恩益自谦损，与人语，常呼位官，自称鄙人。”又如张衡《东京赋》：“鄙夫寡识。”对自己的意见称“鄙见”“鄙意”。

“家”和“舍”也是常用的谦辞。“家慈”是对人称自己的母亲，“家父”“家严”是对人称自己的父亲，“家兄”是对人称自己的哥哥。对别人称比自己辈分低或年龄小的亲属，则在称谓之前加上“舍”字，如“舍弟”“舍侄”。“舍亲”是谦称自己的亲戚。不过，“家兄”不能叫“舍兄”，“舍弟”不能叫“家弟”。

此外，称自己或与自己有关的人或事物，常用“小”字。如“小人”，古代指地位低的人，后来也用做地位低的人的谦称；“小生”，是青年读书人的自称；“小子”，是晚辈对尊长的自称；“小名”，是对别人称自己的名字。此外，对朋友或熟人自称为“小弟”，谦称自己的儿子为“小儿”，亦称“犬子”“小犬”“豚儿”“豚犬”等，谦称自己的女儿为“小女”。

中国古代父之别称

据清代陆以湉《冷庐杂识》记载，古代对父亲的别称很多，有些称呼很怪。如《尔雅》称考，《战国策》称公，《列子》称家公，《史记》称翁，《韩诗外传》称先生，《广雅》称穸、爸、爹，《晋书》称大人，魏晋六朝时称尊，隋《回纥传》称多，《北史》称郎，《北齐书》称兄兄，《旧唐书》称哥，古诗称耶，闽俗称郎罷（bà），关东称罷罷，吴俗称老相，又称爷爷，称阿伯。北方称老子，江州民称大老，韩昌黎祭女挐文，自称阿爹，《周易》称父母为严君，今则专以称父。

中国古代母之别称

古代对母的别称很多，据清人陆以湉《冷庐杂识》记载有：《尔雅》称妣（bǐ），《诗经》称母氏，《广雅》称媓、毑（jiě）、媞（shì）、嬭（nǎi）、媪、姐，《金史》称阿婆，古诗称娘，李义山作《李贺小传》，称阿嬭，《汉书》称嫡母为

民母，《北齐书》称嫡母为家家，乳母为姊姊，《汉书》列侯子称母为太夫人，陆放翁《家世旧闻》称庶母为支婆。其他记载还有，帝王之母称“太后”，一般官员之母则称“太君”，一般人之母则称“妈妈”等。

小议“夫人”

“夫人”一词，是对别人妻子的尊称。在中国古代，“夫人”除表尊称外，如《战国策》：“闻足下义甚，故直进百金，以为夫人粗粝之费。”其中的“夫人”即严遂尊称聂政之母。它的名称还随丈夫社会地位的高低而变化，后来发展到“秩官即分九品，命妇亦有七阶”的地步。“七阶”即：“一品曰夫人，二品亦夫人，三品曰淑人，四品曰恭人，五品曰宜人，六品曰安人，七品曰孺人。”这些名称各有取义，如“夫”，扶也；“淑”，善也；“恭”，敬也；“宜”，当也；“安”，和也；“孺”，雅也。如系“父殁因存”，则加“太”，即“太夫人”“太淑人”等。

历史上，“夫人”所指范围也不尽相同。

首先，它专指天子、诸侯的妻子。“天子有后有夫人”。“又曰妾，如夫人”。“如夫人”是妾之别称。到汉代，皇帝的妾皆称“夫人”，及至魏晋两代以后，或称“夫人”，或另立名号。

其次，它是妇女的封号。“夫人”作为妇女的封号，始于王莽。王莽曾封崔篆的母亲师氏为“义成夫人”。后来，唐制规定，诸王的母亲或妻子及妃、文武官一品和国公的母亲或妻子为国夫人；三品以上官员的母亲或妻子为郡夫人。到宋朝政和二年（1112年），改变封制，定执政以上官员的妻子封夫人。直至明清两代，一品二品官员的妻子皆封夫人。

第三，一般人也有称妻子为夫人的。据南朝梁代袁昂《古今书评》云：“羊欣书如大家婢为夫人，虽处其位，而举止羞涩，终不似真。”

话说“犬子”

先秦时期，人名带“犬”字或其他动物名的颇不少见，郑国有个大臣叫“宛射犬”，又有个庶民叫“堵狗”，即是其例。《史记·司马相如列传》云：相如“少时好读书，学击剑，故其亲名之曰犬子”。唐朝颜师古《注》认为，司马相如名“犬子”，是因其“父母爱之，不欲称斥，故为此名也”。针对这种解释，后人提出了异议。宋代王楙的《野客丛书》云：“所谓犬子者，即小名耳。……相如小名，父母欲其易于生养。故以狗名之。……今人名子犹有此意，其理甚明。”后世常有为子女取“阿猫、阿狗”为小名者，亦是古人遗意。

《三国演义》第七十三回写东吴遣诸葛瑾去荆州见关云长，欲为吴主孙权的世子求亲，关云长勃然大怒，说：“吾虎女安肯嫁犬子乎？”这里的“犬子”显然表示轻视，指此人不成大器。

“先生”小考

“先生”这个称呼由来已久。不过，历史上各个时期，“先生”所指是有不同对象的。中国古时“先生”既可单称“先”，又可单称“生”。

《论语》云：“有酒食，先生馔。”注解说：“先生，父兄也。”意思是有酒肴，就孝敬父兄。又如《孟子》云：“先生何为出此言也？”这一“先生”是指长辈而有学问的人。到了战国时代，《国策》云：“卫客患之，乃见梧下先生。”又云：“先生坐，何至于此？”均是称呼有德行的长辈。故《国策》注曰：“先生长者，有德之称。”

唐代、元代，有称道士为“先生”的，《至元辨伪录》云：“先生言道门最高。”后世，先生之称越用越滥，行医、占卦、管账、商贾、皂隶、同辈之人、后来者皆称先生，连上海高等妓女也称先生。

清初，称相国为老先生，康熙时，官场中盛行以老先生相称，乾隆以后渐少。辛亥革命后，老先生这个称呼又盛行起来。交际场中，彼此见面，对老成的人，都一律称呼为老先生。后来“先生”成为社交场合通用的礼貌称谓。男人可称“先生”，女人亦可称“先生”。少对老者称“先生”，老对少者亦称“先生”。

“您”的称呼出现在何时

“您”字在我国汉语史上出现较晚，唐朝以前只有“你”字，没有“您”字。从唐朝开始有了“你们”的说法，表示第二人称复数，当时写作“你弭”。“你们”二字连读，读快了就念成“您”的声音了。于是，到了宋元时期，很多作品都把“你们”直接写作“您”。这时的“您”只是“你们”的合音，并没有其他的意思。

由于“您”源于“你们”，所以现代汉语中第二人称代词“您”后面不能加助词“们”表示复数，但可以说“您俩”“您仨”“您几位”。然而，当对方人数很多而又需要表示尊敬时，以上说法就不适用了。于是人们创造出“您们”这个具有概括性的表示第二人称复数的敬辞。现在已经有很多人在书信、发言、讲话中使用“您们”一词。

礼仪宗法

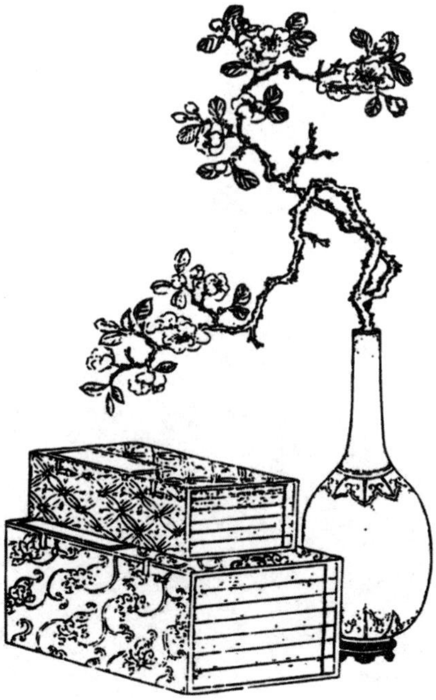

礼 仪

《周礼》

《周礼》是儒家经典三礼之一，是关于先秦职官与各种典章制度的书，汉初名《周官》。改称《周礼》，约始于西汉末的刘歆。

《周礼》属古文经学。其作者、成书年代及真伪，自汉以来，就众说纷纭。经清代以来学者的仔细研究，近人定为战国时代的作品。《周礼》分《天官冢宰》《地官司徒》《春官宗伯》《夏官司马》《秋官司寇》《冬官司空》六篇。其中《冬官》一篇，在汉初已佚，补以《考工记》。《考工记》也是先秦作品。

《周礼》为考求古代的各种制度必备的书，对后世影响很大，最显著的，如王莽改制、宇文泰改革官职、王安石变法，都以《周礼》为理论根据。

《仪礼》

《仪礼》是儒家经典“三礼”之一。《史记》和《汉书》都说它是孔子采集周代残留的礼而编成的书。原名《礼》，汉人以其所讲为士所必习的礼节，称之为《士礼》或《礼经》。到晋代，以所讲为具体仪节，不是礼的意义，才称之为《仪礼》。

全书共十七篇，内容包括冠、婚、丧、祭、射、乡、朝聘等方面的基本仪节，为历代王朝制定礼制的重要依据。

《礼记》

《礼记》是儒家经典“三礼”之一，又名《小戴礼记》，原是解说《仪礼》的资料汇编。这种解说出于孔子弟子及其后学之手，到西汉有两种辑本。戴德的辑本共八十五篇，现存三十九篇；戴圣的辑本有四十九篇。前者称《大戴礼记》，后者称《小戴礼记》。近代学者认为，今本《礼记》不完全是戴圣辑本的原貌。

唐时《礼记》已被列为“大经”。到明朝，五经中的《礼》，已不是《仪礼》而是《礼记》。两者的消长，其根本原因是《礼记》中的要言精义比起《仪礼》中的繁文缛节更有利于维护封建统治。

今本《礼记》内容比较庞杂，有专记某项礼节的，如《奔丧》《投壶》等篇；有专为说明《仪礼》的，如《冠义》《昏义》等篇；有杂记丧服丧事的，如《檀弓》《杂记》等篇；有记述各种礼制的，如《王制》《玉藻》等篇；有侧重记述日常生活礼节的，如《曲礼》《内则》等篇；有结构比较完整的儒家论文，如《礼运》《学记》等篇；有记所谓孔子的言论的，如《坊记》《儒行》等篇。它反映了古代社会的伦理观念、宗法制度、阶级关系和儒家各派的思想等。

现在通行的本子是由郑玄作注、孔颖达作疏的《十三经注疏》本。

报喜

按照传统礼俗，生育子女称为“添喜”；婴儿降生，女婿须前往岳父母家通报，称为“报喜”。

报喜的方式因地域而不同。江浙地区报喜时，生男孩用红纸包毛笔一支，生女孩则附花手帕一条；也有分别送公鸡或母鸡的。陕西渭南地区是带一壶酒，上拴红绳为生男，拴红绸为生女等，不一而足。

抓周

抓周，又称试儿、试晬、拈周、期场、试周。是当小孩出生满周岁时，在其面前摆设各种玩物和生活用具，任其任意抓取，以此来预测卜定其日后前途、性情和志趣的一种民间活动。

抓周之俗，由来已久，可上溯到南北朝时期。据北齐颜之推《颜氏家训》记载：“江南风俗，儿生一期（即一周岁），为制新衣，盥浴装饰，男则用弓、矢、纸、笔，女则用刀、尺、针、缕，并加饮食之物及珍宝服玩，置之儿前。观其发意所取，以验贪廉愚智，名之为试儿。”唐宋时期，这种习俗更为盛行，谓之“拈周试晬”，或曰“周晬”。迨至明代，此习俗称之为“期场”。到了清代才有“抓周”“试周”之称。婴儿周岁曰晬，也谓之周晬。

古人的成年礼

冠礼

冠礼是古代贵族男子成年时举行的加冠（帽子）仪式。古代贵族成年人必戴帽子。《礼记》云：“男子二十，冠而字。”又云：“已冠而字之，成人之道也。”就是说，男子到了二十岁，行加冠礼，同时起个字，表示他已是成人了。

古人很重视冠礼，《仪礼》十七篇，第一篇就是《士冠礼》。据专家称，氏族社会男女青年到达成熟期，必须参加“成丁礼”才能成为氏族公社的正式成员。这种“成丁礼”后来演变为冠礼。冠礼的前三天筮宾，宾是负责加冠的人，一般是父兄的僚友。宾选定后，要一再敦请，直到宾答应为止。冠礼进行时，宾给冠者加冠三次。先加缁布冠（即用黑麻布做成的冠），表示从此有治人的特权；次加皮弁（用白鹿皮制作，由几块拼接而成，形如后代的瓜皮帽），表示从此要服兵役。最后加爵弁（赤中带黑色的平顶帽，因其颜色与雀头相似而得名。用极细的葛布或丝帛制成），表示从此有权参加祭祀。每加一次冠，宾都要对冠者致祝词。如在初加缁布冠时说：“令月吉日，始加元服（元服，即“头衣”，即冠）。弃尔幼志，顺尔成德。寿考惟祺，介尔景福。”大意是加冠之后，你要去掉小孩子脾气，按照成人的规矩办事，愿你寿命长，愿你福气大。三次加冠后，主人设酒馔招待宾赞等人，叫“礼宾”。“礼宾”后，冠者入家拜见母亲，然后由宾取“字”，然后依次拜见兄弟，拜见赞者，入室拜见姑姊。这以后，冠者要脱下最后一次加冠时所用的帽子和衣服，换上玄色的礼帽礼服，带着礼品，去拜见国君、乡大夫（在乡而有官位者）和乡先生（退休居乡的官员）。这种种拜见，都是要说明冠者已是成人。最后，主人向宾敬酒，赠送礼品，冠礼告成。

笄礼

笄礼是古代贵族女子十五岁许嫁时举行的加笄仪式。笄，就是簪。

行笄礼时要改变幼年时的发式，把头发绾成一个髻，然后用布把发髻包住，然后再用笄插定发髻。《仪礼》云："女子许嫁，笄而礼之，称字。"又，《谷梁传》云："女子十五而许嫁。"可知笄礼是在十五岁时举行的，它像男子的冠礼一样，也是表示成人的一种仪式，大体和冠礼相同。

长跪与箕踞

长跪又称"跽"。跪时上身挺直的姿态，是将要站立的准备姿势，表示跽者将有所作为或反应。如《史记》云"项王按剑而跽"。

箕踞是一种坐姿。坐时两腿张开，平放而且伸直，像个箕的样子。古代最不恭敬的坐法，表现对对方的不尊重，有时也成为不拘小节的一种表现。

稽首

稽首即叩头。古代拜礼中九拜之一。用于臣子对君父的行礼。方法是取跪姿，先拱手下至于地，然后引头至地，停留一段时间，"稽"即稽留的意思，"稽首"即头至地稽留时间比"顿首"长一些，被认为是拜礼中最重要的一种。

万福

唐代武则天自立为皇帝，改国号为周，制定礼仪，将女子的拜姿改为正身直立，两手当胸前，微俯首，微动手，微曲膝。时称"女人拜"。唐宋之时，女子在行这种拜礼之时，常口称"万福"，所以后来又称"万福礼"。

揖礼

古代揖礼根据对象的不同，推手时有高、平、下之别。其中对庶姓、没有亲属关系者，行礼时俯身，推手稍稍向下，称“土揖”；对异性有婚姻关系的，俯身，手从胸前向外平推，叫“时揖”；对于同族同姓的，推手时略微向上举高，叫“天揖”；对于略尊于己者，行礼时站立俯身，双手合抱拱手高举，然后自上而移至最下，叫“长揖”。

士相见礼

士是商周时期贵族中最低的等级，也是贵族中人数最多的阶层，因此，先秦的礼仪制度大部分是以士的举止为基础制定的。

士与尊者相见，为表敬意必须携带礼物，称为“执挚”，按照《士相见礼》的规定，士的“挚”为雉，即野鸡。

士与士初次相见，主人要辞见，表示不敢屈辱大驾前来拜会。经来宾一再恳请，主人才迎出大门，互行拜礼。然后主人三揖自右入门，宾自左入门。宾奉上礼品，主人经三次辞谢，最后在庭中“受挚”。之所以不在堂上接受礼物，是因为国君在堂上受挚，士不能比拟于国君。主人受挚后则请求回访来宾，待再次见面，主人就把宾客拿来的挚还回，宾也辞让后受挚。

名帖

名帖又称“帖子”，相当于今天的名片。

名帖在中国起源很早，秦汉之际人们在拜访谒见时，就开始用名帖通报姓名了。当时的名帖是把竹木片削平，上书自己的名字，又叫“谒”，后来又称“刺”。东汉之后，开始用纸制作名帖，又有了“名”“名纸”“名刺”等名称。

名帖的作用，当初是人们在登门拜访求见时，用来通报自己姓名的，但逐渐又出现了逢年过节时，本人不登门而派仆从到亲戚朋友家投送名刺，以此祝贺节日的现象。

古人对名帖十分看重，几乎成了本人的代表，送礼时派人携带礼物的同时又拿着名帖，就等于自己亲自送去，显得更为礼貌郑重。所以，封建社会后期达官贵人派仆人送礼，一般都同时呈上本人名帖以示恭敬。

结拜与连宗

在中国古代的社交活动中，还流行着“结拜”与“连宗”的风气。

结拜也称拜把子，是异姓好友为使关系更加密切，不管分别来自何方，也不论各自的家庭背景，只要通过一种仪式结拜之后，就互相以兄弟姊妹相称。不但结拜者来往如同兄弟姊妹，双方家人也如至亲往来，称呼如同家人。

结拜虽有情义在内，但实际上是古代扩大社会势力的一种办法，与此相似的还有“连宗”。

所谓连宗，就是陌生的、彼此不相干的同姓人互相认作本家。如果是有家谱可查的同族认亲，则称“认宗”。认宗因为有据可查，递个写明宗族关系的名帖就行了。而连宗一般还要举行仪式，有祠堂的要到祠堂中烧香，要通知族人参加，排列辈分今后要写到家谱中，以后就要按照本族人、本家人的“礼数”来往了。

一般情况下，连宗双方的社会地位及势力并不对等，有的甚至还悬殊。这是因为中国古代社会有着很强的宗法氏族观念，各个氏族集团都讲究人财两旺，而且把人丁放在第一位，因为人多才能势众。另一方面，寒门小户因势孤力单，为在社会上寻求照应，自然要趋炎附势，想方设法通过连宗、认宗高攀权贵，进而希求有所发展。

“尊左”还是“尊右”

中国古代“左”与“右”以何为尊，在不同的朝代有不同的规定。夏、商、两周、春秋时期，“左”与“右”谁尊需视场合而定。周朝规定，诸侯朝天子，以右为尊。《老子》中说，士大夫在室内则左边为贵；用兵打仗则右边为尊。

战国时，逐渐形成了以“右”为长的制度。据《史记》载，蔺相如“位在廉颇之右”便是证明。

秦代亦以“右”为尊，“左”为卑。汉承秦制，亦以“右”为尊。据《汉书》记载，文帝时，右丞相陈平以大局为重，考虑到太尉周勃功高，提出将右丞相职位让于周勃，被文帝采纳，结果“周勃为右丞相，位第一；平徒为左丞相，位第二”。故古时世家大族称为“右姓”或“右族”，“右职”是高职位的意思。然而，乘车方位的尊卑却正好相反，以“左”为尊，以“右”为卑。

隋、唐、两宋时，以“左”为长。如六郎中的侍郎，左侍郎大于右侍郎。《新唐书·百官志》规定：尚书左丞为正四品上，而尚书右丞只能为从四品下。然而到了元朝时，又有变化，复以“右”为大，右丞相位在左丞相之上。朱元璋称吴王时，承元制；明朝建立后，又改为以“左”为尊，以后一直沿袭了500多年。

现在，戏剧舞台上演出古典剧目时，客人、尊长总是坐在主人、幼辈的左侧，这反映了明清时尚。

宗 法

“五服”与“九族”

五服是指丧服的五个等级，即斩衰、齐衰、大功、小功、缌麻，按照生者和死者之间亲属关系的远近而制定。

古书中常用丧服表示亲疏远近。如李密《陈情表》：“外无期功强近之亲，内无应门五尺之僮。”杜甫《遣兴》：“共指亲戚大，缌麻百夫行。”此“期功”“缌麻”非指丧服，而是指亲属关系。

九族一般认为指同姓亲族的高祖、曾祖、祖父、父、自己、子、孙、曾孙、玄孙九辈人。

伯仲叔季

伯仲叔季是古人区别同辈亲属长幼的称呼。

伯为父之兄，仲为父之弟，叔为仲之弟，季为叔之弟。《释名》云：“父之兄曰伯父，伯，把也，把持家政也。父之弟曰仲父，仲，中也，位在中也。仲父之弟曰叔父，叔，少也。叔父之弟曰季，季，癸也，甲乙之次，癸最在下，季亦然也。”

三从四德

《仪礼》云：“妇人有三从之义，无专用之道。故未嫁从父，既嫁从夫，夫死从子。”

又据《礼记》载，在女子出嫁前三个月，要“教以妇德、妇言、妇容、妇功”。孔颖达注疏曰：“未嫁之前，先教以四德。”妇德，指贞顺；妇言，指辞令；

妇容，指仪态；妇功，指女工。

家谱

自古至今有颇多学者尝试给家谱下定义，直至今日并未形成统一的说法。综合各家的观点、结合家谱内容，大致的定义为：

家谱是一个以血缘关系为纽带的家族的得姓、形成、分部、迁徙、郡望、派别、世系、人物、事迹、艺文等的综合记录，是以特殊形式记载的家族发展史。

家谱的名称丰富多彩。“家谱”只是最常用的、最具代表性的说法。根据记载族群的范围与家谱属性的不同，较常见的还有宗谱、族谱、房谱、支谱、统谱、总谱、家乘、家牒等。还有一些不常见的名称，如清芬志、中表簿、辨宗录、传芳集、续香集、世思录、血脉谱、世典、先德传等。大约有几十种，也都是家谱类的文献。

家谱的命名方式

家谱的命名通常是在家谱之前冠以姓氏、地名、郡望、堂号、几修等内容，如《暨阳孝义聚庆堂吴氏宗谱》《资阳王氏六修家谱》等。

家谱冠以地名、堂名的目的，主要是与同姓的不同宗派或支派相区别。冠以郡望则有表明源流，显示赫赫家世的目的，如清河崔氏、太原王氏、陇西李氏都是世家望族，因此在家谱中加以标明，可以光耀门第，抬高家族的声望。注明几修则是为了明确家谱间的传承关系，家谱的编修都具有连续性，因此确定家谱的修次也是很有必要的。

中国最早的谱学著作

中国最早的谱学著作出现于周代，其中最重要的是《世本》，和《大戴礼记》中的《帝系篇》。

《世本》记录了自黄帝至春秋战国历代帝王诸侯卿大夫的姓氏起源、世系源流、迁居本末、生前创制、谥号及其他事迹，是一本万姓统谱式的谱牒著作。

《帝系篇》是专门记载文字产生以前的传说时代的血缘系谱的谱牒著作。实际上记载了黄帝的谱系。在这一谱系中共有男性 38 人，女性 13 人，记载内容特点鲜明。尽管这一谱系的可能性值得怀疑，但在谱学发展史上仍有着重要的意义。

古人编修家谱的潜规则

中国古代，修纂家谱是家族生活的头等大事，许多家族都把修纂家谱作为后代子孙的义务而写进家规，以保证家谱的续修能够相沿不断。

家谱的编修，在确保内容的准确上，还有一些规则是需要遵守的。

首先，称善而不称恶。

家谱是为了炫耀家族声望、弘扬家族荣誉、提升家族地位而编写的历史书，因此几乎所有的家谱凡例中都规定了“不书”的标准。诸如不道、乱伦、乱宗、绝义、辱先等等，其结果是使得家谱中只见正人君子，没有奸邪小人。因此，翻看家谱，会发现历史上的大奸大恶之人如秦桧之流，家谱中根本没有他们的名字，如曹姓家族在家谱中对曹操也闭口不谈，原因是民间对曹操的评价不好，认为他是乱世奸雄、乱臣贼子。

其次，避讳。

家谱中的避讳有两种，一是对人物名字的避讳，二是在清代文字狱盛行其间的谱禁。

对人物名字的避讳第一是“国讳”，如皇帝的名字等；第二是“家讳”，是对父母和祖父母的名字进行避讳，有时避讳还可能超越父、祖的限制，如孔氏家族在祭祀中不使用鲤鱼，平时也将鲤鱼称为红鱼或福鱼，就是因为孔门第二代名叫孔鲤。第三是“圣讳”，是对周公、孔子、孟子一类圣人的名字避讳，但执行得并不严格，不同时期的标准也不一致。

清代，随着文字狱的升温，清政府对自宋代以来就属于纯私人领域的家谱实行了谱禁。清代谱禁的主要内容是：祖先名字有犯“国讳”“圣讳”的，一律改同音字避讳；禁止攀附古代帝王与圣人为祖先，只能以五世祖或始迁祖为始祖；家谱中禁止出现“世表”“传赞”之类名目，不准刊载祖先画像；行文中凡涉及清代年号，必须换行抬头或本行空一格书写，以示尊崇，凡晚明年号一律删除，以清代年号代替。在谱禁严格的时候，所有新编家谱都要呈送地方官员审查，连孔府家谱也不例外。因此，谱禁其间，大批家谱遭受了删节毁版的厄运。

家谱的体例

在保存至今的家谱中，元、明时期的已经非常少见，主要是清代和民国时期的家谱，根据对存世家谱的分析比较可知，一部体例相对完整的家谱，大致可分为以下各项：

一、序跋。

谱序记述修谱的意义、修谱缘起、修谱目的、家族的历史渊源和迁徙经历、修谱人员构成、历次修谱概况、谱学理论等内容。谱序数量少则一篇，多则十数篇甚至数十篇；有些续修次数较多的家谱序文篇幅甚至多达数万字。在谱序中，常可见到名流硕彦撰写的序文。

二、凡例。

凡例又称谱例、例言、修谱章程、修谱条约等，主要阐明家谱的体例、撰修原则、记叙方法等。

三、谱论。

谱论又称谱学论略、谱说等，专门收录古代经典中有关家谱的论述及先贤有关谱论、谱说、谱议的篇章语录，主要是对修谱的作用、功能、意义、历史、原理、方法等加以阐释。

四、像赞。

家谱中一般都绘有家族祖先和历代英贤的画像，并配有押韵的赞词。这主要是为了让后世子孙了解先人的功绩，培养后世子孙对先贤的崇敬之情，同时也有夸耀家族门望的目的。

五、恩荣录。

恩荣录又称告身、诰敕、赐谕等，内容主要是历代皇帝对家族成员的褒奖或封赠文字，如敕书、诏命、赐字、赐匾、赐诗、赐联、御制碑文、御制谥文等；此外，还包括地方官员的赠谕文字。

六、源流。

源流又称先世考、宗族源流、姓氏源流、迁徙源流、分衍录、地望考等，主要用来反映宗族的历史，包括本姓来源、本族的历史渊源、始祖、世派、迁徙、各支间的亲疏关系等。

七、世系。

世系是家谱的主体，分为图、录两部分。图又称世表、世系表、世系图等，是以图表的形式记录家族成员的世系，反映家族成员的血缘关系。世系录又称世录、世纪等，包括父名、行次、字号、生卒年月、享年、功名、官职、葬地、妻妾、子女等内容。

八、传记。

传记又称谱传、家传、世佳、内传、外传、行状、事状、志略等。传记只有家族中有功名、贤能、特殊事迹或丰功伟业者才能入传。

九、仕宦录。

仕宦录又称宦绩考、缙绅录等，内容是记载家族成员中官宦名人的事迹，主要侧重于传主的功勋业绩和学术见解等方面，与传记不尽相同。

十、族规家训。

族规家训又称家约、家法、家规、家范、家训、族规、规条、规矩等，是各家族制定的约束和教化族人的规章制度和希望、要求。

十一、排行。

排行又称班行、班次、宗派、字辈等，是用以记载家族成员辈行、世次的排行字语。一般情况下，同一辈分的家族成员都用事先统一规定的某个字或偏旁起头，再与其他字结合而成名字，不同辈分用不同的字或偏旁。

十二、祠堂。

祠堂在宗族社会中具有极其重要的地位，家谱中的祠堂的记载内容包括祠堂的修建历史、建筑规模、地理位置、祠堂图、建祠记文、捐建人员录、祠联、祠匾、神位世次、配享、祭祀等多方面。

十三、坟墓。

用以记载家族公共坟地的情况，包括墓地图、坟向、祖坟及各支派墓地分布等。

十四、艺文。

艺文又称著述、文苑，主要内容是辑录家族成员的著述及名人撰写的与家族成员有关的著述。

十五、五服图。

五服图又称服制图，由于五服本身具有表明生者与死者的亲疏关系、表明与死者有关系的生者与生者的亲疏关系的功能，因此，家谱中一般都载有五服图。

婚丧嫁娶

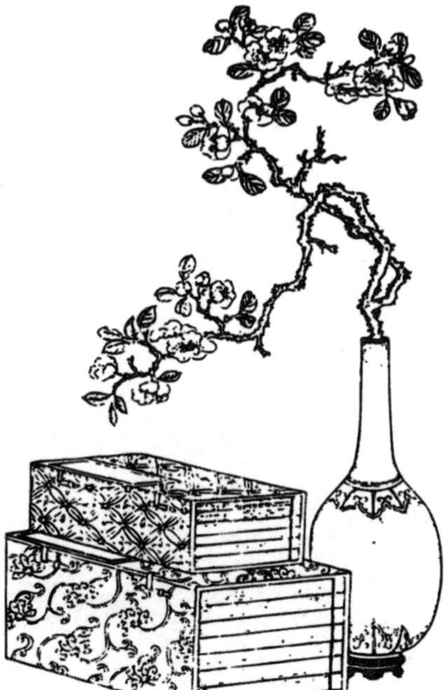

婚　姻

婚姻

婚姻指男女相亲，结为夫妻。

班固《白虎通》云：“婚姻者何谓也？昏时行礼，故谓之婚也。妇人因夫而成，故曰姻。”另外一种说法是：姻，同“因”。据《广雅》，“因，亲也。”因此，则婚姻即“昏因”，意思是男女在黄昏约会，成为亲密的伴侣。

《诗经》云：“昏以为期，明星煌煌。”欧阳修在《生查子》词中称：“月上柳梢头，人约黄昏后。”这些描写青年男女黄昏期会的诗句透露出，婚姻以男女互爱为纽带，并不是男娶女嫁的人身赎买关系。

古人婚礼的“六仪”

六仪又称六礼，是古代结为婚姻的六道手续，即纳采、问名、纳吉、纳徵、请期和亲迎。

纳采，即男方家长派人向女方家长献纳采择之礼。在纳采前，男方家长要派媒人到女方通话，得到允许，然后纳采。

问名，即询问女子的名字，用意是为归卜于男方宗庙，以看联姻的吉凶。纳吉，即男方卜得吉兆，又派人告知女方家长。

纳徵，即宣告正式订婚。至此，双方婚姻关系不仅得到社会认可，也得到法律保护。纳徵又叫纳币，意即向女方送聘礼，其厚薄视等级而定。士的聘礼，据《仪礼》，是“玄纁束帛，俪皮”，也就是红黑色与浅红色的帛五匹（束帛，五匹。其中玄三，纁二），鹿皮两张，后来被金钱财物取代，故又称纳财。

纳徵后是请期，即男方把迎娶吉日告知女方，征求同意。

最后是亲迎，即新郎亲自到女家迎接新娘（周制，天子不亲迎，余人皆需亲迎）。亲迎仪式隆重而繁琐，详见《仪礼》和《礼记》。

六礼，主要用于贵族士大夫，一般庶民往往加以精简合并变通。《宋史》记载："士庶人婚礼，并问名于纳采，并请期于纳成（即纳徵）。其无雁奠者，三舍生听用羊，庶人听以雉及鸡、鹜（鸭子）代。"

古人离婚的法律规定

七出

古代丈夫遗弃妻子有七种理由，叫七出。《孔子家语》云："七出者：不顺父母，出；无子，出；淫僻，出；嫉妒，出；恶疾，出；多口舌，出；窃盗，出。不顺父母者，谓其逆德也；无子者，谓其绝世也；淫僻者，谓其乱族也；嫉妒者，谓其乱家也；恶疾者，谓其不可供粢盛（操办祭品）也；多口舌者，谓其离亲也；窃盗者，谓其反义也。"这是"七出"一词及其内容的最早记载。丈夫根据其中任何一条，都可遗弃妻子。

三不去

有三种情况丈夫不能出妻，叫作"三不去"。

据《大戴礼》，"三不去"的具体内容为：一，妻曾经为公婆持三年之丧，不能出；二，娶时男方贫贱，后来富贵，不能出；三，有所娶而无所归（即娘家已无人），不能出。《唐律》规定，丈夫违犯"三不去"中任何一条，都要"杖一百，追还合"。

中国戏曲中的陈世美，就是违犯"三不去"的一个典型人物。

义绝

"义绝"是指夫妻间情义断绝。按照礼法，夫可休妻，妻不可休夫，但在"义绝"前提下，妻可以离开丈夫。

《白虎通》云："夫有恶行，妻不得去者，地无去天之义也。夫虽有恶，不得去也。悖逆人伦，杀妻父母，废绝纲乱之大者，义绝乃得去也。"《唐律》中有"义绝"专条，对什么情况属于义绝规定得很具体。

和离

夫妻都愿意离婚的情形就是"和离"。

唐律规定，如果夫妻不相安谐而和离者，允许离婚并不定罪。敦煌文书中有三件唐代的放妻书，证明此种协议离婚是存在的。这些文书认为既然夫妻不和，必是前世冤家，双方一起生活不欢乐，家业不兴旺，不如分离，各自另觅佳偶为好。

明清律将"和离"改成"两相愿离"。

赘婿与招夫

赘婿与招夫都是指男子从妻居婚姻。不同的是，赘婿是成亲于姑娘之门，而招夫是就婚于寡妇之家。

古代通常的婚姻形式是从夫居，男到妇家则被视为反常。赘，指附生于人体的肉瘤，就是说男子在妻家成为赘婿，不是应当有的多余之物，含有轻视的意思。

赘婿出现得很早，战国时期较为普遍，其社会地位在各国高低不同。秦始皇统一中国后，沿承了秦国对待赘婿的态度，即将赘婿贬为低人一等的贱民，有时还征发他们到战场上送命。汉代以后，赘婿的地位逐渐提高，到唐宋时期已发生重大的变化。唐代男子到女家成婚的事例很多。元代的赘婿又称"招女婿"，分为四等。

招夫是指丈夫死后，寡妇往往因无力养家，再招一夫共同生活。

这一婚俗早已有之，至宋代最为流行。当时称招夫为"接脚"或"接脚夫"。宋代法律规定，夫亡子幼，无人主家，可以招接脚夫。被招之夫一般不改原姓，而且有自己的财产，同寡妇仅是同居的关系，寡妇与接脚夫的财产不得相混。

"接脚夫"的名称相沿到元代。明清时期，除夫死招夫外，也有因本夫患病无力养活家小，妻子经丈夫同意再招一夫的，叫作"拉帮套"，顾名思义，是请后夫帮忙的。

良贱不婚与同姓不婚

良贱不婚，是指良民和贱民不通婚姻。良民，又称平人、齐民、凡人，包括士农工商四民，即通常所谈的百姓。贱民，一般是指奴仆及倡优、隶卒等，还包括某一时代的一些特殊人口。

良贱禁婚的法令至唐代时完备，宋、元、明、清时期的法律受唐律影响，亦实行良贱不婚的规定。这是社会等级制度的反映。法律规定是为了维护社会等级秩序，民间则把与贱民为婚看作是破坏伦常、有辱祖宗、混淆血统的行为。良贱不婚是中国古代普遍存在的社会现象，贱民只有在自己内部通婚。

从西周起，人们还严格遵守同姓者不通婚的制度。

违犯同姓不婚的规定，轻则受到舆论斥责，重则受到法律惩处。春秋时的吴、鲁两国都是姬姓，而鲁君竟然娶了吴女做夫人，孔子于是讽刺说："君而知礼，孰不知礼!"《唐律》规定"诸同姓为婚者，各徒二年"。这里的同姓，指的是同宗同姓。

古人的婚龄

古代官方规定，男三十而娶，女二十而嫁，见于《周礼》《礼记》等书。据《孔子家语》，鲁哀公曾问孔子，这样的婚龄规定"岂不晚哉"？孔子回答说："夫《礼》，言其极也，不是过也。"意思是说，官方的这个规定，指的是结婚的最大年龄，超过这个年龄就是"失时"，在此之前结婚是可以的。

实际上，由于人口问题直接影响着国家的经济力量和军事力量，历代封建王朝都提倡早婚。西汉曾规定，"女子年十五以上至三十不嫁，五算"，即罚交五倍于常人的人头税。宋代规定："凡男年十五，女年十三以上，并听婚嫁。"

抢婚

在人类婚姻发展史上，当群婚向个体婚过渡时，曾普遍存在过抢婚，即男方用暴力手段将女方劫走，强迫她为妻，或是男女双方事先已经联系好，用“抢”的方式来娶新娘。

中国古代也曾有过抢婚的时期。《国语》说，夏代的桀讨伐有施部，有施人把妹喜送给他为妻；殷代的帝辛讨伐有苏部，有苏人把妲己送给他为妻；周幽王讨伐有褒氏，有褒氏把褒姒送给他为妻。这是利用战争掠夺妻妾。

秦汉以后，中原地区仍有抢婚之俗，大多是因纳不起聘财，无力迎娶，或女方不答应婚事而进行的。

彩礼与嫁妆

彩礼又称“财礼”“聘礼”，是在议婚纳征时女方收受男家的财物。嫁娶重币的倾向，在这项礼俗中表露得最为清晰。

最早的彩礼的象征意义大于实际价值，《周礼》对礼物的价值还规定了上限，制止了无谓的攀比。然而到了两汉，彩礼的基本构成发生了变化，内容取代了形式。《宋书》中记载汉代惠帝纳后，使用二万斤黄金为定，这样巨额的彩礼令人瞠目结舌。上行下效，皇家的奢靡使宗室、官吏，乃至民间嫁娶的彩礼都成为一项庞大的开销。

大概是由于奢靡导致的反弹，魏晋南北朝时期的纳征恢复了先秦的古制，政府也作出了相对严格的规定；但朝廷的礼制并不能扭转已经形成的民风民俗；到了宋代，连皇家的彩礼中也再次出现了珍珠、琥珀、璎珞等珠宝和金银首饰等，同汉代的黄金万斤相比，花色更多，更加轻巧细致，价值甚至难以计算。至于民间的彩礼，则重“三金”，即金钗、金镯、金帔。宋代的彩礼直接影响了后代彩礼的种类和数量，尽管元代曾再次规定其上限，但仍是无用功，明清以降，以珍宝和衣饰、大量现金做彩礼已经成了常例。

中国古代的嫁娶过程讲究门当户对，在聘礼与嫁妆的问题上，也遵循等价交换的原则。男方固然要准备丰厚的彩礼，女家也不可小气，除了即时回复相应的礼物外，女儿出嫁前还要预备一份妆奁带去婆家。

一般而言，较为富裕的女方家庭会准备各类金银珠翠、首饰、衣服这一类物品作为女子的私房钱，不经允许，即便是丈夫也不能随意动用。此外便是室内装饰用品及日常生活用具。尤其是床上用品——被褥、枕头、幔帐，甚至是床本身。对床与床上用品的重视，与婚前的铺房习俗有关。据《梦粱录》载："前一日，女家先往男家铺房、挂幔帐、铺设房奁器具、珠宝首饰动用等物，以致亲压铺房备礼，前来暖房，又以亲信妇人与从嫁女使，看守房中，不令外人入房，须待新人方敢纵步往来。"铺房，基本上可以考订是从宋代开始的，并一直延续下来。

中国古代婚前性启蒙

在封建的古代社会，婚前性教育是个难题，结婚前夜的口口相授固然是一种方法，而春宫图兴起后，以之作为蓝本则更为形象。

因为春宫图往往直接描摹男女性生活，所以经常避免口授，而是将其放在陪嫁之中，称"嫁妆画"。等新郎新娘入洞房后，再挂于锦帐之内，照样云雨，所谓"陈图列枕帐，素女为我师"。

与嫁妆画相关的是"压箱底"。顾名思义，它平时是放在箱子的底部，在女儿出嫁前夕，母亲才将它翻出来，展示给女儿看的。"压箱底"多为木制，外表通常做成花生、水果、船和孩子的模样，但将其打开后，一对男女交媾的小雕像便呈现出来，由此使女儿略通男女之道。

诗文在唐代婚俗中的作用

唐代盛行的婚礼习俗中有"催妆"一项，在婚礼的前夜，新郎家派人送礼物和若干诗作到女家，请新娘早早成妆待嫁。

在唐代的文人圈子里，催妆诗大都是新郎自作，一方面体现其对于婚礼的重视与渴望，另一方面，有些爱恋情事不为外人所知，催妆之时提起，会令人更加憧憬未来的幸福。有时，催妆会成为一次文学盛会，不仅新郎、傧相写诗，其他与会的宾客也纷纷驰骋才力，以增谐趣。

唐代催妆诗的出现与盛行，直接来源于当时重诗好文的才子情结。作为古代文苑中的奇葩，唐诗在思想上、艺术上都达到前无古人、后无来者的巅峰，婚礼前后作诗，更是锦上添花的美事。除了催妆诗，唐代还有却扇诗、看婚诗等婚宴作品，无不烘托出婚礼的热闹气氛。

花轿漫谈

轿是一种代步工具，以众多人力抬动，显现出轿中人高贵不凡的身份。将之用于迎嫁，则使婚礼的隆重又增加了一层。

轿子的前身最早出现在汉代，当时只是便于过山的交通工具，多用竹编成，由四人抬行。到魏晋时期，这种舆轿开始成为统治者出行的用具。唐代的“步辇”“步舆”和民间的所谓“舁（yú）床”都是同类的东西，但是，直到宋代，才有了“轿子”的专名，也是在宋代，花轿才开始成为迎亲的工具。

据《东京梦华录》载：“至迎娶日，儿家以车子或花檐子发迎客引至女家门。”又从《宋史》记载看，当时的轿子从外形到实质都非常接近后来的花轿了。它方质、椋顶，四围有藤编的蔽障，还有门帘、窗帘，里有座椅、幔帐，非常考究。

月老与红娘

“月下老人”即月老，和“红娘”都是媒人的代名词。

月老的传说出自唐代李复言的《续玄怪录》。

故事中的月老形象接近传统的官媒，有掌管姻缘文书的职责，并不负责沟通消息、传递有无，没有普通人的琐碎与市侩，因而更容易得到世人的钦佩。但他囊中的红绳，却与私媒的口舌相似，将男女双方牵系到一起。故事在强化月老红绳的不可违拗的特性的同时，也就强化了由“父母之命，媒妁之言”所认定的婚姻具有天定的神圣意义，个人无从抗争。

红娘的形象出自元曲名篇《西厢记》。

《西厢记》的蓝本是唐代元稹的《会真诗》和传奇《莺莺传》，在这两篇作品中，红娘还不是一个有血有肉的形象，但在《西厢记》里，红娘不但成为穿针引线的媒人，还成了张生与莺莺的保护神，在爱情遇到阻力时，她挺身而出，化险为夷。

就媒人本身而言，《西厢记》是第一个由年轻女子担任媒人的故事，它赋予了美人一张更青春、更活泼的脸，改变了媒人令人厌恶的丑角化处理。在其后的文学作品中，这样的媒人每每出现，惹人怜爱，《聊斋志异》中的一些形象尤其受其影响。

闹洞房

闹洞房的风俗早在汉代就有了。据《汉书》记载，燕地（今河北北部）风俗，嫁娶的晚上，男女无别，人们以此为耀。这里虽然没有出现“闹洞房”之类的词汇，但其风俗与后代是很相似的。

其后，魏晋南北朝、唐、宋、元、明、清各代，都有不同的闹房风俗，在《抱朴子》《鸡肋篇》《丹铅续录》等书中均有记载。明代闹房甚至曾有脱去新娘绣鞋丈量小脚的事例。

到了清代，闹洞房不仅戏弄新娘、新郎，还有戏弄伴娘的风俗。为了避免过分羞辱新娘，不使成婚的双方难堪，又不违背闹房的传统，闹房者更把注意力集中到伴娘身上。如在清代的衡州，男家在未婚之前，必由媒人传话女家，聘伴娘一二，以容貌清丽善于歌曲者充当。

丧葬

“坟”与“墓”

坟是埋葬死人筑起的土堆，墓是墓地，即埋葬死人的处所。据《方言》：“凡葬而无坟谓之墓。”坟和墓的区别是明显的。

《礼记》云：“古也墓而不坟。”据说殷人的墓地上是不筑坟堆的。到了周代，开始在墓上筑坟堆，但仅限于贵族阶层，这就是《周礼》中所说的，“以爵等为丘封之度”。

这时，不但有了坟，而且坟上要种树。《白虎通》云：“天子坟高三仞，树以松；诸侯半之，树以柏；大夫八尺，树以栾；士四尺，树以槐。”至于庶人，“不封不树”，就是说，既不封土起坟，也不种树。坟的作用，主要是作为墓的标志。据《礼记·檀弓上》记载，孔子合葬了他的父母以后，说：“吾闻之，古也墓而不坟；今丘也，东西南北人也（意谓我是四处奔波的人），不可以弗识也。于是封之，崇四尺。”

“棺”与“椁”

藏尸之器叫棺（棺材），围棺之器叫椁（棺外的套棺）。

《礼记》和《丧大记》记天子的棺椁四重，诸侯三重，大夫二重，士一重。天子亲身的棺叫椑（bì），用水牛革蒙在棺木四周；第二重叫杝（yí），用椴木；最外面的两重都用梓木，内层叫属，外层叫大棺。因为帝后的棺椁多用梓木，所以又称“梓宫”。

上古贵族死后一般是有棺有椁。孔子的儿子孔鲤死后，“有棺而无椁”，可见椁不是一般人所能具备的。《孟子》：“上世尝有不葬其亲者，其亲死，则举而委

之于壑。"《易经》云："古之葬者，厚衣之以薪，葬之中野，后世圣人易之以棺椁。"可知上古时初无棺椁。汉代杨王孙临终戒令其子孙，"吾欲裸葬，以身亲土"，这在当时是惊俗之举。事见《汉书》本传。

何谓"陵""寝"

"陵"是君主的坟墓。《史记》载，赵肃侯十五年（公元前 335 年）"起寿陵"，这是历史上君主坟墓称陵的最早记录。

君主坟墓称陵的原因，据专家研究主要有两点。一是当时作为封建身份等级制度中最高一级的国君，坟墓造得最高。如咸阳以北的秦惠王墓、秦武王墓等都高达三丈以上，当时人们已经把高大的坟墓比作山陵，因而很方便地将国王的高大坟墓称为山陵。二是战国时代人们已经把山陵比作最高统治者，把最高统治者的死隐晦地成为"山陵崩"。因此，当国王活着就预先建造坟墓时，为避免不吉利，就隐晦地称为陵，或寿陵。这是古代推崇皇权至上的一种表现。到了汉代，就已经是"无帝不称陵矣"。

约与君主坟墓称陵的同时，又出现了在帝王陵墓顶上或边侧建"寝"的制度。

人们迷信死者灵魂就藏在陵墓的墓室中，建寝则可便于死者灵魂用作饮食起居的处所。从汉代记载看，当时帝王的陵寝中陈设有座位、卧床、几、匣柜和被枕衣服及其他生活用具，如同活人的居室一样应有尽有。每天由宫女像对待活着的君主一样，按照一定时刻为灵主灵魂整理床上被枕，提供盥洗用水，布置装饰用具，每天还要按时刻提供献供四次食品。

古人的丧仪

丧葬礼俗大约出现在旧石器时代晚期，西周时，中国的丧葬礼仪已基本确立。当时，一整套丧葬礼仪称作凶礼，属周礼五礼之一。《礼仪》《周礼》《礼记》等对此有详细的记载。

丧葬礼仪大致有以下几项程序：

停尸。中国传统的丧葬文化非常讲究寿终正寝。死者咽气前，亲属要将其移到正屋明间的灵床上，守护其度过生命的最后时刻。死者在弥留之际，亲属必须为其准备寿衣，一般寿衣没有扣子而是用带子系，以表示后继有人。沐浴更衣仪式结束后，还要举行饭含仪式，这是中国古代“含玉”习俗的遗留，后世多发展成含铜币。

报丧。死者家人亲自或派人前往亲友家，告诉他们某人已死亡的消息，并通知他们某日某时出殡，成为报丧。

招魂。按照古俗，死者亲属要到上屋去招魂，手持寿衣面北呼叫，共呼三长声，以示魂魄返归于衣，然后下屋，将衣服敷在死者身上。近世受佛教影响，有向西方呼叫的。

吊丧。吊丧先要布置灵堂。灵堂中挂家人或亲友送的挽联，摆放花圈，灵前安放一张供桌，桌上摆供品、香炉、蜡台和长明灯等。死者子女按尊卑长幼顺序跪在棺材两旁，来宾吊丧，主人哭拜还礼。

入殓。入殓有大小之分，小殓是指为死者穿上入棺的寿衣，一般在死后第二天进行。大殓即入棺仪式。主人在执事人的帮助下亲自捧尸入棺。大殓时间在小殓后一天即人死后的第三天。棺材底要铺上一层谷草，然后铺一层黄纸，表示死者的灵魂可以升入天堂。

出殡。出殡是指将灵柩送往墓地的过程。出殡前，民间不论贫富，都要请风水先生选一块“风水宝地”，以便日后子孙发达。然后是择日出殡，扶柩安葬。出殡时按习俗有序进行。

下葬。下葬指的是将灵柩安放入墓穴或掩埋的过程。到下葬吉时，用大绳将灵柩缓缓降入墓穴中。此时，孝子等跪灵，奏送葬鼓乐。

灵柩安葬之后，葬礼虽告一段落，但并未结束。通常丧家还要守孝一段时间。守孝期一般最长是三年，为报父母三年“怀抱”之恩。守孝期过后，每年清明、除夕，人们还要祭祀亡者。

明器

明器是古代随葬的象征性器物。是用竹、木、陶土等制作的实物模型。《礼记》云："其曰明器，神明之也。"即把死者当作神明来侍奉的。

商代奴隶主死后，除用活人陪葬外，还要用许多有实用价值的器物陪葬，叫"祭器"。明器制度是人殉制度和祭器制度的演变，是一个进步。孔子就认为这是深明办丧事道理的事，如果用生人使用的物品来殉葬，那就太糟糕了。

中国古代墓葬的防盗术

中国的古人把死看作是生的延续，为了使死者在另一世界生活得幸福、富足，防止人世的盗贼的侵扰、盗抢，小辈和活人想尽了办法，可谓煞费苦心。归纳起来，中国古代墓葬的防盗术无非是两方面的，即舆论的和行为的。

在舆论方面，有标榜薄葬和宣扬因果报应的做法。后者即是穿凿附会，利用一些民间传说，来宣扬盗墓所导致的伤残、发疯、猝死等，以达到劝诫、吓唬的目的，从而保住坟墓不受侵犯。

在行为方面，即用各种办法加固棺椁、坟墓，设置各种机关，密葬、疑冢、悬棺葬、凿山为陵，乃至坑杀墓工、设护陵人员等，不一而足。如唐太宗的昭陵选取九嵕（zōng）山险峰造陵，从山下到山腰的墓室之门，要经由"悬绝百刃"的栈道才能到达，造好之后拆去栈道，显得"孤耸回绝"，雄浑巍然，更显帝王气魄，但其初衷还是考虑死后的安全。

天文历法

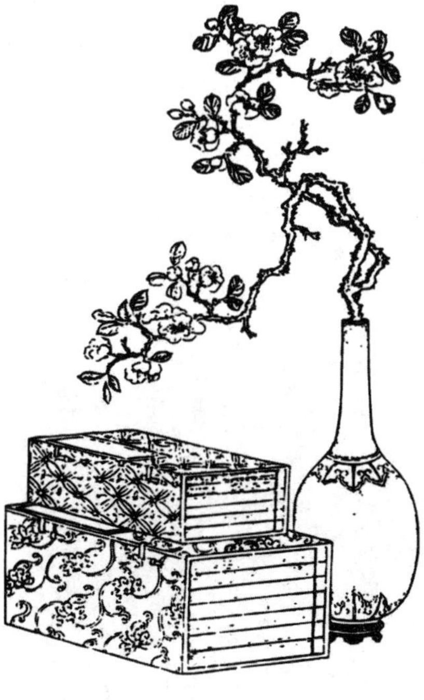

天　文

星官、星宿、星座

中国古人为认识星辰，观测天象，把若干恒星加以组合，数目多少不同，少的一颗，多的几十颗，这种恒星群叫作星官，就是星宿或星座。

《史记》把星空分成五个大区，把北极星附近的星群叫作中官，把二十八宿中的东方七宿叫作东官苍龙，南方七宿叫作南官朱鸟，西方七宿叫作西官白虎，北方七宿叫作北官玄武。《晋书》把赤道南的星群叫作外官。《隋书・天文志》则以二十八宿为界，二十八宿以北的星属中官，以南的星属外官。

二十八宿

中国古人为观测日、月、五星的运行，选择赤道附近的二十八个星官作为标志，用来说明日、月、五星运行所到的位置，叫作二十八宿。

东方七宿是角、亢、氐、房、心、尾、箕；北方七宿是斗、牛（牵牛）、女（须女或婺女）、虚、危、室（营室）、壁（东壁）；西方七宿是奎、娄、胃、昴、毕、觜（觜觿）、参；南方七宿是井（东井）、鬼（舆鬼）、柳、星（七星）、张、翼、轸。

二十八宿从角宿开始，由西向东排列，和日、月视运动的方向相同。所谓角、亢、氐、房……星、张、翼、轸等，只是各宿的一个星座，代表各宿的主体。所以，二十八宿实际上是把赤道附近的一周天，由西而东地分成二十八个不等分的星座。

在中国古代文献《尚书》《诗经》《夏小正》等书里，已经有二十八宿中部分星宿的记载，它的起源可以远溯到商末周初。1978 年，在湖北省随县擂鼓墩发现的战国早期（公元前433年或稍后一些）曾侯乙墓中出土文物有一个漆箱盖，盖面的中间是一个“斗”字，它的周围是古代二十八宿的名称，并且在盖面的两端绘有头尾方向相反的青龙和白虎图像，可见早在公元前5世纪时，二十八宿的体系已经形成。

三垣·四象·五纬

三垣

中国古代把环绕北极和接近头顶上空的恒星群分成三个大区，叫作“三垣”，即紫微垣、太微垣和天市垣。三垣加二十八宿，形成了中国独特的观测星象的体系。

四象

中国古代用来表示天空东西南北四个方向的星象。殷商时代，中国古人把天空分成四大区，对星辰进行观测，把春季黄昏时出现于东方的星想象成龙的样子，西方的星想象成虎的样子，南方的星想象成鸟的样子，北方的星想象成龟蛇的样子，叫作四象，也叫四维、四陆或四兽。二十八宿体系形成后，四象和它结合起来，又根据战国以来流行的以五行、五色配四方的说法，把东方的七宿，叫青龙或苍龙；把南方的七宿，叫朱鸟或朱雀；把西方的七宿叫白虎；把北方的七宿叫玄武。

五纬

中国古人把实际观测到的金、木、水、火、土五大行星合称为五纬。

黄道

黄道是中国古人视觉中太阳在一年里运行的轨道。即太阳在恒星之间运行的轨迹，也就是地球的公转轨道平面和天球相交的大圆圈。

简单来说，地球一年绕太阳转一周，我们从地球上看成太阳一年在天空中移动一圈，太阳这样移动的路线叫作黄道——它是天球上假设的一个大圆圈，即地球轨道在天球上的投影。

分野

春秋时期，占星家认为天象的变化和人间的吉凶祸福有联系，“天有五星，地有五行”，于是把天上的某一部分星宿和地上的某一地区对应起来，把天上某一部分星象的变化，用来占卜和它对应地区的人间吉凶祸福。这种和天上星宿对应的地区划分叫作分野。

阴阳五行说在汉代成为统治思想，分野自然也就繁复起来。古人对天区有不同的划分法，因而分野也有不同的对应法。最先的分野划分，大体以十二次为准，战国时期以后，也有用二十八宿来划分的，西汉以后，这二者逐渐协调起来。《晋书》中“十二次度数”和“州郡躔次”两节所载的内容，反映了这种情况。

北斗

北斗也叫北斗七星，是夜空北方排列成斗形的七颗亮星。即天枢、天璇（或写作“璿”）、天玑、天权、玉衡、开阳、摇光七星。

中国古人用假想的线把它们连结起来，像酒斗之形，故称北斗。天枢、天璇、天玑、天权四星组成方形，象斗，叫斗魁，也叫璇玑。玉衡、开阳、摇光三星组成斗柄，叫斗杓，也叫玉衡。北斗七星属于西方大熊座，可以用来辨别方向，确定季节。画一条线连结天璇和天枢，在向上延长五倍处，可以找到北极星，而北极星是北方的标志，所以这两颗星又叫“指极星”。

北斗在不同季节和夜晚的不同时间，出现于天空不同的方位，看起来是在围绕着北极星转动，古人用初昏时候斗柄所指的方向来确定季节：斗柄指东是春天，指南是夏天，指西是秋天，指北是冬天。

春秋时期的哈雷彗星观测记录

中国很早就有关于彗星的记录，并给彗星以孛星、长星、蓬星等名称。古书《竹书纪年》上就有“周昭王十九年春，有星孛于紫微”的记载。但是因为这本书真实年代有待考证，对这件事暂且存疑。最可靠的记录，开始见于《春秋》：“鲁文公十四年秋七月，有星孛入于北斗。”鲁文公十四年是公元前613年，这是世界上最早的一次哈雷彗星记录。《史记·六国表》载：“秦厉共公十年彗星见。”秦厉共公十年就是周贞定王二年，也就是公元前467年。这是哈雷彗星的又一次出现，不过《史记》没有记载它出现的时间。

中国古代的彗星记事，并不限于哈雷彗星。据初步统计，从古代到1910年，记录不少于五百次，这充分证明古人观测的辛勤。

《新唐书》：“上元……三年七月丁亥，有彗星于东井，指北河，长三尺余，东北行，光芒益盛，长三丈，扫中台，指文昌。”唐高宗上元三年是公元676年。这种记录，不但形象描绘逼真，而且位置准确，所经过的亮星都加注记，这正是中国古代天象记录的优点。

世界上最早的流星雨记载

中国是世界上最早发现和记载流星雨的国家之一。《竹书纪年》中就有“夏帝癸十五年，夜中星陨如雨”的记载，最详细的记录见于《左传》：“鲁庄公七年夏四月辛卯夜，恒星不见，夜中星陨如雨。”鲁庄公七年是公元前687年，这是世界上关于天琴座流星雨的最早记录。

中国古代关于流星雨的记录，大约有180次之多。其中天琴座流星雨记录大约有9次，英仙座流星雨大约12次，狮子座流星雨记录有7次。这些记录，对于研究流星群轨道的演变，也将是重要的资料。

流星体坠落到地面便成为陨石或陨铁，这一事实，中国也有记载。《史记》中就有“星陨至地，则石也”的解释。到了北宋，沈括更发现陨石中铁的成分。

他在《梦溪笔谈》卷二十里写道："治平元年，常州日禺时，天有大声如雷，乃一大星，几如月，见于东南。少时而又震一声，移著西南。又一震而坠在宜兴县民许氏园中，远近皆见，火光赫然照天，……视地中只有一窍如杯大，极深。下视之，星在其中，荧荧然，良久渐暗，尚热不可近。又久之，发其窍，深三尺余，乃得一圆石，犹热，其大如拳，一头微锐，色如铁，重亦如之。"

宋英宗治平元年是公元 1064 年。沈括已经注意到陨石的成分了。在欧洲直到 1803 年以后，人们才认识到陨石是流星体坠落到地面的残留部分。

世界上最古老的星表

战国时期的《石氏星表》是世界上最古老的星表。

战国时期，有个叫作石申的魏国人，他编过一部书，叫《天文》，共八卷。因为这部书有很高的价值，所以被后人尊称为《石氏星经》。

《石氏星经》这部书已经在宋代以后失传，今天我们只能从一部唐代的天文学书籍《开元占经》里见到《石氏星经》的一些片断摘录。从这些片断中我们可以辑录出一份石氏星表来。其中有二十八宿距星（每一宿中取作定位置的标志星叫作这一宿的距星）和其他一些恒星共一百十五颗的赤道坐标位置。

石氏星表的赤道坐标有两种表达方式。一种是二十八宿距星的，叫作距度和去极度。距度就是本宿距星和下宿距星之间的赤经差；去极度就是距星赤纬的余角。还有一种是二十八宿之外的其他星，叫作入宿度和去极度。所谓入宿度就是这颗星离本宿距星的赤经差。不论哪一种方式，它的实质和现代天文学上广泛使用的赤道坐标系是一致的。而在欧洲，赤道坐标系的广泛使用却是在16世纪开始的。

古希腊最早的星表是希腊天文学家依巴谷（约公元前190年～前125年）在公元前2世纪测编的。依巴谷之前还有两位希腊天文学家也测量过一些恒星的位置，但是那也是在公元前3世纪。他们都比石申的工作要晚。

世界上最早的太阳黑子活动记录

太阳黑子是太阳光球层上出现的暗黑色斑点，它的温度比周围要低，所以显得暗一些。黑子的大小和多少，反映了太阳活动的强弱，黑子愈大、愈多，太阳活动就越强。

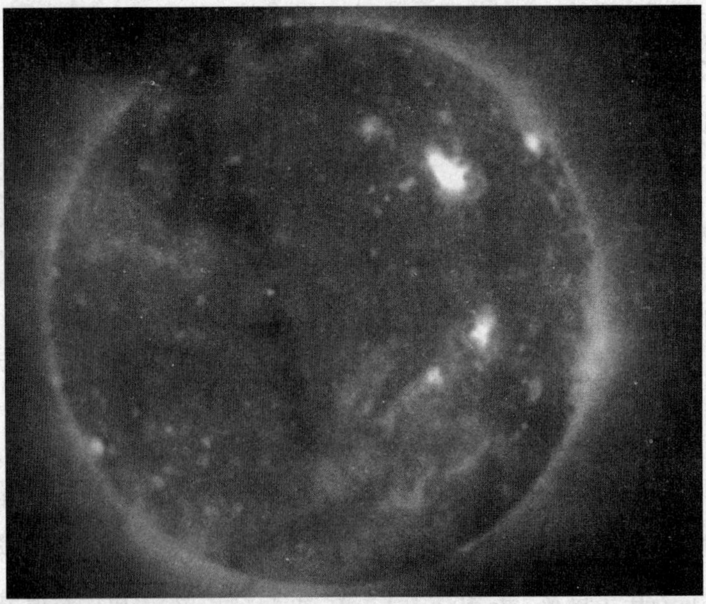

现今世界公认的最早的黑子记事，是西汉成帝河平元年（公元前 28 年）三月所见的太阳黑子现象，载于《汉书·五行志》："成帝河平元年……三月己未，日出黄，有黑气大如钱，居日中央。"这一记录把黑子的位置和时间都叙述得很详尽。

事实上，在这以前，中国还有更早的黑子记载。在约成书于汉武帝建元元年（公元前 140 年）的《淮南子》这一著作的卷七《精神训》中，就有"日中有踆乌"的叙述。踆乌，也就是黑子的现象。而比这稍后的还有：汉"元帝永光元年四月，……日黑居仄，大如弹丸"。（《汉书》引京房（公元前 77 年～前 37 年）的《易传》）。这表明太阳边侧有黑子成倾斜形状，大小和弹丸差不多。永光元年是公元前 43 年，所以这个记载也比前面的记录早。

中国古代的地动说

春秋战国时期，中国产生了天地都在不断地运动发展的观点。

如《素问》说："岐伯曰：'上者右行，下者左行，左右周天，余而复会也。'"右行是指从东向西，左行是指从西向东。所以，这是试图用天右旋、地左转的观点来说明天体周日视运动的现象。又如，尸佼（约公元前 370～约前

310年）说："天左舒而起牵牛，地右辟而起毕昴。"当时人们认为牵牛是作为一年之始的冬至点所在的星宿，毕昴是夏至点所在，所以，这是想用天（这里实应指的是太阳）在恒星间左行、地在恒星间右行的观点，说明太阳在恒星间作周年视运动的现象。他们用天和地同时作相反方向运动的观点对周日或周年视运动所作的说明是不尽正确的，但可贵的是，他们都不约而同地引进了地动的观念，成为后世发展的重要起点。

到西汉末年，随着运动相对性原理的阐明，地动说得到了很大的进步。《春秋纬·运斗枢》指出："地动则见于天象"，就是认为地动可以从有关天象的变化中反映出来，也就是把有关天象的变化看作是地动的结果。《河图》指出："地右动起于毕"，这似乎只是尸佼的话的简单重复，但它其实已经屏弃了所谓天动的说法，把太阳在恒星间周年视运动完全归因于地动的结果。

宋代张载在《正蒙》中，对恒星周日视运动和地球自转之间关系做出非常明确的论述。他指出："恒星所以为昼夜者，直以地气乘机左旋于中。"他把昼夜交替现象和恒星自东向西的右旋运动看作是地球自身从西向东左旋的直接结果。这是中国古代地动说最精辟的论述和最科学的应用之一。

地动说在中国古代为不少人所接受。虽然它的论证是思辨性的、初步的，但它比托勒密的地心说关于地球在宇宙中心静止不动的观点要高明得多。

世界上最早的子午线长度实测

子午线，也就是地球的经度线。测量子午线的长度可以确定地球的大小。子午线长度是地理学、测地学和天文学上的一项重要基本数据。

世界上最早的用科学方法实际测定子午线长度的，是中国的天文学家僧一行（公元683～727年）。

僧一行，本名张遂。唐代杰出天文学家，为了编制《大衍历》，他发起了这项前无古人的测量活动。

这次观测共去了12个地点。观测的项目包括：这一地点的北极出地高度，冬、夏至日和春、秋分日太阳在正南方向的时刻八尺高表的影子长度。

在这次测量中，以南宫说等人在今河南省的四个地点进行的一组最重要。他们除了测量北极高度和日影长度外，还测量了这四个地点之间的距离。这四个地点是白马（今河南滑县）、浚仪（今河南开封）、扶沟和上蔡，它们的地理经度几乎完全相同，误差很小。僧一行根据这些地点实测所得的数据算得：从白马到上蔡，距离五百二十六里二百七十步（唐代尺度），夏至日表影的长度差二寸挂零。同时，这次观测也再一次证明了古代流传的“南北地隔千里，影长差一寸”的说法是错误的。

根据南宫说等人所得的测量数据，很容易就求出，南北距离三百五十一里八十步，北极高度相差一度。这个数据就是地球子午线上一度的长。化成现代的度量单位，子午线一度长为129.22公里。

根据现代的测量，子午线一度长为111.2公里。僧一行所得数据的误差是13.9％。这个误差虽然稍大，但是它是世界上第一次子午线长度的实测。它开创了中国通过实际测量认识地球的道路；它彻底破除了日影千里差一寸的谬见；它把地理纬度测量和距离结合起来，既为制定新的历法创造了条件，又为后来的天文大地测量奠定了基础。

日晷

日晷是测定真太阳时的仪器。起源于圭表，表是直立的竿，圭是南北向平放的尺，二者垂直，根据表影的长短以测定真太阳时。远在春秋时期，古人已用这种方法测定时刻。日晷由一根表（晷针）和刻有时刻线的晷面组成。按照晷面安置的方向，可分为：地平日晷、赤道日晷、立晷（晷面平行卯酉面）、斜晷（晷面置于任何其他方向）等。

中国日晷的早期发展情况还不清楚，目前第一个明确可靠的日晷记载是《隋书·天文志》所载开皇十四年（公元594年）鄜州司马袁充发明的短影平仪，这是一种地平日晷。南宋曾敏行在《独醒杂志》卷二中记载他的族人曾瞻民（字南仲）发明了“晷影图”，所说的结构和后世的赤道日晷基本相同，但晷面是木制的。

元代郭守敬创制的仰仪，兼有球面日晷的作用。节气日晷和其他各种形式的立晷、斜晷等大都是明末来华的耶稣会教士传入，或由中国学者学习欧几里得几何之后创作的。明末天启年间（1621～1627 年），陆仲玉著《日月星晷式》，介绍了各种日晷的制法，并涉及测星、月用的星晷和月晷。

中国古代的天文专著

《石氏星经》

《石氏星经》是中国古代占星学著作。战国时期，魏人石申著《天文》一书，西汉以后被尊称为《石氏星经》。《史记》和《汉书》等古代史籍引用了该书关于五星运动、交食和恒星等多方面的内容。汉、魏以后，石氏学派继续有所著述，这些著作和《石氏星经》原著都早已佚失，但唐代《开元占经》中有大量节录。其中最重要的是关于 121 颗恒星位置的记载。这些记载中的一部分可能是汉代观测所得，另一部分则和石申所处的战国时期相合。三国时期，吴太史令陈卓综合石氏、甘氏和巫咸三家观测到的星官，整理成 283 官 1464 星的星座体系后，出现了综合三家的占星著作，其中有一种被称为《星经》或《通占大象历星经》的，后来被人伪托为汉代甘公、石申所著，因此，宋代以后又称它为《甘石星经》。但是，该书有唐代的地名，并且有巫咸一家的星官，因此，它和战国、两汉时期流传的《石氏星经》是两回事。

《五星占》

《五星占》是 1973 年底在长沙马王堆三号汉墓出土帛书中的古天文书。《五星占》全书约八千字，占文保存了甘氏和石氏天文书的一部分，其中甘氏的更多。整理者把《五星占》分成《木星》《金星》《火星》《土星》《水星》《五星总论》《木星行度》《土星行度》《金星行度》九章，最后的三章除了分别列出从秦始皇元年（公元前246年）到汉文帝三年（公元前177年）的七十年间木星、土星和金星行度外，并且描述了这三颗行星在一个会合周期内的动态。从占文可以看出当时已经知道时间乘速度等于距离这个公式，并且用它来把对行星动态的研究和行星位置的推算工作有机地联系起来，成为后代历法中“步五星”工作的先声。

《五星占》对金星的记载所用篇幅最多，占了一半以上，它记载的金星会合周期是584.4日，五个会合周期恰好是八年，这个会合周期的数字比现在的测值583.92日只大0.48日，它记载的土星会合周期是377日，比现在的测值只小1.09日。它的恒星周期是三十年，比现在的测值29.46年大0.54年。

在《五星占》中，水星又别称为“小白”，这也是其他古书中未曾使用过的。马王堆三号汉墓的安葬日期是汉文帝“十二年二月乙巳朔戊辰（二十四）”，其中的天象纪录到汉文帝三年止，从这里可以断定它的写成年代大约在公元前170年前后。在2000年以前，对五大行星的观测能够达到这样精密的程度确是惊人的。《五星占》是中国现存最古的一部天文书，在古代天文学史的研究上有非常重要的价值。

《步天歌》

《步天歌》又名《丹元子步天歌》，是唐代王希明所撰。王希明，别号丹元子。一说隋朝隐者丹元子撰。这部著作按照三国时期吴太史令陈卓所定的星座，分周天为三垣二十八宿共三十一个天区，把各区的星官和星数，编成七字一句的长歌，分别指出各星的名称、位置等。读着歌诀，按照一定方向，一颗颗星地数过去，有助于认识天上的恒星。这是一部中国古代学习天文学的必读书，在古代天文学的宣传普及上起了积极的作用。后来，清朝康熙年间，徐发又按照西洋星座，编了《西步天歌》。

历 法

何谓“历法”

历法是组合年、月、日等计时单位计算较长时间段的系统。

最初以昼夜变化计日、季节变化计年，基本特征为物候历。逐步过渡到以天象变化作计时单位的天文历法，即以地球自转周期计日，月相变化周期计月，太阳两次到达同一分、至点的周期计年。实际上日、月、年三个时间单位不能公约，而历法要求这三个时间单位都为整数，因而历法就成为解决这一矛盾的方法，尽可能使历日、历月、历年的平均长度与实际日、月、年长度一致。按这一原则采用不同的组合方式就得到各种各样不同的历法，所以历法就是解决历日、月、年平均长度接近自然日、月、年周期的方法。

农历

中国曾长期采用的一种传统历法，相对公历而言。又名“夏历”“中历”“旧历”，民间也俗称为“阴历”。它以朔望的周期来定月，用置闰的办法使年的平均长度接近于回归年，兼有阴历月和阳历年的特点，实质上是阴阳合历。农历安排二十四节气指导农业生产活动，主要在农村中使用。

它把日月合朔（太阳和月球的黄经相等）的日期作为月首，即初一，由于朔望月的平均长度是29.530588日，所以有的月份是三十天，称为月大；有的月份二十九天，叫作月小。农历以十二个月为一年，共354或355天，和回归年相差十一天左右，所以隔三年要安插一个闰月，再过两年又要安插一个闰月，古四分历平均十九年有七个闰月。农历月份的名称根据“中气”来确定，如包含“雨水”的月份叫正月，包含“春分”的月份叫二月等。不包含中气的月份定为闰月，沿用上个月的名称叫闰某月。这就是无中气置闰。

中国辛亥革命前，除太平天国曾颁行《天历》外，其余的历法都是阴阳合历。

阴历和阳历

阴历又称太阴历，平均历月长度接近朔望月长，每年 12 个月的历法。一般来说大月 30 天，小月 29 天，平均 29.5 天的历月接近 29.530588 天的朔望周期，为解决其间差数的积累会使历与月相不一致的矛盾，也要加闰。历年长 354 天左右。

阳历又称太阳历，平均历年长度接近季节变化周期回归年长的一种历法，能反映季节变化，有利安排农时。中国古代二十四节气就是一种阳历，现行公历也叫格里历的也是阳历，教皇格里高利十三世 1582 年命人修订而成，它平年 365 天，每四年加一个 366 天的闰年，世纪年能为 400 除尽的才算闰年，于是在 400 年里去掉了 3 个闰年，平均历年长 365.2425 日，与回归年 365.2422 日相差甚微。1、3、5、7、8、10、12 月为大月 31 天，2 月平年 28 天、闰年 29 天，其余月份为小月 30 天，通用于当今世界。

二十四节气的由来

二十四节气是十二个节气和十二个中气的总称。中国古人把一周年三百六十五又四分之一天分成二十四个等分，用来表示季节的更替和气候的变化，它们分别命名为立春、雨水、惊蛰、春分、清明、谷雨、立夏、小满、芒种、夏至、小暑、大暑、立秋、处暑、白露、秋分、寒露、霜降、立冬、小雪、大雪、冬至、小寒、大寒。从立春开始，单数的叫作节气，双数的叫作中气，或者说月初的叫节气，后半月的叫中气。

二十四节气起源于中国黄河流域，是中国古代历法特有的重要组成部分和独特创造。早在西周、春秋时期，古人就用圭表测日影的方法，测定冬至和夏至、春分和秋分，往后又测出立春、立夏、立秋、立冬四个季节，逐步完善。汉武帝时期成书的《淮南子》，已经有完整的二十四节气的记载，名称与顺序和现在完全一样。二十四节气的制定是中国古人在长期生产实践中，逐步认识气象变化规律的结果，它反映了太阳的周年视运动，所以在现行公历中的日期基本固定，每个月的节气和中气，上半年分别在三日至五日、十八日至二十二日；下半年在六日至八日、二十三日或二十四日，相差不大。农历因为闰月的关系，每年节气的日期相差较大，闰月没有中气。

长期以来，二十四节气曾在中国的农牧业发展中起过重要的作用，至今还在农业生产中起着一定的作用。

立春为何又叫“打春”

立春是农历一年二十四节气中的第一个节气，中国民间一般称之为“打春”。为什么立春又叫“打春”呢？

据史书记载，“打春”一说源于宋代。北宋孟元老在《东京梦华录》中写道：“立春前一日，开封府进春牛入禁中鞭春。开封、祥符两县，置春牛于府前，至日绝早，府僚打春，如方州仪。”这里说的是，立春那一天，宫廷和府县都举行用鞭子象征性地抽打耕牛的仪式，以表示大地解冻，春耕即将开始的意思。后来虽然“鞭牛”之习渐渐被废除，但“打春”之说却留传至今。

闰年

闰年是指阳历（公历）有闰日的一年或阴历（农历）有闰月的一年。

阳历一般每 4 年有一个闰年。平年 365 日，闰年 366 日，这多出来的一天加在 2 月末，闰年的 2 月就有 29 日。这多出来的一天就叫“闰日”。公历年份凡是能被 4 整除的都是闰年。四年一闰的办法使得一年的平均时间比一年的实际时间多了约 1 分 14 秒。为了消除这个误差，现行公历规定，400 年间只允许有 97 个闰年而不是 100 个闰年。

十二时辰

子时：十二时的第一个时辰，名夜半，又名子夜、夜分、中夜、宵分等。夜指太阳落山到太阳升起这段时间。夜半，即夜的中间时段。

丑时：十二时的第二个时辰，名鸡鸣，又名荒鸡。夜半之后雄鸡开始啼鸣，故曰鸡鸣。半夜鸡鸣，有的不按一定时间乱叫，被称作荒鸡。

寅时：十二时的第三个时辰，名平旦，又名平明、旦明、黎明、早旦、拂晓等。太阳尚未出，天灰蒙蒙亮时叫平旦，旦是会意字，表示太阳刚刚露出地面或水面，意为早晨。

卯时：十二时的第四个时辰，名日出，又名日上、日生、日始、日晞等。指太阳开始露脸，冉冉初升的那段时间。

辰时：十二时的第五个时辰，名食时，又名早食、宴食、蚤食等。古人“朝食”之时，也就是吃早饭的时间，所以取名食时。

巳时：十二时的第六个时辰，名隅中，又名日禺、禺中、日禺中。临近中午的时候称为隅中。隅本意为角，此名得之于太阳与地上两个观测点之间的夹角。

午时：十二时的第七个时辰，名日中，又名日正、日午、日高等。太阳运行到一天的中间阶段，处天的最高空。对在北半球的中国来说，此时日在正南、正中。

未时：十二时的第八个时辰，名日昳，又名日昃、日仄、日侧等。太阳偏西为日昳。昳也就是跌，太阳已过中午便开始从最高处向下跌落。

申时：十二时的第九个时辰，名晡时，又名餔时、日餔、夕食等。古时候晡和餔相通，即吃饭的意思。申时人们开始吃一天中的第二餐，所以称为晡时。

酉时：十二时的第十个时辰，名日入，又名日没、日沉、晏食、日旰等。日入意为太阳落山。即夕阳西下的时候。晏意为晚。

戌时：十二时的第十一个时辰，名黄昏，又名日夕、日末、日暮等。此时太阳已经落山，天将黑未黑。天地昏黄，万物朦胧，故称黄昏。

亥时：十二时的第十二个时辰，名人定，又名定昏、夤夜。此时夜色已深，人们也已停止活动，安歇睡眠了。人定也就是人静，夤意为深。

五更

中国古代把夜晚分成五个时段，用鼓打更报时，所以叫作“五更”“五鼓”，或称“五夜”。因为夜有长有短，所以，作为夜间的计时单位也就随之而变化了。但无论怎样变，作为夜半的三更天永远是五更的中段，也就是俗话说的“子夜”“三更半夜”，相当于晚上 23 点至次日凌晨 1 点。而“初更”正是“月牙儿正偏西”，“五更”天也就是拂晓时分，也就是俗话说的“鸡鸣五更”。

三伏与三九

三伏

“三伏天”即初伏、中伏、末伏。中国旧历法上使用天干、地支组合来记载年、月、日的顺序，规定每年按夏至后第三个庚日（有“庚”字的日子）起为初伏（10 天），第四庚日起为中伏（有的年是 10 天，有的年是 20 天），立秋后的第一庚日起为末伏（10 天）。

三九

从冬至日算起（从冬至开始叫“交九”，意思是寒冷的开始），每九天为一“九”，第一个九天叫“一九”，第二个九天叫“二九”，第三个九天为“三九”。人们说：“数九寒天，冷在三九。”

“正月”的由来

农历年的第一个月，传统的叫法是“正月”，为什么这么叫呢？这要从古人给月份命名的方式习惯说起。

中国古人除了用序数词标明月次之外，还为各个月份取了别名。月的别称往往显示其季节时令的自然特征，如，一月份时，太阳和月亮的视位置同在陬訾这组星宿的空城内，因此有别名为陬月。三月份是开始采桑养蚕的时节，便又称蚕月。

在中国古代，一月份是天子召集文武朝臣商定一年政治事务的日子，因此，这个月也称“政月”，即“议政之月”。物换星移，春秋迭代，七雄纷争的战国之后，“六王毕，四海一”，出了一个叱咤风云威震宇内的秦始皇。他姓嬴，单名一个“政”字，因此，政月这个称法就犯了忌讳。于是，朝廷敕令改字为“正月”。但是，“政”“正”二字读音仍然相同，便又强行变更了字音，读作征月。

不过有人对此表示怀疑。清代黄生在《字诂》一书中说：“世传秦始皇讳政，故民间呼正月之正作征音，此说非也。……盖正月之正本平声，后人不解其义，故驾言于祖龙（指秦始皇）耳!”黄生说的“正”字本有“征”音，倒是确有根据，据有些文字学家考证，在钟鼎文中，就有把“正月”写成“征月”的例子，只是较为少见罢了。

另有一种说法，春秋时期，《春王正月》载：“正月为一月，人君即位，欲其常居道，故月称正也。”再者，在中国古代的历法中，每年的第一个月，各个朝代不尽相同。夏朝以一月为第一个月；商朝以十二月为第一个月；周朝以十一月为第一个月。每个朝代改正一次月份次序，就将改后的第一个月叫“正月”。“正”是改正的意思。到汉武帝时才正式确定农历一月为正月，一直沿用至今。

“日历”的由来

日历的产生大约在1100多年前的唐顺宗永贞元年（公元805年），那时，皇宫中就已经使用皇历。最初一天一页，记载国家、宫廷大事和皇帝的言行。皇历分为十二册，每册的页数和每月的天数一样，每一页都注明了天数和日期。发展到后来，就把月日、干支、节令等内容事先写在上面，下部空白处留待记事，和现在的“台历”相似。

那时，服侍皇帝的太监在日历空白处记下皇帝的言行，到了月终，皇帝审查证明无误后，送交史官存档，这在当时叫日历。后来，朝廷大臣们纷纷仿效，编制自家使用的日历。

公元·世纪·年代

“公元”是公历的纪元，始行于公元 6 世纪，它原是以传说耶稣基督诞生那一年作为公元元年，从公元 6 世纪到 10 世纪，逐渐成为基督教国家通用的纪元，所以原先也叫“基督纪元”。后来被世界多数国家所公用，于是就改称“公元”，常用 AD（Anno Domini 的缩写，意为“主的生年”）表示。在历史书上，耶稣诞生前的年代被称为“公元前”，常用 BC（Before Christ 的缩写，意为“基督以前”）表示；耶稣诞生那年以后的年代是“公元后”，简称“公元”。

“世纪”一词，来源于拉丁文，意思是 100 年，也是从耶稣诞生那一年算起：公元元年至 100 年为 1 世纪，101 年到 200 年为 2 世纪，以此类推，现在是 21 世纪，2001 年是 21 世纪的第一年。

“年代”是指一个世纪中的某一个 10 年，如说 20 世纪 80 年代，就是指从 1980 年开始的那 10 年。

中国古代的历法专著

《夏小正》

《夏小正》是《大戴礼记》中的一篇，记述夏代天文历法，反映中国上古天文物候历代决定季节的天文依据和物候记录。20 世纪 80 年代以来《夏小正》进一步引起学者们的注意，有的学者根据彝族十月历溯源，认为《夏小正》就是中国上古时代的十月太阳历。例证如：书中记正月初昏斗柄悬在下，六月斗柄正在上，五个月中斗柄旋转了 180 度，经十个月恰转一周；二月春分燕子飞来，七月燕子南归，也是相间五个月；五月白昼最长，十月夜晚最长等等。《夏小正》所记物候，动植物又受到地学、农学、生物学界的注意，成为难得的综合性文献。

《三统历》

《三统历》是中国西汉末刘歆在《太初历》基础上，引入董仲舒天道循环的“三统说”思想，整理而成的历法。《三统历》于绥和二年（公元前 7 年）行用。《三统历》《三统历谱》载《汉书》，基本数据采用太初历，可以说实际上仍然是太初历，以 1 统＝81 章＝1539 年＝562120 日＝19035 月，1 元＝3 统＝4617 年。但其刻意用《易·系辞传》来解释历法数据，制造历史循环舆论，对后代历法产生了很坏的影响。

《大衍历》

《大衍历》是中国唐开元年间由僧一行编制的一部先进的历法，取《易》里的数据和术语附会其历法而命名。开元十七年（公元 729 年）起行用，用了 29 年。他的制历理论、计算方法为后世所宗，影响很大。《大衍历》有历术七篇、历议十篇、略例一篇，历术七篇内容有平朔望和平气，七十二候，太阳、月亮每日位置，每天所见星象和昼夜时刻，日食、月食及五大行星位置，条理分明，结构严谨，为后世历法典范。历法中使用了不等间距二次差内插法和含有三次差的近似内插公式。开元二十一年此历东传日本。

《授时历》

《授时历》是由元代的郭守敬、王恂、许衡等人共同编制的一部历法，至元十八年（1281 年）颁用。元世祖忽必烈决定并支持制定一部新的历法，在“历之本在于测验”的指导思想下，研制了许多新仪器，进行了大规模实测，创立了新的数学计算公式，并吸收前人成功的经验和精确的数据，使《授时历》达到很高的水平。

《授时历》中运用招差法求太阳、月亮和行星逐日运行的度数，用弧矢割圆术计算黄经、黄纬与赤经、赤纬之间的换算，以 365.2425 日为一回归年，29.530593 日为一朔望月，彻底以至元十七年冬至时刻为历元，体现了它的创新和对以前优秀成果的继承。《授时历》有很好的实测基础，所定数据全据实测，历史上曾受到朝鲜、日本等国注意并曾东传。

理化术数

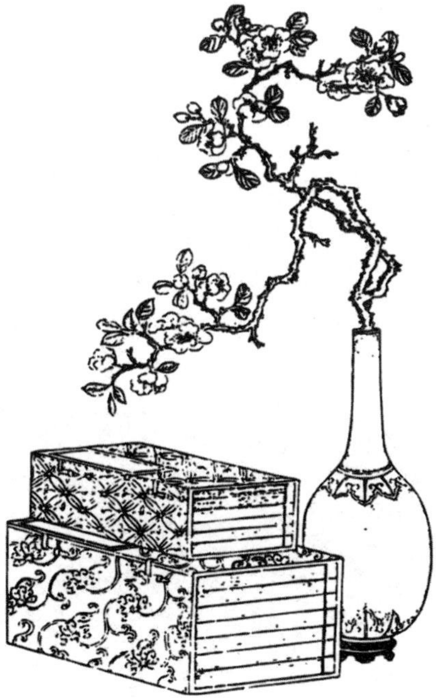

数 学

中国古代的数学专著

《周髀算经》

《周髀算经》是算经十书之一，成书约在公元前 1 世纪，主要阐述“盖天说”（一种宇宙结构学说）和四分历法，是最早引用勾股定理的著作。

《九章算术》

《九章算术》是算经十书中最重要的一种，系统总结了中国在战国、秦、汉时期的数学成就，传本定型至迟在公元 1 世纪，共分九章：方田、粟米、衰分、少广、商功、均输、盈不足、方程、勾股等共 246 个问题及解法。在世界数学史上有重要的地位。《九章算术》中负数的概念及正负数加减法则在世界上是最早的记载，关于一次方程组的解法比西方同类结果早 1500 多年。

《孙子算经》

《孙子算经》是算经十书之一，成书不迟于 3 世纪，记述筹算法规则，并记述了著名的求解联立一次同余式的“孙子问题”。

《数书九章》

《数书九章》的作者是南宋数学家秦九韶（1208 年～1261 年）。书中共列算题 81 问，分为 9 类。该书的重要成就主要体现在高次方程数值解法和一次同余式解法。另外还涉及自然现象和社会生活，成为了解当时社会政治和经济生活的重要参考文献。该书在数学内容上颇多创新，是对《九章算术》的继承和发展。

它概括了宋元时期中国传统数学的主要成就，标志着中国古代数学的高峰。

最原始的度量衡

手，不但是劳动的主要器官，还长期充当过度量衡具。

《大戴礼记》载：“布指知寸，布手知尺，舒肘知寻。”“寻”是古代长度单位，一寻为八尺。由于量高度时需侧身展肘，且两臂不可能完全与地面垂直，故不足一寻，只算七尺，古人谓之“仞”。当然，古代的尺比现代的短。在具体使用过程中，古人还注意从实际出发，因地制宜。例如测地域时，总不能趴在地上“舒肘”丈量，于是便用“足”来代替，一举足为半步，谓之“跬”，再举足才能称“步”，一步为六尺。宽一步，长百步，为一亩。这是古代的田地丈量法。

现在民间有人在估测东西的长短、轻重时，如一时找不到衡量的器具，也有直接用手量长短、掂轻重的。

一“仞”有多长

《夏本纪》说禹“身为度”，这便是以“人”“身”作为一个度量常数来衡量他物。

古训注、字词书把表示度量单位的“仞”字训作“八尺”“七尺”等等。这只是对仞所表示的尺度作了说明，但为什么是“八尺”“七尺”或其他？这就涉及“仞”字词义内涵及来源。

在古籍中“人”与“仞”是常常通用的。“仞”就是取人的高度作单位来度高、度深的，词义来源就是“人”，如今天人们还常说：“这坑有一人多深。”这里的“人”就是以身高作为一个度量单位，等于古代的“仞”。《说文》谓“度人之两臂为寻，八尺也”，前人对表示长度单位的“寻”字的解释是对的。“人”“寻”的尺度完全相同，不过它们的运用是有区别的：站立的“人”是用来度量“崇”的；伸展两臂的“寻”是用来度量“长”的。这也完全符合我们今天所知道的同一人的高度与其伸展两臂的长度完全相等的科学原理，而这一原理早已被古人发现并使用到生活实践中去了。

天元术

天元术是宋元数学家所习用的表示数字方程的记号系统和演算阵式。也泛指宋元代数学。其中设未知数“元”，立方程，宋人谓之造术。欲按元和幂次排成系数矩阵，且排得合乎逻辑，首先必须合并同类项和将常数项移项而使方程的一端等于零，这对李冶、秦九韶来说，已成习惯，但欧洲人直到1594年才认识到这一点。天元术肇始于北宋刘汝锴的《如积释锁》，而加以系统化和简化，则归功于李冶。

勾股定理出现在何时

勾股定理，又名商高定理。最早出现于公元前1世纪的《周髀算经》中。书中用商高回答周公旦提问的方式陈述了此定理：“勾股各自乘，并而开方除之。”又有“勾广三，股修四，径隅五”之语，即今所谓“勾三股四弦五”。《周髀算经》虽然被认为是西汉盖天家们抬出周公来宣扬“天圆地方”论调的著作，但若说勾股定理产生于周代，也并不过分。因为夏禹治水时“左准绳，右规矩”的情形不全是传说，汉赵爽用勾股圆方图对勾股定理作了严格而又巧妙的证明，这种证法被西方数学家认为是“最省力的证明方法”，而从中体现出的象数一致性(代数式与几何关系的统一)，则意义尤为深远。

刘徽的割圆术

公元3世纪中期，魏晋时期的数学家刘徽首创“割圆术”，为计算圆周率建立了严密的理论和完善的算法。所谓“割圆术”，就是不断倍增圆内接正多边形的边数，来无限逼近圆周长，进而求取圆周率的方法。

通过“割圆术”，刘徽把圆周率值的精度提高到3. 14159。刘徽根据割圆术所测算出的圆周率的精度在当时世界上堪称最佳数据，且比阿基米德的归谬法，事半而功倍。

祖冲之的圆周率

在刘徽之后，南北朝时期杰出数学家祖冲之，把圆周率推算到更加精确的程度，取得了极其光辉的成就。据《隋书·律历志》记载，祖冲之确定了圆周率的不足近似值是 3. 1415926，过剩近似值是 3. 1415927，真值在这两个近似值之间。祖冲之圆周率的不足近似值 3. 1415926 和过剩近似值 3. 1415927，准确到小数点后七位，这在当时世界上非常先进。直到一千年以后，15 世纪阿拉伯数学家阿尔·卡西（？～1436 年）和 16 世纪法国数学家韦达（1540～1603 年）才打破了祖冲之的纪录。

二进制与阴阳八卦

《周易》：“易有太极，是生两仪，两仪生四象，四象生八卦。”阴、阳两仪，其爻一虚一实。撇开其神秘色彩，则阴即偶数，阳即奇数，而两仪、四象、八卦，适成几何级数；再排列可成六十四卦，每封又有六爻，共三百八十四爻。此为排列组合的起源。发明微积分和计算机的德国数学家莱布尼兹从邵雍对六十四卦的排列中看出了二进制记数法，他曾与康熙帝通信，把二进制的发明归功于朱熹及其门人蔡元定。

中国古代的几何学

中国古代称从物体中抽象出来的几何图形为象。传说夏禹治水时，“行山表木……左准绳，右规矩”，说明几何始于勾股测量。战国时《墨经》中的几何学，可与古希腊欧几里得《几何原本》相颉颃。《几何原本》到中世纪，成为欧洲仅次于《圣经》的多版书。实际上墨家几何学的立论更为精辟。如定义平（平行）、中（对称）、圜、方（矩形）、端（点）、祇（切点）、次（二维）、厚（三维）等等，都很确切。圜之定义，有今轨迹之概念，为欧氏所无。其“或不容尺”公理与阿基米德公理完全一致，而“小故，有之不必然，无之必不然”，“大故，有之必然”，乃对必要条件和充分条件的高度概括。凡一百年后欧几里得说到的，墨家均已言及。因而可以说，墨家几何学是世界上最早的几何学系统。可惜到了秦汉，墨家在罢黜之列，后世亦无人光大其演绎思想。

物 理

中国古代的“力”的概念

《墨经》最早对力作出有物理意义的定义：“力，刑之所以奋也。”

“刑”通“形”，表示一切有生命的物体。“奋”的原意是鸟张开翅膀从田野里飞起，墨家用它描述物质的运动或精神的状态改变，同今日常用词“奋飞”“奋发”“振奋”等词的含义一样。由此可见，墨家定义力是指有形体的状态改变；如果保守某种状态就谈不上奋，也就无须用力了。《墨经》还举了一个例子，从地面上举起重物，就要发“奋”，需要用力。（“力，重之谓。下，与，重奋也。”“与”是“举”的省文。）墨家定义力，虽然没有明确把它和加速度联系在一起，但是他们从状态改变中寻找力的原因，实际上包含了加速度概念，它的意义是极其深刻的。

中国古代的滑轮力学

滑轮，古代人称它“滑车”。应用一个定滑轮，可改变力的方向；应用一组适当配合的滑轮，可以省力。

最早讨论滑轮力学的是《墨经》。《墨经》把向上提举重物的力称作“挈”，把自由往下降落称作“收”，把整个滑轮机械称作“绳制”。《墨经》中说：以“绳制”举重，“挈”的力和“收”的力方向相反，但同时作用在一个共同点上。提挈重物要用力，“收”不费力，若用“绳制”提举重物，人们就可省力而轻松。（“挈与收反。”“挈，有力也；引，无力也。不必所挈之止于施也，绳制之也。”）又说：在“绳制”一边，绳比较长，物比较重，物体就越来越往下降；在另一边，绳比较短，物比较轻，物体就越来越被提举向上。（“挈，长重者下，短轻者上。”）又说：如果绳子垂直，绳两端的重物相等，“绳制”就平衡不动。（“绳下直，权重相若则正矣。”）如果这时“绳制”不平衡，那么所提举的物体一定是在斜面上，而不是自由悬吊在空中。

天地运动的“相对论”

在中国古人看来，“天左旋，地右动。”也就是说，以天上星体的东升西落（左旋）来证明地的右旋运动。汉代王充提出了另一种看法：日月星体实际上是附着在天上作右旋运动的，只是因为天的左旋运动比起日月星体的右旋运动来要快，这才把日月星体当成左旋。这种情形就像蚂蚁行走在转动着的磨上，人们见不到蚂蚁右行，而只看磨左转，因此以为蚂蚁也是左行的。我们暂且不管“天”是什么，是否在运动，仅从物理学看，王充等人的思想是高明的，他们不仅看到了相对运动，而且还企图以相对速度的概念来确定运动的“真实”情况。

在历史上，许多人参加了这场左右旋的争论。到了宋代，由于理学大师朱熹的名气，他所坚持的“左旋说”又占了上风。这场争论，长达二千多年。直到明代，伟大的科学家朱载堉作出物理判决之后，还争论未了。朱载堉说：“左右二说，孰是耶？曰，此千载不决之疑也。人在舟中，蚁行磨上，缓速二船，良驽二马之喻，各主一理，似则皆似矣。苟非凌空御气，飞到日月之旁，亲睹其实，孰能辨其左右哉？”天和地、人和舟、蚁和磨、快慢二船、良驽二马，如果没有第三者作参考坐标，就很难辨明它们各自的运动状态。从物理学看，两个彼此作相对运动的物体 A 和 B，既可以看作 A 动 B 不动，也可以看作 B 动 A 不动。这两种看法都有效。若要争论它们的运动方向或谁动谁静，那真是“千载不决之疑”。朱载堉的回答完全符合运动相对性的物理意义。然而，朱载堉不明白，即使飞到日月旁，也不能“辨其左右”，而只能回答“似则皆似矣”。

以相对运动的观点来解释天地的运动，在古代的东西方都是一致的。但像朱载堉那样对相对运动作出物理判决的人，在西方只有比朱载堉稍后的伽利略算是最早的。

中国古代的弦乐制造公式

弦线发音的高低是由它的振动频率决定的，而振动频率又决定于弦长、线密度和张力。大约公元前 6 到～前 5 世纪的春秋战国之际，人们已经懂得了音调和弦长的定量关系，这就是闻名的“三分损益法”。这个方法是，从一个被认定作为基音的弦长出发，把它分做三等分，再去掉一分（损一）或加上一分（益一），来确定另一音的弦的长度。在数学上，就是把基音的弦长乘以三之分二（损一）或乘以三之分四（益一）。依此类推，计算十二次，就可以在弦上得到比基音高一倍或低一半的音（就是高八度或低八度的音），也就完成了一个八度中的十二个音的计算。从这十二个音中选出五个或七个，就构成了五声音阶或七声音阶。

“三分损益法”的最早记载见于《管子》，比希腊毕达哥拉斯（约公元前 580～前 500 年）提出的基本相同的方法要早得多。

“律管”的作用

“律管”是古代的定音器。古代人常用管作为定音器，用十二支长度不同的竹管（或铜管）来标定接三分损益法计算而得的八度内十二个音，这十二支竹（铜）管就叫作律管。

在历史上，曾经有不少人误以为如果管长和弦长相等，那么它们的发音音高也一致。事实上，由于受惯性影响，管里空气柱的振动要延伸到管外，所以要使管振动和弦振动的音高一致，管长就不能等同于弦长，而是要比弦长稍微短一些；或者使管的内径缩小。这种校正乐器发音的方法在中国古代都曾经被讨论过。特别是朱载堉成功地创造了缩小管内径的校正方法，他所得到的律管管内径的系统的校正公式和校正数据，直到 19 世纪还受到西方音乐家和声学家的极大推崇。

编钟里的“一钟双音”

在大量已发掘的编钟中，人们发现其中不少编钟有“一钟双音”的现象，就是在一个钟体上敲击它正中位置发出一个乐音，叫中鼓音，敲击它旁侧又发出一个乐音，叫侧鼓音。中鼓音和侧鼓音往往构成三度谐和关系。经过科学家的研究分析，才揭开这个古老的双音之谜。

原来，这些钟都经过乐师和乐工的磨锉调音，编钟的条形声弓就是调音时磨锉的结果。从声学上看，这两个音的振动模式井然有序，互不相干：中鼓音的振动波腹区是侧鼓音的振动波节区，中鼓音的振动波节区是侧鼓音的振动波腹区。这样，在编钟的两个敲击区分别敲击时，它们的振动波节和波腹恰巧互相错开了。因此，一个钟体能发出两个“基音”。这是古代中国人对壳体振动的最伟大的创造性应用，以致我们今天还花费了众多的科学劳动，应用了几乎最先进的仪器设备，才揭开古代人创制双音钟的声学之谜。

奇妙的鱼洗

古代的“洗”，形状颇似今天的洗脸盆，有木洗、陶洗和铜洗。盆里底上刻鱼的称鱼洗，刻龙的称龙洗。这种器物在先秦时期已在人们生活中被普遍使用。然而，有一种能喷水的铜质鱼洗，是在唐宋期间发明的，一般称它喷水鱼洗。

鱼洗何以能喷水？当然不是洗内刻画的鱼或龙突然显神通，而是有它的科学道理。

当摩擦洗的双耳时，洗周壁发生激烈振动，而洗底由于紧靠桌垫不发生振动。洗的振动如同圆形钟一样，都属于对称的壳体振动。手摩擦双耳，赋予洗振动的能量。在洗周壁对称振动的拍击下，洗里水发生相应的谐和振动。在洗的振动波腹处，水的振动也最强烈，不仅形成水浪，甚至喷出水珠；在洗的振动波节处，水不发生振动，浪花、气泡和水珠都停在不振动的水面波节线上。因此，在观赏鱼洗喷水表演时，看到鱼洗水面有美丽浪花和喷射飞溅的水珠。

值得注意的是，鱼洗中四条鱼的口须（又称喷水沟）总是刻在鱼洗基频振动（四节线）的波腹位置。这证明，古代工艺师了解圆柱形壳体的基频振动。它的效果是能引起鱼在跳跃的错觉。这样，在一个小小的器皿中，把科学技术、艺术欣赏和思辨推测三者结合在一起。这种深邃的智慧和精湛的技艺，不能不令人惊叹。

避雷针是中国人发明的

公元17世纪（1688年）时，法国著名旅行家、修道士卡勃里欧列·戴马卡连在游历中国之后，曾著《中国新事》一书，书中谈到中国建筑时写道："中国屋宇的屋脊两头都雕饰有一个仰头张嘴的龙头，龙嘴吐出金属舌头，伸向天空，舌根连着一根细铁丝直通地下。这些奇妙的装置，在遇到雷电时，就大显神通，若雷电击中了屋宇，电流就会从龙舌沿线跑到地里，这时的雷电就起不了破坏作用。"这说的就是中国古建筑上的避雷针。

《淮南子》《左传》《谷梁传》等古籍中就有关于避雷针的详细记载。三国和南北朝曾有避雷室，宋代曾有雷公柱等避雷设施。广西容县真武阁的第二层四根巨大内金柱离楼板2～3厘米临空悬吊不着地，承受着三层楼阁的全部重量，异常牢固，这罕见的奇迹，就是中国古代杰出的建筑师在明神宗万历元年（1573年），为使厅堂避开雷击，消除电学上"跨步电压"的危险而巧妙设计的，被中国著名建筑学家梁思成誉称为建筑艺术史上的"天下一绝"。上述史料可见，中国古代建筑师发明避雷针，实在比欧美科学家征服雷电要早几个世纪，只不过没有留下发明者姓名罢了。

"慈石"还是"磁石"

中国古代关于磁学的知识相当丰富。古籍中关于磁石的最早记载，是在《管子》中："上有慈石者，下有铜金。"

值得注意的是，书中把"磁石"写作"慈石"，究竟是为什么呢？

原来，古人观察到磁石具有吸铁的特性，就把它比喻做母子依恋，认为“石，铁之母也。以有慈石，故能引其子；石之不慈者，亦不能引也”。

因此，汉初以前，都是把“磁石”写成“慈石”。

世界上最早的“潜望镜”

利用平面镜反射的原理，中国在公元前2世纪前就制成了世界上最早的潜望镜。汉初《淮南万毕术》一书中，有“取大镜高悬，置水盆于下，则见四邻矣”的记载，这个装置虽然粗糙，但是意义深远，近代所使用的潜望镜就是根据这个道理制造的。

中国古代对“浮力”的认识和应用

浮力原理在中国古代得到广泛应用，史书上也留下了许多生动的故事。如三国时期的曹冲，曾用浮舟来称量大象，留下千古佳话。除了用舟称物之外，中国古人还发明了用舟起重的方法。

据史籍记载，蒲津大桥是一座浮桥。它用舟做桥墩，舟和舟之间架板成桥。唐玄宗开元十二年（公元724年）在修理这桥时，为加固舟墩，在两岸维系巨缆，特增设铁牛八只作为岸上缆柱。每头铁牛重几万斤。300多年后，到宋仁宗庆历年间（1041～1048年），因河水暴涨，桥被毁坏，几万斤的铁牛也被冲入河中。这桥毁后20多年，真定县僧人怀丙提出打捞铁牛、重修蒲津桥的主张。他打捞铁牛的方法是：在水浅时节，把两只大船装满土石，两船间架横梁巨木，巨木中系铁链铁钩，用这铁钩链捆束铁牛。待水涨时节，立即把舟中土石卸入河中。本来就水涨船高，卸去土石后船涨得更高，于是铁牛被拉出水面。另一记载和这方法稍有不同：在一只船上架桔槔，桔槔短臂端用铁链系牛，长臂端系在另一巨船上。待水涨时，在另一船上装满土石。这样，铁牛被桔槔从河底拉起并稍露水面。

可能怀丙打捞铁牛用了这两种方法。怀丙是中世纪伟大的工程力学家。他创造的浮力起重法，曾在16世纪由意大利数学家卡尔达诺（1501～1576年）用来打捞沉船。

中国古代的声音传播理论

约公元1世纪时，东汉思想家王充发现，声音在空气中的传播形式是和水波相同的。他在《论衡》中说："鱼长一尺，动于水中，振旁侧之水，不过数尺，大若不过与人同，所振荡者不过百步，而一里之外淡然澄静，离之远也。今人操行变气远近，宜于鱼等，气应而变，宜与水均。"

这段文字的前一句，描写了游动的鱼搅起水浪的大小浪花传播距离的远近。后一句指出，人的言语行动也使空气发生变化，变动的情况和水波一样。可以认为，王充是世界上最早向人们展示不可见的声波图景的，也是最早指出声强和传播距离的关系。

到了明代，借水波比喻空气中声波的思想更加明确、清楚。明代科学家宋应星（1587～1660年）在《论气》中说道："物之冲气也，如其激水然。……以石投水，水面迎石之位，一拳而止，而其文浪以次而开，至纵横寻丈而犹未歇。其荡气也亦犹是焉。"敲击物体使空气产生的波动如同石击水面波。这就是宋应星的结论。

当然，声波是纵波，水波是横波。古代人由于受到时代的局限性，对这一点分不清，实在是无法苛求的。

中国古代的报警器

在战争环境下，中国古人发明了各种各样的共鸣器，用来侦探敌情。《墨子》记载了其中的几种：

在城墙根下，每隔一定距离挖一深坑，坑里埋置一只容量七八十升的陶瓮，瓮口蒙上皮革（这实际上就做成了一个共鸣器）。让听觉聪敏的人伏在瓮口听动静，遇到有敌人挖地道攻城的响声，不仅可以发觉，而且还可以根据各嗡嗡声的响度差，识别来敌的方向和位置。另一种方法是：在同一个深坑里埋设两只蒙上皮革的瓮，两瓮分开一定距离，根据这两瓮的响度差来判别敌人所在的方向。还有一种方法：一只瓮和前两种方法所说的相同，也埋在坑道里，另一只瓮大，要大到足以容纳一个人，把大瓮倒置在坑道地面，并让监听的人时刻把自己覆在瓮里听响动。利用同一个人分别谛听这两种瓮的声响情形而确定来敌的方向和位置。

以上几种方法被历代军事家因袭使用，如唐代的李筌、宋代的曾公亮、明代的茅元仪等，都曾在他们的军事或武器著作中记述了类似的方法。

中国古代对“彩虹”成因的解释

彩虹，长期以来人们写下了大量优雅的诗句来赞美它。对于彩虹的成因，中国古代也早有所探讨。

大约在1500年前，唐初的孔颖达（公元574～648年）就提出了“若云薄漏日，日照雨滴则虹生”的观点。这段描述是很深刻的，这说明了虹产生的条件是薄云、日照和雨滴，表明了虹是日光照射雨滴所产生的自然现象。

公元8世纪中叶，张志和（约公元730～约810年）还进行了人工造虹的试验。他背向太阳喷出小水珠，就观察到了类似虹霓的情景，这就证实了虹的产生是阳光通过水滴的结果。他还指出，要看到虹必须“背日”，如果面对太阳就看不到。沈括在去契丹的途中，进行了实地考察，也证明了对着太阳看不到虹，只有背向太阳才能观察到彩虹；他在《梦溪笔谈》中记录这件事的时候，还引述了当时精于历数的孙彦先的话“虹乃雨中日影也，日照雨则有之”来解释虹的成因。南宋的朱熹在前人的经验基础上，也提出了“虹非能止雨也，而雨气至是已薄，亦是日色散射雨气”的话，说虹往往出现在雨过初晴的时候，并不是虹能止雨，而是这时雨气已经很薄，日光散射雨气的结果。

孙彦先、沈括、朱熹等用“雨中日影”“日色散射雨气”等来解释虹的成因，就成虹的具体过程来说，是不精确甚至是错误的，因为现在知道是日光在雨滴中经过两次折射和一次（或二次）全反射产生色散的结果，但是，在当时的条件下，能对虹的成因提出这样的解释，是有可取之处的。

化学化工

造纸术

纸是中国的发明。古以甲骨、金石、简册、木牍、缣帛书事，简牍笨重，缣帛昂贵，不易普及。汉初就用麻、苎造纸，因出土于西安灞桥，称灞桥纸，但质地粗糙，只宜用于包裹。甘肃居延金关西汉烽塞遗址发现的麻纸片，质薄匀细，似已可书写。大约两汉之际，已用纸来写经，《后汉书》已提到“纸经传”。东汉和帝时，蔡伦用树皮、破布、废网等造纸，纸质坚韧，造价便宜，于是“天下咸称蔡侯纸”。西晋时南方盛行藤纸，尤其是剡溪之“剡藤”驰名官方。六朝使用帘床捞纸，且用黄檗染潢、雌黄治书，以防蛀蠹。唐代麻纸产量日增，扬州六合纸“入水不濡”。

随着造纸中加矾、加胶、涂粉、洒金、染色技术的不断提高，纸的品种日益增多。仅唐代就有益州黄白麻纸、两浙案纸、蒲州细白麻纸、宣州玉版檀纸等名纸，十色笺、五色金花绫纸、水纹纸、茶衫子、糊窗纸、锡箔纸等各种色纸，尤其是玄宗时萧诚造的斑石纹纸和宪宗时薛涛造的深红小彩笺闻名天下。宋代崛起的楮桑皮纸和自古就有的麻纸，至今仍为高级纸品。印钞票用的就是麻纸。棉纸在唐初传入大食以后对推动整个世界文明，起了不可估量的作用。

火药名称的由来

火药顾名思义就是“着火的药”。触火即燃是它主要的特性。那又为什么叫它做“药”呢？

在春秋晚期（公元前6世纪），有一个叫计然的人就说过：“石流黄出汉中”，

“消石出陇道”。石流黄就是硫黄；消石就是硝石，古时还称焰硝、火硝、苦硝、地霜等。可见早在春秋战国时期，木炭、硫黄、硝石已经为人们所熟知。在中国第一部药材典籍汉代的《神农本草经》里，硝石、硫黄都被列为重要的药材。即使在火药发明之后，火药本身仍被引入药类。更主要的是火药的发明来自人们长期的炼丹制药的实践中。火药的名称就是这样获得的。

火药的发明

火药是中国古代四大发明之一。火药是由炼丹家发明的，时间约在唐代中期。后用于军事，出现了燃烧性火药和爆炸性火药。

在火药发明之前，炼丹术中有“伏火法”的程序，用来对硝石、硫黄、草木药等在共同火炼前进行预处理，以先改变它们易燃、易爆的性质。从古代有关“伏火法”的文献中也可看出当时炼丹家对火药成分、化学性质以至配方的认识水平。唐代的《丹房镜源》中已有用炭使硝石伏火的方法，唐元和年间（公元808年）的《太上圣祖金丹秘诀》中的“伏硫黄方”，被认为是最早的火药配方。其作者在伏火操作中已采用许多措施来防范爆炸，表明作者已确知硝石、硫、炭三者混合点燃的危险性。

火药发明后约 100 年始用于军事。宋代《九国志》记载：唐哀帝天祐元年（公元 904 年），郑璠以“发机飞火”烧龙沙门。北宋许洞在《虎铃经》中指出“飞火”即“火炮、火箭之类”，火炮即抛掷型火药球。这时火药使用还较少。到宋代，火药用于军事已较普遍。这时使用火药的武器有火箭、火炮、蒺藜火球等。约在南宋理宗时（1224～1264 年），火药经印度传入阿拉伯国家。以后，通过战争，将火药、火器及其技术传到西方。

火药是怎样传入西方国家的

早在唐代，中国和波斯、印度、阿拉伯等一些国家通过海上的贸易往来很频繁，就在这时，硝随同医药和炼丹术由中国传出。直到 1225 年到 1248 年间火药才由商人经印度传入阿拉伯国家。欧洲人，首先是西班牙人，在 13 世纪后期通过翻译阿拉伯人的书籍，才知道火药。主要的火药武器大多是通过战争西传的。元代初期，在西征中亚、波斯的交战中，阿拉伯人才知悉包括火箭、毒火罐、火炮、震天雷在内的火药武器，进而掌握了火药的制造和使用。欧洲人又是在和阿拉伯的战争中，接触和学会了制造火药和火药武器的。英法各国直到公元 14 世纪中期，才有应用火药和火器的记载。

瓷器的“釉药”

中国瓷器驰名世界。之所以色彩瑰丽、引人入胜，很重要的一个原因，就是它的坯体上施有一种或几种不同颜色的釉药。

中国早在商周时期就发明了釉药。首先被烧制出来的是青釉，也就是以氧化钙作为熔剂的石灰釉。它是中国传统的瓷釉之一。釉和坯同样是由矿物料制成的，主要成分在硅酸盐、氧化铝、硼酸盐或磷酸盐等。在古代，釉的呈色剂（也叫着色剂）有铁、铜、钴、锰、金、锑以及其他金属元素。所谓汉代多色釉，就是以氧化铅作为熔剂，以铜、铁、锰、钴等金属元素作为呈色剂而烧制出来的铅釉。关于“呈色剂”，只就铁的呈色作用来说明：铁的氧化物有两种：一种是氧化亚铁，呈绿色；一种是三氧化二铁，呈黑褐或赤色。釉中的铁如果用还原焰烧炼，就能变成氧化亚铁；如果用氧化焰烧炼，就能变成三氧化二铁。据分析，在瓷釉中，如果氧化亚铁的含量达到千分之八，烧出来的瓷器就出现淡绿色，如果含量大于千分之八并且不断增加，绿色就由淡变浓。如果铁的成分太多，那也不好，超过百分之五，不仅还原发生困难，而且颜色渐呈暗褐色，甚至近似于黑色了。由于造瓷技术有了飞速的发展，所以到了唐代，越窑（在今浙江绍兴、余姚一带）的美丽的“千峰翠色”瓷，就是由工人掌握釉中恰当的氧化亚铁成分（百分之一到百分之三）而获得的。当时掌握这一技术是很不容易的，不仅配制釉药量要准确，含铁的成分要适当，而且还必须严格掌握窑里的温度和通风情况，使瓷器在还原焰中烧成。

中国古代的玻璃

有人认为中国古人不会制造玻璃，这种印象是错误的。陕西宝鸡茹家庄古墓葬中的琉璃管珠，系西周昭穆时期物，经鉴定是铅钡玻璃，含硅、钙、镁、锡等十八种元素。而冶炼青铜的排渣中含有这些成分，因此，有人认为商代就已具备生产此类管珠的历史条件。《庄子》《战国策》《淮南子》都有“随珠”的记载，

《论衡》："随侯以药（石）作珠，精耀如真。"又春秋末曾侯乙墓（在随县）、战国冬笋坝巴人船棺葬都出土有玻璃珠。这些都可证实东周时已有玻璃制作。今钠钙玻璃的原料（长石、钠长石、硼砂、黏土、白云石等等）与古陶器上釉的原料几同，因此，有人认为玻璃的产生可能是从涂烧釉层上得到启发的。惜其未留传后世。

中国古代炼丹术

炼丹术约起于战国中期，那时已有炼丹方士，旨在炼不死之药。汉淮南王刘安及汉武帝都广求方士以炼丹。魏晋南北朝都盛行炼丹之风，至明代才衰亡。炼丹家从大量的化学试验中，有意无意地发展了化学。唐玄宗搜编的《三洞琼纲》及以后的正续《道藏》，保存了百余种珍贵的化学史料。英国李约瑟说，中国炼丹术乃世界"整个化学最重要的根源之一"。

丹即硫化汞。丹砂炼汞，属还原法，最先见载于汉刘安《淮南万毕术》。汉末魏伯阳又发现汞、硫化合，"赫然还为丹"的氧化反应。对此，晋葛洪《抱朴子·金丹》总结为："丹砂烧之成水银，积变又还成丹砂。"这种"九还金丹"乃人类最早的化学反应产品。唐陈少微《九还金丹妙诀》中定出一整套制丹工艺，

其硫汞配比完全合乎原子量比例。汞溶金属生成汞齐，乃液合金之始，战国时即用以鎏金，汉代用作抛光。唐代已能造水银霜（飞云丹，轻粉，氯化亚汞），其方有水银、食盐、白矾。铅亦炼丹之要物。汉前即有化妆用的胡粉（白色碱性碳酸铅），魏伯阳用炭火使之还为铅。葛洪总结为“铅性白也，而赤之以为丹；丹性赤也，而白之以为铅”。包含有多步骤的氧化、还原反应。陶弘景也指出：黄丹乃“熬铅所作”，胡粉乃“化铅所作”。汉代炼丹家又发现了“曾青（硫酸铜）得铁则化铜”的置换作用，陶弘景以鸡屎矾（碱性碳酸铜）投诸醋，可涂铁，则为最早的胆水炼铜，开创了后世的湿法冶金。

炼丹术最卓越的成就是发明黑火药。隋末唐初，孙思邈《丹经》中就载有黑火药的配方。

“火法炼丹”与“水法炼丹”

中国古代炼丹的方法可分火法和水法两种。

所谓火法，主要是带有冶金性质的无水加热法。东汉炼丹家魏伯阳在《周易参同契》中说，他那时有《火记》六百篇，讲的就是这种火法。但是这部书早已失传，内容已经无从查考。

水法炼丹，则是中国炼丹家利用金石药物的溶液制取丹药的方法。古代炼丹家对于金石药，一方面要把它们炼成固体的丹，另一方面又要把它们溶解成为液体。因此他们在溶解金石药的长期实践中，对水溶液中的复杂反应也取得了相当丰富的经验性知识。《道藏》洞神部众术类有《三十六水法》，可能是晋代以前的著作，保存了古代炼丹家溶解三十四种矿物和二种非矿物的五十四个方子。《抱朴子·金丹篇》也记载有许多同类的丹方。

“炼丹术”与“炼金术”

现代化学史有一个公认的事实：即化学是从欧洲中世纪炼金术的基础上发展起来的，而欧洲中世纪炼金术是导源于阿拉伯炼金术的。但是，直到 20 世纪 30

年代以前，人们还不知道公元 8 世纪出现的阿拉伯炼金术同中国炼丹术有密切的关系。

在中国炼丹术和阿拉伯炼金术之间，有许多相似的地方：中国古代炼丹家追求一种既能使人“长生”，又能“点铁成金”的“神丹”，阿拉伯炼金家也追求这种万能药剂，叫它做“耶黎克色”或“哲人石”。中国古代炼丹家试图用某种方法使硫化汞化为黄金，他们也企图用硫和汞制作黄金。由于阿拉伯炼金术出现很晚，中国和阿拉伯当时已经有文化交流，这些相似之处自应看作是中国炼丹术西传的证据。

更值得注意的是，中国炼丹术很早就使用古希腊和埃及所不知道的硝石和硇砂，阿拉伯和波斯不但也使用这些药物，而且硝石在阿拉伯和埃及都叫“中国雪”，在波斯叫“中国盐”。此外，阿拉伯和波斯炼金术家都在七种金属中列入“中国金属”或“中国铜”。这可以说是中国炼丹术传入中亚和埃及的铁证。至于阿拉伯语称炼金术为 al－kimiya，有人说 kimiya 是汉语“金液”两字的古音，这是完全可能的，因为唐宋两代中国和中亚来往频繁，尤其是宋代和大食（阿拉伯帝国）海上贸易十分发达，福建泉州是重要贸易港口之一，泉州话到现在读“金液”两字的音还是 kim－ya。

可是在 20 世纪初期，西方学者对这些事实完全茫然了。他们不但把古希腊和埃及当作炼金术的唯一发源地，并且有人硬说什么中国炼丹术是从希腊通过阿拉伯输入的舶来品。直到 20 世纪 30 年代，由于中国和西方一些学者分别进行了认真的研究，问题才逐渐得到澄清，肯定了中国炼丹术源远流长的事实。英国科学史家李约瑟说：“整个化学最重要的根源之一（即使不是最重要的唯一根源）就是地地道道从中国传出的。”

机械冶金

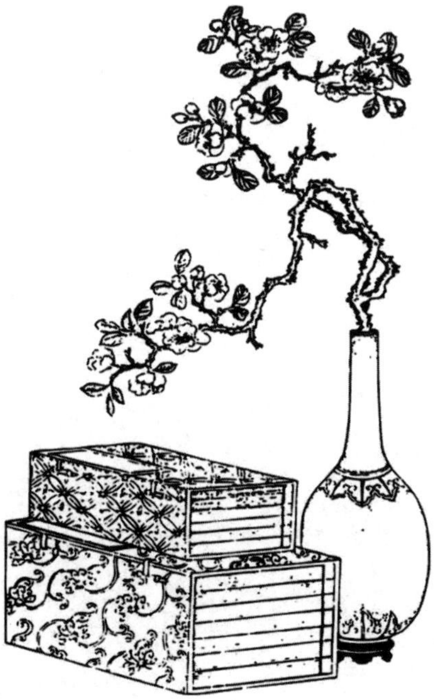

机 械

汉代的播种机

汉代的播种机叫三脚耧，其复原模型，现在陈列在中国历史博物馆里。它的构造是这样的：下面三个小的铁铧是开沟用的，叫作耧脚，后部中间是空的，两脚之间的距离是一垅。三根木制的中空的耧腿，下端嵌入耧铧的銎里，上端和子粒槽相通。子粒槽下部前面由一个长方形的开口和前面的耧斗相通。耧斗的后部下方有一个开口，活装着一块闸板，用一个楔子管紧。为了防止种子在开口处阻塞，在耧柄的一个支柱上悬挂一根竹签，竹签前端伸入耧斗下部系牢，中间缚上一块铁块。耧两边有两辕，相距可容一牛。后面有耧柄。

播种前，要根据种子的种类、子粒的大小、土壤的干湿等情况，调节好耧斗开口的闸板，使种子在一定的时间流出的多少刚好合适。然后把要播种的种子放入耧斗里，用牛拉着，一人牵牛，一人扶耧。扶耧人控制耧柄的高低，来调节耧脚入土的深浅，同时也就调整了播种的深浅，一边走一边摇，种子自动地从耧斗中流出，分三股经耧腿再经耧铧的下方播入土壤。在耧后边的木框上，用两股绳子悬挂一根方形木棒，横放在播种的垅上，随着耧前进，自动把土耙平，把种子覆盖在土下，这样一次就把开沟、下种、覆盖的任务完成了。再另外用砘子压实，使种子和土紧密地附在一起，发芽生长。

现代最新式的播种机的全部功能也不过把开沟、下种、覆盖、压实四道工序接连完成，而中国两千多年前的三脚耧早已把前三道工序连在一起由同一机械来完成。在当时能够创造出这样先进的播种机，确实是一项很重大的成就。这是中国古代在农业机械方面的重大发明之一。

锥井机

锥井机是开凿深井的机械装置。它利用人力和弹力进行工作，锥具的上端系在大竹弓的弓弦中间，凿井的时候利用人力使锥具下行向下凿进，同时也使弓弦向下拉，这样就储蓄了一部分弹力。锥具返回上行就利用弓弦的弹力使它向上。中国劳动人民在汉代就能够开凿深井了，深钻技术比西方大约早 11 个世纪。

锥井机和中国古代弓弩的原理相似，它也是利用人力和弹力进行工作的，把一人或多人的力量储备起来，延长一段时间再利用，这在人力的利用方面却是一个巨大的进步；在机械制造方面也是一个卓越的成就。

龙骨水车

龙骨水车是中国古代最著名的农业灌溉机械之一。

(a) 拔车　　(b) 踏车　　(c) 牛转翻车

人力龙骨水车：顾名思义，是以人力做动力，多用脚踏，也有用手摇的。因为用人力，它的汲水量不够大，但是凡临水的地方都可以使用，可以两个人同踏或摇，也可以只一个人踏或摇，很方便，深受人们的欢迎，是应用很广的农业灌溉机械。

畜力龙骨水车：大约出现在南宋初年，这是龙骨水车发展的一个新阶段。它的水车部分的构造和人力龙骨水车相同，只是动力机械方面有了新的改进。在水车上端的横轴上装有一个竖齿轮，旁边立一根大立轴，立轴的中部装上一个大的卧齿轮，让卧齿轮和竖齿轮的齿相衔接。立轴上装一根大横杆，让牛拉着横杆转动，经过两个齿轮的传动，带动水车转动，把水刮上来。因为畜力比较大，能把水车上比较大的高度，汲水量也比较大。

水转龙骨水车：在元代《王祯农书》上有水转龙骨水车的记载，可知这一机械的发明应该在《农书》成书之前，大约在元初，也有近七百年的历史了。它的装置，水车部分完全和以前的各种水车相同。它的动力机械装在水流湍急的河边，先树立一个大木架，大木架中央竖立一根转轴，轴上装有上、下两个大卧轮。下卧轮是水轮，在水轮上装有若干板叶，以便借水的冲击使水轮转动。上卧轮是一个大齿轮，和水车上端轴上的竖齿轮相衔接。把水车装在河岸边挖的一条深沟里，流水冲击水轮转动，卧齿轮带动水车轴上的竖齿轮转动，也就带动水车转动，把水从河中深沟里车上岸来，流入田间，灌溉庄稼。

“木牛流马”考

木牛流马，相传为三国时期蜀汉丞相诸葛亮发明的运输工具，分为木牛与流马。史载建兴九年至十二年（公元 231～234 年）诸葛亮在北伐时所使用，其载重量为“一岁粮”，大约四百斤以上，每日行程为“特行者数十里，群行二十里”，为蜀国十万大军提供粮食。

木牛流马没有留下实物，其设计方法也已经失传。后人多有复制，但形制不一，无法从中得出结论。

近来，不少学者倾向于木牛流马是一种独轮推车的说法。宋代高承《事物纪原》卷八：“木牛即今小车之有前辕者；流马即今独推者是，而民间谓之‘江州车子’。”经过多方考证，这种说法比较接近真实。

不过，独轮车并非诸葛亮所独创，因为东汉文献的记载和考古发现都证明，在他之前早就有独轮车了。它的特点是：中间只有一个轮，只用一个人推行，在平原山地、大路小径上皆可使用，比起人挑肩扛来，既省力而运量又大。独轮车至今还在一些农村地区使用，四川称之为“鸡公车”，江南称之为“羊角车”。

如果采用木牛流马就是独轮车的说法，也只能说当时的独轮车并不盛行，而在蜀国等地还没人应用。

独轮车的发明是中国科技史中的一件大事，它比欧洲早了 10 个世纪。

指南车

指南车是一种双轮独辕车。车上立一个木人伸臂南指。只要一开始行车的时候木人的手臂向南指，此后不管车向东或向西转弯，由于齿轮系的作用，木人的手臂始终指向南方。在宋代，燕肃于宋神宗天圣五年（1027 年）造指南车，后来又有吴德仁于宋徽宗大观元年（1107 年）再造指南车。

指南车指南的原理是：在使用时先人为地进行调整，使木人的手指向正南。若马拖着辕直走，则左右两个小平轮都悬空，车轮小齿轮和车中大平轮不发生啮

合传动，因此木人不转，当然也不会改变指向。若车子向右拐弯，则车辕的前端也必向左，而其后端则必偏右。车辕的这种变化，会使系在车辕上的吊悬两小平轮的绳子发生相应的松紧，从而把左边的小平轮向上拉，但仍使它悬空；而右边的小平轮则借铁坠子及其本身的重量往下落，从而造成了车轮小齿轮和大平轮的啮合传动。若车子向左转 90 度，则在转弯时，左轮不动，右轮要转半周。与右轮相连的小齿轮也就转半周（即转过 12 个齿），经过小平轮传动到大平轮，则大平轮将以相反的方向转动 12 个齿，即四分之一周（也即 90 度），这样木人在和车一起左转 90 度的同时，又由于齿轮的啮合传动右转了 90 度，其结果等于没有转动，所以它的指向仍然不变。车子向右拐弯的情况或其他运动情况的结果可以类推。总之任车子怎么转动，木人总能保持它的指向不变。

记里鼓车

记里鼓车是中国古代用于计算道路里程的车，又有“记里车”“司里车”“大章车”等别名。

记里鼓车的基本原理和指南车相同，也是利用齿轮机构的差动关系。到北宋时，记里鼓车制造方法更有改进，《宋史》记载比较详细，大体说记里鼓车外形是独辕双轮，车厢内有立轮、大小平轮、铜旋风轮等，轮周各出齿若干，“凡用大小轮八，合二百八十五齿，递相钩锁，犬牙相制，周而复始。”记里车行一里路，车上木人击鼓，行十里路，车上木人击镯。

车中有一套减速齿轮系，始终与车轮同时转动，其最末一只齿轮轴在车行一里时正好回转一周，车子上层的木人车上木人受凸轮牵动，由绳索拉起木人右臂击鼓一次，以示里程。至于“十里击镯”的记程原理，同击鼓记里的机械原理大同小异，只是这一减速齿轮系的末端齿轮是在车行十里时正好回转一周，因此“十里一击镯”。这一原理与现代汽车上的里程表的原理相同。记里鼓车的创造是近代里程表、减速器发明的先驱，是科学技术史上的一项重要贡献。

水轮三事

“水轮三事”是元代的王祯创制的。水轮三事的结构组成为：一个由水力驱动的立式大水轮，在延长的水轮轴上装上一列凸轮或拨杆和一个立轮（齿轮），凸轮或拨杆拨动碓杆末端，使碓上下往复摆动，即可舂米或使谷物脱壳。立轮（齿轮）同时驱动一个平轮（齿轮）和一个立轮（齿轮），平轮所在轴上装有磨，用以磨面。立轮所在轴上装有水车，用以取水灌溉。

“水轮三事”记载在《王祯农书》中：“水轮三事，谓水转轮轴，可兼三事，磨、砻、碾也。初则置立水磨，变麦作面，一如常法，复于磨之外周造碾圆槽，如欲毇米，惟就水轮轴首易磨置砻，既得粝米，则去砻置碾、碢干循槽碾之，乃成熟米。夫一机三事，始终俱备，变而能通，兼而不乏，省而有要，诚便民之活法，造物之潜机。”

数百年来，这项发明使人们从繁重的体力劳动里解放出来，大幅度地减轻了农民的工作量。

冶 金

中国古代冶铁术

藁（gǎo）城出土的商中期铁刃铜戉、浚县出土的周初铁援铜戈，都以含镍陨铁为原料，而铸接或锻合于青铜。《史记》载周武王对纣之嬖妾“斩以玄钺”即此类铁刃铜兵，但这还不是冶铁的起源。《左传》载，晋铸刑鼎，其铁征自民间，则民间已有作坊。又六合出土的吴墓铁丸铁条，丸系白口铁，条乃块炼铁，说明中国生铁与块炼铁几乎并有，这是由于发达的青铜范铸术为生铁的产生提供充分条件。

铸铁术出现，改变了块炼与加工两步走的落后状态，提高了铁器生产率；而战国初期铸铁柔化术的发明，是冶金史上划时代的创举。白口铁性脆，经脱炭处理而成为白心韧性铸铁（见洛阳灰坑铁锛）或黑心韧性铸铁（铁镈），遂使生铁代铜用作生产工具成为可能，从而使中国冶金术后来居上，为世界上首先出现封

建大帝国奠定基础。秦始皇“销天下之兵”，即强制性地没收铜器，推行铁器，如果没有发达的冶铁术，是办不到的。

早在春秋晚期，钢已出现（长沙长杨65号墓出土有钢剑），燕国在战国晚期已有淬火钢。西汉中后期出现了生铁炒钢（脱炭），使钢的生产扩大。至东汉初，锋利的钢刀把铜兵刃完全排挤出军事领域。炒钢经多次锤锻使晶粒细密，谓之百炼钢。章帝时有“五十湅”钢剑（徐州汉墓出土）；曹操有“陆折犀革，水断龙舟”的“百炼利器”五把（见曹植《宝刀赋》）；蜀汉蒲元铸刀五千，砍竹筒“如断刍草，应手虚落”。汉魏之际又发明灌钢法。北齐冶金家綦毋怀文造宿铁刀，说明冶铁术在质量和工艺上都不断进步。农具方面，唐宋时，以锻钢代替了铸铁，冷锻技术相当高。宋曾敏行《独醒杂志》所记黄钢刀和沈括所云青堂羌锻甲皆坚铤异于常器。

明代又出现炒钢新法和抹钢等，形成以“蒸石取铁”“炒生为柔”“生熟相和、炼成则钢”为主干，辅以块炼铁、坩埚炼铁、渗碳制钢、夹钢、贴钢、擦生等熔炼工艺的钢铁技术体系，与现代钢铁生产工艺系统基本一致，比18世纪才建立起来的欧洲近代钢铁业全无逊色。明代大型铁场，从采矿到冶炼制造包括运输布局，已初具联合企业雏形，且有“厚资商人出本，交给厂头，雇募匠作”多至3000人，产品远销南洋。

炒钢

炒钢，因在冶炼过程中要不断地搅拌好像炒菜一样而得名。

炒钢工艺大约发明于西汉。近年在河南巩义市铁生沟、南阳瓦房庄等处都发现过汉代炒钢炉遗址。巩义市遗址断代是西汉中期到新莽，瓦房庄遗址使用时间比较长，由西汉中期到东汉晚期。另外，铁生沟还出土了一些炒炼产品，经分析，有的含碳量是1.28%，有的是0.048%。文献上关于炒钢的记载最早见于东汉《太平经》，书中说：“使工师击治石，求其铁，烧冶之，使成水，乃后使良工万锻之，乃成莫邪耶。”这“水”应指生铁水。“万锻”应指生铁脱碳成钢后的反覆锻打。

炒钢的优点是成分可适当控制，生产率比较高，质量也比较好。在现代，人们常把由矿石直接制钢的工艺叫一步冶炼或直接冶炼，而把先由矿石冶炼成生铁、然后再由生铁炼钢的工艺叫两步冶炼或间接冶炼。炒钢的生产过程也分两步：先炼生铁，后炼钢。因而在某种意义上说，炒钢的出现便是两步炼钢的开始，是具有划时代意义的重大事件。它进一步促进了中国古代铁器的广泛使用和社会生产力的发展。

直到 18 世纪中叶，英国才发明了炒钢法，比中国晚了 800 年左右。

百炼钢

“百炼钢”以一种含碳量比较高的炒炼产品作为原料，操作要点是反覆加热锻打，千锤百炼。现在见到的最早百炼钢实物是东汉晚期的制件。1961 年日本大和栎本东大寺古墓出土一把东汉灵帝中平年间（公元 184～189 年）的纪年钢刀，上有错金铭文“百练清刚”字样。“练”就是“炼”，“刚”就是“钢”。

在文献中，“百炼钢”一词最早见于东汉晚期。曹操作宝刀五枚，称誉是“百炼利器”；陈琳（？～217 年）《武军赋》说：“铠则东胡阙巩，百炼精钢。”这些实物和文献都说明了百炼钢工艺已经兴起。除百炼钢外，中国古代还有“卅炼钢”“五十炼钢”等说。1974 年，山东苍山出土过一把东汉安帝永初六年（公元 112 年）的大钢刀，上有错金铭文“卅湅大刀”字样；1978 年徐州铜山出土一把东汉章帝建初二年（公元 77 年）的大钢剑，上有“五十湅”字样；在文献注录中还有东汉和帝永元十六年（公元 104 年）“卅湅”金马书刀等物。由此看来，标以“炼数”的制钢工艺至迟在东汉早期就已产生。

百炼钢是在块铁渗碳钢反覆锻打的基础上，伴随着炼钢技术、刀剑工艺的发展而兴起的。“十炼”，“三十炼”的说法在公元前一世纪的西汉后期就已出现，最初是用在炼铜上的。魏晋时期百炼钢发展到了鼎盛的阶段，之后，虽因一些技术和社会的原因而有所减弱，但一直沿用到了明清时期。

冶金六齐

六齐，即六剂，是锡青铜的六种配方。《周礼》：“金有六齐。六分其金而锡居一，谓之钟鼎之齐。五分其金而锡居一，谓之斧斤之齐。四分其金而锡居一，谓之戈戟之齐。参分其金而锡居一，谓之大刃之齐。五分其金而锡居二，谓之削杀矢之齐。金锡半，谓之鉴燧之齐。”此体现声学性能、韧性、硬度、磨光性能诸方面不同要求，是世界上最古的合金配比经验性科学总结。

铜的冶炼，最初为紫铜（约齐家文化时期，或掺入少量铅以增加展延性），后为青铜（约二里头文化期）。青铜先是由诸矿石混熔而得，后由分别冶炼成的纯金属（殷墟、殷址已有纯铜、铅锭等），再按比例熔炼为铜锡铅合金，易于控制配比。青铜含铅量后有所减少。

在古代世界中，中国青铜技术的产生并不是最早的，但发展很快。除资源等方面的原因外，在技术方面至少有两点：首先是中国很早就掌握了金属冶炼所需要的高温技术；其次是很早具有了水平比较高的合金技术。世界上不少国家在公元前二三千年就进入了青铜时代，但发展缓慢。中国却不是这样。中国人民一旦发明了冶铜技术，很快就具有丰富的合金知识，并且迅速地把整个青铜技术推到更高的阶段，建立了世界上最光辉灿烂的青铜文明。

湿法冶金的起源

中国古代出现的胆铜法，是湿法冶金技术的起源。

所谓胆铜法，就是把铁放在胆矾（就是水合硫酸铜）溶液（俗称胆水）里使胆矾中的铜离子被金属铁所置换而成为单质铜沉积下来的一种产铜方法。这种产铜方法有许多优点。它可以就地取材，在胆水多的地方设置铜场；设备比较简单，技术操作容易，成本低，只要把铁薄片和碎块放入胆水槽中，浸渍几天，就能得到金属铜的粉末。胆铜法可以在常温下提取铜，不必像火法炼铜那样需要高温，这样既节省大量燃料，又不必使用鼓风、熔炼等设备。胆铜法还可以使含有铜的贫矿和富矿都能做原料用。

由于社会经济的发展，宋代铸币感到铜原料不足，而湿法炼铜的胆铜法具有上面的许多优点，所以宋代对胆铜法很重视，北宋胆铜产量每年达一百多万斤，占当时铜总产量的百分之十五到二十五。南宋铜产量虽大减，胆铜比重却比以前都高，宋高宗绍兴年间（1131～1162 年）胆铜占总产量的百分之八十五以上。

在欧洲，湿法炼铜出现比较晚。15 世纪 50 年代，人们把铁片浸入硫酸铜溶液，偶尔看见铜出现在铁表面，还感到十分惊讶，更谈不上应用这个原理来炼铜了。

印刷纺织

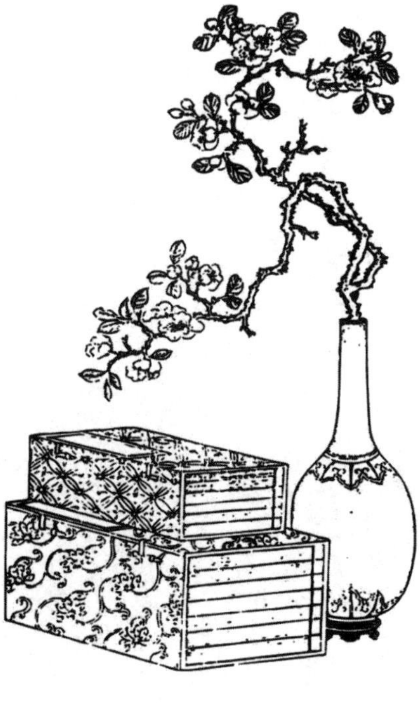

印 刷

雕版印刷

雕版印刷是人类文明史上划时代的发明。

商代刻甲骨，先秦雕印玺，秦襄公刻石鼓，秦始皇封禅勒石，汉蔡邕令学生摹拓经文，魏晋道家制符箓，晋代反写阳文砖志，南朝梁反刻阴文神通石柱，以及陶瓷的印花，丝织的镂板印花，都提高了人们的刻字技术，而创自东汉，发展于魏晋的松烟制墨，以其不会模糊漫漶而成为印刷术出世的必要条件。

至迟隋唐之际，印刷术已在民间出现。迄今最早的印刷品实物是今韩国发现的《陀罗尼经》，它译印于武周最末一年的长安。咸通九年王玠出资刻印的《金刚经》则是世界上第一部标年板印品，其图像已十分精细。至中晚唐，刻印佛经、韵书、通历、医经乃至元稹、白居易的诗歌，已屡见不鲜。

五代冯道倡印九经，于是政府出版业始兴。宋辽金元，官私并行，经史子集医算诸书，雕板一举成千上万块，且采用“梨枣”制版。汴、杭、建阳、眉山，成为宋代板印中心，甚至远在海隅的琼崖也有刻印。南宋时良工荟萃临安，印刷术之发达波及妇孺，出现了李十娘、谢氏、徐氏等良工，宋版浙本尤为后世所珍宝。辽创糯米胶调墨；西夏用党项文印刷，金代的平水，印书盛行。宋元之际，梵、藏、蒙古、回鹘诸种文版的佛经都已出现。

明清两代，南北二京成了雕版印刷中心。明之南藏、北藏、道藏、清之武英殿本、龙藏，均出自两京。元顺帝至元六年，出现了朱墨套印术。明万历三十四年，黄鏻以五色印《程氏墨苑》。稍后则又发明分色分版的彩色套印，其版有多至几十块者（所谓饾版），各色可分出深浅浓淡。天启七年，胡正言刻《十竹斋笺谱》，同一花瓣可分深红浅红、阴阳向背。清顺治元年，又兼用拱花凸印。尚有无色凸印。至此，版印术已臻高峰。明初，印刷术传入欧洲，推动了欧洲的雕版印刷术的兴起。

活字印刷

北宋庆历间，毕昇发明活版印刷。

毕昇（？～1051年），湖北英山人。他生活在雕版印刷的全盛时代，通过长期的亲身实践，在世界上首先创造了活字印刷。这种方法节省了雕版费用，缩短了出书时间，既经济，又方便，在印刷史上是一大革命，影响深远。现在盛行的铅字排印的基本原理，和最初毕昇发明活字的排印方法是完全相同的。

毕昇的活字印刷，采用胶泥刻字，火烧令坚，用铁范排字，“若印十百千本，则极为神速”。这是印刷术的重大突破，惜未受重视，直到南宋时，才由姚枢教弟子杨古应用此法，印成朱熹、吕祖谦的著作。

元代活字印刷术开始推广，王祯创制了木活字，印成六万字的《旌德县志》，且采用转轮排字架，工效大大提高。当时已出现“铸锡作字”。明正德三年，常州地区创行铅字，同时苏南已流行铜字印刷。清康熙五十七年，泰安徐志定创磁活字，“坚致胜木”（泰安磁版《周易说略》序）。清政府出版机构也逐渐采用活字印刷，如雍正四年的《古今图书集成》六十六部，每部就印五千余册之多。

中国古代的机械排字架

中国元代，农学家王祯创制木活字成功，他还发明了转轮排字架，用简单的机械，增加排字的效率。

这种排字架是用轻质木料做成类似圆桌面的大轮盘，直径大约七尺，轮轴高约三尺。轮盘上铺圆形竹制的框子，活字按韵分别放在里面。每韵每字都依次编好号码。同时准备两架轮盘，一架放选出可用的字，一架放普通常用的字。另有两本册子，把活字依照轮盘上号码次序登录。排版的时候一人从册子上叫号码，另一人坐在两架轮盘之间，依所叫号码，从轮盘上取下活字，放进盔盘。因为轮盘可以旋转自如，所以摘字的人只要坐在中间，“左右俱可推转摘字”。王祯自己说：“以人寻字则难，以字就人则易。此转轮之法，不劳力而坐致，字数取讫，又可铺还韵内，两得便也。”元成宗大德二年（1298 年），他曾经用这种方法试印一部六万多字的《旌德县志》，不到一个月的工夫，就印成了一百部，印刷又快，质量又好。

纺 织

纺车的起源

中国的祖先很早就开始用“纺专”进行纺纱，在中国各地许多新石器时代遗址里，都曾经发现过大量的这种原始纺纱工具。所谓纺专，是由陶质或石质制作的圆块，直径五厘米左右，厚一厘米，叫“专盘”，中间有一个孔，可插一根杆，叫“专杆”。纺纱时，先把要纺的麻或其他纤维捻一段缠在专杆上，然后垂下，一手提杆，一手转动专盘，向左或向右旋转，并不断添加纤维，就可促使纤维牵伸和加拈。待纺到一定长度，就把已纺的纱缠绕到专杆上。然后重复再纺，一直到纺专上绕满纱为止。

这种叫作“纺专”的工具，可以算得上纺车的起源了。

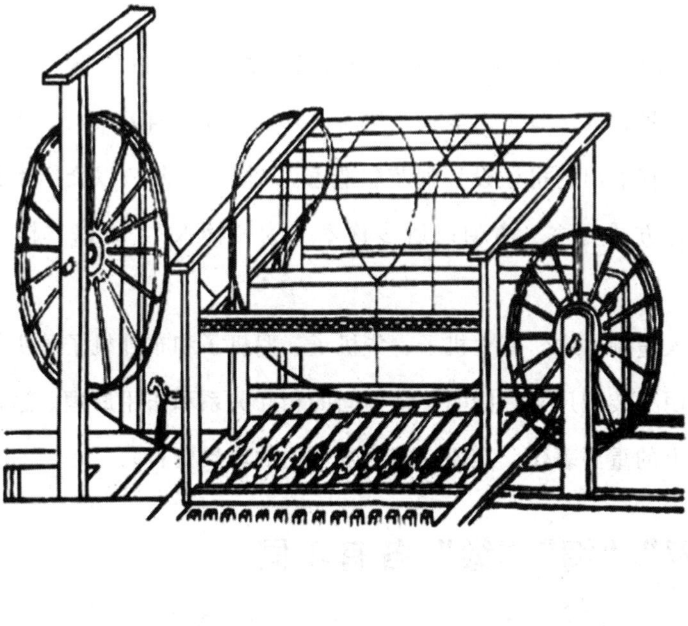

世界上最早的织布工具

1975 年，浙江余姚河姆渡新石器时代遗址，出土了纺专、管状骨针、打纬木刀和骨刀、绕线棒等纺织工具。这些工具的出土证明了早在六千多年前就已经有了原始织机，这也是到目前为止所发现的世界上最早的原始织布工具。

人类最初是怎样织布的呢？还得先从布的名称谈起。据《释名》说：“布列众缕为经，以纬横成之也。”平布就是由许多纵向的经线和横向的纬线相互交织而成。原始的织布方法，古时称作“手经指挂”，可能就像是云南晋宁石寨山遗址出土的贮贝器盖上所塑造的几幅原始织机的图像。

那是一幅奴隶们为滇族奴隶主织布的生产活动场面。织布女奴穿着粗布的对襟服，腰束一带，席地而织，用足踩织机经线木棍，右手持打纬木刀在打紧纬线，左手在作投纬引线的姿态。女奴弯着腰在吃力地织着布匹。这种织机可以称作踞织机或腰机。它是现代织布机的始祖。

《梓人遗制》

《梓人遗制》是一部中国古代的木制机具专著，元中统二年（1261 年）刊印出版。作者薛景石，字叔矩，金末元初河中万泉（今山西万荣县）人，生卒年不详，是中国古代杰出的机械设计师兼制造家。《梓人遗制》以介绍木器形状、结构特点、制造方法为主。唐朝以后多称木工为“梓人”，故以“梓人遗制”为书名。

在《梓人遗制》中，有立机子、华机子、罗机子和布卧机子等织机的具体型制，并且标明了装配尺寸，阐明了结构间的相互关系和作用原理。这部中国纺织科学技术史上的重要著作，是研究织机发展史的珍贵资料。

“绫”“罗”“绸”“缎”各有不同

说起丝织品，经常提到的字眼就是“绫罗绸缎”。但很少有人知道，这中间到底有什么不同。

绫是属于斜纹组织的织物。斜纹组织的特点是使织物的经纬浮点呈现连续斜向的纹路。绫也有斜向的纹路，但是又和一般的斜纹不同，实际上是现代纺织学上所说的“变化斜纹组织”，多半呈现山形斜纹或正反斜纹。据中国古书《释名》说：“绫，凌也。其纹望之如冰凌之理也。”冰的纹理呈∧形，具备摇曳的光泽，绫的特点正是这样。

中国古代的罗和现代的罗不同，多半用四根经线为一组织造的。两根绞经，两根地经，一比一排列，隔一梭起绞一次，两两互绞；四根纬线是一个循环，每行都有纱孔。如果要提花，不用提花装置，另外加挂不定量的综桄。现代的罗大概是在明代开始出现的，都是先织三到七梭平纹，再起绞一次，纱孔是分段出现的。古代的罗比较疏朗，现在的罗比较结实，各有优点。

绸是中国丝织物中出现最早的一个品种，属于平纹组织，由两根经纱和两根纬纱组成一个循环，各用一根交错织成。原来写作“隆”，后来才改写成“绸”。最初大概都是素织，专用短断的废丝纺的纺丝做原料。宋代以后往往也有用精丝在平纹地上起本色花的，叫暗花绸，并且把所有的细薄的单色丝织物都叫作绸，而把用纺丝织的，专叫纺绸。

缎属于缎纹组织。缎纹组织是在斜纹的基础上发展起来的，但是没有明显的斜路。它的织造特点是织物的各个单独浮点比较远，并且被它两旁的经纬纱的长浮点遮蔽；不仅使整个幅面具有平滑光泽和强烈的立体感的特色，而且可以防止出现底色混浊的现象，最适宜于织造多种复杂颜色的纹样。中国的这类织物大概是在宋代出现的。最初叫纻丝，后来才改称作缎。

中国草

苎麻又称“中国草”，是中国特有的以纺织为主要用途的农作物。

1972 年，江苏吴县草鞋山的新石器时代遗址中出土了三块珍贵的葛布残片，这些纺织品是五千多年前中国祖先的杰作。在浙江余姚河姆渡遗址中出土了苎麻

绳索，浙江湖州钱山漾也出土了几块毫不逊色的苎麻布残片，福建武夷山岩棺出土了几块商代苎麻布和大麻布，河北藁城又出土了商代大麻布残片。这些出土的实物，就是中国早在四五千年前利用葛麻作为纺织原料的可靠见证。

葛麻纺织一直在不断发展，到了唐宋以后，苧麻织物加工更是丰富多彩。如浙江诸暨的“山后布”，就是“皱布”，所用的麻纱专门加了强拈，织成的布精巧纤细“盖亚于罗”，如果放入水中，由于吸水收缩而形成米粒一样的“谷纹”来。又如南宋静江府（今桂林地区），在织布前把苎麻纱用调成浆状的滑石粉上浆，这样“行梭滑而布以紧也”，织出的布又厚实又坚牢。此外，当时广西邕州地区（今南宁地区）生产一种名叫“練子”的苎麻布，用它“暑衣之，轻凉离汗者也”，“一端长四丈余”，“而重止数十钱”（只合一百多克重），卷起来放到小竹筒里“尚有余地”，可见它精细至极。到了清代，广东和湖南地区又生产一种用苎麻纱和蚕丝交织而成的“鱼冻布”，“柔滑而白”，并且“愈洗愈白”。

中国盛产的葛麻纺织品，以后随着棉花的广泛种植和利用，便逐渐失去了它先前的地位。但是大麻到清光绪年间（1875～1908 年）美国还专门从中国浙江移植到肯塔基州，成为麻纺织工业原料之一。

造船航海

造　船

“沙船”与“福船”

沙船

沙船在唐代出现于江苏崇明。它的前身，可以上溯到春秋时期。沙船在宋代称“防沙平底船”，在元代称“平底船”，明代才通称“沙船”。

沙船载重量，一般记载说是四千石到六千石（约合 500 吨到 800 吨），一说是二千石到三千石（约合 250 吨到 400 吨），元代海运大船八九千石（1200 吨以上）。清代道光年间上海有沙船五千艘，估计当时全国沙船总数在万艘以上。沙船运用范围非常广泛，沿江沿海都有沙船踪迹。元明海运最盛时期年运量达三百五十万石以上。远洋航线沙船也很活跃。早在宋代以前公元 10 世纪初，就有中国沙船到爪哇的记载。在印度和印度尼西亚都有沙船类型的壁画。20 世纪初有人认为，当时从中国北方到新加坡航线上的沙船，就是中世纪以前从中国到红海以及东非港口贸易的那种船。

15 世纪初的明代初年，郑和七次下“西洋”，二十多年间访问了三十多个国家和地区，在世界航海史上写下了光辉的一页。每次出动船舰一百多艘或两百多艘，其中宝船四十多艘或六十多艘，共载两万七千多人。当时在南京和太仓造船，集中在太仓刘家港整队出海。郑和宝船长约 150 米，舵杆长 11 米，张 12 帆，这是最大的沙船了。

福船

福船是一种尖底海船，以行驶于南洋和远海著称。宋人说：“海舟以福建为上。”明代中国水师以福船为主要战船。古代福船高大如楼，底尖上阔，首尾高昂，两侧有护板。全船分四层，下层装土石压舱，二层住兵士，三层是主要操作场所，上层是作战场所，居高临下，弓箭火炮向下发，往往能克敌制胜。

1974 年七八月间，福建泉川湾后渚港发掘出一艘宋代海船，尖底而船身扁阔，平面近似椭圆形，头尖尾方，从龙骨到舷侧有船板十四行，一到十行是两层船板叠合，十一到十三行是三层船板叠合，三层总厚度 18 厘米（里层 8 厘米，

中层 5 厘米，外层 5 厘米），用三层板是防止附近波浪冲击，这和沙船用大隆甚至用护隆是一个道理。船板搭接和平接两种方法混合使用。板缝有麻丝、竹茹和桐油灰捣成的舱合物。泉州古船十三舱，复原以后的船长 34.55 米，宽 9.9 米，深 3.27 米，排水量 374.4 吨。

中国现存最古老的造船厂遗址

1974 年底，在广州市发掘出秦汉造船工场遗址。这是一个规模巨大的古代船舶工场，有三个平行排列的造船台，还有木料加工场地。船台和滑道相结合，外形和铁路相似，由枕木、滑板和木墩组成。枕木分大小两种。滑板宽距可以调节。一号船台两滑板中心间距 1.8 米，船的宽度应是 3.6～5.4 米；二号船台两滑板中心间距 2.8 米，能造 5.6～8.4 米宽的船。滑板上平置两行承架船体的木墩，共十三对，两两相对排列，高一米左右。在船底钻孔、打钉、舱缝，有这样的高度是比较合适的。

一号船台南侧有木料加工场地，场地上有烘弯木料的“弯木地牛”结构。还出土了画线铅块，这是下料时画线用的。

这个造船厂遗址，大概算得上中国最古老的造船厂遗址了。

“一橹三桨”是指什么

俗话说“一橹三桨”，意思是说橹的效率是桨的两倍甚至三倍。

“橹”是船舶的一种推进工具，它是在舵桨的基础上发展演变而来的。舵桨加长后操作方式从“划”演变为鱼尾式的“摇”，就产生了中国特有的“橹”。橹的发明是中国对世界造船技术的重大贡献之一。

橹的外形有点像桨，但是比较大，一般支在船尾或船侧的橹檐上，入水一端的剖面呈弓形，另一端则系在船上。用手摇动橹檐绳，使伸入水中的橹板左右摆动。橹摆动时，船跟水接触的前后部分会产生压力差，形成推力，推动船只前进，就像鱼儿摆尾前进。

用桨划船一半做实功，一半做虚功；而橹的整个运动过程都是做实功，使船舶推进工具的效率大大提高。

螺旋桨推进的雏形

南北朝时期祖冲之造千里船，日行一百多里。千里船可能是一种桨轮船。唐代李皋（公元733～792年）创造桨轮船。

桨轮船到南宋就有了较大规模的发展。在洞庭湖起义的农民领袖杨么，他的部下高宣曾经创造许多桨轮船。宋代大型的桨轮船长二三十丈，可容战士七八百人。杨么的桨轮船有楼两三重，载一千多人，吃水一丈左右。桨轮船车数从四车、八车增到二十车、二十四车、三十二车。当时还有一种飞虎战舰是四车船，四轮两轴，每一轮桨一般有八叶桨片。以后一直到清末20世纪初，中国南方地区还曾有过少量桨轮船。桨轮船的动力是用人力，不如帆船使用风力经济，因此，虽然在一定时期里面也曾形成高潮，但是终于未能十分广泛地使用。桨轮船也叫明轮船，是把桨楫改成桨轮推进，把桨楫的间歇推进改成桨轮的旋转推进（连续运转）。桨轮船的出现是船舶推进技术上的一次重大进步。

航　海

“舵”是何时出现的

“舵”是用来掌握航向、操纵船体转向的工具。在中国，汉代陶船明器上的船尾舵，可以明显地看出由“梢”发展成舵的迹象，它标志着当时船尾舵的出现。

中国船工创造船尾舵比西方约早四个世纪。以后逐步发展，甚至有了正舵、副舵、三副舵。两千多年来，中国船工创造了各种形式的舵，如升降舵、平衡舵、开孔舵等各种式样。

古人如何确定航向

古人出航海上，很早就知道观看天体来辨明方向。西汉时代《淮南子》就说过，如在大海中乘船而不知东方或西方，那观看北极星便明白了。一直到北宋以前，航海中还是“夜间看星星，白天看太阳”。只是到北宋才加了一条“在阴天看指南针”。

大约到了元明时期，中国天文航海技术有了很大的发展，已能通过观测星的高度来定地理纬度。这是中国古代航海天文学的先驱。这种方法当时叫“牵星术”。牵星术的工具叫牵星板。

牵星板用优质的乌木制成。一共十二块正方形木板，最大的一块每边长约二十四厘米，以下每块递减二厘米，最小的一块每边长约二厘米。另有用象牙制成一小方块，四角缺刻，缺刻四边的长度分别是上面所举最小一块边长的四分之一、二分之一、四分之三和八分之一。

比如用牵星板观测北极星，左手拿木板一端的中心，手臂伸直，眼看天空，木板的上边缘是北极星，下边缘是水平线，这样就可以测出所在地的北极星距水平的高度。高度高低不同可以用十二块木板和象牙块四缺刻替换调整使用。求得北极星高度后，就可以计算出所在地的地理纬度。

明代郑和七次下“西洋”，“往返牵星为记”。可知当时航行在印度洋中的中国航海家已经十分熟悉牵星术了。明代在航海中还定出了方位星进行观测，以方位星的方位角和地平高度来决定船舶夜间航行的位置。当时叫观星法，观星法也属牵星术范围之内。

定太阳出没歌

关于求天象出没时间，明代航海家也有些规定。流传下来的明末抄本航路专书中有太阳月亮的出没时间表，还有“定太阳出没歌”和“定太阴出没歌”。“定太阳出没歌”文是：

“正九出乙没庚方；二八出兔没鸡场；三七出甲从辛没；四六生寅没犬藏；五月出艮归乾上；仲冬出巽没坤方；惟有十月十二月，出辰入申仔细详。”

这是把十二个月的太阳出没时辰用一首歌诀来概括。正月、九月太阳出在乙时没在庚时，乙时在卯时和辰时之间，庚时在申时和酉时之间。又兔指卯时，鸡指酉时。甲时在寅时和卯时之间，辛时在酉时和戌时之间。犬指戌时。艮时在丑时和寅时之间，乾时在戌时和亥时之间。巽时在辰时和巳时之间，坤时在未时和申时之间。五月是夏至所在的月份，所以太阳出的时间要早，没的时间要晚。仲冬是十一月，是冬至所在的月份，所以太阳出的时间要晚，没的时间要早。

中国古人是如何测量航速的

中国古人是如何测量航速的呢？三国时期吴国海船航行到南海一带去，有人写过《南州异物志》一书，书中有这样的记载：在船头上把一木片投入海中，然后从船首向船尾快跑，看木片是否同时到达，来测算航速航程。这是计程仪的雏形。

一直到明代还是用这个方法，不过规定更具体些，就是将一天一夜分为十更，用点燃香的枝数来计算时间，把木片投入海中，人从船首到船尾，如果人和木片同时到，计算的更数才标准，如人先到叫不上更，木片先到叫过更。一更是三十公里航程。这样便可算出航速和航程。

中国古代这种计程的方法，和近代航海中扇形计程仪构造很相似。扇形计程仪也是用一块木板（扇形），不过用和全船等长的游线系住投入海中，然后用沙时计计算时间。沙时计一倒转是十四秒。在游线上有记号，从游线长度算出航速和航程。

针路——中国古代的航线图

航海中主要是用指南针引路，所以叫作“针路”。记载针路有专书，这是航海中日积月累而成。这些专书后来有叫“针经”，有叫“针谱”，也有叫“针簿”的。

凡是针路一般都必写明：某地开船，航向，航程，船到某地。航向的名称有下列各种：单向的，叫单针（也有叫丹针的），或叫正针。双向的，以相邻两向

并称，叫作缝针。两个航向合称时，有四种情况：第一，先单向后双向；第二，先双向后单向；第三，两个都是单向；第四，两个都是双向。还有超过两个航向合称的。航程都用更计算。船到某地，就用四种不同称号：第一，平，并靠的意思；第二，取，经过的意思；第三，见，望见的意思；第四，收，到达的意思。船舶在晚间航行时，要把牵星记录写入针路里。又在航行过程中还要不断测量水深，也要写入针路。

明代《筹海图编》中记载了由太仓到日本的针路："太仓港口开船，用单乙针，一更，船平吴淞江。用单乙针及乙卯针，一更，平宝山，到南汇嘴。用乙辰针出港口，打水六七丈，沙泥地是正路，三更，见茶山。自此用坤申及丁未针，行三更，船直至大小七山，滩山在东北边。滩山下水深七八托，用单丁针及丁午针，三更，船至霍山。……"

中国第一艘自行设计制造的木壳轮船

1868 年 9 月 28 日，上海江南制造总局第一号火轮船竣工。这是中国自造的第一艘大型机器轮船，是一艘木质明轮蒸汽军舰。

其设计制造者为近代爱国科学家徐寿及其儿子徐建寅等。船长 185 尺，宽 29.2 尺，吃水 8 尺，马力 392 匹，载重 600 吨，船上有炮 8 门。

兵船从上海船厂驶至金陵，曾国藩在金陵下关登船试航，驶至采石矶、翠螺山，称赞此船“又快又稳、坚硬灵便”，以“四海波恬，厂务安吉”之句取名为“恬吉”号。后避光绪讳改名“惠吉”号。“恬吉”号的建成是中国近代造船史上的一个里程碑。“恬吉”下水试航时，轰动上海城市，黄浦江两岸观者如堵。当时上海的《教会新报》报道说“兹此轮船乃为本国始初自造也”。

医药卫生

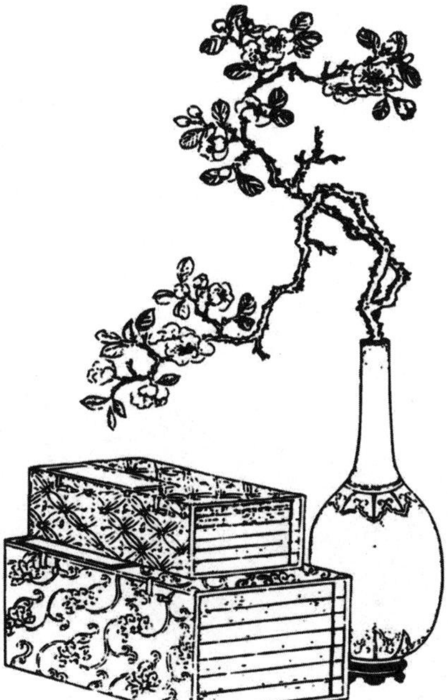

中国最早的骨科专著

中国现存最早的治疗骨折和脱臼的专书是《仙授理伤续断秘方》，成书于唐武宗会昌元年（公元 841 年），内容十分丰富。其中对人体各部位的骨折和各关节脱臼的整复手法、治疗技术等，提出了十大步骤或称十大原则，诸如：清洁伤部的“煎洗”，检查诊断的“相度损处”，手法牵引的“拔伸”，使移位的断骨复位的“收入骨”，使骨折的两断端正确复位并防止再移位的“捺正”，夹板固定，以及使用通经活血药等。现在来看，这些步骤基本上是正确的。例如复杂骨折是一种比较难治疗的骨折，这部书在强调整复治疗原则的时候指出：如果折断的骨锋刺破肌肉皮肤而穿出体外，或是运用单纯手法整复不能正确复位，可以用最锋利的手术刀削掉断端的骨锋，或是切开皮肉再进行手术整复。这样的处理原则，到现在仍然有现实意义。

中国古代的麻醉术

麻醉术是中医外科手术的重要预备手段之一。麻醉术在中国是古已有之，《列子》记载：“鲁公扈、赵齐婴二人有疾……扁鹊遂饮二人毒酒，迷死三日，剖胸探心……投以神药，既悟如初。”

东汉末神医华佗尤擅于止血和麻醉术，《后汉书》：“若疾发结于内，针药所不能及者，乃令先以酒服麻沸散，既醉无所觉，因刳破腹背，抽割积聚。若在肠胃，则断截湔洗，除去疾秽，既而缝合，敷以神膏，四五日创愈，一月之间皆平复。”此实为世界外科麻醉史和止血术上的杰出成就。

至今，麻沸散的药物组成早已失传。据现代人研究，它可能和宋代窦材、元代危亦林（1277～1347 年）、明代李时珍所记载的睡圣散、草乌散、蒙汗药相类似。窦材的《扁鹊心书》（1146 年）记有用睡圣散作为灸治前的麻醉剂，它的主要药物是山茄花（曼陀罗花）。危亦林的正骨手术麻药草乌散，是以洋金花（也是曼陀罗花）为主配成的。

世界最早的法医学专著

中国的法医学有悠久的历史。远在《礼记》中就有命刑法官“瞻伤、察创、视折、审断，决狱讼必端平”的记载。据汉代蔡邕（公元132～192年）解释，损害皮肤叫伤，损害血肉叫创，损害筋骨叫折，骨肉都折叫断。所谓瞻、察、视、审，都是检验的方法。这就是法医学最早的萌芽。

只不过，一直到汉、唐期间，只是积累了一定的法医学知识，还没有一本法医学专书。到五代时期（公元907～960年）和凝父子合著了《疑狱集》（公元951年），这是中国现存最早的法医著作。

另外，还有宋代无名氏的《内恕录》，赵逸斋的《平冤录》，郑兴裔的《检验格目》，郑克的《折狱龟鉴》，桂万荣的《棠阴比事》等，也都是有关法医检验的书籍。但是上述这些书籍，内容还比较粗糙，体系也不够完整。

真正称得上是中国也是世界上第一部系统的法医学专著的，是宋代宋慈（1186～1249年）所著的《洗冤集录》。

《洗冤集录》又称《洗冤录》。共二卷。以《内恕录》为基础，增以己见，见宋淳祐七年（1247年）成书。内分条令、检复总说、疑难杂说、初验、验骨自缢、溺死、杀伤、火死、汤泼死、服毒、针灸死、验罪囚死、受杖死、跌死、车轮拶死、雷震死，虎咬死、男子作过死、救死方、验状说等53目。宋、元、明、清时刑事检验，多以此为依据。

这部书出版于宋理宗淳祐七年（1247年），而外国最早的法医学专著是1602年意大利人菲德里（1550～1630年）所写，晚于《洗冤集录》350多年。

中国古代的人痘接种法

天花又称痘疮，是一种危害极大的烈性传染病。患此病者，常有生命危险，侥幸治愈者，也常留下痘疤（俗称麻子）。宋元以后，天花日渐猖獗，明清时期，几乎人人难免此病，民间积极采用预防措施，但有很多是迷信，比较科学的是牛痘法，如明初谈伦《试验方》用白水牛虱一岁一枚，和粉作饼与儿空腹服之，取下恶粪，终身可免痘疹之患。但必须此牛曾患痘，血中有抗体，牛虱吸其血，才可得到免疫力。这仅能说明人痘接种术的萌芽，实际难以达到预防目的。

真正有预防作用的是人痘法。人痘接种术，包括《医宗金鉴》的各种痘法，可分以下几种：

痘衣法：是将出痘小儿的内衣，衣于欲种痘的小儿，使其感染；

痘浆法：是将痘粒之浆，以棉花蘸染即塞入鼻孔；

旱苗法：是以痘痂阴干研细用银管吹入鼻内；

水苗法：是以痘痂调湿，纳入鼻孔。

用上述办法能够产生一定的预防天花作用。故《种痘新书》云："种痘者八九十人，其莫救者二三十耳。"由于有一定的效果，因而在全国各地广泛应用。

中国古代的军医院

春秋战国时期，军队中已有巫医和方技。凡重伤士兵都安顿到临时组成的伤兵医院疗养。

西汉时屯驻边防的部队中已有军医院的设立，并建立了"病书""折伤簿"等一系列制度。

汉桓帝延熹五年（公元162年）皇甫规征陇右时因军中发生流行病，便将传染者安置在临时指定的庵庐中，使之与健康的士卒隔离。

地方军医院的组织始于宋代，记载比较具体的地方设立的军医院是河北知州赵将之设立的"医药院"。

类似兵站医院的组织，在中国历史上似乎直到13世纪才出现。元代曾设安乐堂，其目的在于照顾过往患病的军人，随着元朝的灭亡，这一机构消失了。

中国古代使用"病例"的记录

据《史记》载，中国最早发明和使用临证医案（即今日的门诊病历）的是西汉医学家淳于意。

淳于意（约公元前216～前140年）曾任齐太仓长吏，当时便称他为太仓公，或称仓公。他少年时拜菑川名医公孙光和公乘阳庆学医，得传不少古代秘方及“黄帝、扁鹊之脉书”，淳于意善于辨证审脉，医术精湛高明。他平日为人治病都写有详尽的临诊医案。

《史记》所载，淳于意用以回答汉文帝询问的25例医案，均详细记载了患者的姓名、地址、职业、病名、病理、脉象、辨证、治疗、用药、预后等内容，分属内、外、儿、牙、妇等五科，这是中国医学史上首次记载下来的古代中医临诊医案。

中国古代第一位女医生

汉武帝时的义姁，是中国历史上第一个有记载的女医生，被誉为巾帼医家第一人。

义姁是河东郡（今山西夏县一带）人。传说，义姁自幼聪明伶俐，对民间医药十分偏爱，虚心好学，乐于钻研医术，遇有医生走村串户看病，她总爱跟着学，看医生怎样望、闻、问、切，或竖起耳朵听医生讲解医理，并虚心求教。久而久之，她不仅学到了许多医药知识，而且获得了丰富的实践经验。

有一天，外村抬来一个久治不愈的腹胀病人。病人的肚子胀得像一个充满了气的皮球。义姁对病人仔细诊断后，取出几根针在他的下腹部和大腿部扎了几针，然后拿出一包自制的药粉撒在病人的肚脐上，同时给病人熬服汤药。三天以后，病人腹胀开始消退，呼吸变得均匀，不久就痊愈了。

自此以后，义姁的医名便在方圆百里传开了。汉武帝听人说起义姁医术高超，便派人专程暗访。结果证明义姁不但擅长内科疑难杂症，而且对外科、针灸也颇精通，所用药物虽不贵重，只是些山间的草木藤叶，但疗效极好。于是，汉武帝便召她入宫，封为王太后的特别侍医。

中国古代的医疗体操

中国奴隶社会的末期，出现了用来驱除风湿、舒筋活络的“消肿舞”。据《吕氏春秋》记载：“昔陶唐氏之始，阴多滞伏而湛积，水道壅塞，不行其原，民气郁阏而滞著，筋骨缩不达，故作为舞以宣导之。”说的是在尧舜时期，一度洪水泛滥成灾，空气潮湿闷人，使人心情不舒畅，筋骨不舒，两腿肿胀。后来人们通过实践，做一种类似舞蹈的动作，能够使关节得到活动，肿胀得以消除，而且还可以使人觉得心情愉快。这种用于治病的“消肿舞”，可以算是中国最早的医疗体操了。

《黄帝内经》中也有这样一段记载："中央者，其地平以湿，天地所以生万物也众，其民食杂而不劳，故其病多痿厥寒热，其治宜导引按跷，故导引按跷亦以中央出也。"中国黄河流域下游一带，河流平缓，常发洪水，使人们常患"痿厥寒热"之病，当时主要是用"导引按跷"的方法来治疗。所谓"按"就是指现在医疗上常用的按摩推拿；而"跷"则是手舞足蹈的动作，是指跳舞的意思。

中国古代的四大医书

《黄帝内经》

《黄帝内经》简称《内经》。原书18卷，即《素问》和《针经》（唐以后的传本改称《灵枢》）各9卷，是中国现存最早的中医经典著作之一。全书非一人一时之作，其成书年代，历来未能确说，但一般认为成书于春秋战国时期。全书从脏腑、经络、病机、诊法、治则、针灸、方药等各方面，对人体生理活动，病理变化及诊断、治疗作了全面的系统论述，奠定了中医学的理论基础。本书的后世传本，除《素问》和《灵枢》外，还有《黄帝内经太素》及《针灸甲乙经》两种古传本。

《难经》

《难经》原名《黄帝八十一难经》。3卷（或分为5卷）。原题秦越人撰。成书约在东汉以前（还有一种说法是在秦汉之际）。全书以问答体例，阐明《内经》为主，并有所发挥，在学术上与《内经》并重，故有"内难"之称。是学习研究中医的重要参考文献。

《伤寒杂病论》

《伤寒杂病论》是中国古代著名医书。汉末张仲景撰。约成书于3世纪初。但由于战乱，原书流失。后世根据该书佚文，分别整理成《伤寒论》《金匮要略》。

《伤寒论》经晋王叔和整理，1065 年又经北宋校正医书局校订而成。现存最早刊本有明赵开美影宋刻本《伤寒论》（简称“宋本”）和金成无已注本《注解伤寒论》（简称“成本”）。全书 22 篇，共 397 法，113 方。主要以六经辨证为纲，对伤寒各阶段的辨脉审证大法和立方用药规律，以条文形式作了较全面的论述。

《金匮要略方论》简称《金匮要略》《金匮》。作者原撰《伤寒杂病论》16 卷，魏晋时经王叔和整理后，其古传本之一名《金匮玉函要略方》3 卷。1065 年北宋校正医书局根据当时所存的蠹简文字重予整理编校，取其中以杂病为主的内容，仍厘定为 3 卷，改名为《金匮要略方论》。书中论述内、外、妇等科杂病，据病辨证，阐述各病的病因、诊断、治疗和方药，载方 262 首。本书总结了汉以前治疗杂病的经验，为临床医学的发展奠定了基础。

《神农本草经》

《神农本草经》简称《本经》。约成书于秦汉时期（一说战国时期），原书早佚。现行本为后世从历代本草书中集辑的。是中国最早的药学专著。书中总结了药物理论，如配伍原则，七情合和、五味、四气等；并载药物 365 种，分上品（120 种）、中品（120 种）、下品（125 种）三类，分别记叙了每种药物的别名，性味、主治功用等。后世医家在其基础上不断增补内容，形成了众多的本草学文献。

《本草纲目》

《本草纲目》是中国古代著名的本草学著作。明李时珍撰成于 1578 年。以每药“标正名为纲，附释名为目”，故名。全书共 52 卷。载药 1892 种，其中植物药 1094 种，由李时珍新增入的药物为 374 种。书中附有药图 1109 幅，方剂 11096 首。每种药物分别释名、集解、正误、修治、气味、主治、发明、附方等项，内容极为丰富。其不仅考证了过去本草学中的若干错误，综合了大量的科学资料，亦提出了较科学的药物分类法，并反映了丰富的临床实践。

针灸疗法的前身

针灸是中国古代医学的一个重要组成部分。在铁针出现以前，针灸主要是用石针来进行的，这种石针被称作针砭或针石。可以说，针砭就是针灸的前身。早在春秋战国时期，针砭已经被广泛地使用，到了战国末期，铁针出现，但石针仍然被人们用来治疗疾病，经久不衰。

针砭主要是利用按脉络、刺穴位的方法来治病，它被广泛地运用于治疗中风、小儿麻痹、后天性聋哑等疾病。宋朝时，有个叫李行简的人，他的外甥女偶然得病，有如中风，名医曹居白看后，即取出石针在其脚踝外二寸许的地方扎一针，此女当时就苏醒过来了。在宋朝的扬州地区，有一个著名的医生名叫张总管，针砭就是他的看家本领。有一次他外出行医，恰巧扬州的一个妇女突然得恶疾，只好叫他的徒弟诊治。谁知该徒只是粗通医术，虽然找到了穴位，但针却被血气所吸不能拔出，后来通过急星马铺找回张总管，取出石针，才挽救了这妇女的性命。

针砭还被用于孕妇难产。史载，唐太宗皇后长孙氏怀孕，到了第十个月该分娩时却数日没能分娩，于是召宫中医博士李洞玄调治，李通过号脉，指出难产原因是胎儿以手执母心，遇到这种情况，其结果只能是留子母不全，母全子必死，唯一的方法是施用针砭。最后根据长孙皇后的意愿，决定留子，于是李洞玄隔腹针砭，石针穿过长孙皇后的腹部直刺胎儿手心，胎儿手痛才撒手。胎儿因此诞生，而长孙氏却死了，这个胎儿就是后来的唐高宗李治。据说，高宗出生后，有人仍然能看到他手上针砭的瘢痕。由此可知针砭使用之效了。

中医的“四诊”

“四诊”是中医诊断手段最重要的四种方法：切脉、望色、闻声、问病。相传为春秋时扁鹊所创。扁鹊尤善望、切，《史记》：“至今天下言脉者，由扁鹊也。”东汉华佗尤擅察声望色，专研脉象，以决疑症。晋王叔和总结了“岐伯以来，逮于华佗”的经论要诀，撰《脉经》十卷，指出脏腑病症之脉象，奠定了后世脉学的基础，切脉遂成为中华民族独创的有效无损诊断。

“葫芦”为何是古代行医的标志

古时候，葫芦与中医有着密切的联系。

据记载，用葫芦作为医生的标志始于汉代。相传，东汉时市井小吏费长房为人聪敏好学。一天，他见一位卖药老翁在市散后跳进酒店墙上悬挂的葫芦里，便觉得此人决非寻常之辈。于是，费长房便在酒店挂葫芦处备好一桌酒席等候他。待老翁从葫芦中出来，他立即跪拜，请求老翁传授医术。老翁见费长房一片诚心，将他收为徒弟。

从此以后，郎中行医便用葫芦当招牌，以表示医术高超。人们只要在街头寻到葫芦，就可以找到医生。

宋代的医院

在宋代的医院中，以佛家世间有“三佛（福）田”之说而取名的“福田院”

出现的较早，它是用来收养老、疾、乞丐的官办慈善医院。置于北宋京都汴梁城四郊，分东西南北四院，每院各有房五十间，每年经费仅五千贯，带有浓重的社会救济色彩。到了北宋末年，“诸城、砦、镇、市户及千以上有知监者”，全都有了为给贫病者治疗而设立的“安济坊”之类的医院。南宋末年苏州又出现了厅堂与廊庑相结合的府级医院——“广惠坊”，并达到“为屋七十程，定额二百人”的规模。

当时，不少地方还有供四方宾旅患者疗养的“养济院”；各地监狱之内专门收治监犯患者的“病囚院”（亦称“病牢”）；政和四年（1114年），宋徽宗还特地在京都宫城西北角建起了“保寿粹和馆”，专供宫人来养病、治病；宋金战争爆发后，为救护伤病员还设立了带有野战医院性质的“医药院”。宋代统治者还针对各级、各类医院建立了一套较为完整的管理制度。宋代，中央最高的医政领导机构叫“翰林医官院”（元丰五年改称“翰林医官局”），由“翰林医官使”主管，下设直局、医官、医学、祗候等职。各地方州、府也都设有医官，即使是县一级，也设有“惠民局医官提领一人”，负责基层的医政管理。宋代法典——《宋刑统》中还曾就医德及医疗事故责任方面作出过规定。如：利用医药诈取财物者，以匪盗论处；庸医伤人致死者，以法绳之等。对加强医者责任心，保证医疗质量，起了积极作用。

“病”的婉转说法

古人交往，谈及疾病多用讳言、婉语、敬词。这也是古代的一种文明礼貌。

“违和”意谓身体失于调和而不舒适，常用作称他人患病的敬词，如“贵体违和”“玉体违和”。语出《南史》：“（萧）畅曰：‘公去岁违和，今欲发动。’顾左右急呼师视脉。”

“无恙”是无疾无忧、平安无事之意，也是常用的问候之语。典出《战国策》：“岁亦无恙耶？民亦无恙耶？王亦无恙耶？”

“采薪之忧”是自称有病之婉辞。语见《孟子》：“孟仲子对曰：昔者对王命，有采薪之忧，不能造朝。”朱熹注：“言病不能采薪。”后也泛指生病。

“造化小儿相苦”是患者自言疾病的趣语。《新唐书》：“（杜）审言病甚，宋之问、武平一等省候何如，答曰：‘甚为造化小儿相苦，尚何言！’”造化小儿，谓司命者，用以指命运，是一种风趣的说法。

“勿药”意即不用服药而病自愈。语出《易经》：“无妄之疾，勿药有喜。”后沿用称病愈为“勿药”或“勿药之喜”，与现代汉语中常用的“康复”“痊愈”等词，意思相同。

“扁鹊”确有其人吗

据考证，史载中国古代名医扁鹊，事实上并无此人，而只是古代神话传说人物。

司马迁在《史记》中，错误地把神话传说人物扁鹊与战国名医秦越人混二为一。秦越人是一位实在的历史人物，战国名医，中国古代向巫医做斗争的医学科学奠基人，中医“望、闻、问、切”诊病方法的创造者、传世《难经》的署名作者。因此，不能将秦越人与神话传说人物扁鹊混为一谈。秦越人的生年约为公元前380年，到卒年公元前308或前307年左右，死时约为70多岁。

药“堂”的来历

中国各地的中药店，大多称“堂”，如“乐仁堂”“同仁堂”“同德堂”等。更有意思的是，一些中医师在签名落款时往往在名字前冠以“坐堂医生”四个字。这是为什么呢？原来出自医圣张仲景坐堂行医之典故。

张仲景，东汉南阳人，自幼聪颖，勤奋好学，博览群书。他从史书上看到扁鹊为人治病的故事，心里很感动，就拜同乡名医张伯祖为师，尽得其传，加上本人勤奋好学，很快超过了他的老师。后来，他官至长沙太守。当时伤寒等疫病流行，为了拯救黎民百姓，他身为太守仍孜孜不倦地钻研祖国医学，为民治病。尤其是公然打破官府清规戒律，坐在办公的大堂上行医，为病人诊脉开方，办公行

医两不误，后来，他还常在自己的名字前冠以“坐堂行医”四字。

“卫生”“养生”的来历

关于“卫生”一词，有学者认为其出处是《庄子》，细考起来，极有可能在此之前早已有了“卫生”一词。医学史研究证明，“卫生”是个医学名词，义犹“养生”。《黄帝内经》这部中国现存最早的医学基础理论著作由《灵枢》《素问》两书组成，《灵枢》中有一篇名为《营卫生会》，这里出现了“卫生”这个词。《黄帝内经》一书托名黄帝与岐伯讨论医学，而以问答形式写成。其成书年代目前医学界公认为约在战国时期，其流传则当在战国以前很多年。而庄子生活的年代已是战国中后期。因此，我们完全有理由说，“卫生”一词早在《庄子》成书以前若干年就已见诸文字，可查的最早的历史文献可以认为是《黄帝内经》。

“养生”一词在古代医籍中也不乏其例，如明代杨继洲编著的《针灸大成》（成书于1601年）曰：“善卫生者养内，不善卫生者养外。”

“牙刷”的起源

据河南安阳殷墟出土的甲骨文记载，远在公元前13世纪的殷商奴隶制社会，中国的祖先就对口腔疾病有了比较详细的记录。但限于当时人们的认识水平，把牙齿患病的原因统统归之于鬼神作怪，自然就不会想到用刷牙来防治牙齿疾病。

战国以后，随着科学技术的进步，鬼神致病论逐渐受到人们的怀疑。一些医生明确指出：受了风和吃了东西后不漱口，是引起龋齿的原因。《史记》载：“齐中大夫病龋……得之风及卧开口，食而不漱。”《诸病源候论》：“《养生方》云：食毕当漱口数过，不尔，使人病龋齿。”1000多年前，中国人民就有了漱口的习惯，《礼记》中就有“鸡初鸣，咸盥漱”的记载。古时还有一种服玉泉（又称“练精”）的健身方法。“玉泉”即唾液，早晨漱口吞之，可去虫牢齿。《诸病源候论》：“鸡鸣时叩齿三十六通讫；舐唇漱口聊上齿表，咽之三过；杀虫补虚劳，令强壮。”所谓叩齿也是古时的一种健齿方法。晋葛洪《抱朴子》：“清晨健齿三百过者永不动摇。”

“牙刷”这个名称，最早见于元代，郭玉诗中有句：“南洲牙刷寄来日，去垢涤烦一金值。”说明在元代牙刷就已经在上层社会使用，下层社会的人们则多是用柳枝作为揩齿工具。距今1000多年前辽代古墓中出土了两把古代骨制牙刷，明代古墓出土的牙刷与现代的牙刷形状相似，说明中国是世界上最早使用牙刷的国家。牙刷的使用对口腔卫生无疑起了很大的作用。

古代城市是怎样规划环境卫生的

中国古代在对城市环境卫生方面很重视，成就也很突出。

中国古人很早就知道凿井而饮，并订立护井公约，成为大家遵守的法令，且建立了浚井、修井和澄清井水的工作制度。藏冰和变火也是中国人民很早就掌握了的，藏冰可以防热防腐，变火可以御寒消毒，对调节气温起了很大作用。

战国时已有疏通沟渠、建设下水道等设施。这是中国建立下水道最早的历史，约与印度、罗马相当。公元前2世纪未央宫的下水道，即以巨石造成，其坚固远胜过砖类所造。15世纪明代所修的大明濠，迄今虽已五六百年，沟砖仍可连续使用，可见当时已有较完善的排除污水的设施。

公元3世纪时都市中已有处理粪便的公厕。北宋时，在城市中建立了公共浴室，有了熏蚊子、去头虱、去壁虱方等。

特别是中国城市设计符合卫生要求，如选择地势，靠近河流，寻求水源，注意方向和配置等。唐代长安城设计就很有名，其科学性列在当时世界各国之首，并且传至日本。元明时期修建的北京城，是世界上第一个有计划的绿化都市。北京城的配置，仍然为现代卫生学家所称道。

农学生物

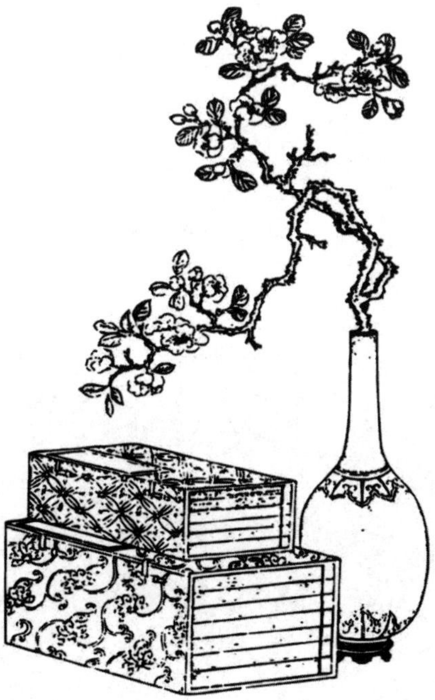

农　学

中国现存最早的农学论文

《吕氏春秋》中的《上农》《任地》《辩土》《审时》四篇，是专讲农业的，它们可以说是中国现存最古老的农学论文。

《吕氏春秋》是秦相吕不韦手下的门客集体编写的一本书。有人考证它成书于秦始皇八年（公元前239年）。《上农》等四篇虽不是独立的专门农书，但是它们联成一个体系，已经是一套完整的论文。

其中，《上农》篇讲的是重农理论和政策，和商鞅、吴起、韩非的重农思想基本上是一致的。《任地》《辩土》《审时》三篇是专讲农业技术的。《任地》讲利用土地的原则，先从整地、利用和改良土壤讲起，讲到耕作保墒、除草通风等。《辩土》是讲使用土地，就是以人力来改变土壤的现状，对《任地》篇所提出要求的事，作了具体回答。《审时》篇讨论耕作及时不及时对农作物各方面、特别是对子粒性质的影响。

《任地》等三篇包含着农业生产方面丰富的辩证法思想，总结了先秦劳动人民的农业生产经验，反映了春秋战国时期农业科学技术水平。

中国古代的农学专著

《氾胜之书》

《氾胜之书》的作者是氾胜之，在汉成帝在位的时候（公元前33～前7年），曾经当过议郎官职。又在京城长安附近的三辅地区指导过农业生产，取得了很好的成绩。

《氾胜之书》总结了西汉中国北方特别是关中地区的耕作制度，对耕作原理提出了一些基本原则："趣时"（赶上雨前雨后最合适的耕地时间）、"和土"（耕、锄、耱平，使土壤松软）、"务粪泽"（保持土壤肥沃和湿润）、"早锄早获"（及时除草和收割）。

《氾胜之书》列举栽培作物十多种，包括黍子、谷子、荏（油苏子）、桑树等。对每种作物从选种、播种、收获到储种，都有精确叙述。

《齐民要术》

《齐民要术》是中国现存最早最完整的农书，作者是北魏时期的贾思勰。这本书写于北魏孝武帝永熙二年到十三年间（公元 533～544 年间）。全书正文十卷，九十二篇，共十一万多字；此外，书前还有《自序》和《杂说》各一篇。

《齐民要术》内容丰富，资料多，记述详细正确，系统全面地总结了公元 6 世纪以前我们祖先在农业生产技术方面所积累的大量知识，有许多项目，比世界其他各先进民族的记载要早三四百年，甚至一千多年；它的取材布局，也为后来的许多农书作者所借鉴。

《陈旉农书》

《陈旉农书》是中国最早专门总结江南水田耕作的一部小型综合性农书。作者是陈旉（1076～?），写成于南宋高宗绍兴十九年（1149 年）。

全书连序、跋在内共约一万二千五百字。篇幅虽小，但是内容丰富，着重记述作者参加农业经营的心得体会。《陈旉农书》在中国古代农学上表现出不少新的发展，应当列为中国第一流的综合性农书之一。全书分上、中、下三卷，上卷概括地讨论以水稻为主的耕种方法，其中也谈到了麻、粟、脂（芝）麻、萝卜和小麦等辅助作物。中卷专谈水牛，水牛是江南地区适用于水田耕作的唯一役畜。下卷专谈蚕桑，从种桑起，到收茧止。

《王祯农书》

元代的《王祯农书》是一部大型的农书。作者王祯（1271～1368 年），字伯善，山东东平人，曾在安徽、江西两省做过地方行政官。该书的通行本大约十一万字左右，共分三部分：《农桑通诀》《百谷谱》《农器图谱》。

《农桑通诀》是作为农业总论写的，贯穿农本观念和天时、地利、人力共同决定农业生产的思想。

《百谷谱》是农作物栽培各论，叙述了谷子、水稻、麦等粮食作物以及瓜、菜、果树的栽培、保护、收获、贮藏、利用等技术和方法也包括了林木、纤维、药材等的种植和利用。

有图有说的《农器图谱》是这部农书的一个创举。三百零六幅图中大部分是当时实物的写真，有许多农具今天还在使用。这些图谱无论从数量和质量来说，都是空前的，并为后世所借鉴。

《王祯农书》对农田水利的认识是比较系统全面的，能注意到水的综合利用，把灌溉和航运、水力利用、水产等结合在一起考虑安排，是中国农学的珍贵遗产。

《农政全书》

《农政全书》是明末徐光启（1562～1633 年）的著作，是一部综合介绍中国传统农学的空前巨著。

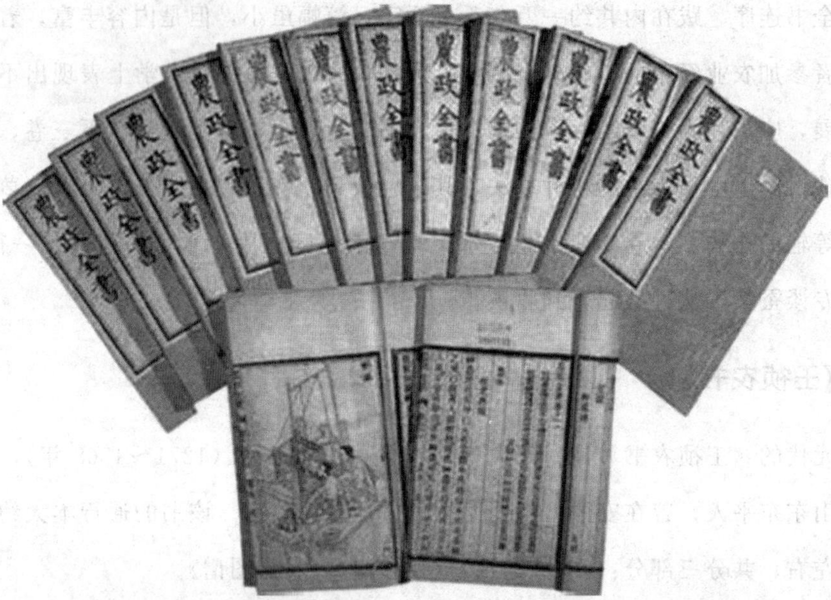

《农政全书》总共约有七十多万字，所采用的文献共二百二十九种。全书六十卷，分成十二目：农本，田制，农事，水利，农器，树艺，蚕桑，蚕桑广，种植，牧养，制造，荒政。

《农政全书》和以前所有大小农书不同的地方，就是系统而集中地叙述了屯垦、大规模的水利工程（包括农田水利）、备荒三项。这三项不是一般的农业生产技术措施，却是保证农业生产和农民生命安全所必需的。徐光启还根据自己的实践，写了《甘薯疏》，收入《农政全书》，提倡人们大量种植，用来备荒。对一切新引入新驯化栽培的作物，他都详尽记述。一句话，《农政全书》比以前所有农书更全面。

“用粪犹用药”

中国古代很早就十分重视施肥技术，公元前一世纪西汉后期已经把施基肥、补追肥的经验分开来叙述。尤其引人注意的是，《陈旉农书》记下了宋代劳动群众创造的“粪药”经验：“俚谚谓之粪药，以言用粪犹用药也。”把用粪比作医生看病对症下药，很简朴深刻。

《陈旉农书》所载“用粪犹用药”这种宝贵经验，后来更有发展。18世纪清代《知本提纲》讲施肥“实有时宜、土宜、物宜之分”，“寒热不同，各应其候”，“物性不齐，当随其情”，并着重指出：“皆贵在因物试验，各适其性，而收自倍矣。”对肥料，元代《王祯农书·粪壤篇》里记有大粪、踏粪（厩肥）、苗粪、草粪（后两种都是绿肥）、火粪（草木灰、石灰）、泥粪（用沟、港里的青泥同大粪合用）等多种。书中还指出“一切禽兽毛羽亲肌之物”，也都是很好的肥料。《知本提纲》讲：“酿造粪壤，大法有十。”把肥料更扩大为十大种类。对不同土壤、不同作物、不同时间使用不同肥料，都作了具体叙述。例如，骨蚌蹄角粪和毛皮粪可施用于稻田，种麦、粟要用黑豆粪和苗粪，种瓜菜宜用人粪之类。到现在也还流传有冷性肥、热性肥的说法。有的书中把施基肥称作垫底，说“垫底尤为紧要”。把追肥称作接力，说“盖田上生活，百凡容易，只有接力一壅，须相其时候，察其颜色，为农家最要紧机关”。（《沈氏农书》）凡此种种，反映中国古代施肥技术是多种多样的。

古代蔬菜知多少

中国的蔬菜种类繁多，品种丰富。据清代吴其濬《植物名实图考》（1848年）中的记载，当时蔬菜已有一百七十六种之多，现在经常食用的大约在一百种左右。在这一百种蔬菜中，中国原产的和引入的大约各占一半。

中国原产的蔬菜，最早的记载见于《诗经》，有瓜、瓠、韭、葵、葑（蔓菁）、荷、芹、薇等十多种。但是哪些是栽种的，哪些是野生的，有些现在难以作出确切的判断。据《齐民要术》记载，黄河流域各地栽种的蔬菜有瓜（甜瓜）、冬瓜、越瓜、胡瓜、茄子、瓠、芋、葵、蔓菁、菘、芦菔、蒜、葱、韭、芥、芸薹、胡荽乃至苜蓿等三十一种。其中现在仍在栽种的有二十一种，余下的已经从

菜圃中退出或转作他用。在现有的二十一种中，经过历代劳动人民的精心培育，如菘（白菜）、芦菔（萝卜）已经成为主要的蔬菜，芥因为适应多种用途而有了许多变种。

蚕桑养殖

养蚕织丝发源于中国。传黄帝妻嫘祖发明养蚕。

考古发现，仰韶文化已有野蚕丝。商卜辞亦载有蚕事。《诗经》中风、雅涉及蚕桑处甚多，可知当时蚕桑已遍及黄河中、下游地区。河淮间用皤蒿孵卵，《诗经》之“采蘩祁祁”，即指此事。周敬王二年，吴楚为边境妇女争桑起衅，至大动干戈。汉初有“原蚕一岁再登”（二化蚕）的技术。汉《氾胜之书》有栽培地桑的明确记载。北宋时，吴中已成著名蚕区，江南蚕丝产量逐渐超过北方。明以后蚕丝外贸额日增，苏湖地区蚕桑十分兴旺。至清季，珠江流域亦成重要蚕丝产地。湖广的桑田密植法，浙江新昌的速成栽桑法，都反映了养蚕业的发达。用柞蚕茧制丝绵，起自胶东。西汉末年，蓬莱、掖县一带已放养柞蚕。清初益都孙廷铨撰有《山蚕说》，专述山东柞蚕农的经验。

蹄铁术的发明

蹄铁是马匹管理上不可缺少的东西，由“无铁即无蹄，无蹄即无马”这句谚语，就足以说明蹄铁的重要。

蹄铁在中国至少已有两千多年的历史。那时候在欧洲还只知道用革制简单的蹄鞋。自从中国古代人民发明了蹄铁术之后，各地竞相模仿。今日欧洲的蹄铁术，是受到中国蹄铁术的影响加以改良而成的。

“兽医”是何时出现的

《周礼》其中载有：“兽医掌疗兽病，疗兽疡。凡疗兽病，灌而行之，以节之，以动其气，观其所发而养之。凡疗兽疡，灌而劀之，以发其恶，然后药之，养之，食之。”

意思是说：兽医的职掌是治疗内外科兽病。治疗内科病，采用口服汤药，缓和病势，节制它的行动，借以振足它的精神，然后观察它的表现和症状，妥善调养。治外科病，也是服药，并且要手术割治，把脓血恶液排除，然后再用药治，让它休养，并注意调养。

这段记录说明，当时兽医已经比较发达，不仅已经有了内科、外科的区分，而且制订了诊疗程序，并且重视护理。

生 物

中国古代的动植物学专著

《南方草木状》

《南方草木状》为晋永兴元年（公元 304 年）嵇含所著。关于它的作者和成书年代，众说纷纭，到现在还没有定论。它的渊源比较古，内容丰富、详实。

《救荒本草》

《救荒本草》是中国明代早期（15 世纪初叶）的一部植物图谱，明永乐四年（1406 年）刊刻于开封，明代朱橚（1360～1425 年）编写。朱橚是明太祖第五子，封周王，死后谥定，所以《明史》对这部书题“周定王撰”。

《救荒本草》是一部专讲地方性植物并结合食用方面以救荒为主的植物志，它描述植物形态，展示了中国当时经济植物分类的概况。书中对植物资源的利用、加工炮制等方面也作了全面的总结。对中国植物学、农学、医药学等科学的发展都有一定影响。

《闽中海错疏》

《闽中海错疏》成书于万历二十四年（1596 年），由屠本畯编著。它主要记载了中国福建一带的水产动物，其中海产动物占全书的四分之三，是本书研究的重点。这部书的编写体例和历代农学、医药学著作不同，主要是根据动物形态、生活环境、经济价值和产地来鉴别各种动物，给予命名。它的编写体例和现在的动物志基本相似。

《植物名实图考》

《植物名实图考》是中国古代一部科学价值比较高的植物学专著或药用植物志。其作者为清代的吴其濬（1789～1847 年）。这部书是吴其濬死后一年，就是道光二十八年（1848 年），由山西巡抚陆应谷校刊的。

《植物名实图考》的特点之一是图文并茂。全书七万一千字，三十八卷，记载植物一千七百十四种，分谷、蔬、山草、隰草，石草（包括苔藓）、水草（包括藻类）、蔓草、芳草、毒草、群芳（包括寄生在一些木类上的担子菌）等十二类。每类列若干种，每种重点叙述名称、形色、味、品种、生活习性和用途等，并附图一千八百多幅。

《植物名实图考》一书的内容十分丰富，不仅有珍贵的植物学知识，而且对医药、农林以及园艺等方面也提供了可贵的史料，值得科学史家用作参考。

“独角兽”的原型

独角兽的原型应是犀牛。《尔雅》云：“南方之美者，有梁山之犀象也。”很可能由于犀角、象牙所体现的威仪而被归入“美者”之列。古人极珍视犀角及制成品，曾用来进贡或赏赐。《诗经》有“跻彼公堂，称彼兕觥，万寿无疆”的句子。指以犀角杯盛酒祝寿。事实上，亚洲所产的三种犀牛中，除去印度犀、爪哇犀是独角，苏门犀则有双角，只是后面一角很小，不受人注意，因而古人一般都以犀为独角兽。

郭璞注《山海经》曰：“犀似水牛，兕亦似水牛，青色，一角，重千斤。”殷墟甲骨文里，“犀”“兕”等字形都突出其独角。器物稍有例外，商代青铜器中的犀尊十分象形，四肢短壮，有的就具双角。但到清代《古今图书集成》的插图里，犀牛被绘成额上有一弯长角的怪兽，这是由于当时犀牛在国内已濒临灭绝，作者难以见到而仅靠文献记载加以想象的结果。

老虎的别称

老虎，通常人称“兽中王”。它还有不少别称。

山君：这是据《说文》的解释。《说文解字》注：“虎，山兽之君。”

於菟：这是古代楚国人对虎的称呼。

李父、李耳、伯都：西汉扬雄所撰《方言》中说：“虎，陈魏宋楚之间或谓之李父，江淮南楚之间或谓之李耳，自关东西或谓之伯都。”

封使君：典出《太平御览述异记》。据说汉宣城太守封邵，有一天忽然变成老虎而吃城里老百姓，山地有民谣说：“无作封使君，生不活民死食民。”使君，是人们对太守的尊称。这件事反映了人民对贪官的憎恨。

斑子：唐人戴孚《广异记》中说：“山魈不树，以手抚虎头曰：‘斑子，有客在，宜速去也。’”

寅客、寅兽：十二生肖以寅为虎，故称。

“猫”一词的来由

人类养猫，历史悠久。早在17000年前，猫就和人类做伴了。中国至迟在战国时已驯养家猫。当时称之为“狸”。《韩非子》：“使鸡司夜，令狸执鼠，皆用其能。”汉代猫已成为商品，可知养殖数量不在少数。

那为什么今天称“猫”而不是“狸”呢？这是根据猫的作用，逐渐演化而来的。猫之所以得名，则是因为它能捕捉田鼠，保护禾苗。宋代陆佃的《埤雅》中说：“鼠善害苗，而猫能捕鼠，去苗之害，故猫之字从苗。诗曰：‘有猫有虎。猫食田鼠，虎食田彘，故诗以誉韩奕’。”由此可见，我们的祖先一开始养猫，就是为了灭鼠。

“熊猫”还是“猫熊”

据考证，早在公元前1200年成书的《尔雅》中就有关于大熊猫的记载。当时称它为“貘”。西汉时，咸阳宫廷开设的动物园——“上林苑”中就饲养着大熊猫。

1869年法国传教士大卫神父在中国四川省西部旅行时，偶然在一户人家看到一张美丽的大熊猫毛皮，惊奇万分，以为发现了一个新的熊种——“黑白熊”。于是连夜撰文，寄往巴黎博物学杂志予以发表，引起外国学者对大熊猫的关注。翌年，由治学严谨的爱德华博士将这种所谓的“黑白熊”正式定名为猫熊，并为其在分类学上争得了“猫熊科”的地位。

为什么现在将猫熊称为“熊猫”或“大熊猫”呢？20世纪50年代初期，中国在重庆北碚博物馆首次展出猫熊标本时，由于当时习惯于从右到左的认读文字，所以将“猫熊”二字误读为“熊猫”，久而久之，约定俗成，也就将“猫熊”更名为“熊猫”了。从此，“熊猫”“大熊猫”之名被收入《辞海》，为世人所公认。

老鼠为何又称“耗子”

老鼠何时称“耗子”？这至少可追溯至五代。五代时，统治者横征暴敛，正赋之外，苛捐杂税甚多，名为“附加”。附加税外还有“附加”，名曰“雀鼠耗”。耗，是伤损的意思。雀鼠耗，意为官仓粮帛为雀鼠们损伤，故而要加征。加征额，有的是一石正赋，加征雀鼠耗二斗。显然，这是巧立名目。正是因了这个名目，“鼠”与“耗”，才有了联系。宋朝人孟元老著《东京梦华录》说及汴京风俗，每至十二月二十四日交年，家家备酒果送神，夜间“在床底点灯，谓之照虚耗”。“照虚耗”，意在怕老鼠偷吃供品。这时的“虚耗”词就成了老鼠的代称了。

“黄鹤”是什么鹤

中国有天下闻名的黄鹤楼，唐人崔颢一首《黄鹤楼》更是流传千古。但是，其中提到的“黄鹤”，究竟是什么鹤呢？

遍查中国典籍，所见记载鹤类中只有白鹤、灰鹤、丹顶鹤、蓑羽鹤、赤颈鹤

等，唯不见“黄鹤”的记载。当今世界上鹤类15种，中国有8种，都没有羽毛呈黄颜色的鹤。由此可以断定，古人所见之“黄鹤”是由另外一种鸟讹传得名的。

有一种说法，“黄鹤”即“黄鹄”。据清代学者朱骏声《说文通训定声》云：“鹄形似鹤，色苍黄，亦有白者，其翔极高，一名天鹅。”此为一证。

那么古人为何常将“黄鹄”和“黄鹤”混称？这与地名和古代的通假字有关。《辞海》释“黄鹄山”条云：“山名。一名黄鹤山，即今武汉市蛇山。西北二里有黄鹄矶，世传仙人子安乘黄鹄过此……”这里的“黄鹄矶”的“鹄”和“黄鹤山”的“鹤”，是古代的通假字。《庄子》：“越鸡不能伏鹄卵。”《释文》注：“鹄，本亦作鹤，同。”清人黄生《字诂》亦将二字作通假字注解。综上可知，传说中仙人所乘之“黄鹤”，实为“黄鹄”，确切地说，今之黄鹤楼改名为天鹅楼可能更接近于传说一些。

“九头鸟”的两种意义

古籍中对“九头鸟”的记载，大体上有两种寓意。

一是作为不祥之兆，如《太平广记》引《岭表异录》：“鸺鹠乃鬼车之属。或云九首，曾为犬啮其一，常滴血。血滴之家，则有凶咎。”鸺鹠即鸷鸟。这鸟的模样，《释鸟》中说是“少美长丑”；至于生长地点，《山海经》说是“饶山其鸟多鸺鹠”。大约古人确乎见过九头之鸟，因为异于凡鸟，故视为不祥之兆。

另一种，就是把“九头鸟”比作聪明俊秀之人。北宋的湖北安陆人张君房，其《脞说》云：“时人语云：天上有九头鸟，人间有三耳秀才。”这“三耳秀才”是个典故，《续搜神记》说，“兖州张审通为泰山府君所召，额上安一耳。既醒额痒，果生一耳，尤聪俊，时号三耳秀才”。

“鸩”真的存在吗

“饮鸩止渴”，是大家都熟悉的一句成语。鸩，是一种有毒的鸟，据说，用它的羽毛浸泡在酒里，就成了剧毒的毒酒，饮微量即死。所以“鸩”既指鸩鸟，又可作毒酒解。“鸩”与“酖”字相通，也是这个意思。并可作动词用，如“使人鸩之”便是。

只因鸩鸟无实物或图录可证，有些人就否定中国历史上有过这种鸟类。有的文章中干脆说鸩酒就是砒霜（砷）酒，这种说法没有充足理由，是很难令人信服的。因为在古代，人们把砒霜和鸩毒分得很清楚，没有混淆的道理。再者，在诸多饮鸩而亡的记载中，都是饮过之后，顿时气绝，可见鸩酒的毒性实非砒霜可以比拟的。

因为鸩太毒了，古代也有过法律限制。《晋书》载，当时鸩鸟不得携带过长江到北方，石崇任南中郎将、荆州刺史时，得到一只鸩的幼鸟，送给了在京的后军将军王恺，此事被司隶校尉傅祇察觉，上奏皇帝弹劾，晋惠帝原谅了石崇和王恺，只把这只雏鸩在都街当众烧死了事。后来东晋穆帝时，王饶献鸩鸟一只，穆帝大怒，认为臣下献此剧毒之物，亵渎皇上盛德，把王饶鞭二百示惩，也命令将鸩鸟焚毙在大街上（《晋书》）。唐代法律书上对鸩酒毒药也有提及。《唐律疏议》附录《唐律释文》中说：“鸩，鸟名也。此鸟能食蛇，故聚诸毒在其身，如将此鸟之翅搅酒，饮此酒者必死，故名此酒为鸩浆。”

鸩在古代既然有向朝廷进贡之事，产地之人偶尔也可以遇上。北宋仁宗至和年间，有北人去广西邕州（今南宁市）做官，宿于近城驿站。早晨听到有击腰鼓的声音，以为某处有人作乐，驿站供职的驿卒告诉他，这里鸩鸟找蛇吃时发出的鸣声。综上所述，如说鸩鸟历史上根本不存在过，恐怕也有失武断。不过，宋以后有关鸩鸟的记载，确很少见到了，如今鸟类学上又未见有它的记录，是否可以设想，这种在古时已极稀少的禽类，后来终于灭种了。

蟋蟀为何又叫“促织”

蟋蟀又名促织。因古代妇女的主要劳动是纺纱织布，而蟋蟀躲在篱边墙下低吟浅唱，很像又急又快的织机声；同时也仿佛告诉人们，秋天到了，冬天不远

了，赶快纺纱织布，早日备好寒衣吧。这便是“促织”之名的由来。

古谚云：“蟋蟀鸣，懒妇惊。”古代的织女常常停梭，其实往往不是因为懒，而是别有原因。什么原因呢？宋代诗人杨万里的《促织》和陆游的《夜闻蟋蟀》，便作了很好的回答。杨诗云：“一声能遣一人愁，终夕声声晓未休。不解缫丝替人织，强来出口促衣裘。”陆诗云：“布谷布谷解劝耕，蟋蟀蟋蟀能促织。州符县帖无已时，劝耕促织知何益!”唐代诗人白居易的诗，回答得也十分透彻：“惜渠止解能催织，不识穷檐机轴空。”机轴上没有原料，穷妇有苦难言，促织是不会知道的。这些诗，反映了劳动人民的穷苦生活，读来扣人心弦，引人悲愤。

动　物

海　葵

海葵是附在礁石和海岸边的防坡上，或住在浅水里的生物。潮退时，海葵看起来像一团团的糊状物。完全浸在海水里时，它们看起来就像花朵，因为海葵的身体呈瓶状，顶部周围有一些短小的触角，像花瓣一样。可是，它们并不是植物而是动物。海葵是肉食动物。以碰及触手的小动物作为食物。触手上布满刺螫细胞，可使游过的小鱼小虾麻痹，然后用触手把这些鱼、虾拉进口里。

海葵静静地躲在海底的沙地中享受着悠闲的岁月，它们从不挪动身体寻找食物。海洋中的食物真是太丰富了，它们只要伸伸触须，就可以捕捉到那些大意的家伙了。

尽管海葵的触须有毒，而且在捕食时十分有用，但是它们还是不可避免地成为一些动物的牺牲品。这些海生动物能分泌出某种化学物质来中和海葵触须的毒性，使它无法再蜇别人。

美丽的海中森林——珊瑚

在温暖清澈的海水中，常有珊瑚岩石，珊瑚的外观如同植物，但实际上它们却是地地道道的动物，与海葵同属腔肠动物中的花虫类。其枝上的“花”便是由无数的珊瑚虫聚集而成的。珊瑚虫是一种水螅状的腔肠动物。它们利用触手捕食浮游生物，每个珊瑚虫栖居在一个杯状的珊瑚骨骼中。一些珊瑚虫死后，另外的珊瑚虫在老的珊瑚骨骼顶上营造新杯。因此，珊瑚不断增大增高。

在大海中的珊瑚，五颜六色，变化万千。它们有的像松树，有的像花朵，看上去真像千姿百态的植物。形成的珊瑚礁是五光十色的小虾、海葵、海星、海蛞蝓和海环虫的家园。珊瑚礁间还有色彩斑斓的刺尾鱼、雀鲷等鱼类。

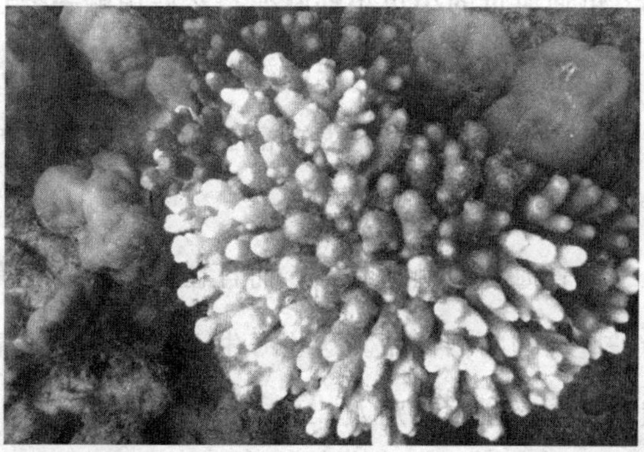

各种动物在珊瑚礁间产下大量的卵和后代，其中许多被生活在珊瑚礁的其他动物吞食。藏身在珊瑚中或在珊瑚间成群游动的小鱼，会遭鲨鱼、石斑鱼等大鱼捕食。

珊瑚虫同样常遭吞食，蝴蝶鱼会把珊瑚虫逐个吞吃，嘴像鹦鹉喙一样的鹦嘴鱼，一口能咬下一大块珊瑚，美丽的珊瑚是由珊瑚虫所分泌的石灰质构成的，而珊瑚虫本身则凭靠它们的触须捕捉飘浮而过的海藻微生物为生。生活在西太平洋的鹿角珊瑚是生长得最快的珊瑚。

在适当的条件下，每年可以增高 10 厘米。它们生活在较浅的水域中，通常在落潮时可以看见它们的尖端露出水面。像所有的珊瑚一样，它们附有两种珊瑚虫，一种负责“建筑”主干，而另一种负责两侧。

水母

水母是一种十分低等的动物，常常漂浮在海面上，随波逐流。大多数水母都是半透明的，因为它们的身体中有 95%以上的水分。水母的外形多种多样，有的像一把撑开的雨伞，有的像一枚硬币，有的像帽子等等，十分漂亮。但是它们都长着许多长长的有毒的触手，如果你用手去触摸它，准会被螫得疼痛难忍。

水母是一种古老的生物，属于浮游生物，一般都是独居，非常分散，有时偶尔也成群结队。水母绝大部分时间都在游动，收缩、放松是水母游泳的规则动作。水母都以活的生物为食，是一种肉食性动物。猎物一旦接近水母的触手陷阱，触手的恐怖机关立即启动，触手皮肤上有刺丝囊的特殊刺细胞，囊内有毒液和细倒钩，触手的纤毛一探测到猎物就释放毒液，使猎物中毒。水母没有骨骼、外壳、保护甲，所以非常脆弱。

水母的上半身是一团没有固定形状、可以任意伸缩的胶状体，它们就是靠着身体这部分的不断缩放，以及触手（或称作腕）的摇摆而在水中随波漂游的。当伞部下面的肌肉交替着做收缩和伸张的运动时，水流就可以从水母伞部下的一个口中被吸入或是吐出，水流的一吸一喷就产生了一种向上或是向前的反作用力，水母正是靠着这种反作用力才能够自如的行动。可以说，身体上的伞状结构是它们最重要的运动和生活控制中枢了，它们的进食和产生动力都要靠它，所以有的大型水母，其伞部的直径能达到 1 米多呢！

鹦鹉螺

鹦鹉螺为一种古老的软体动物，在 3.5 亿年前的地球上就出现了，目前仅存约 4 种，它们生活在热带或者亚热带的深海中。鹦鹉螺有个美丽又坚硬的外壳，在一层灰白色的底色上，分布着橙红或者浅褐色的花纹，壳内是闪光的银白色珍珠层，算得上是一件艺术品。鹦鹉螺柔软的身体藏在壳里，左右对称。从壳中心到壳口，有一道道隔膜将壳分成许多像房间一样的气室。

鹦鹉螺是靠浮力游动的。鹦鹉螺的壳主要由气囊组成，它的身体大部分都在壳外，当鹦鹉螺长大时，壳中又会形成新的气囊，来抵消新生长的身体重量。鹦鹉螺的口周围和头的两侧长有约七八十只触手，捕食时触手全部展开，休息时触手都缩回壳里，只留一两个进行警戒。

鹦鹉螺的大壳内真是“别有洞天”，它被分隔成了许多的小室，而只有最靠外边的一间才是鹦鹉螺休息和睡觉时居住的地方；其他小室，大都是作为贮藏空气用的，各壳室之间有一条体管相连。随着鹦鹉螺身体的长大，壳内的小室也会不断增多、增大，一有新的小室形成，鹦鹉螺就会抽出其中的海水给它注满空气。它们也用这种办法来调节室内水分的多少，控制壳体在水中的垂直运动。

现代科学工作者在鹦鹉螺这种普通的海洋动物身上还有一个惊人的发现，就是在鹦鹉螺的小室壁上，都有着一条条清晰可见的环形纹路，而且每一面壁上都固定着这样的30条纹路，人们把它们命名为“生长线”。而这30条生长线恰巧是现今月亮绕地球1周的天数，也就是一个月有30天。后来，人们又在研究埋藏于各个不同的地层下面的鹦鹉螺化石时，发现凡是属于同一个地质年代的鹦鹉螺，它们身体内的生长线数目是一样的。规律则是，地质年代越久远，也就是越早，鹦鹉螺身上的生长线也就会越少。如此可以证明，在越是古老的年代，月亮离地球越近，那时月亮绕地球的时间也就越短。原来，这些生活在海底默默无闻的鹦鹉螺，还担任着记录月亮在亿万年的漫长岁月中变化的重任呢！

美丽的号角——海螺

如果你在海滩上随手捡起一只贝壳，多半是一个空的海螺壳，海螺属于软体动物中的腹足类。所谓腹足类动物就是体内的重要器官都集中在巨大的足部附近。单壳贝类则指它们大都只有一个螺旋形外壳，不像双壳贝类具备两片似韧带相连的外壳。腹足类是软体动物中最庞大的家族，分布地球各大海洋的腹足类，起码超过4万种。

海贝

海螺、扇贝、牡蛎、珍珠贝、鹦鹉螺等等，这些生活在海中的贝类，都长着色彩纷呈、形状各异的壳，看上去非常坚硬，而事实上，它们都属于软体动物。它们柔软的身体表面有一层膜，能产生富含钙质的液体，贝类的外壳就是这样形成的。海贝类都有头和足，体内有内脏团。它们在内脏团中完成消化、循环、排泄、生殖等各种功能。它们用腮呼吸，许多贝类没有眼睛。海贝的体型差别较大。小型贝类的壳径和壳高只有几毫米，最大的贝类的外壳却长达1.5米，重达300千克。

海贝死去后空壳会被冲到海滩上。它们的品种繁多，但可以分成两大类：海蜗牛和双壳贝。海蜗牛像陆地上的蜗盾，有一个螺旋状的壳。双壳贝有两个半壳相接在一起。海蜗牛有嘴而且长满了小而尖的牙，用来吃海藻或其他动物，而双壳贝是直接从海水中滤取食物碎片的。

海洋中的牛奶——牡蛎

牡蛎是双壳纲中著名的贝类，有较高的经济价值，是海贝养殖业的常见种类。牡蛎在各地的叫法不一，江苏、浙江一带称其为蛎黄，福建、广东一带称其为蚝，山东一带称其为海蛎子或蛎子。

牡蛎的肉鲜嫩可口，营养价值很高，其鲜肉含蛋白质超过10%，糖类超过4%，还有多种矿物质及维生素，素有“海中牛奶”之称。人们不但可以采捕自然生长的种类，还可以对其进行人工养殖。它同贻贝、扇贝一起构成了海水养殖业的重点品种，在海产品中占据了极其重要的地位。我国沿海所产的牡蛎种类大约有20余种，最常见的品种是近江牡蛎、密鳞牡蛎、褶牡蛎、长牡蛎和大连湾

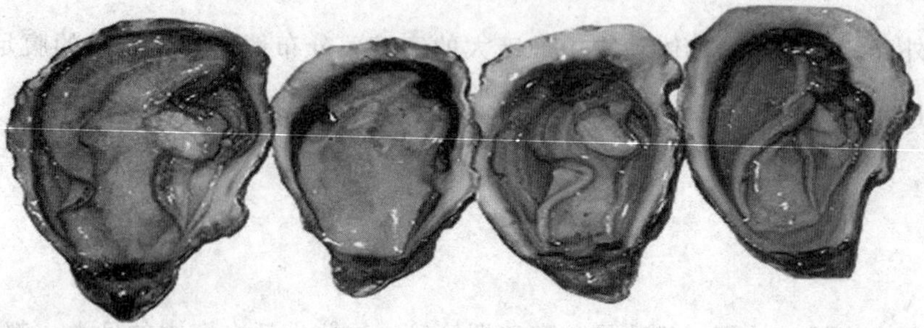

牡蛎等。

同时，牡蛎还是重要的药材，李时珍在其著作《本草纲目》中曾对牡蛎作过详细的描述。牡蛎粉可以治盗汗、虚劳燥热等症，牡蛎内的珍珠层是明目的好材料，而牡蛎油即蚝油，更是闻名海内外。

河蚌

河蚌，又名河歪、河蛤蜊、乌贝等，属于软体动物门瓣鳃纲蚌科，是一种普通的贝壳类水生动物。河蚌以滤食藻类为生，常见的有角背无齿蚌、褶纹冠蚌、三角帆蚌等数种，我国大部分地区的河水湖泊中有出产。河蚌肉质特别脆嫩可口，是筵席之佳肴。而且其营养价值很高。

河蚌肉对人体有良好的保健功效，它有滋阴平肝、明目防眼疾等作用，在临床上有很大实用价值。

河蚌浑身是宝。河蚌是珍珠的摇篮，不仅可以形成天然珍珠，也可人工养育珍珠。除育珠外，蚌壳可提制珍珠层粉和珍珠核。

乌贼

乌贼是海中软体动物的一种，它不仅能像鱼一样在海中快速游泳，还有一套施放“墨汁”的绝技。乌贼体内有一个墨囊，囊内储藏着能分泌天然墨汁的墨腺，在遇敌害或危急时，墨囊收缩，射出墨汁，霎时，海水中“黑雾”滚滚，一片漆黑，自己则趁机逃之夭夭。它还能利用墨汁中的毒素麻醉小动物，所以又叫墨鱼。

在软体动物中，乌贼堪称强兵悍将。它的身体像个橡皮袋子，内部器官被包裹在袋内。在身体的两则边缘有肉鳍，用来游泳和保持身体平衡。头较短，两侧有发达的眼。头顶长口，口腔内有角质颚，能撕咬食物。乌贼的足生在头顶，所以又称头足类鱼。头顶的 10 条足中有 8 条较短，内侧密生吸盘，称为腕；另有两条较长、活动自如的足，称为触腕，只有前端内侧有吸盘。腕和触腕是乌贼的捕食和作战武器，不仅弱小的生命将丧生于乌贼的腕下，即便是海中的庞然大物鲸，遇到体长达十余米的大乌贼也难对付。

章鱼

章鱼有个圆球形的身体，它的嘴巴就位于身体前端、8 只有吸盘的手臂围在嘴的四周；嘴巴内有一对强有力的角质颚，可将猎物的身体咬碎，即使有像螃蟹那么硬的壳保护也无法幸免。

章鱼的身体下方有一个吸管，连接到一个包含有鳃的外套膜腔。章鱼就靠着将海水吸进外套膜腔后再喷出的方式来呼吸。此外，靠着这种方式还可使它获得一种作用力来使身体往后移动，以便捕捉食物、逃避敌人或是到处旅行。

章鱼和乌贼都有墨囊通向肠内，当它们遇到危险时，就会用吸管将墨汁喷出来，以蒙蔽敌人，使自己从容逃逸。

章鱼、乌贼的身体的内部都具有骨骼般的“壳”，能强化它们的身体。章鱼的壳由白色石灰质构成，乌贼的则由透明的角质构成。

鹦鹉螺和章鱼是同一祖先。像螺一样有壳，不过它们有 60～80 只触手，能在海中自由地游泳。

蛞蝓和蜗牛

蛞蝓和蜗牛都是属于腹足类的软体动物，它们的血缘非常接近，但是有一个最大的不同：蜗牛身上有一个自己造的壳可以保护身体，而蛞蝓却没有。

蜗牛和蛞蝓的内部构造，有很多相似的地方：它们都有一个肉足，可以在地上休息或爬行；头部的前方有嘴，嘴的上面长着两对可以伸缩的触角，上面那对触角的末端有眼睛，下方的触角较小，其上有一些感觉器官。蛞蝓和蜗牛靠着肉足到处爬行，它们以植物为食，鲜嫩的枝叶更是它们的美味佳肴。不过也有一些肉食性的蛞蝓，以吃其他蛞蝓或蚯蚓为生。

在蛞蝓的前半部身体的上表面，有一圆形隆起，那就是它的外套膜。蜗牛也有外套膜，不过它的外套膜藏在壳内。外套膜里面有一个空腔，内壁就像肺壁一样布满血管，具有类似肺的作用，可用来呼吸，空气便是由外套膜边缘的小洞进入体内。有的蜗牛也可以生活在河流或湖泊中，但数量最多、体型最大的则是色彩鲜艳的海蛞蝓和海蜗牛，它们用鳃呼吸，以海绵、海藻和腔肠动物为食。

蜗牛在冬眠或夏眠时，足腺分泌出来的这种黏液在壳口形成一个薄膜，把身体严密地封闭在壳内，等到外界环境适宜时，再破膜而出来活动。

当外壳口部意外破损时，黏液在未破损的部分将身体封闭起来，一段时间后破损部分自行脱落，形成一个较小但却完整的壳体。这种黏液的功能多么奇特呀！

节肢动物

在无脊椎动物中，节肢动物是最重要而且种类最多的一门，它们的身体和肢体由结构与机能各不相同的体节构成。我们常见的虾、蟹、蜘蛛、蜈蚣及昆虫等，统称节肢动物。

单是昆虫类大约有 100 万种以上，约占整个动物种类的五分之四。

蜈蚣、马陆、蚰蜒是多足类节肢动物。它们的身体分头和躯干两部分，头部有一对触角，身体呈圆柱或扁平形，每一环节有一对或两对足。蜈蚣俗称“百足”。它的第一对附肢变成毒颚，会螫人，被咬处呈红肿且剧痛。这时用浓氨水洗擦伤口，中和毒液，可减轻疼痛。将蜈蚣制成干制品，是传统的中药。马陆又称“千足”。它没有毒颚，不会螫人。但在身体两侧有臭腺，分泌出一种难闻的臭液，以此作为防御武器保护自己。

蛛形类的种类也很多，常见的有蜘蛛、蝎子等。就蜘蛛来讲，全世界大约有3万多种，中国约有3000种，分布于陆地的各个角落。

甲壳动物体内没有骨，但身体表面覆盖一层壳，称为外骨骼。虾、蟹、喇咕等都是甲壳类。就目前所知甲壳动物已接近4万种。它们的形状千奇百怪，变化多端。从体形的大小看，差别更为悬殊，如日本产的一种形如蜘蛛的巨螯蟹，两个巨螯伸开后，两螯之间宽达4米，而小的挠足类和水蚤还不到1毫米长，只有借助于显微镜才能看清。

大多数甲壳动物生活在海洋里，它们绝大多数都是自由生活的，如虾、蟹等；但有些种类是固着在岸边或岩石以及其他坚硬物体上，如藤壶、茗荷等。

虾是种类很多的一类，经济价值很大。如海产的对虾、毛虾、龙虾等，淡水产的沼虾、螯虾、米虾都是经济上十分重要的物种。

蝎子

在世界上所有暖热地区都能发现蝎子，蝎子是一种很古老的陆地动物，早在大约4.5亿年前，就有650多个种类的蝎子遍布世界各地。

蝎子是肉食性的节肢动物，与蜘蛛是亲戚，但它的形态不像蜘蛛。蝎子浑身全副武装，周身披着壳质的铠甲，在不分节的头胸部，有单眼和复眼以及六对行动灵活的附肢。第一对钳状附肢叫螯肢，第二对是巨大的螯足叫脚须。其余四对是用来奔跑的步足。蝎子的腹部较长，分布明显，前腹七节、较阔，后腹五节、较窄，末端有一球体，内藏毒液，突起部分形成尾刺，高高举起。蝎子昼伏夜出。一旦遇到猎物，立即用脚须钳住，尾巴钩转，用尾刺注射一针，将猎物毒死。它依靠一对大螯和一个尾刺，捕食蜘蛛或昆虫等。蝎子种类较多，分布在墨西哥和印度尼西亚、印度等地的毒蝎子能致人死亡。蝎子不仅对猎物凶猛，而且对“同类”也很残忍。一旦雄蝎子完成授精作用，雌蝎子就凶相毕露，一口咬死雄蝎子作为食物。有趣的是蝎子对后代却倍加爱护。蝎子是卵胎生的，产下的小蝎子往往攀登在母蝎子背上，逍遥自在。母蝎子负子而行，极尽保护职责，直到幼蝎子成长到能独立谋生。蝎子是一味重要的中药材，干燥的虫体可入中药，称全蝎，有解毒、止痛、镇疼、熄风等功效。许多地区捕捉自然种群，但不能满足医药上的需要。故在我国山东、河南等地，大力发展人工饲养蝎子。

蝎子为肉食性，夜行性动物，所以白天很少活动，而潜伏在碑石、枯叶下，夜间外出寻食。主要以昆虫、蜘蛛、小蜈蚣、盲珠、鼠和多足类等为食。能较长时间耐饥，甚至也能耐渴，可长期不喝水，喜干燥。蝎多产于热带。我国常见的钳蝎主要分布在北方及长江以南，另外，还有蝎、链蝎等。

蜈蚣

蜈蚣又名百足，是多足类陆生动物，全世界有 3000～5000 种，其体形构造大致相同，身体分头与躯干两部分，有许多体节，每一个体节具有一对结构相似的步足，末端有爪，适于在山地迅速爬行。蜈蚣均有毒，毒性强弱因种类及个体大小而异。蜈蚣头部第一对步足突化为三角形的颚足，称颚牙，先端尖锐，形呈钩状，内通毒腺，能分泌毒汁。蜈蚣的个体大小悬殊。如分布在南美洲的一种蜈蚣，个体甚小，它的体长仅为 0.48 厘米，很容易被人误认为是黑蚂蚁。这是已知蜈蚣中最小的一种。

产于拉丁美洲牙买加的一种热带蜈蚣，是目前已知蜈蚣中足最多、体形最大的一种。它长着 180 对足，最长的足可达 26 厘米。扁平长条形的身体，最长的可达 1 米多。头部为红褐色。这种热带蜈蚣喜栖居于山溪潮湿阴暗的岩石洞内，夜间出洞捕食老鼠和壁虎之类的小动物。一旦发现猎物，飞速爬行，以自身扁长

的身体将猎物包围，形成一个椭圆形，把猎物围困刺死，然后美餐一顿。更稀奇的是，全部 360 只足都是防敌的武器。足内有腺，当受敌威胁时，能发射出有毒的烟雾。这种烟雾经化验，原来是一种氰化氢的有毒气体。

这种从头到足全身有毒的“百足虫”，会使人产生恐惧的心理，但是它在医药上却能起解毒的作用，主治肿毒瘰疬和蛇咬伤等症。据说，印第安人常常捕捉这种“百足虫”做成餐桌上的美味佳肴。

刺盖鱼

刺盖鱼生活在热带各大洋的珊瑚礁间。它们体色鲜艳，身体扁平，从背到腹很宽，在鳃盖骨后下角有一根刺，因此得名。

刺盖鱼长着突出的吻和有力的牙齿，能啄出或切断要吃的珊瑚虫。

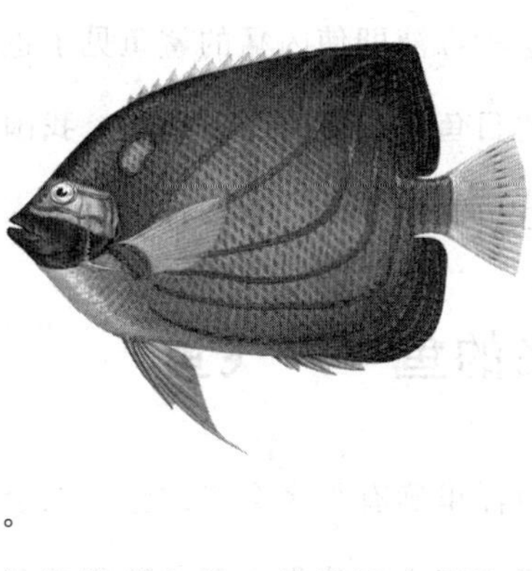

刺盖鱼除交配期以外，平时独居，顽强地守着自己的地盘。同种鱼入侵其领地，它便会炫耀色彩以示警告：如入侵者不游开，便会发生争斗。刺盖鱼稍受惊吓便会迅速藏入珊瑚礁缝中，不易捕捉。

刺盖鱼与蝴蝶鱼一样美丽动人，只是它们的体形大些，就像放大的蝴蝶鱼。

双目同侧的比目鱼

浩瀚的海洋深处，有一类长相十分古怪的鱼，它的两只眼睛都长在头的同一侧，所以叫作比目鱼。比目鱼有两种，两眼都长在左侧的叫鲆，都长在右侧的叫鲽。

比目鱼身体扁平，平卧海底，向上的一侧突起，体色较深，两眼长在这一边；向下一面较平坦，体色较浅，口、胸鳍和腹鳍等都不对称。

刚孵出的小比目鱼与父母外形相差很远，眼睛对称地长在头的两侧。大约在出生后 20 天、身体长到半寸长时，小比目鱼开始卧在海底生活，身体也开始了不平衡的发育，下侧的眼向上移动，与上面的眼并列起来。

比目鱼喜欢单独潜伏于泥沙海底生活，时常夜间出来觅食。它运动时，靠侧躺的身体和尾部的上下摆动，以及长长的背鳍和臀鳍的波动缓缓前进。

比目鱼的体色能随环境的颜色不同而变化，这使它与环境混为一体，敌害很难分辨出来。比目鱼身体还能分泌一种乳白色的毒液，能杀死周围的小动物为食物，这种毒液即使凶猛的鲨鱼见了也要退避三舍。

比目鱼是重要的经济鱼类，我国沿海都有分布。它的肉味道鲜美，富含维生素，肝可制鱼肝油。有些种类还可入药，具有消炎解毒的作用。

会飞的鱼——飞鱼

海洋里确有很多会飞的鱼。在会飞的鱼中，要数飞鱼的本领最高强了。它飞得最远，有人在热带大西洋测得这样的飞翔纪录：飞行时间为 90 秒钟，飞行高度为 11 米，飞行距离为 1000 多米。然而鱼的飞翔，说得确切些，只是一种滑翔而已。飞鱼身体稍长，近乎圆筒形，青黑色，长 20～30 厘米；胸鳍特别长大，像鸟的翅膀；腹鳍大，可作为辅助滑翔用；尾鳍叉形，下叶比上叶长。它的飞翔是这样的：首先，飞鱼在接近水面时，尾鳍做急剧左右摆动，使身体迅速前进，产生强大的冲力，突然跃出水面，把胸鳍张开，在空中作滑翔飞行。这种飞行的主要动力是尾部，而不像鸟那样靠扇动翅膀。飞鱼的飞翔，多半是为了逃避敌害袭击，或靠近船只受惊而飞；但有时也会无缘无故起飞。成群的飞鱼跃出水面，高一阵、低一阵，掠过海空，犹如群鸟。飞鱼具有趋光的特性，若晚上在船的甲板上挂盏灯，成群的飞鱼会寻光而来，犹如飞蛾扑火，撞昏在甲板上。

海龙

海龙生活在热带到温带海藻繁茂的浅海。它们与其他鱼种有很大的不同。全身被硬骨板覆盖，口在细长管状吻的前端。因为鳍不发达，所以游泳很慢。雄鱼都有育儿囊。

海马

海马是海龙的同类。尾巴卷附在海藻上，过着固定性的生活。它游泳时，摆动着背鳍和胸鳍，直立身体前进。海马有与马相似的头，身躯像条“龙”，从头部和躯体的直角状顶端再到能卷绕的尾尖，形成一条明显的骨栉状脊椎。

海马生儿育女非常奇特，他是由雄性海马育儿。雄海马尾巴前面的下部有一个袋子，叫孵卵囊，袋前方有一个孔，雌海马通过此孔把卵放入袋。小海马就在此内发育成长。海马生活在浅海，以小型甲壳动物为食。

海马的眼睛生长在一个骨质的塔形结构上，每个小塔形都可以转向不同的方向，所以海马经常给予两只眼睛不同的任务。它们常常会用一只眼睛搜索食物，而另一眼睛却在机警地环绕四周，随时观察四周有没有敌人也在伺机捕获它们。

海马很聪明，知道如何可以躲避敌人的追杀。它们经常会用细长而弯曲的尾巴卷在一些海底的水藻、海草或者珊瑚上，保持一动不动的姿态，伪装起来，而它们的颜色和形态也赋予它们伪装的条件。

海马可做名贵的药材，素有“南方参”之称。

蝴蝶鱼

蝴蝶鱼属于硬骨鱼纲，它们的家族在鲈目中很庞大，大约有150个种类。蝴蝶鱼瘦瘦扁扁的体型好像陆地上翩翩起舞的蝴蝶在水中飞舞。五彩斑斓的色彩加之图案各异的身躯，都是识别彼此的最佳标志。热带地区的珊瑚礁为蝴蝶鱼提供了一个天然的庇护所。它们用尖尖的嘴部啄食附在珊瑚或岩石上的小动物。蝴蝶鱼的幼鱼和成鱼在颜色和体型上都有很大的区别。

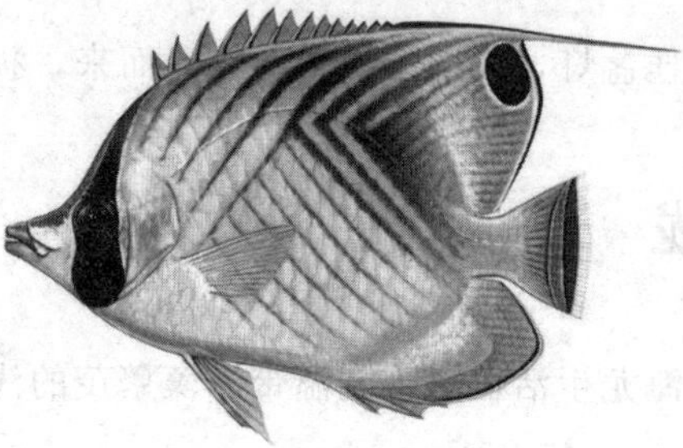

鹦嘴鱼

鹦嘴鱼分布在热带的珊瑚礁海域，是一种大型鱼，生有很多的小牙齿，很像鹦鹉的嘴。它能用强壮的牙齿咬碎珊瑚，把不能消化的部分排出体外，一边游一边排，看起来就像沿途撒沙一样。

每到晚上，鹦嘴鱼的身体会生产一种黏液，形成像袋子一样的东西，可以包裹住自己的身体，然后在里面休息、睡觉。由于袋子前后有洞，所以不会妨碍呼吸。

雄鹦嘴鱼长大后，会长出额头，年龄越大，额头越大，最后长得像大肿瘤一样。

海上恶魔——蝠鲼

在我国南海，船员们有时会见到这样一种景象：一个庞然大物突然跃出水面，从人们头顶擦过，瞬间便越过甲板。只听“嘭”的一声巨响，海面上溅起无数的浪花，庞然大物随之消失得无影无踪。它就是蝠鲼，属于大型的软骨鱼类。蝠鲼体长 7 米多，重达 2 吨，如果不幸砸在小船上，必定会造成一场船翻人亡的惨祸，因此人们称之为“海上恶魔”。蝠鲼长相特殊，它的头上生有两个摆动的“头鳍”，能左右转动，捕食时伸展到口下，像漏斗一样把食物送入口中。蝠鲼左右两个大胸鳍扁平而宽阔，和躯体构成一个庞大的体盘。游泳时，胸鳍上下摆动，就像鼓翼飞行的蝙蝠。它的背灰绿色，带有白斑，一条长长的鞭状尾巴拖在身后，在游泳时起着平衡身体的作用。

蝠鲼喜欢集群生活，到了生殖季节，一对对游到水里，翩翩起舞；它们有时鼓动双鳍拍击水面，跃水腾空，能在距海面 4 米的高空中拖尾滑翔。最为奇怪的是，小蝠鲼竟能在妈妈凌空飞行时降生。

蝠鲼生活在热带和亚热带的海洋中，我国南海是它们表演跃水腾空的场地。蝠鲼不但肉味鲜美，还可治疗多种疾病，特别是它的鳃，对治疗小儿麻痹症有特殊的效果。

鳐

鳐是一种很特殊的鱼，身体扁平，拖着一条细长的尾巴，鼓着一对翼状的大胸鳍，像鸟一样在水中“飞翔”。鳐鱼的眼睛和喷水孔位于头的上部，而口、鼻和鳃却在鱼体的下部。多数鳐鱼生有有力的下腭，可以粉碎带壳软体动物和浮游甲壳动物。鳐并不凶悍，也不主动伤人。但它往往把自己半埋在沙泥中，潜水者一时觉察不到，踩到它们身上，结果会很糟。因为有些鳐的尾巴上有毒刺，刺入人体会造成难以忍受的疼痛。如果踩上电鳐会被击昏。

鳐多数生活在海洋中，体长约 1 米，属小型软骨鱼类。游泳时，鳐宽大的胸鳍上下波动，使身体向前进。世界上有鳐 438 种。电鳐具有能产生电力的巨大器官，它们位于头部的两侧，能够放出电压为 200 伏的电流，足以击昏猎物和吓退捕食者。最大的发电量甚至能把一个成年人击倒。

死亡使者——鲨鱼

鲨鱼是恐怖的象征，是海洋的死亡使者。它遍布世界各大洋，甚至在冷水海域中都能发现鲨鱼的影子。大部分鲨鱼生活在海平面到 200 米深的海水中，而且种类也比较繁多。现在，鲨鱼约有 8 个目 30 个科 350 多种。其中有 20 多种肉食类鲨鱼会主动攻击人。生活在热带温暖海域的鲨鱼，例如大青鲨、双髻鲨、噬人鲨（俗称大白鲨）等，是最具攻击性的肉食鱼类，人称海洋“杀手”。

鲨鱼的皮肤很粗糙，表面覆盖着盾形鳞片。鳞片上的齿很锋利，就像鲨鱼的牙齿一样。不同的鲨鱼鳞片上齿的形状也不同，因此根据鳞片齿的形状，可以识别鲨鱼的类别。

鲨鱼长有几排像锯齿一样的牙齿，非常锋利。捕获食物时，鲨鱼用下颌利牙咬住猎物，然后上、下颌前后运动，迅速将食物送到腹中。鲨鱼的牙齿能咬穿外皮，嚼碎骨头，但它们过不了多久就会变钝。每颗牙只能维持几个星期，然后就脱落掉，再长出新牙来。

鲨鱼游泳时，不住地向两旁扭曲。它先是晃动头部，然后是摆动身子，最后是甩动那条大尾巴。海水沿着鲨鱼的身子向后涌动的同时，也就把鲨鱼往前推去了。

鲨鱼也像许多海鱼一样，身子比水重，照理说，它们会沉到海底。硬骨鱼身体里，长有能膨胀的鳔，可以止住身子下沉，而鲨鱼身体里，则长有贮满油液的肝脏。油比水轻，所以能帮助鲨鱼浮游。一条姥鲨肝内贮存的油，足够灌满 5 只大水桶。

鲨鱼有非常发达的面部神经，能探知海水中各种运动生物产生的电磁波，并由此来确定猎物的方位，以采取行动进行攻击。

鲨鱼的视力很好，在昏暗和黑夜的环境里都能适应。鲨鱼的嗅觉也极为灵敏，能分辨出海水中极微量的血液和其他化合物。鲨鱼是一种真正的肉食性动物，大大小小的活动物都会成为它的快餐，甚至连同类都能吃。鲨鱼有 3 种繁殖方式：卵生、卵胎生和胎生。它是一个游泳好手，身体大多是纺锤状。

大洋中有些鲨鱼不直接产卵，母鲨产的卵不排出体外，而是在母鲨腹中发育成小鲨。有的胎儿在腹中生活可达 1 年之久。小鲨一离开母体，便会游泳觅食。近岸的小型鲨鱼为卵生。小型鲨鱼产卵不多，仅有几个。这些卵从鲨鱼体内排出时，外面裹着一层胶质物。进入水中后，胶质物就变成了不易破损的育儿袋，挂在海草或岩石上。鲨鱼卵就会在这个育儿袋中慢慢发育成熟。

世界最大的鱼——鲸鲨

最大的鱼，要数鲸鲨。它那庞大的躯体，仅次于世界最大的动物——鲸鱼。

鲸鲨一般大小都在十几米以上。1919 年在暹罗湾内捕到一条大鲸鲨，体长 17.7 米，重量约 40.5 吨，堪称到目前为止发现的最大的一条鱼。这样大的鱼，小木船遇到它，得退避三舍，不然的话，肯定要翻船。

鲸鲨的长相颇特别，与其他鲨鱼有许多不同的地方。比如，鲨鱼的嘴在头部腹面，而鲸鲨的嘴在头的前端；鲸鲨的鳃也与众不同，鳃弓具角质鳃耙，相互交叉结成海绵状过滤器；背部两侧灰褐色，散布许多白色或黄色斑点，体侧自头后至尾柄具白色或黄色横纹 30 条，每侧还有两条显著的皮嵴，眼小，鼻孔大，一副怪模样，是大洋性的鲨鱼，常成群结队游于水面，有时游到近海。我国南海、东海、黄海均有发现。鲸鲨的胃口是很大的，每顿要吃大量的浮游生物和小型鱼类。饱食后常懒洋洋地浮在水面晒太阳，人们就常常趁机将它捕获。它的肉并不鲜美，可制鱼粉和药；肝可制鱼肝油；皮可制革，故有较大的经济意义。

全世界鲨鱼将近 250 种，多数都性情凶恶，游泳迅速，在海洋中横冲直撞，肆虐其他动物，有少数鲨鱼还会袭击人类。鲸鲨却性温和，无危害。

旗鱼——鱼类中的游泳冠军

二万余种鱼中，游泳速度冠军是旗鱼。旗鱼的嘴巴似长箭，能把水很快往两旁分开；背鳍生得奇特，竖展开来，犹如船上的风帆。它游起泳来，放下背鳍，减少阻力，劈水斩波，1 小时可达 108.9 千米，比普通轮船的速度要快 3～4 倍，就是现在的特别快车也比不上它。从天津到上海1300多千米的海路，旗鱼只要用10个小时的时间就能游完。这样快的游速，其他鱼是望尘莫及的。旗鱼的身体呈流线形，前进时受到水的阻力小；另外，它的尾柄特别细，肌肉很发达摆动起来非常有力，像轮船的推进器。这些身体结构上的特点，是它创造鱼类游速最高纪录的可贵条件。

还有，环境练就了它快速游泳的本领。旗鱼属于大洋性鱼类，大洋里的海流速度很快，如果没有迅速游泳的本领，就要被海流冲走。所以，久而久之，就炼出了如此快的游速。

在海洋鱼类中，快速游泳的种类不少，仅次于旗鱼的有剑鱼，每小时可达103.8千米，还有鮀鲣、大马哈鱼、鲔、马鲛鱼等，也都是鱼类中的“飞毛腿”。

能穿透铁甲板的剑鱼

一天，英国的“列波里特号”军舰在离开英国利物浦港口600海里的海面高速航行时，突然“嘭”的一声，军舰的铁甲板被击了一个洞，随后海水涌进了舰舱。人们以为遭到了伏击，舰长立即下达命令，准备战斗！船上的气氛立即紧张起来，就像弦上的箭在待发。修补窟窿的几个士兵发现，这窟窿既不像水雷炸的，也不像鱼雷击的，更不像什么机关枪之类射的，又找不到什么弹头弹片，这是怎么回事

呢？就在这时，只见海面闪过一道白色的浪花，军舰的甲板又随着“嘭”的一声，被撞击了一个窟窿！有经验的舰长，立即下达停舰布网的命令。又过了一阵子，海面上又闪过一道白色浪花，舰长命令起网，竟然是一条鱼。那么，这是一条什么鱼？它又是如何撞破铁甲板的呢？

大家起网一看，原来是一条剑鱼。这种鱼长得很像无鳞的带鱼，不仅形体很长，两颚长有很多强而有力的牙齿，特别是它的头部，还长着一根特别尖长的利剑！就是这根尖长的利剑，将铁甲板击穿的！当然，它那像带子一样的长体和发达的肌肉，能像箭一样游泳击水，这就是它能击穿铁甲板的力量来源。有人比喻剑鱼的游速跟来复枪射出的子弹差不多，其效果和射出的子弹一样厉害。这样形容并不过分。剑鱼游泳的最高时速可达 103.8 千米，由于它游得迅速，来不及避开船只，与船冲突的记录很多。剑鱼的利剑往往刺进木船拔不出来，要使它恢复自由除非折断吻部。

鱼医——霓虹刺鳍鱼

在波涛汹涌的辽阔无垠的海洋里，有许多“鱼医生”，其中霓虹刺鳍鱼称得上是小巧而热心的鱼医了。它身长不过 50 毫米，专门用头前边针状的嘴为各种各样的鱼治病，哪怕是海上专吃小鱼的凶恶鲨鱼，它也不拒绝，当然鲨鱼也不会伤害它的“医生”。那么，鱼也会生病吗？当然，鱼和一切生物一样，也会生病的。如鱼身上生长了细菌、寄生虫，或被其他海洋生物咬伤腐烂等，如果不及时清除，就会使鱼生病死亡。而“鱼医生”，特别是霓虹刺鳍鱼，总是有求必应，耐心地为患者服务，一天之内，可用尖尖的长嘴为 300 多个“患者”解除病痛。霓虹刺鳍鱼的医院，一般开设在浅水区，大约在 10 米深的海洋暖水层的珊瑚礁和突兀岩中间。这里常是列队“候诊”。别看鱼在其他地方是大鱼吃小鱼，凶鱼吃善鱼，可在这里，几乎所有的鱼都有尊有让，相处得很好。那么，霓虹刺鳍鱼做“鱼医生”是真的为鱼治病的吗？

不是的。霓虹刺鳍鱼，给长细菌、寄生虫和生腐烂肉等的鱼“治疗”，并非是因为它们真的是“鱼医生”，而是它们长期以来，寻找食物的方式和途径。它们从“患者”身上找到细菌、寄生虫和烂肉等作为食物，来维持自己的生存。天长日久，就形成了这种“医生”和“患者”的关系——这是自然界生物之间的共生现象。你不觉得这种相互依存的共生现象很有趣吗？

会织“睡衣”的鹦鹉鱼

太平洋中部的海底，生活着一种鹦鹉鱼。这种鱼有彩虹般美丽的花纹，很像玲珑乖巧的虎皮鹦鹉。

奇怪的是，每天傍晚，它能像蚕吐丝作茧似的从嘴里吐出洁白的丝，然后靠腹鳍和尾鳍的帮助，从头到尾织成一个囫囵的薄壳，将自己的身体编织在壳内，这便是它的“睡衣”。

鹦鹉鱼织“睡衣”的目的，是为了防御敌人的伤害及泥沙的埋没。由于“睡衣”编织得很坚固，所以第二天早晨，它要花费很大气力将“睡衣”弄破，再从中钻出来。当天的傍晚，又要花费 1～2 小时，重新织就一件新的“睡衣”。

海盗鱼——孔雀鱼

地中海中栖息着一种鱼类，由于身上彩纹艳丽，犹如羽色绚烂的孔雀，所以被叫作孔雀鱼。

最近，美国加州大学鱼类学家范德伯格，考察了法国科西嘉岛沿海的孔雀鱼，发现这种外表美丽的鱼群中的大个子雄鱼，会欺凌小个子雄鱼，强占它们的窝巢，剥夺它们繁殖的权力，迫使它们无偿照料其鱼卵。这位学者风趣地将其改名为“海盗鱼”。

每年夏季，孔雀鱼要花两个月左右的时间产卵。在大多数情况下，雌鱼在雄鱼建筑的窝巢中产卵，有时也会把卵产在海草上。在一般情况下，雄鱼在一个窝巢中，就可以收集到约 1000 粒鱼卵，然后保护它们，直至 7～12 天后孵化出幼鱼为止。以后，重新筑巢，迎接新的繁殖周期。

这一过程，对于雄鱼而言是十分辛劳的，于是一些生性懒惰的雄性孔雀鱼干脆就不筑巢，专门从事抢巢成亲的强盗行径，其方法有三种。

一是“守窝待亲”，一些体型较小的雄鱼混栖在其他一些雄鱼建造的窝巢周围，一旦有条雌鱼被领入巢，则争相交配。

二是“半路抢亲”，它们埋伏在岩层的空隙之中，一旦雌鱼产卵离巢后，即半路强行交配。

三是“抢窝成亲”，当一条雄鱼筑巢完毕，并诱惑雌鱼产卵时，一条体型最大的雄性孔雀鱼，经过长期窥伺，突然闯入，通过短兵相接，依靠实力强占巢底，并与雌鱼交配。雌鱼产卵后离去。而失去窝巢的雄鱼则会重返家园，照料鱼卵。

透明鱼和透明刺猬

江西万安县鱼种场培育了一种金鳞型鲤鱼。这种鱼全身没有黑色素，皮肤又薄。人们可以看到它头部表皮下面的骨片和器官的轮廓。透过表皮，可以清楚地见到鳃部、体内结构、血液循环及肠内食物蠕动等情形。这种鱼是长江鱼苗中自然突变的一个新种。

由人工培育而发生基因突变，会导致一个新鱼种的产生，那么在自然界中是否也有透明的动物呢？有的。

在美国的一个农场里，农场主在一个很深的水沟里，就曾发现过一只白色透明的刺猬。这只刺猬眼睛和皮肤呈玫瑰色，全身无色素沉着，内脏清晰可见。而这种在动物界十分罕见的现象，是因为它患了白化病，玫瑰色的眼睛和皮肤是由于毛细血管网接近皮肤表面的缘故。不过患白化病的刺猬很难存活下去，一方面难以隐蔽，容易被狐狸和獾子等天敌发现；另一方面同类也不欢迎它。

会捉老鼠的鲇鱼

人们都知道老鼠会偷吃鱼，但鱼会捉老鼠却鲜为人知。然而，在自然界中确实有会捉老鼠的鱼。这就是我们日常见到的鲇鱼。

鲇鱼，产于我国南部沿海地区，栖息于近海港沙泥处。夏季在海湾岩的隙穴处产卵，繁殖后代。它白天懒洋洋地浮在水面上喘息，夜间出来活动觅食。

鲇鱼有一套捕捉老鼠的本领。它白天养精蓄锐。晚上游到浅滩上，将尾巴露出水面，搁置于岸边，装似一条死鱼，等老鼠前来上钩。黑夜出来觅食的老鼠，闻到一阵阵的腥味，已经垂涎三尺。可是开始时，老鼠还是保持着警惕，不敢冒险，但是当它发现鲇鱼是“死”的以后，贪食成性的老鼠就完全丧失了警惕。它满以为这下可以美餐一顿，谁知正当老鼠用力咬着鲇鱼尾巴把它拉上岸时，装死的鲇鱼却使出全身力气，将它长而有力的尾巴一摆，老鼠就被打到水里了。虽然老鼠也懂得一点水性，可是怎能比得上鲇鱼呢？鲇鱼就紧紧咬着老鼠的脚，一会儿沉到水下，一会儿浮上水面，连续搞了几个回合以后，老鼠就被淹死了，成为鲇鱼的一顿丰美的夜餐。

为什么鲇鱼会捉老鼠？有关专家指出，鲇鱼属凶猛鱼类，贪婪、狡猾。它不仅捕食老鼠，而且也大量吞食鱼类，一只体重几千克的鲇鱼，一天吞食几百克鱼类。

会爬岩的扁头鱼

云南高黎贡山，连绵千里，山崖陡峭，溪流飞瀑，河流湍急，这里自由地生活着一种扁头鱼。它的头、尾、腹扁平，背呈流线形，在湍急的河流中，也能上下自如，觅食嬉戏，生衍繁殖，传宗接代。凡是有溪流的地方，几乎都有它们的行踪。它们一般重50～100克，大的约250克左右，无鳞、少刺、肉细嫩，味道鲜美可口，是边疆军民的美味佳肴。在高黎贡山西麓，有一条从山上流下来形成的山泉。每当仲夏的夜晚，江里的扁头鱼就会成群结队，顺着陡峭的河床往山上游，一直游到泉的尽头。当地群众说这是扁头鱼在登神泉。那么，在陡峭的河床处，扁头鱼是怎样游上去的呢？

原来，在扁头鱼的肚子下有一个大吸盘，能紧紧地吸附在急流中的石头上，从而能上下自如，觅食繁衍。这可真是奇事。

珍贵的文昌鱼

在我国的厦门、青岛以及地中海、马来西亚、日本、北美洲等地的附近海面，生活着一种珍贵的文昌鱼。文昌鱼是比鱼类低等的动物。

它和一般鱼儿不同，没有头，也没有脊椎骨、鳞片和眼睛，身体前端的腹面有口，口周围生有几十条触须，体形呈纺锤形，略似小鱼，一般长约50～60毫米，身躯柔软侧扁，而且是半透明的。

文昌鱼没有胸鳍和腹鳍，只有背鳍、尾鳍和臀鳍。白天它躲在海底泥沙中，露半个身子，摇摇摆摆，依靠水流带来的浮游生物作食物，晚上出来活动。它垂直游泳，有时像脱弓的羽箭，射到水面上。它用触须帮助摄取海水中微小的浮游生物。

文昌鱼对生活环境要求很高，喜欢在较松的沙砾地生活，沙中最好混有少量的贝壳碎片、棘皮动物的碎骨片，以便于它的钻动和呼吸。它还有其他的条件：海水要有一定的咸度，水温也要冷暖适当，水流不宜太急，风浪不能太大等。

文昌鱼因为对环境有这种苛刻的要求，所以繁殖得很少。稀少也是它珍贵的一个原因。但是，更重要的是，文昌鱼是从低等动物进化到高等动物的一个重要过渡类型，它是动物进化史中的活化石，在科学研究上有重要意义，因而受到人们的重视。

灯笼鱼

在漆黑一片的海洋深处，偶尔有一些闪闪发光的鱼游过，给深不可测的海洋又增添了几分神秘。这些发光鱼的身体里，都储藏着生物电能，一旦接通，就可以发出亮光，让人感到十分惊奇。

大多数发光的鱼都生活在漆黑的深海里，然而，在海岸附近的浅水域，偶然也能见到发光的鱼，例如灯笼鱼。在灯笼鱼眼睛的下面，有一个鸡蛋形的发光器官。白天的时候，鸡蛋形器官是白色的；到了夜晚，它才会熠熠闪光。

灯笼鱼身上有能够控制灯光的开关。有一种印度尼西亚灯笼鱼，要“开灯”的时候，就把发光器官向身体外侧转；想“关灯”了，就把发光器官转向内侧，盖住光线。灯笼鱼为什么要发送光信号？它是想和自己的同伴取得联系呢，还是为了诱惑猎物？一直到现在，人们还没有找到正确答案。

金枪鱼

金枪鱼类属鲈形目鲭科，又叫鲔鱼，华人世界又称为“吞拿（鱼）”。是大洋暖水性洄游鱼类，主要分布于低中纬度海区，在太平洋、大西洋、印度洋都有广泛的分布。同金枪鱼最相似的是鲣属鱼类，最简单的区分方法是鲣属腹部有4～6条黑色纵带，其他相近鱼种如舵鲣、狐鲣等有暗色纵带等。而金枪鱼类，鱼体无任何黑斑，或深色纵纹。

金枪鱼体呈纺锤形，具有鱼雷体形，其横断面略呈圆形。强劲的肌肉及新月形尾鳍，鳞以退化为小圆鳞，适于快速游泳，一般时速为每小时30～50千米，最高速可达每小时160千米，比陆地上跑得最快的动物还要快。金枪鱼若停止游泳就会窒息，原因是金枪鱼游泳时总是开着口，使水流经过鳃部而吸氧呼吸，所以在一生中它只能不停地持续高速游泳，即使在夜间也不休息，只是减缓了游速，降低了代谢。金枪鱼的旅行范围可以远达数千千米，能作跨洋环游，被称为“没有国界的鱼类”。根据科学家研究，金枪鱼是唯一能够长距离快速游泳的大型鱼类，实验显示，金枪鱼每天游程可以达到230千米。

它的产卵期很长，产卵海域甚广，使得全年都有金枪鱼在各海域中产卵，加上旺盛的繁殖力，人们才得以享受它得鲜美滋味。

鲤鱼

鲤鱼是中国人最喜欢吃的鱼类之一。在两千多年前孔子删编的《诗经》内就有四篇记载着鲤鱼。

鲤鱼是暖温带淡水鱼类。原产于我国，朝鲜及日本也出产。因唐朝皇帝姓李，与鲤同音，曾严令禁止朝野食鲤，捕后必须放生，致使中国养鲤业衰落。但在此时鲤被引种移养到西邻波斯（即伊朗），到公元1150年被“十字军”带到奥地利，1496年又传到英国，1560年传到普鲁士后又传到瑞典，1729年传到俄国，1830年传到美国，1908年传到澳大利亚，1915年自香港传到菲律宾。所以现在鲤鱼已繁衍于欧、亚、北美及澳洲许多河湖中，成为全世界年产量最大的食用鱼之一。

蝾螈

螈类都有尾巴，四肢不发达。有的一生在水中生活，有的在陆地上生活，但孵化后的幼体都要在水中发育生长。螈的视力很差，靠嗅觉捕食，主要以蝌蚪、蛙和小鱼为食。

蝾螈的身上有美丽的花纹，在繁殖期，雄性背上会生出像鸡冠状的突起。除繁殖期以外，都是在陆地捕食蚯蚓和昆虫。

钝口螈产于北美。生活在水中继续发育的幼体有两种可能，当水环境好时，外鳃保留，体形不变，能童体生殖；当水环境不利时，则外鳃消失，即登陆生活。

鳃盲螈生活在地下暗河和洞穴中，因一生在黑暗的环境中生活，眼睛已退化，身体也缺乏色素。

红螈有鲜艳的体色，幼体变态后鳃就消失了，成体无肺，进行皮肤呼吸。大鲵是螈类中体形最大的。产于中国和日本，因与生长在3亿年前的祖先很相像，所以有“活化石”之称。

最古怪的两栖动物——洞螈

世界上最古怪的两栖动物是洞螈。曾在很长一段时间里，科学家不知道应将它划归鱼类还是两栖动物类。

洞螈居住在地下洞穴中，无眼睑，眼全部隐于皮下，眼睛看不见东西；体长小于30厘米，体色粉红，腿短而细，样子很像鳗鱼。洞螈一生都生活在地下水形成的暗洞内，常有规律地将鼻孔伸出水面呼吸空气，偶尔上陆活动和觅食。在光照下其肤色可变成黑色，一旦回到暗洞后，肤色即恢复原状。洞螈卵单生，分散贴附于石下。亲螈有护卵习性，约经三个月孵出。幼体阶段能看到眼，背面有鳍褶，发育为成体时，其他结构无改变，为永久性童体型。洞螈偶有卵胎生。和墨西哥美西螈一样，洞螈整个一生都保留着坚韧的鳃。

大鲵

在我国长江、黄河及珠江中下游山川溪流中，生活着世界上最大的两栖动物——大鲵，它也是我国特产的珍贵动物。大鲵发出的声音如婴儿哭啼，所以大家习惯地称它为“娃娃鱼”。它身体扁平而壮实，头宽而圆扁，口大，眼小；外形甚似鲶鱼，无怪人们常称之为“鱼”；与鱼不同的是，它有短小的四肢。在湖南曾捕到一条体长2.1米，重65千克的大鲵。

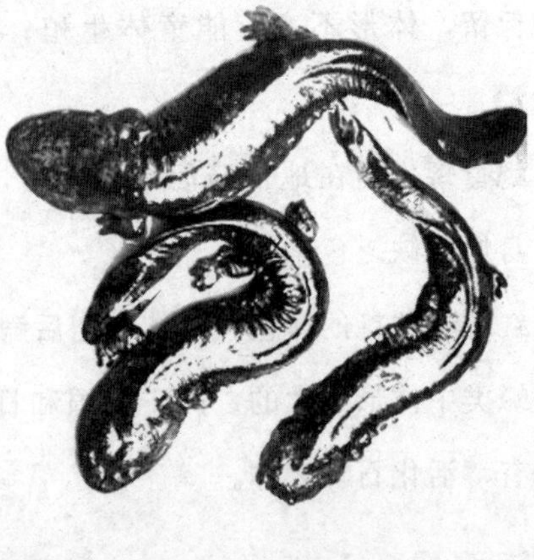

大鲵一般生活在海拔100～2000米的水流湍急、水质清凉、石缝和岩洞甚多的山区溪河中。白天常潜居于有洄流水的洞穴内，一穴一尾。傍晚或夜间出洞活动，夏秋之间也有在白天上岸觅食或晒太阳的习性。捕食主要在夜间，它常守候在滩口乱石间，发现食物经过，即张开大口，囫囵吞食，人们常用“娃娃鱼坐滩口，喜吃自来食”来描绘它。它们主要吃蟹，也吃蛙、鱼、蛇、虾及水生昆虫，耐饥力很强，只要饲养在清凉水中，2～3 年不进食也不会饿死。

雌鲵产卵于岩洞内，一次能产卵 300 多枚。产下的卵由雄鲵监护，雄鲵常把身体曲成半圆状，将卵围住，以免被流水冲走或遭受敌害；也有的雄鲵将卵带缠绕在身上加以保护，直到孵出幼鲵，雄鲵才离开产卵场所。

大鲵的寿命在两栖动物中也是最长的，在人工饲养条件下，能活 130 年之久。

青蛙

青蛙除了幼体时期外，都没有长尾巴。它们拥有浑圆的身体、大大的嘴巴、突出的眼睛和强健的四肢，善于跳跃的后肢更是格外强劲有力。

青蛙通常将卵产在水中，让它自行孵化。刚孵化出来的蝌蚪主要吃植物性食物，在腿渐渐发育的时候，尾部也愈来愈短，此时，它们开始摄取动物性食物；而早期用来呼吸的鳃也逐渐退化，终至消失，此后它就开始用肺呼吸。到最后，蝌蚪终于变成拥有四只脚、没有尾巴的小青蛙了，开始陆地生活。

蝌蚪变成青蛙，需费时数星期。两栖类虽然已经具有肺，但其呼吸功能还不强，所以仍需依靠皮肤辅助呼吸。大多数的两栖动物在皮肤下都具有腺体，可分泌透明的黏液，以保持皮肤湿润，辅助呼吸。此外，它们常躲在潮湿、阴暗的角

落，以防皮肤干燥。

蝌蚪的尾巴

在脊椎动物中，子女像父母是天经地义的。然而，青蛙、蟾蜍等两栖动物却不是这样。这类动物的子女——蝌蚪，一点也不像它们的父母。蝌蚪的身体圆鼓鼓的，拖着一条又扁又大的尾巴。它像鱼一样在水里生活，用鳃呼吸，靠尾巴游泳。经过一段时间的生长发育，蝌蚪的模样慢慢地变了：逐渐长出前肢和后肢，鳃萎缩消失，肺开始取而代之，大尾巴也不见了。最后，它变成了青蛙或蟾蜍。蝌蚪的尾巴是怎么消失的呢？现在，在电子显微镜的帮助下，这个问题有了答案。

我们知道，细胞是绝大多数生物的基本结构单位和功能单位，蝌蚪自然也不例外。它和其他动物一样，细胞里有许多细微的细胞器。其中，有一种球形的细胞器叫溶酶体，里面含有 30 多种酸性水解酶，具有消化作用。这种溶酶体不仅能消除进入细胞的有害物质，而且还能“吃掉”细胞内外的物质。生物学家把这一现象称为细胞的“自溶作用”。蝌蚪的尾巴，就是被这种“自溶作用”消化掉的。刚长出四肢的蝌蚪，是靠吸收尾巴中的营养物质为生的，因而这时的大尾巴是它的食物仓库。

长在树上的蛙——树蛙

树蛙的体态非常娇小，只有五六厘米长，它们看上去很鲜艳，招人喜欢。因为它们一生都在树上度过，所以被称为树蛙。树蛙的后腿比前腿长，而且富有弹跳力。树蛙的颜色鲜亮，是要向对手表明自己的毒性很大，不能吃。树蛙的足趾短而粗，趾间有趾膜相连，趾端还有许多尖细的毛，上面带着一层类似粘胶的物质，所以它能稳稳地把自己固定在大树上的任何部分。

眠蛙

世界上有一种动物，一生中只醒 3～4 次，绝大部分时间是在睡眠中度过。这种动物就是丹麦的“司可尼蛙”，俗称眠蛙。

眠蛙大如手掌，头大体壮，四肢特别发达。因为它很少行走，所以长得体肥肢壮。这种蛙，从出生起，一生中只有在寻觅配偶、交配产子，或寻觅食物时才醒来。即使醒来时，它的一行一动也非常迟钝缓慢。

眠蛙是一种肉用蛙，当地人都将它当作肉用动物饲养，如同猪、羊等一样看待。在盛产眠蛙的巴西多隆那乃地区的居民，吃眠蛙肉就像吃牛羊肉一样。

眠蛙很少进食，一生中只吃食两次。那么为什么还能长得膘肥体壮呢？原来，这种蛙的皮肤和它的四肢的皮质，都能从地面、空气获取养料，供它消耗。它的皮肤上有黏性的皮表层，能将飞虫的躯体粘住、溶化、吸收。所以，即使眠蛙长睡不醒，躯体也能照样增长。

蟾蜍

蟾蜍与蛙相比，身体肥胖，四肢短小，背部皮肤厚而且干燥，有疣状突起，看起来疙疙瘩瘩，受惊时会分泌毒液。一般有褐色的花斑。成年后，基本上在一些河湖池沼附近等空气比较潮湿的陆地上度过余生。

由于蟾蜍的外表丑陋而招致人厌，人们给它起了一个“癞蛤蟆”的俗名，其实这种“癞蛤蟆”比青蛙要聪明。比如说，青蛙只会跳跃，只有在保持蹲坐的静止姿态时，才会注意到飞行的昆虫，为人类除害。而蟾蜍即使在爬行时，也可以捕食到那些一动不动的虫子，由此可见，“癞蛤蟆”其实一点也不赖，是真正的除害高手。

蟾蜍是依靠肺和皮肤进行呼吸的，所以它们经常保持皮肤的湿润状态，以便于空气中的氧气溶于皮肤黏液进入血液，所以，在空气湿度大或下雨时，它们会一反常态地在白天出来活动。

珊瑚蛇

珊瑚蛇大约有 65 种，身上的花纹图案醒目而且体色极其艳丽，主要有红、黄、蓝或红、白、蓝 3 种颜色的环纹搭配。珊瑚蛇身体很短，浑身粗细均匀，脑袋小而且圆。

珊瑚蛇习惯过隐蔽的生活，喜欢在夜间活动，白天很少见到。它们的幼仔出生时非常小，只有成年人的手掌那么短。

珊瑚蛇有着美丽的外表、可爱的形体，但是这一切都只是惑人之相，大部分的珊瑚蛇都身负剧毒，故有俗话说：“红环接着黄环，咬上一口就完。”它们的毒已经被列为最毒的一种蛇毒之一，属于神经性毒液。一条珊瑚蛇的毒，可以轻而易举地让一个成年人丧命。

珊瑚蛇属于眼镜蛇科，但是从外表看来却与眼镜蛇迥然不同，而且在生活习性上也大相径庭。有些蛇外表酷似珊瑚蛇，身上布满鲜艳的色环，但是它们是无毒的，只不过借着珊瑚蛇的名声招摇撞骗，躲避敌人的侵扰。珊瑚蛇在地上爬行时，都是呈“S”形向前移动。

巴西有一种珊瑚蛇，头和尾巴长得一样的粗细，每当它们遇到敌人时，都会狡猾地把头和尾一块立起来，当敌人正处于混乱状态，想要分清哪个是头、哪个是尾时，它们早就逃之夭夭。

蚺蟒

当你面对蚺蟒长达 9 米以上、粗壮的巨大身躯时，你一定会很震惊，不仅它们身体长而粗壮，而且它们的外表还有着美丽的斑纹。蚺蟒虽然没有剧毒，但却同样可怕。粗壮的躯干常常缠在树上。当它们捕获猎物时，用强劲的力量缠卷起猎物，使其窒息而死，然后张开大口吞下猎物。别看它的身体笨拙，可还是游泳高手呢！

黑头蚺蟒喜欢吃各种蛇，因为它对毒蛇的毒液有极强的免疫力，所以毒蛇对它来说，跟无毒的蛇一样。体色如翡翠的翠绿蚺，其美丽的外表不仅漂亮，还为它提供了极佳的保护色。网纹蚺蟒是蚺蟒中体形最大的一种，它的体长可达 11 米，是世界上最大的蟒。

雌雄蟒交配后，经过 3～4 个月的时间，雌蟒会产下 50～100 个卵，然后用身体把卵团团围住，用自己的体温孵化出小蟒，刚出生的小蟒仅有 60～70 厘米长，与它们的妈妈相比，真正小巫见大巫。

蚺蟒的腹部都遗留有腿的痕迹，这证明，蟒的祖先曾经是有腿的。

当你发现一条蚺蟒肚子高高隆起，这说明它刚捕食过猎物。这时的蚺蟒是最和善的，攻击力极弱，它遇到敌人时都会主动逃逸。

响尾蛇

响尾蛇是一种比较大的毒蛇。它的攻击能力很强，眼和鼻之间有颊窝，能测到附近温血动物的准确位置，发现猎物时，能以每秒 1.4 米的速度扑过去，响尾蛇喜欢吃鼠类、野兔、小鸡、蜥蜴和其他蛇类。但是，它对庞然大物却很害怕，当人或大动物靠近它时，它就摇动尾巴，发出警告，企图把对方吓跑。此举往往很奏效，因为人和大动物都害怕它的毒牙。响尾蛇摇动它在尾部尖端的响尾环还有一个功能，尾环发出的声音很像流水的声音，小动物们以为这里有小溪，就前来饮水，结果误入蛇口，这也是用来猎食的一种手段。

响尾蛇的尾环是怎样形成的呢？原来当它每次蜕皮时，尾巴末端都会留下一段没脱落的角质环纹。由这种角膜围成了一个空腔，空腔内又由角膜隔成两个环状空泡，也就是两个空气振动器，当响尾蛇的尾巴一晃动，在空泡内形成了一股气流，随着气流一进一出地往返振动，空泡就发出音响。响尾蛇以每秒 40～60 次的频率摇动尾巴，响环就会发出“嘎啦、嘎啦”的响声，30 米以外都能听到。

滑翔蛇

两栖类、爬行类动物没有双翅，不可能飞翔。但有一种蛇却能滑翔，平时它喜栖息在树上，当遇到危险或发现鼠、蛙等小动物需要猎食时，就从树上快速滑翔到地面。这种蛇的滑翔本领很高，通常能从 10 米高的树上，向下滑翔达 50 多米。

滑翔蛇所具有的奇特本领，引起科学家的兴趣，蛇只能从高处掉下来，怎么会滑翔呢？

原来它的奇特之处是它的身体结构与一般蛇不同，它的肋骨具有极大的活动性，当需要滑翔时，它就会把肋骨展开，使身体呈扁平状，像一条带子，用头尾掌握平衡，自然乘风，飘然而下。

海蛇——海洋杀手

生活在内陆的人恐怕都没有见过海蛇，但往往听说过能呼风唤雨的海底蛟龙和诱人上当的人面蛇身美女的故事。这“蛟龙”和“美女”，其实就是指海蛇。

海蛇和陆生蛇一样，也有较高的经济价值。海蛇的肉味鲜美，是海味中的珍肴美味。海蛇以鱼虾为食，它的肉含有高蛋白，味道鲜美，营养丰富，可以鲜食，也可加工成罐头食品。是一种滋补壮身的佳品，具有促进血液循环和增强新陈代谢的作用，常用于病后、产后体虚等症，更是老年人的滋补上品。

海蛇皮可以制琴膜及装饰品，如各种手提袋等；蛇毒可制成治癌药物“蛇毒血清”，还可以用于治毒蛇咬伤、坐骨神经痛、风湿等症，并可提取 10 多种活性酶；蛇血治雀斑十分有效；蛇油可制成软膏、涂料；蛇胆可入药，浸药酒有补身和治风湿之功效。

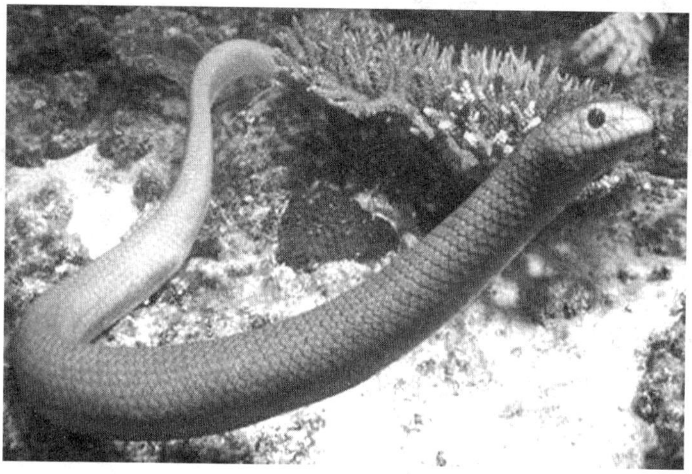

我国早就发现了海蛇的入药功效，唐代陈藏器的《本草拾遗》中就有详细记载。现代医学研究认为，仅从海蛇毒一项来说，它就含有多种生物酶，有极高的生物活性，可分离提纯多种酶类，用于医药、科研和生物工程等方面。对海蛇的开发研究已引起各国科研工作者的高度重视。

鳄鱼

鳄鱼有一个桶状的身体，后面接着一个长而有力的尾巴，尾巴上面排列着许多略呈三角形的长条鳞片，当它猛烈拍打时，就成了有效而危险的武器；脚短短的，上有四或五趾，部分有蹼连着；全身覆有突出的鳞片，身体前端是一个明显的大头，还有一个血盆大口，内有像钢钉般的牙齿。目前全世界的鳄鱼共有 20 多种，分为四大类：鳄鱼、短吻鳄、中南美短吻鳄及恒河鳄。

鳄鱼的眼睛长在头上较高的位置，所以我们会经常看到它们潜在水里，一动不动，只剩下两只眼睛露在外面。它们的两只眼睛靠得很近，并且都目视前方，可以看到三维的物体，这样鳄鱼就可以精确判断出物体离它们的距离。而且它们的夜视能力也很好，因为在眼睛后部有一个膜，可以使尽可能多的光线反射进入眼睛。

现今的人们经常用“鳄鱼的眼泪”来形容一个假惺惺哭泣，其实心怀鬼胎的人。鳄鱼的确会经常流“眼泪”，只不过它们是在排泄体内多余的盐分而已。因为鳄鱼肾脏的排泄功能很不完善，体内的盐分就要靠开口位于眼睛附近的盐腺来排泄。

鳄鱼在遇到敌人需要逃跑的时候，就会潜入水中。在水中，它们的耳孔和耳朵会被一个特殊的皮片盖住，可以起到隔离水的作用。眼睛上有一层透明的眼睑，闭合下来，就形成了对眼睛的保护膜。鳄鱼的喉咙还有一个额外的皮片，当它们张着嘴待在水中的时候，这个皮片可以防止水进入到它们的肺里。真可以说是设施齐全，做到了滴水不进。

湾鳄——最大的爬行动物

湾鳄是鳄类中唯一能生活在海水中的种类。它广布于东南亚、新几内亚、菲律宾及澳大利亚北部的热带、亚热带地区，栖息在沿海港湾及直通外海的江河湖沼中，所以又称咸水鳄。

我国早在唐宋以前，南方的广西、广东、福建、台湾等沿海港湾和内陆河流中，就生活着许多湾鳄，以后由于自然条件的变迁，数量逐渐减少，至20世纪初已不复存在了。

湾鳄身躯巨大，能长到5～6米长，1吨多重，并往往能活到一百来岁。湾鳄中最长的纪录是 10 米！这是根据保存在英国自然历史博物馆中的一个巨大的头骨标本推算出来的。该头骨为 1840 年在孟加拉湾捕获的一条鳄鱼的头骨。

湾鳄捕食各种动物，小的如鱼、蟹、螺、蚌，大的如鸡、鸭、犬、羊、猪、马、牛，比较奇怪的是，它也吞吃同种幼鳄。湾鳄还伤害儿童和成人，因此，有的地方又把它称为“食人鳄”。

湾鳄最大的经济价值是利用其皮制革，是世界珍贵的皮革之一。泰国饲养鳄鱼是成功的，它们既可供观赏，又可提供珍贵的皮革。据说，好的鳄鱼皮每厘米可值 0.8 英镑。

壁虎

壁虎，又叫“守宫”，体长约 10 厘米。壁虎四脚上的指与趾均扁平扩大。趾下面是皮肤褶皱，上面有微细腺毛，因此，有极强的黏附力，能在墙和天花板上爬行。它不咬人，善捕食蚊蝇。遇着敌害，以断其尾而“自卫”。壁虎断下来的尾巴，因上面有神经尚能跳动，有人说它会钻到人耳朵里去，其实这是误传。壁虎的药用价值很高，可治中风、痉痛等，其干制品称“天龙”。常见的有无蹼壁虎、蹼趾壁虎等。

大壁虎又称蛤蚧，国家二级保护动物，是一种名贵的中药。它能吸附在岩石、树皮上，体长 30～34 厘米，重近 100 克，动作敏捷，遇异物常咬住不放。在我国广东、广西、福建、云南等省区都有分布。

短吻鳄

短吻鳄的寿命比其他鳄鱼的寿命都长，一般在 30～35 岁左右。短吻鳄，顾名思义，其吻部比其他鳄鱼相对来说要短些，但是比较宽大。这种鳄鱼善于挖洞，在洞内躲避危险和进行冬眠，它们以鱼类、鸟类和小型哺乳动物为食。其幼体为黑色，并带有黄色条斑，看起来比较漂亮，但是长大之后，就变成了浅褐色的丑陋模样。

蜥蜴

现存蜥蜴约有 2500 种之多，大致分成两大类：一类主要栖息在地表，身体略呈扁平；另一类生活在树上或水中，身体则是窄窄的。它们的尾巴多为长鞭状，也有短钝型。最引人注目的是，它们的尾巴断掉后，还可以再长出一条新的来，因此蜥蜴遇到危险时，就会利用断尾来转移敌人的注意力，好趁机逃逸。

大部分蜥蜴以昆虫为食，它们靠着 15 内的长舌头，快速向外吐出，就可轻松地将昆虫卷进口中饱餐一顿。不过也有例外，北美毒蜥以较小的蜥蜴为食；少数鬣蜥只吃树叶和水果；而住在海边的海鬣蜥则以海藻为食。

鳄蜥虽然外表看起来很像蜥蜴，但两者的身体结构却大不相同。此外，蜥蜴的行动显然比鳄蜥快多了，而鳄蜥却以缓慢的生活节奏及迅速入睡而闻名遐迩。

鬣蜥

一提起它的名字，很多人都会感到陌生，其实鬣蜥是爬行动物中最兴盛的一种类群。它身体细长，身体表面覆盖着齿状的鳞片；它种类繁多，身体大小差异很大，大的约有 70 厘米长，小的才只有 10 厘米左右。鬣蜥的脚趾扁平，不仅可在陆地上生活，而且在水中也能游泳，也有些喜欢躲在树上。它们跑起来的速度相当快。由于体重轻，还可将身体直立成 45°角的姿势，以每小时 15 千米的速度

跳跃。甚至在水面上做短距离行走。

有些鬣蜥的颈部长了一个大大的袋子，平时基本上是没有用武之地的。但是当它们求偶时，就会把这个“装饰袋”鼓成气囊来吸引异性，引起它们的注意，或者当有敌侵袭时，用来恫吓敌人。

鬣蜥类绝大多数都以捕捉其他动物为食，少数为杂食性，既吃动物又吃植物。然而面貌奇丑的加拉帕戈斯鬣蜥仅以仙人掌为食，是个绝对温和的素食主义者。生活在美国西南部和墨西哥干燥地区的鬣蜥在下颚处有毒腺。鬣蜥是一种让人印象深刻的动物，它们是世界上最大的植食蜥之一，大部分时间都待在高高的水边树木上晒太阳。它们的四肢很有力，上面生长尖利的爪。鬣蜥的生长速度慢，要用 20 年的时间才能到繁殖年龄，这对于任何一个爬行动物来说，都是一项纪录。所以人们认为，它们能活 100 年之久。

饰蜥

饰蜥的家族成员众多，它们的大小与外形也各不相同，但它们却有一个共同点，那就是它们借助身上可以隆起的粗涩鳞片，将自己装饰成各种吓人的模样，它们的名字也因此而得名。饰蜥的四肢和趾头很细，所以跑不快，它们抵御敌人的本领主要靠各种吓人的模样来保护自己。

饰蜥类的成员身上有各种各样不同的装饰，有的身上长满了刺，叫巨刺蜥蜴。有的颚下长着一大堆胡须，因而称其为胡须蜥。它们大多夜间出来活动，以昆虫为食。为了适应树上的生活，它们没有自割尾巴的能力。

生活在澳大利亚北部的颈圈蜥蜴，脖子上长有一圈围脖似的褶膜。当遇到敌人时，它会把褶膜完全张开，这使得它的身体看上去大了许多，很像一头鬃毛倒竖的雄狮。敌人一见就吓得落荒而逃。如果被对手识破，它就会站起来用两只后脚蹦跳着逃之夭夭。此外颈圈蜥蜴在求偶或散热时也会张开脖子上的褶膜。

绝大多数的蜥蜴在遇到强敌时，会将尾巴自行断开，趁机逃走。但饰蜥却没有自割尾巴的能力。它们只会威吓对方。

彩虹饰蜥的头是三角形的，喉咙下方的褶会膨胀大。当它遇到危险时，它以此来威胁敌人。雄性的背部还有鬃毛状的鳞，兴奋时会竖起来。身材纤细的飞蜥身体两侧有膜，当它移动时，会展开像翅膀一样的膜飞向空中。这同样也是雄飞蜥向异性求爱的工具。

沙漠角蜥

在北美洲墨西哥的索诺拉沙漠地区，蜥蜴不仅种类繁多，而且长得奇形怪状，色彩绚丽，行动神秘。其中有一种表皮坚硬的蜥蜴善施骗术，它能从眼睛中喷射出一串高达1.8米的血流吓退天敌。这种蜥蜴通常被称为沙漠角蜥。

角蜥有很好的保护色，它浑身上下呈沙色，与沙漠环境的色调一模一样。这样，不管是凶狠的大型爬行动物，还是鸟类或其他动物都很难发现它们。角蜥利用保护色，不仅可以对付敌害，还能迷惑猎物。它们常常待在一处按兵不动，一旦猎物将它们误认为是沙丘、岩石，向它们走来，角蜥就会张大嘴巴，一口将猎物吞下。

角蜥身上还长有许多又尖又硬的鳞片，每个鳞片都像一把锋利的匕首，这是角蜥的重要防御武器。有人曾目击这样一个场面：一条神气活现的响尾蛇猛地向一条角蜥发起进攻，企图一口把它吞下。不料刚刚吞下角蜥的头部，却被角蜥脖子上的匕首状鳞片刺穿了喉部。此刻，响尾蛇痛苦极了，想吐出角蜥又不可能，因为鳞片穿刺方向与欲吐出方向正好相反。最终，这条响尾蛇因流血过多而死去。

角蜥防身术最奇特的一招就是喷血。在索诺拉沙漠地区，有许多角蜥的敌害，特别是一些狡猾的猛兽，它们似乎知道角蜥身上匕首的厉害，从不用嘴去先咬它，而是用爪撕角蜥致死。每当这时候，角蜥看到来者不善，就会使出它的绝招，从眼睛里喷出一串血珠，吓退敌害。

能在水面上跑的斑冠鬣蜥

能在水面上跑，那有多么奇妙哇。神话中的神仙和鬼怪才会有这种本领。我们知道现实生活中有一种叫水黾的昆虫，它身体特别轻，轻到几乎没有重量，所以它能在水面上奔跑自如。但是，你不知道吧，有一种叫斑冠鬣蜥的爬行类动物也能在水上奔跑。

斑冠鬣蜥生活在离河川很近的地方，当被敌人追赶时，会很快逃到水里，它会游泳和潜水，最了不起的是能在水面上跑。在陆地上它用四腿走路，用两只后腿跑步。在水面上跑的时候，它后面的左右脚快速交替抬起和快速交替踩水。还由于后脚趾能张开，使得踩水面积大，又能增加水对身体的浮力，又加上奔跑速度快、身体轻、蹬水的力量又很大，所以，就沉不到水里了。

貌似蚯蚓的蚓蜥

在全世界大约 3000 多种蜥蜴中，论外貌，要数索诺拉沙漠上的蚓蜥最奇特了。

蚓蜥的长相十分出奇，和一般蜥蜴完全不同。它体长约 50 厘米，呈长圆柱形，看上去有许多环节，活像一条大蚯蚓，所以动物分类学家才给它取名为“蚓蜥”。

蚓蜥是一种极为罕见的蜥蜴，加上它外貌酷似蚯蚓，因而初到索诺拉旅游的人们常常误认为它们是一种蚯蚓。因为在一般人看来，蜥蜴是“四脚蛇”，有明显的四条腿，而蚓蜥却没有，所以认为不是蜥蜴。蚓蜥虽然没有明显的四条腿，但是它依靠头部和短短的前肢，既能在树丛中蜿蜒攀爬，又能在疏松的沙土上蠕动前进，捕食昆虫。

在索诺拉沙漠地区，由于蚓蜥的粉红色体色与沙土、树叶的色彩很不协调，所以显得非常醒目，容易招来灾难。当地有一种叫走鹃的鸟类，就是以它为食的。在走鹃的交配繁殖季节里，雌鸟将捕捉到的蚓蜥喂给自己的子女吃；雄鸟捕到蚓蜥以后，则将其叼在嘴边，作为向雌鸟求爱的“礼物”。所以蚓蜥的伤亡率很高，这可能也是这种蜥蜴数量稀少的一个原因所在。

桥形蜥蜴

大部分爬行动物都喜欢温暖的气候，气温在 25℃ 以上，它们才变得活跃起来。所以，热带国家的爬行动物比较多。

有一种桥形的蜥蜴却与众不同，它更喜欢凉快的天气。这种原始的蜥蜴生活在新西兰的海岛上。

12℃的气温是桥形蜥蜴最理想的温度，所以桥形蜥蜴只有早晨和傍晚才趴在阳光下，白天的大部分时间都在洞穴里度过。到了凉快的晚上，它可以几个小时待在外面寻找食物。它吃昆虫、蠕虫和蜗牛，有时也洗劫鸟窝、偷吃鸟蛋。和热带的爬行动物相比，这种蜥蜴的动作当然要慢得多。在紧张的时候，桥形蜥蜴的呼吸每分钟也只有 8 次。如果在休息状态，一分钟它只呼吸一次就行了。桥形蜥蜴的心脏跳动和身体的其他新陈代谢过程也比别的动物慢得多。可想而知，它的生长也极其缓慢，大约需要 20 年的时间，一只桥形蜥蜴的身体才能长到 80 厘米长。

避役的舌头最长

避役也叫变色龙。是一种树栖的爬行类，也是世界上珍贵动物之一。它不吃素”，而以“活物”为食，喜食蝗虫、蚱蜢、蝶、蝇、蚊等。如发现前方有虫子，它就慢慢爬近，闪电似地喷射出舌头，把虫子黏住。这精彩的表现不需 1 秒钟就完成。避役捕食的动作，早有电影把它拍下。如用慢镜头观察，不难看出，它喷射出来的舌头可以超过它的体长。舌基部窄，末端稍膨大，上有黏性分泌物，舌像棒状，由弹性纤维组成。平时缩入口腔内的鞘内，捕食时的快速动作主要是由于舌内血管快速充血及舌肌的收缩，所以能极快地直射出来。在哺乳动物中，针鼹的舌是它体长的 3/4；体长 1.3 米的食蚁兽，舌只能伸长到 0.3 米；大家熟悉的长颈鹿也有一个长舌头，但 0.45 米左右的舌与它那 4 米以上的身高相比，就

微不足道了。就舌长和身长的比例而言，避役的舌可算是最长的了。

避役还有一个特征，它的眼球大而突出的眼眶外，眼睑上下愈合为环状，中央有孔，光从孔而入。两只会旋转的眼球，可各自独立运动，左右眼各不受牵制，左眼向前看，右眼可向后看或向上看。这样扩大了视野，有利于捕捉昆虫。捕食前有时还左右摆动身体，以调节焦距，一经瞄准，舌就直线喷射而出，百发百中。

避役还以体色善变而闻名。在光、温度、湿度，或其他反射作用刺激下，中枢神经系统支配在真皮里的颗粒细胞和色素细胞改变位置，这就是体色迅速变换的原因。有时一天会变几种颜色，来保护自己和警戒。一般夜间常是黄白色，天亮时为暗绿色。避役这些高超的“武艺”是其他动物所没有的。

龟

龟主要分布在热带、亚热带及温带等较温暖的地区，以植物为主食，偶尔也吃些较小的动物或动物的尸体。通常，龟依其生活环境的不同，大致分为陆龟、海龟及淡水龟三大类。龟的种类不多，约有35种，其中以革龟（又称棱皮龟）的体型最庞大，身长约有2米，体重超过500千克。大部分的龟都具有一个甲壳。这种甲壳大多非常坚硬，它们的身体就藏在这个类似盒子的厚壳里，利用它来保护自己，有时甚至完全缩进壳里，以逃避敌害。龟是“长寿”的象征，目前已知，世界上已有3只龟的寿命长达200～300岁。这三只龟就是西西里陆龟、汤加陆龟及马利昂陆龟。它们都属于大型的陆龟。

海龟

海龟是棱皮龟科和海龟科的海栖龟类的统称。它们为了适应水生生活，身体比较扁平，四肢都变成鳍状，长长的前肢像船桨一样，非常适宜在水里自由自在地遨游。它们除了头、腿和尾巴以外，全身覆盖着硬壳。

海龟与陆地龟相比，它长长的前肢很像桨，这使得海龟能在水里自由自在地遨游。它褐色或暗绿色的脊部上长有黄斑，头顶上长一块长额鳞。海龟是体形最大的龟，它们的甲长一般在 1 米左右。除了产卵和晒太阳，海龟通常很少上岸。

绝大多数的龟性情温和，遇到敌人时只会将头缩起，不去攻击敌人。敌人对它硬硬的壳也毫无办法。龟就是凭借这种特殊的本能，已在地球上安然自得地生活了 2 亿年。

雌海龟只有产卵时才上岸。每年夏季是海龟的繁殖期，雌海龟爬到沙滩上挖洞，然后将 50～200 枚卵产在洞里。大约过 45～70 天，小海龟就孵化出来了。有趣的是，每到夏季，海龟会返回同一块沙滩上产卵。

绿甲海龟可以在水下待 5 个小时，为了节约氧气，海龟的心脏每 9 分钟才跳动一次。

鸟中情圣——鹦鹉

鹦鹉能言擅吻，它们的接吻技术并不比人类逊色。

其他鸟类都是蜻蜓点水式的轻吻，一接触就各自振翅纷飞，不断地接吻也是啄木鸟式的，一下一下地。而鹦鹉接吻时，吻得很深，舌头互相紧勾，难舍难分。

鹦鹉能言，是因为人类声音通过其耳孔进入脑部，经多次向它说同一语言，它凭记忆重复，根本不解语言意义。而接吻是它的本能，并非模仿人类。

其他雀鸟比翼双飞，在空中触及，或在枝头互碰。一秒钟就完事。鹦鹉的交尾却历时20～30秒，它们休息5～6分钟之后，又一而再，再而三，一天之内可交尾许多次。交尾之前它们调情热吻，长吻过后，雄鹦鹉须用腰力，碰撞爱侣，可谓鸟中情圣。

鹦鹉性别难分辨，差别只是它弯曲的嘴巴颜色，雄性是青色或茶色，雌性是米黄色接近白色或浅咖啡色。家中养一只鹦鹉不论雌雄，在其动情的求偶季节，都很不耐烦，左扑右扑。

金雕

金雕是大型猛禽的代表种类，体长为1米左右，翼展达2米，体重2～5千克。体羽为棕褐色，在后头、枕和后颈等部分都有很尖锐的金黄色羽毛，呈披针状，性情凶猛，体态雄伟。

金雕喙的最前端有一个尖锐的弯钩，主要用于撕裂猎物。腿上全部被有羽毛，脚的三趾向前，一趾向后，趾上都长着锐如狮虎的又粗又长的角质利爪，内趾和后趾上的爪更为锐利。

金雕善于滑翔和翱翔，常在高空中一边呈直线或圆圈状盘旋，一边俯视地面寻找猎物，发现目标后，常以每小时300千米的速度，闪电般从天而降。它捕食的猎物有数十种之多，甚至可以在草原上长距离地追逐狼。

鹫

鹫和鹰的长相差不多，可是，它们的习性却完全不同。鹰是典型的猛禽，专门捕食一些小动物，甚至连羊那么大的动物也是它们的捕猎对象。

根据自己的想象，人们把鹫也算作猛禽，认为它和鹰是同类。其实，鹫既不会袭击，也抓不住什么动物，最多只是吃死去的动物罢了。只有饿极了的鹫才会进攻活的动物，而它的猎物也大多是一些迷路的幼小动物。

鹫的爪子不像老鹰的那样尖利，它无法抓住奔跑的动物，更没本事把它们杀死。它最多只能夹住动物的尸体。鹫的长嘴也只是撕开腐肉的工具而已。鹫吃食时，要把它的头完全伸到动物的尸体里，再抬起头来的时候，没有羽毛的光脖子上沾不到什么残肉污血。这对鹫来说极为方便。另外，由于鹫生活在炎热的戈壁上，脖子光秃秃的也更有利于散热。可见，鹫的脖子上没有毛，也是有道理的。

鸢

鸢又叫老鹰，它们是白天活动的猛禽。它的尾羽为叉形，这是有别于其他猛禽的地方。鸢全身披着暗褐色羽毛，在天空飞翔时，可以见翅下横贯的白斑。它独来独往，飞翔时一般不鸣叫，栖止时常常发出单调脆弱的“嗯、嗯、嗯、嗯”

的叫声。

鸢主要的猎食对象是田鼠，有时也吃野兔、小鸟和昆虫。

到冬天，它们往往三五成群地漫游。飞行时，两翅徐徐鼓动一次，即往前滑翔一段距离；滑翔时，两翅并不振动，好似在空中高悬。鸢分布于欧亚大陆、非洲、印度，一直到澳大利亚。我国全国各地皆有分布。三月间开始繁殖，在温和的南方，到二月就开始繁殖了。鸢的巢很大，但极为简陋，仅用一些树枝搭制而成。巢大多筑在高树上，每巢产卵 2～3 枚，卵色污白，带有不同深度的红色。

鸽子的眼睛

鸽子有着一双神奇的眼睛，它能在人眼不及的距离发现飞翔的鹰，而且能区分出是吃腐肉的鹰还是吃活物的鹰，这样，它就可以决定是否需要逃跑。鸽子还能在几秒钟内从千万只鸽子中认出自己的伴侣。鸽子在长期离巢后，一旦返回故居，也能从许多看似相仿的鸟巢中一眼认出自己的家。

为什么鸽子的眼睛如此厉害呢？原来，鸽子的眼睛视网膜上有 6 种神经节细胞，它们能分别对图形的某些特征产生特殊反应，并且只对自上而下运动的物体产生反应，而对自下而上运动着的物体却视而不见。

科学家根据鸽子眼睛的构造，制造了一种电子鸽眼。如果将这种电子鸽眼配备在警戒雷达上，安装在机场和国境线附近，那么它就只会监视飞机场和国境的目标，而对飞出去的目标却熟视无睹。这对于提高国防水平具有重要意义。

游隼

游隼是一种肉食鸟，捕捉以鸽子为主的鸟类和一些小型哺乳动物。它能在飞行中以惊人的速度准确地俯冲下来抓住食物。游隼创造了时速 355 千米的空中俯冲纪录，成为世界上飞得最快的鸟。游隼遍布于世界各地的荒野和森林，但是在山岭或沿海的岩石区较为常见。

由于游隼对其他的鸟类有震慑作用，近年来它们被放养在飞机场，用来吓唬

小鸟，使之远离飞机跑道。

鸵鸟

鸵鸟生活在非洲的沙漠荒原，身高可达 3 米左右，它的脖子很长，头却很小，嘴扁平，翅膀短小，不能飞，腿长而有力。

鸵鸟的羽毛颜色并不漂亮，雌鸟一般为灰褐色，雄鸟的翼和尾部有白色羽毛。它们以草、种子、野果、昆虫和软体动物为食。

在非洲的沙漠地区，鸵鸟经过训练可供人骑。它的羽毛可用来做装饰品。此外，还有不少国家大量饲养鸵鸟，因为它的肉用价值很高。

你别看鸵鸟的个头很大，但它其实生性很胆小。每当遇到危险时，鸵鸟会把头埋入沙中，以此认为是安全防御。当然，鸵鸟逃生的本领也很强，当它遇到敌害时，也会迈开强有力的双腿奔跑。时速可以达到 60 千米，绝对不比骏马慢。

鸸鹋

鸸鹋产于澳大利亚，它不能飞翔，是世界上现存的第二大鸟。鸸鹋体格健壮，腿长，似鹤鸵。两性体羽均为浅褐色，头和颈为暗灰色。被困时用长有 3 趾的大脚踢人。鸸鹋终生配对，幼雏出壳后很快就能跟着成鸟跑。它们的气管有特别的结构，在繁殖期可发出巨大的隆隆声。有 3 个亚种栖息于澳大利亚的东部、东南部和西南部，第 4 个亚种（现在已经绝灭）曾栖息于塔斯马尼亚。

鸸鹋本性温顺善良，很讨人喜欢。有时如有汽车停在鸸鹋生活区的路边，它们会立刻大摇大摆地走过来，把头伸进车窗，晃动漂亮的蓝色长脖颈，向人亲昵卖乖。原来它们这样做，是为了讨好人类，以获得一点食物。

鸸鹋平常以草原上的树木和青草为食物。当遇到干旱时，树木和草都枯死了，找不到食物果腹。饥饿的鸸鹋则会转向田地破坏庄稼。

鸸鹋双翅已退化，所以不会飞。但它们有着惊人的奔跑本领，每小时能跑 60 千米以上。假如遇到强敌追赶时，它们两只高跷似的长腿，一步便能跨出 2 米。当地的澳洲人在捕捉鸸鹋时，只有骑在快马上追赶，直到它们累得倒地时才能捉住。

鸸鹋只生活在澳洲草原上。它们在澳洲人心目中的地位与袋鼠相同，因为在澳大利亚的国徽上，左边是袋鼠的图案，右边是鸸鹋的图案。

蜂鸟

蜂鸟产于南美洲，只有人的拇指那样大小，在鸟类中，它是一种十分奇特而有趣的鸟。蜂鸟和辛勤的蜜蜂一样，以采集花蜜为生，因此人们把它叫作蜂鸟。蜂鸟的耐力很强，每年它都要飞越 800 千米宽的墨西哥湾。

蜂鸟有一种其他鸟不具备的本领，它几乎可以完全“停”在空中。蜂鸟的翅膀短小而有力，扇动速度达到每秒钟 70 次，是鸽子的 10 倍，因此它具有神奇的飞行特技，能倒退飞行，或者停在空中不动，以及像直升机一样垂直升降。

为什么蜂鸟能有这样的本领呢？这一方面得益于它的身体很轻，另一方面，由于蜂鸟习惯于吃花蕊中的蜜汁和躲藏在花中心的小昆虫，而这些花儿一般又都太小而且非常娇柔，如果蜂鸟停在花上，花朵就会支持不住它的重量，所以蜂鸟不得不发展它那奇异的翅膀。当蜂鸟的翅膀急速振动的时候，人们只能够在眼前看到一片灰雾。

刺猬

一提起刺猬，脑海里就会浮现电影《小刺猬奏鸣曲》那个可爱的小动物。在菜园子里东瞅瞅、西望望，像个小胖球似的，十分讨人喜欢。

刺猬长得又矮又肥，体长约 25 厘米，四肢短小，眼睛和耳朵也很小，身上披着又短又密的刺。它喜欢吃昆虫和蠕虫，喜欢生活在潮湿的菜园、打谷场、废物堆的周围。

它白天躲在洞里睡觉，晚上出来找吃的。有时也吃野果子。它常常把落在地面上的野果用身子一滚，就可以穿到刺上，然后带回家慢慢地吃。

刺猬刚生下来时，身上的刺并不硬，像橡胶那么软。一星期后，它的刺才开始变得坚韧起来。

刺是它一生的防卫武器，当刺猬受到别的动物侵袭时，它不慌不忙，并不急着逃走，而是缩头屈脚，将整个躯体向腹部卷起，脑袋几乎碰着尾巴。这样，就形成了一个全副武装的刺球，使来犯者扫兴而去。

尽管刺猬有它独特的防身武器，但像獾、狐狸等食肉动物，也还是能伤害它。刺猬最恶毒的敌人要数黄鼠狼了。

原来黄鼠狼的肛门里生有一种臭腺，能分泌臭液，臭液的威力很强。黄鼠狼通过排气，可以将臭液喷射出来，以此对付敌害。

黄鼠狼遇到蜷曲成球的刺猬时，只要找到一点缝隙，即可将气放在缝隙处。不一会儿，刺猬被臭液麻醉了，失去了知觉，身体就重新伸展开了。黄鼠狼也就可以得逞了。

另外，刺也给刺猬带来了麻烦。由于刺密集地生长，皮肤难以洁净，什么东西都能串上去，使许多小寄生虫附着在刺猬身上，给它带来了很多痛苦和烦恼。

貘

貘长着短脖子和小长鼻子，无角，尾巴特别短，有的几乎短得看不到。它们的鼻子向前突出很长，可以自由伸缩。皮很厚，而毛十分稀少，是一种食草动物。

貘的身体粗短，壮实的短腿使它们能很好地在森林灌木中行走。它们的小长鼻子对嗅东西和扯下树叶放进嘴里很有用处。晚上，它们在森林中的空地上吃草，咀嚼嫩芽和多汁的植物。所有的貘都喜欢凉快，它们在水池里打滚，为了杀死皮肤上的寄生虫。

现存的貘只有四种，即生活在南美洲和中美洲的拜尔德貘、山貘和巴西貘，生活在东南亚的马来貘。

貘居住在稠密的森林和沼泽里，常常独居，由于怕人，常晚上出来活动，所以极少被人发现。生下来的小貘，身体颜色和大貘完全不同，浑身深褐色，并有许多黄色的条纹和斑点。小貘被捕获后会变得驯服。

山貘是最小的貘，身体结实，体重约 230 千克。山貘长着短而灵活的鼻子，这种鼻子是所有貘共同的特点，但只有山貘的口鼻部才覆盖着浓密粗糙的硬毛。

貘是濒临绝种的动物。

狐狸

狐是犬科动物，是著名的中小型猛兽，俗称狐狸，但从分类学上讲，狐和狸是两种犬科动物。狐是人们熟悉的野生动物，以机智多谋著称于世。

狐的样子有点像豺，但比豺要小。它身长 70 厘米，体重 6～7 千克，尾长 45 厘米。狐有两个特征：一是尾巴粗又长，尾尖白色；二是耳朵背面为黑色，四肢的颜色比身体的颜色深。狐的毛色因所栖息的环境不同变化很大，有褐色的、黄褐色的、灰褐色的、红色的、黑色的和黑毛带白尖的。和豺相比，狐的四肢较短，它的适应性很强，栖息在森林、草原、丘陵、荒漠等各种环境中，甚至出没

在城郊和村庄附近。虽然狐的腿较短，但跑起来非常快，不是所有的狗都能追得上。夜间，狐的眼睛能发出亮光，远看好像若隐若现的灯光。

狐的主要食物是鼠类，鼠类占它们口粮的大部分。除了吃鼠类外，狐还猎食兔子、鸟类、青蛙和蜥蜴等小动物。狐力气很大，它能猎杀梅花鹿的幼仔，也捕捉黄鼬等小型食肉兽。当然，狐猎杀别的动物不光是靠力气，而是靠足智多谋，讲究战术和经验。狐逃避敌害和脱离危险更多的是靠智慧，比一般动物技高一筹。

獴

獴身材修长，体态优美，浑身披着棕褐色的皮毛。它嗅觉极其灵敏，动作也异常迅捷，有些獴喜欢单独行动，有些则喜欢和大家共同生活。

群居獴非常团结，它们一起觅食，一起居住，也一起保卫自己的领地。尽管獴被称为是蛇的克星，但对于毒蛇，獴是不会轻易攻击的，除非它非常饥饿。在攻击毒蛇的战斗中，獴会先攻击蛇那长有毒牙的颚，这样对手就无法使用毒液了。

群居的獴具有一种互助互爱的团结精神。当一群獴觅食时，总有几只獴轮流充当卫兵，站在高处警觉地观察四周。成年獴外出时，必定会有 1～2 只长辈主动留下来照顾幼獴，而且，它们通常是幼獴的妈妈。

獴喜欢偷吃鸟蛋，它们吃鸟蛋时的动作非常滑稽。首先用两只前爪抱住鸟蛋，然后跳起来，把鸟蛋从胯下掷到后面的石头上，鸟蛋摔碎后，它们便可慢慢享用了。

一群獴中，当有一些在互相修整外表或进食时，其他的便守护着它们，看是否有危险。如果有鹰等飞过时，看守者就会叫一声。这群獴便会严密地注视着来者，直到这些动物飞走。

獴永远不会远离它们的洞穴，因此会很快把周围的食物吃光。当再也找不到食物时，它们只好搬家，找寻另一片适合的地方。

獴是猫鼬的一种，一般以 24 只为一群生活在一起。它们会在非洲辽阔的草原上建立起自己的家园。獴白天待在地面上，经常只是晒晒太阳。

鬣狗

鬣狗有着不太好的名声，总是和贪婪、食腐、投机取巧等词联系在一起，这与它的外表和生活习性有着直接的关系。它们外形丑陋，生性凶残，以吃腐肉为生。所以，有鬣狗出现的地方，大都能找到动物尸体。鬣狗此举也减小了草原上发生传染病的机会。

鬣狗是草原上的清道夫，它们有着坚固的牙齿和颚骨，能轻而易举地咬断尸体的骨头和肉，甚至包括非洲水牛和斑马这类大型动物的骨头、角。其叫声仿佛人的奸笑声一般，令人汗毛倒竖。

鬣狗平时独居，如果实在找不到现成的食物，饥肠辘辘的鬣狗有时会组成一支同盟军，由雌性鬣狗领导，破例发动一场大规模的狩猎活动。它们捕捉的对象多为虚弱或者有病的动物。

人们有时会误把鬣狗认作是豺犬，因为它们的外貌多少有些相似，但鬣狗的颈上长有鬃毛，而豺犬却没有。另外，鬣狗的尾巴尖，且不是白色的。

种类不同鬣狗有着各自不同的求生方式。身上长着圆形斑点的斑点鬣狗常常“拖家带口”地借宿于土豚的洞中。一旦遇到危险，它们会溜之大吉。身上长着深色条纹的条纹鬣狗则会在被大型食肉动物追击下，假装死去保全性命。

食蚁兽

食蚁兽属于哺乳纲的贫齿目。两趾食蚁兽只有 15 厘米长，很少离开树木。

遇到敌害袭击时，它会直立搏斗，以后腿和尾巴支撑身体，用前足的锐爪猛抓天敌。

大食蚁兽并不喜欢吃蚂蚁，而偏爱吃白蚁，只在吃不到白蚁时才吃蚂蚁。食蚁兽似乎没有固定的居所，整天用鼻子紧贴地面，一刻也不停地寻觅食物。

大食蚁兽在春天生产，通常是单胞胎。幼兽出生后便由其母兽背着到处走。

同大食蚁兽一样，外出活动时，小食蚁兽也会将出生后不久的幼兽背在身上。它们也能伸出有黏液的长舌头，穿过蚁巢的通道，舔食蚂蚁。

袋食蚁兽又叫条纹食蚁兽，为有袋目动物。袋食蚁兽用锋利的脚爪扒开泥土或朽木里的白蚁穴，然后将它们长长的尖嘴伸进去，并伸出黏液的长舌头捕食白蚁。袋食蚁兽有 52 颗牙齿，除某些鲸以外，比任何哺乳动物都多。一只袋食蚁兽每天吞食白蚁数量竟有 20000 只之多。

食蚁兽是濒临绝种的动物。

犰狳

犰狳是南美洲的特产动物，分布在南美洲的南端到加勒比海滨的南美洲和中美洲大陆。世界上的犰狳大约有 20 种，包括较小的六带犰狳，体型和大鼠差不多的仙犰狳、多毛犰狳等。最大的种类是巨犰狳，体长可达 1～1.5 米，重 50

千克。

犰狳长得十分奇特，头部长着一对小圆耳，嘴巴尖长，尾巴很长，乍看起来有些像老鼠。身上却披着一层甲胄，这个甲胄是一层由小骨片组成的棕褐色硬壳，覆盖在犰狳的背部和身体两侧。

犰狳躯干分前、中、后三段，前段和后段骨质鳞片是不可伸缩的，中段的鳞片呈条带状环绕而形成“绊”，同肌肉相连，可以伸缩。绊数因种类而不同，故分别称为三绊犰狳，六绊犰狳、九绊犰狳等。

犰狳是穴居动物，在地下掘洞居住，昼伏夜出。它以多种动物为食，例如昆虫（特别是蚂蚁和白蚁）、蠕虫、蜥蜴等。有时也吃一些植物的根。它们视力不好，但嗅觉极佳，能准确地找到蚁穴。挖开蚁穴后，便用它那有黏性的舌头舔食蚂蚁，饱餐一顿。

犰狳的天敌主要是狗、狼、野猪等。当它遇到敌害时，往往是将身体蜷成球状，用“天然盔甲”来保护自己，这和刺猬的避敌方式差不多。不过有些种类的犰狳仅能缩回四肢，蹲伏在地，伺机钻进稠密的灌木丛中，使追捕者无可奈何。当它受到进攻时，也可以用尖利的爪子凶猛地扑向进攻者。它避敌的最后一个绝招，就是从肛门喷出一股奇臭无比的热液，趁对手的眼睛被熏得灼痛难睁时，迅速逃走。

犰狳尽管其貌不扬，但对人类还是很有用的。犰狳肉味道十分鲜美，可与猪肉相比。犰狳的食谱中，有毒蜘蛛、蝎子、蚂蚁、甲虫等，一只犰狳一年里可以吃掉昆虫和其他小动物100千克，在一定程度上也起了防治虫害的积极作用。

此外，科学家们还在研究从犰狳身上提取麻风菌素，用于制取麻风疫苗。这对于人类制服麻风病将起很大的推动作用。

穿山甲

穿山甲尖头尖尾，身体呈流线型。四肢粗短，小眼小嘴小耳朵。除腹、面及四肢内侧外，其余都披挂覆瓦状的角质鳞片，如同鲤鱼鳞一般。

穿山甲属夜行性动物，白天蜷缩于洞内，入夜外出，在洞穴周围活动觅食。它能爬行，会游泳，行走时前肢趾背着地，独往独来，但胆子很小，一有惊动，即刻挖洞藏身。如躲避不及，就把身体蜷成一团，一动不动，用坚硬的铠甲护身。穿山甲是以黑、白蚁为主食的哺乳动物。它的听觉、视觉都很差，但嗅觉灵敏，能靠嗅觉发现蚁巢。它的舌又细又长，能伸缩，觅食时伸出黏腻的长舌，舔食蚂蚁。穿山甲穴居在丘陵或平原的灌木丛、杂树林和草莽潮湿地。穿山甲善于挖洞，循地而居。前肢挖洞，后肢刨土，速度极快。穿山甲是白蚁的重要天敌，有益农业、林业。目前数量很少，被列为我国二类保护动物。

蝙蝠

民间故事里常说，蝙蝠是老鼠吃了油以后变的。因而，有人以为，蝙蝠是带翅膀的老鼠。这种看法是不对的。

乍一看，蝙蝠的头确实很像老鼠，它们的体色也比较接近。但是，它们的牙齿却大不相同。蝙蝠大多数是吃虫子的。它的嘴前面有一排小门齿，每边有一个长而尖的大犬齿，再后面是带着锐利齿尖的臼齿。老鼠就不同了，它是杂食性动物，没有长而尖的犬齿，在门齿和犬齿之间有较大的空隙。

蝙蝠是唯一能飞的哺乳动物。它的指骨特别长，指骨末端到后肢及尾之间长着薄而柔软的翼膜，所以能像鸟一样在空中飞翔。老鼠没有翅膀，不能飞翔。

冬天，蝙蝠用爪钩住树枝，倒挂着身子，进入冬眠状态。这时，它不吃东西，静静地挂着，像个“冰雕的工艺美术品”。而老鼠通常是不会冬眠的。

事实表明，蝙蝠和老鼠在亲缘关系上距离很远。与蝙蝠亲缘关系较接近的是食虫类动物，如刺猬等。根据古生物学家的分析，蝙蝠的老祖宗是由生活在森林中的古代食虫类动物进化来的。起初，蝙蝠的祖先只能用爪在枝干上攀爬，或者从一根树枝跳到另一根树枝上。慢慢地，它跳跃的距离由近到远，又从跳跃发展成滑翔；前肢开始长出翼膜，翼膜逐渐扩大。后来，蝙蝠由滑翔发展成两翼的扇动，最后获得了远距离飞行的能力。

松鼠

松鼠是一种小巧敏捷的啮齿动物，大部分时间都生活在树上。松鼠的后腿强壮有力，毛色呈灰色、黑色或红色。松鼠一般都有一条毛茸茸的长长的尾巴，但也有无尾的松鼠。

大部分松鼠都有一条长长的尾巴，这是它们在树上敏捷跳跃时不能缺少的。它们正是凭着这条美丽的大尾巴来保持身体的平衡使自己能在高高的树枝上跳上蹿下，或者是从一棵树枝跳向远处的另一棵树枝。在夜间，松鼠还会用蓬松的尾巴裹住自己来保持体温。

刚出生的小松鼠全身光秃秃的，没有胎毛，并且眼睛也紧闭。它们身上的毛要从生后的第 8 天起才会逐渐长齐，而且它们的眼睛则要在出生约一个月后才能睁开。大约再过 15 天。小松鼠就能吃坚果之类的东西了，并且可以爬树。

松鼠在秋季时，常采集很多果实埋在地里，以备过冬，但是松鼠并不能消耗掉自己埋下的全部种子，相反，有一半以上始终埋在土里，于是到第二年春天，这些种子便会发芽，长成小树。科学家们估计，1 只松鼠平均要储藏 14000 颗种子，可想而知，松鼠对森林的贡献有多大。因此我们说，松鼠是自然界中的环保专家。

植 物

菜中灵芝——沙葱

又名野葱、山葱。是生长在内蒙古、甘肃、新疆无污染的沙漠边缘或山石缝隙中的一种野生蔬菜；不仅营养丰富，风味独特，无论凉拌、炒食、做馅、调味、腌渍均为不可多得的美味。属纯天然绿色保健食品。

经专家测定：沙葱含丰富的植物蛋白、膳食纤维和人体所需矿物质、维生素等多种营养成分，据蒙药典记载：沙葱具有降血压、降血脂、开胃消食、健肾壮阳、治便秘之特殊功效。食之能治赤白痢、肠炎、腹泻、胸痹诸疾。被誉为“菜中灵芝”。

沙葱在降雨时生长迅速，干旱时停止生长，耐旱抗寒能力极强，半年不降雨，遇雨后仍可快速生长。叶片可忍受－4～－5℃的低温，在－8～－10℃时叶片受冻枯萎。地下根茎在－45℃也不致受冻。生长适宜温度12～26℃，不同生育时期对温度的要求不同。发芽期最低3～5℃，抽苔开花期对温度要求偏高，达26～30℃。长时间高温（35℃以上）干旱条件下，叶片纤维素多，食用性变差。根系生长温度高于地上部分生长温度。沙葱属长日照，强光照植物。弱光条件下，沙葱生长细弱，呈淡绿色。沙葱生长要求较低的空气湿度（30%～50%）和通透性较强的湿润土壤。耐瘠薄能力极强。

沙葱植株呈直立簇状，株高15～20厘米。根为白色（新根）或黄白色（老根）；茎为缩短鳞茎，根茎部略膨大；叶片呈细长圆柱状，叶色浓绿，叶表覆1层灰白色薄膜；叶鞘白色，圆桶状。叶片含纤维素极少，花苔长15～25厘米，白色伞房花序，种子呈半椭圆形。

翡翠珠帘——绿之铃

绿之铃的茎非常细长，可长至 90 厘米，匍匐下垂，在茎节间会长出气生根，但不具攀缘性；细长的绿茎上长着一颗颗绿色圆珠状的叶子，宛如在盆上挂着一串串的铃铛，故有佛串珠、绿葡萄、绿之铃之美称，相当可爱。绿之铃的花朵着生在茎节间抽出的花梗上，属于单生的头状花序，花是白中带紫色的筒状小花，每年早秋前后开花，花朵很小。

有些植物的外观特殊可爱，很容易让人兴起一股非带它回家不可的冲动，绿之铃就是有这样的魅力！很多园艺初学者在初次栽种植物时，常常毫不犹豫地选择了绿之铃，但一段时间后便发现，原来晶莹剔透的叶子慢慢腐烂掉落，植株渐渐枯死，从此便对栽种植物没有信心，其实都是因为不了解其习性，“溺”爱过头了！

绿之铃是属于菊科的多年生草本植物，原产于南非。叶肉质，圆球形至纺锤形，叶中心有一条透明纵纹，尾端有微尖状突起。茎悬垂或匍匐土面生长，因此多被当成吊盆植物栽培。成株会开白色小花，但观赏价值不高。

栽种绿之铃失败最主要的原因，就是浇太多水了，绿之铃的原生环境较干旱，所以叶子呈肉质化，具贮存水分的功能，因此对水的需求较少，除非介质已经很干燥，否则不需浇水。栽培介质需排水佳，若是使用栽培土需再混入蛇木屑、珍珠石等能增加排水性的介质。绿之铃喜欢温和的直射阳光或整日明亮的场所，若光线低则新长出的叶子形状细长，且叶子间的间距也越拉越大，失去观赏价值。生育适温约 15～25℃，夏季的高温会使生长停顿，必须将植株移至通风且有遮阴处，并勿浇太多水。

有生命的石头——生石花

在自然界中，生物的拟态现象是普遍存在的。说起拟态，人们都说昆虫是拟态的高手，其实，在植物王国里，具有拟态避敌本领的也大有“人”在。

在干旱而多砾石的荒漠上，生长着一类极为奇特的拟态植物——生石花。它们在没有开花时，简直就像一块块、一堆堆半埋在土里的碎石块或者是卵形石。这些“小石块”有的灰绿色，有的灰棕色，有的棕黄色，顶部或平坦或圆滑，有些上面还镶嵌着一些深色的花纹，如同美丽的雨花石；有的周身布满了深色斑点，好像花岗岩碎块。生石花的伪装简直惟妙惟肖，甚至使一些不明底细的旅行者真假不分，直到想拾上几块“卵石”留作纪念时，才知道上当。这些“小石块”就是生石花肉质多浆的叶子。

每年 6～12 月份，是南半球的冬春季节，也是生石花类植物生命交响乐中最动人的乐章。每天中午都有鲜艳夺目的花朵从“石缝”中开放，黄色、白色还有玫瑰红色，花冠大如酒盅。

在这个季节，一片片生石花艳丽的花朵覆盖了荒漠，远远望去犹如给大地盖上了一床巨大的花毯。但当干旱的夏季来临后，荒漠上又是“碎石”的世界了。

据植物学家调查，世界上这类貌似小石块的植物有 100 多种，都属于番杏科，而且是生长在非洲大陆的南部，颇为珍贵。它们虽然十分弱小，而且充满了汁液，吃上去味道不错，却成功地模拟了无生命的石块，骗过了强大的天敌——食草动物，保护了自己的生命。

生石花的茎很短，常常看不见。变态叶肉质肥厚，两片对生联结而成为倒圆锥体。品种较多，各具特色。3～4 年生的生石花秋季从对生叶的中间缝隙中开出黄、白、红、粉、紫等色花朵，多在下午开放，傍晚闭合，次日午后又开，单朵花可开 7～10 天。开花时花朵几乎将整个植株都盖住，非常娇美。花谢后结出果实，可收获非常细小的种子。生石花形如彩石，色彩丰富，娇小玲珑，享有

“有生命的石头”的美称。陈设案头，显得十分别致新颖，令人观之叹绝。

生石花喜欢阳光，生长适温为20℃～24℃，春秋季节宜放在南向阳台上或窗台上培养，此时正是其生长旺盛期，宜每隔3～5天浇1次水，促使生长和开花。生石花的生长规律是3～4月间开始生长，高温季节暂停生长，进入夏季休眠期，秋凉后又继续生长并开花，花谢之后进入越冬期。当春季开始生长时，原来的老植株逐渐萎缩并被新长出的植株所胀裂。此时要减少浇水，保持盆土略干燥些，并忌直接向植株上喷水，以防伤口感染引起腐烂。入夏后移至室内半光处，避免强光直射，同时要及时开窗通风降温，并要控制浇水，才能使其安全度夏。入秋后要逐渐增加浇水量，并施少量复合肥料，以利孕蕾开花。花谢后又要逐渐减少浇水，冬季更要严格控制浇水，以识持盆土干燥些为好。越冬期间要放在阳光充足处，室温保持在10℃以上即能安全越冬，但最好将其放在室温15℃以上的房间。生石花根系发达，故宜选用深盆栽培。盆土可用腐叶土4份、石灰质材料（贝壳粉、蛋壳粉、陈灰墙屑等）3份、河沙3份混匀配制。栽植不能过深，否则易引起植抹腐烂。繁殖生石花，采用播种和分株均可。家庭繁殖生石花，因需要的数量不多，可直接分栽从老株缝隙中抽生出的幼小植株。此法既简便易行，又可缩短繁殖时间。

温中止痛的良药——吴茱萸

主产长江以南地区的吴茱萸，别名曲药子、伏辣子、茶辣、臭泡子。生于温暖地带山地、路旁或疏林下。为芸香科灌木或小乔木，高2.5～8米。幼枝、叶轴、叶柄及花序均被黄褐色长柔毛。羽状叶对生；小叶5～11，长椭圆形或卵状椭圆形，长5～14厘米，宽2～6厘米，上面疏生毛，下面密被白色长柔毛，有透明腺点。花单性异株，密集成顶生的圆锥花序。骨突果紫红色，有粗大腺点，每果含种子1粒。花期6～8月，果期9～10月。

吴茱萸的果实含吴茱萸碱、吴茱萸次碱、羟基吴茱萸碱、柠檬内酯、辛弗林、吴茱萸烯等。其味辛、苦，性热，有小毒。有散寒止痛，降逆止呕，助阳止泻的功效。用于头痛、疝痛、脚气、痛经、脘腹胀痛、呕吐吞酸、口疮等症。

经验方选：

①治脚气疼痛，人感风湿流注，脚痛不可忍，筋脉浮肿：吴茱萸 10 克，紫苏叶 10 克，槟榔 7 枚，陈皮（去白）30 克，木瓜 30 克，桔梗（去芦）15 克，生姜（和皮）15 克。上药研细，水煎，每日五更时服，每煎分 3～5 次服。

②治牙齿疼痛：吴茱萸少量，煎酒，含漱。

③治高血压：吴茱萸研末，每次取 18～30 克，用醋调敷两足心，最好睡前敷，用布包裹。一般敷一次，重的敷 2～3 次，即显示降压效果。

④治脘胁疼痛，呕吐酸水：吴茱萸 1 克，黄连 6 克，水煎服。每日 2～3 次，每日一剂。

⑤治呕吐便秘：吴茱萸 5 克，干姜 2 克，水煎，分 3 次服，每日一剂。

健脾补肾珍品——山药

别名淮山药、山药蛋、怀山。为草质藤本，属薯蓣科植物。药用部分是薯蓣的块茎。茎右旋，叶互生，至茎中部以上对生，稀叶轮生，形状变化较大，三角卵形，宽卵形或耳状 3 浅裂至深裂，中间裂片椭圆形或披针形，两侧裂片矩矩圆形或圆耳形，基部心形；叶柄长 7.5～3.5 厘米，叶腋间常有珠芽。花单性，雌雄异株，黄绿色；雄花序穗状，直立，2～4 个腋生，苞片三角状卵形，花被 6 片，较小，椭圆形，背面具棕色毛和散生紫褐色腺点，雄蕊 6 枚，雌花序下垂，每花基部有 2 枚大小不等的苞片，子房下位。蒴果有 3 翅，果翅长宽约 1.5 厘米，半月形。

山药在我国各地都有栽培。朝鲜、日本也有栽种。它生长在林缘或灌丛中。春秋采挖，去掉外皮及须根，晒干或烘干，即为毛山药。将毛山药润湿闷透搓揉成圆锥状，切齐两头，晒干打光，为光山药。

山药的块根含有黏液质、胆碱、尿囊素和 16 种氨基酸多酚氧化酶、维生素 C。珠芽中含脱落素、多巴胺、酚性化合物和山药素。山药有健脾补肾的功效，主治脾虚久泻、糖尿病，小便频繁及慢性肾炎等症状。

药用一把伞——天南星

别名一把伞、南星。为草本植物，属天南星科。药用部分是它的块茎。

天南星株高40～90厘米。叶一枚基生，叶片放射状分裂，裂片7～20，披针形至椭圆形，长8～24厘米，顶端具线形长尾尖，全缘；叶柄长，圆柱形，肉质，下部成鞘，具白色和散生紫色纹斑。总花梗比叶柄短，佛焰苞绿色和紫色，有时是白色条纹；肉穗花序单性，雌雄异株；雌花序具棒状附属器、下具多数中性花；无花被，子房卵圆形；雄花序的附属器下部光滑和有少数中性花；无花被、雄蕊2～4枚。浆果红色、球形。

天南星在我国大部分省区都有分布。印度、缅甸、泰国北部也有。生于山野阴湿处或丛林之下。秋、冬采挖，刮净外皮、晒干。

天南星的块茎含三萜皂苷、安息香酸、黏液质、氨茎酸、甘露醇、生物碱。果实含类似毒蕈碱样物质。

天南星有祛风定惊、消肿散结的功效。主治中风半身不遂、癫痫、惊风、破伤风、跌打损伤，或虫蚁咬伤等病症。

别名三步跳——半夏

别名，地文、三步跳、羊子、和姑、蝎子草、麻芋子。半夏为草本。属天南星科植物。药用部分是它的块茎。

半夏株高15～20厘米。叶1～2枚，从块茎顶端抽出：叶柄长10～20厘米，基部常着生珠芽：叶片卵状心形，2～3年后的老叶为3全裂，裂片长椭圆形至披针形，中裂片较大。单性花同株，肉穗花序，花序梗比叶柄长，佛焰苞绿色或绿白色、下部细管状、不张开；雌花生于花序基部，贴生于佛焰苞；雄花生于花序上端，二者之间有一段不育部分、育部附属体长6～10厘米、细柱状。浆果卵形，绿色。

半夏除了在我国的东北、内蒙古、新疆、青海、西藏生长分布以外，全国各省区基本都有。国外的朝鲜和日本也有分布。主要生于山坡、草地、田中、路边、林下及石缝中。夏秋采挖除皮晒干为生半夏。

半夏的块茎中含天门冬氨酸、B－氨基丁酸、高龙胆酸及其葡萄糖苷、甲醛等。生半夏和制半夏有明显的镇咳、镇吐、祛痰作用，能抑制腺体分泌。主制喘咳痰多，呕吐、反胃等症。

清热解毒利湿——土茯苓

别名禹余粮、刺猪苓、冷板头、冷饭藤、狗朗头。

土茯苓为攀缘藤本植物，属百合科植物。药用部分是它的根茎；地上茎无刺。互生叶、椭圆形、卵状披针形或披针形，长 3～13 厘米，掌状脉常为 5 条；叶柄常有 2 条卷须。秋季开花，雌雄异株；伞形花序腋生，花被 6 片，雄蕊 6 美；子房上位，3 室 1 个。株头 3。浆果球形，直径 7～10 微米，成熟时紫黑色。

土茯苓分布在华东、中南、西南及陕西、台湾等地。生长在山坡、丘陵灌丛中。全年都可采收、挖取根茎，洗净、除去须根、晒干，或趁新鲜时用硫黄烟熏，后切成薄片晒干。

土茯苓根茎含皂苷、鞣质、树脂等，皂苷元为薯蓣皂苷元。尚含生物碱、微量挥发油。土茯苓有清热解毒利湿的功效。主治湿热淋浊、疮疡、疥癣、梅毒等症。

常用的化痰止咳药——贝母

又名平贝母、平贝。为多年生草本植物，属百合科。药用部分是它的鳞茎。

贝母的鳞茎园扁平，由 2—3 瓣鳞片组成。茎直立、高约 40 厘米。中部叶轮生，上部叶常成对或全为互生，条形，长达 15 厘米，宽 0.2～0.6 厘米，顶端卷曲成卷须状。全株有花 1～3 朵，单生于叶脉，花梗细，下垂；叶状苞片 4～6 片；花窄钟形，外面深紫色，内面淡紫色散有黄色方格状的斑纹，花被 6 片，长园状倒卵形，长 2～3 厘米，宽 0.5～1 厘米，外花被较内花被稍长；花柱有乳突；雄蕊 6 枚，较长被片短。果广倒卵形，有 6 棱。

贝母多分布在东北三省，生于林下湿润之处。现在大量人工栽培。初夏采挖、去杂质、晒干。

新疆贝母，是一种与川贝、浙贝齐名的贵重中药材。其中包括：伊犁贝母、费尔干贝母、滩贝母等几个品种。统称为新疆贝母。除滩贝喜生于沙滩涯地外，其他三种贝母多生于草原山地及灌木丛下。伊贝主产于伊宁、霍城；费尔于贝母新疆许多地方都有分布；轮叶贝母主产于塔城地区；滩贝母生产于霍城、察布查尔。

早在清代，新疆贝母便已开发利用。当时以北疆地区的昌吉、齐台县为集散市场，通过古丝绸之路的北线，用骆驼运、马驮，远销天津等口岸，通称“古贝”。由于数量极少，价格昂贵。

过去，新疆贝母多为野生。为了适应国内医疗保健事业和出口外销的需要，医药科研部门在五十年代末期即开始人工栽培实验，并取得成功。今后贝母将继续不断地稳步增产。

常用的化痰止咳药。为百合科植物川贝母和浙贝母的干燥鳞茎。川贝母主产于中国的四川、云南、甘肃等地；浙贝母主产于中国的浙江、江苏、安徽等地。川贝母味苦、甘，性微寒；浙贝母味苦，性寒。归肺、心经。功效化痰止咳、清热散结。主治热痰咳嗽、外感咳嗽、阴虚咳嗽、痰少咽燥、咯痰黄稠、肺痈、乳痈、痈疮肿毒、瘰疬等症。现代药理实验证明，贝母有镇咳、降压、升高血糖等作用。

气芳烈而性清凉——连翘

连翘是多年生落叶灌木，属木樨科植物。它的别名有兰华、绶丹、绶带、黄寿丹、黄花杆、黄金条等。

连翘即是观赏植物，又是主要药材，连翘的花迎着早春绽放，它虽没有牡丹

花雍容华贵，也没有月季花绚丽多姿，但它那黄澄澄、金灿灿的花朵缀满纤细柔韧的枝条，为人们描绘出一幅春意盎然的图画。人们称其种子“如雀舌样，极小，其子折之，则片片相比如翘，因此而称为连翘”。

连翘“气芳烈而性清凉”，它的药用部分是果实。在白露前采初熟的果，色尚青绿，晒干称为青翘；塞露前采熟果晒干，称为老翘。以青翘入药为佳。

连翘有清热解毒、消肿散结之功效，用于风热感冒、咽喉肿痛等疾病。

连翘用扦插、分株、压条和播种等方法繁殖均可。

像枪的植物——大蒜

大蒜（葱属植物），作为洋葱科的一种，几千年来都被用作食物和草药。大蒜长有像枪一样的长而平的叶子（大蒜在英语中的意思是“像枪的植物”）。它的球茎由一簇分开的叫作丁香的瓣组成，外面包有一层像纸一样的皮。古希腊医生相信：大蒜对某些疾病，包括寄生虫感染、呼吸问题、消化不良和精力不够的治疗有帮助。

大蒜生成一种叫作蒜素的含硫化合物，蒜素一旦与酶作用，就转化成其他活性成分。

科学研究确信，大蒜能通过降低血液中胆固醇和甘油三酸酯的含量来预防动脉硬化症。它通过减少血小板粘连和溶解纤维蛋白（阻止结块的蛋白形成危害血细胞的网状）来防止血块生成。大蒜对细菌、病毒、真菌及肠道寄生虫引起的感染也有温和的预防作用。大蒜提取物能激活免疫系统，例如刺激淋巴细胞的繁殖、cytokines 的分泌和提高细胞活性。

一些研究显示，人多食用大蒜可以减少得胃癌、食道癌和结肠癌的可能性。动物实验表明，大蒜中的含硫化合物在某些酶的作用下能抑制活性，这就可以解释这种草药的抗癌特性。然而，适用于动物身上的剂量高得人体难以接受，而且，大蒜中的化合物会引发肝癌的恶化。

但是，何种形态的大蒜最好，目前还存在争论：是完全未加工的大蒜呢，还是加工成药片的大蒜；是存蒜呢，还是新蒜；是带有气味的大蒜呢，还是除去气味的大蒜。为了避免口臭或体臭，一些人喜欢选用肠衣包着的大蒜药片（它到小肠后才开始消化）。食用大蒜过多会引起心痛和气胀。

许多人只需通过饮食，就可以满足人体对大蒜的需求量。使用大蒜补品前，请同医生商量。因为这种草药阻止血液凝固，将要进行手术的病人服用前，一定要告诉外科医生。

消炎特效药——生姜

生姜是生长在印度、中国、墨西哥以及其他地区的一种多年生植物。它的根被用来生产生姜调味品、竹芋粉（一种淀粉）和姜黄。传统中医把生姜用来治疗消化不良、呕吐及咳嗽，已有几千年的历史了。印度医学认为生姜对消炎很有疗效。

生姜中的挥发性油（姜酚和姜烯酚）发出辛辣的气味，并产生对人体的治疗效果。生姜及其同类植物中也含有能产生生物活性的化合物姜黄素。生姜对人体的消化系统具有疗效，它可以增强消化肌，保护胃不受酒精或非类固醇消炎药对它的刺激。父母们就常给小孩服用姜汁啤酒，用于消除胃疼。虽然人们对生姜如何控制反胃不清楚，但是都知道它能缓解呕吐。

目前正在进行把生姜作为治癌方法的研究。老鼠实验表明，生姜及其同类植物中的姜黄素能抑制皮肤癌的发育，并引发癌细胞的死亡。辛辣化合物可作抗氧化剂，这样就降低了破坏细胞、引发癌症的危险性。

但是，目前还没有证据表明，生姜对预防和治疗人体癌症具有疗效。服用生姜前，请询问医生。

排香草——藿香

又名排香草、合香，唇形科藿香属，多年生芳香草本。植株高 40 厘米～100 厘米，夏季开花，花唇形，白色或紫色。

藿香的防疫治病有着久远的历史。早在《药品化义》一书中就指出：“藿香，其气芳香，善行胃气，以此调中，治呕吐霍乱，以此快气，除秽恶痞闷”，“香能和五脏，辛能通利九窍，若岗瘴时疫用之，不使外邪内侵，有主持正气之力”；《本草正义》中亦称藿香“可辟秽恶，解时行疫气”。

藿香还富含营养素和微量元素。它的嫩茎、嫩叶、嫩苗含有钙、胡萝卜素、蛋白质、纤维素及各种矿物质，可作为蔬菜食用，既美味可口，又是保健佳品。夏季常吃凉藿香，可预防感冒暑湿，养颜美容。

藿香的茎、叶可提取芳香油，供食品工业和化妆品工业作为香料。

藿香生长适应性强，耐寒、耐热，我国南北各地均可种植，不择土壤，耐肥、耐瘠。用种子或分根繁殖，极易成活。

散风解热香药草——薄荷

亦称苏薄荷、鱼香草，唇形科薄荷属，多年生草本，植株高 30 厘米～60 厘米，秋季开花，花唇形，红、白或淡紫色。

薄荷在中医药中用途甚广，以茎、叶入药、性寒，味辛，具有解表、散风解热的功能。主治外感发热、头痛、目赤、咽喉肿痛；用茎、叶煎汤熏洗，可治各种皮肤湿疹、漆疹。

薄荷富含芳香油，茎、叶均可提取薄荷油、薄荷脑，除在医药上有广泛的用途外，在食品工业和化妆品工业上也广为应用。

薄荷适应性强，对土壤要求不严，我国各地均有分布。性喜温暖、湿润，常生长在水旁、沟边，可作为潮湿低洼地的被植物，生长势强，很快即可覆盖地面。易于繁殖，用分株、扦插或种子播种均可。

长生不老药香草——鼠尾草

鼠尾草是欧洲十分古老的药用植物，使用已有 1000 多年的历史，古阿拉伯人将之称为长生不老药，在中世纪，甚至在故事中有这样一句有名的对句：“既然拥有鼠尾草（撒尔维亚）的田园，人为什么还会死去?”后来，鼠尾草又作为香辛料蔬菜受人欢迎。它多用于赋香，可单独做成汁或做成调味汁、咖喱汁等加入到料理中，具有强的芳香，因略带苦味或涩味，因而适合于肉类和鱼类的调味。意大利人把它作为健康食品，常与面包和黄油一起食用。

在欧洲，常在鼠尾草啤酒、鼠尾草茶以及鼠尾草汤等饮料中加入柠檬汁或醋后饮用，茶叶传到欧洲后，人们把茶 3 份和鼠尾草 1 份混合起来饮用。鼠尾草也是齿磨粉和漱口剂的重要原料，可治疗更年期障碍和断乳期回奶，也可作苦味健胃药，对驱风，抗痉挛，收敛，杀菌扩张末梢血管，抑制发汗，降低血糖，促进胆汁分泌都有作用。

芳香药草之后——薰衣草

薰衣草又名拉文达，是一种馥郁的紫蓝色的小花。又名“香水植物”。原产地中海地区，性喜干燥，花形如小麦穗状，有着细长的茎干，花上覆盖着星形细毛，末梢上开着小小的紫蓝色花朵，窄长的叶片呈灰绿色，成株时高可达 90 厘米，通常在六月开花。每当花开风吹起时，一整片的薰衣草田宛如深紫色的波浪层层叠叠地上下起伏着，甚是美丽。

中古时期，薰衣草在西欧社会里已被医疗单位广泛地使用，在当时薰衣草的杀虫抗菌效果早被肯定；以前的人通常把薰衣草香包放在橱柜中，藉以驱虫。罗马人盛赞其抗菌力，用薰衣草来泡澡和清洁伤口。

薰衣草属唇形科芳香植物，因为它的气味芬芳怡人，是药草园中最受喜爱的一种，素有“芳香药草之后”的称誉。由于它的香气浓郁，令人感到安宁镇静，具有洁净身心的功效，古罗马人经常使用薰衣草来沐浴薰香，希腊人则将薰衣草用来治疗咳嗽。

又能驱蚊又能吃——驱蚊草

多年生草本，株高 50 厘米左右，枝繁叶茂，白花成串，全株香气浓烈，室内放置数盆或门前栽种一片，令人心情舒畅，并有驱蚊作用。取其鲜叶与其他菜同炒或做汤，味道格外鲜美。

香料之王——中华香草

素有“香料之王”的称号，在世界久负盛名，它大量用于食品、烟草业及化妆、卫生制品的加香，其香精油价值甚高，据悉，美国向我国大量求购此精油，宁夏、甘肃等省区正在扩大种植，有关科研已向多层次、多领域里开发。

在东北地区，香草已成为时下城镇市场最为畅销的天然香料商品，种植者将干燥好的植株运到城里，每株 1 元，市民竞相争购，被视为香化居室、衣体、人体的珍品，是新开发的高效农业项目。随着香草作为一个新兴产业的闪亮登场，其销售渠道也十分繁多，已渗透到各个生活领域。香味促销日渐风行，香味医院相继出现，在花园、花店、宾馆、餐厅、百货商场，甚至连洗手间都置有香草，有的放在地上，有的摆在柜台，来增加温馨芳香的氛围。经销香草的摊店到处可见，香气四溢的香草不仅招来了更多的顾客，而且扩大了财源。香草与切花、干花、插花相组合，香味大增，售价也随之上扬，不少商人还把生意做到了国外，将一束束包装好的香草漂洋过海畅销东亚国家。

香草为豆科胡卢巴属一年生草本植物，株高 40 厘米，茎直立，花白色，成熟时植株放出袭人的香气，晒干置于房间，香味弥漫于空气中经久不退。香草为日中性植物，对光温反应不敏感，南北方都能种植，播种期随地区气候条件和耕作方式而异，北方多为春播，在清明前后，南方一年二熟或三熟地区，可与主作物套种、间作或复种，生育期 80 天左右，香草干株粉碎后可做面食的加香剂、着色剂、香草豆为咖啡的代用品。一般每公顷生产苗 60～90 万株，香草抗旱怕涝，在籽粒胚胎灌浆后种子蜡熟前收获、香气最足，过早收获香气不浓，晚则香气转化为干物质。

芳香浓郁谁能比——米兰

米兰是常绿灌木，为楝科、米仔兰属植物。主要品种有大叶米兰和小叶米兰两种。大叶米兰每年 6～7 月开一次花。小叶米兰则常开不绝，香飘不断。米兰树冠优美，枝叶茂密，叶色苍翠，米黄色的花朵从夏至秋，芳香四溢，令人感到神清气爽。人们称赞米兰“芳香浓郁谁能比，迎来远客泡香茶”。

小米兰可提取香精，所以它既是观赏植物，又是芳香植物，香精油是制造香水的原料。小叶米兰的花可熏制成茶叶，茶叶香浓，鲜花还可以直接食用。

米兰的花、枝、叶均可入药。花药名为米仔兰，有行气解郁、疏风解表、清凉宽中、醒酒止渴之功效。米兰的枝、叶有活血、化痰、消肿、止痛的作用。

黄山第一绝——奇松

被誉为“天下第一奇山”的黄山，以奇松、怪石、云海、温泉“四绝”闻名于世，而人们对黄山奇松，更是情有独钟。山顶上，陡崖边，处处都有它们潇洒、挺秀的身影。

黄山无石不松，无松不奇。黄山最妙的观松处，当然是曾被徐霞客称为“黄山绝胜处”的玉屏楼了。楼前悬崖上有“迎客”、“陪客”、“送客”三大名松。迎客松姿态优美，枝干遒劲，虽然饱经风霜，却仍然郁郁苍苍，充满生机。它有一丛青翠的枝干斜伸出去，如同好客的主人伸出手臂，热情地欢迎宾客的到来。如今，这棵迎客松已经成为黄山奇松的代表，乃至整个黄山的象征了。陪客松正对玉屏楼，如同一个绿色的巨人站在那儿，正陪同游人观赏美丽的黄山风光。送客松姿态独特，枝干盘曲，游人把它比作“天然盆景”。它向山下伸出长长的“手臂”，好像在跟游客依依不舍地告别。

黄山松千姿百态。它们或屹立，或斜出，或弯曲；或仰，或俯，或卧；有的状如黑虎，有的形似孔雀……它们装点着黄山，使得黄山更加神奇，更加秀美。

黄山松由于高寒、高照、云雾、岩山、风霜的影响，针对短密、树冠平整、自然造型、出奇于世。更奇的是它生长在花岗岩的峭壁上，云为乳，石为母，奇松皆石土，道出了黄山松的个性。峰越高，环境越险，松的形态就越美，只有在海拔八百米以上才能长成气盖非凡的黄山松。黄山松的根要比它的树干长好几倍。它分泌出的有机酸能溶解岩石，从中吸收养分。

珍贵的树种——猪血木

猪血木是我国特有的单种属植物，目前仅残存在一个分布点上，而且仅有2株。

猪血木属于常绿大乔木，高15～25米，胸径60～150厘米；树皮灰褐色；芽被短柔毛。叶互生，薄革质，长圆形，长6～10厘米，宽2.2～2.5厘米，边缘具细锯齿；侧脉5～7对，在近叶缘处弧曲联结，侧脉和网脉在两面均甚明显；叶柄长5～7对，在近叶缘处弧曲联结，侧脉和网脉在两面均甚明显；叶柄长3～5毫米。花小，两性，白色，2至数朵生于叶腋，花梗长3～5毫米；萼片近圆形，长约2毫米，边有缘毛；花瓣倒卵形，长约4毫米；雄蕊约25，花丝细长，花药被丝毛；子房球形，3室，每室有多数胚珠，花柱长2～3毫米。浆果圆球形，肉质，熟时紫黑色，直径2.5～3毫米；种子每室2～4粒，扁肾形，亮褐色，具网纹。

分布区极狭窄，根据过去调查见于广东阳春县八甲乡驳木和羊蹄刚岗附近保育林中有10多株，广西平南县思旺乡村北保育林中有2株。目前仅羊蹄岗尚残留2株，海拔为50～150米。其余植株均已砍掉。

猪血木为茶科单种属植物，兼具红淡经属和柃属的形态特征。对研究这些类群的亲缘关系以及它在厚皮香亚科中的发类位置等都很有科研价值。木材结构细致，不裂不挠，适于造船及建筑用材。

珍稀观叶植物——虎颜花

虎颜花，又名熊掌，属于野牡丹科虎颜花属，现为国家一级保护植物。本属植物只有虎颜花1种，仅原产于我国广东南部阳春市。由于其叶片硕大，叶形美观，耐阴性强，花蕾小巧玲珑、鲜艳欲滴，花和叶互相衬托，相映成趣，观赏价值高，可作为高档观叶植物用于室内和庭园观赏。室内观赏可用来点缀客厅、会议室、卧室、阳台、橱窗等；庭院栽培时常用于荫蔽处栽培或盆栽于花廊下摆设。

虎颜花为多年生常绿草本，具近木质化的短匍匐茎，直立茎极短；叶膜质，心形，顶端圆，边缘具细齿，上面无毛，下面密披绒毛，叶柄长，幼叶叶柄密披红棕色毛，幼叶在光照度较低时呈红色。成熟叶大，长 20 厘米～30 厘米，直径有时可达 50 厘米以上，基部有 9 条叶脉，侧脉互相平行，与基出脉垂直。总花梗长，可达 20 厘米～30 厘米，钝四棱；单朵花小，花 5 数，组成腋生的蝎尾状聚伞花序，花期 1～2 月，长可达 1 个月以上。花萼漏斗形，具 5 棱，棱上有翅，裂片渐尖；花瓣暗红色，倒卵形，一侧偏斜，顶端渐尖；雄蕊 10 枚，5 长 5 短。花药线形，单孔开裂，长雄蕊药隔下延成短柄，末端前方具 2 小瘤，短者花药基部具小瘤，药隔下延成短距；子房卵形，上位，5 室，顶端具膜质冠，通常 5 裂，胚珠多数，特立中央胎座。蒴果漏斗状杯形，顶端平截，5 裂，膜质冠木栓化，宿存，5 棱形，种子小，多数，楔形，密布小突起，果期 3～4 月。

在鹅凰嶂 1.5 万公顷的范围里，科考队员们踏遍了山山水水，却只在保护区的核心区——鹅凰嶂山脚下不足 1 平方公里的区域内发现有少量的虎颜花分布。据介绍，这种“娇气”的植物极其脆弱，受人类活动威胁非常大，只要森林遭受破坏，就直接威胁着它的生存。

植物界的“大熊猫”——金花茶

山茶花是我国特产的传统名花，也是世界性的名贵观赏植物。据统计，总数约有 220 种。而经自然杂交及人工培育的品种当在数千种以上。但以前，人们没有见到过花色金黄的种类。1960 年，我国科学工作者首次在广西南宁一带发现了一种金黄色的山茶花，被命名为金花茶。

金花茶的发现轰动了全世界的园艺界，受了国内外园艺学家的高度重视。认为它是培育金黄色山茶花品种的优良原始材料。

金花茶属于山茶科山茶属，与茶、山茶、南山茶、油茶、茶梅等为孪生姐妹。金花茶为常绿灌木或小乔木，高约 2～5 米，其枝条疏松，树皮淡灰黄色，叶深绿色，如皮革般厚实，狭长圆形。先端尾状渐尖或急尖，叶边缘微微向背面翻卷，有细细的质硬的锯齿。金花茶的花金黄色，耀眼夺目，仿佛涂着一层蜡，晶莹而油润，似有半透明之感。金花茶单生于叶腋，花开时，有杯状的、壶状的或碗状的，娇艳多姿，秀丽雅致。金花茶果实为蒴果，内藏 6～8 粒种子，种皮黑褐色，金花茶 4～5 月叶芽开始萌 2～3 年以后脱落。11 月开始开花，花期很长，可延续至翌年 3 月。

金花茶喜欢温暖湿润的气候，多生长在土壤疏松、排水良好的阴坡溪沟处，常常和买麻藤、藤金合欢、刺果藤、楠木、鹅掌楸等植物共同生活在一起。由于它的自然分布范围极其狭窄，只生长在广西南宁市的邕宁县海拔 100～200 米的低缓丘陵，数量很有限，所以被列为我国一级保护植物。为了使这一国宝繁衍生息，我国科学工作者正在通力合作进行杂交选育试验，以培育出更加优良的品种。近年来，我国昆明、杭州、上海等地已有引种栽培。

金花茶还有较高的经济价值。其花除作观赏外，尚可入药，可治便血和妇女月经过多，也可作食用染料。叶除泡茶作饮料外，也有药用价值，可治痢疾和用于外洗烂疮；其木材质地坚硬，结构致密，可雕刻精美的工艺品及其他器具。此外，其种子尚可榨油、食用或工业上用作润滑油及其他溶剂的原料。

著名的裸子植物——秃杉

秃杉是世界稀有的珍贵树种，只生长在缅甸以及我国台湾、湖北、贵州和云南。为我国的一类保护植物。最早是 1904 年在台湾中部中央山脉乌松坑海拔 2000 米处被发现的。

秃杉为常绿大乔木，大枝平展，小枝细长而下垂。高可达 60 米，直径 2～3 米，它生长缓慢，直至 40 米高时才生枝。枝密生，树冠小，树皮呈纤维质。叶在枝上的排列呈螺旋状。奇怪的是，其幼树和老树上的叶形有所不同。幼树上的叶尖锐，为铲状钻形，大而扁平，老树上的叶呈鳞状钻形，从横切面上来看，则呈三角形或四棱形，上面有气孔线。秃杉是雌雄同株的植物，花呈球形。其雄球花 5～7 个着生在枝的顶端。雌球花比雄球花小，也着生在枝的顶端。长成的球果是椭圆形的没有鳞片，苞片倒圆锥形至菱形。其种子只有 5 毫米左右长，带有狭窄的翅。

秃杉生长在台湾中央山脉海拔 1800～2600 米的地方，散生于台湾扁柏及红桧林中，在云南西北部和湖北利川、恩施两县交界处也有发现。其树的顶端稍弯，小花蕊多至 30 个以上，种鳞多达 36 个。贵州省也发现了不少秃杉。它们多集中分布在苗岭山脉主峰雷公山一带的雷山、台江、剑河等县。在成片的秃杉林中，有不少是百年以上的参天古树，高达三、四十米。

秃杉在台湾是重要的用材树种。它的树干挺直，木质软硬适度、纹理细致，心材紫红褐色，边材深黄褐色带红，且易于加工，是建筑、桥梁和制造家具的好材料。此外，它还是营造用材林、风景林、水源林、行道树的良好树种。

秃杉属于杉科台湾杉属。它只有一个“孪生兄弟”——台湾杉，由于它们长象相似，又分布在同一地区，因此，一般通称它们为台湾杉。但它们也还是有区别的，秃杉的叶较台湾杉的叶窄，球果的种鳞比台湾杉多一些。它们虽说都是珍稀树种，但比较起来，秃杉的数量更少，因此，秃杉被列为国家一类保护植物，台湾杉屈居于第二类。

我国特有的树种——金钱松

地质年代的白垩纪，金钱松曾经在亚洲、欧洲、美洲都有分布，更新纪的冰河时代各地金钱松都相继灭绝，唯有中国长江中下游残留少数，成为现今仅存于中国的单属单种特有植物。由于其特殊的分类地位，金钱松成为植物系统发育重要研究对象。这一宝贵的植物遗产被定为国家二级保护植物。

金钱松为落叶乔木，树高可达 40 米，胸径达 1.5 米，树干通直。树冠卵状塔形，雄壮美观，入秋叶色由绿转为金黄，形成美丽动人的景色，深为园林家所钟爱，成为江南地区园林观赏树种。枝分长枝与短枝两种类型，长枝上的叶螺旋状散生，短枝叶数十枚簇生，平展如铜钱，故名金钱松。线形叶，长 3～7 厘米，宽 1.5～4 毫米，叶下有两条灰色气孔带。球花生短枝顶端，雌球花单生，苞鳞大于珠鳞。成熟球果有短梗，卵圆形，长 6～7.5 厘米，直径 4～5 厘米，种鳞木质，卵状披针形，先端有凹缺，基部两侧耳状。种子卵圆形，具膜质种翅。

本种分布于江苏南部、安徽南部、浙江西部、江西北部、福建北部、四川东部和湖南、湖北等地。多生长于低海拔山区或丘陵地带，适宜温凉湿润气候。它的树干挺拔，叶子茂密，入秋后变成金黄色，非常漂亮，是世界著名的庭院树木之一。

台湾著名的树种——台湾杉

杉科。常绿巨大乔木，高达 75 米，胸径 3.6 米。叶四棱状钻形。雌雄同株。

果长椭圆形，直立，成熟时褐色。种子两侧具膜质翅。孑遗种。与秃杉的主要区别在于球果具 15～21 枚种鳞，种鳞背面无明显的腺体；果枝上的叶较宽，下方明显的弯曲。分布于台湾、云南、湖北、四川、贵州。生地海拔 500～2300 米处的山谷林中。缅甸北部也有分布。国家一级保护稀有种。

台湾杉为我国台湾的主要用材树种之一，心材紫红褐色，边材深黄褐色带红，纹理直，结构细、均匀。可供建筑、桥梁、电杆、舟车、家具、板材及造纸

原料等用材。也是台湾的主要造林树种。

台湾“神木”——红桧树

红桧产于台湾高山森林中，人称“神木”，它已经有3000岁了。二次大战被日本侵略者大量砍伐，许多巨型红桧毁于战争的需要。为了保护此珍贵树种，被定为国家二级保护植物。红桧树属柏科，常绿大乔木，高达60米。树皮淡红褐色，条片状纵裂，仅分布于台湾海拔1050～2400米处的山地。

红桧是裸子植物，与大陆常见的侧柏树同属于柏科，亲缘关系较近。其树皮条片状纵裂，淡红褐色。与侧柏类似，有交互对生排在同一平面上的鳞片状叶，鳞叶长1～2毫米。花单性，雌雄同株，雌球花生侧枝顶，有5～7对球果鳞片。

此树仅分布于台湾，是我国特有植物。材质优良又是重要经济林种。除就地保护外，也应大量种植。据悉沿海部分城市已获引种成功。

我国优秀的树种——福建柏

常绿乔木，高达20米。生鳞叶小枝扁平，三出羽状分枝，排列成一平面。鳞叶大，长4～7毫米，表面深绿色，背面有白粉。雌雄同株，单性；球花单生枝顶；雄球花有6～8雄蕊，每1雄蕊有2～4花药；雌球花有珠鳞6～8对，每1珠鳞有2胚珠。球果当年成熟，圆球形；种鳞木质，盾形，顶部凹下，中央有1尖头。种子卵形，长约4毫米，上部有1大1小的膜质翅。子2，出土。花期3～4月，球果10～11月成熟。

目前，我国福建柏天然林资源极少，仅在福建省龙岩和湖南、广西交界的都庞岭东坡发现成片分布的福建柏天然林，贵州金沙、大方两县交界处有集中分布。另在习水三岔也有小片集中分布。除了这些天然分布外，福建柏在福建安半林林场有较大面积的人工林；省内仅在一些科研教学单位及绿化上有小量应用。因此，福建柏的异地保护工作应进一步与林业生产相结合，进行引种栽培试验，扩大其分布区。

咬人的植物——树火麻

在云南西双版纳的森林里，有一种叫“树火麻”的小树，你别看它树小，人一旦触碰到它，它就会马上咬你一口，使人火烧火燎得难以忍受。就连大象也很怕它，大象一旦被“树火麻”咬伤，也会疼得嗷嗷叫。“树火麻”没有嘴，怎么会咬人呢？经科学家分析，原来它的叶子能分泌一种生物碱的物质，当人或其他动物触碰到它，它叶子上的刺毛就会蜇进人或其他动物的皮肤里，并分泌出碱质，使人疼痛难忍。有文献记载，可使小孩致死。据被树火麻灼伤过的人介绍，灼伤之后，只要在火上烤受伤部位，便可止痒止痛。

火树麻，茎秆直径在 2 厘米左右，株高 2.5 米，主要生长在低山沟雨林、石灰岩山雨林和其他灌木丛中。树火麻的茎秆有绿色和紫红色两种。这两种植物叶片很大，长、宽在 10～25 厘米之间，叶片轮廓呈五角形，基部心形，掌状深裂，边沿长有不规则锯齿。茎秆和绿叶上，有螫毛和绒毛生长。

能产石油的树——橡胶树

地球上的石油资源有限，越开采越少，因为石油是动植物在地下埋藏了千百万年的时间才形成的。在石油资源日益三竭的今天，科学家们想：既然远古植物可以变成石油，那么从今天的植物里可不可以提炼出石油来呢？于是他们开始四处寻找和培育能产石油的植物。

真是工夫不负有心人。经过多年的寻找，一位名叫梅尔温·卡尔文的美国科学家终于在巴西的热带雨林里发现了一种能产出“石油”来的树。这种能产“石油”的奇树名叫橡胶树，是一种高大的常绿乔木。人们只要在它的树干上打一个洞，就会有胶汁源源不断地流出来。这种胶汁的化学特性和柴油很相似，无须加工提炼，就可以当柴油来使用。安装柴油发动机的汽车，把它加入油箱，马上就可以点火发动，上路行驶。

橡胶树产的“油”不仅可以直接供汽车使用，而且产量还很可观。一棵树在六个月里分泌出的胶汁有二三十千克，一亩地如果种上六七十棵橡胶树，就可以产“石油”十几桶。种树能生产出宝贵的石油来，这对于那些石油资源匮乏的贫油国家来说，真是一个福音。

除了橡胶树，科学家还发现了一些其他能产“油”的植物，我国的海南省尖峰岭林区有一种油楠树，它的树干被砍伤以后，会流出淡黄色油状液体来，这种液体可以像石油那样燃烧，当地的人用它来点灯照明。

能帮人“采矿”的草——紫云英

在千奇百怪的植物界里，不但有一些植物能帮助人们找到矿藏，而且还有一些植物能帮助人类采矿呢。

说起人类发现植物能“采矿”，还得从北美洲的“有去无回谷”的故事谈起。“有去无回谷”是一种神秘的山谷。可是到那里垦荒的欧洲移民，往往住不了多久，就会得一种莫名其妙的怪病。患病的人，先是双眼失明，然后毛发脱落，最后因全身衰竭而死。因此，当地的印第安人给它起了“有去无回谷”的名字。

后来，科学家考察了这个神秘的山谷，揭开了它的谜底。原来，这个谷地里含有十分丰富的矿物——硒，植物在生长时吸收了大量的硒，人吃了含有大量硒的植物，就在体内聚集起来，引起中毒死去。

硒是一种很稀散的矿物元素，开采起来很费力，当人们弄清了“有去无回谷”致人死命的真相以后，就在那里种上了能大量吸收硒元素的植物紫云英，等到紫云英长成收获以后，将它烧成灰，便可以从中提取硒。用植物采矿的方法，人们不但得到了大量的硒，还节省了许多人力和物力。

会“气死”的树——檀香

大千世界无奇不有，林海中的植物也千奇百怪。仅在西双版纳的热带雨林中，就有会“害羞”的草、想“吻天”的树、能“吃虫”的花、会“变味”的果、会“蓄水”的藤、腹中“藏粮”的树。除此之外还有一种有“妒忌心理”，会因自己没有“邻居”旺盛，便哀怨而死的树。

这种会自己“气死”的树，名叫檀香，是一种珍贵的小乔木。这种树木原产于印度、马来西亚等热带地方，椭圆形绿叶对生，能开花结实，所开之花没有花，所开之花没有瓣，为圆锥状花序，核果球形。材质坚硬，带有香气，多用于制作器物，或提取香精。檀香房屋就是用檀香树材制作。檀香多数都已“气死”，只少数扎根长成树材。据说，檀香树地下根长有许多吸盘，靠吸食与它为邻的某些树木的养料的本领，因此只好靠吸盘附着在草本植物飞机草、长春花的根部，过寄生生活。小檀香长大以后，光靠从草本植物根部吸取养分不能满足需要。于是，又把带有吸盘的根伸向紫株、南洋楹等乔木，以相邻的一些树木作为寄生，盘剥友邻的养分。由于檀香的吸盘根于地下盘剥，一些相邻的树种，会被它弄得“面黄肌瘦”怎么也长不旺盛。如果被檀香“盘剥”的树木，竭力与檀香抗争，抵制它的“盘剥”，树势比檀香长得旺盛，柱香便会“生气”，自艾自怨，慢慢“气死”。檀香喜好的寄主树，在西双版纳的雨林里土生土长，生命力极强，新引种的檀香虽有“盘剥”邻里的本领，但它怎么也长不赢寄主树，因此大多哀怨地“气死”。

陷阱式食虫植物——猪笼草

猪笼草属于猪笼草科。人们比作《西游记》中，五件宝贝之一的“玉净瓶”，只不过“玉净瓶”是用来装人或装妖的，而在自然界中的“玉净瓶”则是一种十分有趣的食虫植物。

猪笼草又名猪仔笼，为猪笼草科多年生偃伏或攀缘半灌木，是有名的热带食虫植物，主产地是热带亚洲地区。猪笼草拥有一幅独特的吸取营养的器官——捕虫囊，捕虫囊呈圆筒形，下半部稍膨大，因为形状像猪笼，故称猪笼草。在中国的产地海南又被称作雷公壶，意指它像酒壶。这类不从土壤等无机界直接摄取和制造维持生命所需营养物质，而依靠捕捉昆虫等小动物来谋生的植物被称为食虫植物。

当昆虫飞来爬在瓶口时，瓶口周围以及盖的下面都有蜜腺分泌的蜜汁，昆虫吸蜜时很容易滑入囊中，跌落陷阱，囊的内壁长有许多向下生长的腺毛，在陷阱中很难向上逃脱。囊的底部三分之一是水或是消化液，昆虫就在捕虫袋中淹死并慢慢被消化吸收。

地球上共有70多种猪笼草，主要生长在东南亚，以及我国华南南部。从海边的灌木林到海拔3500米的高山草地都能见到它们的身影。在没有树木可攀时，它们的捕虫袋就躺在地面捕虫。为著名的观赏食虫植物。

圈套式食虫植物——捕蝇草

捕蝇草中文名茅膏菜，茅膏菜科捕蝇草属；别名落地珍珠、捕虫草、食虫草、草立珠、一粒金丹、苍蝇草、山胡椒；英文名VenusFlytrap。是食虫植物中的一种。

捕蝇草的株高比蒲公英或车前草稍高一些，它的叶子也像车前草那样几乎贴地而生。它有几枚至十几枚基生叶，看上去就像在餐桌上摆成一圈的怪模怪样的勺子。每一叶片都有长而宽的绿色叶柄，叶片中央的主脉从顶端伸出，成为一对近似半圆形裂片的中轴。这对裂片肉乎乎的，成80度角张开，很像一只河蚌打开“蚌壳”。裂片的外缘长着14～20个长齿，裂片内侧边缘有许多蜜腺，中部分泌大量红色的消化腺，正中央是三条鼎足而立的感觉毛。当昆虫爬上裂片吃蜜汁时，触动中央的感觉毛，一对裂片立即闭合，边缘的长齿也随即交义搭合起来，把昆虫圈套起来，将它活活的困死。中部分泌出来红色的消化液慢慢地把昆虫的尸体消化吸收。大约经过10天或30天的时间，一对裂片像鲜花一样又重新张开。

捕蝇草没有眼睛和耳朵，但有“记忆”和判断的高超本领，能辨别真假猎物。风吹来的灰尘沙粒触动感觉毛时，裂片不会关闭。如果在20～40秒内，昆虫多次的触动，裂片才迅速合拢，长齿交叉搭合起来。人们对它不平凡的外貌和神奇的捕虫本领非常欣赏。

会“流血”的树——麒麟血藤、龙血树、胭脂树

一般树木，在损伤之后，流出的树液是无色透明的。有些树木如橡胶树、牛奶树等可以流出白色的乳液，但你恐怕不知道，有些树木竟能流出“血”来。

我国广东、台湾一带，生长着一种多年生藤本植物，叫作麒麟血藤。它通常像蛇一样缠绕在其他树木上。它的茎可以长达10余米。如果把它砍断或切开一个口子，就会有像“血”一样的树脂流出来，干后凝结成血块状的东西。这是很珍贵的中药，称之为“血竭”或“麒麟竭”。经分析，血竭中含有鞣质、还原性糖和树脂类的物质，可治疗筋骨疼痛，并有散气、去痛、祛风、通经活血之效。

麒麟血藤属棕榈科省藤属。其叶为羽状复叶，小叶为线状披针形，上有三条纵行的脉。果实卵球形，外有光亮的黄色鳞片。除茎之外，果实也可流出血样的树脂。

无独有偶。在我国西双版纳的热带雨林中还生长着一种很普遍的树，叫龙血树，当它受伤之后，也会流出一种紫红色的树脂，把受伤部分染红，这块被染的坏死木，在中药里也称为“血竭”或“麒麟竭”，与麒麟血藤所产的“血竭”具有同样的功效。

龙血树是属于百合科的乔木。虽不太高，约10多米，但树干却异常粗壮，

常常可达1米左右。它那带白色的长带状叶片，先端尖锐，像一把锋利的长剑，密密层层地倒插在树枝的顶端。

一般说来，单子叶植物长到一定程度之后就不能继续加粗生长了。龙血树虽属于单子叶植物，但它茎中的薄壁细胞却能不断分裂，使茎逐年加粗并木质化，而形成乔木。龙血树原产于大西洋的加那利群岛。全世界共有150种，我国只有5种，生长在云南、海南岛、台湾等地。龙血树还是长寿的树木，最长的可达六千多岁。

说来也巧，在我国云南和广东等地还有一种称作胭脂树的树木。如果把它的树枝折断或切开，也会流出像“血”一样的液汁。而且，其种子有鲜红色的肉质外皮，可做红色染料，所以又称红木。

胭脂树属红木科红木属。为常绿小乔木，一般高达3～4米，有的可到10米以上。其叶的大小、形状与向日葵叶相似。叶柄也很长，在叶背面有红棕色的小斑点。有趣的是，其花色有多种，有红色的，有白色的，也有蔷薇色的，十分美丽。红木连果实也是红色的，其外面密被着柔软的刺，里面藏着许多暗红色的种子。

胭脂树围绕种子的红色果瓤可作为红色染料，用以渍染糖果，也可用于纺织，为丝棉等纺织品染色。其种子还可入药，为收敛退热剂。树皮坚韧，富含纤维，可制成结实的绳索。奇怪的是，如将其木材互相摩擦，还非常容易着火呢！

百事合心——百合花

花资婀娜，花香袭人的百合花是世界名花之一。世界野生百合约有90多种，我国是世界百合起源的中心，据调查我国约有原产百合46种，18个变种，占世界总数的一半以上，其中36种15个变种为我国特有，南平市就有16种，其中野生百合5种、变种1种、变异10种。在山区遍地野生的就有橙红色的卷丹和白色的野百合两种，是我国宝贵的种植资源。美国、法国及荷兰的花卉育种专家多次来南平考察百合花，称赞这些品种是世界上少有的优良品种，具有区域特色和发展潜力。

百合花之美，是一种纯洁自然、清雅脱俗的美。依其品种不同，花型、色彩千变万化。麝香百合花色洁白，似淑女垂首，摇曳生姿；姬百合娇柔美艳，活泼可人，充满朝气；山百合花姿轻盈，秀美端庄，大方而自然。近年来，随着育种技术的不断发展，百合品种越来越多，如卡萨布兰卡、天使之梦等新品种的花朵越发美艳动人，高贵中不失俏丽，典雅中不失活泼。

百合花种类众多，是显花植物中种类最多的大家族之一。百合花由内侧的 3 片花瓣和外侧的 3 片花萼共同组成，但由于它们长相几乎难以区分，所以我们统称为花被。花被上的斑点是吸引昆虫前来采蜜授粉的显眼标志。百合花不仅花美，让人赏心悦目，还有许多品种的鳞茎可供食用和药用。

我国人民对百合花怀有深厚的感情，古人把百合、柿子和如意摆放在一起，寓意了“百事合心”。在喜庆的日子里，人们互赠百合花，表示良好的祝愿。送给新婚夫妇一束百合花，就是祝福他们百年好合，白头到老。

百合花，是一种从古到今都受人喜爱的世界名花。它原来出生于神州大地，由野生变成人工栽培已有悠久历史。早在公元 4 世纪时，人们只作为食用和药用。及至南北朝时，梁宣帝发现百合花很值得观赏，他曾诗云：“接叶多重，花无异色，含露低垂，从风偃柳”。赞美它具有超凡脱俗，矜持含蓄的气质。至宋代种植百合花的人更多。大诗人陆游也利用窗前的土丘种上百合花。他也咏曰：“芳兰移取遍中林，余地何妨种玉簪，更乞两丛香百合，老翁七十尚童心。”时至近代，喜爱百合花者也不乏人。昔日国家名誉主席宋庆龄平生对百合花就深为赏识，每逢春夏，她的居室都经常插上几枝。当她逝世的噩耗传出后，她生前的美国挚友罗森大夫夫妇，立即将一盆百合花送到纽约的中国常驻联合国代表团所设的灵堂，以表达对她深切的悼念。

在西方，百合花被誉为“天堂之花”、“圣母之花”，是纯洁、光明、自由、幸福的象征。复活节那天，洁白美丽的百合花是装饰圣坛必不可少的花，是献给圣母玛丽亚的花。耶稣曾手持百合花，作为给信徒们的礼物，因为它象征了纯洁与忠贞。法国人尤其喜爱百合花，奉其为国花。相传法国第一个国王格洛威在接受洗礼时，上帝赠予它的礼物就是一束洁白的百合花。

独立人间第一香——牡丹

“竞夸天下双无绝，独立人间第一香”。牡丹花是我国特有的花，其花大、形美、色艳、香浓，为历代人们所称颂，具有很高的观赏和药用价值，自秦汉时以药植物载入《神农本草经》始，散于历代各种古籍者，不乏其文。在中国十大名花中占有显赫地位，享有“花中之王”、“国色天香”之美誉，长期以来被人们当作富贵吉祥、繁荣兴旺的象征。

中华民族是一个爱美的民族、爱花的民族，尤其钟爱牡丹。我们的祖先爱牡丹、种牡丹的历史几乎和他们生息繁衍、发展壮大的历史一样深厚悠久。

牡丹作为观赏植物始自南北朝时期，文献多有记载。刘赛客《嘉记录》说：“北齐杨子华有画牡丹”，牡丹既已入画，其作为观赏的对象已确切无疑。谢康乐更具体指出种植的具体情况：“永嘉水际竹间多牡丹。”（《太平御览》）近代生物学先驱达尔文在十九世纪七十年代写的《动植物在家养情况下的变异》一书中说，牡丹在中国已经栽培了一千四百年。从十九世纪七十年代推到一千四百年前，那是公元五世纪，即南北朝初年，和中国牡丹的栽植历史大体相属。

好为花王作花相——芍药

“红红白白定谁先，袅袅婷婷各自妍。最是倚栏娇分外，却缘经雨意醒然。晚春早夏浑无伴，暖艳暗香正可怜。好为花王作花相，不应只遣侍甘泉。”古人认为“群花品中以牡丹为第一，芍药为第二”，故芍药有“一花这下，万花之上”的“花相”美称。芍药是春天百花园的压台好花。每当春末夏初，红英将尽，花园显得有点寂寞的时候，芍药正含苞欲放。

要是适巧碰上一夜轻雨，清晨便会见芍药花烁烁盛开，婷婷婀娜、翠叶如玉；花朵如冠、如碗、如盘、如绣球；色彩斑斓、清香流溢、笑靥迎人，点缀在绿叶丛中，将寂寞的花园装扮得生机无限。芍药兼具色、香、韵三者之美，历代诗人为之倾倒，留下了许多脍炙人口的诗篇。苏轼写过“多谢花工怜寂寞，尚留芍药殿春风”的诗句。唐代韩愈写有七言绝句：“浩态狂香昔未逢，红灯烁烁绿盘龙，觉来独对情惊恐。身在仙宫第九重。”这里充分表达了作者为芍药的美态所陶醉，仿佛置于天堂之中的情感。

原产我国北部的芍药，在古代以扬州为盛地，现几乎遍及全国各地。芍药为毛茛科多年生宿根草本花卉。叶是二回三出羽状复叶，小叶有椭圆形、狭卵形、披针形等，叶端长而尖，全缘微波，叶面有黄绿色、绿色和深绿色等，叶背多粉绿色，有毛或无毛。花一般独开在茎的顶端或近顶端叶腋处，花瓣 5～10 枚，花色有白、黄、绿、红、紫、混合色等多种。

芍药耐寒，北方各省都露地越冬，夏季喜欢冷凉气候。栽植于阳光充足的地方，生长旺盛，花多而大，如在稍阴处虽亦可开花，但生长不良。芍药要求土层深厚、排水良好、疏松肥沃的沙质土壤。黏质土、盐碱土、瓦砾土均不宜，潮湿低洼之地也不宜。

芍药的用途很广，最重要的是作露地宿根花卉用。常以芍药成片种植于假山石畔来点缀景色。它对氟化氢气体反应灵敏，可用来监测氟化氢气体。芍药的根可入药，是重要的药材。有养血敛阴、平肝止痛、活血通经、凉血散瘀之功效。

真正的红——一品红

一品红，是花卉世界中的一个荣誉称号。它刚巧在每年的圣诞节前后开放，西方人就叫它做“圣诞花”。我国老百姓则称它为“老来娇”、“猩猩木”。一品红是大戟科植物，有许多人可能认为它是一种观花植物，其实不然，真正具有观赏价值的是她那红色的叶。这些叶片，是长在枝端的苞片，初为绿色，秋冬便变红色。人们主要是观赏她那红色的苞叶。在这红色苞叶的中间，有一群细小的花，杯状，上有黄色球形的蜜槽，虽不起眼，但很别致，好似藏于鸟巢中的一群刚出生的小鸟，在快乐的吟唱。通常从 11 月至翌年 3 月都是它开花的季节，常把周围的时空装点得大红大绿，丽若丹霞。

一品红之所以被称为圣诞花，除了它的花期适逢圣诞节外，还与它的原产地墨西哥的传说有关，当地的居民认为一品红好像那耶稣诞生地加伯利恒城所放射出来的耀眼星光，充满着万民欢腾，普天同庆的含义，被视为“双鱼星座”的幸运之花。

西方一年一度的圣诞节，有如华人欢度春节那样的热闹。据说这天 12 月 25 日为耶稣的生辰，全世界的基督教徒都要一齐来纪念他。人们不但把一品红扎成花环挂于门旁，还得把高大的松柏作为圣诞树摆设在厅堂的中间，挂满彩带、铜铃和灯饰，大家团坐在它的周围，谈笑风生，载歌载舞，许多青年男女还相互赠

送礼物，合家熏烤火鸡，酗饮暴食。孩子们也同大人一道欢欣雀跃，梦求那颊满白须、笑容可掬，身穿红袍的圣诞老人背着那个大包袱，把糖果、玩具等礼物送到家里来。在这节日期间，人们解囊挥金，疯狂购物，使市场骤然变得生意兴隆。

红色在我国是节日的颜色，有喜事的征兆。尤其在万木萧条的冬季里，一品红就越发显得难能可贵了。关于一品红的“红”，郭沫若也曾赞其是“真正的红，一品的红”。现在，这位来自墨西哥的“远客”，冬季都在全国到处盛开。每年元旦，春节人们常常用一品红来装点工作环境和家庭，让大家感到喜气洋洋。如果在节日里，为亲友送去一盆一品红，将是一件讨人喜欢的礼物，她表达了“真诚的祝福”。

这个变化促使一品红迅速流行起来，它不仅只为公共场所绿化之用，而且有越来越多的家庭实行盆栽，借以美化居室。特别是美国专家选育出大花品种之后，更使一品红生产大行其道。该品种每朵苞片大如巴掌，一经绽开几朵就可铺满盆面，那种枝短、叶茂、花繁的景色很令人倾心。另外荷兰专家也选育出一种花苞变为球形的新品种。它的花不是四面单片排列，而是向内卷曲成簇，活像一个个紧握拳头似的红色绣球，宛如重瓣牡丹的样子，这品种在香港的嘉道理农场和海洋公园种得较多，在广州只有少数科研单位试种。

在花色方面，人们以为它既然叫做一品红，当然就应该只有红色一种了。其实不然，在它的家族里，曾先后出现过其他花色，专家们就分别冠以不同名字。诸如开白花的叫“一品白”，开黄花的叫“一品黄”，开宫粉色的叫“一品粉”，还有更稀奇的是一花同时出现红白或红黄双色的，则称它为“一品杂”了。近年来，大概潮流时兴迷你型品种之故，在市场上又涌现出一种微型的一品红来，它每朵花苞细如鸡蛋，可种在一个茶杯大的小盆里，外面再套上一个玻璃瓶，很适宜摆在案上或窗前，显得格外奇特和精致。

有凤来仪——凤梨

凤梨原产于热带美洲的巴西、巴拉圭的亚马孙河流域一带，再由加勒比海居民带回中南美洲西印度群岛种植。拉丁属名的 ananas 就是当地住民对凤梨的称呼，其意是指“绝佳的水果”。公元 1493 年 12 月，哥伦布第二次航海到加勒比海，下锚停留在西印度群岛火山岛旁的小海湾，之后进入到附近的村落，船员们受到热情的招待。当时送来的一大堆蔬果，其中一种让这一批欧洲来的水手好奇的就是凤梨。他们纪录道：外形看起来令人反感的，一节节坚硬的似松果；果肉却又像苹果。因此，凤梨传入欧洲之后就以英文称之为 pineapple，同时也成了晚宴或盛宴时象征社会地位及殷勤好客的指标。十六世纪，随着西班牙殖民及传教的脚步，凤梨从西班牙传到了菲律宾、夏威夷、印度与中南半岛，其后不久，又从中南半岛由陆路进入广东，此时称之为“波蜜”。台湾于清康熙末年才从东南亚引进凤梨栽培，当时有饱学之士见其果实怪异——“其果实有叶一簇，状似凤尾”，乃引用红楼梦中的“有凤来仪”简化成“凤来”来称呼这种水果。当切开凤梨，聚合果的轴与梨相似，而“来”这个字又与闽南语的“梨”同音，在意义上又似一种水果，所以在音、意与形三者条件的配合下，凤来被凤梨的称呼取代了。

“凤”本是指称一种吉祥的鸟类，象征富贵。在传统建筑上，常常可以在住屋的山脊上，看到有凤来仪的象征图像或雕塑。而凤梨也象征着这层意义，所以在汉人的祭仪上，都会在案前摆上凤梨，甚至在神案雕镂凤梨的图纹，以祈求平安顺利。凤梨与闽来语的“旺来”同音，所以，在各公司行号开张的处所，都会悬挂凤梨造型的彩饰，希望生意兴旺。其实凤梨原产地的住民亦把它当作吉祥的象征，在巴西出土的古文物中，仍然可以发现以凤梨外形的宽口坛，用以埋葬过世的亲人。

凤梨是热带地区极为重要的水果，除了去皮生食之外，其与肉一起烹煮，可以使肉类变得软嫩，其外皮捶打后用布包好，可以用来做药布治疗外伤；1891 年用鲜凤梨提炼出来的凤梨酵素，已经被用来治疗坏血症，新近的研究，凤梨酵素也常被用来治疗心脏疾病、烧伤、脓疮和溃疡等，有着很好的效果。另外，凤梨的叶片，则是用来制作萱纸的好材料。

凌波仙子——水仙

水仙别名金盏银台，花如其名，绿裙、青带，亭亭玉立于清波之上。素洁的花朵超尘脱俗，高雅清香，格外动人，宛若凌波仙子踏水而来，故有凌波仙子的美称。水仙花语有两说：一是“纯洁”，二是“吉祥”。

水仙为我国十大名花之一，我国民间的请供佳品，每过新年，人们都喜欢请供水仙，点缀作为年花。因水仙只用清水供养而不需土壤来培植。其根，如银丝，纤尘不染；其叶，碧绿葱翠传神；其花，有如金盏银台，高雅绝俗，婀娜多姿，清秀美丽，洁白可爱，清香馥郁，且花期长。这珍贵的花卉早已走遍大江南北，远渡重洋，久负盛名，誉满全球。她带去了我国的春天，我国人民的情谊和美好的心愿，赢得了“天下水仙数漳州”之美称。

中国水仙花属石葱科、水仙属多年生草本植物，鳞茎生得颇像洋葱、大蒜，故六朝时称“雅蒜”、宋代称“天葱”。之后，人们还给她取了不少巧妙、美丽的名字，如金盏、银台、俪兰、雅客、女星等等。这里有着许多关于水仙花优美动人的民间故事和传说。

传说水仙花是尧帝的女儿娥皇、女英的化身。她们二人同嫁给舜，姊姊为后，妹妹为妃，三人感情甚好。舜在南巡崩驾，娥皇与女英双双殉情于湘江。上天怜悯二人的至情至爱，便将二人的魂魄化为江边水仙，二人也成为腊月水仙的花神了。前人据此不知写下多少赞美水仙花的诗篇，如曹植的《洛神赋》，宋代高似孙的水仙花前赋与后赋。若把他们抒写水仙花的美凝聚到一点，

便是“纯洁”。

据说，宋代时，有一闽籍的京官告老回乡，当他乘船南返，将要回到家乡漳州时，见河畔长有一种水本植物，并开着芳香的小白花，便叫人采集一些，带回培植。据《蔡坂乡张氏谱记》载：明朝景泰年间，他们的祖宗张光惠在京都做学官，一年冬天请假回乡，船过江西吉水，发现近岸水上，有叶色翠绿、花朵黄白、清香扑鼻的野花，于是拾回蔡板栽培育成新卉传下。

传说崇明水仙来自福建。那是唐代则天女皇要百花同时开放于她的御花园，天上司花神不敢违旨，福建的水仙花六姐妹当然也不例外，被迫西上长安。小妹妹不愿独为女皇一人开花，只行经长江口，见江心有块净土，就悄悄溜下在崇明岛。所以，福建水仙五朵花一株开，崇明水仙一朵怒放。

还传说在福建园山有一位善良的农妇，救济了饥饿垂死的乞丐。这乞丐原是神仙，将吃的饭喷在屋的四周，后来长出金盏银台水仙花。在民间赠送水仙的含义便为赞美您心好必有好运，祝贺您吉祥如意，万事称心。

希腊神话传说，水仙原是个美男子，他不爱任何一个少女，而有一次，他在一山泉饮水，见到水中自己的影子时，便对自己发生了爱情。当他扑向水中拥抱自己影子时，灵魂便与肉体分离，化为一株漂亮的水仙……

水仙花早在宋代就已受人注意和喜爱。“深水能仙天与奇，寒香寂寞动冰肌。仙风道骨今谁有？淡扫蛾眉篸一枝。”这是宋朝诗人刘邦直吟咏水仙的诗句。透过这几句诗，我们仿佛沉醉于亭亭玉立、凌波无尘的水仙花的绰约风韵之中，《漳州府志》记载：明初郑和出使南洋时，漳州水仙花已被当作名花而远运外洋了。

在西方，水仙花的意译便是“恋影花”，花语是坚贞的爱情，引申一下便是自省对爱情的诚挚。

水仙花主要有两个品种：一是单瓣，花冠色青白，花萼黄色，中间有金色的冠，形如盏状，花味清香，所以叫“玉台金盏”，花期约半个月；另一种是重瓣，花瓣十余片卷成一簇，花冠下端轻黄而上端淡白，没有明显的付冠，名为“百叶水仙”或称“玉玲珑”，花期约二十天左右。水仙花分布的范围极小，只在漳州八大胜地之一的园山东麓一带，因它具有得天独厚的条件：园山挡住了烈日，园山在斜影所及的地方日照较短，为水仙花栽培创造了有利格条件。当地有歌云：“园山十八面，面面出王侯，一面不封侯，出了水仙头。”

每年春节，能工巧匠们创作出的水仙盆景雕刻艺术，且能依照人们的愿望，在预定的期间里开放，给节日、寿诞、婚喜、迎宾、庆典增添了不少光彩。那栩栩如生，生机盎然，耐人寻味，怪不得人们赞誉水仙一青二白，所求不多，只清水一盆，并不在乎于生命短促，不在乎刀刃的“创伤”，不在乎严寒的“凌辱”，始终洁身自爱，带给人间的是一份绿意和温馨。

母亲节的节花——康乃馨

康乃馨又名香石竹，属石竹科一年生草本植物，全株呈灰绿色，茎节膨大，披针形的叶片对生，花萼圆筒体，花瓣很多，边缘有深裂，呈锯齿状，颇似“王冠”。其英文名字 carnation，就是“王冠”之意。康乃馨的花色非常丰富，有红、黄、白、粉红、紫、镶边等多种颜色。

康乃馨的出名得益于1934年5月美国首次发行母亲节邮票。邮票图案是一幅世界名画，画面上一位母亲凝视着花瓶中插的石竹。邮票的传播把石竹花与母亲节联系起来。于是西方人也就约定俗成地把石竹花定为母亲节的节花。每当母亲节这一天，母亲健在的人佩戴红石竹花，并制成花束送给母亲。而已丧母的人，则佩戴白石竹花，以示哀思。世上没有无母之人，康乃馨也就成了无人不爱之花。康乃馨因母亲节而蒙上一层慈母之爱色彩，成为献给母亲不可缺少的礼物。

康乃馨引入我国，算来已百年之久。据传，1900年英国人罗埃斯在上海南京路外滩开了个“大英花店”，主要销售康乃馨，属独家经营。可是到了1920年，他发现中国人开的花店也卖康乃馨，便勃然大怒，告上法庭。开庭那天，罗埃斯傲气十足地说，中国没有康乃馨，是他从国外买来的，应享有专利，中国人卖的康乃馨肯定是从他那里偷来的，要求惩办中国花店。中国律师问他：“你卖

的康乃馨是摘下的花朵，还是有叶有芽的花枝？”罗说：“全是卖的花枝。”中国律师说：“你卖了花枝，收了钱，买方有权利将买的花枝扦插繁殖，怎能说是偷窃？”罗无言以对。法庭宣判，大英花店败诉。

康乃馨，这种体态玲珑、斑斓雅洁、端庄大方、芳香清幽的鲜花，随着母亲节的兴起，正日益风靡世界，成了全球销量最大的花卉。母亲营造了温馨，祝母亲健康平安。

康乃馨是生肖属马和属羊的朋友的幸运花。

人面相映红——桃花

桃花为落叶小乔木，属蔷薇科植物。桃花分果桃花和观赏桃花两大类。花有单瓣和重瓣，果桃多为单瓣，观赏桃多为重瓣，花色艳丽，先开花，后出叶。

桃花树形优美、枝干扶疏、花朵丰腴，色彩绚丽，是春季最主要的观赏花木。桃树常被呈林片地栽种，无论是植于山坡、园林、庭院，还是湖畔、溪边，都可成为观赏佳景。桃花盛开时，那成片的桃林如云蒸霞蔚，置身其间，顿感心旷神怡，春光无限。桃花作盆景、做切花插瓶观赏，也会使人感到韵味无穷，春意盎然。桃花尽管未被列入我国十大名花之列，却占有很高的地位。人们将桃树视为“五木之精”，将桃花作为美好的事物的化身。人们称赞美女的娇容“艳若桃李”，将理想的生活环境称为“世外桃源”，太平盛世称为“桃林”。《诗经》中称赞美满婚姻“桃之夭夭，灼灼其华”。唐代诗人刘禹锡描写当时民间观赏桃花的时称：“紫陌红尘拂面来，无人不道看花回”。最受人们称颂的是桃花那“嫣然出篱笑，似开未开最有情”的神态，那“千朵万朵竞研媚，浓于胭脂烈如火”的激情与顽强的生命力。桃花喜阳光和温暖的环境。多用嫁接法繁殖。以山桃、毛桃的实生苗和杏作砧木。

空中仙子——吊兰

吊兰是多年生常绿草本植物，属百合科。常见的品种有金心吊兰、银边吊兰、金边吊兰，还有全绿色的吊兰。吊兰是最为传统的居室垂挂植物之一。它叶片细长柔软，从叶腋中抽生的匍茎长有小植株，由盆沿向下垂，舒展散垂，似花朵，四季常绿；它既刚且柔，形似展翅跳跃的仙鹤，故古有“折鹤兰”之称。吊兰的一条条从叶丛中抽出的匍匐状花茎悬空倒垂。枝上的小花随风摇曳，一棵棵新植株轻盈飘逸，如蝴蝶翩翩起舞，如礼花四溢，让人兴味无穷，故吊兰有“空中仙子”、“空中花卉”的美称。总之，它那特殊的外形构成了独特的悬挂景观和立体美感，可起到别致的点缀效果。

吊兰的生命力很强，只要有一点水土，甚至一杯清水，就能生根、发芽，抽出新枝。它随遇而安、不争养分、不争地位高低，即使悬挂在空中，也不感到孤寂，照样为人们带来清新与碧绿。因此，吊兰虽然花朵很小，貌不惊人，却深受人们的喜爱。它在客厅、书房、居室伴随人们工作和休息。元代诗人谢宗曾有诗对吊兰的形态和品质作了栩栩如生的描述，诗中赞曰：“午窗试读《离骚》罢，却怪幽香天上来。”

吊兰不仅是居室内极佳的悬垂观叶植物，而且也是一种良好的室内空气净化花卉。吊兰具有极强的吸收有毒气体的功能，一般房间养 1～2 盆吊兰，空气中有毒气体即可吸收殆尽，故吊兰又有“绿色净化器”之美称。

楠木

樟科。常绿大乔木，高达 30m 以上，胸径 1m。叶长圆形至长圆状倒披针形，下面被短柔毛，侧脉明显。圆锥花序腋生，被短柔毛。核果椭圆形或椭圆状卵形，黑色。分布于四川、贵州、湖北、湖南、生于海拔 1100m 以下的阴湿处。国家三级保护渐危种。

楠木为我国特有，是驰名中外的珍贵用材树种。以往四川有天然分布，是组成常绿阔叶林的主要树种。由于历代砍伐利用，致使这一丰富的森林资源近于枯竭。目前所存林中，多系人工栽培的半自然林和风景保护林，在庙宇、村舍、公园、庭院等处尚有少量的大树，但病虫危害较严重，也相继在衰亡。

杉木

分布于秦岭以南，海拔 2000 米以下山坡和丘陵常见树种，是我国重要的材用树种之一。杉木树干通直，高大，木材纹理直，材质轻软，结构细致，不开裂，耐腐蚀，为优良用材，是我国南方资源最丰富的木材树种之一。杉木生长迅速，作为速生林已被大面积造林。

松树

松树的品种在全世界有 100 多种，全是阳性速生树种，除幼苗期间需要些庇荫外，在生长期都喜欢光照和肥沃湿润的土壤。有的省份原有的乡土品种如华山松、油松、白皮松、马尾松、巴山松和杜松，从国内外引进的品种有华北落叶松、雪松、云南松、樟子松、湿地松、火炬松等。这些树种的生物特性各不相同，有的喜欢温暖湿润性气候，有的喜欢温和冷凉的气候。有的耐寒抗旱，有的不耐寒怕干旱。

中国人视松为吉祥物，松被视作“百木之长”，称作“木公”、“大夫”。松的特点是凌霜不凋、冬夏常青。因此，古人视松作长青之树，古代有长生不老松之说，人们赋予其延年益寿、长青不老的吉祥寓意。松也是吉祥的梦兆。松更普遍地是被视作祝颂、祈盼青春永驻、健康长寿的象征物。

红松的木材是松树中质量最好的，是我国重要的珍贵用材树种。木材轻而较软，细致、纹理直。耐腐性强，有较高的工艺价值。可作建筑、航空、电杆、枕木、桥梁、车船等用材。树皮可制栲胶，红松还可割松脂。松针可提取松针油，种子也可入药，称为“海松子”。红松主要分布在我国东北地区小兴安岭一带，朝鲜、日本北部和独联体也有分布。

柚木

你到过云南德宏和西双版纳旅游吗？你看到旅游工艺商品店里那些琳琅满

目，古色古香的木雕吗？大象、狮子、老虎、水牛、少女、观音、罗汉……千姿百态，妙趣横生，叫人爱不释手，件件都想买。你知道这些工艺品是用什么木头雕刻的吗？如果不是冒牌货，它们是用柚木雕刻的。

柚木是马鞭草科大乔木，原产南非，亚洲以缅甸最多。柚木树干通直，分枝少。木材呈褐黑色透亮，纹路清晰美丽，材质比重大，一根柚木要多人才能抬得起。

柚木生长十分缓慢，树龄要过百年，采伐的柚木材质才好。百年以上的材色黑里透亮，沉甸甸的，树龄短的柚木材色是淡黄色的，比较轻。俗话说："十年树木，百年树人"，这话对柚木不太适用了。栽一株柚木要经历二三代人才能砍伐，爷爷栽树，孙孙砍伐。

柚木是著名的优良木材，如果用柚木盖房架屋，几百年甚至上千年不会腐烂。据报纸最近披露：1970 年用 120 天时间重修天安门，全部木柱木梁都是用柚木和金丝楠木，是从加蓬和北婆罗洲进口的。

蓖麻

大戟科。一年生草本，高 1.5～2 米，茎直立，上部分枝。叶互生，盾状着生，掌状 5～11 裂，边缘不规则锯齿。圆锥花序顶生，或与叶对生，雄花在下，雌花在上，雄蕊多数，花丝分裂；雌蕊子房 3 室，被软刺，花柱 3 枚，红色。蒴果球形，径 1.5 厘米，种子亮黑褐色具白色花斑纹。

种仁含油高达 69～73%，重要油料植物。

红花

菊科。一年生草本，茎直立，株高 30～100 厘米，上部分枝。叶互生，叶片长椭圆形，长 7～15 厘米，宽 2.5～6 厘米，边缘羽状齿裂，齿端具针刺。头状花序排成伞房状，总苞球形，花全为管状，初开黄色，后转红色，瘦果椭圆形。

种子含油，食用或工业用；花入药或作饮料。

油桐

油机属大戟科。落叶乔木，高 3～8 米。叶互生，叶卵形，或宽卵形，长 20～30 厘米，宽 4～15 厘米，种子具厚壳状种皮。油桐 4～5 月开花，果期 7～10 月；花后子房膨大，结球形核果，果顶端有短尖头；果内有种子 3～5 粒；种子具厚壳状种皮，宽卵形；种仁含油，高达 70%，桐油是重要工业用油，制造油漆和涂料，经济价值特高。

桐是我国特有经济林木，它与油茶、核桃、乌桕并称我国四大木本油料植物。油桐至少有千年以上的栽培历史。

世界上种植的油桐有 6 种，以原产我国的三年桐和千年桐最为普遍。三年桐学名油桐，长得快，结果早，产量高，盛果期可达 20 年～30 年。千年桐学名木油桐，因果皮有皱纹，又称龟背桐，寓意长命百岁。千年桐比三年桐高大，有 10 多米，树龄较长。油桐种子榨出的油叫桐油；木油桐种子榨出的油叫木油，质量稍逊。

四川、贵州、湖南、湖北为我国生产桐油的四大省份，四川的桐油产量占全国首位。贵州秀山的“秀油”，湖南洪江的“洪油”，是我国桐油中的上品。

油棕

油棕属棕榈科植物，单干，高可达 20 米，羽状复叶长 6 米，羽片排列成多个平面。果实近似椭圆形，表皮光滑，成熟时为黄色或红色。原产于非洲西海岸，是一种热带植物，也是重要的油料作物。由于树形有点像椰子，又称“油椰子”。

油棕是世界上单位面积产量最高的一种木本油料植物，每亩可产棕油约 200 公斤，产油量是花生的 5～6 倍，是大豆的近 10 倍，因此有“世界油王”之称。它原来一直生长在非洲的热带雨林中。

红麻

红麻是一年生草本的韧皮纤维作物，又称洋麻、槿麻、钟麻。原有产于印度或热带非洲两种看法。以中国、泰国、印度、前苏联种植较多，次为孟加拉、越南、古巴、巴西、印度尼西亚和伊朗。中国于 1928 年引种，50 年代因炭疽病害而停种，60 年代由于推广抗病品种，生产得以恢复发展。广东、广西、浙江、河南、山东、安徽、江苏、湖南、湖北、江西、四川等省（自治区）均有种植。

红麻纤维拉力强、耐腐、吸湿、散水快，可纺织包装用麻袋，麻布，也可织地毯、制造绳索等。还可造纸。麻骨可制纤维板。麻叶是牲畜的好饲料。

剑麻

剑麻的叶片似剑。原产墨西哥，1901 年引入中国台湾，1928 年传至海南省。现在广东、广西、福建、云南、四川和浙江等省（自治区）南部试种和进行生产。

剑麻叶片内含丰富的纤维，纤维细胞呈长形结构，细胞腔大而长，壁厚，具有纤维长，色泽洁白，质地坚韧，富有弹性，拉力强，耐摩擦，耐酸碱，耐腐蚀，不易打滑之特点，由于耐海水侵蚀。常作渔网、船舶绳索等用具。广泛应用于渔业、航海、工矿、运输、油田等事业上，以及用于编织剑麻地毯、工艺品等生活用品上。

棉花

棉花是唯一由种子生产纤维的农作物。有 4 个栽培种：草棉、亚洲棉、陆地棉和海岛棉。栽培最广泛的是陆地棉。

棉花原产于高温、干旱、短日照的热带和亚热带的荒漠草原，是多年生的亚灌木或小乔木。经过人类长期栽培驯化，才逐步成为栽培的一年生作物。中国古代的棉花是从国外分两路传入的。中国的海南岛、云南西部、广西桂林和新疆吐鲁番等地在距今 2000 多年以前已经广泛种植棉花。中国于 1965 年开始从美国引种陆地棉。中国是世界上棉花生产大国，其他还包括美国、前苏联和印度等。

棉花是世界上最主要的农作物之一，产量高，生产成本低。棉花能制成各种规格的织物。棉织物坚牢耐磨，能洗涤并在高温下熨烫。棉布吸湿和脱湿快速而使穿着舒适。

棉纤维是纺织工业的主要原料；棉籽含油分、蛋白质，是食品工业的原料；棉短绒也是化学工业和国防工业的重要物资。

棉纺织工业中需要量最大的是中长绒棉和长绒棉；超级长绒棉主要用于纺织

优质细纱。短绒棉和中短绒棉主要用于纺织粗纱，或作絮棉用。棉籽是棉花生产的主要副产品。其产量约相当于纤维产量的1.5倍，是食品和饲料工业中油料和蛋白质的重要资源。种仁中含蛋白质为30～35％；经过脱脂后的棉仁粉蛋白质含量可达43～50％。其赖氨酸含量在氨基酸组成中约占6％，远超过稻、麦、玉米的含量。

林业牧业

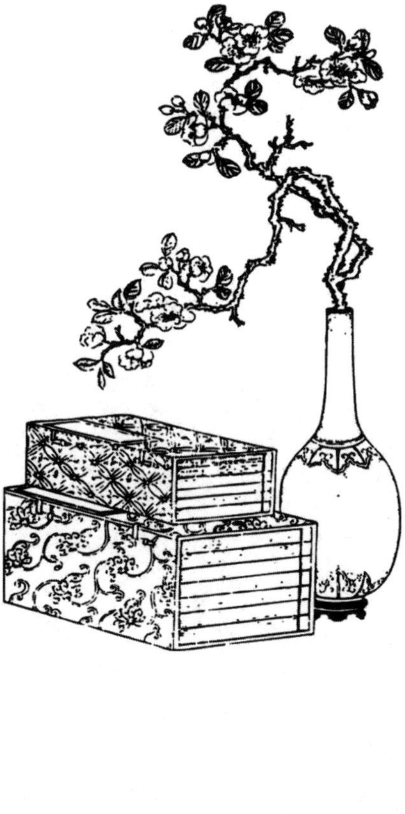

林 业

“植树节”古今谈

中国人民有着植树造林、绿化祖国的优良传统。早在春秋战国时期，对于勤于农事和林业的人，国家还给予奖励。古人根据气候条件，多以清明前后为植树时节。从宋代开始，便盛行“清明插柳”的风俗。宋赵元镇就有诗说：“寂寞柴门村落里，也教插柳记年华。”吴惟信也有：“日暮笙歌收拾去，万株杨柳属流莺。”可见当时的植树之风，不仅盛行农村，在城市也是很受重视的。

劳动人民爱植树，很多文学家和诗人也爱植树。白居易被贬到江州后，便在司马厅前栽种桂花，并写了一首《厅前桂》的诗。后来调忠州时，他又“持钱买花树，城东坡上栽”。柳宗元在柳州任刺史时，不但大力提倡植树造林，他自己还“手种黄柑二百株，春来新叶遍城隅”。他在发动民众绿化柳江沿岸以后，还诙谐地写道：“柳州柳刺史，种柳柳江边。”这些例子是历史长河中的水花，更多的事例，举不胜举。

中国由政府正式规定的植树节，在 1915 年是把清明节定为植树节。1928 年国民政府把 3 月 12 日（孙中山逝世纪念日）定为植树节。新中国成立以后，党和政府十分重视植树造林工作。党和国家领导人，几乎年年参加植树造林活动，已取得了巨大成绩。1979 年 2 月，全国人大五届六次会议正式决定 3 月 12 日为植树节。从此以后，中国的植树造林活动，便更加蓬勃开展。

从造字看森林

森林是原始人类栖息和生存的场所，人的衣食住行都离不开森林。作为记载人类活动的符号——文字，也和森林有着密切的关系。

从现在已发现的甲骨文中，能辨认出很多与树木有关的字，其中既有象形字、指事字、形声字，也有会意字和转注字。但以象形字最多，如木、林、森，如树种的甲骨文有桑、栗、榆、柳、栎、杞、楚、竹、柏等。指事字如“末”，指木的上端为末；“本”指木的下端为本；东方的“东”是指“日升起树木间”（繁体“東”）的方向；“果”是指太阳升到树木上，已很明亮；“杳”是指“日在树下”，表示天已昏暗。形声字，如山“麓”的麓，因鹿一般在山脚活动，故“林下有鹿”，音为“鹿”。还有如甘霖的“霖”字，即雨下在林子上，音为“林”。

甲骨文中有些较复杂的“会意”字，如日暮的“暮”，古时“暮”和“莫”是一个字，指“日落于草间或林间”，表示天色已晚；“朝”字，指“日已于林间升起，月亮已落下，天已黎明”；“束”，指把木绑起为一束；“朿”指木上有刺，从而衍生出“棘”字；“采”是一只手在树上摘东西；“休”字更形象了，指“人倚着树休息”，这是古人常在林中活动最好的证明。

古代的“植树将军”

远在西周时期，“常胜大将军”沙俊其，每打一次胜仗后，都要命令全军将士在沙场上“人种一树，以庆武功”。而且，不单是将士，连俘虏也要种树，作为同庆活动。随着少俊其率兵打仗的不断胜利，这种“庆功栽杨”发展到栽柳、植。

中国古代引进的外来树种

在浩瀚的古籍中，有不少从国外引进树种的记载。

沉香，亦称伽南香、奇南香、蜜香树。心材为著名熏香料，树根树干入药，功能纳气温肾。原产印度、泰国、越南。汉武帝元鼎六年（公元前 111 年）从越南引进，至今已有 2100 余年。现分布在两广、台湾与海南。

贝多，梵文汉译为“贝多罗”，俗叫贝叶树。其叶水沤后可代纸写字，古印度人多用以写佛经，后就代称佛经为“贝叶经”。李商隐有诗：“若信贝多真实语，三生同听一楼钟。”贝多原产印度、缅甸和非洲，汉代引进到中原嵩山。

菩提树，可提硬性橡胶，华南地区用作行道树。原产印度、印度尼西亚。相传释迦牟尼在此树下成佛而得名。梁代已引入中国。

悬铃木，英国育成的二球悬铃木，俗叫法国梧桐，为长江流域的行道树、庭园树。原产西亚和东南欧。北朝后秦桓文帝时，印度高僧东来宣扬佛法，将此树引入。

油橄榄，简称油榄，又叫洋橄榄、齐墩果，为优良木本油料作物。果实可食，可榨油。原产地中海一带，中唐时从波斯引进。现中国有十几个省区在种植。

谈“桃”说“杏”

桃树与杏树，都是中国著名的树种。因其悠久的历史，更被赋予了丰富的文化内涵，成为中国文化的一部分。

桃树

“桃之夭夭，灼灼其华……”早在3000多年前，《诗经》就有赞颂桃的诗歌。

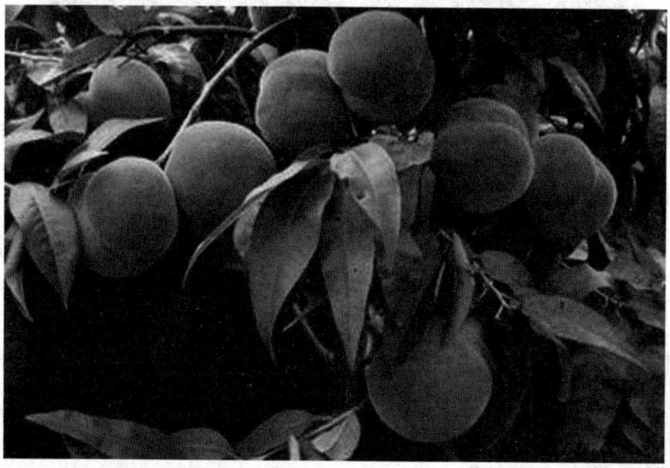

陶渊明《桃花源记》的幻想，唐代书生崔护“人面桃花相映红”的典故，《西游记》孙悟空饱餐蟠桃的形象，至今仍脍炙人口。

中国是桃树的故乡。约在汉代，桃沿着“丝绸之路”经中亚传入波斯，又从波斯渐次西传欧美，即使古国印度的桃树也是从中国引进的。如今，属蔷薇科小乔木的桃树，约有80多个国家种植。“桃李满天下”，可谓名副其实。

杏树

杏自古以来便是出名的佳果。它的原产地，众说纷纭，中国是这一古老果树的发祥地之一，已为国际学术界所公认。19世纪伟大的生物学家达尔文，在阐述他所提出的“人工选择”的原理时，曾援引中国人培育杏的成就作为他立论的根据。

杏在分类学上隶蔷薇科的李属，与李、梅、桃的关系很是密切，但杏的种类不多，中国只有山杏、无枝杏、斑叶杏等数种，也许由于这缘故，杏几乎没有什么异名，古往今来，天南地北，一律都用“杏”这个字。

据《庄子》所记：“孔子……休坐乎杏坛之上”，因而讲学的场所、甚至道家的修炼处，古人都称之为“杏坛”。

又，三国时吴人董奉，住在九江的庐山，为人治病，凡是被治好的病人，董奉都要求他种杏5棵，人们称之为“董先生杏”，王维有“董奉杏成林”之句，人们便称医师诊所为“杏林”。

“杏坛”授人以文化知识，“杏林”令人恢复康健，由此可见杏在中国人民心目中的地位。至于“牧童遥指杏花村”千古名句，更是令人“我未饮，心先醉”。

柏树小话

“锦官城外柏森森”是杜甫的名句，说起柏，尤其是参天的古柏，人们无不肃然起敬，除了“丞相祠堂”，黄帝陵、曲阜孔庙、北京故宫……几乎所有庄严的场所都有森森的古柏在肃立。杭州岳坟的“精忠柏”（实际上是木化石）铭志着中国人民对这位抗金英雄的尊敬和景仰。

柏树因四季常青，木质坚硬，自古以来中国的知识分子一直将它来比拟忠贞。除了上文所说“精忠柏”外，唐代的魏徵在《柏树赋》中便有“高节未彰，贞心谁识”之句。元稹也有过“树罕贞心柏”的诗句。杜甫多次吟咏丞相祠堂的柏，他也许是用这植物来表彰诸葛丞相的鞠躬尽瘁，死而后已。汉代的“御史府”中广植柏树，因而御史的公署人们称之为柏台、柏府、柏署，用今天的话来说便是指廉政公署。

柏木因较珍贵，很少用作建筑材料，汉武帝元鼎二年（公元前 115 年），用香柏为梁，在长安造了一台，称为柏梁台。武帝“置酒其上，诏群臣和诗，能七言诗者乃得上”。每种诗限定每人一句，每句用韵，句句要有独立的内容，后世称为“柏梁体”的联句方式便是由此而来。

中国古代的社树

古人称祭祀的地方为“社”。“古者二十五家为里，里各有社”，足见“社”之多。按照古代习惯，祭社的地方必定要植树，以为社的标志，也作为社的崇拜物，这便称之为社树。

人们认为祭社时神灵就附着在这些树上，所以植树是不能草率的，按照《尚书》的说法，大社要植松，东社植橡，南社植梓，西社植栗，北社植槐，还有桑树也常作社树。因为树被赋予了如此神圣的意义，所以一般是不允许触动的。

《淮南子》写道：“侮人之鬼者，过社而摇其枝。”意思是说摇别人的社树等于侮辱别人的祖先。诗人屈原被迫离开楚国的郢都时，望着梓树长叹不已，泪流满面：“望长楸而太息，涕淫淫其若霰。”他叹息国家将亡，社树也要受俘虏一样的待遇了。因为古时敌国交战，往往要砍伐对方树木以示污辱与践踏，如果一国一地的树（不仅是社树）被破坏了，那就意味着故国、乡里遭到了劫难，甚至祖先都受了辱。从这一些情况来看，除了某些迷信成分之外，古人似乎也感受到树木茂盛给生活带来的好处。

中国古代的封疆之木

《周礼》曰：“凡国都之境，有沟树之固，郊亦如之。”所谓“沟树”，即沿境林或防卫林，因其沿境所植，故为封疆之林木。

《荀子》谓楚人“汝、颍以为险，江、汉以为池，限之以邓林，缘之以方城，……是岂无固塞隘阻也哉？”可见邓林（橙林）正是楚人的封疆之林，其性质与“桃林之塞”“榆关”无别。古之都邑初本无城，树木为藩篱而已。例如楚人都郢在文王时，郢城之筑却迟至庄王。楚庄王之前的楚都外围，也就是植枳棘以为沟封。徐中舒先生说：楚为棘人，即荆楚之人。他们生活在农村公社之中，周围不是构筑城墙，而是用荆楚成棘围以作防御之用。在筑有城墙之后，楚人也习以在居邑、宫室之外树以枳棘。如《国语·吴语》载楚灵王“匍匐将入于棘闱，棘闱不纳”。《战国策·楚四》载：“夹刺春申尹，斩其头，投之棘门外。”都是以枳棘为藩篱的旧俗。

《周礼》谓：“掌诏王之社壝，为畿封而树之。凡封面，设其社稷之壝，封其四疆，造都邑之封域者亦如之。”郑注：“畿上有封，若今时界矣。”一国地域沿境树木，正是疆界的标志。在《散氏盘》的铭文中，就详细记录着划分疆界、植树以志的史实。此俗战国犹存。如《史记》载乐毅报燕惠王书曰：“轻卒锐兵，长驱至国。齐王遁而走莒，仅以身免。珠玉财室、车甲珍器收入于燕。齐器设于宁台，大吕陈于元英，故鼎反乎磨室，蓟丘之植，植于汶篁。”蓟丘位于燕都，汶篁深入齐境，“蓟丘之植，植于汶篁”其意何谓？今人或以为是将蓟丘的农作物移植于齐国的汶水之田，此说不当。其实，蓟丘即燕国的社丘，蓟丘之植即燕人的封疆之木，亦即甘棠。乐毅伐齐植燕之封疆之木于齐国的汶水，正是《史记·集解》所曰：“谓燕之疆界移于齐之汶水。”

中国的竹文化

《中国科学技术史》作者、英国著名科学史家李约瑟认为：东亚文明，从某种程度来说乃是“竹子文明”。

此话颇有几分道理。中国早在殷商时期，就出现了“断竹，续竹，飞土，逐肉”的歌诗。那时，先民们已将竹用之于建筑、衣着和娱乐，“上莞下簟，乃安斯寝”，这是《诗经》的记述。

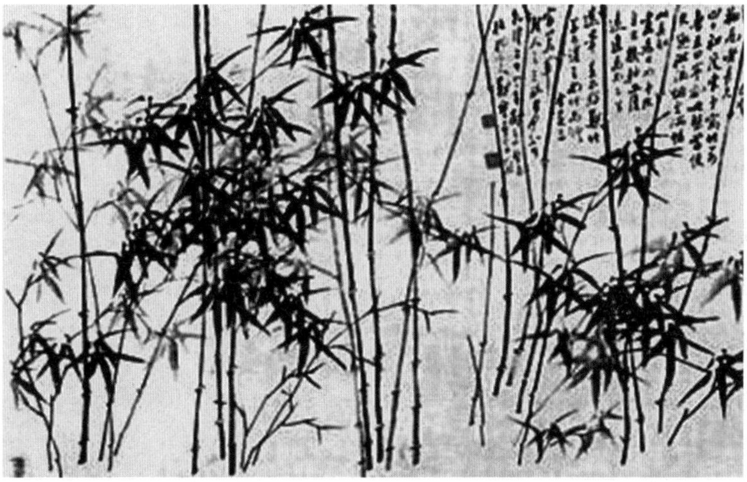

在先秦，人们用竹作符和节以为凭信物。《孔子家语》训导曰：“山南之竹，不搏自直，斩而为箭，射而达。”赋予竹以高尚的哲理内涵。历代咏诵竹子高尚品质的诗文不计其数，尤其唐宋以来，赏竹、咏竹、慕竹之高洁坚贞，成为经久不衰的高雅风尚。

唐宋时期，竹子在长江流域及岭南的许多地方，几成人们赖以生存的必需物，苏东坡曾说：“岭南人当有愧于竹，食者竹笋，庇者竹瓦，载者竹筏，爨者竹薪，衣者竹皮，书者竹纸，履者竹鞋，真可谓一日不可无此君也耶。”

竹子对中国书写文化的贡献是巨大而独特的，从春秋到魏晋，人们主要是在竹简上刻字和写字。3000 多年来，竹筷一直是中国人生活的必需品。中国音乐与竹的关系，历史更长，古人称音乐即为“丝竹”，又有“丝不如竹”之说。由于竹在古代乐器中占统治地位，故唐代称乐器演奏者为“竹人”。

竹之神韵在翠。修竹挺节，高干森霄，坚贞疏节，清风拂影等秉性与景致，以及竹的夏不畏暑热冬不屈严寒、生不避贫壤伐而后复生的特性，对于善以物明志的中国人来说，他们从竹子身上得到不只是一种闲适的享受，更多的是多方面的启迪。普普通通的竹，反映了中国人的高尚志趣，凝聚了中华民族仁人志士坚贞、虚心、高达、旷远的文化心理，反映了中华民族性格情趣中的优秀一面。

花木的象征意义

银杏：古老文明。

寿星草：延年益寿。

茶花：英勇顽强。

并蒂莲：夫妻恩爱。

黄月季：胜利。

杨柳枝：依恋。

红枫：忠实真诚。

橄榄枝：和平。

梅花：坚贞不移、傲骨。

红豆：相思。

吉祥草：红运祥瑞。

石榴：子孙昌明。

芝兰：正气清远。

萱草：忘忧。

椿萱：父母康健。

菊花：高洁、傲骨。

牡丹：富贵。

合欢：欢聚。

紫荆：兄弟和睦。

含羞草：腼腆。

竹：高风亮节。

杜鹃：怀乡。

铁树：庄严。

白杨：悲伤。

夭桃：淑女。

白桑：智慧。

荷花：无邪、清白。

蔷薇：无私。

刺玫瑰：优美。

紫丁香：初恋。

松：德高望重。

杉木：为人正直。

红茶花：天生丽质。

棠棠：兄弟。

万年青：友谊长存。

豆蔻：别离之情。

垂柳：悲哀。

铁树：庄严。

柠檬：挚爱。

桂花：荣誉。

梧桐：爱情。

鸡冠花：爱情。

柏树：永葆青春。

翠菊：追忆、怀念。

竹：气节。

桃李：门生。

杜鹃花：思乡之情。

紫罗兰：诚实。

兰：高尚。

白栎树：独立。

桃：寿考。

木棉：英雄。

白菊：心意的真诚。

松柏：坚贞。

紫藤：对客人的欢迎。

海棠：闺秀。

花名趣谈

以数字作花名：半支莲、一串红、二色芋、三色堇、四照花、五色椒、六月雪、七叶一枝花、八仙花、九月菊、十姊妹、百合、百日红、千年红、万年青。

以季节作花名：春兰、夏水仙、秋海棠、冬青。

以气味作花名：苦皮藤、小辣椒、酸梅、甜叶菊、香绣球。

以动物作花名：龙舌兰、金鱼草、鸢尾花、金鸡菊、雀舌黄杨、孔雀星、雁来红、凤凰木、花蝴蝶、鸳鸯藤、骆驼刺、玉蝉花、白蝉花、黄蝉花、飞燕草、狸狸草、马蹄莲、龟背竹、猫尾木、鸡冠花、鸭跖草、鸭鸦椿、鹅掌紫、蟹爪兰、猪笼草、狗尾红、狗牙蜡梅、牛眼菊、牵牛花、羊不吃叶、蛇目菊、狮子尾、虎头兰、象牙蓟、鼠尾掌、杜鹃花、鹤望兰、银鹊树、鹧鸪麻、蝙蝠藤、鹦哥花、麒麟花、猴面花、猩猩草、鹿角柱、燕子棠等。

以方位作花名：东京樱、西番莲、南天竹、北板罂粟等。

以色彩作花名：红叶苋、红板春、橙叶吊钟花、黄馨、黄杨、白玉兰、紫珠、紫茉莉、绿梅、绿萼、青紫木、蓝目菊、黑牡丹、黑松、棕榈、翠柏、褐斑绿萼等。

以气象作花名：日照花、月光花、满天星、风信子、云竹、雨久花、雪莲花、晴雨花。

以景作花名：天竺、地柏、月宫殿、山丹、海桐、岩桂、月季等。

以美人作花名：美人蕉、女美樱、美女玉竹、虞美人等。

花中“客”

牡丹——贵客、赏客。

荼蘼——雅客。

瑞香——佳客、闺客。

萱草——欢客。

梅——清客。

凤仙花——泪客。

木樨——岩客。

丁香——素客、情客。

素馨——韵客。

兰——幽客。

月季花——痴客。

莲——静客、溪客。

蔷薇——野客。

桂——仙客。

海棠——蜀客。

杏——艳客。

栀子花——禅客。

棠棣——俗客。

茉莉——远客。

木芙蓉——醉客。

灯花——穷客。

杨花——狂客。

杜鹃花——仙客（与桂同）。

梨花——谈客。

芍药——近客。

凌霄花——势客。

含笑花——佞客。

木槿——时客。

葵花——忠客。

橘花——隽客。

酴醾花——才客。

木笔花——书客。

牧　业

马名杂谈

说到马名，则是随着人们饲马、用马、相马、爱马而逐步演变发展起来的。一般说是根据马的产地、特点、形态、功能、性别、年龄等来区分的。

今天的内蒙古、新疆等地，自古以来就是中国盛产良马的地方。所谓大宛马、乌孙马、西极马等都是就产地而言的。

能力低下的马，人称“驽马”“骀马”。至于良马，称谓繁多。龙驹、天马、苍龙、青骢、龙媒、纤离、吉疆、腾黄、蹄、骕骦……都是古时良马的称谓。

就功能来说，用马驾车时，走在中间的叫“服”，走在两旁的叫“骖”或“驷”。

2岁以下的马，叫驹；3岁叫“駣”。

就性别来分，雄马又称牡、骘、腾；雌马又称牝、骒。

从马体的高低来分，身高八尺的叫“龙”，七尺以下的叫“騋”，六尺以下的才叫“马”；“果下马”则是一种特别矮小的马，《后汉书·东夷传注》说此马“高三尺，乘之可于果树下行”。

中国古代相马经

中国古代十分重视相马，是与马在当时社会中发挥的重要作用分不开的。马不仅可以乘骑负载、牵挽驾车，而且在古代战争中，往往是决定战争胜负的关键，同时也是一个国家国力强盛与否的标志。因而中国古人既重视养马，更对宝马良骥十分渴求，并在长期养马的实践中，通过不断观察总结，创立了相马之

法，同时又出现了许多如伯乐一样的相马名家。

在夏朝，被驯化的马已用来演戏了。周代开始驯马用以驾车。宫廷设“校人”，“掌王马之政，辨六马之属”，负责配种、繁育、治蹄和保养。设“趣马”一职，负责教习马匹，他们“简其六节，掌驾税之颁”。“六节”指行止、进退、驰骤等六种基本节制。“驾税”就是操纵马，驯之以动作的技巧。直至今日，人们仍用“驾”“税”的象声词来指挥牲口，可说是古风犹存的一个极好例证。

马匹被驯之后，极其听话。如周王祭祀乘的“玉路”马，能根据诗歌的音节而改变行进速度，听到歌唱旋律较慢的“肆夏之诗”时，马儿就舒缓徐行；歌唱激昂的“采荠之诗”时，马儿就由徐行改为小跑。驾驭这类马匹的车把式，能做到中大夫的官职。这种传统技术职称一直延续到驯马技术日趋成熟的汉代。

今天能够见到的最早的相马专著，是距今已 2000 余年的帛书《相马经》，出土于长沙马王堆 3 号汉墓中，共 77 行，约 5200 余字，虽头尾已缺、字迹漫漶难辨，但已弥足珍贵。它集各家相马家的综述，对相马之法尤其是马之头部阐述得十分详细。另外的文献还有《伯乐相马法》、马援的《铜马相法》《齐民要术》《元亨疗马集》也有相马要则。

中国的三大名马

三河马因产自内蒙古三河地区而得名。它的祖先虽然是后贝加尔马，但是由于它在水草丰美的三河生活繁衍数十年，并和别的马种发生血缘关系，所以，其外形、体质和性能等方面形成独立的品种。它的优良特性是体质结实，坚忍耐劳。

河曲马也叫吐谷浑马、南番马、乔科马，1954 年正式定名为“河曲马”。据史料记载，这种马已有 1300 多年的历史，它以甘、青、川三省交界处的甘肃玛曲县、青海河南蒙古族自治县、四川若尔盖为主要产地。它由蒙古马演进而来。它体躯匀称、外观清秀。

伊犁马产自古代乌孜国故地——新疆伊犁哈萨克族自治州，其精华集中在“天马”故乡——昭苏县。它是一种杂交改良马，它毛色美观，头部清秀，外貌悍威，胸深腰细，神经敏捷，适应性强。

生活保健

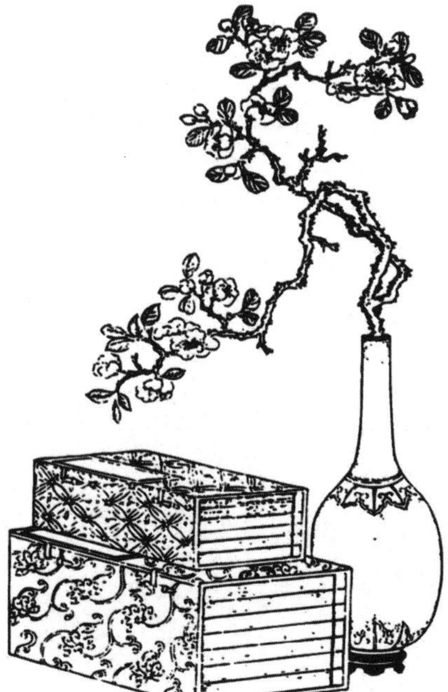

生 活

◎居家卫生◎

室内环境

如何防止室内环境污染

首先是不使用或尽量少使用有污染的装潢材料。装潢好的新房子要经常打开门窗透气，一年内非到迫不得已，不要关窗使用空调器。有条件的可以安装活性碳空气净化设备。

家中的厨房和卫生间要有良好的通风系统，抽油烟机要有足够的排风量，并且要安装合理，不能有抽风死角。在家里尽量少做油炸食品，炒菜时的油温不宜过高。

最好不要在居室内养鸟，否则鸟的羽毛、粪便等会污染室内空气。再者，鸟在笼中喜欢飞来飞去，会加速致敏源和细菌在室内的传播。

此外，家中要注意保持清洁卫生，每天要开窗透气；尽量不要用地毯，以利于打扫卫生；没有用的物品，摆在家里既占地方，又污染环境，要狠下心来处理掉；生活垃圾要分类包装，及时处理。

居室飘香 5 法

1. 在灯泡上滴几滴香水或花露水，开灯后便会逐渐散发香味。

2. 把一汤匙松节油缓缓倒入开水中搅拌，室内就会充满松树的清香。

3. 在热水中放人一根肉桂棒、一把丁香，可使香气沁人心脾。

4. 用微火烘烤少许橘皮，房内会有一股橘香。

5. 把餐巾纸剪成小张，浸入香水中，晾干后，放在抽屉或柜子内，香味可保持较长时间。

卫生“死角”要怎样清洁

1. 玻璃清洁法

家中凹凸不平的玻璃，如果没有好方法，清洁起来非常麻烦。现在教你一招，方便好用。你可以用牙刷把玻璃凹处及窗沿的污垢清除掉，并用海绵或抹布将污垢除去，再蘸上清洁剂拭净，当抹布与玻璃之间发出清脆的响声时，就表示玻璃擦干净了。

2. 地毯干洗法

有一种环保干洗法，把苏打粉均匀地洒在地毯上，约 15 分钟后，使用吸尘器清理即可，效果不错。羊毛地毯或化纤长毛毯，由于放置家具的时间过长，会受压留下些痕迹，用热水浸湿毛巾拧干后压在印痕处，5～10 分钟后用梳子和吹风机梳理吹干，即可恢复原状。

3. 开关插座、灯罩清洁法

电灯开关上留下手印痕迹，用橡皮一擦，即可干净如新。插座上如果沾染了污垢，可先拔下电源，然后用软布蘸少许去污粉擦拭。清洁带有皱纹的布制灯罩时，选毛头较软的牙刷做工具，不易损伤灯罩。清洁用丙烯制的灯罩，可抹上洗涤剂，再用水洗去洗涤剂，然后擦干。普通灯泡用盐水擦拭即可。

如何除去室内异味

1. 室内的烟味

可在室内不同的位置放几条湿毛巾，然后点燃几只蜡烛，烟雾和烟味即可很快消失。

还可用毛巾蘸上稀释的醋，在室内挥舞数下，即刻生效。若用喷雾器喷洒稀释的醋，则效果更佳。

2. 室内的霉味

抽屉、柜橱、衣箱等若很久不开，会产生一股霉味。若在里面放一块香皂，霉味很快会消失。

3. 室内的臭味

室内若通风透光条件不好，会产生一种类似碳酸氢铵的臭味。可在灯泡上滴些香水，灯泡发热后，香水味就能慢慢散发，室内的臭味即可消除。

4. 室内的花肥臭味

养在室内的花卉盆景，需用发酵的液肥，但时间长了臭味难闻。可将鲜橘皮切碎参入液肥中浇灌，臭味即可减轻或消除。

5. 洗澡间的异味

只要在洗澡间内划燃一根火柴，即可除去那种令人讨厌的临时性异味。

6. 厕所里的臭味

先用水冲净，再把一盒清凉油去盖放在厕所里，使清凉油味溢出，臭味便可消除。

或在厕所里点蚊香，1 周 2 次即可。

在入睡之前，往尿具中丢两张燃烧的废纸，氨臭味便会消失。

快速去除樟脑味法

樟脑丸虽是收藏衣服时不可缺少的，但其独特的气味总令人不快。虽然可将衣服放在阴凉通风的地方除味，但必须花上一天的时间。如急用衣服时，可将衣服放入塑料袋内，再将袋内放入冰箱用的脱臭剂，密封起来，只要 1～3 小时即可完全除去异味。也可用吹风机或电风扇将异味除去。

室内消毒有窍门

1. 室内空气消毒

可采用最简便易行的开窗通风换气方法，每次开窗 10～30 分钟，使空气流通，使病菌排出室外。

可采取紫外线照射进行消毒。病原微生物在阳光的直接照射下，大部分会自然死亡。

使用化学消毒剂，通过喷雾或气体熏蒸方法进行室内空气消毒。家庭消毒，基于方便、实用的原则，可购买过氧乙酸自行配制溶液，亦可购买过氧化氢等制成的空气清新消毒喷雾剂，如威理氧化型消毒剂等，进行室内喷雾消毒。传统的含氯消毒剂也行，但最好短期使用，因其有一定毒性及副作用，对人体容易造成二次污染。

2. 餐具消毒

可连同剩余食物一起煮沸 10～20 分钟或可用 500 毫克/升的有效氯，或用浓度为 0.5%的过氧乙酸浸泡消毒 0.5～1 小时。餐具消毒时要全部浸入水中，消毒时间从煮沸时算起。

3. 手消毒

要经常用流动水和肥皂洗手，在饭前、便后、接触污染物品后最好用含 250～1000 毫克/升的 1210 消毒剂或 250～1 000 毫克/升有效碘的碘附或用经批准的市售手消毒剂消毒。

4. 衣被、毛巾等消毒

宜将棉布类煮沸消毒 10～20 分钟，或用浓度为 0.5%的过氧乙酸浸泡消毒 0.5～1 小时，对于一些化纤织物、绸缎等只能采用化学浸泡消毒方法。

另外，消毒药物配制时，如果家中没有量器也可采用估计方法。可以这样估计：1 杯水约 250 毫升，1 盆水约 5 000 毫升，1 桶水约 10 000 毫升，1 痰盂水约 2000 到 3 000 毫升，1 调羹消毒剂约相当于 10 克固体粉末或 10 毫升液体，如需配制 10 000 毫升浓度为 0.5%的过氧乙酸，即可在 1 桶水中加入 5 调羹过氧乙酸原液而成。

生活用品

巧除电脑污垢法

电脑的显示器、键盘和主机及其他器具使用时间长了，其表面沉积的灰尘污垢，用普通的肥皂水和洗涤剂都难以清除干净。如将牙膏挤在抹布上，用其擦拭灰垢，效果非常好。

电视机除尘诀窍

拔下电源插头，把电视机搬到室外，小心拆下后盖板，利用打气筒（拔下金属出气嘴）一边打气，一边向机内有灰尘的部位吹去，直到吹净为止。在操作时应特别注意，不可让胶管碰坏电器元件及机内连线。

电冰箱如何快速除霜

首先断开电冰箱电源，把箱内食品取出。然后根据冷冻室大小，将一个或两个铝制饭盒装上开水放入冷冻室内。数分钟后，冷冻室壁上的霜块开始整块脱落（尚未脱落的，可用手轻扳）。

如果冷冻室顶部没有金属蒸发板，盛开水的饭盒应盖上，以免低温下的塑料内壁因骤然升温而变形。采用这种方法比停电自行升温化霜省时得多。

打气筒清除电冰箱积垢法

电冰箱冷藏室排水孔堵塞，可卸下电冰箱后面连接排水孔的塑料胶管，把打气筒气嘴对准电冰箱连接排水孔处，往里打气，落在里面的食品碎屑即会被吹出，堵塞即被排除。

电熨斗锈垢去除法

电熨斗加热后，在底部涂上少许白醋，然后用较粗的布在上面擦拭，污垢就能除去。

灯具清洗法

灯具一般都挂在高处，而且灯罩灯泡又易破碎，所以不便清洁。此时可用旧棉袜进行擦拭，首先关掉电源，然后把棉袜套在手上，轻轻地擦拭灯罩和灯泡。如果灯泡很脏，可以在棉袜上倒一点儿洗涤精轻轻擦拭，即可擦干净。

地砖污迹去除法

1. 用布蘸一点亚麻籽油，可擦去地砖上的泥水。

2. 用湿布蘸石粉，可除去地砖上的褐色污迹。

3. 取等量的亚麻籽油、松节油，调匀后擦拭地砖上的污迹，既可防止地砖破裂，又能使地砖保持良好的光洁度。

桐木衣橱去污法

桐木衣橱有了污垢，可用40号以上的细砂纸沿着木纹擦拭，然后将砥石粉末蘸水涂上，干后用干布擦亮即可。

金漆家具去污法

金漆家具漆面有了油污，可用软绒布蘸汽油擦拭，千万不能用其他液体去擦，以防腐蚀家具漆面。

清洁皮制沙发

皮制沙发清洁时要加倍小心，因它很容易被划破和弄脏。平时你只需要用湿布抹去表面上的尘埃，当沙发表面有顽固的污渍时，就应该用一种特殊的沙发喷雾剂，用的时候只需在距离污渍大约10厘米的位置喷一下，然后用湿布轻轻擦拭一下即可，这样会令您的沙发光亮如新，而这种保洁方式每月只需一次即可。为了使沙发更加光亮，同时也可以用光亮剂，用法如同清洁沙发一样简单。

抽油烟机巧清洗

1. 可用加热的洗涤剂溶液清洗抽油烟机。

2. 如果抽油烟机非常脏，污垢过厚，可用液体玻璃窗清洗剂清洗。

3. 滤油网可用洗碗机清洗。

4. 当滤油网上积油过多时，不宜与瓷器一起洗涤。

5. 如果用手洗滤油网，最好先把滤油网放在洗涤液中浸泡数小时。

6. 将用剩的小肥皂块泡成糊状，在抽油烟机外壳上薄薄涂上一层，待干后就成了一层自然保护层。经过一段时间的使用后，粘在抽油烟机表面的油污只要用湿布一擦即可除掉。

7. 抽油烟机扇叶空隙小，手伸不进去，油烟污染后清洗很不方便，还往往在清洗时，把扇叶碰变形，造成重心不平衡。可将刷洗好的扇叶（新的效果更好）晾干后，涂上一层办公用胶水，使用数月后将风扇叶油污成片取下来，既方便又干净，若再涂上一层胶水又可以用数月。

8. 抽油烟机集油盒收集的污油，向外倒时很不顺利。为解决倒油难的问题，可在已装好的油盒或新油盒内装衬一层塑料薄膜，当油满时将塑料薄膜一起拔出，再换一层新薄膜即可，既方便又卫生。

◎家庭装修◎

材料选购

大理石的选择

在选择大理石装饰材料时，除应充分考虑装修的整体效果外，还应就大理石的表面是否平整，棱角有无缺陷，有无裂纹、划痕，有无砂眼，色调是否纯正等方面进行筛选。

总之，大理石的质量要求光洁度高，石质细密，色泽美观，棱角整齐，表面不得有隐伤、风化、腐蚀等缺陷。

橱柜面板的选择

市场上目前常见的橱柜面板有烤漆板、镜面树脂板、吸塑板、防火板和三塑氢氨板几种。我们可以通过以下三种测试方法来进行选购。

测试一：耐磨性能

测试方法：用钢丝球在这五种面板上用相同力度进行划擦，测试它们的磨损程度。

测试结论：在耐磨性方面，镜面树脂板和烤漆板的耐磨性能欠佳，这是由于它们表面光滑，使用中的划擦会在面板上留下痕迹。三聚氢氨板、吸塑板和防火板都有不错的耐磨性能。

测试二：防水性能

测试方法：把这五种面板浸入水里 24 小时，看它们的变形程度。

测试结论：在防水性能方面，防火板的防水性能最差，浸水后变形严重，这是因为防火板是热压成型的。三聚氢氨板的防水性能一般，浸水后有轻度膨胀现象。烤漆板、镜面树脂板和三聚氢氨板都有很好的耐水防潮性能。

测试三：耐高温性能

测试方法：我们用加热到 100℃的电熨斗来模拟厨房里的高温操作，看看对橱柜会造成什么样的影响。

测试结论：在耐高温性能方面，吸塑板表面的耐高温性能最差，由于它的表面是一层 PVC 膜，所以遇到高温会留下印痕。烤漆板和镜面树脂板的耐高温性能一般，这是因为它们受热后会产生变色现象，但几分钟后变色情况有很大改善，基本恢复到原来的状态。三聚氢氨板和防火板的耐高温性能最佳。

此外，对色彩要求高、追求时尚的消费者可以选择烤漆板或镜面树脂板的橱柜，不过由于它不耐划刮，所以需要注意保养和维护。如果您对橱柜面板的造型有较高要求，那就可以选择吸塑板，因为它的立体造型非常丰富。追求简约、强调物美价廉的消费者可以选择三聚氢氨板来制作您家的橱柜。要是您家的厨房使用率比较高，特别重视经久耐用性，同时愿意牺牲一些橱柜的美观性，那么您可以选择防火板。

如何选购水泥砂浆

在家庭装修中，地砖、墙砖粘贴以及砌筑等都要用到水泥砂浆，它不仅可以增强面材与基层之间的吸附能力，而且还能保护内部结构，同时可以作为建筑毛面的找平层，所以在装修工程中，水泥砂浆是必不可少的材料。

许多人认为，水泥占整个砂浆的比例越大，其粘接性就越强，因此往往在水泥使用的多少上与装修公司产生分歧。其实不然，以粘贴瓷砖为例，如果水泥标号过大，当水泥砂浆凝结时，水泥大量吸收水分，这时面层的瓷砖水分被过分吸收就容易拉裂，缩短使用寿命。水泥与砂浆的比例应按 1∶2（体积比）的比例来搅拌。

目前市场上水泥的品种很多，有硅酸盐水泥、普通硅酸盐水泥、矿渣硅酸盐水泥等等，家庭装修常用的是硅酸盐水泥。

水泥与砂的选购原则

1. 为了保证水泥砂浆的质量，水泥在选购时一定要注意是否是大厂生产的 425＃硅酸盐水泥。

2. 砂应选中砂，中砂的颗粒粗细程度十分适于用在水泥砂浆中。许多人以为砂越细砂浆越好，其实不是这样的。太细的砂吸附能力不强，不能产生较大摩擦而粘牢瓷砖。

多彩涂料优劣的鉴别

辨别多彩涂料的优劣主要有“四看”：

一看水溶液：多彩涂料在经过一段时间的储存后，其中的花纹粒子会下沉，上面会有一层保护胶水溶液。一般约占多彩涂料总量的 1/4 左右，凡质量好的多彩涂料，保护胶水溶液呈现无色或微黄色，且较清晰。

二看漂浮物：凡质量好的多彩涂料，在保护胶水溶液的表面，通常是没有漂浮物的，有极少量的彩粒漂浮物，尚属正常。

三看粒子度：取一透明的玻璃杯，盛入半杯清水，然后，取少许多彩涂料，放人玻璃杯的水中搅动。凡质量好的多彩涂料，杯中的水仍清晰见底，粒子在清水中相对独立，粒子的大小很均匀。

四看销售价：质量好的多彩涂料，均由正规生产厂家按配方生产，价格适中；而质量差的多彩涂料生产中偷工减料，成本低，销售价格比质量好的多彩涂料便宜些。

内墙涂料质量鉴别

1. 看日期：一般水性内墙涂料的有效贮存期为 3 个月。超过贮存日期和无厂名、无生产日期的产品均不能使用。

2. 看外观：是否有发霉、变黑的现象，是否有恶臭味。如有发霉、变黑和恶臭现象，说明涂料已腐败变质，绝对不能使用。有的涂料有较重的异味和强烈的刺激性气味，很有可能存在有害化学成分，对人体健康有严重危害，因此要特别警惕。此外，有结块、沉淀、气泡的涂料不可使用。

3. 看黏稠度：好的涂料用搅棒搅动应感觉有一定的黏稠感，且很容易搅匀。不合格的涂料太薄、黏度太低，涂刷时就容易流挂。如棒上沾着的涂料呈透明或半透明状，说明涂料的质量不太好。

4. 看质地：较高级的装潢涂料，如水性的“贵殊漆”及“乳胶漆”，无论在色泽、质感上均较优良，颜色也持久不褪，并能防霉、抗碱性，在较潮湿的环境中，可减少墙面因发霉或吐碱所引起的漆面剥落的情形发生。

家具油漆的选用

1. 聚氨酯清漆：附着力强，耐摩擦、耐湿热、防霉菌，是高级装饰用漆，可用于壁橱等。

2. 丙烯酸木器漆：漆膜丰满、光亮、坚硬、耐击，且耐酸、碱、醇等化学物的侵蚀，装饰性强，多用于乐器外壳和高级家具。

3. 酚醛清漆：漆膜坚硬，耐磨抗潮，耐化学腐蚀，干燥快，适用于柜橱等家具涂用。

4. 硝基木器清漆：漆膜坚硬，光泽度好，耐久性强，适用于光度要求高的高级木制家具。

5. 醋胶清漆（也叫耐火漆）：漆膜光亮，能受阳光、高温、风吹、雨淋及温度变化的侵蚀，可用来刷木桶、盆、方凳等。

6. 醇酸清漆：漆膜光亮，附着力强，干燥性好，不受气候变化的影响，是较受欢迎的一种透明清漆。

乳胶漆质量鉴别

乳胶漆分为内、外墙两种，居室装修一般选用内墙乳胶漆。好的内墙乳胶漆有如下特点：

1. 具有色泽持久、涂膜坚固、遮盖力强、防霉变、耐洗刷、易施工等优点。

2. 涂刷后表面光洁，无杂质和粒子悬浮、无刷痕、流平度良好，涂刷后的墙面有明显的张力特征。

3. 每千克的涂刷面积应不少于 6 平方米。

4. 对人体无任何危害，具有无毒无味，不含铅、汞等有毒添加剂。如不具备以上特征，就不能称为乳胶漆。如墙面遇潮易起皮，涂层面看上去无张力、有粉层感，摸墙面手会沾粉等，这类只能称为普通涂料。

石膏浮雕的选购

1. 看光洁度：好的石膏浮雕装饰品表面细腻，手感光滑。而质量低劣的石膏浮雕装饰品表面粗糙，摸上去毛毛糙糙，这类产品大多是低劣的石膏粉制作的，绝对不能贪图便宜去购买它。

2. 看图案花纹深浅：好的石膏浮雕饰品，图案花纹的凹凸应在 1 厘米以上，且制作较为精细，而采用盗版模具生产的石膏浮雕饰品，图案花纹较浅，一般只有 0.5～0.8 厘米左右。

3. 看产品厚薄：好的石膏浮雕装饰品摸上去都很厚实，而不合格的石膏浮雕装饰品摸上去都很单薄，不仅使用寿命短，严重的甚至会影响居住人的安全。

壁纸墙布胶粘剂的选购

壁纸、墙布的胶粘剂选用是否得当，直接影响到新居墙面装饰的质量。理想的胶粘剂应按壁纸和墙布的品种选配，并应具有防霉、耐久等性能。如墙面装饰有防火要求，则胶粘剂还应具有耐高温、不起层等性能。

瓷砖的选购

1. 看色差：同一种品牌、型号、规格的瓷砖放在一起应颜色一致，无色差。

2. 看外形：整块瓷砖的正面及边缘是否镀满釉层，瓷砖表面有无裂缝、斑点、疵点。

3. 检查平整度：将瓷砖面向玻璃，轻压四个角，检查瓷砖是否平整。瓷砖越平整质量就越好。平整度不好的瓷砖不宜用其贴灶台面。

室内地砖选购法

室内地砖有釉面砖、同质砖和大理石等。选择地砖可从功能和色彩两方面考虑。

1. 功能

釉面砖俗称瓷片，表面光滑、美观，色彩图案丰富，便于营造各种氛围，其表面的耐腐蚀性能较好，按国家标准可分为五级，表面耐磨性则分为四级，用户可视不同的需求选购。

同质砖的耐腐蚀性、耐磨性均优于釉面砖。其他如抗弯曲强度、耐急冷急热等性能也优于釉面砖。但相对而言，色彩较为单调。

天然大理石砖具有天然的色彩和图案，气质稳重、华贵，但它的耐磨性和耐腐蚀性均不及上述两种，而且价格较贵，适合于较高档的室内装饰。

人造大理石具有天然大理石的特性，虽色彩、图案不及天然大理石，但仍能显示出稳重典雅的气质，且价格较为便宜。

2. 色彩

地砖色彩应同墙面色调相一致，同时比墙面明度低暗，使房间产生上轻下重的稳定感，也易保持地面清洁。地砖色彩切忌过于花哨，如用彩色地砖拼大图案或用强烈对比的地砖拼网格图形都会使人在视觉上产生混乱感觉。总之，可依据居室的不同功能和个人的审美情趣及经济角度进行遴选，创造出一个温馨舒适的环境。

如何选购地热地板

由于地热采暖的特殊性，对地板的要求非常严格，因此，地热地板在满足常规质量指标的同时，还要满足以下四大要求：

1. 导热散热性要好——宜薄不宜厚。木材和竹材都是很好的天然材料，地面热量通过地板传递到表面，必然会有热能损失，理想的地板能把损失降到最低。所以为了减少热能的损失及降低供暖运行维护开支，地面采暖地板必然“选薄不选厚”。可选择多层实木、竹地板和强化木地板，板厚不超过 8 毫米，最多不能超过 10 毫米。

2. 尺寸稳定性要好——宜小不宜大。地热地板的使用环境相当复杂，尤其是在北方地区，非采暖季地面要承受各种潮气，而供暖时地面温度又要骤然升温，木地板必然承受“温度”“湿度”的双重变化。所以地热地板必须要选购稳定性好的，如强化地板、多层实木地板、竹木地板这些集成复合型地板。

3. 防潮耐热性要好——宜于环保胶。集成复合型地板要用黏合剂，黏合剂需符合环保、胶合强度、耐高温高湿老化这三大指标。尤其是对于地热地板来讲，要经过耐高湿、耐低温等实验，如果采用普通的黏合剂，环保指标、耐潮性、耐老化性、膨胀率等均不能达标。因此消费者在选购时，查看商家的产品报告、检验报告是非常必要的。

4. 耐磨性要持久。由于地热地板宜薄不宜厚，所以复合表面层一般以 0.3～0.6 毫米为多。主要表层的油漆耐磨耗值要比传统指标高。

如何挑选软木地板

1. 先看地板砂光表面是不是很光滑，有没有凸出的颗粒，软木的颗粒是否纯净。这是挑选软木地板的第一步，也是非常关键的一步。

2. 看软木地板的边长是否直。其方法是：取 4 块相同地板，铺在玻璃上或较平整的地面上，拼装起来后看其是否合缝。

3. 检验板面的弯曲强度。其方法是将地板两对角线合拢，看其弯曲表面是否出现裂痕，没有裂痕则为优质品。

4. 对胶合强度的检验。方法是将小块样品放入开水中浸泡，如果其砂光表面变得凹凸不平，则表明此产品为不合格品；若表面无明显变化，则为优质产品。

如何选择复合木地板

目前，复合木地板（强化木地板）是最常采用的家庭地面装饰材料之一。但由于市场上有很多品牌和型号，而其性能、价格等因素也相差很大，消费者在选择复合木地板时往往会感到无所适从。选购时要特别注意的几个方面：

1. 看耐磨值：耐磨值是用转数表示的，转数越大、耐磨程度越高，价位也就越高。作为居家环境，耐磨值在 7 000 转左右就够了。如果选择过高的耐磨值，有时会造成不必要的浪费。

2. 看企口是否平直：企口的完整程度直接关系到木地板的使用寿命。

3. 看颜色和木纹：挑选颜色、木纹时，一定要考虑房间的大小、家具的颜色与风格以及个人的爱好。一般来说，房间大可选择颜色深一点、木纹复杂点的地板；房间小选择颜色浅、木纹素雅点的更好。

4. 挑板面光洁度：复合木地板从板面光洁度大致分为沟槽型、麻面型、光滑型等。这些品种无所谓哪一种好，完全取决于消费者的个人爱好。

另外，还要注意，由于地板在铺装过程中会有少许损耗，购买时一定要多买几块才能保证正常的铺设数量。还有在搬运过程中一定要保护好边角。

防噪材料的选择

1. 软木地板：关爱楼下邻居

目前软木地板主要有三种。

纯软木地板：安装方式为粘贴式，施工工艺比较复杂，对地面要求也较高。市场价在每平方米100元左右。

“三明治”软木地板：表层与底层均为软木，中间层为中密度板。安装简单，对地面要求不高。市场价300多元每平方米。

软木静音地板：是软木与复合地板的结合体。这种地板的安装方式与复合地板一样，可以采用锁扣的方式。它的市场价在110～180元每平方米之间。

2. 静音门：把吵闹锁在门外

“桥洞力学板”是德国制造的一种全新的高科技门芯板。其独特的管状结构，能有效地隔音：管状结构中存留的空气，类似保温瓶与隔音玻璃的原理，可达到相当于30～44分贝的隔音效果。

3. 中空玻璃窗：双层静音

安装双层玻璃窗，可以将外来噪音降低一半，这对于临街的居室来说是很有必要的。但要警惕不要将没经过处理的双层玻璃误当成是中空玻璃。

科学家装

装修成本应该如何控制

1. 把投资的总数额事先定好，并计划可增数额的限制数，然后在设计时，将施工中的项目内容清单逐一列出，如超出指标则压缩材料单价，改选品种或减少施工内容，等以后资金宽裕了再补做。这种计划方法适用于资金比较紧张的居民。资金比较宽裕的居民，则可采用第二种方法，即先根据自己的要求做出设计方案，然后按自己的爱好选择主材，把自己的居室按理想要求定出标准，请装饰装修公司逐一报价，最终得出准确的投资数目。

2. 人们常说，装饰装修很难控制投资费用。装饰装修公司往往是钓鱼上钩，以低价让你开工，让你骑虎难下，最终却以高价与你结算，可谓“宰”你没商量，矛盾纠纷由此而起。因此，市民要到材料市场去调查一下，这样可以较准确地算出费用，有一点你必须清楚：没有一家装饰装修企业会赔钱帮你装饰装修，送你的物品其实就是你自己的钱。

当你制订装修计划时，一定要实事求是地把自己的需求告诉装饰装修公司，让装饰装修公司根据设计方案计算出准确的含有全部内容的报价清单，不能漏项，如漏项一多，你的计划就会被打乱。对这份报价清单你必须仔细认真地审核调整，以确定基本的投资计划数。在施工过程中尽量不要随便改变主意，因为一有改变就意味着花销会大大增加。

家庭装修 8 项注意

1. 不得在混凝土圆孔板上凿洞、打眼、吊挂顶棚及艺术照明灯具。

2. 在隔断墙上粘贴瓷砖，应该用建筑胶作为胶结材料，用水泥砂浆粘贴时，必须将原抹灰铲除。

3. 在粘贴厨房、卫生间地面装饰材料前，必须对基层做防水处理，并按规定办理蓄水 24 小时检验合格的签认手续。

4. 阳台因承重小，不得粘贴除塑料地板砖、硬木地板以外的装饰材料。

5. 未经房屋原设计单位认可同意，其承重墙、共用部分隔断墙、外用护墙、抗震墙等墙体上不得随意掏挖、打洞、剔槽，不得擅自拆改。

6. 未经房屋安全鉴定站鉴定的房屋装饰，其棱（地）面装饰材料的重量不得超过每平方米 400 牛顿。

7. 卫生间的蹲坑改坐便器时，不得随意变动下水道排水口位置。

8. 室内装饰要保证煤气管道和设备的安全要求，电气管线及设备与煤气管水平的净距离不得小于 10 厘米，电线与煤气管交叉净距不少于 3 厘米。

卧室装潢省钱法

1. 卧室装修如不做吊顶，可省去一笔为数不少的材料、人工费。不做吊顶，可考虑在顶部墙角粘贴石膏的系列装饰线条，既省钱且又有效果，避免视觉上的压抑感。装饰线条立体感强，不占用空间，而且价格低，品种丰富，大有选择余地。

2. 墙面装饰可采用国产乳胶漆分别涂刷四壁、两板，价格与普通墙纸相当，但耐用性与效果都比墙纸略胜一筹。

3. 对房门的装饰，最实惠的就是在原来的房门基础上拼镶木线条，只需花上一二百元即可达到立体效果，这样又可省去购买新房门的一大笔钱。

卫生间应如何装潢

1. 卫生间湿度大，一定要选用防湿性能强的材料。如地面宜用地砖、花岗岩，墙饰材料宜用瓷砖、大理石，顶棚宜用塑料板材、玻璃、半透明板材等防水防污的材料。

2. 卫生间墙壁材料、卫生洁具的颜色一般多采用冷色调，例如，墙上用白色、浅白色的瓷砖，浴缸是淡绿或蓝色的，具有清洁感。卫生间墙壁、卫生洁具也可选择华丽的色彩，使其有一种高贵的感觉。但要注意相互协调，总体风格上要保持一致。

3. 为避免室内水汽凝结，保持空气畅通，卫生间应尽可能装排风扇或其他交换空气的设备，这样有利于人体的健康和墙面的保养。

4. 卫生间的地坪应略有斜势，尽量向排水口倾斜，这样有利于室内排水。

小户型装修必备宝典

1. 色彩的选择

结合自己爱好的同时，色彩设计一般可选择冷色调。冷色调有扩散性和后退性，使居室能给人以清新开朗、明亮宽敞的感受。最好能以柔和亮丽的色彩为主调，避免同一空间内过多采用不同的材质及色彩，以免造成视觉上的压迫感。

2. 家具的布置

要选择那些造型简单、质感轻、小巧的家具，尤其是那些可随意组合、拆装、收纳的家具。这样既可以容纳大量物品，又不浪费空间，使得居室内各功能既有分隔又有内在联系，不产生拥挤感。

3. 避免空间划分

小户型房子在装修时，应合理地布置人行路线和一些大型家具，在不影响使用功能的基础上，利用相互渗透的空间增加室内的层次感和装饰效果。

4. 合理布置家居

在布置家居时要充分利用空间的死角，例如摆放小型家具。

在墙面上相间地涂上两种浅暖色的线条，线条与平面平行，横线条由下部往上逐渐变窄，这样就给人一种宽大明快、放大延伸的感觉。

可在入门对面的墙壁上挂上一面大镜子，这样可以映射出全屋的景象，似乎使客厅增大了一倍，或在狭长的房间两侧装上玻璃，也可达到类似的效果。

小居室的 3 种阳台改造方式

想要让小空间既有的室内面积变大，进行“阳台改造”工程，是创造空间最主要，也最可行的手段之一。

1. 阳台外推增加室内空间

将阳台完全外推，再利用外推出去的空间放床，原来放床的空间就让给了客厅，在床边再加个层板，层板上方可坐人，下方空间还可收纳书籍。

2. 将阳台纳为室内使用

将阳台改为室内空间，并加大窗户，即成为采光极佳的休憩区。此外，由于阳台位于楼梯间，也使得整体空间更有层次感。

3. 露台架设采光罩，增加使用面积

在露台上架设斜边的采光罩，即可将厨房移出去，再做上一张便餐台，晚上吃饭便有星星陪伴。如此，既增加使用面积，又维持空间的完整性。

装修后何时搬入新居最适宜

家庭装修在施工时，要使用大量的装饰材料，其中绝大部分是化学合成材料，存在着易挥发的成分，因此装修后的房间会有一定的化学气味，刚一完工就入住，对人的身体没有好处，应该晾置一段时间，待气味基本消除后再入住为好。

一般最少应晾置三日，在晾置期间，应保证空气的流通，避免雨淋及暴晒。如果室内使用酚醛油漆涂刷，晾置时间应适当延长。墙壁使用多彩喷涂等含有苯、酚等物质的涂料，晾置时间应在一个月以上才能入住。在涂刷乳胶漆的房间，由于没有气味，完工后待面层干透即可入住。另外，房屋也不宜过久晾置，否则，会由于气候的变化，导致装饰面的变化，而造成不必要的损失。

怎样让卧室空间变大

想让你的房间看起来更宽敞，不妨试着做些改变：

1. 善用床底下空间

利用一些床底储物盒或其他收纳盒，把比较不常用的物品或换季衣物收藏在这里。

2. 衣柜的选择

购买组合式衣柜，它的多种内部配件，如网篮、抽屉或是吊衣杆等，都增加了收藏的多变性，可以依个人需求来组合内柜。

3. 衣柜内侧

橱柜内侧左右柜面，可以加上挂钩或铁丝等，来挂些重量轻的物品，如领带、围巾、丝巾等，既不占空间也可以保持领带、丝巾等的线条。

4. 多利用挂钩

利用S型挂钩、挂衣架或折叠式挂钩，可以节省很多空间。

5. 层板使空间更立体

不妨加装一些层板，不但增加摆放位置，也营造出空间感。

客厅设计布置法

1. 客厅饰面材料的选择应以典雅大方、宽敞舒适、明快和谐为原则；色彩要尽量和谐统一，不能过分强调对比；饰面材料要尽量采用耐磨耐用的材料。地面可用地砖、薄板石材、复合地板、硬木地板等。墙面可用涂料、壁纸、装饰面板、木夹板等。吊顶的处理则应尽量简洁、明快，不要过于繁杂、琐碎，以免造成居室空间的压抑感。

2. 客厅是人们活动的最主要场所，因此必须留有足够的空间，尤其是充足的走道。就餐厅和会客厅要做到有机分开，中间可放置吧台、柜，不要摆得太满，要给人以隔而不断的感觉。

3. 客厅里家具布置要得当，不宜摆放过多，体积也不宜过大。确定家具的摆放位置前，首先要为厅区定出一个焦点，这个焦点可以是一套音响组合、茶几、几棵集聚放置的植物等，家具则围绕焦点而摆放，务求为这个厅区焦点营造一股凝聚力。

4. 客厅墙壁装饰必不可少。根据室内环境条件选择一些符合主人身份的壁挂、壁饰、壁画来美化客厅。客厅要有良好的照明和光感。顶上要有一个或几个吊灯（大客厅），沙发旁要设有一个地灯，展示架里的灯光要能直接照到装饰物（如古玩、陶瓷制品）上，给人一种艺术的美感。

居室氛围选择法

居室利用不同的色彩和布置，可营造出不同的氛围：

1. 海洋景：蓝色墙壁辅以蓝色灯具、浅色家具，构成海洋景色调，可使人心胸开阔。一年四季都适用。

2. 大地景：将灯具、灯光设计成富有大地感的土黄色，配上土黄色或褐色家具，使人有广阔感，适用于春秋季。

3. 森林景：绿色灯具、灯光、墙面，配上栗色或橄榄色家具，使人有凉爽舒适感，适用于夏季。

4. 阳光景：将灯具、灯光配成橙色，辅以淡黄色墙壁、浅色家具，有温暖感觉，适用于冬季。

家庭盆景设置

1. 设置盆景，要因地制宜。宽敞的客厅、门厅、门口宜陈设大型树桩或水石盆景；一般居室宜放中小型盆景；栏杆、高台应置曲干或悬崖式盆景；书桌、书架可装饰微型盆景。

2. 盆景摆设位置要考虑其种类和造型。山青水碧的山石盆景，适宜摆放在与视线相平或略低的位置上，以突出山峰之峻峭；而姿态别致的树桩盆景，若放在比水平视线略高的地方，则会更显古树之苍劲。

3. 盆景背衬处不要挂放画幅、窗帘、彩色壁纸等物件，以免视觉互扰，影响观赏效果。

◎美容护肤◎

美容常识

美白肌肤的日常护理

1. 如果不是必须，尽量避免在夏季10～14时之间出去，因为在一天当中，这段时间的阳光最强、紫外线最具威力，对肌肤的伤害最大。

2. 外出时尽可能戴帽子、撑太阳伞、戴太阳眼镜、穿长袖衣裤．以保护肌肤。

3. 每次晴天外出时，都应涂防晒品，而且应每隔2～3小时擦一次。游泳时也应涂防晒品，并且还应使用防水且防晒指数较高的防晒品。

4. 只要从事过户外活动，无论日晒程度如何，回家后都应先洗澡，并以按摩的方式轻轻擦拭全身，先用温水，再用冷水冲淋，并全身抹些护肤露。

5. 暴晒后，如有条件可用毛巾包着冰块来冰镇发红的被灼伤皮肤以减缓局部燥热，并尽量少用手抓，否则将会加剧晒后斑的产生。

6. 晒后还可取用家中鲜芦荟，刮出其中的芦荟物质敷在肌肤上，有镇定和美白的作用。

7. 在外出时，手也要擦防晒露，而手臂、脚、膝外露时也应涂防晒品，这样既可以防晒又可以有效减少斑点，特别是可以避免中年以后过早生成“老年斑”。

8. 水是美容圣物，早晨醒来应及早空腹喝凉白开，如在水中加片柠檬，则美容效果更明显。

9. 多吃黄瓜、草莓、西红柿、橘子等，因为其含有大量维生素 C，能有效帮助黑色素还原，协助美白，增进免疫力。

10. 充足睡眠，有效缓解生活压力，多听音乐也是美白的好帮手。

11. 少抽烟，少喝刺激性饮料，可保持肌肤柔嫩光润。

12. 远离人工添加剂，少吃油炸食品，慎用激素和避孕药，这些都会直接导致黑色素沉着和雀斑生成。

按摩美白皮肤法

1. 减褪晒黑肤色指压法：用食指及中指的第 2 节位在耳背的凹下位置按压，每次按 3 秒，做 5 次。

2. 减褪汗斑指压法：用双手中指指腹放在眼头位置指压，每次 6 秒；再用食指及无名指按眼肚位；然后把手指转向掩双眼轻按，同样是每次 6 秒；最后再轻按眉尾至太阳穴位置。

以上动作每日重复 10 次为 1 个疗程。

3. 减褪天生深肤色指压法：用手掌或海绵沿小腿外侧打圈，左右脚重复交替做，用力一点效果更好；在距离脚踝内侧 7 厘米位置，用大拇指按压 5 秒。

以上动作各重复 6 次。

4. 去斑点指压法：用左手食指指腹按右手肩与臂之间的凹点，按 3 秒停 1 秒。左右手交替做，重复 6 次。

皮肤由黑变白的饮食原则

1. 少摄入富含酪氨酸的食物：因为黑色素是由酪氨酸经酪氨酸酶的作用转化而来的。如果酪氨酸摄入少了，那么合成黑色素的基础物质也就少了，皮肤就可以变白了。所以应少吃富含酪氨酸的食物，如马铃薯、红薯等。

2. 多摄入富含维生素 C 的食物：化学实验证明，黑色素形成的一系列反应多为氧化反应，但当摄入维生素 C 时，则可阻断黑色素的形成。因此，多吃富含维生素 C 的食物，如酸枣、番茄、柑橘，新鲜绿叶蔬菜等。

3. 多摄入富含维生素 E 的食物：现代科学研究证明，维生素 E 在人体内是一种抗氧化剂，特别是脂肪的抗氧化剂，能抑制不饱和脂肪酸及其他一些不稳定化合物的过氧化。而人体内的脂褐素是不饱和脂肪酸的过氧化物。维生素 E 则具有抑制它们过氧化的作用，从而有效地抵制了脂褐素在皮肤上的沉积，使皮肤保持白皙。同时维生素 E 还具有抗衰老作用。富含维生素 E 的食物有卷心菜、菜花、芝麻油、芝麻等。

不同肌肤的洗脸妙方

1. 干性肌肤：在用来洗脸的水中，加入几滴蜂蜜，洗脸时蘸湿整个面部并拍打按摩面部几下，这样能滋润面部及增添肌肤光泽。

2。中性肌肤：先用冷水洗脸，后用热水的蒸汽蒸脸部片刻，然后轻轻抹干，可使肌肤变得柔滑有弹性。

3. 油性肌肤：洗脸时，在温热的水中加入几滴白醋，能有效地清除肌肤上多余的油脂，从而减少毛孔阻塞问题。

健康洗脸窍门

洗脸前准备好热水、干净的毛巾和一块中性的洁面皂。

1. 冷热交替法

先将洁面皂在手中搓出丰富的泡沫，然后轻轻揉搓双颊、鼻翼、额头、唇周等皮肤出油比较多的部位，尤其是男士要注意，千万不要用碱性很大的香皂来洗脸，这样容易破坏面部的酸碱平衡，一定要选用性质温和的中性香皂，或者男士洗面奶。揉搓完面部以后，先用热水清洗，冲掉油垢，然后改用冷水，之后再接干净的热水，冷热交替反复冲洗 2～3 遍。这样，在冷热的交替刺激下，毛孔会放大和收缩，利于排除油脂，并刺激血液循环。此法可经常使用。

2. 纱布法

如果您的青春痘比较多，那么就需要借助一些工具来洗脸。先剪下一段纱布，折成小块。然后在纱布上打上洁面皂，用它来擦拭额头、鼻翼和唇周。这样纱布的纹理可以帮助清除比较厚重的油垢和死皮。接下来把纱布夹在手指中间，轻擦两颊，注意不要太用力。此种方法一周使用 2～3 次就可以了，使用过勤、用力过大也会伤害到皮肤。

3. 指套法

与纱布法原理相同，如果您家有白色干净的尼龙手套，可以将它的食指、中指、无名指剪下，做成三个指套套在手指上。当然，根据青春痘轻重程度的不同，您也可以选择只用两个指套。这样，用尼龙指套来搓泡沫，再清洁面部青春痘比较多的部位，能起到比纱布更理想的效果。指套每次用完后进行清洁，还可重复使用。

女性脸部清洁的正确步骤

脸部的清洁工作是最重要的。若没清洁彻底很容易产生青春痘或黑斑，所以清洁是保养、爱美的第一步。

1. 卸妆：无论是否有化妆，长期暴露在脏空气中的你都应该做卸妆的工作。重复的将卸妆品涂抹在脸上，以打圆的方式按摩，使彩妆充分溶解，再用温水冲净或面纸拭净。

2. 洗脸：选择适合肤质的洗面奶，取适当的分量在手上轻轻搓揉到起泡，再均匀地涂抹在略湿的脸上，以上到下，左至右的方向按摩脸部，在污垢溶解脱落后，用温水冲净即可。

呵护双唇重在保养

1. 清洁：唇部的肌肤是比较敏感的，所以在选择卸妆液时，要尽量选择性质温和的。用充分蘸湿卸妆液的清洁棉轻轻按压在双唇上 5 秒钟，再将双唇分为 4 个区，从唇角往中间轻拭。

2. 去唇部死皮：专用去角质的产品一般都含有清凉的薄荷配方，在让双唇平滑滋润的同时，还具有修复的作用，一个星期一次即可。

3. 按摩：用大拇指和食指捏住上唇，食指不动，大拇指轻轻揉按；再用食指和大拇指捏住下唇，大拇指不动，轻动食指按摩下唇。然后，再以上述方法反方向有节奏地按摩上下唇，反复数次，这样可以减少嘴唇横向皱纹。如果你的嘴角有了纵向的皱纹，那么用两手中指从嘴唇中心部位向两侧嘴角揉摩，会使肌肤有被拉长的感觉。先上唇，后下唇，可反复几次。

4. 抹唇膏：记得使用不含香精和色素，含有天然酵母精华并具有水合作用的滋润唇膏。在出门抹口红前，先用唇膏打底，可加强对唇黏膜的保护，有的唇膏还可以防晒。

5. 上唇膜：可以用精华素和柔和的营养霜按 1∶1 的比例混合后仔细地涂在嘴唇和唇角周围，也可以去商场的化妆品专柜买唇膜。

保持眼皮青春的 3 种方法

1. 指压：用双手的 3 个长指先压眉框上方，再压眼眶下方，5 次为 1 遍，每日数遍。

2. 按摩：闭目，一手撑住太阳穴，另一手由外眼角向里轻轻作螺旋式按摩，逐渐移向内眼角，5 次为 1 遍，每日 2 遍。

3，眼操：眼珠连续上下左右移动，每日数次。

以上三法交替进行效果更好。

消除黑眼圈 5 法

1. 涂蜂蜜法

在洗脸后勿擦干脸上的水分，让其自然晾干，然后在眼部周围涂上蜂蜜，先按摩几分钟，再等10分钟后用清水洗净，待其自然晾干后，涂上面霜即可。

2. 敷酸奶法

用纱布蘸上些酸奶，敷在眼睛周围，每次10分钟。

3. 热鸡蛋按摩法

将鸡蛋煮熟后去壳，用小毛巾包裹住，合上双眼用鸡蛋按摩眼睛四周，可加快血液循环。

4. 苹果片敷眼法

将果汁含量多的苹果切片，外敷双眼，每次15分钟。

5. 马铃薯片敷眼法

马铃薯去皮切成约2厘米的厚片，外敷双眼每次5分钟。

如何祛除眼睛四周皱纹

1. 必须戒除日常的不良行为习惯，例如：不要眯眼睛看东西，如有近视、散光应配戴眼镜，矫正视力；不要经常刻意眨眼；不可忽视眼皮浮肿，要查病因，对症下药；想减肥者要采取渐进式的方式，因为体重如果骤然下降，皮肤就会没有足够的时间来适应体内脂肪的突然减少，也会生成皱纹；化妆卸妆时不要用力拉扯皮肤；在干燥的环境中应及时补充水分，否则皱纹也会增多。

2. 为使眼部四周肌肤富有弹性，可常做眼部运动，比如尽量睁大眼睛，持续几秒钟；徐徐闭上双眼，到上下眼皮快要接触时再睁开，动作要缓和，连续重复5次，1日可数次。

3. 为减少眼部四周的皱纹，必须供给眼部足够的养分，使其可以及时补充失去的水分，选用合适的眼霜也是一个重要的环节。涂眼霜时切忌胡乱涂抹，正确的方法是：首先以无名指蘸上少许眼霜，用另一只手的无名指把眼霜匀开，轻轻地“打印”在眼皮四周，最后以打圈方式按摩5~6次即可。

如何补救晒伤的眼部肌肤

晒伤后，应在眼部周围涂上不含果酸或多余添加剂、性质温和的护肤品。一天三次在眼部敷冰袋也可消肿止疼。以后出门时记得戴上防紫外线的太阳镜以保护双眼，为了避免刺激细嫩的眼部皮肤，眼部周围应该使用无香料的专用防晒品。

眼部晒伤后尽量不要化妆，如果实在需要化妆，则可在红肿部位涂上比肤色稍浅的粉底液。使用柔色眼影如褐色、古铜色或桃色，可有效掩饰眼部的红肿。

常伸舌头可减轻双下巴

据有关专家调查，伸出舌头这个小动作，是令下巴和脖子之间的皮肤保持不松弛的理想方法，这样就可以防止形成双下巴，也能让形成的双下巴减轻。不过如果你认为这是一个不太雅观的动作，那么你还可以选择另一种方式：舌头用力顶下颚的牙肉，同样可以产生收紧颈部肌肤的功效，减轻双下巴。

◎美发护发◎

美发常识

科学修剪头发

无论刚修剪的造型多么令人满意，它最多也只能保持 12 个星期。每根头发的生长都会受到发根处毛乳头细胞分裂的影响，有的生长快些，有的生长慢些。时间一长，头发就会变得参差不齐，头发就会显得乱蓬蓬的。

在头发的生长过程中，头发过长会影响头部皮肤的呼吸和代谢，使头皮出油增多。所以头发长到一定长度后，应该及时修剪，以免引起皮脂代谢紊乱。定期修剪头发，还可以刺激毛发细胞的新陈代谢，促进毛发的生长，从而使发丝保持健康亮丽的状态。

长、短发型的修剪时间可以有所不同。一般来说，短发可以每月修剪一次；长发则不超过 3 个月就得修剪一次。

吹塑完美发型的 3 定律

1. 吹发前需先涂上造型泡沫

造型泡沫在秀发上会形成一层保护膜，可避免秀发直接受到热风的伤害，而且有助更快吹出效果理想，时间持久的发型。

2. 选择适合自己的发梳

吹风机必须与发梳配合，才能吹出完美的效果，而不同的发型需要不同的发梳。

3. 热风造型后必须要冷冻

当塑造出理想的发型时，即用冷风冷冻秀发，便可起“凝固”的作用，达到持久的效果，否则，即使停止热风吹塑，但因为秀发曾被热风吹过，仍停留在温暖的状态，任何细微的活动，诸如换衣服、化妆，甚至头发本身的重量，均会使刚塑造好的发型变样。所以，要维持理想的发型，冷冻过程必不可缺。

完美染发的 4 个小建议

1. 只有头发健康，染上的颜色才能保证持久不易流失；只有头发强韧，才能避免染色后的黯淡、枯黄、脆弱。可选择专门针对染后护理的修护产品，修复染发造成的发质损伤。

2. 在挑选颜色时，除了注重与发型、衣着的视觉和谐外，更要注重与个性、气质的内在和谐。

3. 由于浅黄色和金色系的发色与肤色太过接近，所以并不适合亚洲女性。

4. 如果你的工作要求染发的颜色不能太过大胆和醒目的话，可以用挑染把颜色藏在头发内层，在参加派对的时候只要对秀发重新做些打理，就可以立刻呈现出与平时截然不同的面貌。

如何吹直脑后的头发

1. 在潮湿的头发上均匀地抹上一些直发膏，然后将全部头发分成均等的四份（两份拨到前面，两份留在脑后）。用发夹将前面的头发夹好，脑后的两份头发拉到肩前。

2. 将脑袋微微前倾，然后用大平梳梳起一份头发的发根，略用力拉到离发根 30 厘米处。保持拉紧的状态，然后使用吹风机吹干发根。注意吹风机不要距离头发太近，也不要固定在一个位置吹 5 秒钟以上，否则可能会伤害到头发和头皮。

3. 将吹风机转至身前，把前面两份头发拨到后脑去。用梳子从发根梳向发梢，吹风机跟着梳子移动，重复这个动作直到头发吹干。这样就可以让脑后头发达到干燥而顺直的效果。依此法也可吹干其余的头发。

发梳的选择

1. 易断、缺弹力的长发

用防静电的榉木发梳，能加强层次和弹力，又不会弄得发丝飞扬，而且能够轻柔地弄开缠结的发丝。圆钝的木发针对头皮还有按摩功效。

2. 丰厚、卷曲的秀发

用粗发针的发刷梳理头发易于保持头发本身的弹性。镀有贵金属的发针防静电，柔软的气囊可以使发针富有弹性，不伤头皮，经高温处理过的树脂发刷可以耐住浴室高温高湿的环境。

3. 呈波纹状的长发

要梳出一头动感带光泽的头发，尤其发尾带微曲的秀发，最适宜用的是短齿圆发刷，它可助你梳出微曲发尾，而不会变得卷成一团。

4. 细软的短发

嵌有猪鬃的发刷适合头发细软的人使用，发针对头皮的刺激非常小，有防脱发的功能。

5. 细发或少发

使用金属空心的圆发刷吹发，可利用强风筒的热力效果，令整头秀发更富层次。

怎样打理短发

1. 洗发，然后风干，如果你的头发本来就很直，也可以在短梳的梳理下，

用吹风机吹干头发。

2. 当头发完全干了以后，分出靠近脸边的底层头发，如果你觉得更方便，也可以先分上层的头发。然后将电热防护液喷在发上，数到十就停。拿出直发器，准备熨直头发。

3. 抓起分出的头发，将直发器插进发根处，熨 3 秒钟后移开。如果有任何卷曲，再熨一次（注意使直发器远离脸）。用同样的方法熨直所有的头发，从最下面的头发开始，然后做中间的，最后做最上面的头发。

4. 现在你的头发非常直，我们来让你的头发自然一些，在手上挤一点蓬松液，双手揉搓开，抹在发根上，使你的头发看起来更松乱自然。

打理长卷发的 3 个关键点

1. 整理直发

洗好头发，在上面抹上定型摩丝，用梳子梳开。然后从头顶开始，把头发梳成一缕一缕，拿夹子固定好；再从脖根开始，用滚梳卷起每一缕，拉直，用吹风机吹干，直到打开头顶最后一个夹子；吹风时，一定要顺着每一绺头发从上往下吹，以使头发的表层保持一个方向，头发看起来更光滑。如果头发还不够平滑亮泽，那就挤几滴发乳在手心，轻轻抹在头发上，以达到最好效果。

2. 做长卷发

待洗净的头发干后，用梳子梳通，不留一点纠结。从前额开始，随意将头发一缕缕挑起，喷上发胶；之后，将每一缕头发用卷发棒卷起，收紧，再用带有喷雾器的吹风机低温吹头发，让头发冷却几分钟后，拿掉卷发棒；随后，从根部开始将头发用手指捋顺，也可以用一点发乳或发蜡，再用手指把头发抖蓬松，最后，喷上一点点发胶，定型，一头长长的卷发就做成了。

3. 梳理卷发

把头发洗净用毛巾擦干，抹上定型摩丝；低下头，使头发散落下来，用带有喷雾器的吹风机把头发吹乱；最后，在发端处抹上一些发乳，就可以了。

打理直发的3个关键点

1. 打理：先把长发分叉的发尖剪掉，然后进行强力护理。专门护发用品中的修复养分和小麦蛋白可以让头发在20分钟之内变得健康有光泽。

2. 洗发：直发最好选用保湿洗发液，它能令不服帖的发缕变得柔润，然后再用合适的护发素，让头发丝一般地光滑。

3. 造型：用拉直器将干头发拉直，能使头发超常光泽，但必须同时使用防热定型发胶。

刘海剪得太短怎么办

1. 把头发梳向一侧：把你刘海最长那侧的头发分出几缕来，将其经前额梳向另一侧，使其遮住过短的刘海。

2. 做出麻花式发绺效果：前额上的刘海越是故意打理成一缕缕麻花状，越容易掩盖你拙劣的削剪手法。在掌心和指尖之间涂抹上少量定型产品，把额前刘海分成几股，每股从发根至发梢处拧绞成麻花状。

3. 系上一条别致的头巾：如果刘海只是剪短了，并不歪斜，可试试这个办法——紧贴前额把刘海梳平直，再沿发际线束上一条头巾或一根束发带，压住刘海，使其看起来长短正合适。

护发技巧

健康柔美秀发的洗护攻略

1. 用温水彻底冲湿头发，为使用洗发水做好准备。

2. 根据头发的长度，往手掌里倒入适量的洗发水，搓揉起沫后，再擦到头发上。应使用足量的洗发露，以便产生足够的泡沫来覆盖全部头发。

3. 抹洗发水时，从头皮部位抹起，小心地抹匀全部头发，并用指尖进行按摩。记住，使头发自然下垂，别把头发盘堆在头上。

4. 清洗时，让水淌过头发，并自上而下抚摸头发。重要的是此时不可过分用力摩擦头发，并要确认洗发水已从头发上被彻底清洗干净。

5. 用指尖轻柔地把护发素抹入发丝里。把护发素均匀地涂抹在头发上，这一点至为重要。让它停留 1～2 分钟，使护发素发挥作用后，再清洗头发。

6. 如果你需要特别加强头发护理，特别是分叉受损的头发或发梢等较易损伤处，要用滋润剂。在将滋润剂冲掉前让其在头发上停留 3 分钟以上，具体做法与使用护发素时相同。

7. 用于毛巾擦拭洗净的头发，尽量避免使用吹风机，让头发自然风干能够更好地保护秀发。

健康秀发梳理 6 秘诀

除了靠饮食帮助外，正确的梳头方式也很重要。

1. 购买梳子时，应选择梳齿顶端圆润不尖锐的。

2. 避免使用尼龙梳，以免产生静电，导致头发脱落。

3. 整理湿发时，应使用齿距较疏的发梳，以避免脱发。

4. 梳发时不可太过用力，最重要的是必须梳至头皮，因为刺激头皮可以促进血液循环。

5. 梳发的方向也很讲究：前面的部分由前往中央梳，两侧部分由耳上（太阳穴）往中央梳，后面部分则由后发根往上向中央梳。

6. 重复梳 10～20 次，可使血液循环顺畅，辅助生发。

改变发质的小窍门

1. 使用薄荷改善油性发质

首先要取得薄荷汁。若用干燥薄荷草，可用水泡出其汁液；若用新鲜薄荷，则用捣碎的方式取得。

然后，将薄荷汁加入一般洗发水中使用即可。

2. 使用橄榄油改善干性发质

可以将橄榄油加热，在洗发前抹在头发上，按摩头皮 20 分钟。再用梳子梳

20 分钟，然后洗掉即可。

也可到药房购买橄榄油，价格很便宜，只需 20 块左右。在洗发后，取一盆温水滴上几滴橄榄油，搅拌一下，然后将头发泡在水中几分钟，不需冲净，即可直接擦干头发。

烫发护理秘诀

1. 当头发还潮湿时，用发刷或粗齿梳梳理发丝，但不要拉。

2. 千万不要用发刷刷干发，否则发卷容易拉直，发丝容易拉断。

3. 不要用高温吹风机，并且吹风机不能离头发太近。

4. 最好用大风筒，使烫发蓬松而不弄乱发卷。

5. 洗头后或早晨整理发型时，要用美发造型产品以增加发卷的卷曲度。

◎瘦身美体◎

美体常识

理想体形计算公式

1. 20～29 岁

体重＝身高－112；胸围＝身高×0.515；胸下围＝身高×0.432；腰围＝身高×0.370；臀围＝身高×0.542。

2. 30～39 岁

体重＝身高－109；胸围＝身高×0.525；胸下围＝身高×0.453；腰围＝身高×0.386；臀围＝身高×0.553。

3. 40～49 岁

体重＝身高－106；胸围＝身高×0.543；胸下围＝身高×0.468；腰围＝身高×0.401；臀围＝身高×0.565。

注：身高（厘米），体重（千克），量围（厘米）。

保持身材的饮食守则

1. 三餐正常，如果只吃午餐和晚餐，容易造成两餐过量，反而会堆积更多脂肪。

2. 少吃盐，过多的盐分会使体内水分过多积存，造成水肿。

3. 细嚼慢咽会让你容易有饱胀感，吃的就比较少。

4. 适当地摄取高纤维食物，强化肠功能，排除体内的废物，才不会导致便秘，造成腿部浮肿。

5. 禁食夜宵，睡觉是不会消耗很多热量的，所以睡前 3 小时绝对不能吃夜宵。

完美胸部最需要的食物

1. 橙、葡萄、西柚及番茄等含维生素 C 的食物，可防止胸部变形。

2. 芹菜、核桃及红腰豆等含维生素 E 的食物，有助胸部发育。

3. 椰菜、葵花子油等含维生素 A 的食物，都有利于激素的分泌。

4. 牛肉、牛奶、豆类及猪肝等含维生素 B 的食物，亦有助激素的合成。

5. 多吃海产品，如虾贝类等，其所含的锌是制造荷尔蒙的重要元素。

6. 蜂王浆。连续服用数月，即能有一定的丰胸功效，因蜂王浆有刺激荷尔蒙分泌的功效。

减肥诀窍

如何选择正确的减肥方法

选择正确的减肥方法有助于取得良好的效果，选择适合自己的减肥方法可以帮助自己持久地坚持减肥。这需要因人、因时、因地、因利来决定。

1. 因人：是根据减肥者肥胖的程度和并发疾病的特点来选择减肥方法。如果仅为超重或轻度肥胖，应当以节食治疗辅助运动锻炼，坚持不懈，将体重维持在理想范围内。中度以上的肥胖者除节食和运动外，可借助一定的减肥药物，甚至减肥手术进行治疗。如果合并代谢性疾病就要专门配制适合疾病的膳食。

2. 因时：每天进食、运动的时间应相对固定，不论从何时开始减肥都要坚持下去。如果没有整块时间参加活动，可以抽 10～15 分钟做些形体训练，如健美操、打拳等，每日 2～3 次，即使出差在外也不中断。

3. 因地：指的是减肥的场所，健身房、运动场、游泳馆等都是良好的减肥场所。如无上述场所，在自己的家中也可进行锻炼。其实只要坚持运动，无论在什么地方都是有益于健康的。

4. 因利：是指提高经济效益，做到少花钱，多办事。很多减肥者为了快速不费力地减肥，幻想不节制饮食，靠药物就能减轻体重，于是花大量的钱买很多的减肥药、减肥茶或减肥器械等。其实，我国在保健品方面的各项法规、法律尚不完善，诸多减肥品的价钱与效用并不相等。总之，最经济最有效的仍是节食治疗加上适当运动的减肥方法。

减肥期的合理饮食

1. 控制三餐主副食量。一般主食量早餐为 75～100 克，午餐为 75～125 克，晚餐为 75～100 克，副食宜以蔬菜为主，每天不超过 1 000 克。

2. 少食动物油、肥肉、山芋、糖果、冰激凌、糕饼、酒类等高热、高脂、高糖食品。

3. 适量食用瘦肉、鱼、酸奶、豆腐等高蛋白、低脂肪食物。

4. 多吃黄瓜、冬瓜、竹笋、萝卜、薏米、木耳、豆芽、赤豆等富含维生素、矿物质、纤维素的食品。

5. 适量食用带酸味的零食。

6. 年节盛宴及日常晚餐要注意控制食量，选择品种。

7. 进食时要细嚼慢咽。

“热效应”减肥法

过胖的人总是重视控制食物的热量，其实如果合理地控制脂肪的摄入量，不

必少吃就能达到减肥目的。这种方法旨在减弱“热效应”，故在减少脂肪摄入量的同时，必须补充摄取蛋白质和碳水化合物，以满足身体的需要。由于含脂肪的食物比较可口且易饱，刚实行此法时会使人乏味易饿，但坚持下去就会逐渐适应。

“少吃多餐”减肥法

这是目前一些西方国家流行的饮食减肥新方法。医学家认为，少食多餐不仅省时间，而且由于空腹的时间缩短，可防止脂肪积聚，有利于防病保健，增进人体健康。这表明空腹时间越长，造成脂肪积聚的可能性就越大，更容易使人发胖。

按穴减肥法

每天清晨静心定意，轻轻用手掌在脐下 3 寸处的关元穴有节律地按摩，每次 5～10 分钟即可，严重肥胖者可在临睡前加 1 次，每天坚持，短期内即可收到成效。

20 秒钟腹部减肥操

许多女士年过三十以后，常因小腹脂肪堆积面苦恼。下面介绍一种腹部减肥操，只要坚持练习，就可使小肚子回缩。具体方法是：

取坐姿或站姿，背脊保持笔直，将腹部回缩，持续 20 秒，然后放松。做这项运动时不可停止呼吸，呼吸应保持正常。每天重复做 16 次。

慢食减肥法

据研究放慢进食速度，可以达到减肥的目的。研究者分析认为，食物进入人体后，体内的血糖就会升高，当血糖升高到一定水平时，大脑食物中枢就会发出停止进食的信号。如果一个人进食速度太快，当大脑发出停止进食的信号时，这个人往往已经吃了过多的食物。

◎服装首饰◎

服饰选购

服装选择7法

1. 儿童服装宜长不宜短

儿童处于长身体阶段，稍长一点才可多穿一段时间。

2. 青年人服装宜小不宜大

18岁以后身体基本定型，服装以稍紧稍短为好，不宜过大，这样才显得精神、利索。

3. 中老年服装宜大不宜小

中老年穿稍稍宽大的衣服不但舒适方便，而且显得庄重大方，并能遮掩发福的体态。

4. 瘦高者服装宜肥不宜长

身材偏瘦偏高者穿稍稍宽大的衣衫，可在视觉上产生一种横向扩张的感觉，掩饰身材的高度和瘦度。

5. 矮胖者服装宜长不宜肥

矮胖者穿稍长一些的衣裳，可利用视觉竖向错觉，使体型稍微得到一些调整。

6. 皮肤白皙者深浅皆宜

肤色白的人原则上穿浅色或深色都可以。

7. 脸色萎黄者要注意配色

一般可选浅蓝、苹果绿、草绿、浅棕等色，而不宜选黄色、白色、黑色。

西服的选购

1. 西服的做工质量主要体现在领、肩和前胸几个位置。首先衣领应十分平整，不能有褶皱或鼓衬，衣领不能过高，以伸直脖子时衬领外露1～2厘米为宜。领口形状应对称挺括。

2. 袖口长度应在腕与虎口之间，手平伸时能露出衬袖3～4厘米。上装应略显紧束，手臂上举时腋部应稍有拘谨感。西服背心扣上扣子后以贴身紧凑为合适。

3. 西服裤的裆不可兜得太紧，以蹲下再站起时感觉平滑舒适为好。裤子应比其他便装裤类略长一点。

4. 男性西服颜色多选沉稳的黑、深蓝、深灰色，如果是轻松场合则可选颜色较浅或条、格状的西服。女式西服颜色的选择范围则宽泛得多。

羽绒服的选购常识

选购时，应特别注意以下几个方面：

1. 款式：新颖、别致、适体、大方、实用，以脱卸式为好。

2. 价格：一般以价格适中为宜，如价格过低，则羽绒内在质量无法保证，容易产生各种后遗症。

3. 含绒量与充绒量：应选购适合自己需要的含绒量和充绒量。羽绒服的含绒量一般以70%以上的为宜，具有一定的蓬松度和轻柔感。充绒量的多少，则涉及羽绒服的保暖程度，应根据自己穿着的需要来确定。

4. 回弹性：将蓬松的羽绒服按一下，再松开后，如能迅速回弹，恢复原状，说明羽绒的蓬松度良好。如含绒量低，掺有一定量的毛片或粉碎毛的，回弹性就差，而羽绒服拎在手里会有沉重感。

5. 防钻绒性能：羽绒制品面里料应具有防钻绒性能。拍一拍，发现钻绒的羽绒制品肯定是劣品。由于羽绒具有柔滑的特性，有少量的绒丝从缝线中溢出是正常的。

6. 透气性：羽绒服不能钻绒，但也要具有一定的透气性，如羽绒服的面料、里料、胆料的透气性差，一是穿着过程中的水汽不易散发，引起潮湿而感到不舒适；二是洗涤后不易晒干，以上两个因素都会使羽绒在受潮的条件下不同程度地变质，散发臭味。

7. 气味：闻一闻，紧贴羽绒制品做深呼吸，闻一下里面的气味，避免选购味重刺鼻的商品（一般说明这些羽绒品清洁度和耗氧指数未达到标准），但由于是动物羽毛，有一定气味是正常的。

8. 辅料：一件羽绒服上，有不少辅料，如拉链、金属扣等，需注意观察其是否美观、光滑、松紧适宜。

特别提示：

1. 羽绒服上的各种标记应当齐全，如厂名、厂址、面料里料的成分含量、羽绒的种类及含绒量、充绒量的指标、洗涤标志、质量等级、执行标准代号等。

2. 选购羽绒服应到有质量信誉，售后服务规范的大中型商场，有利于保护消费者的合法权益。

牛仔服的选购

1. 消费者在购买直接将图案印在牛仔服装上的印花牛仔服时，要注意检查印花的牢固度，牢固度不够洗几次就会掉色。可用指甲轻轻划一下印花表面，若划痕很快消失说明牢固度很好。

2. 粘了荧光粉的牛仔服。冒牌货的荧光粉里很容易含有对身体有害的化学物质，因此最好不要购买。

3. 牛仔上钉的珠花特别容易脱落，挑选时看看珠花反面的线头是否牢固，最好在刚买回时自己再重新缝一下来加固。

4. 而选择衣边或裤脚呈毛茬状的拉毛牛仔时，要检查拉毛底端是否缝合牢固，以免出现脱线的现象。

5. 另外要试用几次钉在牛仔裤服装上的弹簧扣，检验牢固的程度和吻合情况，因为弹簧扣是借助于机器才铆上去的，一旦损坏，消费者自己没法修复。

童装的选购

选购童装时应充分考虑儿童的生理特点，除要从柔软、透气、舒适、安全和健康等方面综合考虑外，还应注意以下几点。

1. 产品上有无商标和中文厂名厂址。

2. 产品上有无成分标志，主要是指服装的面料、里料的成分标志，各种纤维含量百分比应清晰、正确。

3. 产品上有无洗涤标志的图形符号及说明，并了解洗涤和保养的方法、要求。

4. 产品上有无产品的合格证、产品执行标准编号、产品质量等级及其他标志。

如果产品上标有甲醛含量，0～24 个月的婴幼儿类服装应小于 20 毫克/千克，大于 24 个月的儿童穿着服装接触皮肤类小于等于 75 毫克/千克，非接触皮肤类小于等于 300 毫克/千克。

5. 童装的永久性标志应选择柔软的材料制作，并缝制在适当的部位，应注意避免缝制在直接与儿童皮肤接触的地方，防止因摩擦而损伤儿童的皮肤。

6. 注意童装上各种辅料、装饰物的质地，如拉链是否顺滑、纽扣是否牢固、四合扣是否松紧适宜等。特别要注意各种纽扣和装饰件的牢固度，以免儿童轻易扯掉并误服。

围巾的选购

1. 厚薄应相宜：服装较厚时，宜配用羊毛、腈纶以拉毛、钩针工艺编织的膨体大围巾；服装较薄时，宜配真丝、尼龙绸等薄型围巾或纱巾。

2. 配色要协调：深色服装宜配鲜艳围巾；浅色服装可配素雅围巾；红色毛衣宜选黑色纱巾；藏青色服装可配纯白围巾。彩色丝巾中凡有一色与服装颜色相近，一般即可相配。

3. 体形可调整：颀长窈窕但胸围偏小的女性，可配有蓬松感的大花形围巾，对称悬于胸前，能使胸部显得丰满；溜肩男子可用素色加长围巾悬系颈部，使体形更显协调。

K金首饰的选购

一般而言，正规厂家生产的首饰都会在适当的位置打上厂家代号（或商标）、材料成色等印记。因此消费者在购买K金首饰时需注意：

1. 可以看印记，如果是镶钻首饰还要仔细查看钻石的鉴定证书；

2. 用手摸摸焊接处、边角处是否光滑、均匀；

3. 可以试戴，尤其是项链。K金项链的链扣通常是圆形的，试戴时可以试试链扣是否牢固，弹簧的弹力好不好。

此外，佩戴K金首饰尤其是K金镶钻首饰时要注意保养，比如干重体力活或洗澡的时候应该取下首饰；为保持其光亮，可以经常用绒布擦拭，隔一段时间不妨送到珠宝店清洗。

服饰搭配

服色肤色协调法

要根据皮肤颜色来选择服装的色调，以求得互为映衬、浑然一体的效果。

1. 肤色白皙者：对服装色彩的要求不是很严格，适应度较宽。

2. 肤色萎黄者：穿上粉红色或浅紫色的服装会增加脸色的亮度，显出生气勃勃的活力。

3. 肤色较深者：不宜穿黑色的服装，也不宜穿太鲜嫩的颜色；可选择咖啡色、茶色系列，但肤色暗褐者不要穿这种颜色或其他色调浑浊的衣服。

服色环境协调法

一个人的服装颜色必须与周围环境、气氛相吻合、协调，才能显示其魅力：

1. 参加野外活动或体育比赛时，服装的颜色应鲜艳一点，给人以热烈、振奋的美感。

2. 参加正规会议或业务谈判时，服装的颜色则以庄重、素雅为佳，可显得精明能干而又不失稳重矜持，与周围工作环境和气氛相适应。

3. 居家休闲时，服装的颜色可以轻松活泼一些，式样则宽大随便些，可增加家庭的温馨感。

饰物与服装颜色协调的诀窍

1. 同色系：饰物与服装的颜色相同或相近。如黄色可以配上橙色、奶油色、棕色、浅咖啡色等；红色可以配上紫色、粉红色等。这样搭配能给人柔和的感觉。

2. 对比系：饰物与服装的颜色相对。如桃红色服装可配上灰色的配件，草绿色服装可以配上绛紫色配件。两种相对的颜色配在一起，可产生一种强烈的对比效果。这种搭配方式需有较高的审美能力才能处理得恰到好处。

3. 清一色的搭配法是最不理想的，如全身是咖啡色，咖啡色帽子、鞋子、袜子、手提包、耳环、胸针等，人看了会觉得非常俗气和呆板。

4. 服装式样的简单与否，与饰物颜色搭配也有很大关系。穿素色或式样简单的衣服时，不妨戴色泽鲜艳、图案夸大的饰物或配件。而当衣服已经很花、式样复杂时，则配件宜选颜色单纯的。应该记住衣服是主、配件是副，配件的目的在于衬托衣服的美，因而不可过分强调配件，以免喧宾夺主。

5. 现代时装崇尚自然轻松、款式简单，颜色则以鲜明为主。如服装是以红黄为主色的艳丽色彩组合，那么就应用同色系的饰物搭配；如果服装颜色是反差强烈的色彩，那么最好不用饰物；如果服饰是柔和浅淡的颜色，则可用对比色的饰物来搭配。另外，喜欢佩戴耳环者，要尽量避免上身配用太多的其他衬饰，如项链、丝巾、胸针等。

身体肥胖者如何穿衣

1. 手臂粗的人，应该避免穿过短或蓬蓬袖的衣服，试试五分或七分袖，可以有遮掩的效果，但如果太紧则会有反效果。

2. 身体较胖的人，可以选择领口较宽或较深的衣服，会使身体的面积看起来比较小。

3. 肩膀宽大的人应避免穿领口宽松的衣服，会造成反效果，适合 V 形领及深色的衣服，避免穿有垫肩或没有肩线的衣服，如有垫肩的西装外套或棒球装就应避免尝试。

4. 避免穿花纹过于复杂或有大花纹、大格子的衣服，否则会有膨胀效果。

5. 选择松紧合宜的衣服可以使人看起来较纤细，避免穿太紧身的衣服，但是故意穿太宽松的衣服反而会显得邋遢没精神。

6. 深色的衣服可以有遮掩的效果，身体较胖就可以上半身穿深色下半身穿浅色，利用对比色模糊实际的比例。

7. 臀部肥胖应避免穿紧身裤及七分裤，会让下半身看来更胖，可以试试中直筒裤、硬挺的西装裤，或是 A 字裙。

8. 小腹凸起及有啤酒肚的人应避免穿过紧的衣服，这类衣服会凸显小腹，应选择腰身松紧适中、材质较硬的衣服，衬衫是不错的选择。

怎样穿着西服才算得体

1. 讲究规格：西服有两件套、三件套之分，正式场合应穿同质、同色的深色毛料套装。两件套西服在正式场合不能脱下外衣。按习俗，西服里面不能加毛背心或毛衣。在我国，至多也只能加一件“V”字领羊毛衣，否则会显得十分臃肿，以致破坏了西服的线条美。

2. 穿好衬衫：衬衫为单色，领子要挺括，不能有污垢、油渍。衬衫下摆要放在裤腰里，系好领扣和袖扣。衬衫衣袖要稍长于西装衣袖 0.5～1 厘米，领子要高出西装领子 1～1.5 厘米，以显示衣着的层次。

3. 系好领带，戴好领带夹：西装脖领间的“V”字区最为显眼，领带应处在这个部位的中心，领带的领结要饱满，与衬衫的领口吻合要紧凑，领带的长度以系好后下端正好触及腰上皮带扣上端处为标准。领带夹一般以夹在衬衫第三粒与第四粒扣子为宜。西装系好纽扣后，不能使领带夹外露。

4. 用好衣袋：西服上衣两侧的口袋只作装饰用，不可装物品，否则会使西

服上衣变形。西服上衣左胸部的衣袋只可放装饰手帕。有些物品，如票夹、名片盒可放在上衣内侧衣袋里，裤袋亦不可装物品，以求臀位合适，裤形美观。

5. 系好纽扣：双排扣的西服要把纽扣全部系上，以示庄重。单排两粒扣，只扣上面一粒纽扣，三粒扣则扣中间一粒，坐下时可解开。单排扣的西服也可以全部不扣。

6. 穿好皮鞋：穿西服一定要穿皮鞋，而且裤子要盖住皮鞋鞋面。不能穿旅游鞋、轻便鞋或布鞋、露脚趾的凉鞋，也不能穿白色袜子和色彩鲜艳的花袜子。男士宜着深色线织中筒袜，切忌穿半透明的尼龙或涤纶丝袜。

怎么变化你现有的服饰

你的衣服，是可以随意搭配，穿出变化来的，但要考虑下面几个要素：

1. 场合：各类正式与非正式的场合又有许多区别。举例说，上班有正式与非正式之分，集会、拜访和晚宴也有正式与非正式之别。因此，场合应是女性装扮的第一考虑要素。建议你以套件方式穿着，即保守（外套）＋华丽（一件晚装或露肩上衣）。如此一来，穿上保守的外套，你可以应付普通的朋友；脱下外套，你的恋人将更为欣赏你。

2. 颜色：颜色影响视觉的效果更强，有时比服装本身的设计还引人注目。

相信每个人都会有一种自己偏好的颜色，在同款式不同色系的挑选中唯色是从。你可能会发现，你的衣柜里有一排黑裙子，而它们的差别也许只是扣子的形状或拉链的方向不同而已。建议你用颜色来改变这些大同小异的单调。在由基本型发展出来的款式里，不过是裙子的颜色或上衣的形式改变，就使人有活泼与冷静的区别。因此，假如你只有一种颜色的服装，没关系，只要添购两种其他颜色的服装，就可以搭配得绚丽多彩了。

如何用饰物艺术表现女性美

饰物与服装似乎是不能分开的，但真要搭配得当，衬托出女性的美，就是一门艺术。一般来说，全身的饰物最好不超过 3 件，否则会给人以复杂或沉重的感觉。饰物搭配的组合变化，形式很多，正确的搭配能体现出佩戴者的品位、个性。佩戴饰物还应注意与周围环境相协调，起到互补的艺术效果。

1. 手镯：手臂细长的人适宜戴宽形或多只细线型手镯，而手臂粗的人，宜戴较细些的手镯。

2. 戒指：手指细长的人，同时戴几只戒指都会很好看，无论是圆的或方的，均可使手指显得宽圆。而手指粗短的人，戴一只流线型戒指已经足够了。

3. 项链：脸形圆且身体较矮的女士最好佩戴细长带坠子的项链。颈部较长的人，可佩戴贴颈短项链，大圆珠的也不错。买项链时，不妨同时买下色系或质地相同的耳环和手镯，以便陪衬。

4. 耳环：贴耳式的耳环，小巧可爱，有圆珠形、心形、蝴蝶形、椭圆形等，适合身体较矮的女性佩戴。大环形的较适合身体高大的女性，小环形的适合娴静美丽的年轻女性佩戴。戴上耳环，最好不要再佩戴胸针或手镯，以免显得呆滞。若配上同色系列的项链或戒指则会增色添辉。戴眼镜的女士配上穿耳洞的小耳环(贴耳式)，可显得清雅脱俗，但不可再戴项链或胸针。耳环给人的感觉是横向，所以，长脸形的人佩戴更为适宜。

戴耳环有何讲究

1. 要配合脸形

圆形脸应选戴长方形、“之”字形、叶片、泪形等垂吊耳环，以造成一种修长感。要避免佩戴圆形耳环，那样会使脸看起来更宽横。

方形脸宜佩戴卷曲线条或圆形的耳环，可缓冲脸形的棱角，纽形或垂挂耳环也很适合。

三角形脸最好戴上窄下宽的悬吊式耳环，这样可以使下颏更丰满一些，圆形耳环也比较适合。

心形脸宜选配三角形、大圆形、大纽形等夸张款式的耳环。

椭圆形脸适合任何一种式样的耳环，相比之下，大方或大圆形耳环是理想款式。

长形脸不宜戴垂珠式耳环，而应以心形、菱形为好。

2. 耳环的颜色要与肤色匹配

肤色较白的人，可选用颜色浓艳一些的耳环，适合佩戴淡红色或暗红色耳环。

若肤色较黄，戴古铜色或镀银色的耳环为好。

古铜肤色者要选用颜色浅淡一点儿的耳环，白色耳环最佳。

肤色黝黑者佩戴银色耳环最佳。

总之，肤色深的人应戴浅色耳环，肤色浅的人应戴深色耳环，这样才能相互辉映，美不胜收。

服饰保养

西装预防变形法

西装脱下后，必须把领、肩、背、袖等易碰脏处用刷子轻刷一遍，然后用西装衣架悬挂。穿 1～2 个星期必须熨烫一次，1 个月至少用含有数滴氨的清水整体擦拭一遍，这样可以保持西装久不变形。

收藏毛衣的方法

通常我们都是将毛衣折叠好后放在衣橱里收藏，等天气变凉时再拿出来穿，可是往往时间久了，拿出来的毛衣上到处都可清楚地看到折叠过的痕迹，非常不美观。其实，在收藏毛衣的时候，可以将毛衣一件一件轻轻地卷起来，整整齐齐地放到衣橱里收藏，这样一来，下次拿出来时，毛衣就可以保持原来的平整了。

牛奶防皮革干裂法

用变质的牛奶擦拭皮鞋、皮包、皮衣等皮革制品，可防止皮质干裂，还能使之柔软、光亮、洁净。

牛仔裤防褪色法

将新买的牛仔裤浸泡在浓盐水中 12 小时，取出后再用清水洗净，阴干后即可防褪色。

皮鞋如何保养

1. 要勤擦鞋油。先用干净软布把皮鞋表面的灰尘擦掉，然后均匀涂油擦拭。

2. 下雨、下雪时，尽量不要穿皮鞋，或可以加穿鞋套保护。

3. 皮鞋受潮后，要放在通风干燥处吹干，切忌曝晒和烘干，同时不要把鞋头朝地竖放，应该平直放，以免变形。

4. 不要碰到油类、酸性、碱性和尖锐物质，以防因腐蚀或刻划而受损。

5. 彩色皮鞋（包括白色皮鞋）在穿着中尤应注意，不能碰到污水、污物和茶渍。彩色皮鞋（包括白色皮鞋）在穿着中出现褶皱现象不属质量问题。

6. 皮鞋存放时，要擦干上油，放在干燥处，切忌因挤压而造成变形。存放一段时间后（特别在梅雨季节）要拿出来通风，重新擦净防止发霉。

7. 多涂些鞋油能起到长期保护鞋面的作用，但鞋面易开裂。如改用肥猪肉或生猪油涂抹，则鞋面始终光滑油润。

皮鞋裂痕整修法

皮鞋上出现小裂痕，可将石蜡嵌入裂痕中，用电熨斗仔细熨平，即可恢复平滑。

白鞋防脏法

先用白色蜡烛在白鞋上涂一层蜡，再用鞋刷刷一下。因为白蜡能隔离灰尘和污垢，白鞋便不易被弄脏了。

泡沫凉鞋延寿法

新买回的泡沫凉鞋，可放在盐水中浸泡 4～5 个小时后，晾干再穿，不易裂口，耐磨耐穿。

薄丝袜寿命延长法

新丝袜在水中浸透后，放进电冰箱冷冻室里，等丝袜冻结后拿出，让其自然融化并晾干，这样穿着时就不易损坏。

巧补塑料雨衣

将塑料雨衣裂缝处的部位对齐，上面放一张玻璃纸，用热熨斗在玻璃纸上轻轻熨几下，下面的塑料布便可黏合好，如果破处较大，可剪一块比破处稍大一点的薄塑料布压在破处，上面再盖玻璃纸，以同样方法粘补。

珍珠首饰如何保养

珍珠首饰如果使用时间过长，加之受外界油腻的污染会变成黄色，保养不当就会失去光泽。珍珠忌与汗、醋等接触，因为汗、醋都是酸性的，会侵蚀珍珠。珍珠也怕磨损，不能接触粗糙的质料。珍珠还忌与香水、香粉、发胶接触，因为粉很容易吸附在珍珠表面，将珠面高低不平处填平，降低它的光亮度，香水和发胶也容易黏附在珍珠表面上，使它逐渐失去光彩。珍珠首饰一旦遇到污染，应立即放入清水中漂洗，然后用软干毛巾擦净，再放在通风的地方晾干，这样才能恢复珍珠的光泽。

洗涤熨烫

洗涤前的注意事项

1. 首先要检查服装口袋里有没有物品，如果误将物品和衣物一起洗，洗涤时会污染服装，损害物品，还会磨损机器。

2. 有特殊污垢的衣物不能和同类衣服一起洗涤，应该先将其做去渍处理。

3. 要脱落的部件，如纽扣、饰物等应缝牢后再与同类衣服一起洗涤，否则有可能脱落，磨损机器。

4. 有扣或拉链的服装，洗涤时应将衣服扣好或合上拉链，避免变形。

不宜烘干的衣物

1. 含有橡胶或丝质的衣物。这类衣物所含的挥发性物质易燃，因此不可放进干衣机内烘干。

2. 凡染有机油或经除油剂处理过的衣物。这类衣物中的油性物质同样易燃，不可放入干衣机内烘干。

3. 睡袋、羽绒服、枕头以及大毛毯等加热会膨胀，妨碍机内的空气流动，因而不适宜用干衣机烘干。

毛线洗涤法

将毛线拆开，分成数桄，投入冷水中浸泡 10 分钟左右，拧干后投入水温在 50℃左右的中性洗涤剂溶液中，反复揉搓洗净后，再用温水漂洗两次，随后用清水漂净，拧干后按桄抖散，穿挂在竹竿上阴干。毛线洗涤时忌用热水浸烫，以免毛线褪色、脆化。

呢绒衣物洗涤法

1. 选择洗涤剂：最好是羊毛衫专用洗涤剂或高级中性洗涤剂。

2. 快洗：呢绒衣物不宜在洗涤剂中浸泡过久，要随浸随洗，上下拎涮，洗净后在清水中漂净，以防串色。

3. 抻平：晾晒时要抻平，以免收缩。

裘皮衣服干洗法

干洗裘皮服装的一般步骤：

先用铁梳将裘皮服装表面梳通，用专用干洗剂顺毛擦洗，短毛裘装或污渍较大的裘装则可逆毛擦洗；洗净风干后，再用旧毛巾蘸醋揉擦其皮毛，以增加光泽；晾干后再用稀齿梳将皮毛梳整顺滑。

丝绸衣物洗涤法

丝绸衣物洗涤时需注意以下事项：

1. 水温不可过高，一般情况下用冷水即可。

2. 洗涤时要用碱性极小的高级洗涤剂或丝绸专用洗涤剂轻轻揉洗。

3. 洗涤干净后可在清水中加入少许醋进行过酸，可保持丝绸织物的光泽。

4. 晾晒时要避免在烈日下曝晒，而应在阴凉通风处晾干。

5. 在衣物尚未全干时，即可收下用熨斗熨干。

丝绒衣物干洗法

干洗前要先将丝绒制品晒干风透，再用软毛刷清除其表面灰尘，用干洗剂擦洗，用力一定要均匀，以免损伤料子，擦净后用蒸汽蒸一下，随后趁热用软刷逆向梳刷，以使绒毛恢复原状，最后挂在通风处晾干。

丝绒衣物水洗法

丝绒衣物污渍严重时也可用水洗法洗涤。

先投入冷水中揉洗一遍，再在温水中加中性洗涤剂搓洗，拧干后作过酸处理，再用清水漂净，挂在通风处阴干。如果是提花类乔其绒衣物，还应在尚未干透时用毛刷将提花上的毛绒刷顺刷平。

羽绒服洗涤法

先将羽绒服放入冷水中浸泡 20 分钟，然后放入水温在 30℃左右的低泡洗衣粉溶液中浸泡 15 分钟，取出后将衣服平铺在铺板上用软毛刷轻轻刷洗，再投入洗衣粉溶液中拎涮几次，再在温水中漂洗 2～3 遍，最后投入清水中反复漂净。洗净后用毛巾毯将衣服包卷好，将其水分挤出，挂上衣架晾干，再用藤条拍拍打打，使羽绒恢复蓬松。

西装洗涤法

西装太脏，不宜干洗时，洗涤前应先在冷水中浸泡 20 分钟左右，用双手大力挤出水分，再放入 40℃左右的中性洗涤液（每件 1 汤匙）中浸泡 10 分钟，切忌热水浸泡和用碱性强的肥皂。将衣服带水捞出，刷洗时要注意“三平一匀”，即洗衣板平、衣服铺平、洗刷走平、用力均匀。

洗刷重点：上衣是翻领、前襟、下摆、口袋、袖口和两肩；西裤是裤腰、裤袋、前后裤片和裤脚。

刷洗后把衣服放回洗涤液中拎涮几次，然后挤除洗涤液，用白醋 25 克加温水洗净，再用冷水漂洗。拉直理平各部位，挂在阴凉通风处晾干，切忌火烤或在强日光下暴晒。

围巾洗涤法

各种围巾均宜用中性的洗衣粉或肥皂洗涤，在温水中轻轻搓洗捏干，然后摊平阴干，再用湿布覆盖烫平。切忌用沸水浸泡或用力搓揉刷绞，以免围巾缩绒和变形。兔毛围巾晾干后，可用塑料卷发器在其面上反复粘拉，即能蓬松如初。

健　康

◎饮食保健◎

吃对食物，吃出强壮体魄

多吃绿色食物，养眼更抗衰

绿色蔬菜和绿色食品统称为绿色食物，包括油菜、空心菜、黄瓜、芹菜、韭菜、菠菜、苋菜、雪里蕻、小白菜等绿颜色的蔬菜以及绿豆、绿茶等绿色食品。绿色蔬菜有多种保健功效，它们可以作用于肝胆，帮助肝胆舒缓压力，调节其功能，并且可清热及平息肝火，促进肝脏排毒，起到美容抗衰的目的。

新鲜绿色蔬菜中所含的叶绿素可以有效对抗自由基，有抗癌作用。叶黄素是一种绝佳的抗氧化剂，对人体非常有益，尤其可以起到保护眼睛、抵抗衰老的作用，这种营养素也大量存在于绿色蔬菜里。如菠菜就是叶黄素的最佳来源之一。现代研究表明，绿色蔬菜的颜色越深，所包含的叶绿素和叶黄素也就越多。

女性应多吃红色食物

红色食物包括红色蔬菜、红色五谷、红色水果等，是指红辣椒、西红柿等色彩艳丽、富含天然胡萝卜素的食物，最主要的，红色食物的优势在于它们都富含天然铁质。还有如我们常吃的樱桃、大枣等都是贫血患者的天然良药，也适合女性经期失血后的滋补。

红色食物可增加机体对疾病的抵抗能力，保护人体预防伤风感冒。如呛辣的红辣椒中含有辣椒红素，能激发人体的抗氧化能力，激发巨噬细胞的活力，帮助身体抵抗疾病。因此，多吃红色食物，免疫力可以大大增强。

白色食物，平衡人体内的营养

白色食物包括白萝卜、大白菜、菜花、茭白、莲藕、冬瓜等。白色食物中，牛奶的营养素最齐全，人体需要的营养素牛奶中几乎都有，是食物中最佳的平衡食物。

燕麦片与荞麦粉均有三降一抗作用：降血压、降血脂、降血糖，抗癌。亦可改善高血压、高血脂、糖尿病、结肠癌、直肠癌与便秘。

在白色食物中，大蒜被誉为“抗癌之王”、“杀菌之星”。此外，大蒜还含有100多种药用成分，对高血压、高血脂、糖尿病有改善作用。

血虚该吃些什么食物

体内血液亏虚不足，脏腑组织失于濡养，临床表现为面色苍白或萎黄、指甲淡白、头晕眼花、手足发麻、心悸失眠、虚劳、长期发热、月经不调、崩漏、闭经、不孕以及西医的营养不良、造血功能障碍、慢性消耗性疾病、神经衰弱或出血性疾病等。

心主血，肝藏血，心、肝两脏与血的关系最为密切。若心血虚，表现为心悸、失眠、多梦等症；肝血虚则表现为眩晕、耳鸣、视物模糊、手足震颤等。

补血虚的蔬菜有黑木耳、胡萝卜、菠菜等。这些食物可以供给人体丰富的铁、蛋白质、维生素C，具有补血的显著疗效。

阳虚该吃些什么食物

阳虚是机体阳气不足的症候，主要表现有形寒肢冷、面色苍白、神疲乏力、自汗、口淡不渴、尿清长、大便稀溏、舌质淡、脉弱等，以脏腑虚损来分，又分心阳虚、脾阳虚、肾阳虚等。

阳虚之人宜吃属热性或温性的食物，食之有温中、补虚、除寒的功能，如白面、豆油、干姜、葱、香菜、胡萝卜、辣椒、枸杞子菜、韭菜等，以滋补阳气。

阴虚该吃些什么食物

阴虚是机体阴液亏损的症候，主要临床表现有午后潮热、盗汗、颧红、咽干、手足心热、小便短黄、舌红少苔、脉细数等。按虚损脏腑的不同，又可分为心阴虚、肺阴虚、肝阴虚、肾阴虚等症。

阴虚的人宜吃具有生津养阴、甘凉滋润的膳食，养阴的食物有菠菜、黑木耳、银耳、大白菜、油菜、黄瓜、甜瓜、丝瓜、西瓜、竹笋、茄子等。

不能以水果代替蔬菜

水果与蔬菜各有自己的特点和功用，水果不能代替蔬菜，蔬菜也不能代替水果。对此，古人有云“五菜为充，五果为助”，早已准确地道出了蔬菜和水果在功用上和用量上的不同。

水果和蔬菜虽然都富含维生素C和矿物质，但在含量上还是有所差别的。除了含维生素C比较多的鲜枣、山楂、柑橘等外，一般水果如苹果、鸭梨、香蕉、杏等所含的维生素和矿物质都比不上蔬菜，特别是绿叶蔬菜。

吃蔬菜时通过合理烹调加工，还可以从盐、植物油、酱油等调料中获得其他一些营养物质，而吃水果在这方面就会受到限制。

吃维生素并不能代替吃蔬菜

从营养学的角度来看，吃维生素并不能代替吃蔬菜。因为蔬菜中除了维生素外，还含有蛋白质和钾、钠、钙、铁和锌等多种矿物质的微量元素，这些微量元素都是人体不可缺少，但是在其他食物中又难以摄取到的。而且长时间地服用维生素类制品还有可能会出现副作用，引发一些病症。所以在日常生活中，要多吃一些新鲜蔬菜。

聪明吃水果，健康美丽自然来

西瓜好吃莫贪多

夏天适量吃些西瓜，对人体健康大有裨益。而过量食用或吃冷冻后的西瓜对人体不仅无益，反而有害。

这是因为，西瓜吃得过多会伤脾助湿。凡是脾胃虚寒湿盛、消化不良、腹胀腹泻、食欲不振者以及肾功能不佳者均应慎食或忌吃西瓜；胃溃疡患者也不宜多吃西瓜，以免引起胃穿孔；糖尿病患者吃西瓜也不宜过多，以免痰湿阻盛、血糖升高。

即使是健康的人吃西瓜也不宜过多。一是会冲淡胃液，影响胃酸分泌，引起消化功能不良或腹泻；二是食之过多，脾胃湿阻过盛，容易引起胃纳欠佳；三是食之过多，易引起胃扩张。另外，老年人一般脾胃虚弱、脾胃功能衰退，食之过多不易消化吸收。

令人活力四射的 4 种热带水果

大自然给我们准备了大量的养生之物。例如，令人活力四射的 4 种热带水果：木瓜、菠萝、香蕉和杧果。这几种奇异的水果几乎含有对人体健康有益的所有维生素，而且是天然蛋白质的极好的来源。在消除慢性消化不良症方面，它们可使病情很快得到缓解，使消化系统逐步得到改善，恢复正常。

人们每咽下一口食物，就会有一种酶随之变成另一种酶的形式。当一种特殊的维生素或矿物质从食物中分离出来，就会被运转到需要能量的机体部位中去。木瓜、菠萝、香蕉和杧果这 4 种热带水果之所以具有恢复活力的力量，正是因为它们含有酶。

吃葡萄也要看身体状况

葡萄对慢性肝炎患者来说是极有益的食品，慢性胃炎、食欲不振者常食葡萄

和葡萄干也是极有好处的。贫血及恶性贫血患者可持续饮用葡萄酒。因葡萄有安胎补气的作用，所以又是孕妇首取的上好果品。

但也有人认为，葡萄性偏于温，有利尿作用，阴虚内热、津液匮乏者忌食之，《医林纂要》曾载："多食生内热。"

根据职业选水果

不同的水果含有的营养成分不同，适合不同职业的人食用。例如：

香蕉可以使服务行业从业人员对消费者的态度更好，因为它能缓和紧张的情绪，提高工作效率，缓解疲劳。

柿子对疲惫不堪的体力劳动者很有益处，因为疲劳在多数情况下是因为缺血造成的，而柿子里含有很多铁元素，可以刺激血红蛋白的生成，缓解疲劳。

橙子可以帮助经常吸入废气的司机排除体内的毒素。

菠萝最适合运动员食用，它有消炎和消肿的作用，能改善血液循环，促进肌腱炎症和外伤的康复。

经常坐在电脑前的白领应该多吃梨，因为梨含丰富的维生素 A、维生素 E 和 B 族维生素，对眼睛有益。

葡萄有祛痰作用，咳嗽的时候可以吃点。

木瓜可以增强精力，提高性能力。

杧果含有丰富的β-胡萝卜素和独一无二的酶，可以令皮肤富有弹性，并且延缓皱纹生成，最适合爱美的女性。

能解酒的水果

西瓜：饱含水分与果糖、多种维生素、矿物质及氨基酸，可以改善中暑发烧、汗多口渴、小便量少、尿色深黄等症状外，有口腔炎、便血、酒精中毒者均适宜多吃，疗效显著。

杨桃：具有清热解毒、生津利尿的功效，适用于酒精中毒、风热咳嗽、牙痛、口腔溃疡、尿道结石、小便不利等症。但肾功能异常者千万不可吃。

甘蔗：具有解酒毒、清热润肺、生津止渴、利尿通便、除口臭的功效，可改善反胃呕吐、宿醉不醒症状。

梨：有生津止渴的作用，更是很好的解酒水果，据李时珍记载，梨可“解疮毒酒”。所以，贪杯的人可以通过吃梨解酒。

五谷杂粮，打造健康一生

常吃发酵面食好处多

面团经酵母发酵会产生较多的活性植酸酶，可使植酸水解，使磷、钙、锰、钾、锌等从植酸中分解出来，形成矿物质形式，易被人体吸收利用。而且酵母菌在生长繁殖过程中，还能增加面团中B族维生素的含量。

因此，多吃用酵母发制的面制品，可以提高食物中矿物质和多种B族维生素的利用率，对人体健康十分有益。

常吃带馅面食好处多

带馅面食中营养素较齐全，符合人体需要。因为带馅面食中既有荤菜，又有素菜，含有人体需要的多种营养素，并能起到各种营养素互补作用，符合平衡膳食的要求。

另外，不爱吃荤菜的人，优质蛋白质的来源会大大受到限制；而偏食荤菜的人，又会导致热量过剩和各种维生素及矿物质的缺乏。而吃带馅食品荤素兼备，含有人体必需的多种营养素，可有效地改变偏食习惯。

常吃八宝粥、腊八粥对身体有益

任何一种米中的营养都是不完全的，而八宝粥、腊八粥在制作过程中，除大米、糯米外，还会加入小米、绿豆、红小豆、核桃仁、花生仁、大枣、山药、莲子等多种食材混合熬制成粥，营养丰富。一般谷类缺乏赖氨酸，而豆类赖氨酸含量比较高；小米中含亮氨酸比较多；各种坚果类富含人体必需的脂肪酸以及各种

微量元素和多种维生素。五谷杂粮混合煮粥，可以充分发挥氨基酸的互补作用，相互取长补短，提高蛋白质的利用率，并且尽可能多地摄取到维生素及多种矿物质。

因此，八宝粥、腊八粥是营养比较全面的食品，有益身体健康。

禽肉鱼蛋类如何吃更健康

不同的鱼有不同保健功能

鱼的营养丰富，食之有味，对人体有着较强的保健功能。但鱼的种类繁多，不同的鱼具有不同的保健功能。

鲫鱼：有益气健脾、利水消肿、清热解毒、通络下乳等功能。除此之外，还可降低血液黏度，促进血液循环。

鲤鱼：有健脾开胃、利尿消肿、止咳平喘、安胎通乳、清热解毒等功能。

鲢鱼：有温中益气、暖胃、润肌肤等功能，是温中补气的养生佳品。

青鱼：有补气养胃、化湿利水、祛风除烦等功能。其所含锌、硒等微量元素有助于抗癌。

黑鱼：有补脾利水、祛淤生新、清热祛风、补肝肾等功能。产妇食清蒸黑鱼可催乳补血。

草鱼：有暖胃和中、平肝祛风等功能，是温中补虚养生的美食。

带鱼：有暖胃、补虚、泽肤、祛风、杀虫、补五脏等功能，可作为迁延性肝炎、慢性肝炎者的日常饮食。

鳗鱼：有益气养血、柔筋利骨等功能。

吃松花蛋要放姜、醋汁

松花蛋大多用鸭蛋腌制，因而带有水草腥味，而且在腌制过程中加入了茶叶、石灰、碱等，以致松花蛋中有儿茶酚、氢氧化钠等碱性物质。同时蛋白质分解产生的氨气使松花蛋有一种咸涩味。

鲜姜含有姜辣素，米醋中含有有机酸。姜辣素和有机酸能够去除腥味，中和松花蛋中含有的碱性物质，除去咸涩味。而且用姜末和米醋配成的姜醋汁，能促进胃液分泌、增强肠道蠕动、促进食欲、帮助消化。

因此，吃松花蛋放姜醋汁是很有道理的。

煮熟的鸡蛋不要用冷水浸泡

刚下的鸡蛋因有蛋壳膜覆盖，不易被细菌侵入，蛋内水分也不易蒸发，因此鲜蛋在一定的时间内不易变坏。而鸡蛋煮熟后，蛋壳膜被破坏，同时由于鸡蛋壳和壳内的双层内膜上都分布着许多小孔，当冷水进入蛋内后，细菌、霉菌等微生物也会随之进入蛋内，并且与蛋内的酶一起分解鸡蛋内的容物，容易引起鸡蛋腐败变质。

另外，鸡蛋中有直径为4～11毫米的气室，煮鸡蛋时，由于温度升高，气室内的气压也随着升高，这时气室里的气体就会被“挤”出蛋外。当刚煮熟的鸡蛋投入冷水中时，温度急骤降低，气室内压力随之下降，这也会使蛋壳外的冷水和微生物通过气孔进入蛋内。

正确的方法是将煮熟的鸡蛋取出后，立即用干净的抹布揩净蛋壳表面的水，让其自然冷却，这样既好剥皮，又利于保存。

怎样去除羊肉的膻味

羊肉是冬令的滋补佳品，如烹调不得法，便会有很大的膻味，使人兴味大减。现介绍几种除膻的方法：

煮羊肉时先不放调料，按每5000克羊肉配50克绿豆，用水煮沸15分钟后，可将羊肉捞出，原汤和绿豆倒掉，将肉加入新水煮，可除膻味。

羊肉切成块，按1000克羊肉1000克水的比例将水先烧开，然后放入羊肉，随之放入25克醋，煮15分钟后，将原汤倒掉，再将肉放人新水内烹调，则可除膻。

煮羊肉时，同时放入白萝卜（每5000克羊肉放人500克白萝卜），煮15分钟后倒掉白萝卜和水，再进行烹制，也可除膻。

炖肉不宜一直用大火

如果炖肉一直用大火，肉锅必然从始至终大开大滚，肉中呈香味的物质挥发性很强，必然会随着肉锅的大开大滚而蒸发掉；同时，由于肉锅大开大滚，促使肉中蛋白质加速变性而变硬，不溶解于水，这就使得所煮的肉发硬难吃。

另外，一直用大火猛煮，肉中的含氮物质释放也大为减少，这会使肉的香味降低，肉中的肌纤维不容易煮烂。

炖肉的正确做法是：刚开始时用大火，尽快把锅烧开，以使肉块表面的蛋白质迅速凝固，防止其香味物质跑掉。一旦肉块挺实、撇去浮沫后，就要改用微火，火候以何持肉锅的水微开为好，直到把肉煮熟。这样，即使肉汤的浮油不易翻滚，又使锅内形成一定气压，保持了汤的温度，还使肉的香气不易挥发跑掉，肉不但熟得较快，而且肉质也松软好吃。

水产品，吃出充沛活力

鳝鱼味鲜美，当心中毒

鳝鱼，俗称黄鳝，不论蒸、炒、炖或是油炸、红烧乃至火烤，其肉质都非常细嫩、味道鲜美。

鳝鱼虽是一种美食佳品，但吃鳝鱼是有一定讲究的，那就是一定要买活的，吃鲜的，死鳝鱼不可食用。这是因为鳝鱼一旦死亡，其体内所含的组氨酸便会在细菌的作用下分解，生成有毒的组氨，鳝鱼死亡时间愈长，其毒性愈重。

买水产品要“察言观色”

人们提着篮子上市场采购海鲜或到大排档品尝海鲜时，有没有想到，在不知不觉中就会误买或误食了带有甲醛的海鲜。

由于甲醛能固定鱼虾及禽畜肉类的蛋白质，杀灭和抑制细菌及微生物的生长繁殖，且无损于海鲜产品体表、鳞片、鳃丝和肌体，所以，一些不顾道德牟取暴利的商贩，就滥用甲醛作为防腐保鲜剂，用于各种肉食和水产品。

甲醛为原生质毒物，能影响人体的代谢机能，有一定的毒性和刺激性。它的毒性对呼吸道、消化道及神经系统等器官和组织都有严重危害，会引起呼吸困难、呕吐、胃痛、腹痛等症状。

有些人不宜吃螃蟹

螃蟹的肉质鲜嫩，味道独特，博得了“满桌佳肴蟹独鲜”的赞誉。但是，并非人人都宜食蟹。

螃蟹性寒，腥气浓重，并含有较多的蛋白质，蟹黄又含有较多的胆固醇（据分析，每100克蟹黄含胆固醇量高达460毫克以上），因此，高血压、冠心病、动脉粥样硬化和高血脂患者最好不要吃蟹黄。患伤风、发热、胃痛、腹泻的人不宜吃螃蟹。另外，脾胃虚寒的人、慢性胃炎、十二指肠溃疡、胆囊炎、肝炎活动期的人也不宜吃，以免引起病情恶化。

有过敏反应的人，在吃了螃蟹之后，皮肤出现风疹块，即荨麻疹，应立即停食。

此外，皮肤病患者以及老人、小孩、孕妇等，都不宜多吃螃蟹。

甜酸苦辣咸，五味有宜忌

烹调中如何使用糖

用于祛腻除臭，矫正口味：糖可减少和抑制菜肴中原料的苦涩味，缓和辣

味。尤其是在调制辣味菜肴时加点糖，可使辣味菜肴辣而不燥。

用于烹制红烧、卤、酱菜肴：汁卤稠浓，油润光亮以及色泽加深。

用于拔丝苹果、拔丝山药等：加糖可以改变、丰富菜肴口味，增加香气鲜美，使之柔和醇厚，突出特殊风味。

用糖拌腌凉菜时：加点糖少加些盐，可使凉菜更加鲜美。

用于腌肉时：加入适量白糖可改善成品的滋味，并可防止肉品褪色，阻止有害微生物的繁殖，有防腐作用。

炒菜时勾芡有讲究

勾芡是烹制菜肴中不可缺少的一环。勾芡不仅可防止营养成分蒸发流失，而且可使菜肴味道鲜美，外型美观，对一些不易入味的菜，还可增加风味。

根据菜肴的烹调方法和质量的不同要求，可用以下方法进行勾芡。

淋芡：即在菜肴将成熟时，一面将调匀的芡汁均匀淋入锅中，一面用勺铲推动菜肴，使芡汁和菜肴均匀结合，汤汁稍浓，适宜于红烧、烩菜等。

拌芡：即事先将各种调味品及芡汁放在一起调匀，使芡汁粘裹在原料上。主要适用于爆、炒、熘等。

浇芡：即菜肴成熟装盘后，将芡汁兑好与调味品一起加热搅拌做熟，再快速浇在菜肴上。此法宜于糖醋鲤鱼等。

不是每一道菜都要用味精

味精是我们烹调菜肴不可缺少的调味品，使用味精的目的是使菜肴增加鲜味，但如果使用不当，就会影响菜肴味道。

味精易溶于水，在汤菜会中很快溶解而产生鲜味，但当菜肴在锅中加热温度达到100℃以上时，大部分谷氨酸钠就会变成焦谷氨酸钠，不仅失去其鲜味，而且还会产生微量毒性。所以，炒菜时味精宜在起锅时添加，汤菜在汤烧好后另加为宜。

但在某些菜肴或使用某种烹调方法时，使用味精起不到应有的作用，反而造成浪费。如炒、蒸鸡蛋，鸡蛋本身含有较多的谷氨酸和一定数量的氯化钠，遇热后自身会产生特有的鲜味，放味精也起不了什么作用。

烹调醋溜鱼片、糖醋排骨等带酸性菜肴时，味精的溶解度变小，几乎也起不到增鲜的作用。

干炒食物、菜时，加入的味精不会溶解，又会遇高温而使谷氨酸转变为焦谷氨酸钠，产生微毒。

一般凉拌菜因温度太低，水溶性也差，味精的增鲜效果也弱，放与不放效果基本一样。

吃好一日三餐，铸就健康盾牌

再忙也要吃早餐

“早餐要吃好，午餐要吃饱，晚餐要吃少”，这是妇幼皆知的生活谚语。事实上有很多人因为早上赶着要上班，或是由于手里忙于工作而忽略早餐的重要性。其实这是不对的，再忙也要吃早餐。

清晨，人们从睡梦中醒来，各器官系统活动开始加强。前一天晚上吃的食物在胃内只能停 6 小时左右，如果不吃早饭，胃肠空空，整个上午活动所消耗的能量全靠前一天的晚餐提供，这就难以满足人体的需要，甚至会导致血糖过低出现头晕、眼花、出冷汗及肢体乏力等，影响工作、学习。

青少年活动量大，更要吃早餐，最好在上午 10 点左右再加上一餐，可避免课间有饥饿、头晕、胃痛及注意力不集中的现象。

胆结石也与长期不吃早饭有关。空腹过久，胆汁分泌减少，胆酸含量也减少，而胆固醇量不变，胆汁成分发生变化，形成高胆固醇胆汁。若空腹时间过久，胆固醇饱和而在胆囊中沉积，就会形成结石的核心物质。

忌在饭前饭后吃冷饮

饭前吃冷饮，由于冷的刺激会造成胃肠毛细血管收缩，影响消化腺的分泌，使消化过程不充分，日久则会影响消化功能。

另外，冷饮中含有大量蔗糖、牛奶，少量奶油和水，有的还加有淀粉等。饭前吃冷饮使血糖增高，食欲下降。

饭后吃冷饮，会使胃部扩张的血管收缩，血液流动减少，妨碍正常的消化过程。而且冷饮还会使胃肠道蠕动加快，减少营养物质在肠道中的吸收。

因此，冷饮、雪糕之类不宜在饭前、饭后食用，在两餐之间最为适宜。

上班族自备午餐有讲究

有许多上班族因工作需要或上班单位离家较远，选择了从家自备午餐。

要自备午餐，首先就要注意营养。在经过一上午的紧张学习、工作和劳动后，人体能量消耗较大，而下午的工作也有赖于午餐来供应能量，这就使午餐具有补偿消耗、储备能量的双重作用，故午餐的热量应占全天热量的40%左右。因此，午餐一定要讲究营养和烹调方法。主食要粗细搭配，花样多变；副食要品种多样，营养丰富，供给足够的蛋白质、脂肪、维生素和矿物质。如果只考虑携带方便或怕麻烦，品种单调，长期下去则会营养不足，影响健康。

其次，尽量自带营养素流失少的菜品，如排骨、烧鱼、烧肉等，蔬菜应尽量在早晨上班之前现炒现装入饭盒，有条件者饭后可吃一些水果；也可带点生吃的经过清洗、消毒的蔬菜，如西红柿、黄瓜、白萝卜、胡萝卜，以补充维生素。

食品安全是家人健康的苦石

食品安全要做到“净、透、分、防”

净：就是在原料处理过程中，要剔净、掏净、择净、洗净，通过粗加工，保证食品中没有杂质。

透：就是要在烹饪过程中，做到蒸透、煮透、炸透，通过热加工把食品内部的细菌全部杀死。

分：就是将粗加工和细加工分开；解冻用水与蔬菜洗涤分开；生熟食品用具分开；加工后的熟制品与半成品分开存放，半成品与未加工的原料分开存放。

防：就是加工后的熟食要注意防蝇、防尘；勿用手接触熟食，防止食品交叉和重复污染。

从一般来说，搞好以上几个方面，食品卫生安全就会得到基本保障。

休闲食品不宜多吃

薯片、虾条、雪饼、果脯、话梅、花生、松子、杏仁、开心果、鱼片、肉干等休闲食品备受人们的青睐，尤其是女性和儿童。

然而，这些休闲食品如果过量摄食，容易打破人的正常饮食规律，影响消化功能，而且还会造成蛋白质、碳水化合物的摄入不足，从而影响体质。

休闲食品多是甜食，含糖量过多，无形中糖便随着休闲食品源源不断地进入人体，在没有任何感觉的情况下已经摄入过多的糖分了，长期摄入甜品会降低胶原蛋白的作用，从而使得人体骨骼发脆、皮肤发皱。所以，如果不想过早衰老，就一定要控制住休闲食品的摄入量。

食品加工，越简单越好

对于食物，重要的不在于每天吃多少，而在于所吃食物中脂肪和膳食纤维的含量。健康食品的主要特点是低脂肪和高膳食纤维。水果、蔬菜和粮食制品恰恰符合这一特点，且健康食品一般加工越简单越好，加工越简单通常就越有营养。

加工食品在制造过程中会严重破坏食物的营养成分，尤其表现在矿物质和维生素的损失上。稻米、小麦和食糖的加工食品是白米、面粉和白糖，它们所含的营养与相应的天然食物糙米、全粒小麦比较后会发现，前者的维生素和矿物质所剩无几。天然食物不仅营养丰富，而且对防癌有实效。专家认为，目前癌症的发病率日益上升，与加工食品的泛滥不能说没有关系。反之，如果食物不经加工精制，癌症的发病率会相应减少。

健康饮食，降低烟酒危害

米酒饮用夏冬有别

夏季米酒（有些地方又叫黄酒）可以冷饮，比如直接冰镇或在酒中加冰块。这样既能降低酒温，又能降低酒的浓度，同时饮用起来也爽口，给人以舒适的享受。

而在冬季如果能喝上一杯炽热的米酒，不但会使人体周身发热、祛风解乏，而且能促进人的食欲，的确是佐餐的佳品。

然而在冬季，米酒若凉饮，酒味淡薄，且饮后身体发冷。但米酒不宜温过头，以免破坏了酒中的乙醇成分。因此，只有将米酒加热到 80℃时才味道纯正，清心爽口。可以在饮用前将酒倒入壶中放在炉子上加热，酒沸即可。

哪些菜适合做下酒菜

含蛋白质丰富的肉、禽、蛋类：饮酒会影响身体的新陈代谢，消耗身体里的蛋白质，因此，应选择烧排骨、清炖鸡、松花蛋等做下酒菜，以补充蛋白质。

属于碱性食品的蔬菜、水果：饮酒时，鸡、鸭、鱼、肉类的菜相对较多，这些都是酸性食品。为了保持体内的酸碱平衡，还必须选择蔬菜、水果等属于碱性的食品，如炒豆芽、醋熘白菜、橘子、苹果等。

加糖菜肴：酒经过肝脏被解毒后才能排出体外，因此会刺激肝脏，而糖对肝脏有保护作用。因此，应选择糖醋鱼、糖炒花生米、拔丝山药、糖醋里脊等当下酒菜。

加醋的菜肴：因为醋和酒精能发生化学反应，有解酒的作用。饮酒时多吃点醋熘白菜、多喝点放醋的汤为好。

豆腐：任何酒都含有乙醛，其是一种有毒物质。而豆腐中的胱氨酸是一种重要的氨基酸，它能解乙醛之毒，并使其排出体外。因此，人们在饮酒时或饮酒后吃点豆腐是大有好处的。

剧烈运动后不宜喝啤酒

大多数人都喜欢剧烈运动或重体力劳动后喝上一杯清凉的啤酒，认为这样可以消除疲劳，而且感到非常痛快。然而，此举却有导致痛风的危险。

剧烈运动后的人立即喝啤酒，会使血液中尿酸浓度增加到运动前的 2.1 倍。当尿酸排泄发生障碍时，在人体的内脏和其他组织中就会发生尿酸结晶沉积，特别是沉积于关节部位，容易发生痛风症。

如果大量饮用冰镇啤酒还会影响消化功能。这是因为冰镇啤酒的温度较人体温度低 20℃～30℃，大量饮用会使肠胃道的温度急剧下降，血流量减少，从而造成生理功能失调，并影响消化功能，严重时甚至会引发痉挛性腹痛和腹泻。

为了避免诱发痛风、腹泻等不适，剧烈运动或重体力劳动后，应当休息一会儿，吃点水果和蔬菜，而不要急于喝啤酒，尤其不要贪图一时凉爽猛喝冰镇啤酒。可以适量饮用一些清凉饮料，多喝热茶、绿豆汤以及吃西瓜等水果。

厨房里的食物加工小窍门

胡萝卜最好高温爆炒、

胡萝卜中含有叶酸、生物素及β—胡萝卜素。其中叶酸和生物素有预防肺癌作用；β—胡萝卜素是维生素 A 的先生物，进入人体后，在肝和肠壁中转化为具有防癌作用的维生素 A。

胡萝卜等蔬菜之所以有抗癌作用，是因为其中含有一种能抗细胞癌变和抗病毒感染的干扰诱生剂。人体内正常细胞不含有这种干扰素基因，一旦受到诱生剂的刺激，这种基因就能产生干扰素。干扰素能有效地干扰癌细胞和病菌生存，抑制恶性肿瘤的生成。但是这种有效成分必须高温爆炒才能溶出。

烧鱼不要过早放姜

鱼的食用方法很多，烹调时一般都要放葱、姜、蒜、料酒等调料，这样可去

腥、杀菌，增加鲜味，但应注意不宜过早放姜。因为过早放姜后，鱼体渗出液中的蛋白质会使生姜不能发挥去腥作用。

因此，烧鱼时，应待鱼的蛋白质凝固后再加入生姜，以发挥其去腥、增鲜功能。

合理搭配，营养加倍

菠菜豆腐汤并不科学

豆腐是在豆浆中加入盐卤或石膏后制成的。豆腐中含有丰富的钙，盐卤中含有氯化镁，石膏含有硫酸钙。

菠菜中含有很多鞣酸，其对人体没有益处，而且可与豆腐中的氯化镁、钙、硫酸钙等发生化学反应，生成不溶于水的草酸镁或草酸钙的白色沉淀。钙是人体需要的重要营养素之一，但在变成不溶于水的物质沉淀后，人体便不能吸收了。因此，菠菜与豆腐同煮是不科学的，应分开加工。

同类食品互换，调配丰富的三餐

生活应该是丰富多彩的，餐桌上更应该如此。各种各样的食品交换搭配，可调制出丰富的菜肴。调换口味，即同类食物互换，不仅可满足口福，更能增进健康。

那么，同类食品怎样互换呢？如大米可以与面粉、杂粮互换，馒头可以与面条、烙饼、面包等互换；大豆可与豆制品或杂豆类互换；瘦猪肉可与等量的鸡、鸭、牛、羊、兔肉互换；鱼可与虾、蟹等水产品互换；牛奶可与羊奶、酸奶等互换。

追求健康，从饮食习惯开始

进餐的禁忌

忌过饱：过饱时可加重消化道的负担。

忌过快：食物未经细嚼即吞咽，唾液没有充分和食物混合，不利于消化。

忌谈笑：进餐时谈笑风生，易使食物进入气管。

忌看书阅报：看书阅报会使大脑处于兴奋状态，致头脑血管充血，消化器官的血液减少而影响消化。

忌过热：过热可灼损口腔、咽喉、食道及胃黏膜，引起炎症。

忌饭前大量喝水：大量饮水会冲淡胃液，妨碍消化。

忌偏食：偏食会造成体内某些营养缺乏。

忌轻视早餐：不吃早餐会出现头痛、耳鸣、视力疲劳、记忆力减弱等症状。

忌精神创伤：吃饭时哭泣、愤怒可导致人体植物神经功能紊乱，致消化腺分泌减少和肠道吸收功能减弱，造成食欲不振。

一日三餐要有规律

“三餐制”的形成，使人体逐渐形成了进食方式上的条件反射，并建立起与之相适应的生理功能。

在每餐前，以胃为中心的消化系统都在这种反射的刺激下做好了接受和消化食物的准备。如果饥饱无时、食量不定，这些器官既没有准备好适量的消化液，又没有适合接受这种变化了量的“容器”，在被动的情况下勉强接受这种现实，疾病自然就容易发生了。

吃饭不要狼吞虎咽

食物入口后，要认真仔细咀嚼，以利于其他器官的积极工作和对营养物质的吸收利用。狼吞虎咽，囫囵吞食，不但会给胃增加消化的困难，引起胃消化功能的障碍，而且还会出现哽咽、粗糙食物划破食道、鱼刺卡嗓等事故。

俗语说：“小口吃饭，细嚼慢咽。”食物经仔细咀嚼，唾液不但可以稀释食物，下咽方便，容易消化，而且唾液里含有多种物质和酶，可以杀死病菌。有些科学家研究表明，食物在口腔中如能咀嚼30下，一般的细菌可以杀灭。

吃出活力，吃出健康

根据肤质吃对食物

干性皮肤的人：宜多食用含维生素 A、脂肪等的食物，这样可滋润皮肤。但千万要注意不能随便服用过量维生素 A，以免造成头发脱落。

油性皮肤的人：宜多食用含蛋白质高的食物，少食促进皮肤分泌的食物，如甜食、淀粉等；尽量不食用含油脂高的食物，如牛肉、猪肉、羊肉和奶油等食物；不宜食用辣椒、辣酱等。

黑色素易于沉淀的人：宜多食用维生素 C 或含维生素 C 的食物，不宜多饮咖啡。

皮肤易于发红的人：不宜多食刺激和扩张毛细血管的食物，如大蒜、辣椒、韭菜、酒类等。

皮肤发黄的人：不宜多食橘子、胡萝卜、南瓜等。

一般性皮肤的人：宜多食含水分高的食物，如牛奶、瓜果等。但需切记多喝水不能代替牛奶、水果。

这食物可以帮孩子长高

每一个家长都希望自己孩子“高人一等”，想要男孩长得高大、英俊，女孩长得苗条、健美。

专家指出，营养是影响身高的重要因素。儿童身高增长有两个高峰，一个是 4 岁以前，每年生长速度可达到 15～20 厘米，另一个是青春期，每年可增高 10 厘米左右。到 20 岁左右，生长速度几乎下降到零。注意营养，尤其是保证这两个阶段的营养非常重要。

促进长高的食品，主要包括牛奶和豆制品，这二者含有骨骼生长必需的钙和磷。另外，鱼虾、瘦肉、禽蛋等含有丰富的蛋白质、维生素 A、维生素 D 和多种矿物质；各种新鲜蔬菜和干鲜果品，如青菜、萝卜、菠菜、西红柿、黄瓜、柑橘、苹果、大枣、柿子、山楂、核桃、银杏、栗子和杏等含有丰富的维生素。这些营养元素对孩子的生长发育十分有益。

◎衣着保健◎

穿着的方式与健康

领带佩戴有讲究

西装被誉为国际性服装，兼以领带衬托，可显示出男士仪表堂堂、风度翩翩。在社会交往中，一个人的仪表尤为重要。尽管现在流行休闲装，随意搭配，但在白领阶层中，尤其是当他们处于办公场所、参加重要会议等比较严肃的场合，西装革履依然是不可缺少的包装。

然而，领带的佩戴却很有讲究。领带系得过松，常起不到应有的效果，系得过紧则显得拘束，并对颈侧动脉构成压迫，使头部供血不足而出现头晕不适、烦躁不安，并导致视力与视觉发生疲劳及反应迟钝，严重者出现呼吸不畅、头晕头痛、工作效率下降等现象，并产生明显疲劳感。

牛仔裤穿着弊大于利

从人体生理学的角度来说，牛仔裤的弊大于利。法国时装设计大师皮尔卡丹说："牛仔裤的流行，是时装的瘟疫。"

研究证实，男性穿着牛仔裤会使其臀部被裹紧，睾丸无活动余地，紧贴皮肤，常被迫进入腹股沟部，致使睾丸温度上升，精子质量下降。此外，牛仔裤布料质地厚硬，透气散热性能不良，睾丸产生精子的功能也会发生障碍。

女性穿着牛仔裤，由于皮肤汗渍、摩擦，以及细菌等作用于会阴部，可诱发会阴炎、阴道炎、尿道炎，甚至可上行诱发盆腔炎等病症。长期穿着牛仔裤的男女青年，会影响生育。

衣装的选购与健康

胸罩要选买大一号的

可以说，如今，胸罩已经成为乳腺疾病的重要诱因之一。

选择胸罩首先要舒适、贴身，胸罩太紧或太松都不能起到托持乳房、修饰身材的作用。胸罩的型号是以胸部乳房最高位置量出的顶胸围与从乳房下围最小处量出的底胸围的差数来确定的。

胸罩的基本规格是由底胸围决定的，所以我们平时要熟悉自己顶胸围和底胸围的尺寸，这样在买胸罩时才能挑选到合适的。要知道，选择胸罩千万不要大意，随着时间的流逝，不合适的胸罩往往会成为乳腺增生、乳腺炎甚至乳腺癌等乳房疾病的“导火索”，给女性带来无法想象的伤害。

因此，专家建议，佩戴胸罩应选用宽松的，最好比自己乳房大一号。否则长期戴过小过紧的胸罩，会影响局部血液和淋巴循环，诱发各种乳腺疾病。

尖头皮鞋，少穿为佳

穿尖头皮鞋时，由于鞋的前方狭窄，常使脚部五根跖骨的前方，特别是跖骨头部受到横向挤压，无形之中限制了脚横弓的弹性。这样不仅加重了对大脑的震动，而且常受挤压的跖骨还会出现疼痛，医学上称为跖痛病。

另外，穿尖头皮鞋时，脚跟高抬，重心前移至脚掌的五趾关节处。行走时，往往会使五趾挤压在一起，等于增加了各个脚趾的长度，长时间的伸拉，易引起跖趾关节劳损。特别是在上坡时穿尖头皮鞋会加重脚趾的背屈程度，走路时间长了就会容易发生跖趾关节疲劳甚至劳损的症状，出现脚底疼痛。

再者，狭窄的尖头皮鞋会使趾甲和甲床受压，常常使甲旁两侧的皮肤隆起，因而使趾甲向皮内生长，医学上称这种现象为“嵌甲”。

把握冷暖是穿着养生的首要任务

春季穿衣宜上薄下厚、

一些年轻姑娘出于爱美，往往在早春时节就穿起了五颜六色的裙装，甚至是裙长不及膝的超短裙，这样对身体不利，也有违春季养生中衣着“下厚上薄”的主张。如气温太低，特别在阴雨绵绵的日子里穿裙子，暴露在外的下肢会因风寒的侵袭而出现发凉麻木、行动不灵、酸痛等不适，特别是膝关节处皮下脂肪少，缺乏保护，对冷空气的侵袭较为敏感，受寒后更易发生局部麻木、酸痛等症，久之会引发关节炎。

春季应按照天气变化添减衣服，穿衣宜上薄下厚。在天气未全面回暖之前，生活在北方的人不宜追求时尚，穿衣不要过于单薄。尤其是年老体弱的人换装要谨慎。

冬季穿衣要重视“衣服气候”

所谓“衣服气候”，是指穿的衣服表面温度大约在0℃左右，而衣服里层与皮肤间的温度始终保持在32℃～33℃，这种理想的“衣服气候”，可在人体皮肤周围创造一个良好的小气候区，缓冲外界寒冷气候对人体的侵袭，使人体维持恒定的温度。

冬季，老年人生理机能下降，皮肤老化，血管收缩较差，加上代谢水平低，穿衣以质轻又暖和为宜。青年人代谢能力强，自身调节能力比较健全，对于寒冷的刺激，皮肤血管能进行较大程度的收缩来减少体热的散失。因此，穿衣不可过厚。

婴幼儿则不同，其身体较稚嫩，体温调节能力低，应注意保暖。但婴幼儿代谢旺盛，也不可捂得过厚，以免出汗过多影响健康。

穿着也要讲卫生

小小衣兜的卫生不可忽视

在生活中，有不少人的衣兜里常常是既装纸巾，又装香烟、瓜子、花生及各种零食等，还有人喜欢将购物时找回的零钱、票据等也揣进衣兜里。这种习惯很容易造成交叉污染，容易传染痢疾、肝炎或肠蛔虫症等。特别是对于那些爱吃零食的人来说，更容易得病了。

尤其是钱币更不易装进衣兜里。钱币作为一种流通手段，经常地从这个人手中转到那个人手上，这种传递可以进行多次。如果其中某个人患有疾病（特别是传染性疾病）、携带细菌病毒，那么货币也就难免沾染上而成为可能传染疾病的祸根。

当心衣服静电的危害

人体活动时，皮肤与衣服之间以及衣服与衣服之间都会互相摩擦，产生静电，并且随着家用电器的增多以及冬天人们多穿化纤衣服，家用电器所产生的静电荷会被人体吸收并积存起来，加之居室内空气干燥，墙壁和地板多是绝缘体，因此更容易受到静电干扰。

衣服上的静电对人的健康有很大的危害。静电能使人焦躁不安，情绪波动。过高的静电还常常使人头痛、胸闷、呼吸困难、咳嗽。

穿衣注意不要束腰太紧

用腰带紧紧裹住腰部，虽然能使腰身形成优美的曲线，但却将人体的血液循环拦腰隔为两截，一方面使心脏在收缩时后负荷增加，久之会引起高血压病和冠心病；另一方面，使腹腔受到挤压，胃、肠、肝、肾等腹腔脏器活动受限，血流不畅，使其功能受到影响。

其次，束腰太紧还可以造成腰骨畸形或损伤，导致痔疮出现。因为人体肛门周围有好几组静脉，称为痔静脉，痔静脉本来较为疏松，当腰部、腹部的压力过力增大时，痔静脉内血液回流受到阻碍，会使痔静脉扭曲成结，形成痔疮。

小小饰品里藏着的大学问

佩戴玉石有益健康

现代科学研究发现，玉石具有特殊的光电效应，在切削、研磨和抛光过程中，会使这些效应聚焦蓄能，形成一个电磁场，相当于谐振器，能同人体发生谐振，使人体各部位更协调，运转更加合理。同时，玉石中含有硒、锌、镍、钴等微量元素，长期佩戴玉饰，微量元素通过皮肤浸润会被人体皮肤所吸收，使体内各种微量元素获得平衡，达到平衡生理机能，防病保健的功效。为此，经常佩戴玉石挂件有益于人体的健康。

比如珍珠，其性寒、味甘咸寒，能生肌收敛、养颜护肤，因此可预防甲亢、咽炎、眼疾等症。

目前还证实，佩戴珍珠项链可缓解女性经前紧张综合征和更年期综合征。这是由于珍珠项链长期与人体摩擦，使珍珠的有效成分渗入皮肤，为皮肤所吸收，从而增强了人体的细胞活力，促进新陈代谢，使皮肤柔嫩洁白，湿润光滑，起到延缓皮肤衰老的作用。

炎热夏季慎选墨镜

炎炎夏日，很多人喜欢佩戴墨镜，一则可以阻挡刺眼的阳光，二则显得更加时尚。实际上，戴墨镜对眼睛是有损害的，一般的太阳镜虽能遮住太阳可见光线对眼睛的刺激，却无法遮挡有害射线对眼睛的照射。因为当墨镜遮住阳光时由于眼睛缺少了对强光的自然反射而不会自行闭眼，这样就使得眼睛长久暴露在看不见的紫外线下，久之会对眼睛造成永久性损坏。

而且，人不戴墨镜时，眼睛会自行调节光线，如会眨眼睛或把眼睛眯小，这样就减少了紫外线的射入。因此，在不必要的时候还是不戴墨镜好。

谁偷走了你的睡眠

大便不通畅会影响睡眠

我们知道，进食后大约13～20小时，食物的残渣就变成大便排泄出去。在小肠中被消化了的呈半液体状态的食物，到了大肠后，水分被逐渐吸收，就会变成比较硬的塑状物。

正常情况下，粪便在大肠里停留的最长时间约为6小时，粪便在大肠里停滞的时间越长，水分被吸收得越多，就越坚硬，也就越难排泄；如果粪便在大肠里发酵还会产生臭屁，甚至粪便中某些有害物质还会被血液吸收，以致进入大脑而扰乱其正常的睡眠，引起全身不适。

因此，大便的通畅与否，与睡眠有一定的关系。

床的摆放直接影响睡眠质量

床的摆放会影响人的睡眠。从科学角度看，床的摆放有以下不宜：

不应摆放在窗下：床摆放在窗下会增加睡眠者的不安全感，如遇大风、雷雨等天气，不安全感觉更为强烈。

床头不宜设在卧室门或窗的通风处：否则稍有不慎就会着凉感冒。

床上方不能放置吊灯：由于吊灯的造型和重量都容易给人带来不安全感，因此床的正上方最好安装轻型灯具。

睡床或床头不宜正对房门：睡觉时最讲求安全、安静和稳定，房门是进出房间必经之所，因此门不可正对睡床或床头，否则床上的人容易缺乏安全感。

睡前饮茶和咖啡易致失眠

茶、咖啡类饮料等含有中枢神经兴奋剂——咖啡碱，晚间饮用可引起失眠。

即使是在白天，摄入过多的咖啡和浓茶，也会导致夜里睡眠不深。

年过 50 岁的人，消化系统功能会降低，这样咖啡因就会在体内待的时间更长，可以持续到 10 个小时。

因此，要把一天喝的浓茶或咖啡限制在两杯以内，而且不要在睡前 6 个小时内引用。如果还是会引起失眠，那就要减少摄入咖啡因的总量了。

创造有利于睡眠的环境

孩子单独睡觉更健康

孩子和大人一起睡很不卫生，大人在社会上活动的范围要比孩子广泛，传染各种病菌、病毒的机会也比孩子多得多。而孩子的各种器官都比较娇嫩，抵抗力弱。如果晚上与大人一起睡，病菌、病毒等就容易传染给孩子。如果大人身患传染病，那更会危害孩子的健康。

此外，大人身体的热量多，和孩子一个被窝睡，容易使其感到太热而出汗多，有时大人翻身，被窝漏了风，还会使孩子着凉感冒。

所以，从卫生与健康的要求来说，父母应该让孩子从婴儿期就和大人分床睡觉。

选择一个健康的枕头

在选择枕头时，应注意枕头的高度、硬度和弹性。

枕头以仰卧时高 15～20 厘米，侧睡时高 20～25 厘米为宜。与成年人比起来，孩子的枕头以平躺时高一拳，侧睡时高一拳半为宜。枕头过高或过低，都不利于身体健康。

在硬度和弹性的选择上，则要注意枕芯的质量，具有良好支撑度和弹性回复力的枕芯能保护颈椎不受伤害。使用过硬的枕头，头部与枕头接触面积过少，压力太少，会使人觉得不舒服；太软的枕头难以保持枕头的高度，易因过于松软，导致头部与枕头接触面积太大，造成压迫，以致影响血液循环。

先睡心，后睡眼

让音乐伴你入睡

音乐可以对人的生理和心理状态产生一系列的影响，乐曲的节奏、旋律、音调、音色不同，对人体能起到兴奋、抑制、解郁、镇痛等不同的作用。一些古典曲目都具有舒心、轻缓、柔美、宁静、清新、雅致等特点，失眠者听后会感觉心情平静，没有了烦躁紧张，可以轻松自然地进入甜蜜的梦乡。

这类音乐如《春江花月夜》《梅花三弄》《高山流水》《金陵十二钗》《双飞燕》等；或者一些国外经典曲目如《致爱丽丝》《雪绒花》《摇篮曲》等。另外，还有一些其他类型的曲目，如各种宗教音乐、流行的瑜伽音乐、各种轻音乐……失眠者可以根据自己的睡眠情况、身体状况、性格特点等选择自己喜欢的音乐，帮助改善睡眠。

调整身心，获得满意的睡眠

要想获得满意的睡眠，就要学会调整身心。对任何事情，都要保持平和的心态，防止过忧过喜，避免情绪异常波动；平时多做些力所能及的活动和体育锻炼；睡前不要谈论、回想会引起心情不快的事，也要避免过于喜悦；不要为自己的失眠担心，顺其自然；为了使心情平静，睡前还可以在室内外漫步或静坐。这些心理上的调理，对于睡眠都有一定的帮助。

必要时，还可寻求专业心理医生帮助，找出造成失眠的心理因素，用心理学的方法进行疏导治疗，消除心理障碍，增强心理适应能力，重建心理平衡。

要养成科学的睡眠方式

充足的睡眠需要“积极休息”

许多人在通宵达旦的娱乐后，就倒头猛睡，认为只要把睡眠补上就能恢复体力。其实并非如此。因为这样做只能算是“消极休息”，是一种被动的休息。

人体需要的不是“消极休息”，而是“积极休息”。只有“积极休息”才是合理的休息，才能起到迅速恢复体力的作用。所谓积极休息，指的是用另外一种活动来促使疲劳部位的体力恢复。例如，当跑步运动员两腿疲劳时，可用引体向上、俯卧撑等臂力运动来缓解腿的劳累感。

积极而恰当的休息，不仅能帮助缓解疲劳，而且还可放松神经，提高工作与学习的效率。

顺应生物钟的节律按时入睡

如果我们每天按时上床睡觉，准时起床，定时去迎接每天早晨的阳光，那么体内的生物钟就会准时运转。研究表明，按照生物钟的规律按时作息是提高睡眠质量的关键要素之一。

体温是影响生物钟的运行的因素之一。人的体温波动对生物钟的节律有很大的影响。人的体温下降就容易引起睡意，这是利用体温调节生物钟的有效方法。如果体温调节失控，就会引起睡眠生物钟发生紊乱。控制体温的方法很多，例如睡前洗澡或睡前做 20 分钟的有氧运动等，睡觉的时候体温就会有所下降。

总之，形成习惯之后，人就会按时入睡，可见，养成良好的睡眠习惯是最重要的。

有利于催眠的简单疗法

调好睡眠的生物钟

要想提高睡眠质量，除了早睡早起外，还要调节好睡眠生物钟的变化，尽量与自然周期同步。由于太阳光是影响人体生物钟的重要因素，所以调节生物钟应设法从改变光线的亮度人手。

我们每天应尽量在户外度过黄昏时光，在太阳还未下山时就去户外散步、侍弄花草等，使身体能感受到阳光而推迟困倦的感觉；而中午则应避免光线的刺激，中午外出散步最好戴上太阳镜，因为光线主要是靠眼睛来感受的。尽量使人的生物钟与自然周期同步，使睡眠与夜晚同行。

穴位按摩，帮你改善睡眠

由于药物会对肝脏造成损害，所以，对改善睡眠不踏实的现象，人们常常希望不通过服用药物就可以改善。那么，下面就介绍几种效果显著的镇静催眠按摩术：

运百会：百会穴位于头顶部正中线上，距前发际 5 寸，或两耳尖连线与头部正中线之交点处。按摩时取卧位，两手轮流以食指、中指指腹按揉百会穴 1 分钟。手指用力不能太重。能定神安眠。

揉神门：神门穴位于掌后腕横纹尺侧端，尺侧腕屈肌桡侧缘凹陷处，揉神门穴时可以取坐位，左手食指、中指相叠加，按压在右手神门穴上，按揉 5 分钟，然后再换手操作。可宁心安神。

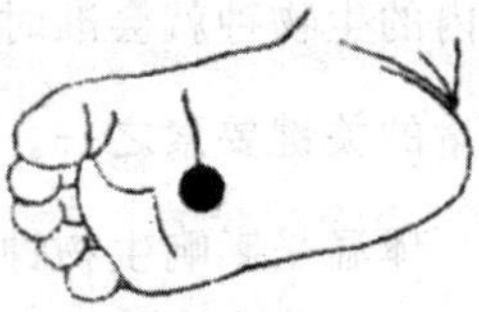

按涌泉：涌泉穴位于足掌心，当第二跖骨间隙的中点凹陷处。按涌泉时取平坐位，两侧中指指腹分别按压在两侧涌泉穴上，随呼吸的节奏而有节律地按压。每次操作 3 分钟，能起到交会阴阳、平衡气血的作用。

以上方法，可在睡前 1 小时内进行自我按摩，若能持之以恒，可以对改善睡眠有一定的疗效。

走出睡眠的误区

睡眠有 8 忌

1. 忌仰卧：睡眠时宜侧身屈膝，若仰卧，则胸肌肉不能放松，手易搭胸，会影响呼吸，多生噩梦。

2. 忌睡前忧虑：睡下以后不要胡思乱想，更不要忧愁焦虑，否则会导致失眠。

3. 忌睡前恼怒：凡情绪变化均会引起气血紊乱，故睡前不可恼怒，应保持平稳的情绪和良好的心态去睡眠。

4. 忌睡前进食：临睡前最好不要进食，否则容易增加胃肠的负担，导致消化不良，既影响安然入睡，也不利于身体健康。

5. 忌睡前言语：睡觉前不要长时间聊天，免得引起大脑兴奋，影响睡眠。

6. 忌睡眠时张口：睡眠张口呼吸会使肺脏受冷空气和灰尘等的刺激，胃内也易进入凉气，对健康不利。

7. 忌睡眠掩面：睡眠时若以被掩面，会导致呼吸困难，且易吸入自己呼出的二氧化碳，对健康不利。

8. 卧处忌受风：入睡后，人体对环境的适应能力降低，最易受风邪的侵袭，如背受风则咳嗽，肩受风则臂疼。

失眠者有10戒

一般失眠者若做到以下10戒，可逐渐恢复正常。

1. 戒睡得太早或太晚，避免经常性地熬夜，睡眠要定时。

2. 戒在入睡时谈论过于兴奋的事，也不要思考过多过难的问题，以避免激动，保证人睡前心情舒畅。

3. 戒入睡前看令人激动的书刊、电视，入睡前心境要放松。

4. 戒入睡前进行剧烈的体育活动，可先在室外散步，多吸点新鲜空气。

5. 戒入睡前吸烟、喝茶、饮咖啡，免得兴奋大脑，但睡前要刷牙、漱口。

6. 戒入睡前从事繁重的劳动，过度疲劳会影响睡眠。

7. 戒卧室关窗和开灯睡觉，卧室应保持安静、空气流通、温度适宜，光线应暗些。

8. 戒睡眠时手压于胸前和蒙头而睡，要穿宽松的睡衣，床铺要平，全身肌肉要放松。

9. 戒过分依靠安眠药，如果失眠，适当适量服用安眠药是可以的，但不能过分依赖安眠药。

10. 戒长期紧张或情绪忧郁，要合理安排工作、学习和生活。对失眠要正确对待，不要过分紧张，偶尔失眠一两夜，对健康无太大影响。

合理膳食，吃出好睡眠

多吃有助于睡眠的食物

小米：小米中所含的色氨酸能促进大脑分泌 5－羟色胺，使大脑的思维活动受到暂时的抑制，使人产生困倦感。如小米熬成粥，临睡前食用，可使人安然入睡。

桂圆：桂圆具有补心益脑、养血安神的功效。临睡前饮用桂圆茶或取桂圆加白糖煎汤饮服均可，对改善睡眠有益。

核桃：核桃能缓解和改善神经衰弱、健忘、失眠、多梦等症。取粳米、核桃仁、黑芝麻，用慢火熬成稀粥食用，可用白糖调味，在睡前食用。

大枣：其对气血虚弱引起的多梦、失眠、精神恍惚等有显著疗效，如取大枣去核，加水煮烂，加冰糖、阿胶用小火煨成膏，睡前吃 1～2 匙。

蜂蜜：蜂蜜具有补中益气、安五脏、和百药之效，对失眠患者疗效显著。可每晚睡前取蜂蜜 50 克，用温开水冲服。

牛奶：牛奶对体虚而致神经衰弱者的催眠作用尤为明显。因此，临睡前可以饮一杯温牛奶。

葵花子：葵花子含亚油酸、多种氨基酸和维生素等，能调节人脑细胞正常代谢，提高神经中枢作用。每晚吃一把瓜子，可起到安眠作用。

促进睡眠的 3 款食疗方

1. 冰糖百合：取新鲜百合 1 个，冰糖适量，将百合煮熟后加入冰糖即可，还可以加入大枣。此法不但可以帮助入睡，减少噩梦，还有美容养颜的作用。

2. 小麦大枣粥：取小麦 50 克洗净，加热水浸涨，粳米 100 克、大枣 5 粒洗净，桂圆肉 15 克切成细粒。将其一起放入砂锅中煮成粥，起锅后加入白糖 20 克即可服用。可补益脾胃，养心安神。

3. 猪脑木耳汤：将黑木耳15克用清水泡发洗净，入热油锅翻炒3分钟，加米酒1匙，盐少许，清水适量，焖烧5分钟后，放入洗净的猪脑1个，小火烧30分钟，再加葱花、味精少许即可。可滋肾补脑，安神益智。

◎心理调节◎

给自己的不良心境安上一个调节阀

发泄焦虑的6种方法

当情绪焦虑时，以下方法有很好的宣泄效果：

1. 发泄焦虑：有了焦虑，可以向自己信任的亲朋好友等倾诉自己的内心痛苦和压抑，也可以选择适当的场合大声痛哭或呼喊。

2. 要以一种平常的心态去对待：无论做什么事情都应该顺应自然，积极主动地接纳自己，接受现实。一个人要学会在烦恼和痛苦中树立战胜自我的理念。

3. 进行必要的自我放松训练：如果必要，可以在心理医师的指导下进行训练。

4. 确定目标：无论学习还是工作，没有目标就会让人茫然不知所措。所以，一定要根据不同的发展阶段确立自己的目标。

5. 经常回忆或讲述自己最成功的事或最得意的举动：这样做可以很容易引起愉快情绪，忘掉不愉快的事，很快消除紧张、压抑的心理状态。

6. 患有焦虑症的人应多听听音乐：研究表明，音乐能影响人的情绪行为和生理功能，不同节奏的音乐能使人放松，具有镇静、镇痛作用。

学会自我放松

生活中每个人都有安慰别人或得到别人安慰的时候，可重要的是要学会自我放松。自我放松能抚慰自己因失败、挫折、不幸而痛苦不堪的心灵，使暗淡的心理图景上闪现出心灵之光，以便重新荡起生活之舟。

要学会说“不”。当你遇到挫折流下眼泪时，应对自己说：“不要哭，勇敢地面对生活。”

要为自己留下一点时间，去散散步，避免一切干扰。

去找知心朋友谈谈天，把心中的苦闷诉说出来，不要让它留存在心里。

参加一次集体组织的旅游活动。

不嫌弃自己，对自己的性格能够宽容，才能乐观、自信地面对生活。

放松身心，常言道，心底无私天地宽，只要你心底无私，干起事来便无可畏，不必患得患失，就可始终保持乐观舒畅的心情。

不苛求他人。能够宽厚待人，也是自我放松的一种有效途径。

疏散注意力，营造良好的心境

转移：离开这个环境、这件事，将注意力转移到其他方面，将不良情绪的狂涛，理智地引向平静的彼岸，使大脑形成另一个兴奋点，不愉快的情绪会得到缓解。

倾诉：敞开心灵窗扉，把心中烦恼、忧郁、委屈、愤怒，向明智的知心朋友倾诉，该说就说，想哭就哭，决不能憋在心头，尽量将不良情绪发泄出来，以减轻心理负担，求得心理平衡或借他物转移。

欢乐：欢乐是一种天然镇静剂，是祛病健身的灵丹妙药。当你完全进入角色时，眼前的不快和烦恼，都会涣然冰释，心理会很快恢复平衡。

自劝自慰，换一个坦然胸怀

为不使愁云遮眼，烦事绕身，要经常用“心底无私天地宽”、“知足常乐”等格言，自我陶冶，自我解救，以使心理乐观豁达、淡泊人生，对名利不争、不攀、不嫉、不馋，事事自重自爱。

还可以想想康德所说的：“生气是用别人的错误惩罚自己。”冷静想一想，此事已发生，或怒发冲冠，或苦思冥想，或愁云满面、长吁短叹，又于事何补？此事与身体健康孰轻孰重？何必自寻烦恼！尽快地松弛下来。当冷静下来后，会起到意想不到的效果。换一种随遇而安、坦然的心态面对生活。

防治心理障碍，让阳光洒进心灵

抛弃完美主义的思维方式

一个事事追求完美的人如何克服自己的完美主义倾向呢？

明白这种思维方式的弊端。比如：会造成精神极度紧张而难以胜任工作；会因怕犯错误而不敢创新、不敢尝试新事物；总是因发现自己的瑕疵而惶惶不可终日；常常感到目标过高而信心不足，以致总无法行动起来，等等。

完美主义者应求佳不求优。在做事过程中，设立的目标要实际一些，精神压力和受挫感就不会那么大，获得成功的信心就强些。你也许会发现，不想刻意写一篇杰作时，倒能写出佳作来。

在晚上临睡之前，列举每天所做的如意之事，看看自己累积起来的成就，只要坚持两周，你就会改变自咎自责的习惯。

调理灰色心态的健康处方

灰色心态不同于更年期综合征，其特征是：在心理和性格上发生突变，时常感到无聊、空虚、精神萎靡不振、郁郁寡欢或焦躁不安、疲乏无力，遇事犹豫不决，而自己却矢口否认自己有任何毛病。

心理学家们开出了一系列简单可行的饮食处方；

均衡营养，合理饮食：营养和热量过剩，以及为了节食导致某些营养和热量的不足，都会引起灰色心态。

补充维生素：从事文字工作或经常用电脑者，要多吃富含维生素 A 的食物；常坐办公室的人要多吃海鱼、鸡肝等富含维生素 D 的食物。

补钙可安神：工作中难免会有不顺心的时候，这时可有意识地多喝牛奶、酸奶等食物。

应酬之后多食清淡食品调理：如蔬菜、水果、豆制品、海带、紫菜等。

碱性食物抗疲劳：可多食用以水果为主的碱性食物，如西瓜、桃、李子、荔枝、哈密瓜、樱桃、草莓等。

工作是排忧的良药

人们在空闲的时候，往往并不快乐，一些无端的烦恼常常会缠绕心头。相反，工作忙碌的人，往往是最快活的人。

因此，摆脱忧愁、烦恼的最好方法，是找事情干，让各种工作占满你的时间表，自然没有时间去追忆痛苦和烦恼了。

人的情绪是互相排斥的，任何人不可能同时为两种情绪所占据，不能一方面紧张地工作，一方面又始终为一件不愉快的事烦恼，即使有时出现不快，也会因工作的思考和忙碌所代替，一闪即逝。同时，工作能使人获得满足感和自尊感，这也可抵挡忧愁情绪的侵袭。所以说，工作是一种医治不良情绪的灵丹妙药。

心理养生，百病不生

换位思考，心安神定

人体的疾病，很多是想出来的。养生的最佳方法，就是驾驭自己的情绪，善于自我排忧，自我解脱，以达调摄心神、开阔胸怀，使心里恬淡虚无、乐观平和，以免疾病缠身，呻吟求医之苦。

当你发怒、忧虑或情绪不佳时，思维方式往往主观片面，只见树木不见森林，“我”成为思维的全部重心，全部强调自己的所谓“理由”。这时，最好来一个换位思考，忘掉自我，设身处地站在事物另一方；或者身处事外，站在旁观者角度，客观、全面地分析事物的因由和全貌，静心思过。这时，你会轻而易举地找到客观、公正的答案。

只要人们静心有方，且持之以恒，则可达到情绪安定，意志调畅，身轻气适，体魄健壮的目的，永享康寿之福。

澄心静坐，还大脑轻松活力

长时间的精神紧张或脑力劳动，会使人精神疲劳，头昏脑涨，记忆力减退，注意力不集中，甚至情绪低落，此时不妨澄心静坐一段时间，可以使人重新精神焕发。能使思维意识、呼吸和血液循环在一种平静轻松的环境中达到和谐统一，使人感到头脑清晰，耳聪目明，精神健旺，记忆增强。

选择一个比较安静的环境，坐在一个舒适的位置上，使自己产生一种即将入睡的意向，但不要躺下。双目微合，自然地进行深腹式呼吸，并抛开各种杂念，先默记呼吸的次数，腹式呼吸的关键要深、自然、慢而轻，并且呼吸均匀，保持一定的节律。默记呼吸次数，可集中思想，排除杂念，使腹式呼吸这种生理动作与专心记数这种心理功能有机地结合起来，达到心身统一。然后再默念“松、松、松”，“安静、安静、安静”，持续一段时间后，精神便可为之一变。

静坐可采取多种姿势，可跪坐、盘膝坐或端坐椅上，关键在于要坐得稳，全身肌肉要放松。双目微合，似闭似睁，既要避免外界干扰，又要避免内心产生杂念。

小事糊涂更健康

常言道：“大事清楚，小事糊涂”，意即对原则性问题要清楚，处理要有原则，而对生活中无原则性的小事则不必认真计较。生活中的种种矛盾在所难免，如果一个人遇事总是过分计较，一味地追根问底，硬要讨个“说法”，烦恼和忧愁便会先自“说法”而来，久之则不利于身心健康。

医学研究表明，人若经常处于烦恼和忧愁的漩涡之中，就会频频激发人体的“应激反应”，这样不仅会加速人的衰老，而且会引起高血压、心脏病、糖尿病、消化性溃疡及过敏性结肠炎等疾病。而小事“糊涂”，既可使矛盾“冰消雪融”，又可以使紧张的气氛变得轻松、活泼，岂非养生的妙法？

心理失衡，百病滋生

防怒制怒的5个有效方法

1. 转移法：在将要发怒时，快快退出现场，离开此情此景，出去走走，听听音乐，找朋友聊聊，这样可获得情绪上的稳定，慢慢安静下来。

2. 避免法：发现自己在怒气冲天时，应避免陷入太深，矛盾不能靠一场大吵大闹解决，冷静下来商谈，才是上策。

3. 自我安慰法：多进行自我安慰，使大脑冷静下来，用理智来制怒是最好的方法。

4. 暴露法：实在不可控制时，应找爱人或知心朋友谈心，发泄出来，以减轻发怒时的不良后果。

5. 忘却法：发怒时，可不停地去做其他的工作，帮助你摆脱怒火。

不惑之年如何安度“危机期”

不少男人在不惑之年会出现不稳定的情绪和恐惧心理，表现出对前途悲观失望，对来自家庭、社会各方面的压力和复杂的人际关系无所适从；为填补心灵空虚，常常沉醉于各种自我毁灭性的活动，染上一些恶习，如迷恋打牌、摆“长城”、上歌舞厅、赌博酗酒、有家不思归、寻求婚外情等。

作为妻子，当你发现丈夫有这种危机的表现时，首先要给他以足够的时间和空间，让他喜欢家庭生活。家庭是避风避雨的港湾，作为妻子，应该耐心地倾听丈夫的诉说，夫妻间的彼此沟通是消除中年危机的一把金钥匙。

常生闷气危害大

人的感情无论怎样压抑，最终都要经过各种途径宣泄出去。夫妻长期把气闷在心里，并不会使闷气自消自灭，反而会使夫妻感情出现裂痕乃至感情的完全破裂，毁掉一个本该幸福的家庭；或是气结于心，肝郁气滞，使一方或双方引起严重的疾病。

夫妻间不应用生闷气的方式去处理矛盾。有话讲到当面，把心里的不痛快和怨气全部发泄出来，只要方式得当，并不会伤害夫妻间的感情。因为经常交换意见，既是维系双方感情的重要纽带，又是保持夫妻双方身心健康的重要手段。

不良情绪是疾病的“活化剂”

科学家们研究发现，在疾病的发生过程中，心理因素起着“活化剂”的作用。

假设致病因素在周围环境中随时随地存在，正常情况下，由于人体免疫功能的控制，使其不能发生作用。而这个外因，可通过某种个性特征的内因，使人产生孤寂、愤怒、悲哀、绝望等负面情绪。

当一个人长期处于这种负面情绪状态下，就会导致神经内分泌紊乱，器官功能活动失调，从而使机体的免疫能力降低，使病症突然发生或加重。

不良情绪是许多人祸不单行、遭受精神打击后又患恶症的原因之一。

独具特色的心理疗法

多吃零食也可以改变坏心情

吃零食的目的并不仅仅在于满足肠胃的需要，更重要的是它可以缓解和消除紧张情绪、内心冲突。

当食物与胃部皮肤接触时，它能够通过皮肤神经感觉器将感觉信息传递到大脑中枢神经系统而产生一种慰藉，使人通过与外界物体的接触而消除内心的孤独。另一方面，当口腔接触食物并做咀嚼和吞咽动作时，可使人对紧张和焦虑的注意中心得到转移，在大脑的摄食中枢产生另一个兴奋灶，从而使紧张兴奋区得到抑制，最终使身心得以放松。

当人处于紧张、焦虑、忧郁和疲劳状态时，吃点水果、点心、瓜子或喝杯饮料等，都有助于消除紧张和疲劳，保持心理平衡。

眼泪是解除精神负担最有效的良药

人在哭泣的时候，会不间断地长吁短叹，这大大有助于提高呼吸系统和血液循环系统的工作效率。

随着现代医学的发展，这种“带哭的呼吸”已经被运用到一些对治疗气喘和支气管炎的试验中，研究发现它既有利于增强和锻炼肺功能，改善呼吸，又有利于呼吸道纤毛的运动，增强呼吸道纤毛排除异物的能力。

◎排毒养颜◎

饮食排毒法

解毒“4杰”

解毒食物中，功效显著且最为廉价的解毒食物当属黑木耳、猪血、绿豆和蜂蜜了。

1. 黑木耳：黑木耳生长在背阴潮湿的环境中，中医认为得阴气最多，因此它具有补气活血、凉血滋润的作用。从特性来看它偏于凉性，颜色黑可入血中，所以能清除血液中的热毒。

2. 猪血：猪血具有很强的清肠作用，有“肠内清道夫”之称，经常食用可以将肠内的大部分毒素带出体外。

3. 绿豆：绿豆味甘性寒，有清热解毒、利尿和消暑止渴的作用。所以，每到夏天人们习惯于熬绿豆汤喝。用绿豆皮做枕头芯，还有清火明目和降血压的作用。

4. 蜂蜜：生用，性凉能清热；熟食，性温可补中气，味道甜柔，具有润肠解毒的功能。《本草纲目》把蜂蜜的作用总结为清热、补中气、解毒、润燥、止痛，全面地说明了蜂蜜的养生功效。

水是最好的解毒药

每天喝够2升水可以冲洗体内的毒素，减轻肾脏的负担，是排毒最自然和简便的方法。

不要等到口渴才去喝水，在工作的间隙，喝杯水休息一下，提提神，继续工作也会更有精神、更有效率。

但需要特别注意的是，喝饮料不等于喝水，喝饮料会摄取大量的糖分和热量，对身体没有好处。

科学研究发现，所有的疾病都是由于细胞内水的特性变化而引起的。因而，治疗疾病的根本，也在于使细胞内的水的代谢正常化，从而保证细胞恢复正常的生理功能。

藻类是排毒的佼佼者

海洋中的藻类食物，多有清肠作用，因此可以排除毒素。

海藻：海藻中含有一种叫作硫酸多糖的物质，它能够吸收血管中的胆固醇，并把它们排出体外，使血液中的胆固醇保持正常含量，起到排“污”的作用。

海带：海带表面上有一种特殊的白色粉末，略带甜味，这种白色粉末就是甘露醇。在海带中，甘露醇含量达17%。它具有良好的利尿作用，可以辅助治疗肾功能衰竭、药物中毒、浮肿等。

裙带菜：《食疗本草》中说它有“软坚散结，消肿利水”的作用，通过尿液的排出，体内不少毒素也会随之排出。

海石花：有清热解毒的作用。

龙须菜、紫菜：也有清热利水的作用，可有效排毒解毒。

物理排毒法

自然排毒最健康

生、老、病、死是大自然的规律，不可违背，但有了正确的健康意识，会给人们带来更大的快乐。

就大便生理而言，中国古代有一句名言："欲得长生，肠中常清；欲得不死，肠中无滓"。正常的人在食物经胃肠道消化、吸收后，其残渣成为粪便，定期规则地由大肠顺利排出，这是机体的基本生理过程。摄入适量纤维混合食物的健康人，多数每日排解成形软便一次，在摄入低纤维食物时可隔日排便一次，也属正常排便。

合理膳食，适度锻炼，起居有常，戒烟限酒，健康心态，这才是实现健康长寿的秘诀。若刻意为排肠道之毒而使用，强迫排便、导泻、洗肠等方法来改变正常的生理功能达到长寿的目的，往往会干扰了人体正常生物钟规律，造成肠内功能紊乱、失调，从而引发一些并发症，如营养不良引起的贫血、内分泌失调导致的月经紊乱、植物神经功能紊乱引起的失眠、心悸、出汗等。这样又何谈什么长寿呢？

刮痧排毒，青春常驻

刮痧排毒可以将肌肤积存的毒素舒畅、轻松地排出体外，防治细胞毒质的存在和蔓延，促进生理健康，使肌肤光滑白嫩，青春常驻，40 岁以上的女性效果尤为显著。

人体可以刮痧的部位很多，常用的有第七颈椎上下左右四处、喉骨两旁、两胳臂弯、两腿弯、脊椎两旁、前胸肋骨间、后背肋骨间、两足内外踝后的足跟肌腱处、左右肋下肝脾区以及两肩等处。

先将准备刮痧的部位擦净，用刮痧板的边缘蘸上刮痧油或按摩油，在确定部

位进行刮痧。刮痧要顺一个方向刮，不要来回刮，力量要均匀合适，不要忽轻忽重。连刮两胳膊弯十几下，即出现暗紫色的条条淤痕，刮痧时，一般每处可刮20下。刮完后，人会立即感到轻松，应休息几分钟。若在前胸、后背、肋间、颈椎上下，或两肩部上下刮动十余下，需再饮糖姜水或白开水，会立即感到非常舒畅。

运动排毒法

4种有利于排毒的运动方式

1. 大步走：只需在走路时加快速度，尽可能大地摆动和舒展手臂，就是最简单方便的排毒运动，可以刺激淋巴系统运动、降低胆固醇和血压。

2. 瑜伽：瑜伽是顶级的排毒运动，能帮助血液循环，润滑关节，通过把压力施加到身体各个器官和肌肉上来内外调节身体，展开排毒行动。

3. 蹦跳：弹跳可以刺激淋巴系统排毒，松弛紧张的情绪，降低胆固醇，改善循环和呼吸，甚至祛除致命的蜂窝组织炎。

4. 深呼吸：呼吸可以排除体内毒素。但我们深呼吸时，往往会不自觉地挺起胸部，收缩胃部和腹部，这样肺部每次只有1/3的空间被利用。正确的深呼吸方法是：找一个空气清新的地方，首先放松胃部，用指尖轻轻触及腹部；接着用鼻子平稳地深深吸气，此时指尖可感觉到胃部鼓起，直到整个胃部充满了气体；让气体在胃部停顿4秒钟，再用嘴慢慢呼气。

自我按摩促排毒

面部和颈部按摩：手指并拢，将指腹贴在面部，用力揉搓；双手同时进行揉搓，向上、向外、向下，搓遍整个面部，然后继续揉搓至颈部和前胸的部位。

胸部按摩：将手掌平放在腹部，用双手在整个躯干上揉搓。揉搓要呈圆形的动作，右手逆时针进行揉搓，左手顺时针进行揉搓。揉搓动作要有一定的力度。

腰部和脊椎部按摩：身体站直，保持双腿与肩等宽。双手放于臀部，大拇指在前，四指在后，大拇指在脊椎和腰部处进行按摩。按摩时一定要用力。

大腿和臀部按摩：坐下，将腿支在床沿边上，用手掌在臀部和大腿部位揉搓。当臀部和大腿发热、皮肤微微泛红时，再将拳头握紧继续揉搓。一开始进行按摩时用力要轻缓，然后再逐渐增加力度。

脚底按摩：脚底的淋巴引流反射区是人体排毒最重要的部分之一，通过脚底的淋巴按摩可以将人体内无用的蛋白质、细菌、病毒和死掉的细胞等排出体外，并且能将细胞之间多余的液体运送到淋巴结储存起来，将细胞废物引至大肠，最终与粪便一同排出体外。

药物排毒法

排毒保健品，最好别乱吃

近年来，冠以“排毒养颜”之名的保健品异常走俏，不少人争相购买。排毒保健品真的有这么神奇吗？

要想排毒，应看毒在何处。比如刚刚误吃了某一毒物，就需用催吐或洗胃的方法来排毒；得了外感热病，应采用发汗解表来清热祛毒；肾脏有病，甚至发生了尿毒症，可通过透析以清除体内废物和毒素。可见排毒途径不只是通大便，如何排毒还须听从医生指导。

有些排毒类保健品的主要成分是以含大黄为主的通便药物，对经常便秘、胃肠积滞的人来说，泻下通便可起到排毒的作用。但个体差异使不同的人对通便药的耐受性不同，有的人吃 10 克大黄都不见得会拉肚子；而有的人吃 3 克就泻得很厉害，还会出现腹痛、恶心、胃部不适等副作用。另外，大黄只能短期服用，否则可能会伤害胃肠道，影响其对食物的消化和吸收，从而损害身体健康。

保健品安全吗

保健品不是滋补品，更不是吃了没害处。近几年出现了一些保健品的安全性问题，提示我们食用保健品要谨慎。

实际上，保健品是一种特殊的食品，获得了国家卫生部批准的保健品应该说是安全的、合法的，但不代表是最适合你的。保健品安全性问题的出现，一方面是因为有的厂家为了扩大销售，从而扩大了适应人群。比如说排毒，有的厂家就大打排毒的旗号，“每个人都有毒，都需要排毒”。那么，作为消费者就要理智消费，如果自己脾胃比较虚弱就不适合排毒。另一方面，并不是保健品自身的安全性问题，而是在使用过程中的操作不当，或是使用对象有误而造成的。

排毒更重于进补

空气及水源污染、残留农药、生活垃圾等威胁着人类的健康；过量营养造成营养失衡有损健康；抽烟、酗酒、吸毒、喜食咸食或熏烤腌制食物是健康的杀手；保健品及治疗用药使用过多、过量、过杂带来的毒副作用也不小。因此，有关保健专家提出了“排毒”重于“进补”的现代保健新观念。

心理也需要排毒

给你的精神排排毒

现代人的体力劳动越来越少，而来自脑力和心理的疲劳却有增无减，这是为什么？其实，这是精神毒素在作怪。

人们往往认为排毒无非就是洗洗肠、吃吃药、做几个排毒疗程，这些足以达到净化身心的目的。实际并非如此。皮肤是身体的镜子，而身体则是心灵的镜子。只有精神健康，才有身体健康。如果缺乏健康的精神，就不可能有真正健康的身体。

心理学家调查研究发现，许多以工作为中心的人，下班后不懂得如何放松。那种在歌舞厅杯觥交错、醉生梦死的休息方式，充其量只能算是对生活的暂时逃避，根本就不是真正的放松，不仅不能缓解心头的压力，反而更可能会危害健康、搞垮身体。

要哭就大声地哭出来

当我们落下“情绪眼泪”时，排除的是有可能致命的“毒”。眼泪，是情绪的宣泄，是缓解压力的最好方式！研究证明，想哭而强忍着不哭，容易导致忧郁症，并且危害生理健康。下次当坏情绪来袭时，就让这些坏情绪，随着眼泪一起解放，也许你会发现内心深处真实的自我。

既然哭泣会给身体带来健康，我们就要善加利用。我们不用刻意逼自己哭泣，因为哭泣是心灵真正放松时的状态之一，只要真正抛弃“哭泣是软弱”的陈腐观念，解开心灵的枷锁，我们就能放声痛哭一场！

◎疾病自查◎

面部疾病信号

面部对每个人来说都很重要，它出现的一些症状可以给我们提供一些信息。在日常的生活中，我们可以根据面部的情况来推断我们即将要面临的苦恼，并且有针对性地、及时地解决问题。

脸色异常传递信息

脸是人的阴晴表，一个人的脸色与身体健康有着密切的联系。体内发生的病变，必然会反映到体表，脸色就是这种体表反映之一。所以，对每个人来说，了解各种脸色代表的意义是很有必要的。

面呈红色

面红多为热证的表现。如果出现满面红光，则有可能是面部毛细血管扩张引起的，可能是高血压的症状。面色通红，伴有口渴甚至抽搐，面部潮红，是一种急性热病的面色，如急性传染病，高热性疾病。这种热病面容除了潮红之外，还会有口唇周围的疮疹或皮肤上的皮疹等症状。潮红是红色的一种，病理性潮红主要是发生在感染引起的高热性疾病，如伤寒、疟疾、肺结核、肺炎等。

脸色出现潮红的症状还可能是脑充血的前兆。有时候红色出现的部位也是有讲究的，如果红色出现在面颊和腮边，则有可能是心脏病。两面颧部呈现绯红色，可能是结核病。红斑有时也是一些疾病的症状。蝶形红斑是红斑狼疮疾病的征兆，如果儿童面颊两侧出现玫瑰色片状水肿性红斑，则有可能是传染性发疹性疾病。但是，因剧烈运动、饮酒、日晒、情绪激动等引起的短暂的面部潮红则不是疾病的征兆。

面呈白色

面白一直是很多人追求的目标，但是只有白里透红才是健康的脸色，苍白、灰白等颜色则是病态白。面色苍白是由面部毛细血管痉挛，局部充血不足或者血液中的红细胞或血红蛋白含量减少引起的。面色苍白属于虚症和寒症，是体质差的体现。就一般疾病来说，虚寒病症、贫血及某些肺病患者、里寒的剧烈腹痛，或外寒的恶寒重者，都可能导致面色苍白。而甲状腺机能减退症、慢性肾炎等患者的面色，也要比一般人苍白得多。此外，出血性疾病、经常痔疮出血、女性月经过多，也会造成面色苍白。休克之人因面部血液循环受阻，也会脸色发白。因寒冷、惊恐等刺激引起的毛细血管强烈收缩也会导致面色苍白，这也是正常现象，不是某种病症的表征。

此外，铅中毒时，患者面色以灰白为主要特征，寄生虫病、白血病等患者、长期室内工作及营养不良者脸色也是呈灰白色。面色灰白而发紫，且表情冷漠是心脏病晚期的病危症状，面部出现白点或白斑可能是肠道寄生虫病。

面呈黑色

面部黑色是慢性病的征兆，我们应特别注意。面色呈现黑色是因为肾精亏损，补肾药物可以缓解这种疾状。总的来说，面部黑色多是肾上腺皮质功能减退症、慢性心脏功能不全、肝硬化、肝癌等疾病的征兆，而且随着病情的增重，颜色也会增黑。长期使用某些药物，如砷剂、抗癌药等，亦可引起不同程度的面色变黑，但一旦停药后又能恢复正常。在观察面色的时候，并不能把所有的黑色都误认为是疾病的前兆，因生理现象而形成的脸色变黑、老年性色素斑、女性妊娠斑等都是正常的，不属于疾病。所以，当面部开始呈现黑色时，不要一味地认为是疾病，要谨慎地思考一下原因。

眼部疾病信号

眼睛的特定部位与脏腑有着密切的关系，它会透露出很多信息，包括疾病的情况。如果五脏六腑功能失调，就会在眼睛部位反映出来。眼睛疾病信号很重要，它能够及时地传递相关信息，让我们把握住线索，很好地辅治疾病。

眼球异常传递信息

眼球是眼睛重要的组成部分，它的大小、形状、颜色都是有一定条件的，如果超出正常范围，那就说明某一种疾病或者多种疾病已经开始干扰人体健康。

眼球大小异常

眼内肿瘤或者婴幼儿青光眼可能会导致眼球过大，眼球过小则有可能是由眼球萎缩或者先天小眼球引起的。

先天小角膜则只会导致黑眼球过小，对白眼球没有影响。除了这两种异常情况，眼球还有可能出现突出的情况，即眼球向外突出的距离超出正常距离。甲状腺功能亢进是引起眼突的最常见的一种疾病，在眼突的同时还伴有多汗、低热、心悸等症状。颅内脑瘤也是引起眼突的一种疾病，视力减退、视野缺损等症状也是其造成的。除了这些情况，颅内肿瘤还有可能引发闭经、性功能减退、多尿等内分泌系统变化。

引发眼突的疾病还有很多。眼球是我们必须要加倍保护的部位，没有了眼球，我们就会失去视力，一直流连于黑暗世界。所以，凡是对眼球有危害的疾病都是我们的敌人，我们要防止它们对眼球的侵害。

眼睑异常传递信息

眼睑，就是眼皮，是眼球前面的软组织，对眼球起保护作用，是防御外物侵犯的屏障。眼睑通过开闭可以使眼球保持湿润和角膜的光泽，清除结膜囊灰尘及细菌。但是，眼睑也会有异常的情况，如果发现眼睑异常现象，我们要加以重视并且积极治疗。

眼睑下垂

眼睑下垂有先天和后天之分，后天性眼睑下垂往往由重症肌无力、抑郁症、某些脑血管病变等疾病引起。有时，眼睑下垂还伴随着其他症状。偏头痛除了会引发眼睑下垂，还有可能引起复视及头痛的现象。此外，眼睑下垂和头痛两种症状并发还有可能是由脑瘤或是脑动脉瘤导致的。

如果眼睑下垂时，眼睛周围伴有肿痛的现象，还有肌肉疼痛的情形，则有可能是因为感染了寄生虫。

此外，眼球本身有肿瘤生成时也会引起眼睑下垂和眼睛肿胀的。

眼睑浮肿

眼睑浮肿有生理浮肿和疾病两种因素。睡眠不足、睡眠时枕头过低、眼球接触过敏物等都是生理因素引起的浮肿。眼睑结膜发炎、心脏病、肾小球肾炎等是疾病因素引起的浮肿。针对这一情况，当眼睑出现浮肿时，我们应该仔细分析是哪一种因素，然后再针对性地对浮肿的眼睑进行治疗。如果得不到及时的处理，眼睑浮肿的情况会越来越糟。

口唇疾病信号

口腔是疾病进入人体的门户，由不洁食物引起的各种传染病以及糖尿病、高血压、肥胖等病症都是与食物经口分不开的。疾病可以从口腔进入，同样也能够通过口唇表现出来。所以，经常观察我们的嘴唇，可以让我们对身体状况有初步的了解和认识。

嘴唇异常传递信息

嘴唇外表异常

嘴唇干燥

引发嘴唇干燥的原因有很多，如高烧、气候干燥、缺水等原因都会导致嘴唇干燥，此外，缺乏B族维生素和很少吃新鲜蔬菜、水果也极易造成嘴唇干燥。经

常大量饮酒者和慢性胃病患者也会出现嘴唇干燥的情况。引起嘴唇干燥最常见的原因是唇炎，它会使口唇脱屑、皲裂，而且在进食刺激性食物时会引起疼痛，严重的还会发生肿胀、水疱。出现嘴唇干燥的人要注意多喝水，还要多吃水果，少食辛辣油腻之物，尽量少用烟酒。

嘴唇流涎

嘴唇流涎就是流口水，是婴幼儿常见的一种情况。流口水是很常见的，一般不是疾病。病态的流口水称为“流涎症”，多由神经系统疾患引起。当小儿患口腔炎、牙龈炎时，由于炎症刺激，唾液腺分泌增加，导致流口水，而且还会有臭味。当孩子患咽峡疱疹、扁桃体炎时，由于吞咽疼痛致患儿不敢吞咽，也会使患儿暂时性流涎，但随着原发疾病的恢复，流涎即会停止。面神经瘫痪也可能引起唾液的大量积累，唾液多清稀无味。此外，一些消化系统疾病如食管溃疡、食管癌、胃溃疡等也可使唾液分泌增多。

由于唾液偏酸性，且含有一些消化酶和其他物质，对皮肤有一定的刺激作用，所以对经常流口水的幼儿，父母应当经常为他们擦去嘴边的口水，并常用温水洗净，然后涂上油脂，以保护下巴和颈部的皮肤，最好给孩子围上围嘴，防止口水弄脏衣服。

口内异常传递信息

口淡

口淡，指口中味觉减退、自觉口内发淡而无法尝出滋味。肠炎、痢疾以及其他消化系绩疾病会产生口淡的情况。内分泌疾病、营养不良、长期发热的消耗性疾病等患者也会因舌味蕾敏感度下降而产生口淡的情况。此外，口淡无味、味觉减退甚至消失，还是癌症的特征之一。严重的口淡患者，对甜、酸、苦、咸诸味均不敏感，味觉会出现普遍升高的现象。

如果出现口淡的现象，我们就要弄清楚它是否和某种疾病有关系，要高度警惕癌症的可能。此外，口淡无味，饮食不香，也可能是病后脾肾虚弱的表现。所以，大病初愈者也要多加注意饮食，加强锻炼，把味觉尽快找回来，重拾健康。

口干

在我们的日常生活中，口干是很常见的事情。如果是短暂性的口干，那么就是因为天气情况、饮水过少等原因造成的。但是，如果是长时期的口干就可能不是这么简单的原因了。一些疾病可能在慢慢地损害我们的健康，所以，对待长时期的口干，我们要加倍小心。

造成口干的原因也是很多的。一些口腔疾病如慢性炎症会使口腔黏膜萎缩变薄、干燥，出现口干的情况。严重的口干症状还会使舌背光滑无苔、乳头萎缩，而且颜色也变得很显眼。不仅如此，它还会使两口角湿糜、皲裂，而且伴有白色念珠菌感染。此外，抑郁症、间脑疾患引起的肥胖、月经减少及腮腺反复肿大综合征等中枢神经系统疾病也会造成口干的情况。针对这一点，就要求我们要放开心胸，不要过度忧虑、抑郁，也不要让心情过度变化，从而保证神经系统的健全。

造成口干的其他原因还有很多，我们都应该有所了解。口干在治疗上还没有找到非常有效的办法，主要是通过饮食的调理和日常生活习惯的纠正来实现。而且，还要记住一些禁忌，禁止吃一些辛辣或过酸、过咸的食物。

口甜

口甜，指口中自觉有甜味。口甜常见于消化系统功能紊乱或糖尿病患者。消化系统功能紊乱会引起各种消化酶分泌失常，尤其是增加唾液中的淀粉酶含量。因此，口中会有甜甜的味道，即使是喝水也会有这种甜味。糖尿病使血糖增高，从而提高了唾液内糖分的含量。此外，脾肾功能失常也是导致口甜的一个重要原因。脾胃实热、湿热郁阻、肝脾痰火内蕴的患者口舌也有发甜的感觉，古人称之为“脾热口甘”。

口甜是和口淡一样的情况，无论是从中医角度还是西医角度来看，它的出现是和一些疾病有密切联系的。我们要从根本入手解决这一问题，让口中不再有异常的甜味。

毛发疾病信号

头发异常传递信息

头发是人体的一部分，它不仅具有保护头颅、防紫外线等作用，而且还是人体外貌的重要组成部分。头发是人体健康的一面镜子。头发的生长、脱落与健康息息相关。

颜色异常

健康人的头发的颜色是黑而且有光泽的，这是人体健康的标志，是精血充足、肾气充盛的表现。正常黄种人的头发多为黑色或黑褐色。但是，除了这种健康的颜色外，还有一部分人的头发会呈现其他颜色。

白色是常见的异常颜色。老年人头发变白是很正常的，这不是病态。但是，年轻人头发早白就有问题了，青少年出现白发，多是因为严重的焦虑、忧郁等原因。此外，动脉粥样硬化、结核病、贫血等疾病都有可能使头发早白。冠心病和白发有密切的关系。白发还可能见于斑秃、白癜风等疾病。

体内缺少蛋白质、脂肪、各种维生素和矿物质，可能会使头发稀疏橘黄。因此，营养不良、缺铁性贫血等疾病都可能造成头发枯黄。此外，除了一些疾病的因素，烫发、染发还会使头发受到损伤，变得枯黄。

黑发是黄种人特有的头发颜色，但是，头发过黑就不是正常情况了。如果头发过于黑，或者一直都不太黑而突然变得漆黑，就有患癌症的可能。

头发不正常的颜色以这几种为主，当然还有其他的颜色。但是，不管是哪种颜色，都不是健康的表现，一旦发现这种异常，我们就要究其原因，并且认真地解决，让我们的头发能够变回正常颜色。

脱发异常

头发脱落本来是正常情况，但是，如果也存在不正常的脱发。体内缺锌可能会引发不正常的脱发。如果头发脆弱易断，可能是甲状腺疾病。

男性脱发和女性脱发在原因上是不同的，虽然有一部分是相同的，但是，主要原因是各有差异的。带状疱疹、霉菌癣等疾病会侵袭男性的头发，使其脱发。如果男性前额脱发，那么有可能患有肾脏病。此外，男性脱发的原因还有肾气亏损、营养失调等。如果肾气亏损、肾阴不足，则头发枯槁无华或花白、脱落。此外，营养不良还会使男性营养不均衡，缺乏某种必备的元素。儿童的成长阶段，必须有大量的蛋白质和各种维生素，人体的毛发对于营养的供应充足与否反应最为敏感。

女性全身散发性脱落提示患有肾炎的可能。如果头颅顶部脱发，那就有可能是结肠炎、胆囊炎等疾病。此外，贫血及细菌感染等疾病也会引起营养不良、免疫功能紊乱、皮脂分泌失调，从而造成脱发甚至是斑秃。过大的精神压力会使女性脑神经长期紧张、睡眠不足，从而造成头发脱落。

耳部疾病信号

耳部也是身体的一部分，与身体健康有着密切的关系。所以，一些疾病在耳部往往也会有所表现。

耳郭异常传递信息

耳郭被比喻为缩小了的人体身形，人体各组织器官在耳郭上都有相应的穴位，当体内器官组织发生病变时，在耳郭相应部位就会产生相应的变化和反应。

耳郭形态异常

正常耳郭肉厚而润泽，无隆起物，耳郭血管隐而不见，耳轮光滑平整。耳郭异常是身体发生病变的表现，在现实生活中，耳郭异常的情况也有很多。

耳郭相应部位产生形态改变，有一结节状隆起或见点状凹陷、圆圈形凹陷、索条样隆起及纵横交错的线条等形状，常见于肝病、胆石症、肺结核、心脏病、肿瘤等疾病。如果在耳郭肝区处呈现出隆起和结节，而且边缘清楚，那么可能是肝硬化的缘故。而腰椎、颈椎骨质增生等疾病则会使耳轮出现粗糙不平的棘突状结构。急慢性气管炎、急慢性肠炎等疾病则可能使耳郭相应部位出现高于周围皮肤的点状隆起。如果耳郭比正常人的小1倍，甚至仅见小的肉疙瘩突起，称之为小耳，这是先天性外耳畸形，也常伴有外耳道及中耳畸形。但是，如果耳郭大而且肥厚，表面却粗糙不平，颜色暗红或发紫，并伴有发热，那么可能是耳毛细血管瘤或海绵状血管瘤的表现。

耳郭形态异常还有其他情况，一旦发现异常，就要立即诊治出原发病，并且及时、有效地医治，以除后患。

耳郭颜色异常

正常耳郭色泽微黄而红润，其他颜色则可能就是病变的征兆了，这就需要我们了解一些异常颜色的基本知识。

如果耳垂经常潮红，可能是多血质体质者。当脏腑或躯体发生病变时，在耳郭的相应部位也会出现各种变色的阳性反应。其规律是：急性炎症性疾病的阳性反应呈点状或片状红晕、充血、红色丘疹等；慢性器质性疾病的阳性反应多数呈白色点状、片状或呈点状白色边缘红晕等；肿瘤疾病的阳性反应呈结状隆起，以暗灰色点状、片状形态出现。如果耳背出现红色脉络，而且伴有耳根发凉的现象，那么可能是麻疹的征兆。

当耳郭出现颜色异常的情况，我们就要找出其发病的相应部位，诊断其病因，然后有针对性地对其进行治疗。

◎急救常识◎

创伤的紧急处理

烧伤的水泡不宜挑破

对于皮肤烧伤引起的水疱，人们通常习惯把它刺破，流出渗液后再涂上一些药水。但对于轻度烧伤引起的水泡，尽可能不要动，更不要刺破，如果自发破溃了，也不要将水疱上皮去除掉。

烧伤患者受感染对身体的伤害很大，金黄色葡萄球菌是潜在的感染源，它的感染途径多为烧伤创面。如果剪除了水疱上皮，也就给细菌入侵打开了方便之门。因此，只有当水疱已发生了感染时，才可以将水疱上皮剪除。

人们通常还认为将水疱中液体吸出来后疼痛会减轻。其实不然，经研究观察，约 45%的患者剪除上皮后疼痛反应会加重。

儿童烫伤的急救

儿童烫伤在急诊中占较大的比例。轻者烫伤部位留下疤痕，如果烫伤占全身表面积 5%以上，就可以使身体发生重大损害。烫伤后局部血管扩张，血浆从伤处血管中渗透出来，使血液损失血浆而浓缩；血液循环受到影响，组织缺氧，后果严重。所以可以采取以下措施。

烫伤时，可用水冷却烫伤部位（10～15 分钟），直到没有痛与热的感觉。

烫伤部位被衣物粘住时，不可硬脱下来。可以一面浇水，一面用剪刀小心剪开。

烫伤范围过大时，可全身浸泡在浴缸中（冬天除外），如发生颤抖现象，要立刻停止冷却。

冷却后，用干净的纱布轻轻盖住烫伤部位。如有水泡，不可压破，以免引起感染。

勿在烫伤部位涂香油、酱油等，应赶紧送往医院救治。

发生出血时的快速止血法、

一般来说，发生出血现象后的自救或互救方法主要有以下几种。

指压止血法：当伤口较小、出血不多时，可用清洁的手指或敷料直接按压在伤口上。当伤口较大、出血较多、按压不能达到止血目的或伤口中有异物无法取出时，可采用间接按压法，即用拇指按压出血血管上方（近心端）的动脉压迫点上，使血流中断，将伤口部位抬高至心脏以上的位置，也会有较好的止血效果。

加压包扎止血法：用敷料覆盖伤口，用绷带、三角巾等紧紧包扎能达到较长时间压迫止血的目的。但有骨折或伤口中有异物时，不能用此方法。

堵塞止血法：将消毒或清洁的棉球、纱布等敷料塞于凹陷伤口处，能达到止血的目的。常用于鼻腔、牙齿等部位的止血。

止血带止血法：常用于危及生命时的四肢大动脉出血，一般必须由专业医护人员进行操作。

鼻出血，莫抬头

平时很多人鼻出血后立即抬头，不仅如此，他们还将此“经验”传授给其他鼻出血的人。殊不知，此时低头才是正确的方法。

坐下来，全身放松，用手指压着流鼻血的鼻子中部，最好用一块湿布或冰垫之类的东西压着，把一块两寸的纱布塞进鼻孔中，不要用棉花。这样一两分钟后鼻血就会止住。

有人也许会问，低头后，鼻血更容易流出来，岂不是止不住出血吗？其实不然。鼻出血大多发生在鼻腔前方，如果抬头的话，血就会流到鼻腔后方、口腔、气管甚至肺部，重者可导致气管堵塞、呼吸困难，甚至危及生命。如果把血都咽下去，还会引起胃部不适或疼痛，同时医生也无法估计出血量，不利于治疗。

突发疾病的紧急处置

发热的家庭应急处理

卧床休息，多吃水果或多饮汤水，适当的时候可在水中加少量盐，以补充体内水分。

可选用阿司匹林、扑热息痛及消炎痛口服，幼儿可酌用10%～15%安乃近溶液滴鼻。

物理降温可采用75%酒精或温水擦拭四肢、胸、背及颈等处，也可以用冰水或凉水浸湿毛巾冷敷，一般于前额、颈旁、腹股沟、腋下及腋窝等处，每隔5分钟左右更换一次。

若病因明确，可采取相应的治疗措施。

腹泻的家庭应急处理法

卧床休息，不提倡饥饿疗法。适当进食一些稀、软、易消化、有营养的食物，如鸡蛋羹、麦片粥、米粥、面条等，避免刺激性食物；充分地补给水分，最好在温热开水中加少量的盐饮用，不可饮用牛奶或可乐等。

轻微腹泻者可用黄连素 0.5 克，1 日 3 次；或痢特灵 0.1 克，1 日 3 次；或氟哌酸 0.2～0.4 克，1 日 3 次（最好在医生的指导下服用）。

伴有脓血便或米泔样大便者，应将患者用过的餐具、衣物等煮沸消毒，排泄物需进行处理（可用石灰）。

腹泻伴有呕吐或腹泻严重者，应马上送医院治疗。

中毒的紧急处置方法

煤气中毒的预防与家庭急救

在冬季使用火炉取暖，使用燃气热水器沐浴，通风不畅或煤气管道故障等情况下，常会发生煤气中毒。当处在空气不太流通的地方并感到头晕、胸闷时，应特别警惕煤气中毒。

煤气中毒的预防与救助方法如下：

冬季用煤炉取暖，房间窗户上一定要安装排气扇，以保证室内空气的流通。

燃气热水器禁止安装在卫生间内，应安装在通风的地方，使用时注意开窗通风。

不要擅自改动煤气管道，也不要在有煤气管道的房间内休息，防止煤气泄漏危及生命。

发现房间内有刺激性异味时（煤气泄漏），应尽快开窗通风，或用湿毛巾捂住口鼻，撤离污染区。

遇到有煤气中毒的患者，要迅速将其抬到通风的地点，松开衣领、裤带，保持其呼吸道通畅，但要注意保暖，防止感冒。

孩子误服药物时怎么处理

孩子误服药物临床很常见，多数是由于家长放置药物不妥，让孩子随意拿到而误服。

当孩子误服药物时，首先要明确服了什么药物，食入的量有多少，并要看看这种药对人体的毒性是否强。若误服的是毒性很小、用量又不大的药物，可以给孩子多饮水，促使药物自然排泄，并密切观察孩子的情况，看有何不适表现。

若服入毒性较大的药物，如镇静药、安眠药、解痉药、驱虫药等，或一些外用药如碘酒、碳酸等，应尽快采用急救措施。首先要催吐，可用手指或筷子触动咽部，让孩子恶心、呕吐，尽量将药物吐出。但若孩子有抽搐，则不能用催吐的方法，应立即到医院洗胃。

如误吞碘酒，可立即给孩子喝米汤或其他淀粉的液体。若误服强酸物品，则禁催吐，可用弱碱溶液，如极稀的肥皂水或石灰水的上清液、镁乳、氧化镁溶液胃管内注入，以中和强酸，还可用生蛋清、牛奶等保护胃黏膜。

若误服强碱物质，如碱水、去污剂、氨水等，可立即食用醋，大量果汁、橘汁、柠檬汁等以中和强碱，然后食用生蛋清、牛奶、植物油等保护胃黏膜。